ZHONGHUADAZIDIAN
中华大字典

光明日报出版社

图书在版编目（CIP）数据

现代汉语工具书书库/《现代汉语工具书书库》编委会主编．－北京：光明日报出版社，2002.10

ISBN7－80145－033－7

Ⅰ.现… Ⅱ.现… Ⅲ.汉语－工具书 Ⅳ.G425

中国版本图书馆 CIP 数据核字（2002）第 067801 号

书　　名：现代汉语工具书书库

责任编辑：王逸杰

出版发行：光明日报出版社

（北京宣武区永安路 106 号）

印　　刷：北京振兴源印刷有限公司

开　　本：787×1092　1/16

印　　张：93

印　　数：5000

版　　次：2002 年 11 月第 1 版

印　　次：2002 年 11 月第 1 次印刷

书　　号：ISBN7－80145－033－7/G

定　　价：296.00 元

《现代汉语工具书书库》编委会

总目录

凡 例

一、字头

1.收录《现代汉语通用字表》全部 7000 个通用字和一部分现代汉语中能见到而又不十分生僻的字。为了便于读者查考,在正编外酌收一部分生僻字作为备查字。正编及备查字共收单字近 10000 个。如果包括字头后括号内所附的繁体字和异体字,全书共收单字 13000 多个。

2.属于下列情况之一的字,分立字头:

①形同而音、义不同的字,如“长(cháng)”和“长(zhǎng)”,“参(cān)”“参(cēn)”和“参(shēn)”。

②形、义相同而读音不同,各有适用范围的字,如“色(sè)”和“色(shǎi)”,“血(xuè)”和“血(xiě)”。

③形、音相同而意义上没有联系的字,原则上也分立字头,在字的右上角标注序号,如“耳^1”和“耳^2”,“安^1”“安^2”和“安^3”。

④规范字与被简化的繁体字或被淘汰的异体字原代表语言中不同的词时,原则上也将规范字分立字头,以便同相应的繁体字和异体字对照,在字的右上角标注序号,如“谷^1”和“谷^2(穀)”,“雕^1(*鵰)”和“雕^2(*彫琱)”。

3.字头按汉语拼音字母顺序排列。同音字按笔画由少到多排列;笔画相同的按第一笔笔形横(一)、竖(丨)、撇(丿)、点(丶)、折(乛)的顺序排列;第一笔笔形相同的按第二笔笔形的顺序排列,依此类推。必须单立字头的轻声字,如“了(le)”“着(zhe)”“匙(shi)”等,排在去声音节之后。

二、字形

1.本字典所用汉字形体,一律以 1988 年公布的《现代汉语通用字表》规定的规范字形为标准,不使用淘汰的旧字形,如“角”不作“角”,“产”不作“产”。

2.本字典一律使用规范字,即不使用被简化的繁体字、被淘汰的异体字以及被淘汰的计量单位旧译名用字等。

3.1986 年重新发表的《简化字总表》明确“叠、覆、像、啰”不再作为“迭、复、象、罗”的繁体字处理,“瞭”读 liào 时不简化为“了”;“䜣、䜩、哗、詟、诃、䲠、䌷、刬、鲙、诓、雠”11 个类推简化字不再作为淘汰的异体字;1988 年《现代汉语通用字表》明确“翦、邱、於、澹、骼、彷、菰、溷、徼、薰、黏、桉、愣、晖、凋”15 个字不再作为淘汰的异体字。上述 31 个字,都作为规范字收入字典,并加提示予以说明。

4.为了便于对照检查,已被简化的繁体字和《第一批异体字整理表》规定停止使用的异体字,一律加括号附列在正体字头后面。先列繁体,后列异体。异体字在左上角加星号(*)作为标记,异体字不止一个时,只在第一个字前标星号。繁体或异体只具有正体字头的某一个或某几个义项时,在右上角加注义项序号。如“惭(慚*慙)”“荡^1(蕩*盪❶❷❹)”“凄(*淒❶❸悽❷)”。在括号中附列的繁体字和异体字,都可以从部首检字表中查到。

三、注音

1.全部条目均按《汉语拼音方案》的规定,用汉语拼音字母依普通话读音注音,按四声标调。

不注变调和变读，必要时用文字说明。

2.有异读的字、词，一律按1985年修订的《普通话异读词审音表》审订的读音注音；未经审订的，一般按约定俗成的原则注音。

3.轻声字只注音不标调。标注声调的字头，在后面所出的词条或所举的例词中需读轻声时，标注读音。例如：

碜（磣）chěn ❷【牙碜】yáchen。

绰（綽）chuò ❶形宽松；宽裕▷阔～｜宽～（kuānchuo）。

4.多音字在释义完了之后，另起一行，用“另见×”注出其他读音。

5.释义和举例中出现的多音字，不易区别其读音时，加括号注音。例如：

衿 jīn ❷名系（jì）衣裳的带子。

差 chāi ❸名旧指被派遣做事的人▷信～｜解（jiè）～。

6.轻声字、儿化音，必要时根据有关部门的规定和约定俗成的原则予以标注。

7.未经审音委员会审订的又音字，一般只收一个读音。两个读音都比较通行时，酌收两读，但又音不另立字头，只具参考作用。如：“眄 miǎn 又 miàn”。不另立“眄 miàn”字头。

四、释义

1.凡属现代汉语中常用的词义和语素义，现在仍然使用的古词语和成语中的语素义，均列为义项。

2.义项不止一个的，分条释义，用❶❷❸等表示义项。一个义项下还需要分条，用a）b）c）等表示。

3.义项按词义的引申脉络排列。先列被引申义（即能够引申出后面诸义项的意义，不一定是本义），后列引申义。引申义按历史发展的顺序排列。由义项❶直接引申出的第一层引申义，每项的序号前都加“→”。由第一层引申义引申出的第二层引申义，只有一项时序号前不加符号，两项以上时每项序号前都加“⇒”。以下类推。例如：

法[1] fǎ ❶名刑法；泛指国家制定的一切法规……→❷名标准；模式……⇒❸名方法；方式……⇒❹动仿效；学习（别人的优点）……→❺形合法的；守法的……→❻名指佛教的教义、规范；佛法……❼名指僧道等画符念咒之类的手段……

注 7个义项的引申图是：

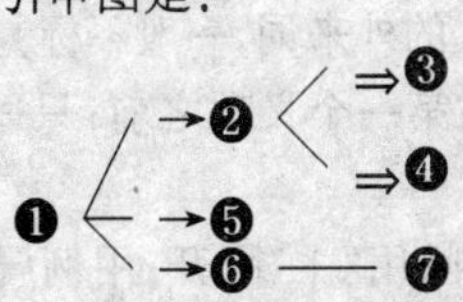

❷❺❻为第一层引申义，都加“→”。❸❹是由❷引申出的第二层引申义，不止一项，都加“⇒”。❼是由❻引申出的第二层引申义，只有一项，序号前不加符号。❷❸❹是第一组引申义，先列；❺是第二组引申义，次之；❻❼是第三组引申义，后列。

4.同前面义项没有引申关系的义项，原则上分立字头，但为了避免分立字头过多，将姓氏义等酌情放在其他义项之后，序号前用“○”隔开。某些尚未查明引申脉络，又不能肯定是假借义的，也用“○”隔开放在其他义项之后。例如：

标[1] biāo ❶名〈文〉树梢；末端……→❷名事物的枝节或表面；非根本性的一面……

标[2] biāo ❶名旗帜……→❷名标记；记号……⇒❸动做标记……⇒❹名目标；衡量事物的准

则……❺名发包工程或出卖大宗商品时，向承包或承买的一方公布的标准和条件……〇❻量用于队伍（数词限用“一”，多用于近代汉语）▷杀出一～人马。〇❼形美好▷～致。

旗帜是“标”的假借义，又有一系列引申义，另立字头“标²”。量词用于队伍，同前面的义项有无引申关系尚未查明，暂用“〇”隔开。美好是假借义，但在现代汉语中已不能单用，而且只能组成“标致”一个词，不另立字头，放在最后，也用“〇”隔开。

5. 在现代汉语中不能单独成词的字，在字头下连带收录这个字组成的词，然后注音、简释词义。例如：

磅 páng【磅礴】pángbó ❶动〈文〉充满；扩展……

伺 cì【伺候】cìhou 动侍奉；照料……

6. 随义项逐条标注词性。一个字在一个义项下，既能独立成词，又能作语素的，按词的语法功能标注词性；只能作语素的，比照类似的词标注词性。语素义的词性，只表示它在合成词中的性质，并不表示由它组成的合成词都具有这种性质。

7. 按照一般的划分词类的方法，将词分为名词（包括时间词和方位词）、动词（包括助动词）、形容词、数词、量词、代词、副词、介词、连词、助词（包括语气词）、叹词、拟声词等12类，分别用名、动、形、数、量、代、副、介、连、助、叹、拟声表示。

8. 释义后一般都举出用例。既是词又是语素的字，先举该字单用的例句，再举由它构成的词语。

9. “也说”指这种事物或现象的另一种名称。“也作”指这个词的另一种写法，一般不是通常使用的写法。“也说”“也作”用于某个义项之后，表示只适用于本义项；前头加“//”，表示适用于以上所有义项。

10. 音、义完全相同，只有字形不同的字，一般只在通常使用的字形下释义，在不常使用的字形下用“同‘×’”表示。如：忻 xīn 同“欣”。

五、符号

1. 〈文〉表示文言词。

2. 〈方〉表示方言词。

3. 〈口〉表示口语词。

4. 〈外〉表示近、现代的外来词（历史上相沿已久的外来词，一般不标）。

上述符号适用于一个字头的所有义项时，标在第一个义项之前；只适用于个别义项时，标在有关义项序号和词性之后。

5. “▷”表示后面是用例。用例不只一个时，中间用“｜”隔开；用例属于比喻用法的，用“◇”同前面的用例隔开。用例中出现的被释字、词，用“～”代替。

6. “☛”表示手指的方向是提示。

部首检字表

1. 本检字表采用《汉字统一部首表(草案)》所规定的部首，共 201 部。根据国家语言文字工作委员会、中华人民共和国新闻出版署 1997 年发布的《现代汉语通用字笔顺规范》适当调整了个别部首的顺序。为了促进规范化和方便读者查检，部首的变形或繁体大多加括号单立；对所属字量极少，与主部首笔画数全等者，不单立，只加括号附列在主部之后。部首按笔画数由少到多顺序排列；同画数的，按起笔笔形一(横)丨(竖)丿(撇)丶(点)乙(折)顺序排列；第一笔相同的，按第二笔；依次类推。

2. 本检字表按照“据形归部”的原则对所收的字归部。采用先上后下，先左后右，先外后内的方法提取部首。分不清部首的字，按起笔笔形分别归入一丨丿丶乙部。

3. 本检字表对同一部首的字按全字笔画数由少到多顺序排列。同画数的字，按字的起笔笔形一丨丿丶乙的顺序排列；第一笔相同的，按第二笔；依次类推。

4. 本检字表中的繁体字均加括号，异体字均加括号和星号。

部首目录

(部首左边的号码是部首序号；右边的号码是所在检字表的页码)

检字表

（字右边的号码是字典正编和备查字的页码）

(31)
士部

32
工部

33
艹部

53

辶部

5—6 画

(53)

辵部

54

彐(彑)部

(54)

彑部

55

尸部

3—6 画

56 弓部

57 己部

58 子部

59 屮部

60 女部

64 幺部

65 巛部

66 王部

(66)
玉部

67
无(旡)部

68
韦部

(68)
韋部

69
木部

70 支部

71 犬部

82
水部

(82)
氵部

85
牛部

94
氏部

95
风部

（95）
風部

96
欠部

97
殳部

98
文部

(114)

金部

115

生部

122
立部

5—10 画

123
穴部

5—8 画

124
疋部

(124)
正部

125
皮部

126
癶部

127
矛部

128
耒部

6—10 画

129
老部

(129)
耂部

130
耳部

6—8 画

142 臼部

143 自部

144 血部

难检字笔画索引

（字右边的号码是字典正文和备查字的页码）

汉语拼音音节索引

(音节后面是例字,右边的号码是字典正编的页码)

A

a 阿 1
ai 哀 1
an 安 2
ang 肮 3
ao 熬 3

B

ba 八 5
bai 白 6
ban 班 7
bang 帮 8
bao 包 9
bei 背 10
ben 奔 11
beng 崩 12
bi 逼 12
bian 边 14
biao 标 15
bie 别 16
bin 宾 16
bing 兵 17
bo 波 18
bu 不 19

C

ca 擦 21
cai 猜 21
can 参 22
cang 仓 22
cao 操 22
ce 策 23
cei 瓻 23
cen 岑 23
ceng 层 23
cha 插 24
chai 拆 25
chan 搀 25
chang 昌 26
chao 超 27
che 车 28
chen 抻 28
cheng 称 29
chi 吃 30
chong 冲 32
chou 抽 32
chu 出 33
chua 欻 34
chuai 揣 34
chuan 川 35
chuang 窗 36
chui 吹 36
chun 春 36
chuo 戳 36
ci 词 37
cong 聪 38
cou 凑 38
cu 粗 38
cuan 撺 38
cui 崔 39
cun 村 39
cuo 搓 40

D

da 搭 41
dai 呆 42
dan 单 43
dang 当 44
dao 刀 45
de 德 46
dei 得 47
den 扽 47
deng 灯 47
di 低 47
dia 嗲 49
dian 颠 49
diao 刁 50
die 爹 51
ding 丁 52
diu 丢 52
dong 东 53
dou 兜 53
du 都 54
duan 端 55
dui 堆 56
dun 吨 56
duo 多 57

E

e 俄 59
en 恩 60
er 儿 60

F

fa 发 62
fan 番 62
fang 方 64
fei 飞 64
fen 分 66
feng 风 67
fo 佛 68
fou 否 68
fu 夫 68

G

ga 嘎 72
gai 该 72
gan 干 73
gang 刚 74
gao 高 75
ge 哥 75
gei 给 77
gen 根 77
geng 更 78
gong 工 78
gou 勾 79
gu 估 80
gua 瓜 82
guai 乖 83
guan 关 83
guang 光 84
gui 归 84
gun 滚 86
guo 郭 86

H

ha 哈 88
hai 孩 88
han 鼾 89
hang 夯 90
hao 蒿 90
he 喝 91
hei 黑 93
hen 痕 93
heng 亨 93
hng 哼 93
hong 烘 93
hou 侯 94
hu 乎 95
hua 花 97
huai 怀 98
huan 欢 98
huang 荒 99
hui 灰 100
hun 昏 102
huo 活 102

J

ji 几 104
jia 加 108
jian 尖 110
jiang 江 112
jiao 交 113
jie 揭 115
jin 斤 118
jing 京 119
jiong 炯 121
jiu 纠 121
ju 居 122
juan 捐 124
jue 撅 125
jun 君 126

K

ka 咖 128
kai 开 128
kan 刊 129
kang 康 129
kao 考 130
ke 科 130
ken 肯 132
keng 坑 132
kong 空 132
kou 抠 132
ku 哭 133
kua 夸 133
kuai 快 134
kuan 宽 134
kuang 匡 134
kui 亏 135
kun 昆 136
kuo 阔 136

L

la 拉 138
lai 来 139
lan 兰 139
lang 郎 140
lao 捞 141
le 勒 142
lei 雷 142
leng 棱 143
li 哩 143
lia 俩 146

zai	栽	302	zhai	斋	306	zhong	中	316	zhuo	捉	322
zan	咱	303	zhan	占	307	zhou	周	317	zi	姿	323
zang	脏	303	zhang	张	308	zhu	朱	318	zong	宗	324
zao	遭	303	zhao	招	308	zhua	抓	320	zou	邹	325
ze	泽	304	zhe	折	309	zhuai	拽	320	zu	租	325
zei	贼	305	zhei	这	311	zhuan	专	320	zuan	钻	326
zen	怎	305	zhen	针	311	zhuang	庄	321	zui	嘴	326
zeng	憎	305	zheng	正	312	zhui	追	322	zun	尊	326
zha	扎	305	zhi	只	313	zhun	谆	322	zuo	作	327

A

ā

阿[1] ā 词的前缀。附着在姓、名、排行或某些亲属名称的前面，常具有亲昵的意味，多用于方言▷～王|～毛|～大|～婆|～姨|～哥|～妹。

阿[2] ā ［阿昌族］āchāngzú 名我国少数民族之一，分布在云南。

阿[3] ā 音译用字，用于“阿訇”（āhōng，伊斯兰教主持教仪、讲授经典的人）、“阿门”（基督教祈祷的结束语）、“阿拉伯”（分布在亚洲西部、非洲北部的一个民族）、“阿斯匹林”（一种解热镇痛药）等。

另见 ē。

啊 ā ❶叹表示惊讶或赞叹▷～，下雪了！|～，这里的风景太美了！○❷叹表示劝导或轻度提示▷～，宝宝听话！|你在家等着，～！|您这是20元，～！

另见 á；ǎ；à；a。

锕（錒） ā 名放射性金属元素，符号Ac。银白色，在暗处能发蓝光，在潮湿空气中迅速氧化，表面形成氧化层。存在于沥青铀矿及其他含铀矿物中。

腌 ā ［腌臜］āza〈方〉❶形肮脏；不干净▷这地方太～。○❷形不顺心；不舒畅▷说了不该说的话，～透了|受了一肚子～气。

另见 yān。

á

啊 á 叹表示追问▷～，你说什么？|你倒是愿意不愿意呀，～？|～，听相声还得记录？

另见 ā；ǎ；à；a。

嗄 á 同“啊”。现在通常写作“啊”。

另见 shà。

ǎ

啊 ǎ 叹表示惊疑▷～，会有这种事？|～，怎么会输了呢？

另见 ā；á；à；a。

à

啊 à ❶叹表示应诺▷～，就这样办吧！|～，我这就去|～，我正听着呢，你继续说吧。○❷叹表示醒悟▷～，原来是你打的电话呀！|～，我明白了，原来是这么回事！○❸叹表示赞叹或惊异（音较长，多用于朗诵）▷～，壮丽的河山！|～，祖国，我的母亲！

另见 ā；á；ǎ；a。

a

啊 a ❶助用在句子末尾，在不同的句型或语境中，加重不同的语气或带有不同的感情色彩▷不是我不想去，我确实有事～|千万别上当～！|你可真行～！|这是多不容易的事～！|你找谁～？|这点儿事你怎么就干不了～？○❷助用在句中停顿处，表示列举或引起对方注意等▷我对那儿的山～，水～，树～，草～，都有深厚的感情|我这次来～，是想找你商量点儿事情。○❸助用在重复的动词后面，表示动作反复进行或过程较长▷大家找～，找～，终于找到了|我在那儿等～，等～，等了很久也没见你来。○❹助应答时，用在表明态度的词语后面，表示强调▷是～，我也是这么想的|不对～，我没有同意他去。☛助词“啊”受到前一字的韵母或韵尾的影响发生音变，有时写成不同的字：

前字的韵母或韵尾	啊的发音和写法
a，e，i，o，ü	a→ia　呀
u，ao，ou	a→ua　哇
-n	a→na　哪

另见 ā；á；ǎ；à。

āi

哎 āi 又 ēi❶叹表示惊讶▷～！你怎么来啦？|～！你今天可真漂亮！○❷叹表示不满▷～，这就是你的不对了|～，怎么会弄成这样呢？○❸叹表示呼唤，提醒对方注意▷～，别说话了，注意听！|～，请让一下！

另见 ái；ǎi；ài。

哀 āi ❶动同情；怜悯▷～怜。→❷形悲痛；伤心▷喜怒～乐|悲～|～伤|～思|～叹。

埃[1] āi 名尘土▷尘～。

埃[2] āi 量〈外〉国际单位制中的长度单位，一埃等于一亿分之一厘米。主要用于计算光波和很短的电磁波的波长以及原子、分子的大小等。这个名称是为纪念瑞典物理学家埃斯特朗而定的。

挨 āi ❶动靠近；接触▷～着我坐下|一个～一个地摆放整齐|脸～着脸|你的手太凉，别～我|～近。→❷动依次；（动作行为）一个接着一个地进行▷～门～户通知|～着号叫|～个儿买票。

另见 ái。

唉 āi ❶叹表示应答▷～，我这就来|～，听见啦。○❷拟声形容叹息的声音▷听到这个消息，他～～地直叹息。

另见 ài。

欸 āi 同“唉”。现在通常写作“唉”。

另见 ǎi。

嗳（噯） āi 同“哎”。现在通常写作“哎”。

另见 ǎi；ài。

锿（鎄）āi 【名】放射性金属元素，符号 Es，由人工核反应获得。化学性质活泼，易挥发。主要用于发射 α 射线。

ái

哎 ái 又 éi 【叹】表示诧异或突然想起什么要告诉对方（有时用低升调）▷～，他怎么没来？｜～，这事你听说了吗？｜～，我想起来了。

另见 āi；ǎi；ài。

挨 ái ❶【动】遭到；勉强承受▷～了一顿皮鞭｜～骂｜～冻。〇❷【动】勉强支持；困难地度过▷一步一～走到山下｜好容易～到天亮｜苦难的日子总算～过来了。〇❸【动】拖延▷～时间｜延～。

另见 āi。

硙（磑）ái ［硙硙］áiái ❶【形】〈文〉高峻。〇❷古同"皑皑"。参见"皑"。

皑（皚）ái ［皑皑］áiái 【形】（雪）洁白▷白雪～～。☛"皑"字右下是"己"（jǐ），不是"已"（yǐ）。

癌 ái 【名】恶性肿瘤，按发生的部位可分肺癌、肝癌、乳腺癌等多种。也说癌瘤或癌肿。☛统读 ái，不读 yán。

ǎi

毐 ǎi 用于人名。嫪（lào）毐，见"嫪"。

哎 ǎi 又 ěi 【叹】表示不满或不同意▷～，你这就不对了｜～，这个字不这样写。

另见 āi；ái；ài。

欸 ǎi ［欸乃］ǎinǎi 【拟】〈文〉形容行船摇桨、摇橹的声音▷～一声山水绿。

另见 āi。

嗳（噯）ǎi 同"哎"。

另见 āi；ài。

矮 ǎi ❶【形】（身材）短▷弟弟比哥哥～多了｜～个子｜小～人｜～小。→❷【形】低▷桌子太～，椅子太高，不配套｜大小高～都合适。❸【形】（等级、地位）低▷我们比他～两班｜他虽说是个小学教师，也不比人～一截。

蔼（藹）ǎi 【形】和善；态度温和▷和～｜～然可亲。☛统读 ǎi，不读 ài。

霭（靄）ǎi 【名】云气；烟雾▷云～｜雾～｜烟～｜暮～。☛统读 ǎi，不读 ài。

ài

艾[1] ài ❶【名】多年生草本植物，叶互生，开黄色小花。叶子有香气，可以做药材；叶子晒干制成艾绒，可用于灸疗；茎叶燃烧时的烟味能驱蚊蝇。也说艾蒿。〇❷【名】姓。

艾[2] ài 【动】尽；停止▷方兴未～。

艾[3] ài 【形】〈文〉美丽；漂亮▷少～。另见 yì。

哎 ài 又 èi ❶【叹】表示惋惜、懊悔▷～，别提了！算我倒霉！｜～，我真不该到这里来。〇❷【叹】表示应诺或认可▷～，去吧｜～，这就对了！

另见 āi；ái；ǎi。

砹 ài 【名】非金属元素，符号 At。有放射性，可以用来治疗甲状腺机能亢进。

唉 ài 【叹】表示伤感、失望或惋惜▷～，这可怎么办呢？｜～，这下可全完了！｜～，这么好的机会又错过了｜～，这场球又输了。

另见 āi。

爱（愛）ài ❶【动】对人或事物有深厚真诚的感情▷我～妈妈｜～祖国｜～科学｜恋～｜宠～｜溺～｜疼～。→❷【动】怜惜；爱护▷～面子｜～惜。→❸【动】喜欢；爱好▷～打球｜～游泳。❹【动】容易发生（某种行为或变化）▷～发脾气｜～感冒｜春天～刮风。〇❺【名】姓。

餲（餲）ài 【形】〈文〉食物放久了而变味。

隘 ài ❶【形】狭窄；狭小▷～口｜～路｜狭～。→❷【名】险要的地方▷关～｜险～｜要～。☛统读 ài，不读 ǎi。

薆（薆）ài 【动】〈文〉隐蔽。

碍（礙）ài 【动】妨害；妨碍▷有～观瞻｜～手～脚｜～眼｜～口｜阻～｜障～。

嗳（噯）ài 同"哎"。

另见 āi；ǎi。

嗌 ài 【动】〈文〉噎；咽喉被塞住。

另见 yì。

嫒（嬡）ài ［令嫒］lìng'ài 【名】尊称对方的女儿。现在通常写作"令爱"。

瑷（璦）ài ❶【名】〈文〉美玉。〇❷［瑷珲］àihuī 【名】地名，在黑龙江。今作爱辉。

叆（靉）ài ❶［叆叆］àiài 【形】〈文〉浓盛；茂密。〇❷［叆叇］àidài 【形】〈文〉云气很盛▷乌云～～。

暧（曖）ài ❶【形】〈文〉昏暗不明▷昏～｜夕阳～～。→❷［暧昧］àimèi 【形】（态度、用意）含糊、不明朗；（行为）不光明正大▷态度～｜关系～。

ān

厂 ān 同"庵"①。多用于人名。

另见 chǎng。

广 ān 同"庵"①。多用于人名。

另见 guǎng。

安[1] ān ❶【形】没有事故或危险（跟"危"相对）▷居～思危｜转危为～｜～然无事｜治～｜公～｜～全｜平～。→❷【形】平静；稳定▷坐立不～｜～静｜～定｜～详。⇒❸【动】使稳定▷～邦定国｜～民｜～神｜～慰｜～抚。⇒❹【形】舒适；快乐▷～居乐业｜～逸｜～闲｜～乐。❺【动】感到满足舒适▷～于现状｜～土重迁｜～之若素。→❻【动】使有适当的位置；安置▷～家落户｜～营扎寨｜～插｜～放｜～排｜～顿。❼【动】安装；装置▷～玻璃｜～电话｜～水龙头。❽【动】存有；怀着（不好的念头）▷你～的什么心？｜没～好心。❾【动】加上▷给他～了个什么罪名？〇❿【名】姓。

安[2] ān 〈文〉❶【代】表示疑问，询问处所，相当于"哪里"▷沛公～在？｜计将～出？→❷【副】表示反问，相当于"怎么""哪里"NC879»燕雀～知鸿鹄之志哉？｜～能坐以待毙？

安[3] ān 【量】〈外〉法定计量单位中电流单位安培的简称，导体的横截面每秒通过 1 库仑的电量时，电流强度为 1 安。这个名称是为纪念法国物理学家安培而定的。

桉 ān 【名】桉属植物的统称。常绿乔木，叶互生，多为镰刀形，开白、红或黄色花，树干高且直。品种很多，主要生长在亚洲热带、亚热带地区。木质坚韧、耐久,可做枕木、矿柱、桥梁、建筑等用材;叶和小枝可提取桉油,供药用或做香料。☛1955年《第一批异体字整理表》将"桉"作为"案"的异体字予以淘汰。1988年《现代汉语通用字表》确认"桉"读ān时为规范字,读àn时仍作为"案"的异体字处理。

氨 ān 名氮的最普通的氢化物,分子式NH_3。无色气体,有特殊臭味,易溶于水。可以制造硝酸、氮肥和兴奋剂,液态氨可以做冷却剂。通称氨气,也说阿摩尼亚。

庵(*菴) ān ❶名〈文〉圆顶的草屋▷茅～|结草为～。→❷名小寺庙(多指尼姑住的)▷尼姑～。

谙(諳) ān 动熟悉;懂得▷不～水性|～练|～达。☛统读ān,不读àn。

鹌(鵪) ān [鹌鹑]ānchun 名鸟,形体像小鸡,头小尾秃,羽毛赤褐色,有显著的白色羽干纹。肉和卵可供食用。

鮟(鮟) ān [鮟鱇]ānkāng 名鱼,体柔软无鳞,前半部扁平,呈圆盘形,尾部细小,第一根背棘像装有鱼饵的钓竿,用以引诱猎物靠近,以便捕食。能发出像老人咳嗽的声音。俗称老头儿鱼。

鞍(*鞌) ān ❶名鞍子,用皮革或木头等加衬垫物制成的器具,放在牲口背上供人乘坐或载物▷马～|～架。→❷名形状像鞍子的(事物)▷～鼻(鼻畸形的一种,鼻梁中间塌陷)|～马(一种体操器械;又为男子竞技体操项目之一)。

盦[1] ān 名古代一种带盖的盛食物的器皿。

盦[2] ān 同"庵"①,多用于人名。

ǎn

俺 ǎn 代〈方〉说话人称自己,相当于"我"或"我们"▷～们|～爹|～村|～山里人。

埯 ǎn ❶名为点种瓜、豆等作物而挖的小土坑。→❷动挖小坑点种(瓜、豆等)▷～瓜|～豆。→❸量用于点种的植物▷几～儿南瓜。

铵(銨) ǎn 名从氨衍生所得到的一种带阳电荷的根,即铵离子(NH_4^+)。同金属离子的性质相似。含有这种离子的化合物有氯化铵等。也说铵根。

揞 ǎn 动用手指把药面等敷在伤口上▷赶紧～上点止血药粉。

àn

犴 àn [狴犴]bì'àn,见"狴"。

岸(*峖) àn ❶名江、河、湖、海边的陆地▷两～果树成行|隔～观火|海～线|河～|～边|沿～。→❷形高大▷伟～。→❸形〈文〉高傲▷傲～。

按[1] àn ❶动用手或手指压或摁▷～手印|～电钮|～下葫芦浮起瓢。→❷动压;抑制▷～压|～捺。

按[2] àn ❶动〈文〉考察;审查▷有遗迹可～|～诸史实。→❷动加按语(编辑、注释者或引用者对原文所作的考证、评论或说明)▷编者～|引者～。〇❸动遵从;遵照▷～部就班|办事情要有计划,～制度。→❹介依照;依据▷～亩产800公斤计算|～原计划办|～规定执行|～期完成|～理说。

胺 àn 名氨分子中部分或全部氢原子被烃基取代而成的有机化合物。大部分具有弱碱性,能和酸生成盐,如苯胺。

案[1] àn ❶名古代端食物用的矮脚木盘▷举～齐眉。→❷名长方形的桌子▷拍～而起|书～|条～|伏～。❸名可以支起来当操作台的长方形木板,多用于炊事▷肉～|白～|～板。

案[2] àn ❶名记录事件或处理公务的文书▷有～可查|备～|档～|～卷。→❷名有关建议或计划之类的文件▷提～|议～|方～|草～|教～。→❸名涉及法律或政治的事件▷破～|审～|犯～|～件|五卅惨～。☛参见"桉"(ān)字的提示。

暗(*晻闇❶❷) àn ❶形光线微弱;不明亮(跟"明"相对,②—④同)▷天色～了|屋里光线太～|～无天日|黑～|阴～|～箱。→❷形〈文〉糊涂;愚昧▷兼听则明,偏听则～|～昧。→❸形隐藏的;不外露的▷明碉～堡|～沟|～语|～号|～器|明人不做～事。❹副偷偷地;私下里▷明来～往|明争～斗|～想|～喜。

黯 àn ❶形昏暗;阴暗▷～然失色|风云～色。→❷形精神沮丧;情绪低沉▷～然神伤|～然泪下。

āng

肮(骯) āng [肮脏]āngzāng❶形脏;不洁净▷这个厕所太～|～的被褥。→❷形比喻卑鄙龌龊▷灵魂～|～的交易。

áng

卬 áng ❶代〈文〉说话人称自己,相当于"我"。〇❷古同"昂"。

昂 áng ❶动仰起(头)▷～首阔步|～起头。→❷形(价钱)高▷～贵。❸形情绪高涨;精神振奋▷气势～～|气宇轩～|慷慨激～|～奋。〇❹名姓。☛统读áng,不读āng。

àng

盎 àng 形充满;洋溢▷春意～然|兴味～然。

āo

凹 āo ❶形低于周边(跟"凸"相对)▷～凸不平|～陷|～透镜。→❷动由周围向中心陷下▷眼窝深深地～进去。☛㊀统读āo,不读wā。㊁笔顺是丨𠂉𠃌凹,五画。

熬 āo 动烹调方法,把蔬菜等加作料放在锅里用水煮▷～白菜|～豆腐。

另见áo。

噢 āo 叹用法同"噢"(ōu)。

爊 āo 动〈文〉把鱼、肉等放在微火上煨熟。

áo

敖 áo ❶古同"遨"。〇❷古同"嗷"。〇❸名姓。

隞 áo 名商朝的都城,在今河南郑州西北。也作敖、嚣。

嶅 áo [嶅阳]áoyáng 名地名,在山东。

遨 áo 动漫游▷～游。

嗷 áo ［嗷嗷］áoáo〈文〉❶拟声形容哀鸣、呼号的声音▷哀鸣～|～待哺。○❷拟声形容嘈杂的声音。

廒 áo 名〈文〉粮仓▷仓～。

璈 áo 名古代乐器，形状像现在的云锣。

獒 áo 名一种凶猛善斗的狗，身体大，尾巴长，四肢短，可以驯养做猎狗。

熬 áo ❶动把东西放在容器里用文火久煮▷～粥|～药。→❷动忍耐；勉强支持着▷再～几年，孩子就长大成人了|～夜|～日子|有～头了。

另见 āo。

聱 áo ［聱牙］áoyá 形〈文〉读起来不顺口▷佶屈～牙。

螯 áo 名螃蟹等节肢动物的第一对脚，因演化变形，末端成钳状，能开合，用来取食或御敌▷～足|～肢。

翱（*翺） áo 动回旋地飞▷～翔。☛"翱"字左下是"夲"（tāo），不是"本"。

鳌（鰲*鼇） áo 名传说中海里的大龟▷独占～头。

嚣（囂） áo 古同"嗷"。

另见 xiāo。

鏖 áo 动〈文〉激战；苦战▷赤壁～兵|～战疆场。

ǎo

袄（襖） ǎo 名有衬里的上衣▷把～穿上|棉～|夹～|皮～。

媪 ǎo 名〈文〉上年纪的妇女▷翁～|～妪|乳～。

ào

岙 ào 名山间平地，多用于地名▷薛～|岛斗～（均在浙江）。

坳（*坳） ào 名山间的平地▷山～。☛统读 ào，不读 āo。

拗（*抝） ào 动违背；不顺▷违～|～口。

另见 niù。

傲 ào ❶形形容自高自大，看不起别人▷～气十足|～视一切|骄～|～慢。→❷形自尊自重，坚强不屈▷～然挺立|～骨。→❸动〈文〉轻视；藐视▷恃才～物。○❹名姓。

奥[1] ào ❶名古代指室内的西南角；泛指房屋深处▷堂～。→❷形〈文〉里面的；幽深的▷～室|～域。❸形（含义）精深难懂▷深～|～妙|～秘|～旨。○❹名姓。

奥[2] ào 某些音译词的简称。❶名奥地利▷～匈帝国。○❷名奥林匹克▷～运会（世界性的综合运动会，因沿用古代希腊人常在奥林匹克举行体育竞赛而得名）。○❸量奥斯忒，磁场强度非法定计量单位。这个名称是为纪念丹麦物理学家奥斯忒而定的。☛"奥"字上边是三面包围结构，"米"字上边没有一撇。从"奥"的字，如"隩""澳""懊"，同。

骜（驁） ào ❶名古代骏马名，比喻才能出众。→❷形马不驯良；喻指傲慢、不顺服▷桀～不驯。

隩 ào 古同"奥[1]"①②。

另见 yù。

澳[1] ào ❶名可以停船的海湾，多用于地名▷三都～（在福建）。→❷名指澳门▷港～地区。

澳[2] ào 名指澳大利亚▷～毛（澳大利亚出产的羊毛）。

懊 ào 动悔恨；烦恼▷～丧|～恼|～悔。

鏊 ào ［鏊子］àozi 名烙饼用的铁制炊具，圆形，平底，中间稍隆起。

B

bā

八 bā 数数字，七加一的和。☛"八"的大写是"捌"。

巴¹ bā ❶名古国名，在今四川东部，秦朝改为郡。→❷名指四川东部地区▷～山蜀水｜～蜀民歌｜秦～山区。〇❸名姓。

巴² bā 动盼望；期望▷～不得天快点亮｜～望。

巴³ bā ❶动紧贴着；挨着▷壁虎～在墙上｜～着玻璃窗往里看。→❷动黏附；黏结▷锅里的米饭都～底了｜粥已经～锅了。❸名粘在别的物体上的东西▷锅～。

巴⁴ bā 量〈外〉压强的非法定计量单位，物体每 1 平方厘米的面积上受到的压力为 100 万达因时，压强就是 1 巴。1 巴等于 10^5 帕。

扒¹ bā 动抓住（可依附的东西）；用手紧紧把住▷～着墙头往里看｜～着树杈采果子｜～住栏杆。

扒² bā ❶动刨开；挖▷～土｜～堤｜～房。〇❷动拨动▷～开草丛｜紧着往嘴里～饭｜～拉算盘。〇❸动剥下；脱掉▷把兔皮～下来｜～光衣服｜～掉伪装。

另见 pá。

叭 bā 同"吧"。

芭 bā ❶名古书上说的一种香草。〇❷［芭蕉］bājiāo 名多年生草本植物，有匍匐茎，假茎绿色或黄绿色，直立，叶子宽大。果实也叫芭蕉，跟香蕉相似，可以食用；叶和假茎的纤维可以造纸、编绳索。〇❸名姓。☛"芭"和"笆"不同。"芭"用于"芭蕉""芭蕾舞"等词中，"笆"用于"笆斗""笆篱""笆篓""篱笆"等词中。

奤 bā ［奤奤屯］hǎbātún，见"奤"。

吧 bā 拟声形容断裂、撞击等的声音▷～的一声，木棍断成了两截｜～地给了个耳光子｜～～，两声枪响。

另见 ba。

岜 bā ［岜关岭］bāguānlǐng 名地名，在广西。

疤 bā ❶名伤口或疮口愈合后留下的痕迹▷脸上有块～｜伤～｜疮～｜～痕。→❷名器物上像疤的痕迹▷脸盆上有块～。

捌 bā 数数字"八"的大写。

笆 bā 名用树枝、荆条、竹篾等编制的片状物▷荆～｜竹～｜篱～。

粑 bā 名〈方〉饼类食物▷糍～｜糯米～。

豝 bā 名〈文〉母猪。

鲃（鲅） bā 名鱼，体侧扁或略呈圆筒形，口部多有须。种类很多，主要产于我国南方水流湍急的涧溪中。

bá

拔 bá ❶动抽出；拽出▷把电源插头～下来｜～草｜～牙｜～刀相助｜～苗助长｜一毛不～｜～除。→❷动超出；高出▷出类～萃｜高楼～地而起｜海～｜～尖儿。→❸动挑选；选取（人才）▷选～｜提～。→❹动攻克；夺取▷连～三座县城。→❺动吸出（毒气等）▷～毒｜～火｜～罐子。❻动〈口〉把东西浸泡在凉水里使变凉▷用凉水～西瓜。☛"拔"和"拨"形、音、义都不同。

茇 bá 名〈文〉草根。

胈 bá 名〈文〉人大腿上的细毛。

菝 bá ［菝葜］báqiā 名落叶攀援状灌木，茎横生，有刺，呈块根状，叶卵圆形，开黄绿色花，果实球形，成熟时为红色。根状茎可以做药材。俗称金刚刺、金刚藤。

跋¹ bá 动在山地行走▷～山涉水｜长途～涉。

跋² bá 名文体的一种，多写在书籍、文章、字画、金石拓片等的后面，内容大多属于评价、鉴定、考释、说明之类▷写一篇～｜序～｜题～。

魃 bá 名传说中造成旱灾的鬼怪。也说旱魃。

鼥 bá ［鼧鼥］tuóbá，见"鼧"。

bǎ

把¹ bǎ ❶动握住▷双手紧紧～住方向盘｜手～手地教孩子写字｜～握｜～捉。→❷名指车把，车上控制平衡和掌握方向的装置▷骑车不要双手撒～。→❸动控制；独占▷大事小事都～着不放｜～持。⇒❹动守卫；看守▷～门｜～关｜～守。❺动〈方〉紧挨；靠近▷～着胡同口有个饭铺｜～墙角站着。⇒❻动固定住使不开裂▷椅子快散了，用角铁～住。→❼名一手可以握住的或扎成小捆的东西▷火～｜手巾～儿｜草～儿。❽量 a）用于一只手可以握住或抓起的东西▷手里攥着一～芹菜｜一～米｜一～水果糖。b）用于扎成小捆的东西▷买了两～小萝卜。c）用于有柄或类似把手的器物▷一～菜刀｜两～笤帚｜一～茶壶｜三～椅子。d）用于同手有关的动作等，数词多用"一"▷推了一～｜擦～脸｜一～抓住。e）用于同手的动作有关的某些事物，数词限于"一"▷一～鼻涕一～眼泪｜一

～屎—～尿地把孩子拉扯大。f)用于某些抽象事物，数词限于“一”▷出—～力｜加～劲儿｜—大～年纪｜—～好手。→❾介 a)表示处置，宾语通常是后面及物动词的受事者▷～饭吃了｜～房间收拾一下｜～大好时光白白浪费了｜你能～他怎么样？b)表示致使，后面的动词通常带有表示结果的补语▷～他急坏了｜～鞋都走破了｜～礼堂挤得水泄不通。c)表示发生了不如意的事情，宾语是后面动词的施事者▷正需要人照顾，偏偏～老伴儿死了。→❿动从后面托起婴儿的两腿(让他大小便)▷～屎｜～尿。○⓫名旧时指结拜为异姓兄弟的关系▷～兄弟｜～兄。

把[2] bǎ 数用于某些数词和量词后，表示约数▷万～人｜百～里路｜个～月｜丈～长。

另见 bà。

屉 bǎ [屉屉]bǎba 名〈口〉屎；粪便。

钯(鈀) bǎ 名金属元素，符号 Pd。银白色，熔点较高，延展性强，能吸收大量氢气，化学性质不活泼。用作氢化或脱氢的催化剂，也用于制造合金和印刷电路等。

另见 pá。

靶 bǎ 名靶子，练习、比赛射箭或射击用的目标▷打～｜～心｜箭～。

bà

坝[1](壩) bà ❶名拦截水流的建筑物▷修一座～｜打～｜拦河～｜大～。→❷名保护堤岸、巩固堤防的建筑物▷丁～(坝的一端与堤岸连接成丁字形，能改变水流，使堤岸不受冲刷)｜～埽(过去的一种固堤设施)。

坝[2](垻) bà ❶名平地或平原，多用于地名▷坪～｜留～(在陕西)｜冯家～(在四川)。→❷名沙滩，多用于地名▷沙～｜珊瑚～(在重庆)。

把 bà ❶名柄，器物上便于握持的部分▷笤帚～儿｜铁锹～儿｜印～子｜茶壶～儿◇落下话～儿。→❷名花、叶或果实跟茎或枝相连的部分▷花～儿｜叶～儿｜海棠～儿。

另见 bǎ。

爸 bà 名〈口〉称呼父亲。也说爸爸(bàba)。

耙 bà ❶名农具，用来弄碎耕过的田里的大土块并使土地平整▷钉齿～｜圆盘～。→❷动用耙碎土平地▷三犁三～｜～地。

另见 pá。

罢(罷) bà ❶动停止；歇▷欲～不能｜善～甘休｜～休｜～手｜～课｜～市。→❷动免去或解除(职务)▷～了他的官｜～免｜～黜。→❸动完毕；完了▷用～早饭｜听～，一言不发｜不干便～，要干就得干好。

另见 ba。

䎬(䶕) bà 形〈方〉牙齿暴露在外。

鲅(鮁) bà 名鲅科鱼的统称。体侧扁，长达 1 米，鳞细，腹部两侧银灰色，背部有暗色横纹或斑点。性凶猛。种类很多，分布于热带和温带海洋中。肝可制鱼肝油。也说马鲛。

䎱(䎱) bà 同“耙”。现在通常写作“耙”。

霸(*覇) bà ❶名古代诸侯联盟的首领▷春秋五～｜～主。→❷名凭借权势或实力强横(hèng)欺压他人的人▷他是当地的一～｜恶～｜渔～。→❸动依仗权势强行占有或占据▷独～一方｜～占。

灞 bà 名灞河，水名，在陕西，流入渭河。

ba

吧 ba ❶助用在句尾，表示不同的语气。a)用在陈述句中，表示不很肯定▷他大概已经走了～｜好像是去年～｜可以～，先试试看。b)用在祈使句中，使语气委婉▷你回去～！｜快定～！｜别说了～！c)用在疑问句中，缓和疑问语气▷这笔是你的～？｜会议结束了～？｜这事不难办～？→❷助用在句中停顿处，使语气显得委婉▷他～，身体不太好｜我～，昨天也没去｜你～，就不用来了。→❸助用在假设复句前一分句的末尾(常常是正反两种设想)，表示不能肯定▷去～，不好；不去～，也不好｜劝～，他不听；让他闹去～，会出乱子的。

另见 bā。

罢(罷) ba 同“吧”。现在通常写作“吧”。另见 bà。

bāi

刵 bāi [刵划]bāihua 动〈方〉处置；安排▷忙得他怎么也～不开了。

掰 bāi 动用两手把东西分开或折断▷一块月饼～成两半｜把白菜帮子～掉｜～开揉碎。

bái

白[1] bái ❶形像霜雪一样的颜色(跟“黑”相对)▷墙刷得很～｜工作服是～的｜黑～分明｜～纸黑字。→❷形洁净；纯洁(多指为人)▷襟怀坦～｜清～。→❸形明亮▷～昼｜～日｜～花花。❹动明白；清楚▷真相大～｜不～之冤。❺动说明；陈述▷表～｜辩～｜剖～｜自～。⇒❻名戏曲中只说不唱的台词；戏剧角色所说的话▷道～｜宾～｜独～｜旁～｜韵～｜京～(京剧中用北京话念的道白)｜苏～(昆曲、京剧中用苏州话念的道白)。⇒❼名白话，现代汉语的书面形式，它是在口语的基础上形成的▷半文半～｜文～夹杂。→❽名指丧事▷红～喜事。→❾形没有外加其他东西的；空无所有的▷～开水｜交～卷｜～手起家｜一穷二～。⇒❿副没有效果地；徒然▷～忙了一天｜～操心｜～～浪费时间。⇒⓫副不付出代价地；没有报偿地▷～看戏｜买十个，～送一个｜不能～给你。→⓬动用白眼珠看(表示鄙薄或厌恶)▷～了他一眼。→⓭名某些食用植物的白色嫩茎或层层包裹的叶鞘▷茭～｜葱～。→⓮形象征反动▷～区｜～军。○⓯名姓。

白[2] bái 形读音或字形错误▷写～字(如把“性别”写成“姓别”)｜念～字(如把“破绽”读成“破定”)｜～字先生。☛“白字”在书面语中通常写作“别字”。

白[3] bái [白族]báizú 名我国少数民族之一，分布在云南、贵州。

bǎi

百 bǎi ❶数数字，十个十▷由一数到一～｜～分之～｜～分比。→❷数表示很多或多种多样▷～孔千疮｜千方～计｜～业待举｜杀一儆～｜～家姓｜～货｜～科全书。

伯 bǎi［大伯子］dàbǎizi 名丈夫的哥哥。
另见 bó。

佰 bǎi 数数字“百”的大写。

柏（*栢） bǎi 名柏科植物的统称。常绿乔木或灌木,有的品种高可达30米,叶小,鳞片状,前端尖锐,果实为球形、卵圆形或圆柱形。木材淡黄褐色,有香味,质地坚硬,纹理致密,是建筑和制造家具的优良用材。
另见 bó;bò。

捭 bǎi 动〈文〉分开▷纵横～阖(联合分化)。

摆[1]（擺） bǎi ❶动放置;排列▷把架子上的书～整齐|桌上～着各种饮料|河边一字～开十几条小船。→❷动列举出来▷～事实,讲道理|评功～好。❸动〈方〉陈述▷～～你的近况|有什么不顺心的事,跟我～一～。→❹动显现出;故意显示▷这个人没心计,喜怒哀乐都～在脸上|～老资格|～架子|～阔|～谱儿。

摆[2]（擺） bǎi ❶动来回摇动▷～～手|把胳膊一～|摇摇～～|～动。→❷名钟表、仪器里控制摆动频率的机械装置▷钟～|～钟|～轮|停～。

摆[3]（襬） bǎi 名长袍、上衣、裙子等的最下面的部分▷下～|～纹(下摆的纹缕)。

bài

呗（唄） bài［梵呗］fànbài 名佛教徒念经的声音。
另见 bei。

败（敗） bài ❶动损坏;搞坏▷身～名裂|伤风～俗|～家子儿|～坏。→❷动做事情没有达到预定的目的(跟“成”相对)▷功～垂成|成～利钝|失～是成功之母。❸动特指在战争或竞赛中失利(跟“胜”相对)▷只许胜,不许～|胜不骄,～不馁|敌人彻底～了|立于不～之地|主队以一比三～于客队|～仗|溃～。❹动使失败▷大～敌军。→❺形破旧;腐烂▷～絮|腐～。→❻形衰落;凋谢▷枯枝～叶|开不～的花朵|衰～|～落|破～。❼动使某些致病因素减弱或消失▷～毒|～火。

拜 bài ❶动古代一种表示敬意的礼节,行礼时双膝着地,拱手与心平,俯首至手;后来也作为行礼的通称▷再～顿首|请受我一～|跪～|叩～。→❷动尊崇;敬奉▷崇～|～服|～物教。→❸动以礼会见▷～公婆|～客|回～。→❹动〈文〉通过一定的礼仪授予官职▷～为上卿|～将。→❺动见面致敬表示祝贺▷～年|～寿|团～。→❻动敬辞,用在自己的动作前,表示对人的恭敬▷～读|～托|～领|～辞|～访|～见。→❼动通过一定的仪式结成某种关系▷～师|～把兄弟|～干爹。〇❽名姓。

稗（*粺） bài ❶名稗子,一年生草本植物,是稻田和旱地的有害杂草,叶子同稻子相似。→❷形〈文〉微小的;琐碎的▷～官野史|～史|～政。

鞴（韛） bài ❶名〈文〉鼓风的皮囊。→❷名〈方〉风箱。

bai

㖞 bai 助〈口〉用法同“呗”(bei)。

bān

扳 bān ❶动用力使一端固定的东西改变方向或转动▷～道岔|～枪栓|～着手指头算|～不倒儿(不倒翁)。→❷动指在比赛中扭转败局▷～回一局。
另见 pān。

攽 bān 动〈文〉发给。

班[1] bān ❶动〈文〉分;分开。→❷名过去指按行业而区分出来的人群,后来专指戏曲团体▷戏～|徽～|三庆～|挑(tiǎo)～。❸量 a)用于人群▷这～小青年干劲真不小。b)用于定时开行的交通工具▷到上海的飞机每天有两～|头～车。→❹名为了便于工作或学习而编成的单位▷我们～有40名同学|装卸～|进修～|甲～|～组|～级。❺名工作按时间分成的段落▷早～|晚～|三～倒|加～加点。⇒❻名一定时间内在岗位上从事的工作▷上～|交～|接～|值～。⇒❼名定时开行的(交通工具)▷～车|～机。→❽名军队的编制单位,隶属于排▷三排一～|尖刀～|雷锋～。〇❾名姓。

班[2] bān 动〈文〉撤回(军队)▷～师回朝。

般 bān ❶量种;类▷这～人|百～卖弄。→❷助一样;似的▷珍珠～的露水|翻江倒海～的气势。
另见 bō;pán。

颁（頒） bān 动发布;公布▷～布|～发。

斑 bān ❶名一种颜色中夹杂的另一种颜色的点子或条纹▷一块～|红～|黑～|～点|～纹。→❷形颜色驳杂▷～白|～驳|～斓。

搬 bān ❶动把较重或较大的东西移到另外的位置▷把桌子～开|箱子太重,一个人～不动|～运。→❷动迁移▷房客～走了|～进新楼了|～家|～迁。→❸动移用;套用▷把古典名著《红楼梦》～上银幕|生～硬套|～用|照～。

瘢 bān 名创(chuāng)伤或疮疖等愈合后留下的痕迹▷疮～|～痕。

癍 bān 名皮肤上生斑点的病▷病～。

bǎn

阪 bǎn ❶同“坂”。〇❷［大阪］dàbǎn 名地名,在日本。

坂（*岅） bǎn 名〈文〉山坡;斜坡▷前有～,后有坑|岭～。

板[1] bǎn ❶名片状的木头▷一块～儿|铺～|壁～|木～|～屋。→❷名拍板,用来打节拍的乐器▷檀～轻敲|快～儿书。❸名音乐中的节拍、节奏▷一～三眼|离腔走～|散～|慢～。→❹形不够灵活;缺少变化▷他为人挺好,就是太～了|死～|呆～。❺动绷(běng)▷～着面孔训斥人|～着脸。→❻动结成硬块,像板子似的▷地～了,没法锄|～结。→❼名泛指某些硬的片状或扁平的东西▷石～|钢～|纤维～|～斧。→❽名特指店铺门窗上的防护板▷那家饭馆早就上了～儿了。

板[2]（闆） bǎn［老板］lǎobǎn ❶名私营企业的业主;掌柜的▷饭店的～|～娘。→❷名过去对著名戏曲演员以及戏班组织者的尊称▷我最爱听谭～的《空城计》。

版 bǎn ❶名印刷用的底板▷木～|铅～|胶～|珂罗～|活字～|排～|拼～。→❷名书籍排印一次为一版，一版可以包括多次印刷▷初～|再～|修订～。→❸名报纸的一面▷头～头条|今日本报共八～|一条广告占了大半～。

钣(鈑) bǎn 名金属板材▷～金工。

舨 bǎn [舢舨]shānbǎn，见"舢"。

蝂 bǎn [蝜蝂]fùbǎn，见"蝜"。

bàn

办(辦) bàn ❶动做；处理▷帮我～件事|这事不好～|～手续|～公|～理|～法。→❷动采购；置备▷上南方～点儿货|～两桌酒席|置～|备～。→❸动处分；惩罚▷首恶必～|严～|法～|惩～。→❹动经营；创建▷～工厂|～教育|兴～。→❺名指办公室（机构名称）▷文教～|外～。

半 bàn ❶数二分之一▷～斤|一年～|～数|一～|年过～百。→❷形在……中间▷～道儿|～山腰|～辈子|～夜|～途而废。→❸形表示接近半数▷～壁江山|映红了～边天。❹形不完全▷～透明|～新不旧|～躺着|～张着嘴|～成品。→❺数同量词连用，表示量很少▷连～句话都不说|没有～点优惠|一星～点。

扮 bàn 动化装；装成▷女～男装|～做富商模样|在《将相和》里～廉颇|～演|～相|假～。

伴 bàn ❶名同在一起生活、工作或进行某种活动的人▷今晚我给你做～儿|咱们搭～儿去吧|～侣|同～|伙～|旅～。→❷动陪着；随同▷～我渡过难关|陪～|～同|～随。❸动从旁配合▷～奏|～唱|～音。

坢 bàn 名〈方〉粪肥▷猪栏～。
另见 pǎn。

拌 bàn 动搅和▷小葱～豆腐|～凉粉|～草料|搅～。

绊(絆) bàn ❶动阻挡或缠住，使行走不便或跌倒▷～了个跟头|磕磕～～|～倒|～脚石。→❷名两人摔跤时，一条腿用力别住对方的腿，使摔倒▷使～儿。❸名〈口〉喻指害人的圈套▷尽在暗地里使～儿。

柈 bàn [柈子]bànzi 名〈方〉整段木头劈成的大块劈(pī)柴。

靽 bàn 名古代驾车时套在牲口后部的皮带。一说是绊马足的绳索。

瓣 bàn ❶名植物的花冠、种子、果实或鳞茎可以分开的小片或小块▷花～儿|豆～儿|橘子～儿|蒜～儿。→❷名物体分成的小块或小片▷碗摔成了好几～儿|～膜|～腮。❸名指瓣膜▷二尖～狭窄。→❹量用于花瓣、橘子、蒜等片状物▷一～儿橘子|两～儿蒜。

bāng

邦 bāng ❶名国家▷友～|～国|～交|联～。○❷名姓。

帮(幫*幇幚) bāng ❶名物体上两边或四周的部分▷鞋～|船～|桶～。→❷动帮助▷～我一把|～忙|～工|～凶。→❸名群；为了某种目的而结成的集团（多含贬义）▷拉～结伙|行(háng)～|匪～|青红～。❹量用于成伙的人▷拉来一～人|跟着一～孩子。→❺名某些蔬菜外层较厚的叶子▷白菜～|菜～子。

梆 bāng ❶拟声形容敲击、碰撞木头的声音▷孩子们把桌子敲得～～响|～的一声，门被撞开了。→❷名梆子，旧时打更用的器具，中空，有柄，用木或竹子制成。→❸名打击乐器，用两根长短不同的枣木制成，多用于地方戏曲梆子腔的伴奏。

浜 bāng 名指通向江河的小河沟，多用于地名▷张华～（在上海）|沙家～（在江苏）。

bǎng

绑(綁) bǎng ❶动捆扎；缠绕▷把两根竹竿～在一起|捆～|～腿|～扎。→❷动指绑票，匪徒把人劫走，强迫被劫者的家属用钱赎人▷～匪。

榜(*牓) bǎng ❶名张贴出来的文告或名单▷张～招贤|～上有名|发～|落～|光荣～。→❷名匾额▷～额|～书。

膀(*髈) bǎng ❶名肩膀，胳膊和躯干相连的部分▷～大腰圆|左～右臂|臂～|光着～子。→❷名鸟类等的飞行器官▷那只鸟张着～子要飞|翅～。
另见 pāng；páng。

bàng

蚌 bàng 名软体动物，有两个椭圆形的黑绿色介壳，壳前背部有闭壳肌，使左右两片壳可以开闭，壳表面具有环状纹。生活在淡水中。有的种类产珍珠。☛"蚌"字右边是"丰"，三横一竖，不是一撇两横和一竖。
另见 bèng。

棒 bàng ❶名较粗的棍子▷木～|磁～|棍～|～槌。○❷形〈口〉强；好▷她的文章写得～极了|功课～。→❸形健壮▷～小伙子。

傍 bàng ❶动靠近▷小船～了岸|依山～水。→❷动临近（某个时间）▷～晚。☛统读 bàng，不读 bāng 或 páng。

谤(謗) bàng 动无中生有地说人坏话▷诽～|毁～。

塝 bàng 名沟渠或土埂的边，多用于地名▷张家～（在湖北）。

搒 bàng 动〈文〉划船▷～船。
另见 péng。

蒡 bàng [牛蒡]niúbàng 名二年生草本植物，根肉质，茎粗壮，带紫色，叶子心形或卵形，开管状淡紫色花。嫩叶和根可以食用；种子叫牛蒡子或大力子，可以做药材。

稖 bàng [稖头]bàngtóu 名〈方〉玉米。也作棒头。

磅 bàng ❶名〈外〉英美制重量单位。1磅等于0.4536千克。→❷名磅秤，一种金属制成的有承重底座的秤，因最初以磅为计量单位而得名▷用～称一称|过～。❸动用磅秤称重量▷～体重|把这车煤～一～。☛不读 bèng。
另见 páng。

镑(鎊) bàng 名〈外〉英国、爱尔兰、埃及、黎巴嫩、苏丹、叙利亚、以色列等国的本位货币▷1英～等于100便士。

bāo

包 bāo ❶动用纸、布或其他薄片裹东西或蒙在东西表面，使不外露▷用包袱皮儿把衣裳～起来|给书～个皮儿|门上～了一层铁皮|～馄饨|～扎。→❷名包起来的东西▷把棉花打成～|点心～|茶叶～|红～。⇒❸名装东西的袋子▷买了个～儿|皮～|书～|钱～。⇒❹名表面呈半球形，像包裹的东西▷蒙古～|山～|坟～|头上起了一个大～|面～。⇒❺量用于包起来的东西▷一～衣服|两～点心|三～大米。→❻动容纳在内；总括在一起▷无所不～|～罗万象|～含|～藏|～括|～容。❼动（把整个任务）总揽下来，全面负责▷这件工作～给你了|承～|～办|～产|～销|～工。⇒❽动担保；保证▷～你心满意足|～退～换|打～票。⇒❾动全部整个地买下或租用；约定专用▷厂里给职工～了一场电影|～了三辆大轿车|～机|～饭|～月|～圆儿。→❿动围拢；围绕▷小分队从敌人背后～了过去|～抄|～围。〇⓫名姓。☛"包"字下半是"巳"，不能写成"已"或"己"。从"包"的字，如"苞""胞""炮""雹""饱""抱"等，同。

苞[1] bāo 名花没开放时，包着花蕾的小叶▷含～欲放|花～。

苞[2] bāo 形〈文〉丛生；茂密▷竹～松茂。

孢 bāo [孢子]bāozǐ 名某些低等动物和植物在无性繁殖或有性生殖中产生的生殖细胞或少数细胞的繁殖体，脱离母体后能直接或间接发育成新个体。

枹 bāo 名枹树，即枹栎，落叶乔木，高25米左右，叶子呈长椭圆形，边缘有锯齿，坚果椭圆形。木材可制器具，种子可提取淀粉。多分布在我国黄河、长江流域。也说小橡子。

另见 fú。

胞 bāo ❶名人或哺乳动物妊娠期子宫内包裹胎儿的膜质囊。也说胞衣、衣胞、胎衣。→❷名同父母所生的；嫡亲的▷～兄|同～姐妹|～叔（父亲的同胞兄弟）。❸名同祖国或同民族的人▷侨～|台～|藏～。☛统读 bāo，不读 pāo。

炮 bāo ❶动烹调方法，把肉片放在锅或铛（chēng）中用旺火急炒▷～羊肉。〇❷动烘烤；焙干▷把湿衣服放在热炕上～干|把花生放在锅里～一～。

另见 páo；pào。

剥 bāo 动〈口〉去掉（外皮或壳）▷香蕉要～了皮吃|～栗子。

另见 bō。

龅（齙） bāo [龅牙]bāoyá 名暴露在外的牙齿。

煲 bāo 〈方〉❶名壁较为陡直呈圆筒状的锅▷沙～|瓦～|电饭～。→❷动用煲在小火上慢煮或熬▷～汤|～粥。

褒（*襃） bāo 动赞扬；夸奖（跟"贬"相对）▷～贬不一|～义|～奖|～扬。

báo

雹 báo 名空气中水蒸气遇冷凝结的冰粒或冰块，常在夏季随暴雨落下，对农作物危害极大▷冰～|～子。

薄 báo ❶形扁平物体的厚度小▷这本书很～|～棉袄。→❷形（土地）贫瘠；不肥沃▷土地～，产量低。→❸形（感情）冷淡；不深厚▷他待你不～。→❹形（味道）淡；不浓▷酒味太～。

另见 bó；bò。

bǎo

饱（飽） bǎo ❶形吃足了（跟"饿"相对）▷吃得不太～|饥一顿，～一顿|酒足饭～。→❷动满足；装满▷大～眼福|中～私囊。→❸形充足；充分▷～经风霜|～含|～受|～览。❹形（子粒）充盈▷麦粒儿很～|颗粒～满。

宝（寶*寳） bǎo ❶名珍宝；玉器；泛指珍贵的东西▷珠～|国～|至～|文房四～。→❷形稀有而珍贵的▷～刀|～剑|～贵。❸形敬辞，用于称对方的家眷、店铺或所在的地方等▷～眷|～号|～地。→❹名古代指货币或充当货币的金银▷通～|元～。→❺名对小孩的爱称▷～～。❻名称滑稽可笑或不成器的人（一般含贬义）▷活～|现世～。〇❼名旧时一种赌具，正方形，多用牛角或硬木制成，上面刻有记号，以供赌者猜测下注▷压～|摇～|开～。〇❽名姓。

保[1] bǎo ❶动养育；抚养▷～育院|～姆。→❷动庇护；守卫；使不受损害或侵犯▷～和平，卫祖国|明哲～身|～护|～健|～障|～卫。⇒❸动保持（原状），使不消失或不减弱▷优势～不住了|～密|～存|～暖。⇒❹动担保，使一定做到或不出问题▷只要科学管理，～你效益大增|吃了这药，～你恢复健康|旱涝～收|～质～量|～送|～释。❺名担保人；保证人▷作～|交～|找～。❻名旧时一种户籍编制单位，把若干户编成一甲，若干甲编成一保，使百姓相互监督、担保，以便于统治▷～甲制度|～长。〇❼名姓。

保[2] bǎo [保安族]bǎo'ānzú 名我国少数民族之一，分布在甘肃。

鸨（鴇） bǎo ❶名鸟，像雁而略大，体长可达1米，背部有黄褐色和黑色斑纹，腹部近白色。不善飞而善奔驰，能涉水，常群栖在草原地带。肉可以食用。→❷名旧指老妓女，也指开设妓院的女老板（古人认为鸨是淫鸟）▷～儿|～母|老～子。

葆 bǎo 动保持▷永～青春。

堡 bǎo 名堡垒，军事上的一种防御工事▷碉～|地～|桥头～。

另见 bǔ；pù。

褓（*緥） bǎo 名包裹婴儿的被子▷襁～。

bào

报（報） bào ❶动〈文〉按律定罪向上级报告。→❷动告诉；告知▷通风～信|～告|～警|～到|～账|申～|汇～。⇒❸名报纸，以宣传介绍国内外新闻为主要内容的散页定期出版物▷订了两份～|日～|晚～|登～|见～|～社。❹名指特定的刊物▷画～|学～。❺名指某些用文字传达消息或发表意见的文件、信号等▷海～|喜～。⇒❻名特指电报▷发～|～务员。⇒❼动特指向上级报告▷材料已经～市政府|把统计表～上来。→❽动答复▷～友人书◇～以热烈的掌声。⇒❾动答谢；回报▷投桃～李|尽忠～国|～恩|～效|～答|～酬。⇒❿动报复，对曾经使自己不利的人进行回击▷睚眦必～|～仇|～冤。

刨（*鉋鑤） bào ❶名刨子，推刮木料使平滑的工具▷平～|槽～|～刃儿。→❷动用

刨子或刨床加工(材料)▷~几块木板|~光|~平。→❸名刨床,推刮金属材料等使平滑的机器▷牛头~|龙门~。

另见 páo。

抱 bào ❶名〈文〉人体胸腹之间的部位;胸怀▷襟~。→❷动心里存有(某种想法或意见)▷~着一线希望|~负|~恨|~歉|~不平。❸动带着(疾病)▷~病。→❹动用手臂围住▷~着孩子|~在怀里|~了一摞书|拥~|搂~。⇒❺动第一次得到(儿孙)▷五十来岁就~上孙子了。⇒❻动领养(孩子)▷这孩子是~来的|~养。⇒❼动〈口〉围拢在一起▷~成一团儿。⇒❽动〈方〉(衣、鞋)大小合适▷这件衣服~身儿|这双鞋~脚。⇒❾量用于两臂合围的量▷一~柴火|这棵树足有两~粗。→❿动孵▷~小鸡|~窝。

趵 bào 动〈文〉跳跃;向上喷涌▷~突泉(泉名,在山东)。

另见 bō。

豹 bào 名哺乳动物,比虎小,毛皮一般有黑色斑纹或斑点,奔跑速度快,能上树,性情凶猛,捕食其他兽类,也伤害人畜。常见的有金钱豹、云豹、雪豹、猎豹等。也说豹子。

鲍(鮑) bào ❶名〈文〉盐腌的鱼,气味腥臭▷~鱼之肆(肆,店铺)。○❷名鲍鱼,软体动物,贝壳质厚而坚硬,呈耳状,多为绿褐色。多生活在温带和热带海区。肉味鲜美,营养丰富;壳可以做药材,称石决明。古代也说鳆。○❸名姓。

暴[1] bào ❶动显露出来▷~露。○❷名姓。

暴[2] bào ❶形急骤;突然而且猛烈▷~风骤雨|~病|山洪~发|~饮~食|~富|~涨。→❷形凶恶;残酷▷~行|~政|~徒|~虐|残~|凶~。❸动糟蹋;损害▷~殄天物|自~自弃。→❹形过分急躁;容易冲动▷他的脾气太~,容易发火|~躁。

暴[3] bào 动鼓起来▷气得他头上~青筋。

另见 pù。

瀑 bào 名瀑河,水名,在河北,一入滦河,一入白洋淀。

另见 pù。

曝 bào 义同"曝"(pù),用于"曝光"一词。

另见 pù。

爆 bào ❶动猛然迸裂▷车胎晒~了|~炸|~破|引~|火山~发。→❷动烹调方法,把食物放到滚油里快煎或在滚水中略煮随即取出,吃时再加作料▷~鱿鱼卷|~肚儿。→❸动出人意料地出现或发生▷~冷门|~满。☛统读 bào,不读 bāo。

bēi

陂 bēi 〈文〉❶名山坡。→❷名水边;岸。❸名池塘;池沼▷~塘|~池。

另见 pí;pō。

杯(*盃桮) bēi ❶名盛饮料等液体的器皿,多为圆柱形,一般不大▷酒~|烧~|玻璃~|~盘狼藉|~水车薪。→❷名授予竞赛优胜者的杯状奖品▷奖~|金~。

卑 bēi ❶形(位置或地位)低下▷地势~湿|尊~长幼|~贱|~微。→❷形品质低劣▷~劣|品位~下|行为~鄙。❸动轻视▷自~。→❹形谦恭;恭顺▷~辞厚礼|不~不亢|谦~。

背(*揹) bēi ❶动人用背(bèi)驮▷~着孩子|把柴火~到山下。→❷动承受;负担▷~着债|替别人~恶名。→❸量〈方〉用于背(bèi)上背的东西▷一~柴火。

另见 bèi。

椑 bēi 名椑柿,古书上记载的一种植物。果实熟后青黑色,捣碎浸汁,叫柿漆,用于染鱼网,涂雨伞、船具等。

另见 pí。

悲 bēi ❶形哀痛;伤心▷~哀|~剧|~观。→❷动怜悯;哀怜▷~天悯人|慈~。

碑 bēi 名竖立起来作为纪念物或标志的石制品,上面多刻有文字或图案▷墓前有一块~|里程~|界~|~文|~帖|树~|立~。

鹎(鵯) bēi 名雀形目鹎科各种鸟的统称。羽毛多为黑褐色,腿短而细弱,大多成群活动,叫声明亮动听,喜食野生浆果和昆虫。最常见的是白头鹎,头顶黑色,眉及枕羽白色,老鸟更为洁白,所以也说白头翁。

běi

北 běi ❶动〈文〉两个人背对背。→❷名四个基本方向之一,早晨面对太阳时左手的一边(跟"南"相对)▷由~往南|东南西~|江~|~房|~边。→❸动〈文〉败走;失败▷三战三~|败~。

bèi

贝(貝) bèi ❶名蛤、蚌等有介壳的软体动物的统称▷~壳|~雕。→❷名古代用贝壳做的货币。○❸名姓。

孛 bèi 〈文〉❶名彗星。→❷名指彗星出现时光芒四射的现象。古人认为这是不祥之兆。

另见 bó。

邶 bèi 名周朝诸侯国名,在今河南淇县以北、汤阴东南一带。

狈(狽) bèi ❶名古代传说中的一种野兽。→❷[狼狈]lángbèi 形困苦或窘迫的样子▷处境十分~|~不堪。→❸[狼狈为奸]lángbèiwéijiān 比喻互相串通一气干坏事。

枧(梖) bèi [枧多]bèiduō 名贝叶树,常绿乔木,高达10米以上,茎上有环纹,叶大,呈掌状羽形分裂,花淡绿而带白色。只开一次花,结果后即死亡。叶子叫贝叶,可以做扇子,又可以代替纸用来写字,古代印度人多用来写佛经。现在通常写作"贝多"。

备(備*俻) bèi ❶形齐全;完备▷求全责~|齐~。→❷动具有▷德才兼~。→❸动事先安排或筹划▷有~无患|~而不用|~料|筹~|准~。❹动为应付突发事故或灾害而做准备▷攻其不~|~战~荒|防~|戒~|警~。❺名设备▷军~|装~。→❻副完全;都▷关怀~至|~尝艰辛|~受优待。

背 bèi ❶名躯干上跟胸和腹相对的部位▷~上起了痱子|汗流浃~|~脊|马~。→❷名某些东西的反面或后部▷手~|力透纸~|阴山~后。→❸动用背部对着(跟"向"相对)▷~着风走|~水一战|~山面水。⇒❹动违背;不遵守▷~约|~信弃义。❺形不顺▷手气~透了|走~运。⇒❻动离开▷~井离乡。⇒❼动避开;瞒着▷说话不~人|~着大伙干了

些不可告人的勾当。⇒❽动背诵▷～书｜～台词。→❾动把两臂放在背后或捆在背后▷～着手来回踱跶｜～剪(两手交叉绑在背后)。〇❿形〈口〉听觉不灵▷耳朵～得很。〇⓫形偏僻▷住处很～,买东西不方便｜～静。

另见 bēi。

钡(鋇) bèi 名金属元素,符号 Ba。银白色,稍有光泽,质软,有延展性,易氧化,燃烧时火焰呈黄绿色。可用作去氧剂,也用于制造合金、烟火;钡盐可制高级白色颜料。

倍 bèi ❶动加倍,增加跟原数相同的数▷事半功～｜～道兼程。→❷量用在数词后,表示增加的是跟原数相同的数,某数的几倍就是某数乘以几▷三的五～是十五。→❸副更加;格外▷每逢佳节～思亲｜老朋友相见～感亲切。〇❹副〈方〉用在某些形容词前面,表示程度深,相当于"非常""特别"▷～儿棒｜～儿香｜～儿脆。

悖(*誖) bèi 〈文〉❶动相冲突▷并行不～｜～逆。→❷形不合常理;错误▷～谬。

被 bèi ❶名被子,睡眠时盖在身上的东西,一般有面有里,中间装有棉花或丝绵等▷两床～｜～面儿｜棉～｜毛巾～｜盖～。→❷动覆盖▷～覆。❸动遭受▷～屈含冤。❹动用于动词前,表示主语是受动作支配的对象▷他～评为先进工作者｜房子～拆了｜商店～盗。❺介用于被动句,引进动作行为的施事者▷～人误解｜～好奇心驱使｜他～经理解雇了。

辈(輩) bèi ❶名等;类(指人)▷侪～｜我～｜等闲之～。→❷名辈分,家族中世代相承的顺序▷他比我小一～｜祖～｜前～｜晚～。❸名辈子,人的一世或一生▷后半～｜下～子｜一～子。

惫(憊) bèi 形十分疲乏▷疲～。

焙 bèi 动用微火烘烤(食品、茶叶、药材等)▷～茶｜～点儿花椒｜～干｜烘～。

蓓 bèi [蓓蕾]bèilěi 名含苞未放的花朵;花骨朵儿▷～满枝。☛不读 péi。

碚 bèi 用于地名。如:北碚,在重庆;虾蟆碚,在湖北。

鞁 bèi 〈文〉❶名鞍辔等马具的统称。→❷同"鞴"①。

褙 bèi 动把布或纸逐层地糊在一起▷裱～｜～鞋帮。

糒 bèi 名〈文〉干粮;干饭。

鞴 bèi ❶动把鞍辔等套在马身上▷～马。〇❷[鞲鞴]gōubèi,见"鞲"。

鐾 bèi 动在布、皮子、石头等东西上把刀反复摩擦使锋利▷把刀再～一～｜～刀布。

bei

呗(唄) bei ❶助表示理所当然,兼有缓和语气和提醒对方的意思▷有困难就克服～｜没事了,回家～｜不用说,又挨批评了～。〇❷助表示同意或无可奈何地认可▷你一定要去,那就去～｜你不同意,那就算了～。

另见 bài。

臂 bei [胳臂]gēbei,见"胳"。
另见 bì。

bēn

奔(*犇奔) bēn ❶动快跑;急走▷～向远方｜～走相告｜狂～｜～驰｜～跑。→❷动特指逃跑;流亡▷东～西窜｜出～｜逃～。❸动旧指女子私自与男子结合而出走▷私～。→❹动赶忙去做(某事)▷～丧｜～命。

另见 bèn。

贲(賁) bēn ❶动〈文〉奔走▷虎～(像虎一样奔走逐兽,喻指勇士)。〇❷名姓。

另见 bì;féi。

栟 bēn [栟茶]bēnchá 名地名,在江苏。
另见 bīng。

锛(錛) bēn ❶名锛子,削平木料的平头斧,刃具跟柄呈丁字形。→❷动用锛子等工具砍削;用镐等挖掘▷～木头｜用镐～下一块土。〇❸动〈口〉刀刃出现缺口▷剁排骨把刀刃～了。

běn

本 běn ❶名草木的根或茎干;泛指事物的根本或根源(跟"末"相对)▷无～之木｜草～｜木～｜～末倒置｜舍～逐末｜忘～｜～源｜根～。→❷形原来的;固有的▷～意｜～性｜～能｜～质。❸副本来;原来▷他～是河南人｜～不想去｜～已说定｜～以为他不来了。→❹代指自己或自己这方面的▷～人｜～身｜～国｜～单位。❺代现今的▷～年｜～季度｜～星期｜～世纪｜～次列车｜～届大会。→❻介引进动作行为所遵循的根本准则,相当于"依据""按照"▷～此原则,妥为处理｜～有关规定执行。→❼名书册;簿册▷买一个～儿｜书～｜画～｜账～｜日记～。⇒❽名版本▷古～｜善～｜刻～｜宋～｜手抄～｜修订～。❾名演出的脚本▷话～｜唱～｜剧～。⇒❿名旧时臣下向皇帝奏事的文书▷参了一～｜修～(拟奏章)｜奏～。⇒⓫量用于书籍簿册等▷两～书｜一～账｜三～画册。→⓬名本钱,用来做生意、生利息的资财▷做买卖亏了～儿｜连～带利｜还～付息｜股～｜资～｜够～儿。⓭名制造某种产品所需的费用▷成～｜工～。→⓮形中心的;主要的▷校～部｜～题｜～体｜～论。☛"本"字是"木"下加一横,不是"夲"(tāo)。

苯 běn 名〈外〉碳氢化合物,分子式 C_6H_6。无色液体,气味芳香,容易挥发,蒸气有毒。可以做燃料、溶剂和香料,也是制造合成树脂和合成农药的重要原料。

畚 běn 名古代用草绳或竹篾等编成的类似箩筐的器具▷～箕。

bèn

夯 bèn 形笨拙(用于近代汉语)▷～雀儿先飞｜～汉。
另见 hāng。

坌 bèn ❶名〈文〉尘土;灰尘▷微～｜～尘｜～埃。→❷动〈文〉尘土飞扬,洒落在别的物体上;用粉末撒在物体上▷马尘～人｜丹朱～身。→❸动〈方〉翻(土)▷～地。〇❹动〈文〉聚积▷～尘垢｜～集。

奔(*奔逩) bèn ❶动径直(往目的地)走去▷出了大门直～车站｜投～。→❷动〈口〉为某事而到处奔走▷还缺哪味药,我给您～去｜这几天正忙着～材料呢。→❸动接近(某个年龄段)▷咱们都是～五十的人了。→❹介〈口〉引进动作行为的方向,相当于"朝""向"▷一直～南走｜到了路口～西

拐|汽车~这边儿来了。
另见 bēn。

倴 bèn [倴城]bènchéng 名地名,在河北。

笨 bèn ❶形记忆力和理解力差;不聪明▷这孩子太~|~头~脑|愚~。→❷形拙;不灵巧▷~手~脚|~嘴拙舌|~鸟先飞。○❸形粗大沉重▷~重。

bēng

祊 bēng 名古代在宗庙门内接引死者的祭祀。

崩 bēng ❶动倒塌▷山~地裂|雪~。→❷动爆裂,物体猛然破裂▷气球~了|分~离析。⇒❸动毁坏;垮台▷~溃。⇒❹动使爆裂▷放炮~山|开山~石头。⇒❺动爆裂或弹射的东西击中(人或物)▷碎石~瞎了一只眼|玩弹弓别~着人。❻动〈方〉指枪毙▷这种坏人该一枪~了他。→❼动古代指帝王死▷武王~|驾~。

绷(繃*綳) bēng ❶动拉紧;张紧▷把弦~得紧紧的|裤子太瘦,~在腿上不舒服|~子(刺绣时用来绷紧布帛的木框或竹圈)。→❷动〈方〉勉强支撑▷~场面(勉强维持表面的排场)。→❸动(物体)因拉得过紧而猛然弹起▷~簧。→❹名指绷子▷竹~|~架。→❺名用藤皮、棕绳等编织的床屉子▷棕~|床~。○❻动稀疏地缝上或用针别上▷~被头|袖子上~着臂章。○❼动〈方〉骗取财物▷坑~拐骗。
另见 běng;bèng。

嘣 bēng 拟声形容跳动、爆裂等的声音▷我的心~~直跳|弹棉花的弓子~~响。

béng

甭 béng 副〈方〉"不用"的合音词,表示用不着,不必,相当于"别"▷您就~操心了|这事你~插手。

běng

菶 běng [菶菶]běngběng 形〈文〉草木茂盛。

绷(繃*綳) běng ❶动面部肌肉张紧,表情严肃▷~着脸|把脸一~。→❷动用力支撑▷~住劲儿。
另见 bēng;bèng。

琫 běng 名古代刀鞘上部近口处的装饰物。

bèng

泵 bèng 名〈外〉一种能抽出或压入液体或气体的机械,按所抽送的物体可以分为气泵、水泵、油泵等。也说唧筒。

迸 bèng ❶动向四外溅射或爆开▷汽车一过,路上的积水~了他一身|电焊时火星儿四处乱~|~裂。→❷动向外突然发出▷憋了半天才~出一句话来|~发。

蚌 bèng [蚌埠]bèngbù 名地名,在安徽。
另见 bàng。

堋 bèng 动〈文〉把棺材埋入土中。
另见 péng。

绷(繃*綳) bèng 动裂▷豆荚~开了缝儿。
另见 bēng;běng。

甏 bèng 名〈方〉瓮;坛子一类的器皿。

镚(鏰) bèng [镚子]bèngzi 名〈口〉旧指圆形小铜币,十个合一个铜元;现在泛称小形的硬币为钢镚子、钢镚儿或镚儿。

蹦 bèng 动跳▷从窗台上~下来|连~带跳|~~跳跳。

bī

屄 bī 名女性外生殖器的俗称。多用作骂人的话。

逼(*偪) bī ❶动靠近;迫近▷队伍直~城下|~近|~真。→❷动用压力迫使;威胁▷~他交出图纸|~上梁山|寒气~人|~迫|威~。❸动强行索要▷~债|~账|~供。→❹形〈文〉狭窄▷~窄|~仄。

鲾(鰏) bī 名鲾科鱼的统称。身体小而侧扁,呈卵圆形,青褐色,有暗色条纹,口小能伸缩,鳞小而圆。种类很多,生活在热带近海中。

bí

荸 bí [荸荠]bíqi 名多年生草本植物,生在池沼或水田里。地下茎呈扁圆形,皮赤褐色,肉白色,可以食用,也可以制淀粉。荸荠,也指这种植物的地下茎。

鼻 bí ❶名鼻子,人和高等动物头部的呼吸器官和嗅觉器官,有两个孔▷~腔|~音|~息|~炎。→❷名某些器物上隆起或带孔的部分▷印~|门~儿|针~儿。○❸形创始的;开端▷~祖。☛"鼻"字的下边是"丌",不是"廾",第二笔的竖撇、第三笔的竖都不出头。

bǐ

匕 bǐ ❶名古代一种类似汤匙的取食器具。→❷[匕首]bǐshǒu 名短剑之类的兵器▷图穷~见|拔出一把~。☛不读 bì。

比 bǐ ❶动挨着;并列▷鳞次栉~|~肩而立|~翼双飞|~邻。→❷动互相依附;互相勾结▷朋~为奸。→❸动较量(高下);比较(异同)▷同他~个高低|~吃~穿|~武|对~。⇒❹动比得上;能够相比▷身子骨儿已经不~头几年了|出门不~在家,要学会照顾自己|今非昔~。⇒❺介引进比较的对象▷榆木~杨木硬|我~你高|身体~过去结实了|老刘~我大一岁|生活一天~一天好|小张~小李学习好。⇒❻动数学上指两个数相比较,前项和后项是被除数和除数的关系,如 3:5 读"三比五"。❼名数学上指比较两个数而得出的倍数关系,其中一个数是另一个数的几倍或几分之几▷粮食作物产值和畜牧业产值约为二与一之~。⇒❽动表示竞赛双方得分的对比▷主队以三~一大胜客队。→❾动仿照;比照▷~着葫芦画瓢|将心~心|~着这件衣服再做一件。❿动比画,用手做出姿势来帮助说话或代替说话▷他~了~手势让我进去。→⓫动比方;比喻▷把祖国~做母亲。☛统读 bǐ,不读 bì。

吡 bǐ 音译用字,用于"吡啶"(bǐdìng,有机化合物,化学式 C_5H_5N,无色液体,有臭味,可做溶剂和化学试药)、"吡咯"(bǐluò,有机化合物,化学式 C_4H_5N,无色液体,可制药品)。
另见 pǐ。

沘 bǐ 名沘江，水名，在云南，流入澜沧江。

妣 bǐ 名〈文〉已去世的母亲▷如丧考～(像死了父母一样悲伤)|先～。

彼 bǐ〈文〉❶代那；那个(跟"此"相对)▷～岸|顾此失～|此一时，～一时|～此。→❷代对方；他▷知己知～|～竭我盈(对方精疲力竭，我方力量充实)。

秕(*粃) bǐ ❶形子粒中空或不饱满▷～谷子|～粒。→❷名中空或不饱满的子粒▷～糠(秕子和糠，喻指没有价值的东西)。

笔(筆) bǐ ❶名书写、绘画的工具▷一支～|投～从戎|钢～|～筒。→❷动用笔书写▷代～。❸名写作或绘画的技巧、特点▷文～|伏～|～法|～触。❹名笔画，组成汉字的横、竖、撇、点、折等▷这个字只有三～|一～一画|起～|～顺。❺量 a)用于款项、债务等▷一～账|一～款子|两～债|几～生意。b)用于书画▷能写一～好字|学着画几～山水。☛"笔直"读 bǐzhí，不读 bìzhí。

俾 bǐ 动〈文〉使▷～人说合。☛统读 bǐ，不读 bì。

鄙 bǐ ❶名〈文〉边邑；边远的地方▷边～。→❷形(言行)粗俗；(人品)低下▷～俗|～陋|卑～。⇒❸动认为粗俗；看不起▷～视|～薄。⇒❹形〈文〉谦辞，用于称自己▷～人|～意。☛统读 bǐ，不读 bì。

bì

币(幣) bì 名货币，商品交换的媒介物▷钱～|纸～|硬～|～制|人民～。

必 bì ❶副表示事理上确定不移或主观上认为确凿无误▷人民～胜|坚持到底，～能成功|今天没来，明天～到。→❷副表示事实上、情理上一定要▷～不可少|不～着急|事～躬亲。

毕[1](畢) bì ❶名古代打猎用的一种长柄网。→❷名星宿名，二十八宿之一。○❸名姓。

毕[2](畢) bì ❶动完成；终结▷默哀～|～业|礼～|完～。→❷副全部；完全▷原形～露|群贤～至|～生。

闭(閉) bì ❶动关；合▷～上嘴|～门造车|～幕|～目养神|～关自守。→❷动堵塞▷～塞(sè)|～气。→❸动结束；停止▷～会|～经。

庇 bì 动遮蔽；掩护▷～护|包～。☛统读 bì，不读 pì。

诐(詖) bì 形〈文〉偏颇；邪僻不正▷～论(偏邪不正的言论)|～邪(偏邪不正)。

苾 bì 形〈文〉芳香。

畀 bì 动〈文〉给与▷投～豺虎(把坏人扔给豺狼虎豹吃掉)。

泌 bì［泌阳］bìyáng 名地名，在河南。☛"泌"和"沁"(qìn)不同。"泌"字的右边是"必"，"沁"字的右边是"心"。泌阳在豫南，沁阳在豫北。

另见 mì。

贲(賁) bì 形〈文〉华美光彩。

另见 bēn；féi。

荜[1](蓽) bì 古同"筚"。

荜[2](蓽) bì［荜拨］bìbō 名多年生藤本植物，叶多呈心脏形，花小，雌雄异株，浆果呈椭圆形。果穗可以做药材。

毖 bì ❶形〈文〉谨慎。→❷动使谨慎小心▷惩前～后。

哔(嗶) bì 音译用字，用于"哔叽"(一种密度较小的斜纹纺织品)等。

饆(饆) bì［饆饠］bìluó 名古代一种饼类食品。

陛 bì 名〈文〉台阶；特指帝王宫殿的台阶▷～下(对帝王的尊称)。

毙(斃*獘) bì ❶动死▷坐以待～|～命|击～|枪～。→❷动枪毙▷这两个杀人犯早就该～了。

铋(鉍) bì 名金属元素，符号 Bi。灰白或粉红色，质软，不纯时质脆，导热率低，抗磁性强。可以制造低熔点合金，用在电气安全装置上，也用作反应堆冷却剂等。

秘(*祕) bì ❶［秘鲁］bìlǔ 名国名，在南美洲。○❷名姓。

另见 mì。

狴 bì［狴犴］bì'àn 名传说中一种形状像虎的兽，古代常把它画在牢狱门上，所以又借指牢狱。

梐 bì［梐枑］bìhù 名古代官署前阻挡行人的栅栏。

庳 bì〈文〉❶形(房屋)矮小▷宫室卑～。→❷形低洼▷～湿。

敝 bì ❶形〈文〉破烂▷～衣|～帚自珍|舌～唇焦。→❷动〈文〉疲惫；衰败▷疲～|衰～|凋～。→❸形谦辞，用于称有关自己的事物▷～处|～校|～姓。☛按照国家语言文字工作委员会和新闻出版署 1997 年 4 月发布的《现代汉语通用字笔顺规范》，"敝"字的笔顺是丶 丷 巾 尚 尚 尚 尚 敝 敝 敝，11 画。

婢 bì 名旧时供人役使的年轻女子▷～女|奴～|奴颜～膝。☛统读 bì，不读 bèi。

皕 bì 数〈文〉二百▷～宋楼。

赑(贔) bì［赑屃］bìxì 名传说中一种像龟的动物，力大，好负重。旧时大石碑的底座多雕刻成赑屃的形状。

箅(篳) bì 名用树枝或竹子等做成的篱笆、门等遮拦物▷蓬～生辉|蓬门～户。

愎 bì 形固执；乖戾▷刚～自用。☛不读 fù。

弼 bì 动〈文〉辅助；辅佐▷辅～。

蓖 bì [蓖麻]bìmá 名一年或多年生草本植物，全株光滑有蜡粉，圆茎中空，有分枝，叶大，呈掌状分裂。种子榨的油叫蓖麻油，可以做工业润滑油，也可供药用；茎的韧皮纤维可以制绳索和造纸；根、茎、叶、种子都可以做药材。

跸(蹕) bì 〈文〉❶动帝王出行时开路清道，禁止通行▷～止|警～。→❷名指帝王的车驾或出行时的住所▷驻～(帝王出行时沿途停留暂住)。

痹(*痺) bì 名痹症，中医指由于风、寒、湿等侵袭肢体而引起疼痛或麻木的病▷风～|寒～|全身麻～。☛统读 bì，不读 pí 或 pì。

滗(潷) bì 动挡住容器中液体里的东西，把液体倒出▷～出一碗米汤|药熬好了就～出来。

裨 bì ❶动增补▷～补阙漏。→❷名益处▷无～于事|大有～益。

另见 pí。

辟[1] bì 〈文〉❶名天子；国君▷复～。○❷动征召；特指官府征聘荐举并授与官职▷征～。

辟[2] bì 动〈文〉排除；避免▷～邪。

另见 pì。

碧 bì ❶名〈文〉青绿色的玉石▷～血(传说古代忠臣苌弘冤死后，血化成碧，后来指为正义目标而流的血)。→❷形青绿色▷～波荡漾|金～辉煌|～空|～绿。

蔽 bì ❶动覆盖；遮挡▷黄沙～天|掩～|遮～|隐～。→❷动概括▷一言以～之。

箅 bì 名箅子，一种有孔眼或空隙的器具，用来隔离物品使不致落下，并能通气、漏水▷竹～子|铁～子|炉～子。

弊[1](*獘) bì 名害处；毛病(跟"利"相对)▷利多～少|兴利除～|流～|～病|～端。

弊[2] bì 名欺诈蒙骗的行为▷舞～|作～|私～。

薜 bì [薜荔]bìlì 名常绿藤本植物，茎蔓生，叶子椭圆形，果实倒卵形。果实含果胶，可制作凉粉；茎、叶、果实都可以做药材。也说木莲。

觱 bì [觱篥]bìlì 名古代一种管乐器，用竹做管，管口插有芦苇制成的哨子，有九个孔。汉代时从西域龟兹(qiūcí)传入中原。也作觱栗、觱篥。

篦 bì ❶名篦子，一种密齿的竹制梳头用具。→❷动用篦子梳▷～头发。

壁 bì ❶名墙▷家徒四～|～画|～灯|～炉|墙～。→❷名像墙一样陡峭的山石▷悬崖峭～|绝～。→❸名营垒，军营的围墙或防御设施▷坚～清野|～垒。→❹名中空物体外层作用像墙的部分▷井～|胃～|细胞～。○❺名星宿名，二十八宿之一。☛统读 bì，不读 bèi。

避 bì ❶动躲开▷～开敌人的锋芒|不～艰险|～难|～雨|躲～。→❷动避免；防止▷～孕|～雷器。☛统读 bì，不读 bèi。

嬖 bì 〈文〉❶动宠爱；宠幸▷～臣|～人|～女。→❷名受宠爱的人▷宠～(宠妾)|外～(受宠爱的臣下)。

髀 bì 名〈文〉大腿或大腿外侧，也指大腿骨▷～肉复生|抚～长叹|髋～。☛统读 bì，不读 pí。

濞 bì 用于地名。如：漾濞江，水名；漾濞，地名。均在云南。

臂 bì ❶名胳膊，从肩到腕的部分▷振～高呼|手～|～膀|～力。→❷名动物的前肢▷螳～当车|长～猿。→❸名器械上伸出的类似臂的部分▷起重～下禁止站人|悬～。

另见 bei。

璧 bì ❶名古代一种中间有孔的扁平圆形玉器，用作礼器和饰物▷和氏～。→❷名泛指美玉▷珠连～合。→❸名〈文〉敬辞，用于归还借物或辞谢赠品▷～还|～谢。☛"璧"和"壁"不同。"璧"指玉器，"壁"指墙壁。

襞 bì ❶名〈文〉衣服上的褶子或皱纹▷皱～。→❷名肠、胃等体内器官上的皱褶▷胃～。

⿱⺮觱 bì [⿱⺮觱篥]bìlì 同"觱篥"。参见"觱"。

biān

边(邊) biān ❶名物体的外沿部分▷桌子～儿|海～|路～|田～|～缘|～沿。→❷名物体的近旁；侧面▷身～|手～|旁～。❸名方面▷站在我们这～儿|一～倒|双～会谈|多～会议。❹副两个或两个以上的"边"配合使用，分别修饰不同的动词，表示不同动作同时进行▷～走～谈|～打工，～读书，～写作。→❺名交界处；界限▷一望无～|～防|～境|～界|～际。→❻名镶或画在物体边沿部分的条状装饰▷镶一道～儿|花～儿|金～眼镜。→❼名几何学术语，指夹成角的射线或围成多角形的线段▷这个三角形的三条～相等|四～形。○❽名姓。

另见 bian。

砭 biān ❶动古代用石针刺皮肉治病▷针～。→❷名古代治病用的石针▷～石|～针。→❸动尖锐地批评▷痛～时弊。

笾(籩) biān 名古代祭祀或宴会时盛干食品的竹器。

编(編) biān ❶动把细长的条状物交叉地织起来▷～筐|～小辫儿|～织。→❷动按照一定的条理或顺序组织或排列▷～成几队|给文件～上号|～次|～码。⇒❸动对资料或现成的作品进行整理、加工▷～稿|～杂志|～辑。❹名整本的书，或书的一部分▷续～|简～|上～|下～。⇒❺动进行文艺创作▷～剧本|～曲子|～舞蹈|～相声。❻动捏造▷～瞎话|胡～乱造。⇒❼名编制，组织机构的设置及人员数量的定额▷超～|在～|～外人员。

煸 biān 动烹调方法，把肉类等放到热油中炒到半熟(再加入其他菜蔬一起烹调)▷先把肉片～一～，再放黄瓜一起炒。

蝙 biān [蝙蝠]biānfú 名哺乳动物，头部和躯干像老鼠，前肢除第一指外均细长，指间以及前肢与后肢之间有翼膜，通常后肢之间也有翼膜。夜间在空中飞翔，视力很弱，靠本身发出的超声波来引导飞行，捕食蚊、蛾等昆虫。有大蝙蝠和小蝙蝠两大类。☛统读 biān，不读 biǎn。

鳊(鯿) biān 名鳊鱼，身体侧扁，中部较宽，呈菱形，银灰色，头小而尖，鳞较细。生活在淡水中下层。是重要的经济鱼类之一。

鞭 biān ❶名鞭子，驱赶牲畜的用具▷马～|皮～|扬～|～鞘。→❷动用鞭子抽打▷～马|～尸。→❸名〈文〉竹子的地下茎，有节，常做赶马的用具▷竹

~|~笋。⇒❹图古代一种长条形有节无刃的兵器▷九节~|钢~|竹节~。⇒❺图编连成串的小爆竹▷一挂~|~炮。→❻图形状细长像鞭子的东西▷教~|~毛。❼图特指供食用或药用的某些雄兽的阴茎▷牛~|猪~|三~酒。

biǎn

贬(貶) biǎn ❶动降低价值▷~价|货币~值。→❷动〈文〉降低官职▷~官|~黜|~谪|~逐。→❸动对人或事物给予低的评价(跟"褒"相对)▷把他~得一钱不值|~低|~损|~抑|褒~。

窆 biǎn 动〈文〉将棺木放进墓穴。

扁 biǎn 形物体的厚度小于长度和宽度;图形或字体上下的距离小,左右距离大▷盒子压~了|鸭嘴是~的|~圆|~体字。

另见 piān。

匾 biǎn ❶图挂在门上或墙上的题字横牌▷一块~|光荣~|横~|~额。○❷图用竹篾等编成的浅边平底的容器,多为圆形,一般用来养蚕、盛放粮食等▷竹~。

惼 biǎn 形〈文〉心胸狭窄。

碥 biǎn 图〈文〉水流湍急、崖岸险峻的地方。

褊 biǎn 形〈文〉狭小;狭隘▷~小|~狭。

藊 biǎn [藊豆]biǎndòu 图一年生草本植物,茎蔓生,小叶披针形,开白色或紫色花,荚果长椭圆形,扁平,微弯,种子白色或紫黑色。嫩荚是普通蔬菜,种子可以做药材。现在通常写作"扁豆"。

biàn

卞 biàn 图姓。

弁 biàn 〈文〉❶图古代男子戴的一种帽子▷皮~。→❷图指武官(古时武官戴皮弁)▷武~。❸图指军中的差役或供差使的士兵▷马~|差~。→❹形在头前的▷~言(序言)。

抃 biàn 动〈文〉鼓掌,表示欢欣▷~掌|~舞(鼓掌跳舞)。

苄 biàn [苄基]biànjī 图〈外〉碳氢化合物的一种。也说苯甲基。

汴 biàn 图河南开封的别称。

忭 biàn 形〈文〉愉快;喜悦▷欢~。

变(變) biàn ❶动和原来有了不同;更改;改换▷面貌~了|天气~热了|~心|~质|~动|~化|改~。→❷动使改变▷~落后为先进|~废为宝|~本加厉。→❸图突然发生的重大变化▷政~|事~|兵~|~乱。→❹形可以变化的;变化着或已经变化的▷~数|~种。

便 biàn ❶形适宜▷不~公开|未~。→❷图适宜的时候;顺便的机会▷因利乘~|~中|得~|就~|~车。→❸形方便,做起来不困难▷行走不~|~于装卸|简~。⇒❹形简单的;非正式的▷~饭|~函|~服。⇒❺动排泄屎、尿等▷~所|大~|小~|~血。❻图屎;尿▷排~|粪~|~桶。⇒❼副 a)表示前一件事发生了,后一件事立即发生,相当于"就""即"▷一问~知|扭头~跑。b)表示在前面的条件下,自然发生后面的结果,相当于"就"▷没有工业,~没有巩固的国防|只要坚持锻炼,身体~会健康。

另见 pián。

遍(*徧) biàn ❶形全面;广泛▷全村都找~了|~体鳞伤|漫山~野|~地|~布。→❷量用于一个动作从头至尾的全过程▷说了一~又一~|这本书我看过好多~。☛统读 biàn,不读 piàn。

缏(緶) biàn 图用麦秆等编成的扁平的辫状带子,可用来制作草帽、提篮、扇子等▷草帽~。

另见 pián。

艑 biàn 图〈文〉大船。

辨 biàn 动区分;识别▷~不清是非曲直|~症施治|~别|~明|~认。☛"辨"和"辩"不同。"辨"表示"辨别""辨析","辩"表示"辩解""辩论",不要混用。

辩(辯) biàn 动提出某种理由或根据来说明、解释真伪或是非▷真理愈~愈明|~白|~驳|~解|争~|诡~。

辫(辮) biàn ❶图把头发直接束成或分股交叉编成的条状物▷一根小~儿|一条~子|马尾~|发~。→❷图像辫子的东西▷蒜~子。

bian

边(邊) bian 词的后缀。附着在方位词后面▷前~|下~|左~|南~|外~。

另见 biān。

biāo

杓 biāo ❶图〈文〉勺子柄。→❷图古代指北斗星柄部的三颗。也说斗柄。

另见 sháo。

标[1](標) biāo ❶图〈文〉树梢;末端▷~枝|~端。→❷图事物的枝节或表面;非根本性的一面▷不能只治~不治本|~本兼治。

标[2](標) biāo ❶图旗帜;泛指发给竞赛优胜者的奖品▷~旗|锦~|夺~。→❷图标记;记号▷航~|商~|~志。⇒❸动做标记;用文字或其他方式表明▷在书上~个记号|把行进路线~在地图上|明码~价|~题|~签。⇒❹图目标;衡量事物的准则▷~的(dì)|指~|~准|超~|达~。❺图发包工程或出卖大宗商品时,向承包或承买的一方公布的标准和条件▷投~|招~|中(zhòng)~|~底。○❻量用于队伍(数词限用"一",多用于近代汉语)▷杀出一~人马。○❼形美好▷~致。

飑(颮) biāo 图气象学上指风向突变、风速剧增的强风带。

彪 biāo ❶图〈文〉老虎身上的斑纹。→❷形〈文〉文彩鲜明▷~炳。→❸图小老虎(比喻人健壮高大)▷~形大汉。

摽 biāo 动〈文〉挥去;抛弃。

另见 biào。

幖 biāo 古同"标[2]"①—③。

骠(驃) biāo 图〈文〉有白斑的黄马▷黄~马。

另见 piào。

膘(*臕) biāo 图肥肉(多指牲畜);动物身上的脂肪层▷这块肉~挺厚|上~|掉~|~情。

熛 biāo 动〈文〉火星迸飞。

飙(飆) biāo 名疾风▷狂～。

镖(鏢) biāo ❶名旧时一种投掷用的暗器,形状像长矛的头▷一支～|飞～。→❷名旧时称替别人护送的财物▷～师|保～|～局。

瘭 biāo [瘭疽]biāojū 名手指或脚趾局部红肿化脓、剧烈疼痛的病症。

藨 biāo [藨草]biāocǎo 名多年生草本植物,茎三棱形,可用来编鞋、织席、造纸。

瀌 biāo [瀌瀌]biāobiāo 形〈文〉雨雪下得很大▷雨雪～。

镳(鑣) biāo ❶名〈文〉马嚼子两头露出马嘴的部分▷分道扬～。○❷同"镖"。现在通常写作"镖"。

biǎo

表[1] biǎo ❶名外面;外部▷～里如一|由～及里|外～|～面|～皮|～象。→❷动(把思想感情等)显示出来▷～～心意|～露|～白|～现|～示|～述|发～。⇒❸名表格,把不同内容分别填进不同格子的书面材料;用表格形式陈述事项的书▷一张～|填～|登记～|列车时刻～|《史记》十～。⇒❹名古代奏章的一种,常用来陈述心意,后来也用于陈述对重大事件的见解▷李密《陈情～》|《论佛骨～》。→❺名跟祖父、父亲的姐妹的子女的亲戚关系,或跟祖母、母亲的兄弟姐妹的子女的亲戚关系▷～妹|～叔|姨～亲|姑～亲。→❻动用药物把体内所受的风寒发散出来▷吃服(fú)汤药,～一～|～汗。

表[2](錶❸) biǎo ❶名〈文〉古代指作标记用的木柱▷华～(本指表示君主纳谏或指路的木柱,后来指刻有花纹的石柱)。→❷名古代测日影计时的木杆▷圭～。❸名计时的器具,比钟小,通常可以随身携带▷一块～|一只～|怀～|手～|电子～。❹名测定某种量的器具▷电～|压力～|水～。→❺名标准;榜样▷～率|师～。

婊 biǎo [婊子]biǎozi 名旧时称妓女(多用作骂人的话)。

裱 biǎo ❶动用纸、布或丝织品把字画、古书等衬托粘贴起来,使它美观耐久▷这幅画～一～会更有神韵|装～|～褙。→❷动用纸或其他材料糊屋子的顶棚或墙壁等▷～糊。

biào

俵 biào 动〈方〉分给;散发▷分～|～散。

摽 biào ❶动紧紧捆绑▷把行李～在车架子上|栅栏门要散了,先拿铁丝～上。→❷动胳膊紧钩住▷两个人～着胳膊散步。→❸动依附;结合▷不要跟不三不四的人～在一块儿。❹动互相比着(干)▷他们组老跟我们～着干|～劲儿。

另见 biāo。

鳔(鰾) biào ❶名多数鱼类体内可以胀缩的辅助呼吸器官。呈长囊形,内部充有氧、二氧化碳和氮,收缩时鱼下沉,膨胀时鱼上浮,缺氧时可以辅助呼吸。鳔可以制鳔胶。→❷名用鳔或猪皮等熬制的胶,黏性大,过去多用来粘木器。也说鳔胶。

biē

瘪(癟*癟) biē [瘪三]biēsān 名上海人称城市中以乞讨或盗窃为生的无业游民,他们一般形体干瘪、举止猥琐▷瘦得像个小～。

另见 biě。

憋 biē ❶动抑制住;极力忍住▷大家都～足了劲|～了一泡尿|～着一肚子的话想跟你说。→❷动呼吸不畅;心情不畅快▷屋子不通风,让人～得慌|～气|～闷。

鳖(鱉*鼈) biē 名爬行动物,形状像龟,背甲上有软皮,一般呈橄榄色,外沿有肉质软边,腹面乳白色。生活在淡水中。肉鲜美,富营养;甲可以做药材。也说甲鱼、团鱼。俗称王八。

bié

别[1] bié ❶动分开;分离▷久～|告～|临～赠言|分～|离～。→❷动区分;分辨▷分门～类|辨～|鉴～|识～|区～。⇒❸名差异;不同之处▷内外有～|天壤之～。⇒❹名按照不同特点区分出的类▷性～|派～|类～|级～。→❺代指另外的▷～人|～处|～称|～名|～墅。⇒❻形不同寻常;特殊▷特～|～致。⇒❼形指错读或错写成另外的(字)▷～字。也说白(字)。○❽名姓。

别[2] bié ❶动用针等(把东西)附着(zhuó)或固定▷胸前～着校徽|头上～着发卡|把这几张票据～在一起。→❷动插着;卡(qiǎ)住▷上衣口袋里～着一枝钢笔|把旱烟袋～在腰带上|～上门|腿～在树杈里拔不出来。❸动用腿、车等横插过去,把对方绊倒或使不能前进▷把他～了个跟头|他用自行车～我。

别[3] bié ❶副表示禁止或劝阻,相当于"不要"▷～出声|～忘了|～开玩笑。→❷副跟"是"连用,表示推测(多用于说话人不愿意发生的事)▷这么晚还不回来,～是出什么事了吧?|看你脸色不大好,～是病了?

另见 biè。

蹩 bié ❶动〈方〉扭伤脚腕等▷当心把脚～了。→❷[蹩脚]biéjiǎo 形〈方〉比喻质量差或程度低▷～货|只会说几句～的英语。

biě

瘪(癟*癟) biě 形物体表面下陷;不充实▷轮胎～了|肚子都饿～了|～谷|干～。

另见 biē。

biè

别(彆) biè [别扭]bièniu ❶形不顺心;不舒服▷事情没办好,心里挺～|着了点凉,浑身觉着～。→❷形不融洽▷为了一点小事,俩人闹得挺～|两口子老是别别扭扭的合不来。→❸形(语言、文字)不顺畅▷这句话放在这里有点儿～。

另见 bié。

bīn

邠 bīn ❶名邠县,地名,在陕西。今作彬县。○❷同"豳"。

玢 bīn 名〈文〉一种玉。

另见 fēn。

宾(賓) bīn ❶[名]客人(跟“主”相对)▷～至如归|嘉～|贵～|外～。〇❷[名]姓。

彬 bīn [彬彬]bīnbīn [形]形容文雅的样子▷文质～～|～～有礼。

傧(儐) bīn [傧相]bīnxiàng [名]婚礼中陪伴新郎的男子或陪伴新娘的女子。☛统读 bīn,不读 bìn。

斌 bīn 同“彬”。

瑞 bīn [璘瑞]línbīn,见“璘”。

滨(濱) bīn ❶[名]靠近水边的地方▷湖～|海～。→❷[动]紧靠(水边)▷～江大道|东～大海。〇❸[名]姓。

缤(繽) bīn [缤纷]bīnfēn [形]繁盛;众多▷五彩～。

槟(檳) bīn [槟子]bīnzi [名]苹果同沙果嫁接而成的果树,果实比苹果小,比苹果酸。槟子,也指这种植物的果实。

另见 bīng。

镔(鑌) bīn [镔铁]bīntiě [名]〈文〉经过精炼的铁,多用来打制刀剑。

濒(瀕) bīn ❶[动]紧靠(水边)▷～河|东～渤海。→❷[动]临近(某种境地)▷～于灭亡|～危。☛统读 bīn,不读 pín。

豳 bīn [名]古地名,在今陕西旬邑西南。也作邠。

bìn

摈(擯) bìn [动]〈文〉排斥;抛弃▷～斥|～弃。

殡(殯) bìn [动]停放灵柩;把灵柩送到墓地或火化地点▷～殓|出～|～车|～葬|～仪馆。

膑(臏) bìn 同“髌”。

髌(髕) bìn ❶[名]髌骨,组成膝关节的骨头。人的髌骨呈扁栗形,能随肌肉的收缩和松弛而移动。通称膝盖骨。→❷[动]削去髌骨,古代一种酷刑。☛统读 bìn,不读 bīn。

鬓(鬢) bìn [名]脸两侧靠近耳朵的头发▷～发|～角|两～。

bīng

冰(*氷) bīng ❶[名]水在 0℃ 或 0℃ 以下结成的固体▷河水冻～了|窗户上结了一层～|～天雪地|～袋|～刀|～块。→❷[动]接触低温的东西而感到寒冷▷这里的水真～手。→❸[动]用冰或其他东西使物体变凉▷把西瓜～一～|～过的啤酒好喝。→❹[名]像冰一样白色半透明的东西▷～糖|～片。

并 bīng [名]山西太原的别称。

另见 bìng。

兵 bīng ❶[名]武器▷短～相接|～不血刃|秣马厉～。→❷[名]武装力量;军队▷～强马壮|雄～百万|～变|～权|装甲～。❸[名]战士▷我是一个～|当～打仗|士～|～员。→❹[名]指军事或战争▷纸上谈～|～法|～书|～乱。

栟 bīng [栟榈]bīnglǘ [名]〈文〉棕榈。

另见 bēn。

槟(檳) bīng [槟榔]bīngláng [名]常绿乔木,茎基部略膨大,羽状复叶,高可达 2 米,花有香味。果实可以食用,也可以做药材。槟榔,也指这种植物的果实。

另见 bīn。

bǐng

丙 bǐng [名]天干的第三位。

邴 bǐng [名]姓。

秉 bǐng ❶[动]〈文〉握着;持着▷～笔直书|～烛夜读。→❷[动]掌握;主持▷～正|～公执法|～持。〇❸[量]古代容量单位,十六斛为一秉。〇❹[名]姓。

柄 bǐng ❶[名]把(bà)儿,器物上便于握持的突出部分▷斧～|枪～|伞～|刀～。→❷[名]〈文〉权力▷国～|权～。❸[动]〈文〉执掌;掌握▷～政|～国。→❹[量]〈方〉用于某些带柄的东西▷一～钢叉|两～大刀。→❺[名]喻指在言行上被人抓住的缺点或漏洞▷笑～|话～|把～。→❻[名]植物的花、叶或果实跟茎或枝相连的细长部分▷花～|叶～。☛统读 bǐng,不读 bìng。

昺 bǐng [形]〈文〉明;明亮。

饼(餅) bǐng ❶[名]烤熟、蒸熟或炸熟的面食,一般为扁圆形▷烙好三张～|烧～|蒸～|油～。→❷[名]形状像饼的东西▷花生～|柿～|铁～。

炳 bǐng 〈文〉❶[形]明亮;显著▷～蔚(文采鲜明华美)|彪～。→❷[动]照耀▷日月～天,江河行地。

屏 bǐng ❶[动]排除;放弃▷～除|～弃|～斥。→❷[动]抑止(呼吸)▷～住呼吸|～息|～气。

另见 píng。

禀[1](*稟) bǐng ❶[动]〈文〉赐与;赋与▷天～(天赋)|～赋。→❷[动]承受▷～承|～受。

禀[2](*稟) bǐng ❶[动]旧指向长辈或上级报告▷～报|～告|～明|回～。→❷[名]旧指向上级报告的文件▷具～详报。

bìng

并[1](*併) bìng [动]合在一起▷～力坚守|合～|吞～|兼～。

并[2](*並竝) bìng ❶[动]平列;挨着▷我们肩～着肩,手拉着手|两人～排坐着|～驾齐驱|～蒂莲。→❷[副]表示两件以上的事同时进行或被同样对待,相当于“一起”▷工农业～举|齐头～进|预防和治疗～重。❸[副]〈文〉表示范围的全部,相当于“全部”▷举国～受其害。❹[副]用在否定副词前面,加强否定语气,略带反驳或阐明实际情况的意味▷翻译～不比创作容易|请不要多心,我～没有别的意思。→❺[连]连接动词或动词性词组,有时也连接分句,表示并列关系,即两个动作同时进行,或两件事同时存在,重要性相同▷讨论～通过了工作报告|他 1943 年高中毕业,～在同年考上大学。❻[连]连接词、词组或分句,表示递进关系,相当于“而且”▷任务已经完成,～比原计划提前三天。

另见 bīng。

病 bìng ❶[名]生理上或心理上出现的不健康、不正常的状态▷闹了一场～|～从口入|～入膏肓|精神～|治～|～情|～症。→❷[动]生病▷孩子～了|～了一个多月。→❸[名]缺点;错误▷通～|弊～|冷热～|

语～|～句。

摒 bìng 义同"屏"(bǐng)①。

bō

拨(撥) bō ❶动用手脚或棍棒等横向用力，使东西移动或分开▷～门|把火～旺一点|把钟～到九点|用脚轻轻一～，把球送进球门◇～云见日|～冗。→❷动用手指或工具弹动(琴弦)▷弹～乐|～动琴弦。→❸动调配；分出一部分▷～两个人去值夜班|～款|～粮|调(diào)～|分～|～付。❹量用于分批的人或物▷大家轮～儿休息|这批货分两～儿装运。→❺动掉转▷～转马头。

波 bō ❶名起伏不平的水面▷随～逐流|碧～荡漾|～涛|～浪。→❷名喻指突然出现的情况▷一～未平，一～又起|风～|～折。→❸名喻指流转的目光▷眼～|秋～。→❹名物理学指振动在一定物体或空气中的传播过程，是能量传递的一种形式，包括机械波和电磁波。☛统读 bō，不读 pō。

玻 bō [玻璃]bōli ❶名一种脆硬透明的建筑、装饰材料，用含石英的细砂、石灰石、碳酸钠等混合熔化制成。→❷名指透明像玻璃的塑料▷～丝|有机～。

砵 bō 用于地名。如：铜砵，在福建；麻地砵，在内蒙古。

哱 bō [呼呼哱]hūhūbō 名鸟，即戴胜。多为棕色，有显著的羽冠，嘴细长而稍弯，尾脂腺能分泌臭液。吃昆虫，是益鸟。也说山和尚。

趵 bō [趵趵]bōbō 拟声〈文〉形容脚踏地的声音▷蹄声～。

另见 bào。

钵(鉢＊缽盋) bō ❶名一种敞口器皿，形状像盆而较小，多为陶制▷饭～|乳～|研～|花～。○❷名佛教用语，僧人盛饭的器具，形状圆而稍扁，底平，口略小(梵语音译词"钵多罗"的简称)▷～盂|衣～相传。

般 bō [般若]bōrě 名佛教用语，智慧(梵语音译)。

另见 bān；pán。

饽(餑) bō [饽饽]bōbo 〈方〉❶名用面粉或杂粮面制成的面饼、馒头之类食物▷硬面～|贴～，熬小鱼。→❷名糕点；点心▷一盒～|～匣子。

剥 bō ❶义同"剥"(bāo)，多用于合成词或成语▷生吞活～。→❷动(表面)脱落或被侵蚀▷～落|～离|～蚀。→❸动强行夺去▷～削(xuē)|盘～|～夺。

另见 bāo。

菠 bō ❶[菠菜]bōcài 名一年或二年生草本植物，主根粗长，红色，叶子略呈三角形，浓绿色，是常见的蔬菜。○❷[菠萝]bōluó 名多年生草本植物，茎短，叶子呈剑状，边缘有锯齿，开紫红色花，果实呈球果状，果肉酸甜，有很浓的香味，是著名的热带水果。菠萝，也指这种植物的果实。也说凤梨。☛统读 bō，不读 bó。

播 bō ❶动撒布种子▷～种|春～|条～。→❷动散布；传扬▷传～|广～|～音|～送。☛统读 bō，不读 bǒ 或 bò。

蕃 bō [吐蕃]tǔbō 名我国古代民族，在今青藏高原，唐时曾建立政权。

另见 fān；fán。

嶓 bō [嶓冢]bōzhǒng 名山名，在甘肃。

bó

孛 bó 古同"勃"。

另见 bèi。

伯¹ bó ❶名古人用伯、仲、叔、季代表兄弟的排行顺序，伯是老大▷～仲之间(比喻不相上下)。→❷名称父亲的哥哥▷大～|～父|～母。❸名尊称父辈年长的男子▷老～|世～|姻～。○❹名姓。

伯² bó 名古代贵族五等爵位的第三等▷公侯～子男|～爵。

另见 bǎi。

驳¹(駁＊駮) bó 动用自己的观点否定别人的观点；指出别人意见的谬误▷当场～了他几句|真理是～不倒的|批～|反～|～论。

驳²(駁＊駮) bó ❶形颜色混杂不纯▷斑～。→❷形内容混杂▷～杂。

驳³(駁) bó ❶动用船转运旅客或货物▷～运|～载|起～。→❷名指驳船，转运货物或旅客的船只▷千轮万～|铁～。

帛 bó 名丝织品的统称▷布～|玉～|～书|～画。

泊¹ bó ❶动停船靠岸▷停～。→❷动停留；暂住▷漂～。

泊² bó 形恬静无为▷淡～。

另见 pō。

柏¹ bó 名姓。

柏² bó 音译用字，用于"柏林"(地名，在德国)等。

另见 bǎi；bò。

勃 bó ❶形旺盛▷生机～～|蓬～|英姿～发|～兴。→❷形形容突然兴起的样子▷～然而起|～然大怒。☛统读 bó，不读 bō。

钹(鈸) bó 名一种铜制打击乐器，一副两个圆片，中间凸起成半球状，正中有孔，可以穿绸布条供手持，两片相击发声。☛统读 bó，不读 bá。

铂(鉑) bó 名贵金属元素，符号 Pt。银白色，有光泽，质软，富延展性，导热导电性能好，耐腐蚀，化学性质稳定。可制作坩埚、电极，也可做催化剂；铂铱合金可制钢笔笔尖。通称白金。

亳 bó 名亳州，地名，在安徽。☛"亳"和"毫"(háo)不同。"亳"字下部是"乇"，"毫"字下部是"毛"。

浡 bó 形〈文〉形容兴起的样子。

袯(襏) bó [袯襫]bóshì 名古代指蓑衣之类的防雨衣。

舶 bó 名大船▷船～|海～|～来品。

脖(＊頚) bó ❶名脖子，头和躯干连接的部位▷～子疼|伸～子|～颈(gěng)儿。→❷名〈口〉脚和腿相连接的较细部位▷脚～子。→❸名器物上像脖子的部分▷长～儿的瓶子|烟筒拐～儿。

博¹(＊愽❶—❸) bó ❶形大；广；多▷地大物～|广～|～大|渊～。→❷形广泛；普遍▷～而不精|～学|～览|～爱。→❸动通晓；知道得多▷～古通今。○❹名姓。

博² bó 动换取；取得▷聊～一笑|～得|～取。

博³ bó ❶动古代的一种棋戏，泛指下棋▷～弈。→❷动指赌钱之类的活动▷赌～。☛"博"字左边是“忄”，不是“忄”。

鹁（鵓） bó ❶[鹁鸽]bóge 图鸽子的一种。通称家鸽。○❷[鹁鸪]bógū 图鸟，羽毛灰褐色。天将下雨或刚刚放晴时，常在树上咕咕地叫。也说鹁鸠，通称水鹁鸪。

渤 bó 图渤海，我国内海，在山东半岛和辽东半岛之间。

搏 bó ❶团对打▷肉～|拼～|～斗。○❷团跳动▷脉～|～动。

舶（鮊） bó 图鱼，体侧扁而长，口大而向上翘，腹面有肉棱。生活在淡水中，以鱼、虾等为食，分布很广。

馎（餺） bó [馎饦]bótuō 图古代一种食品，用面或米粉制成。

僰 bó 图我国古代西南地区的一个民族。

箔 bó ❶图古代指竹条编的门帘、窗帘，现代指用苇子或秫秸编成的片状物▷苇～|席～。→❷图蚕箔，养蚕用的竹席或竹筛子。→❸图金属打成的薄片▷银～|锞～。❹图涂上金属粉末或裱上金属薄片的纸，祭祀时作为纸钱焚化▷锡～。☛统读 bó，不读 báo。

膊 bó 图臂的上部近肩部分，也指肩膀以下手腕以上的部分▷赤～|胳～(gēbo)。

踣 bó 团〈文〉向前仆倒▷腹饥欲～|～跌。

镈（鎛） bó ❶图古代一种锄草的农具▷～器。○❷图古代一种青铜制的打击乐器，形状像钟而口缘较平。

薄[1] bó 团迫近；接近▷日～西山|～暮(傍晚)。

薄[2] bó ❶形微；少▷～利多销|广种～收|～技。→❷团轻视；小看▷厚此～彼|鄙～。→❸形苛刻；轻佻▷刻～|轻～。❹义同“薄”(báo)，多用于合成词或成语▷如履～冰|瘠～|淡～|～田|～酒。○❺图姓。

另见 báo；bò。

䪇 bó 图〈文〉肩胛骨。

礴 bó [磅礴]pángbó，见“磅”。

bǒ

跛 bǒ 形腿或脚有残疾，走路时一瘸一拐▷他走起路来一～一～的|～脚|～行。

簸 bǒ ❶团上下颠动盛有粮食等的簸箕，分离并扬去其中的糠秕、沙土等杂物▷～芝麻|把这堆粮食～～。→❷团指上下颠动▷颠～。

另见 bò。

bò

柏 bò [黄柏]huángbò 同“黄檗”。参见“檗”。
另见 bǎi；bó。

薄 bò [薄荷]bòhe 图多年生草本植物，茎方形，叶对生，卵形或长圆形，花唇形，红、白或紫红色，坚果卵圆形。茎叶有清凉香味，可提取薄荷油、薄荷脑，供食品和化妆品工业用，还可以做药材。

另见 báo；bó。

檗 bò [黄檗]huángbò 图落叶乔木，树皮厚，深纵裂，小枝黄色，小叶卵形或卵状披针形，开黄绿色小花，果实黑色。木材坚硬，可做建筑、航空工业等用材；枝茎可提制黄色染料；树皮可制软木，也可以做药材。也作黄柏。

擘 bò 〈文〉❶团分开；剖▷～肌分理(比喻剖析事理极为精密)。○❷图大拇指▷巨～(喻指在某一方面居于首位的人物)。

簸 bò 义同“簸”(bǒ)①，只用于“簸箕”一词。参见“箕”。

另见 bǒ。

bo

卜（蔔） bo [萝卜]luóbo，见“萝”。
另见 bǔ。

啵 bo ❶助表示祈使或商量的语气，大致相当于“吧”(多用于近代汉语或方言)▷你就对哥哥说～！|你看要得～？○❷[嘚啵]dēbo，见“嘚”。

bū

逋 bū 〈文〉❶团逃亡▷～亡|～囚(逃犯)。→❷团拖欠▷～欠|～命。

峬 bū [峬峭]būqiào 形〈文〉形貌美好。

餔（餔） bū 古同“晡”。
另见 bù。

晡 bū 图〈文〉申时，下午3—5时▷～时|～食。

bú

醭 bú 图醋、酱、酱油等表面生出的白霉▷这瓶醋长了一层～。

bǔ

卜 bǔ ❶团占卜，古代用龟甲等预测吉凶，后来泛指各种预测吉凶的活动▷～了一卦|求签问～。→❷团〈文〉选择(居所等)▷～居|～宅|～邻。→❸团预测；推测▷成败可～|生死未～|预～。○❹图姓。
另见 bo。

卟 bǔ 音译用字，用于“卟吩”“卟啉”(均为自然界广泛存在的有机化合物，是叶绿素、血红蛋白等的重要组成部分)。

补（補） bǔ ❶团加上材料，修理破损的东西，使完整▷～衣服|修桥～路|修～。→❷团充实或添上缺少的人或物▷老王调走了，应该再～一个人|～足|～充|～缺|填～。❸团补养，补充身体所缺的养分，滋养身体▷～～身子|～药|滋～。→❹团弥补不足之处，使完善▷勤能～拙|～过。→❺图益处；用处▷不无小～|于事无～|～益。○❻图姓。

捕 bǔ 团捉拿▷～鱼|凶手已经被～|～获|～捉|逮～|追～◇～风捉影。☛统读 bǔ，不读 pǔ。

哺 bǔ ❶团〈文〉(鸟)用口中含着的食物喂▷乌鸦反～。→❷团泛指喂养▷～乳|～育|～养。→❸图〈文〉嘴里含着的食物▷周公吐～。☛统读 bǔ，不读 pǔ。

鵏（鵏） bǔ [地鵏]dìbǔ 图鸟，羽毛灰白色，背部有黑色和黄褐色斑纹，腹面近白色，不善飞而善走，以谷类和昆虫为食。也说大鸨。

堡 bǔ 名堡子,围有土墙的村镇,泛指村落,多用于地名▷瓦窑～(在陕西)|柴沟～(在河北)。
另见 bǎo;pù。

bù

不 bù ❶副用在动词、形容词或个别副词之前,表示否定。a)用在动词、形容词或个别副词前,表示一般的否定▷～走|～吃|～漂亮|～太好|～一定。b)用在相同的动词或形容词之间,构成反复问句▷走～走?|吃～吃?|漂亮～漂亮? c)用在相同的动词、形容词或名词之间(前面加"什么"),表示不在乎或不相干▷什么谢～谢的,别提这个|什么难～难,只要下工夫就不难|什么边疆～边疆,去哪儿都行。d)分别用在两个意思相近或相对的单音节动词、形容词或名词前,表示"如果不……就不""既不……也不",或表示处于中间状态▷～见～散|～言～语|～多～少|～男～女。e)用于某些名词或名词性语素前,构成具有否定意义的形容词▷～法|～轨|～力|～齿|～道德。→❷副单用,表示否定性的回答▷咱们走吧!——～,我再等会儿|他来开会吗?——～,他不能来。→❸副〈口〉用在句尾表示疑问,相当于反复问句▷你看书～?|手绢儿干净～?→❹副用在动补结构中,表示不可能获得某种结果▷赶～到|记～起|吃～得|写～好。→❺副在某些客套话中,表示不必如此,相当于"不用""不要"▷～客气|～谢|～送。☛"不"字用在去声字前,要变读为阳平声,如"不去""不累""不算"等。

布[1](*佈❸—❺) bù ❶名棉、麻或人造纤维等纺织品的统称▷买了几尺～|棉～|麻～|尼龙～|石棉～|～料|～鞋。→❷名古代的一种钱币。→❸动分散到各处;广泛传播▷星罗棋～|阴云密～|遍～|分～|散～。⇒❹动陈设;设置▷～下天罗地网|～雷|～局|～置。⇒❺动宣告;当众陈述▷开诚～公|～告|宣～|公～|发～。→❻名像布一样的东西▷塑料～。〇❼名姓。

布[2] bù ❶[布朗族]bùlǎngzú 名我国少数民族之一,分布在云南。〇❷[布依族]bùyīzú 名我国少数民族之一,分布在贵州。

步[1] bù ❶动用脚走;行走▷闲庭信～|安～当车|～人会场|徒～|散～|～行。→❷动跟随;追随▷～人后尘|～原韵和(hè)诗一首。→❸名脚步;步子,行走时两脚之间的距离▷紧走了几～|他～子大,我跟不上|大～流星|迈四方～|昂首阔～。⇒❹名事情进行的程序或阶段▷为下一～作准备|不能只想到第一～,还要想到第二～|～骤。⇒❺名处境;境地▷想不到竟会落到这一～|地～。⇒❻量旧制长度单位,5尺为1步▷长120～,宽35～。⇒❼动用脚步测量距离▷～一～这块地的大小|我刚～了～南北的距离。〇❽名姓。

步[2] bù 同"埠"①,多用于地名▷船～(在广东)|社～(在广西)。☛"步"字下边是"少",不是"少"。

吥 bù [唝吥]gòngbù,见"唝"。

𫭼 bù [茶𫭼]chábù 名地名,在福建。

怖 bù 动惧怕▷可～|恐～。

钚(鈈) bù 名放射性金属元素,符号 Pu。银白色,有淡蓝色光泽,化学性质活泼,在空气中易氧化、燃烧。用作核燃料、核武器的原子炸药及核电池的能源。

埔 bù [大埔]dàbù 名地名,在广东。
另见 pǔ。

餔(餔) bù [餔子]bùzi 名供婴儿食用的糊状食品。
另见 bū。

部 bù ❶动〈文〉分开。→❷名部分▷顶～|内～|上半～|头～。❸名军队的一部分;军队▷解放军某～|～队|率～突围。→❹名门类,多指文字、书籍等的分类▷～类|～首|经～、史～、子～、集～。❺量 a)用于书籍、影片等▷一～小说|两～故事片。b)用于机器或车辆▷一～机器|两～大卡车。→❻名某些机关的名称或机关中按业务划分的单位▷国务院下设若干个～|国防～|编辑～。❼名指军队中连以上的领导机构▷连～|司令～。

埠 bù ❶名〈方〉停船的码头▷船～|～头。→❷名有码头的城镇;泛指城市▷本～|外～|商～。❸名旧指与外国通商的城市▷开～。☛统读 bù,不读 fù 或 fǔ。

瓿[1] bù 名古代一种小瓮▷酱～。

瓿[2] bù [安瓿]ānbù 名〈外〉装有注射用水或注射用药的密封小玻璃容器。

簿 bù ❶名簿子,供工作、学习等用的书写本子▷笔记～|练习～|账～。〇❷名姓。

C

cā

拆 cā 动〈方〉排泄大小便▷～烂污(拉稀屎,比喻做事不负责任,造成不良后果)。

另见 chāi。

擦 cā ❶动物体和物体紧密接触并滑动▷膝盖～伤了|～火柴|摩～|摩拳～掌。→❷动贴着;挨近▷～肩而过|海鸥～着水面飞|～着墙根往东走|～黑儿。→❸动揩拭,用手、布等擦净▷～眼泪|～皮鞋|～桌子。❹动涂抹▷～脂抹粉|～药膏。→❺动把瓜果等在礤床上磨成细丝▷～萝卜丝。

嚓 cā 拟声形容物体摩擦的声音▷汽车～的一下停了下来|远处传来～～的脚步声。

另见 chā。

磜 cā [礓磜]jiāngcā,见"礓"。

cǎ

礤 cǎ ❶动把瓜果等擦成丝状。→❷[礤床]cǎchuáng 名可把瓜果等擦成丝状的器具。

cāi

偲 cāi 形〈文〉才能多;能力强。

另见 sī。

猜 cāi ❶动(为戒备他人而)怀疑;起疑心▷两小无～|～忌|～嫌|～疑。→❷动推想;揣测▷真～不透他的心思|～谜语|～想|～测|～度(duó)。

cái

才[1] cái ❶名能力;才能▷这人很有～|多～多艺|德～兼备|～学|～华|～干(gàn)|口～。→❷名指某种人(从才能的标准看)▷天～|奇～|全～|庸～|怪～。○❸名姓。

才[2](**纔**) cái ❶副表示原来并不是这样,现在出现了新情况▷说了半天～明白你的意思|这样躺着～觉得舒服一点儿。→❷副表示动作发生不久,相当于"刚刚"▷～出锅,还热着呢|～出门就下雨了|昨天～到。❸副表示范围小或数量少,相当于"仅仅""只"▷这所学校～有五个班|～六点天就黑了|这么厚的字典～卖十几块钱。❹副表示强调▷我～不管呢!|这～是好样的。→❺副表示某种情况出现得很晚▷辛苦了一辈子,到老～享几天清福|思考了好几天,～理出一点眉目。→❻副表示在某种条件下或由于某种原因,然后会出现某种情况,前面常有"只有""必须""由于"一类词语▷只有坚持到底,～能取得胜利|由于大家的努力,情况～有了好转。

材 cái ❶名木料▷木～|用～林。→❷名泛指事物的原料▷就地取～|钢～|药～|～料。⇒❸名资料▷题～|教～|素～。⇒❹名人的资质▷因～施教。❺名指某种人(从资质的角度说)▷栋梁之～|人～|贤～|蠢～。→❻名指棺材▷寿～。○❼名姓。

财(**財**) cái 名物资和货币的统称▷劳民伤～|～产|～富|～宝|～政|理～|资～。

裁 cái ❶动用刀、剪等分割布、纸等片状物▷这块布能～两件上衣|～纸。→❷动削减,去掉不用的或多余的▷他让经理给～了|～员|～军|～减|～汰|～并。→❸动控制▷制～|独～。→❹动经过考虑作出判断、决定▷～断|～决|～判|～定|仲～。→❺动对诗文、题材等进行取舍安排▷独出心～|《唐诗别～》(书名)。❻名指文章的体制、格式▷体～。→❼名整张纸分成若干等份后的小纸▷八～纸(一整张纸的八分之一)|对～(整张的二分之一)。

cǎi

采[1](*__採__) cǎi ❶动摘取▷～花|～茶|～桑叶|～莲。→❷动选用;取用▷博～众长|～购|～取|～择|～石场。→❸动搜集▷～种(zhǒng)|～风|～访|～录|～集。→❹动挖掘矿藏▷～矿|～煤|～油|～掘|开～。

采[2] cǎi ❶名神情;神色▷神～奕奕|兴高～烈|无精打～。○❷名姓。

采[3] cǎi 名彩色。现在通常写作"彩"。☛"采"字上半是"⺤",下半是"木",不要写成"釆"。从"采"的字,如"彩""睬""踩""菜"等,同。

另见 cài。

彩(*__綵__❶❸) cǎi ❶名彩色,多种颜色▷五～缤纷|～旗|～霞|～绸。→❷名光彩;精彩的成分▷丰富多～。→❸名彩色的丝织品▷张灯结～|剪～|抛～球。→❹名旧指赌博或某些具有赌博性质的活动中给得胜者的钱物▷～金|～头|～票|中(zhòng)～|摸～。❺名对表演、比赛等表示称赞的欢呼声▷喝(hè)～|喝倒(dào)～|满堂～。→❻名喻指受伤者流的血▷挂～|～号。→❼名戏曲或魔术表演中的某些特技▷出～|火～|～活儿。

睬(*__倸__) cǎi 动理会,对别人的言语行动作出反应(多用于否定)▷我连问了她好几句,她连～也不～|理～。

踩(*__跴__) cǎi 动踏,脚接触地面或蹬在物体上▷～了一脚泥|别把地毯～脏了|～油门。

cài

采(*__寀__) cài [采地]càidì 名古代诸侯分封给卿大夫的土地。也说采邑。

另见 cǎi。

菜 cài ❶名可以用作副食的植物▷买几斤～|蔬～|青～|野～|大白～。→❷名专指油菜▷～子油。→❸名经过烹调的蔬菜、肉类等副食品的统称▷点了几个～|四～一汤|酒～|～肴|粤～|素～|荤～。○

❹名姓。

蔡 cài ❶名周朝诸侯国名，在今河南上蔡西南，后来迁到新蔡一带。○❷名姓。

䌨（縩） cài [綷䌨]cuìcài，见“綷”。

cān

参[1]（參*叅） cān ❶动加入；参与▷~军|~战|~政|~赞|~谋|~加。○❷动对照别的材料加以考察▷~阅|~照|~验|~校(jiào)。

参[2]（參*叅） cān ❶动拜见；谒见▷~拜|~见|~谒。○❷动旧指(向皇帝)检举、揭发▷~了他一本(本，奏折)|~劾。

参[3]（參*叅） cān 动〈文〉深入研究、领会(道理、意义等)▷~禅|~破|~透。

另见 cēn；shēn。

骖（驂） cān 名古代指驾车时套在车前两边的马(古代一般用三匹马或四匹马拉车)▷左~|右~。

鲨（鰲） cān [鲨鲦]cāntiáo 名鱼，体侧扁，呈条状，银白色。繁殖力强，生长迅速，我国各地淡水水域均有出产。

餐 cān ❶动吃；吃饭▷会~|野~|~具。→❷名饭食▷夜~|西~|快~。☛“餐”字没有简化为“歺”。

cán

残[1]（殘） cán ❶动伤害；毁坏▷~害|~杀|摧~。○❷形凶狠；凶恶▷~忍|~暴|~酷。

残[2]（殘） cán ❶形剩下的▷~羹剩饭|~敌|~阳|~余|~存。→❷形有缺损的；不完整的▷这套书~了|~肢|~品|~缺|~破。☛“残”字统读 cán，不读 cǎn。

蚕（蠶） cán 名蚕蛾科和大蚕蛾科昆虫的幼虫的统称。幼虫吃桑树等的叶子，蜕皮后吐丝做茧，变成蛹，蛹变成蚕蛾。种类很多，有家蚕、柞蚕、蓖麻蚕、天蚕、樟蚕、樗蚕等。蚕吐的丝用作纺织原料。☛“蚕”字上半是“天”，不是“夭”。

惭（慚*慙） cán 动羞愧▷自~形秽|大言不~|~愧|羞~。☛统读 cán，不读 cǎn。

cǎn

惨（慘） cǎn ❶形狠毒；凶恶▷~无人道|~毒。→❷形(亏损、失败等)程度严重▷这场球输得好~|~重|~败。○❸形处境或遭遇不幸，使人悲伤难过▷那情景真是~极了|~不忍睹|~案|凄~|~痛|悲~。

穇（穇） cǎn 名穇子，一年生草本植物，秆粗壮，叶片较宽，叶鞘短而阔，穗直立，无芒，颖果呈球形，茶褐色。子实供食用或酿酒、制粉，茎叶可做饲料。穇子，也指这种植物的子实。

黪（黲） cǎn 形〈文〉浅青黑色▷~衣|灰~。

càn

灿（燦） càn ❶形光彩夺目▷~若云霞|金~~。→❷[灿烂]cànlàn 形鲜明耀眼▷阳光~|~辉煌。☛统读 càn，不读 cǎn。

掺（摻） càn ❶动指击鼓三次▷~鼓。→❷名古代一种鼓曲▷渔阳~。

另见 chān；shǎn。

孱 càn [孱头]càntou 名〈方〉懦弱无能的人；没有气节的人。

另见 chán。

粲 càn 形〈文〉鲜亮而美丽▷云轻星~|~然。

璨 càn ❶名〈文〉美玉，也指玉的光泽。→❷形明亮▷~若明星。

cāng

仓（倉） cāng ❶名储存粮食或其他物资的建筑物▷粮~|~库|清~。○❷名姓。☛“仓”和“仑”(lún)不同。“仓”是“倉”的简化字，“仑”是“侖”的简化字。

伧（傖） cāng 形〈文〉粗俗▷~俗|~夫。

苍（蒼） cāng ❶形青色(包括蓝和绿)▷~天|~松|~山。→❷名指苍天▷上~。○❸形灰白色▷~白|白发~~。○❹名姓。

沧（滄） cāng 形(水)深绿色▷~海|~波。☛“沧”和“沦”(lún)不同。“沧”字右边是“仓”，“沦”字右边是“仑”。

鸧（鶬） cāng [鸧鹒]cānggēng 名即黄鹂。雄鸟羽色金黄，雌鸟羽色黄中带绿。鸣声婉转，常被饲作观赏鸟。主食森林中的害虫，对林业有益。也说黄莺、黄鸟。

舱（艙） cāng 名船或飞行器中载人、载货或装置机械的空间▷船~|客~|货~|驾驶~。

cáng

藏 cáng ❶动躲起来不让人看见；隐蔽▷~在家里不出来|~身|隐~|~匿。→❷动储存▷把首饰~在箱子里|收~|储~|~书。❸名埋藏在地下的矿物▷矿~。○❹名姓。

另见 zàng。

cāo

操（*挆❽捺❽） cāo ❶动拿在手里；掌握▷~刀|同室~戈|稳~胜券|~纵。→❷动做(事)；从事▷重~旧业|~之过急|~作|~劳。⇒❸动演奏▷~琴|~南音(演奏流行于南方的古典音乐)。❹动使用(某种语言或方言)▷~英语|~吴语|~粤语。⇒❺动按照一定的形式或姿势练习或演习▷~练|~演|出~|~场。❻名体操，由一系列人体动作编排起来的体育项目▷每天坚持做几节~|徒手~|工间~|韵律~。→❼名品德，人所坚持的道德、行为准则▷节~|~守|~行|情~。○❽名古代一种鼓曲。○❾名姓。

糙 cāo ❶形粗；不光滑；不精细▷~米|桌面很~|活儿干得太~|毛~。→❷形〈口〉粗鲁；粗俗▷话~理不~|他是个~人。☛统读 cāo，不读 zào。

cáo

曹[1] cáo 名〈文〉同类的人▷吾~(我们这些人)|尔~(你们这些人；你们这帮人)。

曹[2] cáo ❶名周朝诸侯国名，在今山东西部。○❷名姓。

嘈 cáo 形(声音)杂乱▷人声～杂。☛统读 cáo,不读 zāo 或 cāo。

漕 cáo 动旧时指通过水道向京城运粮▷～运|～粮|～河。

槽 cáo ❶名装饲料喂牲畜的器具,多为长方形,四周高,中间凹下,像没有盖的箱子▷把马拴到～上去|牲口～|猪食～|～头兴旺。→❷名泛指某些四周高中间凹下的器具▷酒～。→❸名指某些两边高中间凹下的水道或沟渠▷水～|渡～|河～。→❹名物体上像槽一样凹下的部分▷在木板上挖个～。

䃒 cáo [斫䃒]zhuócáo 名地名,在湖南。

螬 cáo [蛴螬]qícáo,见"蛴"。

艚 cáo 名旧时从水道向京城运粮(漕运)的船只;泛指船。

cǎo

草¹(*艸) cǎo ❶名除去树木、谷物、菜蔬等栽培植物以外茎秆柔软的高等植物的统称▷地里长满了～|百～|杂～|野～|～坪。→❷名指用作燃料、饲料等的植物的茎、叶▷麦～|粮～|柴～|～料。→❸名指山野、民间▷落～为寇|～贼。❹形卑贱▷～字(谦称自己的别名)|～民。→❺形雌性的(多指家畜或家禽)▷～驴|～鸡。

草² cǎo ❶形不细致;(做事)粗枝大叶,敷衍马虎▷字写得太～了|潦～|～率|～～收兵。→❷名文字书写形体的名称。a)草书,汉字字体的一种,笔画相连,写起来快▷真～隶篆|章～|狂～。b)拼音字母和某些外文字母的手写体▷大～|小～。

草³ cǎo ❶动创始▷～创。→❷动撰写文章的初稿▷～拟。❸名初稿▷起～|《人境庐诗～》(书名,意思是未定稿)。→❹形初步的;试行的;没有公布的▷～稿|～图|～案。

cào

肏 cào 动性交时男子动作的粗俗说法。常用作骂人的话。

cè

册(*冊) cè ❶名古代指编在一起的用于书写的竹简,现在指装订好的本子▷画～|纪念～|手～|小～子。→❷名特指帝王的诏书▷～封|～立。→❸量用于书籍▷这套丛书共八～|人手一～|第二～。

厕¹(廁*厠) cè 名厕所,供人大小便的地方▷公～|男～|女～。

厕²(廁*厠) cè 动混杂在其中;参与▷杂～|～身教育界(谦辞)。☛"厕"字统读 cè,不读 si。

侧(側) cè ❶名旁边▷两～|右～|～面|～门|～影。→❷动向旁边扭、转▷～着身子走过去|～耳倾听|～目而视。

另见 zhāi。

测(測) cè ❶动量(liáng),用仪器确定空间、时间、温度、速度、功能等的数值▷～一～河水的深度|～量|～绘|～试|勘～|目～。→❷动料想;推测▷变化莫～|居心叵～|天有不～风云|揣～|窥～。

恻(惻) cè 形〈文〉忧伤;悲痛▷凄～。

策¹(*筞筴) cè ❶名〈文〉马鞭▷执～|长～。→❷动用鞭子驱赶;驱使▷扬鞭～马|鞭～。❸动〈文〉督促;勉励▷～勉|～励。

策²(*筞筴) cè ❶名古代写字用的一种狭长而薄的竹木片▷简～。→❷名古代的一种文体,也指古代应试者对答政事、经义的文字▷诗、颂、碑、铭、书、～|对～|～问|～论。→❸名古代作计算筹码用的一种狭长的竹片▷筹～。❹动计划;谋划▷～划|～动|～反。❺名谋略▷出谋划～|束手无～|计～。☛"策"字下边是"朿"(cì),不是"束"(shù)。

cèi

𤭢 cèi 动〈方〉打碎(瓷器、玻璃等易碎物品)▷～了一个玻璃杯|碟子～了。

cēn

参(參*叅) cēn [参差]cēncī 形长短、高低、大小不一致▷～错落|～不齐。

另见 cān;shēn。

cén

岑 cén ❶名〈文〉小而高的山。○❷名姓。☛统读 cén,不读 chén。

涔 cén [涔涔]céncén 〈文〉❶形形容雨、汗、血、泪等不断流出或渗出的样子▷雨～|～泪下。○❷形天色阴沉▷雪意～。

cēng

噌 cēng 拟声形容快速行动或摩擦的声音▷～地从椅子上跳了起来|抓着绳子,～～～几下就爬上去了|～的一下划着了火柴。

另见 chēng。

céng

层(層) céng ❶动〈文〉重叠▷～峦叠嶂。→❷名重叠起来的东西▷高～建筑|云～|大气～。❸名重叠起来的东西中的一部分;层次▷表～|中～|基～|阶～|对流～|平流～。→❹量 a)用于重叠的东西▷三～楼|千～饼。b)用于可以分步骤、分项的事物▷这段话分为三～意思|去了一～顾虑|少了几～麻烦。c)用于覆盖在物体表面上的东西▷剥去一～皮|盖了两～被子|桌子上落了一～土。→❺副一次又一次地▷～出不穷|～见叠出。

曾 céng 副表示动作行为或情况发生在过去▷～到过海南岛|前些天也～忙过一阵|似～相识|～几何时|未～|不～。

另见 zēng。

嶒 céng [崚嶒]léngcéng,见"崚"。

cèng

蹭 cèng ❶动磨;擦▷腿上～去一块皮|把刀在石头上～了两下。→❷动擦过并沾上▷～了一身机油。❸动〈口〉揩油;借机不付代价而捞到好处▷～了一顿饭|～吃～喝|看～戏。→❹动脚擦着地慢慢行走▷一步一步往前～。❺动拖延▷～时间|磨～。

chā

叉 chā ❶动〈文〉分开手指头插到物体间。→❷名叉子,柄的一端有两个以上长齿的器具,可以用来挑起或扎取东西▷一杆～|钢～|粪～|鱼～|吃西餐用刀～。❸动用叉子挑或扎▷～稻草|～鱼。→❹动交错▷交～|三～神经。❺名两笔相交呈"×"形的符号,用来表示错误或删除。

另见 chá;chǎ;chà。

杈 chā 名用树杈(chà)加工制成的农具,一端为长柄,一端是两个或两个以上略弯的长齿,用来叉取柴草等▷三股～。

另见 chà。

差 chā ❶形(与一定的标准)不相同;不相合▷～别|～距|～额|～价。→❷名错误▷一念之～|～错|偏～。→❸名甲数减去乙数所得的余数▷六减四的～是二。也说差数。○❹副稍微;大体上▷～强人意(大体上还使人满意)|～可告慰。

另见 chà;chāi;cī。

插(*揷) chā ❶动把细长或薄片状的东西放进或穿入别的物体里▷把花～在花瓶里|把木牌～在地上|～销|～秧。→❷动中间加进去;加入到里面▷～几句话|中间～一段景物描写|～不上手|～班|～足|安～。

喳 chā ❶[喳喳]chāchā 拟声形容小声说话的声音▷嘁嘁～～。→❷[喳喳]chācha 动小声说话▷你们几个在这儿～什么?

另见 zhā。

馇(餷) chā ❶动〈方〉熬(粥)▷～一锅粥吃吧!→❷动一边煮一边搅拌(猪、狗等的饲料)▷～一锅猪食。

另见 zha。

碴 chā 用于"胡子拉碴"(húzilachā,形容满脸胡子,多日未刮)。

另见 chá。

锸(鍤) chā 名〈文〉铁锹;挖土用的工具。

嚓 chā ❶[喀嚓]kāchā 拟声形容东西断裂的声音▷树枝～一声折(shé)了。也作咔嚓。○❷[啪嚓]pāchā 拟声形容东西破裂的声音▷～一声,茶杯摔碎了。

另见 cā。

chá

叉 chá 动〈方〉互相卡住;堵塞住▷冰块把河道～住了|路口让汽车给～死了。

另见 chā;chǎ;chà。

垞 chá 名小土丘,多用于地名▷胜～(在山东)。

茬 chá ❶名庄稼收割后地里留下的残茎和根▷玉米～|谷～。→❷名指同一块地里作物种植或生长的次数,一次叫一茬▷一年种两～稻子|二～韭菜|换～|重(chóng)～。→❸名短而硬的胡须、头发(多指剪落的、剪而未尽的或刚长出的)▷满下巴的胡子～儿|领子上沾了许多头发～儿。○❹同"碴"⑤。

茶 chá ❶名茶树,常绿灌木,叶子椭圆形,开白花。嫩叶加工后可以冲泡饮用。→❷名用茶叶冲成的饮料▷喝～|酽～。⇒❸名某些糊状食品的名称▷面～|杏仁～|果～。⇒❹名像浓茶的颜色▷～色|～晶|～镜。→❺名指油茶树▷～油|～枯。→❻名指山茶树▷～花。○❼名姓。☛"茶"和"荼"(tú)不同。"荼",古书上指茅草、芦苇等开的白花,也指一种苦菜,如"如火如荼""荼毒"。

查(*査) chá ❶动仔细地验看▷～票|～户口|抽～|复～|巡～。→❷动仔细地了解情况▷调～|侦～|～考|～证。→❸动翻检(图书资料)▷～字典|～资料|～地图。

另见 zhā。

搽 chá 动往脸上或身上涂抹(粉、油、药等)▷～痱子粉|～雪花膏|～万金油。☛统读 chá,不读 cá。

嵖 chá [嵖岈]cháyá 名山名,在河南。

猹 chá 名一种獾类野兽(见于鲁迅《呐喊·故乡》)。☛统读 chá,不读 zhā。

楂 chá 同"碴"⑤。

另见 zhā。

槎[1] chá 名〈文〉竹木编成的筏子▷乘～|浮～。

槎[2] chá 同"茬"。

碴(*䃎) chá ❶名器物上的裂痕、破口或折断的地方▷碗上有一道破～儿|这个缺口是刚摔的新～儿|这根棍子有断～儿。→❷名感情之间的裂痕;引起争执的事由▷他们从前有～儿,今天是借题发挥|找～儿打架。→❸动〈方〉碎片划破(皮肉)▷小心别被瓦片儿～了手。→❹名物体的小碎块▷冰～儿|骨头～儿|玻璃～子。→❺名指中断了的话头或事情▷接～说|话～儿|答～儿|接～干(gàn)。

另见 chā。

察(*詧) chá ❶动细看▷～颜观色|～看|～觉。→❷动调查了解▷考～|勘～。

檫 chá 名〈方〉楂子,玉米等磨成的碎粒▷熬～子粥。

檫 chá 名檫树,落叶乔木,高可达 35 米,树皮黄绿色,有光泽,叶子卵形,总状花序,果实球形。木材坚韧,可供建筑、造船、制家具等用。

chǎ

叉 chǎ 动分开成叉(chā)形▷～着腿站着|把两腿～开。

另见 chā;chá;chà。

衩 chǎ [裤衩]kùchǎ 名短裤(一般指贴身穿的)▷一条～|游泳～。

另见 chà。

蹅 chǎ 动〈口〉踩;(在雨雪、泥水中)踏▷～雨|～雪|鞋～湿了。

镲(鑔) chǎ 名一种打击乐器,钹的变体。

chà

叉 chà [劈叉]pǐchà 名武术、舞蹈等的一种动作,两腿向相反的方向分开,裆部着地▷戏曲演员从小就要练～。

另见 chā;chá;chǎ。

汊 chà 名水流的分支,也指水流分岔的地方▷河湖港～|河～|湖～。

杈 chà 名植物的分枝▷树～|给棉花打～|花～|枝～。

另见 chā。

岔 chà ❶名山脉、河流或道路分歧的地方;由主干分出来的山、水流或道路▷山~|河~|三~路口|~道。→❷动偏离原来的方向▷一些人~上了小道。❸动打断别人说话或转移话题▷怕他听了不高兴,忙用话~开|打~。→❹动把时间错开,防止冲突▷两个画展的时间要~开。→❺名偏差;差错▷中间出了点儿~子|这次比赛一点~儿没出。❻形〈方〉声音失常▷她大声呼叫,声音都~了。

侘 chà [侘傺]chàchì 形〈文〉形容失意的样子。

刹 chà ❶名佛教的寺庙(梵语音译词"刹多罗"的简称)▷古~。〇❷[刹那]chànà 名极短的时间(梵语音译)▷一~|~间。☛这两个意义都不读 shà。

另见 shā。

衩 chà 名衣裙下端开的口▷这种裙子后面最好开一个~|这件旗袍开的~太大。

另见 chǎ。

诧(詫) chà 动惊讶;觉得奇怪▷~异|惊~。

差 chà ❶义同"差"(chā)①,用于口语▷~不多|~不离儿|~点儿。→❷形有差错▷走~了道儿。→❸动欠缺▷只~一道工序就完成了|~10分5点。❹形不好;不符合标准▷学习成绩太~|质量~。

另见 chā;chāi;cī。

姹 chà 形〈文〉艳丽▷~紫嫣红(形容各种颜色艳丽的花)。

chāi

拆 chāi ❶动把整体的东西分开;开启▷~毛衣|~信|~封条|~洗|~卸。→❷动特指毁掉建筑物▷~房子|~了重盖|过河~桥。

另见 cā。

钗(釵) chāi 名妇女用来固定发髻的一种首饰,呈双股长针形▷金~|荆~布裙(形容妇女装束朴素)。

差 chāi ❶动分派;打发(去做事)▷鬼使神~|~遣。→❷名被派去做的事;公务;职务▷出~|交~|兼~。→❸名旧指被派遣做事的人▷信~|解(jiè)~。

另见 chā;chà;cī。

chái

侪(儕) chái 名〈文〉同辈或同类的人▷吾~(我们这些人)|~类(同类的人)。

柴 chái ❶名烧火用的草木、庄稼秸秆等▷往灶里添把~|上山打~|~米油盐|~草|木~。〇❷形〈方〉又干又瘦▷老人病得很重,人都变~了。→❸形〈方〉纤维粗而多,嚼不烂▷肉~了不好吃。〇❹名姓。

豺 chái 名哺乳动物,形状像狼而小,毛皮一般为棕红或灰黄色,性情凶猛残暴,喜群居,以小型和中型兽类为袭击对象,有时也伤害人畜。也说豺狗。

chǎi

茝 chǎi 名古书上说的一种香草。☛"茝"字下半是"匝"(yí),不是"臣"。

蔷 chǎi 名豆子或玉米等磨(mò)成的碎小颗粒▷豆~儿。

chài

虿(蠆) chài 名〈文〉蝎子类毒虫▷蛊~之谗(喻指恶人的谗言)。

瘥 chài 动〈文〉病愈。

另见 cuó。

chān

觇(覘) chān 动〈文〉窥视;察看▷~候|~标(一种测量标志)。

掺(摻) chān 同"搀[1]"。

另见 càn;shǎn。

搀[1](攙) chān 动混和▷往黏土里~沙子|酒里~了水|~杂|~假|~兑。

搀[2](攙) chān 动用手轻轻架着别人的手或胳臂▷~着老人上楼|把摔倒的孩子~起来|~扶。

襜 chān [襜褕]chānyú 名古代一种短的便衣。

chán

单(單) chán [单于]chányú 名古代匈奴君主的称号。

另见 dān;shàn。

谗(讒) chán ❶动说别人的坏话▷~言|~害。→❷名毁谤离间的话▷进~|信~。

婵(嬋) chán [婵娟]chánjuān〈文〉❶形姿态美好。→❷名指美女。→❸名指月亮▷但愿人长久,千里共~。

馋(饞) chán ❶动看到好吃的食物就想吃;专爱吃好的▷看见人家吃肉他就~|~得直流口水|嘴~。→❷动看到喜爱的事物就想得到;羡慕▷看到好衣服就~得慌|眼~。

禅(禪) chán ❶名佛教用语,指收心静思(梵语音译词"禅那"的简称)▷坐~|参~|~宗。→❷名泛指有关佛教的事物▷~师|~房|~杖|~机。

另见 shàn。

孱 chán 形瘦弱;弱小▷~弱|力~气馁。

另见 càn。

缠(纏) chán ❶动绕;围绕▷辫梢~着红头绳|~绷带|~绕。→❷动搅扰不止▷死~着我不放|疾病~身|纠~。〇❸动〈口〉招惹;应付▷这位姑奶奶可不好~|这人真难~。〇❹名姓。☛"缠"字右边是"廛"(chán),不是"厘"。

蝉(蟬) chán 名昆虫,头和触角都很短,前、后翅基部黑褐色,雄的腹部有发音器,能连续不断地发出尖锐的声音,雌的不发声。幼虫生活在土中,吸食植物根部的汁液。蝉脱下的壳称蝉蜕,可以做药材。

僝 chán [僝僽]chánzhòu 形〈文〉愁苦;烦恼。

廛 chán ❶名古代指城市平民一户人家所住的房屋,也指城市中的房屋。→❷名〈文〉市场上供商人储存、销售货物的房屋▷市~|~肆。

潺 chán ❶[潺潺]chánchán 拟声形容流水的声音▷水声~。〇❷[潺湲] chányuán 形〈文〉形容河水缓慢流动的样子▷流水~。

澶 chán [澶渊]chányuān 名古地名，在今河南濮阳县西。宋真宗时曾与辽国订立澶渊之盟。

瀍 chán 名瀍河，水名，在河南，流入洛河。

蟾 chán ❶名蟾蜍，两栖动物，体长可达10厘米，背面多呈黑绿色，有大小不等的疙瘩，内有毒腺，可分泌黏液，腹面乳黄色，有棕色或黑色斑纹。生活在泥穴或石下、草丛内，昼伏夜出，捕食昆虫等。通称癞蛤蟆。→❷名古代传说月亮里面有三条腿的蟾蜍，因此常用来代指月亮▷～宫|～桂|～光。

巉 chán 形〈文〉形容山势险峻▷～岩|～峻。

躔 chán 〈文〉❶名足迹；行迹。→❷动日月星辰运行。

镵（鑱） chán ❶动〈文〉刺；扎(zhā)▷～云(刺人云天，形容高)。→❷名古代一种柄长而弯曲的掘土工具▷长～。

chǎn

产（産） chǎn ❶动(人或动物)从母体中分离出幼体▷～妇|～后|～卵|临～|流～。→❷动自然形成、天然生长或人工种植▷山西～煤|东北～人参|盛～大豆。❸动制造或创造财富▷～销|投～|国～。❹名生产出来的东西；出产的东西▷水～|畜～|林～|矿～|特～|物～。❺名指拥有的金钱、物资、房屋、土地等▷财～|私～|房地～|破～|～权。○❻名姓。

浐（滻） chǎn 名浐河，水名，在陕西，流入灞河。

谄（諂） chǎn 动奉承讨好；献媚▷～上欺下|～媚|～谀。

啴（嘽） chǎn 形〈文〉宽舒▷～缓。
另见tān。

铲（鏟*剷） chǎn ❶名铲子，用来撮取或清除东西的器具，有长柄，末端像簸箕或像平板▷铁～|饭～|锅～|煤～。→❷动用锹或铲子削平、撮取或清除▷把地～平|～煤|～土|～除。☛参见"刬"(chàn)字的提示。

阐（闡） chǎn 动(把道理)说明白▷～明|～发|～述。☛统读chǎn，不读shàn。

蒇（蕆） chǎn 动〈文〉完成；解决▷～事(把事情办完)。

骣（驏） chǎn 动〈文〉不加鞍辔骑马▷～骑。

冁（囅） chǎn 形〈文〉形容笑的样子▷～然而笑。

chàn

忏（懺） chàn ❶动为所犯的过失而悔恨▷～悔。→❷动僧人或道士代人忏悔▷拜～。❸名拜忏时所念的经文。

刬（剗） chàn [一刬]yīchàn 副〈方〉一概；通通▷～都是旧行(xíng)头。☛1955年《第一批异体字整理表》将"剗"作为"铲"的异体字予以淘汰。1986年重新发表的《简化字总表》确认"剗"读chàn时为规范字，类推简化为"刬"；读chǎn时，仍作为"铲"的异体字处理。

颤（顫） chàn 动短促而频繁地振动；抖动▷挑起扁担一～一～地走了|～动|～抖|发～。
另见zhàn。

羼 chàn 动搀杂▷～杂|～人。☛统读chàn，不读chān。

韂 chàn 名垫在马鞍下垂在马腹两侧遮挡泥土用的东西▷鞍～。

chāng

伥（倀） chāng 名传说中被老虎咬死的人变成的鬼，专门帮助老虎吃人▷为虎作～(比喻帮恶人做坏事)|～鬼。☛统读chāng，不读chàng。

昌 chāng ❶形兴盛；旺盛▷顺天者～|～盛|～明。○❷名姓。

倡 chāng ❶名古代指以演奏乐器和表演歌舞为业的人▷～优。○❷古同"娼"。
另见chàng。

菖 chāng [菖蒲]chāngpú 名多年生草本植物，生长在水中，有香气，地下有淡红色的粗壮根茎，叶子狭长，形状像剑，开淡黄色花。全草是提取芳香油、淀粉及纤维的原料；根茎可以做药材。民间有在端午节把它和艾草结扎成束悬挂起来借以避邪的习俗。

猖 chāng 形行为放肆▷～狂|～獗。

阊（閶） chāng [阊阖]chānghé 名神话传说中的天门；宫门。

娼 chāng 名妓女▷逼良为～|～妇|～妓。

鲳（鯧） chāng 名鲳鱼，体侧扁而高，近于卵圆形，银灰色，没有腹鳍。生活在海洋中。是优质食用鱼。也说银鲳、镜鱼、平鱼。

cháng

长（長） cháng ❶形从一端到另一端的距离大(跟"短"相对，②同)▷这座桥很～|一根～绳子|～途|～征|～空|～波。→❷形某段时间的起讫点之间的距离大▷时间拖得太～|日久天～|来日方～|～期|～寿|悠～。→❸名长度，两点之间的距离▷由头到尾两丈多～|全～十多公里|身～|周～。→❹名优点；长处▷扬～避短|一技之～|专～|特～。❺动在某方面有特长▷～于书法篆刻|一无所～。☛"长"的笔顺是丿一七长，四画。
另见zhǎng。

场（場*塲） cháng ❶名用于晒粮和脱粒的平坦的空地▷～上堆满了稻谷|～院|打～。→❷名〈方〉集市▷赶～。→❸量用于一件事情的过程▷一～大雨|一～激烈的战斗|大干一～|白高兴了一～。
另见chǎng。

苌（萇） cháng ❶[苌楚]chángchǔ 名古书上指猕猴桃。○❷名姓。

肠（腸*膓） cháng ❶名人和脊椎动物消化器官下段的总称，呈长管状，上端与胃相连，下端通肛门(或泄殖腔)。一般分小肠、大肠两部分，小肠是消化和吸收食物的主要器官，大肠是暂时贮存消化后残渣的器官。通称肠子。→❷名指心思▷愁～|衷～。→❸名在肠衣里塞进肉等制成的食品▷香～|火腿～。

尝（嘗*嚐❶甞） cháng ❶动试着吃一点；辨别滋味▷菜炒好了，你～一～味道怎么样|～～咸淡|品～。→❷动试；试探▷浅～辄

止｜～试。→❸动经历；感受▷～到甜头｜备～艰苦｜～受。❹副曾经▷未～｜何～。☛㊀"尝"字的左边没有"口"。㊁"尝"不是"嘗"的简化字，"嘗"的简化字是"赏"。

倘 cháng［倘佯］chángyáng 同"徜徉"。参见"徜"。

另见 tǎng。

常 cháng ❶名纲纪，社会的秩序和国家的法纪▷三纲五～｜伦～。→❷名规律▷天行有～。⇒❸形普通；一般；平常▷人之～情｜～识｜～客｜～态。❹名普通的事▷习以为～｜家～。⇒❺形经久不变的▷冬夏～青｜～任｜～量｜～数。❻副时常；经常▷星期天他们也～上课｜～来～往｜不～出门。〇❼名姓。

偿(償) cháng ❶动归还；抵补▷得不～失｜杀人～命｜～还｜赔～｜补～。→❷名代价；报酬▷无～援助｜有～服务。→❸动(愿望)得到满足▷如愿以～。☛不读 shǎng。

徜 cháng［徜徉］chángyáng 动〈文〉悠闲自在地行走▷～山水之间。也作倘佯。

裳 cháng 名古人穿的下衣，形状像现在的裙子，男女都可以穿▷绿衣黄～(衣，上衣)。

另见 shang。

嫦 cháng［嫦娥］cháng'é 名神话传说中月宫里的仙女▷～奔月｜月里～。

chǎng

厂(廠) chǎng ❶名〈文〉有顶无壁的简易房屋。→❷名有宽敞的地面，有棚式简易房屋，可以存货并进行贸易的场所▷木～｜煤～。❸名工厂，进行工业生产或加工活动的单位▷这个～效益很好｜钢铁～｜肉类联合加工～｜建～｜～家。

另见 ān。

场(場＊塲) chǎng ❶名有专门用途的比较开阔的地方或建筑▷广～｜运动～｜飞机～｜市～｜会～｜剧～｜靶～。→❷名指某个特定的时间、地点或范围▷当(dāng)～｜到～｜在～｜现～｜火～｜官～｜情～｜名利～。→❸名特指演出的舞台和比赛的场地▷出～｜上～｜登～。⇒❹名指表演或比赛的全过程▷开～｜终～。⇒❺量 a)用于文娱体育活动▷一～电影｜一～足球｜一～比赛。b)用于戏剧中较小的段落▷第一幕第二～。→❻名有一定规模的生产单位▷渔～｜牧～｜农～｜林～｜养猪～｜养蜂～。→❼名物理学术语，物质相互作用的范围，它是物质存在的一种基本形态，如磁场、引力场等。

另见 cháng。

昶 chǎng 形〈文〉白天时间长。

惝 chǎng 又 tǎng〈文〉❶形怅惘；失意。〇❷形恍惚；不清楚。

敞 chǎng ❶形宽阔；豁亮；没有遮拦▷这屋子太～｜宽～｜～亮｜～车。→❷动打开▷～着怀｜～开大门｜～着口儿。

氅 chǎng 名罩在衣服外面的长衣▷大～｜道～。

chàng

玚(瑒) chàng 名古代祭祀用的一种玉器。也说玚圭。

另见 yáng。

怅(悵) chàng 形失望；失意▷惆～｜～惘｜～然。

畅(暢) chàng ❶形没有阻碍▷～行无阻｜～通｜流～｜～销。→❷形痛快；尽情▷～所欲言｜欢～｜～快｜～饮。〇❸名姓。

倡 chàng ❶动〈文〉带头唱▷一～百和。→❷动带头；发起▷～导｜～议｜提～｜首～。

另见 chāng。

鬯 chàng 名古代祭祀用的一种香酒。

唱 chàng ❶动依照乐律发声▷～一支歌｜～小曲儿｜演～｜领～｜～腔。→❷动大声呼叫▷～票｜～名｜～收～付。→❸名歌曲；戏曲唱词▷看《二进宫》主要是听～儿｜渔家小～｜～本。

chāo

抄[1] chāo ❶动照着原文或底稿写▷～笔记｜～稿子｜照～照转｜传～｜～写｜～本。→❷动把别人的作品、语句、作业等抄下来当自己的▷他这篇文章是～来的｜不要～别人的作业｜～袭。

抄[2] chāo ❶动搜查并没收(财产等)▷家产被～了｜查～｜～家｜～获。〇❷动从侧面绕过去或走近道▷～到敌人后面去进攻｜～小道儿近得多｜～后路｜包～。〇❸动两手在胸前交互插入袖筒▷～着手站在那里看热闹。

抄[3] chāo 同"绰"①。

吵 chāo［吵吵］chāochao 动〈口〉许多人乱嚷嚷▷别～，好好听讲｜瞎～。

另见 chǎo。

怊 chāo 动〈文〉悲伤；失意。

钞[1](鈔) chāo ❶名纸币▷～票｜现～｜外～｜验～机。〇❷名姓。

钞[2](鈔) chāo 同"抄[1]"①。

绰(綽) chāo ❶动抓；拿▷～起一根大棒◇～起活儿就干。〇❷同"焯"。

另见 chuò。

超 chāo ❶动从后面赶到前面；胜过▷～车｜～群｜～过。→❷动越过规定的限度▷～额｜～期｜～龄｜～编。❸动越过通常的程度▷～级｜～等｜～高温。→❹动不受某种约束；越出某种范围▷～现实｜～自然｜～俗。

焯 chāo 动烹调方法，把蔬菜放进滚开的水中略微煮烫，随即取出▷～芹菜｜把洋白菜～一下。

另见 zhuō。

剿(＊勦勦) chāo 动〈文〉抄袭▷～说(因袭、套用别人的言论作为己说)｜～袭。

另见 jiǎo。

cháo

晁 cháo 名姓。

巢 cháo ❶名鸟窝▷鸟～｜鹊～鸠占。→❷名指蜂、蚁等的窝▷蜂～｜蚁～。❸名喻指盗匪或敌人盘踞的地方▷公安干警直捣歹徒的老～｜倾～出动｜匪～。〇❹名姓。☛统读 cháo，不读 chāo。

朝[1] cháo ❶动臣子在君主处理政事的地方拜见君主；宗教徒到圣地或庙宇礼拜神、佛▷～见｜～拜｜～贡｜～圣。→❷名君主接受朝见、处理政事的地方▷上～｜退～｜～野。❸名一姓君主世代相传的整个统治时期；某个君主的统治时期▷这是哪～的故事？｜改～换代｜皇～｜唐～｜三～元老。→❹动正对着；面向着▷他背～着我｜这房子坐北～南｜仰面～天。❺介引进动作针对的方向或对象，相当于"向""对"▷大门～南开｜他～我笑了笑｜～着伟大目标前进。○❻名姓。

朝[2] cháo [朝鲜族]cháoxiānzú 名我国少数民族之一，主要分布在吉林、黑龙江和辽宁。也是朝鲜和韩国的民族。

另见 zhāo。

嘲 cháo 动讥笑；取笑▷冷～热讽｜～弄｜～笑。

另见 zhāo。

潮[1] cháo ❶名月亮和太阳引力造成的海洋水面定时涨落的现象▷观～｜～汐｜～汛｜海～｜涨～。→❷名喻指像潮水那样有涨有退、有起有伏的事物▷寒～｜心～｜思～｜学～｜怒～。○❸形湿▷粮食受～了｜地面太～｜～湿｜返～。

潮[2] cháo 形〈方〉成色或技术低劣▷～银｜手艺太～。

潮[3] cháo 名指广东潮州▷～绣｜～剧｜～菜。

chǎo

吵 chǎo ❶形声音杂乱扰人；喧闹▷临街的房子太～了｜喧闹声～得人睡不着。→❷动打嘴架；口角▷俩人一见面就～｜跟他～了一架｜～嘴。

另见 chāo。

炒 chǎo ❶动把食物放在锅里加热并反复翻动使熟或使干▷把瓜子～一～｜～菜｜～鸡蛋｜～米｜～货。→❷动反复报道抬高身价；通过买进卖出获利▷～新闻｜～股票。

chào

耖 chào ❶名农具，形状像耙（bà）而齿更密更长，用来把耙过的土块打碎。→❷动用耖平整田地▷～地。❸动〈方〉指土地耕翻以后再进行浅耕松土作业▷田要犁，地要～，棉花无草也要薅。

chē

车（車） chē ❶名陆地上使用的有轮子的交通运输工具▷一辆～｜～载斗量｜闭门造～｜自行～｜货～｜～辆。→❷名利用轮轴转动来工作的器械▷纺～｜滑～｜水～｜～床。⇒❸动用水车汲水▷～水。⇒❹动用车床切削物件▷～一个螺丝｜～出的零件完全合乎规格。⇒❺名泛指机器▷拉闸停～｜试～成功｜～间。→❻动〈方〉转动（身体）▷～过身去。○❼名姓。

另见 jū。

哗（嗶） chē [哗嗻]chēzhē 形猛；厉害（多用于近代汉语）。

砗（硨） chē [砗磲]chēqú ❶名生活在热带海底的一种大型贝类，介壳略呈三角形，肉可以吃。→❷名一种比玉稍次的美石，形状像蚌蛤，有纹理。

chě

尺 chě 名我国民族音乐中传统的记音符号，表示音阶上的一级，相当于简谱的"2"。☛这个意义不读 chǐ。

另见 chǐ。

扯（*撦） chě ❶动拉；牵▷～住他的袖子不放｜不容分说，一把把他～了进去｜拉～｜牵～◇～着嗓子喊。→❷动撕▷～几尺布｜把信～得粉碎｜衣服让人～破了。→❸动漫谈；闲谈▷天南地北瞎～了一通｜闲～｜胡～｜～～家常。

chè

彻（徹） chè 动通；透▷～夜｜～骨｜～底｜贯～｜透～。

坼 chè 动〈文〉裂开▷天崩地～｜天寒地～｜～裂。

掣 chè ❶动拽（zhuài）；拉▷～肘｜牵～。○❷动闪过▷风驰电～。○❸动抽取▷把手～回去｜～签。

撤 chè ❶动除去；取消▷～掉冷荤，摆上热菜｜三月底，炉子该～了｜～职｜～消｜裁～。→❷动退；向后转移▷部队正在向南～｜～退｜～离｜～兵。

澈 chè 形水清而透明▷清～见底｜明～。☛"徹"简化为"彻"，"澈"没有简化，不能类推写作"沏"（qī）。

chēn

抻 chēn 动〈口〉拉；拉长▷从里面把衬衣袖子～出来｜～面｜皮筋儿越～越长。

郴 chēn 名郴州，地名，在湖南。

琛 chēn 名〈文〉珍宝。☛不读 shēn。

嗔（*瞋❶） chēn ❶形生气；怒▷半～半笑｜～怒。→❷动责怪；埋怨▷老太太～着儿女们不来看她｜～怪。

chén

臣 chén ❶名君主制时代的官吏▷君～父子｜总理大～｜～民。→❷名古代官吏对皇帝的自称▷～本布衣。❸名〈文〉古人表示谦卑的自称▷～少好相人。☛"臣"的笔顺是一丅丂丂丂臣，六画。

尘（塵） chén ❶名飞扬的灰土▷一～不染｜甚嚣～上｜除～｜灰～｜～土。→❷名世俗；佛教、道教所指的现实社会▷～世｜～事｜～俗｜红～。→❸名踪迹；事迹▷步前人后～｜前～如梦。

辰[1] chén 名地支的第五位。

辰[2] chén ❶名星宿名，即心宿，二十八宿之一。→❷名日、月、星的统称；众星▷日月星～。→❸名时间；日子▷良～｜诞～｜忌～。❹名古代把一昼夜分为十二辰▷时～。

辰[3] chén 名指辰州（旧府名，在今湖南沅陵一带）▷～砂（朱砂，以辰州产的最有名）。

沈 chén 同"沉"。现在通常写作"沉"。

另见 shěn。

沉[1] chén ❶形〈文〉深，由水面向下的距离大▷～泉｜～渊。→❷形程度深▷睡得很～｜～醉｜～迷｜～思｜～疴｜暮气～～。→❸形色泽深；阴暗▷天阴得很～◇脸色阴～。

沉[2] chén ❶形重；分量大▷包袱很～|～甸甸|～重。→❷形感到沉重，不舒服▷两腿发～|头～得抬不起来。

沉[3] chén ❶动向下落（进水里）；（在水里）向下落（跟"浮"相对）▷敌舰被击～|石～大海|与世～浮|～淀|～积。→❷动向下陷落；降落▷地基下～|月落星～|～陷|～降。❸动使下沉▷破釜～舟|～鱼落雁|自～◇～不住气|～下心来。→❹动落入某种境地；沦落▷～于酒色|～沦|～湎。→❺形（情绪等）低落▷低～|消～|～郁。

忱 chén 名〈文〉心意▷谨致谢～|热～。

陈[1]（陳） chén ❶动排列；摆出来▷～尸|～列|～设。→❷动（把思想、意见等）有条理地说出来▷慷慨～词|～述|～诉|电～|条～。→❸形（时间）久远的；过时的▷酒还是～的好|推～出新|新～代谢|～年|～醋|～旧|～迹。

陈[2]（陳） chén ❶名周朝诸侯国名，在今河南淮阳和安徽亳州一带。〇❷名朝代名，南朝之一，公元557—589年，陈霸先所建。〇❸名姓。

宸 chén 〈文〉❶名大而深的房屋▷～宇。→❷名帝王的住所▷～居|～扉（宫门）。❸名借指王位或帝王▷～驾|～衷（帝王的心愿）。

晨 chén 名早晨，太阳刚刚升起的时候或升起前后的一段时间▷清～|凌～|～光|～曦。

谌（諶） chén ❶动〈文〉相信。→❷副〈文〉表示对某种事实的真实性的肯定或确认，相当于"的确""诚然"等。〇❸名姓。

chěn

碜（磣） chěn ❶[寒碜]hánchen 形丑陋；不体面▷长得太～|三门不及格，真～！〇❷[牙碜]yáchen 形〈口〉食物里夹着沙子，嚼起来硌牙▷菜没洗净，有点～。

chèn

衬（襯） chèn ❶形贴近身体的（衣服）▷～衫|～裤。→❷名附在衣裳、鞋、帽等里面的材料▷帽～|领～|鞋～。❸动在里面或下面垫上纸、布等▷在相片下面～上一层纸|锦盒里面～着绒布。❹动衬托；陪衬▷映～|反～。

疢 chèn 名〈文〉热病；泛指疾病▷～疾|～毒。

龀（齔） chèn 动〈文〉儿童乳牙脱落，长出恒齿▷～年（童年）|～童（儿童）。

称（稱） chèn ❶动符合；适合▷～心如意|～职|相～。→❷形合适▷匀～|对～。
另见 chēng；chèng。

儭（儭） chèn 〈文〉❶动施舍。→❷名施舍给僧道的财物。

趁（*趂） chèn ❶介表示利用时间、条件或机会▷～早赶路|～热喝下去|～火打劫|～势|～便。〇❷动〈口〉拥有▷～钱|～几所房子。

榇（櫬） chèn 名〈文〉棺材▷扶～|灵～。

谶（讖） chèn 名古人认为将来能应验的预言、预兆▷～语|～纬|图～。

chēng

柽（檉） chēng [柽柳]chēngliǔ 名落叶小乔木，枝条纤弱，多下垂，叶子小，呈鳞片状，开淡红色小花，结蒴果。能耐碱抗旱，适于造防沙林；枝条可编制器具；嫩枝和叶片可以做药材。也说三春柳、观音柳。

琤 chēng [琤琤]chēngchēng 拟声〈文〉形容玉器碰击声、琴声或水流声。

称[1]（稱） chēng 动测量轻重▷～一～看有多重。

称[2]（稱） chēng ❶动用言语表达对好人好事的肯定或表扬▷～赞|～颂|～誉|～道。→❷动用言语或动作表示自己的意见或感情▷点头～是|拍手～快|～便|～谢|声～|口～。→❸动称呼；叫作▷大家都～他叶老|人～小诸葛|～兄道弟。⇒❹名名称，对人或事物的叫法▷通～|简～|敬～|职～|～谓|～号。⇒❺动凭借权势自称或自居▷～王～霸|～霸一方|～雄。

称[3]（稱） chēng 动〈文〉举▷～觞|～兵作乱。
另见 chèn；chèng。

蛏（蟶） chēng 名蛏子，软体动物，甲壳长形，两端圆，壳顶靠近前方，壳面黄绿色。生活在近河口和有少量淡水注入的浅海内湾，以足部掘穴栖居。肉可以食用。

铛（鐺） chēng 名烙饼或煎食物用的平底浅锅▷饼～。
另见 dāng。

牚 chēng 古同"撑"。
另见 chèng。

赪（赬） chēng 形〈文〉红色▷～面|～茎（一种红色的草）。

撑（*撐） chēng ❶动用力抵住；支住▷用手～着腰|用竹竿一～就跳过去了|双手～着下巴|支～。→❷动用篙抵住河岸或河床使船前进▷～船|用篙猛一～，小船便离岸驶去。→❸动支持；支撑▷这么大个烂摊子，我一个人～不起来|发高烧还硬～着上班|～门面。→❹动用力支着使（收缩着的物体）张开▷把面袋的口儿～大点儿|～开雨伞。→❺动装得过满；吃得过饱▷塞得太满，把口袋都～破了|少吃点儿，别～破肚子|吃～着了。☛统读 chēng，不读 zhǎng。

噌 chēng [噌吰]chēnghóng 拟声〈文〉形容钟鼓的声音。
另见 cēng。

瞠 chēng 动〈文〉瞪着眼直视▷～目结舌|～乎其后|～视。

chéng

成[1] chéng ❶动获得预期的结果（跟"败"相对）▷事情已经～了|可惜没办～|大功告～|一事无～|落～|完～|～功。→❷动使完成；使成功▷～全|君子～人之美。→❸形已经完成或固定的；现成的▷～约|～规|～语|～见|～命|～品|～药。→❹动生物体发育到完备的阶段▷～长|～熟。❺形发育成熟的▷～人|～虫。→❻名工作、事业、学习等方面所获得的结果▷坐享其～|守～|～果|～绩。→❼动成为；变为▷他俩～了好朋友|有情人终～眷属|百炼～钢|弄假～真|形～|构～|组～。→❽动达到一定的数量

单位▷～千上万|～套设备|～批生产|～天|～年。→❾动表示同意、认可▷～,我马上就办|什么时候都～|我看～,就这么办吧。→❿动表示有能力做成功▷没想到你还真～|我～,您放心吧!|写钢笔字还～,写毛笔字可不～。○⓫名姓。

成[2] chéng 量表示十分之一▷比去年增产两～|七八～新|十～年景|他八～今天不来了|咱俩四六分～。

丞 chéng ❶动辅佐;帮助▷～相(古代辅佐帝王的最高官吏)。→❷名古代辅助主要官员做事的官吏▷府～|县～。

呈 chéng ❶动恭敬地献上(一般用于下级对上级)▷～上一份申请书|面～|～递|～献|～报。→❷名下级递交给上级的文件▷辞～|签～。○❸动显现;露出▷山峰～狼牙状|大海～深蓝色|～现|～露。○❹名姓。

枨(棖) chéng 动〈文〉触动▷～触良深。

诚(誠) chéng ❶形(心意)真实;忠实▷～心～意|～实|～恳|忠～|至～。→❷副表示对事实的真实性的确认或肯定,相当于"的确""实在"▷～有此事|～惶～恐。

承 chéng ❶动(在下面)托着或支撑着▷～尘(天花板)|～重|～载。→❷名起承载作用的物品或部件▷石～|轴～。→❸动接受;担当▷～做各种家具|～办酒宴|～包|～担|～当。⇒❹动客套话,表示受到对方的好处▷～恩|～情|～蒙指教。⇒❺动把事物接受过来,并继续做下去;继续▷～上启下|～先启后|～接上文|继～。○❻名姓。

城 chéng ❶名古代建在居民聚集地四周用来防守的高大围墙▷～里|～外|～楼|～门|～墙。→❷名城墙以内的地方▷南～|东～。→❸名都市(跟"乡"相对)▷进～|北京～|～乡交流|～镇|～市|～区。

宬 chéng 名〈文〉藏书的屋子;明、清时专指皇宫收藏文书档案的地方▷皇史～。

埕[1] chéng 名〈方〉酒瓮▷酒～。

埕[2] chéng 名指蛏田,福建、广东沿海一带养蛏的田。

乘(*乗椉) chéng ❶动〈文〉登;由低处到高处。→❷动搭坐交通工具▷～车|～船|～马|搭～|～坐|～客|～务员。⇒❸动利用▷无隙可～|～人之危|～间伺隙。❹介表示利用机会或条件,相当于"趁"▷～虚而入|～胜直追|～兴而来。⇒❺名佛教用语,指佛教的教义(把教义比作使众生到达成正果境地的车)▷小～|大～◇上～。→❻动进行乘法运算,即几个相同的数连续相加的简便算法,例如二连加五次,就是用五来乘二,或者说二乘以五(2×5)。☛不读chèng。

另见 shèng。

盛 chéng ❶动用容器装东西▷拿小篮～点豆子|小坛子～不下这么多酒。→❷动用铲、勺等把饭菜放进容器里面▷用铲子～菜,用勺子～汤|～碗饭。→❸动容纳▷货太多,一间仓库～不下。

另见 shèng。

程 chéng ❶名古代长度单位,十程为一分;度量衡的总称。→❷名规矩;法度▷章～|规～|～式。→❸名(旅行的或物体行进的)距离▷行～|里～|路～|全～|射～|航～。❹名(旅行的)道路;一段路▷启～|登～|征～|前～|送了一～又一～。❺名事物发展的经过或进行的步骤▷过～|日～|疗～|议～|～序。❻名〈方〉指一段时间▷这～子太忙|这些活儿还得干一～子。○❼名姓。

惩(懲) chéng ❶动警戒▷～前毖后。→❷动处罚▷严～罪犯|～罚|～治|奖～。☛统读chéng,不读chěng。

裎 chéng 动〈文〉裸露身体▷裸～。

另见 chěng。

塍(*堘) chéng 名〈方〉田间的土埂▷田～。

酲 chéng 形〈文〉酒醉后神志不清。

澄(*澂) chéng ❶形水平静而清澈▷～碧|～净。→❷动使清明;使清楚▷～清天下|～清事实。

另见 dèng。

橙 chéng ❶名常绿小乔木,叶子椭圆形,果实圆形,红黄色,汁多,味道酸甜,是常见的水果。橙,也指这种植物的果实。→❷形由黄、红两色合成的颜色▷赤～黄绿青蓝紫。☛统读chéng,不读chén。

chěng

逞 chěng ❶动炫耀▷～威风|～能|～强。→❷动施展;实现(多指坏事)▷阴谋得～|窥测方向,以求一～。○❸动放纵▷～性子。

骋(騁) chěng ❶动纵马奔跑▷驰～。→❷动〈文〉尽量展开;放任▷～目|～望。☛"骋"和"聘"(pìn)形、音、义都不同。"聘",从"耳","甹"(pīng)声,指问候、聘请、定亲等。

裎 chěng 名古代一种对襟的单衣。

另见 chéng。

chèng

称(稱) chèng 同"秤"。现在通常写作"秤"。

另见 chèn;chēng。

秤 chèng 名测量物体轻重的量具▷一杆～|～平斗满|磅～|地～|弹簧～|电子～|～砣|～杆|过～。

牚 chèng ❶名斜着的支柱▷墙要倒,赶紧支上一根～子。→❷名桌椅等家具腿与腿之间的横木▷这凳子少一根～。

另见 chēng。

chī

吃[1] chī 形(说话)结巴,不流利▷口～。

吃[2](*喫) chī ❶动咀嚼后吞咽下去(有时也指吸、喝)▷～早饭|～饼干|～西餐|～素|～奶|～药。→❷动吸入(液体)▷沙土地～水力强|这种纸不～墨。→❸动消灭(多用于军事、棋戏等)▷～掉敌人两个师|连～了对方三个子儿。→❹动耗费▷～力|～劲儿。→❺动承受;接受▷～官司|身体～不消|这么薄的板子～不了多大分量|～了不少苦|～了一惊|～紧。→❻动指一物体进入另一物体▷轮船越重～水越深|车这种零件～刀不能太浅。→❼动依靠……生活▷靠山～山,靠水～水|～老本|～劳保。→❽动领会;理解▷～透教材|～不准。

哧 chī 拟声形容笑声或撕裂声等▷她～～地笑个不停｜～的一下，裤子撕了个大口子了｜～的一声，车胎的气全跑光了。

鸱（鴟） chī ❶名古书上指鹞鹰，一种猛禽，像鹰而较小，背灰褐色，腹白色带赤。捕食小鸟、小鸡。○❷［鸱鸮］chīxiāo 名泛指鸱鸮科鸟类。头大，嘴短而弯曲，吃鼠、兔等小动物，是益鸟。鸺鹠、雕鸮等都属于鸱鸮科。

蚩 chī 形〈文〉愚笨无知；傻▷～拙｜～～。

眵 chī 名眼睑分泌的淡黄色糊状物；眼屎▷眼～。

笞 chī 动用鞭、杖或竹板抽打▷鞭～｜～责。☛㊀"笞"和"苔"不同，"苔"是草字头，指苔藓植物。㊁"笞"不读 tái。

瓻 chī 名古代一种陶制的盛酒器。

嗤 chī 动讥笑▷～之以鼻｜～笑。

痴（*癡） chī ❶形呆傻；愚▷～人说梦｜如醉如～｜～呆｜～笨。→❷形形容极度迷恋而不能自拔▷～迷｜～心｜～情。❸名指陷入极度迷恋而不能自拔的人▷书～｜情～。→❹形〈文〉谦辞▷～长（年长的人谦称自己比对方大几岁）。☛统读 chī，不读 chí。

媸 chī 形〈文〉面貌丑陋（跟"妍"相对）▷妍～莫辨。

螭 chī ❶名古代传说中一种没有角的龙。○❷同"魑"。

魑 chī ［魑魅］chīmèi 名〈文〉传说中的山林神怪，也泛指鬼怪▷～魍魉（喻指形形色色的坏人）。

chí

池 chí ❶名积水的坑；水塘▷水～｜荷花～｜一～春水。→❷名〈文〉护城河▷金城汤～｜城门失火，殃及～鱼｜城～。→❸名指某些四周高中间低的地方▷乐～｜舞～｜～座。○❹名姓。

弛 chí ❶动〈文〉放松弓弦（跟"张"相对）。→❷动放松；松懈▷一张一～，文武之道｜～缓｜松～。→❸动解除；废除▷～禁｜废～。☛统读 chí，不读 shǐ。

驰（馳） chí ❶动（车、马等）快跑▷奔～｜风～电掣。→❷动使快跑▷～马疆场。→❸动向往▷心～神往｜～念（想念）。→❹动传播▷～誉｜～名中外。

迟（遲） chí ❶形缓慢▷说时～，那时快｜事不宜～｜～缓。→❷形晚于规定的或适宜的时间▷我来～了｜～到｜～早。○❸名姓。

坻 chí 名〈文〉水中的小洲或高地。
另见 dǐ。

茌 chí ［茌平］chípíng 名地名，在山东。☛"茌"和"荏"(rěn)不同。"荏"，指软弱，如"色厉内荏"。

持 chí ❶动握住▷～枪顽抗｜手～鲜花。→❷动主张；抱有（思想、见解）▷～之有故，言之成理｜～反对态度。→❸动掌管；料理▷主～｜操～｜勤俭～家。→❹动支持；维持▷保～｜坚～｜扶～｜～久｜～之以恒。→❺动相持不下；对抗▷僵～｜争～。→❻动控制▷劫～｜挟～。

匙 chí 名舀液体或粉末状、小颗粒状东西的小勺子▷汤～｜茶～｜～子。
另见 shi。

墀 chí 〈文〉❶名台阶上的地面▷阶～。→❷名泛指台阶▷丹～。

踟 chí ［踟蹰］chíchú 形形容犹豫不定，要走不走的样子▷～不前。也作踟躇。

篪 chí 名古代一种竹制管乐器，形状像笛子。

chǐ

尺 chǐ ❶量市制长度单位名称，10 市寸为 1 市尺。换算为法定计量单位，关系为 1 市尺等于 0.3333 米。→❷名量长短的器具▷拿把～量量｜木～｜卷～｜卡～。⇒❸名像尺一样细长扁平的东西▷镇～｜戒～。⇒❹名指某些画图的器具▷曲～｜丁字～｜放大～。○❺名中医指尺中脉（诊脉的部位之一）▷寸、关、～｜～脉。
另见 chě。

齿（齒） chǐ ❶名高等动物的咀嚼器官，由坚硬的钙质组织构成，生长在颌骨上。哺乳动物的齿按部位、功能和形状的不同，分为门齿、犬齿、前臼齿和臼齿。通称牙或牙齿。→❷名像牙齿一样排列的东西▷锯～｜梳～｜～轮。→❸动并列▷不～于人类。→❹名〈文〉指年龄（牙齿的生长、脱落与年龄有关）▷年～｜序～。→❺动〈文〉提到▷不足～数(shǔ)｜～及。

侈 chǐ ❶形浪费；奢华▷～靡｜奢～。→❷形〈文〉过分；夸大▷～欲｜～谈｜～言。☛统读 chǐ，不读 chì。

哆 chǐ 形〈文〉形容张嘴的样子。
另见 duō。

耻（*恥） chǐ ❶动感到不光彩或惭愧；羞愧▷恬不知～｜厚颜无～｜羞～｜可～。→❷名感到耻辱的事▷奇～大辱｜洗雪国～。

豉 chǐ ［豆豉］dòuchǐ 名蒸煮后的黄豆或黑豆经发酵制成的一种食品，多用于调味，也可以做药材。☛统读 chǐ，不读 shì。

褫 chǐ 动剥夺▷～夺。☛统读 chǐ，不读 chí。

chì

彳 chì ［彳亍］chìchù 动〈文〉小步慢走或时走时停▷独自～街头。

叱 chì ❶动大声斥骂▷怒～｜～骂｜～责。○❷［叱咤］chìzhà 动怒喝▷～风云（形容声势威力很大）。

斥 chì ❶动〈文〉开拓；扩大▷～地。→❷形多▷充～。→❸动〈文〉侦察▷～候｜～骑。→❹动使离开▷排～｜～退。○❺动责备▷怒～｜申～｜～责｜～骂。

赤 chì ❶形红色▷面红耳～｜～小豆。→❷形纯真▷～心｜～胆｜～金｜～诚。→❸形空；尽▷～手空拳｜～贫｜～地千里。❹动裸露▷～着脚｜～膊。→❺形象征革命▷～卫队｜～旗。

饬（飭） chì ❶动整顿；治理▷整～。○❷形〈文〉谨慎；恭敬▷谨～。○❸动〈文〉命令；告诫▷～令｜～派。

抶 chì 动〈文〉用竹板或鞭子打人。

炽（熾） chì 形（火）旺；比喻旺盛热烈▷～热｜～烈｜火～｜白～｜～情。☛统读 chì，不读 zhì。

翅（*翄）chì ❶名动物的飞行器官，昆虫一般是两对，鸟及蝙蝠等是一对。通称翅膀。→❷名某些鱼类的鳍▷鱼～|～席。→❸名像翅膀的东西▷纱帽～|～果（一种果实，果皮向外伸出，像翅膀）。

眙 chì 动〈文〉目不转睛地看。
另见 yí。

敕（*勅勑）chì〈文〉❶动告诫；警告▷申～|戒～。→❷名皇帝的命令或诏书▷手～|奉～|～命|～封。

啻 chì 副〈文〉仅；只▷不～|何～|奚～。

傺 chì［侘傺］chàchì，见"侘"。

瘛 chì［瘛疭］chìzòng 名中医指痉挛。

chōng

冲^1（衝）chōng ❶名交通要道▷首当其～|要～。→❷动朝特定的方向或目标快速猛闯▷汽车飞快地向前～去|～进敌人的阵地|横～直闯|～锋|～刺。⇒❸动向上升；向上顶▷气～霄汉|怒发～冠|～天。⇒❹动（思想感情、力量等）猛烈碰撞▷～突|～撞|～犯。⇒❺动（水流）撞击（物体）；用水撞击物体，以去掉附着物▷洪水～垮了大坝|用水～～汽车|把碗～干净|～刷|～洗。❻动用开水等浇；沏▷～一杯茶|～奶粉。⇒❼动相对的事物发生矛盾，一方克服一方；互相抵消▷子午相～|～账|～喜。→❽名天文学术语，在太阳系中，除了水星和金星外的某一行星（如火星、木星、土星等）运行到跟地球、太阳处于一条直线而地球处于中间的位置时，叫作"冲"。

冲^2 chōng 名山间的平地，多用于地名▷～田|韶山～（在湖南）。
另见 chòng。

充 chōng ❶形饱满；实足▷～满|～足|～实|～分|～沛|～斥。→❷动使满；填；塞▷给电池～电|～气|～塞|～耳不闻。❸动补足；凑足▷～数。❹动担任▷～任|～当。❺动假冒▷～好汉|打肿脸～胖子|以次～好|冒～。

沖 chōng 同"冲^1""冲^2"。现在通常写作"冲"。

忡 chōng 形形容忧愁不安▷忧心～～。

茺 chōng［茺蔚］chōngwèi 名一年生或二年生草本植物，茎方形，叶有深裂，开淡红色或白色花。全草称益母草，果实称茺蔚子，都可以做药材。

涌 chōng 名河汊，多用于地名▷河～|虾～（在广东）。
另见 yǒng。

翀 chōng 动〈文〉（鸟）向上直飞。

舂 chōng 动用杵在石臼或乳钵里捣谷物等，使去掉皮壳或破碎▷～米|～药。

憃 chōng 形〈文〉愚蠢。

憧 chōng ❶［憧憧］chōngchōng 形形容来往不绝或摇曳不定的样子▷往来～～|灯影～～。○❷［憧憬］chōngjǐng 动向往▷～未来。

艟 chōng［艨艟］méngchōng，见"艨"。

chóng

虫（蟲）chóng ❶名虫子，昆虫及类似昆虫的小动物，种类极多▷一条～|小～儿|～灾|杀～剂。→❷名喻指具有某种特点的人（含鄙视、轻蔑义）▷害人～|应声～|可怜～|糊涂～|懒～。☛"虫"本读 huǐ，指毒蛇。现在是"蟲"的简化字。

种 chóng 名姓。
另见 zhǒng；zhòng。

重 chóng ❶动重叠；重复▷两个影子～在一起了|课本买～了|～合|～阳。→❷副表示动作行为的另行从头开始，相当于"重新""再""又"▷～抄一遍|～建家园|～整旗鼓|故地～游。→❸量用于重叠的或可以分步、分项的事物，相当于"层"▷万～山|双～领导|这段话有三～意思|～～包围。
另见 zhòng。

崇 chóng ❶形高▷～山峻岭|～高。→❷动尊重▷推～|尊～|～奉|～尚。○❸名姓。☛"崇"和"祟"（suì）字形不同。"祟"上边是"出"，如"鬼鬼祟祟""作祟"。

chǒng

宠（寵）chǒng 动喜爱；娇纵偏爱（多用于上对下）▷别把孩子给～坏了|受～若惊|～爱|～信|～物。

chòng

冲^1（衝）chòng〈口〉❶形水流冲（chōng）力大▷水流得很～。→❷形力量大▷有股子～劲儿。❸形（气味）浓烈▷酒味儿很～。

冲^2（衝）chòng 动冲压，用冲床进行金属加工，使金属板成型或在金属板上打孔▷在铝板上～一个圆孔|～床|～模。

冲^3（衝）chòng〈口〉❶动面对着；朝着▷楼门正～着花池子|他背～着大伙儿，谁叫他也不理。→❷介引进动作行为的方向或对象，相当于"对""朝"▷汽车～南开走了|有气别～我撒呀！❸介引进动作行为的依据，相当于"凭"▷～这几句话就知道他是行家|就～他那满不在乎的样子，也得说说他。
另见 chōng。

𤴓 chòng 动〈方〉短时间地打瞌睡▷～盹儿|瞌～。

铳（銃）chòng 名旧时用火药发射弹丸的管形火器▷火～|鸟～|～枪。

chōu

抽^1 chōu ❶动拔出；把夹在或缠在中间的东西取出或拉出▷～出宝剑|把信纸从信封里～出来|～丝|～纱。→❷动抽取，从总体中取出一部分▷～查|～调|～样|～空（kòng）。→❸动（某些植物体）开始长出▷～芽|～穗。○❹动收；收缩▷这种棉布下水就～|～搐|～筋儿。○❺动吸▷～烟|用水泵～水|倒～了一口气|～油烟机。

抽^2 chōu ❶动用条状物打▷用鞭子～|～陀螺。→❷动用球拍猛击（球）▷把球～过去|～杀。

𢭃（搊）chōu 动〈方〉从下面用力使人或物起来▷把跌倒的老人～起来|我起不来，你～我

一把|把石碑～起来。

䌷(紬) chōu 动〈文〉引出，理出头绪▷～绎。☛1955年《第一批异体字整理表》将“紬”作为“绸”的异体字予以淘汰。1986年重新发表的《简化字总表》确认“紬”读chōu时为规范字，类推简化为“䌷”；读chóu时仍作为“绸”的异体字处理。

𥬠(篘) chōu〈文〉❶名滤酒的竹制器具。→❷动滤酒。

瘳 chōu 形〈文〉病愈▷病～|～愈。

犨 chōu 拟声〈文〉形容牛喘息的声音。

chóu

仇(*讐) chóu ❶名被极端憎恨的人；敌人▷亲痛～快|疾恶如～|同～敌忾|～敌。→❷名仇恨▷这两个人有～|苦大～深|恩将～报|冤～。☛参见“雠”字的提示。

另见qiú。

俦(儔) chóu 名〈文〉伴侣；同类▷～侣|～类|同～。

帱(幬) chóu〈文〉❶名帐子▷纱～|～帐。→❷名车帷。

另见dào。

惆 chóu 形〈文〉失意；伤感▷～怅。

绸(綢) chóu ❶名绸子，又薄又软的丝织品▷～带|～缎|纺～|丝～。○❷[绸缪]chóumóu，见“缪”。☛参见“䌷”(chōu)字的提示。

畴(疇) chóu ❶名田地▷田～|平～沃野。○❷名类别▷范～。

酬(*酧詶醻) chóu ❶动〈文〉主人饮过客人回敬的酒，再斟酒敬客作为报答；泛指劝酒、敬酒▷～酢(宾主互相敬酒)。→❷动回报▷～报|～谢|～金。⇒❸名报酬，为报答别人的劳动等而付给的钱物▷同工同～|按劳付～|稿～|计～。⇒❹动〈文〉偿付▷得不～失。❺动实现▷壮志未～。→❻动指人际交往▷应～。

稠 chóu ❶形多而密▷～人广众|～密。→❷形液体的浓度大(跟“稀”相对)▷不稀不～，正合适|糨子打得太～了|～粥。

愁 chóu ❶动因遇到困难或不如意的事而忧虑苦闷▷不～吃，不～穿|～闷|～绪|发～|忧～。→❷名苦闷忧伤的心情▷离～别绪|乡～。

筹(籌) chóu ❶名竹、木等制成的小棍儿或小片儿，古代常用来计数，后来还用作领取物品的凭证等▷算～|竹～|～码|略胜一～。→❷动谋划；想法子弄到▷～划|～办|～款|统～。❸名谋略▷一～莫展。

踌(躊) chóu [踌躇]chóuchú ❶形犹豫▷～了好久，还是拿不定主意。○❷形形容非常得意的样子▷～满志。//也作踌蹰。

雠(讎*讐) chóu ❶名〈文〉相对峙的一方；对手▷仇～。→❷动校对；校勘▷校～|～定。☛1955年《第一批异体字整理表》将“讎”作为“仇”的异体字予以淘汰。1986年重新发表的《简化字总表》确认“讎”表示以上意义时为规范字，类推简化为“雠”；表示仇敌、仇恨等意义时仍作为“仇”的异体字处理。

chǒu

丑[1] chǒu ❶名地支的第二位。○❷名姓。

丑[2](醜❶—❸) chǒu ❶形相貌难看(跟“美”相对)▷长得很～|～媳妇|～陋。→❷形讨厌的；可耻的▷～态百出|～类|～闻|～恶。❸名丑态；丑事▷出～|现～|家～。→❹名传统戏曲里的一个行当，扮演滑稽人物或反面人物，鼻梁上涂白粉，相貌丑陋，俗称小花脸或三花脸▷文～|武～|～婆儿。

杻 chǒu 名古代一种刑具，类似现在的手铐。另见niǔ。

瞅(*矁𥄫) chǒu 动〈口〉看▷有人叫门，你去～一～|让我～～|我～见他来了。

chòu

臭 chòu ❶形(气味)不好闻(跟“香”相对)▷气味很～|～气|～不可闻|～豆腐。→❷形令人生厌的；丑恶的▷～排场|～德行(dé xing)|～名远扬。❸形〈口〉(棋艺、球技等)低劣；不高明▷这场球踢得真～|～棋。→❹形〈口〉(子弹)失效▷这颗子弹～了|～子儿。○❺副狠狠地▷～打一顿|～骂一通(tòng)。

另见xiù。

chū

出[1] chū ❶动从里面到外面(跟“进”“入”相对)▷～了屋门|～城|～国|～不来|～去。→❷动出现；显现▷这条成语～自《左传》|水落石～|～头露面|～了名|～风头|～丑。❸动来到(某个处所、场合)▷～场|～席|～庭。→❹动向外拿▷～一把力|～通告|～题目|～谋献策。❺动特指往外拿出钱财▷入不敷～|～纳|岁～。→❻动离开；脱离▷～发|～家|～局|～轨。❼动超过▷不～十天|～人头地|～乎意料|～众|～格|～界。→❽动长出▷～芽。❾动出产；产生▷云南、四川～楠木|～次品|～人才|英雄辈～。⇒❿动发生▷最近连续～了几件意外的事|～问题。⇒⓫动指出版▷这本字典是哪家出版社～的？|这家出版社专～语文类图书。→⓬动发散出；发泄▷～汗|～水痘|～气。→⓭动用在动词后面，表示这个动作的趋向或完成；用在形容词后面，表示超过▷跑～教室|取～存款|做～成绩|屋里多～一把椅子|高～一倍。

出[2](齣) chū 量传奇中的一个大段落，也指戏曲的一个独立剧目▷最爱看《牡丹亭》中“惊梦”一～|三～戏。

初 chū ❶形起头的▷～冬|唐朝～年。→❷名开始的一段时间▷明末清～|月～。→❸形原来的▷～衷|～愿。→❹形第一个▷～稿|正月～一|二月～十|～伏。→❺副表示动作是第一次发生或刚刚开始▷～婚|～犯|～诊|～来乍到|～出茅庐|～露锋芒|如梦～醒。→❻形最低的(等级)▷～等数学|～级中学。○❼名姓。☛“初”字左边是“衤”(衣)，不是“礻”(示)。

䢺 chū [䢺江]chūjiāng 名地名，在四川。

摴 chū [摴蒱]chūpú 名古代一种游戏，类似后代的掷色(shǎi)子。也作摴蒲。

樗 chū 名臭椿。

chú

刍(芻) chú〈文〉❶动割草▷～荛(割草打柴)。→❷名牲畜吃的草▷反～|～秣(草料)。→❸形谦辞,称自己的(言论、见解等)▷～言|～议。

除 chú ❶名〈文〉台阶▷洒扫庭～|阶～。→❷动〈文〉更易或授予(官职)▷～忠州刺史。❸动去掉;清除▷把杂草～掉|～三害|～尘|根～|扫～。⇒❹动用一个数把另一个数平均分为若干份▷八～十六等于二|六～以三等于二。⇒❺介引进动作行为所涉及的对象中应排除不计算在内的部分(后面必须加"外""以外""之外"等)▷这篇文章～附录外,只有五千字|～老王之外,小组成员都来了|编辑部懂日语的,～他以外还有两位。

𫛚(鶵) chú [鹓𫛚]yuānchú,见"鹓"。

厨(*㕑廚) chú ❶名烹调食物的房间▷～房|下～。→❷名指以烹调为职业的人▷名～。→❸动指烹调工作▷掌～|帮～|主～。

锄(鋤*鉏耡) chú ❶名间苗、除草、培土等用的农具▷买了一把～|～头|大～|耘～。→❷动用锄除草等▷玉米地该～二遍了|～草|夏～。❸动铲除;消灭▷～奸。

滁 chú 用于地名。如:滁河,水名,发源于安徽,流经江苏入长江;滁州,地名,在安徽。

蜍 chú [蟾蜍]chánchú,见"蟾"。

雏(雛) chú ❶名幼鸟▷鸡～|鸭～|育～。→❷形幼小的▷～鸡|～燕|～笋。

篨 chú [籧篨]qúchú,见"籧"。

橱(*櫥) chú 名放置衣物的家具,前面有门▷书～|壁～|衣～|～柜。

躇 chú [踌躇]chóuchú,见"踌"。

蹰(*躕) chú ❶[踟蹰]chíchú,见"踟"。○❷[踌蹰]chóuchú 同"踌躇"。参见"踌"。

chǔ

处(處) chǔ ❶动〈文〉居住▷穴居而野～。→❷动置身在(某个地方、时期或场合)▷～在中间很为难|设身～地|地～山区|正～在创业阶段。→❸动跟别人交往▷这人很难～|他跟谁都～得来|他俩已经～熟了。→❹动安排;办理▷～置|～理|～事。❺动惩办▷～罚|～分(fèn)|～死。☛"处"字表示动作义不读 chù。

另见 chù。

杵 chǔ ❶名舂米、洗衣服等用的圆木棒,一头粗,一头细▷～臼|砧～|木～。→❷动用杵捣▷～药。❸动泛指用长形东西的一端捅或戳▷用棍子～一～就结实了|窗户纸被孩子～了个洞。

础(礎) chǔ 名垫在房屋柱子底下的石头▷～石|基～。

楮 chǔ ❶名构树。参见"构"。→❷名〈文〉纸的代称(古代用构树皮造纸)▷笔～难尽|临～草草。

储(儲) chǔ ❶动积蓄;存放▷～粮备荒|～蓄|～备|～存|～藏。→❷名已经确定继承王位等最高统治权的人▷王～|立～。○❸名姓。☛统读 chǔ,不读 chú。

楚[1] chǔ ❶形痛苦▷酸～|凄～|苦～。○❷形清晰;整齐▷一清二～|齐～|衣冠～～。

楚[2] chǔ ❶名周朝诸侯国名,战国七雄之一,最初在今湖北和湖南北部,后来扩展到今河南、四川和长江下游一带。→❷名指湖北,有时也指湖南和湖北▷～剧。○❸名姓。

褚 chǔ 名姓。

另见 zhǔ。

chù

亍 chù [彳亍]chìchù,见"彳"。

处(處) chù ❶名地方▷去～|随～|暗～|～所。→❷名事物的方面或部分▷大～着眼,小～着手|长～|坏～。❸名某些机关、团体的名称或机关中按业务划分的单位▷工商管理～|办事～|总务～|～长。

另见 chǔ。

怵 chù ❶动畏惧;感到可怕▷咱们有理,别～他|～目惊心|发～|～头|～场。→❷动〈文〉警惕▷～然为戒|～惕。

绌(絀) chù 形短缺▷相形见～|经费支～。☛㊀统读 chù,不读 chuò 或 zhuō。㊁"绌"和"拙"(zhuō)不同。"拙",蠢笨。

俶 chù〈文〉❶动开始。○❷动整理▷～装。

另见 tì。

畜 chù 名人饲养的禽兽;泛指禽兽▷六～兴旺|人～两旺|耕～|家～|牲～|～生|～类。☛"畜"字表示名物义时不读 xù。

另见 xù。

搐 chù 动(肌肉)不自主地收缩▷抽～|～动。

触(觸) chù ❶动碰到;挨上▷一～即发|～景生情|～礁|～电|～觉|～角|接～。→❷动因碰到某种刺激而引起(感情变化等)▷～怒|感～|～发乡思。☛统读 chù,不读 zhù。

憷 chù 同"怵"①。现在通常写作"怵"。

黜 chù 动〈文〉贬职;罢免▷贬～|～免|废～。☛统读 chù,不读 chuò。

矗 chù 形直而高;高耸▷～立。

chuā

欻 chuā ❶拟声形容急促的声音▷～地一声球投进了篮筐。○❷拟声形容整齐的脚步声,多叠用▷队伍～～地走过来。

另见 xū。

chuāi

揣 chuāi 动放在身上穿的衣服里▷怀里～着录取通知书|把信往口袋儿里一～|～手儿。

另见 chuǎi;chuài。

搋 chuāi ❶动用手使劲压和揉▷～面|发面要～点碱|～子(疏通下水道的工具)。→❷动用搋子疏通下水道▷水池子堵了,～一～就能通。

chuǎi

揣 chuǎi ❶动估量；推测▷～测｜～摩｜不～冒昧。○❷名姓。
另见 chuāi；chuài。

chuài

阐(闡) chuài [阐阐]zhèngchuài，见"阐"。

啜 chuài 名姓。
另见 chuò。

揣 chuài [囊揣]nāngchuài 同"囊膪"。参见"囊"。
另见 chuāi；chuǎi。

嘬 chuài 动〈文〉咬；大口吞食▷～食。
另见 zuō。

踹 chuài ❶动踩；踏▷不小心一脚～在泥里。→❷动用脚底向外用力▷把门～开｜～了他一脚。

膪 chuài [囊膪]nāngchuài，见"囊"。

chuān

川 chuān ❶名河；水道▷名山大～｜山～秀丽｜～流不息｜河～。→❷名指四川(四川因境内有岷、泸、雒、巴四条大河而得名)▷～剧｜～菜｜～芎。○❸名平坦的陆地；山间或高原间平坦而低的地带▷八百里秦～｜米粮～｜一马平～。

氚 chuān 名氢的同位素之一，符号 T 或$^3_1$H，质量数为 3。在自然界中存在量极小，有放射性，主要用于热核反应。也说超重氢。

穿 chuān ❶动通过凿、钻或刺等手段使形成孔洞▷～耳朵眼儿｜在墙上～个洞｜滴水～石｜～孔｜～刺。→❷动通过(孔洞、缝隙等)▷～大街走小巷｜从人群中～过去｜～针｜～堂门。→❸动把物体串联起来▷～项链｜～一挂珠子｜贯～。→❹动把衣服、鞋袜等套在身上▷袖子太瘦，～不进去｜～袜子｜～衣戴帽｜～着一身西服。❺名指衣服鞋袜等▷有吃有～｜缺吃少～｜～戴讲究。→❻形用于某些动词后，表示彻底显露▷看～｜说～｜拆～西洋景。

chuán

传(傳) chuán ❶动递交；由上代交给下代▷把球～给守门员｜光荣传统代代～｜～递｜～阅｜～染｜遗～。→❷动把知识、技能等教给别人▷把武艺～给徒弟｜～道授业｜祖～秘方｜家～。→❸动广泛散布；宣扬▷这件事不能～出去｜不要信谣～谣｜宣～｜～播｜～颂。→❹动命令别人来▷～犯人｜～票｜～讯｜～唤。→❺动表达；流露▷眉目～情｜～神。→❻动热或电在导体中流通▷一股暖流～遍全身｜铝锅～热快｜～电｜～导。○❼名姓。
另见 zhuàn。

船(*舡) chuán 名水上常用的交通运输工具▷一条～｜两艘轮～｜～身｜～舱｜～员｜～只｜帆～｜渔～｜乘～。

遄 chuán 形〈文〉迅速▷～归｜～往。

椽 chuán 名椽子，架在檩上承接屋面板和瓦的长条形木料。

chuǎn

舛 chuǎn 〈文〉❶动相违背；相矛盾▷～驰(相背而驰)。→❷形差错；错乱▷～误｜～讹。→❸形不幸；不顺利▷命途多～。

喘 chuǎn ❶动不由自主地急促呼吸▷跑得～不过气来｜累得直～｜苟延残～｜气～吁吁｜～息。→❷动指哮喘▷这几天不太～了｜～病又犯了。

chuàn

串 chuàn ❶动把事物逐个连贯起来，成为整体；贯穿▷把珠子～起来｜～糖葫芦｜把这些生活片断～成一个情节完整的故事｜～讲｜贯～。→❷名连贯而成的物品▷珠宝～儿｜羊肉～儿｜钱～子。❸量用于连贯在一起的东西▷一～项链｜两～糖葫芦｜三～钥匙。→❹动暗中勾结，互相配合▷两个歹徒～在一起作案｜～供｜～骗｜～通。→❺动戏曲术语，指扮演某种角色(宋代演戏，角色连贯成队，叫"拽串"，后来叫"串戏")▷反～小生｜客～。→❻动随处走动▷到处乱～｜走街～巷｜～门儿。❼动错乱地连接▷电话～线｜看书老～行。❽动指两种东西混杂在一起而改变了原来的特点▷～味儿｜～种｜～秧。

钏(釧) chuàn 名镯子，带在手腕上的饰物▷金～｜玉～。☛不读 chuān。

chuāng

创(創) chuāng ❶名身体受外伤的地方▷～口｜～面｜～伤｜刀～。→❷动使受伤害；打击▷重～敌军。
另见 chuàng。

疮(瘡) chuāng ❶名〈文〉伤口；外伤▷刀～｜棒～｜金～迸裂。→❷名指皮肤或黏膜红肿溃烂的病▷头上长～｜褥～｜冻～｜口～。

窗(*窓窻窻牕牎) chuāng 名房屋、车船上通气透光的装置▷～明几净｜玻璃～｜纱～｜～台｜～口｜橱～｜天～｜～户。

chuáng

床(*牀) chuáng ❶名供人睡卧的家具▷一张～｜躺在～上｜折叠～｜席梦思～｜～位｜～单儿。→❷名像床一样起承托作用的东西▷冰～｜车～｜机～｜琴～｜牙～。→❸名起承托等作用的地貌或地面▷河～｜矿～｜苗～｜温～。→❹量用于被褥等▷一～棉被｜两～褥子。

噇 chuáng 动〈方〉吃；无节制地吃喝。

幢 chuáng ❶名古代用作仪仗的一种竖挂的旗子▷旗～｜～牙(将帅的大旗)。→❷名刻着佛名或经咒的石柱▷经～｜石～。
另见 zhuàng。

艟 chuáng 用于地名。如流水艟，在安徽。

chuǎng

闯(闖) chuǎng ❶动猛冲；冲闯▷拼命往外～｜横冲直～｜这些年轻人很有～劲。→❷动四处奔走活动▷年轻人应该到外边～一～｜～出一番事业｜走南～北｜～江湖｜～关东。→❸动(因鲁莽而)招来▷～祸｜～乱子。☛统读 chuǎng，不读 chuàng。

chuàng

创（創*刱剏） chuàng ❶动第一次做；刚开始做▷～世界纪录｜～一番事业｜～奇迹｜～刊｜～新｜～建｜～造｜草～。→❷形前所未有的；崭新独到的▷～举｜～见｜～意。→❸动通过经营等活动而获取▷～收｜～汇｜～利。

另见chuāng。

怆（愴） chuàng 形〈文〉悲伤▷凄～｜悲～｜～然。

chuī

吹 chuī ❶动嘴用力呼气▷把蜡烛～灭｜～了～桌上的浮土｜～了一口气｜～口哨。→❷动吹奏▷～口琴｜～唢呐｜～喇叭。⇒❸动夸海口；说大话▷没有本事就别～了｜自～自擂｜互相～捧。⇒❹动〈口〉（事情）失败；（感情）破裂▷那桩买卖要～｜他们俩～了｜告～。→❺动空气流动▷春风迎面～来｜～风机｜～拂。

炊 chuī 动烧火做饭▷～烟｜～具｜断～｜～事员。

chuí

垂 chuí ❶动由上缒下；物体的一头朝下挂着▷沉甸甸的谷穗向下～着｜～柳｜～钓。→❷动（头）低下▷～头丧气｜～首帖耳。→❸动向下流或滴▷～泪告别｜～涎三尺。→❹动留传到下代或后世▷名～青史｜永～不朽。→❺副〈文〉敬辞，多用于长辈或上级对自己的行动▷～念｜～问｜～询｜～听。○❻副将要；将近▷～死挣扎｜功败～成｜～危｜～暮。

陲 chuí 名边境；边疆▷边～。

捶（*搥） chuí 动撞击，敲打▷～了他一拳｜～背｜～胸顿足｜～衣裳｜～打。

棰（*箠❸） chuí 〈文〉❶名短棍▷一尺之～。→❷动用短棍子打▷～杀。○❸名鞭子▷马～。○❹同"槌"。现在通常写作"槌"。

椎 chuí ❶同"槌"。现在通常写作"槌"。○❷同"捶"。

另见zhuī。

圌 chuí 名圌山，山名，在江苏。

槌 chuí 名类似棒子的敲打用具，一般一头较粗或为球形▷鼓～儿｜棒～。

锤[1]（錘*鎚） chuí ❶名秤砣，穿有细绳的金属块，称东西时悬挂在秤杆上使它平衡▷秤～。→❷名像秤锤的东西▷纺～。

锤[2]（錘*鎚） chuí ❶名古代兵器，柄的一端有金属球形重物▷铜～｜流星～。→❷名敲击或锻造东西的工具▷用～子砸｜钉～｜汽～｜锻～｜风～。❸动敲击；锻打▷千～百炼｜～炼。

chūn

春（*旾） chūn ❶名一年四季的第一季，我国习惯指立春到立夏的三个月，也指农历正月至三月▷～风｜～耕｜～游｜开～｜新～｜阳～。→❷名〈文〉指一年的时间▷至今已历九～。→❸名喻指生机▷沉舟侧畔千帆过，病树前头万木～｜妙手回～。→❹名指男女情欲▷～情｜～心｜怀～。○❺名姓。

椿 chūn ❶名椿树，落叶乔木，羽状复叶，开白色花，蒴果椭圆形，茶褐色。嫩枝叶有香味，可以食用。木材坚实细致，可作建筑、家具用材。有时也指臭椿，落叶乔木，外形与香椿一样，只是叶子有臭味，不能食用。○❷名姓。

辅（輴） chūn 名〈文〉装载灵柩的车。

蝽 chūn 名昆虫，种类很多，身体扁平，头部有单眼，后足基节旁有挥发性臭腺开口，遇敌即放出恶臭。吸食植物茎和果实的汁。也说椿象。俗称放屁虫。

鰆（鰆） chūn 名即鲅。参见"鲅"。

chún

纯（純） chún ❶形成分单一；没有杂质▷水质很～｜动机不～｜～金｜单～｜～洁｜～粹。→❷副表示纯粹，相当于"完全""都"▷～属谎言｜～系捏造。→❸形熟练▷功夫不～｜～熟。

莼（蒓*蓴） chún 名莼菜，多年生水草，叶子呈椭圆形，深绿色，漂在水面上，开暗红色小花。嫩叶可以食用。也说水葵。

唇（*脣） chún ❶名人或某些动物口边的肌肉组织，通称嘴唇▷舌敝～焦｜摇～鼓舌｜～膏。→❷名指某些器官的边缘部分▷阴～｜耳～。

淳（*湻） chún ❶形质朴；敦厚▷～厚｜～朴。○❷名姓。

鹑（鶉） chún ❶名鹌鹑。参见"鹌"。→❷名〈文〉喻指破烂的衣服▷悬～百结｜～衣。

醇（*醕） chún ❶形酒味纯正浓厚▷～酒｜酒味清～。→❷形（滋味、气味等）纯正；纯粹▷～正｜～香｜～厚。→❸名有机化合物的一大类，是烃分子上的氢原子被羟基取代后的衍生物，如乙醇（酒精）、胆固醇等。

chǔn

蠢[1] chǔn 形形容虫子爬动的样子，常比喻坏人进行活动▷～动｜～～欲动。

蠢[2]（*惷） chǔn ❶形愚笨▷～人｜～材｜～货｜愚～。→❷形笨拙；不灵活▷这种组合柜样子真～｜～笨。

chuō

踔 chuō 动〈文〉跳跃；超越▷～跃｜～越。

戳 chuō ❶动用手指或长条形物体的顶端触或捅▷用手指～他的脸｜把窗户纸～个洞｜一～就破｜～穿。→❷动〈口〉（手指或长条形物体顶端）因猛力触击硬物而受伤或损坏▷打排球～了手｜钢笔掉在地上，把笔尖～了。→❸动〈方〉竖起；站立▷～起大旗｜别老～着，快坐下。→❹名〈口〉图章▷手～｜邮～｜盖～｜～子。

chuò

啜 chuò 〈文〉❶动喝▷～酒｜～茗（喝茶）｜～粥。→❷形形容抽泣时的样子▷～泣。

另见chuài。

绰（綽） chuò ❶形宽松；宽裕▷～有余裕｜～～有余｜阔～｜宽～（kuānchuo）。○❷形〈文〉姿

态柔美▷柔情～态|～约。
另见 chāo。

辍(輟) chuò 动中途停止;停止▷时作时～|～学|～笔|～演。

龊(齪) chuò [龌龊]wòchuò,见"龌"。

cī

刺 cī 拟声形容撕裂、摩擦、喷发的声音▷～的一声,衣服扯了个大口子|汽车～地刹住了|孩子们在冰上～～地滑着|导火线～～地冒着火星。
另见 cì。

呲 cī 动〈口〉训斥▷又挨～儿了吧?|老爱～儿人。

差 cī [参差]cēncī,见"参"。
另见 chā;chà;chāi。

疵 cī 名毛病;缺点▷吹毛求～|大醇小～|瑕～。☛统读 cī,不读 cí。

粢 cī [粢饭]cīfàn 名〈方〉用蒸熟的糯米和粳米裹上油条等捏成的饭团。
另见 zī。

跐 cī 动(脚底下)滑动▷脚下一～,几乎摔倒|～溜。
另见 cǐ。

cí

词(詞*㗻) cí ❶名语言中具有固定语音形式和特定意义的、最小的独立运用的单位▷这个～我没用过|名～|～性|～语|组～造句。→❷名话语;语句▷义正～严|理屈～穷|一面之～|没～儿了|悼～|供～|台～。❸名一种诗歌体裁,起源于唐代,盛行于宋代,按谱填写,句式长短不一▷一首～|～谱|慢～|填～|唐诗宋～。❹名泛指戏曲、歌曲及某些演唱艺术中配合曲调唱出的语言部分▷我只记得调,～忘了|歌～|唱～。

茈 cí [凫茈]fúcí 名〈文〉荸荠。参见"荸"。

茨 cí 〈文〉❶动用茅草或芦苇等盖房。〇❷名蒺藜。参见"蒺"。
另见 zǐ。

兹 cí [龟兹]qiūcí,见"龟"。
另见 zī。

祠 cí 名旧时祭祀神鬼、祖先或先贤的房子▷宗～|～堂|武侯～|文天祥～。

瓷 cí ❶名用高岭土等纯净的黏土烧成的一种材料,质地坚硬细致,多为白色▷～器|～砖|～碗|～窑。→❷名指瓷器▷江西～|唐山～。

辞[1](辭*辤) cí ❶名文辞;言辞▷～藻|～令|说～|修～。→❷名古代一种文学体裁▷楚～|～赋。〇❸名姓。☛在"辞藻""辞令""辞典"等合成词里,"辞"也作"词"。

辞[2](辭*辤) cí ❶动不接受;推托▷不～辛苦|～让|推～。→❷动主动要求解除职务▷～去局长的职务|～呈。→❸动辞退;解雇▷把保姆～了|被老板～了。〇❹动告别▷～旧迎新|～别。

慈 cí ❶动〈文〉(长辈对晚辈)爱▷敬老～幼|父～子孝。→❷形仁爱;和善▷心～手软|～眉善目|～善|～悲|仁～。❸名〈文〉指母亲▷～训|家～|先～。〇❹名姓。

磁 cí ❶名物质能吸引铁、镍、钴等金属的性能▷～石|～力|～化。〇❷古同"瓷"。

雌 cí 形动植物中能产生卵细胞的(跟"雄"相对)▷～鸡|～蜂|～蕊|～性。

鹚(鷀*鶿) cí [鸬鹚]lúcí,见"鸬"。

糍(*餈) cí [糍粑]cíbā 名把蒸熟的糯米捣碎捣软后制成的食品。

cǐ

此 cǐ ❶代指示或代替较近的人或事物,相当于"这""这个"(跟"彼"相对)▷～人|～事|～物|～时|～地|～起彼伏|由～及彼|厚～薄彼。→❷代代替较近的时间、地点等,相当于"这会儿""这里"▷从～以后|就～告辞|由～往南|到～为止。❸代代替较近的状态、程度等,相当于"这样""这般"▷长～以往|事已如～,后悔也没用|早听我的话,何至于～?

泚 cǐ 〈文〉❶形(水)清澈。〇❷动出汗。〇❸动(用笔)蘸墨▷～笔。

跐 cǐ 〈方〉❶动用脚踩着支持身体▷～着椅子擦玻璃。→❷动脚跟抬起,脚尖着地▷～起脚就看得见了。
另见 cī。

cì

朿 cì 名姓。

次[1] cì ❶动〈文〉按顺序排列,处在前项之后▷民为贵,社稷～之。→❷形排在第二的▷～日|～年|～子。❸形质量较差的;等级较低的▷质量太～|～品|～等|～要。→❹名顺序▷依～入场|顺～排列|名～|车～|座～|～序。❺量用于需要按顺序计量的动作或事物▷第一～来|初～见面|去过三～|一～机会|第二～世界大战|第21～特别快车。

次[2] cì 〈文〉❶名旅途中暂时停留的地方▷途～|旅～|舟～。→❷名中间▷胸～|言～。

伺 cì [伺候]cìhou 动侍奉;照料▷让别人～着|在家～病人。
另见 sì。

刺 cì ❶动(尖锐的东西)扎入或穿透▷大腿被匕首～伤|针～疗法|～绣|～刀◇寒风～骨。→❷动暗杀▷遇～|行～|～客。→❸动讥讽▷讥～|讽～。→❹名像针一样尖锐的东西▷手上扎了一根～|鱼～|～猬|～槐。❺名物体表面或人皮肤上小而尖的突起物▷毛～|粉～。→❻动侦察▷～探。→❼名〈文〉名片▷名～。→❽动刺激▷～耳|～鼻|～眼。☛"刺"和"剌"(là)不同。"刺"字左边是"朿"(cì),"剌"字左边是"束"(shù)。
另见 cī。

赐(賜) cì ❶动给予;特指上级或长辈把财物等送给下级或晚辈▷～予|恩～|赏～。→❷名〈文〉赏赐的东西或给予的好处▷受人之～|厚～受之有愧。→❸动敬辞,敬称别人对自己施行的某些行动▷不吝～教|尚祈～复。

cōng

匆(*悤怱) cōng 形急促;急忙▷～忙|～促|来去～～。

苁（蓯）cōng［苁蓉］cōngróng 图指草苁蓉和肉苁蓉。均为一年生草本植物，叶和茎黄褐色，花暗紫色。可以做药材。

囱 cōng 图烟囱，炉灶、锅炉上排烟的管道。

玐（瑽）cōng［玐琮］cōngróng 拟声〈文〉形容佩玉碰撞的声音。

枞（樅）cōng 图即冷杉，常绿乔木，茎高大，叶线形，扁平，果实为卵形或圆柱形。木材轻软而脆，可以做火柴杆或造纸原料。

另见 zōng。

葱（*蔥）cōng ❶形青绿色▷～翠｜～绿。○❷图多年生草本植物，叶呈圆筒形，中空，上端尖，开白色小花。是普通蔬菜和调味品。近根部的白茎叫葱白，可以做药材。通称大葱。

骢（驄）cōng 图〈文〉青色与白色夹杂的马。

璁 cōng 图〈文〉像玉的美石。

聪（聰）cōng ❶图听觉▷失～。→❷形听觉敏锐▷耳～目明。❸形智力发达，记忆和理解能力强▷～明｜～慧｜～敏。

熜 cōng 同"囱"。

cóng

从[1]（從）cóng ❶动跟着；随▷～师学艺｜～征。→❷图跟随的人▷随～｜仆～｜侍～。❸形附属的；次要的▷区别主～｜～犯｜～句。❹图同宗的；堂房的（亲属）▷～伯｜～弟。→❺动听从；依顺▷恭敬不如～命｜力不～心｜顺～｜服～。❻动依照；采取（某种原则或态度）▷坦白～宽，抗拒～严｜丧事～简｜～长计议｜欲购～速。→❼动参加；参与▷投笔～戎｜～军｜～政｜～事。○❽图姓。

从[2]（從）cóng ❶介引进动作行为时间、处所或范围的起点，相当于"自"▷～今天起｜～古到今｜～北京出发｜～左到右｜～不认识到认识｜～繁到简。→❷介引进动作行为经过的路线、场所▷～小路走｜～水里游过去｜～门缝往里看。→❸介引进动作行为的凭借、依据▷～种种迹象看｜～工作上考虑。→❹副用在否定词前面，表示从过去以来，相当于"从来"▷～不迟到｜～没见过。☛"从"字统读 cóng，不读 cōng；"从容"不读 cōngróng。

丛（叢）cóng ❶动聚合在一起▷杂草～生｜百感～集。→❷图密集生长的草木▷草～｜灌木～｜枣树～。❸图泛指聚合在一起的人或物▷人～｜论～｜刀～。○❹图姓。☛统读 cóng，不读 cōng。

淙 cóng［淙淙］cóngcóng 拟声形容流水的声音▷溪水～～。☛不读 zōng。

琮 cóng 图古代玉制礼器，方柱形或长筒形，中间有圆孔。☛不读 zōng。

còu

凑（*湊）còu ❶动聚合▷全家人很少能～到一起｜大伙儿～了点钱给他｜～份子｜～数。→❷动靠拢；挨近▷～过去看热闹｜～到耳边｜～拢。→❸动遇着；碰上▷～巧。

辏（輳）còu 动〈文〉车轮的辐条集中到毂上▷辐～（形容人或物像车辐条集中到车毂上一样聚集起来）。

腠 còu 图肌肤上的纹理▷～理（中医指皮肤上的纹理和皮下肌肉之间的空隙）。

cū

粗（*觕麤）cū ❶图〈文〉糙米；没有经过精加工的粮食（跟"精"相对）。→❷形毛糙；粗陋▷活儿干得太～｜～茶淡饭｜～布｜～瓷。❸形粗疏；不周密▷心太～｜～心大意｜～率。❹副略微▷～通文字｜～知一二｜～略。→❺形颗粒较大（跟"细"相对，⑥⑦⑧同）▷～沙子。⇒❻形圆柱体的横剖面较大▷柱子真～｜腰～了。❼形（细长形的东西）两长边的距离较大▷～眉毛｜线条很～。⇒❽形声音低而大▷说话声音很～｜～嗓门儿。→❾形粗野；粗鲁▷～人｜～话｜～俗｜～犷。

cú

徂 cú 动〈文〉至；到▷自北～南｜自春～夏。

殂 cú 动〈文〉死▷崩～。

cù

卒 cù 副突然▷脑～中（zhòng，中风）。

另见 zú。

促 cù ❶形急迫；匆忙▷短～｜仓～｜急～。→❷动靠近；使距离短▷～膝谈心。→❸动催；推动▷尽力～成这件事｜抓管理，～效益｜～进派｜催～｜督～｜～使。

猝 cù 副突然▷～不及防｜～死｜～发。

酢 cù ❶古同"醋"。→❷［酢浆草］cùjiāngcǎo 图多年生草本植物，茎叶含草酸，有酸味，掌状复叶，小叶三片，昼开夜合，花黄色，蒴果圆柱形。全株可以做药材。

另见 zuò。

蔟 cù 图蚕蔟，供蚕吐丝作茧的设备，用麦秸、稻草、豆秸等堆扎而成。

醋 cù ❶图具有酸味的液体调料，多用粮食发酵酿制而成▷米～｜熏～｜老陈～。→❷图喻指忌妒情绪（多用在男女关系上）▷吃～｜～劲｜～坛子（喻指忌妒心很重的女人）。

憱 cù 形〈文〉形容不高兴的样子▷～然不悦。

簇 cù ❶动聚集在一起▷～拥｜～居。→❷图聚集成堆的事物▷花团锦～。❸量用于聚集在一起的东西▷一～菊花｜山坡上盛开着一～～野花。○❹副全；很▷～新。

蹙 cù 〈文〉❶动收缩；皱（眉）▷国土日～｜双眉紧～｜～额。→❷形紧迫；急促▷穷～｜气～。

蹴（*蹵）cù ❶动踏；踩▷一～而就。→❷动〈文〉踢▷～鞠（踢球）。

cuān

氽 cuān ❶动烹调方法，把易熟的食物放到开水锅里稍微煮一下▷～丸子｜～榨菜｜～汤。○❷图〈口〉氽子，用薄铁皮做的筒状烧水工具，可以从炉口插入火里，使水很快烧开。→❸动〈口〉用氽子烧（水）▷～了一氽子水。

撺(攛) cuān ❶动〈口〉怂恿▷～掇|～弄。○❷动〈方〉发怒▷我刚提了点意见,他就～儿了。

镩(鑹) cuān ❶名镩子,一种顶端尖、有倒钩的凿冰工具▷冰～。→❷动用镩子凿(冰)▷～冰。

蹿(躥) cuān ❶动快速向上或向前跳跃▷身体向上一～|兔子一转眼就～得没影了|～房越脊。→❷动〈口〉喷发▷火苗腾腾地往上～|嘴里～出血来|～稀(泻肚)。

cuán

攒(攢) cuán 动拼凑;聚集▷大伙～钱聚餐|买零件～电脑|万箭～心(如万箭攒聚心头,形容悲痛万分)|～集|～动(拥挤晃动)。
另见 zǎn。

cuàn

窜(竄) cuàn ❶动乱跑;逃亡(含贬义)▷抱头鼠～|东奔西～|流～|逃～。○❷动改动(文字)▷～改|点～。

篡(*簒) cuàn ❶动(用不正当的手段)夺取▷～权|～位|～夺。→❷动用私意改动或曲解▷～改|～易。☛"篡"和"纂"(zuǎn)不同。"纂",编纂。

爨 cuàn 〈文〉❶动烧火做饭▷分～(分家过日子)|～具。→❷名炉灶▷厨～。

cuī

衰 cuī 〈文〉❶动由大到小依照一定的等级递减▷等～(等次)。○❷同"缞"。
另见 shuāi。

崔 cuī ❶形〈文〉山高大▷～嵬|～巍。○❷名姓。

催 cuī ❶动叫人迅速去做;促使▷他们办事太慢,要勤～一～|～他早点儿起床|～促|～人泪下。→❷动促使事物的发展变化加快▷～生|～眠|～奶|～化剂。○❸名姓。

缞(縗) cuī 名古代用粗麻布制成的毛边丧服▷斩～|齐～。也作衰。

摧 cuī 动折断;毁坏▷～枯拉朽|无坚不～|～毁|～折。

凗 cuī 名姓。

cuǐ

璀 cuǐ [璀璨]cuǐcàn 形(珠玉等)光亮鲜明▷～的明星|～夺目。

cuì

倅 cuì 形〈文〉副的▷～车。

脆(*脃) cuì ❶形容易断或容易碎(跟"韧"相对)▷这种纸又薄又～|塑料薄膜一老化就发～。→❷形(感情)受挫折后易波动;不坚强▷～弱。→❸形(食物)酥脆爽口▷这种苹果又甜又～|芝麻糖受了潮,不～了。⇒❹形声音清亮▷嗓音又～又甜。⇒❺形(说话、做事)利落,不拖泥带水▷这人办事真叫～|干～利落。

萃 cuì ❶动会集▷荟～。→❷名指聚集在一起的人或物▷出类拔～。

啐 cuì ❶动向人吐唾沫或发出吐唾沫的声音,表示鄙视或愤怒▷～了他一口|再胡说八道,你就～他。→❷动使劲儿吐出来▷～了一口痰|～唾沫|～出一口鲜血。

淬 cuì 动把金属制品加热后放进水里或油里急速冷却,使更坚硬▷～火。☛不读 cù。

悴(*顇) cuì [憔悴]qiáocuì,见"憔"。

綷(綷) cuì ❶动〈文〉杂合;混合。○❷[綷縩]cuìcài 拟声〈文〉形容行动时衣服相擦的声音。

毳 cuì 名〈文〉鸟兽的细毛。

瘁 cuì 形过于劳累▷心力交～|鞠躬尽～。

粹 cuì ❶名〈文〉纯净没有杂质的米。→❷形纯净不杂▷纯～。→❸名精华▷国～|精～。

翠 cuì ❶名指翡翠鸟▷点～(用翡翠鸟的羽毛做装饰品的工艺)。参见"翡"。→❷形像翡翠鸟羽那样的绿色▷苍松～柏|～玉|～绿。→❸名翡翠,一种矿物▷珠～|～花。参见"翡"。

cūn

村(*邨❶) cūn ❶名乡民聚居的地方;泛指聚居的地方▷两个～子紧挨着|～庄|～寨|乡～|工人新～。→❷形粗野▷性情～野|～话。

皴 cūn ❶动(皮肤)因风吹受冻而粗糙起皱或裂口▷手～了。→❷名〈方〉皮肤表面或褶皱中积存的老皮或泥垢▷搓搓脚上的～|一脖子～。→❸名国画技法。画山石树木时,为显示山石和树干表皮的纹理褶皱,勾出轮廓后,再用淡干墨侧笔涂染。

踆 cūn 动〈文〉踢。

cún

存 cún ❶动存在,事物持续地占据着时间和空间不消失;活着▷海内～知己,天涯若比邻|共～|依～|生～|～亡。→❷动安顿;保全▷～身。→❸动积聚;储藏▷雨后路面上～了不少水|仓库里～着很多粮食|～食|保～|积～。⇒❹动特指储蓄▷把不用的钱～到银行里|～款|～户|～折。⇒❺动寄放▷把行李～在车站|～车处|寄～。→❻动记在心里;心里怀着▷不～任何幻想|～心不良。→❼动保留;存留▷去伪～真|～疑|～档|～根|～查。❽名存留的部分▷库～。

蹲 cún 动〈方〉腿、脚猛然落地,因受震动致使关节或韧带受伤▷从墙上跳下来～了腿。
另见 dūn。

cǔn

忖 cǔn 动揣度;思量▷～度(duó)|思～。☛不读 cūn。

cùn

寸 cùn ❶量市制长度单位,10 市分为 1 市寸。换算为法定计量单位,关系为 1 市寸等于 3.3333 厘米。→❷形比喻极短或极小▷手无～铁|～步难行|

鼠目～光｜～草不留｜聊表～心。→❸图中医指寸口脉（诊脉的部位之一，在距离手掌一寸的动脉上）▷～、关、尺｜～脉。

cuō

搓 cuō 动两手相对摩擦或用手来回揉别的东西▷急得他直～手｜～麻绳｜衣服太脏，要使劲～一～｜～澡｜～板儿｜～洗｜揉～。

磋 cuō ❶动〈文〉把象牙磨制成器物；磨制▷如切如～，如琢如磨（切，加工骨器；琢，加工玉器；磨，加工石器）。→❷动商量、研讨▷切～｜～商。

撮 cuō ❶动用手指捏取（细碎的东西）▷～药｜～了一点儿盐。→❷动摘取（要点）▷～要｜～举｜～录。→❸量 a)用于手指所撮取的东西；借指极小的量▷一～茶叶｜一～盐｜一小～坏人。b)市制容量单位，10撮为1勺，10勺为1合（gě）。换算为法定计量单位，关系为1市撮等于1毫升。→❹动聚拢▷～合。❺动用簸箕等把东西收聚起来▷～了一簸箕土｜把炉灰～走。

另见 zuǒ。

蹉 cuō ❶［蹉跌］cuōdiē 动〈文〉失足摔倒，喻指意外的差错。〇❷［蹉跎］cuōtuó 动虚度（光阴）；耽误（时光）▷～岁月。

cuó

嵯 cuó ［嵯峨］cuóé 形〈文〉山势高峻。

矬 cuó 〈口〉❶形矮小▷长得又胖又～｜找个～点儿的凳子｜小～个儿｜～子。→❷动把身子往下缩；向下降▷身子往下一～就钻过去了｜往下再～一寸就合适了。

痤 cuó ［痤疮］cuóchuāng 图皮肤病，通常是圆锥形的小红疙瘩，多生在青年人的脸或胸、背上。通称粉刺。☛不读 zuò。

瘥 cuó 图〈文〉病▷～疠。

另见 chài。

cuǒ

脞 cuǒ 形〈文〉细碎；烦琐。

cuò

挫 cuò ❶动失败；失利▷～折｜受～。→❷动使受挫；使失败▷～敌人的锐气，长自己的威风｜以三比二力～上届冠军｜～败。

剒 cuò 〈文〉❶动琢磨；雕刻。〇❷动斩；割。

厝 cuò 〈文〉❶动放置▷～火积薪。→❷动把灵柩暂时停放或浅埋以待安葬或改葬▷暂～｜浮～。

措 cuò ❶动安放；处理；放置▷手足无～｜不知所～｜～置。→❷动筹划办理▷～施｜筹～｜举～。

锉（銼*剉） cuò ❶图一种条形多刃的钢制手工磨削工具，用来对金属、竹木或皮革等的表面进行加工▷一把～｜扁～｜三角～｜钢～｜木～。→❷动用锉磨削▷木板～得不平｜这钢管口上有毛刺，还要再～～。

错[1]（錯） cuò ❶图〈文〉打磨玉石的粗磨石▷它山之石，可以为～。→❷动〈文〉琢磨；打磨▷攻～。❸动两个物体互相摩擦▷上下牙～得咯咯响。

错[2]（錯） cuò ❶动把金、银镶嵌或涂在凹下去的图文中；绘绣花纹▷～金（特种工艺的一种）。→❷动互相交叉▷交～｜～综。⇒❸形杂乱▷～杂｜～乱。❹形不对▷字写～了｜～怪｜～觉。❺图过失▷大～不犯，小～不断｜没～儿｜出～儿。❻形坏；差（只用于否定式）▷他的字写得很不～｜你这么用功，成绩～不了。⇒❼动避开，使不碰上或不冲突▷把两个会的时间～开｜～车。

D

dā

奄 dā ❶名〈文〉大耳朵。→❷[奄拉]dāla 动下垂；沉着(脸)▷～着脑袋｜～着眼皮看也不看｜～着脸。

哒[1](噠) dā 同“嗒”。

哒[2](噠) dā 音译用字，用于“哒嗪”(dāqín，有机化合物，化学式 $C_4H_4N_2$)。

搭 dā ❶动把衣服、手等放在可以支撑的东西上，使自然下垂▷绳子上～满了手巾｜外套～在床栏杆上｜把手～在她肩膀上。→❷动乘坐(不属于自己的车船等)▷～便车进城｜～班机。→❸动支起；架设▷～窝｜～棚子｜～戏台｜～桥｜～脚手架。→❹动配合▷干的稀的～着吃。→❺动附加上▷不但花钱，还得～上人情｜要不是及时刹车，命就～上了。→❻动附着(zhuó)；结合▷两根电线～上了｜前言不～后语｜～伙｜～帮｜～伴儿。〇❼动共同搬(东西)▷把箱子～走｜桌子太沉，俩人～不动。☛统读 dā，不读 dá。

嗒 dā 拟声形容马蹄声、机枪声等(常叠用)▷远处传来一阵～～的马蹄声｜～～～～，机关枪猛烈地扫射着｜挂钟～、～、～地响个不停。
　　另见 tà。

答 dā 义同“答”(dá)①，用于“答理”“答应”等词。
　　另见 dá。

褡 dā [褡裢]dālian 名一种中间开口、两头可以装东西的长方形口袋，大的可以搭在肩上，小的可以挂在腰带上。也指中国式摔跤运动员穿的厚布上衣。

dá

打 dá ❶量〈外〉用于某些商品，12 件为 1 打，12 打为 1 罗▷ 1～钢笔(12 支)｜1～浴巾(12 条)。〇❷[苏打]sūdá 名〈外〉无机化合物，化学式(Na_2CO_3)。白色粉末或颗粒，水溶液呈强碱性。也说纯碱。
　　另见 dǎ。

达[1](達) dá ❶动通▷从北京坐火车直～广州｜四通八～。→❷动达到(多指抽象的事物或程度，如果后面是数量结构，就表示这个数量是较大的)▷不～目的，决不罢休｜伤亡人数～数万｜欲速则不～｜抵～｜到～。→❸动彻底懂得▷通权～变｜知书～理。❹形不为世俗观念所束缚▷豁～｜旷～｜～观。→❺形地位高，名声大▷～官贵人｜社会贤～。→❻动表达▷词不～意｜传～｜转～。〇❼名姓。

达[2](達) dá [达斡尔族]dáwòěrzú 名我国少数民族之一，主要分布在黑龙江、内蒙古和新疆。

沓 dá 量用于叠在一起的纸张等较薄的东西▷一～旧报纸｜一大～钞票｜一～一～地码整齐。
　　另见 tà。

怛 dá〈文〉❶形痛苦；忧伤▷惨～｜～～。→❷动畏惧；惊恐。

妲 dá 用于人名。妲己，商朝纣王的妃子。

荙(薘) dá [莙荙菜]jūndácài，见“莙”。

炟 dá 用于人名。刘炟，东汉章帝。

笪 dá ❶名〈文〉用粗竹篾编制的席子，多用来晾晒粮食或苫盖屋顶。→❷名〈文〉拉船的竹索。〇❸名姓。

答 dá ❶动用口说、笔写或行动回应对方▷你问我～｜～题｜～拜｜～复｜回～。→❷动回报他人给予自己的恩惠、好处▷报～｜～谢。
　　另见 dā。

靼 dá [鞑靼]dádá，见“鞑”。

瘩(*瘩) dá ❶[瘩背]dábèi 名中医指长在后背的痈。〇❷[疙瘩]gēda，见“疙”。

鞑(韃) dá [鞑靼]dádá ❶名古代汉族对北方游牧民族的统称，后来曾作为蒙古族的别称。〇❷名俄罗斯联邦的民族之一，主要居住在俄罗斯联邦鞑靼自治共和国，其余散居在西伯利亚和中亚各共和国以及乌克兰共和国。

dǎ

打[1] dǎ ❶动击。a)用手或凭借器物击打▷～门｜～鼓｜～桩｜～钎｜～苍蝇｜～狗｜敲～｜拍～｜捶～。b)被击致碎▷一不留神，碗～了｜鸡飞蛋～。c)凭借武器等攻击；攻打▷～仗｜～援｜～阵地战｜三～祝家庄｜～一场人民战争。d)风、雨等(自然现象)拍打▷雨～芭蕉｜洪湖水浪～浪｜破船偏遇～头风。→❷动表示某些动作，代替许多有具体意义的动词，打的意义与宾语的搭配情况密切相关。a)表示捕猎、收获、割取、提取等▷～鸟｜～鱼｜每亩地可～800 斤粮食｜～柴｜～草｜从井里～水。b)表示制造、建造、开凿、编织、缩结、涂抹、加印等▷～镰刀｜～家具｜～隔断｜～地基｜～井｜～毛衣｜～领带｜～个活结儿｜～蜡｜～肥皂｜～戳子｜～公章。c)表示拿着、缠绕、捆扎、揭开等(旨在改变事物存在的状态)▷～伞｜～灯笼｜～裹腿｜～行李｜～背包｜～捆儿。◇～起精神。d)指从事某种活动或工作▷～坐｜～禅｜～工｜～杂儿｜～前站。e)表示买东西、雇车等▷～半斤醋｜～票｜～车。f)进行文娱体育活动或表演(多用手进行)▷～麻将｜～扑克｜唱念做～｜～篮球｜～网球｜～台球｜～太极拳。g)进行书写或与书写有关的活动▷～草稿｜～格子｜～报告｜～收据｜～证明。h)去掉某种东西(以获取希望的效果)▷棉花～尖｜～蛔虫｜～胎。i)通过一定的装置使东西发出▷～枪｜～炮｜～照明弹｜～电报｜～电话。

j)通过一定的装置使东西进入▷～气|～点滴|～针。k)说出(指嘴的活动,后面的成分多表示某种方式或情况)▷～官腔|～比方|听人讲话别～岔。l)计算;谋划(指脑的活动)▷饭菜～200元,酒水～50元|～主意|别整天～小算盘。m)处置或处理(人际关系上出现的问题)▷～官司|～离婚|～交道。n)(不自主地)出现(某些生理或病理现象)▷～喷嚏|～呼噜|～鼾|～哈欠|～冷战|～哆嗦。→❸动与某些动词或形容词结合,构成复合词。a)与及物动词结合,成为并列结构,打的实义虚化,作用是使另一成分的词义泛化▷～扫|～捞|～量|～算|～扮|～听。b)与不及物动词结合,成为动补结构,打的实义虚化,打的作用是表示使动;如果复合词后面没有连带成分,则表示发生了某种情况▷～败|～通|～倒|～搅|～扰|～破|～散|～发|大门～开了|离婚的念头已经～消|我的发言就此～住。c)与形容词结合,表示发生了某种状况▷花～蔫了|汽车后轮～滑|太阳已经～斜。

打[2] dǎ〈口〉❶介引进动作行为起始的地点、时间或范围,相当于"自""从"▷我～天津来|～上星期他就病了|～班长起到每个战士,都练了一遍。→❷介引进动作行为经过的路线、场所▷～小路走,可以近二里地|阳光～窗口射进来。→❸介引进事物产生的根源▷这病就是～爱生闷气上得的。

另见 dá。

dà

大[1] dà ❶形(在面积、体积、容量、数量、年龄、力量、强度、程度、重要性等方面)超过通常的情况或特定的比较对象(跟"小"相对)▷太平洋最～|这间房子真～|～瓶子|卖个～价钱|年纪～|劲头比我～|昨天的风比今天～|～地震|～发展|～事情。→❷副表示程度深▷～红～绿|～失所望|～为不妥|～不相同。❸副用于"不"后,表示程度浅或次数少▷不～舒服|不～开口|不～看外国影片。→❹形敬辞,称与对方有关的事物▷尊姓～名|～驾|～作。→❺形排行第一的▷～舅|～姐夫|老～。→❻名大小的程度▷船上的甲板有两个篮球场那么～|他的力气有多～?→❼形时间较远的▷～前天|～后年。→❽形用在某些时令、天气、节假日或时间前,表示强调▷～三九天的,多穿点衣服|～热天的,歇会儿吧|～年三十|～礼拜天的,玩玩去吧|～清早。

大[2] dà〈方〉❶名父亲▷俺～俺娘都来了。→❷名叔父或伯父▷二～|三～。

另见 dài。

da

垯(墶) da [圪垯]gēda,见"圪"。

绔(繨) da [纥绔]gēda,见"纥"。

疸 da [疙疸]gēda 同"疙瘩"。参见"疙"。

另见 dǎn。

跶(躂) da ❶[蹦跶]bèngda 动跳;挣扎▷老实呆着,别在床上乱～!|秋后的蚂蚱,～不了几天了。也作蹦达。○❷[蹓跶]liūda 动散步▷晚饭后上街～～。也作溜达。

dāi

呆(*獃❶❷騃❶❷) dāi ❶形傻;笨▷～头～脑|痴～|～子。→❷形表情死板;发愣▷惊～了|两眼发～|～若木鸡|～滞。→❸形做事死板;不灵活▷～板。○❹同"待"(dāi)。☛统读 dāi,不读 ái。

呔 dāi 叹表示提醒对方注意(发音重而有力,多用于近代汉语,现在常用于传统戏曲念白)▷～,是哪路毛神?|～!看剑!

另见 tǎi。

待 dāi 动〈口〉停留;逗留▷再～会儿还来得及|近来一直～在天津。

另见 dài。

dǎi

歹 dǎi 形坏;恶(è)▷不知好～|为非作～|～徒|～毒。

逮 dǎi 义同"逮"(dài)②,用于口语,只限单用,不用于合成词中▷～小偷儿|～耗子|俩小孩儿～着玩儿。

另见 dài。

傣 dǎi [傣族]dǎizú 名我国少数民族之一,主要分布在云南。☛统读 dǎi,不读 tài。

dài

大 dài 义同"大"(dà),用于"大夫"(dàifu,医生)、"大王"(dàiwang,戏曲、旧小说中对国王或强盗首领的称呼)、"大黄"(多年生草本植物,可以做药材)、"大城"(地名,在河北)等。☛"大夫"作为古职官名,读 dàfū,不读 dàifu。

另见 dà。

代 dài ❶动替;替换▷花木兰～父从军|请你～我向他问好|新陈～谢|～劳|～笔|～替|取～。→❷名朝代(一个王朝接替一个王朝,就叫"朝代"或"代");历史的分期▷汉～|唐～|古～|现～|时～|年～。❸名地质年代分期的第二级,代以上为宙,代以下为纪,如古生代、中生代、新生代,跟代相对应的年代地层单位叫界。→❹名世系相传的辈分▷祖孙三～|年轻的一～|传宗接～。→❺动代理,暂时替人负责某项事务或工作▷～省长|～主任。○❻名姓。

轪(軑) dài 名古代指包在车毂头上的金属帽,也指车轮。

甙 dài 名"苷"的旧称。参见"苷"(gān)。

岱 dài ❶名泰山的别称。也说岱宗、岱岳。○❷名姓。

迨 dài 介〈文〉趁着;等到▷～其未毕济(渡河)而击之|～诸父异爨(等到父辈分家)。

骀(駘) dài [骀荡]dàidàng 形〈文〉使人舒畅;放荡。

另见 tái。

诒(詒) dài 动〈文〉欺骗。

另见 yí。

玳(*瑇) dài [玳瑁]dàimào 名爬行动物,形状像龟,背上覆盖着许多片甲质板,表面光滑,有褐色和淡黄色相间的花纹。多产于热带或亚热带沿海。甲质板可做眼镜框或装饰品,也可以做药材。

带(帶) dài ❶名带子，用皮、布等做成的长条状物，多用于绑扎；像带子的东西▷腰～｜鞋～｜海～｜磁～｜光～。→❷动佩带▷身上～着佩剑。⇒❸动随身拿着▷出远门要多～些衣服｜没有～钱。❹动带领；引着▷～了几个随从｜～兵打仗｜～徒弟｜～队｜～路。❺动带动▷以先进～后进。⇒❻动现出▷面～愁容。❼动含有▷话里～着讽刺的口气｜咸中～甜。→❽动连着；附带▷～叶的桔子｜连蹦～跳。❾动顺便做▷路过书店帮我～本书(捎带着买)｜你出去请把门～上(随手关上)。→❿名白带，妇女子宫和阴道分泌的白色黏液▷～下(中医指白带不正常的病)。→⓫名具有某种性质的一定的地理范围；地区▷地～｜热～｜京、津一～。→⓬名轮胎▷里～｜外～｜车～｜补～。☛"带"和"戴"不同。"带"表示随身携带，"戴"表示把东西固定地放在头、面、胸、臂等部位。"戴帽子""戴眼镜""戴袖章"的"戴"不要写作"带"。

殆 dài ❶形危险▷知己知彼，百战不～｜危～。→❷副表示肯定或推测，相当于"几乎""差不多"▷敌人被歼～尽。

贷(貸) dài ❶动借出或借入▷银行～给他一笔款｜向金融机构～款。→❷名借出的款项▷农～｜信～｜高利～。→❸动宽恕；减免▷严惩不～｜宽～。❹动推脱(责任)▷责无旁～。

待[1] dài ❶动等；等候▷守株～兔｜以逸～劳｜等～｜期～。→❷动需要▷尚～说明｜不～多言。→❸动想要；打算▷～答不理｜～说不说。

待[2] dài ❶动对待▷他～我不薄｜优～｜亏～。→❷动招待▷～客｜款～。
另见 dāi。

怠 dài ❶形(对人)冷淡；不恭敬▷～慢。→❷形松懈；懒散▷懈～｜～惰｜～工。

埭 dài 名堵水的土坝，多用于地名▷石～(在安徽)｜钟～(在浙江)。

袋 dài ❶名口袋，用软而薄的材料制作的盛东西的用具▷面～｜塑料～｜～装食品｜～儿奶｜～子。→❷量用于水烟、旱烟▷抽一～烟｜一～接着一～地抽。

逮 dài ❶动〈文〉赶上；达到▷～及｜～至｜不～(达不到)。○❷动捉▷～捕。
另见 dǎi。

叇(靆) dài [叆叇]àidài，见"叆"。

戴 dài ❶动头顶着；把东西套在头上或身体其他部位▷披星～月｜不共～天｜～帽子｜～手套｜～脚镣手铐。→❷动把东西佩带在面、胸、臂等处▷胸前～着大红花｜臂～黑纱｜～眼镜｜～红领巾。→❸动尊奉；推崇▷感恩～德｜爱～｜拥～。○❹名姓。☛"戴"和"带"的区别，见"带"。

黛 dài ❶名古代妇女用来画眉的青黑色颜料▷粉～｜眉～。→❷形〈文〉青黑色▷～绿。

襶 dài [褦襶]nàidài，见"褦"。

dān

丹 dān ❶名古代指朱砂(一种含汞的红色矿物)。→❷形红色▷～顶鹤｜～凤｜～红｜～心。→❸名古代道家用朱砂等炼制的药▷炼～炉｜金～。❹名依成方制成的中药，颗粒状或粉末状▷丸散膏～｜灵～妙药｜小活络～。

担(擔) dān ❶动用肩挑▷～水｜肩不能～，手不能提。→❷动担负；承当▷～责任｜～风险｜～不是｜～当｜承～｜分～。
另见 dàn。

单(單) dān ❶形独自一个的；不跟别的合在一起的▷～扇窗户｜～身｜～枪匹马｜～间｜～行线｜～独。→❷形微弱；微薄▷势～力薄｜～弱｜～薄。→❸形项目、种类少；结构、头绪不复杂▷简～｜～调｜～纯。→❹形(衣物等)只有一层的▷～褂儿｜～裤。⇒❺名铺盖用的单层大幅的布▷床～｜被～｜褥～。⇒❻名单子，分项记事用的纸片(多是单张的)▷账～｜名～｜清～｜菜～。→❼连放在两个数量之间，表示单位较高的量下附有单位较低的量，作用同"零"▷梁山泊的一百～八将。→❽形奇数的(不是由两个相同的数合在一起而成的，如1、3、5、7、9等，跟"双"相对)▷～数｜～号｜～日。→❾副表示行为、事物在有限的范围内，不跟别的合在一起，相当于"只""仅"▷别的不管，～说这件事｜旅游不～是玩玩，还可以增长知识。
另见 chán；shàn。

眈 dān [眈眈]dāndān 形形容眼睛注视的样子▷虎视～(凶狠地注视着)。

耽[1] dān 动〈文〉沉溺；迷恋▷～于幻想｜～于酒色。

耽[2](*躭) dān 动拖延(时间)▷～搁｜～误。

郸(鄲) dān 用于地名。如：郸城，在河南；邯郸，在河北。

聃 dān 用于人名。老聃，即老子(zǐ)，古代哲学家。

殚(殫) dān 动〈文〉用尽；竭尽▷～精竭虑｜～力｜～心。

瘅(癉) dān 名中医指热症或湿热症▷～疟｜火～。
另见 dàn。

箪(簞) dān 名古代盛饭食的竹编器具，圆形有盖▷～食(sì)壶浆(用箪盛饭，用壶盛汤)。

儋 dān 名儋县，地名，在海南。

甔 dān 名〈文〉小口大腹的陶制器皿。

dǎn

胆(膽) dǎn ❶名浓缩和贮存胆汁的囊状器官，在肝脏右叶的下前方，同胆管相连接。也说胆囊。→❷名胆量；勇气▷～小如鼠｜～大心细｜～怯｜～识。→❸名某些器物内部可以盛水或充气的东西▷热水瓶的～碎了｜球～。

疸 dǎn [黄疸]huángdǎn ❶名由人的血液中胆红素增高引起的皮肤、黏膜和眼球的巩膜等处发黄的症状。某些肝脏病、胆囊病和血液病出现黄疸。通称黄病。→❷名植物的一种病害，病株的茎、叶上出现条形黄斑，子粒不饱满。也说黄锈病。
另见 da。

掸(撣) dǎn 动轻轻地扫或拂(以去掉尘土等)▷～掉衣服上的雪｜把桌子上的土～一～｜～子(用鸡毛或布绑成的拂尘用具)。
另见 shàn。

赕(賧) dǎn 动〈文〉奉献▷～佛。

亶 dǎn 形〈文〉诚信；实在。
另见 dàn。

dàn

石 dàn 量市制容量单位，10 斗为 1 石。换算为法定计量单位，关系是 1 市石等于 100 升▷打了一～五斗粮食。☛这个意义在古书中读 sh ，如“二千石”“万石君”等。
另见 shí。

旦¹ dàn ❶名天亮的时候；早晨▷通宵达～｜危在～夕｜枕戈待～。→❷名指某一天▷元～｜一～。○❸名姓。

旦² dàn 名传统戏曲里的一个行当，扮演妇女，包括正旦（青衣）、花旦、刀马旦、武旦、老旦等▷生～净末丑，行当俱全｜～角儿｜唱小～的。

但 dàn ❶副表示对动作行为范围的限制，相当于“只”“仅”▷～愿他平安归来｜不求有功，～求无过。→❷连连接两个分句，表示转折关系，相当于“可是”“不过”▷虽然住得很远，～他从不迟到｜他很聪明，～不用功。○❸名姓。

担（擔） dàn ❶名担子，扁担和挂在两头的东西▷货郎～。→❷量 a）市制重量单位，100 市斤为 1 担。换算为法定计量单位，关系是 1 市担等于 50 千克。b）用于成挑的东西，一挑为一担▷一～水｜几～青菜。→❸名喻指担负的责任▷勇挑重～｜这么多任务交给你，～子可不轻啊！
另见 dān。

诞¹（誕） dàn 形虚妄不实；不合情理▷怪～｜荒～。

诞²（誕） dàn ❶动（人）出生▷～生｜～辰。→❷名（人）出生的日子▷圣～｜寿～｜华～。

疍 dàn［疍民］dànmín 名旧称广东、广西和福建沿海沿江一带以船为家、从事渔业或航运的水上居民。也说疍户。☛“疍民”“疍户”的“疍”，不能写作“蛋”。

萏 dàn［菡萏］hàndàn，见“菡”。

啖（*啗噉） dàn〈文〉❶动吃▷日～荔枝三百颗。→❷动给……吃；喂▷以枣～之｜～虎狼以肉。❸动用利益引诱或收买▷～以重金｜以私利～之。

淡 dàn ❶形味道不浓▷一杯～酒｜清～可口｜～而无味。→❷形特指含盐分少；不咸▷菜太～｜咸～正合适｜～水。→❸形泛指（液体或气体中）所含的某种成分少；稀薄（跟“浓”相对）▷～墨｜云～风清｜冲～。→❹形感情、兴趣、印象、关系等不深；态度不热心▷家庭观念很～｜冷～｜～忘｜～泊｜～漠｜～然。→❺形颜色较浅；不浓▷～青｜～红｜浓妆～抹｜浓～相宜｜浅～。→❻形生意少；不兴旺▷～季｜～月。→❼形内容少；无关紧要▷平～无味｜～话｜扯～。○❽名姓。☛参见“澹”（tán）字的提示。

惮（憚） dàn 动畏惧；害怕▷肆无忌～。

弹（彈） dàn ❶名弹丸，用弹弓弹（tán）射的小丸▷铁～｜泥～。→❷名可以发射或投掷出去的具有破坏力、杀伤力的爆炸物▷枪～｜炮～｜炸～｜手榴～｜中（zhòng）～｜～片｜～头。
另见 tán。

蛋 dàn ❶名禽类或龟、蛇等所产的卵▷鸽子～｜～黄。→❷名形状像蛋的东西▷驴粪～儿｜山药～。❸名〈方〉特指人的睾丸。→❹名喻指具有某种特点的人，含贬义▷糊涂～｜坏～｜笨～｜浑～｜穷光～。❺名放在某些动词后组合成含贬义的动词▷滚～｜捣～。

氮 dàn 名气体元素，符号 N。无色无臭无味，不能燃烧，也不能助燃，化学性质不活泼。在空气中约占五分之四，是构成动植物蛋白质的重要成分。可以用来制造氨、硝酸和氮肥。

亶 dàn 古同“但”①②。
另见 dǎn。

瘅（癉） dàn〈文〉❶名因为劳累而造成的疾病。→❷动憎恶▷彰善～恶。
另见 dān。

啗（嚪） dàn 古同“啖”。

赕（贉） dàn 名〈文〉字画或书册卷轴、卷首贴绫子的地方。

禫 dàn 名古代丧家脱去丧服的祭礼。

dāng

当¹（當） dāng ❶动两两相对；相称（chèn）▷门～户对｜旗鼓相～。→❷动掌管；主持▷～权｜～政｜～家｜坏人～道。⇒❸动承担；承受▷一人做事一人～｜这个罪名谁～得起？❹动阻拦；抵挡▷一夫～关，万夫莫开｜螳臂～车。⇒❺动担任；充任▷选他～大会主席｜～老师。→❻动对着；向着▷～着大家的面把话说清楚｜首～其冲｜～众表扬。❼介引进动作行为的处所或时间，略相当于“正在”▷～我动身的时候，天已经大亮了｜～场示范｜～地。❽名指某个空间或时间的空隙▷空（kòng）～儿。→❾动应当▷～省就省｜理～如此。→❿名〈文〉某些东西的顶部▷瓦～（滴水瓦的瓦头）。☛㊀“当（dāng）年”，指过去某一时间，从前，如“想当年我离家的时候，村里还没有电灯”。“当（dàng）年”“当（dàng）天”都指同一时间，如“当年修渠，当年受益”。㊁“当地”“当场”的“当”，读 dāng，不读 dàng。

当²（當噹） dāng 拟声形容金属器物撞击的声音▷～的一声，饭盒掉在地上了｜座钟～～地响了两下｜传来一阵～～的敲锣声。
另见 dàng。

珰（璫） dāng ❶名原指汉代任侍中、中常侍的宦官帽子上的装饰品，后来借指宦官。○❷名〈文〉戴在妇女耳垂上的装饰品。

铛（鐺） dāng 同“当²”。
另见 chēng。

裆（襠） dāng ❶名两条裤腿相连的地方▷这条裤子的～太浅｜裤～｜直～｜开～裤。→❷名两腿之间的部位▷兔子从他～底下蹿了出去｜腿～。

筜（簹） dāng［筼筜］yúndāng，见“筼”。

dǎng

挡（擋*攩） dǎng ❶动阻拦；抵抗▷～道｜披上皮袄～～风｜兵来将～。→❷动遮蔽▷～亮儿｜～阳光｜挂个布帘～上点儿｜遮～。❸名用来遮挡的东西▷炉～儿｜窗～子。○❹名指排挡，用于调

节机械运行速度及控制方向的装置▷挂～|换～|空～。
另见 dàng。

党[1]（黨）dǎng ❶名古代的地方户籍编制单位，五百家为党。→❷名〈文〉亲族▷宗～|父～|母～。❸名因利益而结合在一起的集团▷结～营私|狐群狗～|朋～|死～|～羽。⇒❹动〈文〉偏私；偏袒▷无偏无～|～同伐异。⇒❺名代表某一阶级、阶层或政治集团并为维护其利益或实现其主张而活动的政治组织▷共产～|民主～|政～|～派。❻名在我国特指中国共产党▷建～|入～|～员。〇❼名姓。

党[2] dǎng [党项]dǎngxiàng 名我国古代西北的一个民族，北宋时建立西夏政权。

谠（讜）dǎng 形〈文〉正直▷～论|～言|～臣。

dàng

氹 dàng 同"凼"。

当（當）dàng ❶形合适；适宜▷用词不～|恰～|适～|妥～|得～。→❷动等于；抵得上▷一个人～两个人用。❸动当作；作为▷老师把学生～自己的孩子一样爱护|安步～车|一以～十。❹动以为▷天这么晚了，我～你不来了呢。→❺动用实物作抵押向专营抵押放贷的店铺借钱▷用皮袄～了二百块钱|～铺。❻名抵押在当铺里的实物▷当(dàng)～|赎～。→❼介引进事情发生的(时间)▷～年(同一年)|～天(同一天)|～晚(同一晚上)。
另见 dāng。

凼 dàng 名〈方〉田地里蓄水的池子或沤肥的小坑▷水～|粪～|～肥。也作"氹"。

砀（碭）dàng 名砀山，地名，在安徽。

宕 dàng ❶形〈文〉放纵；不受拘束▷跌～。〇❷动拖延▷延～|推～。

垱（壋）dàng 名〈方〉河中或水田中用来挡水的小土堤▷筑～挖塘。

挡（擋）dàng [摒挡]bìngdàng 动〈文〉料理；收拾▷～婚事|～未尽。
另见 dǎng。

荡[1]（蕩 *盪❶❷❹）dàng ❶动冲洗▷～涤|冲～。→❷动摇动；晃动▷～秋千|～舟|动～|晃～。❸动无所事事地走来走去；闲逛▷游～|逛～。→❹动清除；弄光▷扫～|倾家～产。〇❺形空阔▷浩～|坦～。

荡[2]（蕩）dàng 形行为放纵，不检点▷～妇|淫～|放～。

荡[3]（蕩）dàng ❶名浅水湖▷芦苇～|荷花～。→❷名同"凼"。

档（檔）dàng ❶名器物上起支撑或分隔作用的木条或细棍儿▷桌子的横～断了|十三～算盘。→❷名存放物件(多为案卷)用的带格子的橱柜▷归～|存～。⇒❸名分类保存的文件、材料等▷～案|查～。⇒❹名货物的等级▷高～商品|低～材料|～次不同。〇❺量〈口〉相当于"件""桩""批"▷事情一～又一～|几～子事都凑一块了。☛统读 dàng，不读 dǎng。

菪 dàng [莨菪]làngdàng，见"莨"。

dāo

刀 dāo ❶名古代兵器；泛指切、割、削、刺的工具▷手上拿着～|一把～|菜～|镰～|铅笔～|刺～|～刃。❷名形状像刀的东西▷冰～|～币。〇❸量用于纸张，一刀通常为一百张▷一～毛边纸。〇❹名姓。

叨 dāo ❶[叨叨]dāodao 动〈口〉翻来覆去地说▷老太太～起来没完|别瞎～了。〇❷[叨唠]dāolao 动〈口〉叨叨。
另见 dáo；tāo。

忉 dāo [忉忉]dāodāo 形〈文〉形容忧愁。

氘 dāo 名氢的同位素之一，符号 D 或 $^{2}_{1}H$，质量数为 2。它的核(氘核)能参与多种热核反应。也说重氢。

鱽（魛）dāo 名〈文〉刀鲚，形体长而薄，像刀，是名贵的食用鱼。也说刀鱼。

dáo

叨 dáo [叨咕]dáogu 动〈口〉小声叨叨▷你们俩在那儿～什么呢？
另见 dāo；tāo。

捯 dáo 〈口〉❶动两手不断替换着往回拉或绕(线、绳等)▷把风筝～下来|～线。→❷动顺着线索追究▷这件事已经～出头儿来了|～根儿。→❸动两脚倒换着急速向前迈▷排头大步流星地走，排尾两腿紧～也跟不上。

dǎo

导（導）dǎo ❶动引；带领▷～游|～航。→❷动指导；开导▷～演|教～|劝～。→❸动(热、电等)通过物体由一处传到另一处▷～电|～热|半～体。☛统读 dǎo，不读 dào。

岛（島 *㠀）dǎo 名海洋中四面被水包围的较小的陆地，也指江河、湖泊中的陆地▷西沙群～|海南～|～屿|半～(三面被水包围的陆地)◇交通～。

捣（搗 *擣擣）dǎo ❶动用棍棒等工具的一端撞击或捶打▷～药|～米|～衣。→❷动冲击；攻打▷直～敌营|～毁。→❸动搅扰；扰乱▷～乱|～蛋。

倒[1] dǎo ❶动由直立变为横卧▷一进门就～在床上睡着了|电线杆子～了|跌～|刮～|推～。→❷动垮台；失败▷～台|～闭。⇒❸动使垮台；使失败▷～阁|～袁(世凯)。⇒❹动(人的某些器官)受到损伤或刺激致使功能变坏▷～了嗓子|～胃口|牙给酸～了。

倒[2] dǎo ❶动掉转(方向)▷屋子小得～不开身|～戈。→❷动转换；更换▷两人～了座位|把提包～到另一只手上|～车|三班～|～换。→❸动出倒，把货物或店铺作价卖给他人▷这批货已经～了出去|把铺子～给别人了。❹动买进卖出，投机倒把▷～买～卖|～汇|～粮食。
另见 dào。

祷（禱）dǎo ❶动向神祝告祈求保佑▷～告|祈～|默～。→❷动请求；盼望(书信用语)▷是所至～|盼～|敬请光临为～。

蹈 dǎo ❶动踏;踩▷赴汤～火|重～覆辙。→❷动跳动▷手舞足～|舞～。→❸动遵循▷循规～矩|～常袭故(墨守成规,不思变通)|～袭。☛统读 dǎo,不读 dào。

dào

到 dào ❶动抵达;达到▷今天就～北京|我～家了|初来乍～|～期|～点。→❷动周全;周密▷礼节不～的地方请包涵|周～。→❸动去;往▷～亲戚家去坐坐|～学校学习。→❹动用在动词后作补语,表示动作达到目的或有了结果▷没想～|做得～|看不～亮光|来信收～了。

帱(幬) dào 动〈文〉覆盖▷覆～。
另见 chóu。

倒 dào ❶动使上下或前后的位置颠倒(dǎo)▷把油桶～过来控控油|～果为因。→❷形(位置、次序、方向等)相反的▷标语贴～了|本末～置|～行逆施|～立|～插笔|～装句|～数第一|～贴|～流|～彩。→❸动使向后退▷把车～回去|～退。→❹动翻转或倾斜容器,使所盛的东西出来▷把口袋里的米～出来|～杯水|～脏土。→❺副 a)表示同一般情理或主观意料相反,相当于"反而""却"等▷弟弟～比哥哥懂事|没吃药病～好了|没想到十个学生～有六个不及格。b)用于"得"字后的补语之前,表示同事实相反,有责怪的语气▷说得～轻松,你来试试|想得～简单,实际上满不是那么回事。c)用在复句的后一个分句里,表示转折▷房子不大,摆设～很讲究|扮相不好,嗓子～不错。d)用在复句的前一个分句里,表示让步▷东西～挺好,就是太贵了|我～没什么,就怕别人有意见。e)使语气舒缓▷他～不是故意的|那～也不一定。f)表示追问或催促▷你～去不去呀?|你～赶紧拿个主意呀!☛"到"没有副词用法,"倒"⑤不能写作"到"。
另见 dǎo。

焘(燾) dào 动〈文〉覆盖。
另见 tāo。

盗 dào ❶动偷窃;抢劫▷仓库被～|监守自～|欺世～名|～窃|～用|失～。→❷名抢劫、偷窃财物的人▷～贼|～匪|强～|江洋大～。

悼 dào ❶动〈文〉哀伤;悲痛。→❷动特指追念死者▷哀～|追～|～念|～词。☛统读 dào,不读 dǎo。

道 dào ❶名路▷这条～儿近|林阴～|大～|～路。→❷名水流的途径▷黄河故～|下水～。→❸名途径;规律▷治国之～|以其人之～还治其人之身|门～|～理。❹名学术思想或宗教教义▷离经叛～|尊师重～|传～。⇒❺名道德▷～义|古～热肠。⇒❻名道家,我国古代的一个学派▷儒、～、墨、法。❼名指道教或道士▷～观|～士|老～。❽名指某些封建迷信组织▷一贯～|反动会～门。⇒❾名技艺▷棋～|医～。→❿动用言语表示(情意)▷～谢|～歉|～贺。⓫动说▷能说会～|常言～|指名～姓。⓬动料想;以为▷我只～他睡着了,却原来是眯着眼装睡。→⓭量 a)用于某些细长的东西▷一～白光|一～河儿～皱纹|三～防线。b)用于门、墙等▷三～门|一～高墙|两～关口。c)用于题目、命令等▷五～问答题|一～命令。d)用于连续的事情中的一次▷上了三～菜|多费一～手续。→⓮名线条;细长的痕迹▷书上画了不少横～|刚油漆过的地板上蹭出许多～来。○⓯名我国历史上行政区域的名称。清代和民国初年设在省以下,府以上。

稻 dào 名稻子,一年生草本植物,秆直立,中空有节,叶狭长。子实叫稻谷,去壳后叫大米,可以食用。是我国的主要粮食作物之一。稻,也指这种植物的子实。

纛 dào 名古代军队或仪仗队的大旗▷大～。☛统读 dào,不读 dú。

dē

嘚 dē ❶拟声形容马蹄踏地的声音▷远处传来一阵～～的马蹄声。○❷[嘚啵]dēbo 动〈方〉絮絮叨叨地说话,也说嘚嘚(dēde)▷他这个人～起来没完没了|瞎～。○❸[嘚儿]dēr 拟声驱赶骡马等前进时的吆喝声。

dé

得 dé ❶动获取到(跟"失"相对)▷比赛～了冠军|～100分|～不偿失|～寸进尺|～胜|～势|取～。→❷动用在别的动词前,表示许可或能够▷库房重地,不～入内|三好学生～优先录取|飞机票买不到,不～不改乘火车。→❸动适合▷～体|～用|～当(dàng)。❹动称心如意;心满意足▷洋洋自～|志满意～|～意。→❺动〈口〉完成▷衣服做～了|饭还没～。⇒❻动〈口〉用于对话,表示无须再说▷～,这事就定了|～了,不用再谈了。⇒❼动〈口〉用于不如意的时候,表示只好如此▷～,这一来什么希望都没有了|～,又该挨批评了。→❽动演算得到结果▷三加五～八|二三～六|八除以四～二。
另见 de;děi。

锝(鍀) dé 名人工合成的放射性金属元素,符号 Tc。银灰色,熔点高,耐腐蚀,超导性能良好。用作原子反应堆中的抗腐蚀覆盖材料、超导磁体材料,也用于医疗诊断。

德[1](*悳) dé ❶名道德;品行;节操▷～才兼备|～高望重|公～|美～|～育。○❷名信念▷同心同～|一心一～。○❸名恩惠▷感恩戴～|～政|恩～。

德[2](*悳) dé [德昂族]déángzú 名我国少数民族之一,分布在云南。

de

地 de 助用在做状语的词或词组后面,表示这个词或词组修饰动词性或形容词性中心语▷渐渐～走近了|高兴～表示|好好～学习|历史～看问题|不停～说着|哗哗～流走了|一步一步～引向深入|说不出～高兴。
另见 dì。

的 de ❶助用在定语之后。a)对中心语的领属关系,事物的性质、属性、范围等加以限定▷我～书|艺术院校～师生|镀金～手饰|幸福～童年|昨天下午到～客人。b)对中心语加以描写▷蓝蓝～天|绿油油～庄稼|愁眉苦脸～样子。→❷助用在名词、动词或形容词后,构成名词性的"的"字结构▷北京～上海～都来了|有大～、小～、中不溜儿～|说～比唱～还好听|从设备看,甲厂～更好;从产品质量看,乙厂～更胜一筹。→❸助用在句末,表示肯定的语气或已然的语气▷你这样做是行不通～|老王什么时候走～?→❹助用在某些句子的动词和宾语之间,强调动作的施事者、受事者或时间、地点、方式等▷主任签～字|回来

坐～飞机|他昨天夜里犯～病|我在上海念～中学。☛助词"的"在某些歌词、唱词或个别惯用语中,有时读dì。

另见dí;dì。

底 de 助("五四"时期至30年代)用在定语后,对中心语的领属关系加以限定▷我～书|大众～权利。

另见dǐ。

得 de ❶助用在动词后面,表示可能、可以,表示否定用"不得"▷这种果吃～|他们的话听不～。→❷助用在动词或形容词后面,连接表示程度或结果的补语▷说～很清楚|修理～好|漂亮～很|激动～热泪盈眶。→❸助用在某些动词后,表示可能▷看～清楚|修理～好|拿～动|冲～出去|说～出。☛㊀严格说来,助词"得"的①②③都是由动词"得"(获得、得到,引申为达到、达成)虚化而来的。㊁②的"说得很清楚"的否定形式是"说不很清楚"。㊂②的"修理得好"表示修理的结果良好,③的"修理得好"表示能修理好。㊃③的否定式是把"得"换成"不",如"看不清楚""冲不出去"。㊄这几个义项中的"得",现在都不能写作"的"。

另见dé;děi。

děi

得 děi ❶动〈口〉需要▷这篇文章～三天才能写完|垒这堵墙,至少～八个工。→❷动〈口〉表示事实上或情理上的需要,相当于"应该""必须"▷话～这么说才行|遇事～跟大家商量。→❸动〈口〉估计必然如此,相当于"要""会"▷再不出发就～迟到了|你再不来他就～急坏了。○❹形〈方〉满意;自在▷坐在这里聊天儿挺～的。

另见dé;de。

dèn

扽 dèn〈口〉❶动用力一下一下地拉或猛地一拉▷怕他说走了嘴,赶紧～一～他的衣裳|把被单～平|一使劲把线～折(shé)了。→❷动拉紧▷～住缰绳别撒手。

dēng

灯(燈) dēng ❶名主要用来照明的器具▷一盏～|电～|霓虹～|～塔|～笼|点～|熄～。→❷名像灯一样发光、发热,可以用来加热的器具▷酒精～|喷～。→❸名收音机等电器里的电子管的俗称▷五～收音机。

登[1] dēng ❶动由低处向高处移动▷～上顶峰|一步～天|～城|～台演出。→❷动刊载;记载▷报上～了一条消息|把这笔收入～在账上|～报|～记。→❸动古代指科举考试中选▷～第|～科。→❹同"蹬"。

登[2] dēng 动(谷物)成熟▷五谷丰～。

噔 dēng 拟声形容重物落地或撞击的声音▷走起路来～～的|楼顶上～～乱响。

镫(鐙) dēng ❶名古代盛熟食用的器皿。○❷古同"灯"①。

另见dèng。

簦 dēng ❶名古代一种有长柄的大竹笠,类似后来的雨伞。→❷名〈方〉竹笠。

蹬 dēng ❶动踩;踏▷～着哥哥的肩膀爬上去|一只脚～在凳子上。→❷动穿(鞋)▷脚底下～着一双新皮鞋。→❸动腿和脚向脚底的方向用力▷狠狠地～了他一脚|～三轮车|～水车|～缝纫机。

另见dèng。

děng

等[1] děng ❶形(程度或数量等)相同▷高下不～|大小相～|～于。→❷名等级;级别▷分成几～|二～货|同～|上～。❸名称小量贵重物品和药材的衡器。现在通常写作"戥"。→❹名种;类▷居然有这～事|此～人不可交。❺名〈文〉用在某些人称代词或指人的名词之后,表示复数▷我～|尔～|公～。❻助表示列举未尽(可以叠用)▷英、法～西欧国家|比赛项目包括田径、游泳、球类～～。❼助列举之后用来煞尾,后面常有前列各项的总计数▷梅、尚、程、荀～四大名旦。

等[2] děng ❶动等待;等候▷我在家～你|～着看电影|～了半天他才来|～得着急了|～车。→❷介等到;到▷～他吃完饭再说|～你长大了自然会明白。

戥 děng ❶名戥子,用来称量金、银、药品等的小秤,最大计量单位是两,小到分或厘▷拿～子一称,只有一两二钱五。→❷动用戥子称▷每味药都要～一～。

dèng

邓(鄧) dèng 名姓。

凳(*櫈) dèng 名凳子,有腿没有靠背的坐具▷搬个～子来|板～|小圆～儿|长～。

嶝 dèng 名〈文〉登山的小路。

澄 dèng ❶动使液体里的杂质沉淀▷缸里水太浑,要～清了才能喝。→❷动〈口〉挡住容器中液体里的其他东西,把液体倒出来▷～出一碗米汤来。

另见chéng。

磴 dèng ❶名〈文〉山路的石级;泛指石头台阶。→❷量用于台阶、楼梯或梯子▷七～台阶|每天要爬几十～楼梯|这梯子只有十～。

瞪 dèng ❶动(因生气或不满而)睁大眼睛直视▷狠狠～了他一眼。→❷动用力睁大眼睛▷～着俩大眼不知想什么|目～口呆。

镫(鐙) dèng 名挂在马鞍两旁供骑马人脚蹬(dēng)的东西▷马～|脚～。

另见dēng。

蹬 dèng [蹭蹬]cèngdèng 动〈文〉遭遇挫折,困顿失意▷一世～,未尝发迹。

另见dēng。

dī

氐 dī ❶名我国古代民族。殷、周至南北朝时分布在今陕西、甘肃、四川一带,东晋时曾建立前秦和后凉。○❷名星宿名,二十八宿之一。

另见dǐ。

低 dī ❶形矮;由下往上的距离短(跟"高"相对,③—⑤同)▷水位太～|跳得不～|燕子～飞|～空|～矮。→❷动俯下;向下垂▷～着身子跑过去|把头～下。→❸形(地势)洼下▷地势～|水往～处流|～谷|～洼。→❹形在一般状况之下的▷业务水平～|价钱

～|～温多雨|压～嗓音。❺形等级在下的▷～年级|～等动物。

羝 dī 名〈文〉公羊▷～羊触藩(公羊角钩挂在篱笆上,比喻进退两难)。☛统读 dī,不读 dǐ。

堤(*隄) dī 名用土石等材料沿江河湖海修筑的挡水建筑物▷修一条大～|河～|～岸|～坝|～防。☛统读 dī,不读 tí。

提 dī ❶[提防]dīfáng 动小心防备▷～走漏消息。〇❷[提溜]dīliu 动〈口〉提▷手里～着书包◇这几天我的心总～着。

另见 tí。

嘀 dī ❶[嘀嗒]dīdā 拟声形容水滴落下或钟表走动的声音▷豆大的汗珠～～地往下落|只听见闹钟～～地响。现在通常写作"滴答"。〇❷[嘀里嘟噜]dīlidūlū 拟声形容一连串让人听不清的说话声▷那个外国人～地说了半天,谁也听不懂。

另见 dí。

滴 dī ❶动(液体)一点一点地落下▷雨停了,房檐还在往下～水|伤心得～下了眼泪|垂涎欲～|～水成冰。→❷名一点一点地落下的液体▷水～|汗～|露～。❸量多用于呈圆珠状的液体▷没流一～眼泪|地上有几～血。→❹动使液体一点一点地落下▷～上几滴油|～眼药水。☛"滴"字右边是"啇"(dì),不是"商"。从"啇"的字,如"嘀""镝""嫡""摘"等,同。

镝(鏑) dī 名金属元素,符号 Dy,稀土元素之一。银白色,质软,有低毒。用作核反应堆材料、荧光体激活剂。

另见 dí。

dí

狄 dí ❶名我国古代北方的一个民族;泛指北方各民族。〇❷名姓。

迪 dí 动〈文〉开导▷启～。

的 dí 副确实;实在▷～证(确凿的证据)|～确。

另见 de;dì。

籴(糴) dí 动买入(谷米)(跟"粜"相对)▷～米。

荻 dí 名多年生草本植物,形状像芦苇,地下茎蔓延,地上茎直立,叶片线状披针形。生长在路旁或水边。茎秆可用来编席,也是造纸和人造丝的原料。

敌(敵) dí ❶名对手;敌人,有利害冲突不能相容的人▷天下无～|抗～|～我双方|残～。→❷形敌对的▷～国|～意。→❸动抵挡;抵拒▷～不住金钱的诱惑|寡不～众。→❹形(力量)相等的;(实力)相当的▷势均力～|匹～|～手。

涤(滌) dí ❶动清洗▷洗～|荡～。→❷动〈文〉清除▷净心～虑|～除。

頔(頔) dí 形〈文〉美好。

笛 dí ❶名笛子,横吹管乐器,用竹子或金属制成,上面有一排按音高排列的气孔▷吹～弄箫|短～。→❷名响声尖锐的发音器▷汽～|警～。

觌(覿) dí 动〈文〉见;相见▷～面。

嘀 dí [嘀咕]dígu ❶动私下里小声说话▷你们俩在那儿～什么呢?→❷动心里犹豫不定,略感不安▷见了面说什么呢,他心里直～。

另见 dī。

嫡 dí ❶名旧指正妻(跟"庶"相对,②同)▷～出(正妻所生)|～子(正妻所生的儿子)。→❷名指嫡子▷废～立庶。❸名指血统最亲近的▷～亲姐妹|～堂兄弟。❹名正宗;正统的▷～系|～派|～传。

翟 dí 名〈文〉长尾野鸡。

另见 zhái。

樀 dí 名〈文〉屋檐。

镝(鏑) dí 名〈文〉箭头;箭▷鸣～(一种射时发出响声的箭,古代用作信号)|锋～(刀箭,泛指兵器)。

另见 dī。

蹢 dí 名〈文〉蹄子。

另见 zhí。

dǐ

氐 dǐ 名〈文〉树根;根本。现在通常写作"柢"。

另见 dī。

邸 dǐ ❶名高级官员的住宅▷官～|私～。〇❷名姓。

诋(詆) dǐ 动〈文〉责骂;毁谤▷～斥|～毁。

抵[1](*牴❸觝❸) dǐ ❶动顶;支撑▷用手枪～着罪犯的腰|倾斜的山墙只靠一根柱子～着。→❷动挡住;抵抗▷～挡|～御。→❸动互相对立、排斥▷～触|～牾。→❹动相当;能顶替▷一个人～两个人用。⇒❺动抵消,因作用相反而互相消除▷收支相～。⇒❻动抵偿,用价值相当的事物作赔偿或补偿▷～命|～债|～罪。⇒❼名抵押品,借款时押给债权人作还款保证的财产,它的价值跟借款大致相当▷用不动产作～向银行贷款。

抵[2] dǐ 动到达▷直～北京|已于昨日～沪|～达。☛㊀"抵"字统读 dǐ,不读 dí。㊁"抵"和"扺"(zhǐ)形、音、义都不同。"扺",侧击,拍,如"扺掌而谈"。

坻 dǐ [宝坻]bǎodǐ 名地名,在天津。

另见 chí。

底 dǐ ❶名物体最下面的部分▷清澈见～|箱子～儿|鞋～儿|海～。→❷名衬托花纹图案的一面▷黄～紫花|白～红格。→❸名事物的基础、根源或内情▷他学习～子不大好|刚来乍到,对这里的情况不摸～|刨根问～|家～儿|～细。❹名可以作根据的草稿▷他发信都留个～儿|～稿|～本。→❺名一年或一个月的最后一些日子▷年～|月～。→❻名东西所剩下的最后部分▷这米是仓～儿|货～儿。〇❼名姓。

另见 de。

柢 dǐ 名〈文〉树的主根;泛指树根▷根～|根深～固(须根扎得深,主根才稳固)。

砥 dǐ 〈文〉❶名质地较细的磨刀石▷～石。→❷动磨炼;修养▷～节励行。

骶 dǐ 名腰部下面尾骨上面的部分▷～骨。

dì

地 dì ❶名指地球的外壳(跟"天"相对)▷上有天,下有～|～震|～质。→❷名陆地,地球表面除去海洋的部分▷山～|盆～。→❸名土地;田地▷草～|荒～|耕～。→❹名地的表面▷小鸟落在～上|跌倒在～|扫～|瓷砖铺～|席～而坐。→❺名领土▷～大物博|割～赔款|殖民～|领～。→❻名地区;范围较大

的地方▷世界各～|本～|内～。⇒❼图场所;地点▷就～取材|随时随～|实～考察|两～分居|策源～|目的～|胜～|驻～|场～。❽图地位;处境▷无～自容|设身处～|置之死～|境～|～步。❾图心理意识活动的领域▷见～|心～。⇒❿图指行政区划单位"地区"▷省～县三级领导|～委。⇒⓫图指地方(dìfāng),跟"中央"相对的各级行政区划的统称▷～税局。⇒⓬图空间的一部分▷屋里没～儿了|给我占个～儿。→⓭图路程(多用于里数、站数后)▷两市相距一百多里～|三站～。→⓮图底子,衬托花纹图案的平面▷红～白字|蓝～红花儿。

另见 de。

玓 dì [玓瓅]dìlì 图〈文〉明珠的光泽。

杕 dì 形〈文〉形容树木孤高独立的样子。另见 duò。

弟 dì ❶图称同父母(或只同父、只同母)而比自己年纪小的男子▷二～|小～|胞～。→❷图泛指同辈亲属中比自己年纪小的男子▷堂～|叔伯兄～|表～|内～。→❸图朋友间的谦称▷～将于年底退休|愚～。

的 dì 图箭靶的中心▷众矢之～|有～放矢◇一语破～|目～。

另见 de;dí。

俤 dì 同"弟"。多用于人名。

帝 dì ❶图神话传说或宗教中指创造和主宰宇宙的最高天神▷玉皇大～|上～|天～。→❷图君主▷三皇五～|～王|皇～|称～。❸图指帝国主义▷反～反封建。

递(遞) dì ❶动传送,一方交给另一方▷～给我一封信|～了一个眼色|传～|～交。→❷副顺着次序一个接一个地▷～补|～增|～减|～升。

娣 dì ❶图古代姐姐称妹妹为娣。→❷图古代兄妻称弟妻为娣▷～姒(妯娌。姒,弟妻称兄妻)。

菂 dì 图〈文〉莲子▷绿房紫～。

第[1] dì ❶图〈文〉次序;次第。→❷图本指封建社会中官僚、贵族的不同等级的住宅,泛指大宅子▷府～|宅～。→❸词的前缀。加在整数前面,表示次序▷～一个|～二次|～几?|～五|～56、57两页。→❹图科第(古代科举考试时分科录取,每科按成绩排列等级,叫科第,简称第)▷进士及～|落～。☛"第"和"笫"(zǐ)形、音、义都不同。"笫"指竹编的床垫或床席。

第[2] dì 〈文〉❶副表示动作不受条件限制或不必考虑条件,相当于"只管"▷～举兵(只管起兵),吾从此助公。→❷连连接分句,表示转折关系,相当于"但是"▷乃知此物世尚多有,～人不识耳。

谛(諦) dì 〈文〉❶形仔细▷～听|～视|～思。○❷图佛教用语,指真实而正确的道理;泛指道理、意义▷真～|妙～。☛统读 dì,不读 tì。

蒂(*蔕) dì ❶图花或瓜果与枝、茎相连的部分▷花～|瓜熟～落|根深～固。→❷图末尾▷烟～|～欠(尾欠)。☛统读 dì,不读 tì。

棣[1] dì ❶[常棣]chángdì 图古书上说的一种植物。也说棠棣、唐棣。→❷图〈文〉借指弟(古人认为《诗·小雅·常棣》是周公欢宴兄弟的乐歌,因此用"棣华""棣萼""常棣"比喻兄弟,并借"棣"为"弟")▷贤～|仁～。

棣[2] dì [棣棠]dìtáng 图落叶灌木,小枝绿色有棱,叶子长椭圆状卵形,开黄色花,果实黑褐色。花可供观赏,也可以做药材。

睇 dì 动〈文〉斜眼看▷～视|～眄。

缔(締) dì ❶动结合▷～交|～盟。→❷动订立▷～结协定|～约。❸动建立▷～造。☛统读 dì,不读 tì。

碲 dì 图非金属元素,符号 Te,稀散元素之一。银灰色结晶或棕色粉末。可用于炼制合金,也用于陶瓷工业和玻璃工业。

踶 dì 动〈文〉用蹄子踢。

diǎ

嗲 diǎ 形〈方〉形容撒娇的声音或姿态▷～声～气。

diān

掂 diān 动手里托着东西上下抖动(估量轻重)▷～一～它有多重|～量。

滇 diān 图云南的别称▷～剧|～军|～红(云南出产的红茶)。

颠(顛) diān ❶图〈文〉头顶▷华～(头顶上黑白发错杂)。→❷图泛指高而直立的物体的顶端▷树～|塔～|桅～。❸动跌落;倒(dǎo)▷～覆|～扑不破(理论正确不可推翻)。⇒❹动颠簸;上下震动▷骑马～得骨头疼|路不平,车开起来一～一～的。❺动〈口〉一跳一跳地跑▷连跑带～|跑跑～～。⇒❻动上下或前后位置倒置;错乱▷把这两句话～倒过来就顺了|神魂～倒|～三倒四。❼同"癫"。现在通常写作"癫"。

巅(巔) diān 图山顶▷山～|～峰。☛"颠"的本义是头顶,引申为物体的顶端;"巅"是后起区别字,本义是山顶。在山顶的意义上,现在通常写作"巅"。

癫(癲) diān 形神经错乱;精神失常▷～狂|疯～|疯疯～～。

diǎn

典[1] diǎn ❶图被看作标准或规范的书籍▷经～|～籍|字～。→❷图规范;法则▷～范|～章。❸图〈文〉制度;法规▷国～|治乱世用重～。❹图隆重的仪式(在古代,礼仪是国家的重要制度之一)▷开国大～|盛～|庆～。→❺图典故,诗文里引用的典籍中的故事或词句▷通俗文章不宜用～太多。○❻动〈文〉主持;掌管▷～试|～狱|～军。○❼图姓。

典[2] diǎn 动把土地、房屋或其他物品抵押给对方,换取一笔钱,按照商定的期限还钱,赎回原物▷把房子～出去了|～当(dàng)|～借|～押。

点[1]**(點)** diǎn ❶图细小的斑痕▷泥～儿|斑～|污～。→❷图汉字的笔画,形状是"、"▷横竖撇～折|"王"字加一～是"玉"。→❸动用笔等加上点子▷～一个点儿|用笔圈圈～～|校～古书|画龙～睛。⇒❹动装饰;衬托▷～景|～缀|～染|装～。⇒❺动指定所要求的▷～了两样菜|～歌。⇒❻动逐个查对▷把数儿～清楚|盘～|清～|～钱。⇒❼动刚一接触就立即离开▷蜻蜓～水|～穴。⇒❽动(头或

手)一落一起地动作▷~了~头|用手指指~~。❾名指点；提示▷灯不拨不亮，话不~不明|~拨。⇒❿动引燃▷~火|~爆竹|一~就着(zháo)。⇒⓫动抬起脚后跟，用脚尖接触地面▷~着脚伸长了脖子才看得见。现在通常写作“踮”。→⓬名小滴的液体▷雨~儿。⓭动使液体滴下▷~眼药|~卤。⇒⓮动点种(zhòng)▷~玉米|种瓜~豆。⇒⓯名金属制的响器，古代用来报时或在奏乐时敲击以显示节拍，后用来报时或召集群众。⓰名节奏；节拍▷锣鼓~儿|步~。⇒⓱名古代夜间计时单位，一夜分五更，一更分五点▷三更三~。⓲量时间单位，1昼夜的1/24▷上午10~|19~30分。⓳名指规定的时间▷到~就走|出满勤，干满~|火车误~了|踩着~儿来的(指一会儿也不早来)。→⓴名数学中指没有长、宽、高而只有位置的几何图形▷交~(线与线、线与面相交的点)。㉑名一定的位置或限度▷起~|终~|沸~|熔~|突破一~，带动全面。㉒名事物特定的部分或方面▷特~|重~|优~|缺~。㉓量用于事项▷下面谈三~意见。→㉔名指小数点，数学上表示小数的符号，如3.1416读“三~一四一六”。→㉕量表示少量▷一~儿小事|手里还有~儿钱。

点[2](點) diǎn ❶动吃少量的食物解饿▷~饥。→❷名点心，糕饼类食品▷糕~|名~|茶~。

碘 diǎn 名非金属元素，符号I。紫黑色结晶体，有金属光泽，易升华。可用于医药和制造染料。

踮 diǎn 动抬起脚跟，用脚尖着(zháo)地▷~起脚来想看个究竟|~脚儿。

diàn

电(電) diàn ❶名闪电，阴雨天气时云与云之间或云与地面之间发生的一种放电现象，有很强的光▷~闪雷鸣|雷~交加。→❷名物质中存在的一种能，可以发光、发热、产生动力等，是一种重要能源，广泛应用于生产、生活各方面▷一度~|发~|~灯|~动机|~话|~报|~冰箱。⇒❸动触电；电流打击▷插座漏电，~了我一下|~死一个人。⇒❹名指电报▷致~|急~|贺~。❺动打电报▷即~中央请示|~请|~示。

佃 diàn ❶动租地耕种▷~户|~农|租~|退~。○❷名姓。

另见 tián。

甸 diàn ❶名古代都城城郭以外称郊，郊以外称甸。○❷名甸子，放牧的草地，多用于地名▷桦~(在吉林)|中~(在云南)。

阽 diàn 动〈文〉临近(危险)▷~危。

坫 diàn 名古代室内放置东西的土台子。

店 diàn ❶名商店，在室内出卖货物的场所▷粮~|杂货~|~铺|~员。→❷名设备简陋的小旅馆▷住~|车马~|前不巴村，后不着~。❸名用于集市村镇等地名▷驻马~(在河南)|长辛~(在北京)。

玷 diàn ❶名白玉上面的污点▷白圭之~。→❷动弄脏；使有污点▷~污|~辱。

垫(墊) diàn ❶动用东西支撑、铺衬或填充▷把桌子~高些|球场积水的地方得~点儿土|床上~一条皮褥子|瓷器装箱要六面都~好。→❷名用来铺垫的东西▷椅子太硬，铺个~儿|鞋~|靠~|草~子。→❸动临时填补(空缺)▷先吃点饼干~~饥|大轴戏太短，得多~几出小戏。❹动替人暂付款项▷书钱你先~上，明天还给你|~付|~款。

钿(鈿) diàn ❶名古代一种用金翠珠宝镶成的花朵形的首饰▷宝~|螺~。→❷动把金银玉贝等镶嵌在器物上作为装饰。

另见 tián。

淀[1] diàn 名较浅的湖泊，多用于地名▷白洋~(湖名，在河北)|海~(地名，在北京)。

淀[2](澱) diàn 动液体中没有溶解的物质沉到液体底层▷沉~|~粉。

惦 diàn 动思念▷心里一直~着这件事|~记|~念。

奠 diàn ❶动把祭品放在神像前或死者的遗体、灵位、坟墓前致敬▷~仪|祭~。→❷动使稳固；建立▷~基|~都|~定。

殿[1] diàn ❶名高大的建筑物；特指供奉神佛或帝王接受朝见、处理国事的房屋▷大雄宝~|金銮~|宫~。○❷名姓。

殿[2] diàn 动走在最后▷~后|~军。

靛 diàn ❶名靛蓝，一种深蓝色有机染料，用蓼蓝叶加工制成，也可用化学合成法制成。→❷形深蓝色▷~青|蓝~颏(一种颏下为蓝色的鸟)。

簟 diàn 名〈方〉竹席。

癜 diàn 名皮肤上出现紫色或白色斑片的病▷紫~|白~风。

diāo

刁 diāo ❶形奸滑；奸诈▷~棍|~钻|耍~|放~。○❷名姓。

叼 diāo 动用嘴衔住(物体的一部分)▷嘴上~着一根香烟|鱼让猫~走了。

汈 diāo [汈汊]diāochà 名湖名，在湖北。

凋 diāo ❶动(草木花叶)枯萎脱落▷~零|~谢|~落。→❷形(事业)衰败；(生活)困苦▷~敝。☛1955年《第一批异体字整理表》将“凋”作为“雕”的异体字予以淘汰。1988年《现代汉语通用字表》确认“凋”为规范字，表示以上意义；“雕”不再表示这些意义。

貂 diāo 名貂属动物的统称。身体细长，四肢短，尾巴粗，尾毛长而蓬松。种类很多，如紫貂、水貂等。

碉 diāo 名碉堡，军事上防御用的建筑物▷明~暗堡|~楼。

雕[1](*鵰) diāo 名雕属各种鸟的统称。大型猛禽，上嘴弯曲如钩，眼大而深，钩爪锐利有力，飞行能力和视力都很强。通称老雕。

雕[2](*彫琱) diāo ❶动在玉石、象牙、竹木等材料上刻写▷桥栏杆的柱头上~着狮子|~刻|~花|~像。→❷动〈文〉用花纹或彩画装饰▷~梁画栋|~弓。→❸名指雕刻成的艺术作品▷石~|冰~。☛参见“凋”字的提示。

鲷(鯛) diāo 名鲷科鱼的统称。体侧扁，呈长椭圆形，背部略隆起，头大，口小。种类很多，如真鲷、黑鲷等。生活在海洋中。

diǎo

鸟(鳥) diǎo 人、畜雄性生殖器。旧小说、戏曲中常用作骂人的话▷什么～东西|怕个～!|～人|～男女。

另见 niǎo。

屌 diǎo 图男性生殖器的俗称。

diào

吊[1](*弔) diào ❶团追悼死者或慰问死者家属▷～丧|～孝|～唁。→❷团〈文〉安慰;怜悯▷～民伐罪|形影相～。→❸团追怀(古人或往事)▷凭～。

吊[2](*弔) diào ❶团悬挂▷大树上～着一口钟|摇篮～在房梁上|～桥|～灯|～线。→❷团把物体固定在绳子上向上提或向下放▷从井里～一桶水上来|用绳子把人～到悬崖下面|～桶|～装|～车。⇒❸团收回▷～销。⇒❹团由高处向下轻轻击球▷～球|打～结合。→❺量旧时货币单位,一般是一千个制钱或相当于一千个制钱的铜币叫一吊。→❻团给皮筒子缀上面子或里子▷～皮袄|～里子|给皮袄～个面儿。

钓(釣) diào ❶团用装有食饵的钩诱捕(鱼虾等水生动物)▷～了一条大鱼。→❷团用手段骗取▷沽名～誉。

调[1](調) diào ❶团改变原来的安排、处置;分派▷把你～到领导机关|～工作|～兵遣将|～任|抽～|借～。○❷团考查了解▷内查外～|函～|～研|～查。○❸团提取▷～卷|～档。

调[2](調) diào ❶图标示乐音音高的名称。乐曲用什么音做do,就是什么调,比如现代乐谱中用A做do就是A调,传统乐谱中用"工"做do就是"工"字调。→❷图曲调,不同高低长短配合起来的成组的旋律,能表现一定的音乐意义▷这首歌的～很好听。⇒❸图特指戏曲中成系统的曲调▷西皮～|二黄～|四平～。⇒❹图指说话的声音特点、语气等▷他说话的～儿,听起来不像北京人|南腔北～。❺图喻指言词或意见▷陈词滥～|老～重弹|唱高～。→❻图喻指风格、才情等▷格～|笔～|情～。→❼图指语音上的声调,即字音的高低升降▷～类|～值。

另见 tiáo。

掉[1] diào ❶团〈文〉摆动;摇动▷尾大不～|～舌(转动舌头,指游说)|～臂(甩动胳膊)而去。→❷团〈文〉摆弄;卖弄▷～文(卖弄才学)|～书袋(讥讽人爱引经据典,卖弄才学)。○❸团回转▷汽车～头|～过脸来|翻过来～过去。→❹团对换▷每天～着样做饭|～个个儿|～换|～包。

掉[2] diào ❶团往下落▷～雨点儿|帽子～了|～在地上。→❷团落在后面▷永不～队。→❸团遗漏;失去▷这行～了几个字|这几天老像～了魂似的。❹团 a)用在及物动词后,表示去除▷打～|去～|除～|砍～|忘～|消灭～。b)用在不及物动词后,表示离开▷跑～|飞～|死～|挥发～。→❺团降低;减损▷～价儿|身上～了几斤肉|～膘|～色(shǎi)。

铞(鍚) diào [钌铞儿]liàodiàor,见"钌"。

铫(銚) diào 图铫子,一种烧水或煎药的器具,大口,有盖,有柄,形状像壶▷药～|沙～|银～子。

另见 tiáo;yáo。

diē

爹 diē ❶图〈口〉父亲▷亲～亲娘|～妈。→❷图〈方〉对老年男子的尊称▷老～。

跌 diē ❶团摔;摔倒▷～了一跤|～倒。→❷团坠落▷～在水中|～落。❸团(价格、产量等)下降▷谷价～了下来|股市行情下～|～价。☛统读 diē,不读 dié。

dié

迭 dié ❶团轮换;交替▷更(gēng)～。→❷副屡次▷高潮～起|～有发现。○❸团及▷后悔不～|忙不～。☛"迭"不是"叠"的简化字。

垤 dié 〈文〉❶图蚂蚁做窝时堆在洞口的小土堆▷蚁～。→❷图小土堆▷丘～。

咥 dié 团〈方〉咬;吃。

另见 xì。

瓞 dié 图〈文〉小瓜▷瓜～。

谍(諜) dié ❶图秘密刺探敌方或别国情报的人▷间(jiàn)～|防～。→❷团秘密刺探敌方或别国情报▷～报。

堞 dié 图城墙上凹凸状的矮墙,也说女墙▷城～|雉～。

耋 dié 形〈文〉七八十岁的(人);泛指老(人)▷耄～之年。

喋(*啑❷) dié ❶[喋喋]diédié 形语言烦琐;啰唆▷～不休。○❷[喋血]diéxuè 团〈文〉血流满地。

另见 zhá。

嵽(嵽) dié [嵽嵲]diéniè 图〈文〉高山;山的高处。

牒 dié ❶图古代书写用的木片、竹片等;泛指书籍▷金～|玉～|史～。→❷图公文或凭证▷～文(公文)|通～(一国通知另一国并要求答复的文书)|度～(旧时官府发给僧尼的身份证件)。

叠(*疊曡疉) dié ❶团一层一层地往上加;累积▷～罗汉|～床架屋|重～|堆～。→❷团重复▷层见～出|～韵。→❸团折叠,把衣、被、纸张等的一部分翻转过来同另一部分重合▷把衣裳～起来|～被子|～纸。☛1964年公布的《简化字总表》将"叠"作为"迭"的繁体字处理。1986年重新发表的《简化字总表》确认"叠"为规范字,不再作为"迭"的繁体字。

碟 dié 图碟子,盛食品的器皿,底平而浅,比盘子小▷小～儿|菜～儿|搪瓷～儿|一～小菜。

蝶(*蜨) dié 图指蝴蝶▷采茶扑～|粉～|～泳。参见"蝴"。

蹀 dié ❶团〈文〉踏;踩▷～足。○❷[蹀躞]diéxiè 团〈文〉小步行走;往来徘徊▷从容～。

鲽(鰈) dié 图鲽形目鱼的统称。体侧扁如薄片,长椭圆形,右侧暗褐色,左侧白色,两眼都在右侧。种类很多,主要生活在温带及寒带海洋中。除供食用外,可制鱼肝油。

dīng

丁[1] dīng ❶名天干的第四位。○❷名姓。

丁[2] dīng ❶名成年男子▷壮~|成~。→❷名从事某种专门性劳动的人▷园~|家~。→❸名泛指人口;特指男孩▷人~兴旺|添~。

丁[3] dīng 动〈文〉遇到;遭逢▷~忧(遭到父母的丧事)。

丁[4] dīng 名(肉类、蔬菜等切成的)小方块▷肉~|萝卜~|炒三~。

另见 zhēng。

仃 dīng [伶仃]língdīng 形形容孤独的样子▷孤苦~。

叮 dīng ❶动(蚊子等)用针形中空的口器吸食▷让蚊子~了一个大包。○❷动嘱咐;再三嘱咐▷我又~了他一句|千~万嘱|~嘱。

玎 dīng ❶[玎珰]dīngdāng 拟声形容金属、玉石等相互碰撞的声音。现在通常写作"叮当"。○❷[玎玲]dīnglíng 拟声〈文〉形容玉石等相互碰撞的声音。

盯 dīng 动目光久久地集中在一点上;注视▷两眼直~着黑板|~住来人仔细打量。也作钉。

町 dīng [畹町]wǎndīng 名地名,在云南。

另见 tǐng。

钉(釘) dīng ❶名钉子,用金属或竹木制成的一头尖锐的细棍,可以打进别的东西,起固定或连接作用,也可以用来悬挂物品等▷图~|螺丝~|鞋~。→❷动紧跟着或紧挨着(某人);监视▷牢牢~住对方中锋,不让他得球|~着他,别让他跑了。❸动督促;紧逼▷天天~着孩子做作业|你要~着问,一定要问出结果。→❹同"盯"。

另见 dìng。

疔 dīng 名中医指病理变化快并引起全身症状的一种毒疮,形小根深,坚硬如钉,多长在颜面和四肢末梢。也说疔疮。

耵 dīng [耵聍]dīngníng 名外耳道内腺体分泌的黄色蜡状物质。通称耳垢,俗称耳屎。

酊 dīng 名〈外〉指酊剂,用酒精和药物配制成的液体药剂▷碘~|颠茄~。

另见 dǐng。

dǐng

顶(頂) dǐng ❶名头的最上部▷头~|秃~。→❷名物体的最上部▷放在柜子~上|房~|山~。⇒❸名上限;最高点▷生产已经到~了|奖金封不封~?⇒❹副表示最高程度,相当于"最""极"▷~好|~难看|~不讨人喜欢。⇒❺量用于某些带顶的东西▷一~帽子|一~蚊帐|一~花轿。→❻动用头承载或承受▷头上~着瓦罐|~着太阳赶路|~天立地。⇒❼动(用东西)支撑或抵住▷电线杆子歪了,用大木杠子~住|把大门~上。❽动承担;支持▷这些工作一个人干,~不下来|水势太猛,大坝快~不住了。⇒❾动抵得上;相当▷三个臭皮匠,~个诸葛亮|一个~俩。⇒❿动代替▷他~小李的名去参加劳动|这是次品,~不了正品。⓫动转让或取得企业经营权或房屋、土地租赁权▷这房子已经~给别人了。→⓬动用头撞击▷把球~进了球门|这头牛好(hào)~人。⇒⓭动面对着;迎着▷~风冒雪|~着困难前进。⇒⓮动用言语顶撞▷他这么说,我就敢~他|~嘴。⇒⓯动从下面向上拱▷幼芽~出地面。

酊 dǐng [酩酊]mǐngdǐng,见"酩"。

另见 dīng。

鼎 dǐng ❶名古代炊器,多为圆腹三足两耳,也有方形四足两耳的,用于煮、盛食物▷铜~|陶~|钟~。→❷名象征王位或政权(相传夏禹铸九鼎,历商至周,都作为传国的重器)▷问~|定~。❸形比喻大或重▷~力相助|一言九~。→❹名喻指并立的三方▷~立|~峙。○❺副〈文〉表示动作在进行中或状态在持续中,相当于"正""正在"▷~盛。

dìng

订(訂) dìng ❶动〈文〉评议;评定▷~千古是非。→❷动改正(书面材料中的错误)▷~正|考~|修~|增~|审~。→❸动研讨或协商后(把章程、条约、合同等)确定下来▷~计划|制~|签~|~立。❹动经商讨或按一定程序约定▷~报纸|~购|~货|~户|~婚。○❺动用线或铁丝等把零散书页或纸张穿连成册▷~一个本儿|装~|~书机。☛统读dìng,不读 dīng。

钉(釘) dìng ❶动把钉子或楔子打入他物,以起到固定或连接等作用▷~钉(dīng)子|~马掌|在地上~个橛子。→❷动缝缀(在别的物体上)▷~扣子|帽子上~了一条丝带。

另见 dīng。

定 dìng ❶形安稳;平静▷等大家坐~了再讲|大局已~|心神不~|安~|稳~|镇~。→❷动使稳固、固定或镇静▷安邦~国|~影|~居|~了~神。❸动确定;决定▷事情还~不下来|断~|否~|规~|商~。⇒❹形确定不变的▷~局|~律|~理|~义|~论。❺副表示肯定或必然▷~能成功|~有缘故。⇒❻动先期确定▷~了两桌酒席|~下三张机票|~做|~金。⇒❼形已经约定或规定了的▷~额|~价|~期|~量。☛"订"④和"定"⑥意义和用法不完全相同。"订"指事先经过双方商讨的,只是约定,而不是确定不变的;"定"侧重在确定,不轻易变动。如"订婚""订货"等多用"订";"定金""定购粮"等多用"定"。但在有的词里二者可以通用。

啶 dìng 音译用字,用于"吡啶"(bǐdìng,见"吡")、"嘧啶"(mìdìng,见"嘧")等。

铤(鋌) dìng ❶名〈文〉未经冶炼的铜铁矿石。○❷古同"锭"。

另见 tǐng。

腚 dìng 名〈口〉臀部▷光着~乱跑。

碇(*椗矴) dìng 名船停泊时固定船身的石礅▷起~(常借指起锚开船)|下~(常借指抛锚停船)。

锭(錠) dìng ❶名旧时作货币用的浇铸成形的金块、银块▷金~|银~。→❷名锭状的东西(多指金属或药物)▷钢~|铝~|至宝~(中成药名)。❸量用于锭状物▷一~银子|两~墨。○❹名锭子,纺纱机的部件,用来把纤维纺成纱并绕在筒管上。

diū

丢 diū ❶动遗落;由于不注意而失去▷东西~了|~了一本书|~三落(là)四。→❷动扔;抛弃▷瓜子皮不要~在地上|~掉幻想。→❸动放下;搁置▷~下

手里的活儿就跑了|心里老～不下那点儿事|外语～了好几年了。☛旧字形第一笔是横,新字形第一笔是撇。

铥(銩) diū 名金属元素,符号 Tm,稀土元素之一。银白色,质软,有毒,在空气中性质较稳定。可用于 X 射线源等。

dōng

东[1](東) dōng ❶名四个基本方向之一,太阳出来的一边(跟"西"相对)▷水向～流|城～|河～|～方|～边。→❷名指东道主(东边路途上提供食宿的主人,后泛指请客的主人)▷今晚我做～,请大家喝酒。→❸名主人(古时主位在东,宾位在西)▷房～|股～|～家。〇❹名姓。

东[2](東) dōng [东乡族]dōngxiāngzú 名我国少数民族之一,主要分布在甘肃。

冬[1] dōng ❶名一年四季的最后一季,我国习惯指立冬到立春的三个月,也指农历十月至十二月▷春夏秋～|立～|～天|隆～|越～。〇❷名姓。

冬[2](鼕) dōng 拟声形容敲鼓的声音▷鼓声～～。现在通常写作"咚"。

咚 dōng 拟声形容重物落下、击鼓、敲门等的声音▷～的一下,跳下墙头|～～的敲门声|心跳得～～响。

岽(崬) dōng [岽罗]dōngluó 名地名,在广西。

氡 dōng 名稀有气体元素之一,符号 Rn。有放射性,是镭、钍等放射性元素蜕变形成的物质,对人体危害大。无色无臭。可用来治疗恶性肿瘤。

鸫(鶇) dōng 名鸫亚科鸟的统称。嘴细长侧扁,翅膀长而平。栖息在树林中,喜在农田、菜园、果林中捕食昆虫,是农林益鸟。在我国分布较广的有黑鸫、斑鸫、灰背鸫等。

dǒng

董 dǒng ❶动〈文〉监督管理▷～理|～事。→❷名董事会成员的简称▷校～|商～。〇❸名姓。

懂 dǒng ❶动明白;理解▷你的话我听不～|不～装～|～行(háng)|～事。→❷动通晓;会▷他～三种外语。〇❸名姓。

dòng

动(動 *働) dòng ❶动(事物)移动原来的位置或改变原来的状态等(跟"静"相对)▷躺着不～|地～山摇|走不～|萌～。→❷动使改变原来的位置或状态等▷谁～过桌子上的书?|兴师～众|改～|～身。⇒❸动使用;使活动起来▷大～干戈|～笔|～脑筋|～工。⇒❹动使情感起变化、有反应;触动▷无～于衷|～心|～情|～人|～怒。→❺动行动;为实现一定意图而进行活动▷大家都～起来,事情就好办了|闻风而～。❻副常常;往往▷每逢假日,游客～以万计|～辄得咎。→❼动能活动;可以变动▷～物|～滑轮|不～产。→❽动〈方〉吃▷不～荤腥。

冻(凍) dòng ❶动(水分)遇冷凝结▷冰箱里的饮料～了|萝卜～了|冰～三尺|天寒地～。→❷名遇冷凝结的自然现象▷霜～|上～|化～|解～。❸名汤汁等凝结成的胶状体▷肉皮～|鱼～|果～。→❹动寒冷对人体的刺激▷～得直哆嗦|手～僵了|小心别～着。

侗 dòng [侗族]dòngzú 名我国少数民族之一,分布在贵州、湖南和广西。
另见 tóng。

垌 dòng 名田地,多用于地名▷合伞～(在贵州)|儒～(在广东)。
另见 tóng。

栋(棟) dòng ❶名古代指脊檩;正梁▷雕梁画～|～梁(多喻指担负重任的人)。→❷名〈文〉指房屋▷汗牛充～。❸量用于房屋▷一～房子|两～楼。

峒 dòng 名山洞,多用于地名▷吉～坪(在湖南)|～中(在广东)。
另见 tóng。

胨(腖) dòng 名蛋白质不完全水解的产物,是复杂的多肽混合物。可溶于水,遇热不凝固,可供培养微生物之用。也说蛋白胨。

洞 dòng ❶形〈文〉没有堵塞,可以穿通▷～箫(底部不封住的箫)。→❷形透彻;清晰▷～若观火|～察|～悉。→❸名物体中穿通或深陷的部位;窟窿▷槽牙上有个～|涵～|防空～|耗子～◇漏～。❹名某些场合读数字时代替"0"(0 的字形像洞)▷洞拐(07)。
另见 tóng。

恫 dòng 动〈文〉恐惧;使恐惧▷百姓～恐|～吓(hè)。
另见 tōng。

胴 dòng 名躯干;体腔(除去头、四肢、内脏)▷～体。

硐 dòng 名山洞;矿坑▷矿～。

dōu

都 dōu ❶副表示总括全部▷小王什么～没说|无论春夏秋冬他～坚持练长跑|我们～去哪儿?→❷副跟"是"合用,表示总括并说明原因▷～是我不好,让你受这么大的委屈|事情弄到这一步,～怨当时不冷静。→❸副表示"甚至"▷他的事连我～不知道|路远的同学～没迟到,你住得近倒迟到了|拉～拉不住他|一句话～没留下就走了。❹副表示"已经",句末常用"了"▷～半夜了,快睡吧|～上大学了,还那么贪玩。☛"都"表示甚至、已经的意义,有时读轻声。
另见 dū。

哢 dōu 叹表示怒斥或唾弃(多用于近代汉语)▷～!看打!

兜(*兠) dōu ❶动用手巾或衣襟等把东西拢住并提起▷用手巾～着鸡蛋|把西红柿～在衣襟里。→❷名能装东西的口袋、包等▷手插在裤～里|手里提着一个～|衣～|网～|提～。→❸动环绕;回绕▷从山后～了过来|开着车在街上～了一圈|～抄。→❹动揽;招揽▷～揽生意|～销|～售。→❺动全部承担起来▷出了事由我～着。

蔸 dōu 〈方〉❶名指某些植物的根或靠近根的茎▷禾～|～距。→❷量用于单棵或丛生的植物▷两～白菜|一～草。

篼 dōu 名盛东西的器具,用竹、藤、柳条等编制而成▷背～|篼～。

dǒu

斗 dǒu ❶名古代酒器,圆形或方形,有柄。→❷名 a)星宿名,二十八宿之一,有星六颗,通称南斗▷气冲～牛。b)指北斗七星▷～转参(shēn)横|星移～转|

～柄。→❸名旧时量粮食的器具,多为方形,口大底小,也有鼓形的▷车载～量。⇒❹量市制容量单位,10升为1斗,10斗为1石,1市斗等于法定计量单位10升。⇒❺形像斗那样大小的,极言其大或小▷～胆｜～笔｜～室｜～城。→❻名形状略像斗的器物▷漏～｜烟～｜熨～。→❼名旋转成圆形的指纹▷这孩子的拇指都是簸箕(状如簸箕的指纹),食指都是～。

另见dǒu。

抖 dǒu ❶动发颤;哆嗦▷身子像筛糠一样～个不停｜浑身发～｜～颤｜战～。→❷动甩动;使振动▷～一～雨衣上的水｜～掉身上的雪｜孔雀～了～翅膀。❸动振作;奋起(精神)▷～起精神。❹动称人因突然得势或发财而得意(常含讥讽义)▷这小子在外面混了几年,居然～起来了。→❺动抖动着向外全部倒出▷把面袋里的面粉都～了出来。❻动彻底揭露▷把这件事的经过全～出来了｜～老底儿。

陡 dǒu ❶形坡度大▷山坡很～｜楼梯太～｜～峭｜～立｜～坡。→❷副表示动作或情况发生得急促而且出人意料,相当于"突然"▷风云～变。

蚪 dǒu [蝌蚪]kēdǒu,见"蝌"。

dòu

斗(鬥*閗鬭鬪) dòu ❶动对打▷搏～｜格～｜械～。→❷动一方跟另一方争斗▷战天～地｜批～。❸动为了一定的目的而努力▷奋～。→❹动竞争;争胜▷～智｜～法｜～牌。→❺动使争斗▷～鸡｜～牛｜～蛐蛐儿。○❻动〈口〉往一起凑;凑在一起▷～眼(两眼内斜视)｜～榫儿｜～份子。○❼名姓。

另见dǒu。

豆[1] dòu ❶名古代盛食物用的器具,形状像高脚盘,大多有盖,多为陶质,也有用青铜、木、竹等制成的。○❷名姓。

豆[2](*荳) dòu ❶名豆子,豆类作物的统称,也指豆类作物的种子▷种～得～｜绿～｜蚕～｜～油｜～饼。→❷名形状像豆粒的东西▷花生～｜土～(马铃薯)｜咖啡～。

逗[1] dòu ❶动停留▷～留。→❷同"读"。

逗[2] dòu ❶动(用言语或行为)招引▷～孩子玩｜引～｜挑～｜～乐｜～趣儿。→❷动招;惹▷这孩子真～人喜欢。→❸形〈口〉有趣;可乐▷这个人真～｜这段相声一点也不～。

读(讀) dòu 名文句中意思未完、诵读时需要稍作停顿的地方,比"句"停顿短一些▷句～。

另见dú。

酘 dòu 名〈文〉再酿的酒。

痘 dòu ❶名人和某些哺乳动物都能感染的一种急性传染病。症状是先发高烧,全身出现红色丘疹,继而变成脓疱,十天左右结痂。痂脱落后形成凹陷的疤痕,俗称麻子。也说痘疮、天花。→❷名指牛痘疫苗▷种～可以预防天花。

窦 dòu [西窦]xīdòu 名地名,在广西。

窦(竇) dòu ❶名孔穴;洞▷狗～(狗洞)◇情～初开。→❷名指称人体某些器官类似孔穴的部分▷鼻～｜额～。○❸名姓。

dū

厾 dū 动用指头、毛笔等轻点▷～一个点儿｜点～(画家用笔随意点染)。

都 dū ❶名大城市▷～会｜～市｜通～大邑｜首～。→❷名特指首都,全国最高政权机关所在地▷～城｜建～。→❸副表示总括▷～为一集(总共合编成一本集子)｜大～(大多)。○❹名姓。☛"都"字表示总括的意义,通常读dōu,但在"大都"一词中读dū。

另见dōu。

阇(闍) dū 名〈文〉城门上的台;泛指台子▷城～｜～台。

另见shé。

督 dū ❶动察看▷监～｜～察。→❷动监督指导▷～战｜～师｜～学。

嘟 dū ❶拟声形容某些发声器发出的声音▷哨子吹得～～响｜警报器～～地叫了起来。○❷动〈方〉(嘴巴)向前撅着▷小孩儿生气地～起了小嘴。

dú

毒 dú ❶名对生物体有害的物质▷这种蘑菇有～｜中～身亡｜病～。→❷形含有害物质的▷～蛇｜～药｜～气｜～品。❸形残酷;猛烈▷心肠真～｜太阳正～｜狠～｜～辣｜～打｜～计。→❹动用毒品、毒药使人或动物死亡▷这东西能～死人｜用药～老鼠。→❺名对思想意识有害的东西▷封建余～｜流～不浅。→❻名作为嗜好服用的鸦片、吗啡、海洛因等毒品▷贩～｜吸～｜～瘾。

独[1](獨) dú ❶形单一;只有一个▷～木桥｜～幕剧｜～身｜～子｜孤～。→❷名孤独没有依靠的人;特指年老没有儿子的人▷鳏寡孤～。→❸副a)单独;独自▷～当一面｜～树一帜｜～断专行｜～占～霸｜～立｜～奏。b)只;仅▷为什么别人都懂了,～有你不明白?→❹副与众不同;特别▷匠心～具｜～到之处｜～创。→❺形〈口〉不能容人▷这孩子有点～,他的玩具谁也不让动。

独[2](獨) dú [独龙族]dúlóngzú 名我国少数民族之一,分布在云南。

顿(頓) dú [冒顿]mòdú,见"冒"。

另见dùn。

读(讀) dú ❶动看着文字并念出声来▷把这段文章大声～一遍｜朗～｜宣～｜～报｜～音。→❷动看着文字并理解其意义▷这本书值得一～｜阅～｜默～｜～者。❸动指上学或学习▷他只～过初中｜你～什么专业?｜走～｜工～｜试～生。→❹动读作;读音是▷这个字～去声,不～阴平。

另见dòu。

渎[1](瀆) dú 名〈文〉沟渠▷沟～。

渎[2](瀆) dú 动侮慢;对人不尊敬▷亵～｜～犯｜～职。

椟(櫝) dú 名匣子;柜子▷买～还珠。

犊(犢) dú 名小牛▷初生牛～不怕虎｜牛～子。

牍(牘) dú ❶名古代写字用的木片▷连篇累～。→❷名书信;公文▷尺～(书信,古代书简约长一尺)｜案～｜文～。

黩(黷) dú 动滥用,轻率地多次使用▷穷兵~武。

髑 dú [髑髅]dúlóu 名〈文〉死人的头骨,也指死人的头。

dǔ

肚 dǔ 名作为食品用的、某些动物的胃▷牛~|~丝|爆~儿。
另见 dù。

笃(篤) dǔ 〈文〉❶形忠实;专一▷情爱甚~|~信|~行|~学。○❷形(病势)重▷病~。

堵 dǔ ❶名〈文〉墙壁▷观者如~。→❷量用于墙壁▷一~墙。○❸动阻挡;阻塞▷~住敌人的退路|把墙上的窟窿~上|下水道~了。→❹形心里憋闷;不畅快▷这件事叫人心里~得慌|~心。○❺名姓。

赌(賭) dǔ ❶动拿财物作注比输赢▷~博|~钱|~棍|~局|聚~。→❷动泛指比争胜负▷我敢打~,这场球我们准赢|~东道。

睹(*覩) dǔ 动见;看到▷先~为快|熟视无~|~物伤情|目~。

dù

芏 dù [茳芏]jiāngdù,见"茳"。

杜[1] dù ❶名杜梨,落叶乔木,枝上有针刺,叶片菱状卵形或长卵圆形,开白色花,果实小,近球形,褐色有斑点,味酸。是嫁接梨树的优良砧木。杜梨,也指这种植物的果实。也说杜树、棠梨。○❷名姓。

杜[2] dù 动阻塞;防止▷~门谢客|防微~渐|~绝。

肚 dù ❶名肚子,人或动物的腹部▷挺胸凸~|胸闷~胀。→❷名指内心▷嘴里不说,~里有数。→❸名物体圆而凸起或中间鼓出的部分▷手指头~|腿~子|大~坛子。
另见 dǔ。

妒(*妬) dù 动对才能、境遇、容貌等胜过自己的人心怀忌恨▷嫉贤~能|~忌|嫉~。

度[1] dù ❶名计量长短的标准和器具▷~量衡。→❷名法则;准则▷法~|尺~|制~。⇒❸量弧和角的计量单位。把圆周分为360等份所成的弧叫1度弧,1度弧所对的角叫1度角。1度等于60分。⇒❹量划分地球经(东西)纬(南北)距离的单位。把地球表面东西的距离分为360等份,每一等份是经度1度;把地球表面南北的距离分为180等份,每一等份是纬度1度。1度等于60分。⇒❺量测量电能的单位。1千瓦小时通称1度。→❻名限度;限额▷每月上交款以1000元为~|挥霍无~|适~|过~。⇒❼名个人考虑所及的范围▷置之~外。⇒❽名一定范围的时间或空间▷年~|国~。→❾名程度,事物所达到的境界▷极~|进~|知名~|透明~。⇒❿名特指宽容的程度▷~量|气~。⓫名人的气质或风貌▷风~|态~。⇒⓬名特指事物的某种性质所达到的程度▷硬~|温~|湿~|长~。

度[2] dù ❶动〈文〉跨过;越过▷春风不~玉门关|飞~天堑。→❷动(时间上)经过;经历▷虚~青春|~日如年|欢~春节|~假。❸量用于动作的次数(经历几次就是几度)▷一年一~|几~风雨几~秋|再~上映。→❹动佛教、道教指使人超越尘俗或脱离苦难▷剃~|超~。☛"度"和"渡"不同。"度"的基本义是过(指时间)、经过,"渡"的基本义是从此岸到彼岸。"欢度春节""度假"不能写作"欢渡春节""渡假"。"过度"与"过渡"不同,"过度"指超过适当的限度,"过渡"指事物由一个阶段逐渐发展到另一个阶段。
另见 duó。

渡 dù ❶动通过(水面);由此岸到彼岸▷~河|远~重洋|武装泅~|抢~◇~过难关。→❷名渡口▷古~|风陵~(黄河渡口之一,在山西)。→❸动特指用船载运过河▷多亏船家把我~到对岸|~船。❹名指渡船▷轮~。

镀(鍍) dù 动用电解或其他化学方法把一种金属薄而匀地附着(zhuó)在别的金属或物体的表面▷~金|~铬钢|电~。

蠹 dù ❶名蠹虫,蛀蚀器物的小虫▷~鱼|书~。→❷动蛀蚀;侵害▷流水不腐,户枢不~。

duān

端[1] duān ❶形直;正▷~坐|字写得~~正正。→❷形品行正直,作风正派▷品行不~|~庄|~重|态度~正。○❸名姓。

端[2] duān ❶名(东西的)一头▷上~|下~|两~|尖~|末~|顶~。→❷名(事情的)开头▷开~|发~。❸名(事情的)起因;缘由▷无~生事|借~闹事|争~。❹名事情(多指事故、纠纷等不好的事)▷事~|兵~|祸~|弊~。→❺名(事情的)头绪、项目或方面▷思绪万~|仅此一~,可见其他|诡计多~|~倪|~绪。

端[3] duān ❶动(手)平平正正地拿(东西)▷把锅~下来|~着枪|~了一杯茶◇把事情都~出来,让大家评评理。○❷动彻底除去;扫除▷把匪巢~掉|~贼窝。

duǎn

短 duǎn ❶形一端到另一端的长度小(跟"长"相对,②同)▷绳子太~|木头锯~了。→❷形某段时间起讫点之间的距离小▷昼~夜长|~命|~期|~暂。→❸动缺少;欠▷这套书还~一本|~斤少两|没~过他一分钱|~缺|~少。❹名短处;缺点▷扬长避~|说长道~|揭~|护~。→❺形浅薄▷见识~|~见|~浅。

duàn

段 duàn ❶动〈文〉截断;分开。→❷量 a)用于条状物分成的若干部分▷绳子剪成三~|一~甘蔗|两~木头。b)用于时间或空间的一定距离▷一~时间|一~路程|坐了一~火车。c)用于事物的一部分▷一~文章|一~话|两~京戏。→❸名事物划分成的部分▷~落|阶~|片~|地~|路~。❹名某些部门下面分设的机构▷工~|机务~。→❺名指段位,围棋棋手等级的名称▷九~棋手。○❻名姓。

断(斷) duàn ❶动(长形的东西)分成几截▷桌子腿儿~了|电线~了|柔肠寸~|砍~|截~|折~。→❷动隔绝;使不再连贯▷关系~了|~了音信|~炊|~交|~气|间~|~~续续。⇒❸动戒掉(烟、酒等)▷~烟|~酒。⇒❹动拦截▷派一个排~后|~球。→❺动判定;决定▷当机立~|独~专行|~案|判~|决~|诊~。→❻副〈文〉绝对;一定(常用于否定式)▷~不可行|~无此理|~~使不得。

缎(緞) duàn 名缎子,质地厚密、正面平滑而富有光泽的丝织品▷～带|锦～|绸～。

椴 duàn 名椴树,落叶乔木,单叶互生,开黄色或白色花,果实球形或卵形。木材优良,纹理细致,供建筑、造纸及制作家具等用。

煅 duàn ❶同"锻"。→❷动中药制法,把药材放在火里烧,以降低烈性▷～石膏|～龙骨。

锻(鍛) duàn 动把金属工件加热到一定温度后锤打,改变它的形状和物理性质▷～造|～压|～工|～炼。

簖(籪) duàn 名捕鱼器具,形状像栅栏,插在河流中阻拦鱼、虾、蟹游过去,以便捕捉▷鱼～|蟹～。

duī

堆 duī ❶名土墩,多用于地名▷马王～(在湖南)|双～集(在安徽)。→❷动累积;聚集在一起▷稻谷～在场院上|桌上～满了书|把砖头～起来|～雪人|～积|～肥。→❸名堆积在一起的东西▷稻草～|粪～。⇒❹名喻指众多的人或事▷往人～里钻|问题成～|扎～儿。⇒❺量用于成堆的事物▷一～石头|一大～事|一～人。

duì

队(隊) duì ❶名有组织的团体的编制单位▷连～|支～|分～|中～|小～。→❷名行列;队形▷排成几～走|站～|横～|纵～|练～。❸量用于排成队列的人或物▷一～人马|一～骆驼。→❹名指具有某种性质的群体▷～友|领～|球～|乐～|车～。❺名特指中国少年先锋队;过去一个时期内也特指生产队▷～礼|～旗|～部|社～企业。

对(對) duì ❶动〈文〉相当;相配。→❷动回答▷无言以～|～答如流|～白|～歌|应～。→❸动面向着;朝着▷窗户正～着大街|枪口～准靶心。⇒❹介引进动作行为的对象,相当于"向""跟"▷他～我笑了笑|这事～谁也不要说|～这种人不要客气。⇒❺动对待;应(yìng)付▷～事不～人|针尖～麦芒。❻介引进对待的对象,略相当于"对于"▷大家～他很关心|我～你有意见|～下棋不感兴趣。❼形对面的;对立的▷～门|～手。⇒❽动彼此相向▷～调|～换|～流|～立|～峙。→❾动互相拼合或配合▷把破镜片～到一起|把门～上|～对子。❿名相互配合的人或事物▷成双配～。⇒⓫名指对联▷七言～|～子。⇒⓬量用于成双成对的人或事物▷一～夫妇|两～鸳鸯|一～沙发。→⓭动适合;符合于▷门当户～|～脾气|～心思|～劲儿。→⓮动通过互相比较,核查是否相符▷～答案|～笔迹|～账|～号入座|校～|核～|～照|～比。⓯形正确;符合一定的标准▷数字不～|回答～了|说得很～|气色不～。⓰动调整使符合一定的要求▷照相要～好焦距|～琴弦儿|～表。→⓱动平分成两份▷～开|～半儿。〇⓲同"兑²"③。

兑[1] duì 名八卦之一,卦形为☱,代表沼泽。

兑[2] duì ❶动交换;特指凭票据交换现金▷把支票～成现金|～付余款|～换|～现。→❷动指下象棋时用自己的棋子换掉对方实力相同的棋子▷～车(jū)|～卒。〇❸动搀和▷往酒里～水|水太热,～点凉的。

怼(懟) duì 动〈文〉怨恨▷怨～。

敦(*敨) duì 名古代盛黍、稷等的器具,器身球形,下有三条短足,上有两个环耳,流行于春秋、战国时期。

另见 dūn。

碓 duì 名舂米的工具,在杠杆的一头装有圆形的石头,用脚踩杠杆另一头使石头起落,舂去下面石臼中糙米的皮。简单的碓是石臼和杵,用手持杵捣米。

憝 duì〈文〉❶动怨恨;憎恶。→❷形凶恶▷元恶大～。

镦(鐓) duì 名古代矛柄或戟柄末端的平底金属套▷戟～。

另见 dūn。

dūn

吨(噸) dūn ❶量〈外〉重量单位,我国法定计量单位1吨等于1000千克;英制1吨(长吨)等于2240磅,合1016.05千克;美制1吨(短吨)等于2000磅,合907.18千克。→❷量指登记吨,计算船只容积的单位,1吨等于2.83立方米(合100立方英尺)。☛统读dūn,不读dùn。

惇(*惛) dūn 形〈文〉敦厚。

敦(*敨) dūn ❶动督促▷～促。〇❷形忠厚;诚恳▷～厚|～请|～聘。

另见 duì。

墩(*墪) dūn ❶名土堆▷土～。→❷名指某些厚实粗大的东西▷木～子|肉～子|树～|门～|桥～。❸名特指某些像墩子的东西▷锦～|坐～。→❹名指丛生的草木等▷草～子|荆条～子|～布(用成束的布条等扎成的拖地工具)。⇒❺量用于丛生的或几棵合在一起的植物▷种了几～花生|一～荆条|一～稻秧。⇒❻动用墩布拖地▷地面每天至少～三遍。

礅 dūn 名粗大而厚实的整块石头▷石～。

镦(鐓) dūn 动冲压金属板,使改变形状。

另见 duì。

蹾 dūn 动〈口〉猛然用力往下放,使重重地触地▷筐里是瓷器,千万别～坏了。

蹲 dūn ❶动双腿弯曲到最大限度,臀部不着地▷～在地里拔草|～下|半～。→❷动喻指在家里闲住;停留▷整天在家～着|别老～在屋里。

另见 cún。

dǔn

盹 dǔn 名时间短暂的睡眠▷课间十分钟,他也能打个～儿。

趸(躉) dǔn ❶形整;整批▷～批|～买～卖(整批进货,整批出售)。→❷动整批地买进货物(准备出卖)▷～点鲜货|现～现卖。

dùn

囤 dùn 名储存粮食的器物,用竹篾、荆条等编成或用席箔等围成▷粮食～|～尖儿|～底儿。

另见 tún。

沌 dùn [混沌]hùndùn ❶名古代传说中指天地未分之前浑然一体的状态▷～初开。→❷形模糊；糊涂▷原野一片～｜脑子～得很。
另见 zhuàn。

炖 dùn ❶动烹调方法，把食物(多指肉类)用小火煮得烂熟▷把肉～一下｜～排骨｜清～。→❷动把盛在容器里的东西连容器一起放在热水里，使变热▷～酒｜～药。

砘 dùn ❶名播种后用来压实松土的石制农具▷石～｜～子。→❷动播种后用砘子压实松土▷用砘子～一～。

钝(鈍) dùn ❶形不锋利；不尖锐(跟"快"或"锐"相对)▷这把刀太～了｜～角。→❷形笨拙；反应慢▷迟～｜鲁～。

盾[1] dùn ❶名古代一种防护武器，用来遮挡敌方刀箭▷矛～｜～牌。→❷名形状像盾的东西▷金～｜银～。☛统读 dùn，不读 shǔn。

盾[2] dùn 量〈外〉荷兰、越南、印度尼西亚等国的本位货币。

顿(頓) dùn ❶动〈文〉以头触地▷～首。→❷动(用脚或器物)叩地▷～足捶胸｜用拐杖～得地板直响。→❸动〈文〉停下来住宿；屯驻▷～师城下。❹名〈文〉住宿、吃饭的处所或所需的东西。❺量a)用于饭食▷食堂一天供应三～饭｜吃了上～没下～。b)用于斥责、劝说、打骂等行为的次数▷让爷爷训了一～｜挨了一～骂｜痛打一～。→❻动停下来；暂停▷说了一半就～住了｜抑扬～挫｜～号。⇒❼副表示时间短暂，相当于"立刻"▷～感羞愧｜茅塞～开。⇒❽动安排；处理▷安～｜整～。⇒❾动写毛笔字时，使笔用力着(zhuó)纸稍作停留▷横的起笔和收笔都要～一下。○❿形疲劳▷困～｜劳～。○⓫名姓。
另见 dú。

遁(*遯) dùn ❶动逃跑；躲避▷逃～｜～词(逃避责任或掩饰错误的话)。→❷动指隐居，逃避社会居住在偏僻的地方▷～迹｜隐～。

楯 dùn 古同"盾[1]"。
另见 shǔn。

duō

多 duō ❶形数量比较大(跟"少"相对，②同)▷广场上的人很～｜凶～吉少｜～才～艺｜～云｜～层建筑。→❷动比原来的或应有的数量有所超过或增加▷比原文～了三个字｜～花了一倍的钱。⇒❸形超过合适程度的；不必要的▷～嘴～舌｜～疑｜～心。⇒❹动剩余▷这些纸刚够用，没有～的｜～余。❺形表示整数后的零头▷三十～公里｜二尺～布｜三米～高。→❻形表示相差大▷比以前高～了｜比他大得～｜现在进步～了。⇒❼副用在疑问句中，询问程度、数量▷这孩子～大了？｜这棵树有～高？⇒❽副用在感叹句中，表示程度高▷这孩子～讨人喜欢！｜这叶子～绿啊！｜他心里～难过呀！⇒❾副表示不定的程度▷不管～高的山都要上｜有～大劲使～大劲。○❿名姓。

咄 duō [咄咄]duōduō 叹〈文〉表示惊诧或感慨▷～逼人｜～怪事。☛统读 duō，不读 duò。

哆 duō [哆嗦]duōsuo 动颤抖；战栗▷冻得浑身打～。
另见 chǐ。

剟 duō ❶动〈文〉删削；删除▷～定法令。○❷动〈口〉刺；击▷把匕首～在桌面上｜用针～几个小眼儿。

掇 duō ❶[撺掇]cuānduo 动〈口〉鼓动别人(做某事)；怂恿▷他一再～我买股票。○❷[掂掇]diānduo 动〈口〉斟酌▷你～着办吧。○❸[拾掇]shíduo 动〈口〉收拾；修理▷～屋子｜车子坏了，～好了再骑。

裰 duō ❶动缝补(破衣)▷补～。○❷[直裰]zhíduō 名古代一种斜领宽袖的袍子，现在僧人道士还在穿。☛统读 duō，不读 duò。

duó

夺[1](奪) duó ❶动脱离；失去▷眼泪～眶而出｜文字讹～。→❷动使失去；削除▷剥～｜褫～。❸动强拿；抢▷把失去的阵地～回来｜巧取豪～｜～门而出｜～权｜抢～｜篡～｜掠～。❹动争先取得▷～丰收｜争分～秒｜～魁｜～标。

夺[2](奪) duó 动决定如何处理▷定～｜裁～。

度 duó 动揣测；估计▷以己～人｜审时～势｜～德量力｜揣～｜忖～。
另见 dù。

铎(鐸) duó 名古代响器，形状像大铃，有舌，宣布政教法令或遇到战事时使用▷木～｜金～｜振～。

踱 duó 动慢慢地走动▷在街上～来～去｜～步。☛统读 duó，不读 dù。

duǒ

朵(*朶) duǒ ❶量用于花或形状像花的东西▷请给我一～花｜红霞万～｜白云～～｜花～。○❷名姓。

垛(*垜) duǒ 名垛子，墙头或墙两侧凸出的部分▷城～子｜门～子。
另见 duò。

哚 duǒ 音译用字，用于"吲哚"(yǐnduǒ，见"吲")。

躲 duǒ ❶动避开；避让▷他老～着我｜～不开｜一闪身～过一拳｜～闪｜～让。→❷动隐藏▷～到草垛里｜～在哪儿了？

亸(嚲) duǒ 动〈文〉垂；下垂。

duò

驮(馱) duò [驮子]duòzi ❶名牲口背上负载的货物▷～太沉，小毛驴驮(tuó)不动。→❷量用于牲口驮(tuó)的货物▷五～货刚运来三～。
另见 tuó。

杕 duò 古同"舵"。
另见 dì。

剁 duò 动用刀、斧等向下砍▷～肉馅｜～菜｜～碎。

饳(飿) duò [馉饳]gǔduò，见"馉"。

垛(*垜) duò ❶动整齐地堆放；堆积▷把柴火～起来｜麦草～得像小山包。→❷名堆成的堆儿▷秫秸～｜柴火～｜麦～｜草～。❸量用于堆积的东西▷一～柴火｜两～砖。
另见 duǒ。

柁 duò 古同"舵"。
另见 tuó。

舵 duò ❶图控制行船方向的装置,多装在船尾▷掌~|~手。→❷图泛指一切机械交通工具控制方向的装置▷方向~|升降~|~轮。

堕(墮) duò 动掉下来;坠落▷~入深渊|如~云雾(比喻迷惑不解,不知所措)|~地|~马。

惰 duò ❶形懒;懈怠▷懒~|怠~。→❷形不易变化▷~性。

跺(*跥) duò 动提起脚向下用力踏地▷把脚狠狠一~|~得地板直颤|~脚。

E

ē

呃 ē 叹表示说话过程中的迟疑(音较低)▷我，～～，是说，～就这么办吧！
另见 è；e。

阿[1] ē ❶名〈文〉(山、水等)弯曲的地方▷山～。→❷动曲从；逢迎；偏袒▷刚直不～｜～谀｜～附。○❸名姓。

阿[2] ē 名指山东东阿▷～胶(一种中药，原产东阿)。

阿[3] ē 音译用字，用于“阿弥陀佛”(佛教称西方极乐世界中最大的佛)。
另见 ā。

屙 ē 动〈方〉排泄(大小便)▷～屎｜～尿。

婀(*婐娿) ē [婀娜]ēnuó 形轻柔美好▷～多姿｜柳枝～。☛统读 ē，不读 ě。

é

讹[1](訛*譌) é 形不真实的；有错误的▷～传｜～字｜～误｜～谬。

讹[2](訛) é 动敲诈；威吓▷让人～了一笔钱｜～人｜～诈。

吪 é 动〈文〉行动。

俄[1] é 副表示时间短促，相当于“不久”“很快”等▷天空乌云密布，～而大雨倾盆｜～顷。

俄[2] é ❶[俄罗斯族]éluósīzú 名 a)俄罗斯联邦人数最多的民族。b)我国少数民族之一，主要分布在新疆。→❷名俄罗斯的简称，旧指俄罗斯帝国，现指俄罗斯联邦▷沙～。

莪 é [莪蒿]éhāo 名多年生草本植物，生在水边，叶子像针，开黄绿色花。嫩茎、叶可以食用。

哦 é 动〈文〉吟咏，低声诵读▷吟～。
另见 ó；ò。

峨(*峩) é 形〈文〉高峻▷～冠博带｜巍～｜～～。

娥 é ❶形〈文〉美好(多指女性的姿容)。→❷名美女▷宫～｜秦～。

锇(鋨) é 名金属元素，符号 Os。蓝白色，质硬而脆，是比重最大的金属，熔点很高，化学性质稳定。可以做催化剂，铱锇合金用于制造钟表和仪器中的轴承、钢笔笔尖、唱机针头等。

鹅(鵝*鵞䳘) é 名家禽，头大颈长，嘴扁阔，前额有肉瘤，脚大有蹼，羽毛白色或灰色，善游泳。肉和卵可食用。

蛾 é 名蛾子，昆虫，腹部短而粗大，触角形状因种类而异，有鞭状、羽状、栉齿状及纺锤状等。幼虫一般称为毛虫。多数为农林害虫，如麦蛾、菜蛾、螟蛾、枯叶蛾等。
另见 yǐ。

额(額*頟) é ❶名额头，头发以下眉毛以上的部位，俗称脑门子▷焦头烂～｜前～。→❷名物体上部接近顶端的部分▷门～｜碑～。⇒❸名写有文字作标记或表示纪念的长方形木板或纺织品▷匾～｜横～。⇒❹名限定的数目▷名～｜定～｜超～｜数～｜～外。

ě

恶(噁) ě [恶心]ěxin ❶动想呕吐▷闻见汽油味儿就～。→❷动使人厌恶▷那样子让人见了～。❸动使人故意难堪▷他这不是成心～人吗？
另见 è；wū；wù。

è

厄(*戹阨❸) è ❶形困苦▷困～｜～运。→❷名灾难▷受～｜遭～。○❸名险要的境地▷险～｜阻～。

扼(*搤) è ❶动掐住；抓住▷～杀｜～死｜～要。→❷动守卫；控制▷～守｜控～。

苊 è 名碳氢化合物的一类，分子式 $C_{12}H_{10}$。无色针状结晶，溶于热酒精。可做媒染剂。

呃 è [呃逆]ènì 动由于横隔膜不正常收缩而发出声音。通称打嗝儿。
另见 ē；e。

轭(軛) è 名牛马等牲畜驾车、拉套时架在脖子上，用来连接套绳的器具。

垩(堊) è ❶名一种白色的土；泛指用来涂饰的各色土▷白～｜～土。→❷动〈文〉用白色的土粉刷(墙壁)；泛指涂饰▷～壁。

恶(惡) è ❶名极坏的行为(跟“善”相对)▷作～多端｜善～不分｜罪大～极｜罪～。→❷形凶狠；凶猛▷穷凶极～｜一场～战｜～毒｜～霸｜凶～｜～狠狠。→❸形很坏的；不良的▷穷山～水｜～行｜～习｜～意｜～劣。
另见 ě；wū；wù。

饿(餓) è ❶形肚子里没有食物，想吃东西(跟“饱”相对)▷～极了｜～虎扑食｜饥～｜挨(ái)～。→❷动使挨饿▷怎么能～着人家呢｜～他两天。

鄂[1] è ❶名湖北的别称▷湘～。○❷名姓。

鄂[2] è ❶[鄂伦春族]èlúnchūnzú 名我国少数民族之一，分布在黑龙江。○❷[鄂温克族]èwēnkèzú 名我国少数民族之一，分布在黑龙江。

阏(閼) è 〈文〉❶动阻塞▷～止｜～塞。→❷名用来阻塞遮挡的东西▷堤～(水闸)。
另见 yān。

谔(諤) è [谔谔]èè 形〈文〉形容说话直率。

萼(*蕚) è 名花萼,花的组成部分之一。由若干个萼片构成,萼片数目因植物种类而不同,通常呈绿色,包在花瓣的外轮,花芽期保护花芽,花开时托着花冠。

遏 è 动抑制;阻止▷怒不可~|~制|~止。

愕 è 形惊讶;发呆▷~然|惊~。

腭(*齶) è 名口腔的顶壁。人和哺乳动物的腭分前后两部分。前部分由骨和肌肉构成,称硬腭;后部分由结缔组织和肌肉构成,称软腭。通称上膛。

鹗(鶚) è 名鸟,头和颈后羽毛白色,有暗褐色纵纹,腹部白色,背部暗褐色,爪锐利。性凶猛,常在水面上捕食鱼类。也说鱼鹰。

锷(鍔) è 名〈文〉刀剑的刃▷锋~。

颚(顎) è ❶名某些节肢动物吸取食物的器官。○❷同"腭"。

噩 è 形惊人的;可怕的▷~耗(指亲近或敬爱的人死亡的消息)|~梦。

鳄(鰐*鱷) è 名爬行动物的一目。体长3—6米,头及躯干扁平,尾长,体表有硬皮和角质鳞,呈灰褐色,四肢短,善于爬行和游泳。性凶暴,捕食动物,多生活在热带和亚热带海滨及江河湖泽中。其中扬子鳄是我国特产。通称鳄鱼。

e

呃 e 助用在句子末尾,表示惊叹的语气▷他可真是个了不起的人~|时间过得真快~。

另见 ē;è。

ēn

恩(*恩) ēn ❶名恩惠,给予或受到的实惠、好处▷他对我有~|忘~负义|报~|~德|~怨。→❷名情爱;情义▷一日夫妻百日~。○❸名姓。

蒽 ēn 名一种碳氢化合物,分子式 $C_{14}H_{10}$,是菲的同分异构体。无色晶体,发青绿色荧光,可用来制造有机染料。

èn

摁 èn 动用手按或压▷把歹徒~倒在地|~不下去|~电铃|~喇叭|~钉儿|~扣儿。

ér

儿(兒) ér ❶名小孩儿▷婴~|幼~|~童|~科|~歌。→❷名特指男孩子(对父母来说)▷他有一~一女|~女都长大成人了|~媳妇|~子。、❸形雄性的(多指牲畜)▷~马。⇒❹名青年人(多指男青年)▷中华健~|热血男~。→❺词的后缀。读时与前面合成一个音节,叫做"儿化",书面上有时不写出来,注音时只写 r。a)附在名词后面,略带微小、亲切等意思▷小孩~|老头~|鸟~|果汁~|树叶~。b)附在名词后面,使词义有所变化▷头~(领导者)|(桌子)腿~|油水~|白面~(海洛因)。c)附在动词、形容词或量词后面,使词性变为名词▷盖~|塞~|好~|尖~|错~|个~|片~|块~。d)附在少数动词后面▷别玩~了|一下子火~了。e)附在叠音形容词后面▷慢慢~|好好~|乖乖~|远远~。

"兒"另见 ní。

而 ér ❶连连接并列的形容词、动词或词组、分句等,所连接的前后两项之间可以有多种语义关系。a)表示并列或递进关系▷少~精|肥~不腻|要团结,~不要分裂|年轻漂亮,~又有才华。b)表示承接关系▷取~代之|成绩是优异的,~优异的成绩是汗水浇灌出来的。c)表示转折关系,相当于"却""但是"▷热烈~镇定|紧张~有秩序|费力大~收效小|雨下得很大,~老李还是按时来了。→❷连用在意思上相对立的主语和谓语中间,表示语气的转折,相当于"如果""却"▷作家~不深入生活,就写不出好作品。→❸连连接状语和中心词,前项表示后项的目的、原因、依据、方式、状态等▷为正义~战|因下雨~延期|凭个人兴趣~定|自由是对纪律~言的|挺身~出|飘然~去|侃侃~谈。❹连连接意义上有阶段之分的词或词组,表示由一种状态过渡到另一种状态,有"到"的意思▷一~再,再~三|由远~近|从下~上|自东~西|由童年~少年、~壮年。

洏 ér [涟洏]lián'ér 形〈文〉形容涕泪交流的样子。

鸸(鴯) ér [鸸鹋]érmiáo 名鸟,体形像鸵鸟而较小,高约1.5米,腿长,爪有三趾,两翼退化,善走不善飞。主食植物。可以饲养繁殖,取用羽毛。

ěr

尔(爾*尒) ěr ❶代〈文〉这;那▷~时|~后。→❷代你;你们▷~等|~虞我诈|出~反~。→❸代〈文〉这样▷问君何能~|不过~~。❹〈文〉词的后缀。附在某些副词或形容词后面▷俶~(忽然)|遽~(突然)|率~(轻率地)。○❺助〈文〉表示限止的语气,相当于"而已""罢了"▷无他,但手熟~。

耳[1] ěr ❶名耳朵,听觉和平衡器官,多长在头的两侧,人和哺乳动物的耳分外耳、中耳和内耳三部分,内耳除管听觉外,还管身体平衡。→❷名外形像耳朵的东西▷木~|银~。→❸名像耳朵一样位置在两侧的▷~门|~房。

耳[2] ěr 助〈文〉表示限止语气,相当于"而已""罢了"▷想当然~|直好世俗之乐~。

迩(邇) ěr 形近▷闻名遐~|~来。

饵(餌) ěr ❶名糕饼;泛指食物▷饼~|果~。→❷名引诱鱼上钩或诱捕其他动物的食物▷鱼~|诱~。❸动〈文〉(用东西)引诱▷~敌。

洱 ěr 名洱海,湖名,在云南。

珥 ěr 名〈文〉用珠玉做的耳饰。

铒(鉺) ěr 名金属元素,符号 Er,稀土元素之一。银灰色,有光泽,质软,富延展性,有低毒。用于制造核控制棒、激光材料、特种合金及陶瓷等。

èr

二 èr ❶数数字,一加一的和。→❷形不专一▷忠贞不~|三心~意|~心。→❸形两样;不同▷言不

～价|决无～话。☛㊀"二"的大写是"贰"。㊁"二"和"两"用法上的区别见"两"。

弍 èr 同"二"。☛"二"的大写是"贰",不是"弍"。

刵 èr 动割去耳朵,古代一种酷刑。

佴 èr 动〈文〉随后。

贰(貳) èr ❶数数字"二"的大写。→❷动〈文〉有二心;变节;背叛▷～臣。

F

fā

发(發) fā ❶[动]放射,把箭、枪弹、炮弹等射出去▷万箭齐~|百~百中|弹无虚~|~炮。→❷[动]发生▷~声|~芽|~病|~电。⇒❸[动]引起或开始行动▷~人深思|启~|引~|~动|~奋|~起。⇒❹[动]显现出▷脸色~青|照片~黄|被子~潮|馒头~酸。❺[动]显露(感情)▷~怒|~愁|~笑。❻[动]产生(某种感觉)▷腿~软|手~麻|嘴~苦|头~晕。⇒❼[动](财势)兴旺▷张家这两年~了|~家|暴~户|~财|~迹。❽[动]扩展▷~展|~达|~扬。❾[动]特指食物由于发酵或水泡而胀大▷蒸馒头的面~好了|~海带。→❿[动]离开;启程▷朝~夕至|出~|进~。→⓫[动]把人派出去;派遣▷打~|~配。→⓬[动]打开;揭示出来▷~掘|揭~|~明。→⓭[动]放散;散布▷散~|挥~|蒸~。⓮[动]发布;表达▷~令|颁~指示|~言。→⓯[动]把东西送出去▷~一封信|~货|~工资|收~。→⓰[量]用于枪弹、炮弹▷一~子弹|炮弹二百多~。

另见 fà。

酦(醱) fā [酦酵]fājiào 同"发酵"。现在通常写作"发酵"。

另见 pō。

fá

乏 fá ❶[动]缺少▷不~其人|~味|缺~。○❷[动]疲倦无力▷写字写~了|人困马~|疲~。→❸[动]〈方〉效力减退;失去作用▷炉子里的煤~了|药性~了。

伐[1] fá ❶[动]本指用戈砍杀人,后来泛指砍伐(树木等)▷把树~掉|滥砍乱~|~木工人|采~木材。→❷[动]征讨;攻击▷北~|讨~|征~|口诛笔~。

伐[2] fá [动]〈文〉自我夸耀▷矜功自~(居功自傲,自我夸耀)|不矜不~|~善(夸耀自己的长处)。

罚(罸*罰) fá [动]处罚,使犯规或犯罪的人受到惩戒▷违反交通规则应该受~|赏~分明|~款|~球|惩~|责~|体~。

垡 fá ❶[动]〈方〉犁地翻土▷耕~。→❷[名]〈方〉耕地翻起来的土块▷打~|晒~。○❸用于地名。如:垡头,在北京;落(lào)垡,在河北。

阀[1](閥) fá ❶[名]指封建时代有功勋的世家及在社会上有地位的名门望族、官宦人家▷门~|名~|~阅(功勋,借指有功勋的世家)。→❷[名]具有垄断和支配势力的人物或集团▷财~|军~|学~。

阀[2](閥) fá [名]〈外〉管道或机器中起调节、控制作用的装置,也说阀门,通称活门▷水~|气~|油~|安全~。☛"阀"字统读 fá,不读 fā 或 fà。

筏(*栰) fá [名]筏子,用竹、木或羊皮囊等并排编扎成的水上交通工具▷羊皮~|竹~|~工。

fǎ

法[1](*灋浤) fǎ ❶[名]刑法;泛指国家制定的一切法规▷违~乱纪|奉公守~|变~维新|~网|~典|~院。→❷[名]标准;模式;常理▷不足为~|取~乎上|~式|~帖|~则|语~。⇒❸[名]办法;方式▷这事没~办|想方设~|如~炮制|土~|用~简便。⇒❹[动]仿效;学习(别人的优点)▷效~|师~古人。→❺[形]合法的;守法的(用在否定副词之后)▷非~收入|不~分子。→❻[名]指佛教的教义、规范;佛法▷现身说~|作~事。❼[名]指僧道等画符念咒之类的手段▷仗剑作~|同张天师斗~|大吹~螺|~术。○❽[名]姓。

法[2] fǎ [量]〈外〉法定计量单位中电容单位法拉的简称。这个名称是为纪念英国物理学家法拉第而定的。☛"法"字统读 fǎ,不读 fā、fá 或 fà。

砝 fǎ [砝码]fǎmǎ [名]天平或磅秤上用作重量标准的金属块或金属片。

fà

发(髮) fà [名]头发,人头上生长的毛▷理~|染~|白~|~卡(qiǎ)。☛不读 fǎ。

另见 fā。

珐(*琺) fà [珐琅]fàláng [名]一种像釉子的涂料,用硼砂、玻璃粉、石英等加铅、锡的氧化物烧制而成。涂在金属器物上有防锈和装饰作用,证章、纪念章多为珐琅制品,景泰蓝则是我国特有的珐琅制品。

fān

帆(*帆颿) fān ❶[名]挂在船的桅杆上借助风力推动船行进的布篷▷一~风顺|扬~|~船。→❷[名]〈文〉指船▷沉舟侧畔千~过|征~。☛统读 fān,不读 fán。

番[1] fān [名]旧指外国或外族▷~邦|~将|~薯|~茄|~菜馆。

番[2] fān ❶[动]轮换;更替▷轮~|更~。→❷[量]a)用于动作的遍数,相当于"回""次"▷重新解释一~|几~较量|翻了两~(是原数的四倍)|三~五次。b)用于事物的种类,相当于"种"▷别有一~滋味|这~情景使人难忘。

另见 pān。

蕃 fān 古同"番"。

另见 bō;fán。

幡 fān ❶[名]一种狭长形的、垂直悬挂的旗子▷~杆。→❷[名]旧指引魂幡,出殡时孝子手持的狭长像幡的东西▷打~儿。

藩 fān ❶名篱笆▷～篱。→❷名〈文〉起护卫作用的屏障▷～屏。❸名古代称属国、属地▷～国｜～镇。○❹名姓。☛统读 fān,不读 fán。

翻（*飜繙❸） fān ❶动上下位置颠倒；里外变换；歪倒▷汽车～到山涧里了｜袜子要～过来洗｜茶杯打～了，流了一桌子水｜～箱倒柜｜～天覆地｜～动｜～卷｜～腾。→❷动变换▷花样～新。⇒❸动翻译，把一种语言文字的意义变换成另一种语言文字表达出来（也指方言与民族共同语、方言与方言、古代语与现代语之间的变换）▷把英语～成汉语｜把这段文言文～成白话文｜把上海话～成普通话。⇒❹动翻脸，态度突然变坏▷吵～了｜听到这句话他就～儿了。→❺动把原有的推翻▷～案｜～供。→❻动成倍增加▷石油产量～了两番，从 100 万吨增加到 400 万吨。→❼动越过▷～过两座山｜～越。

fán

凡[1]（*凢） fán ❶名概要；总纲▷发～起例｜～例。→❷副总共▷侨居异国～四十年｜全书～三十五卷。❸副总括一定范围内的全部▷～考试不及格者一律不能毕业｜～属重大问题，都要集体讨论决定｜～是。○❹名姓。

凡[2]（*凢） fán ❶形平常；平庸▷自命不～｜不同～响｜平～｜非～｜～庸。→❷名人世间；尘世（跟超脱现实的上天或仙界相对）▷仙女下～｜思～｜～间。

凡[3]（*凢） fán 名我国民族音乐中传统的记音符号，表示音阶上的一级，相当于简谱的“4”。

矾（礬） fán 名某些金属硫酸盐的含水结晶。有白、青、黄、黑、绛等颜色，如明矾、绿矾、胆矾等。通称矾石。最常见的是明矾，可供制革、造纸及制造颜料、染料之用。明矾，也说白矾。

钒（釩） fán 名金属元素，符号 V。银白色，耐腐蚀，有延展性，质硬，高温时仍能保持它的强度。主要用于制造合金钢，也用于原子能工业。

烦（煩） fán ❶形心情不畅快▷心里～得慌｜心～意乱｜～闷｜～躁。→❷形厌烦▷这一套我早听～了｜百拿不厌，百问不～｜耐～｜腻～。❸动使厌烦▷真～人｜你别再～我了。❹动客套话，表示请托▷有一事相～｜～您写几个字。○❺形多而杂乱▷要言不～｜～杂｜～琐。

墦 fán 名〈文〉坟墓。

蕃 fán 〈文〉❶形茂盛；兴旺▷草木～盛。→❷动滋生；繁殖▷～滋（繁衍滋长）。

另见 bō；fān。

樊 fán ❶名〈文〉篱笆▷～篱。○❷名姓。

璠 fán ［璠玙］fányú 名古代一种宝玉。也说玙璠。

燔 fán 〈文〉❶动烧▷～烧经籍。→❷动烧炙；烤▷～炙牛羊。☛不读 pān。

繁（*緐） fán ❶形多；多种的▷～多｜～杂｜纷～｜频～。→❷形茂盛；兴旺▷枝～叶茂｜～花似锦｜～茂｜～华｜～荣。→❸动繁殖；逐渐增多▷自～自养｜～育｜～衍。→❹形复杂（跟“简”相对）▷删～就简｜～难｜～体字。

另见 pó。

蹯 fán 名〈文〉兽类的脚掌▷熊～（熊掌）。

蘩 fán 名〈文〉白蒿，一年至二年生草本植物，嫩苗可以食用。

fǎn

反 fǎn ❶动翻转；掉转▷易如～掌｜～守为攻｜～败为胜。→❷形翻转的；颠倒的；方向相背的（跟“正”相对）▷袜子穿～了｜～锁着门｜～话｜相～｜～作用。❸副表示跟上文意思相反或出乎预料和常情，相当于“反而”“反倒”▷身体～不如前｜此计不成，～被他人耻笑。→❹动回；掉转头向反方向（行动）▷义无～顾｜～攻｜～扑｜～问｜～馈。→❺动对抗；背叛▷官逼民～｜造～｜～抗｜～叛｜～封建｜～腐败。❻名从前特指反动派或反革命▷肃～（肃清反革命分子）。→❼动违背▷违～｜～常。→❽动指反切，我国传统的注音方法，即用两个字的音拼合出另一个字的音，上字取声母，下字取韵母和声调▷栋，多贡～。

返 fǎn 动回；归▷一去不复～｜～老还童｜～乡｜～销｜～回｜往～。

fàn

犯 fàn ❶动侵害；损害▷人不～我，我不～人｜来～之敌｜秋毫无～｜侵～｜进～。→❷动冲撞；抵触▷～上作乱｜众怒难～｜冒～｜触～。❸动违背；违反▷～法｜～忌讳｜～规｜～禁。❹动做出（违法或不应该做的事情）▷～了罪｜～错误｜～主观主义｜明知故～。⇒❺名犯罪的人▷刑事～｜走私～｜战～｜罪～｜惯～。⇒❻动引发；发作（多指不好的事）▷关节炎又～了｜～病｜～疑心｜～愁。

饭（飯） fàn ❶名谷类粮食做成的熟食；特指米饭▷～做熟了｜吃面还是吃～？｜稀～｜～碗。→❷动吃饭▷～前｜～后。→❸名每天按时吃的食品▷吃了一顿～｜早～。

泛（*汎❶❷❺氾❶❷❹❺） fàn ❶动〈文〉在水上漂浮▷～舟秦淮河｜～海出洋｜乘舟～游。→❷形一般；不深入▷～交｜～论｜～～而谈。→❸动透出；漾出▷白里～红｜东方～出鱼肚白｜胃里直～酸水。→❹动江河湖泊的水漫溢出来▷～滥成灾｜黄～区｜～溢。❺形广泛；普遍▷宽～｜～指｜～通经史。

范[1] fàn 名姓。

范[2]（範） fàn ❶名〈文〉模子▷铜～（铜制的模子）｜钱～（制造钱币的模子）。→❷名法式；榜样▷规～｜示～｜模～｜典～。→❸名界限；范围▷就～｜～畴。❹动不使越过界限▷防～。○❺名姓。☛“范”本为姓氏用字，后用作“範”的简化字。“範”也用作姓氏，汉有範依，宋有範昱。今作姓氏的“范”“範”都写作“范”。

贩（販） fàn ❶名买进货物再卖出以获取利润的行商或小商人▷小～｜摊～｜牲口～子。→❷动购进货物出卖，也单指买进货物▷～牲口｜～卖｜～运｜～私｜～毒。

畈 fàn ❶名成片的田地，多用于地名▷白水～（在湖北）｜洪口～（在安徽）。→❷量〈方〉用于成片的田地▷一～田。

梵 fàn ❶名有关古代印度的▷～文（印度古代的书面语）｜～历。→❷名有关佛教的（佛经原用梵语

写成，所以凡与佛教有关的事物都称梵）▷～宫|～钟。☛统读 fàn，不读 fán。

fāng

方 fāng ❶名四个角都是直角的四边形或六面都是直角四边形的立体▷桌面是～的|一块～木头|长～|正～。→❷名指大地；地方▷一～水土养一～人|～音|远～。❸名方向▷东～|四面八～。❹名相对或相关的一面▷敌我双～|对～|甲～。→❺名〈文〉法度；准则▷万邦之～。❻名方法▷引导有～|千～百计。→❼形正直▷品格端～。→❽名古代指医卜星相等技术▷～术|～士。❾名指药方▷处～|偏～儿。→❿名数学上称一个数自乘为方▷平～|立～|三的三次～是二十七。→⓫量 a)用于方形的东西▷一～玉石|两～印章|一～砚台。b)指平方或立方，现在多指平方米或立方米▷铺沥青路面100～|3～木料|填土15～。→⓬副 a)正▷来日～长|～兴未艾。b)始；才▷如梦～醒|年～三十。○⓭名姓。

邡 fāng ❶[什邡]shífāng 名地名，在四川。○❷名姓。

坊 fāng ❶名城镇中的街道里巷；胡同▷～间|白纸～（街巷名，在北京）。○❷名牌坊，旧时为旌表功德、宣扬忠孝节义而修造的一种类似牌楼的建筑物▷贞节～|忠孝～|百岁～。

另见 fáng。

芳 fāng ❶形有香味的▷～草|～香|芬～。→❷形美好的▷～年|～名|～姿|～音。⇒❸名指美好的德行或名声▷千古流～|垂～后世。⇒❹形〈文〉敬辞，用于称对方的或同对方有关的（事物）▷～札|～邻。○❺名姓。

枋 fāng ❶名古书上说的一种树。○❷名方形的长木。

钫1（鈁）fāng ❶名古代盛酒浆的方形壶，用青铜、漆木或陶制成，有的有盖。○❷名古代锅一类的器皿。

钫2（鈁）fāng 名碱金属元素，符号 Fr。有放射性。寿命最长的同位素半衰期为21.8分钟。自然界中含量极微。

fáng

防 fáng ❶名堤坝，挡水的土石建筑物▷堤～。→❷动防备，做好准备以应付祸患▷对这种人可得～着点|～微杜渐|～腐|～空|～护|～止|预～。❸动警戒守卫▷～卫|～守|～御|～务|～线|联～。❹名有关防卫的事务、措施等▷换～|边～|国～|海～|设～。

坊 fáng 名作(zuō)坊，某些个体劳动者的工作场所▷磨～|染～|油～|粉～。

另见 fāng。

妨 fáng 动阻碍；损害▷～碍|～害|不～|无～|何～。☛㊀统读 fáng，不读 fāng。㊁“妨”和“防”不同。“妨”的基本义是阻碍、损害，“防”的常用义是防备、防卫。

肪 fáng [脂肪]zhīfáng，见“脂”。

房 fáng ❶名供人居住或在其中活动的建筑物，古代指正室两边的房间，现在泛指房子或房间▷买了一所～|楼～|瓦～|民～|～东|客～|书～|厨～。→❷名结构或功能类似房子的东西▷蜂～|莲～。→❸名旧指家族中的一支▷长(zhǎng)～|远～|堂～。→❹名旧指妻室▷正～|偏～|二～|填～。❺量用于妻室等▷说一～亲事|两～儿媳妇。→❻名指人的性行为▷～事|行～。○❼名星宿名，二十八宿之一。○❽名姓。

鲂（魴）fáng 名鱼，形状像鳊鱼，但较宽，腹鳍后部有肉棱，全身银灰色。属于淡水经济鱼类。

fǎng

仿（*倣❶—❸ 髣❹）fǎng ❶动相像；类似▷两种布花色相～。→❷动比照原样做；效法▷～古|～效|～制|模～。❸名比照范本写出的字▷写了一张～|～纸|～影。○❹[仿佛]fǎngfú a)动像；类似▷他俩的年龄相～|河水奔腾咆哮，～脱缰的野马。b)副似乎；好像▷狂风～要把屋顶掀掉|他～并没有听懂。☛参见“彷”(páng)字的提示。

访（訪）fǎng ❶动〈文〉征求意见；咨询。→❷动向人调查打听；探寻▷～查|私～|察～|寻～|采～。→❸动拜访；探望▷～问|～友|回～。

纺（紡）fǎng ❶动把棉、丝、麻、毛等纤维制成纱或线▷她～的线又细又匀|～棉花|～织|～车。→❷名一种经纬线较稀疏、质地轻薄的丝织品▷～绸|富春～。

昉 fǎng 动〈文〉开始▷～于今日。

舫 fǎng 名船▷画～|游～。

fàng

放 fàng ❶动不加拘束；放纵▷～开嗓子唱|豪～|～任自流。→❷动把有罪的人驱逐到边远地区▷流～|～逐。❸动解除禁令或拘押，使自由▷刚从监狱里～出来|释～|～行。→❹动放牧，把牛、羊等赶到野地里去觅食和活动▷～羊|～猪。→❺动暂时停止工作或学习，使自由活动▷～工|～学|～假。→❻动指引火焚烧▷～火|～荒。→❼动发出；发射▷～枪|～炮|～冷箭|～光芒|～出阵阵清香。❽动（把钱或物）发给（一批人）▷～赈|发～。❾动把钱借给别人并收取利息▷～款|～高利贷。→❿动（花）开▷鲜花怒～。⓫动扩大；延长▷把袖子再～长些|～大|～宽。→⓬动放置；存放▷把被子～在床上|柜子里～满了书|天太热，馒头～两天就馊|安～|停～|寄～。⇒⓭动搁置；停止进行▷不要紧的事先～一～再说。⇒⓮动使倒下；放倒▷上山～树。⇒⓯动把某些东西加进去▷炒菜别忘了～盐|给牛奶里～点糖|～毒药|投～。○⓰动控制（行动、态度等），使达到某种状态▷～慢速度|～轻脚步|请～尊重些|～明白点。

fēi

飞（飛）fēi ❶动（鸟、虫等）扇(shān)动翅膀在空中往来活动▷大雁南～|～翔|～禽|～蛾。→❷动（自然物体）在空中流动飘浮▷天上～雪花了|～舞|～絮|～沙走石。❸动利用飞行器在空中行动▷飞机起～了|火箭～上了天|～行。→❹动像飞一样快速运动▷火车从眼前～过|～起一脚|物价～涨|～奔|～驰。→❺形没有根据的；无缘无故的▷～语|～祸|～灾。→❻动〈口〉挥发；气体飘散到空中▷汽

油～了|赶快吃吧，时间一长香味就～了。

妃 fēi 名皇帝的妾，地位次于后；太子、王侯的妻子▷后～|贵～|嫔～|～子|王～。

非[1] fēi ❶动违背；不合于▷～法|～礼|～刑|～分（fèn）。→❷名错误；坏事▷明辨是～|文过饰～|为～作歹。→❸动认为不对；反对；指责▷口是心～|是古～今|无可厚～|～议|～难。→❹动表示否定的判断，相当于“不是”▷这事～你我所能解决|答～所问|～亲～故。❺词的前缀。附在名词或名词性词组前，表示不属于某种范围▷～金属元素|～卖品|～经常性开支。→❻副表示否定，相当于“不”▷～常|～凡|～同小可。❼副与“不行”“不可”“不成”“不足”等词呼应，表示必须、一定▷～说不行|～下苦功不可|～你去不成。❽副〈口〉必须（省略“不行”“不可”等）▷不成，～得（děi）我去|你不让我去，我～去。

非[2] fēi 名指非洲▷东～|北～。

菲[1] fēi 形〈文〉花草茂盛，香气浓郁▷芳～|～～。

菲[2] fēi 名一种碳氢化合物，分子式 $C_{14}H_{10}$，是蒽的同分异构体。无色晶体，有光泽。从煤焦油中提取。可用来制造染料、炸药等。

另见 fěi。

啡 fēi 音译用字，用于“咖啡”（kā-fēi，见“咖”）、“吗啡”（mǎfēi，见“吗”）等。

绯（緋） fēi 形大红色▷～红。

扉 fēi ❶名门▷柴～◇心～。→❷名书刊封面之后印有书名、作者姓名等内容的一页▷～页|～画。

蜚 fēi 同“飞”。用于“流言蜚语”“蜚声”等词语中。

另见 fěi。

霏 fēi 〈文〉❶形雨、雪纷飞；烟、云盛多▷雨雪其～|云雾～～。→❷动飞散；飘洒▷烟～雨散。

鲱（鯡） fēi 名鱼，体侧扁而长，体型较小，背青黑色，腹银白色，没有侧线。是冷水性海洋鱼类，世界重要经济鱼类之一。

féi

肥 féi ❶形肥胖，含脂肪多（跟“瘦”相对，一般不形容人）▷猪长得很～了|～肉。→❷形肥沃，土地含适合植物生长的养分多▷这块地～，庄稼长得好。⇒❸动使肥沃或肥胖▷河泥可以～田|～猪粉|育～。⇒❹名肥料，供给作物所需养分、改善土壤性状、提高作物产量和品质的物质▷施～|追～|积～|绿～|化～。→❺形〈口〉生活富裕；财物多（多用于贬义）▷他倒卖文物，～极了。❻动使富裕（多用于贬义）▷坑了集体，～了个人|损公～私|自～。→❼形收入多的▷～缺|～差（chāi）。❽名指利益（多用于贬义）▷暗中分～。→❾形（衣服等）宽大（跟“瘦”相对）▷裤腰太～了|这套衣服不～不瘦正合体。

贲（賁） féi 名姓。

另见 bēn；bì。

淝 féi 名淝水，古水名，在今安徽，分为两支，现在叫西淝河、北淝河。

腓 féi 名人的小腿肌。俗称腿肚子。

fěi

匪[1] fěi 副〈文〉表示否定，相当于“不”“不是”▷获益～浅|～夷所思（指想法离奇，超出常情）。

匪[2] fěi 名用暴力抢劫财物、危害他人的歹徒▷剿～|土～|～患|～徒|～巢。

诽（誹） fěi 动说别人的坏话▷～谤。

菲 fěi 名〈文〉微薄▷聊备～酌，敬请光临|～仪（薄礼）|待遇～薄。

另见 fēi。

悱 fěi ❶形〈文〉形容想说又说不出的样子▷不～不发（不到想说而说不出来的时候，不去启发他）。○❷［悱恻］fěicè 形〈文〉形容内心悲苦的样子▷缠绵～。

斐 fěi ❶形〈文〉形容有文采▷～然成章。○❷名姓。

榧 fěi 名香榧，常绿乔木，高达25米，叶子线状披针形，春末开花，种子有硬壳，核果状，椭圆形。木材耐水湿，可供造船用；种子叫榧子，可以食用，也可以榨油、做药材。

蜚 fěi ［蜚蠊］fěilián 名蟑螂。参见“蟑”。

另见 fēi。

翡 fěi ［翡翠］fěicuì ❶名古书上指一种像燕子的小鸟，有红色羽毛的叫翡，有青绿色羽毛的叫翠。→❷名翠鸟科部分鸟的统称。嘴长而直，嘴和足趾都呈珊瑚红色。最常见的为蓝翡翠，身上有亮蓝色和橙棕色毛，颈白色稍带棕色。喜栖息于平原或水边，吃鱼虾或昆虫。羽毛可做装饰品。→❸名矿物，具翠绿或黄绿色彩的硬玉，半透明，有玻璃光泽，硬度6.5—7，主要用于制作装饰品和工艺美术品。○❹名姓。

篚 fěi 名古代一种盛东西的圆形竹器。

fèi

芾 fèi ［蔽芾］bìfèi 形〈文〉植物幼小▷～甘棠（甘棠，树名）。☛“芾”字下边是“市”（fú），四画，不是“市”。

另见 fú。

吠 fèi 动〈文〉狗叫▷鸡鸣狗～|蜀犬～日|狂～。

肺 fèi 名高等动物的呼吸器官。人的肺在胸腔中，左右各一，与支气管相连。主要由肺泡组成，能使血液中的二氧化碳变成带氧的血液。也说肺脏。☛“肺”字右边是“市”（fú），四画，不是“市”。

狒 fèi ［狒狒］fèifèi 名哺乳动物，形状像常见的猕猴，头部像狗，头大，四肢粗壮，毛浅灰褐色，面部肉色，手脚黑色。群居，杂食。多产在非洲。

废（廢*癈❻） fèi ❶动〈文〉（房屋等）倾倒；坍塌。→❷动覆灭；破灭▷王朝兴～。→❸动放弃不用；停止▷～寝忘食|因人～言|～除|～黜|半途而～。❹形失去效用的；无用的▷～铜烂铁|～纸|～物|～料|～话。⇒❺名失去原有效用的东西▷修旧利～|变～为宝。⇒❻形特指肢体伤残▷这条腿算是～了|残～|～疾。⇒❼形荒芜▷～墟|～园。→❽形沮丧；颓唐▷颓～。

沸 fèi 动液体因受热到一定温度而翻滚腾涌▷扬汤止～|～腾|～水◇～天震地|～反盈天。☛统读 fèi，不读 fú。

费（費） fèi ❶动消耗掉▷～了九牛二虎之力｜耗～｜花～｜浪～｜消～。→❷名开支的钱▷车马～｜挂号～｜路～｜经～｜公～｜免～。→❸形消耗得过多（跟“省”相对）▷这孩子穿鞋太～｜汽油用得太～。○❹名姓。☛“费”不能简化为“弗”。

剕 fèi 动砍去脚，古代一种酷刑。

痱（*疿） fèi 名痱子，夏天皮肤表面生出来的红色或白色小疹，非常刺痒，通常是由于出汗过多、汗腺发炎所致。

镄（鐨） fèi 名放射性金属元素，符号Fm，由人工核反应获得。寿命最长的同位素半衰期为100.5天。

fēn

分 fēn ❶动使整体变成若干部分；使相联系的离开（跟“合”相对）▷一块蛋糕～八块｜把钱～成两份｜～三个问题论述｜～类｜～割｜～散｜～离｜～手。→❷动分配；分派▷每人～了一筐苹果｜毕业后～到工厂工作｜把重活儿～给年轻人干。→❸形从主体上分出来的▷只此一家，别无～号｜～支｜～部｜～队｜～册。→❹动区分；辨别▷五谷不～｜不～青红皂白｜～清是非。→❺名节气名称（表示这一天是昼夜长短的分界）▷春～｜秋～。→❻名分数，表示一个单位的几分之几的数▷～母｜～子｜通～｜约～。→❼名成数，分成的十份中占一份叫一分▷七～成绩，三～缺点｜三～像人，七～像鬼｜十～高兴。→❽名计量单位名称。a）（市制）长度，10厘为1分，10分为1寸。b）（市制）面积，10厘为1分，10分为1亩。c）（市制）重量，10厘为1分，10分为1钱。d）货币，10分为1角，10角为1圆。e）时间，60秒为1分，60分为1小时。f）弧或角，60秒为1分，60分为1度。g）经度或纬度，60秒为1分，60分为1度。h）利率，年利1分为本金的1/10，月利1分为本金的1/100。i）评定的成绩▷语文考了95～｜红队赢了蓝队5～。

另见fèn。

芬 fēn 名花草的香气▷含～吐芳｜～芳。

吩 fēn ［吩咐］fēnfù 动用言语指派或命令▷妈妈～他去买酱油｜有什么事您尽管～。

纷（紛） fēn ❶形繁多；杂乱▷～繁｜～乱｜～至沓来｜大雪～飞｜～～。○❷名争执；纠纷▷排难解～｜～争。

玢 fēn ［赛璐玢］sàilùfēn 名玻璃纸的一种，无色，透明，有光泽。可以染成各种颜色，多用于包装。

另见bīn。

氛（*雰） fēn 名周围的情景；情势▷气～｜～围。☛在异体字整理前，只有“氛围”的“氛”可以写作“雰”。

棻 fēn 名〈文〉香木。

酚 fēn 名有机化合物的一类，由羟基直接与苯环的碳原子相连接而成，如苯酚等。

fén

坟（墳） fén 名在埋葬死人的墓穴上面筑起的土堆▷上～｜～墓｜～地。

汾 fén 名汾河，水名，在山西，流入黄河。☛统读fén，不读fēn或fěn。

棼 fén 形〈文〉纷乱▷治丝益～（理丝不找头绪，越理越乱，比喻处理问题没有次序，越弄越糟）｜～不可理。

焚 fén 动烧▷～香｜心急如～｜玉石俱～｜～毁｜～烧。

鼢 fén 名鼢鼠，鼠类动物之一，体矮胖，毛淡褐色或赤褐色，尾短，眼小，前爪特别长大。在地下打洞居住，吃植物的根、地下茎和嫩芽，对农作物和牧草有害。也说盲鼠、地羊。

fěn

粉 fěn ❶名化妆用的白色或浅红色细末▷擦～｜脂～｜香～｜红～佳人。→❷名细末状的东西▷面～｜藕～｜胡椒～｜洗衣～｜～末。⇒❸动变成或使变成粉末▷石灰受潮，已经～了｜墙根儿底下的砖都～了｜～身碎骨。⇒❹名用淀粉制作成形的食品▷～皮｜～条｜～丝｜凉～。❺名特指粉条或粉丝▷米～｜炒～。⇒❻名特指面粉▷标准～｜富强～｜饺子～。→❼动〈方〉用白垩等刷墙壁等▷屋里的墙壁还没～过。→❽形白色的▷～底皂靴｜～连纸。→❾形粉红，红和白合成的颜色▷穿一条～裙子｜～色。

fèn

分 fèn ❶名整体中的一部分。现在通常写作“份”。→❷名构成事物的不同物质或因素▷成～｜水～｜养～｜盐～。❸名指情谊、机缘、资质等因素▷情～｜缘～｜天～。→❹名人在社会群体中的地位及其相应的责任和权利的限度▷本～｜～内｜～外。☛表示人的身分时，现在通常写作“身份”。

另见fēn。

份 fèn ❶名整体中的一部分▷股～｜等～｜～额。→❷量a）用于整体分成的部分▷把蛋糕分成八～，每人一～。b）用于经过组合整理的东西▷给每人准备一～礼物｜整理两～材料｜三～客饭。c）用于报刊、文件等▷订一～报｜一式两～｜把文件复印五～。d）〈口〉用于模样、状态等▷瞧他那～德行｜看你这～脏样。→❸名用在某些行政区划和时间名词后面，表示划分的单位▷省～｜县～｜年～｜月～。

奋（奮） fèn ❶动〈文〉鸟类张开并振动翅膀▷～翼疾飞｜～飞。→❷动振作；鼓劲▷～不顾身｜～勇｜～斗｜～力｜振～｜～发有为。→❸动举起；挥动▷～笔疾书｜～臂高呼。

忿 fèn 动恼怒▷～怒｜～恨。☛“不忿”（不服气）不能写作“不愤”。

偾（僨） fèn 动〈文〉败坏；破坏▷～事。

粪（糞） fèn ❶名从肛门排泄出来的东西；屎▷马～｜～车｜～便。❷动〈文〉施肥；使肥沃▷～种｜～树｜～田。

愤（憤） fèn ❶动〈文〉心中郁闷▷不～不启（不到苦思苦想而想不通的时候，不去开导他）。→❷动因不满而激动；发怒▷～世嫉俗｜义～填膺｜～懑｜～怒｜～慨｜激～｜悲～｜～～不平。

鲼（鱝） fèn 名鲼形目中部分鱼的统称。身体扁平，呈圆形、斜方形或菱形，背鳍小，尾细长，有的种尾刺有毒。生活在热带和亚热带海洋中。

瀵 fèn 动〈文〉水从地下深处喷出▷～泉。☛“瀵”字右边的“糞”不能简化为“粪”。

fēng

丰(豐❶❷❹—❻) fēng ❶形草木茂盛▷～茂|～美。→❷形丰满;体态胖得匀称好看▷体态～盈|两颊～润。❸名人的风度、仪态▷～韵|～姿绰约|～仪。→❹形丰富,(物质和精神财富)种类多或数量大▷～衣足食|～收|～盛|～饶|～裕。→❺形高大;伟大▷～碑|～功伟绩。○❻名姓。☛"丰"字的第一笔是"一",不是"ˊ"。

风(風) fēng ❶名由于气压分布不均匀而产生的空气流动的现象,通常根据风速的大小从0到12级共分为13级▷今天～太大|偏北～五六级|春～|刮～|～灾|～车|～筝。→❷名风俗;风气▷移～易俗|有伤～化|～土人情|蔚然成～|歪～邪气|民～。❸名指民歌▷《诗经·国～》|采～|土～。→❹名外在的姿态;作风▷～采|～华|～貌|～格|～范|学～|文～。→❺名风声;传播出来的消息▷他向我透了一点～|闻～而动|通～报信|不漏口～。❻形传闻的;不确实的▷～言～语|～闻|～传。→❼名景象;景色▷～景|～光|～物。→❽名中医指"六淫"(风、寒、暑、湿、燥、火)之一,是致病的一个重要因素▷～寒|～热|～湿|祛～化痰。→❾动借风力吹干吹净▷～干|晒干～净。❿形风干的▷～鸡|～肉。○⓫名姓。

沣(灃) fēng 名沣水,水名,在陕西,流入渭河。

沨(渢) fēng [沨沨]fēngfēng 拟声〈文〉形容水声或风声。

枫(楓) fēng 名枫树,落叶乔木,高可达40米,叶子互生,通常三裂,边缘有细锯齿,秋季逐渐变红。木材轻软细致,但容易开裂,不耐朽,可制箱板。树脂、根、叶、果都可以做药材。秋叶艳红,可供观赏。也说枫香、红枫、丹枫。

封 fēng ❶动〈文〉堆土为界。→❷名〈文〉田界;疆界▷～界|～疆。→❸动古代帝王把土地、爵位等分给贵族和臣子▷分～|～地|～侯|～妻荫子。→❹动严密盖住、关住或糊住,使不透气或不露出▷用蜡把瓶口～上|拿纸条～窗户|信已经～好了|密～|～条。⇒❺动禁止或限制(通行、活动、联系等)▷所有的路口都～上了|～山育林|固步自～|～锁|查～。⇒❻量用于封着的东西▷两～信|一～公函。⇒❼名用来封闭或包装东西的纸袋或外皮▷信～|～套|～面。○❽名姓。

砜(碸) fēng 名硫酰基($=SO_2$)同烃基或芳香基结合而成的有机化合物,如$(CH_3)_2SO_2$(二甲砜)等。

疯(瘋) fēng ❶形神经错乱,举止失常▷孩子出了车祸,妈妈急～了|装～卖傻|～人院|～癫。→❷动指不受管束或没有节制地玩耍▷老不回家,成天在外边～。❸形举止轻狂,不稳重;言语不合常理▷这孩子整天～闹|别跟那个～丫头混在一起|说～话。→❹形形容农作物像发了疯似的长枝叶(却不结果实)▷棉花长～了|把～枝打掉|～长。

峰(*峯) fēng ❶名山的尖顶▷两～对峙|～回路转|顶～|山～|～峦。→❷名外形像山峰的事物▷驼～|洪～|眉～。❸量用于骆驼▷两～骆驼。

烽 fēng 名烽火,古代边防人员点燃的烟火,敌人来犯时,点燃柴草或狼粪报警,白天放的烟叫燧,夜里点的火叫烽▷～烟|～火台。

葑 fēng 名〈文〉蔓菁。参见"蔓"(mán)。
另见fèng。

锋(鋒) fēng ❶名刀、剑等武器的锐利部分▷刀～|～芒|～利|交～。→❷名某些器物的尖端部分▷笔～|针～相对。❸名带头的、居于前列的人或事物▷前～|先～|中～。❹名指锋面,大气中冷、暖气团之间的交界面▷冷～|暖～。→❺名喻指言语、文章的气势▷谈～|话～|词～。

蜂(*蠭 蠭) fēng ❶名昆虫的一类,有毒刺,能蜇人,会飞,常群居。种类很多,有蜜蜂、胡蜂、黄蜂等。→❷名特指蜜蜂▷～蜜|～蜡|～乳|～箱。→❸名像蜂一样(成群地)▷～拥|～起。

酆 fēng ❶[酆都]fēngdū 名地名,在重庆。今作丰都。○❷名姓。☛"酆"字不能简化为"邦"。

féng

冯(馮) féng 名姓。
另见píng。

逢 féng ❶动碰到;遇见▷～人便讲|每～星期天都要出去玩|枯木～春|酒～知己|遭～|相～。○❷名姓。
另见páng。

缝(縫) féng 动用针线连缀▷～衣服|伤口～了三针|～补|～纫。
另见fèng。

fěng

讽[1](諷) fěng 动〈文〉背诵;诵读▷～诵。

讽[2](諷) fěng ❶动用含蓄委婉的语言暗示、规劝或指责▷借古～今|～喻|～谏。→❷动讥讽▷嘲～|冷嘲热～。☛统读fěng,不读fēng、fèng。

唪 fěng 动大声念诵(经文)▷～经。

fèng

凤(鳳) fèng ❶名古代传说中的神鸟,据说是百鸟之王,羽毛非常美丽,又说雄的叫凤,雌的叫凰,通称凤或凤凰,常用来比喻祥瑞或珍贵的事物▷百鸟朝～|龙～呈祥|～毛麟角。○❷名姓。

奉 fèng ❶动〈文〉恭敬地捧着。→❷动(从上级或长辈那里)接受▷～命转移|～令。❸动尊奉;信仰▷被人们～为楷模|～公守法|信～|～行(xǐng)。→❹动恭敬地送给;献给▷～上一束鲜花|～上清茶一杯|～献|～送。❺动供养;侍候▷侍～老人|供～|～养。→❻副敬辞,用于由自己发出的涉及对方的行动▷～还|～告|～陪。○❼名姓。

俸 fèng 名旧时官吏的薪金▷～禄|～钱|薪～。

葑 fèng 名〈文〉茭白的根。
另见fēng。

缝(縫) fèng ❶名缝(féng)合或接合的地方▷大褂的中～|无～钢管。→❷名空隙;裂开的窄长口子▷窗户～|墙～|桌面上裂了一道～儿|～隙。
另见féng。

fó

佛 fó ❶名佛教称佛教创始人释迦牟尼(梵语音译词"佛陀"的简称)。→❷名佛教称修行圆满的人▷立地成~。→❸名释迦牟尼所创立的宗教,为世界主要宗教之一,西汉末年传入我国▷信~|~门弟子|~经|~法。→❹名指佛像▷千~洞|石~|乐山大~|卧~。→❺名指佛号或佛经▷念~|诵~。

另见 fú。

fǒu

缶 fǒu ❶名古代一种盛酒的瓦器,大腹小口,有盖。→❷名古代一种瓦质的打击乐器▷击~。

否 fǒu ❶副用在动词前,表示对这种动作行为的否定▷~认|~决。→❷副〈文〉应答时独立使用,表示不同意或不承认等,相当于"不对""不是这样"等▷~,此非君子之言也。→❸副〈文〉用在动词或形容词后,等于"不"加这个词▷知~(知道不知道)?|在~(在不在)?|当~(妥当不妥当)?

另见 pǐ。

fū

夫 fū ❶名成年男子的通称▷一~当关,万~莫开|匹~|懦~|大丈~。→❷名丈夫,女子的配偶(跟"妻""妇"相对)▷~唱妇随|~妻|妹~。→❸名旧时称从事某种体力劳动的人▷农~|渔~|樵~|车~|船~|更~。❹名旧时指为官方或军队服劳役、做苦工的人▷拉~|民~|~役。也作伕。

另见 fú。

伕 fū 同"夫"④。

呋 fū 音译用字,用于"呋喃"(有机化合物,分子式C_4H_4O,无色液体,供制药用,也是重要的化工原料)。

玞 fū [珷玞]wǔfū,见"珷"。

肤(膚) fū ❶名人体的表皮▷体无完~|切~之痛|皮~。→❷形浅薄▷~浅|~泛。☛统读 fū,不读 fú 或 fǔ。

麸(麩*粰麱) fū 名麸子,小麦磨成面粉过罗后剩下的麦皮屑。也说麸皮。

趺 fū ❶同"跗"。→❷动〈文〉双足交叠而坐▷~坐。→❸名〈文〉石碑的底座▷石~|龟~。

跗 fū 名脚背▷~面(脚面)|~骨。

稃 fū 名禾本科植物小花外面包着的两枚苞片▷内~|外~。

鄜 fū ❶名鄜县,地名,在陕西。今作富县。○❷名姓。

孵 fū 动鸟类用体温使卵内的胚胎发育成幼体,也指用人工的方法使卵内的胚胎发育成幼体▷~小鸡|~化器。

敷 fū ❶动〈文〉铺陈;布置▷~席|~座|~设。→❷动〈文〉铺叙;陈述▷~陈|~演|~文。→❸动(用粉、药等)搽;涂▷~药|~粉|把药膏~在伤口上。○❹动足够▷入不~出|不~应用。☛统读 fū,不读 fú 或 fǔ。

fú

夫 fú 〈文〉❶代表示远指,相当于"那"▷微~人之力不及此(没有那个人的力量达不到目前的状况)。→❷代他▷~为其君勤也(他是给他的主人服务)。→❸助 a)用在句子开头,表示要发表议论▷~战,勇气也。b)用在句子末尾或句中停顿的地方,表示感叹语气▷悲~!|逝者如斯~,不舍昼夜!

另见 fū。

弗 fú ❶副〈文〉表示否定,略相当于"不"▷自叹~如。○❷名姓。

伏[1] fú ❶动胸腹朝下卧倒▷俯~|趴~。→❷动脸朝下身体前倾靠在物体上▷~在桌子上睡着了|~案工作。→❸动隐藏;隐蔽▷昼~夜出|危机四~|埋~|~兵|~笔。❹名伏天,夏天最热的一段时间,从夏至后第三个庚日起,到立秋后第二个庚日前一天止,共30天或40天▷入~|中~|三~天|歇~。→❺动低下去;落下去▷此起彼~|倒~|起~。→❻动低头屈服;顺服▷~罪|~输。❼动使服从▷降龙~虎|制~。○❽名姓。

伏[2] fú 量〈外〉法定计量单位中电压单位伏特的简称。1安的电流通过电阻为1欧的导线时,导线两端的电压是1伏。这个单位名称是为纪念意大利物理学家伏特而定的。

凫(鳧) fú ❶名水鸟,形状像鸭子而略小,趾间有蹼,善游水,能飞。多群栖于湖泊中。肉可食用,毛可制羽绒。通称野鸭。○❷同"浮"②。☛"凫"字上边是"鸟",但要去掉末尾横笔。

扶 fú ❶动用手支撑使起立或不倒下▷把跌倒的孩子~起来|~着老人上车|~苗|搀~。→❷动帮助▷~危济困|救死~伤|~贫|~助|~植。→❸动用手抓住或靠着他物来支撑身体▷~着栏杆下楼|~着桌子站起来。❹动勉力支撑(病、伤的身体)▷~病视察。○❺名姓。

芙 fú [芙蓉]fúróng ❶名荷花的别名▷出水~。○❷名即木芙蓉,落叶灌木,叶掌状分裂,开白色或淡红色花。可供观赏。叶和花可以做药材。

芾 fú 形〈文〉草木繁盛。☛"芾"字下边是"巿"(fú,四画),不是"市"(shì)。

另见 fèi。

苯 fú [苯苢]fúyǐ 名古书上指车前,多年生草本植物,全草和种子可以做药材。

佛(*彿髴) fú [仿佛]fǎngfú,见"仿"。

另见 fó。

孚 fú 动令人信服▷深~众望。

拂 fú ❶动擦拭;掸掉尘土▷~拭|~尘。→❷动轻轻擦过▷春风~面|吹~。❸动接近▷~晓。→❹动甩动▷~袖而去。○❺动违背;违反▷~逆|~意|~耳。☛统读 fú,不读 fó。

苻 fú ❶古同"莩"。○❷名姓。☛"苻"和"符"不同。"符"指符节、标记、符箓、符合。

茀 fú 形〈文〉杂草多▷道~不可行。

服[1] fú ❶动从事;担任▷~劳役|~务。→❷动承受▷~刑。❸动听从;信服▷不~管教|口~心不~|佩~|叹~。❹动使信服;使听从▷以理~人|说~|征~。○❺动适应;习惯▷水土不~。○❻动吃(药物)▷一日~三次,每次~一丸|~药|~毒自杀。

〇❼图姓。

服[2] fú ❶图衣服,遮蔽身体和御寒的东西▷制～|校～|～装。→❷动穿(衣服)▷～丧(穿丧服)。→❸图指丧服,旧时为哀悼死者(一般是长辈亲人)而穿的服装,用本色粗布或麻布缝制▷有～在身。

另见 fù。

佛 fú 形〈文〉形容忧郁或愤怒的样子▷～郁|～然不悦|～然大怒。

宓 fú 图姓。

另见 mì。

绂(紱) fú ❶图古代系官印的丝带。〇❷古同"黻"。

绋(紼) fú〈文〉❶图大绳。→❷图特指送葬时牵引灵柩的绳子▷执～(原指送葬时帮助牵引灵柩,后来泛指送葬)。

韨(韍) fú 图古代朝觐或祭祀时遮蔽在衣裳前面的一种服饰,用熟皮制成。

茯 fú [茯苓]fúlíng 图一种真菌。一般寄生在松树根上,外形与甘薯相似,大小不等,表面有深褐色皮壳,内部粉粒状。可以加工制作食品,也可以做药材。

枹 fú 同"桴[2]"。

另见 bāo。

罘 fú [芝罘]zhīfú 图半岛名,又海湾名,均在山东。

氟 fú 图气体元素,符号F。浅黄绿色,味臭,有毒,腐蚀性极强,是非金属中最活泼的元素。含氟的塑料和橡胶等具有特别优良的性能。

俘 fú ❶动作战时擒获(敌人)▷～获|被～。→❷图作战时擒获的敌人▷战～|遣～。

郛 fú 图外城,古代在城的外围加筑的城墙▷～郭(外城)。

洑 fú ❶图〈文〉旋涡。〇❷图姓。

另见 fù。

祓 fú ❶图古代一种祭祀,以除灾求福。→❷动〈文〉清除;洗涤▷～除不祥|～濯(洗涤)。

莩 fú 图〈文〉芦苇茎秆里的白膜或种子的外皮。

另见 piǎo。

栿 fú 图〈文〉房梁。

蚨 fú [青蚨]qīngfú ❶图古代传说中的一种小虫,母子不相离。→❷图〈文〉借指铜钱。

浮 fú ❶动漂在水或其他液体表面上(跟"沉"相对)▷船～在水面上|汤上～了一层油花|～沉|～桥◇脸上～现出一丝笑意。→❷动在水里游动▷从江上～过去|～水。也作凫。→❸动飘(在空中)▷天上～着几朵白云|～云。⇒❹形空虚;不切实际▷～夸|～华|～名。⇒❺形不踏实;不稳重▷这孩子心太～|～躁|轻～。→❻形外表上的▷～土|～雕|～面。→❼动多余▷人～于事|～报冒领。→❽形不固定的▷～财|～产。❾形临时的▷～支|～记。☛统读 fú,不读 fóu。

菔 fú [莱菔]láifú 图萝卜。

桴[1] fú ❶图〈文〉用竹木编成的小筏子▷乘～浮于海。〇❷图〈方〉房屋大梁上的小梁。

桴[2] fú 图〈文〉鼓槌▷～鼓相应。也作枹。

符 fú ❶图古代朝廷封爵、置官、派遣使节或调兵遣将时用的凭证,分为两半,君臣或有关双方各执一半,两半相合,作为验证▷～节|兵～|虎～(虎形的兵符)。→❷图标记;记号▷音～|休止～|～号。❸图道士或巫师画的一种用来驱鬼避邪的图形或线条▷画了一张～|护身～|～咒。→❹动相合;吻合▷两人口供相～|与实际情况不～|～合。〇❺图姓。

匐 fú [匍匐]púfú,见"匍"。

涪 fú 图用于地名。如:涪江,水名,发源于四川,流入嘉陵江;涪陵,地名,在重庆。

袱 fú ❶图用来包裹东西的布单。→❷[包袱]bāofu a)图用方形的布包成的包裹▷手里提着一个～|～皮儿。b)图喻指负担▷思想～|精神上不要背～。

艴 fú 形〈文〉形容恼怒的样子▷～然而返。

幅 fú ❶图布匹等纺织品的宽度▷这种布～宽一米二|～面|单～。→❷图泛指宽度▷～度|～员(宽窄叫幅,周围叫员)|振～|篇～。→❸量用于布帛、字画等▷一～布|几～画。☛统读 fú,不读 fǔ。

辐(輻) fú 图车轮上连接车毂和轮圈的条状物▷～条|～辏(形容人或物像车辐条集中到车毂上一样聚集起来)◇～射。☛统读 fú,不读 fǔ。

蜉 fú ❶[蜉蝣]fúyóu 图昆虫,体软弱,触角短,翅半透明,前翅发达,后翅很小,腹部末端有长尾须两条。若虫(或稚虫)生活在水中,需一至三年或五至六年以上才能成熟;成虫寿命很短,只有数小时至一周左右,一般朝生暮死。种类很多。〇❷[蚍蜉]pífú,见"蚍"。

福[1] fú ❶图幸福,称心如意的生活或境遇(跟"祸"相对)▷是～是祸,很难预料|造～|享～。→❷图福气,享受幸福生活的命运▷无～消受|托您的～|～分|口～|一饱眼～。

福[2] fú 图指福建▷～橘。

蝠 fú [蝙蝠]biānfú,见"蝙"。

幞 fú ❶图幞头,古代男子束发用的头巾。〇❷古同"袱"。

黻 fú 图古代礼服上绣的黑、青两色相间的花纹▷～衣。

fǔ

父 fǔ〈文〉❶图对老年人的尊称。→❷图对男子的美称▷尚～(吕尚,即姜太公)。❸图对从事某种行业的人的称呼▷田～|渔～。

另见 fù。

抚(撫) fǔ ❶动用手轻轻按着▷～摩|～弄|～躬自问。→❷动慰问;慰劳▷～慰|～恤|安～。→❸动爱护;养育▷～爱|～育|～养。

甫[1] fǔ ❶图古代对男子的美称,多加在表字之后,如孔丘字的全称是仲尼甫。后来尊称别人的表字为"台甫"。〇❷图姓。

甫[2] fǔ 副〈文〉刚;才▷喘息～定|时～过午|年～三旬。☛"甫"字统读 fǔ,不读 pǔ。

拊 fǔ 动〈文〉拍;击▷～掌|～膺(拍胸,表示哀痛)。

斧 fǔ ❶名斧子,砍竹、木等用的金属工具,头呈楔形,装有木柄▷～头|板～|～凿痕。→❷名古代一种兵器,也用作杀人的刑具▷～钺|～锧。

府 fǔ ❶名古代官方收藏文书或财物的处所▷～库|天～(指自然条件好,物产富饶的地方)。→❷名〈文〉泛指某种事物聚集的地方▷学～|怨～(怨恨聚集的对象)。→❸名旧指官吏办公的地方,现在指国家机关▷官～|政～。⇒❹名旧指高级官员或贵族的住所,现在也指某些国家首脑办公或居住的地方▷打道回～|王～|相～|总统～。❺名敬辞,尊称对方的住宅▷～上|贵～。⇒❻名旧时行政区划名,级别一般在县以上▷保定～|～城|知～|～尹。

俯(*俛頫) fǔ ❶动向前屈身低头(跟"仰"相对)▷～首帖耳|～仰由人|～拾即是。→❷动向下▷～卧|～视|～冲。→❸副敬辞,用于对方对自己的动作▷～就|～念|～允|～察。

釜 fǔ ❶名古代一种用来蒸煮食物的炊具,铜制或陶制,小口大腹,无足,相当于现在的锅▷～底抽薪|破～沉舟。→❷名古代一种量器,容量为六斗四升。

辅(輔) fǔ ❶动从旁帮助▷相～相成|～导|～佐|～助。→❷名古代指国都附近的地方▷畿～。○❸名姓。

脯 fǔ ❶名肉干▷肉～|兔～。→❷名用糖、蜜等腌制的瓜果干(gān)▷桃～|苹果～。
另见 pú。

腑 fǔ 名中医对胃、胆、膀胱、三焦、大肠、小肠的统称▷脏～|五脏六～◇感人肺～。

滏 fǔ [滏阳]fǔyáng 名水名,在河北,同滹沱河汇流成子牙河。

腐 fǔ ❶动朽烂;变坏▷～烂|～朽|防～剂|～蚀◇～化。→❷形(思想)陈旧迂阔▷陈～|迂～|～儒。→❸名指豆腐▷～竹|～乳|～皮。

簠 fǔ 名古代祭祀或宴饮时盛谷物的器皿,长方形,有四只短足和两只耳。

黼 fǔ 名古代礼服上绣的黑白相间的斧形花纹▷～衣|～黻(常喻指华丽的辞藻)。

fù

父 fù ❶名有子女的男子;子女称生育自己的男子▷～子|～母|同～异母。→❷名对男性长辈的通称▷祖～|伯～|叔～|舅～|姨～|岳～|～老。
另见 fǔ。

讣(訃) fù 动报丧,把去世的消息通知死者的亲友或向大众公布▷～告|～闻|～电。

付 fù ❶动交给▷～出巨大的代价|～诸实施|～印|～邮|交～|～与。→❷动专指给钱▷～钱|～款|支～。○❸名姓。☛"正副"的"副"、"师傅"的"傅",不能写作"付"。

负(負) fù ❶动〈文〉用背部背(bēi)▷～薪|～荆|～重。→❷动承担;担任▷～责任|身～重任|肩～|担～。⇒❸名承担的任务或责任▷如释重～。⇒❹动遭受;蒙受▷～了点儿轻伤|～屈衔冤。⇒❺动享有;具有▷久～盛名。⇒❻动依靠;仗恃▷～隅顽抗|～险固守|自～。→❼动欠(债)▷～债累累。→❽动违背;背弃▷忘恩～义|不～厚望|～约|～心|辜～。→❾动战败;失败(跟"胜"相对)▷三胜二～|不分胜～。→❿形数学、物理学上指对立的两方中跟"正"相对的▷～数|～电|～极。

妇(婦*媍) fù ❶名成年女子▷～科|～女|～孺|～代会。→❷名已婚女子▷～人|少～|寡～|媳～。→❸名妻子(跟"夫"相对)▷夫唱～随|夫～。

附(*坿) fù ❶动依傍;依从▷～逆|依～|～和(hè)|～议|～庸风雅|～属|～着(zhuó)。→❷动挨近▷～在他耳边小声说着|～近。→❸动附带;另外加上▷信的正文后边还～着几句话|～加|～件|～设。

咐 fù ❶[吩咐]fēnfù,见"吩"。○❷[嘱咐]zhǔfù 动告诉对方记住(怎样做)▷妈妈～他路上要小心。

阜 fù 〈文〉❶名土山;山。→❷形盛多;丰厚▷物～民丰|民康物～。

服 fù 量用于中药▷三～汤药。
另见 fú。

驸(駙) fù ❶名古代几匹马同拉一辆车时,在边上拉帮套的马;拉副车(皇帝的侍从车辆)的马。→❷[驸马]fùmǎ 名汉代官名,主管拉副车的马匹。帝王的女婿常担任这个官,因此特指帝王的女婿。

赴 fù ❶动到(某处)去;前往▷～京|～宴|赶～前线|～任。→❷动报丧。现在通常写作"讣"。○❸名姓。

复[1](復) fù ❶动反过来;转过去▷循环往～|反～思考。→❷动回答;回报▷～信|答～|～电|～命。❸动报复▷～仇。→❹动还原▷～学|～婚|～原|收～|恢～。❺副表示状况的再现,相当于"再"▷死灰～燃|周而～始|旧病～发|无以～加。

复[2](複) fù ❶名〈文〉有里子的衣服;夹衣。→❷形非单一的;两个或两个以上的▷山重水～|～姓|～句|～方|～利|～分数|～式簿记|～印|～制。☛"复"不是"覆"的简化字。

洑 fù 动游水▷河太宽,～不过去|～水。
另见 fú。

副 fù ❶动〈文〉(旧读 pì)破开;一个破成两半。→❷形居第二位的;起辅助作用的▷他不是正队长,是～的|～司令|～手|～标题。⇒❸名副职;任副职的人▷队～|营～|大～|二～。⇒❹形附带的;次要的▷～产品|～业|～本。⇒❺形次等的▷～品|～伤寒。→❻动彼此相称(chèn);符合▷名实不～|名～其实。→❼量 a)用于成双成对的东西▷两～手套|一～对联|一～筐。b)用于配套的东西▷一～铺板|全～武装。c)用于面部(数词限于"一")▷一～虚伪的面孔|一～笑脸。○❽名姓。☛"副"不能简化为"付"。

蝜(蝜) fù [蝜蝂]fùbǎn 名古代寓言中指一种好负重物的小虫。

赋[1](賦) fù 名旧指田地税▷～税|田～。

赋[2](賦) fù ❶动授予;交给▷～予。→❷名人的天性;自然具有的资质▷～性|禀～|天～。

赋[3](賦) fù ❶名我国古代一种文体,介于韵文和散文之间,用韵,但句式类似散文,盛行于汉魏六朝▷汉～|辞～|吟诗作～。→❷动写作(诗、词)▷～诗一首。

傅[1] fù ❶动〈文〉教导。→❷名传授技艺的人▷师～。○❸名姓。☛"傅"和"付"是两个不同的姓，不能相混。

傅[2] fù〈文〉❶动依附；附着▷皮之不存，毛将安～？→❷动使附着；涂抹▷～粉。

富 fù ❶形多；丰盛▷～于感情｜～足｜～饶｜～矿。→❷形指钱财多（跟"贫""穷"相对）▷这个村子两年就～起来了｜要想～，先修路｜～有｜～强｜～翁｜贫～不均。⇒❸名资源财产的总称▷财～｜～源。⇒❹动使富裕▷～国强兵｜～民政策。○❺名姓。

腹 fù ❶名人和某些动物躯干的一部分，在胸的下面或后面，通称肚子▷～腔｜～泻｜空～｜遗～子。→❷名喻指人的内心或地域的中心部位▷以小人之心度(duó)君子之～｜～稿｜深入～地。→❸名前面▷～背受敌。→❹名坛子、瓶子等器物中间凸出像肚子的部分▷壶～｜瓶～。

鲋（鮒） fù 名〈文〉鲫鱼▷涸辙之～（喻指在困境中急待救援的人）。

缚（縛） fù 动捆；绑▷作茧自～｜束～｜～送。

赙（賻） fù 动〈文〉送财物帮人家办丧事▷～赠｜～仪｜～金。

蝮 fù［蝮蛇］fùshé 名毒蛇的一种，体长60—90厘米，头呈三角形，颈细，背灰褐色，两侧各有一行黑褐色圆斑，腹面灰褐色，有黑白斑点。生活在平原及较低的山区，捕食蛙、鸟、鼠等。

鳆（鰒） fù 名〈文〉鲍鱼。参见"鲍"。

覆 fù ❶动下部朝上翻过来或翻倒▷天翻地～｜～巢之下无完卵｜～辙。→❷动灭亡▷～灭｜～亡。→❸同"复[1]"①。现在通常写作"复"。❹同"复[1]"②。现在通常写作"复"。○❺动遮盖▷～盖｜～被。☛1964年公布的《简化字总表》将"覆"作为"复"的繁体字处理。1986年重新发表的《简化字总表》确认"覆"为规范字，不再作为"复"的繁体字。

馥 fù 形香气浓重▷～郁。

G

gā

夹(夾) gā [夹肢窝]gāzhiwō 名〈口〉腋窝。也作胳肢窝。
另见 jiā;jiá。

旮 gā [旮旯儿]gālár 名〈口〉角落;偏僻的地方▷墙~|背~|山~。

伽 gā 音译用字,用于"伽马射线"(镭等放射性元素的原子放出的射线)等。
另见 jiā;qié。

呷 gā ❶[呷呷]gāgā 同"嘎嘎"。参见"嘎"②。○❷[呷洛]gāluò 名地名,在四川。今作甘洛。
另见 xiā。

咖 gā 音译用字,用于"咖喱"(用胡椒、姜黄等制成的调味品)等。
另见 kā。

胳 gā [胳肢窝]gāzhiwō 同"夹肢窝"。参见"夹"。
另见 gē;gé。

嘎(*嘠) gā ❶拟声形容响亮而短促的声音▷河面上的冰~的一声裂开了。○❷[嘎嘎]gāgā 拟声形容鸭子、大雁等的叫声。
另见 gá;gǎ。

gá

轧(軋) gá〈方〉❶动挤▷~车子。○❷动与人交往▷~朋友。○❸动核对▷~账。
另见 yà;zhá。

钆(釓) gá 名金属元素,符号 Gd,稀土元素之一。银白色,在空气中易燃,有强磁性,低温时有超导性质,用于微波技术,也用于核工业。

尜 gá [尜尜]gága ❶名一种两头尖中间大的儿童玩具。也说尜儿。→❷名像尜尜的东西▷~枣|~汤(用玉米面等做的食品)。//也作嘎嘎。

嘎(*嘠) gá ❶[嘎调]gádiào 名京剧唱腔里,用特别拔高的音唱某个字,这种音叫嘎调。○❷[嘎嘎]gága 同"尜尜"。参见"尜"。
另见 gā;gǎ。

噶 gá 音译用字,用于"噶伦"(原西藏地方政府的主要官员)、"噶厦"(gáxià,原西藏地方政府)、"噶达娃节"(藏族地区纪念释迦牟尼诞辰的节日)等。☛统读 gá,不读 gǎ 或 gé。

gǎ

玍 gǎ〈方〉❶形脾气古怪;乖僻▷这个人太~,跟谁也合不来。→❷形调皮▷~小子|~子。

尕 gǎ 形〈方〉年纪小;小▷~娃|~王。

嘎(*嘠) gǎ 同"玍"。
另见 gā;gá。

gà

尬 gà [尴尬]gāngà,见"尴"。

gāi

该¹(該) gāi ❶动用来充当谓语。a)应当是▷论技术,~老李排第一|过了年,~十岁了。b)应轮到▷今天~我值班了吧?|下面~你发言了。c)表示应当如此,毫不委屈▷~!谁让你不听话|活~。→❷动用来修饰谓语。a)表示理应如此;应当▷我~走了|~不~努力学习?|~死。b)估计情况应当如此(在感叹句中兼有加强语气的作用)▷他今年~大学毕业了吧?|不多穿衣服,又~感冒了|这里种上树,~有多美!|下了班洗个澡,~多舒服啊!

该²(該) gāi 动〈口〉欠▷东西拿走,钱先~着吧|这笔账~了一年了。

该³(該) gāi 代指示上面说过的人或事物,相当于"此""这个"等▷~人多次来访|~厂连年亏损。

陔 gāi〈文〉❶名台阶的次序;层次。○❷名田埂。

垓 gāi ❶数〈文〉数字,指一万万。○❷[垓下]gāixià 名古地名,在今安徽灵璧东南,是刘邦围困并击溃项羽的地方。

赅(賅) gāi 形完备;齐全▷言简意~|~备。

gǎi

改 gǎi ❶动变更;更换▷开会时间~了|~天换地|朝令夕~|~变|~换|~革。→❷动改正,把错误的变为正确的▷一定要~掉这个毛病|~邪归正|~过。❸动修改;改动▷~稿子|衣服大了可以~小|~写|篡~。○❹名姓。

胲 gǎi 名〈文〉脸颊上的肉。
另见 hǎi。

gài

丐(*匄匃) gài ❶动〈文〉乞求;乞讨▷~贷|~食。→❷名以乞讨为生的人▷乞~|~头。☛"丐"和"丏"(miǎn)形、音、义都不同。丏,遮蔽。

芥 gài [芥蓝菜]gàiláncài 名一年生或二年生草本植物,茎粗壮直立,分枝多,叶片短而宽。嫩叶和菜薹可以食用。
另见 jiè。

隑(隑) gài 动〈方〉倚靠;斜靠。

钙（鈣）gài 名金属元素，符号 Ca。银白色，质软而轻，化学性质活泼。可用于制取稀有金属，也可作还原剂和脱硫剂，钙的碳化合物在建筑工程和医药上用途很广。人体缺钙会引起佝偻病、手足抽搐等。

盖[1]（蓋）gài ❶名位于器物上部、具有遮蔽和封闭作用的东西▷把～儿掀开｜锅～｜箱子～儿｜瓶～｜～碗茶。→❷名〈文〉伞；车篷▷雨～｜华～（古代车上像伞的篷子）。❸名人体某些部位形状像盖子的骨骼；某些动物背部的甲壳▷头～骨｜膝～｜乌龟～｜螃蟹～。→❹动把盖儿扣在器物上；蒙上▷～锅盖｜～被子｜覆～。⇒❺动掩饰▷真相想～也～不住｜欲～弥彰｜掩～。⇒❻动用印▷～章｜～钢印。⇒❼动压倒；超过▷海啸声～过了一切声响｜～世无双。⇒❽动建筑（房屋）；搭盖▷房子～好了｜～楼｜翻～｜修～。→❾名榜。参见"榜"。〇❿名姓。

盖[2]（蓋）gài 副〈文〉表示对事物带有推测性的判断，或表示对原因的解释，相当于"大概""原来"等▷此桥～建于 1820 年｜与会者～千人｜有所不知，～未学也。

另见 gě。

溉 gài 动浇灌▷灌～。

概（*槩）gài ❶名旧时量谷物时刮平斗斛的用具。→❷名气度；风度▷气～｜飘飘然有神仙之～。→❸名大略▷梗～｜～要｜～论｜～况｜～貌。→❹副表示全部，没有例外，相当于"一律"（后面多带"不"）▷～不负责｜～不退换。

gān

干[1] gān ❶名盾牌，古代用来挡住刀箭、防身护卫的兵器▷大动～戈。〇❷名姓。

干[2] gān ❶动〈文〉触犯；冒犯▷有～禁例｜～犯。→❷动扰乱▷～扰。〇❸动〈文〉求取（职位、俸禄等）▷～仕｜～禄｜～进。〇❹动关连；牵涉▷不～我的事｜与他毫不相～｜～涉｜～连。

干[3] gān 名〈文〉河岸；水边▷江～。

干[4] gān 名指天干，甲、乙、丙、丁、戊、己、庚、辛、壬、癸的总称，传统用于纪日、纪年和排列顺序等▷～支纪年。

干[5]（乾*乹乾）gān ❶形不含水分或水分极少（跟"湿"相对）▷衣裳还没～｜嘴唇～得都裂口子了｜～菜｜～粮｜～燥｜～旱。→❷形枯竭；尽净；空▷眼泪流～了｜～涸｜壶里的水都熬～了｜外强中～。⇒❸动使净尽▷～了这一杯。⇒❹副空；白白地▷站在一边～看着｜～打雷不下雨｜～等了半天｜～瞪眼｜～着急。⇒❺副虚假的；只具形式的▷～号（hǎo）了几声｜～笑。❻形没有血缘或婚姻关系而拜认的（亲属）▷～娘｜～儿子｜～亲。→❼名加工制成的没有水分或水分少的食品▷把白薯晾成～儿｜葡萄～儿｜豆腐～儿｜饼～｜糕～。→❽形不用水的▷这件毛料衣服只能～洗｜～馏。→❾动〈方〉慢待；不理睬▷别把客人～在那里。

另见 gàn。"乾"另见 qián。

甘 gān ❶形味道甜▷～甜｜～美｜～草。→❷形美好的；使人满意的▷～霖。❸动情愿或乐意▷自～堕落｜～拜下风｜～于牺牲｜～愿。〇❹名姓。

忓 gān 动〈文〉干扰；触犯。

玕 gān ［琅玕］lánggān，见"琅"。

杆 gān 名杆子，用木头或金属、水泥等制成的有专门用途的细长的东西，多竖立▷旗～｜栏～｜标志～｜桅～。

另见 gǎn。

肝 gān 名人和脊椎动物所特有的消化器官。人的肝脏位于腹腔的右上方，分左右两叶。有合成与贮存养料、分泌胆汁等功能，还有解毒、造血和凝血等作用。也说肝脏。

坩 gān ❶名〈文〉瓦锅；盛东西的陶器。→❷［坩埚］gānguō 名用来熔化金属或其他物质的耐高温器皿，多用陶土、石墨、白金等制成。

苷 gān ［糖苷］tánggān 名有机化合物的一类，由糖类和非糖类的各种有机化合物缩合而成，一般为白色结晶，广泛存在于植物体中。旧称甙（dài）。

矸 gān 名夹杂在煤里的石块▷煤～石｜～子。

泔 gān 名泔水，淘米、洗菜、刷锅、洗碗等用过的水。

柑 gān 名柑树，常绿灌木或小乔木，开白色花，果实扁圆形，果皮粗糙，红色或橙黄色，果肉多汁，味道酸甜。主要品种有焦柑、椪柑、蜜柑等。果实可以食用，果皮、核、叶可以做药材。柑，也指这种植物的果实。

竿 gān 名竹竿，截取竹子的主干，削去枝叶而成▷钓鱼～｜揭～而起｜立～见影。

酐 gān 名酸酐（化学上指酸失去水而成的氧化物）的简称▷硫酸～（SO_3）。

疳 gān 名中医指小儿食欲减退、面黄肌瘦、肚子膨大、时发潮热的病症，多由饮食失调、脾胃损伤或腹内有寄生虫引起。也说疳积。

尴（尷）gān ［尴尬］gāngà ❶形处境困难或事情棘手，难以处理▷他感到说也不是，不说也不是，十分～。→❷形神情不自然；难为情▷谎话被揭穿了，他显得非常～。

gǎn

杆（*桿）gǎn ❶名某些器物上细长的棍状部分▷笔～儿｜秤～儿｜枪～子。→❷量用于带杆的东西▷一～笔｜两～秤｜几～枪。

另见 gān。

秆（*稈）gǎn 名高粱、玉米等庄稼的茎▷麦～儿｜高粱～儿｜麻～儿｜秸～。

赶（趕）gǎn ❶动追▷～上队伍｜你追我～｜追～。→❷动加快或加紧进行▷～任务｜稿子～出来了｜～做衣服｜～紧。❸动驱逐▷～出家门｜～蚊子｜～走。❹动驾；驱使▷～马｜～大车。→❺动前往参加（有定时的活动）▷～集｜～庙会。→❻动遇到；碰到▷～上一场雪｜正～上他不在家｜～巧。→❼介〈口〉引进事情发生的时间，表示等到某个时候▷～他不在的时候你再来｜～晌午我就走。

敢[1] gǎn ❶形勇于进取；有胆量▷勇～｜果～。→❷动表示有勇气做某事▷大家～不～应战？｜谁～不听？｜～想～干。❸动有根据地推断▷不～说他能办好，也不～说他办不好｜我～断定这场球我们准赢。→❹副〈文〉谦辞，用于动词之前，表示自己的行动冒昧▷～请｜～烦先生代为说项。

敢² gǎn 副〈口〉莫非；大概▷小张好多天没露面了，～是病啦？｜有人敲门，～是你妈妈回来了吧？

感 gǎn ❶动受到外界的影响、刺激而引起激动、同情等思想变化▷～人肺腑｜～动｜～想｜～触｜～慨｜～伤｜～受。→❷名感觉，客观事物在头脑中引起的反应▷百～交集｜观～｜手～｜同～｜快～。→❸动中医指接触风寒而引起身体不适▷内热外～。→❹动对别人的好意或帮助怀有谢意▷～恩戴德｜～谢｜～激。→❺动觉得；认识到▷深～不安｜略～意外｜～到。→❻动（底片等）因接触光线而产生化学变化▷～光。

澉 gǎn ［澉浦］gǎnpǔ 名地名，在浙江。

橄 gǎn ［橄榄］gǎnlǎn 名常绿乔木，高10—20米，有芳香黏性树脂，叶互生，羽状复叶，开白色花，核果呈椭圆、卵圆、纺锤形，绿色至淡黄色。核果可以食用，也可以做药材；木材可做家具、农具及建筑用材。也说青果、白榄。橄榄或青果，也指这种植物的果实。

擀 gǎn 动用棍形工具来回碾轧▷～毡子｜饺子皮再～薄点儿｜～面杖。

鳡（鱤） gǎn 名鱼，体呈圆筒形，长达1米，青黄色，吻长而尖，口大，眼小。性凶猛，捕食鱼类，是淡水养殖业的害鱼之一，但肉鲜嫩，是优质食用鱼。也说黄钻（zuàn）、竿鱼。

gàn

干¹（幹 *榦❶） gàn ❶名事物的主体或主要部分▷树～｜躯～｜～线｜～流｜主～｜骨～。→❷名指干部▷～群关系｜提～。

干²（幹） gàn ❶动做（事）；从事（某种活动）▷这事我来～｜～农活儿｜～家务｜说～就～｜巧～｜实～。→❷名办事能力▷才～。❸形办事能力强▷精明强～｜～练｜精～｜～将。→❹动担任（某种职务）▷他在部队～过卫生员。

另见 gān。

旰 gàn 〈文〉❶形晚▷日～。→❷名晚上▷宵衣～食。

绀（紺） gàn 形黑里透红的颜色▷～青｜～紫。

淦 gàn 名用于地名。如：淦水，水名；新淦，地名，今作新干。均在江西。

骭 gàn 名〈文〉胫骨；小腿。

赣（贛 *贑灨） gàn ❶名赣江，水名，在江西。→❷名江西的别称▷～南｜～剧。

gāng

冈（岡） gāng 名本指山梁，后来泛指山岭或小山▷山～｜高～｜～峦｜景阳～。☛统读 gāng，不读 gǎng。

扛（*摃） gāng 动〈文〉用双手举起（重物）▷力能～鼎。

另见 káng。

刚¹（剛） gāng ❶形坚硬（跟"柔"相对，②同）▷～毛（人或动物体上长的硬毛）。→❷形（性格或态度）强硬；（意志）坚毅▷～直｜～劲｜～健｜～毅｜～烈｜～强。○❸名姓。

刚²（剛） gāng ❶副表示发生在前不久，相当于"才"▷～开完会｜天～亮｜～要睡，电话铃响了。→❷副表示仅能达到某种水平，相当于"仅仅"▷声音不大，～能听见｜别人跑了三圈，他～跑了一圈｜这趟生意做下来，～够本儿。→❸副表示时间、空间、程度、数量等正好在那一点上，相当于"恰好"▷到学校～8点，正好｜长短～合适｜这双鞋大小～合脚｜箱子～15公斤，不用打行李票。

岗（崗） gāng 同"冈"。

另见 gǎng。

肛（*疘） gāng 名肛管（直肠末端同肛门连接的部分）和肛门的总称▷脱～｜～裂。

纲（綱） gāng ❶名鱼网上的总绳，喻指事物最主要的部分▷～举目张｜提～挈领｜大～｜～目｜～领。→❷名生物学分类范畴的一个等级，门以下为纲，纲以下为目▷苔藓植物门分为苔～和藓～｜骆驼是哺乳～偶蹄目动物。

钢（鋼） gāng 名铁和碳的合金，含碳量在0.15%—1.7%之间，比生铁坚韧，比熟铁质硬，是工业上极重要的材料。

另见 gàng。

缸 gāng ❶名用陶、瓷、搪瓷、玻璃等烧制的容器，一般口大底小▷一口～｜酱～｜鱼～｜水～。→❷名外形像缸的器物▷汽～。→❸名缸瓦，用砂子、陶土混合而成的一种制造缸、盆等的质料▷～砖｜～盆。

罡 gāng ❶名〈文〉天罡星，北斗星的斗柄。○❷名姓。

堽 gāng ［堽城屯］gāngchéngtún 名地名，在山东。

gǎng

岗（崗） gǎng ❶名像山一样隆起的土石坡▷黄土～｜过了～子就到。→❷名平面上突起的长形物▷木板没刨平，中间还有一道～子｜脸上有道肉～子。→❸名军警守卫的位置▷～楼｜～哨｜站～。⇒❹名喻指职位▷在～｜离～｜坚守工作～位。⇒❺名指担任警卫的人▷指挥部周围布满了～｜门～。

另见 gāng。

㟠 gǎng 名旧时云南傣族地区农村行政单位，每一㟠管辖若干村寨，相当于乡。

筻（䲁） gǎng 名〈文〉含盐分的沼泽地。

港 gǎng ❶名与江河湖泊相通的支流，多用于水名▷～汊｜江山～（水名，在浙江）。→❷名河流上、海湾内停船和上下旅客、装卸货物的地方；供飞机起降以上下旅客、装卸货物的大型机场▷～湾｜～口｜商～｜不冻～｜航空～。❸名指香港▷～商｜～币｜～澳同胞。

gàng

杠（*槓） gàng ❶名较粗的棍棒▷木～｜竹～｜铁～｜门～｜撬～。→❷名特指旧时抬运灵柩的工具▷～夫｜抬～（用杠抬灵柩）。→❸名体操运动的器械▷单～｜双～｜高低～。→❹名机器上的一种棍状零件▷丝～。→❺名阅读或批改时画的粗直线▷老师在病句下面画了一道红～。❻动在阅读或批改的文字上画粗线▷把打算删去的字～掉。

钢（鋼） gàng ❶形〈文〉坚硬。→❷动为钝刀回火加钢，使锋利▷刀钝了，该～了。→❸动把刀放在布、皮、石头或缸沿儿上用力磨几下，使刀刃锋利▷～了几下刀｜～刀布。

另见 gāng。

筻 gàng ［筻口］gàngkǒu 名地名，在湖南。

戆（戇） gàng 形〈方〉鲁莽▷～头～脑。另见 zhuàng。

gāo

皋（*臯臯） gāo 名〈文〉水边的高地；泛指高地▷江～｜汉～｜山～。☛"皋"字上边是"白"不是"自"，下边是"夲"（tāo）不是"本"。

高[1] gāo ❶形从底部到顶部的距离大；所处的位置到地面的距离大（跟"低"相对，④⑤同）▷楼房很～｜站得真～｜债台～筑｜～原｜～大。→❷名高度，从上到下的距离▷～3米，宽1米｜身～2米。→❸名高的地方▷居～临下｜登～。→❹形地位、等级在上的▷职务相当～｜～级｜～等｜～档。❺形程度、水平等超出一般的；大于平均值的▷见解比别人～｜热情～｜产量～｜兴～采烈｜～明｜～龄｜～速｜～声｜～蛋白。⇒❻形敬辞，用于称同对方有关的事物▷～寿｜～足｜～见｜～论｜～就。⇒❼形酸根或化合物中比标准酸根多含一个氧原子的▷～锰酸钾（$KMnO_4$）。→❽名三角形、平行四边形等从底部到顶部的垂直距离。〇❾名姓。

高[2] gāo ［高山族］gāoshānzú 名我国少数民族之一，主要分布在台湾。

羔 gāo ❶名幼羊▷生了三个～儿｜羊～｜～羊｜接～。→❷名某些幼小的动物▷兔～儿｜鹿～子。

槔 gāo ［桔槔］jiégāo，见"桔"。☛"槔"字右下是"夲"（tāo），不是"本"。

睾 gāo 名睾丸，男子和某些雄性动物生殖器官的一部分，椭圆形，能产生精子。也说精巢。☛不读gǎo。

膏 gāo ❶名肥肉；脂肪；油▷～粱（肥肉和细粮，泛指美食）｜民脂民～｜～火（膏指灯油）。→❷名用油脂配合其他原料制成的浓稠的化妆品▷雪花～｜洗发～。❸名浓稠的糊状物▷牙～｜梨～｜～药。→❹名古代医学指人的心尖脂肪（认为是药力达不到的地方）▷病入～肓。→❺形〈文〉肥沃▷～腴｜～沃。

另见 gào。

篙 gāo 名撑船或搭脚手架用的竹竿或木杆▷杉（shā）～｜竹～。

糕（*餻） gāo 名用米粉、面粉等制成的块状食品▷年～｜蛋～｜绿豆～｜～点。

gǎo

杲 gǎo 形〈文〉光明；光线充足▷～日｜秋阳～～。

搞 gǎo ❶动做；干；办▷～行政工作｜～不出什么名堂｜把生产～上去｜～好群众关系｜～一场义演。→❷动设法得到▷想办法给我～张票｜这是紧俏商品，一时～不到。→❸动整（人）▷想办法把对方～垮。

缟（縞） gǎo ❶名古代一种白色精细的丝织品▷～练｜～衣。→❷形〈文〉白色▷～羽（白羽）。

槁（*槀） gǎo 形干枯；干瘪▷～木死灰｜枯～。

镐（鎬） gǎo 名刨土的工具▷一把～｜十字～。另见 hào。

稿（*稾） gǎo ❶名〈文〉稻、麦等谷类植物的茎秆▷～荐（稻草、麦秸等编成的垫子）。→❷名诗文、公文、图画等的草底▷写文章最好先打个～儿｜草～｜初～｜拟～｜核～｜脱～｜腹～。❸名写成的文章、著作▷投了一篇～｜发～｜退～｜～件｜～费。

藁 gǎo ［藁城］gǎochéng 名地名，在河北。

gào

告 gào ❶动向上级或长辈报告情况▷电～中央｜禀～。→❷动把事情、意见等说给别人听▷奔走相～｜～诉｜～知｜转～｜劝～｜正～。→❸动请求▷～贷｜～饶｜～假｜央～。→❹动宣布或表示（某一过程的结束或某种目标的实现）▷～一段落｜～成｜～竣｜～终。❺动表明；表示▷自～奋勇｜～别｜～辞。→❻动向司法机关检举或控诉▷上法院～他去｜～状｜～发｜控～｜诬～｜原～。

郜 gào 名姓。

诰（誥） gào 名〈文〉《尚书》中用于告诫或劝勉的文体，后专指帝王下达命令的文告▷《康～》｜～命｜～词｜～封。

锆（鋯） gào 名金属元素，符号 Zr。银灰色，质硬，熔点高，耐腐蚀。可以用做原子核反应堆铀棒的外套和真空仪器的除气剂；锆基合金是重要的抗腐蚀性结构材料，可以做飞行器的外壳。

膏 gào ❶动〈文〉滋润。→❷动给经常转动的东西加润滑油▷给合页～点儿油｜～车。→❸动把毛笔在砚台上或墨盒里蘸上墨汁并掭匀▷～笔｜～墨。

另见 gāo。

gē

戈 gē ❶名古代兵器，长柄横刃，盛行于殷周；泛指武器▷反～一击｜枕～待旦｜同室操～｜干～。〇❷名姓。

仡 gē ［仡佬族］gēlǎozú 名我国少数民族之一，主要分布在贵州。

另见 yì。

圪 gē ［圪垯］gēda ❶名小土丘，多用于地名▷杨家～。→❷名小土块▷土～。现在通常写作"疙瘩"。

纥（紇） gē ［纥绒］gēda 名小球状或块状的东西，多用于纱、线、织物等▷毛线～｜绒衣上磨起了一些～。现在通常写作"疙瘩"。

另见 hé。

疙 gē ［疙瘩］gēda ❶名皮肤或肌肉上突起的硬块▷让蚊子咬了个～｜起了一身～｜鸡皮～｜～肉。→❷名球形或块状的东西▷冰～｜树～。→❸名喻指不容易解决的问题▷心里有个解不开的～｜思想～。

咯 gē ❶［咯噔］gēdēng 拟声形容物体猛然撞击或震动的声音▷他穿着皮靴，走起路来～～地响◇听说他出了车祸，我心里～一下，急出一身冷汗。〇❷［咯咯］gēgē 拟声形容笑声、咬牙声、机关枪射击声等▷逗得孩子～笑｜牙齿咬得～响｜机关枪～地响了起来。〇❸［咯吱］gēzhī 拟声形容竹、木等器物受挤压的声音▷大胖子把床板压得～～地响｜～一声，门开了。

另见 kǎ;luò。

饹(餎) gē [饹馇]gēzha 图一种用豆面摊成的饼状食品,薄厚不一,切块炸着吃或炒着吃▷绿豆~。

另见 le。

格 gē [格格]gēgē ❶拟声〈文〉形容鸟叫的声音。○❷同"咯咯"。参见"咯"②。

另见 gé。

哥 gē ❶图同父母或同族同辈而年龄比自己大的男子▷二~|堂~|亲~~。→❷图同辈亲戚中年龄比自己大的男子▷表~。→❸图对年龄跟自己差不多的男子的敬称▷老大~|王二~。

胳(*肐) gē [胳膊]gēbo 图臂,从肩到手腕的部分。也说胳臂(gēbei)。

另见 gā;gé。

鸽(鴿) gē 图鸠鸽科鸽属鸟的统称。包括原鸽、岩鸽、家鸽等。家鸽翅膀大,极善飞行,供食用或玩赏,有的经训练可以用来传递信息物。

袼 gē [袼褙]gēbei 图用纸或布裱糊成的厚片,多用来制作纸盒、布鞋等▷打~|纸~。

搁(擱) gē ❶动放置▷水果~久了要烂|把花盆~在窗台上|~在保险柜里最安全。→❷动放着;暂缓进行▷这件事先~几天再办|现在太忙,~一~再说|~置。→❸动放进;添加▷包饺子多~点肉|~不~味精都行。

另见 gé。

割 gē ❶动用刀截断;切下▷~稻子|~草|~阑尾|收~|切~|阉~。→❷动分割;分开▷~地赔款|~让|~裂|~据。→❸动舍弃;舍去▷忍痛~爱|~舍。

歌(*謌) gē ❶动唱▷载~载舞|高~一曲|~唱|~咏|~手|~星。→❷图歌曲▷唱一支~儿|山~|民~|~谱|~词。→❸动颂扬▷~功颂德|可~可泣|~颂。

gé

革 gé ❶图经过去毛和鞣制的兽皮▷皮~|制~|人造~。→❷动改变;更换▷改~|变~|沿~。❸动除掉;撤销(职务)▷~职|~除。

另见 jí。

阁(閣*閤) gé ❶图存放东西的木板或架子▷束之高~。→❷图在大房子里隔成的小房间▷东暖~|~楼。⇒❸图旧指女子的卧室▷闺~|出~(出嫁)。⇒❹图供人游玩远眺的建筑物,多为两层,四角形、六角形或八角形▷亭台楼~|仙山琼~|滕王~。→❺图古代收藏图书器物等的房子▷天禄~|麒麟~|天一~。❻图古代中央官署▷台~|~臣。❼图指内阁,现代某些国家的最高行政机关▷组~|倒~|入~|~员。

"閤"另见 hé"合"。

格¹ gé ❶图隔成的方形空栏或框子▷橱柜有三个~|一个~写一个字|打~|花~布|方~|~子。→❷动〈文〉阻隔;限制▷~于成例|~~不入。

格² gé ❶图标准;格式▷合~|破~|及~|规~|~律。→❷图品位;品质▷风~|~调|品~|人~|性~。→❸图一种语法范畴,通过词尾的变化表示名词、代词或形容词在语言结构中同其他词的语法关系。如俄语的名词、代词和形容词都有六个格。

格³ gé 动打▷~杀勿论|~斗。

另见 gē。

鬲 gé ❶用于人名。胶鬲,殷末周初贤士。○❷[鬲津]géjīn 图古水名,发源于河北,经山东入海。

另见 lì。

胳 gé [胳肢]gézhi 动〈口〉在别人腋下抓挠,使发痒、发笑▷~他|他怕~。☛参见"骼"字的提示。

另见 gā;gē。

搁(擱) gé 动〈口〉禁(jīn)受;承受▷上岁数的人~不住这么折腾|~得住。

另见 gē。

葛 gé ❶图葛麻,多年生草本植物,茎蔓生,块根肥大,含淀粉,可以食用,也可以做药材,茎皮纤维可做纺织和造纸原料▷~布|~藤(常喻指纠缠不清的关系)|瓜~(喻指事情相连的关系)。→❷图用蚕丝或人造丝做经线,用棉或麻做纬线织成的有花纹的纺织品▷毛~|华丝~。

另见 gě。

蛤 gé ❶图蛤蜊、文蛤等瓣鳃类软体动物的统称。贝壳卵圆形、三角形或长圆形,生活在浅海泥沙中,肉味鲜美。○❷[蛤蚧]géjiè 图爬行动物,形状像壁虎而较大,背部紫灰色,有赤色斑点;尾部暗灰色,有七条环节状斑纹;腹面灰白色,散有粉红色斑点。生活在山岩间、树洞内或墙壁上,夜间出来捕食昆虫、小鸟、蛇类等。可以做药材。

另见 há。

隔 gé ❶动遮断;阻挡使不能相通▷河流被大坝~成两段|两个村子~着一座大山|~靴搔痒|~岸观火|~开|~壁|分~|阻~。→❷动(空间或时间上)有距离;相距▷两座大楼相~200米|~了两年才见面|恍如~世|~夜|悬~。

塥 gé 图沙地,多用于地名▷青草~(在安徽)。

嗝 gé 图人体由于气逆反应而发出的声音▷打~儿|饱~儿。

膈 gé 图人或哺乳动物分隔胸腔和腹腔的膜状肌肉。也说横膈膜。

另见 gè。

骼 gé 图骨的统称▷骨~。☛1955年《第一批异体字整理表》将"骼"作为"胳"的异体字予以淘汰。1988年《现代汉语通用字表》确认"骼"为规范字,表示以上意义;"胳"不再表示这个意义。

镉(鎘) gé 图金属元素,符号Cd。银白色,富延展性。用于制造反应堆的中子吸收棒、镉蒸气灯、光电管等。

gě

个(個) gě [自个儿]zìgěr 代〈方〉指自己。也作自各儿。

另见 gè。

合 gě ❶图旧时量粮食的器具,多用木头或竹筒制成,方形或圆筒形。→❷量市制容量单位,10勺为1合,10合为1升。

另见 hé。

各 gě 〈口〉❶形特别;与众不同(含贬义)▷那家伙有点~|他脾气特~。○❷[自各儿]zìgěr 同"自个儿"。参见"个"。

另见 gè。

哿 gě 动〈文〉称许;认为可以。

舸 gě 名〈文〉大船;泛指船▷弘～|百～争流。

盖(蓋) gě 名姓。
另见 gài。

葛 gě 名姓。
另见 gé。

gè

个¹(個*箇) gè ❶量 a)用于单独的人或物以及没有专用量词的事物,也可用于一些有专用量词的事物▷两～人|三～包子|一～国家|四～钟头|一～念头|一～(所)学校。b)用在约数之前,语气显得轻松、随便▷一封信总要看～三四遍|每周去～一两次|一口气能跑～十来里。c)用在某些动词和宾语之间,有表示动量的作用▷上了～当|见～面儿|洗～澡|讨他～喜欢。d)用在某些动词和补语之间,作用与"得"相近(有时与"得"连用)▷笑～不停|吃～够|骂～痛快|把敌人打得～落花流水|闹得～满城风雨。e)〈口〉用在"没""有"和某些动词、形容词之间,起强调作用▷说～没完|这么做对你没～好儿|还有～找不着的?→❷形单独的;非普遍的▷～人|～体|～别|～性。→❸名指人的身材或物品的体积▷要～儿有～儿,要才有才|大高～儿|矮～儿|这苹果～儿真大。

个²(個*箇) gè ❶词的后缀。附着在量词"些"的后面▷这些～事儿|带那么些～吃的回来|跟我说了好些～笑话儿。〇❷〈方〉词的后缀。附着在某些时间名词的后面▷明儿～|昨儿～|前儿～。
另见 gě。

各 gè ❶代指一定范围中的所有个体,略相当于"每个"▷～人|～家|～国|～位来宾|～条战线。→❷代表示分别做或分别具有▷双方～执一词|～带～的东西|男女生～半。
另见 gě。

虼 gè ❶[虼螂]gèláng 名蜣螂。参见"蜣"。〇❷[虼蚤]gèzao 名〈口〉昆虫,体小而侧扁,头、胸小,腹部大,无翅,足长善跳,口器刺吸式。寄生在人、哺乳动物和鸟类身上,吸食血液,部分种类能传播鼠疫、斑疹伤寒等病。通称跳蚤。

硌 gè 动〈口〉身体跟凸起的或硬的东西接触而感到不适或受到损伤▷饭里有沙子,把牙～了|走石头子儿路,～脚。
另见 luò。

铬(鉻) gè 名金属元素,符号 Cr。银灰色,质极硬而脆,抗腐蚀。用于制造不锈钢、高速钢等特种钢,也用于制造电热丝、墨镜等。在其他金属上镀铬可以防锈。

膈 gè [膈应]gèying 动〈方〉讨厌;恶心▷看见虫子,我心里就～得慌|快把这只死耗子弄走,别～我。
另见 gé。

gěi

给(給) gěi ❶动使得到▷把钥匙～我|～了他一件衣裳|～孩子点儿水喝。→❷动使遭受到▷净～我气受|～他点儿颜色看看|～了他两脚|～他几句。❸动表示容许或致使,相当于"叫""让"▷拿来～我看看|留神别～他跑掉。⇒❹介引进动作行为的主动者,相当于"被"▷衣服～雨淋湿了|玻璃～小孩儿打碎了。⇒❺介引进动作行为的受害者▷对不起,这本书我～你弄脏了|别把照相机～人家用坏了。❻助直接用在表示处置或被动意义的动词前面,加强语气▷他把自行车～修好了|这件衣裳你～洗洗|茶碗叫我～摔碎了|虫子都～消灭光了。→❼介引进交付、传递等动作的接受者▷交～我一本书|把球传～中锋|～每个人发一件工作服|有事～我打电话。❽介引进动作的对象,相当于"朝""向"▷～国旗敬个礼|～人家赔个不是。→❾介引进动作行为的受益者,相当于"为""替"▷～老大娘看病|～祖国争光|～我帮个忙。❿介后面带上宾语"我",用于命令句,表示说话人的意志,加强语气▷你～我走开|快～我闭上嘴|～我把地扫干净。
另见 jǐ。

gēn

根 gēn ❶名高等植物茎干下部长在土中的部分,主要功能是把植物固定在土地上,吸收土壤里的水分和养料,有的还能储藏养料▷移栽时不要伤了～|～深叶茂|盘～错节|斩草除～|树～|草～。→❷名物体的基部▷～基|城墙～儿|耳～|舌～。→❸名事物的本源▷这件事得从～说起|刨～问底|祸～|～源。⇒❹名喻指子孙后代▷这娃娃可是老王家的一条～呀!|独～独苗。⇒❺名依据▷～据|存～。⇒❻副从根本上;彻底地▷～治|～绝|～除|～究。⇒❼名数学名词。a)方根▷～号。b)一元方程的解。⇒❽名化学上指带电的基▷铵～|硫酸～。→❾量用于草木或条状的东西▷一～草|两～筷子|儿～木柱|上百～钢缆。

跟 gēn ❶名脚或鞋袜的后部▷脚～|袜子后～|高～儿鞋。→❷动紧随在后面向同一方向行动▷他在前面走,我在后面～着|你走得太快,我～不上◇紧～形势。⇒❸动旧指女子嫁人▷闺女～了他,当娘的也就放心了。⇒❹介 a)引进同动作有关的对象,相当于"同"▷我～你一块儿走|这事～他有关|这个问题要～大家商量|～坏人作斗争。b)引进比较的对象▷～去年比,今年夏天热多了|他爬山就～咱们走平地一样。❺连一般连接名词、代词,表示并列关系,相当于"和"▷老王～老张都喜欢吃辣椒|桌上摆着纸～墨。

gén

哏 gén ❶形〈方〉滑稽可笑;有趣▷上海的滑稽剧可真～呀!→❷名滑稽有趣的动作、语言或表情▷逗～|捧～。

gěn

艮 gěn〈方〉❶形(食物)韧而不脆,不易咀嚼▷萝卜～了挺难吃|点心搁久了发～。→❷形比喻脾气倔;说话生硬▷老王头儿的脾气真够～的,谁的话也听不进|话说得太～。
另见 gèn。

gèn

亘(*亙) gèn 动(空间或时间上)延续不断▷横～千里|～古未有|绵～。☛统读 gèn,不读 gèng。

艮 gèn 名八卦之一，卦形为☶，代表山。
另见 gěn。

茛 gèn ［毛茛］máogèn 名多年生草本植物，单叶片，呈掌状，叶和茎都生有茸毛，开金黄色花。植株含毒素，可以做药材（外敷用）及杀虫剂。☛"茛"和"莨"不同，"茛"字下边是"艮"（gèn），"莨"字下边是"良"。"莨"读 liáng，如"薯莨"；又读 làng，如"莨菪"。

gēng

更 gēng ❶动改变；改换▷～正｜～改｜～新｜～衣｜～换。→❷名古代夜间计时单位，一夜分为五更，每更相当现在的两小时▷三～半夜｜～深人静｜五～天。❸名更鼓，旧时报更用的鼓▷打～。○❹动〈文〉经历；经过▷少不～事。
另见 gèng。

庚 gēng ❶名天干的第七位。→❷名年龄▷同～｜贵～（问人年龄的敬辞）。○❸名姓。

耕（*畊） gēng ❶动用犁翻地松土▷～地｜～种｜中～。→❷动比喻致力于某种事业▷笔～｜舌～。

赓（賡） gēng 动〈文〉继续▷～续。

鹒（鶊） gēng ［鸧鹒］cānggēng，见"鸧"。

羹 gēng 名蒸成或煮成的汁状、糊状食品▷银耳～｜莲子～｜鸡蛋～。

gěng

埂 gěng ❶名〈文〉堤防▷堤～｜～堰。→❷名高于四周的长条形地方▷山～｜土～。❸名特指田间分界处高起的小土梁▷田～｜地～子。

耿 gěng ❶形正直▷～直｜～介。○❷名姓。☛"耿直"过去也作"梗直""鲠直"，现在通常写作"耿直"。

哽 gěng ❶动食物堵塞咽喉；噎▷慢点吃，别～着。→❷动因感情激动而声气阻塞▷～咽（yè）｜～塞（sè）。

绠（綆） gěng 名〈文〉从下往上提水用的绳索▷～短汲深（比喻才力不够而任务很重）。

梗 gěng ❶名草本植物的茎或枝▷荷～儿｜花～儿｜高粱～儿。→❷动直着；挺着▷把头一～｜～着脖子。❸形正直▷～直。现在通常写作"耿直"。○❹动阻塞；阻碍▷从中作～｜～阻｜～塞。

颈（頸） gěng ［脖颈子］bógěngzi 名〈口〉脖子的后部。
另见 jǐng。

鲠（鯁 *骾❷❸） gěng ❶名〈文〉鱼骨头；鱼刺▷如～在喉（比喻有话没有说出，非常难受）。→❷动（鱼刺等）卡在嗓子里▷鱼刺把喉咙～住了。○❸形正直▷～直。

gèng

更 gèng ❶副〈文〉表示动作行为重复或相继发生，相当于"又""再"▷欲穷千里目，～上一层楼。→❷副表示程度加深，相当于"愈加""更加""尤其"▷任务～艰巨了｜他～喜欢教书｜她比以前～不爱说话了｜我佩服他的学问，～敬重他的品德。
另见 gēng。

暅 gèng 动〈文〉晒。

gōng

工[1] gōng ❶名本指手艺工人，后来泛指工人▷木～｜瓦～｜小～儿｜技～｜钳～｜女～。→❷名生产劳动；工作▷做～｜加～｜手～｜～具｜～龄。⇒❸名一个劳动力干一天的工作量▷耕完这块地需要八个～。⇒❹名工程，土木建筑、机器制造等规模较大的复杂工作▷施～｜竣～｜～期｜～地。⇒❺名指工业▷轻～产品｜化～。⇒❻名指工程师▷高～（高级工程师）｜李～。→❼形精巧；细致▷～笔画｜异曲同～｜～巧｜～细｜～整。❽动擅长；善于▷～诗善画｜～于写生。→❾名技巧；技术修养▷武～｜唱～。

工[2] gōng 名我国民族音乐中传统的记音符号，表示音阶上的一级，相当于简谱的"3"。

弓 gōng ❶名发射箭或弹丸的器具，多用弹性强的木条弯成弧形，两端之间系上坚韧的弦，把箭或弹丸搭在弦上，用力拉开弦后猛然放手，借助弓背和弦的弹力发射▷一张～｜～箭｜弹（dàn）～｜拉～。→❷名形状或作用像弓的器具▷琴～子｜弹棉花的绷～｜车～子。❸名旧时丈量土地的器具，形状有些像弓，两端的距离是5尺。也说步弓。❹量旧时丈量地亩的计算单位，1弓等于5尺，240平方弓为1亩。→❺动使弯曲▷～着腰｜前腿～，后腿蹬｜弯腰～背。○❻名姓。

公[1] gōng ❶形属于群众、集体或国家的（跟"私"相对）▷～仆｜～款｜～事｜～差｜～务。→❷名指群众、集体或国家▷充～｜归～。❸名属于群众、集体或国家的事务▷因～出差｜办～｜～余。→❹形没有偏私；公正▷～买～卖｜分配不～｜～平｜～道。→❺形共同的；公认的▷～倍数｜人民～敌｜～理｜～式。❻形国际间的▷～海｜～历｜～制｜～里。→❼形公开的；不加隐瞒的▷～报｜～演｜～判｜～然。❽动〈文〉使公开；让大家知道▷～之于世。○❾名姓。

公[2] gōng ❶名古代贵族五等爵位的第一等▷～侯伯子男｜三～｜王～大臣。→❷名对男子（现多指上了年纪的）的尊称▷冯～｜李～｜诸～。⇒❸名称丈夫的父亲▷～婆｜～～已经退休了。⇒❹形雄性的（跟"母"相对）▷～牛｜～鸡｜尖脐的螃蟹是～的，团脐的螃蟹是母的。

功 gōng ❶名作出的贡献；较大的业绩（跟"过"相对）▷～大于过｜丰～伟绩｜歌～颂德｜立～｜一等～｜～劳｜～绩。→❷名成效；功效▷徒劳无～｜事半～倍｜～利｜～能。⇒❸名作出成效所需要的技术或技术修养▷练～｜用～｜基本～｜唱～｜～底｜～力。⇒❹名物理学术语，一个力使物体沿力的方向移动就叫"做功"。功的大小等于作用力和物体在力的方向上移动的距离的乘积。

红（紅） gōng ［女红］nǚgōng 名旧时指妇女所作的缝纫、刺绣、纺绩一类的劳动或这类劳动的成品。也作女工。
另见 hóng。

攻 gōng ❶动进击；攻打（跟"守"相对）▷～下敌人的阵地｜～无不克｜易守难～｜～城｜～占｜～势。→❷动〈文〉指责；抨击▷群起而～之｜～讦。→❸动专心致志地研究；钻研▷专～哲学｜～读。

供 gōng ❶动供给（jǐ），拿出物资或钱财等给需要的人使用；供应▷～孩子念书｜～电｜～不应求｜～

销两旺｜～养。→❷动提供某种东西让人使用▷街头报栏～行人阅览报纸｜以上意见，仅～参考。○❸名姓。

另见gòng。

肱 gōng ❶名人的上臂，即从肩到肘的部分▷～骨。→❷名〈文〉手臂▷股～(喻指得力的辅助者)。

宫 gōng ❶名古代泛指房屋，后来专指帝王的住所▷皇～｜故～｜行～｜～殿｜东～。→❷名古代五音(宫、商、角、徵、羽)之一，相当于简谱的"1"。→❸名神话中仙人的住所▷天～｜龙～｜月～。→❹名某些庙宇的名称▷雍和～｜天后～。→❺名某些规模较大的公众文化娱乐场所的名称▷文化～｜少年～｜民族～。→❻名指子宫▷刮～｜～颈炎。○❼名姓。

恭 gōng 形对尊长、宾客等严肃有礼貌▷洗耳～听｜～候｜谦～｜～敬。

蚣 gōng ［蜈蚣］wúgōng，见"蜈"。

躬(*躳) gōng ❶名身体▷鞠～。→❷副表示动作行为是由施事者自己发出的，相当于"亲自"▷～逢其盛｜事必～亲｜～行。→❸动身子向前弯曲▷～身下拜｜～敛(弯下身子敛起衣襟，古代妇女行礼的动作)。

龚(龔) gōng 名姓。

觥 gōng 名古代一种盛酒的器具，最初用兽角制作，后来也有青铜制或木制的▷～爵｜～筹交错。

gǒng

巩(鞏) gǒng ❶形牢固；坚固▷～固。○❷名姓。

汞 gǒng 名金属元素，符号Hg。银白色液体，有毒，能够溶解多种金属而成为液态或固态的合金。可用来制造镜子、温度计、血压计、水银灯、药品等。通称水银。

拱[1] gǒng ❶动两手在胸前合抱，表示敬意▷～手。→❷动围；环绕▷～卫｜～抱｜众星～月。→❸形弧形的(建筑物)▷～门｜石～桥。→❹动(肢体)向上耸或向前弯成弧形▷～肩缩背｜～腰。

拱[2] gǒng ❶动用身体或身体的一部分向前或向上顶；向里或向外钻▷～开大门｜猪用嘴～地｜小孩儿从人群里～出去了。→❷动植物的幼苗从土里向外钻▷麦苗儿从土里～出来了。

珙 gǒng 名〈文〉璧。

gòng

共 gòng ❶动一起承受或进行▷同甘苦，～患难｜休戚与～｜～事。→❷形大家都具有的；相同的▷～性｜～识。→❸副一同；一齐▷同舟～济｜和平～处｜～存｜～管。❹副总计；合计▷～来了九个人｜～写了两万字｜～五本。→❺名指共产党▷中～中央。

贡(貢) gòng ❶动古代指臣民或附属国向君主奉献物品，后来泛指进献▷～品｜～奉｜～献。→❷名所进献的物品▷进～｜纳～。→❸动科举时代为朝廷选拔举荐人才▷～生｜～院。○❹名姓。

供[1] gòng ❶动在神佛或先辈的像或牌位前陈设香烛、摆放祭品，以示敬奉▷桌上～着果品｜～佛｜～品。→❷名供奉给神佛或先辈的祭品▷摆～｜上～。○❸动从事；担任▷～事｜～职。

供[2] gòng ❶动受审的人交代案情▷～出同伙儿｜～认不讳｜～词｜～状。→❷名受审的人所交代的有关案情的话▷问不出～来｜口～｜逼～｜诱～。

另见gōng。

唝(嗊) gòng ［唝吥］gòngbù 名地名，在柬埔寨。

gōu

勾[1] gōu ❶形像钩子一样弯曲的▷鹰～爪｜鹰～鼻子。→❷动用钩形符号表示重点或删掉▷在书上把重点词句～出来｜把淘汰掉的运动员名字～去｜～掉这笔账｜一笔～销。❸动用线条或文字描画出形象的轮廓；描画▷几笔就～出远山的轮廓｜～脸｜～画｜～勒。→❹动像用钩子钩住；串通▷～肩搭背｜～结｜～搭｜～通｜～引。❺动招引；引出▷几句话～起了她辛酸的往事｜着了点儿凉，竟～起了旧病。○❻动涂抹砖石建筑的缝隙▷～墙缝儿。○❼动用淀粉等调和使(汁水)变稠▷给菜里～点儿芡｜用玉米面～一锅粥。○❽名姓。

勾[2] gōu 名我国古代数学术语，指不等腰直角三角形中较短的直角边▷～股定理。

另见gòu。

句 gōu ❶古同"勾"。○❷用于"高句骊"(古国名)、"句践"(春秋时越国国王)。○❸名姓。

另见jù。

佝 gōu ❶［佝偻］gōulóu 形脊背向前弯曲的样子▷～龙钟。→❷［佝偻病］gōulóubìng 名缺乏维生素D引起的钙、磷代谢障碍性疾病，主要症状为鸡胸、驼背、下肢弯曲等。也说软骨病。☛统读gōu，不读jū。

沟(溝) gōu ❶名古代指田间灌溉或排水的水道，后来泛指水道▷门前有条～｜垄～｜～渠｜排水～｜暗～｜小河～。→❷名人工挖掘的沟状防御工事▷深～高垒｜壕～｜交通～。→❸名指山谷▷七～八梁｜穷山～｜～壑。→❹名类似沟渠的浅槽▷卡车把耕地压了一道～｜瓦～。○❺名姓。

枸 gōu ［枸橘］gōujú 名枳。参见"枳"(zhǐ)。

另见gǒu；jǔ。

钩(鉤*鈎) gōu ❶名悬挂、探取、连接器物或捕获鱼虾的用具，形状弯曲▷把铁丝弯个～｜鱼上～了｜秤～｜火～子｜钓鱼～｜衣～。→❷动用钩子或钩状物探取、悬挂或连接▷用拐棍儿把床底下的鞋～出来｜双脚～住单杠倒挂在空中｜火车挂钩把两节车厢紧紧地～住。⇒❸动〈文〉探求▷～沉｜～玄。⇒❹动用带钩的针编织▷～一块桌布。→❺名汉字的笔画，呈钩形，附在横、竖等笔画的末端，形状是"亅""㇂""乚"等▷横～｜竖弯～。→❻名钩形符号，形状是"√"，用来表示"正确"或"合格"▷对的打个～，错的打个叉。→❼动缝纫方法，用针线来回曲折地缝▷～贴边。→❽名某些场合读数字时代替"9"(9的字形像钩)▷洞～(09)。

缑(緱) gōu 名〈文〉缠在刀剑等柄上的绳子。☛不读hóu。

篝 gōu 名〈文〉竹笼▷～火。

鞲 gōu ［鞲鞴］gōubèi 名汽缸或唧筒里的活塞。

gǒu

苟[1] gǒu ❶形随便;草率▷一丝不～。→❷副表示行为随便、不慎重▷不敢～同|不～言笑。❸副表示姑且,只顾眼前▷～全性命|～延残喘|～活|～安。○❹名姓。

苟[2] gǒu 连〈文〉连接分句,表示假设关系,相当于"假如""如果"▷～富贵,无相忘。

岣 gǒu [岣嵝]gǒulǒu 名山名,衡山的主峰,在湖南。

狗 gǒu ❶名犬的通称▷一条～|～尾续貂|蝇营～苟|偷鸡摸～。→❷名喻指帮凶、坏人▷走～|～腿子|～咬～|癞皮～。

枸 gǒu [枸杞]gǒuqǐ 名落叶小灌木,高1米多,茎丛生,有短刺,叶子互生或簇生,卵形或卵状披针形,开淡紫色花。浆果红色,椭圆形,也叫枸杞子,可以做药材;根皮也可以做药材,叫地骨皮。

另见 gōu;jǔ。

笱 gǒu 名〈方〉竹制的捕鱼工具,大口小颈,颈部装有逆向的细竹,鱼进得去出不来。

gòu

勾 gòu [勾当]gòudàng 名行为,今多指不好的行为▷干些见不得人的～。

另见 gōu。

构[1](構*搆) gòu ❶动把各组成部分安排、结合起来▷～筑|～件|～图|～词。→❷动结成;组织(用于抽象事物)▷～思|～怨|虚～。❸名〈文〉指文艺作品▷佳～|杰～。

构[2](構) gòu 名构树,落叶乔木,树身高大,叶卵形,开淡绿色小花,果实球形,橘黄色。木材可制造家具,树皮是制造桑皮纸和宣纸的重要原料。也说楮或榖。

购(購) gòu 动买▷～买|～置|采～|收～|订～。

诟(詬) gòu 〈文〉❶名耻辱▷忍辱含～|～丑。→❷动辱骂;责骂▷～骂|～詈。

垢 gòu ❶名污秽、肮脏的东西▷藏污纳～|污～|油～|泥～|牙～。→❷形不干净;肮脏▷蓬头～面。○❸同"诟"①。

够(*夠) gòu ❶动满足或达到需要的数量、标准等▷买票的钱～了|～退休年龄了|刚～标准|不～资格|粮食～吃了|时间不～用。→❷副修饰形容词,表示达到某种标准,或程度很高▷这块布做上衣不～长|天气真～冷的。→❸形厌烦;腻▷这种活儿早干～了|天天都是一样的菜,真吃～了。→❹动〈口〉(用肢体等)伸向不易达到的地方去探取或接触(东西)▷一伸手就～着屋顶|把柜顶上的书～下来|～不着。

遘 gòu 动〈文〉遇到▷～时(遇到好时机)|～会(相逢)。

彀 gòu ❶动〈文〉使劲拉满弓。→❷名〈文〉射箭所能达到的范围,喻指圈套、牢笼▷～中。○❸古同"够"。

媾 gòu ❶动〈文〉亲上加亲;泛指结为婚姻▷婚～(两家结亲)|媒～。→❷动彼此交好;讲和▷～和。→❸动两性交配▷交～。

觏(覯) gòu 动〈文〉遇见;看见。

gū

估 gū 动大致推算;揣测▷～一～这筐梨有多重|您给～个价|群众热情不可低～|～计|～量。

另见 gù。

咕 gū 拟声形容某些禽鸟的叫声▷母鸡～～地叫。

呱 gū [呱呱]gūgū 拟声〈文〉形容小孩子哭的声音▷～而泣|～坠地。

另见 guā;guǎ。

沽[1] gū 名天津的别称。

沽[2] gū 〈文〉❶动买▷～酒|～名钓誉。→❷动卖▷待价而～。

孤 gū ❶形幼年失去父亲或父母亲的▷～儿。→❷形单独▷～掌难鸣|～苦伶仃|～军|～单|～立|～独。⇒❸形独特的;特出的▷～高自许|～芳自赏。⇒❹名古代王侯的自称▷称～道寡|～家寡人(常喻指脱离群众、孤立无助的人)。

姑[1] gū ❶名〈文〉丈夫的母亲▷翁～(公婆)。→❷名父亲的姐妹▷大～|二～|～母。→❸名丈夫的姐妹▷～嫂|大～子|小～子。❹名(乡村里的)青年女子▷村～。→❺名出家的女子或从事迷信职业的妇女▷尼～|道～|三～六婆。

姑[2] gū 副〈文〉暂且▷～妄言之|～置勿论。

轱(軲) gū [轱辘]gūlu ❶名〈口〉车轮▷十个～的大卡车|前～撞在墙上了。→❷动滚动▷一块石头从山上～下去了。//也作轱轳、毂辘。

骨 gū ❶[骨朵儿]gūduor 名〈口〉花蕾,还没有开放的花朵▷花～。○❷[骨碌]gūlu 动滚;翻滚▷把油桶～过来|从床上一～爬起来。

另见 gǔ。

鸪(鴣) gū ❶[鹁鸪]bógū,见"鹁"。○❷[鹧鸪]zhègū,见"鹧"。

菰 gū 名多年生草本植物,生长在池沼里。嫩茎基部寄生菰黑粉菌后膨大,叫茭白,可以做蔬菜;果实叫菰米或雕胡米,可以煮食。☛1955年《第一批异体字整理表》将"菰"作为"菇"的异体字予以淘汰。1988年《现代汉语通用字表》确认"菰"表示以上意义时为规范字,指蘑菇时仍作为"菇"的异体字处理。

菇 gū 名蘑菇▷香～|冬～。☛参见"菰"字的提示。

蛄 gū ❶[蟪蛄]huìgū,见"蟪"。○❷[蝼蛄]lóugū,见"蝼"。

另见 gǔ。

菁 gū [菁葖]gūtū ❶名果实的一种类型。由一个心皮构成,子房只有一个室,多子,成熟时果壳仅从一面裂开,如芍药、木兰、八角等的果实。○❷名花蕾,尚未开放的花朵。

辜 gū ❶名罪;罪过▷死有余～|无～。○❷[辜负]gūfù 动对不住(别人的好意、期望或帮助)▷～了他的一番好意。○❸名姓。

酤 gū 〈文〉❶动买酒。→❷动卖酒。

觚 gū ❶名古代一种盛酒的器具,口部和底部呈喇叭形,细腰,高圈足,腹和圈足上有棱。→❷名古代书写用的木简,六面体或八面体,有棱▷操～(指写作)。

毂（轂）gū [毂辘]gūlu 同“轱辘”。参见“轱”。
另见 gǔ。

箍 gū ❶动用竹篾或金属条束紧；用带子或筒状物勒紧或套紧▷～木桶|～澡盆|头上～着条白带子|袖子太瘦，～得慌。→❷名用来套紧的圈状物▷孙悟空头上有个金～|铁～。

gǔ

古 gǔ ❶名过去已久的年代；很久以前（跟“今”相对）▷～今中外|～往今来|～为今用|远～|上～。→❷名古代的事物▷信而好～|食～不化|怀～|访～|考～。→❸形过去很久的；年代久远的▷墓地中数这座墓最～|～书|～画|～老|～旧。❹形质朴；真挚▷人心不～|～道热肠|～朴|简～|～拙。→❺名指古体诗▷五～|七～。○❻名姓。

谷[1] gǔ ❶名两山之间狭长而有出口的夹道或水道▷山～|河～|～地。○❷名姓。

谷[2]（穀）gǔ ❶名粮食作物的统称▷百～|五～。→❷名谷子，一年生草本植物，叶子条状披针形，穗状圆锥花序，子实多呈圆形，色黄，脱壳后称小米▷～穗儿|～草。→❸名稻子或稻子的子实▷稻～|轧～机。
另见 yù。

汩 gǔ [汩汩]gǔgǔ 拟声形容水流动的声音▷泉水～流淌。☛“汩”和“汨”（mì）不同。“汩”字右边是“曰”，“汨”字右边是“日”。

诂（詁）gǔ 动〈文〉用通行的语言解释古代的语言或方言▷训～|解～|字～。

股[1] gǔ ❶名〈文〉大腿，从胯到膝盖部分，是躯干的分支▷头悬梁，锥刺～|～肱（喻指得力的辅助者）。→❷名某些机关、企业、团体中的一个部门，一般比科小▷人事～|总务～。→❸名组成线、绳的一部分▷四～的粗毛线。→❹量 a）用于成条的东西▷一～线|两～道。b）用于气体、气味、力气等▷一～热气|一～清香|一～猛劲儿。c）用于成批的人（多含贬义）▷几～顽匪|一～敌军。→❺名财物分配或集资中的一份▷家产按三～均分|入～|～东|～金。❻名指股票，股份公司发给股东证明其所入股份数，并有权取得股息的有价证券▷～民|～市。

股[2] gǔ 名我国古代数学术语，指不等腰直角三角形中较长的直角边▷勾～定理。

骨 gǔ ❶名骨头，人和脊椎动物体内起支撑身体、保护内脏作用的坚硬组织▷～肉相连|筋～|肋～|软～。→❷名喻指人的精神、品格、气概等▷～气|傲～|奴颜媚～。→❸名喻指诗文雄浑有力的艺术特色▷风～|～力。→❹名物体内部起支撑作用的架子▷伞～|扇～|钢～水泥。☛“骨”字的旧字形作“骨”，10画。
另见 gū。

牯 gǔ 名牯牛，指公牛。

贾（賈）gǔ〈文〉❶动做买卖；经商▷长袖善舞，多财善～。→❷名商人；特指定点设店的商人▷富商大～|书～。→❸动买▷每岁～马。❹动招致▷～祸|～害。→❺动卖▷馀勇可～（有多余的力量可以使用）。☛“贾”（gǔ）和“沽”（gū）在用于买卖时有细微的区别。“贾”在古汉语中泛指买，而买酒限用沽酒。“沽名”指故意做作或用某种手段谋取，不能写为“贾名”。表示卖时，“馀勇可贾”习惯上用“贾”，“待价而沽”习惯上用“沽”。
另见 jiǎ。

罟 gǔ 名〈文〉捕鱼和捕鸟兽的网▷网～。

钴（鈷）gǔ 名金属元素，符号 Co。银白色，质硬，有延展性，可磁化。用于制造磁性合金、超硬耐热合金等。钴化合物可作催化剂、瓷器釉料等，放射性钴可用于医疗。

蛄 gǔ 用于“蝲蛄”“蝲蝲蛄”。参见“蝲”。
另见 gū。

蛊（蠱）gǔ ❶名古代传说中一种由人工培育的毒虫。使许多毒虫在器皿里互相吞食，最后剩下不死的毒虫叫蛊，可以用来毒害人。→❷动毒害▷～惑。

鹄（鵠）gǔ 名〈文〉箭靶的中心，也喻指目标、目的▷～的（dì）|中（zhòng）～。
另见 hú。

馉（餶）gǔ [馉饳]gǔduò 名古代一种面制的食品。

鼓（*皷）gǔ ❶名打击乐器，多为圆柱形，中空，两端或一端蒙着皮子▷一面～|敲锣打～|腰～|堂～|更～|～角。→❷动敲鼓▷一～作气。❸动敲、弹或拍，使某些乐器或东西发出声音▷～琴|～掌。→❹动振奋▷～起勇气|～动|～励|～舞。❺动使（风箱）动起来；扇（风）▷～风。→❻动凸起▷～着腮帮子|这堵墙有点向外～|～胀。→❼名古代夜间击鼓报时，几更也说几鼓▷五～天明。→❽名外形、声音或作用像鼓的东西▷石～|蛙～|耳～。

毂（轂）gǔ 名〈文〉车轮中心的部分，有圆孔，可以插入车轴并同辐条相连接▷击～摩肩（形容行人车马来往拥挤）。☛“毂”字左下是“车”，“车”上没有短横；繁体作“轂”，左下的“車”字上有一短横。
另见 gū。

榖 gǔ 名构树。参见“构[2]”。☛“榖”和“穀”（“谷”的繁体）不同。“榖”字左下是一横和“木”，“穀”字左下是一横和“禾”。

嘏 gǔ 名〈文〉福▷祝～|承～。

鹘（鶻）gǔ [鹘鸼]gǔzhōu 名古书上说的一种鸟，像山鹊而形体稍小，羽毛青黑色，尾短。一说即斑鸠。
另见 hú。

臌 gǔ 动鼓胀，中医指由水、气、瘀血、寄生虫等引起的腹部膨胀的病▷～症|水～|气～。

瞽 gǔ〈文〉❶形眼瞎；失明▷～者|～叟（算命的盲人）。→❷形不明事理；没有见识▷～说（不明事理的言论）|～论。

gù

估 gù [估衣]gùyī 名旧称出售的旧衣服或质地差、加工粗的新衣服。
另见 gū。

固[1] gù ❶形结实；牢靠▷本～枝荣|坚～|牢～|稳～。→❷动使结实、牢靠▷～沙造林|～防|～本。→❸形坚硬▷～体|～态|凝～。❹形不易改变的▷～执|顽～。⇒❺副坚决地▷～辞|～守|～请。⇒❻同“痼”。

固[2] gù〈文〉❶副本来；原来▷人～有一死，或重于泰山，或轻于鸿毛。→❷副固然，表示转折▷人～

不易知,知人亦未易也。

故[1] gù ❶[名]原因,造成某种结果或引发某种事情的条件▷无缘无～|持之有～|借～推辞|缘～。→❷[连]连接分句,表示因果关系,相当于"所以""因此"▷近日旧病复发,～未能如期返校。○❸[名]事情;特指意外的或不幸的事情▷事～|变～。○❹[副]表示有意识地或有目的地(这样做),相当于"故意"▷明知～犯|～作姿态|～弄玄虚|欲擒～纵。

故[2] gù ❶[名]旧的、过去的事物▷温～知新|吐～纳新|革～鼎新。→❷[名]指老朋友;旧交▷非亲非～|沾亲带～|一见如～|～旧。→❸[形]原来的;过去的▷～乡|～地|～居|～土难离|～技重演|～态复萌。→❹[动]对人死亡的委婉说法▷父母早已亡～|病～|身～|～去|～世。

顾(顧) gù ❶[动]回头看;看▷瞻前～后|回～|环～|左～右盼|四～无人。→❷[动]看望;探视▷三～茅庐|光～寒舍。❸[动]商业、服务行业称服务对象到来▷惠～敝店|～客。❹[名]指顾客▷主～。→❺[动]照顾;照应▷事太多,～不过来|～此失彼|自～不暇。❻[动]怜惜;眷念▷奋不～身|～恋|眷～。→❼[副]〈文〉表示相反,相当于"却""反而"▷人之立志,～不如蜀鄙之僧哉?❽[连]〈文〉连接分句,表示转折关系,相当于"但是"▷痛不可禁,～亦忍而不号(háo,大声哭)。○❾[名]姓。

堌 gù [名]古代指河堤,现多用于地名▷青～集(在山东)|牛王～(在河南)。

梏 gù [名]古代套住罪犯两手的刑具,相当于现在的手铐▷桎～(脚镣和手铐,喻指束缚人或事物的东西)。

崮 gù [名]四面陡峭、顶端较为平坦的山,多用于地名▷孟良～|抱犊～(两山均在山东)。

牿 gù [名]〈文〉绑在牛角上防止牛顶人的横木。

雇(*僱❶—❸) gù ❶[动]出钱让人做事▷～一位保姆|～佣|解～。→❷[动]受人雇佣▷～员|～农。→❸[动]出钱临时使用别人的车、船等▷～车|～船|～牲口。○❹[名]姓。

锢(錮) gù ❶[动]用熔化的金属浇灌填塞(物体的空隙)▷～漏。→❷[动]禁止;监禁▷党～|禁～。→❸[形]〈文〉闭塞▷～蔽。

痼 gù ❶[形]积久难治的(病)▷～疾。→❷[形]长期形成不易改掉的▷～弊|～习|～癖。

鲴(鯝) gù [名]鱼,体侧扁,色银白带黄,口小,下颌铲形,刮食藻类。生活在我国江河湖泊中。

guā

瓜 guā ❶[名]葫芦科某些植物的统称。茎蔓生,多开黄色花,果实可以吃。种类很多,如冬瓜、南瓜、黄瓜、丝瓜、西瓜、香瓜等。瓜,也指这种植物的果实。→❷[名]形状像瓜的东西▷脑～儿|糖～儿。

呱 guā [拟声]形容物体撞击或鸭子、青蛙鸣叫的声音等▷～的一个耳光打在脸上|青蛙～～地叫着。

另见 gū;guǎ。

刮[1] guā ❶[动]用有锋刃的器具挨着物体的表面移动,使平整光滑或清除附着在上面的东西▷案板不平,要用刨子～一～|水垢该～了|～锅底|～胡子|～刀。→❷[动]用各种方法贪婪地索取(财物)▷钱都让贪官～光了|搜～。→❸[动]用片状物沾上糨糊等,贴着物体的表面均匀涂抹▷在袼褙上～一层糨子|先～泥(nì)子再刷漆。

刮[2](颳) guā [动](风)吹▷～大风了|什么风把你～来了?

胍 guā [名]有机化合物,分子式 CH_5N_3。无色结晶体,易潮解,水解后成尿素,是制药工业的重要原料。也说亚氨脲。

栝[1] guā 〈文〉❶[名]桧(guì)树。参见"桧"。○❷[名]箭、弩末端扣弦处▷箭～|机～。

栝[2] guā [栝楼]guālóu [名]多年生草本植物,茎上有卷须,夏秋季开白色花,雌雄异株。果实卵圆形至长椭圆形,熟时黄褐色。果皮、种子和根都可以做药材。也作瓜蒌。

另见 kuò。

䌸(緺) guā [名]〈文〉紫青色的绶带。

鸹(鴰) guā [老鸹]lǎogua [名]乌鸦的俗称。

guǎ

呱 guǎ [拉呱儿]lāguǎr [动]〈方〉扯闲话;聊天▷大伙儿在一块儿～。

另见 gū;guā。

剐(剮) guǎ ❶[动]把人体分割成许多块,古代一种残酷的死刑,也说凌迟▷舍得一身～,敢把皇帝拉下马|千刀万～。○❷[动](被尖锐的东西)划破▷手让钉子～流血了|裤腿～破了。

寡 guǎ ❶[形]少(跟"众""多"相对)▷多～不等|敌众我～|沉默～言|～廉鲜耻|～欢。→❷[形]死了丈夫的▷～妇|～居。→❸[形]古代王侯的谦称,表示寡德▷称孤道～|～人。→❹[形]淡而无味,菜肴里所含的提味成分少▷～淡|清汤～水。

guà

卦 guà ❶[名]古代占卜的符号,以阳爻(—)、阴爻(--)相配,每卦三爻,共组成八个单卦,八卦互相搭配,又演为六十四卦▷八～|～辞。→❷[名]泛指其他预测吉凶的行为▷用骨牌打了一～。

诖(詿) guà [动]〈文〉牵累;连累▷～误。

挂(*掛罣❶❷❺) guà ❶[动]悬挂,用钩子、钉子等使物体悬在某个地方▷墙上～着字画|把帽子～在衣架上|张～◇皎洁的月亮高高地～在天上。→❷[动]惦念,因想念而放心不下▷从来不把家里的事～在心上|～念|～记|～心。→❸[动]表面带着;蒙着▷脸上～着笑容|玻璃上～了一层霜。→❹[动]放置;搁置▷这个问题一时不好处理,先～起来。→❺[动]钩住;绊住▷风筝～到树上了|把衣服～了个口子。→❻[动]把听筒放回电话机上,使线路切断▷电话不要～,我马上给你找人去。❼[动]接通电话;打电话▷有事给我～个电话。→❽[量]a)用于成串成套可以悬挂的东西▷一～鞭炮|一～朝珠。b)用于畜力车▷拴了一～大车。○❾[动]登记▷～失|～号。

罣 guà 同"挂"①②⑤。

褂 guà [名]中式的单衣▷短～儿|长袍马～儿|大～儿|～子。

guāi

乖[1] guāi〈文〉❶动违背▷言与义～|与原意相～|～背。→❷形（性情、行为）不正常；不合情理▷～戾|～谬|～僻|～张。

乖[2] guāi ❶形机灵；伶俐▷你嘴倒挺～|～巧|～觉。→❷形（小孩儿）不淘气；听话▷小宝贝真～|～孩子。

掴（摑） guāi 又 guó 动用手掌打；打耳光▷～了他一巴掌。

guǎi

拐[1]（*柺❶） guǎi ❶名走路时拄的棍子，手拿的一端一般有弯柄▷～棍|～杖。→❷名特指下肢患病或伤残的人拄在腋下帮助走路的棍子，上端有横木▷架着双～|一副～。→❸形瘸；跛▷～着腿走了老远|一瘸一～。→❹动转弯；行进时改变方向▷往东一～就是商店|～进一条小巷|～弯。→❺名某些场合读数字时代替"7"（7 的字形像拐）▷洞～(07)。

拐[2] guǎi 动把人或财物骗走▷孩子被骗子～走了|～款潜逃|～带|～卖|诱～。

guài

夬 guài 名《易经》六十四卦之一。

怪（*恠） guài ❶形奇异的；不常见的▷这人脾气真～|～现象|～物|～异|古～。→❷名奇异的事物或人▷妖魔鬼～|妖～|扬州八～（指清代扬州八位画家）。→❸动感到惊奇；惊异▷大惊小～。→❹副〈口〉非常；很▷这花～香的|～不好意思。○❺动埋怨；责备▷这事不能～他|责～|～罪。

guān

关（關） guān ❶名门闩▷门插～儿。→❷动闭；使开着的东西合上（跟"开"相对）▷把门～上|～上箱子|～窗户。⇒❸动拘禁；放在里面不让出来▷罪犯被～起来了|把老虎～在笼子里|～押。⇒❹动停止经营活动或暂时歇业▷由于不善经营，只好把铺子～了|～张。⇒❺动使开动的机器、电气设备等停止工作▷～机|～灯|～电视。→❻名古代在险要地方或边境出入口设立的守卫处所▷一夫当～，万夫莫开|玉门～|过～|～口◇把住质量～。⇒❼名特指山海关▷～内|～外|～东|清兵入～。⇒❽名城门外附近的地方▷城～|北～|～厢。⇒❾名指海关，对出入国境的商品和物品进行监督、检查并照章征税的国家机关▷海～|报～|～税。⇒❿名喻指困难的一段时间▷难～|年～。→⓫名起关联转折作用的环节▷突破这一～|紧要～头|～节|～键。⇒⓬动关联；牵涉；牵挂▷不～你的事|事不～己|无～大局|～心|～怀|～照。⓭名人与人或事物与事物之间的联系▷与我无～|有～人员。⇒⓮名中医指关上脉（人体的关键部位之一）▷寸、～、尺|～脉。○⓯动旧指发放（薪饷）▷～饷。○⓰名姓。

观（觀） guān ❶动看；察看▷走马～花|坐井～天|～天象|～光|～察|～测|～看。→❷名看到的景象▷洋洋大～|改～|奇～|壮～|外～。❸名对客观事物的认识和态度▷世界～|人生～|价值～|悲～|乐～。

另见 guàn。

纶（綸） guān［纶巾］guānjīn 名古人戴的配有青丝带的头巾▷羽扇～巾。

另见 lún。

官 guān ❶名属于国家或政府的▷～办|～价|～商。→❷名在国家机构中经过任命、达到一定级别的公职人员▷封～许愿|贪～污吏|文～|～员|外交～|做～。→❸名共同享有或使用的▷～道|～话。→❹名器官，生物体上具有某种独立生理机能的部分▷五～|感～|～能。○❺名姓。

冠 guān ❶名帽子▷衣～整齐|怒发冲～|王～|桂～|免～照片。→❷名像帽子的东西▷鸡～|肉～|羽～|花～|树～。☛"冠心病""冠状动脉"的"冠"读 guān，不读 guàn。

另见 guàn。

矜 guān 古同"鳏"。

另见 jīn；qín。

莞 guān 名古书上指水葱一类的植物。

另见 guǎn；wǎn。

倌 guān ❶名旧时称在酒店、饭馆等行业中服杂役的人▷堂～儿|磨～儿（磨面的人）。→❷名农村中专门饲养某些牲畜的人▷猪～儿|牛～儿|羊～儿。

棺 guān 名棺材，装殓死人的器具▷盖～论定|～木|水晶～|～椁。

鳏（鰥） guān 形没有妻子或妻子死亡的▷～夫|～居|～寡孤独。

guǎn

莞 guǎn［东莞］dōngguǎn 名地名，在广东。

另见 guān；wǎn。

馆（館*舘） guǎn ❶名接待宾客、旅客食宿的场所▷宾～|旅～。→❷名华丽的住宅▷公～|潇湘～。→❸名古代官署的名称▷弘文～|修文～。⇒❹名某些驻外机构的办公处所▷大使～|公使～|领事～。⇒❺名某些开展文化体育工作或活动的场所▷图书～|纪念～|天文～|博物～|体育～|文化～|～藏。⇒❻名旧时指家庭等私设的教学场所▷设～|糊口|坐～（在私塾或别人家里教书）。⇒❼名某些服务性行业店铺的名称▷饭～|茶～|理发～|照相～。

琯 guǎn 名古代一种玉制的管乐器，形状像笛子，上有六个孔。

痯 guǎn 形〈文〉疲劳。

管（*筦❶—⓮） guǎn ❶名古代一种像笛的乐器，圆而细长，中空，旁有六孔，两支并起来吹奏。→❷名管乐器的通称▷～龠|黑～|双簧～|～弦乐。→❸名泛指圆而细长中空的东西▷竹～|钢～|输油～|气～。⇒❹名〈文〉毛笔▷搦～（握笔）。⇒❺量用于管状物▷两～毛笔|一～长笛。→❻名特指外形像管的电器件▷真空～|电子～|晶体～。→❼名古代车的部件，管状，安在毂端，配合车辖，使车轮固定在车轴上。❽动管理并统辖▷直辖市由国务院直接～|这个县～着七八个乡|～辖。❾动负责某项工作或事务▷分～人事|～家务|～打扫卫生|我～图书，你～报纸。⇒❿动照料；约束▷～孩子|这学生得好好～一～了|～教。⇒⓫动过问；参与▷～闲事|楼道卫生要大家～。⓬连连接分句，表示行动不受所举条件的限制，相当于"不管""无论"▷～他

什么难关，都要闯过去|~他三七二十一，先干起来再说。⇒⑬动负责供给▷~吃~住|学费我来~|~饭。⑭动保证▷次品~换|~保。○⑮介把，构成"管……叫……"的格式，用来称说人和事物▷大家~他叫"小辣椒"|有些地区~土豆叫洋芋。○⑯介〈方〉引进动作行为的对象，略相当于"向"▷没钱花~你爸要。○⑰名姓。☛"管"和"菅"(jiān)不同。"菅"指菅草，如"草菅人命"。

鳤(鰫) guǎn 名鱼，体呈圆筒形，银白色，鳞小，头小而尖。吃小鱼，是淡水养殖业的害鱼。

guàn

观(觀) guàn ❶名古代楼台之类的高大建筑物▷楼~|台~。→❷名道教的庙宇▷白云~|寺~。

另见 guān。

贯(貫) guàn ❶名钱串子，古代穿钱的绳子。→❷量古代用绳子穿铜钱，每一千个为一贯▷万~家私|腰缠万~|十五~。→❸动穿过；连通▷气~长虹|如雷~耳|~穿|横~|学~古今|~通。→❹动一个一个地互相衔接▷鱼~而入|连~。○❺名世代居住的地方；出生地▷籍~。○❻名姓。

冠 guàn ❶动〈文〉戴帽子▷~礼(古代男子20岁时举行的表示成年的加冠礼仪)。→❷动超出众人，居第一位▷勇~三军|~军。❸名指冠军▷夺勇夺~|学习成绩为全班之~。→❹动在前边加上(某种名号或称谓)▷~以劳动模范称号|这个小厂居然在厂名前~以"中国"二字。○❺名姓。

另见 guān。

掼(摜) guàn 〈方〉❶动扔；摔掉▷~纱帽。→❷动跌倒；使跌倒▷把他~了一个跟头|~跤。

涫 guàn 动〈文〉沸腾▷~沸|~汤。

惯(慣) guàn ❶形经常接触而逐渐适应；习以为常▷干~了，不觉得累|看不~这种作风|~例|~偷|习~。→❷动纵容；溺爱▷把孩子给~坏了|娇生~养|娇~。

祼 guàn 名古代一种祭礼，祭祀时把奉献的酒浇在地上。☛"祼"和"裸"不同。"祼"字左边是"礻"(衣)，指裸露。

盥 guàn 动洗手洗脸▷~漱|~洗室。

灌 guàn ❶动把水放进田里；浇地▷放水~田|春~|~溉|排~。→❷动向小口的容器里注入；倒进(多指液体、气体或颗粒状物体)▷~开水|~暖壶|~了一肚子凉气|鞋里~了好多沙子◇什么话好听往他耳朵里~什么。❸动把声音录入唱片▷~唱片。

瓘 guàn 名〈文〉一种玉。

鹳(鸛) guàn 名鹳科各种鸟的统称。外形像鹤，也像鹭，嘴长而直，翼大尾短。善飞翔，常活动于溪流近旁，捕食鱼、虾、蛙、贝等。常见的有白鹳、黑鹳两种。

罐(*鑵) guàn ❶名罐子，用陶、瓷、玻璃或金属制作的大口圆筒形盛物器皿▷玻璃~儿|蛐蛐~儿|瓶瓶~~|~头。→❷名煤矿装煤用的斗车。

guāng

光 guāng ❶名太阳、火、电等放射出来照耀在物体上，使眼睛能看见物体的那种物质，广义地说也包括眼睛看不见的红外线和紫外线▷发~|闪~|阳~|火~|灯~|~芒|~线|~波。→❷形明亮▷~明|~亮|~辉|~泽。→❸名光彩；荣誉▷给中华民族增~|为集体争~。⇒❹动使荣耀；显耀▷~宗耀祖|~前裕后(给前代增光，给后代造福)。⇒❺副敬辞，表示对方的行动使自己感到光荣▷~临|~顾。⇒❻名喻指好处▷沾~|借~|叨~(受到好处)。→❼名时间；日子▷时~|~阴。→❽名景色；景物▷春~明媚|观~|风~。→❾形光滑；平滑▷地板擦得挺~|抛~|~溜|~润|~洁。→❿形净；尽；一点不剩▷钱花~了|把病虫害消灭~|吃~喝~|一扫而~|精~。⇒⓫动没有衣物遮盖，露出身体或身体的一部分▷~着膀子|~脚。⇒⓬副只；仅▷~动嘴，不动手|不能~挑人家的毛病|他不~想到了，也做到了。○⓭名姓。

咣 guāng 拟声形容物体撞击振动的声音▷~的一声，脸盆掉在地上了|~，一发炮弹爆炸了。

桄 guāng [桄榔]guāngláng 名常绿大乔木，大型羽状复叶生于茎端，肉穗花序，果实倒卵状球形，棕黑色，有辣味。花序的液汁可以制糖，茎中的髓可制淀粉，叶柄的纤维可以制绳或刷子。桄榔，也指这种植物的果实。也说砂糖椰子。

另见 guàng。

胱 guāng [膀胱]pángguāng，见"膀"。

guǎng

广(廣) guǎng ❶形宽大；宽阔(跟"狭"相对)▷受灾面很~|~场|~阔|宽~。→❷动使宽阔；扩大▷推而~之|以~招徕。❸名指广东▷~货(旧称广东出产的百货)。→❹形普遍▷用途很~|~泛。→❺形多；众多▷大庭~众。○❻名姓。☛广西别称"桂"，只有在广东和广西并列时才合称"两广"。

另见 ān。

犷(獷) guǎng 形粗野；粗豪▷~悍|粗~。☛统读 guǎng，不读 kuàng。

guàng

桄 guàng ❶名桄子，用来绕线的器具，多用竹木制成。→❷动把线绕在桄子等器具上▷把线给~上|~线。→❸名桄儿，在桄子或其他器具上绕好后取下来的成圈的线▷线~儿。→❹量用于线▷一~线。

另见 guāng。

逛 guàng 动闲游；游览▷~大街|~庙会|东游西~|闲~|~荡。

guī

归(歸) guī ❶动返回▷早出晚~|满载而~|~心似箭|回~|~国|~途。→❷动还给；使返回▷物~原主|完璧~赵|~还。→❸动趋向或集中到一起▷百川~海|把性质相同的问题~为一组|把次品挑出来~到一块儿|众望所~|~并|~结。⇒❹动依附▷~附|~依|~顺。❺动属于▷土地~国家所有|房子~他，家具~你|~属。❻动表示后面的动作属于谁的职责，略相当于"由"▷食宿~自己解决

|派车～他管。⇒❼动用在两个相同的动词中间，表示与后面所说的事没有必然的联系▷吵架～吵架，可他们的感情仍然很好|答应～答应，办不办就难说了。⇒❽名珠算中指一位除数的除法▷九～。〇❾名姓。

圭[1] guī ❶名古代帝王、诸侯在举行典礼时手执的玉器，长方形，顶端三角形。→❷名古代测日影、定节气的天文仪器，玉质，上端尖▷～表|～臬（臬，测日影的表）。

圭[2] guī 量古代容量单位，一升的万分之一。一说一升的四千分之一。

龟（龜） guī 名龟科爬行动物的统称。身体扁平呈椭圆形，背部有甲壳，四肢短，趾有蹼。受惊扰时，头、尾和四脚都缩入甲壳内。食植物和小动物，一般栖息在水边。常见的有乌龟（也说金龟）、水龟等。

另见 jūn；qiū。

妫（媯） guī 名妫河，水名，在北京。

规（規＊槼） guī ❶名画圆的工具▷圆～|两脚～。→❷名法度；准则▷～则|～律|～章|～范|法～|校～|成～|常～。→❸动谋划；打算▷～划|～避。→❹动劝告；告诫▷～劝|～勉。〇❺名姓。

邽 guī 名姓。

皈 guī ［皈依］guīyī 动佛教用语，原指佛教的入教仪式，后泛指虔诚地归信佛教或参加其他宗教组织▷～释教|他终于～了天主教。也作归依。

闺（閨） guī 名内室；旧时特指女子的居室▷～房|深～|～秀|～女。

硅 guī 名非金属元素，符号 Si。灰色无定形的固体或晶体，有光泽。可用来制造硅钢等，高纯度硅是半导体材料，硅酸盐是制造水泥、玻璃的重要原料之一。旧称矽。

庪 guī 名庪山，古山名，在河南洛阳西。现名谷口山。

另见 wěi。

瑰[1]（＊瓌） guī 形珍奇；珍贵▷～宝|～异|～丽。

瑰[2] guī ［玫瑰］méigui，见“玫”。☛“瑰”字不读 guì。

鲑（鮭） guī 名鲑科鱼的统称。体大，呈流线形，口大而斜，鳞细而圆。种类很多，重要的有大马哈鱼。有的生活在淡水中，有的在海洋和河流间洄游。是重要食用鱼类，精巢可制鱼精蛋白等。

另见 xié。

鬶（鬹） guī 名古代一种陶制炊具，样子像鼎，有嘴、柄和三个空心足。

guǐ

氿 guǐ 名〈文〉从山的侧面流出的泉水▷～泉。☛“氿”不是“酒”的简化字。

另见 jiǔ。

宄 guǐ 名〈文〉坏人▷奸～。☛不读 jiǔ。

轨（軌） guǐ ❶名〈文〉车辙；车轮碾压的痕迹。→❷名事物运行的一定的路线▷～迹。⇒❸名喻指法度、规矩、秩序等▷越～|常～|步入正～|～范。⇒❹名轨道，用条形的钢材铺成的供火车、电车等行驶的道路▷火车出～了|无～电车|卧～。❺名铺设火车道或电车道等用的长条钢材▷钢～|铁～。

庋 guǐ 〈文〉❶名放东西的架子。→❷动搁置；保存▷～藏|～置。

匦（匭） guǐ 名〈文〉匣子；小箱子▷票～。

诡（詭） guǐ ❶形狡诈；虚伪▷～诈|～计|～辩。〇❷形怪异；奇特▷～怪|～异|～秘。☛“诡”和“鬼”形、义不同。“诡”是形容词性的，“鬼”是名词性的。“诡怪”指奇异怪诞；“鬼怪”指妖魔、精灵，也喻指邪恶的势力。

鬼 guǐ ❶名迷信的人指人死后能离开躯体而存在的灵魂▷世界上没有～|～魂|～神。→❷名对具有某种特点的人的蔑称▷胆小～|酒～|吸血～|讨厌～|～子。→❸名不可告人的事或不正当的心计▷这事有～|他心里有～|捣～。❹形不正大光明；不真实；不正当▷～头～脑|～～祟祟|～话|～混。❺形不好的；令人不快的▷～天气|～地方。→❻形〈口〉机灵▷这小家伙真～。❼名对人的昵称（多用于未成年人）▷小～|机灵～儿。〇❽名星宿名，二十八宿之一。☛“鬼”字的第六画是撇，中间不断开。旧字形作“鬼”，十画，第五画是短竖，和第七画的撇不相连。

姽 guǐ 〈文〉❶形女子体态娴雅。→❷［姽婳］［guǐhuà］形女子娴静美好。

癸 guǐ 名天干的第十位。☛“癸”字上半是“癶”（bō），登字头，不是“夕”（祭字头）。

晷 guǐ ❶名〈文〉日影；日光▷焚膏继～（点燃灯烛接替日光来照明）。→❷名日晷，古代观测日影、确定时刻的仪器。→❸名〈文〉光阴；时间▷日无暇～|苦无余～。

簋 guǐ 名古代祭祀或宴饮时盛食物的器皿，一般为圆形，大口，有两耳。

guì

柜（櫃） guì ❶名柜子，用来收藏衣物、文件等的器具，通常为长方形，有盖或有门，多为木制或铁制▷衣～|酒～|床头～|书～|保险～|～橱|～台。→❷名特指商店的钱柜▷现款都交～了|掌～的（商店老板或负责管店的人）。

另见 jǔ。

炅 guì 名姓。

另见 jiǒng。

刿（劌） guì 动〈文〉刺伤；割伤。

刽（劊） guì ❶动〈文〉砍断；剖开。→❷［刽子手］guìzishǒu 名旧指执行斩刑的人，后来喻指屠杀人民的人。☛统读 guì，不读 kuài。

贵（貴） guì ❶形价格或价值高（跟“贱”相对，②同）▷这种品牌的服装太～|贱买～卖|春雨～如油|昂～|腾～。→❷形社会地位高▷～族|～人|～宾|富～。→❸形值得珍视或珍爱的▷和为～|宝～|可～|名～|珍～。❹动以……为可贵▷人～有自知之明|体育锻炼，～在坚持。→❺形敬辞，称与对方有关的事物▷～姓|～校|～处。〇❻名姓。

桂[1] guì ❶名肉桂，常绿乔木，叶子长椭圆形，开白色小花，果实球形，紫红色。木材可制家具；树皮叫桂皮，有香气，可以做药材；嫩枝叫桂枝，也可以做药材。→❷名月桂，常绿乔木，叶子长椭圆形，开黄色花，果实暗紫色，卵形。可供观赏，叶子和果实可以提取芳香油。古代希腊人用月桂树叶编成帽子，授予杰出的诗人或竞技的优胜者，称"桂冠"。○❸名桂花，常绿小乔木或灌木，开白色或黄色花，有特殊的香味。是珍贵的观赏植物，花可以提取芳香油或用作香料。也说木犀。○❹名姓。

桂[2] guì ❶名桂江，水名，在广西。→❷名广西的别称▷～剧。

桧（檜） guì 名常绿乔木，高可达20米，幼树叶子针形，大树叶子鳞形，果实近球形。木材淡黄褐色至红褐色，细致坚实，有香气，可供建筑及制作家具、工艺品、绘图板、铅笔杆等用。也说圆柏、桧柏。

另见 huì。

匮（匱） guì 古同"柜"。
另见 kuì。

跪 guì 动两膝弯曲，单膝或双膝着地▷～在地上｜下～｜～拜｜～射。

鳜（鱖） guì 名鳜鱼，体侧扁，背部隆起，青黄色，有黑色斑纹，口大，下颌突出，鳞圆而细小。性凶猛，吃鱼虾。生活在淡水中。是我国特产的名贵食用鱼之一。鳜鱼也作桂鱼。

gǔn

衮 gǔn 名古代君主、王公的礼服▷～服。☛"衮"字中间是"公"，不是"台"。从"衮"的字，如"滚""磙"，不能写作"滚""磙"。

绲（緄） gǔn ❶名〈文〉编织的带子▷～带。→❷动缝纫方法，沿着衣物的边缘镶上布条、带子等▷在袖口上～一道边｜穿一件～边的旗袍。

辊（輥） gǔn 名机器中可以滚动的圆柱形机件▷～轴｜轧～｜～子。

滚 gǔn ❶动旋转着移动；使翻转▷石头从山坡上～下来｜球慢慢地～进球门｜～雪球｜～元宵｜前～翻｜打～。→❷动液体达到沸点而翻腾▷壶里的水～了。→❸动走开（用于辱骂或斥责）▷～出去｜～蛋。→❹形形容圆▷～圆｜圆～～。○❺同"绲"②。

磙 gǔn ❶名石制的圆柱形碾轧工具▷石～｜～子。→❷动用磙子碾轧▷～地｜～路面。

鲧（鯀） gǔn ❶名古书上说的一种大鱼。○❷名古代人名，传说是夏禹的父亲。

gùn

棍 gùn ❶名棍子，一般为圆长条形物，多用木竹截成或金属制成▷一根～子｜拄着～儿｜木～｜铁～｜～棒。→❷名指具有某些特点的坏人▷恶～｜赌～｜淫～｜讼～。

guō

过（過） guō 名姓。
另见 guò；guo。

呙（咼） guō 名姓。

埚（堝） guō [坩埚]gānguō，见"坩"。

郭 guō ❶名外城，古代城墙以外围着的大墙▷城～｜郛～（外城）｜～门。○❷名姓。

涡（渦） guō 名涡河，水名，源于河南，流经安徽入淮河。
另见 wō。

崞 guō 名崞山，山名，在山西。

聒 guō 动〈文〉（声音）嘈杂扰人▷～噪｜～耳（刺耳）。

锅（鍋） guō ❶名烹饪用具，半球形或浅筒形，多用铁、铝或不锈钢等制成▷一口～｜沙～｜蒸～｜高压～｜～台。→❷名形状像锅的东西▷烟袋～。

蝈（蟈） guō [蝈蝈儿]guōguor 名昆虫，身体绿色或褐色，腹部大，翅短，善跳跃，雄的前翅根部有发声器，能振翅发出清脆的声音。

guó

国（國） guó ❶名国家▷为～争光｜爱～爱民｜回～｜祖～｜～际｜～外。→❷名代表国家的▷～旗｜～歌｜～号｜～花｜～徽。→❸名指我国的▷～产｜～画｜～学｜～文｜～乐｜～货。○❹名姓。

帼（幗） guó 名古代妇女的发饰▷巾～（头巾和发饰，借指妇女）。

涠（潿） guó [北涠]běiguó 名地名，在江苏。

虢 guó 名周朝诸侯国名。西虢为周文王弟虢仲的封地，在今陕西宝鸡东，后迁到今河南陕县东南。东虢为周文王弟虢叔封地，在今河南荥阳。

馘 guó 动古代战争中割取被杀死的敌人的左耳，用来计功▷～百人。

漍 guó [漍漍]guóguó 拟声〈文〉形容水流的声音▷流水～～。

guǒ

果[1]（*菓❶） guǒ ❶名植物的果实▷开花结～｜硕～累累｜～树｜～园｜水～｜干～｜无花～。→❷名事情的最后结局（跟"因"相对）▷前因后～｜自食其～｜结～｜成～。❸副表示事情跟预料的相符合，相当于"果然"▷～不出我所料｜～不其然｜～真。○❹名姓。

果[2] guǒ 形有决断；不犹豫▷～敢｜～断。

馃（餜） guǒ [馃子]guǒzi 名一种油炸面食，长条形或圆形▷香油～｜煎饼～。

椁（*槨） guǒ 名古代套在棺材外面的大棺材▷棺～。

蜾 guǒ [蜾蠃]guǒluǒ 名蜾蠃蜂的通称。昆虫，身体有黄褐、赤褐或黑色斑纹及金黄色短毛，头部多黑色，翅黄褐色；腹部末端有螯刺及产卵器。常在竹筒或泥墙洞中做窝，捕捉稻螟蛉、棉蛉虫、玉米螟等多种昆虫的幼虫放在窝里，将卵产在它们的身体里，卵孵化后，用它们做幼虫的食物。可用于防治农业害虫。

裹 guǒ ❶动包；缠绕▷把伤口～好｜～足不前｜～腿｜包～。→❷动强行卷入▷狂风暴雨～着冰雹猛砸下来｜游行的人群把路边看热闹的也～了进去。

guò

过（過） guò ❶动在空间移动位置；经过▷汽车从桥上～｜～了这条街就到了｜～草地｜～黄河｜路～｜～客｜～来。→❷动经历；度过（某段时间或节假日）▷老人家正～着幸福的晚年｜再～半年就毕业了｜～节｜～冬｜～暑假。→❸动从一方转移到另一

方▷姑娘还没~门|~户|~继|~录。→❹动使经过(某种处理)▷您~个数|把衣裳~一下水|~了筛子又~罗|~秤|~油肉。❺量用于动作的次数▷把这封信看了好几~|衣服已经洗了三~了|这面粉得多筛几~。→❻动超出(某种界限)▷他高得都~了两米了|你要去的地方已经~了两站了|下班时间早~了|~量|~期|~火|~分(fèn)。❼形超过某种限度的▷话不能说得太~|~多|~细|~激|~敏。❽名过失;错误(跟"功"相对)▷悔~自新|将功补~|~错|罪~|记~。→❾动用在其他动词后面。a)表示事物随动作经过某处或从一处到另一处▷从树下走~|翻~这座山|递~一本书来|接~奖状|脑子里闪~一个念头。b)表示物体随动作改变方向▷侧~身子|回~头去|把车头转~来|翻~一页。c)表示动作超过了合适的界限▷坐~站了|使~了劲儿|明天还要赶早班车,千万别睡~了。d)表示胜过("过"与前面的动词之间可以加"得"或"不")▷他一个人能抵~三个人|三个臭皮匠,赛~诸葛亮|他跑得~你吗?|我可说不~他。→❿动用在形容词后面,表示超过▷呼声一浪高~一浪。

另见 guō;guo。

guo

过(過) guo ❶助用在动词后面,表示动作完毕▷吃~饭再去|会已经开~了|向上级请示~。→❷助用在动词后,表示某种行为或变化曾经发生过▷这本书我看~|我多次讲~这个问题|他没去~上海|你找~他吗?❸助用在形容词后,表示曾经有过某种性质或状态,有同现在相比较的意思▷立秋以前还热~几天|他家现在富裕了,以前也穷~。

另见 guō;guò。

H

hā

哈[1] hā 动(人)张开嘴呼气▷~气|~欠。

哈[2] hā ❶叹表示得意或惊喜▷~~,这下可好了!|~,我考上大学啦!→❷拟声形容大笑的声音(多叠用)▷~~~,传来一阵爽朗的笑声|~~大笑。

哈[3] hā 动〈口〉弯(腰)▷~着腰跑过去|点头~腰。

哈[4] hā ❶[哈尼族]hānízú 名我国少数民族之一,分布在云南。○❷[哈萨克族]hāsàkèzú a)名我国少数民族之一,分布在新疆和甘肃、青海等地。b)名哈萨克斯坦共和国的主要民族。

另见 hǎ;hà。

铪(鉿) hā 名金属元素,符号 Hf。银白色,有光泽。熔点高,室温时性质稳定。用于制造高强度高温合金,也用作 X 射线管的阴极、真空管中的吸气剂和核反应堆的中子吸收剂等。

há

虾(蝦) há [虾蟆]háma 同"蛤蟆"。参见"蛤"。

另见 xiā。

蛤 há [蛤蟆]háma 名青蛙和蟾蜍的统称。也作虾蟆。

另见 gé。

hǎ

哈[1] hǎ ❶[哈巴狗]hǎbagǒu 名一种体小、毛长、腿短的供玩赏的狗。也说狮子狗或巴儿狗。喻指受主子豢养的驯顺奴才。○❷名姓。

哈[2] hǎ [哈达]hǎdá 名藏族和部分蒙古族人表示敬意和祝贺时献给神佛或对方的白色长丝巾或纱巾(藏语音译)。

另见 hā;hà。

奤 hǎ [奤夿屯]hǎbatún 名地名,在北京。

hà

哈 hà [哈士蟆]hàshimá 名中国林蛙。蛙的一种,背部土灰色,有黄色和红色斑点,生活在阴湿的山坡树丛中。主要产于我国东北及内蒙古等地。干燥体和雌蛙输卵管的干制品,可以做药材。也说哈什蚂(满语音译)。

另见 hā;hǎ。

hāi

咳 hāi ❶叹表示招呼或提醒▷~,你到哪儿去?|~,大家快来呀!也作嗨。○❷叹表示惊异▷~,能有这样的好事吗?

另见 ké。

嗨 hāi ❶同"咳"①。○❷拟声歌词中的衬字▷~啦啦|呼儿~哟。

另见 hēi。

hái

还(還) hái ❶副表示动作或状态持续不变,相当于"仍然"▷他~在办公|天气~那么热|年过八旬,精神~那么饱满。→❷副用在复句的前一分句里作陪衬,后一分句作出推论,相当于"尚且"▷人~不认识,更不用说叫出名字了|大人~拿不动,何况小孩儿呢?→❸副表示在已指出的范围以外,有所增益或补充▷要社会效益,~要经济效益|问了他的姓名、年龄,~问了一些别的问题。❹副跟"比"连用,表示被比较事物的性状、程度有所增加,相当于"更加"▷去年比前年热,今年比去年~热|成绩比预想的~好。→❺副用在形容词前,表示勉强达到一般的程度▷这本小说写得~不错|地势~平坦,修渠不会太费工。→❻副表示超出预料,有赞叹的语气▷想不到你~真把事儿办成了。

另见 huán;xuán。

孩 hái ❶名儿童▷男~儿|女~儿|小~儿。→❷名子女▷他们两口子只有一个女~儿。

骸 hái ❶名人的骨头(多指尸骨)▷~骨|尸~。→❷名身体▷形~|病~。

hǎi

胲 hǎi 名有机化合物的一类,是羟胺的烃基衍生物的统称。

另见 gǎi。

海 hǎi ❶名靠近大陆的比洋小的广大水域▷出~|像~一样蓝|渤~|~浪|~港|~外。→❷名古时指从海外来的▷~棠。→❸名海里生长或出产的▷~龟|~带|~鲜。→❹名用于一些湖泊的名称▷青~|里~|洱~。→❺名喻指聚集成很大一片的人或事物▷人~|火~|林~茫茫|学~无涯。❻形〈口〉比喻众多▷国庆节那几天,广场上摆的花儿~了去啦|元宵灯会上人可~啦。→❼形比喻大▷~碗|~报|~量。→❽副〈口〉漫无边际地;毫无节制地▷哥儿几个~聊了一夜|站在街上一通~骂|胡吃~塞。○❾名姓。

醢 hǎi ❶名〈文〉肉酱▷~酱|~脯。→❷动将人剁成肉酱,古代一种酷刑。

hài

亥 hài 名地支的第十二位。

侅 hài 形〈文〉痛苦;愁苦。

骇(駭) hài 动惊吓▷～人听闻|惊涛～浪|惊～。

氦 hài 名稀有气体元素之一,符号 He。无色无臭,是除氢以外密度最小的气体。可用来填充电子管、飞艇和潜水服等,也可用于原子反应堆和加速器,冶炼或焊接金属时可用作保护气体,液态的氦常用作冷却剂。通称氦气。

害 hài ❶动使蒙受损失;使招致不良后果▷～人～己|～得我连饭也没吃上|～群之马|危～|迫～|损～。→❷名坏处,对人或事物不利的因素▷这种药物对人体有～|有益无～。❸名祸患;灾祸▷为百姓除了一～|祸～|病虫～|水～|灾～。→❹形有害的(跟"益"相对)▷～虫|～鸟。→❺动杀;杀死▷被～身亡|杀～|遇～。→❻动患(病)▷～了一种奇怪的病|～眼。❼动产生(某种不安的感觉或情绪)▷～怕|～臊|～羞。

嗐 hài ❶叹表示不满或懊悔▷～,京戏没有这么唱的|～,来晚了一步!|～,我怎么把他给忘了!→❷叹表示感叹或惋惜(音低而长)▷～,真没想到!|～,这下全完了!

hān

顸(頇) hān 形〈口〉粗,圆柱形东西的直径大▷这根擀面杖太～了|拔河要用～绳子。

蚶 hān 名蚶科软体动物的统称。贝壳坚厚,呈卵圆形、长方形或不等边四边形,壳面一般为白色,有瓦垄状的纵线,覆盖有棕色带毛状物的表皮。品种很多,大都可以食用;有的壳可以做药材,称瓦楞子或瓦垄子。

酣 hān ❶形酒喝得畅快、尽兴▷～饮|酒～耳热。→❷形畅快;深沉▷～畅|～笑|～睡|～梦。❸形(战斗)激烈▷万马战犹～|～战。

憨 hān ❶形愚;傻▷这人有点～,跟他说什么,他都乐呵呵的|～笑|～痴。→❷形朴实▷～厚|～直。

鼾 hān 名指熟睡时粗重的呼吸声▷打～|～声|～睡。

hán

邗 hán [邗江]hánjiāng 名地名,在江苏。

汗 hán 名可汗(kèhán,古代鲜卑、突厥、回纥、蒙古等族最高统治者的称号)的简称▷成吉思～。
另见 hàn。

邯 hán [邯郸]hándān 名地名,在河北。

含 hán ❶动嘴里放着东西,不嚼不咽也不吐▷嘴里～着一块糖|把牙疼水～在口中|～片。→❷动存或藏在里面;包括▷眼眶里～着泪|蔬菜中～多种维生素|这段话～三层意思|～苞欲放|～量|～义|包～。⇒❸动〈文〉忍受▷～垢忍辱|～辛茹苦。⇒❹动心里怀着某种情感▷～恨|～羞|～怒|～冤。

函(*圅) hán ❶名〈文〉匣子;套子▷镜～|剑～|石～|全书共四～|～套。→❷名信封;信件(古代寄信用木函)▷来～|公～|～件|～购|～授。

晗 hán 形〈文〉天将亮。

焓 hán 名热学中表示物质系统能量状态的一个状态参数,指单位质量的物质所含的全部热能。

涵 hán ❶动包容;包含▷照顾不周,请多包～|～养|海～|蕴～。○❷名涵洞,修筑在路基上的像桥洞的泄水通道▷桥～(桥和涵洞)|～闸。

韩(韓) hán ❶名战国七雄之一,在今河南中部和山西东南部。○❷名姓。

寒 hán ❶形冷▷天～地冻|～风|～冷。→❷名寒冷的季节(跟"暑"相对)▷～来暑往|～假。→❸形比喻畏惧▷胆～。→❹形贫困▷贫～|清～|～士。❺形谦词,用于自己的家庭等▷～舍|～门不幸。→❻名中医指"六淫"(风、寒、暑、湿、燥、火)之一,是致病的一个重要因素▷祛热散～|外感风～。

hǎn

罕 hǎn 形稀少▷人迹～至|～见|～有|稀～。

喊 hǎn ❶动大声呼叫▷他在～什么?|大～大叫|呼～|叫～。→❷动招呼;叫(人)▷你把他～来|我给你～他一声。

hàn

汉(漢) hàn ❶名汉水,水名,长江最大的支流,源出陕西,经湖北流入长江。→❷名指银河▷银～|河～|气冲霄～。→❸名指汉中,地名,在陕西,因汉水得名。❹名朝代名。a)公元前 206 年刘邦被封为汉王,统辖汉中、巴蜀,后来称帝,建立汉朝。b)五代之一,公元 947—950 年,刘知远所建,史称后汉。❺名汉族(古代北方民族称汉朝人为汉人)▷～人|～字|～语。⇒❻名男子▷关西大～|男子～|～子。⇒❼名指汉语▷～译俄|英～大词典。

闬(閈) hàn 名姓。

汗 hàn ❶名人和某些动物从皮肤表面排出的液体▷出了一身～|～流满面|挥～成雨|～水。→❷动出汗;使出汗▷～颜(形容羞愧)|～马功劳。❸动〈文〉用火烘烤竹子,使排出水分▷～青|～简。
另见 hán。

旱 hàn ❶形长时间不下雨或雨量太小,田地缺水(跟"涝"相对)▷庄稼～了不行,涝了也不行|干～|～灾|～情。→❷名旱灾▷抗～|防～。→❸形加在某些原本与水有关的事物前,表示跟水无关或属于陆地上的▷～稻|～烟|～伞|～鸭子|～獭|～冰|～船。❹名指陆路交通▷～路|起～。

垾 hàn [中垾]zhōnghàn 名地名,在安徽。

捍(*扞) hàn 动保卫;抵御▷～卫|～御。

悍(*猂) hàn ❶形勇猛;干练▷强～|剽～|短小精～。→❷形凶暴;蛮横▷凶～|蛮～|刁～|～妇|～然。

菡 hàn [菡萏]hàndàn 名〈文〉莲花。

焊(*釬銲) hàn 动用熔化的金属填充、连接、粘合或修补金属器物▷接口～得不结实|～铁壶|～接|电～。

颔(頷) hàn ❶名下巴▷燕～虎颈◇～联(律诗的第二联)。○❷动点(头)▷～首。

焊 hàn［焊菜］hàncài 名一年生草本植物，全株无毛，叶长椭圆形，开黄色小花，结角果。全草可以做药材，种子榨的油可作润滑剂。

撼 hàn 动摇动▷蚍蜉～树｜震～｜摇～。

翰 hàn 名〈文〉长而坚硬的鸟羽；古代用羽毛做笔，因借指毛笔、文章、书信等▷挥～｜～墨｜文～｜华～。

憾 hàn 动不满意；失望▷千古～事｜遗～｜缺～。

瀚 hàn 形形容广大的样子▷浩～｜浩浩～～。

hāng

夯 hāng ❶名砸实地基的石制或铁制工具▷打～｜蛤蟆～｜木～｜石～｜铁～。→❷动用夯砸▷把地基～结实｜～地｜～歌(打夯时唱的歌)。❸动〈方〉使劲打▷拿拳头～了他几下｜抡起大棒子就～。

另见 bèn。

háng

行 háng ❶名行列，人或物排列成的一字形▷站成五～｜单～｜字写得不成～｜～伍(指军队)。→❷动排行，兄弟姐妹依长幼排列顺序▷我～三｜你～几？→❸量用于成行的东西▷两～眼泪｜四～果树｜写了几～字。→❹名某些营业机构▷商～｜洋～｜银～｜拍卖～。❺名行业；职业▷各～各业｜隔～如隔山｜干一～爱一～｜同～｜改～｜～话。❻名指某种行业的知识、经验▷懂～｜在～｜内～｜～家。

另见 hàng；héng；xíng。

吭 háng 名喉咙▷引～高歌｜仰首伸～。

另见 kēng。

杭 háng ❶名指杭州▷～纺(杭州出产的纺绸)。〇❷名姓。

绗(絎) háng 动缝纫方法，用针线把衣被的面子和里子以及其中的棉絮等稀疏地缝起来，使不致分离滑动▷～上几针，免得棉花堆在一块儿｜～被子。

衔 háng［衔衔］hángyuàn 名同"行院"，金、元时指妓女或戏曲演员的住所。

航 háng ❶名〈文〉船▷慈～普渡。→❷动(船)行驶；(飞行器)飞行▷～行｜～向｜～海｜～空｜～天。

颃(頏) háng［颉颃］xiéháng，见"颉"。

hàng

行 hàng 义同"行"(háng)①，用于"树行子"(排成行列的树木)。

另见 háng；héng；xíng。

沆 hàng ❶形〈文〉水面广阔无边。〇❷［沆瀣］hàngxiè 名〈文〉夜间的水气。〇❸［沆瀣一气］hàngxièyīqì 唐代崔瀣参加科举考试，被考官崔沆录取，有人嘲笑说：座主门生，沆瀣一气。后用以比喻气味相投的人勾结在一起。

巷 hàng［巷道］hàngdào 名采矿或探矿时在地下挖的坑道。

另见 xiàng。

hāo

蒿 hāo ❶名菊科蒿属植物的统称。共同特征是叶子作羽状分裂，花小，带有某种特殊气味。常见的有茼蒿、蒌蒿、青蒿、艾蒿等。有的嫩茎叶可以做蔬菜，有的可以驱蚊、做药材。〇❷名姓。

薅 hāo ❶动拔去杂草▷～草｜～田。→❷动〈口〉用手揪▷～住头发不放。

嚆 hāo［嚆矢］hāoshǐ 名响箭。发射后声音比箭先到，因此常用来比喻事物的开端或先声。

háo

号(號) háo ❶动拉长声音大声呼叫▷呼～｜～叫｜寒～虫。→❷动(风)呼啸▷狂风怒～。→❸动高声哭叫▷没什么大不了的事，别～了｜干(gān)～了几声｜哀～｜～丧｜～哭。

另见 hào。

蚝(*蠔) háo 名软体动物，有上下两扇贝壳，壳形不规则，大小、厚薄因种类而异，下壳较大而凹，附着他物，上壳较小而平，掩覆如盖。生活于热带和温带。种类很多。肉味美，可以食用，也可制成蚝油；壳可以做药材。也说牡蛎、海蛎子。

毫 háo ❶名动物身上细而尖的毛▷狼～｜羊～笔｜明察秋～。→❷名毛笔▷挥～泼墨。→❸量计量单位名称 a)市制长度，10丝为1毫，10毫为1厘。b)市制重量，10丝为1毫，10毫为1厘。c)用在某一计量单位的前面，表示该单位的千分之一▷～米｜～安｜～克｜～升。d)〈方〉货币单位，一元的十分之一，相当于"角"。❹形极少；一点儿(只用于否定式)▷～不费力｜～无办法。〇❺名秤或戥子上的提绳▷头～｜二～。

嗥(*嘷獋) háo 动(某些野兽)吼叫▷～叫。☛"嗥"的右下是"夲"(tāo)，不是"本"(běn)。

貉 háo 义同"貉"(hé)，用于"貉绒"(拔去硬毛的貉子皮)、"貉子"(貉 hé 的通称)。

另见 hé；mò。

壕 háo 同"壕"，多用于地名▷公山～｜安定～(两地均在内蒙古)。

豪 háo ❶名才能出众的人▷文～｜英～｜～杰。→❷形气魄大；直爽痛快，不拘谨▷～言壮语｜～情满怀｜～爽｜～放｜～迈。❸形权势大；强横▷～门｜～强｜～横(hèng)｜巧取～夺。❹名有钱有势、强横霸道的人▷土～。→❺动感到光荣；值得骄傲▷自～。

壕 háo ❶名护城河▷城～。→❷名沟▷防空～｜战～｜～沟。

嚎 háo ❶动(动物)大声叫▷鬼哭狼～｜～叫。→❷同"号"③。现在通常写作"号"。

濠 háo 名〈文〉护城河▷堑阔～深｜城～。

hǎo

好 hǎo ❶形美；优点多的；令人满意的(跟"坏"相对)▷这小孩长得真～｜这地方挺～｜写得～｜～脾气｜美～｜良～。→❷形友爱；和睦▷他们俩刚吵完又～了｜关系一天比一天～｜～朋友｜友～｜和～。→❸形用在动词后面，表示动作已经完成▷衣服做～了｜会场布置～了｜晚饭准备～了。→❹形(身体)健康；(疾病)消失▷身体比以前～多了｜感冒还没～。→❺副

a)表示程度深,多含感叹语气▷～大的广场|～漂亮|这话～厉害! b)强调数量多▷来了～多人|喝了～些水。c)强调时间久▷等了～久|去了～几年。→❻形表示赞同、答应、结束或不满、警告等语气▷～,这个主意不错|～吧,就这么办|～,就谈到这儿吧|～,这下可糟了!|～,等着瞧吧!→❼形容易(跟"难"相对)▷这事～办|山歌～唱口难开|四川话～懂。❽动表示使下文所说的目的容易实现,相当于"可以""以便"▷吃饱了～赶路|你留下地址,有事～给你写信|把房间收拾干净～招待客人。→❾形用在某些动词前面,表示效果好▷～用|～吃|～看|～听|～闻|～受。→❿名指赞扬的话▷不落(lào)～儿|叫～儿。→⓫名指问好的话▷捎个～儿。

另见 hào。

郝 hǎo 名姓。

hào

号(號) hào ❶动〈文〉呼唤;召唤。→❷动传达(命令)▷～令三军。⇒❸名发出的命令▷口～|发～施令。⇒❹名古代军队传达命令用的管乐器,后来泛指军队或乐队里所用的西式喇叭▷一只～|吹～|～角|军～|圆～|～兵|～手。❺名用军号吹出的表示特定意义的声音▷冲锋～|集合～|熄灯～。→❻名名称▷国～|年～|封～|牌～|称～。⇒❼名别号,旧时人们在名和字以外另起的别名,后来也泛指在名以外另起的字▷稼轩是辛弃疾的～。❽动以……为号▷李白,字太白,～青莲居士。⇒❾名标记;信号▷约定以咳嗽为～|记～|符～|暗～|乘～|句～。⇒❿名表示次序的记号;排定的次序▷把我的书都编上～|上医院挂一个～|对～入座|门牌25～|一月一～|番～|～码。⓫名表示不同的等级或种类▷特大～的鞋|中～|二～电池|型～|这～人。⓬名出现某种特殊情况的人员▷病～|伤～。⓭量用于人,相当于"个"▷一共来了五百多～人。⇒⓮动画上记号(表示归谁使用或所有)▷～房子。⇒⓯名旧作店名,也指商店▷源丰～|商～|宝～|分～。○⓰动中医指切脉▷大夫给我～了～脉。

另见 háo。

好 hào ❶动喜爱;喜欢▷从小就～武术|这个人～搬弄是非|～逸恶(wù)劳|～高骛远|～客|～强。→❷副易于(发生某种事情)▷不切实际的人～悲观失望|酒喝多了～惹是生非|～流眼泪。

另见 hǎo。

昊 hào 名〈文〉广阔的天▷～空|苍～|～天。

耗 hào ❶动减损;消费▷壶里的水～干了|～精神|消～|～损。→❷名消息(多指坏的)▷噩～。→❸动〈口〉拖延;消耗(时间)▷别～着,快说!|这事～的时间太长。→❹[耗子]hàozi 名〈口〉老鼠。

浩 hào ❶形(气势、规模等)盛大;大▷～大|～渺|～瀚|～劫。→❷形众多;繁多▷～如烟海|征引～博。

滈 hào 形〈文〉水清。

皓(*皜暠) hào ❶形光亮▷～月当空。→❷形洁白▷～齿朱唇|～首|～发(fà)。

鄗 hào 名鄗县,古地名,在今河北柏乡以北。

镐(鎬) hào 名周朝初年的国都,在今陕西西安西南。

另见 gǎo。

颢(顥) hào 形〈文〉形容白的样子▷天白～～。

灏(灝) hào 形〈文〉形容水势浩大。

hē

诃(訶) hē 音译用字,用于"诃子"(一种药用植物)、"契诃夫"(俄国作家)、"摩诃婆罗多"(古印度长篇叙事诗)等。☛1955年《第一批异体字整理表》将"訶"作为"呵"的异体字予以淘汰。1986年重新发表的《简化字总表》确认"訶"作为音译用字时为规范字,类推简化为"诃";表示大声斥责的意义时,仍作为"呵"的异体字处理。

呵[1] hē 动大声斥责▷～斥|～责。☛参见"诃"字的提示。

呵[2] hē 动呼(气)▷～了一口气|～了～手|一气～成。

呵[3] hē 同"嗬"。

另见 kē。

喝[1] hē ❶动吸食液体或流质食物▷～一杯茶|～汽水|～牛奶|～汤|～粥。→❷动特指饮酒▷到我家去～两杯|今天～多了|～醉了。

喝[2] hē 同"嗬"。

另见 hè。

嗬 hē 叹表示惊讶▷～,真棒!|～,这回考得真不错!

蠚 hē 动〈方〉蜇(zhē);刺。

hé

禾 hé ❶名〈文〉粟;谷子▷～麻菽麦。→❷名谷类作物的幼苗;特指水稻的植株▷～苗|～穗。

合[1](閤❸) hé ❶动闭;对拢(跟"开"相对)▷乐得～不上嘴|把书～上|～眼|～拢。→❷动聚集到一起;结合为一体(跟"分"相对)▷两股人马～到一起|把各项开支～起来|齐心～力|～伙|～流|～并|聚～。⇒❸形全▷～家欢乐|～城。⇒❹副共同;一起▷这本书是三个人～译的|～唱|～编。⇒❺量交战双方交手一次叫一合或一回合▷大战三十余～,不分胜负。→❻动符合;适合▷你的话正～我意|这双鞋不～脚|～辙押韵|～格|～法。❼动相当于;折合▷1市斤～500克|1美元～人民币几元?|加上损耗,～两块钱1斤。

"閤"另见 gé"阁"。

合[2] hé 名我国民族音乐中传统的记音符号,表示音阶上的一级,相当于简谱的"5̣"。

另见 gě。

纥(紇) hé [回纥]huíhé 名我国古代民族,主要分布在今鄂尔浑河流域,唐代曾建立回纥政权。也说回鹘(hú)。

另见 gē。

何 hé ❶代表示疑问。a)代人或事物,相当于"什么"▷～人|～事|～故|～时|为～。b)代处所,相当于"哪里"▷～去～从|公理～在|～往。c)代原因,相当于"为什么"或"怎么"▷夫子～哂由也(您为什么讥笑子路呢)|～至于此|～济于事|～足挂齿。→❷副

〈文〉强调程度深,相当于"多么"▷秦王扫六合,虎视~雄哉!|~其愚也!○❸名姓。

和[1](*龢❶—❺咊❶—❺) hé ❶形配合得协调;相处得融洽▷~衷共济|天时地利人~|婆媳不~|~谐|~睦|失~。→❷形温顺;不激烈;不粗暴▷心平气~|~颜悦色|谦~|平~|~缓|~善|~蔼。❸形气候温暖▷风~日丽|天气晴~|春风~煦|~暖|~畅。→❹动平息争端;使和睦▷不战不~|媾~|讲~|~解|~事佬。❺形比赛打成平手,不分胜负▷这盘棋~了|~局|~棋。○❻名姓。

和[2] hé ❶动连带;连同▷~衣而卧|~盘托出。→❷介引进共同行动的、动作涉及的或比较的对象,相当于"跟""同"▷有事要~群众商量|我~这事毫无关系|他的技术~你不相上下。→❸连连接类别或结构相似的词或词组,表示并列关系或选择关系▷老师~同学都到齐了|去~不去,你自己决定。→❹名两个或两个以上的数相加的得数▷二加二的~是四|~数|总~。

和[3] hé 名日本国民族名(日本自称大和民族,简称和)▷~服|~文(日文)|汉~词典。
另见 hè;hú;huó;huò。

郃 hé ❶[郃阳]héyáng 名地名,在陕西。今作合阳。○❷名姓。

劾 hé 动检举揭发(罪状)▷弹~。

河 hé ❶名黄河的专称▷~套|~西走廊|~南省。→❷名泛指大水道▷城外有一条~|江~湖海|淮~|运~|护城~。→❸名指银河▷天~|~汉|~外星系。

曷 hé 〈文〉❶代表示疑问,相当于"何""什么"▷激昂大义,蹈死不顾,亦~故哉?→❷代表示疑问,相当于"何日""何时"▷吾子其~归?→❸代表示疑问或反问,相当于"为什么""哪里"▷~足道哉?|~虐朕民?

饸(餄) hé [饸饹]héle 名北方一种面食,把和(huó)好的荞麦面、玉米面或高粱面等用专用工具挤压成长条,煮着吃。也作合饹。

阂(閡) hé 动阻隔▷隔~。

盍(*盇) hé 副〈文〉用于动词前表示反问或疑问,相当于"何不"▷~尝问焉(为什么不试着问问他呢)?

荷[1] hé 名莲▷~花|~叶|~塘。

荷[2] hé 名指荷兰▷~盾(荷兰的本位货币)。
另见 hè。

核[1] hé ❶名果实中心包含果仁的坚硬部分▷枣~|桃~|杏~。→❷名物体中心像核的部分▷细胞~|菌~|原子~。❸名特指原子核▷~能|~武器|~装置|~燃料。

核[2](*覈) hé 动对照,考查▷~算|~定|~对|审~|考~。
另见 hú。

盉 hé 名古代一种铜制酒器,上半截像壶,下半截有三条腿。古人用它调和酒跟水,调节酒的浓淡。

菏 hé [菏泽]hézé 名地名,在山东。☛"菏"字下半是"河",不是"何"。

龁(齕) hé 动〈文〉咬。

盒 hé 名一种有盖或有套的较小的容器▷纸~子|小铁~|饭~|墨~|火柴~。

涸 hé 形(水)干枯▷干~|枯~|~辙之鲋(在干涸了的车辙里的鲋鱼,喻指处在困境中急待救助的人)。

颌(頜) hé 名口腔上下部的骨骼和肌肉▷上~|下~。

貉 hé 名哺乳动物,外形像狐狸,尾毛蓬松,毛棕灰色,穴居于山林或田野中,昼伏夜出,食鱼虾、鼠、蛙及野果等,毛皮很珍贵,可制衣帽。通称貉子(háozi)。
另见 háo;mò。

阖(闔) hé 〈文〉❶动关闭;闭合▷~户|~眼。→❷形全▷~家|~城。

翮 hé 〈文〉❶名鸟羽羽轴下段无毛而中空的部分。→❷名鸟的翅膀▷振~高飞。

鞨 hé [靺鞨]mòhé,见"靺"。

hè

吓(嚇) hè ❶叹表示不满意,认为不该如此▷~,两个人才弄来半桶水!|~,连话也不敢说了!|~,这不是存心闹事儿嘛!→❷动用威胁的话或手段要挟、吓唬(xiàhu)▷恐~|恫~。
另见 xià。

和 hè ❶动声音相应;和谐地跟着唱或伴奏▷曲高~寡。→❷动跟着别人说▷随声附~|应(yìng)~。→❸动依照别人诗词的题材和格律做诗、填词▷步原韵~诗一首|唱~|奉~|~韵。
另见 hé;hú;huó;huò。

贺(賀) hè ❶动对喜事表示庆祝▷庆~|祝~|~喜|~年|~礼|~信。○❷名姓。

荷 hè ❶动背(bēi);扛▷~枪实弹|~锄。→❷动承担;担负▷~重。⇒❸动客套话,表示承受恩惠(多用于书信)▷无任感~|是~。⇒❹名指电荷▷正~|负~。→❺名承受的压力;担当的责任▷肩负重~。
另见 hé。

喝 hè 动大声叫嚷▷大~一声|呼幺~六|~问|~令|~彩|~道|吆~(yāohe)。
另见 hē。

赫[1] hè ❶形显明;盛大▷显~|~然|~~有名。○❷名姓。

赫[2] hè [赫哲族]hèzhézú 名我国少数民族之一,分布在黑龙江。

赫[3] hè 量〈外〉法定计量单位中频率单位赫兹的简称,每秒钟振动一次为1赫,这个名称是为纪念德国物理学家赫兹而定的▷千~|兆~。

褐 hè ❶名〈文〉用兽毛或粗麻制成的衣服▷无衣无~|裋~。→❷形像棕毛的颜色▷穿一件~色外衣|~煤|~藻。

鹤(鶴) hè 名鹤科各种水鸟的统称。头小,颈、嘴和腿都很长,翼大善飞,羽毛白色或灰色。生活在水边。常见的有丹顶鹤、白鹤、灰鹤等。☛统读 hè,不读 háo。

翯 hè [翯翯]hèhè 形〈文〉羽毛洁白而有光泽▷白鸟~~。

壑 hè ❶名山谷▷千山万～|丘～。→❷名深沟或大坑▷沟～|以邻为～。☛统读 hè，不读 huò。

hēi

黑 hēi ❶形像煤的颜色（跟“白”相对）▷头发真～|～白分明|～色|～板|乌～。→❷形光线昏暗▷天～了|屋里太～|～夜|昏～。❸名夜晚；黑夜▷～白班儿|起早贪～。→❹形与“白”对举，比喻是非或善恶▷～白不分|颠倒～白。⇒❺形坏；恶毒▷他的心～得很|心毒手～|～心肝。⇒❻形隐秘的；非法的▷～话|～货|～市|～帮。〇❼名姓。☛统读 hēi，不读 hè。

嗨 hēi 同“嘿”。
另见 hāi。

嘿 hēi ❶叹 a)表示得意或赞叹▷～，就凭咱们队的实力，这场球准赢！|～，真了不起！ b)表示招呼或提醒▷～，小李，上哪儿去？|～，小心点儿，别碰着脑袋。c)表示惊讶▷～，我的自行车怎么不见了？|～，你怎么来了？→❷拟声形容笑声（多叠用）▷～～地傻笑|～～地冷笑了两声。
另见 mò。

hén

痕 hén ❶名伤口或疮口愈合后的印迹▷伤～|瘢～。→❷名事物留下的印迹▷泪～|裂～|～迹。

hěn

很 hěn 副表示程度高▷天～黑|跑得～快|～多人|～应该|～喜欢|～伤我的心|～看得起|～不坏|～平易近人|好得～。

狠 hěn ❶形凶恶；残暴▷暴徒的手段真～|心～手辣|～毒|凶～。→❷形坚决；严厉▷人要有股子～劲儿|下～心|～～打击敌人。❸动抑制情感；不犹豫▷他～了～心，跟她分手了。→❹同“很”（多用于近代汉语）。

hèn

恨 hèn ❶动怨；仇视▷～那些坏人|～之入骨|怨～|仇～。〇❷动遗憾；懊悔▷遗～|～事。

hēng

亨[1] hēng 形通达；顺利▷万事～通。☛统读 hēng，不读 héng。

亨[2] hēng 量〈外〉法定计量单位中电感单位亨利的简称。电路中电流强度在 1 秒钟内的变化为 1 安、产生的电势为 1 伏时，电感就是 1 亨。这个名称是为纪念美国物理学家亨利而定的。

哼 hēng ❶拟声形容鼻子里发出的声音▷～～唧唧。→❷动呻吟▷病痛折磨着他，但他一声也不～|疼得直～～。→❸动低唱或吟咏▷嘴里～着歌|这些歌都是跟着电视～会的。
另见 hng。

脝 hēng ［膨脝］pénghēng 形〈文〉形容腹部膨胀的样子。

héng

行 héng ［道行］dàohéng 名僧道修行的功夫；喻指技能本领▷～很深。
另见 háng；hàng；xíng。

恒（^×^恆） héng ❶形长久；固定不变的▷～心|～温|永～。→❷名恒心，持久不变的意志▷持之以～|有～。→❸形经常的；通常的▷～言（常用语）|～量。

珩 héng ❶名古代一组玉佩上端的横玉，形状像磬而较小。〇❷［珩磨］héngmó 名金属加工方法，用油石或砂条组成磨具，在工件内往复旋转地研磨，以提高工件的精度和光洁度。

桁 héng 名檩，架在房柁或山墙上的横木▷～木|～架|屋～。

鸻（鴴） héng 名鸻科部分鸟的统称。体小，羽色浅，多为沙灰色而缀有黄、褐等色斑纹，嘴短而直，腿细长，适于涉水。

横 héng ❶形跟水面平行的（跟“竖”“直”相对）▷～梁|～额|～空。→❷形东西方向的（跟“纵”相对，⑤同）▷～渡太平洋|陇海铁路～跨我国中部。→❸形左右方向的（跟“竖”“直”“纵”相对）▷～笛|～排本|～队|～批|～幅。❹名汉字的笔画，平着由左到右，形状是“一”▷“王”字是三～一竖|～竖撇点折。→❺形跟物体的长的一边垂直的▷～渡长江|～穿马路|～断面。→❻动使长形物体变为横向▷把尺子～过来|～刀立马。→❼形纵横杂乱▷蔓草～生|血肉～飞。❽形不顺情理的；蛮不讲理的▷～加干涉|～征暴敛|～行霸道。☛“横”⑧跟“横”（hèng）①意思相近，但只用于成语或文言词中。
另见 hèng。

衡 héng ❶名〈文〉秤；泛指称重量的器具。→❷动称物体的重量▷～器。❸动斟酌；比较▷～情度理|权～利弊|～量。→❹形平▷平～|均～。〇❺名姓。

蘅 héng ［杜蘅］dùhéng 名多年生草本植物，根状茎节间短，下端集生肉质根，叶宽心形或肾状心形，开暗紫色花，有香气。全草可做药材。现在通常写作“杜衡”。

hèng

横 hèng ❶形粗暴，不讲道理▷这个人说话真～|强～|蛮～。〇❷形意想不到的；不吉利的▷飞灾～祸|发～财|～事|～死。
另见 héng。

hng

哼 hng ❶叹表示不满、鄙视或愤慨▷～，有什么了不起！|～，他算什么货色！|～，这些人真是胆大包天。→❷叹表示威胁▷～，走着瞧吧！|～，有你好受的！
另见 hēng。

hōng

轰（轟） hōng ❶拟声形容巨大的声响▷～的一声巨响。→❷动雷鸣、爆炸或炮击▷雷～电闪|大炮向敌人猛～|～炸。〇❸动驱赶▷把他～走|～鸡|～赶。

哄 hōng ❶拟声形容许多人同时大笑的声音▷～的一声，观众都笑了。→❷动很多人同时发声▷～抬物价|～堂大笑|～传。
另见 hǒng；hòng。

訇[1] hōng 拟声〈文〉形容很大的声音▷～然倒下。

訇[2] hōng [阿訇]āhōng 名伊斯兰教主持教仪、讲授经典的人(波斯语音译)。

烘 hōng ❶动烤▷~手|~白薯|把衣服~干|~糕|~箱|~焙。○❷动渲染;衬托▷~云托月|~衬|~托。

薨 hōng 动古代称诸侯死亡,后来也称大官死亡。

hóng

弘 hóng ❶形广大;广博。现在通常写作"宏"。→❷动使广大;发扬▷恢~士气|~扬。

红(紅) hóng ❶形像鲜血一样的颜色▷~毛衣|~霞|~枣|~旗|鲜~|浅~|桃~。→❷名指红色织物▷披~|挂~。❸形象征喜庆▷~白喜事。❹形象征成功或受到重视▷唱戏唱~了|开门~|~人|走~运。❺名指红利,企业分给股东的利润▷分~。→❻形象征革命▷~军|~心|又~又专。○❼名姓。

另见 gōng。

吰 hóng [噌吰]chēnghóng,见"噌"。

闳(閎) hóng 形〈文〉宏大▷~中肆外(形容文章内容充实丰富,文笔淋漓尽致)|~议。

宏 hóng ❶形广大;广博▷~大|~伟|~图|~论。→❷动使广大;发扬▷~扬。现在通常写作"弘"。○❸名姓。

泓 hóng 〈文〉❶形水又深又广。→❷量用于清水,相当于"道""片"▷一~春水|一~清溪。

荭(葒) hóng [荭草]hóngcǎo 名即红蓼。一年生草本植物,茎高达3米,全株有毛,叶子宽阔呈卵形,开粉红色或白色花,有观赏价值。果实及全草可以做药材。也说水荭。

虹 hóng 名出现在空中的弧形彩色光带,由阳光射入散布于空中的小水珠经折射和反射而形成,由外圈到内圈呈红、橙、黄、绿、蓝、靛、紫七种颜色。也说彩虹。

另见 jiàng。

竑 hóng 形〈文〉广大▷正言~议。

洪 hóng ❶名因大雨或融雪而引起的暴涨的水流▷~水|山~暴发|防~|抗~|~峰。→❷形大▷~福|~炉|声如~钟。○❸名姓。

鸿(鴻) hóng ❶名指鸿雁,也说大雁▷轻于~毛|雪泥~爪。→❷名〈文〉指书信▷来~。○❸形宏大;广博▷~篇巨制|~儒。○❹名姓。

葓 hóng 同"荭"。

蕻 hóng [雪里蕻]xuělǐhóng 名一年生草本植物,芥菜的变种。茎和叶是普通蔬菜,通常腌着吃。也作雪里红。

另见 hòng。

黉(黌) hóng 名古代指学校▷~门|~舍。

hǒng

哄 hǒng ❶动用假话骗人▷你可不能~我|~骗。→❷动用语言或行动逗人高兴;特指照看小孩儿▷她生气了,快去~~她|整天在家~孩子。

另见 hōng;hòng。

hòng

讧(訌) hòng 动争吵;溃乱▷内~|~争。

哄(*閧鬨) hòng 动吵闹;喧嚣▷一~而起|起~。

另见 hōng;hǒng。

蕻 hòng ❶形〈文〉茂盛。→❷名〈方〉某些蔬菜长出的长茎▷菜~。

另见 hóng。

hōu

齁[1] hōu [齁声]hōushēng 名鼾声,熟睡时粗重的呼吸声。

齁[2] hōu ❶动食物太咸或太甜而使口腔和嗓子感到不好受▷咸得~人|这糖太甜,别~着。→❷副〈方〉用在形容词前,表示程度高,相当于"很""非常"(多表示不满意)▷~咸|~酸|~苦|~热|~疼。

hóu

侯 hóu ❶名古代贵族五等爵位的第二等▷公~伯子男|~爵。→❷名泛指封国的国君或达官贵人▷诸~|王~将相|~门公府。○❸名姓。☛"侯"和"候"(hòu)不同,"侯"用于"等候""问候""时候""气候"等词语中。

另见 hòu。

喉 hóu 名人和陆栖脊椎动物呼吸器官的一部分,位于咽和气管之间,兼有通气和发音的功能。通常把咽和喉混称喉咙或嗓子。也说喉头。☛"喉"字右边是"侯",不是"候"。从"侯"的字,如"猴""瘊""糇""篌""堠"等,右边都不能写成"候"。

猴 hóu ❶名灵长目中部分动物的统称。常见的是猕猴,形状略像人,毛灰色或褐色,面部和耳朵无毛,有尾巴,两颊有储存食物的颊囊。行动敏捷灵活,性情乖巧,群居在山林中,主食野果、野菜、鸟卵和昆虫等。通称猴子。→❷形〈口〉机灵;淘气(多用于儿童)▷这孩子~得厉害。

瘊 hóu 名瘊子;疣▷刺儿~。参见"疣"。

骺 hóu 名长形骨两端的膨大部分。也说骨骺。

篌 hóu [箜篌]kōnghóu,见"箜"。

糇(*餱) hóu 名〈文〉干粮▷~粮。

hǒu

吼 hǒu ❶动(人)因愤怒或情绪激动而大声喊叫▷大~一声,扑向敌人|没等我说完,他就~了起来。→❷动(猛兽)嚎叫▷老虎~了一声|狮~。❸动泛指发出巨大声响▷风在~,马在叫|飞机~叫着,向天空冲去。

犼 hǒu 名古代传说中的一种野兽,像狗,吃人,有的佛用它当坐骑▷金毛~。

hòu

后[1] hòu ❶名〈文〉君主▷三~(夏禹、商汤、周文王)|~羿。→❷名君主的妻子▷皇~|太~|~妃。○❸名姓。

后²(後) hòu ❶名时间上比较晚的;未来的(跟"先""前"相对)▷先来~到|~来居上|日~。→❷名后代子孙▷无~|绝~。→❸名空间位置在背面的(跟"前"相对,④同)▷~门|车前马~|前廊~厦|~院|~背。→❹名次序靠近末尾的▷排在~十名之中。

郈 hòu ❶名古地名,在今山东东平东南。○❷名姓。

厚 hòu ❶形扁平物体上下两面之间的距离较大(跟"薄"相对)▷这本书真~|被子太~了|~嘴唇。→❷名扁平物体上下两面之间的距离▷两厘米~的钢板|玻璃板有5毫米~。→❸形多;大;重▷家底很~|~利|~礼|~望。❹动看重;优待▷~今薄古|~此薄彼。→❺形(情意)深▷深情~谊。❻形能宽容人;待人诚恳▷宽~|忠~|憨~|~道。→❼形(味道)浓重▷酒味~|醇~。○❽名姓。

侯 hòu [闽侯]mǐnhòu 名地名,在福建。
另见 hóu。

垕 hòu [神垕]shénhòu 名地名,在河南。

逅 hòu [邂逅]xièhòu,见"邂"。

候 hòu ❶动守望;观察▷~风地动仪|~望|斥~(侦察或侦察兵)。→❷动看望;问安▷敬~起居|即~近安|问~。→❸动等待▷你在这里~一会儿|请大家稍~|~诊|~补|~车。→❹名指气象情况▷气~|天~。⇒❺名古代五天为一候,现在气象学中还沿用▷~平均气温达到22摄氏度,就算进入了春天|~温。❻名一段时间;时节▷时~|~鸟。⇒❼名变化着的情况或程度▷症~|征~|火~。○❽名姓。

堠 hòu 名古代用来瞭望敌情的土堡▷烽~|斥~。

鲎(鱟) hòu ❶名节肢动物,头胸部的甲壳宽广,呈半月形,腹部甲壳较小,略呈六角形,尾长,呈剑状。生活在海中。可以食用,也可以做药材。通称鲎鱼,也说东方鲎。→❷[鲎虫]hòuchóng 名节肢动物,体扁平,形状像鲎,头胸部被甲壳掩盖,甲前侧有一对复眼和一只单眼,尾部呈叉状。生活在池沼、水潭或水田中。通称水鳖子。

hū

乎¹ hū〈文〉❶助用于句末。a)表示疑问、反问等语气,相当于"吗""呢"▷汝知之~?|孰为汝多知~?b)表示推测语气,相当于"吧"▷国之将亡~?|日食饮得无衰~?c)表示祈使语气,相当于"吧"▷长铗归来~!d)表示感叹语气▷天~!|时~!○❷词的后缀。用于形容词或副词之后▷郁郁~文哉|巍巍~若太山|迥~不同。

乎² hū 介用在动词之后,引进处所、时间、原因等,相当于"于"▷取法~上|运用之妙,存~一心|出~意料|合~常情。

戏(戲*戲) hū [於戏]wūhū,见"於"。
另见 xì。

昒 hū 形〈文〉形容天将亮还没亮的样子▷~爽|~昕。

呼¹(*虖❷嘑❷謼❷) hū ❶动通过口、鼻把肺内的气体排出体外(跟"吸"相对)▷深深地~了一口气|~吸。→❷动大喊▷~口号|~天抢(qiāng)地|~喊|~号(háo)|高~|欢~。❸动称呼;唤▷直~其名|一~百应|~唤|~应|招~。○❹名姓。

呼² hū 拟声形容刮风、吹气等的声音▷风~~地往屋里灌|~的一声,吹灭了蜡烛。

忽¹ hū 动不经心;没有注意到▷玩~职守|~略|~视|疏~。

忽² hū 副表示事物发生或变化得很快而且出人意料,相当于"忽然""忽而"▷声音~大~小|情绪~高~低。

忽³ hū 量计量单位名称。a)古代极小的长度和重量单位,10忽为1丝,10丝为1毫,10毫为1厘,10厘为1分。b)旧称某些计量单位的十万分之一▷~米。

轷(軤) hū 名姓。

烀 hū 动〈方〉用少量水半蒸半煮,把食物做熟▷~白薯|放到锅里~一~。

唿 hū [唿哨]hūshào 名把手指放在嘴里吹出的高而尖像哨子的声音。现在通常写作"呼哨"。

猢 hū [猢狲]hūlù 名指鳄鱼(见于《水浒》)。也作忽律。

惚 hū [恍惚]huǎnghū ❶形心神不定▷这几天有点精神~,说话颠三倒四|神情~。→❷形隐约不清;不真切▷我~看见他进来了。

滹 hū [滹沱]hūtuó 名水名,发源于山西,流入河北,同滏阳河汇合成子牙河。

糊 hū 动用糊(hú)状的东西涂抹缝隙或物体表面▷用水泥~墙缝|苇席上~了一层泥。
另见 hú;hù。

hú

囫 hú [囫囵]húlún 形整个的;完整的▷~吞枣|长那么大没穿过一件~衣裳。☛统读 hú,不读 hū。

和 hú 动打麻将或玩纸牌时,达到规定的要求而取胜▷这一把我~了|半天没开~|~了个满贯。
另见 hé;hè;huó;huò。

狐 hú 名哺乳动物,形状略似狼,尾巴比身子长,毛赤褐色、黄褐色或灰褐色。性狡猾多疑,遇敌时能放出臭气,乘机逃跑。多栖息于树洞或土穴中,昼伏夜出,捕食鼠类、鸟类、昆虫和野果等。毛皮很珍贵,可做衣帽。通称狐狸。

弧 hú ❶名〈文〉木弓;泛指弓。→❷名圆周或曲线(如抛物线)上的任意一段▷圆~|~形|~线|~度。

胡¹ hú ❶名古代称我国北方和西方的民族▷南有大汉,北有强~|~服骑射(穿胡人的衣服骑马射箭)。→❷名来自北方和西方民族的(东西);泛指来自外国的(东西)▷~琴|~麻|~桃|~椒|~萝卜。❸名指胡琴▷京~|二~|板~。○❹形大▷~蜂|~豆(蚕豆)。○❺名姓。

胡² hú 副表示说话、做事没有根据、不讲道理,任意非为,相当于"瞎""乱"▷~写乱画|~说八道|~闹|~来。

胡³ hú 副〈文〉表示询问原因或理由,相当于"为什么"▷田园将芜,~不归?

胡⁴(鬍) hú 名胡子,嘴周围长的毛(有的连着鬓角)▷八字~|连鬓~|山羊~|~须。

胡⁵(*衚) hú [胡同]hútòng 名巷;小街巷▷小~里只有十几户人家|北京的文天祥祠在

府学～|死～。

壶(壺) hú 名一种盛液体的器皿,一般有盖,有嘴,还有柄或提梁▷一把～|把～提来|茶～|酒～|铝～|瓷～|暖～。

核 hú [核儿]húr 义同"核¹"(hé)①②,用于口语▷梨～|煤～|冰～。
另见 hé。

斛 hú ❶名古代一种方形量器,口小底大。→❷量古代容量单位,1斛原为10斗,南宋末年改为5斗。☛不读 hù。

搰 hú 动〈文〉掘。

葫 hú [葫芦]húlu 名一年生草本植物,茎蔓生,开白色花。果实因品种不同而形状多样,大致中间细,上、下部膨大,像大小两只连在一起的球。嫩时可以食用,干老后可做容器或供观赏。葫芦,也指这种植物的果实。

鹄(鵠) hú 名〈文〉天鹅▷～立|～望|鸠形～面(形容因饥饿而瘦削不堪)。
另见 gǔ。

猢 hú [猢狲]húsūn 名猴子▷树倒～散(比喻为首的人一垮台,依附的人也就随之而散)。

湖 hú ❶名四周是陆地的大片水域▷江河～海|五～四海|～泊|～田。→❷名指浙江湖州(北临太湖)▷～笔|～绉。→❸名指湖南、湖北(在洞庭湖的南北)▷～广熟,天下足|两～一带。

瑚 hú ❶[瑚琏]húliǎn 名古代宗庙中的祭器;喻指有才能、有本领的人。○❷[珊瑚]shānhú,见"珊"。

煳 hú 形(食品、衣物等)被烧烤得变焦、变黄或变黑▷饭～了|衣服烤～了|一股～味。

鹕(鶘) hú [鹈鹕]tíhú,见"鹈"。

鹘(鶻) hú 名古代指隼类猛禽。
另见 gǔ。

槲 hú 名柞栎。落叶乔木,高可达25米,小枝粗,叶互生,倒卵形,叶片较大,开黄褐色花,结圆卵形坚果。木材坚实,可做建筑用材,叶子可以饲养柞蚕,坚果脱涩后可以食用。

蝴 hú [蝴蝶]húdié 名昆虫,体分头、胸、腹三部分,翅及体表密被各色鳞片和丛毛,形成各种花斑,翅的大小因种类而异,最大的展开可达24厘米,最小的仅1.6厘米,头部有一对锤状或棍棒状触角,胸部有三对足,两对翅。种类极多,全世界约有14000余种。简称蝶。也作胡蝶。

糊¹(*粘❷餬❷) hú ❶名〈文〉粥。→❷动用粥充饥▷～口(勉强维持生活)。→❸动用黏性糊状物把两个物体粘在一起▷～信封|～风筝|～窗户|裱～。→❹名有黏性的东西▷～剂|～料|糨～。

糊² hú 同"煳"。
另见 hū;hù。

醐 hú [醍醐]tíhú,见"醍"。

觳 hú [觳觫]húsù 动〈文〉因害怕而发抖。

hǔ

虎 hǔ ❶名哺乳动物,毛淡黄色或褐色,有黑色横纹,背部色浓,唇、颌、腹侧和四肢内侧为白色,前额有像"王"字形的斑纹。性凶猛,夜行捕食猪、鹿、獐、羚羊等动物,有时也伤人。通称老虎。→❷形威武勇猛▷一员～将|那孩子长得～头～脑|～～有生气。○❸名姓。
另见 hù。

浒(滸) hǔ 名〈文〉水边。
另见 xǔ。

唬 hǔ 动吓人;蒙(mēng)人▷你别～人了|把他给～住了|吓～(xiàhu)|诈～(zhàhu)。
另见 xià。

琥 hǔ [琥珀]hǔpò 名古代树脂埋入地下形成的化石,淡黄色、褐色或红褐色的透明体,可做药材和装饰品。

hù

互 hù 副表示彼此进行相同的动作或具有相同的关系,相当于"互相"▷～敬～爱|～帮～学|～惠～利|～致问候|～通有无|～不退让|～助。☛"互"一般只修饰单音节动词,中间不能加入其他成分;修饰双音节动词时,只用于否定式,如"互不退让""互不信任"。

户 hù ❶名单扇的门;泛指门▷夜不闭～|～枢不蠹。→❷名人家;住户▷这栋楼有一百多～|家喻～晓|安家落～|～口|～主|富～。⇒❸名从事某种职业的人家或人▷农～|猎～|工商～|个体～。⇒❹名门第▷门当～对。⇒❺名指建立了正式财物往来关系的个人或团体▷账～|存～|订～|开～|～头。○❻名姓。

冱 hù 〈文〉❶动冻结;凝固▷～寒|～凝。→❷动闭塞。

护(護) hù ❶动尽力照顾,使不受损害;保卫▷爱～|救～|～理|～林|～航|～路。→❷动偏袒;包庇▷别老～着孩子|～短|袒～|庇～。

沪(滬) hù 名上海的别称▷～剧。

枑 hù [梐枑]bìhù,见"梐"。

虎 hù [虎不拉]〈方〉hùbulǎ 名〈方〉伯劳,鸟,额部和头部的两侧黑色,背部棕红色,有黑色横纹,是食虫益鸟。
另见 hǔ。

岵 hù 名〈文〉有草木的山。

怙 hù 〈文〉❶动依靠;凭借▷无父何～,无母何恃?|～恶不悛。→❷名指父亲▷失～|～恃(父母)。

戽 hù ❶名戽斗,汲水灌田的旧式农具,形状有点像斗▷风～。→❷动用戽斗等农具汲水灌田▷～水。

祜 hù 名〈文〉福▷受天之～。

笏 hù 名古代臣子朝见君主时君臣手中所拿的狭长的板子,按等级分别用玉、象牙等制成,上面可以记事。

瓠 hù 名瓠子,一年生草本植物,茎蔓生,茎、叶有茸毛,叶心脏形,开白色花。果实细长,圆筒形,可以做蔬菜。瓠子,也指这种植物的果实。也说瓠瓜。

扈 hù ❶动〈文〉随从;护卫▷～从|～卫。○❷名姓。

鄠 hù ❶名鄠县，地名，在陕西。今作户县。○❷名姓。

糊 hù 名像稠粥一样的浓汁▷辣椒～。
另见 hū；hú。

鹱(鸌) hù 名鹱科鸟的统称。体大，嘴的尖端呈钩状，翼长而尖。善飞翔，也能游泳。生活在海边，捕食鱼类和软体动物。我国常见的有白额鹱。

鳠(鱯) hù 名鳠属鱼的统称。身体细长，头扁平，灰褐色，有的有黑色小点，口边有四对须，无鳞，生活在淡水中。是常见的食用鱼。

huā

化 huā 同"花[2]"。现在通常写作"花"。
另见 huà。

花[1](*苍蔿❶—⑯) huā ❶名被子植物的繁殖器官，由花冠、花萼、花托、雌雄蕊群组成，有多种形状和颜色，有的有香味▷一朵～儿|开～结果|鸟语～香|采～|～粉。→❷名指某些具有观赏价值的植物▷种～儿|～展|～木|～匠。→❸名像花朵的东西▷雪～|浪～|火～|炒腰～儿。⇒❹名指棉花▷纺～|轧～|～纱布。⇒❺名烟火的一种，用黑色火药加多种化学物质制成，能喷出多种彩色火花▷放～|～炮|礼～。⇒❻名指某些滴珠、颗粒、小块状的东西▷泪～|油～|盐～儿|葱～儿。→❼名花纹；图案▷黑地白～|这块布的～儿太艳了。❽形用花或花纹装饰的▷～篮|～环|～轿|～灯。→❾形色彩或种类驳杂的▷这件衣裳太～，你穿不合适|～白|～牛|～名册|～～世界|～哨。❿形(看东西)模糊▷看～了眼|老眼昏～|老～镜。→⓫形好看或好听但不实在的；用来迷惑人的▷～架子|～拳绣腿|～言巧语|～招|～～肠子。→⓬名喻指美女▷校～|交际～|姊妹～。⓭形旧指妓女或跟妓女有关的▷～魁(名妓)|～街柳巷|吃～酒(妓女陪着饮酒作乐)。→⓮名打仗、打斗受的外伤▷挂～。→⓯名喻指精华▷艺术之～|自由之～。○⓰名〈口〉痘▷孩子没有出过～儿|婴儿都要到医院种～儿。○⓱名姓。

花[2] huā 动用掉；消耗▷～完了再挣|～钱|～功夫|～费。

砉 huā 又 huò❶拟声〈文〉形容皮骨相离的声音。○❷拟声形容急速动作的声音▷白兔～的一声直跳上来。

哗(嘩) huā 拟声形容水流淌、下雨等的声音▷水～～地流|雨～～地下个不停|眼泪～的一下流出来了。
另见 huá。

huá

划[1] huá 动拨水前进▷～船|～桨|～水。

划[2] huá 形〈口〉合算；上算▷～得来|～不来|～算。

划[3](劃) huá 动用刀或其他东西从物体表面擦过▷皮包让扒手～了个大口子|玻璃碴把手～破了|～火柴。
另见 huà。

华[1](華) huá ❶古同"花"。→❷形繁荣▷繁～。→❸形虚华；浮华▷～而不实|奢～。→❹形光彩；光辉▷～丽|～灯。⇒❺名太阳或月亮周围由于光线在云雾中衍射而形成的彩色光环▷月～|日～。⇒❻名指(美好的)时光▷韶～|年～|岁～。⇒❼形敬辞，用于称跟对方有关的事物▷～诞(对方的生日)|～章(对方的诗文)。→❽形(头发)黑白混杂▷早生～发。→❾名事物最美好的部分▷含英咀～|精～|英～。

华[2](華) huá ❶名指中国(古称华夏，后称中华，简称华)▷驻～使馆|～人|～侨|～东|～中。→❷名指汉(语)▷～语广播。
另见 huà。

哗(嘩*譁) huá 形人声嘈杂；喧闹▷寂静无～|听众大～|喧～|～然|～变。
另见 huā。

骅(驊) huá [骅骝]huáliú 名〈文〉赤色的骏马。

铧(鏵) huá 名犁铧，犁下端用来翻土的三角形或梯形铁器。

猾 huá 形奸诈；诡诈▷狡～|奸～。

滑 huá ❶形物体表面光溜，摩擦力小▷雨后路～|缎子被面摸着真～|～腻|光～。→❷动在光滑的物体表面迅速移动▷～了个跟头|～行|～冰◇～翔。❸动蒙混过去▷人证物证俱在，你是～不过去的|决不能让贪污分子～过去。→❹形狡诈；不诚恳▷这个算命的真～，说出一句话来能作四五种解释|油腔～调|～头。○❺名姓。

搳 huá [搳拳]huáquán 动酒宴上劝酒的一种游戏。两人伸出手指同时各说一个数，谁说的数与双方所伸出手指的总数相符，谁就算胜，负者饮酒▷～行令。也作豁拳。现在通常写作"划拳"。

鲻(鮹) huá 名鲻属鱼的统称。身体侧扁，头部略尖，有须一对，银灰色，有黑斑，喜杂食，生活在淡水中。是常见的食用鱼。

豁 huá [豁拳]huáquán 同"划拳"。参见"搳"。
另见 huō；huò。

huà

化 huà ❶动变化，事物改变了原来的形态或性质▷顽固不～|～石|～合|～脓|进～|转～。→❷动使变化▷～悲痛为力量|～整为零|～名。→❸动用言语、行动来影响、诱导人，使有所转变▷潜移默～|教～|感～。⇒❹名风气；风俗习惯▷文～|有伤风～。⇒❺动(僧尼、道士)向人募集财物、食品▷～缘|～斋|募～。→❻动融解；熔化▷雪～了|塑料烤～了|～铁炉。→❼动消化；消除▷～食|～痰。❽动烧成灰烬▷火～|焚～。→❾动(僧人、道士)死去▷坐～|羽～。→❿名指化学▷数理～|～肥|～工|～疗。→⓫词的后缀。附着在名词或形容词的后面构成动词，表示转变成某种状态或性质▷现代～|商品～|美～|净～|淡～。○⓬名姓。
另见 huā。

划(劃) huà ❶动把整体分开▷把校园～成五个清洁区|～清界限|～归地方领导|～定|～时代|行政区～。→❷动谋划；拟定做事的办法和步骤等▷筹～|策～|规～|出谋～策。→❸动(把账目或钱物)分出来拨给▷～款|～账|～拨。→❹同"画"⑥—⑧。现在通常写作"画"。
另见 huá。

华(華) huà ❶名华山,山名,在陕西华阴。○❷名姓。

另见 huá。

画(畫) huà ❶动在地上画分界限▷～为九州|～地为牢|～江而治。→❷动用笔等描绘出图形▷～一张路线图|～一幅山水画|～龙点睛|～蛇添足|～像。⇒❸名绘出的图画▷一张～儿|风景如～|国～|年～|～卷|～报。⇒❹名用画或图来装饰的▷～舫|～屏。⇒❺动用语言描写▷刻～人物形象|描～。→❻动用笔之类的东西绘制线条、符号、标记等▷～两条直线|用指头～了一道印儿|～十字|签字～押|～卯|～到。⇒❼名汉字的一笔叫一画▷"大"字是三～|一笔一～写得很认真。⇒❽动用手做出某种姿势帮助示意▷指天～地|比～。也作划。

话(話*譮) huà ❶名话语,也包括用文字记录下来的语言▷一句～|让人把～说完|信上只有几句～|～里有～|～不投机|说～|俗～|废～。→❷动说;谈论▷～别|～旧|对～|茶～会。

桦(樺) huà 名桦木属植物的统称。落叶乔木或灌木,树皮多光滑,分层剥落,叶子互生,聚伞状圆锥花序。品种很多,主要有白桦、黑桦、红桦等。木材坚硬,可供建筑、制作家具、车辆、胶合板或造纸等用;树皮含鞣质,可用于制革。☛统读 huà,不读 huà。

婳(嫿) huà [婳婳]guǐhuà,见"婳"。

huái

怀(懷) huái ❶名胸部;胸前▷敞着～|～里揣着钱|～抱着孩子。→❷动挂念;想念▷～乡|～旧|～念|缅～。⇒❸动心中存有▷心～鬼胎|不～好意|～才不遇|～恨|～疑。⇒❹名心意;心情▷正中下～|抒～|情～。→❺动怀孕▷～着孩子|～胎。○❻名姓。

徊 huái [徘徊]páihuái,见"徘"。

淮 huái ❶名淮河,水名,源于河南,流经安徽、江苏,入洪泽湖▷～北|～海。○❷名姓。

槐 huái 名槐属植物的统称。落叶乔木,枝干绿色,羽状复叶,开淡黄色花,荚果圆柱形。木材坚硬,有弹性,可以制作船舶、车辆、器具等;花蕾和果实可以做药材;花和果实还可以做黄色染料。

踝 huái 名踝骨,小腿与脚连接处左右两侧凸起的部分▷内～|外～|～子骨。

耲 huái [耲耙]huáibà 名〈方〉一种翻土播种(zhǒng)用的农具。

huài

坏(壞) huài ❶动破败;变得无用或者有害▷镜子摔～了|电视机～了|天热,剩饭容易～。→❷动使破损;使败坏▷～了大事|喝生水～肚子。→❸形令人不满的;恶劣的(跟"好"相对)▷这种做法太～了|这人心眼儿可～啦!|影响很～|质量不～|～习惯|～人。⇒❹名坏主意;坏手段▷一肚子～|使～。⇒❺形用在某些动词或形容词后面,表示达到了极深的程度▷气～了|急～了|累～了|饿～了|乐～了|忙～了。

huān

欢(歡*懽讙驩) huān ❶形高兴;喜悦▷～天喜地|～度佳节|～庆|～聚|～乐|～喜。→❷名古代女子对恋人的爱称,今泛指恋人▷另有新～。→❸形〈口〉活跃;带劲▷孩子们闹得真～|马跑得很～|越干越～|～实(shi)。

獾(*貛貒) huān 名哺乳动物,头长耳短,前肢爪特长,适于掘土,毛灰色,头部有三条白纹,胸、腹、四肢黑色。穴居于山野,夜间活动,杂食。

huán

还(還) huán ❶动返回;恢复原状▷告老～乡|生～|～原|～俗。→❷动把借来的钱或物交给原主▷借东西要～|～债|归～。❸动回报;回敬▷以牙～牙|～手|～击|～礼。

另见 hái;xuán。

环(環) huán ❶名中间有大孔的圆形玉器▷玉～|佩～。→❷名泛指圆圈形的东西▷耳～|门～|花～|～靶|避孕～。⇒❸动围绕▷～太平洋地区|～球旅行|～城地铁|～绕|～行。❹名四周;周围▷～顾|～视|～境。⇒❺名整体中相互关联的一个部分▷调查研究是解决问题的重要一～|工作要一～扣一～地做。⇒❻量用于记录射中环靶的成绩▷三枪打了 29～|第一箭就射了 10～。○❼名姓。

郇 huán 名姓。

另见 xún。

洹 huán 名洹水,水名,在河南,流入卫河。也说安阳河。

垸 huán 动〈文〉用漆掺合骨灰涂抹器物。

另见 yuàn。

桓 huán 名姓。☛"桓"和"恒"(héng)、"垣"(yuán)形、音、义都不同。"恒"字左偏旁是"心"。"垣"字左偏旁是"土"。

萑 huán ❶名古书上指荻类植物▷～苇。○❷[萑苻]huánfú 名春秋时郑国泽名。据《左传》记载,那里常有盗贼出没,后来借指盗贼出没的地方或盗贼。

貆 huán 〈文〉❶名幼小的貉。○❷名豪猪。

锾(鍰) huán 量古代重量单位,一般认为一锾等于六两▷罚～(罚金)。

圜 huán 动〈文〉环绕。

另见 yuán。

阛(闤) huán [阛阓]huánhuì 名〈文〉街市。

澴 huán 名澴水,水名,在湖北,流入长江。

寰 huán 名广大的区域▷～球|～宇|人～。

缳(繯) huán 〈文〉❶动用绳子缠绕。→❷名绳套▷投～(指上吊)。→❸动绞死▷～首。

瓛(瓛) huán 名〈文〉一种玉圭。也说桓圭。

轘(轘) huán [轘辕]huányuán 名山名,在河南。

另见 huàn。

鹮(鹮) huán 名鹮科部分鸟的统称。外形像白鹭,嘴细长而向下弯曲,腿较白鹭粗短,趾爪很长。生活在水边。我国常见的是白鹮；朱鹮极少，是世界上濒临灭绝的珍禽。

鬟 huán 名古代妇女梳的环形发髻，多为青年女子的发式▷云～|双～|丫～。

huǎn

缓（緩）huǎn ❶形（局势、气氛等）宽松；不紧张▷～和|～解。→❷形慢（跟"急"相对）▷轻重～急|～行|～步|～慢|迟～。❸动推迟；延迟▷这事～两天再办|～期|～限|～兵之计。→❹动恢复生理常态▷半天才～过气来|～～劲儿再走|下了一场雨，打蔫的玉米苗又～过来了。

huàn

幻 huàn ❶形虚妄的；不真实的▷～觉|～境|～想|梦～。→❷动不可思议地变化▷变～莫测|～化|～术。

奂 huàn 〈文〉❶形盛大；众多。○❷形鲜明。

宦 huàn ❶动〈文〉当官▷～游|仕～|～途。→❷名官吏▷～海沉浮|官～|乡～。❸名旧指太监，经阉割后在皇宫里伺候皇帝及其家族的男人▷阉～|～竖|～官。○❹名姓。

换 huàn ❶动对换，以物易物▷拿鸡蛋～盐|交～|调～|兑～|～钱|～帖。→❷动变换；更替▷～衣服|～个姿势|～～口味|～班|～季|～牙。

唤 huàn 动呼喊；叫▷呼～|叫～|～醒|召～。

涣 huàn 动消；散▷～然冰释|～散。

浣（*澣）huàn 动〈文〉洗▷～衣|～纱。☛统读 huàn，不读 wǎn。

患 huàn ❶动忧虑；担忧▷欲加之罪，何～无辞？|不要～得～失|忧～。→❷名灾祸；灾难▷养痈遗～|有备无～|水～|后～|祸～|隐～。→❸名疾病；弊病▷染～身亡|疾～|不察之～。❹动生病；害病▷～伤寒|身～重病|～处|～者。

焕 huàn ❶形鲜明；光亮▷～然一新。→❷动放射（光芒）▷容光～发。

逭 huàn 动〈文〉逃避▷天作孽，犹可违；自作孽，不可～。

痪 huàn [瘫痪]tānhuàn，见"瘫"。

豢 huàn 动饲养牲畜▷～养。

漶 huàn [漫漶]mànhuàn 形〈文〉字迹、图像等模糊不清▷壁画均已～不清。

鲩（鯇）huàn 名即草鱼。体长略呈圆筒状，青黄色，鳍灰色，鳞片有黑边。吃水草，生活在淡水中，为我国主要养殖鱼类之一。肉味美，鱼胆有毒。

擐 huàn 动〈文〉穿▷～甲执兵（穿着铠甲拿着武器）。

轘（轘）huàn 动用车分裂人体，古代一种酷刑。另见 huán。

huāng

肓 huāng 名中国古代医学指心脏和隔膜之间的部分，认为是药力达不到的地方▷病入膏～。☛"肓"和"盲"（máng）形、音、义都不同。"肓"字下半是"月"，"盲"字下半是"目"。

荒 huāng ❶形（田地）长满草▷几亩地都～了|～芜。→❷名没有开垦或耕种的土地▷开～|生～。→❸形歉收；年成不好▷～年|～歉|饥～（jīhuang）。❹名荒年；灾荒▷度～|备～|逃～|救～。❺名严重的匮乏▷水～|油～|房～。→❻形人烟稀少；冷落▷～郊野外|～滩|～凉|～僻。→❼动因平日缺乏练习而使（学业、技艺等）生疏▷不要～了学业|～疏|～废。○❽形极不合情理的▷～谬|～诞。○❾形没有节制的；极为放纵的▷～淫。☛"荒"字中间是"亡"，不是"云"。

塃 huāng 名〈方〉刚开采出来的矿石。

慌 huāng ❶形不沉着；忙乱▷沉住气，不要～|不～不忙|恐～|惊～|～乱。○❷形用在"得"字后面作补语，表示前面所说的情况让人难以忍受（读轻声）▷一个人呆在家里，真闷得～|他的话叫人气得～。

huáng

皇 huáng ❶形〈文〉大▷～～巨著。→❷名传说中远古的君主▷三～五帝。❸名皇帝，秦以后封建王朝最高统治者▷～位|～后|～室。○❹名姓。

黄[1] huáng ❶形像小米或向日葵花瓣的颜色▷～布|米～|杏～。→❷名指黄河▷治～|～泛区。→❸名指某些黄颜色的东西▷蛋～|蒜～|牛～。→❹形象征色情的，淫秽的▷～色文学|～色书刊|～色录像。❺名指黄色书刊、音像制品等▷扫～。○❻动〈口〉事情办不成；计划落空▷买卖～了|事儿～了。○❼名姓。

黄[2] huáng 名指黄帝，我国古代传说中的帝王▷炎～子孙。

凰 huáng [凤凰]fènghuáng，见"凤"。

隍 huáng 名〈文〉没有水的护城壕▷城～。

喤 huáng [喤喤]huánghuáng 〈文〉❶拟声形容小孩子洪亮的啼哭声▷其泣～～。○❷拟声形容洪亮和谐的钟鼓声▷钟鼓～～。

遑 huáng 〈文〉❶名闲暇▷不～（没有闲暇）。○❷[遑遑]huánghuáng 形匆忙；急促不安。

徨 huáng [彷徨]pánghuáng，见"彷"。

湟 huáng 名湟水，水名，发源于青海，流经甘肃入黄河。

惶 huáng 形惧怕▷～～不安|～恐|惊～。

煌 huáng 形明亮；光明▷辉～|～～。

锽（鍠）huáng ❶名古代一种像钺的兵器，汉、唐时期用作仪仗。○❷[锽锽]huánghuáng 拟声〈文〉形容钟鼓的声音▷钟鼓～。

潢[1] huáng 名〈文〉积水的地方▷～池（池塘）。

潢[2] huáng 动用黄檗汁染纸（防蛀）▷装～（本指用黄檗汁染的纸来装裱书画）。

璜 huáng 名〈文〉一种玉器，形状像半块璧。

蝗 huáng 名昆虫，体躯细长，绿色或黄褐色，口器咀嚼式，后足强大，善于跳跃，前翅狭窄而坚韧，后翅宽大而柔软，善于飞行。若虫叫蝻。成虫与若虫食性相同，主要危害禾本科植物。种类很多，如棉蝗、竹蝗、飞蝗、稻蝗等。通称蝗虫。

篁 huáng 名〈文〉竹林，也指竹子▷幽～。

磺 huáng 名指硫磺▷硝～(硝石和硫磺)。

镄(鐄) huáng 名〈文〉锁簧。

癀 huáng [癀病]huángbìng 名〈方〉牛、马等家畜的炭疽病。

蟥 huáng [蚂蟥]mǎhuáng，见"蚂"。

簧 huáng ❶名乐器里用以振动发声的有弹性的薄片，多用金属制成。→❷名某些器物中有弹力的部件▷弹～|锁～|表～。

鳇(鰉) huáng 名鳇属鱼的统称。体梭形，头略呈三角形，覆有许多骨板。背青黑色，两侧黄色，腹面灰白。长可达5米，重达1000千克。肉和卵都是珍贵食品。

huǎng

恍(*怳❶❹) huǎng ❶形模糊；不清楚▷～惚。→❷副〈文〉似乎；好像(与"如""若"等连用)▷～若置身其境|～如隔世。〇❸形形容猛然醒悟的样子▷～然大悟。〇❹[惝恍]chǎnghuǎng，又tǎnghuǎng 形〈文〉失意；心神不安；模糊不清。

晃 huǎng ❶形〈文〉明亮。→❷动(亮光)闪耀▷光线太强，～得眼睛难受|～眼|明～～。❸动快速地闪过▷一～而过|虚～一刀。

另见huàng。

谎(謊) huǎng ❶名假话；骗人的话▷我从没说过～|扯～|圆～|撒～。→❷形假；不真实▷～话|～言|～价(商贩售货时索要的高于实价的价钱)|～报|～称。

幌 huǎng ❶名〈文〉帐幔；窗帘▷窗～。→❷名幌子，店铺门外悬挂的表明所卖商品的布帘或其他标志▷酒～|布～。

huàng

晃(*滉) huàng 动摇；摆▷电线让风刮得来回乱～|药水～一～再喝|酒喝多了，两腿直打～儿|摇头～脑|～悠。

另见huǎng。

huī

灰 huī ❶名物体燃烧后残留的粉末状物▷把炉子里的～掏出来|烟～|骨～。→❷名像粉末状的东西▷满桌子都是～|～尘|石～|粉笔～。❸名特指石灰▷～和(huó)点儿～|抹～。❹形像灰[illegible]介于黑白之间的颜色▷～鼠|～鹤|银～|～白色。→❺形比喻消沉、沮丧▷心～意冷|～心丧气。

㧑(撝) huī 动〈文〉指挥。

诙(詼) huī ❶动〈文〉戏谑；开玩笑▷～谑。→❷形(说话)幽默风趣▷～谐。

挥(揮) huī ❶动举起手臂(连同拿着的东西)摆动▷～拳|～鞭|～戈上阵|一～而就|～动|～舞。→❷动指挥▷～师北上。〇❸动抹去或甩掉(泪、水等)▷～泪|～汗如雨。〇❹动散发；散出▷～金如土|～发。

虺 huī [虺隤]huītuí 形〈文〉形容马疲劳生病的样子。另见huǐ。

咴 huī [咴儿咴儿]huīrhuīr 拟声形容马叫的声音▷小马驹～地叫着。

恢 huī 形宽广；广大▷天网～～|气度～弘。

袆(褘) huī 名古代王后穿的绘有翚形图纹的祭服。☛"袆"和"祎"(yī)不同。"袆"字左边是"衤"，意思是美好。

珲(琿) huī ❶名〈文〉美玉。〇❷[瑷珲]àihuī，见"瑷"。

另见hún。

晖(暉) huī 名阳光▷朝(zhāo)～|斜～|残～|春～。☛1955年《第一批异体字整理表》将"暉"作为"辉"的异体字予以淘汰。1988年《现代汉语通用字表》确认"暉"专指阳光时，用在"春暉""朝暉"等词中为规范字，类推简化为"晖"；表示其他的光辉和照耀的意义时，仍作为"辉"的异体字处理。

眭 huī 形〈文〉目光深邃▷～然能视。另见suī。

辉(輝*煇❶❷) huī ❶名闪射的光▷与日月同～|余～|增～|光～。→❷动照射；闪耀▷星月交～|～耀|～映。〇❸名姓。☛参见"晖"字的提示。

翚(翬) huī 〈文〉❶名羽毛五彩俱全的野鸡。〇❷动高速飞翔▷～飞。

麾 huī ❶名古代用来指挥军队的旗帜▷旌～|～下。→❷动〈文〉指挥▷～军前进。

徽[1](*微) huī ❶名标志▷国～|帽～|校～|～章。〇❷形〈文〉美；善▷～号|～音。

徽[2](*微) huī 名指徽州，旧府名，在今安徽歙县一带▷～墨|～剧。

隳 huī 动〈文〉毁坏▷～三都。

huí

回[1](迴❶—❸❽*廻❶—❸❽逥❶—❸❽)

huí ❶动曲折环绕；旋转▷峰～路转|巡～|迂～|～绕|～旋|～形针。→❷动掉转▷～过头去|～身|～顾|～马枪|～心转意。❸动返回到原来的地方▷～到祖国|～娘家|春～大地|撤～|退～|～升。⇒❹动答复；报答▷给他～一封信|～您老人家的话|～电|～答|～敬|～赠。⇒❺动谢绝(邀请、来访)；辞掉(雇工、工作等)▷把要见我的都给我～了|孩子大了，把保姆～了吧|～绝。⇒❻动重新处理▷～炉|～锅|～笼。⇒❼量a)用于动作行为，相当于"次"▷去过两～|看了好几～。b)用于事情，相当于"件"或"种"▷那是两～事|没拿它当～事。c)说书的一个段落、章回小说的一章叫一回▷且听下～分解|《三国演义》第五～|七十一～本《水浒传》。→❽动绕开；避开▷～避。〇❾名姓。

回[2] huí [回族]huízú 名我国少数民族之一，分布全国，以西北地区及河南、河北、山东、云南、安徽、辽宁、北京等省市分布较多。

茴 huí [茴香] huíxiāng ❶名多年生草本植物，全株有强烈芳香气味，叶子羽状分裂，开黄色小花。果实呈长椭圆形，可以做调味香料，也可以做药材；嫩茎、叶可以食用。通称小茴香。○❷名常绿乔木，叶子椭圆形。果实呈星芒状，绿棕色，可以做调味香料或药材，叫八角或大料。通称大茴香、八角茴香。

洄 huí 动〈文〉水流回旋。

蛔（*蛕蚘痐蜖） huí [蛔虫] huíchóng 名寄生虫，白色或米黄色，体长圆柱形。成虫寄生在人和某些家畜的小肠内，卵随粪便排出体外，在泥土中发育，附在蔬菜上或水中，被人畜吞入后，在体内发育为成虫，吸取养料，分泌毒素，引起疾病。

鮰 huí 名〈文〉鮠鱼。

huǐ

虺 huǐ 名古代传说中的一种毒蛇▷～蜮（虺和蜮，喻指险恶的小人）。
另见 huī。

悔 huǐ 动悔恨，做错事或说错话后心里怨恨自己▷～不当初|追～莫及|懊～|后～|～改|～过。

毁（*燬❷ *譭❸） huǐ ❶动破坏；损坏▷一场雹灾～了几千亩庄稼|～了自己的前途|～坏。→❷动烧掉▷焚～|销～。→❸动无中生有，说别人坏话▷诋～|～谤|～誉。→❹动〈方〉把成件的旧衣物等改制成可用的衣物▷用一件斗篷给孩子～两条裤子。

huì

卉 huì 名百草（多指观赏性的）的统称▷花～|奇花异～。

汇1（匯❶ 彙❷❸ *滙❶） huì ❶动（水流）会合到一起▷细水～成巨流|～合。→❷动聚集；综合▷～印成册|～报|～总。❸名聚集而成的东西▷语～|词～|字～。

汇2（匯 *滙） huì ❶动通过邮局、银行等把钱由一地拨付到另一地▷～了一笔款子|～兑|电～|邮～|～票。→❷名指外国货币▷创～|换～。

会1（會） huì ❶动聚集在一起▷～齐|～合|～集|～师|～餐|～诊。→❷动见面▷两人匆匆～了一面|我去～～他|～客|～见|～晤。→❸名聚会或集会▷今天开个～|群众大～|座谈～|纪念～|舞～。❹名设在寺庙附近的集市或民间朝山进香求神时举行的活动▷庙～|赶～|香～|赛～。→❺名为共同的目的而结成的团体或组织▷学生～|妇女联合～|戏剧研究～|工～。❻名民间的一种小型经济互助组织，入会人按期等量交款，按约定的办法由入会人分期轮流使用。→❼名中心城市▷都～|省～。→❽名时机▷适逢其～|机～。

会2（會） huì ❶动领悟；理解▷只可意～，不可言传|心领神～|体～|误～。→❷动通晓；能掌握▷～三门外语|什么也不～。⇒❸动表示懂得或有能力做某事（带动词宾语，可以单独回答问题）▷他不～说英语|你～不～骑自行车？～。⇒❹动表示擅长做某事（带动词宾语，不能单独回答问题）▷她很～唱戏|能写～算。⇒❺动表示有可能实现（可以单独回答问题）▷只要坚持下去，你～成功的|谁也没说，他怎么～知道的？|他～不～来？～。

会3（會） huì 动（在茶楼、饭馆等处）付款▷饭钱我已经～过了|～账|～钞。

会4（會） huì [会儿] huìr 名〈口〉一小段时间▷一～|再坐～|用不了多大～|请等～。
另见 kuài。

讳（諱） huì ❶动因有顾虑不敢说或不便说▷～疾忌医|直言不～|隐～|忌～。→❷名需要忌讳的事物▷不想这一下犯了他的～了。❸名旧时指已故帝王或尊长的名字，后来也用于敬称在世的人的名字▷名～|避圣～。

沬 huì 动〈文〉洗脸。
另见 mèi。

荟（薈） huì ❶形〈文〉草木茂盛▷木～草蔚。→❷动丛聚；汇集▷～集|人文～萃。

哕（噦） huì [哕哕] huìhuì 拟声〈文〉形容有节奏的铃声▷銮声～。
另见 yuě。

浍（澮） huì 名浍河，水名，发源于河南，流经安徽，入淮河。
另见 kuài。

诲（誨） huì ❶动教导▷～人不倦|教～|训～。→❷动诱导；诱使▷～淫～盗。☛统读 huì，不读 huǐ。

绘（繪） huì ❶动画▷～画|～图|～制。→❷动描写▷～声～色。

恚 huì 动〈文〉愤怒；怨恨▷忿～|～恨。

桧（檜） huì 用于人名。秦桧，南宋奸臣，曾杀害民族英雄岳飞。
另见 guì。

贿（賄） huì ❶名〈文〉财物▷货～|妄取民～。→❷动用财物买通别人替自己做事▷～赂主管人员|～选。❸名用来买通别人的财物▷受～|纳～。

烩（燴） huì ❶动烹调方法，把菜放在锅里炒后加浓汁烧煮▷～虾仁。○❷动烹调方法，把主食和菜或把多种菜混在一起煮▷～饼|素杂～。

彗 huì ❶名〈文〉扫帚。→❷名彗星，一种围绕太阳旋转的星体，因运行时拖有长长的光尾像扫帚，通称扫帚星。古人以为彗星的出现是不祥之兆。

晦 huì ❶名月终，指农历每月的最后一天▷～朔（农历每月的最后一天和下月的第一天）。→❷名黑夜（一天的终了）▷～明（黑夜和白昼）|风雨如～。❸形昏暗不明▷～暗|～冥。❹形（意思）不明显▷～涩|隐～。❺动隐藏▷韬～。

秽（穢） huì ❶形肮脏；不洁净▷～土|～物|～气|污～。→❷形下流的；淫乱的▷～行|～语|～闻|～亵|淫～。→❸形丑恶；丑陋▷自惭形～。

惠 huì ❶形〈文〉仁爱▷昊天不～。→❷名好处▷受～无穷|恩～|实～。❸动给别人好处▷平等互～|口～。❹副敬辞，用于对方的行动，表示这样做是对自己的恩惠▷～存|～顾|～临。→❺形温和；柔顺▷～风和畅|贤～。○❻名姓。

喙 huì 〈文〉❶名鸟兽的嘴▷鸟～|虎～。→❷名借指人的嘴▷百～莫辩|无庸置～（不要插嘴）。

翙(翽) huì [翙翙]huìhuì 拟声〈文〉形容鸟飞的声音▷～其羽。

阓(闠) huì [阛阓]huánhuì,见"阛"。

溃(潰) huì 动(疮或伤口)溃(kuì)烂▷～脓。
另见 kuì。

缋(繢) huì 动〈文〉绘画。

慧 huì 形聪明;有才智▷智～|聪～。

蕙 huì ❶名灵香草。多年生草本植物,开黄色花,香味浓郁。古人常用它来避疫。也说薰草。〇❷[蕙兰]huìlán 名多年生草本植物,叶子丛生,狭长而尖,开黄绿色花,香味不及春兰,可供观赏。根皮可做药材。

蟪 huì [蟪蛄]huìgū 名蝉的一种,体长2—2.5厘米,紫青色,有黑色条纹,嘴长,后翅除外缘均为黑色。危害桃、李、梨等果树。

hūn

昏(*昬) hūn ❶名天色将黑的时候▷晨～(早晨和晚上)|黄～。→❷形光线暗淡;模糊不清▷天～地暗|～天黑地|～暗|～黑|老眼～花。❸形头脑糊涂;神志不清▷～头～脑|利令智～|～睡|～君|～庸|发～。❹动失去知觉▷～倒在地|～迷|～厥。

荤(葷) hūn ❶名葱、蒜、韭等有特殊气味的蔬菜▷不饮酒不茹～|五～(佛教指蒜、韭、薤、葱和兴渠)。→❷名指肉食(跟"素"相对)▷吃素不吃～|～腥|～油|开～。❸形比喻低俗的、淫秽的▷～话|～口(曲艺表演中指粗俗、低级的话)。
另见 xūn。

阍(閽) hūn 〈文〉❶名看门的人。→❷名宫门;门▷叩～|掩～。

惛 hūn 形〈文〉糊涂;不明白。

婚 hūn ❶动结婚,男女正式结合成夫妻▷未～|已～|新～|～礼|～期。→❷名婚姻,因结婚而产生的夫妻关系▷～约|离～|～外恋(指已婚的一方跟第三者的恋情)。

hún

浑[1](渾) hún 形污浊▷把水搅～|～浊|～水。

浑[2](渾) hún ❶动〈文〉混同;合为一体。→❷形质朴的;自然的▷～厚|～朴。→❸形糊涂;不明事理▷～人|～蛋(骂人的话)|～～噩噩。→❹形整个的;满▷～身|～如|～然一体。

珲(琿) hún ❶名〈文〉一种美玉。〇❷[珲春]hún-chūn 名地名,在吉林。
另见 huī。

馄(餛) hún [馄饨]húntun 名一种用薄面片包上少量馅制成的面食,煮熟后连汤吃▷[illegible]|包～。

混 hún 同"浑[2]"①③。
另见 hùn。

魂(*䰟) hún ❶名古人认为附在人体上的一种非物质的东西,它离开人体人即死亡,而它依然独立存在▷像丢了～儿似的|～不附体|借尸还～|灵～|～魄|招～。→❷名指人的精神或情绪▷心～不定|神～颠倒|～牵梦萦。⇒❸名泛指存在于事物中的人格化了的精神▷花～|诗～。⇒❹名特指高尚的精神▷国～|民族～。〇❺名姓。

hùn

诨(諢) hùn ❶名开玩笑的话▷插科打～。→❷动开玩笑▷～名|～号。☛不读 hūn。

圂 hùn 名〈文〉猪圈;厕所。

混 hùn ❶动(不同的东西)搀杂在一起▷枪声和喊叫声～成一片|～为一谈|～血儿|～合面|～杂|～同|～淆。→❷动真假搀杂,以假乱真▷鱼目～珠|别让坏人～进来|～入会场|蒙～。→❸形不清洁▷～浊。→❹动相处往来▷整天跟流氓～在一起|俩人没几天就～熟了。❺动苟且度日;苟且谋取▷～了半辈子|在教育界实在～不下去了|～日子|～饭吃|～几个钱花。☛参见"溷"字的提示。
另见 hún。

溷 hùn 名〈文〉猪圈;厕所▷猪～|～藩|～厕。☛1955年《第一批异体字整理表》将"溷"作为"混"的异体字予以淘汰。1988年《现代汉语通用字表》确认"溷"表示以上意义时为规范字,表示混淆、混浊等意义时仍作为"混"的异体字处理。

huō

耠 huō ❶动用耠子松土▷～地。→❷[耠子]huōzi 名翻松土壤的农具,比犁轻便,可用来中耕或开沟播种。

騞(騞) huō 拟声〈文〉形容刀割和东西破裂的声音▷奏刀～然。

锪(鍃) huō 动用刀具对工件上已有的孔进一步加工▷～孔。

劐 huō ❶动〈口〉用耕具划开土地;用刀剪等划开物体▷铧是～地用的|用刀子把面袋～个口子。→❷同"耠"。

嚄 huō 叹表示惊讶▷～,真了不起!|～,两年不见长成大小伙子了。
另见 huò。

豁 huō ❶动裂开;缺损▷衣服～了一个口子|～嘴|～口。→❷动不惜代价;狠心舍弃▷～出三天时间陪你|～上这条老命|～出去了。
另见 huá;huò。

攉 huō 动把堆在一起的东西铲起来放到另一处或容器中▷～土|～煤机。

huó

和 huó 动在粉状物中加入水等搅拌,使粘在一起▷～面|～泥|～沙子灰。
另见 hé;hè;hú;huò。

活 huó ❶动有生命;生存(跟"死"相对)▷～了一辈子|死去～来|存～|复～。→❷动使生存;维持生命▷养家～口|～命之恩。❸名赖以生存的手段;活计(一般指体力劳动)▷干～儿|力气～儿|零～儿|农～儿。❹名产品;制成的东西▷不出～儿|这批～儿不合格|铁～。→❺形活动的;可变动的▷～水|～塞|～期存款|～页文选。❻形生动活泼;灵活▷这段文字写得很～|～跃|这孩子心眼儿～。→❼副在对象活着的状态下(作某种处置)▷～捉|～埋|～～打死。

❽副表示程度深，略相当于"真正""简直"▷长得～像他爸爸|～受罪。

huǒ

火 huǒ ❶名物体燃烧时所发出的光和焰▷把～点着|炉里的～很旺|水～无情|～焰|～海|篝～|烈～。→❷形比喻紧急▷～速|十万～急。→❸名喻指激动、暴躁或愤怒的情绪▷窝着一肚子～|正在～头上|～冒三丈|发～|怒～。❹动发怒▷他～儿了|恼～。→❺名中医指"六淫"(风、寒、暑、湿、燥、火)之一，是致病的一个重要因素▷阴虚～旺|上焦～盛|肝～|上～|去～。→❻名指枪炮子弹▷军～|～器|～力点。❼名喻指作战的行动▷交～|开～|停～|～线立功。→❽形指红色▷～狐|～鸡。→❾形〈口〉比喻热烈、兴旺▷生意很～。○❿名姓。

伙(夥❷—❻) huǒ ❶名古代兵制，十个士兵为一伙，共灶起火做饭。也作火。→❷名同伴▷～伴|～友。⇒❸名同伴组成的集体▷同～|散～|拉帮结～。❹量用于人群▷进来了一～儿学生|前后有两～人来看过|三个一群，五个一～。⇒❺名旧指店员(为了表示客气而称店员为伙计，简称伙)▷店～|东～双方(店主和店员双方)。⇒❻动跟别人合起来▷两家～着开店|合～|～同。→❼名伙食，群体办的饭食▷包～|退～。❽动烹调伙食▷～房。☛参见"夥"字的提示。

钬(鈥) huǒ 名金属元素，符号Ho，稀土元素之一。银白色，有光泽。有重要磁学和电学性质，有低毒。可以用做真空管的吸气剂。

漷 huǒ 名漷县，地名，在北京通州区。

夥 huǒ 形〈文〉多▷游人甚～。☛㊀"夥"在表示同伴、同伴组成的集体、跟别人合起来等意义时，是"伙"的繁体字；在表示多的意义时，《简化字总表》规定仍用"夥"，不能简化为"伙"。㊁参见"伙"。

huò

或 huò ❶代〈文〉泛指某人或某事物，相当于"有人""有的"▷～告之曰|人固有一死，～重于泰山，～轻于鸿毛。→❷副表示不能肯定，相当于"也许""可能""大概"▷年底前～可完工|～能如愿以偿。→❸连连接词、词组或分句，表示选择关系▷今天～明天|～多～少|暴躁的～忧郁的性格都不好|～赞成，～反对，总要表示个态度。

和[1] huò 动把粉状物等混合起来；加水搅拌使变稀▷把两种药面～在一起|～点儿芝麻酱|搀～(chān-huo)|搅～(jiǎohuo)。

和[2] huò 量用于洗衣物换水或一服中药煎的次数，一次叫"一和"▷衣服刚洗了一～|青菜要多洗几～|一剂汤药应该煎两～。

另见 hé；hè；hú；huó。

货(貨) huò ❶名〈文〉财物，金钱珠玉布帛的统称▷民可百年无～，不可一朝有饥|杀人越～|～贿|～财。→❷名商品，供出售的物品▷铺子不小，～不多|～真价实|讲～|存～|大路～|皮～|盘～|订～。❸名指具有某种特点的人(骂人的话)▷不中用的～|蠢～|贱～|骚～|泼辣～。→❹名钱▷～币|通～。

获(獲❶❷穫❸) huò ❶动捉到；擒住▷捕～|擒～|俘～。→❷动得到；取得▷不劳而～|～利|～奖。→❸动收割(庄稼)▷收～。☛统读huò，不读hù或huái。

祸(禍*旤) huò ❶名对人危害很大的事；人或自然造成的严重损害(跟"福"相对)▷是福是～，很难预料|～从口出|嫁～于人|招灾惹～|飞灾横～|车～|～首|～根。→❷动使受害；损害▷～国殃民。

惑 huò ❶形弄不明白；迷惑▷大～不解|惶～|疑～|困～。→❷动使迷惑▷造谣～众|蛊～|诱～。

𬤊(謋) huò [𬤊然]huòrán 副〈文〉形容迅速裂开的样子▷～已解。

霍 huò ❶形迅速▷她～地站起来|～然。○❷[霍霍]huòhuò 拟声〈文〉形容磨刀的声音▷磨刀～向猪羊。○❸[霍乱]huòluàn 名一种急性肠道传染病。○❹名姓。☛统读huò，不读huǒ。

嚄 huò [嚄唶]huòzé 动〈文〉大声呼叫。

另见 huō。

鳠(鱯) huò 名鳠属鱼的统称。体形侧扁，牙齿呈绒毛状，头部的鳞圆形，其他部位的鳞呈栉状。生活在海洋中，是常见的食用鱼。

豁 huò ❶名〈文〉通畅宽敞的山谷。→❷形开阔；宽敞▷～亮。❸形通达；开朗▷～达大度|～朗。→❹动免去▷～免。

另见 huá；huō。

镬(鑊) huò ❶名古代煮肉、鱼等的无足鼎，也用作烹人的刑具▷鼎～(多指刑具)。→❷名〈方〉锅。

藿 huò ❶名〈文〉豆类作物的叶子▷葵～(冬葵和豆叶)。○❷[藿香]huòxiāng 名多年生草本植物，茎方形，叶对生，三角状卵形，开白色或紫色花。茎、叶可以提取芳香油，也可以做药材。

嚯 huò ❶叹表示惊讶▷～，你们来得真早哇|～，长这么高了！○❷拟声形容笑声▷～～～地笑了起来。

蠖 huò [尺蠖]chǐhuò 名尺蠖蛾的幼虫。身体细长，行动时身体向上弯成弧状，像用大拇指和中指量距离一样。危害果树、茶树、桑树等林木。种类较多，如桑尺蠖、枣尺蠖、茶尺蠖等。☛统读huò，不读hù。

㺔 huò [㺔㹮狓]huòjiāpí 名〈外〉哺乳动物，形状像长颈鹿而较小，毛赤褐色，臀部与四肢有黑白相间的横纹。吃树叶，生活在非洲原始森林中，是非洲特产的珍贵动物。

臛 huò 名〈文〉肉羹。

J

jī

几[1] jī 名一种矮小的桌子▷茶～|条～|窗明～净。

几[2]**(幾)** jī 副〈文〉表示接近某种情况，相当于"将近""差不多"▷迄今～四十年|～遭虎口|柔肠～断。
另见jǐ。

讥(譏) jī 动讽刺；挖苦▷～讽|～笑|反唇相～。

击(擊) jī ❶动敲打；拍打▷旁敲侧～|～鼓|～掌。→❷动刺；杀▷反戈一～|～剑|搏～。❸动攻打▷声东～西|迎头痛～|攻～|打～|～溃。→❹动碰撞；触及▷海浪冲～着堤岸|撞～◇目～。☛统读jī，不读jí。

叽(嘰) jī 拟声形容小鸡、小鸟的叫声▷小鸟～～地叫个不停。

饥[1]**(飢)** jī 形饿，腹中缺食物▷～寒交迫|如～似渴|～饿。

饥[2]**(饑)** jī 形庄稼歉收或没有收成▷～荒|～馑。

玑(璣) jī ❶名〈文〉不圆的珠子▷珠～。○❷名古代观测天象的一种仪器。

圾 jī [垃圾]lājī，见"垃"。☛统读jī，不读jí。

芨 jī ❶[白芨]báijī 名多年生草本植物，叶子长，花紫红色，大而美丽，地下块茎白色，数个相连接，所以也说白及。块茎可以做药材。○❷[芨芨草]jījīcǎo 名多年生草本植物，叶片坚韧，纵向卷折，夏季抽塔形灰绿色或带紫色圆锥花序。生长在微碱性土壤中，是良好的固沙耐碱植物。秆、叶可以编织筐、篓、席等，做造纸、人造丝原料，也可以做饲料。

机(機) jī ❶名古代弓弩上木制的发箭机关▷弩～|发～。→❷名机器▷织布～|缝纫～|～床|～车|～件。⇒❸形灵巧；灵敏▷～巧|～灵|～敏|～智。⇒❹名生物的生活机能▷有～体|无～化学。⇒❺名特指飞机▷客～|运输～|战斗～|～场。→❻名事物发生、变化的关键因素；起枢纽作用的环节▷成败之～|枢～|契～|生～|转～|危～。⇒❼名事物发展、变化的关键时刻或适宜的时候▷～不可失，时不再来|伺～而动|良～|乘～|～遇|～会。⇒❽名极重要而有保密性质的事情▷军～|～要|～密。❾名心里萌发的念头▷动～|杀～|心～。

乩 jī [扶乩]fújī 名一种问吉凶的迷信活动。两个人扶着一个带棍儿的架子，人移动架子，棍儿便在沙盘上写出字句来作为神的启示。也作扶箕。

肌 jī 名肌肉，人和部分动物的基本组织之一，主要由纤维状的肌细胞组成，能收缩，是躯体运动及体内消化、呼吸、循环、排泄等生理过程的动力来源。可分为平滑肌、横纹肌、心肌三种。

矶(磯) jī 名露出水面的岩石或石滩，多用于地名▷钓～(钓鱼时坐的岩石)|城陵～(在湖南)|赤壁～(在湖北)。

鸡(鷄*雞) jī 名家禽，嘴短而尖，头部有肉冠。翅膀不发达，不能高飞。公鸡善鸣好斗，母鸡善产蛋。肉和蛋都可以食用。

其 jī 用于人名。郦食其(lìyìjī)，西汉人。
另见qí。

奇 jī ❶形单的；不成双的(跟"偶"相对)▷～偶|～数。→❷名〈文〉数目的零头▷身长六尺有～|～零。
另见qí。

㚻 jī [㚻奸]jījiān 动指男性与男性发生性行为。现在通常写作"鸡奸"。

咭 jī 同"叽"。

剞 jī [剞劂]jījué〈文〉❶名雕刻用的曲刀。→❷动雕版；刻书▷付之～。

唧 jī ❶动喷射(液体)▷～他一身水|～筒。○❷[唧唧]jījī 拟声形容虫、鸟的叫声▷秋虫～～。

积(積) jī ❶动逐渐聚集▷院子里～满了水|日～月累|～谷防荒|～肥|～累|～蓄|淤～|堆～。→❷形长时间积累形成的▷～习|～怨|～弊|～案|～雪。→❸名中医指积久形成的内脏疾病；特指小儿消化不良症▷食～|痰～|血～|这孩子有～了，快找大夫给捏捏吧。→❹名数学上指几个数相乘所得的结果▷三乘以四的～是十二|乘～。

笄 jī ❶名古人用来束发的簪子。→❷动〈文〉指女子15岁盘起头发，插上簪子▷～礼。

屐 jī ❶名木底鞋▷木～。→❷名〈文〉泛指鞋▷～履。

姬 jī ❶名古代对妇人的美称▷艳～|仙～。→❷名〈文〉妾▷～妾|宠～。→❸名〈文〉歌女▷歌～。○❹名姓。☛"姬"字右边是"𦣝"(yí)，不是"臣"。

基[1] jī ❶名基础，建筑物的根底部分▷墙～|房～|路～|地～。→❷形最底层的；起始的；根本的▷～层|～肥|～色|～价|～调|～音|～业。→❸名化学术语，化合物的分子中所含的一部分原子被当成是一个单位时的名称，如巯基、氨基。○❹名姓。

基[2] jī [基诺族]jīnuòzú 名我国少数民族之一，分布在云南。

萁 jī 名古书上指一种像荻而较细的草▷～服(用萁草编织的箭袋)。
另见qí。

赍(賫*賷齎) jī〈文〉❶动拿着东西送给人▷～黄金千斤|～助。→❷动心里怀着(某种想法)▷～恨|～志。

犄 jī ❶[犄角]jījiao 名〈口〉兽角▷牛～。○❷[犄角]jījiǎo 名〈口〉a)物体两个边沿相接的地方▷桌子～儿。b)角落▷屋子～儿。

嵇 jī 名姓。

缉(緝) jī 动搜查;捉拿▷～捕|～私|～拿|通～。另见 qī。

畸 jī ❶名上古指划分出正方形的井田之后所余下的零碎田地,形状多是偏斜不规则的。→❷形不规则的;不正常的▷～形|～变。→❸形偏▷～轻～重。→❹名〈文〉数的零头;余数▷～零。

跻(躋) jī 动上升;登上▷～于富强之列|～升|～身。

錤(錤) jī [镃錤]zījī,见"镃"。

箕 jī ❶名簸箕,簸粮食用的竹篾、柳条编器,三面有帮,一面敞口,也有用来撮垃圾的,多用铁皮或塑料制成。→❷名星宿名,二十八宿之一。→❸名形状像簸箕的指纹▷～斗|右手有三个～两个斗。☛㊀"箕"和"萁"(qí)不同。"萁"指豆秸,如"豆萁"。㊁"箕"在"簸箕"一词中读轻声。

稽[1] jī ❶动〈文〉停留▷～留|～延|～迟|～滞。○❷名姓。

稽[2] jī ❶动考核;调查▷无～之谈|有案可～|～查|～考|～古|～核。→❷动计较;责难▷反唇相～(后来讹变作反唇相讥)。
另见 qǐ。

齑(齏) jī 〈文〉❶名用姜、蒜、韭菜等的碎末制作的调味品。→❷形细碎的▷～粉。

畿 jī 名古代称国都周围的地方▷京～|～辅。

墼 jī ❶名〈方〉土墼,未经烧制的砖坯。→❷名用炭末或粪渣等压制成的取暖用的块状物▷炭～|粪～。

激 jī ❶动水流受阻而涌起或溅起▷礁石～起阵阵浪花◇～起一场轩然大波。→❷形急剧;猛烈▷产量～增|局势～变|～战|～烈|行动过～。→❸动因受刺激而感情冲动▷～于义愤|感～|～动|慷慨～昂。❹动使激动;使发作▷他存心～你,别上当|～将法|～怒|～发。❺动身体因受冷水刺激而致病▷被雨～着了,浑身发烧。❻动〈口〉把食物放在冷水里使变凉▷在井水里～过的西瓜特凉。

羁(覊*羈) jī ❶名〈文〉马笼头▷～辔(马笼头和缰绳)。→❷动约束;拘束▷落拓不～|不～之才|～绊|～押。○❸动寄居或停留在外地▷～旅|～留|～客。☛统读 jī,不读 jì。

jí

及 jí ❶动从后面赶上▷恐怕赶不～了|来得～|追～。→❷动到▷由此～彼|力所能～|～格|波～|涉～。❸动推广到;照顾到;牵涉到▷爱屋～乌|攻其一点,不～其余|言不～义。→❹动比得上;赶得上(一般用于否定)▷论手艺,谁也不～大师兄|用毛笔不～钢笔方便。→❺连连接名词或名词性词组,表示并列关系,相当于"跟""和"▷工人、农民～士兵|团结各民主党派～广大群众|帝国主义～其走狗。☛㊀"及"作连词时,一般用于书面语;连接三项以上时,要用在最后一项之前。㊁笔顺是丿乃及,三画。

伋 jí 用于人名。孔伋,孔子的孙子。

吉[1] jí ❶形幸福;顺利(跟"凶"相对)▷凶多～少|逢凶化～|～兆|～日|～祥|～利。○❷名姓。

吉[2] jí 名指吉林▷～剧。☛"吉"字上边是"士",不是"土"。

岌 jí ❶形〈文〉山高。→❷形十分危险▷～～可危。

汲 jí ❶动从井里打水;泛指从下往上打水▷～水|～引。○❷名姓。☛统读 jí,不读 jī 或 xī。

级(級) jí ❶名等,按差异而划定的区别▷一～品|上～|副处～。→❷名台阶▷石～|拾(shè)～而上。❸量用于台阶、楼梯、塔层等▷这楼梯有十多～|七～浮屠。→❹名年级,学校中根据学生修业的年限分成的班级,也指某年入学的班级▷升～|留～|他是咱们学校哪一～的?

极(極) jí ❶名最高点;顶端;尽头▷登峰造～|无所不用其～。→❷动用尽;达到顶点▷～目远眺|物～必反|乐～生悲。→❸形最高的;最终的▷～刑|～点|～度|～端|～限。❹副表示最高程度▷～兴奋|～重要|～认真|～个别|～大|累～了|好看～了。→❺名特指地球的南北两端;磁体的两端;电源或电器上电流的流入端或流出端▷南～|北～|～地|阴～|阳～。

即 jí ❶动接近▷若～若离|可望而不可～。→❷动到;开始从事▷～位。→❸介引进动作行为靠近的处所、环境等,相当于"就着"▷～席演说|～景生情|～兴赋诗。❹名目前▷成功在～。❺副 a)表示前一件事发生了,后一件事紧接着发生▷一触～溃|知错～改。b)表示事实如此,相当于"就"▷问题的严重性～在于此。⇒❻副用在判断句里表示肯定,相当于"就(是)"▷鲁迅～周树人|非此～彼。⇒❼连连接分句,表示假设兼让步,相当于"即使"▷～无外援,也须如期完工。☛"即"和"既"(jì)的形、音、义都不同。"既"字右边是"旡"(jì),"既然""既……又……"的"既"不能用"即"。"即使"的"即"不能用"既"。

佶 jí [佶屈]jíqū 形〈文〉形容曲折的样子,引申为不顺畅▷～聱牙(指语句读起来不顺口)。

亟 jí 副〈文〉表示动作的急促或时间的紧迫,相当于"急切""赶快"等▷～待讨论|～须转变。
另见 qì。

革 jí 形〈文〉(病)急;病危▷病～。
另见 gé。

笈 jí 〈文〉❶名盛书的箱子▷负～游学。→❷名书籍▷古～|秘～。

急 jí ❶形迅速而猛烈▷水流太～|饭吃得～了点儿|～流勇退|～行军。→❷形紧迫;迫切▷我有～事|～件|～诊|～救。⇒❸名紧急严重的事▷当务之～|救～|告～|应～。⇒❹动把他人的事当作急事而立即帮助解决▷～人之难(nàn)|～公好(hào)义。→❺形急躁▷性子～|～脾气|操之过～。⇒❻动着急;焦躁不安▷～着往回走|这点儿小事,你～什么?❼动使着急▷该来的不来,真～人。⇒❽动气恼;发怒▷大家都别～,心平气和地谈|再闹他可要跟你～了。

姞 jí 名姓。

疾 jí ❶形快;迅速▷奋笔～书|手～眼快|～驰|～速。→❷形迅猛▷大声～呼|～风知劲草。→❸名病▷讳～忌医|积劳成～|痼～|～病。❹动疼▷痛

心～首。❺名(生活上的)痛苦▷～苦。○❻动厌恶;憎恨▷～恶如仇。☛统读 jí,不读 jī。

棘 jí ❶名酸枣树,落叶灌木,茎上有刺,开黄绿色小花,果实较小,味酸,是我国北方常见的野生枣树。种子可以做药材。→❷名泛指有刺的草木▷荆～丛生|披荆斩～。→❸动草木刺人;刺▷～手。☛㊀统读 jí,不读 jì 或 jì。㊁"棘"的构字部件是"朿"(cì),不是"束"(shù)。

殛 jí 动〈文〉杀死▷雷～。

戢 jí ❶动〈文〉收藏;收敛▷～兵|～怒。○❷名姓。

集 jí ❶动汇聚;会合▷～思广益|聚～|召～|～中|～权。→❷名集子,汇辑许多单篇著作或单幅作品而成的书册▷诗～|画～|全～|总～。❸名某些书籍或影视片因篇幅较大而分成的段落或部分▷40～电视连续剧|上～|第二～。→❹名定期或临时聚在一起进行买卖的场所▷编几只筐到～上去卖|～市|～日|赶～。

蒺 jí [蒺藜]jílí ❶名一年生草本植物,茎平卧地上,有毛,偶数羽状复叶,一大一小,交互对生,开黄色小花,果皮有尖刺。果实可以做药材。蒺藜,也指这种植物的果实。→❷名像蒺藜那样有刺的东西▷铁～|～丝。

楫(*檝) jí 名〈文〉桨▷舟～。

辑(輯) jí ❶动搜集材料编成书刊▷～录|编～。→❷名整套书籍或资料按内容或写作、发表顺序分成的部分▷《文史资料》第一～|这套丛书准备出五～,现在刚出到第三～。

嵴 jí 名〈文〉山脊。

嫉 jí ❶动因别人比自己强而怨恨▷～贤妒能|～妒。→❷动愤恨▷愤世～俗|～恶如仇。☛统读 jí,不读 jì。

蕺 jí [蕺菜]jícài 名多年生草本植物,茎细长,叶卵形,对生,开淡黄色小花。全草可做药材。茎和叶都有鱼腥味,也说鱼腥草。

瘠 jí ❶形(身体)瘦▷枯～|～瘦。→❷形(土地)不肥沃▷～薄|贫～|～土。

鹡(鶺) jí [鹡鸰]jílíng 名鹡鸰属各种鸟的统称。体小,嘴尖细,尾长。喜在水边捕食昆虫、小鱼。常见的有白鹡鸰、黄鹡鸰等。

藉 jí ❶动〈文〉践踏;凌辱。○❷形盛多;杂乱▷～～|狼～。☛"藉"读 jiè,用于凭借、假托的意义时,是"借"的繁体字;读 jí 用于以上意义和读 jiè 用于垫子、垫等意义时,仍是规范字,不能简化为"借"。

另见 jiè;jiè"借²"。

踖 jí 动〈文〉小步行走▷～步|～地局天(形容谨慎小心)。

籍 jí ❶名古代记载赋税、户口等的档案;书册▷书～|典～。→❷名祖居或本人出生的地方▷祖～|原[illegible]❸名代表个人对国家或组织的隶属关系▷国～|党～|学～。○❹名姓。

jǐ

几(幾) jǐ ❶数用来询问数目的多少▷孩子～岁了?|现在～点了?|还差～斤?|来了～千人?→❷数表示二至九之间的不定的数目▷～十年如一日|再等～天吧|二十～岁的小伙子|买～百斤白菜|所剩无～。❸数在具体的上下文里,代替某个确定的数目▷屋里只有老张、小王、老周和我～个人。

另见 jī。

己¹ jǐ 名天干的第六位。

己² jǐ 代自己▷克～奉公|先人后～|身不由～|异～|知～|～方。☛"己"不要写成"已"或"巳",从"己"的字,如"记""纪""忌""鲯",同。

纪(紀) jǐ 名姓。

另见 jì。

虮(蟣) jǐ 名虮子,虱子的卵。

挤(擠) jǐ ❶动用身体排开(密集的人);互相推、拥▷从人群中～出来|按顺序上车,不要乱～。→❷动强行使人离开或不进入▷我的名额被人～掉了|～轧|排～。→❸动加压力使从孔隙中排出▷～牙膏|～牛奶◇～出时间学习。→❹动紧紧地挨(āi)在一起▷大厅里～满了人|～成一团|拥～◇事情～在一块儿了,忙不过来。

济(濟) jǐ ❶名济水,古水名,发源于今河南,流经山东入渤海。今黄河下游的河道就是古济水的河道。河南济源,山东济南、济宁、济阳,都因济水得名。○❷[济济]jǐjǐ 形(人)多▷人才～|～一堂。☛"人才济济""济济一堂"的"济",不读 jì。

另见 jì。

给(給) jǐ ❶动供应▷自～自足|～养|补～|配～。→❷形富裕;丰足▷家～人足|～足(丰富充裕)。☛"给"读 gěi 时,限于单用,如"给你一本书";读 jǐ 时,只能用在复合词或成语中。

另见 gěi。

脊 jǐ ❶名脊椎动物背部中间的骨骼,由若干形状不规则的椎骨借助椎间盘、韧带互相连接而成▷～椎|～柱|～背。→❷名物体上像脊一样高起的部分▷屋～|山～|～檩。☛㊀统读 jǐ,不读 jī 或 jí。㊁笔顺是[illegible]脊,10画。

掎 jǐ 〈文〉❶动(从旁或从后)拖住;拉住。→❷动牵制▷成～角之势。

鲯(鮆) jǐ 名鲯科鱼的统称。体扁侧,呈椭圆形,绿褐色,口小,前部牙三叉形,两侧牙圆形。栖息在热带、亚热带海底礁岩间。

戟 jǐ 名古代兵器,长柄一端有直刃,旁边有横刃相连,可以直刺和横击。

麂 jǐ 名一种小型的鹿类动物,口中有长牙,雄的有短角,腿细而有力,毛黄黑色。通称麂子。

jì

计(計) jì ❶动计算,用数学方法根据已知数得出未知数▷不～其数|～量(liàng)|～酬|统～|会(kuài)～。→❷动总计,把个别数目合起来计算▷全组～有五人。→❸动谋划;打算▷商～|～议|设～图纸。⇒❹名策略;主意▷这条～不错|言听～从|谋[illegible]|机[illegible]|心[illegible]|妙[illegible]。⇒❺动计较,考虑(多用于否定)▷不～名利|无暇～及。→❻名测量数值的仪器▷温度～|安培～|血压～。○❼名姓。

记(記) jì ❶动把听到的话或已经发生的事写下来▷老师讲得太快,～不下来|～事|～载|登～|速～。→❷动把印象保持在脑子里▷初次见面的情景,我还～得很清楚|～不住|～忆|～性|～仇

|惦～。❸名记号，为帮助记忆或识别而做的标志▷标～|暗～|戳～|铃～。❹名皮肤上天生的色斑▷眉心长了一块红～|胎～。→❺名记载事物的书或文章（也用作篇名或书名）▷日～|游～|传（zhuàn）～|后～|《石钟山～》。❻量用于某些动作的次数▷打了他一～耳光|一～劲射，球应声入网。○❼名姓。

伎 jì ❶名技巧；本领▷～俩（本是技巧的意思，后来指不好的手段、花招）。→❷名古代称表演技艺的女子▷歌～|舞～。

齐（齊）jì ❶动〈文〉调配。→❷名〈文〉调味品。→❸名合金，一种金属元素与其他金属元素或非金属元素按配料比例熔合而成的物质（这个意义今多读qí）▷锰镍铜～。

另见qí。

纪（紀）jì ❶名〈文〉丝的头绪或条理。→❷名法度；纪律▷风～|法～|军～|违～。→❸名古代以12年为一纪，现代指较长的时期▷世～。❹名地质年代分期的第三级，在代以下，世以上，如寒武纪、侏罗纪。跟纪相对应的年代地层单位叫系（xì）。○❺同“记”，用于“纪元”“纪年”“纪念”“纪要”“纪行”等词语中。

另见jǐ。

技 jì 名某方面的能力；本领▷一～之长|黔驴～穷|雕虫小～|～艺|～巧|～术|演～|口～。

芰 jì 名〈文〉菱。

系（繫）jì 动打结；扣▷头上～了个蝴蝶结|～领带|～扣子。

另见xì。

忌1 jì 动嫉妒▷～贤妒能|～才|猜～。

忌2 jì ❶动畏惧▷横行无～|肆无～惮|顾～。→❷动禁戒；避免▷～生冷|～口|～讳。❸动戒除▷～烟|～酒。

际（際）jì ❶名〈文〉两堵墙相接的边。→❷名交界或靠近边缘的地方▷一望无～|边～|天～。❸名中间；里边▷脑～|胸～|空～。→❹动互相接触；交往▷交～。❺名彼此之间▷国～|校～|厂～|星～旅行|人～关系。→❻名指先后交接的时候，也指某个特定的时候▷隋唐之～|强敌压境之～|新婚之～。❼动〈文〉恰好遇到（某个时机）；遭遇▷～此盛会|～此多事之秋|～遇|遭～。

妓 jì ❶名古代称专门表演歌舞杂技的女子▷乐～|歌～|舞～。→❷名卖淫的女子▷～女|～院|娼～。

季1 jì ❶名〈文〉代表兄弟排行中第四或最小的▷伯仲叔～|～父（父亲最小的弟弟）|～子。→❷名〈文〉指某一个朝代、时期或季节的末期▷贞元～年|明～（明朝末年）|～世|～秋（指阴历九月）。○❸名姓。

季2 jì ❶名一年分为春夏秋冬四季，三个月为一季▷一年四～|春～|秋～|～度|～刊。→❷名指一年中具有某一特点的时期▷雨～|淡～|旺～。

剂（劑）jì ❶动配制或调和（药物、味道等）▷调（tiáo）～。→❷名配制、调和成的药▷感冒冲～|汤～|针～|药～。⇒❸名某些起化学或物理作用的、具有某种功能的物品的通称▷杀虫～|催化～|防腐～|溶～|润滑～。⇒❹量用于若干味中药调配成的汤药▷一～汤药。○❺名剂子，做馒头、饺子等面食时，把大面团揉成长条后再分成的小块儿▷你做～子，我擀皮儿。

垍 jì 名〈文〉坚硬的土。

荠（薺）jì 名荠菜，一年生或二年生草本植物，叶子呈羽状分裂或不分裂，有毛茸，开小白花。全草可以做药材，嫩茎叶可以食用。

另见qí。

迹（*跡蹟）jì ❶名脚印▷人～罕至|兽蹄鸟～|足～。→❷名行动留下的印痕▷行～不定|毁尸灭～|事～|奇～|劣～。❸名前人留下的事物（一般指建筑或器物等）▷史～|遗～|古～|陈～。→❹名物体留下的印痕▷血～|汗～|痕～。

洎 jì 动〈文〉至；及▷自古～今。

济1（濟）jì 动过河；渡过▷同舟共～。

济2（濟）jì ❶动救助；拯救▷扶危～困|～世安民|救～|赈～。→❷名补益▷无～于事|孩子长大，就可以得～了。

另见jǐ。

既 jì ❶动〈文〉完了；终了▷食～|言未～。→❷副表示动作行为已经完结，相当于“已经”▷～定方针|～成事实|一如～往。⇒❸副跟“又”“且”“也”配合，连接并列的动词、形容词或分句，表示两种情况同时存在▷～能文，又能武|～深且广|～要实干，也要巧干。⇒❹连用于复句的前一分句，提出已成为现实或已肯定的前提，后一分句据以推出结论，常同“就”“那么”等呼应▷～要说，就要说清楚|～是写给大家读的，那么深入浅出就十分必要了。☛“既”和“即”（jí）的形、音、义都不同。“即”字右边是“卩”，“即使”不能写作“既使”。

觊（覬）jì 动〈文〉企图；希望▷～觎（希望得到不应得到的东西）。

继（繼）jì ❶动接续；连续▷～李白、杜甫之后，唐代诗人辈出|前仆后～|夜以～日|相～落成|～续。→❷[继而]jì'ér 连表示紧接在某一动作或情况之后，相当于“接着”▷始而北风呼啸，～大雪纷飞。

偈 jì 名佛经中的唱词（梵语音译词“偈陀”的简称）▷诵～|听～|～语。

另见jié。

祭 jì ❶动置备供品对神灵或祖先行礼，表示崇敬并祈求保佑，也指举行仪式对死者表示追悼和崇敬▷～神|～祖|～灶|～祀|～奠|公～革命烈士|～礼|～品。→❷动古典小说中指用咒语施放法宝▷土行孙～起捆仙绳。☛“祭”字上边是“⺥”（祭字头），“登”字上边是“癶”（登字头），二者不同。

悸 jì ❶动心脏急速跳动▷心～。→❷动惊恐；惧怕▷惊～。

寄 jì ❶动委托▷～希望于青年|～存|～养|～托。→❷动依附▷～人篱下|～居|～食|～宿。❸形本无亲属关系而以亲属关系相认的▷～父|～母|～子。→❹动〈文〉托人传送▷～书故友。❺动通过邮局传递▷～信|～包裹|邮～。

寂 jì ❶形静；没有声响▷～静|沉～|万籁俱～。→❷形冷清；冷落▷～寞|枯～|孤～。☛统读jì，不读jí。

绩(績*勣❷) jì ❶[动]把麻或其他纤维搓捻成线▷～麻|纺～。→❷[名]功业;成果▷丰功伟～|业～|成～|战～。☛㊀统读 jì,不读 jī。㊁"绩"和"积"(jī)不同。"绩"字左边是"纟",本指绩麻、纺绩,引申指功业。"积"字的繁体是"積",左边是"禾",指积聚。

塈 jì [动]〈文〉涂抹屋顶▷～茨(茨,茅草苫盖的屋顶)。

蓟(薊) jì [名]多年生草本植物,常见的有大蓟和小蓟。大蓟,高可达1米,叶互生,羽状分裂,开紫红色花,果实长椭圆形;全草可以做药材。小蓟,高20—50厘米,叶互生,卵形或椭圆形,开紫红色花,果实椭圆形;嫩茎叶可以食用,全草可以做药材。

霁(霽) jì〈文〉❶[动]雨或雪停止,天色放晴▷雨～|雪～。→❷[动]怒气消除,表情变为和悦▷～怒|色～。→❸[形]晴朗;明朗▷～野|～月。

跽 jì [动]〈文〉两膝跪着,上身挺直▷～坐|～跪。

穊 jì [形]〈文〉稠密。

鲚(鱭) jì [名]鲚属鱼的统称。体小,侧扁,银白色,无侧线,腹部有棱鳞,尾部长而尖细。生活在西太平洋海域中,有的集群溯河产卵。是优质的食用鱼类。我国产的凤鲚通称凤尾鱼。

漈 jì [名]〈文〉水边。

暨 jì ❶[动]〈文〉到;至▷自古～今。→❷[连]连接并列的名词或名词性词组,相当于"和""与"▷竣工典礼～庆功大会|会见议长～其夫人一行。☛连词"暨"和"及",语法功能相同,但是㊀读音不同,"暨"音 jì,"及"音 jí;㊁感情色彩不同,"暨"带有典雅庄重的意味,"及"不具有特定的色彩。

稷 jì ❶[名]古代指高粱。一说指谷子或黍子。→❷[名]五谷之神。古人以稷为五谷之长(在五谷中,高粱播种的时间最早),所以奉稷为谷神,与土神"社"合称"社稷"。

鲫(鯽) jì [名]鲫属鱼的统称。体侧扁,头部尖,尾部窄,背部隆起,青褐色,腹部银灰色,生活在淡水中,是常见的食用鱼。它的变种叫金鱼,可供观赏。

髻 jì [名]女子梳拢在头上的发结▷～子|高～|发～|抓～。

冀[1] jì ❶[动]希望▷希～|～图。○❷[名]姓。

冀[2] jì [名]河北省的别称▷～中平原|晋察～边区。

穄 jì [名]糜子(méi zi)。参见"糜"。

罽 jì [名]〈文〉毡子之类的毛织品▷～帐。

檵 jì [名]檵木,常绿灌木或小乔木,叶子椭圆形或卵圆形,开淡黄色花,结褐色蒴果。枝条和叶子可以提制栲胶,种子可以榨油,叶子可做药材。

鰶(鰶) jì [名]鰶属鱼的统称。体侧扁,银灰色,有黑斑,背鳍条中最后一根延长成丝状。生活在东亚和东南亚浅海地区。

骥(驥) jì〈文〉❶[名]千里马▷老～伏枥,志在千里|骐～。→❷[名]喻指杰出的人才▷～足|～才。

jiā

加 jiā ❶[动]把一个东西放在另一个东西上▷黄袍～身|～冕。→❷[动]外加,把本来没有的添上去▷往菜里～点儿盐|给这篇文章～个按语|～了两个引号|添～。→❸[动]增加,在原有的基础上增多、扩大或提高▷又～了一个菜|袖口还得～一寸|～码|～大|～固|～强|～快。→❹[动]把某种行为放在别人身上▷强～于人|～害|施～。❺[动]施行;采用▷多～小心。→❻[动]数学运算方法,把两个或两个以上的数合在一起▷三～四等于七|两个数相～。

夹(夾) jiā ❶[动]从两旁同时向同一对象用力或采取行动▷拿筷子～菜|手上～着一支烟|用胳膊～着书包|～剪|～棍|两面～攻|～击。→❷[名]夹子,夹东西的器具▷票～|讲义～|发(fà)～|皮～。→❸[动]处在两者之间;从两旁限制住▷把书签～在书里|两座山～着一条小河|～道欢迎|～道儿|～缝|～注|～角。❹[动]搀杂▷～在队伍里|普通话里～着方音|雨～雪|～生|～杂。

另见 gā;jiá。

伽 jiā 音译用字,用于"伽倻琴"(朝鲜族的一种弦乐器,近似古筝)、"伽利略"(意大利天文学家、物理学家)等。

另见 gā;qié。

茄 jiā 音译用字,用于"雪茄"(用烟叶卷成的烟,比纸烟粗而长)、"茄克"(一种下口收拢的短外套)等。

另见 qié。

佳 jiā [形]好的;美的▷最～阵容|成绩欠～|美味～肴|～话|～期|～节|～作。

㹢 jiā [獾㹢狓]huòjiāpí,见"獾"。

泇 jiā [名]泇河,水名,分东泇、西泇两支,均源出山东,至江苏汇合,流入运河。

迦 jiā 音译用字,用于"释迦牟尼"(佛教创始人)等。

珈 jiā [名]古代贵族妇女的一种玉饰。

枷 jiā [名]古代套在犯人颈项上的刑具▷披～带锁|木～|～锁。

浃(浹) jiā [动]湿透▷汗流～背。☛㊀统读 jiā,不读 jiá。㊁"汗流浃背"的"浃"不能写作"夹"。

痂 jiā [名]疮口或伤口表面结成的硬皮。愈后自然脱落▷伤口已经结～了|疮～。

家[1] jiā ❶[名]本人和共同生活的眷属的固定住所;住处▷对门就是他的～|无～可归|四海为～|搬～。→❷[名]家庭,以婚姻和血缘关系为基础的社会生活单位▷三口之～|成～立业|勤俭持～|分～。⇒❸[名]经营某种行业的人家或具有某种身份的人▷农～|渔～|船～|东～。❹[名]从事某种社会活动或精通某种知识、技艺,并有一定知名度的人;具有某种特征的人▷成名成～|社会活动～|政治～|科学～|画～|专～|行～|野心～|阴谋～|冒险～。⇒❺[名]跟自己有某种关系的人家或个人▷亲(qìng)～|冤～|仇～。⇒❻[名]谦辞,对别人称辈分比自己高或同辈中年纪比自己大的亲属▷～父|～母|～兄。⇒❼[形]经过驯化、培育、饲养的(跟"野"相对)▷～禽|～畜|～兔。⇒❽[名]指民族▷苗～儿女|傣～姑娘。⇒❾[名]学术上的流派

▷自成一～|百～争鸣|儒～|法～。⇒❿名指下棋、打牌时相对各方中的一方▷两～下成和棋|上～|下～|对～。⇒⓫量用于人家、店铺、工厂等▷全村只有五～人家|一～商店|三～工厂。

家²(傢) jiā ❶[家伙]jiāhuo 名工具;武器。○❷[家具]jiājù 名家庭用具,主要指木器。○❸[家什]jiāshi 名用具;器物。
另见 jia;jie。

笳 jiā 名胡笳,我国古代北方民族的一种管乐器,形状像笛子。

袈 jiā [袈裟]jiāshā 名僧人披的法衣,用各色布片拼缀而成,布片最初是不规则形状,后来改为长方形(梵语音译)。

葭 jiā ❶名〈文〉初生的芦苇▷蒹～(蒹,没有出穗的芦苇)。○❷名葭县,地名,在陕西。今作佳县。○❸名姓。

跏 jiā [跏趺]jiāfū 动佛教徒的一种坐姿,盘着腿,两脚脚面交叉放在左右大腿上。

嘉 jiā ❶形善;美▷～偶|～宾。→❷动赞美;褒扬▷精神可～|～许|～勉|～奖。

镓(鎵) jiā 名金属元素,符号 Ga,稀散元素之一。银白色,有光泽,质软,有延展性,熔点低而沸点高,熔化后可保持液态数日。可以做高温温度计的液柱,也用于制造微波材料等;镓合金是半导体材料。

豭 jiā 名〈文〉公猪;泛指猪。

jiá

夹(夾*裌袷) jiá 形里外两层的(衣服等)▷这件外套是～的|～衣|～袄|～被。☞"袷"是"夹"的异体字,但读 qiā 时,在"袷袢"(qiāpàn,维吾尔族、塔吉克族所穿的对襟长袍)一词中仍作"袷"。
另见 gā;jiā。

郏(郟) jiá ❶名郏县,地名,在河南。○❷名姓。

荚(莢) jiá ❶名豆类等植物的果实,有狭长形的外壳,单室,多子,成熟时外壳裂成两片▷豆～|油菜～|槐树～|皂～。○❷名姓。

恝 jiá 形〈文〉不放在心里;不动心▷～然置之。

戛(*戞) jiá ❶动〈文〉敲打▷～玉敲金。○❷[戛然]jiárán a)拟声形容鸟的叫声▷～长鸣。b)拟声形容声音突然中止▷歌声～而止。

铗(鋏) jiá〈文〉❶名夹取东西用的钳形金属工具。○❷名剑;剑柄▷长～|弹(tán)～。

颊(頰) jiá 名人的面部两侧从眼到下颌的部分▷两～绯红|面～。

蛱(蛺) jiá [蛱蝶]jiádié 名蝴蝶的一类,成虫红黄色,翅有鲜艳的色斑,前足退化或短小,幼虫灰黑色,身上多刺。有的吃麻类植物的叶子,是害虫。

jiǎ

甲¹ jiǎ ❶名天干的第一位,常用来表示顺序或等级的第一位▷～编|～班|～等|～级品。→❷动位居第一▷桂林山水～天下。○❸名姓。

甲² jiǎ ❶名某些动物身上具有保护作用的硬壳▷龟～|～壳|～鱼。→❷名手指和脚趾上的角质硬壳▷指～。→❸名古人作战时穿的皮革或金属制的护身衣▷盔～|铠～。❹名用金属制成的起保护作用的装备▷装～车|铁～车。○❺名旧时的一种户口编制单位,若干户编成一甲,若干甲编成一保▷保～制度|～长。

岬 jiǎ 名岬角,伸向海中的尖形陆地,多用于地名▷成山～(在山东,也说成山角)。

胛 jiǎ 名肩胛,背脊上部跟胳膊连接的部分。

贾(賈) jiǎ 名姓。
另见 gǔ。

钾(鉀) jiǎ 名碱金属元素,符号 K。银白色,质软,化学性质极活泼,在空气中易氧化,遇水放出氢气,并能引起爆炸。钾对动植物生长发育起很大的作用,钾的化合物在工业上用途广泛。

假(*叚❶) jiǎ ❶动〈文〉借▷～以钱货|久～不归|～道|～座|～借。→❷动凭借;利用▷狐～虎威|～公济私|～手于人|不～思索。⇒❸动设想或推断;姑且认定▷～说|～设|～言判断。❹连连接分句,表示假设关系,多同"如""若""使"连用,相当于"如果"▷～如打起来,非出人命不可。❺动伪托;冒充▷～天子诏|～托|～冒。❻形伪;不真实(跟"真"相对)▷真～难辨|虚情～意|～慈悲|～笑|～牙|～象。❼名虚假的或质量差的东西▷搀～|作～|打～。
另见 jià。

斝 jiǎ 名古代盛酒的器具,圆口,有三足。

槚(檟) jiǎ〈文〉❶名即楸树。○❷名即茶树。

瘕 jiǎ 名〈文〉中医指腹内结块的病▷症(zhēng)～。

jià

价(·價) jià ❶名价格,商品所值的钱数▷讨～还～|物美～廉|涨～|标～。→❷名价值,体现在商品里的社会必要劳动▷等～交换。→❸名化学中指化合价。先确定氢的化合价为一价,在水(H_2O)中,一个氧原子能和两个氢原子化合,氧的化合价就是二价。
另见 jiè;jie。

驾(駕) jià ❶动用牲口拉(车或农具)▷牛耕地,马～车|～辕。→❷动骑;乘(chéngg)▷腾云～雾|乘鸾～凤。→❸动操纵(车、船、飞机等)▷～车|～飞机|～驶。❹动控制;驱使▷～驭(使别人按照自己的意志行动)。→❺名指车;特指对方的车,借指对方▷～临|大～|挡～|劳～。❻名特指帝王的车,借指帝王▷车～|起～|晏～。

架 jià ❶名架子,支撑物体的构件或放置器物的用具▷房～|葡萄～|脚手～|衣～|书～|笔～|担～。→❷名人体或事物的组织、结构▷骨～|框～|间～。→❸动支撑;搭起▷把枪～起来|～个梯子|～电线|～桥|～设。⇒❹动搀扶;向上用力握着别人的胳臂(走)▷～着老奶奶上楼|～住伤病员。❺动劫持▷绑～。⇒❻动抵挡;承受▷用棍子～住敌人砍过来的刀|招～|～不住。→❼量用于某些有支柱或骨架的物体▷十～飞机|买了～钢琴。○❽动殴打;争吵▷

打～|吵～。

假 jià 名法定的或经过批准的暂时停止工作或学习的时间▷春节放三天～|请～|休～|寒～|事～|～日|～条。
另见 jiǎ。

嫁 jià ❶动女子到男方家里结婚(跟"娶"相对)▷～闺女|～人|出～|～娶。→❷动转移(祸害、损失、罪名、负担等)▷～祸于人|转～危机。

稼 jià ❶动〈文〉栽种(谷物)▷～穑(泛指耕作)。→❷名泛指田里的农作物▷庄～(zhuāngjia)。

jia

家 jia 词的后缀。附着在某些指人的名词后面,表示属于某一类人▷小孩子～|姑娘～|女人～|学生～。
另见 jiā;jie。

jiān

戋(戔) jiān [戋戋]jiānjiān 形〈文〉少;小▷为数～|～微物。

尖 jiān ❶形末端极细小;锐利▷铅笔削得太～了|～刀|～锐。→❷名物体细小锐利的一端▷这支笔没～儿了|针～儿|刀～儿。❸名事物中像尖儿的突出部分;顶点▷鼻子～儿|脚～儿|后臀～。⇒❹名超出同类的人或物▷她在班里是个～子|冒～儿|拔～儿。⇒❺形在前的或先进的▷～兵|～端技术|高精～。→❻形声音又高又细▷这收音机的声音～得刺耳|～叫|～声～气。❼动使嗓音又高又细▷～着嗓子唱戏。→❽形(视觉、听觉、嗅觉)敏锐▷他的眼睛很～|年轻人耳朵～|警犬的鼻子真～。→❾形尖酸刻薄▷这句话又～又毒|～刻。

奸[1] jiān ❶形狡诈;邪恶▷～商|～计|～诈|～笑。→❷名狡诈、邪恶的人▷权～。→❸形对君主或对国家不忠▷～臣|～细(给敌方刺探消息的人)。❹名背叛、出卖国家、民族或集团利益的人▷汉～|内～|除～。→❺形〈口〉自私自利;虚伪▷这个人真～,一毛不拔|藏～耍滑。

奸[2](*姦) jiān 动男女间发生不正当的性行为▷通～|强～|～污|～淫。

歼(殲) jiān 动消灭▷一举全～来犯之敌|围～|～灭。☛统读 jiān,不读 qiān。

坚(堅) jiān ❶形硬;牢固▷～冰|～如磐石|～不可摧|～硬|～固|～实。→❷名坚固的事物▷披～执锐|无～不摧|攻～战。→❸形强硬;坚定,不动摇▷～守|～辞|～持|～信|～决|～毅。

间(間) jiān ❶名两个事物当中或两段时间当中▷彼此之～|两可之～|居～调停|～不容发(中间容不下一根头发)|课～。❷名一定的范围之内▷区～|人～|宇宙～|午～|夜～|期～。→❸名房间,屋子内隔成的各个部分▷套～|单～|卫生～|车～。❹量用于房屋▷两～教室|三～房子|一大～隔成两小～。
另见 jiàn。

浅(淺) jiān [浅浅]jiānjiān 〈文〉❶拟声形容流水的声音▷流水～。→❷形水流急速的样子。
另见 qiǎn。

肩 jiān ❶名人的上臂和身体相连的部分,也指四足动物的前腿根部▷～上挑着担子|左～有伤|～膀|～头|羊～。→❷动担负▷身～重任|～负。

艰(艱) jiān 形不容易;困难▷步履维～|～难|～辛|～险|～深。

监[1](監) jiān 动监视,从旁严密注视;督察▷～工|～考|～场|～察|～督。

监[2](監) jiān ❶名关押犯人的处所▷探～|收～|～狱|～牢。→❷动关押▷～禁。
另见 jiàn。

兼 jiān ❶动同时做两件或两件以上的事情▷在校外～点儿课|他～着好几个职务。→❷副表示动作行为同时涉及两个以上的方面或包括某一范畴的全部▷～顾双方利益|～听则明,偏听则暗|德才～备|软硬～施|～容。→❸形两倍的▷～旬|～程。

菅 jiān ❶名多年生草本植物,叶子多毛,细长而尖,茎、叶可以做造纸原料▷草～人命(把人命看得如同野草一样)。○❷名姓。☛"菅"和"管"(guǎn)不同,"菅"是草字头,"管"是竹字头。

笺[1](箋) jiān 名古书注释的一种▷～注|郑玄作《毛诗～》。

笺[2](箋*牋椾❷) jiān ❶名〈文〉书信▷长～|～札。→❷名写信、题词用的纸▷素～|信～|便～。☛"笺"字不读 jiàn。

渐(漸) jiān 〈文〉❶动流进▷东～于海。○❷动浸渍;滋润▷～染(因经常接触而逐渐受到影响)。
另见 jiàn。

犍 jiān 名犍牛,阉割过的公牛。☛不读 jiàn。
另见 qián。

溅(濺) jiān [溅溅]jiānjiān 古同"浅浅"。
另见 jiàn。

湔 jiān 〈文〉❶动洗涤。→❷动洗掉(耻辱、冤屈、哀痛等)▷大张挞伐,以～国耻|～洗前罪|～雪。

缄(緘*椷❸) jiān ❶动关闭▷～口不言|～默。→❷动特指为书信封口(常用在信封上寄信人姓名后)▷张～|北京王～。❸名〈文〉书信。☛不读 jiǎn。

搛 jiān 动(用筷子)夹▷～了一块肉放进嘴里|～菜。

蒹 jiān 名〈文〉没有长穗的芦苇▷～葭(比喻微贱)。

煎 jiān ❶动烹调方法,把食物放在少量的油里炸到表面变黄▷～鱼|～鸡蛋。→❷动把东西放在水中熬煮,使所含成分进入水中▷～药|～茶。⇒❸量用于中药熬汁的次数▷头～|二～。

缣(縑) jiān 名〈文〉双股丝织成的细绢▷～囊|～帛。

鲣(鰹) jiān 名鱼,体呈纺锤形,背部青色,背侧有浅色斑纹,腹侧有褐色纵纹,头大,吻尖,尾柄细小,全身仅胸鳍附近有鳞片。生活在热带和亚热带海洋中。

鹣(鶼) jiān 名古代传说中的比翼鸟。也说鹣鹣。

鞯(韉) jiān 名〈文〉鞍子下的垫子。☛统读 jiān,不读 jiàn。

鳒(鰜) jiān 名鳒属鱼的统称。体侧扁,不对称,两眼都在身体的左侧或右侧,有眼的一侧呈深褐色,无眼的一侧颜色较浅。主要产于我国南海和东海南部。

櫼 jiān 名〈文〉木楔;木签。

jiǎn

囝 jiǎn 名〈方〉儿子。

拣(揀) jiǎn ❶动挑;选择▷他专～重活干|～软的欺负|挑肥～瘦|挑～。○❷同"捡"。现在通常写作"捡"。

枧(梘) jiǎn ❶名〈方〉肥皂▷洋～|香～(香皂)。○❷同"笕"。

茧(繭*蠒) jiǎn ❶名蚕类等昆虫在变成蛹之前吐丝做成的包裹自己的壳。蚕茧和柞蚕茧可以缫丝。○❷同"趼"。

柬 jiǎn 名指信札、请帖等▷请～|书～|～帖。☛"请柬""柬帖"的"柬",不能写作"简"。

俭(儉) jiǎn 形节省;简朴▷省吃～用|节～|勤～|～朴。

捡(撿) jiǎn 动拾取▷把掉在地上的都～起来|～粪|～破烂儿|～拾◇～便宜。

笕(筧) jiǎn 名用来引水的长竹管▷～水潺潺。

检(檢) jiǎn ❶动约束;限制▷～点|言行失～|行为不～。○❷动查▷～字表|～验|～阅|～查|翻～|搜～。○❸同"捡"。现在通常写作"捡"。

趼 jiǎn 名趼子,手、脚上因摩擦而生的硬皮。也说膙子。也作茧。☛统读jiǎn,不读jiǎng。

减(*減) jiǎn ❶动从总体或原数中去掉一部分▷～员|～少|缩～|裁～。→❷动降低;衰退▷热情有增无～|功夫不～当年|～速|～轻|～色|～弱。→❸动数学运算方法,从一个数中去掉另一个数▷十～六等于四。

剪 jiǎn ❶动斩断▷～草除根。→❷动除掉;除去▷～除|～灭。→❸动铰▷把绳子～断|～头发|～枝|～彩|～纸|修～|～贴。❹名剪刀,铰东西的工具,两刃交错,可以开合▷裁衣～|理发～|手术～|～子。❺名像剪刀的器具▷火～|夹～。☛参见"翦"字的提示。

硷(鹼*鹻) jiǎn 同"碱"。

睑(瞼) jiǎn 名眼睛周围能开闭的皮,边缘长着睫毛。通称眼皮。

锏(鐧) jiǎn 名古代兵器,形状像鞭,有四棱而无刃,下端有柄▷镔铁～|撒手～。

另见jiàn。

裥(襇) jiǎn 名〈方〉衣服上打的褶子。

简[1](簡) jiǎn ❶名古代写字用的狭长竹片或木片▷竹～|～册。→❷名〈文〉书信▷短～|书～。○❸名姓。

简[2](簡) jiǎn ❶形结构单纯;头绪少(跟"繁"相对)▷言～意赅|～体字|～历|～写|～易。→❷动使繁变简;使多变少▷精兵～政|精～机构。○❸动慢待;轻视▷不可～慢了客人。

简[3](簡) jiǎn 动〈文〉挑选(人才)▷～拔|～材|～选。

谫(譾) jiǎn 形〈文〉浅薄▷～陋。

戬 jiǎn〈文〉❶动除掉;消灭。○❷名福。

碱(*堿) jiǎn ❶名化学上称在水溶液中能电离出氢氧根离子的化合物,这种物质能同酸中和形成盐。通常指去油污和发面用的纯碱,即碳酸钠。→❷动受到盐碱的侵蚀▷墙根已经～了。

翦 jiǎn 名姓。☛1955年《第一批异体字整理表》将"翦"作为"剪"的异体字予以淘汰。1988年《现代汉语通用字表》确认"翦"作姓氏用时为规范字,表示其他意义时,仍作为"剪"的异体字处理。

蹇 jiǎn ❶形〈文〉跛;瘸▷足～|～驴。→❷形〈文〉艰难;迟钝▷～涩(行动迟顿)|～滞(穷困愁苦)。○❸名姓。

謇 jiǎn〈文〉❶形口吃;讲话不流利▷～吃。○❷形正直▷～辞(正直的话)。

jiàn

见[1](見) jiàn ❶动看到▷到现在没～他回来|这是我亲眼～到的|百闻不如一～|视而不～|～闻|罕～|窥～。→❷动会面,跟别人相见▷这孩子怕～生人|明天去～总经理|一～如故|接～|会～|召～。❸动碰到;接触▷汽油～火就着|一～风就流泪|这种药怕～光。→❹名对事物的认识和看法▷真知灼～|固执己～|高～|成～|～解|～地。→❺动看得出;显现出▷经济状况日～好转|相形～绌|～分晓|～效|～轻。→❻动听到▷叫了半天,不～有人答应|听了一会儿,不～动静|到现在没～回话。→❼动指明文字的出处或参看的地方▷"一鼓作气"～《左传·庄公十年》|～后|～附表。→❽动用在某些动词(多同视觉、听觉、嗅觉等有关)后面表示结果,中间可插人"得""不"▷看～|碰得～|听不～|闻～|梦～。○❾名姓。

见[2](見) jiàn〈文〉❶动用在动词前表示被动▷信而～疑,忠而被谤|～笑于大方之家。→❷动用在动词前表示对我如何▷生孩六月,慈父～背|～教|～告|～谅|～示。

另见xiàn。

件 jiàn ❶名指总体中可以分开一一计算的事物▷零～|铸～|配～|条～|案～|信～|文～。→❷名专指文件▷急～|密～|来～|附～。→❸量用于某些可以一一计算的事物▷一～衣服|两～行李|几～事|一～案子|三～公文|收到许多～群众来信。

间(間) jiàn ❶名缝隙▷～隙|亲密无～。→❷形位于二者之中的;非直接的▷中～儿|～接。→❸动隔开;断开▷黑白相～|～隔|～断|～歇|～作。⇒❹动使有缝隙;挑拨(别人的关系)▷离～|反～计。⇒❺动除去(多余的幼苗)▷～小白菜|～苗。

另见jiān。

饯[1](餞) jiàn 动设酒食送行▷～行|～别。

饯[2](餞) jiàn 动用蜜或糖浸渍(果品)▷蜜～。

建[1] jiàn ❶动修筑;修造▷～一个体育馆|扩～|修～|～造|～筑。→❷动创立;设立▷～国|～军|～立|～都。❸动提出;首倡▷～议。○❹名姓。

建[2] jiàn ❶名建江,水名,在福建。通称闽江。→❷名指福建▷～漆|～茶|～兰。

荐[1](薦) jiàn〈文〉❶名草席;草垫子▷草～。○❷名野兽、牲口吃的草▷麋鹿食～。

荐²(薦) jiàn 动推举；介绍▷推~|~举|~引。

贱(賤) jiàn ❶形价格低(跟"贵"相对，②同)▷小摊上的东西~|~买贵卖|谷~伤农|~价。→❷形地位低▷~民|卑~|贫~|微~。⇒❸形卑鄙下流▷~骨头|下~货。⇒❹形谦辞，称有关自己的事情▷您贵姓？~姓赵|~内。

牮 jiàn ❶动支撑倾斜的房屋，使平正▷~墙|打~拨正(房屋倾斜，用柱子支起使正)。○❷动用土石挡水。

剑(劍*劒) jiàn 名古代兵器，长条形，顶端尖，两边有刃，中间有脊，安有短柄并配有剑鞘，可以佩带在身上▷一把~|~拔弩张|宝~|~侠。

监(監) jiàn 名古代特定的官府名称▷中书~|钦天~|国子~。

另见 jiān。

健 jiàn ❶形具有活力的；强壮的▷~儿|~夫|强~|~康|~全。→❷动使强壮▷~身|~脾|~胃|保~。→❸形善于；易于▷~谈|~步|~忘。

舰(艦) jiàn 名军用的大型船只▷军~|~艇|航空母~|~队。

涧(澗) jiàn 名山间的水沟▷山~|溪~。

渐(漸) jiàn 副表示程度、数量缓慢地变化▷天气~暖|~入佳境|日~减少|循序~进|逐~|~变。

另见 jiān。

谏(諫) jiàn 动直言劝告(一般用于下对上)▷进~|拒~|兵~|~官(古代专门规劝皇帝的官)。

楗 jiàn〈文〉❶名竖着插在门闩上防止左右滑动的木棍。→❷名河工在堤岸所竖的桩柱，它的作用是把埽固定住；篱笆的桩柱▷缮修堤~。

践(踐) jiàn ❶动踏；踩▷~踏。→❷动履行；实行▷实~|~约。

锏(鐧) jiàn 名嵌在木制车轴上的方形铁棍，车行走时它与车毂上的铁圈相摩擦，可以减少车轴的磨损。

另见 jiǎn。

毽 jiàn 名毽子，游戏用具，用鸡毛等制作，下坠重物，玩时用脚连续向上踢，不使落地。

腱 jiàn 名连接肌肉和骨骼的结缔组织，白色，质地坚韧。也说肌腱。

溅(濺) jiàn 动液体因急速下落或受撞击而向四外迸射▷~了一身油|钢花四~|~落。

另见 jiān。

鉴(鑒*鑑鍳) jiàn ❶名古代的镜子，多用铜制成▷铜~。→❷动〈文〉照；映照▷光可~人|水清可~。→❸名可以使人警戒或仿效的事▷前车之~|引以为~|~戒|借~。→❹动观察；审视▷~定|~别|~赏。❺动旧式书信套语，用在开头称呼之后，表示请对方看信▷大~|台~|钧~。

键(鍵) jiàn ❶名〈文〉插在门闩上起固定作用的金属棍▷关~。→❷名〈文〉钥匙。⇒❸名某些乐器、计算机、家用电器或其他机器上按动后使进入工作状态的部分▷琴~|按~|~盘。⇒❹名机械零件，一般是钢制的长方块，用来使皮带轮或齿轮跟轴连接并固定在一起。

槛(檻) jiàn〈文〉❶名关牲畜、野兽的栅栏▷兽~|樊~。→❷名押送犯人的囚笼▷~车|~送。→❸名栏杆；栏板▷~外长江空自流。

另见 kǎn。

僭 jiàn 动〈文〉超越本分，地位在下的人冒用地位在上的人的名义、器物或职权▷~号|~言|~越。

踺 jiàn [踺子]jiànzi 名体操运动等的一种翻身动作▷他在地上翻了个~。

箭 jiàn 名用弓弩发射的武器，古代多用竹制成，杆长约二三尺，一端装有尖镞，一端附有羽毛▷一支~|一~双雕|射~|~靶。

jiāng

江 jiāng ❶名长江的专称▷大~南北|渡~战役|~南水乡。→❷名泛指大河▷大~大河都过来了|一条~|~河湖海|金沙~。○❸名姓。

茳 jiāng [茳芏]jiāngdù 名多年生草本植物，叶子长而细，茎呈三棱形，可以编席。是改良盐碱地的优良草种。通称席草。

将¹(將) jiāng ❶动〈文〉搀扶；扶助▷~助。→❷动〈文〉奉；奉养。❸动保养▷~息|~养。→❹动〈文〉带着▷挈妇~雏(领着妻子，带着孩子)。⇒❺动〈文〉持；拿▷~文房四宝来。❻介 a)拿；用▷~功折罪|恩~仇报|~心比心。b)把▷~他请来|~皮包放在桌子上。⇒❼动下象棋时攻击对方的"将"或"帅"▷没走几步就让人~死了|~他一军。❽动用言语刺激或为难(对方)▷他沉得住气，你拿话~他没用|我提了个问题，一下就把他~住了。○❾名姓。

将²(將) jiāng ❶副 a)表示动作或情况不久就要发生▷飞机即~起飞|天色~晚|农民的收入~大大增加。b)表示接近一定数量，相当于"刚刚"▷屋子~能容十个人|工资~够过日子。○❷连又；且(叠用)▷~信~疑。○❸助用在动词和趋向补语之间(用于近代汉语和方言)▷走~进去|打~起来。☞"将"字右上是"夕"，不是"夂"或"⺤"。

另见 jiàng；qiāng。

姜¹ jiāng 名姓。

姜²(薑) jiāng 名多年生草本植物，根状茎肥大，呈不规则块状，灰白或黄色，有辛辣味，是常用的调味品，也可以做药材。姜，也指这种植物的根茎。通称生姜。

豇 jiāng [豇豆]jiāngdòu 名一年生草本植物，开黄白或紫色花，荚果长条形，种子肾形。有豇豆、长豇豆、饭豇豆三种，豇豆和长豇豆的嫩荚是普通蔬菜，饭豇豆的种子可以煮食。豇豆，也指这种植物的荚果或种子。

浆(漿) jiāng ❶名浓的汁液▷豆~|糖~|小麦灌~了。→❷动用含淀粉的液体浸润纱、布、衣服等，使干后光滑硬挺▷奶奶洗过衣服总爱~一~|~洗缝补。

另见 jiàng。

僵(*殭❶) jiāng ❶形(肢体)直挺，不能活动▷脚都快冻~了|百足之虫，死而不~|~尸|~硬|~直◇思想~化。→❷形比喻事情无法变通，或两种意见相持不下无法调和▷把事情闹~了|两个人弄~了|~持不下|~局。

螀(螿) jiāng [寒螀]hánjiāng 名古书上说的一种蝉。也说寒蝉。

缰(繮*韁) jiāng 名牵或拴牲口的绳子▷马脱～了｜～绳。☛统读 jiāng,不读 gāng。

鳉(鱂) jiāng 名鳉属鱼的统称。体长形,侧扁,长约四厘米,银灰色,头宽扁,口小,鳞大。生活在淡水中,喜吃蚊子的幼虫。也说青鳉。

礓 jiāng [礓礤]jiāngcā 名园林等传统建筑门口铺设的有坡度的石块,上面凿有平行的凸起横纹防滑,可以代替台阶,多供车马行走。

疆 jiāng ❶名(国家与国家,地区与地区之间的)边界▷～界｜～土｜～域｜边～。→❷名界限▷万寿无～。→❸名指新疆▷南～(新疆天山以南的地区)。

jiǎng

讲(講) jiǎng ❶动说;评说▷我～两件事｜～故事｜～话｜～理｜～述｜～评。→❷动就某方面来说▷～业务水平他不如你,～工作态度你不如他。→❸动商议;商谈▷～条件｜～价钱。→❹动解说;口头传授▷这个词怎么～?｜给我～～这道题｜～解｜～课｜～台｜听～。○❺动注重;追求▷～卫生｜～排场｜～求。

奖(獎*奬) jiǎng ❶动称赞;夸赞▷夸～｜褒～｜嘉～。→❷动为了鼓励或表扬而授予(荣誉或钱物等)▷～给他一枚勋章｜老师～他一枝钢笔｜～惩｜～励｜～赏｜～品｜～杯。❸名为了鼓励或表扬而授予的荣誉或钱物等▷这次竞赛他得了～｜颁～｜领～｜一等～。

桨(槳) jiǎng 名划船的用具,多用木制,上半截为圆杆,下半截为板状▷船～｜双～。

蒋(蔣) jiǎng 名姓。

耩 jiǎng 动用耧播种▷一天～了九亩地｜～荞麦。

膙 jiǎng [膙子]jiǎngzi 名〈口〉趼子▷脚上磨出了～。☛统读 jiǎng,不读 jiǎn。

jiàng

匠 jiàng ❶名有专门技术的手工业工人▷木～｜瓦～｜铁～｜能工巧～｜工～。→❷名在文化艺术的某些领域造诣或修养很深的人▷文坛巨～｜一代宗～。→❸形灵巧;巧妙▷～心。

降 jiàng ❶动由高往低移动;落下(跟"升"相对,②同)▷～雪｜血压～下来了｜气温没升也没～｜～落｜下～。→❷动使落下;降低▷～旗｜～级｜～压｜～价。→❸动出生;出世▷～生｜～世。

另见 xiáng。

虹 jiàng 义同"虹"(hóng),只限单用,不用于合成词中▷天上出～了。

另见 hóng。

将(將) jiàng ❶动统率;带领▷不善～兵,而善～将。→❷名高级军官;泛指军官▷帝王～相｜损兵折～｜名～｜～士。→❸名军衔名,在元帅之下,校官之上▷上～｜中～｜～官。

另见 jiāng;qiāng。

洚 jiàng 动〈文〉水流泛滥。

绛(絳) jiàng 形深红色▷～紫｜～色。

浆(漿) jiàng 同"糨"。

另见 jiāng。

弶 jiàng ❶名捕捉鸟兽的一种工具。→❷动用弶捕捉。

强(*彊強) jiàng 形态度强硬;执拗▷倔～｜～嘴。

另见 qiáng;qiǎng。

酱(醬) jiàng ❶名用发酵的豆、麦等制成的糊状调味品▷甜面～｜豆瓣辣～｜黄～。→❷动用酱或酱油腌制、炖煮▷～了一坛黄瓜｜把牛肉～一～。❸形用酱或酱油腌制的或炖煮的▷～萝卜｜～肘子。→❹名像酱的糊状食品▷果～｜芝麻～｜花生～｜肉～。

犟 jiàng 形执拗;不听人劝▷脾气太～｜这老头儿有股～劲儿｜倔～。

糨 jiàng 形(液体)稠▷把粥熬～一点儿｜～糊(粘东西的糊状物)。

jiāo

艽 jiāo [秦艽]qínjiāo 名多年生草本植物,根圆柱形,长三十余厘米,互相缠绕,茎叶相连,开深蓝紫色花。根可以做药材。☛"艽"不是"韭"的简化字。

交¹ jiāo ❶动互相交叉;连接▷两条铁路在这里相～｜～错｜～界。→❷名指相连的时间和地区▷明清之～｜春夏之～｜三省之～。❸动刚到(某个时候)▷～子时｜～芒种｜～九。❹动碰到(某种运气)▷～好运｜～桃花运。→❺动互相往来联系▷这种人不可～｜～朋友｜远～近攻｜结～｜～往｜～际｜外～。❻名朋友;交情▷旧～｜至～｜一面之～｜深～｜断～｜邦～。→❼动互相接触▷～手｜～兵｜～锋｜～头接耳。→❽动(人)发生性行为;(动植物)接合配种▷性～｜～配｜～尾｜杂～。→❾副互相▷～接｜～换｜～易｜～流｜～谈。→❿副一齐;同时▷内外～困｜百感～集｜风雨～加｜饥寒～迫。○⓫动把事物转移给有关方面▷把任务～给我｜把信～通信员带走。

交² jiāo 同"跤"。现在通常写作"跤"。

郊 jiāo 名城市四周的地区▷四～｜近～｜～区｜～游。

茭 jiāo ❶名〈文〉用作饲料的干草▷刍～。○❷[茭白]jiāobái 名菰的肥大嫩茎,由菰黑粉菌侵入引起细胞增生而形成,可以食用。

峧 jiāo 名用于地名。如:刘家峧,在山西;峧头,在浙江。

浇(澆) jiāo ❶动灌溉▷～地｜～花。→❷动把液体倒(dào)在物体上▷火上～油｜冷水～头｜～汁儿鱼。❸动把熔化了的金属、混凝土等注入模型,使凝固成形▷～铅字｜～版｜～铸｜～筑。○❹形〈文〉轻浮;刻薄▷～薄｜～俗｜～风。

娇(嬌) jiāo ❶形柔媚可爱▷～姿｜～柔｜～小｜～憨。→❷形指颜色鲜嫩▷嫩红～绿｜～艳。→❸名指美女▷金屋藏～。→❹形意志脆弱,不坚强▷一点苦都吃不了,真是太～了｜～贵｜～气。→❺动过分宠爱▷～生惯养｜～纵。

姣 jiāo 形〈文〉容貌美好▷～妻｜～好｜～冶。

骄(驕) jiāo ❶形强烈;旺盛▷～阳似火。○❷形放纵;傲慢自大▷～奢淫逸｜戒～戒躁｜～恣｜～傲｜～气。○❸形受宠爱的▷天之～子。

胶(膠) jiāo ❶名黏性物质,有用动物的皮、角等熬制的,也有植物分泌的和人工合成的。通常用来粘合器物,如桃胶、万能胶;也有的供食用或做药材,如果胶、鹿角胶等。→❷动粘住▷~柱鼓瑟(鼓瑟时粘住调音柱,比喻拘泥、死板)|~合◇~着(zhuó)。→❸名像胶一样有黏性的▷~泥。→❹名指橡胶▷~鞋|~皮|~垫。

教 jiāo 动传授(知识或技能)▷我~她织毛衣|这门课不好~|~书|~跳舞|~徒弟。

另见 jiào。

鸡(鵁) jiāo [鸡鹊]jiāojīng 名水鸟,即池鹭,体长40—50厘米,喙和腿都很长,活动于湖沼、稻田一带,在我国分布很广。

椒 jiāo ❶名花椒,落叶灌木或小乔木,具有香味,枝上有刺。果实红色球形,可以做调味的香料;果实和种子都可以做药材。〇❷[胡椒]hújiāo 名多年生藤本植物,节膨大,叶互生,开黄色花,果实球形,黄红色。未成熟的果实干后果皮变黑,叫黑胡椒;成熟的果实去皮后白色,叫白胡椒。果实可以做调味品,也可以做药材。〇❸[辣椒]làjiāo 名一年生草本植物,叶片卵圆形,开白色或淡紫色花。品种及变种很多。果实可以做蔬菜或调味品。

蛟 jiāo 名蛟龙,古代传说中能兴云雨、发洪水的龙。

焦[1] jiāo ❶形物体经高温后,变黑变硬▷饭全烧~了|~黑◇~头烂额。→❷形干枯;干燥▷舌敝唇~|~枯|~渴。→❸形酥脆;易碎裂▷麻花炸得挺~|~枣。→❹形着急;烦躁▷~急|~躁|心~|~虑。→❺名结成块状的炭渣▷~砟。❻名特指焦炭▷~煤|炼~。〇❼名中医指人体口以下的呼吸、消化、循环、排泄等器官的上中下三个部位▷上~|中~|下~。〇❽名姓。

焦[2] jiāo 量〈外〉法定计量单位中能量单位焦耳的简称。这个名称是为纪念英国物理学家焦耳而定的。

跤 jiāo 名跟头,身体失去平衡而跌倒▷摔了一~|一~跌到水沟里|跌~|摔~(一种体育项目)。也作交。

僬 jiāo [僬侥]jiāoyáo 名古代传说中的矮人。

鲛(鮫) jiāo 名鲨。参见"鲨"。

蕉 jiāo 名芭蕉、香蕉等芭蕉科植物的统称,也指某些叶子像芭蕉叶那样大的植物,如美人蕉。

嶕 jiāo [嶕峣]jiāoyáo 形〈文〉高耸。

礁 jiāo ❶名江河、海洋中隐在水下或露出水面的岩石▷船触~了|~石|暗~。→❷名珊瑚虫等生物遗骸构筑而成的岩石状物▷珊瑚~。

鹪(鷦) jiāo [鹪鹩]jiāoliáo 名鸟,体小,羽毛棕色,有黑色细斑,尾羽短而略上翘。捕食昆虫,是益鸟。筑巢十分精巧,古人又叫它巧妇鸟。

jiáo

矫(矯) jiáo [矫情]jiáoqing 动〈口〉强词夺理▷这人好(hào)~|俩人又~起来了。

另见 jiǎo。

嚼 jiáo 动用牙齿把食物切碎、磨碎▷嘴里~着饭|吃东西要多~一~,才好消化|细~慢咽|味同~蜡◇咬文~字。

另见 jiào;jué。

jiǎo

角[1] jiǎo ❶名兽类头顶或鼻前生长的坚硬的骨状突起物,一般细长而弯曲,上端尖锐,有攻击、防御的功能▷头上长着两只~|牛~|犀~。→❷名动物头上像角的东西▷触~。❸名星宿名,二十八宿之一。→❹名古代军队中一种吹的乐器(多用兽角制成)▷号~|鼓~。→❺名形状像角的东西▷菱~|皂~|豆~|八~(大茴香)。⇒❻名物体边沿相接的地方▷桌子~|墙~|眼~|嘴~。❼名几何学术语,从一点引两条直线所形成的形状,或从一条直线上展开的两个平面,或从一点上展开的多个平面所形成的空间▷这个图形有五个~|直~|锐~|夹~|对~线。⇒❽名岬角,突入海中的尖形陆地,多用于地名▷天涯海~|成山~(在山东)|镇海~(在福建)。⇒❾量用于从整块上划分成的角形的东西▷一~儿饼。

角[2] jiǎo 量我国货币的辅助单位,一圆的十分之一。☛"角"字下边旧字形是"⺼",新字形是"用",末笔一竖的下端出头。从"角"的字,如"斛""觞""触""确"等,同。

另见 jué。

侥(僥*儌) jiǎo [侥幸]jiǎoxìng 形意外或偶然地获得利益或免去不幸的事▷~过了考试这一关|不要有~心理。☛参见"儌"(jiào)字的提示。

另见 yáo。

佼 jiǎo ❶形超出一般的▷~~者。〇❷形美好▷~好。

挢(撟) jiǎo 动〈文〉举;翘▷~首|舌~不下。

狡 jiǎo 形奸猾;诡诈▷~兔三窟|~计|~辩|~猾|~诈。

饺(餃) jiǎo 名饺子,用面片捏成的半圆形面食,中间包着馅▷水~|蒸~|烫面~|包~子。

绞(絞) jiǎo ❶动把两根以上的线、绳、铁丝等拧在一起▷船缆是三四股麻绳~成的。→❷动拧;扭紧▷把衣服上的水~干◇~尽脑汁。❸动(用绳索)勒死▷~杀|~刑。→❹动绳索的一端系在轮子上,另一端系在某个物体上,转动轮子,绕起绳索,使物体移动▷~辘轳打水|~车。→❺动纠缠▷各种矛盾~在一起了。→❻量用于纱、毛线等▷一~纱。

铰(鉸) jiǎo ❶动(用剪刀)剪▷把辫子~了。〇❷动用绞刀对工件上的孔进行切削,使孔壁光洁或直径扩大▷~孔。〇❸名指铰链,一种连接两个物体的装置或零件,中间有轴,可以转动▷~接(用铰链连接)。

矫[1](矯) jiǎo ❶动使弯曲的东西变直;纠正▷~枉过正|~正|~治|~形。→❷动抑制本性;做作▷~饰|~情|~揉造作。❸动〈文〉假托;诈称▷~诏|~命|~诬|~托。〇❹名姓。

矫[2](矯) jiǎo 形强;勇敢▷~健|~捷。

另见 jiáo。

皎 jiǎo 形洁白明亮▷一轮~月|~洁|月光~~。

脚(*腳) jiǎo ❶名人和某些动物身体最下面的部分,用以行走▷~上穿着皮鞋|光着~走

路|蜘蛛有四对～|～面|～掌。→❷名物体的最下部▷墙～|山～|柜～。❸名剩余的废料▷下～料。❹名旧指跟体力搬运有关的▷～夫|～行(háng)|～钱。

另见 jué。

搅(攪) jiǎo ❶动扰乱;打乱▷～得我一夜没睡好觉|好事都让你给～坏了|～扰|胡～|打～。○❷动用棍子等拌和,使混合物均匀▷把沙子灰～匀了|种子里搀了农药,要～一～再用|～拌|～浑。

湫 jiǎo 形〈文〉(地势)低洼▷街巷～隘。
另见 qiū。

敫 jiǎo 名姓。

剿(*勦勦) jiǎo 动讨伐;消灭▷～匪|～灭|围～|追～。

另见 chāo。

缴(繳) jiǎo ❶动交付;付出▷～费|～税|～枪投降|～纳。→❷动迫使交出(武器)▷～了他的枪|～械。○❸名姓。

另见 zhuó。

皦 jiǎo 〈文〉❶形洁白;明亮▷～～|～日。→❷形分明;清晰。

jiào

叫(*呌) jiào ❶动大声呼喊▷疼得他一个劲儿地～|大喊大～|拍手～好|～嚷|～卖|～嚣。→❷动动物发出声音▷喜鹊喳喳～|蛐蛐儿～个不停◇报警器～了起来。→❸动称呼;称作;算是▷他管我～二哥|你～什么名字?|那～潜水艇|这才～英雄好汉|那也～艺术?→❹动招呼;唤▷有事就～我一声|快去把他～来。⇒❺动通知人送来▷～一辆出租车|～了两车煤|再～几个菜。⇒❻动要求;命令;使▷医生～他好好休息|连长～你马上出发|这事真～人摸不透。❼动容许;听任▷我不～你走|～他们闹去。❽介引进动作行为的施事者,相当于"被""让"▷～人家给打了|别～人笑话|～汽车撞了。→❾形〈口〉雄性的(某些鸣叫声较大的家畜或家禽)▷～驴|～鸡。

峤(嶠) jiào 名〈文〉山道。
另见 qiáo。

觉(覺) jiào 名从入睡到睡醒的过程▷睡了一～|午～|睡懒～。

另见 jué。

校 jiào ❶动比较▷～场(旧时比武或操演的地方)。→❷动比较不同文本,改正文字上的错误▷这本书我已～了两遍|～订|～勘|～对|～样|点～。

另见 xiào。

轿(轎) jiào 名轿子,一种旧时交通工具,形状像小屋,用竹木制成,外面多有布帷,两旁有两根长杆,抬着走,或由骡马驮着走▷文官坐～,武官骑马|八抬大～|新娘子坐花～|抬～|～夫。

较(較) jiào ❶动通过对比,分出事物的异同或高下▷～劲儿|～量|比～。→❷副表示相比而言更进一层▷取得～大的成绩|用～少的钱,办～多的事。→❸介引进比较的对象,相当于"比"▷产量～去年同期有明显增长|～前大有进步。○❹形〈文〉明显▷彰明～著|差别～然。☞统读 jiào,不读 jiǎo。

教[1] jiào ❶动把知识、技能传授给别人;教导▷言传身～|孺子可～|～育|～养|管～|求～。→❷名指宗教▷我不信～|佛～|～会|～徒|传～。

教[2] jiào ❶动使;令▷他～我来找你|管～山河换新装。→❷同"叫"⑧。现在通常写作"叫"。

另见 jiāo。

窖 jiào ❶名为贮藏物品在地下挖的洞或坑▷入～保存|白薯～|冰～|地～。→❷动把物品贮藏在窖里▷今年～了几百斤白菜|把白薯～起来|～冰。

滘 jiào 名河道分支或会合的地方,多用于地名▷道～|何～(两地均在广东)。

斠 jiào 动〈文〉校订;校正▷《说文解字～诠》。

酵 jiào 动发酵,复杂的有机化合物在微生物的作用下分解成比较简单的物质。例如发面就是使面粉发酵。☞统读 jiào,不读 xiào。

漖 jiào [东漖]dōngjiào 名地名,在广州。

噍 jiào 动〈文〉嚼;吃东西▷饮～自若|～类(指能吃东西的动物,也特指活着的人)。

徼 jiào ❶名〈文〉边界。○❷名姓。☞1955年《第一批异体字整理表》将"徼"作为"侥"的异体字予以淘汰。1988年《现代汉语通用字表》确认"徼"读 jiào 时为规范字,读 jiǎo 时仍作为"侥"的异体字处理。

藠 jiào [藠头]jiàotou 名薤。参见"薤"。

醮 jiào ❶动古代冠礼、婚礼时长辈为晚辈斟酒。→❷动〈文〉女子嫁人▷改～|再～。○❸动僧、道设坛祈祷▷打～。

嚼 jiào [倒嚼]dǎojiào 动反刍,牛羊等反刍动物把吃下去的东西反回到嘴里重嚼。

另见 jiáo;jué。

皭 jiào 形〈文〉洁白;洁净。

jiē

节(節) jiē ❶[节骨眼儿]jiēguyǎnr 名〈口〉指关键的环节或时机▷在这～上,可不能后退。○❷[节子]jiēzi 名木材上的疤痕,是树的分枝断离后在干枝上留下的疤。

另见 jié。

阶(階*堦❶) jiē ❶名建筑物中用砖、石等分层砌成的附属部分,多在门前或坡道上,供人上下用▷～梯|石～|～下囚。→❷名用来区分高低的等级▷官～|军～|音～。

疖(癤) jiē 名疖子,皮肤病,症状是皮下局部出现充血硬块,红肿,疼痛,以至化脓。

皆 jiē 副表示总括所提到的人或事物的全体,相当于"都""都是"▷四海之内～兄弟|尽人～知|比比～是|啼笑～非。

结[1](結) jiē 动植物长出(果实)▷树上～的桃大极了|这种花～子很多|光开花不～果。

结[2](結) jiē ❶[结巴]jiēba 形口吃▷他～得半天说不出话来|说话结结巴巴。○❷[结实]jiēshi 形坚固耐用;健壮▷这玩具很～|小伙子身体很～。

另见 jié。

接 jiē ❶动挨近;碰;触▷摩肩～踵|交头～耳|～吻|～近。→❷动连接▷把线头儿～上|～骨|焊～|嫁～|衔～。❸动连续;继续▷跑得上气不～下气|请您～着说|青黄不～。❹动接替,接过别人的工作继

续干▷～王老师的课|～所长的职务|～任|～班|～力。→❺动用手托住或承受▷～球|～过孩子。❻动接收;接受▷～到来信|～电话|～纳。→❼动迎接(跟"送"相对)▷到机场～人|上幼儿园～孩子|～亲。〇❽名姓。

秸(*稭) jiē 名某些农作物去穗或脱粒后剩下的茎秆▷～秆|秫～|麦～|豆～。

痎 jiē 名〈文〉指两天发作一次的疟疾。

揭 jiē ❶动高举▷～竿而起(指民众起义)。→❷动掀起;撩(liāo)开▷～锅盖|～下面纱|～幕。⇒❸动使隐蔽的事物显露▷～老底|～短|～晓|～发|～露|～穿。⇒❹动把粘贴着的片状物取下▷～封条|把信封上的邮票～下来。〇❺名姓。

喈 jiē〈文〉❶形风雨急速。〇❷[喈喈]jiējiē a)拟声形容鸟叫的声音▷鸡鸣～。b)拟声形容钟、鼓、铃等的声音▷钟鼓～。

嗟 jiē〈文〉❶叹表示感叹▷～! 来食|～乎|～夫。→❷动叹息▷～叹|～悔。☛统读jiē,不读juē。

街 jiē 名两边有建筑物的大路▷一条～|～上车水马龙|大～小巷|～头|～道。

湝 jiē [湝湝]jiējiē 形〈文〉形容水流动的样子▷水流～。

楷 jiē 名楷树,即黄连木,落叶乔木,羽状复叶,小叶披针形,圆锥花序,核果近球形,红色或紫蓝色。木材黄色,坚硬细致,可以做建筑材料,种子可以榨油,树皮和叶子可以制栲胶,鲜叶可以提制芳香油。

另见kǎi。

jié

孑 jié ❶形单独;孤独▷茕茕～立|～然一身。〇❷[孑孓]jiéjué 名蚊子的幼虫。

节(節) jié ❶名竹节;泛指草、禾茎上生叶的部位或植物枝干相连接的部位▷小麦拔～了|藕～|盘根错～◇细枝末～|枝～。→❷名动物骨骼连接的地方▷骨～|关～。→❸名节气▷四时八～|清明～|～令。❹名具有某种特点的一段时间或一个日子▷季～|时～|逢年过～|春～|国庆～|～日。→❺名互相衔接的事物中的一个段落;整体中的一个部分▷章～|环～|脱～|～目。⇒❻动从整体中截取一部分▷～本|～录|～选|删～。⇒❼量用于分段的事物▷一～甘蔗|两～烟筒|三～车厢|四～课。→❽动限制;约束▷～制|～育|～哀|调(tiáo)～。⇒❾动俭省▷开源～流|～衣缩食|～水～电|～约|～省|～俭。⇒❿名礼节▷仪～|繁文缛～。⇒⓫名操守▷高风亮～|气～|名～|晚～|变～|守～。⇒⓬名古代用来控制乐曲节奏的打击乐器▷击～|抚～。⓭名节奏;节拍▷应律合～|小～(节拍的段落)|～律。→⓮名符节,古代用来证明身份的凭证。〇⓯名姓。

另见jiē。

讦(訐) jié 动〈文〉攻击别人的短处;揭发别人的隐私▷攻～|～发。

劫[1](*刦刧刼) jié ❶动用暴力强取;抢夺▷夕徒～了一辆车|趁火打～|打家～舍|抢～|～夺|洗～。→❷动威胁;逼迫▷～持人质。

劫[2] jié ❶量佛教称天地从形成到毁灭的一个周期为一劫(梵语音译词"劫波"的简称)▷万～不复。→❷名指灾难▷在～难逃|～后余生|浩～|～数。

劼 jié 形〈文〉慎重。

杰(*傑) jié ❶形特异的;超群的▷～出|～作。→❷名才能出众的人▷俊～|豪～|人～。☛"杰"字上边是"木",不是"术"。

走 jié 形〈文〉迅速。

诘(詰) jié 动追问;质问▷～问|盘～|～责|反～。

絜 jié 同"洁",多用于人名。

拮 jié [拮据]jiéjū 形缺钱;经济境况窘迫▷手头～。

洁(潔*絜) jié ❶形干净▷清～|～净|整～|皎～。→❷形清白▷廉～|贞～。☛"洁"字右上是"士",不是"土"。

结(結) jié ❶动用条状物绾成疙瘩或用这种方法制成物品▷～绳|～网。→❷名条状物绾成的疙瘩▷在彩带上打个～|死～|领～。❸名疙瘩形的东西▷喉～。→❹动凝聚▷河面上～了一层冰|～痂|凝～|～晶。→❺动结合,使具有某种关系▷～成兄弟|～为联盟|～交|～仇。〇❻动结束;了结▷账还没～|～业|～局|完～。→❼名旧时表示承认了结或保证负责的字据▷具～|保～。

另见jiē。

桔 jié ❶[桔槔]jiégāo 名一种从井里汲水的工具,在水边架一杠杆,一端挂水桶,一端坠大石块,汲水时两端一起一落。〇❷[桔梗]jiégěng 名多年生草本植物,叶子卵形或卵状披针形,开暗蓝色或暗紫色花。根可以做药材。☛"桔"不是"橘"(jú)的简化字。

偼 jié ❶古同"捷"。〇❷古同"婕"。

桀 jié ❶形凶暴;凶悍▷～骜不驯。〇❷名人名,夏朝最后一个君主,相传是个暴君。

捷[1](*㨗) jié 动战胜▷大～|告～|～报。

捷[2](*㨗) jié ❶形快;迅速▷～足先登|敏～。→❷动〈文〉斜着走近路▷～而行。❸形近便;方便▷～径|便～|直～。

蜐(蠞) jié 名节肢动物,体长三厘米左右,呈细杆状,胸部有七对胸肢,第二对特别大。生活在海洋里藻类或苔藓虫群体间。也说麦秆虫。

偈 jié〈文〉❶形奔跑迅速。〇❷形勇武;健壮。

另见jì。

婕 jié [婕妤]jiéyú 名古代宫中女官名。也作倢伃。

颉(頡) jié 用于人名。仓颉,古代传说中汉字的创造者。

另见xié。

睫 jié 名睫毛,眼睑边缘的毛▷迫在眉～|目不交～。

蜐 jié [石蜐]shíjié 名龟足。甲壳类动物,外形像龟足,体外有若干石灰质板合成的壳,蔓足能从壳口伸出捕食。生活在海岸边的岩石缝里,产于我国浙江以南沿海。

截 jié ❶动割断▷把钢管～成三段|～长补短|～肢|～取|～断。→❷动在中途阻拦▷赶快～辆车送病人上医院|刚溜出校门,就让老师给～住了|拦～|堵～|～击|～获。→❸量用于从长条形的东西上割

取下来的部分，相当于“段”▷一～铁丝｜两～木头｜把它剁成三～。→❹动到 定期限为止▷ 至发稿时止，我国运动员已取得九枚金牌｜～止。

楶 jié 名〈文〉鸡栖息的木桩。

碣 jié 名〈文〉圆顶的石碑▷断～残碑｜墓～。

竭 jié ❶动完；尽▷取之不尽，用之不～｜精疲力～｜衰～。→❷动用尽；全部拿出▷～尽全力｜～诚相见｜～力。→❸形干涸▷枯～。

羯¹ jié 名羯羊，阉割过的公羊。

羯² jié 名我国古代民族，曾附属匈奴，散居于上党郡（今山西潞城一带）。东晋时在黄河流域建立后赵政权（公元311—334年）。

jiě

姐 jiě ❶名同父母（或只同父、只同母）或同族同辈中年龄比自己大的女子▷三～｜～妹｜～弟｜堂～。→❷名同辈亲戚中年龄比自己大的女子▷表～。→❸名对年轻的或年龄跟自己差不多的女子的称呼▷刘三～｜王二～｜李～。

解 jiě ❶动剖开▷～剖。→❷动离散；分裂▷瓦～｜～散｜～体。❸动消除▷～忧｜～闷｜～围｜～聘｜～除。❹动排泄大小便▷大～｜小～。→❺动把束缚着或系着的东西打开▷把绳子～开｜～鞋带｜～扣子。→❻动分析；说明▷～说｜～释｜讲～｜注～。❼动明白；懂▷大惑不～｜了～｜理～。→❽动分析演算▷这道题不好～｜～题｜～方程。❾名代数方程式中未知数的值▷求这个方程的～。

另见 jiè；xiè。

jiè

介¹ jiè ❶动处在两者之间▷产品质量～于优劣之间｜～人｜～音。→❷动使二者发生联系▷～绍｜～词。❸名使二者发生联系的人或事▷媒～｜中～。○❹动存留；放在（心里）▷～意｜～怀。○❺名姓。

介² jiè〈文〉❶名铠甲▷～胄。→❷名甲壳▷～虫。❸名带甲壳的水生动物▷鳞～。

介³ jiè〈文〉❶量用于人，相当于“个”▷一～书生｜一～武夫。○❷形正直；有骨气▷耿～｜贞～。

介⁴ jiè 名古代戏曲剧本中指示动作、情态和效果的术语▷坐～｜哭～｜犬吠～。

价 jiè 名旧时称供役使的人▷小～｜来～。
另见 jià；jie。

戒 jiè ❶动提防▷～骄～躁｜警～｜～备｜～心。→❷动使警醒而不犯错误▷言者无罪，闻者足～。→❸动革除；改掉（不良嗜好）▷烟老～不掉｜～赌｜～酒｜～绝。❹名指佛教徒必须遵守的准则，也泛指应当戒除的事▷～律｜受～｜杀～｜酒～。→❺名指戒指▷钻～。○❻名姓。

芥¹ jiè 名芥菜，一年或二年生草本植物，薹茎的叶有叶柄，不包围花茎，这是芥菜跟青菜的主要区别。种子黄色，有辣味，研成粉末叫芥末，可做调味品。芥菜的变种很多，有叶用芥菜（如雪里蕻），茎用芥菜（如榨菜）和根用芥菜（如大头菜）等，都可以食用。

芥² jiè 名〈文〉小草，喻指细微的事物▷草～｜纤～之祸。

另见 gài。

玠 jiè 名古代一种玉器，即大圭。

届（*屆） jiè ❶动到（预定的时候）▷～时｜～期。→❷量用于一定时间举行一次的会议或毕业的班级等，略相当于“次”“期”▷第一～代表大会｜本～｜历～｜应～毕业生。

界 jiè ❶名地区跟地区相交的地方▷江南、江北以长江为～｜地～｜国～｜交～｜分～。→❷名泛指一定的范围或限度▷外～｜眼～｜境～。⇒❸名特指按职业、工作、性别等划定的范围▷教育～｜科学～｜工商～｜知识～｜妇女～｜各～人士。⇒❹名特指某一特殊境域▷如登仙～｜神仙下～。⇒❺名生物分类系统中的最高级别▷动物～｜植物～｜真菌～。⇒❻名年代地层单位的第二级，界以上为宇，界以下为系（xì），跟地质年代分期中的“代”相对应▷古生～。→❼动〈文〉接界▷北～黄河。

疥 jiè 名疥疮，由疥虫寄生引起的传染性皮肤病，症状是皮肤上出现丘疹，刺痒难忍，多发生于手、臀、腹等部位。

诫（誡） jiè 动规劝；警告▷告～｜规～｜训～。

蚧 jiè ［蛤蚧］géjiè，见“蛤”。

借¹ jiè ❶动临时使用别人的财物，一定时间内归还▷开口～钱｜～辆自行车｜有～有还，再～不难。→❷动把自己的财物临时给别人使用▷～给他几块钱｜把车～给同学了。

借²（藉） jiè ❶动凭借；利用▷我想～这个机会谈谈我的意见｜～着到曲阜开会，参观了孔庙和孔府。→❷动假托▷～故｜～端｜～口。☛参见“藉”（jí）和“藉”（jiè）字的提示。

“藉”另见 jí。

骱 jiè 名〈方〉骨节之间衔接的地方▷脱～（脱臼）。

解 jiè 动押送▷～到京城｜起～｜～送。
另见 jiě；xiè。

褯 jiè ［褯子］jièzi 名〈口〉小孩子的尿布。

藉 jiè ❶名〈文〉垫子▷草～。→❷动〈文〉垫；衬▷枕～｜～茅（用茅草垫着）。○❸［慰藉］wèijiè 动安慰。○❹［蕴藉］yùnjiè 形指言语、神情或文章含蓄而不显露。☛㊀“藉”读 jiè 用于凭借、假托等意义时，是“借”的繁体字；读 jiè 用于以上意义和读 jiè 用于践踏、杂乱等意义时，仍是规范字，不能简化为“借”。㊁参见“借²”。

另见 jí。

jie

价（價） jie ❶助〈口〉用在状语与动词或形容词之间，相当于“地”▷整天～哭丧着脸｜炮声震天～响｜成天～忙。○❷助〈方〉用在独立成句的否定副词后面，加强语气▷别～｜甭～｜要不～，你就别来。

另见 jià；jiè。

家 jie 同“价”①。
另见 jiā；jia。

jīn

巾 jīn 名用来擦、包裹或盖东西的小块织物▷手~|头~|围~|枕~|毛~|纱~。

斤[1] jīn 名古代砍伐树木的工具,同斧子类似▷斧~。

斤[2]（*觔） jīn 量市制重量单位,10 两(原为 16 两)为 1 市斤。1 市斤等于 500 克。

今 jīn ❶名现在;当前▷从~以后|~非昔比|当~|~年|~天|~春。→❷名现代(跟"古"相对)▷古为~用|厚~薄古|古文~译。→❸代此;这▷~生~世。

金[1] jīn ❶名金属的统称,通常指金、银、铜、铁、锡等▷五~|冶~|钣~工。→❷名货币;钱▷拾~不昧|现~|~钱|奖~|~额。→❸名古时指金属制成的器物▷~文|鸣~收兵|~鼓齐鸣。→❹名贵金属元素,符号 Au。深黄色,有光泽,质软而重,延展性最强,化学性质稳定。主要用于制造货币、装饰品等,也用于电子工业。通称金子或黄金。⇒❺形比喻珍贵、尊贵▷~口玉言|~科玉律|~婚。⇒❻形金色的▷~发(fà)|~橘|~灿灿。○❼名姓。

金[2] jīn 名朝代名,公元 1115—1234 年,女真族完颜阿骨打所建,曾统治中国北部。☛"金"字用作左偏旁时简化为"钅",如"针";用在字的底部时仍为"金",如"鉴"。

津[1] jīn ❶名〈文〉渡口▷~渡|关~|无人问~。→❷名〈文〉喻指重要职位▷窃据要~。→❸名指天津▷平~战役|~浦铁路。

津[2] jīn ❶名人体或动植物体内的液体▷~液。→❷名特指唾液▷生~止渴。→❸名特指汗液▷遍体生~。→❹动滋润;润泽▷~润|~贴。

衿 jīn 〈文〉❶同"襟"①②。○❷名系(jì)衣裳的带子。

矜 jīn ❶动〈文〉怜悯;同情▷~恤|~怜|~惜。○❷动〈文〉认为自己了不起▷骄~|自~|~夸。○❸形拘谨;慎重▷~持。

另见 guān;qín。

筋 jīn ❶名附着在肌腱或骨头上的韧带▷抽~剥皮|牛蹄~儿。→❷名肌肉▷~疲力尽|腿肚子转(zhuàn)~|~肉。→❸名可以看见的皮下静脉血管▷青~。→❹名像筋的东西▷橡皮~儿|钢~。

禁 jīn ❶动承受;忍受▷~不起考验|~得住摔打|~受|弱不~风。→❷动忍住;控制住(多跟"不"结合)▷不~长叹一声|忍俊不~|情不自~。→❸动承受得住;耐▷这点钱不~花|皮鞋比布鞋~穿|黑衣裳~脏。☛以上几个意义都不读 jìn。

另见 jìn。

襟 jīn ❶名上衣或袍子的前幅▷大~|对~|开~。→❷名指胸怀;抱负▷胸~|~怀。→❸名指连襟,姊妹的丈夫间的互称▷~兄|~弟。

jǐn

仅（僅） jǐn 副表示限制在某一范围之内或数量极少,相当于"只""才"▷这份材料~限内部阅读|~供参考|破案~用了两天时间|~收到一封回信|牺牲时年~20 岁。

另见 jìn。

尽[1]（儘） jǐn ❶动尽(jìn)可能达到极限▷~先|~早|~快|~可能。→❷介引进范围的极限,表示不得超过▷~着一个月完成|~着这点钱用吧!→❸介表示把某些人或事物放在最先的位置上▷先~伤病员喝|~着年纪大的人坐|先~旧衣裳穿。→❹副用在方位词语前面,表示达到了最大限度的,相当于"最"▷~前头|~底下|~南边。

尽[2]（儘） jǐn 副〈方〉总是;老是▷这几天~碰上不顺心的事|不要~说假话|小李~做好事。☛以上几个意义,"尽"字都不读 jìn。

另见 jìn。

卺 jǐn 名古代婚礼上新郎新娘用作酒器的瓢,由一个匏瓜剖成两半而成▷合~(本指成婚的一种仪式,后指成婚)。

紧（緊 *緊緊） jǐn ❶形物体受到较大的拉力或压力后呈现的状态(跟"松"相对,②—④、⑥—⑧同)▷琴弦太~了|鼓面绷得~~的。→❷形牢固;固定▷~握手中枪|把螺丝拧~。→❸动使紧▷~~鞋带|~一~弦。❹形空隙小;挨(āi)近▷这鞋我穿着太~|两家~挨着。❺副表示动作之间的间隙很短▷一个胜利~接着一个胜利|汽车一辆~跟着一辆。→❻形严格;严紧▷对孩子不要管得太~|马家院的门户~,外人进去很不方便。→❼形紧张▷风声~|局势很~。→❽形拮据▷日子过得很~。→❾形急迫▷任务很~|催得很~|不~不慢|~赶慢赶。

堇 jǐn [堇菜]jǐncài 名多年生草本植物,叶子边缘有锯齿,花瓣白色带紫色条纹。也说堇堇菜。

锦（錦） jǐn ❶名用彩线织出的有花纹的丝织品▷织~|蜀~|~上添花|~旗。→❷形色彩华丽▷~缎|~鸡。

谨（謹） jǐn ❶形慎重小心▷~慎|~防|拘~|恭~。→❷副敬词,表示说话者的郑重或对听话者的恭敬▷~致谢忱|~启|~上|~具。

馑（饉） jǐn 形〈文〉菜蔬歉收;泛指农作物歉收▷饥~。

廑 jǐn 古同"仅"。

另见 qín。

瑾 jǐn 名〈文〉美玉。

槿 jǐn [木槿]mùjǐn 名落叶灌木,叶子卵形,掌状分裂,花冠紫红或白色。花可供观赏,茎上的韧皮可以做造纸原料,树皮和根可以做药材。木槿,也指这种植物的花。

jìn

仅（僅） jìn 副〈文〉用在数量词语前,表示接近于某一数量,相当于"差不多""将近"(多见于唐人诗文)▷山城~百层|士卒~万人。

另见 jǐn。

尽（盡） jìn ❶动完▷用~全身的力气|想~办法|说不~的酸甜苦辣|取之不~。→❷动达到极限▷~善~美|山穷水~|~头。❸动死亡▷同归于~|自~。→❹动全部使出;使发挥全部作用▷他已经~心了|人~其才,物~其用|~力。⇒❺动竭力做到▷~职~责|~忠。⇒❻形全部;所有的▷~人皆知|~数收回。❼副完全;都▷屋里~是烟|应有~有。❽副光;只▷~偷懒|~说漂亮话。

另见 jǐn。

进（進） jìn ❶动向上移动;向前移动(跟"退"相对)▷又~了一步|不~则退|前~|推~|

~军|~化|~取。→❷动呈上;奉上▷~言|~献|~呈。→❸动由外边到里边(跟"出"相对)▷队伍~村了|~了北屋|~门|~驻|~去。⇒❹动接纳;收入▷商店~了一批货|我们单位今年不~人|~款|~项(jìnxiang)。⇒❺动用在某些动词后面,表示动作由外到里的趋向▷走~大厅|住~新楼|放~柜子里|买~一批图书|引~新技术。⇒❻量院子里的房屋由外到里有几排的,一排叫一进▷这宅子一共三~,每~都是五间。

近 jìn ❶形距离短(跟"远"相对)▷远处是山,~处是水|离得~|~几天|附~|~代。→❷形关系亲密▷~亲|~支|亲~|套~乎。→❸形差异小;相似▷~似|相~。→❹动靠近;接近▷~六十的人了|夕阳无限好,只是~黄昏|~朱者赤,~墨者黑|平易~人|不~人情。

妗 jìn ❶名〈方〉舅母▷~子|~母。→❷名妻兄、妻弟的妻子▷大~子|小~子。

劲(勁) jìn ❶名力气;力量▷这小伙子~儿真大|用尽全身的~儿|使不完的~儿|手~儿。→❷名效力;作用▷新出的灭蚊灵~儿大|酒~儿上来了|药~儿过了。→❸名精神;情绪▷有股子闯~儿|干~儿冲天|~头十足。⇒❹名神情;样子▷高兴~儿|瞧这副脏~儿。⇒❺名兴致;趣味▷这本书越看越带~|这电影真没~。

另见 jìng。

荩[1](藎) jìn [荩草]jìncǎo 名一年生草本植物,节上生根,叶子呈卵状披针形。汁液可以做黄色染料;茎和叶可以做药材;茎皮纤维是造纸原料。

荩[2](藎) jìn 形〈文〉忠诚▷~臣|忠~。

浕(濜) jìn 名浕水,水名,在湖北。

晋[1](*晉) jìn 动〈文〉向前或向上移动▷~见|~谒|~升|~级。

晋[2](*晉) jìn ❶名周朝诸侯国名,疆域最大时据有今山西大部、河北西南部、河南北部和陕西一角。→❷名山西的别称▷~剧。○❸名朝代名。a)公元265—420年,司马炎所建。先建都洛阳,史称西晋;公元317年迁都建康(今南京),史称东晋。b)五代之一,公元936—946年,石敬瑭所建,史称后晋。○❹名姓。

赆(贐) jìn 名〈文〉赠送给即将远行的人的礼物▷~仪|致~|奉~。

烬(燼) jìn 名火烧后剩下的东西▷余~|灰~|烛~。

浸 jìn ❶动泡(在液体里)▷放在水里~一~|~种|~泡|~渍。→❷动(液体)渗入▷露水~湿了衣服|~透|~润。☛统读 jìn,不读 qīn。

琎(璡) jìn 名〈文〉像玉的美石。

祲 jìn 名〈文〉旧指阴阳之气相侵而形成的象征不祥的妖气▷~厉|~氛。

搢 jìn 动〈文〉插▷~绅(同"缙绅")。

靳 jìn ❶动〈文〉舍不得给。○❷名姓。

禁 jìn ❶动不准许;不许可▷严~赌博|~放烟花爆竹|~运|~区|~令|~止|查~。→❷名不许从事某项活动的法令、规章或习俗▷令行~止|入国问~|犯~|违~|解~。→❸名旧时称帝王居住的地方▷~中|宫~|~城|~苑。⇒❹名〈文〉监狱▷~卒|~子。❺动把人关押起来▷监~|囚~|拘~|~闭。

另见 jīn。

缙(縉) jìn ❶名〈文〉浅红色的丝织品。○❷动插▷~绅(插笏、垂带的人,指做官的或做过官的人)。

墐 jìn 动〈文〉用泥涂塞(门窗)。

觐(覲) jìn 动朝见(君王);朝拜(圣地)▷~见|朝~。☛统读 jìn,不读 jǐn。

殣 jìn 动〈文〉饿死▷道~(饿死在道路上)。

噤 jìn ❶动〈文〉闭上嘴不出声▷~口不言|~声。→❷动〈文〉因寒冷而闭口▷蝉~觉秋深。❸动因寒冷而身体颤动▷寒~|冷~。

jīng

茎(莖) jīng ❶名植物体的主干部分,上部一般生有叶、花和果实,下部和根连接。茎能输送和贮存水分、养料,并有支持枝、叶、花、果实生长的作用。有直立茎、缠绕茎、攀援茎、匍匐茎等不同类型。由于演化的结果,又有块茎(如马铃薯)、鳞茎(如洋葱)、球茎(如荸荠)、根状茎(如藕)等地下茎。→❷名像茎的东西▷阴~|刀~(刀把儿)。→❸量〈文〉用于长条形的东西▷数~白发(fà)。☛统读 jīng,不读 jìng。

京[1] jīng ❶名国家的首都▷~城|~师|~畿|~华。→❷名特指我国首都北京▷~津沪渝四市|~腔|~戏|~味儿。

京[2] jīng 数〈文〉数字,指一千万。

京[3] jīng [京族]jīngzú 名我国少数民族之一,分布在广西。也是越南人数最多的民族。

泾(涇) jīng 用于地名。如:泾河,水名,发源于宁夏,流入陕西境内的渭河;泾县,地名,在安徽。

经(經) jīng ❶名纺织物纵向的纱线(跟"纬"相对,⑫同)▷~纱|~线。→❷名经久不变的道理;法则▷天~地义。⇒❸名传统的权威性的著作;宣扬宗教教义的根本性著作▷四书五~|~传(zhuàn)|~典|《圣~》|《古兰~》。⇒❹形长时间不变的;正常▷~常|荒诞不~。⇒❺名指月经▷~期|闭~。→❻动经营;治理▷~商|~理。→❼动经过;经历▷途~上海|~手|身~百战|~风雨,见世面|~你一解释,我完全明白了。❽动禁(jīn)受;承受▷这个小小的挫折,我还~得住|~不起考验。→❾动〈文〉上吊▷自~。→❿名〈文〉南北方向的道路;泛指道路▷国中九~九纬(国都有九条南北方向的路、九条东西方向的路)。⇒⓫名中医指人体气血运行的通路▷急火攻心,血不归~|~脉|~络。⇒⓬名地理学上假想的通过地球南北极与赤道成直角的线,在本初子午线以东的称东经,以西的称西经▷~度。○⓭名姓。

另见 jìng。

荆 jīng ❶名牡荆,落叶灌木,树枝丛生,掌状复叶,开淡紫色小花。枝条坚韧,可以编筐、篮、篱笆等;果实可以做药材。→❷名古代用荆条做的刑杖▷负~请罪。→❸名旧时对人谦称自己的妻子▷拙~|~

室|～妻。○❹名春秋时楚国的别称。○❺名姓。

菁 jīng [菁华]jīnghuá 名精华,事物最好的部分。

猄 jīng 名古书上指一种兽。

旌 jīng ❶名古代一种旗帜,旗杆顶上有牦牛尾和五色羽毛作为装饰。→❷名泛指旗帜▷～旗招展。→❸动表彰▷～表(封建社会对遵守礼教的突出人物使用各种标志加以表扬)。

惊(驚) jīng ❶动骡马因受到突然的刺激而狂奔不止▷马～了|～车。→❷动由于受到突然的刺激而精神紧张或恐惧不安▷～呆了|胆战心～|～慌|～恐|受～。❸动使受惊;惊动▷～天动地|～心动魄|打草～蛇|一鸣～人|～扰|震～世界。

晶 jīng ❶形明亮▷～莹|亮～～。→❷名指水晶▷茶～|墨～。❸名指晶体▷结～。

腈 jīng 名含有氰基的有机化合物,无色液体或固体,有特殊气味,遇酸或碱即分解▷～纶。☛不读qíng。

鶄(鶄) jīng [䴔鶄]jiāojīng,见"䴔"。

睛 jīng 名眼珠▷目不转～|火眼金～|画龙点～|定～。

粳(*秔杭) jīng 名粳稻,一种矮秆的稻子,米粒短粗,涨性小,黏性较强▷～米。

兢 jīng [兢兢]jīngjīng 形小心谨慎▷战战～～|～～业业。

精 jīng ❶名〈文〉经过拣选的优质米(跟"粗"相对,⑩同)。→❷名提炼出来的东西;精华▷酒～|香～|～英。⇒❸名精神;精力▷聚～会神|～疲力尽。❹名精液;精子▷射～|受～。⇒❺名神话传说中有妖术能害人的灵怪▷老人们说村头那棵老槐树成～了|白骨～。→❻形经过提纯的或挑选的▷～盐|～白米|～矿|～兵。❼形完善;最好▷～益求～|～良|～美。⇒❽形对某门学问或技术掌握得很娴熟▷～于书法|牌打得很～|～熟|博大～深。⇒❾副〈口〉放在某些形容词前面表示程度深,相当于"很""非常"▷～瘦|～光。→❿形细致;严密▷～雕细刻|～选|～修|～密|～确。⓫形心细机敏▷这人很～,骗不了他|～明|～干。

鲸(鯨) jīng 名生活在海洋中的哺乳动物,外形像鱼,小的只有1米,大的可达30米,是现在世界上最大的动物。头大,眼小,鼻孔在头顶,前肢呈鳍状,后肢退化,尾变成叉形鳍,全身无毛。用肺呼吸,胎生。通称鲸鱼。☛统读jīng,不读qíng。

麖 jīng 名鹿的一种,体长约两米,肩高一米多,全身深棕色带灰色,臀部灰白色,雄的有角,粗长而分叉。生活在森林中。通称水鹿。

鼱 jīng [鼩鼱]qújīng,见"鼩"。

jǐng

井[1] jǐng ❶名凿地而成的能取水的深洞▷～口|挖～|打～|水～。→❷名形状像井或井架的东西▷矿～|油～|渗～|天～|藻～。→❸名人口聚居处;乡里▷背～离乡|市～。○❹名星宿名,二十八宿之一。○❺名姓。

井[2] jǐng 形整齐;有条理▷～然有序|～～有条。

阱(*穽) jǐng 名用来防御敌人或捕野兽的陷坑▷陷～。

汫 jǐng [汫洲]jǐngzhōu 名地名,在广东。

刭(剄) jǐng 动〈文〉用刀割脖子▷自～。

肼 jǐng 名有机化合物,指联氨(H_2NNH_2)或联氨中氢原子被烃基取代后生成的化合物(如苯肼)。联氨为无色油状液体,有剧毒。可以用来制药或做火箭燃料。

颈(頸) jǐng ❶名古代指脖子的前面部分,现在指整个脖子▷刎～|～椎|～项|长～鹿。→❷名形状像颈或部位相当于颈的部分▷瓶～|曲～甑(蒸馏用的器皿)|～联(律诗的第三联)。☛不读jìng。
另见gěng。

景[1] jǐng ❶名现象;情况▷～象|情～|历史背～|前～广阔|远～规划。→❷名风景,一定地域内由山水、花草、树木、建筑物等形成的可供人观赏的景象▷良辰美～|燕京八～|胜～|～致|～色|～物。❸名布景,舞台或摄影场上所布置的景物▷内～|外～。❹名剧本的一幕中因布景不同而划分的段落▷第二幕第一～。○❺名姓。

景[2] jǐng 动仰慕;敬佩▷～慕|～仰。

景[3] jǐng [景颇族]jǐngpōzú 名我国少数民族之一,分布在云南。

儆 jǐng 动〈文〉告诫;使人警醒而不犯错误▷杀一～百|以～效尤。

憬 jǐng 动〈文〉觉悟;醒悟。

璟 jǐng 名〈文〉玉的光彩。

警 jǐng ❶动告诫;使人注意▷～告|～钟|示～。→❷动注意并防备(可能发生的危险情况)▷～卫|～备|～戒。⇒❸形(对危险的或变化的情况)感觉敏锐▷～惕|～觉|机～|～醒。⇒❹名指警察▷民～|法～|武～|交通～。⇒❺名危急的情况、事件或信息▷告～|火～|报～。

jìng

劲(勁) jìng 形强而有力▷疾风知～草|～松|～敌|～旅|刚～|强～。
另见jìn。

径(徑*逕❶❸❹) jìng ❶名直达某处的小路;狭窄的道路▷小～|曲～。→❷名直径的简称▷口～|半～。→❸名喻指途径、方法▷捷～|门～。→❹副〈文〉表示直接向某处前进,或直接进行某事▷～飞北京|～行处理|～向有关单位举报。

净[1] **(*淨)** jìng ❶形清洁;没有污垢或杂质▷把脸洗～了|窗明几～|干～|洁～|～水|纯～。→❷动使清洁▷～一～桌面|～～手。❸动佛教指清除情欲,旧时也指阉割男子使失去生殖功能▷六根已～|～身。→❹形尽;一点不剩▷把屋里的东西搬～了|钱花～了|一干二～。→❺形纯;单纯▷除了开销,～赚3万元|～创汇50万美元|～增|～重|～利。❻副表示单纯,没有别的。a)相当于"仅仅"▷好的都挑完了,～剩下些次的。b)相当于"全都"▷我们车间～是小伙子|满院子～是树叶。c)相当于"总是"

▷别～打岔，让人把话说完｜心里着急，～写错字。

净[2]（*凈） jìng 图传统戏曲里的一个行当，扮演性格勇猛、刚烈或粗暴、奸诈的男性人物，通称花脸▷生旦～末丑｜武～｜红～。

弪（弳） jìng 图弧度，量角的单位。当圆周上某段圆弧的弧长等于该圆的半径时，这段圆弧所对的圆心角就是1弪，也说1弧度。

经（經） jìng 动梳整纱线，使成经（jīng）纱或经（jīng）线▷～纱。

另见 jīng。

胫（脛*踁） jìng 图小腿，从膝盖到踝子骨的部分▷不～而走｜～骨。

倞 jìng 古同"劲"。

另见 liàng。

痉（痙） jìng ［痉挛］jìngluán 动肌肉紧张，不由自主地收缩▷手脚～｜胃～。☛统读 jìng，不读 jīng。

竞（競） jìng ❶动争逐；比赛▷～争｜～选｜～走｜～赛。→❷副争着（做事）▷～相支援。☛"竞"和"竟"形、义都不同。"竟"在现代汉语里表示出乎意料。

竟[1] jìng〈文〉❶动结束；完毕▷未～之志。→❷副终究；到底▷有志者事～成。→❸形自始至终的；整个▷～日｜～夜。→❹动彻底追究▷穷原～委。

竟[2] jìng 副表示出乎意料，相当于"居然"▷他～敢公开否认事实。☛"竟"和"竞"不同。"竞"是"競"的简化字，意思是比赛。

婧 jìng〈文〉❶形（女子）纤弱苗条。○❷形（女子）有才能。

靓（靚） jìng〈文〉❶动妆饰；修饰▷浅妆匀～。→❷形妆饰艳丽▷～妆｜～服。

另见 liàng。

敬 jìng ❶动全神贯注；专心致志▷～业。→❷形（对尊长或宾客等）态度严肃而有礼貌▷～请光临｜必恭必～｜～意｜～辞。⇒❸动尊重；重视并且恭敬地对待▷先生德高望重，大家都～他三分｜～而远之｜～老怜贫｜～重｜～佩｜孝～。⇒❹动有礼貌地献上（酒、菜、烟、茶等）▷～您一杯｜～酒。○❺图姓。

靖 jìng ❶形〈文〉（社会）安定；平安▷地方不～｜安～｜宁～。→❷动〈文〉使（秩序）安定；平定（动乱）▷～难｜～乱｜绥～。○❸图姓。

静 jìng ❶形安定不动（跟"动"相对）▷水面～极了，没有一丝波纹｜～物｜～坐｜～止。→❷形安详；（内心）安定▷心里总～不下来｜心情平～｜文～｜镇～。⇒❸形没有声音；不出声▷四周～极了｜夜深人～｜寂～｜～穆｜～默。⇒❹动使（内心）安定▷～下心来。

境 jìng ❶图疆土的边界▷出～｜入～｜越～｜国～｜接～。→❷图较大的空间范围；区域▷湘江在湖南～内｜如入无人之～｜边～。❸图所处的环境或状况▷事过～迁｜处～｜家～｜逆～｜～遇。☛统读 jìng，不读 jǐng。

獍 jìng 图传说中的一种形状像虎豹的恶兽。

镜（鏡） jìng ❶图镜子，用来照见形象的器具，古代用铜磨制，现在多用平面玻璃镀水银制成▷穿衣～｜～框｜明～。❷图泛指利用光学原理制成的、可改善视力的用具，或获得有特定要求的图像的仪器▷眼～｜望远～｜分光～｜滤色～｜～头。

jiōng

扃 jiōng〈文〉❶图从外面关门用的门闩、门环等。→❷图门。→❸动关门；上闩。

jiǒng

冏 jiǒng 形〈文〉光明；明亮。

炅 jiǒng 形〈文〉明亮。

另见 guì。

迥（*逈） jiǒng 形差别很大▷性格～异｜～然不同。

炯（*烱） jiǒng ❶形〈文〉明亮。→❷［炯炯］jiǒngjiǒng 形（目光等）明亮▷～有神｜目光～。

颎（熲） jiǒng 图〈文〉火光。

窘 jiǒng ❶动〈文〉陷于困境▷～于阴雨｜～于饥寒。→❷形穷困▷日子过得很～｜生活～迫｜～困。→❸形难堪；为难▷没想到让人给问住了，弄得他非常～｜～境｜～态｜～况。❹动使为难▷算了，不要～他了。☛统读 jiǒng，不读 jǔn。

jiū

纠[1]（糾*糺） jiū ❶图〈文〉绞合的绳索。→❷动集合；聚集（多用于贬义）▷～合｜～集。→❸动缠绕▷～结｜～缠。☛统读 jiū，不读 jiǔ。

纠[2]（糾*糺） jiū ❶动矫正，把有偏差、有错误的事物改正过来▷有错必～｜～偏｜～正。→❷动督察▷～察。

鸠[1]（鳩） jiū 图鸠鸽科部分鸟的统称。常指斑鸠，形状像野鸽，羽毛灰褐色，有斑纹，嘴短，尾长，不善于筑巢。

鸠[2]（鳩） jiū 动〈文〉聚集▷～集｜～合｜～聚。

究 jiū ❶动深入探求；钻研▷研～｜推～｜探～。→❷动追查▷既往不～｜违法必～｜寻根～底｜追～。❸副〈文〉用于疑问句，表示追究，相当于"究竟"▷责任～属何方？☛统读 jiū，不读 jiù。

赳 jiū ［赳赳］jiūjiū 形威武健壮▷雄～，气昂昂。

阄（鬮） jiū 图赌胜负或决定事情时供人们抓取的纸团，上面做有记号▷谁抓着画圈的～，这张戏票就归谁｜拈～儿。

揪（*揫） jiū 动紧紧抓住；抓住并向里拉▷～住衣襟不放｜～耳朵｜～着绳子往上爬｜把他～过来◇～心。

啾 jiū ［啾啾］jiūjiū 拟声〈文〉形容虫鸟等细碎嘈杂的叫声▷黄雀～。

樛 jiū 动〈文〉树枝向下弯曲。

鬏 jiū 图头发盘成的髻▷头上盘着一个～儿｜髽～。

jiǔ

九 jiǔ ❶数数字，八加一的和。→❷数泛指多数▷～曲黄河｜～死一生｜～牛一毛。→❸图时令名，从冬至起每九天为一个"九"，到九"九"为止，共八十一天▷一～二～不出手｜数～寒天｜冬练三～，夏练三伏。☛"九"的大写是"玖"。

久 jiǔ ❶形时间长▷很～没见了|年深日～|～经考验|～别|～远。→❷名时间的长短▷离别了三十年之～|他走了有多～了？

氿 jiǔ 名湖名。分东氿、西氿，均在江苏。
另见 guǐ。

玖[1] jiǔ 名〈文〉像玉的黑色美石。

玖[2] jiǔ 数数字"九"的大写。

灸 jiǔ 动中医的治疗方法，用艾叶或艾绒等烧灼或熏烤人体的穴位表面▷针～|急脉缓～（比喻用和缓的办法应付紧急的事情）。☛"灸"和"炙"不同。"灸"字上边是"久"，"炙"字像肉在火上，上边是"月"（肉）的变形。

韭（*韮） jiǔ 名韭菜，多年生草本植物，叶子细长扁平而柔软，开白色小花。叶和花、茎可以食用，种子可以做药材。☛"韭"和"艽"（jiāo）不同。"艽"不是"韭"的简化字。

酒 jiǔ ❶名用粮食、水果等经发酵制成的含乙醇的饮料，一般分白酒、黄酒、果酒、啤酒、白兰地等几种类型▷买一瓶～|茶余～后|～家|酗～。○❷名姓。☛"酒"不能简化为"氿"。

jiù

旧（舊） jiù ❶形经过长期放置或使用的（跟"新"相对，②同）▷～家具|～衣服|骑一辆～车|房子太～了。→❷形过时的；不合时宜的▷他的思想观念太～|～时代|～制度|～道德。⇒❸形从前的；曾经有过的▷～居|～事|～交|～恶|张家口是～察哈尔省省会。⇒❹名原有的人、事物或状况▷叙～|复～|守～。❺名特指老朋友、老交情▷故～|访～|有～|念～。

臼 jiù ❶名舂米或捣物用的器具，多用石头或木头制成，圆形，中间部分凹下▷石～|蒜～子。→❷名形状像臼的东西▷～齿|脱～。

咎 jiù ❶名罪责；过失▷引～辞职|归～。→❷动追究罪过；责备▷既往不～|自～。○❸名〈文〉灾祸；凶▷休～（吉凶）。

疚 jiù 动由于自己的过失而产生不安或惭愧的心情▷内～|负～。☛"疚"和"咎"（jiù）不同。"咎"作名词，指罪过、过失；作动词，指责备。

柩 jiù 名装着尸体的棺材▷棺～|灵～|～车。

桕 jiù 名乌桕，落叶乔木，叶子互生，略呈菱形，开黄色小花，果实球形。种子外有一层白色蜡质叫桕脂，可以制作蜡烛和肥皂，种子可以榨油，叶子可以做黑色染料，树皮和叶子可以做药材。

救（*捄） jiù ❶动采取措施，使灾难或危急情况终止▷～火|～灾|～荒|～亡|～急。→❷动援助，使脱离危险或免遭灾难▷一定要把他～出来|～死扶伤|～苦～难|治病～人|挽～|营～|拯～。

厩（*廐廄） jiù 名马棚，泛指牲口棚▷马～|～肥。

就 jiù ❶动接近；凑近▷避重～轻。→❷动到▷各～各位|～座|～席。❸动开始进入或从事（某种事业）▷～职|～学|～业。→❹动依从▷半推半～|迁～。→❺介 a)引进动作行为发生时所靠近的处所▷～地取材|～近入学|～着小油灯看书|～着院墙搭了个棚子。b)引进动作的对象或范围▷～职工教育问题展开讨论|～写作技巧来说，这篇小说是很成熟的。c)表示动作行为凭借的条件，相当于"趁"▷～着这场雨，赶紧把苗补齐|～着进城的机会，捎两件好衣服。→❻副 a)表示在很短的时间以内即将发生▷别急，我马上～走|眼看麦子～熟了，谁知来了一场雹子。b)表示动作行为在很久以前已经发生（前面往往有时间词语）▷这孩子上学以前～认识五百多个字了|早在50年代我们～打过交道|风早～住了。c)表示前后两件事紧接着发生▷抬腿～走|听完～明白了|一说话～脸红。d)表示在某种条件下自然发生某种结果（常跟"如果""只要""既然"等搭配）▷只要肯下功夫～能学好|既然不同意～算了|你愿意走～走吧。e)表示事实如此▷这儿～是我的家|车站～在前面。f)加强肯定▷我～知道他不会来的|不去，～不去！g)限定范围，相当于"只""仅"▷屋里～剩下我一个人|这次聚会～他没有来。h)强调数量多寡▷他～要了三张票，没多要|咱俩才抬100斤，人家一个人～挑120斤。❼连表示假使兼让步，相当于"即使"▷你～坐汽车也赶不上他了|这本书他～拿去也看不懂。○❽动完成▷功成名～|草草写～。○❾动菜肴、果品等搭配着主食或酒吃▷咸菜～稀饭|～着菜吃饭。

舅 jiù ❶名母亲的兄、弟▷～父|大～|～～。→❷名〈文〉丈夫的父亲▷～姑（公婆）。→❸名妻子的兄、弟▷妻～|大～子。

僦 jiù 动〈文〉租赁▷～屋而居。

鹫（鷲） jiù ❶名〈文〉雕。→❷名鹰科部分鸟的统称。像鹰而较大，嘴呈钩状，视觉敏锐，善飞翔，性凶猛，捕食鸟兽。常见的有秃鹫、兀鹫。

jū

车（車） jū 名象棋棋子中的一种▷～让马给吃了|三步不出～是臭棋。
另见 chē。

且 jū ❶叹〈文〉表示感叹，相当于"啊"▷狂童之狂也～。○❷用于人名。范且，战国时人。
另见 qiě。

拘 jū ❶动〈文〉制止；阻止▷止诈～奸。→❷动逮捕；扣押▷～捕|～拿|～留|～禁。→❸动约束；束缚▷无～无束|～谨。⇒❹动局限；限制▷多少不～|不～一格。⇒❺动不知变通▷～泥|～礼|～执。

苴 jū [苴麻]jūmá 名大麻的雌株，只开雌花，开花后结子。也说种麻（zhǒngmá）。☛统读 jū，不读 zū。

狙 jū ❶名古书上指一种猴子。○❷动窥伺▷～击。

沮 jū 名沮水，水名，在湖北，与漳水汇合为沮漳河，流入长江。
另见 jǔ；jù。

泃 jū 名泃河，水名，在河北，流入蓟运河。

居 jū ❶动住宿▷分～|同～|～住|～民。→❷名住所▷新～|故～|迁～。○❸动〈文〉停留；固定▷岁月不～|变动不～。❹动积蓄；囤积▷奇货可～|囤积～奇。→❺动处在（某种位置）▷甘～人后|后来～上|～中|～高不下。⇒❻动担任；当（处在某种地位或身份）▷久～高位|以功臣自～|～功自傲。⇒❼动属于（某种情况）；占▷～多|～少。→❽名用作某些店铺的名称▷六必～（在北京）|陶陶～（在广州）。○

❾图姓。

驹(駒) jū ❶图少壮的马▷千里~(常用来喻指英俊有为的青年)。○❷图初生的马、骡、驴▷小驴~儿|马~子。

罝 jū 图〈文〉捕兔子的网;泛指捕鸟兽的网。

疽 jū 图中医指局部皮肤肿胀坚硬的毒疮▷痈~。

掬 jū 动〈文〉用手捧(东西)▷~水◇笑容可~|~诚(捧出诚意)。☛统读 jū,不读 jú。

据 jū [拮据]jiéjū,见"拮"。
另见 jù。

琚 jū ❶图〈文〉佩玉。○❷图姓。

趄 jū [趑趄]zījū,见"趑"。
另见 qiè。

椐 jū 图〈文〉灵寿木,一种有肿节的小树,可制作手杖。

跔 jū 形〈文〉腿脚抽筋。

锔(鋦) jū 动用两脚钉(锔子)连接破裂的金属、陶瓷类器物▷把大缸~一下|~锅|~碗。
另见 jú。

腒 jū 图〈文〉腌后晾干的鸟肉。

雎 jū [雎鸠]jūjiū 图〈文〉鱼鹰。参见"鹗"。

锯(鋸) jū 同"锔"。
另见 jù。

鮈(鮈) jū 图鮈属鱼的统称。身体侧扁或呈圆筒形,有须一对,背鳍一般没有硬刺。种类繁多,生活在温带淡水中,我国各河流、湖泊都有出产。可供食用。

裾 jū 图古代指衣服的前襟或后襟▷~长曳地。

鞠[1] jū ❶图古代一种革制的用来习武或游戏的实心球▷蹴~(蹴,踢)|蹋~(蹋,踢)。○❷图姓。

鞠[2] jū 动〈文〉生育;抚养▷~育|~养。

鞠[3] jū 动弯曲▷~躬(躬,身体)。☛"鞠"字统读 jū,不读 jú。

鞫 jū 动〈文〉审问▷~问|~审|~讯。

jú

局[1](*侷跼) jú 形拘束;狭窄▷~限|~促|~蹐。☛在异体字整理前,只有"局促"的"局"可以写作"侷"和"跼","局蹐"的"局"可以写作"跼"。

局[2] jú ❶图一部分▷~部。→❷图政府中按业务划分的办事机构▷财政~|商业~|卫生~。❸图某些业务机构的名称▷邮电~。→❹图某些商店的名称▷书~。

局[3] jú ❶图〈文〉棋盘▷棋~。→❷量某些比赛一次叫一局▷连赛了三~|五~三胜。→❸图形势▷大~已定|政~|时~|结~|败~|~面|~势。❹图圈套▷骗~。→❺图指某些聚会▷饭~|赌~|牌~。

菊 jú ❶图菊花,多年生草本植物,叶卵圆形或披针形,边缘有锯齿或深裂,秋季开花,颜色和形状因品种而异。是著名的观赏植物,人工栽培的品种有一千多个,有的品种可以做药材。菊花,也指这种植物的花。○❷图姓。

焗 jú 动〈方〉烹饪方法,把食物放在密闭的容器中焖煮▷全~鸡。

锔(鋦) jú 图放射性金属元素,符号 Cm,是人工获得的元素。银白色,化学性质活泼。锔的某些同位素放射性很强,经常处于炽热状态,可用作人造卫星和宇宙飞船的热电源。
另见 jū。

淏 jú 图淏水,水名,在河南,流入黄河。

鶪(鶪) jú 图〈文〉伯劳鸟。

橘 jú 图橘子树,常绿灌木或小乔木,叶子长卵圆形,开白色花,果实扁圆形,红黄色,果肉多汁,酸甜不一。果实是常见的水果,果皮、种子、树叶等都可以做药材。橘子,也指这种植物的果实。☛"橘"不能简化为"桔"(jié)。

jǔ

弆 jǔ 动〈文〉收藏▷藏~。

柜 jǔ 图柜柳,即枫杨,落叶乔木,羽状复叶,小叶长椭圆形,开黄绿色花,雌雄同株,坚果两侧都长有椭圆形斜长的翅。木质轻软,可制作箱板、火柴、家具等;枝条柔韧,可用来编制器具。
另见 guì。

咀 jǔ 动含在嘴里细嚼品味▷~嚼|含英~华。☛"咀"不是"嘴"的简化字。

沮 jǔ ❶动〈文〉阻止▷~遏。○❷动颓丧▷~丧。
另见 jū;jù。

莒 jǔ 图莒县,地名,在山东。

枸 jǔ 图[枸橼]jǔyuán 常绿小乔木或大灌木,有短而坚硬的刺,叶子长圆形,开白色带紫色大花。果实长圆形,黄色,果皮粗厚有香味。果实可供观赏,果皮、花、叶均可提制芳香油,果皮可以做药材。枸橼,也指这种植物的果实。也说香橼。
另见 gōu;gǒu。

矩(*榘) jǔ ❶图木工用来求直角的曲尺▷~尺。→❷图方形;几何学中特指长方形▷~形。→❸图规则;法度▷循规蹈~|守规~(guīju)。

举(舉*擧) jǔ ❶动向上托;往上抬;往上伸▷~着火把|高~红旗|~棋不定|~重|~手。→❷图动作;行为▷一~一动|一~成名|~止|壮~|义~。❸动发动;兴起▷~兵起义|~事|~行|~办。→❹动推荐;选拔▷群众~他为代表|~荐|推~|选~。❺图指举人(明清两代指乡试考取的人)▷中~|武~。→❻动提出;揭示▷~个例子|~出一件事实来|~一反三|检~|~报。○❼形全;整个▷~世闻名|~国同庆|~家南迁。

蒟 jǔ ❶[蒟酱]jǔjiàng 图即蒌叶。也指用蒌叶的果实制成的酱。○❷[蒟蒻]jǔruò 图多年生草本植物,块茎扁球形,小叶羽状分裂,开淡黄色花。块茎富含淀粉,可以酿酒、制作豆腐。蒟蒻,也指这种植物的块茎。也说魔芋。

榉（欅） jǔ 名榉树，落叶乔木，高可达 25 米，叶互生，椭圆状卵形，结小坚果。木材纹理细，坚实耐湿，是制作家具、造船、建筑等的优良用材。

龃（齟） jǔ ［龃龉］jǔyǔ 形上下牙齿对不齐，比喻互相抵触，意见不合▷彼此并无～｜双方发生～。

踽 jǔ ［踽踽］jǔjǔ 形〈文〉形容（一个人行走时）孤独的样子▷～独行。

jù

巨（*鉅❶） jù ❶形大；非常大▷～幅标语｜万吨～轮｜～人｜～款｜～变｜～大。〇❷名姓。

句 jù ❶名句子，由词或词组组成、能表达一个相对完整的意思、有一个特定语调的语言单位▷造～｜语～｜病～。→❷量用于言语或诗文▷几～话就击中要害｜我来说两～｜两～诗。

另见 gōu。

讵（詎） jù 副〈文〉表示反问，相当于"岂""哪里"▷华亭鹤唳～可闻？｜～料。

拒 jù ❶动抵御；抵挡▷～腐蚀，永不沾｜～敌｜～捕｜抗～。→❷动拒绝；不接受▷来者不～｜～不执行｜～谏饰非｜～聘。

苣 jù ［莴苣］wōjù，见"莴"。

另见 qǔ。

具 jù ❶动〈文〉备办▷敬～菲酌｜谨～薄礼。→❷名用具，日常生活和生产活动中使用的东西▷炊～｜卧～｜家～｜工～｜农～｜刀～。⇒❸量用于某些整体的事物▷棺木数～｜一～尸体。⇒❹名才能；人才▷干城之～｜才～。→❺动有（多用于抽象的事物）▷颇～特色｜独～慧眼｜别～一格｜初～规模｜～有。〇❻写出；开列▷条～时弊｜～结｜～保｜～名。〇❼名姓。

炬 jù ❶名火把▷火～｜目光如～。→❷名蜡烛▷蜡～。→❸动焚烧▷付之一～。

沮 jù 形〈文〉湿▷～洳｜～泽。

另见 jū；jǔ。

俱 jù 副表示不同的主体发出同样的动作或者具备相同的特征，相当于"都"▷韩非与李斯～事荀卿｜万事～备｜面面～到。

倨 jù 形〈文〉傲慢；不谦逊▷前～而后恭｜～傲｜～慢。

粔 jù ［粔籹］jùnǚ 名古代一种油炸食品，类似今天的麻花、馓子。

剧[1]（劇） jù ❶形厉害；猛烈▷病情加～｜～痛｜～变｜急～。〇❷名姓。

剧[2]（劇） jù 名戏剧，由演员化装表演故事的一种艺术形式▷京～｜话～｜喜～｜演～｜～本｜～情。

据（據*拠） jù ❶动依仗；凭借▷～险固守｜～点。→❷介引进动作行为凭借的对象或方式，略相当于"按照"▷～我看来｜～同名小说改编｜～理力争｜～实上报。→❸名可以用作证明的东西▷凭～｜证～｜字～｜单～｜真凭实～。〇❹动占有▷～为己有｜盘～｜窃～。

另见 jū。

距[1] jù 名雄鸡等的腿后面突出像脚趾的东西。

距[2] jù ❶动两者在时间或空间上相隔；离开▷谢庄～圆明园十里｜～今已有几十年｜相～甚远。→❷名两者相隔的长度▷行（háng）～｜差～。

惧（懼） jù 动害怕▷临危不～｜～怕｜恐～｜畏～。

犋 jù 量牵引犁、耙等农具的畜力单位，能拉动一张犁或耙的畜力叫一犋▷搭～｜插～。

飓（颶*颶） jù ［飓风］jùfēng 名古代指海上强烈的风暴；气象学上原指蒲福风级表上的 12 级大风，现已改称"12 级风"。

锯（鋸） jù ❶名剖开或截断物体的工具，主要部分是具有许多尖齿的薄钢片▷～条｜～齿｜钢～｜电～｜拉～。→❷动用锯剖开或截断▷～木头｜～树。

另见 jū。

聚 jù 动会集；集合▷路边～了一群人｜找个时间～一～｜～众闹事｜～会｜～餐。

窭（窶） jù 形〈文〉贫困▷贫～。

踞 jù ❶动〈文〉蹲或坐▷虎～龙盘｜～坐（坐时两脚底和臀部着地，两膝上耸）。→❷动占据▷久～山寨｜盘～。

屦（屨） jù 名古代用麻、葛等做的单底鞋；泛指鞋▷织～｜截趾适～（削足适履）。

遽 jù 〈文〉❶形仓促；突然▷～增｜～别｜～然。→❷形惊慌▷～容（惊慌的神色）｜惶～。

澽 jù 名澽水，水名，在陕西。

醵 jù 〈文〉❶动凑钱聚饮。→❷动凑钱；集资。

juān

捐 juān ❶动抛出；舍弃▷～弃｜细大不～。→❷动献出财物、生命▷～钱｜把遗产～给学校作奖学金｜～献｜～赠｜～助｜～躯。❸名旧时的一种税收▷上了一笔～｜苛～杂税｜刚买的车，还没上～｜车～｜～税。

涓 juān 名〈文〉细小的水流▷～滴｜～埃。

娟 juān 形秀丽；美好▷～秀｜～好｜～丽。

圈 juān ❶动把家禽、家畜关起来▷把鸡～在笼子里。→❷动拘禁；关闭▷～在牢里｜成天把自己～在家里不出门。

另见 juàn；quān。

朘 juān 〈文〉❶动削减；收缩▷～损用度。→❷动剥削▷～民脂膏｜～削。

另见 zuī。

鹃（鵑） juān ［杜鹃］dùjuān ❶名鸟，体形、羽毛多样，羽毛褐色或灰色，尾部多有白色斑点。播种季节昼夜啼叫。多不自己筑巢，而把卵产在雀属鸟巢中，由巢主代为孵卵育雏。捕食昆虫，是益鸟。也说布谷，古书上又称杜宇、子规。→❷名常绿或落叶灌木，开红花，簇生枝端。杜鹃，也指这种植物的花。也说映山红。

镌(鎸) juān 动〈文〉雕刻▷～刻|～碑|雕～。

蠲 juān 动〈文〉减免；除去▷～免|～除。

juǎn

卷(捲) juǎn ❶动把片状的东西弯转成圆筒形或半圆形▷把凉席～起来|刀刃儿～了|～铺盖|～帘子|～根烟抽|～裤腿|～舌音。→❷动强力裹挟、带动或掀起▷狂风～着巨浪|马车过后，～起一片尘土|木材被洪水～走了◇街上的行人也都～进了游行队伍。→❸名弯转成圆筒形的东西▷把行李捆成一个～儿|纸～儿|烟～儿|蛋～儿。❹量用于成卷的东西▷一～纸|一～铺盖|一～胶卷。

另见 juàn。

锩(錈) juǎn 动〈文〉刀剑的刃卷曲。

juàn

卷 juàn ❶量用于书籍的本册或篇章▷第一～|下～|～二。→❷名书本；字画▷开～有益|手不释～|画～|长～。⇒❸名机关里保存的文件▷～宗|案～|调(diào)～。⇒❹名考试时写答案的纸▷交～|阅～|试～。

另见 juǎn。

隽(*雋) juàn ❶形〈文〉(言论、诗文)意味深长▷～永|～巧|～远|～语。○❷名姓。

另见 jùn。

倦(*勌) juàn ❶形疲劳；劳累▷疲～|困～。→❷形懈怠；厌烦▷诲人不～|孜孜不～|厌～。

狷(*獧) juàn 〈文〉❶形急躁；偏激▷～急。→❷形耿直▷～直|～介。

桊 juàn 名穿在牛鼻子上的小木棍或小铁环▷牛鼻～儿。

绢(絹) juàn 名一种薄而挺括的丝织品▷～花|～扇。☛不读 juān。

鄄 juàn [鄄城]juànchéng 名地名，在山东。

圈 juàn 名饲养家畜或家禽的场所，一般有栏或围墙，有的还有棚▷羊～|猪～|～肥。

另见 juān；quān。

眷(*睠❶) juàn ❶动关心；顾念▷～顾|～注|～恋|～念。→❷名亲属▷～属|家～|宝～|亲～。

罥 juàn 动〈文〉悬挂；缠绕▷挂～。

juē

撅[1](*噘) juē 动翘起▷～着尾巴|嘴～得老高。☛在异体字整理前，"噘"只表示噘嘴的意思。

撅[2] juē 〈口〉❶动折断▷一根甘蔗～成两半|把尺子～折(shé)了。○❷动使人感到为难(nán)▷给我出这样的难题，不是成心～人吗？

jué

孓 jué [孑孓]jiéjué，见"孑"。

决[1](*決) jué ❶动水冲垮(堤岸)▷～堤|～口|溃～。→❷动破裂；断绝▷～裂。

决[2](*決) jué ❶动作出判断；确定▷～意|～计|～定|～断|表～|判～。→❷动特指执行死刑▷处～|枪～。→❸动判定最后胜负▷这场比赛将～出冠亚军|～一死战|～战|～赛|～胜局。→❹形果断；坚定▷犹豫不～|毅然～然|果～|坚～。❺副一定；必定(用在否定词前面)▷不达目的，～不罢休|～不反悔|～无二心|～没有别的意思。

诀[1](訣) jué 动告别；分别(多指不再相见的离别)▷～别|永～。

诀[2](訣) jué ❶名高明的或关键性的方法▷～窍|～要|秘～。→❷名为了便于掌握，根据事物的内容编成的易于记诵的词句，多采用押韵的形式▷口～|歌～|十六字～|汤头歌～。

抉 jué ❶动〈文〉挖出；剜出▷～目。→❷动挑选▷～择。

角[1] jué 名古代盛酒的器具，口部前后两端斜出，有盖，下部有三足。

角[2] jué 名古代五音(宫、商、角、徵、羽)之一，相当于简谱的"3"。

角[3] jué ❶名戏剧或影视中，演员扮演的剧中人物▷你扮演什么～儿？|主～|配～。→❷名行当，戏曲演员专业分工的类别，主要根据角色类型划分▷旦～|丑～。→❸名泛指演员▷名～|坤～。

角[4] jué 动较量；竞争▷～力|～斗|～逐|口～。☛以上意义，"角"字都不读 jiǎo。

另见 jiǎo。

駃(駃) jué [駃騠]juétí ❶名驴骡，公马和母驴交配所生的杂种，身体较马骡小，耳朵较大，尾部的毛较少。○❷名古书上说的一种骏马。

玦 jué 名〈文〉一种佩带的玉器，环形，有一个缺口。

珏 jué 名〈文〉合在一起的两块玉。

鴃(鴃) jué 名古书上指伯劳鸟。

觉(覺) jué ❶动〈文〉睡醒▷大梦初～。→❷动醒悟；明白▷～悟|～醒|自～。❸动感到▷我～得有点儿冷|一点儿也不～得累|不知不～。❹名对外界刺激的感受和辨别▷视～|听～|嗅～|错～|幻～|直～。

另见 jiào。

鴂(鴂) jué [鶗鴂]tíjué，见"鶗"。

绝(絕) jué ❶动断▷络绎不～|不～如缕|～交|～望。→❷动穷尽；完了▷手段都用～了|弹尽粮～。⇒❸形(水平、程度)达到极点的▷他的手艺真～|～技|～色|～唱。❹副最；特别▷～大多数|～密|～妙。⇒❺形没有出路的；无法挽救的▷～境|～路|～症。⇒❻副断然，绝对(用在否定词前面)▷～无此事|～不答应。→❼动气息终止；死▷悲痛欲～|～命。→❽名绝句，格律诗的一种，全诗四句，每句五个字或七个字▷五～|七～。

倔 jué 义同"倔"(juè)，只用于"倔强"(juéjiàng，性子刚强而又固执)。

另见 juè。

掘 jué 动挖▷～土|～井|自～坟墓|发～|挖～|～进。

桷 jué 名〈文〉方形椽子▷细木为～。

崛 jué 形(山峰等)突起▷～起|～立|奇～。

脚(*腳) jué 同"角[3]"。
另见 jiǎo。

觖 jué 形〈文〉不满意▷～然失望|～怅。

厥[1] jué 动中医指气闭;晕倒;失去知觉▷惊～|痰～|晕～|昏～。

厥[2] jué 代〈文〉其▷～后|大放～词。

傕 jué 用于人名。李傕,东汉末年人。

劂 jué [剞劂]jījué,见"剞"。

谲(譎) jué 〈文〉❶形诡诈;狡诈▷狡～|～诈。→❷形奇异怪诞;变化多端▷怪～|奇～。

蕨 jué 名多年生草本植物,高一米多,根状茎长,横生地下,叶大,叶片阔三角形或长圆三角形,用孢子繁殖。嫩叶可以食用;根状茎含淀粉,可供食用和酿造;全草可以做药材;纤维可以制缆绳。通称蕨菜。

獗 jué [猖獗]chāngjué 形凶猛而放肆▷鼠害～|～一时。

噘 jué 名噘水,水名,在湖北。

橛(*橜) jué 名短木桩▷墙上钉个小木～儿|木～子。

噱 jué 动〈文〉发笑▷谈笑大～|相对～谈。
另见 xué。

镢(钁) jué 名〈口〉镢头,一种类似镐的刨土农具。

镝(鐍) jué 〈文〉❶名箱笼上装锁的环状物;借指锁。→❷动上锁。

爵[1] jué 名古代酒器,青铜制成,有三条腿。

爵[2] jué 名爵位,君主国家贵族封号的等级▷公～|官～。

蹶 jué 动跌倒,比喻失败或挫折▷一～不振。
另见 juě。

矍 jué [矍铄]juéshuò 形(老人)精神好,有神采▷精神～。

嚼 jué 义同"嚼"(jiáo),用于某些合成词和成语▷咀～|过屠门而大～。
另见 jiáo;jiào。

爝 jué 名〈文〉小火把▷～火。

攫 jué 动〈文〉夺取▷～为己有|～取|～夺。

镬(钁) jué 名镐类农具。

juě

蹶 juě [蹶子]juězi 名骡马等用后腿向后踢的动作▷那马直尥～|大黑骡一个～,把他踢倒在地。
另见 jué。

juè

倔 juè 形性子耿直,待人态度生硬▷这老爷子可真～|～脾气|～头～脑。
另见 juè。

jūn

军(軍) jūn ❶名武装部队▷扩～备战|随～南下|裁～|海～|友～|～队|～人|～旗。→❷名军队的编制单位,下辖若干师▷参战部队共有三个～|新四～|～长。

均 jūn ❶形分布或分配的各部分数量相等;相等同▷分配不～|势～力敌|～衡|～等|～匀。→❷副表示没有差别,相当于"全都"▷各项指标,～已达到|历次考试～名列前茅。

龟(龜) jūn 同"皲"。现在通常写作"皲"。
另见 guī;qiū。

君 jūn ❶名古代称帝王或诸侯▷～王|～主|国～|～臣|～权。→❷名古代的一种封号▷商～(商鞅)|孟尝～(田文)|武安～(白起)。→❸名对人的敬称▷诸～|李～。〇❹名姓。

钧(鈞) jūn ❶名制陶器用的转轮。→❷形〈文〉敬辞,用于尊长或上级▷～座|～鉴|～安。〇❸量古代重量单位,三十斤为一钧▷一发千～|雷霆万～。

莙 jūn [莙荙菜]jūndácài 名二年生草本植物,叶肥厚,卵形,淡绿或浓绿色,开白色花。嫩叶可以食用。

菌 jūn ❶名指细菌,自然界中广泛存在的单细胞原核生物,种类繁多,有的能致病,有的与工农业生产有密切关系,有的在自然界的物质循环中有重要作用▷杀～|抗～素|无～操作。〇❷[真菌]zhēnjūn 名生物的一大类,有细胞壁但无叶绿体,靠吸收其他生物的营养为生,与靠叶绿素自己制造营养的植物界有明显的区别,因此被认为是属于与动物界、植物界并列的真菌界。现在发现的种数已超过十万。
另见 jùn。

皲(皸) jūn 动皮肤因寒冷或干燥而裂开▷～裂。

筠 jūn [筠连]jūnlián 名地名,在四川。
另见 yún。

鲪(鮶) jūn 名鱼,体侧扁而呈长形,灰褐色,有黑色斑纹,口大而斜,牙细小。生活在近海岩礁间。

麇 jūn 名古书中指獐子。
另见 qún。

jùn

俊（*儁❶❷ 㑺❶❷） jùn ❶图才智超群的人▷～杰。→❷形才智超群▷英～有为。❸形容貌秀美出众▷长得很～|～秀|～美。☛统读 jùn，不读 zùn。

郡 jùn 图古代的地方行政区划单位，周朝郡比县小，秦汉时郡比县大，隋唐以后州郡互称，明朝郡被废除▷～邑（府县）|～县|～守。

捃 jùn 动〈文〉拾；取▷～拾|～其菁华。

峻 jùn ❶形（山）高而陡峭▷崇山～岭|～峭|险～。→❷形严厉▷严刑～法|严～|冷～。

隽（*雋） jùn 同"俊"①②。另见 juàn。

浚（*濬） jùn 动深挖；疏通（水道）▷疏～|～河|～井。另见 xùn。

骏（駿） jùn 图良马▷～马。

珺 jùn 图〈文〉美玉。

菌 jùn 图蕈▷香～|～子。另见 jūn。

焌 jùn 动〈文〉点火。另见 qū。

畯 jùn 图古代掌管农事的官▷田～。

竣 jùn 动完成；结束▷～工|～事|完～。

K

kā

咔 kā 拟声形容物体碰撞等的声音▷~的一下,给罪犯戴上了手铐|~的一声把门锁上了。
另见 kǎ。

咖 kā 音译用字,用于"咖啡"(一种热带植物,种子炒熟磨成粉,可以做饮料)等。
另见 gā。

喀 kā 拟声形容咳嗽或东西断裂的声音▷~的一声,河面上的冰裂开了|~~地直咳嗽。

揢 kā 动用刀子等片状物刮▷把肉皮上的毛~掉|~土豆皮。

kǎ

卡 kǎ 某些音译词的简称。❶量卡路里,早期使用的热量单位,1卡等于4.1868焦▷含热量500~。〇❷名卡车,运输货物等的载重汽车▷十轮~。〇❸名卡片,记录各种事项的专用纸片▷目录~|资料~。〇❹名录音机上放置盒式磁带的仓式装置▷单~录音机。
另见 qiǎ。

佧 kǎ [佧佤族]kǎwǎzú 名佤族的旧称。

咔 kǎ 音译用字,用于"咔叽"(kǎjī,一种斜纹的纺织品)、"咔唑"(kǎzuò,有机化合物,是制造合成染料和塑料的原料)等。
另见 kā。

咯 kǎ 动用力把东西从食道或气管里咳出来▷把鱼刺~出来|~痰|~血。
另见 gē;luò。

胩 kǎ 名含异氰基(-NC)的有机化合物,无色液体,有剧毒,气味极难闻。也说异腈(jīng)。

kāi

开[1](開) kāi ❶动启;使闭合的东西不再闭合(跟"关"相对)▷门~了|~窗户|~抽屉|~幕|~锁|~灯|笑口常~。→❷动(收拢的东西)舒张或舒展;(冻结的东西)融化▷花儿~了|孔雀~屏|七九河~,八九雁来|~冻。⇒❸动解除(禁令、限制等)▷~禁|~戒|~斋。❹动除去;放走▷~除|~释。⇒❺动(液体)沸腾▷水~了|~锅了。❻量〈口〉用于水沸腾的次数▷水已经开了两~儿了|煮饺子有三~儿就行了。→❼动开辟▷~路先锋|~山劈岭|~荒|~矿|~采|~发。❽动创立;设置▷~工厂|~商店|电视台新~了两个频道。⇒❾动起始;开始▷为这次活动~了个好头|~春|~学|~工|~饭|~演|~战。⇒❿动举行(会议等)▷~会讨论一下|运动会已经~过了|召~。→⓫动发动或操纵(车船、机器、枪炮等)▷~飞机|汽车~走了|~机器|~炮|~动。⓬动(队伍)出发▷大队人马都~走了|~拔。→⓭动(连接的东西)分离▷鞋带~了|~缝(fèng)|~胶。⇒⓮动列出;写出(多指分开项目写出);标出(价钱)▷~账单|~药方|~假条|~证明信|~价太高。⇒⓯动支付▷~工资|~销|~支。⇒⓰动指按一定比例分开▷三七~(三份对七份)。⓱量印刷上用来表示整张纸的若干分之一▷大32~|16~纸。→⓲动用在动词后面,表示动作的趋向或结果等。a)表示分开或离开▷把馒头掰~|拿~|搬~|走~。b)表示展开或扩展▷传染病蔓延~了|消息传~了。c)表示放开、明白▷想~一点儿|想不~|事情说~了也就没事了。d)表示开始并继续下去▷唱~了|笑~了|哆嗦~了。e)表示容下▷地方太小,住不~|人不多,会议室坐得~。〇⓳名姓。

开[2](開) kāi 〈外〉❶量黄金中含纯金量的计算单位(24开为纯金)▷18~的金项链。〇❷量法定计量单位中热力学温度单位开尔文的简称。这个名称是为纪念英国物理学家开尔文而定的。

揩 kāi 动擦;拭▷~干血迹|~拭。☛统读 kāi,不读 kǎi。

锎(鐦) kāi 名放射性金属元素,符号 Cf。是人工获得的元素,化学性质活泼,易挥发,能自发裂变产生中子。

kǎi

剀(剴) kǎi [剀切]kǎiqiè 〈文〉❶形与事理切合▷~中理|~详明。→❷形切实▷~教导。

凯(凱) kǎi 名军队打了胜仗后所奏的乐曲▷~歌|奏~|~旋(胜利归来)。

垲(塏) kǎi 形〈文〉(地势)高而干燥▷爽~。

闿(闓) kǎi 动〈文〉打开。

恺(愷) kǎi 形〈文〉安乐;和乐。

铠(鎧) kǎi 名古代作战时穿的护身服,上面缀有金属薄片▷~甲|铁~。

蒈 kǎi 名有机化合物,分子式$C_{10}H_{18}$,是莰的同分异构体。

慨(*嘅❷) kǎi ❶形激愤▷愤~。〇❷动感叹▷~叹|感~。〇❸形大方;不吝啬▷~然相赠|~允。☛统读 kǎi,不读 kài。

楷 kǎi ❶名典范;榜样▷~模。→❷名楷书,汉字字体的一种,即现在通行的汉字手写正体▷~体|大~|小~。
另见 jiē。

锴(鍇) kǎi 名〈文〉好铁。

kài

忾(愾) kài 动愤恨；愤怒▷同仇敌～。☛统读kài，不读qì。

kān

刊(*栞) kān ❶动〈文〉砍削。→❷动订正；修改▷不～之论｜～谬补缺｜～误｜～正。→❸动古代指雕刻书版，后指排印出版▷～行｜创～｜停～。❹名刊物，定期或不定期发行的出版物，也指在报纸上定期刊出的专版▷报～｜校～｜月～｜周～｜副～｜特～。

看 kān ❶动守护；照管▷～好大门｜～家护院｜～护｜～青。→❷动监视；监管▷～好俘虏，别让他们跑了｜～守。

另见kàn。

勘 kān ❶动校对；核定▷～误表｜～正｜校～。○❷动实地查看；探测▷～察｜～测｜～探。○❸名姓。

龛(龕) kān 名供奉神像佛像的小阁子或石室▷佛～｜神～｜壁～。

堪 kān ❶动经得起；受得住▷不～一击｜狼狈不～｜难～。→❷动能够；可以▷～当重任｜～称楷模｜不～设想。

戡 kān 动平定(战乱)▷～乱｜～定。

kǎn

坎[1](*埳❶) kǎn ❶名〈文〉地面低洼的地方；坑▷凿地为～。→❷名八卦之一，卦形是"☵"，代表水。→❸名田间高出地面的土埂▷土～儿｜田～。→❹[坎坷]kǎnkě 形道路或土地坑洼不平，常用来比喻不得志▷路面～不平｜半生～。

坎[2] kǎn 量〈外〉法定计量单位中发光强度单位坎德拉的简称。

侃(*侃❶) kǎn ❶形〈文〉理直气壮，从容不迫▷词气～然｜～～而谈。○❷动用言语戏弄；调笑▷调(tiáo)～。○❸名〈方〉隐语；暗语▷听不懂他们那伙人的～儿｜调(diào)～儿。○❹动〈口〉闲扯；聊天▷～大山。

砍 kǎn ❶动用刀斧等猛劈▷～树｜～柴｜～头｜用力～了一刀｜～伐｜～杀。→❷动除掉；削减▷把项目～掉三分之一｜基础课不能～。→❸动〈口〉用力扔▷捡起一块砖头照他～去｜～石头子儿。

莰 kǎn 名〈外〉有机化合物，分子式 $C_{10}H_{18}$，是蒈的同分异构体，白色结晶，有樟脑香味，容易挥发。

槛(檻) kǎn 名门限，门框下部贴近地面的横木▷门～。

另见jiàn。

颇(顑) kǎn [颇颔]kǎnhàn 形〈文〉因饥饿而面黄肌瘦。

轗(轗) kǎn [轗轲]kǎnkě 古同"坎坷"。参见"坎"。

kàn

看 kàn ❶动主动使视线接触客观事物▷～报｜～电视｜走马～花｜偷～｜观～。→❷动观察；判断▷～问题要～本质｜我～可以，你～怎么样？⇒❸动对待▷没拿你当外人～｜刮目相～。❹动料理▷照～。⇒❺动表示试一试结果如何，前面的动词常常重叠▷做做～｜尝一尝～｜想想办法～。⇒❻动诊治▷张医生一上午要～十来个病人｜～牙。⇒❼动经过观察，断定要出现某种趋势▷行情～涨｜销路～好。⇒❽动表示提醒▷多穿点，～着(zháo)凉！｜别跑，～摔着！｜～我不揍你一顿才怪呢！→❾动探望；访问▷来～～乡亲们｜～朋友｜～病人。

另见kān。

崁 kàn [赤崁]chìkàn 名地名，在台湾。

墈 kàn 名高而陡的堤岸，多用于地名▷～上(在江西)。

阚(闞) kàn 名姓。

磡 kàn 名山崖下面，多用于地名▷王～头｜槐花～(两地均在浙江)。

瞰[1] kàn 动俯视，从高处向下看▷俯～｜鸟～。

瞰[2](*矙) kàn 动〈文〉窥视▷～瑕伺隙。

kāng

闶(閌) kāng ❶形〈文〉形容门高大的样子。○❷[闶阆]kāngláng 名〈方〉建筑物中空旷的部分。

另见kàng。

康 kāng ❶形安乐；安定▷～乐。→❷形富裕；丰盛▷国富民～｜小～之家。→❸形身体强健▷健～｜～复。○❹名姓。

慷 kāng [慷慨]kāngkǎi ❶形大义凛然，情绪激昂▷～就义｜～陈词。○❷形不吝啬；肯于助人▷为人～｜～解囊。☛统读kāng，不读kǎng。

糠(*穅粇) kāng ❶名稻、麦等作物子实春碾后脱下的皮或壳▷吃～咽菜｜米～。→❷形(萝卜等)内部发空，质地变松▷萝卜～了｜～心儿。

鱇(鱇) kāng [鮟鱇]ānkāng，见"鮟"。

káng

扛 káng 动用肩膀承载▷～枪｜～行李。

另见gāng。

kàng

亢 kàng ❶形高▷高～。→❷形傲慢▷不卑不～。→❸形高度的；过度的▷～奋｜～进。○❹名星宿名，二十八宿之一。○❺名姓。

伉 kàng ❶动匹敌；相称▷～俪(夫妇)。○❷形〈文〉强壮▷～健。

抗 kàng ❶动抵御；抵挡▷～敌｜防冻～寒｜～旱｜～震｜抵～｜预～。→❷动不接受；不妥协▷～命｜～税｜～议｜违～。→❸动匹敌；对等▷～衡｜分庭～礼。○❹名姓。

闶(閌) kàng 形〈文〉高大。

另见kāng。

炕(*匟❷) kàng ❶动〈方〉烤干▷把白薯放在炉台上～着｜快把湿衣服～干。→❷名北方农村睡觉用的台子，用土坯等砌成，内有烟道，可以烧火取暖▷～上铺着苇席｜～沿｜～头儿｜～洞｜～桌

|热~。

钪(鈧) kàng 名金属元素,符号Sc。银白色,质软,易溶于酸,在空气中易失去光泽。用于制造特种玻璃、轻质耐高温的合金及半导体器件等。

kāo

尻 kāo 名〈文〉臀部。

kǎo

考[1](*攷) kǎo ❶动细致、深入地观察调查▷~核|~察|备~。→❷动考核;考试▷~绩|~勤|~数学|~上了大学。⇒❸动为了考查对方的知识或技巧,提出问题让对方回答▷他被我~住了|那人没多大学问,不信你~~他。⇒❹名指考试,考查知识或技巧的一种方式▷大~|高~。→❺动仔细地想▷思~|~虑。❻动推求;研究▷~证|~古。

考[2] kǎo 〈文〉❶形老;活的岁数大▷福禄寿~。→❷名(死去的)父亲▷先~|如丧~妣(像死了父母一样悲痛)。

拷 kǎo 动打;用刑具逼供▷严刑~打|~问。☛统读kǎo,不读kào。

栲 kǎo ❶名栲属植物的统称。常绿乔木,叶子长圆状披针形,直立柔荑花序,果实球形,表面有刺。木材坚硬,纹理致密,可以做建筑、枕木、车船等用材;树皮含鞣酸,可以制栲胶和染料。○❷[栲栳]kǎolǎo名用柳条或竹子等编成的容器,形状像斗。也说笆斗。

烤 kǎo ❶动把东西放在离火近的地方,使变熟或变干▷~肉|~馒头|~衣服|烘~。→❷动靠近火或热源取暖▷挨着暖气~一~手|围炉~火。→❸动暴晒▷太阳~得人后背生疼|排水~田。

kào

铐(銬) kào ❶名手铐,束缚犯人两手的刑具▷镣~。→❷动给人戴上手铐▷把犯人~起来。

犒 kào 动用酒食慰劳▷~劳|~赏。

靠 kào ❶动(人)凭借别的人或物支持身体▷她~在姐姐怀里睡着了|背~着墙|俩人背~背坐着|倚~|~垫。→❷动(物体)凭借别的东西支持而立住▷手杖~在桌旁|把梯子~在墙上。→❸动挨近▷把车~在路边|船~码头了|~拢|~边儿|停~。→❹动依赖▷~别人接济过日子|投~|依~。❺动信赖;信托▷可~|牢~|~不住。○❻名戏曲中古代武将所穿的铠甲,背后插有四面三角形小旗▷带着~翻跟头|~把武生|~旗|扎~。

熇 kào 动烹调方法,将菜烧熟后,用微火耗干汤汁。

kē

坷 kē [坷垃]kēla 名〈方〉土块▷把~砸碎|土~。另见kě。

苛 kē ❶形烦琐▷~细|~捐杂税。→❷形过于琐细而严厉▷条件太~,很难接受|~求|~责|~待|~刻。

匼 kē [匼河]kēhé 名地名,在山西。

呵 kē [呵叻]kēlè 名地名,在泰国。另见hē。

珂 kē 名〈文〉像玉的白色美石。

柯[1] kē ❶名〈文〉斧头的柄。○❷名〈文〉草木的枝茎▷茎~。○❸名姓。

柯[2] kē [柯尔克孜族]kē'ěrkèzīzú 名我国少数民族之一,主要分布在新疆。

轲(軻) kē 用于人名。孟子,名轲,战国时期著名思想家。另见kě。

科 kē ❶名〈文〉品类;等级。→❷名条目▷~目。❸名〈文〉法令(法律的条目)▷作奸犯~。❹动〈文〉判处▷~罪|~断|~以罚金。❺名刑罚▷前~。→❻名学术或业务的分类▷理~|学~|内~|牙~|专~|学习不要偏~。→❼名指古代分科考选文武官吏后备人员的科目、等第、年份等▷博学鸿词~(按科目)|中了甲~(按等第)|甲子~(按年份)|父子同~|~举|~场。→❽名机关中按工作性质分设的单位▷行政~|总务~|~长(zhǎng)|~室。→❾名生物学分类范畴的一个等级,目以下为科,科以下为属▷门、纲、目、~、属、种|松树属于松柏目松~|小麦是禾本~小麦属植物。○❿名古代戏曲剧本中指示演员动作的用语▷瞧~|叹~|作掩泪~|插~打诨。○⓫名姓。

牁 kē [牂牁]zāngkē,见"牂"。

砢 kē [砢碜]kēchen 形〈方〉寒碜。

疴(*痾) kē 名〈文〉病▷沉~(重病)|微~(小病)|染~。

棵 kē 量多用于植物▷一~树|几~草|一~烟卷。☛"棵"和"颗"都是量词,但使用范围不同,"颗"多用于小球状或粒状的东西。

颏(頦) kē 名下颌,嘴下面的部分。通称下巴。也说下巴颏儿。另见ké。

嗑 kē [唠嗑]làokē 动〈方〉聊天▷跟街坊~。另见kè。

稞 kē [青稞]qīngkē 名大麦的一个变种,一年或二年生草本植物,成熟后种子跟稃壳分离,易脱落。产于西藏、青海等地。子实可以做糌粑,也可以酿酒。也说稞大麦、元麦。

窠 kē 名鸟窝;泛指动物栖息的地方▷鸡犬同~|蜂~◇~臼(喻指现成的格式、陈旧的手法)。

榼 kē 名古代盛酒、贮水的容器。

颗(顆) kē ❶名小而圆的东西▷~粒。→❷量多用于小球状或粒状的东西▷一~珍珠|几~豆子|五~子弹|一~赤子之心。☛"颗"和"棵"都是量词,但使用的范围不同,"棵"多用于植物。

磕 kē 动撞在硬的物体上;把东西往硬的物体上碰撞▷脑袋不小心~到墙上|~破了皮|~烟袋|~掉鞋上的土|~头|~~绊绊。

瞌 kē 动由于困倦而想睡▷~睡。

蝌 kē [蝌蚪]kēdǒu 名蛙、蟾蜍、蝾螈等两栖动物的幼体。体呈椭圆形,尾大而扁,黑色。生活在水中。蝌蚪发育过程中有的先生后肢,继生前肢,如蛙;

有的先生前肢,继生后肢,如蝾螈。

髁 kē 图骨头两端靠近关节处的凸出部分▷枕骨～|～间窝。

ké

壳(殼) ké 义同"壳"(qiào),用于口语▷鸡蛋～儿|外～儿|贝～儿。☛"壳"字上边是"士",不是"土"。下边"几"上没有短横。

另见 qiào。

咳(*欬) ké 动咳嗽,呼吸器官受到刺激而发出反射动作,在猛烈呼气的同时声带振动发声,可以清除呼吸道中的痰或异物▷他整整～了一夜|百日～。

另见 hāi。

揢 ké 〈方〉❶动夹住;卡住▷鞋小了～脚|抽屉～住了,拉不开。→❷动故意刁难▷～人。

颏(頦) ké ❶[红点颏]hóngdiǎnké 图鸟,歌鸲的一种,雄鸟喉部羽毛亮红色,眼上条纹白色;雌鸟喉部白色,眼上条纹淡黄色。为食虫益鸟。也说红喉歌鸲。通称红靛颏儿。○❷[蓝点颏]lándiǎnké 图鸟,歌鸲的一种,比红点颏略小,雄鸟喉部羽毛亮蓝色,眉纹白色;雌鸟喉部棕白色,眉纹白色。为食虫益鸟。也说蓝喉歌鸲。通称蓝靛颏儿。

另见 kē。

kě

可[1] kě ❶动表示准许▷许～|认～|不置～否|模棱两～。→❷动相当于"可以"(用于书面,口语中用于正反对举)▷不～忽视|～望成功|～去～不去。⇒❸动表示值得、应该▷北京～游览的地方不少|～爱|～恶|～恼|～取|～行。⇒❹副 a)用于反问句,加强反问语气▷人都走光了,～上哪儿找去呢?|都这么说,～谁见过呢? b)表示推测▷您近来～好? c)用于一般陈述句,表示强调▷别问我,我～不知道|这一下～把他难住了。d)用于感叹句,加强语气▷这担子～不轻啊!|～把他累坏了!|你～开口了,真不容易! e)用于祈使句,强调必须如何,有时有劝导的意味▷你～要常给家里来信啊!|路上～得小心!○❺连连接分句,表示转折关系,相当于"可是"▷话虽不多,～分量很重|我倒无所谓,～别人不愿意|嘴上不说,～心里惦记着。○❻副〈文〉用在数词前,表示约计,相当于"大约"▷年～二十|长～八尺。○❼图姓。

可[2] kě 动适合▷这样才～了他的心|～口|～人|～意|～体。

另见 kè。

坷 kě [坎坷]kǎnkě,见"坎"。

另见 kē。

岢 kě [岢岚]kělán 图山名,又地名,均在山西。

轲(軻) kě [轗轲]kǎnkě,见"轗"。

另见 kē。

渴 kě ❶形口干想喝水▷半天没喝水,～极了|喝碗茶解解～|求贤若～|饥～。→❷形比喻迫切▷～望|～求|～慕。→❸动使渴▷～他一会儿。

kè

可 kè [可汗]kèhán 图古代鲜卑、突厥、回纥、蒙古等族最高统治者的称号。

另见 kě。

克[1] kè ❶动〈文〉表示能够实现某种动作行为,相当于"能"▷～勤～俭|不～到会。○❷图姓。

克[2](剋❶❷❹ *尅❶❷❹) kè ❶动战胜;攻取▷～敌制胜|攻无不～|～复。→❷动制服;抑制▷柔能～刚|～己奉公|～制|～服。❸动消化(食物)▷～化不动|这药是～食的。○❹动削减▷～扣。

克[3](剋 *尅) kè 动〈文〉限定;约定▷～日完稿|～期发兵。

克[4] kè ❶量〈外〉法定计量单位中的质量单位,1000毫克为1克,1000克为1千克(公斤),1市斤等于500克。○❷量藏族地区的容量单位,与市斗相似。各地大小不一,1克约合25—28市斤。也指地积单位,1克地为播种1克种子的土地,约合1市亩。

刻 kè ❶动用小刀雕(花纹、图案、文字、标记等)▷～了一行字|～个图章|～花纹|雕～|镌～。→❷形(待人)冷酷;苛求▷～薄|尖～|苛～|～毒。→❸图雕刻的物品▷石～。→❹量古代用漏壶记时,水由播水壶滴入受水壶,受水壶里插有立箭,箭上刻有标记,一昼夜共分为一百刻;后代用钟表计时,以十五分钟为一刻▷现在是六点一～。❺图短暂的时间;时候▷～不容缓|顷～|即～|此～|时～。○❻古同"克[3]"。

恪 kè 形恭敬而谨慎▷～遵|～守。☛统读 kè,不读 gè 或 què。

客 kè ❶图被邀请的人;来探访的人(跟"主"相对)▷家里来～了|～随主便|请～|会～|宾～|贵～|～人。→❷动出门在外或寄居外地▷～死他乡|～居。⇒❸图特指旅客▷～车|～机|～轮|～流量|～运。⇒❹图在外奔走从事某种活动的人▷政～|说(shuì)～|侠～|剑～|掮～。❺图特指往返各地贩运货物的商人▷珠宝～|骆驼～。⇒❻图外来的;非本地区、本单位、本行业的▷～座教授|～队|～串。→❼图商业、服务行业对来光顾的人的称呼▷顾～|乘～|游～|旅～|～满。❽量〈方〉用于论份儿出售的食品、饮料等▷一～蛋炒饭|三～冰激凌。→❾形独立于人的意识之外的▷～体|～观。○❿图姓。

课(課) kè ❶动〈文〉(按规定的程式、内容、数量)考核;考试▷～吏(考核官吏的政绩)。→❷动〈文〉(按规定的内容和方式等)讲授或学习▷～徒|～诗。→❸图按规定分段进行的教学活动▷上～|备～|旷～|～堂。❹图教学活动的时间单位▷上午上四节～|每堂～45分钟|～间。⇒❺图按内容性质划分的教学科目▷这学期上七门～|语文～|主～|专业～。❻图教材中一个相对独立的单位▷这本语文教材有30～。→❼动〈文〉(按规定的数量和时间)征收(赋税)▷～税。❽图〈文〉赋税;租税▷国～|纳～。○❾图一种占卜方法,主要是摇铜钱看正反面或转动刻有干支字样的占盘来推断吉凶▷起～|卜～|占～。○❿图旧时某些机关、企业、学校按工作性质分设的行政单位,类似现在的"科"▷秘书～|会计～。

氪 kè 图稀有气体元素之一,符号 Kr。100升空气中约含氪0.114毫升。无色无臭,不易同其他元素化合,能吸收X射线,可用作X射线工作时的遮光材料。

骒(騍) kè 形雌性的(骡、马)▷～马|～骡子。

缂(緙) kè [缂丝]kèsī ❶动一种将绘画织在丝织品上的我国特有的工艺方法。织成以后,当空照视，图形好像刻镂而成。这种工艺开始于宋代，主要流行于苏州。→❷图用这种工艺织成的衣料和物品。∥也作刻丝。

嗑 kè 动用牙咬开或咬穿较硬的东西▷～瓜子儿|老鼠把衣柜～了个洞。

另见 kē。

锞（錁） kè 图锞子，旧时作货币用的小块金锭或银锭▷金～|银～。

溘 kè 副〈文〉表示发生得急速或突然▷～然长逝|朝露～至。

kěn

肯[1]（*肎） kěn 图〈文〉依附在骨头上的肉▷～綮（筋骨结合的地方，喻指要害或关键）|中（zhòng）～。

肯[2] kěn ❶动同意；许可▷我再三请求，他才～去|首～（点头表示同意）|～定。→❷动用在动词或形容词前，表示愿意、乐意▷～帮助同学|怎么也不～讲|对工作向来不～马虎。❸动〈方〉用在动词前，表示容易发生某种情况▷天气忽冷忽热，人～闹感冒|铁器～长锈。

垦（墾） kěn ❶动翻耕土地▷～地|～田。→❷动开拓荒地▷～殖|开～|屯～|围～。

恳（懇） kěn ❶形真诚；忠诚▷诚～|勤～|～切|～求|～请。〇❷动〈文〉请求▷敬～|转～。

啃 kěn 动用力从较硬的东西上一点一点地往下咬▷～老玉米|～窝头|老鼠把柜子～了个洞◇～书本。

kèn

掯 kèn 〈方〉❶动按；压▷～住腿，别让他乱踢。→❷动压制；刁难▷勒（lēi）～。

裉 kèn 图衣服腋下接缝的部分▷煞～（把裉缝上）|抬～（上衣从肩到腋下的部分）。

kēng

坑（*阬） kēng ❶图地面上凹陷的地方▷挖个～|一个萝卜一个～|深～|土～|水～。→❷动〈文〉挖坑活埋▷焚书～儒|～杀。❸动陷害；设计使人受损害▷把我给～苦了|～蒙拐骗|～人|～害。→❹图地洞；地道▷矿～|～井|～道|～木。

吭 kēng 动发出声音；说话▷问了半天，他一声也不～|～气。

另见 háng。

硁（硜） kēng 拟声〈文〉形容敲击石头的声音。

铿（鏗） kēng 拟声形容响亮的声音▷锄头敲在铁板上～～地响。

kōng

空 kōng ❶形里面没有东西▷缸是～的，一点水都没有|[illegible]着手|[illegible]|～腹|[illegible]心思|～虚。→❷形内容浮泛，不切实际▷～谈|～想|～泛。→❸图天空▷腾～而起|皓月当～|高～|碧～|航～|领～|～中楼阁。→❹动无；没有▷～前绝后|目～一切|人财两～。→❺副白白地；徒然▷～高兴一场|～忙一阵|～跑一趟。

另见 kòng。

倥 kōng [倥侗]kōngtóng 形〈文〉形容愚昧无知。

另见 kǒng。

崆 kōng [崆峒]kōngtóng 图山名，在甘肃；岛名，在山东。

悾 kōng [悾悾]kōngkōng 形〈文〉诚恳。

箜 kōng [箜篌]kōnghóu 图古代一种拨弦乐器，有竖式、卧式两种，弦数因乐器大小而不同，最少5根，最多25根。

kǒng

孔 kǒng ❶图窟窿；洞眼儿▷这座桥有七个～|无～不入|毛～|鼻～|～穴。→❷形通达的▷交通～道。→❸量常用于窑洞、油井等有孔的物体▷一～高产油井|三～窑洞。〇❹图姓。

恐 kǒng ❶动害怕；惊惧▷有恃无～|～惧|惶～。→❷动使害怕▷～吓（hè）。→❸副表示担心或推测，相当于"恐怕"▷～有不测|～不能参加。

倥 kǒng [倥偬]kǒngzǒng 形〈文〉事务繁忙、紧迫▷戎马～。

另见 kōng。

kòng

空 kòng ❶动使空缺；腾让▷不会写的字先～着|两段中间～一行|把外屋～出来。→❷形空缺的；没有使用的▷～房|～地|～额|～白。❸图还没有安排利用的时间、地方；可以利用的机会▷这几天一点～儿都没有|屋子里人已经满了，没～儿了|抽～|抓～|得～|填～。

另见 kōng。

控[1] kòng 动掌握住；操纵▷～制|遥～。

控[2] kòng 动告发；揭发▷～告|～诉|指～。

控[3] kòng ❶动使身体的一部分失去支撑▷睡觉要枕枕头，不能～着头|椅子太高，把腿都～肿了。→❷动使人的头部朝下，吐出食物或水；使容器口朝下，让里面的液体慢慢流出▷把溺水的人拖上岸来，先～～肚里的水|把油瓶～干净。

kōu

抠（摳） kōu ❶动用手指或尖细的东西挖或掏▷把指甲缝里的泥～出来|～鼻孔|～耳屎。→❷动雕刻（花纹）▷在隔扇上～出花纹来。→❸动深入研究；过分地不必要地深究▷～字眼儿|～了几年书本儿|死～条文。〇❹形〈口〉吝啬▷该花的钱不肯花，真～。

芤 kōu ❶图〈文〉葱的别名。→❷图芤脉，中医指浮大而软的脉搏，按起来如葱管，多见于大失血之后。

眍（瞘） kōu 动眼窝深陷▷发了两天烧，眼睛都～进去了|累得都～眼了|～瞜（kōulou）。

kǒu

口 kǒu ❶图嘴，人和动物吃东西的器官，有的也是发声器官的一部分▷病从～人|开～说话|漱～|～腔|～试|～技。→❷图口味，人对饮食味道的爱好▷香甜可～|～重|～轻。→❸图指说话▷～才|～气|～音|～风。→❹图指人口；家庭成员▷拖家带～|五

～之家|户～。→❺名容器与外相通的部位▷瓶子～|碗～|缸～。❻名泛指一般器物与外相通的部位▷窗～|袖～|洞～|枪～|～径。→❼名出入通过的地方▷大门～|胡同～|出～|入～|渡～|入海～。⇒❽名特指长城的关口▷古北～|西～|～外。⇒❾名特指港口▷出～产品|进～|转～。⇒❿名专业方向;行业系统▷对～分配|工交～|农林～|文教～。→⓫名(人体或物体表面)破裂的地方▷手上剐了个～儿|裤子上撕了个～子|伤～|裂～|决～|豁～。→⓬名刀、剪、剑等的锋刃▷这把剪子还没开～|刀～。→⓭名代指骡马等牲口的年龄(它们的年龄可以从牙齿的多少和磨损的程度看出来)▷这匹马～还轻|骡子老得没～了|七岁～。→⓮量 a)用于人或牲口▷全家三～人|两～猪。b)用于某些有口或有刃的器物▷一～井|一～缸|一～铡刀。

kòu

叩(*敂❶) kòu ❶动敲打▷～诊|～齿|～门。→❷动磕头▷三拜九～|～头|～拜|～贺。○❸动〈文〉询问;探问▷～以边事|～问。

扣(*釦❸) kòu ❶动拴住;连结▷～上纽扣|把门反～上|一环～一环。→❷名绳结▷绳子～儿|系(jì)一个活～儿|死～儿。❸名纽扣▷领～|风纪～|～子|子母～。→❹动扣留;扣押▷～他作人质|～了一个月。❺动从原有的数量中减除一部分▷～工资|～分|～除|～发|克～。❻名减到原价的十分之几叫几扣,也说折▷减价八～(减到原价的80%)|九五～|折～。→❼名螺纹▷套～|螺丝～。○❽动器物口朝下放置;覆盖▷茶碗上～一个碟子|盒盖太小,～不上|把鸡～在鸡笼子里|头上～一顶钢盔。→❾动用力自上而下地掷或击(球)▷主攻手～球得分|～篮|～杀。

寇(*寇冦) kòu ❶名盗匪;入侵者▷贼～|敌～。→❷动敌人入侵▷入～|～边。○❸名姓。

筘 kòu 名织布机上像梳子的机件,可以用来确定经纱的密度和位置,并把纬纱推到织口。也说杼。

蔻[1] kòu [豆蔻]dòukòu 名多年生常绿草本植物,外形像芭蕉,初夏开淡黄色花,果实扁球形。种子可以做药材。

蔻[2] kòu [蔻丹]kòudān 名〈外〉染指甲用的油。

彀(㲉) kòu 名〈文〉初生的小鸟。

kū

矻 kū [矻矻]kūkū 形〈文〉辛勤不懈▷终年～|孜孜～～。

刳 kū 动〈文〉从中间破开;破开后再挖空▷～竹|～木为舟。

枯 kū ❶形草木失去水分或没有生机▷～草|～树|～木逢春|～萎。→❷动(河、井等)变干(gān)▷海～石烂|～井|～竭。→❸形干瘦;憔悴▷～瘦。→❹形单调;没有趣味▷～坐|～燥|～寂。

哭 kū 动由于痛苦或激动而流泪出声▷她伤心地～了|号啕大～|痛～流涕|～～啼啼|～泣。

堀 kū 〈文〉❶名洞穴。现在通常写作"窟"。→❷动打洞。

窟 kū ❶名土室;洞穴▷狡兔三～|石～。→❷名指某种人聚集的地方、场所▷匪～|赌～|魔～。

骷 kū [骷髅]kūlóu 名死人的头骨或全身骨骼▷一具～。

kǔ

苦 kǔ ❶形像苦瓜或黄连的味道(跟"甘""甜"相对)▷药很～|酸甜～辣|～瓜。→❷形劳累;艰辛▷～工|～功|～练|～战|劳～。❸副竭力地;耐心地▷～劝|～～相求。→❹形难过;痛苦▷～日子|孤～伶仃|～恼。⇒❺动使痛苦;使难受▷我病了这一年多,可～了你了|～肉计。⇒❻动因某种情况而感到难过或痛苦▷～夏|～旱。❼形〈方〉削剪得过分;磨损程度太大▷头发铰得太～了|这鞋穿得太～,后跟儿都磨没了。

kù

库[1](庫) kù ❶名古代储存兵车和武器的处所▷兵～|武～。→❷名储存钱粮物品等的建筑、设备▷粮～|书～|血～|水～|仓～|～房。→❸名特指保管、出纳国家预算资金的机关▷金～|国～。○❹名姓。

库[2](庫) kù 量〈外〉法定计量单位中电荷量单位库仑的简称。这个名称是为纪念法国物理学家库仑而定的。☛"库"和"厍"(shè)不同。"厍",上边是"厂",作姓氏用。

绔(絝) kù 名〈文〉裤子。现只用于"纨绔"(富贵人家子弟穿的细绢裤子,借指富贵人家的子弟)。

喾(嚳) kù 名帝喾,传说中上古的一个帝王名。

裤(褲*袴) kù 名裤子,穿在腰部以下的衣服,有裤腰、裤裆和两条裤腿▷一条～子|短～|棉毛～。

酷 kù ❶形〈文〉酒味浓厚。→❷形残暴;苛毒▷～刑|残～|～吏。→❸副表示程度深,相当于"极""甚"▷～热|～爱|～似。

kuā

夸[1](誇) kuā ❶动说大话▷～下海口|自～|～耀|～张。→❷动赞扬;赞美▷老师～他能努力学习|～赞|～奖。

夸[2] kuā 用于神话传说中的人名。如《山海经》有"夸父",《列子》有"夸娥"。

kuǎ

侉 kuǎ 〈口〉❶形说话口音不纯正,跟本地语音不合▷这个人说话有点～|～子。→❷形粗笨;土气▷～大个儿|这件衣服太～|～里～气。

垮 kuǎ ❶动倒塌;坍塌▷堤坝被洪水冲～了。→❷动崩溃;溃败▷反动的统治终于～了|打～了敌人的进攻|～台。→❸动(身体)支持不住▷身体～了|累～了。

kuà

挎 kuà ❶动用胳膊钩或挂(东西)▷两人～着胳膊|～着提包。→❷动把东西挂在肩头、腰间▷～着书包|～着照相机|腰里～着刀|～包。

胯 kuà 名人体腰部两侧到大腿之间的部分▷～下｜～骨。

跨 kuà ❶动迈步越过▷～出家门｜向右～一步｜～栏｜～越。→❷动两腿分开，使物体处在胯下▷～上马｜小孩子～着根竹竿满院子跑。⇒❸动越过一定的界限▷～世纪｜～年度｜～省｜～学科｜～行业。⇒❹形位于旁边的▷～院。☛"跨"和"挎"音同，形、义不同。"跨"从足，用在同腿、脚有关的动作，主要表示跨越；"挎"从手，用在同肩、臂有关的动作，主要表示挂住。

kuǎi

㧟（擓） kuǎi 〈方〉❶动用指甲搔▷～痒痒｜～破了一块皮。○❷动用胳膊挎着▷大妈～着篮子上街了。○❸动舀▷从缸里～一瓢水｜给我～点米汤。

蒯 kuǎi ❶名蒯草，多年生草本植物，叶子条形，开褐色花。丛生在水边或阴湿的地方。茎可以编席或造纸。○❷名姓。

kuài

会（會） kuài 动总合；合计▷～计。
另见 huì。

块（塊） kuài ❶名本指土疙瘩，后来泛指疙瘩状或团状的东西▷冬瓜切片儿还是切～儿？｜砖头瓦～｜豆腐～｜～根｜～茎。❷量 a）用于块状的东西▷一～砖头｜两～豆腐｜三～糖｜一～香皂。b）用于某些成块的片状物▷一～布｜两～手绢儿｜一～手表｜一～宝地。c）〈口〉用于货币，相当于"圆"▷两～钱｜三～五毛。

快[1] kuài ❶形高兴；喜悦▷亲者痛，仇者～｜～事｜人心大～｜愉～｜～乐。○❷形直爽；直截了当▷心直口～｜～人～语｜办事爽～。

快[2] kuài ❶形速度大；用时短（跟"慢"相对）▷跑得～｜～车｜进步很～｜～速。→❷形锋利（跟"钝"相对）▷这把刀不～｜～刀斩乱麻。→❸形反应快；敏捷▷脑子～｜手疾眼～。→❹名速度▷这种车最多开多～？→❺副赶快▷～搭把手｜～走吧。→❻副表示短时间内就要出现某种情况或接近某一时刻▷天～黑了｜～写完了｜～8点了，他还没有来。

侩（儈） kuài 名旧时指专为别人介绍买卖以从中取利的人▷市～｜牙～。

郐（鄶） kuài ❶名周朝诸侯国名，在今河南密县东北。○❷名姓。

哙（噲） kuài 动〈文〉吞咽。

狯（獪） kuài 形〈文〉狡诈；狡猾▷狡～。

浍（澮） kuài 名〈文〉田间的水沟。
另见 huì。

脍（膾） kuài 名切得很细的鱼或肉▷～不厌细｜～炙人口。☛参见"鲙"字的提示。

筷 kuài 筷子，用竹、木等制作的夹取饭菜等的细长棍儿▷竹～｜漆木～｜象牙～子｜火～子。

鲙（鱠） kuài ［鲙鱼］kuàiyú 名鳓。也作快鱼。参见"鳓"。☛1955年《第一批异体字整理表》将"鱠"作为"脍"的异体字予以淘汰。1986年重新发表的《简化字总表》确认"鱠"指鳓鱼时为规范字，类推简化为"鲙"；指细切的鱼或肉时仍作为"脍"的异体字处理。

kuān

宽（寬） kuān ❶形横向的距离大；面积大（跟"窄"相对）▷河面很～｜～肩膀｜～银幕｜～敞｜～广。→❷名横向的距离▷马路有50米～｜长是～的两倍｜6尺长，4尺～。→❸动使开阔；使松缓▷～衣解带｜～心｜～松｜～纵。❹形度量大；不严厉▷～以待人｜从～处理｜～厚｜～容。→❺形富裕；富余▷这几年手头～多了｜～打窄用｜～裕｜～绰。

髋（髖） kuān 名髋骨，组成骨盆的骨头，左右各一，形状不规则，由髂骨、坐骨和耻骨合成。髋骨通称胯骨。

kuǎn

款[1]（*欵） kuǎn 形恳切▷～待｜～留｜～～之心。

款[2]（*欵） kuǎn ❶名钟鼎彝器上刻铸的文字；书画上的题名▷～识（zhì）｜上～｜下～｜落～。→❷名规格；样式▷～式｜行（háng）～｜新～时装。❸量用于式样▷两～法式点心。○❹名法令、规章、条约等分条列举的事项▷第三条第五～｜条～。○❺名指有专门用途的、数目较大的钱▷拨～｜借～｜公～｜专～｜～子。

款[3]（*欵） kuǎn 形〈文〉缓慢▷～步而来｜～～而飞。

窾 kuǎn 名〈文〉孔穴；空隙。

kuāng

匡 kuāng ❶动纠正；扶正▷～谬｜～正。→❷动〈文〉救助；辅助▷～乏困，救灾难｜～时｜～助。○❸动〈口〉粗略计算；估量▷～一～这堆土有多少方｜～算｜～计。○❹名姓。

诓（誆） kuāng 动欺骗；哄骗▷你别～我｜～人｜～骗。☛1955年《第一批异体字整理表》将"誆"作为"诳"的异体字予以淘汰。1986年重新发表的《简化字总表》确认"誆"读kuāng时为规范字，类推简化为"诓"；读kuáng时仍作为"诳"的异体字处理。

哐 kuāng 拟声形容物体撞击、震动的声音▷～的一声，大铁门关上了｜大锣敲得～～响。

洭 kuāng 名洭河，水名，在广东。

筐 kuāng 名用竹篾、柳条、荆条等编成的盛物器具▷编个～｜土～｜两～苹果。

kuáng

狂 kuáng ❶形疯；精神失常▷疯～｜癫～｜发～｜～人。→❷形傲慢；轻狂▷这个人也太～了｜口出～言｜～妄。→❸副毫无拘束地▷～放不拘｜～喜｜～笑｜～饮。→❹形超出常度的；猛烈▷～风暴雨｜～飙｜～澜｜～浪｜～奔。

诳（誑） kuáng 动欺骗；瞒哄▷～语｜～言。☛参见"诓"（kuāng）字的提示。

𫛭（鵟） kuáng 名鹰科𫛭属鸟的统称。体长约50厘米，形状像老鹰，全身褐色，尾部稍淡，尾羽不分叉，腿粗壮，有锐利的长爪。主食鼠类，为农田益鸟。分布在我国东北和西伯利亚南部广大地区。

kuǎng

夼 kuǎng 名两山之间的大沟，多用于地名▷大～|刘家～(两地均在山东)。

kuàng

邝(鄺) kuàng 名姓。

圹(壙) kuàng 名墓穴▷打～|～穴。

纩(纊) kuàng 名〈文〉丝绵絮▷属(zhǔ)～(古时人将死时，在口鼻处放上丝绵絮，检验是否断气)。

旷(曠) kuàng ❶形空阔；宽广▷地～人稀|空～|～野。→❷形心胸开朗▷心～神怡|～达。→❸动荒废；耽误▷～日持久|～课|～工|～废。→❹形久远▷年代～远。→❺形相互配合的东西间隙过大▷车轴磨～了|这双鞋穿着太～了。○❻名姓。

况[1](*況) kuàng ❶动比拟；比方▷以古～今|自～|比～。○❷名情形▷近～|盛～|情～|状～。○❸名姓。

况[2](*況) kuàng 连〈文〉连接分句，表示递进关系，相当于"况且""何况"▷大丈夫尚不能为，～弱女子乎？

矿(礦*鑛) kuàng ❶名蕴藏在地层中有开采价值的物质▷找～|开～|煤～|油～|金～。→❷名开采矿物的场所或单位▷在～里干活儿|～上出了事故|以～为家。❸名跟采矿有关的▷～工|～灯|～井|～业|～尘。☛统读 kuàng，不读 guǎng。

贶(貺) kuàng 动〈文〉赐；赠送▷～赐|～赠。

絖(絖) kuàng 古同"纩"。

框 kuàng ❶名安门窗的架子▷门～|窗～。→❷名器物周边的支撑物▷玻璃～子|画～|镜～。❸名加在器物或文字、图片周围的圈▷烈士照片四周有个黑～。❹动在文字、图片的四周加上线条▷重要的段落拿红笔～起来。→❺动用固有的传统来约束、限制▷不要被旧的一套东西～住了手脚。☛统读 kuàng，不读 kuāng。

眶 kuàng 名眼睛的四周▷热泪盈～|夺～而出|眼～。

kuī

亏(虧) kuī ❶动损失；损耗(跟"盈"相对)▷～了血本儿|盈～|～损。→❷动缺欠；短少▷功～一篑|～秤|理～。→❸动使受损失；亏负▷人～地，～一时；地～人，～一年|～心。○❹副幸而；幸亏▷～他及时发现，不然就坏事了。→❺副多亏的反说，表示讥讽、斥责的语气▷这种缺德事，～你做得出来！|跟孩子呕气，～你还是长辈！

刲 kuī 动〈文〉割；割取。

岿(巋) kuī 形〈文〉高峻屹立▷～然不动。

悝 kuī 用于人名。孔悝，春秋时人；李悝，战国时人。

盔 kuī ❶名像瓦盆而略深的容器▷瓦～。→❷名保护头部的帽子，多用金属或硬塑料制成▷白～白甲|～甲|头～|钢～。

窥(窺*闚) kuī 动从孔隙、隐蔽处察看▷管中～豹|～测|～伺|～见。

kuí

奎 kuí 名星宿名，二十八宿之一。

逵 kuí 名〈文〉四通八达的道路▷大～|～途。

馗 kuí 古同"逵"。

隗 kuí 名姓。
另见 wěi。

揆 kuí 动〈文〉估量；推测▷～情度(duó)理|～时度(duó)势|～其本意。

葵 kuí ❶名指锦葵科的某些植物，包括冬葵、锦葵、蜀葵、秋葵等。○❷名蒲葵，常绿乔木，单干直立，粗大，叶像棕榈叶，扇形，直径可达1米以上，叶柄长；叶子可以制扇子或蓑笠；果、根、叶都可以做药材。○❸名指向日葵▷～花|～瓜子。○❹名姓。

喹 kuí 音译用字，用于"喹啉"(kuílín，有机化合物，可以制药和染料等)。

骙(騤) kuí [骙骙]kuíkuí 形〈文〉形容马跑得威武雄壮。

睽 kuí 动〈文〉分隔；离开▷～违|～离|～隔。

魁 kuí ❶名北斗七星的第一颗星(即离斗柄最远的一颗)。一说北斗七星的第一至第四颗星(即构成斗形的四颗星)的总称。→❷名居首位的人或事物▷罪～祸首|党～|花～|夺～。○❸形(身材)高大▷～梧|～伟。

戣 kuí 名古代戟一类的长柄兵器。

睽[1] kuí [睽睽]kuíkuí 形形容睁大眼睛注视的样子▷众目～～。

睽[2] kuí 动〈文〉违背；不合▷～异(主张不合)。

蝰 kuí [蝰蛇]kuíshé 名毒蛇的一种。背面暗褐色，有三列淡褐色链状椭圆斑纹，斑纹之间有不规则的小斑点，腹面灰白色，每一片腹鳞有三至五个紫褐色斑点。生活在山林或草丛中，昼夜都活动，捕食鼠类、青蛙、小鸟等。

櫆 kuí 名〈文〉北斗星。

夔 kuí ❶名古代传说中的一种怪兽，只有一只脚。○❷名夔州，古地名，在今重庆奉节一带。

kuǐ

傀 kuǐ [傀儡]kuǐlěi 名木偶；喻指像木偶一样被人操纵、摆布的人或组织▷伪满洲国的皇帝不过是日本人的～|～政府。☛统读 kuǐ，不读 kuī。

跬 kuǐ 名〈文〉半步，行走时举足一次为跬，双足各举一次为步▷～步（半步，相当于现在的一步）。

kuì

匮（匱） kuì 动不足；缺少▷～乏|～缺。
另见 guì。

蒉（蕢） kuì 名〈文〉用草编织的盛土或谷物等的器具。

喟 kuì 动〈文〉叹息▷～然长叹|～叹。

馈（饋*餽） kuì ❶动赠送（礼物）▷～赠|～送。→❷动传送（信息等）▷反～。

溃（潰） kuì ❶动大水冲破堤防▷～决|～堤。→❷动突破（包围）▷～围。❸动（军队）被打垮；逃散▷一触即～|不战自～|～败|击～。→❹动肌肉腐烂▷～烂|～疡。
另见 huì。

愦（憒） kuì 形昏乱；糊涂▷昏～。

愧（*媿） kuì 动惭愧，因有缺点、做错事或没尽到责任而感到不安▷却之不恭，受之有～|问心无～|不～|羞～。

禬（襀） kuì 〈方〉❶名用绳子、带子等拴成的结▷打个活～儿|死～儿。→❷动拴；系（jì）▷把牛～上。

聩（聵） kuì ❶形耳聋▷振聋发～。→❷形糊涂；不明事理▷昏～。

篑（簣） kuì 名盛土的竹器▷功亏一～。

kūn

坤（*堃） kūn ❶名八卦之一，卦形为“☷”，代表地。→❷名代指女性（跟“乾”相对）▷～宅（旧时称婚姻中的女家）|～车|～表|～包|～伶。

昆（*崑❷崐❷） kūn ❶名〈文〉哥哥▷～仲（称别人的兄弟）|～弟（兄弟）。○❷[昆仑]kūnlún 名山名，西起帕米尔高原东部，横贯新疆、西藏间，东面延伸到青海境内。

裈（褌） kūn 名古代指有裤裆的裤子（区别于无裆的套裤）。

琨 kūn 名〈文〉像玉的美石。

焜 kūn 形〈文〉光亮。

裩 kūn [哮裩塘]xiàokūntáng 名地名，在安徽。

髡 kūn 动剃去男子的头发（古代男子留长发），古代的一种刑罚▷～刑。

鹍（鵾） kūn [鹍鸡]kūnjī 名古书上指一种形状像鹤的鸟。

锟（錕） kūn [锟铻]kūnwú 名古书上说的山名，传说所产的铁可铸造锋利的刀剑，因此也用来指称好铁、宝剑。

醌 kūn 名有机化合物的一类，由芳香族母核的两个氢原子分别被一个氧原子代替而形成的化合物，如“对苯醌”“蒽醌”等。

鲲（鯤） kūn 名古代传说中的一种大鱼▷～鹏。

kǔn

捆（*綑） kǔn ❶动用绳索等把人或东西缠紧并且打上结▷～铺盖卷儿|把小偷～起来|～绑|～扎。→❷名捆起来的东西▷捆成～儿|大～大～地买葱。❸量用于成捆的东西▷一～旧报纸|五～甘蔗|每～六公斤。

阃（閫） kǔn 〈文〉❶名门坎▷～外。→❷名闺门，妇女居住的内室▷～闱|闺～。❸名借指妇女；特指妻子▷～范（妇女的品德、规范）|令～（敬称别人的妻子）。

悃 kǔn 名〈文〉诚心实意▷聊表谢～。

壸（壼） kǔn 名〈文〉宫中的道路▷宫～。☛“壸”和“壶”（hú）不同，“壸”下面是“业”。

kùn

困（睏❺） kùn ❶形艰难窘迫；穷苦▷～难|～境|～苦|贫～。→❷动陷入艰难痛苦的境地难以摆脱▷～在沙漠里|身无分文，真把我给～住了。❸动围困；包围▷乡亲们被大水～在一块高地上|把敌人～在城里|～守。→❹形疲乏▷～乏|～顿。❺动想睡觉▷～得睁不开眼|睡一会儿就不～了。

kuò

扩（擴） kuò 动使（范围、规模等）增大▷～大|～张|～建|～军|～音机。

括（*搭） kuò ❶动结扎；束▷～约肌。→❷动包含；把各方面合在一起▷总～|概～|囊～|包～。→❸动（给文字）加上括号▷把这段话用括号～起来。☛统读 kuò，不读 guā。

适 kuò 古同“逭”。
另见 shì。

栝 kuò [檃栝]yǐnkuò，见“檃”。
另见 guā。

逭 kuò 形〈文〉疾速。多用于人名，如南宫逭、洪逭。也作适。

蛞 kuò ❶[蛞蝼]kuòlóu 名〈文〉蝼蛄。参见“蝼”。○❷[蛞蝓]kuòyú 名软体动物，身体圆而长，像去壳的蜗牛，能分泌黏液，爬行后留下银白色条痕。生活在阴暗潮湿处，昼伏夜出，危害果树、蔬菜等农作物。也说蜒蚰，通称鼻涕虫。

阔（闊*濶） kuò ❶形远，空间距离大▷～步。→❷形空泛；不切实际▷迂～|高谈～

论。→❸形面积大；横的距离大▷海～天空｜～叶树｜宽～｜广～。❹形富裕；生活奢侈▷这几年～起来了｜～老｜摆～｜～气。→❺形久远；时间距离长▷～别。

廓 kuò ❶形〈文〉广大；空阔▷寥～｜～落（空阔寂静）。→❷动〈文〉开拓；扩大▷～张｜～大。→❸动〈文〉使空阔；清除▷～清寰宇｜～除阴霾。→❹名物体的外缘▷轮～｜耳～。

鞹 kuò 名〈文〉去毛的兽皮。

L

lā

垃 lā [垃圾]lājī 名肮脏土或扔掉的废物▷倒～|～堆。

拉[1] lā ❶动用力使物体朝着或跟着自己移动;牵引▷把椅子～过来|～车|～锯|～纤(qiàn)。→❷动用车运▷～了一车粮食|两车就能～完|～我到机场|～脚。→❸动牵引乐器或发声器的某一部分使发出声音▷～胡琴|～手风琴|～警笛。→❹动带领;集结▷把队伍～进山里去|～起一支队伍|～了一帮人。→❺动拖长;使延长▷～长声音|～开距离。❻动拖欠▷～下几千块钱的账|～了不少亏空(kong)。→❼动牵连;牵扯▷一人做事一人当,不要～上别人。→❽动拉拢;招揽▷～关系|～交情|～买卖|～生意。→❾动〈口〉闲谈;闲扯▷～家常|～话。○❿动排泄▷～肚子|～屎|～稀。

拉[2] lā [拉祜族]lāhùzú 名我国少数民族之一,分布在云南。
另见 lá;lǎ;là。

啦 lā 用于"呼啦啦""哗啦啦""哩哩啦啦""啦啦队"等词语。
另见 la。

喇 lā 用于"呼喇""哇喇"等词语。现在通常写作"啦"。
另见 lá;lǎ。

邋 lā [邋遢]lāta 形穿着不整洁;不修边幅▷他打扮得整整齐齐,不像往常那么～了。☛统读 lā,不读 lǎ。

lá

旯 lá [旮旯儿]gālàr,见"旮"。

拉 lá 动割开;划破▷～一块玻璃|手上～了个口子。
另见 lā;lǎ;là。

剌 lá 同"拉"。
另见 là。

砬 lá 名砬子,山上耸立的大岩石,多用于地名▷红石～(在河北)|白石～子(在黑龙江)。

喇 lá [哈喇子]hālázi 名〈口〉流出来的口水▷馋得直流～。
另见 lā;lǎ。

lǎ

拉 lǎ [半拉]bànlǎ 量〈方〉半个;半边▷～西瓜|～脸都肿了|这～是教室,那～是宿舍。
另见 lā;lá;là。

喇 lǎ ❶[喇叭]lǎba a)名一种管乐器,开始较细,越来越粗,末端口部张开▷吹起小～。b)名有扩音作用的形状像喇叭的东西▷高音～|汽车～。○❷[喇嘛]lǎma 名藏传佛教的僧人,原义为"上人"(藏语音译)。
另见 lā;lá。

là

拉 là [拉拉蛄]làlàgǔ 同"蝲蝲蛄"。参见"蝲"。
另见 lā;lá;lǎ。

剌 là 形〈文〉(性情或行为)怪僻,不合常情、事理▷乖～|～谬。☛"剌"和"刺"(cì)不同。"剌"字左边是"束"(shù),"刺"字左边是"朿"(cì)。
另见 lá。

落 là 〈口〉❶动跟不上,被丢在后面▷他走路总～在别人后面|大家齐头并进,谁也没有～下。→❷动遗漏▷把老师的话一字不～地记下|通知上～了他的名字。❸动把东西遗留在某处,忘了带走▷铅笔盒～在家里了|丢三～四。☛这三个意义,在口语中不读 luò 或 lā。
另见 lào;luò。

腊(臘*臈) là ❶名古代农历十二月合祭百神的祭祀。→❷名指农历十二月▷～月|～八。❸名腊月或冬天腌制后风干或熏干的(鱼、肉等)▷～肉|～鱼|～味。
另见 xī。

蜡(蠟) là ❶名从动、植物或矿物中所提炼的油质,具有可塑性,常温下是固体。有蜂蜡、白蜡、石蜡等。可以用来防湿、密封、浇塑、做蜡烛。→❷名指蜡烛,用蜡或其他油脂制成的供照明用的东西,多为圆柱形,中心有捻,可以燃点▷把～吹灭|一支～|～扦。→❸名淡黄如蜡的颜色▷～梅|～黄。
另见 zhà。

瘌 là [瘌痢]làlì 名〈方〉黄癣▷～头。也作鬎鬁、癞痢。

辣(*辢) là ❶形辣椒、蒜、姜等具有的有一定刺激性的味道▷这道菜太～了|辛～|～酱。→❷动辣味刺激(感官)▷吃了一点辣椒,～得满头是汗|～舌头|～眼睛。→❸形凶悍;狠毒▷手段真够～的|毒～|老～。

蝲 là ❶[蝲蛄]làgǔ 名甲壳类动物的一属。形状像龙虾而小,第一对足呈螯状,有宽大的尾扇。生活在淡水中,肺吸虫的幼虫常寄生在它体内。○❷[蝲蝲蛄]làlàgǔ 名蝼蛄的通称。也作拉拉蛄。

鳓(鰳) là 名鳓科鱼的统称。体侧扁,银灰色,有黑色纵条纹,口小。生活在热带和亚热带近海。多制成咸干品,也供鲜食。

癞(癩) là [癞痢]làlì 同"瘌痢"。参见"瘌"。
另见 lài。

鬎 là [鬎鬁]làlì 同"瘌痢"。参见"瘌"。

镴(鑞) là 图锡和铅的合金。可以焊接金属，也可以制造器皿。通称锡镴、焊锡。也说白镴。

la

啦 la 助"了"(le)和"啊"(a)的合音词，兼有二者的意义▷你们都回来～？|我们已经干完～|那他就不管～？

另见 lā。

鞡 la [靰鞡]wùla，见"靰"。

lái

来[1](來) lái ❶动从另外的地方到说话人这里(跟"去"或"往"相对)▷开会的人都～了|～了两个客人|～北京|～信了|～去自由|～往。→❷形未来的▷～年|～日|继往开～。→❸名从过去到说话时为止的一段时间▷多年～|几天～|近～|向～。→❹动(事情、问题等)来到；发生▷上级的指示刚～|麻烦～了也不用急。→❺动 a)用在动词后面，表示来做某事▷老师看望大家～了|我向诸位学习～了。b)用在动词前面，表示要做某事▷你去弹琴，我～唱歌|我～说几句|咱们一起～想想办法。❻动做某个动作(代替意义具体的动词)▷你搬不动，我～吧|唱得真好，再～一个|不要跟我～这一套。→❼动用在另一个动词的后面，表示动作朝着说话人这里▷开～一辆空车|拿榔头～|找几本书～。⇒❽动用在另一个动词后，表示结果或估量▷一觉醒～|信笔写～|说～话长|看～最近是办不成了|算～已经有十几年了。⇒❾动用在动词性词组(或介词词组)与动词或动词性词组之间，表示前者是方法、态度，后者是目的▷扒着门缝～偷看|你用什么办法～帮助他？|我们一定尽最大努力～完成任务。〇❿动跟"得"或"不"连用，表示能够或不能够▷他跟他还合得～|这道题我可做不～。〇⓫名姓。

来[2](來) lái 助用在诗歌、叫卖声里做衬字▷二月里～呀，好春光|磨剪子～抢(qiǎng)菜刀。

来[3](來) lái ❶助用在句尾，表示曾经发生过什么事情，相当于"来着"▷你昨天干什么～？|这话我什么时候说～？〇❷助用在数词或数量词组后面，表示概数，通常略小于那个数目▷二十～岁|十～天|一百～件|七尺～深|二里～地。〇❸助用在序数词"一""二""三"等后面，表示列举▷我到上海去，一～是办点事，二～是看看朋友。

莱(萊) lái ❶名〈文〉藜。→❷名〈文〉丛生的野草▷草～。❸名〈文〉郊外休耕的田地；荒地▷田～。〇❹[莱菔]láifú 名萝卜。参见"萝"。

崃(崍) lái [邛崃]qiónglái，见"邛"。

徕(徠) lái [招徕]zhāolái 动招揽；使人到来▷以广～|～顾客。

另见 lài。

涞(淶) lái 用于地名。如：涞源，涞水，两地均在河北。

梾(棶) lái 名梾木，梾木属植物的统称。落叶乔木或灌木，叶子对生，开白色或白绿色小花，球形核果。木材细致坚硬，可以制作车轮、车轴或作建筑材料；树皮和叶子可以提制栲胶；种子榨油后可以制肥皂和润滑油。

铼(錸) lái 名金属元素，符号 Re，稀散元素之一。银灰色，质硬，熔点很高，机械性能好，电阻高，耐高温与腐蚀。用于制造白炽灯灯丝、热电偶等，也用作催化剂；铼合金用于制造宇宙飞行器外壳及原子反应堆防护板。

lài

徕(徠) lài 动〈文〉慰劳▷劳～。

另见 lái。

赉(賚) lài 动〈文〉赏；赐给▷～赏|～赐。

睐(睞) lài 动〈文〉向旁边看；看▷明眸善～|青～(用黑眼珠看，比喻对人的喜爱或重视)。

赖[1](賴*頼) lài ❶动依靠；仗恃▷百无聊～|依～|仰～|信～。→❷形刁钻撒泼，不讲道理▷这种人真够～的|耍～|撒～|～皮。⇒❸形〈口〉坏▷不分好～|唱得不～|挑好的吃，别吃～的。⇒❹动留在某处不肯离开▷逐客令下了，他还～着不走。〇❺名姓。

赖[2](賴*頼) lài ❶动抵赖，不承认错误或不承担责任▷证据俱在，～是～不掉的|～账|～婚|狡～。→❷动诬赖，硬说别人有过错▷明明是你忘了，还～人家|这事跟我不相干，不要～我。❸动责备；怪罪▷不能～条件不好，只怪自己不努力。

濑(瀨) lài 名〈文〉(砂石上的)湍急的水流。

癞(癩) lài ❶名麻风，慢性传染病，症状是皮肤麻木，肤色变深，表面形成结节，毛发脱落等。→❷名黄癣，皮肤病，头部先发生黄斑或脓疱，结痂后毛发随痂脱落不再长出。❸形皮毛脱落或表面凹凸不平，像生了癞的▷～皮狗|～蛤蟆|～瓜。

另见 là。

籁(籟) lài ❶名古代一种竹制管乐器。→❷名发自孔穴的声音；泛指声音▷万～俱静|天～(自然界的声音)。

lai

唻(唻) lai 助用法同"嘞"(lei)。

lán

兰(蘭) lán ❶名泽兰，多年生草本植物，叶子卵形，边缘有锯齿，全株有香气，秋末开白色花。通称兰草。→❷名〈文〉木兰，落叶乔木，形状像楠树，树皮有香味。→❸名兰花，多年生草本植物，叶子丛生，细长，春季开淡绿色的花，气味清香，可供观赏，花可制作香料。〇❹名姓。☛"兰"和"蓝"不同。"蓝"指蓼蓝(一种草本植物)，也指像晴天天空那样的颜色。

岚(嵐) lán 名〈文〉山林中的雾气▷山～|～气|晓～。

拦(攔) lán ❶动不许通过；遮挡▷～住去路|～汽车|～着一道铁丝网|把水～到水库里。→❷介对着▷～腰斩断。

栏(欄) lán ❶名栏杆，用来拦挡的东西，用竹、木、金属或石头等制成▷雕～玉砌|凭～远望|木～|石～|桥～|井～|栅～。→❷名饲养家畜的圈▷存～头数|牛～马圈。→❸名表格中区分项目的格

子▷全表共七～|第一～|备注～。❹名书刊报纸上用线条或用空白贯通隔开的部分，也指按内容、性质划分的版面▷上下两～|通～标题|广告～|文艺～|专～|～目。→❺名固定张贴布告、报纸等的装置▷布告～|宣传～|报～。→❻名拦在跑道上供跨跃用的体育器材；使用这种器材的体育项目▷跨～|低～|高～|110米～。

婪(*惏) lán 形贪；不满足▷贪～。

阑(闌) lán ❶名〈文〉门前的栅栏，也指栅栏一类的遮拦物▷门～|凭～。现在通常写作"栏"。○❷形接近结束▷岁～|更深夜～。

蓝(藍) lán ❶名蓼蓝，一年生草本植物，叶子干后变成暗蓝色，可加工成靛青，做蓝色染料▷青出于～。→❷名泛指某些可做蓝色染料的植物或叶子是蓝绿色的植物▷木～|马～|甘～|芥～。→❸形像无云晴天天空那样的颜色▷～衣服|湛～|天～|毛～。○❹名姓。☛"蓝"和"兰"不同。"兰"是"蘭"的简化字。

谰(讕) lán 动抵赖；诬赖▷无耻～言。

澜(瀾) lán 名波浪▷波～壮阔|力挽狂～|微～。

褴(襤) lán [褴褛]lánlǚ 形(衣服)破破烂烂▷衣衫～。也作蓝缕。

篮(籃) lán ❶名篮子，竹篾、柳条等编成的盛物器，口多为圆形或椭圆形，有提梁▷竹～|花～|菜～子。→❷名篮球架上供投球用的带网铁圈▷上～|投～|～板球。❸名指篮球或篮球队▷～坛|男～|女～。☛"篮球"不能写成"蓝球"或"兰球"。

斓(斕) lán [斑斓]bānlán 形色彩错杂灿烂▷～猛虎|色彩～。

镧(鑭) lán 名金属元素，符号La，稀土元素之一。银白色，质软，有展性而无延性，化学性质活泼，在空气中易氧化而生成灰白色粉末。用于制造合金；镧化合物有多种用途。

襕(襴) lán 名古代一种上衣和下裳(cháng)连在一起的服装，相当于后来的长衫或长袍。

lǎn

览(覽) lǎn 动观看▷浏～|展～|阅～|博～群书|～胜。

揽(攬) lǎn ❶动把分散的东西总聚在一起握住；握；把持▷～镜自照|独～大权|～总。→❷动把人吸引聚集到自己方面来▷延～人才。❸动把生意、责任、事务等拉到自己这边或自己身上来▷～买卖|～点活儿干|把责任都～过来了|招～。→❹动围抱；搂▷把孩子紧紧～在怀里|将她一把～住。→❺动用手或绳子等聚拢松散的东西▷装完车要用绳子～一下。

缆(纜) lǎn ❶名系船用的多股粗绳或铁索▷解～|～绳|船～。→❷名由多股组成的像绳子的东西▷电～|钢～|光～。❸动〈文〉用绳索拴住(船)▷～舟。

榄(欖) lǎn 名橄榄。参见"橄"。

罱 lǎn ❶名捕鱼或捞河泥的工具，把网子装在两根平行的短竹竿上，再安上用两根交叉的长竹竿做成的手柄，使网子可以开合。→❷动用罱捞▷～河泥。

漤 lǎn ❶动用糖、盐等调味品腌或拌(生的鱼、肉、水果、蔬菜)▷～桃。→❷动用热水或石灰水浸泡(柿子)使脱涩▷～柿子。

懒(懶*嬾) lǎn ❶形怠惰；不勤快(跟"勤"相对)▷这人太～，不爱干活|好吃～做|～惰|～汉|偷～。→❷形疲乏；打不起精神▷这两天身上发～，干什么都没精神|～洋洋|伸～腰。→❸动后面跟着"得"，用在动词前，表示厌烦或不愿意做某事▷～得搭理他|～得管闲事|～得动。

làn

烂(爛) làn ❶形食物熟透后十分松软▷肉炖得很～|面条不要煮得太～。→❷形形容某些固态物体吸收水分后的松软或稀糊状态▷纸泡～了|～泥。→❸形有机体由于微生物的滋生而变坏▷葡萄都放～了|臭鱼～虾|溃～|腐～。⇒❹形残破▷鞋穿～了|破衣～衫。⇒❺形混乱▷～摊子|一本～账。→❻副用在"熟""醉"等词前，表示程度极深▷背得～熟|～醉如泥。

滥(濫) làn ❶动(江河湖泊的水)漫溢出来▷泛～。→❷形过度；没有节制▷～用职权|乱砍～伐|狂轰～炸|宁缺勿～。❸形浮泛而不切实际▷陈词～调|～套子。

lāng

啷 lāng ❶[当啷]dānglāng 拟声形容摇铃或金属器物撞击等的声音▷上课铃～～响了|～一声，锅掉在地上。○❷[哐啷]kuānglāng 拟声形容器物撞击的声音▷～一声，门被撞开了。

láng

郎[1] láng ❶名古代官名▷侍～|员外～|中～。○❷名姓。

郎[2] láng ❶名旧时女子称情人或丈夫▷情～|～君。→❷名旧时对年轻男子的称呼。⇒❸名称别人的儿子▷令～。⇒❹名从事某些职业的人▷放牛～|货～。

另见 làng。

狼 láng 名哺乳动物，形状像狗，面部长，耳朵直立，尾巴下垂，毛色通常为背部黄灰色，略混黑色，胸腹部带白色。昼伏夜出，性凶暴残忍，常袭击各种野生动物，也伤害人畜，是畜牧业主要害兽之一。

阆(閬) láng [闶阆]kāngláng，见"闶"。另见 làng。

琅(*瑯) láng ❶[琅玕]lánggān 名〈文〉形状像珠子的美石。○❷[琅琅]lángláng 拟声形容金石撞击声或响亮的读书声▷～～上口。☛统读láng，不读lǎng。

廊 láng 名有顶的过道，有的在屋檐下，有的在室外▷前～后厦|走～|游～|长～。

榔 láng [榔头]lángtou 名敲打东西的工具，柄的一端装有一个同它垂直的铁或木制的头。也作镩头。

锒(鋃) láng [锒铛]lángdāng 〈文〉❶拟声形容金属相撞击的声音▷铁索～。→❷名拘禁犯人的铁锁链▷～入狱(被铁锁链锁着进监狱)。

稂 láng 名〈文〉一种对禾苗有害的杂草▷～莠(喻指坏人)。

锒(鋃) láng [锒头]lángtou 同"榔头"。参见"榔"。

螂(*蜋) láng ❶[蛇螂]gèláng,见"蛇"。〇❷[蚂螂]mālánɡ,见"蚂"。〇❸[蜣螂]qiānɡlánɡ,见"蜣"。〇❹[螳螂]tánɡlánɡ,见"螳"。〇❺[蟑螂]zhānɡlánɡ,见"蟑"。

lǎng

朗 lǎng ❶形明亮;光线充足▷天~气清|豁然开~|晴~。→❷形声音清晰响亮▷~读|~诵。

烺 lǎng 形〈文〉明亮。

塱 lǎng [元塱]yuánlǎng 名地名,在香港。今作元朗。

㮾 lǎng [㮾梨]lǎnglí 名地名,在湖南。

làng

郎 làng [屎壳郎]shǐkelàng 名〈口〉蜣螂。参见"蜣"。另见 láng。

埌 làng [圹埌]kuànglàng 形〈文〉(原野)一望无际。

莨 làng [莨菪]làngdàng 名即天仙子。一年或二年生草本植物,叶互生,呈长椭圆形,花黄色,漏斗状,有紫色网状脉纹,根茎块状。有毒。叶和种子(称天仙子或莨菪子)可以做药材。

另见 liáng。

崀 làng [崀山]làngshān 名地名,在湖南。

阆(閬) làng [阆中]lànɡzhōnɡ 名地名,在四川。另见 láng。

浪[1] làng ❶名江湖海洋上起伏不平的大波▷风平~静|惊涛骇~|狂风巨~|波~|~花|~头。→❷名像波浪一样起伏的东西▷声~|气~|麦~|热~。

浪[2] làng ❶动不受约束;放纵▷放~|~迹|~费。→❷形淫荡▷淫语~声|~货。

哴 làng 动〈方〉晒;晾干。

蒗 làng [宁蒗]nínglàng 名地名,在云南。

lāo

捞(撈) lāo ❶动从液体里取出(东西)▷~鱼|~面条|水中~月|打~|捕~。→❷动用不正当的手段取得▷~个一官半职|趁机~一把|~外快|~油水。☛统读 lāo,不读 láo。

láo

劳(勞) láo ❶形辛勤;劳苦▷一~永逸|心~日拙|~累|~碌|疲~|辛~。→❷动使劳苦▷~民伤财|~师动众。❸动烦劳(请别人做事时的客套话)▷~驾|有~|偏~。→❹名功勋▷汗马之~|功~|~绩。→❺动慰劳▷犒~|~军。→❻动劳动▷不~而获|多~多得|~作|~务。❼名劳动者▷~资关系|~方。〇❽名姓。

牢 láo ❶名饲养牲畜的圈▷亡羊补~(比喻事后补救)。→❷名监禁囚犯的地方▷坐了三年~|监~|~房。→❸形结实;坚固▷把钉子钉~点儿|~不可破|~固。❹形稳妥▷嘴上无毛,办事不~|~靠。

唠(嘮) láo [唠叨]láodao 动没完没了地说▷老奶奶又~开了。

另见 lào。

崂(嶗) láo 名崂山,山名,又地名,均在山东。也作劳山。

铹(鐒) láo 名放射性金属元素,符号 Lr。是人工获得的元素,量极少。最稳定的同位素半衰期是 180 秒。

痨(癆) láo 名中医指结核病▷肺~|干血~|~病|防~。

醪 láo 〈文〉❶名汁渣混合的酒▷浊~|村~。现在也说醪糟、江米酒。→❷名酒的统称▷甘~|琼~。

lǎo

老 lǎo ❶形年龄大(跟"少""幼"相对)▷他都七十多岁了,但一点不显~|人~心不~|~奶奶。→❷名年纪大的人▷敬~院|尊~爱幼|一家~小。❸名对年纪大的人的尊称▷谢~|董~。→❹形老练;富有经验的▷~手|~于世故。→❺形历时长久的(跟"新"相对)▷这种酒牌子很~|~朋友|~字号。⇒❻形陈旧的;过时的(跟"新"相对)▷这件衣服样式太~了|~脑筋。⇒❼形原来的▷~地方|~脾气|~毛病。⇒❽形(某些颜色)重、深▷~绿|~红|~蓝布。⇒❾形(蔬菜)长得时间过长而不好吃(跟"嫩"相对,⑩同)▷~黄瓜|豆角长~了。❿形(食物)加工超过适当的火候▷肉炒~了,咬不动|鸡蛋羹蒸得太~。⇒⓫形(某些高分子化合物)变得黏软或硬脆▷塑料~化|防~剂。⇒⓬副表示时间长,相当于"一直"▷这些日子~没进城了|这屋子~不住人,有股霉味儿|他对人~那么亲切和蔼|山村的空气~这么新鲜。⓭副表示经常▷他做作业~问人|别~开玩笑。→⓮词的前缀。a)加在某些动植物名称前面▷~鼠|~虎|~鹰|~玉米|~倭瓜。b)加在姓氏前面▷~李。c)放在大、二、三……十前面,表示排行▷~大|~三。→⓯副表示程度深,相当于"很"▷岁数不~小了|这条街~长~长的|~远|~早。→⓰动〈口〉指老人死亡(婉辞,必带"了")▷他奶奶前几天~了|他家刚~了人。〇⓱形〈口〉排行最末的▷~儿子|~舅|~叔。〇⓲名姓。

佬 lǎo 名称成年男子(含轻蔑意)▷乡巴~|江北~。

姥 lǎo [姥姥]lǎolao ❶名〈口〉外祖母。→❷名〈方〉对接生婆的称呼。

另见 mǔ。

栳 lǎo [栲栳]kǎolǎo,见"栲"。

铑(銠) lǎo 名金属元素,符号 Rh。银白色,质极硬,耐磨,有延展性,熔点高。常镀在探照灯等的反射镜上,也可以制热电偶;铑合金用于制造化学仪器和测量高温的仪器。

潦 lǎo 〈文〉❶形雨水大▷~雨。→❷名雨后的积水▷积~。

另见 liáo。

lào

络(絡) lào [络子]làozi ❶名用线编结成的网状袋子。〇❷名绕纱、线的器具。

另见 luò。

唠（嘮） lào 动〈方〉闲谈；谈话▷有空儿咱俩好好～一～|大伙儿～得很热闹|～嗑。

另见 láo。

烙 lào ❶动用烧热的金属工具熨烫，使衣物等平整，或在物体上留下标记▷～衣服|～花|～印。→❷动把食物放在烧热的铛、锅上烤熟▷～饼|～锅贴儿。

另见 luò。

涝（澇） lào ❶动雨水过多，淹了庄稼（跟"旱"相对）▷庄稼～了|旱～保收|十年九～。→❷名田地里积存的雨水▷排～。

落 lào 义同"落"（luò）①②⑦—⑨，多用于口语▷价格有涨（zhǎng）有～|等～ˊ～汗再走|～色|～枕|～不是|～埋怨。

另见 là；luò。

耢（耮） lào ❶名农具，长方形，用藤条或荆条编成，用来对耙过的耕地进一步打碎土块，平整地面。也说耱或盖。→❷动用耢平整土地▷～地。

酪 lào ❶名用牛、羊等家畜的乳汁制成的半凝固或凝固状食品▷奶～。→❷名用植物的果实做的糊状食品▷山楂～|杏仁～。

嫪 lào 用于人名。嫪毐（lào'ǎi），战国时秦国人。

lē

肋 lē ［肋脦］lēte 形〈方〉邋遢▷瞧他那～样儿！

另见 lèi。

嘞 lē ［嘞嘞］lēle 动〈方〉叨唠▷你瞎～什么！

另见 lei。

lè

仂 lè ❶名〈文〉余数；一个数的若干分之一。→❷［仂语］lèyǔ 名词组的旧称，即两个或两个以上词的组合。

艻 lè ［萝艻］luólè 名罗勒的古称。一年生草本植物，茎方形，夏秋开白色或淡紫色花。茎和叶可以做香料和药材。

叻 lè 名指新加坡（我国侨民称新加坡为石叻或叻埠）▷～币。

乐（樂） lè ❶形快活；欢喜▷～极生悲|～滋滋|～事|欢～|快～。→❷名令人快乐的事情▷找～儿|取～儿。→❸动很高兴（做某事）▷～此不疲|喜闻～见|津津～道。→❹动〈口〉笑▷～得合不上嘴|不停地傻～|你～什么呢？○❺名姓。

另见 yuè。

泐 lè 〈文〉❶动雕刻▷～石|～碑。→❷动书写（多用于书信）▷手～|专此～布。○❸名姓。

勒[1] lè ❶名〈文〉马笼头。→❷动拉紧缰绳不让牲口前进▷悬崖～马。→❸动强迫▷～令|～索|～逼。○❹名姓。

勒[2] lè 动〈文〉雕刻▷勾～|～石。

勒[3] lè 量〈外〉法定计量单位中光照度单位勒克斯的简称。1流明的光通量均匀照在1平方米表面上所产生的光照度为1勒。

另见 lēi。

鳓（鰳） lè 名鱼，体侧扁，银白色，头小，腹鳍很小，腹部有硬鳞，无侧线。生活在海中。也说鲙（快）鱼、白鳞鱼。

le

了 le ❶助用在句子中间，表示动作或变化已经完成（既可以表示过去或现在完成，也可以表示将来完成）▷写～信|去图书馆借～一本书|等他来～再走|下～班早点儿回来|人又老～许多|这个月只晴～三天。→❷助用在句尾，表示确定的语气，着重说明出现某种新情况或发生某种变化（这种新情况可以是已经发生，也可以是即将发生，还可以是一种假设）▷小王来信～|我明白他的意思～|天快亮～|我该回家～|要是不走就见到他～。⇒❸助用在句尾或句中停顿的地方，表示劝阻或命令的语气▷好～，不要说话～|可别大意～|别干～|闪开～。⇒❹助用在句尾或句中停顿的地方，表示感叹的语气▷太好～！|太不应该～！|太棒～，一枪打中10环。

另见 liǎo。

饹（餎） le ［饸饹］héle，见"饸"。

另见 gē。

lēi

勒 lēi 动〈口〉用绳子等条状物缠住或套住后用力拉紧▷～得喘不出气来|～紧裤腰带。

另见 lè。

léi

累[1]（纍❶） léi ❶［累累］léiléi a）形〈文〉瘦弱颓丧的样子▷～若丧家之狗。也作儽儽。b）形多得连成串▷硕果～。○❷［累赘］léizhuì a）形多余▷文章的结尾显得～。b）名使人感到多余的事物▷赶上阴天，草帽反而成了～。

累[2]（纍） léi 〈文〉❶名绳索。→❷动捆绑。

另见 lěi；lèi。

雷 léi ❶名云层因放电而发出的巨响▷打～了|～电|～击|～雨|春～。→❷名指某些爆炸性武器▷水～|手～|鱼～|排～。○❸名姓。

嫘 léi 用于人名。嫘祖，传说中黄帝的妻子，发明了养蚕。

缧（縲） léi 名〈文〉捆绑犯人的大绳索▷～绁（借指牢狱）。

樏 léi 名〈文〉公牛。

擂 léi ❶动敲；打▷～鼓|自吹自～。○❷动研磨▷～钵（研磨东西用的钵）。

另见 lèi。

檑 léi 名滚木，古代作战时为阻挡敌人进攻，从高处推下的大块筒状木头▷～木。

礌 léi ❶动古代作战时从高处推下木石以打击敌人▷滚木～石。→❷名从高处推下打击敌人的大块木石。☛统读 léi，不读 lèi。

镭（鐳） léi 名放射性金属元素，符号 Ra。银白色，质软，化学性质活泼，放射性很强，具有强大穿透力，并不断大量放热。用于治疗癌症；镭盐可以作为中子源的材料，用于地质勘测。

羸 léi 形〈文〉瘦；弱▷～弱|～顿。☛统读 léi，不读 lěi。

罍 léi 名古代一种壶形的盛酒器具。

儽 léi [儽儽]léiléi 同“累累”。参见“累”。

欙 léi 名古代登山时乘坐的一种轿。

lěi

耒 lěi ❶名古代翻土农具耜上的曲木柄▷～耜。→❷名古代一种直向安柄的双齿刃耕具▷因释其～而守株。☛“耒”字第一笔旧字形是撇，新字形是横。从“耒”的字，如“诔”“耕”“耘”“耙”，同。

诔(誄) lěi 〈文〉❶动列述死者德行功过，表示哀悼并评定谥号（多用于上对下）▷～德｜～谥。→❷名列述死者生平事迹表示哀悼的文章▷～文｜～辞。

垒(壘) lěi ❶名军队驻地用来防御敌人的建筑▷两军对～｜深沟高～｜壁～｜堡～。→❷动用土坯、砖、石等砌▷～一堵墙｜把锅台～高点儿。→❸名棒球、垒球运动的守方据点▷跑～｜一～。

累[1](纍❶) lěi ❶动堆积；积聚▷危如～卵｜日积月～｜成千～万｜积～。→❷动连续；连接▷连篇～牍｜长年～月。❸副屡次；多次▷～教不改｜～迁。→❹同“垒”②。现在通常写作“垒”。

累[2] lěi 动牵连▷牵～｜连～｜带～｜～及。
另见 léi；lèi。

磊 lěi [磊落]lěiluò 形襟怀坦白；（心地）光明正大▷光明～。

蕾 lěi 名含苞待放的花朵，通称花骨朵▷花～｜蓓～。☛统读 lěi，不读 léi。

儡 lěi [傀儡]kuǐlěi，见“傀”。

lèi

肋 lèi 名人和某些动物胸部的两侧▷两～｜左～｜～骨。
另见 lē。

泪(*淚) lèi 名眼内泪腺分泌的无色透明液体▷流～｜～如雨下｜～水｜眼～。

类(類) lèi ❶名种；相似事物的归纳▷把藏书分成三个大～，六个小～｜种～｜～别｜分～。→❷动相似▷～人猿｜画虎不成反～犬｜～乎｜～似。☛“类”字下半是“大”，不是“犬”。

累 lèi ❶动疲乏▷我～了｜今天～坏了｜劳～。→❷动使疲乏▷这孩子真～人｜慢慢干，别～着您。→❸动操劳▷～了一天，晚上还得忙家务。
另见 léi；lěi。

酹 lèi 动〈文〉把酒洒在地上，表示祭奠▷～地｜～祝（祭奠祝告）。

擂 lèi 名擂台，古代比武的台子▷打～｜～主。
另见 léi。

lei

嘞 lei 助用法略相当于“了”(le)，带有肯定的语气▷行～，您就放心吧！｜好～，就这么办吧！
另见 lē。

lēng

棱 lēng [扑棱]pūlēng 拟声形容翅膀抖动的声音▷小鸟～一声飞了。
另见 léng；líng。

唥 lēng 拟声形容纺车等转动的声音▷纺车～～转。

léng

崚 léng [崚嶒]léngcéng 形〈文〉山体高峻。

塄 léng 名〈方〉田地边上的坡▷～坎｜地～。

棱(*稜) léng ❶名立体物上不同方向的两个平面相连接的部分▷桌子～儿｜有～有角｜三～镜。→❷名物体表面凸起的条状部分▷这块搓板都没～了｜冰～｜瓦～｜眉～。
另见 lēng；líng。

楞[1] léng ❶同“棱”。○❷[楞场]léngchǎng 名木材采伐运输过程中，汇集、堆存和转运的场所。

楞[2] léng 音译用字。用于《楞严》《楞伽》（均为佛经名）、“色楞格”（蒙古国省名）等。☛㊀“楞”字不读 lèng。㊁参见“愣”(lèng)字的提示。

薐 léng [菠薐菜]bōléngcài 名〈方〉菠菜。

lěng

冷 lěng ❶形温度很低；感觉温度低（跟“热”相对）▷天气很～｜～风｜你～不～？→❷形不热情；不温和▷～嘲热讽｜～言～语｜～淡｜～漠｜～酷。→❸形不热闹；萧条▷～寂｜～落｜～～清清。⇒❹形偏僻；少见的▷～僻。❺形意外的；突然的▷～箭｜～枪｜～不防。⇒❻形不受欢迎的；很少人过问的▷～门儿｜～货。→❼形比喻消沉、失望▷心灰意～。○❽名姓。☛“冷”和“泠”(líng)不同，“冷”字左边是三点水，意思是清凉。

lèng

堎 lèng [长堎]chánglèng 名地名，在江西。

愣 lèng ❶动发呆▷听了这话，他～住了｜～神儿｜发～。○❷形鲁莽；冒失▷这小伙子～得很｜～头～脑。○❸副〈口〉表示不合常情，相当于“偏偏”“竟然”▷明明是他弄坏的，还～说不知道｜这么简单的道理，他～不懂｜在北京呆了二十多年，～没去过北海公园。☛ 1955 年《第一批异体字整理表》将“愣”作为“楞”的异体字予以淘汰。1988 年《现代汉语通用字表》确认“愣”为规范字，表示以上意义；“楞”不再表示这些意义。

睖 lèng [睖睁]lèngzheng 形眼睛发直，发愣。也作愣怔。

lī

哩 lī ❶[哩哩啦啦]lìlilālā 形〈口〉形容零散或断断续续的样子▷这雨～的，真烦人｜人们～地来到会场｜这点活儿，～地干了一个多月。○❷[哩哩啰啰]līliluōluō 形〈口〉说话啰唆，叫人听不清▷他说话老是～的，谁也听不明白。☛“哩”又音 lǐ 或 yīnglǐ，是“英里”的旧写法。1977 年 7 月中国文字改革委员会、国家标准计量局通知,淘汰这个写法,改用“英里”。

另见 li。

lí

丽(麗) lí ❶[丽水]líshuǐ 名地名,在浙江。○❷[高丽]gāolí 名朝鲜半岛历史上的一个王朝,公元918—1392年。

另见 lì。

厘[1](*釐) lí 动〈文〉整理;治理▷~定(整理规定)|~正(订正)。

厘[2](*釐) lí ❶量市制计量单位名称。a)长度单位,10毫为1厘,10厘为1分。b)重量单位,10毫为1厘,10厘为1分。c)地积单位,10厘为1分。→❷量利率单位,年利率1厘是本金的1/100,月利率1厘是本金的1/1000。

狸(*貍) lí [狸猫]límāo 名哺乳动物,形状像家猫,体肥而短,毛浅棕色,有斑点或花纹。性凶猛,以鸟、鼠、蛇、蛙等为食。也说山猫、豹猫、狸子等。

离[1](離) lí ❶动分开;分别▷这孩子~不开妈妈|~家出走|悲欢~合|~职|~别|分~。→❷动背叛;不合▷众叛亲~|~经叛道|~心~德。→❸动缺少▷任何生物都~不了空气和水|~了科学文化,现代化就不可能实现。→❹动距离;相距▷他家~公园不远|~出发还有半小时|~奋斗目标还差得很远。

离[2](離) lí 名八卦之一,卦形是“☲”,代表火。

骊(驪) lí ❶名〈文〉纯黑色的马。○❷名骊山,山名,在陕西临潼。○❸[铁骊]tiělí 名地名,在黑龙江。今作铁力。

梨(*棃) lí ❶名梨属植物的统称。落叶乔木或灌木,叶子卵形,开白色五瓣花。品种很多。果实可以生吃,还可以酿酒,制梨膏、梨脯和罐头等。也指这种植物的果。○❷名姓。

犁(*犂) lí ❶名耕田的农具,用人力、畜力或机器牵引▷~铧|~杖。→❷动用犁耕地▷~田。

鹂(鸝) lí [黄鹂]huánglí 名鸟,雄鸟羽毛黄色,眼部至头后有黑纹,翼和尾中央黑色,雌鸟羽毛黄中带绿。鸣声清脆悦耳,是常见的观赏鸟。吃森林中的害虫,是益鸟。也说鸧鹒、黄莺、黄鸟。

喱 lí 音译用字,用于“咖喱”(gālí,见“咖”)等。☛统读 lí,不读 lī。

劙 lí 动〈文〉割;用刀划开。

蓠(蘺) lí [江蓠]jiānglí ❶名古书上说的一种香草。○❷名红藻的一种,生长在海湾浅水中,颜色暗红或黄绿,藻体线状圆柱形,有不规则的分枝。可以直接食用,也可以提取琼脂供食用或做工业原料。也说龙须菜。

蜊 lí [蛤蜊]gélí 名软体动物,壳卵圆形、三角形或长圆形,淡褐色,边缘紫色,壳面光滑或具有同心环纹。生活在浅海泥沙中。肉鲜美可食。

漓[1] lí [淋漓]línlí ❶形形容湿淋淋往下滴的样子▷大汗~。○❷形透彻;畅快▷~尽致|痛快~。

漓[2](灕) lí 名漓江,水名,在广西,桂江的上游。

缡(縭) lí 名古代妇女出嫁时用的佩带▷结~(指女子结婚)。

璃(*琍瓈) lí ❶[玻璃]bōli,见“玻”。○❷[琉璃]liúli,见“琉”。

嫠 lí [嫠妇]lífù 名〈文〉寡妇。

黎[1] lí ❶形〈文〉众多▷~民|~庶。○❷动等到;接近▷~明。○❸名姓。

黎[2] lí [黎族]lízú 名我国少数民族之一,主要分布在海南。

鲡(鱺) lí [鳗鲡]mánlí 名鳗的通称。参见“鳗”。

罹 lí 动遭到;遭遇(不幸的事情)▷~祸|~难(nàn)|~病|~患。

篱(籬) lí ❶名篱笆,用竹子、树枝等编成的障碍物,一般环绕在房屋、场地周围▷竹~茅舍|绿~|藩~。○❷[笊篱]zhàoli,见“笊”。

醨 lí 名〈文〉薄酒。☛从“离”的字,“漓”“蓠”“缡”“璃”“篱”“醨”读 lí,“螭”“魑”读 chī。

藜(*蔾❷) lí ❶名一年生草本植物,茎挺直粗壮,叶略呈三角形,夏秋开黄绿色小花,种子黑色,有光泽。嫩叶可以食用,老茎可以制作手杖,种子可以榨油,全草可以做药材。也说灰菜。○❷[蒺藜]jílí,见“蒺”。

黧 lí 形〈文〉脸色黑里带黄▷面目~黑。

蠡 lí 名〈文〉瓢▷以~测海|管窥~测。

另见 lǐ。

lǐ

礼(禮) lǐ ❶名对神祇(qí)、祖先、尊长、宾客等表示敬意,或对社会生活中某些重大事情表示庆祝、纪念而举行的仪式▷祭~|婚~|丧~|典~|~成|~服|~堂。→❷名我国古代制定的行为准则和道德规范▷~义廉耻|封建~教|~制|~治|~法|~义之邦。→❸名表示尊敬的态度或言语、动作▷赔~道歉|给老师敬个~|拱手施~|行鞠躬~|~节|军~。→❹名表示尊敬、庆贺或感谢而赠送的物品▷送了一份厚~|不吃请,不受~|彩~|~金|~单。

李 lǐ ❶名李子树,落叶小乔木,叶子倒卵形,开白色花,果实卵球形,多为黄色或紫红色。果肉可以食用,果仁、根皮可以做药材。李子,也指这种植物的果实。○❷名姓。

里[1] lǐ ❶名众人聚居的地方▷邻~|~巷。→❷名古代户籍管理的一级组织,一般认为二十五家为一里。❸量市制长度单位,150丈为1市里,1市里等于500米。→❹名家乡▷故~|乡~。

里[2](裏*裡) lǐ ❶名衣服被褥等的内层;纺织品的反面(跟“面”相对)▷衣服~儿|被~|这种布不容易分出~儿和面儿。→❷名一定的界限以内;内部(跟“外”相对)▷~三层,外三层|~应外合|往~走|我住城~,他住城外|~院。

另见 li。

俚 lǐ ❶形〈文〉粗野庸俗▷文辞鄙~。→❷形通俗的;民间的▷~歌|~谣|~语。

逦(邐) lǐ [迤逦]yǐlǐ 形曲折连绵▷五岭~。

娌 lǐ [妯娌]zhóuli,见“妯”。

理 lǐ ❶动〈文〉治玉，顺着纹路把玉从璞（含玉的石头）里剖分出来▷～璞得宝。→❷动治理，管理▷当家～事|日～万机|食宿自～|～财|料～|护～|总～。❸动对别人的言行作出表示▷同学们都不～他|置之不～|～睬|答～。→❹动修整▷把头发～一～|整～|清～。→❺名玉石的纹路；泛指物质组织的条纹▷木～|肌～|纹～◇条～。❻名事物的规律；道理▷合情合～|不讲～|～屈词穷|事～|真～|～论|～由。❼名特指自然科学或物理学▷文～分科|数～化。

锂（鋰） lǐ 名碱金属元素，符号 Li。银白色，是最轻的金属，质软，化学性质活泼，易氧化。在原子能工业中有重要用途，也用于制造特种合金和特种玻璃。

鲤（鯉） lǐ 名鲤属鱼的统称。体略呈侧扁形，青黄色，尾鳍下叶呈红色，口边有须一至两对，背鳍和臀鳍都有硬刺。生长迅速，杂食，生活在淡水底层。肉鲜美，鳞和鳔可以制胶，内脏和骨可以制鱼粉。

澧 lǐ 名澧水，水名，在湖南，流入洞庭湖。

醴 lǐ ❶名〈文〉甜酒▷～酒。→❷名〈文〉甘甜的泉水▷～泉|～液。○❸[醴泉]lǐquán 名地名，在陕西。今作礼泉。

鳢（鱧） lǐ 名乌鳢，体长，呈圆筒形，青褐色，有三纵行黑斑块，眼后有黑色纵带，口大牙尖，背鳍和臀鳍较长，尾鳍圆形。栖息在淡水底层，吃小鱼小虾，是养殖业害鱼之一。肉肥美。也说乌鱼、黑鱼。

蠡 lǐ ❶用于人名。范蠡，春秋时人。○❷名蠡县，地名，在河北。

另见 lí。

lì

力 lì ❶名力气，人或动物肌肉收缩或扩张所产生的效能▷～大无穷|四肢无～|身强～壮|体～|气～|畜(chù)～。→❷名能力▷眼～|听～|脑～|才～|想象～|理解～|生命～。❸名泛指事物的效能▷火～|水～|药～|酒～|财～|购买～|战斗～。❹名物理学上指改变物体运动状态的作用▷地心引～|冲击～|磁～|重～|弹～|～学。→❺动努力；尽力▷工作不～|查禁不～|～作。❻副尽力地；竭力地▷～挽狂澜|～排众议|～戒骄傲|据理～争。○❼名姓。

历（歷❶—❹❼ 曆❺❻ *厤歴❶—❹ 厤❺❻） lì ❶动经过▷～时三年|～尽千辛万苦|～程。→❷名经历，亲身经过的事▷简～|阅～|来～。→❸形经过了的；统指过去的各个或各次▷～年|～代|～次|～届。❹副一个一个地▷～游名山大川|～访各位专家|～数他的罪状|～～在目。→❺名推算年月日和时令季节的方法；用年月日计算时间的方法▷阴～|阳～|公～|授时～|格里～|～法。❻名记录年月日和时令季节的书、表、册页等▷日～|年～|挂～|台～|天文～。○❼名姓。

厉（厲） lì ❶形猛烈；严肃▷雷～风行|声色俱～|色～内荏|凌～。→❷形严格▷～行节约|～禁赌博。○❸名姓。☛"再接再厉"的"厉"，不能写作"励"。

立 lì ❶动直着身子，两脚着地或踩在物体上；物体垂直地放着▷门口～着一根旗杆|坐～不安|鹤～鸡群|站～|伫～|林～|～定|～足。→❷动使直立；竖起▷把旗杆～起来|横眉～目|～竿见影|～锥之地。⇒❸动成立；设立▷在上海～个分号|不破不～|成家～业|～案|～项|私～。❹动订立；制定▷～个合同|～字据|～规矩|～法。⇒❺形直立的▷～柱|～柜|～轴。→❻动生存▷独～自主|势不两～|～身处世。→❼动旧指君主即位▷桓公～|～君。❽动旧指确立某种地位或名分▷～太子|～储|～嗣。→❾副即刻；马上▷当机～断|～见功效|～等回音。

吏 lì ❶名古代官员的通称▷贪官污～|封疆大～|官～。→❷名汉代以后特指官府中的小官或差役▷胥～|刀笔～。

坜（壢） lì [中坜]zhōnglì 名地名，在台湾。

苈（藶） lì [葶苈]tínglì，见"葶"。

丽[1]（麗） lì 形漂亮；美好▷风和日～|美～|秀～|富～|～质。

丽[2]（麗） lì 动附着(zhuó)▷附～。☛"丽"字上面是一长横，不是两短横。

另见 lí。

励（勵） lì ❶动鼓舞；劝勉▷鼓～|奖～|激～|勉～。○❷名姓。

呖（嚦） lì [呖呖]lìlì 拟声形容鸟类清脆的叫声▷莺声～。

利 lì ❶形器物头尖或刃薄，容易刺进或切入物体；快（跟"钝"相对）▷～刃|锐～|锋～|～器。→❷形比喻口才敏捷▷～口|言辞犀～。→❸形顺利，没有或很少遇到困难▷无往不～|成败～钝|便～|吉～。❹名好处（跟"害"或"弊"相对）▷有～无害|兴～除弊|权衡～弊|名～|福～|功～|～益。⇒❺名通过生产、交易等方式获得本金以外的钱▷将本取～|一本万～|薄～多销。❻名通过存款、放款而获得的本金以外的钱▷～率|～息|高～贷。⇒❼动使得到好处▷～国～民|毫不～己，专门～人。○❽名姓。

沥（瀝） lì 〈文〉❶动液体一滴一滴地落下▷呕心～血|～泣。→❷名滤过的酒；渗出的液体▷余～|竹～。

枥（櫪） lì 名〈文〉马槽▷老骥伏～，志在千里。

例 lì ❶名类；列▷酒后开车也在必纠之～|不在此～。→❷名从前有过的可以用来比照或依据的同类事物▷史无前～|援～行事|先～|惯～|范～|成～。⇒❸动〈文〉比照；对照▷以此～彼|溯古～今。⇒❹名性质类同的事物中有代表性的，可以用来说明情况或证明道理的事物▷举～|事～|案～|～证|～题|～子。⇒❺名用作依据的标准或规则▷体～|条～|凡～。❻名按照条例规定进行的▷～行公事|～会|～假。

疠（癘） lì 名〈文〉瘟疫，即流行性急性传染病▷～疫|～疾。☛"疠"和"疬"不同。"疬"，瘰疬，一种病。

戾 lì 〈文〉❶形违背；乖张凶暴▷乖～|暴～恣睢。→❷名罪过▷罪～。

隶（隸 *隷隸） lì ❶名旧时指附属于主人，没有人身自由的人；泛指社会地位低下被役使的人▷奴～|仆～。→❷动附属；从属▷～

属。→❸名旧时衙门里的差役▷皂～|～卒。❹名隶书，汉字字体的一种，由篆书简化演变而成，把圆转的线条变成方折的笔画，便于书写▷真草篆～|～体|汉～。

珠(瓅) lì [玓珠]dìlì，见"玓"。

荔(*茘) lì ❶[荔枝]lìzhī 名常绿乔木，叶子呈长椭圆形或披针形，开绿白色或淡黄色花，果实呈卵形，外壳有米粒状突起，成熟时为紫红色，果肉白色，汁多味甜。荔枝，也指这种植物的果实。〇❷名姓。

栎(櫟) lì 名栎属植物的统称。落叶乔木，叶子有锯齿或分裂，坚果球形。木材坚硬，可制作枕木和家具；树皮含有鞣酸，可以做染料；幼叶可用来饲养柞蚕；果实可以做药材。品种很多，如麻栎、白栎等。

另见 yuè。

郦(酈) lì 名姓。

轹(轢) lì 〈文〉❶动车轮碾轧▷妄～道中行人。→❷动欺压▷以富～贫。

俪(儷) lì ❶形成对的；对偶的▷～句|～词|骈～。→❷名指夫妇▷～影(夫妇的合影)|伉～。

俐 lì [伶俐]línglì，见"伶"。

疬(癧) lì [瘰疬]luǒlì，见"瘰"。

莉 lì [茉莉]mòlì，见"茉"。

莅(*蒞涖) lì 动来；到(含尊敬义)▷～会|～临|～任。

鬲 lì 名古代一种炊具，样子像鼎，圆口，三足，足部中空而弯曲▷陶～|青铜～。

另见 gé。

栗[1] lì ❶名栗属植物的统称。落叶乔木或灌木，叶子边缘有锯齿，初夏开花。坚果栗子包在球形带刺的壳内，可以食用；木材坚实，可以制地板、枕木、矿柱等；树皮及木材可以提取栲胶；叶子可以饲养柞蚕。也说板栗。〇❷名姓。

栗[2](*凓❶慄❷) lì ❶形〈文〉寒冷▷～烈。→❷动因恐惧或寒冷而发抖▷不寒而～|战～。☛"栗"和"粟"(sù)、"票"(piào)不同。"粟"下半是"米"，指谷子。"票"下半是"示"，指作为凭证的纸片。

砺(礪) lì ❶名〈文〉质地较粗的磨刀石▷～石。→❷动〈文〉磨(刀等)▷～戈秣马。❸动磨炼；修养▷砥～(磨炼意志；勉励)。

砾(礫) lì 名碎石块；碎块▷～岩|～石|砂～|瓦～。

猁 lì [猞猁]shēlì，见"猞"。

蛎(蠣) lì 名指牡蛎▷～黄(牡蛎的肉)。参见"蚝"。

唳 lì 动飞鸟鸣叫▷风声鹤～。

笠 lì 名用竹或草编制的圆形宽檐帽，可以挡雨遮阳光▷斗～|竹～。

粝(糲) lì 名〈文〉糙米。

粒 lì ❶名像米一样细小而成颗状的东西▷谷～|盐～|颗～。→❷量用于颗粒状的东西▷一～粮食|两～珍珠|几～子弹。

雳(靂) lì [霹雳]pīlì，见"霹"。

跞(躒) lì 动〈文〉走；跳跃▷骐骥一～，不能千里|跨～古今。

另见 luò。

詈 lì 动〈文〉骂▷～骂。

傈 lì [傈僳族]lìsùzú 名我国少数民族之一，主要分布在云南和四川。

痢 lì 名痢疾，一种肠道传染病，症状是腹痛，发烧，腹泻，粪便中带脓、血或黏液。

溧 lì 用于地名。如：溧水，溧阳，两地均在江苏。

篥 lì [觱篥]bìlì，见"觱"。

鬎 lì [鬎鬁]làlì 同"瘌痢"。参见"瘌"。

li

里(裏*裡) li ❶名用于名词和某些单音节形容词后面，表示处所、时间、范围、方向等▷房间～有人|他住在机关～|假期～|话～有话|手～拿着一封信|嘴～不说，心～有数|往好～想|朝斜～拉。→❷词的后缀。附在"这""那""哪"等词后面，表示处所▷这～|那～|哪～|头～。

另见 lǐ。

哩 li 助用法同"呢"(ne)。

另见 lī。

liǎ

俩(倆) liǎ ❶"两""个"的合音词▷买～馒头|兄弟～|他们～。→❷指不多的几个▷就来这么～人|挣了～钱儿，就觉得了不起了|仨瓜～枣。☛"俩"字后面不能再接"个"或其他量词。

另见 liǎng。

lián

奁(奩*匳匲籢) lián 名古代女子梳妆用的镜匣▷镜～|妆～(嫁妆)。

连(連) lián ❶动(事物)互相衔接▷根～着根|心心相～|藕断丝～|～接|～续。→❷副一个接一个地▷～喊了几声|～开三天会|～～叫好。→❸介表示包括、算上▷～你一共三个人|～厨房才20平方米|香蕉不能～皮吃。❹介表示强调，后面有"也""都"等呼应，有"甚至"的意思▷～我都不好意思|你～他也没见过？|他～头也不点就过去了|激动得～话都说不出来。〇❺名军队的编制单位，隶属于营，下辖若干排▷我在一营二～三排|南京路上好八～。〇❻名姓。☛㊀统读 lián，不读 liān。㊁"连"和"联"不同。"连"侧重相接，"联"侧重相合。"水天相连""连日""连年""连续""连接""株连""牵连"的"连"不能作"联"；"联合""联邦""联欢""对联""三联单"的"联"不能作"连"。

怜(憐) lián ❶动对遭遇不幸的人表示同情▷同病相～|摇尾乞～|～悯|～惜。→❷动爱▷爱～。

帘¹ lián 名旧时店铺挂在门前作为标志的旗帜▷酒～高挂。

帘²(簾) lián 名用布、竹子、苇子、塑料等做成的遮蔽、苫盖用的东西▷门～|窗～|竹～子|草～子|苇～◇眼～。

莲(蓮) lián ❶名多年生水生草本植物,地下茎叫藕,呈长圆形,白色,有节;叶子大而圆,高出水面,叫荷叶;开淡红色或白色大花,有清香,可供观赏;子实叫莲子。地下茎和子实都可以食用,藕节、莲子、荷叶都可以做药材。也说芙蓉、芙蕖、菡萏、荷花等。○❷名姓。

涟(漣) lián 〈文〉❶名风吹水面形成的波纹▷轻～|～漪。○❷形形容泪流不止的样子▷泣涕～～。

梿(槤) lián [梿枷]liánjiā 名一种拍打谷物,使子粒脱落的农具。由一个长柄和一组平行排列的竹条或木条构成。现在通常写作"连枷"。

联(聯) lián ❶动连;接续不断▷～绵|～运|蝉～|～袂。→❷动联合,(彼此)结合在一起▷～欢|～盟。→❸动(彼此)交接发生关系▷～络|～系。→❹名律诗、骈文中相连的对仗句;对联▷上～儿|颔～(律诗中第三、四两句)|春～|挽～。☛参见"连"字的提示。

裢(褳) lián [褡裢]dālián,见"褡"。

廉(*廉廗) lián ❶形不贪污受贿;不损公肥私▷～洁|清～|～正。○❷形价钱低;便宜▷～价销售|物美价～|低～。○❸名姓。

鲢(鰱) lián 名鲢鱼,体侧扁,银灰色,鳞细,腹面腹鳍前后都有肉棱。生长快,是我国主要的淡水养殖鱼类。肉鲜嫩,鳞可以制鱼鳞胶和珍珠素。也说白鲢、鲢子、鲊。

濂 lián 用于地名。如:濂江,水名,在江西;濂溪,水名,在湖南。

臁 lián 名小腿的两侧▷～骨|～疮。

镰(鐮*鎌鐮) lián 名镰刀,割庄稼或草的农具,由柄和刀片组成,二者成直角▷开～|挂～。

蠊 lián [蜚蠊]fěilián,见"蜚"。

鬑 lián 形〈文〉形容鬓发长而下垂的样子。

liǎn

琏(璉) liǎn 名古代宗庙里盛黍稷的祭器和食器。

敛(斂*歛) liǎn ❶动聚集;征收▷清洁费～齐了|聚～|横征暴～。→❷动收起;约束▷～容|～步|～迹|收～。☛统读 liǎn,不读 liàn。

脸(臉) liǎn ❶名头上从额到下巴的部分▷～上有块疤|洗～|～盘儿|～色|刮～。→❷名面子▷给～不要～|没～见人|丢～|赏～。→❸名脸上的神态表情▷～说变就变|愁眉苦～|笑～|翻～。→❹名某些物体的前部▷门～儿|鞋～儿。

裣(襝) liǎn [裣衽]liǎnrèn 动〈文〉提起衣襟,表示敬意;元代以后专指妇女行礼。也作敛衽。

蔹(蘞) liǎn [白蔹]báiliǎn 名藤本植物,叶呈掌状,浆果球形,根可以做药材。

liàn

练(練) liàn ❶动〈文〉把生丝或生丝织品煮熟,使洁白柔软。→❷名〈文〉练过的丝织物,一般指白绢▷波光如～|彩～。→❸动反复学习,以求纯熟▷～本领|～功|演～|～习。❹形经验多,阅历广▷熟～|老～|～达|干～。○❺名姓。

炼(煉*鍊) liàn ❶动用加热等方法提高物质的纯度或性能▷～出一炉好钢|～铁|～油|～乳|冶～|提～。→❷动仔细推敲使字句简洁精当▷～字|～句。→❸动通过实际工作或其他活动,提高品质、技能、身体素质等▷～就一身过硬本领|在战火中～出一颗赤胆红心|～身体。○❹名姓。☛"炼"和"练"不同,"练"的常用义是练习、纯熟,"练习""训练""操练""老练""熟练"等的"练"不能写作"炼"。

恋(戀) liàn ❶动念念不忘;不忍舍弃或分离▷～家|～～不舍|无心～战|依～。→❷动男女相爱▷～人|～歌|～爱|初～。

殓(殮) liàn 动把死人装入棺材▷入～|装～。

链(鏈) liàn 名链子,用金属环连接成的像绳索的东西▷铁～|～条|项～。

楝 liàn 名楝树,落叶乔木,高可达20米,叶子互生,羽状复叶,小叶卵形或披针形,开紫色小花,果实褐色椭圆形。木材坚实,可制作各种器具;种子、树皮、根皮都可以做药材。也说苦楝。

潋(瀲) liàn [潋滟]liànyàn 形〈文〉形容水波荡漾▷湖光～。

liáng

良 liáng ❶形好▷～辰美景|居心不～|～田|～好|优～|善～。→❷名善良的人▷除暴安～|～莠不齐。→❸副表示程度深,相当于"很""甚"▷～久|用心～苦。

莨 liáng [薯莨]shǔliáng 名多年生草本植物,地下有块茎,外表紫黑色,里面棕红色,内含胶质,可以制作染料。薯莨,也指这种植物的地下块茎。

另见 làng。

凉(*涼) liáng ❶形温度较低;微寒(比"冷"的程度浅)▷天气渐渐～了|饭已经～了|～爽|～菜|～茶。→❷形悲伤▷悲～。→❸形冷落;不热闹▷荒～|苍～|凄～。→❹形防暑避热用的▷～棚|～席|～鞋。→❺名指阴凉的环境或凉风▷歇～|乘～|纳～。

另见 liàng。

梁¹(*樑❷) liáng ❶名桥▷桥～|津～。→❷名架在墙上或柱子上支撑屋顶的大横木▷房～|正～|上～|栋～。❸名水平方向承重的长条形构件▷门～|横～。→❹名物体或身体上隆起或成弧形的部分▷山～|鼻～|脊～|提～儿|茶壶～儿。

梁² liáng ❶名周朝诸侯国名,战国七雄之一,即魏。魏惠王于公元前362年迁都大梁(今河南开封),故称梁。○❷名朝代名。a)南朝之一,公元502—557

年,萧衍(梁武帝)所建。b)五代之一,公元 907—923 年,朱温所建,史称后梁。○❸图姓。

椋 liáng [椋鸟]liángniǎo 图椋鸟属各种鸟的统称。中型鸣禽,羽毛大部灰褐色,嘴和足橙红色,喜食昆虫。我国常见的是灰椋鸟。

辌(輬) liáng [辒辌]wēnliáng,见"辒"。

量 liáng ❶动用工具测定事物的轻重、长短、大小、多少或其他性质▷~一~体重|用尺~布|~了两遍都没~准|~血压|车载斗~|~具|丈~|测~。→❷动估计▷估~(gūliang)|端~(duānliáng)。

另见 liàng。

粮(糧) liáng ❶图粮食,可食用的谷类、豆类和薯类等▷这里买~很方便|五谷杂~|~店|商品~。→❷图作为农业税的粮食▷完~纳税|公~。

粱 liáng ❶图〈文〉谷子的优良品种。→❷图〈文〉精美的饭食▷膏~(肥肉和细粮,泛指美食)|~肉。○❸图姓。☛"粱"和"梁"不同。"粱"指谷类作物,下半是"米";"梁"与建筑有关,下半是"木"。

踉 liáng [跳踉]tiàoliáng 动〈文〉跳跃。

另见 liàng。

liǎng

两[1](兩) liǎng ❶数数字,一个加一个是两个。常用于成双的事物、量词或"半""千""万""亿"前▷~手抓|~扇门|~条腿走路|~小无猜|小~口|~张纸|~半儿。→❷图双方▷~败俱伤|势不~立|~全其美|~可。→❸数表示不定的数目,大致相当于"几"▷再看~眼|多呆~天|说~句话就走。☛"二"和"两"的用法区别如下:1.当作数字读,在数学中,用"二"不用"两",如"一、二、三、四""一加一等于二""一元二次方程"。2.序数、小数、分数中用"二"不用"两",如"第二""二嫂""零点二""二分之一""三分之二"。3.在一般量词前,个位数用"两"不用"二",多位数中的个位数用"二"不用"两",如"两个人""去了两次""一百五十二个人""去了十二次"。4.在传统的度量衡单位前多用"二",也可以用"两",如"二(两)亩地""二(两)尺布""二两酒(不说"两两酒")"。在我国法定计量单位前多用"两",如"两吨""两公里""两(二)米"。5.在多位数中,百位、十位、个位用"二",千位以上多用"两",但首位以后的百、千、万前多用"二",如"二百二十二""两千元""两万块""两亿人口""三万二千二百人"。

两[2](兩) liǎng 量市制重量单位,10 钱为 1 两,10 两为 1 斤。1 市两等于 50 克。

俩(倆) liǎng [伎俩]jìliǎng 图手段;花招▷骗人的~。

另见 liǎ。

裲(裲) liǎng [裲裆]liǎngdāng 图古代一种只遮蔽胸背、长仅至腰的上衣,类似今天的背心。因为只能当(dāng)背当(dāng)心,所以也作两当。

蜽(蜽) liǎng [蝄蜽]wǎngliǎng 同"魍魉"。参见"魉"。

魉(魎) liǎng [魍魉]wǎngliǎng,见"魍"。

liàng

亮 liàng ❶形光线充足;有光泽▷这种灯~得刺眼|铜壶擦得真~|~堂堂|~光|雪~|明~。→❷动显现出亮光▷屋里~着灯|天刚~。→❸图光线▷山洞里一点~儿也没有。❹图灯火等照明物▷快拿个~儿来。→❺形音量大而且清脆悦耳▷嗓音真~|洪~|响~|嘹~。→❻形明白;清楚▷打开窗户说~话|心明眼~。→❼动摆在明处;显露出来▷把底牌~出来|~一~你的真功夫|~家底儿|~相。

倞 liàng 古同"亮"。

另见 jìng。

凉(*凉) liàng 动把热东西放一会儿,使温度降低▷把饭~一会儿再吃|~点凉(liáng)开水。

另见 liáng。

悢 liàng 动〈文〉惆怅。

谅(諒) liàng ❶动体察并同情别人的处境或错误▷体~|原~|~解|~察。○❷动预料;估计▷~你也没有这么大本事|~他也不敢。

辆(輛) liàng 量用于车类▷一~汽车|两~坦克|原来有~旧车,最近又买了一~。

靓(靚) liàng 形〈方〉漂亮▷~女|~仔(zǎi)。

另见 jìng。

量 liàng ❶图古代指斗、升一类测量体积的器物▷度~衡。→❷图指一定的限度▷饭~|酒~|胆~|度~|饮酒过~。→❸图指数量▷保质保~|产~|信息~|大~|少~。→❹动估计;权衡▷~人为出|不自~力|~体裁衣。

另见 liáng。

晾 liàng ❶动把衣物放在阳光下或阴凉通风处使干▷~衣服|把毛巾~在绳子上|~晒。→❷动放在一旁不理▷他们几个有说有笑,把我~在那儿了。○❸同"凉"。

踉 liàng [踉跄]liàngqiàng 形形容走路摇摇晃晃▷多喝了几杯酒,踉踉跄跄地回到家中。也作踉蹡。☛不读 làng 或 liáng。

另见 liáng。

liāo

撩 liāo ❶动把下垂的东西掀起来▷~起长袍|往上~了~头发。→❷动用手舀水由下往上洒▷给花儿~点水|蹲在河边,往脸上~了几把河水。

另见 liáo。

蹽 liāo 〈方〉❶动跑;快速行走▷一口气~出了十几里地。→❷动大步地跨▷~开长腿向车站跑去。

liáo

辽[1](遼) liáo 形远▷~远|~阔。

辽[2](遼) liáo 图朝代名,公元 907—1125 年,契丹人耶律阿保机所建,在我国北部地区与北宋对峙。初名契丹,947 年改称辽。1125 年为金所灭。

疗(療) liáo 动医治▷医~|治~|~养|~效|针灸~法。

聊[1] liáo ❶副姑且;暂且▷~备一格|~以解嘲。→❷副略微;稍微▷~胜于无|~表谢意。

聊[2] liáo 动〈文〉依赖;依靠▷民不～生(百姓没有赖以生存的条件)|无～(空虚而无所寄托)|百无～赖。

聊[3] liáo 动〈口〉闲谈▷～起来没完|～天儿|咱们好好～～。☛"聊"字右半边是"卯"(mǎo),不是"卬"(áng)。

僚 liáo ❶名官吏▷官～。→❷名旧指在同一官署做官的人▷同～|～友。

漻 liáo 形〈文〉(水)清澈。

寥 liáo ❶形空旷高远▷～廓。→❷形寂静▷寂～。○❸形稀少;稀疏▷～若晨星|～～无几|～落。

撩 liáo 动〈文〉挑逗▷春色～人|～拨。
另见 liāo。

嘹 liáo [嘹亮]liáoliàng 形(声音)清脆响亮▷歌声～|～的军号声。

獠 liáo 形凶恶丑陋▷青面～牙。

潦 liáo ❶[潦草]liáocǎo 形做事不认真;字迹不工整▷敷衍～|字迹～。○❷[潦倒]liáodǎo 形颓丧;不得意▷一生～|穷困～。
另见 lǎo。

寮 liáo 名〈文〉小屋▷僧～|茶～|～舍。

缭(繚) liáo ❶动缠绕;围绕▷～绕|～乱。○❷动用针线斜着缝缀▷～衣缝|随便～上几针。

燎 liáo ❶动蔓延燃烧▷放火～荒|星火～原。→❷动烫▷～泡。
另见 liǎo。

鹩(鷯) liáo [鹪鹩]jiāoliáo,见"鹪"。

liǎo

了[1] liǎo ❶动完结;结束▷又～了(le)一桩心事|没完没～|敷衍～事|一～百～|～结|～却。→❷副〈文〉全然(多用于否定)▷～无痕迹。→❸动跟"得"或"不"组合用在动词后面,表示可能或不可能▷干得～|去得～|这病好不～。

了[2](瞭) liǎo 形知道得很清楚▷～如指掌|一目～然|明～|～解。☛"瞭望"的"瞭"(liào)不能简化为"了"。
另见 le。"瞭"另见 liào。

钌(釕) liǎo 名金属元素,符号 Ru。银灰色,质硬而脆,熔点很高,不溶于王水。可以用来制造耐磨硬质的合金和催化剂。
另见 liào。

蓼 liǎo 名蓼科植物的统称。草本,节常膨大,单叶互生,开淡红色或白色花,果实三角形或两面凸起。种类很多,最普通的有水蓼、蓼蓝、何首乌等。

憭 liǎo 形〈文〉聪慧;明白。

燎 liǎo 动靠近火而烧焦▷头发让火苗～了一大片|烟熏火～。☛"燎"字的右边不作"了"。
另见 liáo。

liào

尥 liào [尥蹶子]liàojuězi 动骡、马等牲畜用后腿向后踢。

钌(釕) liào [钌铞儿]liàodiàor 名钉在门、窗等上面,可以扣住门、窗、箱盖、柜门等的铁制器物▷挂上门～,锁上门。
另见 liǎo。

料 liào ❶动〈文〉量;称量。→❷动预先推测或测定;根据某些情况对事物作出推断▷没～到你来得这么早|～事如神|不出所～|预～|～想。❸动处理;照看▷～理|照～。→❹名材料,能够用来制造成品或半成品的东西▷不缺人,只缺～|偷工减～|木～|毛～|废～|备～|原～。⇒❺名供家畜家禽食用或为植物提供营养的物品▷给牲口加点～|饲～|草～|～豆|肥～。⇒❻名资料,可供参考或用作依据的材料▷史～|笑～。⇒❼名以玛瑙、紫水晶等为原料制成的半透明物,可以加工成为仿珠玉的手工艺品▷～器|～货。⇒❽量 a)用于物的份剂,以一定数量的物品为一计算单位叫一料▷按处方配几～丸药。b)旧时计算木料的单位,两端截面为一平方尺,长足七尺的木材叫一料。⇒❾名喻指人的才智(多含贬义)▷他不是教书的～|没想到这孩子竟是这么块～。

撂 liào ❶动不经心地放;搁下▷把行李～在地上|～下饭碗就走了|这件事先～一～再说。→❷动扔下;抛弃▷许多还能用的材料都～到工地上没人管,真可惜|不能～下一家老小不管。→❸动摔倒;弄倒▷一个绊子就把他～倒了|一梭子子弹,～倒一大片敌人。

廖 liào 名姓。☛"廖"和"寥"(liáo)不同。"寥"指空旷、寂静、稀少,"寥廓""寂寥""寥寥"的"寥"不能写作"廖"。

瞭 liào 动从高处向远处看▷站在阳台上往下～着点儿|～望。☛ 1964 年公布的《简化字总表》将"瞭"作为"了"的繁体字处理。1986 年重新发表的《简化字总表》规定,"瞭"字读 liǎo(了解)时,仍简作"了";读 liào(瞭望)时作"瞭",不简作"了"。
另见 liǎo"了[2]"。

镣(鐐) liào 名套在犯人脚腕上使不能快走的刑具▷脚～|～铐。

liē

咧 liē ❶[咧咧]liēliē 用于"骂骂咧咧""大大咧咧"等词语。○❷[咧咧]liēlie 动〈方〉(小儿)啼哭▷这孩子真烦人,又在那儿～开了。
另见 liě。

liě

咧 liě 动嘴角张开向两边伸展▷～着大嘴哭开了|龇牙～嘴。
另见 liē。

裂 liě 动〈方〉朝两边分开;敞开▷麻袋缝儿～开了|没系扣子,～着怀。
另见 liè。

liè

列 liè ❶动把一个个事物按一定顺序排放;一个个人按一定顺序排成行▷～出名单|陈～|罗～|～队欢迎。→❷名人或物排成的行▷队～|出～|前～|序～|数～。⇒❸代各;众▷～位|～国|～强。⇒❹名类▷不在讨论之～。⇒❺量用于成行成列的东西▷一～火车。→❻动安排▷～入议事日程|把经济建设

～为首要任务。○❼名姓。

劣 liè ❶形弱小▷～株。→❷形低下;坏(跟"优"相对)▷～等|～势|低～|恶～|优～|～迹。→❸形小于一定标准的▷～弧(小于半圆的弧)。☛统读liè,不读lüè。

冽 liè 形寒冷▷凛～。

洌 liè 形〈文〉清澈;不混浊▷泉香而酒～。☛"洌"与"冽"(liè)形义不同。"洌"字左边是"氵"(水),"冽"字左边是"冫"(冰)。

埒 liè 动〈文〉等同▷富～王侯|才力相～。

烈 liè ❶形火势猛▷～火熊熊|～焰冲天。→❷形形容强度、浓度、力量等很大▷～日|～酒|～性炸药|轰轰～～|兴高采～|热～。❸形刚强;正直▷他是个～性子|刚～。⇒❹形为正义事业而牺牲的▷～士。⇒❺名为正义事业而牺牲的人▷先～|～属。○❻名〈文〉功绩;功业▷功～|余～。

捩 liè 动〈文〉扭转▷～转|转～点。☛统读liè,不读lì。

鴷(鴷) liè 名〈文〉啄木鸟。

猎(獵) liè ❶动打猎,捕捉禽兽▷渔～|～手|～狗。→❷动寻求;追求▷～取功名|～奇|～艳。○❸[猎猎]lièliè 拟声〈文〉形容刮风的声音或旗帜等被风吹动的声音▷北风～|红旗～。

裂 liè ❶动整体破开或分离▷西瓜摔～了|四分五～|破～|分～。→❷动出现了缝隙(尚未分开)▷碗碰～了|～痕|～纹。

另见 liě。

趔 liè [趔趄]lièqie 形身体摇晃,走路不稳▷～着走了过来|打了一个～。☛统读liè,不读lüè。

躐 liè 动〈文〉越过;超越▷～等|～升。

鱲(鱲) liè 名鱼,身体侧扁,长约10厘米,银灰带红色,具蓝色横纹。生活在淡水中,可供食用。也说桃花鱼。

鬣 liè 名马颈上的长毛;泛指动物头、颈上的毛▷马～|狮～|～鬃|～狗。

līn

拎 līn 动用手提(东西)▷～着一大包东西|～不动。

lín

邻(鄰*隣) lín ❶名挨在一起住的人家▷街坊四～|左～右舍|～里。→❷动位置接近▷～近|～接|～居|～国|～省。

林 lín ❶名连成一片的树木或竹子▷防护～|树～|竹～|椰～|森～|～海。→❷名培育和保护森林以取得木材和其他林产品的生产事业▷～业|农～牧副渔。→❸名喻指聚集在一起的同类事物或人▷石～|碑～|儒～|艺～。○❹名姓。

临(臨) lín ❶动从高处往下面看▷居高～下。→❷动从上面到下面去▷光～|降～|亲～现场。❸动来到;来临▷大难～头|身～其境。→❹动面对着;靠近▷～街的铺面|背山～水|如～大敌。⇒❺介表示动作接近发生,后面带动词▷～行|～产|～别|～终。⇒❻动对照着字或画描摹▷～帖|～画|～摹。☛"临"字左边是一短一长两竖,不是一竖一撇。

啉 lín 音译用字,用于"喹啉"(kuílín,一种药品)等。

淋 lín ❶动液体落在东西上▷小心～了雨|带上雨伞,别～着|日晒雨～|～浴。→❷动把液体洒在东西上▷花儿蔫了,快～点儿水吧!

另见 lìn。

琳 lín ❶名〈文〉美玉▷玫瑰碧～。○❷[琳琅]línláng 名美玉,喻指珍贵华美的东西▷～满目。

粼 lín [粼粼]línlín 形(水)清澈;(石)明净▷波光～|白石～。

嶙 lín [嶙峋]línxún 〈文〉❶形山石峻峭、重叠▷山石～。→❷形瘦削▷瘦骨～。

遴 lín 动〈文〉慎重挑选▷～才|～选。☛统读lín,不读lìn。

璘 lín [璘瑞]línbīn 形〈文〉花色驳杂或光彩缤纷。也作璘彬、璘玢。

霖 lín 名〈文〉久下不停的雨▷～雨|甘～。

辚(轔) lín [辚辚]línlín 拟声〈文〉形容很多车行进的声音▷车～,马萧萧。

磷(*燐粦) lín 名非金属元素,符号P。有白磷(黄磷)、红磷和黑磷(紫磷)三种同素异形体。白磷可用来制造烟幕弹或燃烧弹,红磷可以制造安全火柴,磷的化合物可用于医疗和制造化肥等。

瞵 lín 动〈文〉注视▷鹰～鹗视(像鹰和鹗一样目光锐利地注视着)|～盼。

鳞(鱗) lín ❶名鱼类、爬行动物和少数哺乳动物身体表面的角质或骨质薄片状组织,具有保护身体的作用。可分为盾鳞、硬鳞和骨鳞。→❷形形状像鳞片的▷～波|～茎|遍体～伤。

麟(*麐) lín 名〈文〉指麒麟▷～凤龟龙|凤毛～角。参见"麒"。

lǐn

菻 lǐn ❶名古书上指蒿类植物。○❷[拂菻]fúlǐn 名我国古代称东罗马帝国。

凛 lǐn ❶形寒冷▷寒风～～|～冽。→❷形〈文〉形容畏惧的样子▷～畏。❸形形容神色威严,使人敬畏的样子▷威风～～|大义～然。

廪 lǐn 〈文〉❶名粮仓;仓库▷仓～。→❷动由官府供给(粮食等)▷～米|～膳|～生(由官府供给膳食的生员)。

懔 lǐn 古同"凛"②③。

檩 lǐn 名架在房梁上或山墙上用来托住椽子或屋面板的横木。也说桁或檩条。

lìn

吝(*恡) lìn ❶形过分爱惜,舍不得拿出(自己的财物或力量)▷~啬|~惜|悭~|不~赐教。〇❷名姓。

赁(賃) lìn ❶动租用;出租▷~了两间房子|这辆车是~的|自己住正房,厢房~给别人|租~|出~。〇❷名姓。

淋(*痳❷) lìn ❶动过滤▷把药渣~出来再喝|~盐|~硝|过~。→❷[淋病]lìnbìng 名性病的一种,症状是尿道发炎,排尿涩痛,尿中带有浓血。

另见 lín。

蔺(藺) lìn ❶[马蔺]mǎlìn 名多年生草本植物,根状茎短而粗壮,叶细长,质坚韧,开蓝色花。叶子可用来捆东西,也可以造纸;根可以制刷子;花和种子可以做药材。也说马兰、马莲。〇❷名姓。

膦 lìn 名膦化氢中的氢原子部分或全部被烃基取代而形成的有机化合物。

躏(躪) lìn [蹂躏]róulìn 动践踏;比喻用暴力欺凌、摧残▷惨遭~|~人权。

líng

〇 líng 数数的空位,同"零",多用于书面语▷三~一医院|六~六。

令 líng [令狐]línghú ❶名古地名,在今山西临猗一带。〇❷名姓。

另见 lǐng;lìng。

伶 líng ❶名旧指戏曲演员▷~人|优~|名~|坤~。〇❷[伶仃]língdīng 形形容孤独的样子▷孤苦~。〇❸[伶俐]língli 形聪明;灵巧▷聪明~|口齿~。

灵(靈) líng ❶名指神或神仙▷神~。→❷名灵魂;精神▷在天之~|英~|心~。→❸名称装了死人的棺材;跟死人有关的事物▷~堂|~车|停~|守~|~位。→❹形有非凡的效验▷这种药治痢疾最~|他的办法不~|天气预报还挺~|~丹妙药|~验。→❺形聪明;机敏▷脑瓜真~|心~手巧|机~。❻形活动迅速;反应快捷▷腿脚不~了|资金周转不~|信息特别~|失~|~便|~通。

苓 líng [茯苓]fúlíng,见"茯"。☛"苓"和"芩"(qín)形、音、义都不同。"芩",黄芩(多年生草本植物,根可以做药材)。

囹 líng [囹圄]língyǔ 名〈文〉监狱▷身陷~。也作囹圉。

泠 líng [泠泠]línglíng 形〈文〉清凉▷清清~。☛"泠"和"冷"(lěng)不同。"泠"字左边是"氵"(水),"冷"字左边是"冫"(冰)。

玲 líng [玲珑]línglóng ❶形(器物)细致精巧▷这件首饰小巧~|雕灯~剔透。→❷形(人)灵活敏捷▷娇小~。

柃 líng 名柃木,常绿灌木或小乔木,嫩枝有棱,叶厚革质,椭圆形或长椭圆状披针形,边缘有钝齿,开白色小花,浆果近球形,紫黑色。果实可做黑色染料,枝、叶可以做药材。

瓴 líng 名古代一种盛水的瓦器,形状像瓶子▷高屋建~(在屋顶上用瓴往下倒水,形容居高临下的形势)。

铃(鈴) líng ❶名铃铛,金属制成的响器,多为圆球或半球形▷~响了|串~|车~|打~|摇~。→❷名形状像铃铛的东西▷哑~|杠~|棉~(棉花的果实)。

鸰(鴒) líng [鹡鸰]jílíng,见"鹡"。

凌1 líng ❶名冰▷~汛|冰~。〇❷名姓。

凌2 líng ❶动升高;超越▷~空而过|壮志~云|~驾。→❷动欺压;侵犯▷盛气~人|欺~|~辱|侵~。❸动迫近;接近▷~晨。

陵 líng ❶名土山▷丘~|山~。→❷名坟墓,特指帝王诸侯的坟墓,现在也指领袖或烈士的坟墓▷~墓|明十三~|清东~|中山~|烈士~园。

聆 líng 动仔细地听▷~听|~取|~教。

菱(*蔆) líng 名一年生草本植物,生长在池沼中,水上叶片略呈三角形,开白色或淡红色花,果实外面包裹着带角或无角的硬壳,果肉可以食用或制作淀粉。菱,也指这种植物的果实。通称菱角。

棂(欞) líng 名窗户、栏杆或门上雕有花纹的格子▷窗~。

蛉 líng ❶[白蛉]báilíng 名昆虫,体形似蚊而较小,身体黄白色或浅灰色,表面有很多细长的毛,胸背隆起,翅纺锤形。雄的吸食植物汁液;雌的吸食人畜的血液,能传播黑热病和白蛉热。通称白蛉子。〇❷[螟蛉]mínglíng 名泛指稻螟蛉、棉蛉虫、菜粉蝶等多种鳞翅目昆虫的幼虫。身体呈青绿色。寄生蜂蜾蠃常捕捉螟蛉存放在窝里,并以产卵管刺人螟蛉体内,注射蜂毒使它麻痹,供蜾蠃卵孵化出的幼虫食用。古人误以为蜾蠃不产子,喂养螟蛉为子,因此用"螟蛉"喻指养子、义子。参见"蜾"。

舲 líng 名〈文〉有窗户的船。

翎 líng 名鸟翅和鸟尾上长而硬的毛▷雁~|~毛|野鸡~子。

羚 líng 名羚羊,哺乳动物,形状同山羊相似,四肢细长,雄的都有角,雌的有的有角。大多生长在草原或沙漠地区。

绫(綾) líng 名绫子,一种细薄光滑而有花纹的丝织品▷~罗绸缎|素~。

棱 líng [穆棱]mùlíng 名地名,在黑龙江。

另见 lēng;léng。

祾 líng 名〈文〉神灵的威福。

零1 líng ❶动(雨、露、眼泪等)落下▷感激涕~。→❷动(草木的花叶)枯萎下落▷~落|飘~|凋~。

零2 líng ❶形分散的;细碎的(跟"整"相对)▷化整为~|~件|~售|~散|~碎。→❷名不够一定单位的零碎数量;整数以外的尾数▷年纪七十有~|总数一千挂~儿|~头|~数|抹~儿。❸数 a)用于表示重量、长度、时间、年岁等两位数中间,表示单位较高的量下附有单位较低的量▷三点~一刻|一岁~五个月|一丈~二尺|一年~十天。b)表示小于任何正数,大于任何负数的数▷三减三等于~◇我的医学知识几乎等于~。c)表示数的空位,书面上多写作"〇"▷一百~八将|三~六号房间。d)某些量度的计算起点

▷～下五摄氏度｜～点二十分。

龄（齡） líng ❶名岁数▷年～｜适～｜老～。→❷名年数；年限▷工～｜党～｜炉～｜舰～｜树～。→❸名生物学上指某些生物生长过程中划分的阶段▷一～虫｜七叶～。

鲮（鯪） líng ❶[鲮鲤]línglǐ 名哺乳动物，身体和尾部有覆瓦状角质鳞甲，头小吻尖，没有牙齿，四肢短。爪锐利，善于掘土，捕食蚂蚁等。生活在我国江南地区。也说穿山甲。○❷名鲮鱼，体侧扁，银灰色，口小，有两对短须。生长迅速，是我国南方重要养殖鱼类之一。生活在淡水中。也说土鲮鱼。

鄝 líng 名鄝湖，湖名，在湖南。

醽 líng [醽醁]línglù 名古代一种美酒。

lǐng

令 lǐng 量〈外〉纸张计量单位，机制的整张原纸 500 张为 1 令▷ 10～道林纸。

另见 líng；lìng。

岭（嶺） lǐng ❶名有路可通山顶的山峰▷翻山越～｜崇山峻～｜山～｜分水～。→❷名高大的山脉▷秦～｜小兴安～｜南～。❸名指大庾、骑田等五岭▷～南。

领[1]（領） lǐng ❶名脖子▷～巾｜～带。→❷名衣领，衣服上围绕脖子的部分▷～扣｜硬～。⇒❸名要点；纲要▷要～｜纲～。⇒❹动拥有；占有；管辖▷～土｜总～事｜占～。❺动引导；带领▷把客人～到上房｜～孩子去动物园｜～航｜～路。⇒❻量用于上衣、长袍、席子等▷一～道袍｜三～席。⇒❼名领口，衣服上两肩之间围住脖子的孔及其边缘▷圆～｜鸡心～。

领[2]（領） lǐng ❶动接受▷～受｜～情。→❷动领取（按规定发给的东西）▷～奖｜～工资。○❸动了解（其中的含义）▷～会｜～悟。

lìng

另 lìng ❶代指所说范围之外的人或事▷～一个人｜～一只手｜～案｜～册。→❷副表示在所说的范围之外▷你忙吧，我～找个人｜～想办法｜～辟蹊径｜～立门户。☞"零件""零售""零散""零碎"的"零"不能写作"另"。

令[1] lìng ❶动命令，上级对下级发出强制性的指示▷严～各部队加强防备｜电～各地参照执行｜通～全国。→❷名上级所发布的命令▷军～如山｜～行禁止｜法～｜手～。⇒❸名季节；某个季节的气候和物候▷时～｜当～｜夏～。⇒❹名酒令，饮酒时所做的可分输赢的游戏▷猜拳行～。→❺动使；让▷～大家激动不已｜～人羡慕｜利～智昏。→❻名古代某些政府部门的行政长官▷尚书～｜郎中～｜县～。○❼名指小令，较短的词调或曲调▷十六字～｜如梦～｜叨叨～。○❽名姓。

令[2] lìng ❶形〈文〉善；美好▷～名｜～德。→❷形敬辞，用于对方的家属和亲戚▷～尊｜～堂｜～兄｜～郎｜～爱｜～亲。

另见 líng；lǐng。

呤 lìng 音译用字，用于"嘌呤"（piàolìng，有机化合物，化学式$C_5H_4N_4$）。

liū

溜 liū ❶动沿着平面滑行或向下滑动▷～冰｜从滑梯上～下来。→❷动偷偷走掉▷留神别让小偷～了｜～之大吉。→❸形光滑；平滑▷皮鞋擦得～光｜刚下过雨，路上～滑｜把地整得～平｜光～｜滑～。○❹同"熘"。

另见 liù。

熘 liū 动烹调方法，把菜肴油炸、水煮或清蒸后，加入用作料、淀粉等调好的卤汁，使卤汁均匀地裹在菜肴上▷滑～里脊｜～肝尖｜醋～白菜。

另见 liù。

瞜 liū 动〈方〉斜着眼睛看。

蹓 liū [蹓跶]liūda 动随便走走▷晚饭后总要上街～～。

另见 liù。

liú

刘（劉） liú 名姓。

浏（瀏） liú [浏览]liúlǎn 动大致看一下；泛泛地阅读▷～市容｜这种书～一下就可以了。

留（*畱畄） liú ❶动停在某一处所或地位；不离开▷一个人～在家里｜让我～下照顾病人｜～任｜～级｜停～｜逗～。→❷动不让对方离去▷～客人多住几天｜怎么～也～不住他｜挽～｜扣～｜收～。⇒❸动不丢掉；保存▷～底稿｜～长发｜～个名额｜～条后路｜～心眼儿｜～一手｜保～。⇒❹动不带走；遗留▷临走～了 100 元钱｜请～下宝贵意见｜房子是祖上～给我们的｜～言｜残～。⇒❺动把别人送来的东西收下▷赠书我～下，别的礼物一概不能收｜送来的样品，我～了几种。⇒❻动注意力集中在某个方面▷～心｜～意｜～神。→❼动特指居留外国求学▷～学｜～洋｜～美。○❽名姓。

流 liú ❶动水或其他液体移动▷河水向东～去｜泪～满面｜血～不止｜～淌｜～速。→❷动没有固定方向地移动▷～通｜～动｜～弹（dàn）｜～星。⇒❸动传下来；传播▷～芳百世｜～传｜～毒｜～言｜～行。⇒❹动趋向（不好的方面）▷～于庸俗｜～于一般。→❺名水道中的流水▷投鞭断～｜水～｜洪～。❻名像水流一样移动的东西▷气～｜暖～｜电～｜人～。→❼名指江河水离开源头以后的部分（跟"源"相对）▷源远～长｜支～｜中～｜◇开源节～。❽名分支；派别；等级▷三教九～｜～派｜二～作品｜三～演员。→❾动把犯人放逐到边远的地方，古代的一种刑罚▷～放｜～刑。→❿形像流水那样顺畅▷～畅｜～利。

琉（*瑠璢） liú [琉璃]liúli 名原指一种色泽光润的矿石，现特指用石英和长石配制成的釉料涂于缸、盆、砖瓦坯体表面烧制形成的玻璃质表层，多为绿色或金黄色，起装饰作用▷～砖｜～瓦。

硫 liú 名非金属元素，符号 S。浅黄色结晶体，质硬而脆。有几种同素异形体。在工业和医药上有广泛用途。通称硫磺。

遛 liú [逗遛]dòuliú 动暂时停留。现在通常写作"逗留"。

另见 liù。

馏（餾） liú 动通过加热等方法使液体中的不同物质分离或分解▷蒸～｜分～｜干～。

另见 liù。

旒 liú ❶名古代旗子上飘带之类的饰物。○❷名古代帝王礼帽前后下垂的玉串。

骝(騮) liú 名〈文〉黑鬃黑尾的红马。

榴 liú 名石榴,落叶灌木或小乔木,叶子长圆形,开红、白、黄色花。果实球形,内包很多种子,外种皮多汁,可以食用。根、皮可以做药材。石榴,也指这种植物的果实。

飗(飀) liú [飗飗]liúliú 形〈文〉形容微风轻轻吹拂的样子。

镏(鎦) liú 动镏金,我国特有的一种镀金法,用溶解在水银里的黄金涂在器物表面上,再经过晾干、烘烤、轧光等工序而成。

另见 liù。

鹠(鶹) liú [鸺鹠]xiūliú,见"鸺"。

瘤(*瘤) liú 名瘤子,生物体某一部分组织细胞长期不正常增生而形成的赘生物▷肿~|肉~|毒~|根~|赘~(比喻多余的、无用的东西)。

镠(鏐) liú 名〈文〉精纯色美的黄金。

鎏 liú ❶名〈文〉成色好的黄金。○❷古同"镏"。

liǔ

柳(*栁桺) liǔ ❶名柳属植物的统称。落叶乔木或灌木,枝条柔韧,叶子狭长,开黄绿色花,种子上有白色毛状物,成熟后随风飞散,叫柳絮。种类很多,常见的有垂柳、旱柳、杞柳等。枝条可用来编织器具。○❷名星宿名,二十八宿之一。○❸名姓。

绺(綹) liǔ 量用于顺着聚集成束的细丝状的东西▷两~丝线|一~麻|三~头发。

罶 liǔ 名〈文〉捕鱼的竹笼,口阔颈狭,腹大而长,鱼只能进去不能出来。

liù

六[1] liù 数数字,五加一的和。☛"六"的大写是"陆"。

六[2] liù 名我国民族音乐中传统的记音符号,表示音阶上的一级,相当于简谱的"5"。

陆(陸) liù 数数字"六"的大写。

另见 lù。

碌(*磟) liù [碌碡]liùzhou 名轧谷物或轧平场地用的圆柱形石制器具。

另见 lù。

遛 liù ❶动慢步走;随便走走▷~大街|出去~了一趟。→❷动牵着牲畜或提着鸟笼慢步走▷~马|~鸟。

另见 liú。

馏(餾) liù 动〈口〉把凉了的熟食蒸热▷~了几个馒头。

另见 liú。

溜[1] liù ❶名水流;急速的水流▷大~。→❷名房檐上流下来的雨水▷承~。⇒❸名房檐下横向的槽形排水沟▷水~。⇒❹量用于成排或成条的事物▷几个人排成一~|靠墙是一~书柜|一~烟似的跑了。❺名〈方〉某处附近的地方▷咱们这~儿快安煤气管道啦!

溜[2] liù 动〈口〉填满或封住缝隙▷用水泥~墙缝|进风了,快拿纸把窗户缝~上。

另见 liū。

熘 liù 同"馏"。

另见 liū。

镏(鎦) liù [镏子]liùzi 名〈方〉戒指▷金~。

另见 liú。

鹨(鷚) liù 名鹡鸰科鹨属各种鸟的统称。体小,嘴细长。吃昆虫。常见的有田鹨、水鹨等。

蹓 liù 同"遛"。

另见 liū。

lōng

隆 lōng 用于"轰隆""咕隆""黑咕隆咚"等词语。

另见 lóng。

lóng

龙(龍) lóng ❶名传说中的神异动物,有鳞、爪,能上天入水,兴云降雨▷一条~|~的传人|画~点睛|叶公好~|~飞凤舞|蛟~。→❷名封建时代用作帝王的象征,也指称属于帝王的东西▷~颜|~袍|~床。→❸名指某些连成一串像龙的或装饰着龙的图案的东西▷排成长~|火~|水~|~旗|~舟◇配套成~。→❹名指远古某些巨大的爬行动物▷恐~|霸王~。○❺名姓。

茏(蘢) lóng [葱茏]cōnglóng 形(草木)苍翠茂密▷林木~。

咙(嚨) lóng [喉咙]hóulóng 名嗓子,咽部和喉部的统称。

泷(瀧) lóng 名湍急的河流,多用于地名▷七里~(在浙江)。

另见 shuāng。

珑(瓏) lóng ❶名古人求雨时所用的玉,上面刻有龙纹。○❷[珑璁]lóngcōng a)拟声〈文〉形容金、石等碰撞的声音。b)形葱茏。参见"茏"。○❸[玲珑]línglóng,见"玲"。

栊(櫳) lóng 〈文〉❶名围养禽兽的栅栏。○❷名窗上的格木;窗户▷珠~|帘~。

昽(曨) lóng [曚昽]ménglóng,见"曚"。

胧(朧) lóng [朦胧]ménglóng,见"朦"。

砻(礱) lóng ❶名用竹木制成的磨去稻壳的工具,形状像磨(mò)。→❷动用砻磨去稻壳▷~稻谷。

眬(矓) lóng [蒙眬]ménglóng,见"蒙[4]"。

聋(聾) lóng 形听觉丧失或非常迟钝▷耳朵完全~了|耳朵有点~|装~作哑|~哑人|~子。

笼(籠) lóng ❶名用竹篾或木条等制成的器具，可以关鸟兽或装东西▷鸟～｜木～。→❷名旧时囚禁犯人的木笼▷囚～。→❸名指笼屉，蒸食物的器具▷小～包子。○❹动点燃▷～火。

另见 lǒng。

隆 lóng ❶形盛大；气势大▷～重。→❷形兴盛；发展的气势大▷兴～｜～盛。→❸形高；鼓起来▷～起｜～准(高鼻梁)。→❹形程度深▷～冬｜～情厚谊。○❺名姓。

另见 lōng。

癃 lóng ❶形〈文〉体衰多病▷疲～｜～病。○❷名癃闭，中医指小便不畅的病。

窿 lóng [窟窿]kūlong ❶名孔；洞▷袜子上烧了个～｜～眼儿｜冰～。→❷名喻指亏空、债务▷值钱的都卖出去抵账了，～还没填上｜拉下了一万元的～。

lǒng

陇(隴) lǒng ❶名陇山，山名，在甘肃和陕西交界的地方。→❷名甘肃的别称▷～海铁路｜～西高原。

垅(壠) lǒng 同"垄"。☞"垅"和"垄"的各义项都可通用，但"垄断"不能写作"垅断"。

拢(攏) lǒng ❶动聚合在一起；收束使不松散或不离开▷笑得嘴都合不～｜音乐厅很～音｜要把大家的心～住｜两人谈不～｜聚～｜收～｜拉～。→❷动停靠；靠近▷～岸｜靠～｜凑～。→❸动总计▷把账～一～｜～共｜归～。→❹动梳理(头发)▷用梳子～头｜～一～头发。☞"拢"和"扰"(rǎo)形、音、义都不同，"扰"是"擾"的简化字。

垄(壟) lǒng ❶名田地分界处略微高起的小路。→❷名在耕地上培起的用来种植农作物的土埂▷两人合打一条～｜白薯～｜～作｜～沟｜～背。⇒❸名农作物的行(háng)或行间空地▷缺苗断～｜宽～密植。⇒❹名形状像垄的东西▷瓦～。

笼(籠) lǒng ❶动像笼(lóng)子似地罩住▷晨雾～住了山城｜烟～雾罩｜～罩。○❷名较大的箱子▷箱～。

另见 lóng。

赟(篢) lǒng [织赟]zhīlǒng 名地名，在广东。

lòng

弄(*衖) lòng 名〈方〉巷子；胡同▷～堂｜里～。另见 nòng。

lōu

搂(摟) lōu ❶动用手或工具把东西向自己面前聚集▷～柴火｜～树叶｜用耙子～地。→❷动搜刮(财物)▷大把大把地～钱｜那帮老爷早就～足了。→❸动撩起或挽起(衣服)▷～起袖子｜～着裙子上楼梯。→❹动〈方〉用算盘计算；核算▷拿算盘一～，就知道赚多少钱了｜把账～一～｜～算｜～账。

另见 lǒu。

䁖(瞜) lōu 动〈方〉看(口气不庄重)▷让我～一眼｜～一～。

lóu

剅 lóu 名〈方〉堤坝下面过水的水口；横穿河堤的小水道▷～口｜～眼。

娄(婁) lóu ❶形〈口〉(某些瓜类)过熟而中空变质▷这西瓜～了。→❷形〈口〉比喻体虚，衰弱▷这几年身子骨儿可～了。○❸名星宿名，二十八宿之一。○❹名姓。

偻(僂) lóu ❶[佝偻]gōulóu，见"佝"。○❷[偻㑩]lóuluó 同"喽啰"。参见"喽"。

另见 lǚ。

蒌(蔞) lóu ❶[蒌蒿]lóuhāo 名多年生草本植物，叶互生，开黄色花，有地下茎，茎下部带紫色。嫩茎可以食用，焚烧干茎叶可以驱蚊，全草可以做药材。也说水蒿。○❷[蒌叶]lǒuluó 名常绿攀缘藤本植物，叶长卵圆形，互生，穗状花序。果实有辣味。藤、叶可以做药材。

喽(嘍) lóu [喽啰]lóuluó 名旧时指强盗头子的部下，现在多指坏人的帮凶和爪牙▷犯罪团伙里的小～。也作偻㑩。

另见 lou。

溇(漊) lóu 名溇水，水名，发源于湖北，流经湖南入澧水。

楼(樓) lóu ❶名两层或两层以上的房屋▷一座～｜盖～｜～堂馆所｜高～大厦｜～房。→❷名某些建筑物上加盖的房子▷城～｜箭～。→❸名某些下面有通道的高大的装饰性建筑▷门～｜牌～。→❹名用于某些店铺或娱乐场所的名称▷茶～｜酒～｜首饰～｜戏～。→❺量指楼房的一层▷他家住二～，不用乘电梯。○❻名姓。

耧(耬) lóu 名农具，由耧腿、耧斗及机架构成，用畜力或人力牵引，人在后面扶持，用来开沟播种。

蝼(螻) lóu 名蝼蛄，昆虫，背部茶褐色，腹部灰黄色，前足呈铲状，适于掘土，并能切断植物的根、嫩茎和幼苗。生活在泥土中，昼伏夜出，危害农作物。通称蝲蝲蛄(làlàgǔ)。

髅(髏) lóu ❶[髑髅]dúlóu，见"髑"。○❷[骷髅]kūlóu，见"骷"。

lǒu

搂(摟) lǒu ❶动两臂合抱；用胳膊拢着▷把孩子紧紧～在怀里｜小英～着姐姐的腰。→❷量用于周长相当于两臂合抱的东西▷门前的杨树也有一～粗了。

另见 lōu。

嵝(嶁) lǒu [岣嵝]gǒulǒu，见"岣"。

篓(簍) lǒu 名用竹篾、荆条等编成的盛物器具，多为圆形▷鱼～｜字纸～｜一～油。

lòu

陋 lòu ❶形(住所)狭窄；不华丽▷～室｜～巷。→❷形缺少见识；浅薄▷孤～寡闻｜鄙～｜浅～。❸形不文明的；不好的▷～俗｜陈规～习。→❹形丑；难看▷丑～。→❺形粗劣▷因～就简｜粗～｜简～。

镂(鏤) lòu 动雕刻▷～刻｜～花｜～空。☞不读 lóu。

瘘(瘻) lòu 名瘘管，体内发生脓肿时生成的管子，开口在皮肤表面或与其他内脏相通，病灶内的分泌物可以通过瘘管排出▷痔～｜肛～。

漏 lòu ❶动东西由孔隙中滴下、透出或掉出▷盆里的水～光了｜氧气袋～气｜口袋破了，米不停地往

下～。→❷图漏壶，古代的计时器，分为播水壶、受水壶两部分，播水壶有小孔可以漏水，受水壶中插有立箭，箭上划分一百刻，箭随蓄水逐渐上升，露出刻数，可以读出时间▷宫～|更(gēng)残～尽。❸图〈文〉指时刻▷夜已三～(三更)。→❹圆泄露▷没～过半个字|走～消息。→❺圆应该列入的因为疏忽而没有列入▷说～的请大家补充|造表时把他的名字～了|挂一～万|脱～。→❻圆物体有孔隙，可以漏出东西▷水壶～了|房顶～了|～勺。→❼图中医指某些流出脓、血、黏液的病▷痔～|崩～。

露 lòu 义同"露"(lù)③，多用于口语▷衣服破得～肉了|～着胳膊|～相|～脸|～馅儿|～一手|泄～|走～。

另见 lù。

lou

喽(嘍) lou 圆〈口〉表示呼唤，提醒注意▷客人来～|开饭～|天快黑～，赶紧走！

另见 lóu。

lū

撸(擼) lū〈口〉❶圆捋▷～榆钱儿|～起袖子。→❷圆撤去(职务)▷他的小组长职务让人家给～了。→❸圆训斥▷叫爷爷～了一顿。

噜(嚕) lū［噜苏］lūsū 冠〈方〉啰唆。参见"啰"(luō)。

lú

卢(盧) lú 图姓。☛"盧"简化为"卢"。从"盧"的字，有的类推简化为"卢"，如"瀘""壚""顱""鸕""臚""轤""艫""櫨""鱸"，分别简化为"泸""垆""颅""鸬""胪""轳""舻""栌""鲈"；有的简化为"户"，如"廬""爐""蘆""驢"，分别简化为"庐""炉""芦""驴"。

芦(蘆) lú ❶图芦苇，多年生草本植物，地下有粗壮匍匐的根状茎，叶子披针形，茎秆中空，表面光滑。生长于池沼、河岸或道旁。茎秆可以编席、造纸，也可以做人造丝、人造棉的原料；根状茎叫芦根，可以做药材。也说苇子。〇❷图姓。

另见 lǔ。

庐(廬) lú 图简陋的小屋▷茅～|草～|～舍。

垆[1](壚) lú 图黑色坚实的土壤▷～土。

垆[2](壚) lú 图古代酒店里放酒瓮的土台子；借指酒店▷酒～|当～(卖酒)。

炉(爐*鑪) lú 图炉子，供做饭、烧水、取暖、冶炼等用的器具或设备▷火～|电～|锅～|熔～|～灶|～灰|司～。

泸(瀘) lú 图泸州，地名，在四川。

纑(纑) lú 图〈文〉麻线。

栌(櫨) lú 图栌木，即黄栌。落叶灌木，叶子卵形或倒卵形，秋天变红，开小花，圆锥花序，果实肾脏形。木材黄色，可以做器具，也可以提制黄色染料；枝叶可以做药材。

轳(轤) lú［辘轳］lùlu，见"辘"。

胪(臚) lú 圆〈文〉陈列；罗列▷～陈|～列。

鸬(鸕) lú［鸬鹚］lúcí 图水鸟，羽毛黑色而带有紫色金属光泽，在生殖季节头和颈生白丝状羽。嘴的尖端有钩，善于潜水捕食鱼类。我国各地多驯养帮助捕鱼。通称鱼鹰，俗称水老鸦。

胪(矑) lú 图〈文〉瞳孔。

颅(顱) lú 图头的上部，即头盖骨，也指头▷开～手术|～骨|头～。

舻(艫) lú 图〈文〉船头；泛指船▷舳～(首尾衔接的船只)|登～。

鲈(鱸) lú 图鲈鱼，体侧扁而长，口大，下颌突出，身体上部青灰色，下部灰白色，背部和背鳍上有小黑斑。性凶猛，吃鱼虾。栖息于近海，也进入淡水。

lǔ

芦(蘆) lǔ［油葫芦］yóuhulǔ 图一种像蟋蟀而形体略大的昆虫，每年生一代，危害棉花、芝麻等农作物。

另见 lú。

卤(鹵❶❹滷❷❸) lǔ ❶图熬盐时剩下的味苦有毒的黑色液体，可以使豆浆凝结成豆腐。也说盐卤、卤水。→❷圆用盐水或酱油加调料煮▷～鸡|～肉|～味|～煮火烧。→❸图饮料的浓汁或食物的汤羹▷茶～|打～面。→❹图卤素，氟、氯、溴、碘、砹五种能直接同金属化合成盐类的元素的统称。

虏(虜*虜) lǔ ❶圆在战场上活捉▷～获|俘～敌兵百余人。→❷图打仗时活捉的敌人▷抓俘～。⇒❸图〈文〉对敌人的蔑称▷强～入寇。⇒❹图古代对北方民族的蔑称▷鞑～。☛统读lǔ，不读luǒ。

掳(擄) lǔ ❶圆〈文〉俘获▷～获。现在通常写作"虏"。→❷圆抢夺▷～夺|～掠。☛统读lǔ，不读luǒ。

鲁[1](魯) lǔ ❶形〈文〉愚钝；蠢笨▷～钝|愚～。〇❷形冒失；粗野▷～莽|粗～。

鲁[2](魯) lǔ ❶图周朝诸侯国名，在今山东西南部。→❷图山东的别称▷～菜。〇❸图姓。

橹[1](櫓*樐艣艪𣟄) lǔ 图安在船尾或船边用来摇船的工具，比桨长大▷摇～|架～|～声。

橹[2](櫓*樐) lǔ 图古代作战时用来防身的大盾牌。

镥(鑥) lǔ 图金属元素，符号 Lu，稀土元素之一。银白色，质柔软，富延展性，在空气中较稳定，有低毒。用于核工业。

lù

甪 lù 用于地名。如：甪直，在江苏；甪堰，在浙江。

陆(陸) lù ❶图高出水面的土地；泛指地面▷～地|大～|登～|～军|内～。→❷图指陆地上的通路(相对"水路"而言)▷水～兼程|水～交通|～运。〇❸图姓。

另见 liù。

录(録) lù ❶动记载;誊写▷记~|抄~|过~|摘~。→❷名记载言行、事物的表册或文字▷目~|语~|通讯~|见闻~。→❸动任用▷~取|~用。→❹动用仪器记录(声音或图像)▷~音|~像。〇❺名姓。

辂(輅) lù 名古代一种大车,多指帝王乘坐的车▷龙~(皇帝的车)。

赂(賂) lù ❶动〈文〉赠送财物。→❷动用财物买通别人▷贿~。→❸名〈文〉财物;赠送的财物。

鹿 lù ❶名鹿科动物的统称。一般雄的头上有角,个别种类雌的也有角,有的雄雌都无角,四肢细长,尾短,毛多为褐色,有的有白斑。听觉嗅觉灵敏,性温顺,善奔跑。→❷名喻指政权▷~死谁手|逐~中原。〇❸名姓。

渌 lù ❶名渌水,水名,发源于江西,流经湖南人湘江。〇❷[湿渌渌]shīlùlù 同"湿漉漉"。参见"漉"。

逯 lù 名姓。

騄(騄) lù [騄耳]lù'ěr 名古代一种骏马。

绿(緑) lù 义同"绿"(lǜ),用于"绿林""绿营""鸭绿江"等词语。

另见 lǜ。

琭 lù 名〈文〉一种玉石。

禄 lù ❶名官吏的薪俸▷高官厚~|无功受~|俸~|爵~|~位。〇❷名姓。☛"禄"和"录"不同。"录"是"録"的简化字,表示记录、录用等意义。

碌 lù ❶形平庸▷庸~|~~无为。〇❷形繁忙▷忙~|劳~。

另见 liù。

路 lù ❶名地面上供人或车马通行的部分;通道▷一条~|开山修~|道~|公~|马~|~口|水~。→❷名道路的距离▷~很近|几里~|山高~远。→❸名途径▷生~|门~|~子。→❹名轨迹▷思~|纹~。→❺名线路▷走东~去最近|坐五~车去公园。❻名方面;地区▷西~军|各~人马|外~人|北~货。❼名类型;等次▷这~人|哪~的拳脚都学|大~货|一~货色|二三~角色。→❽量用于队列,相当于"排""行"▷六~纵队|排成两~。〇❾名姓。

僇 lù 〈文〉❶同"戮"。〇❷动羞辱;侮辱▷国残身死,为天下~|受~|~辱。

箓(籙) lù 名符箓,道士画的一种图形,自称具有超自然的魔力。

漉 lù ❶动(液体)向下渗透;过滤▷~酒。→❷[湿漉漉]shīlùlù 形形容潮湿的样子。也作湿渌渌。

醁 lù [醽醁]línlù,见"醽"。

辘(轆) lù [辘轳]lùlu ❶名安在井边汲水的起重装置▷摇着~把儿打水。→❷名指某些机械上的绞盘。

戮[1](*剹) lù 动杀▷杀~。

戮[2](*勠) lù 动〈文〉并▷~力同心。

鲸(鯥) lù 名鱼,身体侧扁,灰褐色,鳞呈栉状,口和眼都大。生活在近海岩礁间。

潞 lù 用于地名。如:潞城,地名,在山西;潞江,水名,即云南的怒江。

璐 lù 名〈文〉美玉。

簏 lù 名竹篾、柳条等编的盛东西的器具,一般为圆筒形,较高,类似竹篓或箩筐▷书~。

鹭(鷺) lù 名鹭科部分鸟的统称。体型多高大瘦削,嘴直而尖,颈和腿较长,趾有半蹼。常活动于水边,捕食鱼、蛙及水生昆虫。常见的有白鹭(也说鹭鸶)、苍鹭等。

麓 lù 名山脚▷山~|天山南~。

露 lù ❶名接近地面的水蒸气遇冷凝结在草、木、土、石等物体上的水珠,常见于晴朗无风的夜晚或清晨,通称露水▷~珠|雨~|朝(zhāo)~|甘~。→❷动在房屋、帐篷等的外面,没有遮盖▷~宿|~营|~天。❸动显现出;表现出▷不~声色|~骨|裸~|暴~|流~。→❹名用花、叶、药材等蒸馏,或在蒸馏液中加入果汁、药材等制成的饮料或化妆品▷果子~|玫瑰~|~酒|花~水。

另见 lòu。

lu

氇(氌) lu [氆氇]pǔlu,见"氆"。

lǘ

驴(驢) lǘ 名驴属动物的统称。像马而小,耳朵和脸部都较长,毛多为灰褐或黑色,尾巴根毛少,尾端像牛尾。家驴性温驯,富忍耐力,多用作力畜。

闾(閭) lǘ ❶名〈文〉里巷的大门▷倚~而望。→❷名古代户籍编制单位,周代以二十五家为一闾,民国以后某些地区也用过。❸名〈文〉里巷;邻里▷穷~隘巷|村~|~巷。

榈(櫚) lǘ [棕榈]zōnglǘ,见"棕"。☛统读 lǘ,不读 lǚ。

lǚ

吕 lǚ ❶名我国古代十二音律中六种阴律的总称▷六~|律~。〇❷名姓。☛"吕"字旧字形是"呂",七画;新字形是"吕",六画,中间没有一撇。从"吕"的字,如"侣""铝""营""闾",同。

侣 lǚ ❶名伙伴;同伴▷伴~|情~。〇❷名姓。

捋 lǚ ❶动用手顺着长条状物向一端抹过去(使物体顺畅或干净)▷~胡子|把黄瓜~了几下就吃。→❷动〈口〉梳理;整理▷问题太多,一时~不出个头绪|把那堆纸~一~。

另见 luō。

旅[1] lǚ ❶名〈文〉众人。→❷名军队的编制单位,隶属于师,下辖若干团或营▷三个~的兵力|~长。❸名泛指军队▷军~|劲~。→❹副〈文〉俱;共同▷~进~退。

旅[2] lǚ 动离家在外,居留他地▷~行|~居|~途|~客|~日侨胞。

铝(鋁) lǚ 名金属元素,符号 Al。银白色,质轻,富延展性,易导电导热,化学性质活泼。可以制作高压电缆、铝箔、日用器皿等;铝合金质轻而硬，可以制造飞机、火箭、汽车等。制造日用器皿的铝通称钢精、钢种（zhǒng）。

稆 lǚ 动谷物不种自生▷～生。

偻（僂） lǚ〈文〉❶形腰背弯曲；泛指弯曲▷伛～｜～指（屈指而数）。○❷副很快地；立即▷不可～售。

另见 lóu。

屡（屢） lǚ 副多次；不止一次▷～次三番｜～教不改｜～见不鲜｜～战～胜。

缕（縷） lǚ ❶名线▷千丝万～｜金～玉衣。→❷形有条理；详详细细▷条分～析｜～述｜～陈。→❸量用于细长而轻柔的东西▷一～丝线｜几～青烟｜一～白云。

膂 lǚ 名〈文〉脊梁骨▷～力过人。

褛（褸） lǚ［褴褛］lánlǚ，见"褴"。

履 lǚ ❶动踩；践▷～险如夷｜如～薄冰。→❷名鞋▷西装革～｜削足适～｜草～。→❸动经历▷～历。→❹动实践；实行▷～行｜～约。→❺名脚；脚步▷步～艰难。

lǜ

律 lǜ ❶名古代校正乐音高低的标准，把乐音分为六吕和六律，合称十二律▷音～｜乐～。→❷名法律；规章▷～条｜刑～｜规～｜纪～｜定～｜格～。⇒❸动约束▷严于～己。⇒❹名旧体诗的一种体裁，在形式上有较严格的规则▷五～｜七～｜排～。○❺名姓。

猡 lǜ［㺅猡］hūlǜ，见"㺅"。

虑（慮） lǜ ❶动思考▷深思熟～｜考～｜思～。→❷动担忧▷忧～｜顾～｜过～。

率 lǜ 名两个相关数量间的比例关系▷增长～｜圆周～｜出勤～｜功～｜利～。

另见 shuài。

绿（綠*菉） lǜ 形像正在生长的草和树叶的颜色，由蓝和黄两种颜色合成▷～草如茵｜花红柳～｜～水青山｜～灯｜碧～｜墨～｜～豆。☛"菉"读 lù 时是"绿"的异体字，在异体字整理前，只有"绿豆"的"绿"可以写作"菉"；读 lù 时现仍用于地名，如梅菉，在广东。

另见 lù。

葎 lǜ［葎草］lǜcǎo 名多年生草本植物，茎蔓生，具钩状刺毛，叶对生，秋季开淡黄绿色花，果穗略呈球形。果实可以做药材。

氯 lǜ 名气体元素，符号 Cl。浅黄绿色，比空气重，有毒，对呼吸器官有强烈刺激性。可以用来漂白或消毒，制造漂白粉，合成盐酸和农药等。

滤（濾） lǜ 动使液体或气体通过沙子、纱布、木炭等，除去杂质▷用箅子～药｜过～｜～纸。

鑢（鑪） lǜ〈文〉❶动打磨。→❷名打磨铜、铁、骨、角等的工具。

luán

峦（巒） luán 名小而尖的山；泛指山峰▷山～起伏｜重～叠嶂｜峰～。

孪（孿） luán 动一胎双生▷～生｜～子。

娈（孌） luán 形〈文〉相貌美好。

栾（欒） luán ❶名栾树，落叶乔木，高达 10 米，羽状复叶，互生，开淡黄色花，果实长椭圆形。叶子可以做青色染料，也可以做药材；木材可以制器具；种子可以榨油。○❷名姓。

挛（攣） luán 动（手脚）弯曲不能伸开▷～缩｜痉～｜拘～。

鸾（鸞） luán 名传说中凤凰一类的鸟，古人常用来喻指贤人或夫妻▷～翔凤集（人才会集）｜～凤和鸣（夫妻和美）。

脔（臠） luán〈文〉❶动把肉切成块状▷～割｜～分。→❷名切成块状的肉▷尝鼎一～｜禁～。

圝（圞） luán［团圝］tuánluán 动〈文〉团圆；团聚▷合家～。也作团栾。

滦（灤） luán ❶名滦河，水名，在河北，流入渤海。○❷名姓。

銮（鑾） luán ❶名古代安装在皇帝车驾上的铃铛▷～铃｜～音。→❷名〈文〉借指皇帝的车驾▷起驾回～｜迎～护驾。

luǎn

卵 luǎn ❶名雌性生殖细胞，与精子结合后可产生第二代；特指鸟类的蛋▷产～｜排～｜～生｜鹅～｜鸟～。→❷名昆虫学上特指受精的卵，是昆虫生活周期的第一个阶段。

luàn

乱（亂） luàn ❶形毫无秩序和条理▷一团～麻｜头发很～｜孩子们～成了一锅粥。→❷动使混乱；使杂乱▷～了敌人｜～伦。→❸形（社会）动荡不安▷天下大～｜～世。→❹形（心绪）不宁；烦乱▷心情很～｜心烦意～｜慌～。→❺形两性关系不正当▷淫～。→❻副不加限制；随便▷～花钱｜～出主意｜胡言～语。

lüè

掠 lüè ❶动抢夺▷～夺｜～取｜抢～｜掳～。○❷动轻轻擦过或拂过▷海鸥～过水面｜炮弹～过夜空｜一～而过｜浮光～影。☛统读 lüè，不读 lüě。

略[1]（*畧） lüè 动夺取；掠夺▷攻城～地｜侵～。

略[2]（*畧） lüè 名计谋；规划▷雄才大～｜胆～｜策～｜战～｜方～。

略[3]（*畧） lüè ❶名梗概；概要▷要～｜概～｜事～｜传～。→❷形简单；不详细▷该详就详，该～就～｜～图｜～写｜简～｜粗～。⇒❸动省去▷把这一段话～去｜省～｜删～。⇒❹副表示程度轻微，相当于"稍微"▷～加分析｜～有改进。

锊（鋝） lüè 量古代重量单位，一锊合六两多，三锊合二十两。

lūn

抡（掄） lūn 动（手臂）使劲挥动▷～起拳头就打｜～大锤。

另见 lún。

lún

仑(侖*崘❷崙❷) lún ❶图〈文〉条理;次序。现在通常写作“伦”。○❷[昆仑]kūnlún,见“昆”。☛“仑”和“仓”不同。“仑”是“侖”的简化字,下边是“匕”;“仓”是“倉”的简化字,下边是“㔾”。

伦(倫) lún ❶图同类▷无与～比|不～不类|荒谬绝～。→❷图伦理,人与人之间的各种道德准则以及长幼尊卑间的次序等级关系▷人～|～常|五～|天～之乐。❸图条理▷语无～次。○❹图姓。

论(論) lún 图〈文〉指《论语》(儒家经典之一,孔子门徒所编纂,内容主要记载孔子及其弟子的言行)▷熟读～孟(孟指《孟子》)|上～|下～|鲁～|齐～。

另见 lùn。

抡(掄) lún 团〈文〉选择;选拔▷～材|～魁(中选第一名)。

另见 lūn。

囵(圇) lún [囫囵]húlún,见“囫”。

沦(淪) lún ❶团落到水里▷沉～|～没。→❷团陷入(不幸或罪恶的境地)▷～为殖民地|～为娼妓|～落|～陷。→❸团丧亡;消失▷～亡|～丧。☛“沦”和“沧”不同。“沦”是“淪”的简化字,右边是“仑”;“沧”是“滄”的简化字,右边是“仓”。

纶(綸) lún ❶图〈文〉青色的丝带。→❷图〈文〉钓鱼用的丝线▷翠～桂饵。→❸图指某些合成纤维▷丙～|锦～。

另见 guān。

轮(輪) lún ❶图车辆或机械上能转动的圆形部件▷四～马车|三～车|～胎|齿～|～子|涡～机。→❷团依照次序替换▷明天该～到我值班了|～换|～流|～休。→❸图像轮子的东西▷月～|耳～|年～。→❹图指轮船▷海～|客～|渡～。→❺量 a)用于日、月等圆形的东西▷一～红日|一～明月。b)用于循环的事物或动作▷头～影院|第二～会谈|循环赛已经进行了三～。→❻图十二岁为一轮(用十二地支记人的属相,每十二岁轮回一次)▷他也属猴,比我大一～|妻子比他小一～。

lùn

论(論) lùn ❶团讨论研究;分析、说明事理▷议～|～说|辩～|～文。→❷团(按某种标准)衡量;评定▷迟到15分钟以上按旷课～|～功行赏|～处(chǔ)|～罪。❸介表示以某种单位为准(与量词组合),相当于“按”“按照”;表示就某个方面来谈,相当于“从……(方面来说)”“就……(来说)”▷～斤卖|～钟点儿收费|～下棋,他数第一。→❹团谈论;看待▷品头～足|相提并～|一概而～。→❺图言论或文章(多指分析说明事理或判断是非等方面的)▷宏～|谬～|公～|社～|长篇大～。❻图主张;学说;观点▷立～|相对～|人性～。❼图以议论为主的文体(多用作书名或篇名)▷《过秦～》|《实践～》。

另见 lún。

luō

捋 luō 团用手握住(条状物)向一头滑动▷～起袖子|～胳膊|～树叶。

另见 lǚ。

啰(囉) luō [啰唆]luōsuō ❶形说话絮絮叨叨,重复烦琐▷他讲话太～了。→❷团絮絮叨叨地说;一再说▷你～了半天,也没说明白|别跟他～了。→❸形(事情)使人感到麻烦的▷一天到晚净是～事儿|在你们这儿办点事儿可真～。//也作啰嗦。☛1964年公布的《简化字总表》将“囉”作为“罗”的繁体字处理。1986年重新发表的《简化字总表》确认“囉”为规范字,类推简化为“啰”,不再作为“罗”的繁体字。

另见 luó。

luó

罗[1](羅) luó ❶图捕鸟的网▷～网|天～地网。→❷团张网捕捉▷门可～雀。❸团搜集;招致;包括▷网～|搜～|～致|包～万象。→❹图质地轻软稀疏,表面显现纹眼的丝织品▷绫～绸缎|杭～。→❺图一种用来过滤流质或筛细粉末的密孔筛子▷面磨(mò)好后要过一遍～|绢～|铜丝～。❻团用罗筛▷～面|～去渣滓|至少要～两遍。○❼团排列;分布▷～列|星～棋布。○❽图姓。

罗[2](羅) luó 量〈外〉12打(每打12件)为1罗。☛“罗”字不是“啰”的简化字。

㑩(儸) luó [偻㑩]lóuluó 同“喽啰”。参见“喽”。

萝(蘿) luó ❶图指某些爬蔓植物▷女～|藤～|茑～。○❷[萝卜]luóbo 图二年生或一年生草本植物,叶子呈羽状,开白色或淡紫色花,主根圆柱形或球形,肥厚多肉,可以食用。种子可以做药材,叫莱菔子。萝卜,也指这种植物的主根。也说莱菔。

啰(囉) luó [啰唣]luózào 团吵闹(多用于近代汉语)▷休要～。☛1964年公布的《简化字总表》将“囉”作为“罗”的繁体字处理。1986年重新发表的《简化字总表》确认“囉”为规范字,类推简化为“啰”,不再作为“罗”的繁体字。

另见 luō。

逻[1](邏) luó 团巡查▷巡～。

逻[2](邏) luó [逻辑]luójì 〈外〉❶图逻辑学,研究思维的形式和规律的科学。→❷图客观的规律性▷生活的～|不合～。

脶(腡) luó 图〈文〉指纹▷～纹。

猡(玀) luó [猪猡]zhūluó 图〈方〉猪。

饠(饠) luó [饆饠]bìluó,见“饆”。

𬍡(玀) luó [珂𬍡版]kēluóbǎn 图〈外〉印刷上用的一种照相版,把要复制的文字、图画底片,晒制在涂过感光胶层的玻璃片上而成,多用于印制美术品。现在通常写作“珂罗版”。

椤(欏) luó [桫椤]suōluó,见“桫”。

锣(鑼) luó 图一种铜制的打击乐器,盘状,边上穿孔系绳,手提或悬在架上,用槌敲击▷一面～|敲～|小～|云～。

箩(籮) luó 图竹编器具,多为方底圆口,制作比较细致,大的多用来盛粮食,小的多用来淘米▷～筐|筐～。

骡（騾*蠃） luó［骡子］luózi 图哺乳动物，驴和马交配所生的杂种。毛多为黑褐色，蹄小踵高而坚实，四肢筋腱强韧，耐劳，抗病力及适应性强，挽力大而能持久，寿命长，一般无生殖力。我国北方多用作力畜。公驴和母马所生的俗称马骡；公马和母驴所生的俗称驴骡。

螺 luó ❶图软体动物，体外包有锥形、纺锤形或扁椭圆形硬壳，壳上有回旋形纹。种类有田螺、海螺等。→❷图像螺一样有回旋形纹理的（东西）▷～纹｜～钉｜～母｜～丝。

luǒ

蓏 luǒ 图〈文〉瓜类植物的果实。

裸（*躶蠃） luǒ 动暴露出来，没有遮盖▷～露｜～体。☛"裸"和"祼"不同。"祼"字左边是"礻"，读guàn，指古代酌酒灌地的祭礼。

瘰 luǒ［瘰疬］luǒlì 图即淋巴结核，症状是颈部或腋窝出现硬块，溃烂后流脓，不易愈合。

蠃 luǒ［蜾蠃］guǒluǒ，见"蜾"。

luò

泺（濼） luò［泺口］luòkǒu 图地名，在山东济南，即古泺水流入济水的河口。

荦（犖） luò 形〈文〉显著；分明▷～～大者｜卓～。☛不读láo。

咯 luò 音译用字，用于"吡咯"（bǐluò，见"吡"）等。另见gē；kǎ。

洛 luò ❶图洛河，水名。a）发源于陕西北部，流入渭河。也说北洛河。b）发源于陕西南部，流经河南入黄河。也说南洛河。古代作雒。〇❷图姓。

骆（駱） luò ❶［骆驼］luòtuó 图哺乳动物，头小，颈长，身体高大，毛褐色，四肢细长，蹄扁平，蹄底有厚皮，背上有一或两个驼峰，耐饥渴高温。性温驯，能负重在沙漠中长途行走，号称"沙漠之舟"，可供运货及乘骑。〇❷图姓。

络（絡） luò ❶图像网一样的东西▷丝瓜～｜橘～｜～腮胡子｜网～。→❷图中医指人体内气血运行的通道，即经脉的旁支或小支▷经～｜脉～。→❸动（用网状物）兜住或罩住▷用发网～住头发◇笼～。〇❹动缠绕▷～丝｜～纱。

另见lào。

珞[1] luò［璎珞］yīngluò，见"璎"。

珞[2] luò［珞巴族］luòbāzú 图我国少数民族之一，主要分布在西藏。

烙 luò［炮烙］páoluò 图古代一种酷刑。另见lào。

硌 luò 图〈文〉山上的巨石。另见gè。

落 luò ❶动物体从高处掉下来▷树叶～了｜叶～归根｜～泪。→❷动下降▷潮涨潮～｜～日｜降～。❸动使下降▷把窗帘～下来｜～帆。→❹动跌人；陷入▷～水｜～网｜～汤鸡。→❺动掉在后面或外面▷～伍｜～后｜～榜。→❻动事物由兴盛转向衰败▷衰～｜破～｜零～｜没～。→❼动归属▷重担～在我们的肩上｜大权旁～。❽动获得▷～下好名声｜～下话柄｜～空。→❾动止息；停留▷～脚｜话音未～。⇒❿动留下；（用笔）写下▷不～痕迹｜～款｜～账。⇒⓫图停留的地方▷下～｜段～｜着（zháo）～。〇⓬图（许多人家）聚居的地方▷村～｜院～｜部～。

另见là；lào。

跞（躒） luò［卓跞］zhuóluò 形〈文〉卓越；出类拔萃▷英才～。也作卓荦。

另见lì。

摞 luò ❶动一个压着一个地往上放▷把书～起来｜韭菜一捆～一捆。→❷量用于重叠放置的东西▷一～线装书｜一～草帽。

雒 luò ❶图水名。a）在河南，流入黄河。现称洛河。b）在四川，即今金堂以下的沱江。〇❷［商雒］shāngluò 图地名，在陕西。今作商洛。〇❸［雒南］luònán 图地名，在陕西。今作洛南。〇❹图姓。

漯 luò［漯河］luòhé 图地名，在河南。另见tà。

M

m̄

姆 m̄ [姆妈]m̄mā〈方〉❶名母亲。→❷名称年长的已婚妇女▷李家～。
另见 mǔ。

ḿ

呣 ḿ 叹〈口〉用法同"嗯"(ǹg)。
另见 m̀。

m̀

呣 m̀ 叹〈口〉用法同"嗯"(ǹg)。
另见 ḿ。

mā

孖 mā 形〈方〉成双成对的▷～仔(双生子)|～髻山(山名,在广东)。

妈(媽) mā ❶名〈口〉母亲▷我～不在家|爹～|干(gān)～|～～。→❷名对长辈亲属中已婚女性的称呼▷大～(伯母)|姑～|姨～|舅～。❸名对年岁大的已婚妇女的尊称▷王大～|张～～。❹名旧时称中老年女仆▷王～|老～子。

抹 mā ❶动擦▷把桌子～一～|～布。○❷动用手按着向某一方向移动▷从手腕上～下一副镯子|往后～一～头发|把帽子～下来。
另见 mǒ;mò。

蚂(螞) mā [蚂螂]māláng 名〈方〉蜻蜓。
另见 mǎ;mà。

麻 mā 形〈方〉形容天色微黑或微亮▷～～黑|～～亮。
另见 má。

摩 mā [摩挲]māsa 动用手轻轻按着反复地向一个方向或来回地移动▷把衣褶～平|～头发。
另见 mó。

má

吗(嗎) má 代〈方〉什么▷干～去?|要～有～。
另见 mǎ;ma。

麻[1](*蔴❶—❸) má ❶名麻类植物的统称▷大～|黄～|亚～|苎～|剑～。→❷名麻类植物的茎皮纤维▷一缕～|～绳|～布|～袋。→❸名芝麻(zhīma)▷～油|～酱|～渣。❹名麻子,脸部因患天花而留下的瘢痕▷～脸。→❺形物体表面微有凹凸,不光滑▷这种玻璃一面光,一面～。⇒❻形表面有细碎斑点的▷～雀|～蝇。○❼名姓。

麻[2] má ❶形身体某部分轻度失去知觉,或产生像虫蚁爬过那样不舒服的感觉▷手脚～木|腿压～了|～酥酥的。→❷形某些食物带有的使舌头发木的味道▷这菜又～又辣|～辣豆腐。
另见 mā。

蟆(*蟇) má [蛤蟆]háma,见"蛤"。

mǎ

马(馬) mǎ ❶名哺乳动物,耳朵小而直立,面部长,颈上有鬃,尾有长毛,四肢强健,有蹄善跑,毛色有枣红、栗、青、黑等多种。性温驯而敏捷,是重要的力畜之一,可供乘骑、拉车或耕地。→❷形大▷～勺|～蜂|～蝇。○❸名姓。☞"马"的笔顺是フ马马,三画。第一、二笔的竖笔部分稍向左下倾斜,左上角稍开口。作左偏旁时,末笔横改为平挑。

吗(嗎) mǎ [吗啡]mǎfēi 名〈外〉由鸦片制成的有机化合物,白色结晶质粉末,味苦,有毒。医药上用作镇痛剂。
另见 má;ma。

犸(獁) mǎ [猛犸象]měngmǎxiàng 名古代哺乳动物,形状、大小都像现代的象,全身有长毛,门齿向上弯曲,生活在亚欧大陆和北美洲的北部等寒冷地区。也说猛犸、毛象。

玛(瑪) mǎ [玛瑙]mǎnǎo 名矿物,主要成分是二氧化硅,有不同颜色的条带或环纹,鲜艳美丽,质地坚硬耐磨,可用作仪表轴承、研磨用具、装饰品等。

杩(榪) mǎ [杩槎]mǎchá 名三根木头交叉搭成的三脚架,加上土、石以后可以用来挡水,最早用于都江堰工程。也说杩杈。也作杩叉。
另见 mà。

码[1](碼) mǎ ❶名代表数目字的符号▷号～|页～|邮政编～|明～售货。→❷名计算数目的用具▷筹～|砝～。○❸量用于事情,相当于"件"或"类"▷一～事|毫不相干的两～事。

码[2](碼) mǎ 动〈口〉摞起;堆叠▷把桌上的书～起来|把白菜～整齐|～放。

码[3](碼) mǎ 名〈外〉英美制长度单位,1码等于3英尺,合0.9144米。

蚂(螞) mǎ ❶[蚂蜂]mǎfēng 名昆虫,体大,头胸部褐色,有黄斑纹,腹部深黄色,中间有黑色及褐色条带,胸腹宽相等,翅狭长,尾部有毒刺。有母蜂、雄蜂及工蜂等个体,工蜂采集花蜜和捕捉虫类喂养幼蜂。也说胡蜂。也作马蜂。○❷[蚂蟥]mǎhuáng 名环节动物,体狭长,背腹扁平,后端稍阔,背面黄绿色,腹面暗灰色,后端有吸盘,雌雄同体。生活在水田和沼泽里,吸食人、畜血液。可以做药材。通称马鳖。○❸[蚂蚁]mǎyǐ 名蚁科昆虫的统称。成虫体小,多呈红褐色或黑色,触角丝状或棒状,腹部有一、二节呈结节状,一般雌蚁与雄蚁有翅膀,工蚁无翅。大多数在地下筑巢,成群穴居,也有的栖息于树枝等孔穴中,食性复杂。种类很多,有明显的多型现象,包括雌蚁、雄蚁、工蚁三种不同的型。

另见 mā;mà。

mà

杩(榪) mà 图〈文〉床两头的横木。

另见 mǎ。

祃(禡) mà ❶图古代在军队驻地举行的祭礼。〇❷图姓。

蚂(螞) mà [蚂蚱]màzha 图〈口〉蝗虫。

另见 mā;mǎ。

骂(罵*駡傌) mà ❶动用粗话、恶语侮辱人▷有人～他是疯子|～人|～街|辱～|谩～。→❷动用严厉的话斥责▷他爸～他不争气|责～。

ma

吗(嗎) ma ❶助用在句子末尾,表示疑问语气▷你去过上海～?|你听明白了～?|你没找到他～?|你们不喜欢这儿～?→❷助用在句子末尾,表示反诘▷你这么做对得起老师～?|你难道不懂这个道理～?

另见 má;mǎ。

嘛 ma ❶助用在陈述句末尾,表示理所当然▷这是我的家～,我当然要回来|他本来就不愿意去～|有什么话就说～|人多力量大～|热了就把外衣脱了～。→❷助用在祈使句末尾,表示期望或劝阻▷动作快一点～!|不让你去,就别去～!〇❸助用在句中,表示提顿,引起对方注意下文▷学生～,主要任务就是学习|有意见～,大家好好商量|其实～,这种方法也不难学。

mái

埋 mái ❶动用土盖住;泛指用雪、落叶等盖住▷把萝卜～在土里保存|大雪～住了道路|掩～|～葬。→❷动隐藏;隐没▷～伏|隐姓～名|～没。

另见 mán。

霾 mái 图空气中由于悬浮着大量物质微粒而形成的混浊现象。通称阴霾。

mǎi

买(買) mǎi ❶动用货币换取实物;购进(跟“卖”相对)▷～房子|～衣服|～主|倒(dǎo)～倒(dǎo)卖。→❷动用财物拉拢▷收～人心|～通。

荬(藚) mǎi [苣荬菜]qǔmaicài,见“苣”。

mài

劢(勱) mài 副〈文〉努力;尽力。☛“劢”和“励”(lì)形、音、义都不同。“励”的意思是劝勉、奋勉,如“勉励”“奖励”等。

迈[1](邁) mài 动跨步;抬腿向前走▷～开大步|～过小水沟|向前～进。

迈[2](邁) mài 形年老▷年～|老～。

迈[3](邁) mài 量〈外〉英里(用于机动车行车时速)▷1小时跑80～。☛“迈”是英里的音译词,不是公里。

麦(麥) mài ❶图一年生或二年生草本植物,种类很多,有小麦、大麦、黑麦、燕麦等。子实用来磨面粉,也可以用来制糖或酿酒;茎秆可以编织器物或造纸。麦,也专指小麦。通称麦子。〇❷图姓。

卖(賣) mài ❶动用实物换取货币;售出(跟“买”相对)▷～菜|把车～了|这种衣服～得很快|买～公平|拍～。→❷动用劳动、技艺或身体等换取钱财▷～苦力|～艺|～唱|～笑。⇒❸动以损害国家民族和他人利益以达到个人目的▷～身投靠|～国投敌|～友求荣。⇒❹动尽量使出来▷～力气|～命。→❺动故意显示自己;炫耀▷～功|～乖|～嘴|倚老～老|～弄。→❻量旧时饭馆称所卖的一份菜叫一卖▷一～溜里脊。☛“卖”字上边是“十”,不是“士”或“土”。

脉(*脈衇衂) mài ❶图血脉,分布在人和动物体内的血管▷动～|静～。→❷图脉搏,心脏收缩时,由于输出血液的冲击而引起动脉有规律跳动的现象▷～弱|诊～|号～。→❸图像血管那样连贯而成系统的事物▷一～相承|山～|矿～|叶～。

另见 mò。

唛(嘜) mài 图〈外〉进出口货物的包装上所做的标记,内容包括批号、件号、指运港口、目的地、收货人、生产国名及地名、合同号码、货名、数量等。也指商标。也说唛头。

霡 mài [霡霂]màimù 图〈文〉小雨。

mān

嫚 mān 图〈方〉女孩子。也说嫚子。

另见 màn。

颟(顢) mān [颟顸]mānhan 〈方〉❶形糊涂;不明事理▷这孩子太～,什么也不懂。→❷形马虎;漫不经心▷～了事|老王办事太～,靠不住。

mán

埋 mán [埋怨]mányuàn 动因事情不称心而对人或事物表示不满▷自己没干好,还老～别人|自己不用功,就别～考题太难。

另见 mái。

蛮(蠻) mán ❶图我国古代称南方的民族▷南～|～夷。→❷形粗野凶狠,不讲道理▷～横|野～|～不讲理|胡搅～缠。⇒❸形鲁莽;强劲有力▷～干|～力。⇒❹副〈方〉挺;很▷这东西～好|收入～多。

谩(謾) mán 动〈文〉隐瞒真相;蒙蔽▷欺～|～天～地(比喻欺上瞒下)。

另见 màn。

蔓 mán [蔓菁]mánjing 图二年生草本植物,叶片狭长,有深缺刻,开黄色花。块根肥大,呈球形或扁圆形,肉质比萝卜致密,略有甜味,可以做蔬菜。蔓菁,也指这种植物的块根。也说芜菁。

另见 màn;wàn。

馒(饅) mán [馒头]mántou 图一种用发面蒸熟的食品,形状多为半球体,不带馅儿。有的地区也称带馅儿的为馒头,如糖馒头、肉馒头。

瞒(瞞) mán 动隐藏实情,不让人知道▷什么事都～不过他|欺上～下|～天过海|～哄|隐～。

鞔 mán ❶图〈文〉鞋帮。→❷动把布蒙在鞋帮上或用皮子给鞋打包头▷～鞋。❸动把皮革绷紧，固定在鼓框的周围，做成鼓面▷～鼓。

鳗（鰻） mán［鳗鲡］mánlí 图鱼，体长，前部近圆筒形，后部侧扁，背侧灰黑色，腹部白色，鳞细小，埋在皮肤下面，背鳍和臀鳍长，并同尾鳍相连，无腹鳍。生活在淡水中，成熟后到深海产卵。是名贵食用鱼之一。简称鳗。也说白鳝。☛不读 màn。

mǎn

满¹（滿） mǎn ❶形里面充实，没有余地；达到容量的饱和点▷场场客～｜肥猪～圈｜斟～一杯酒｜一车装不～｜～载而归。→❷动感到已经足够▷踌躇～志｜心～意足｜～意｜～足。❸形骄傲▷～招损，谦受益｜自～。→❹形达到一定限度▷不～周岁｜限期已～｜拉了一个～弓｜身高不～五尺。→❺动使满▷再～上一杯｜给客人～茶点烟。→❻形全；整个▷～身是血｜～口答应｜～门抄斩。❼副表示完全▷～不是那么回事｜～可以不去｜～不在乎。〇❽图姓。

满²（滿） mǎn［满族］mǎnzú 图我国少数民族之一，主要分布在黑龙江、辽宁、吉林、河北、北京和内蒙古等地。

螨（蟎） mǎn 图节肢动物，身长不超过 2 毫米，头、胸、腹合成躯体，分节不明显，呈圆形或椭圆形。生活在地下、地上、高山、水中及生物体内外。有三万多种，有的危害农作物、果树等，有的能把疾病传播给人和动物，也有的有益于人类。

màn

曼 màn ❶形长（多用于空间）；远▷～延。〇❷形柔美；柔和▷轻歌～舞｜～丽｜～辞。

谩（謾） màn 动对人无礼▷～骂。
另见 mán。

墁 màn 动把砖、石、木块等铺在地面上▷用大理石～地｜房子刚盖好，地还没～呢。

蔓 màn ❶图草本植物的细长柔软、不能挺立的枝茎▷～草｜～生植物｜枝～。→❷动滋生；扩展▷～延｜滋～。
另见 mán；wàn。

幔 màn 图悬挂起来供遮挡用的布、纱、绸等▷窗～｜纱～｜～帐｜～子。

漫 màn ❶动遍布；充满▷～山遍野｜～天大雪｜弥～。→❷动水过满而外流▷杯子里的水～出来了｜水大～不过船去。❸形随意；无拘无束▷～游｜～谈｜～步｜～不经心｜散～。〇❹形长；远▷长夜～～｜～长。〇❺副表示否定，相当于"不要"▷～说我根本没时间，就是有时间也不参加｜～道。〇❻［烂漫］lànmàn a）形颜色鲜艳▷山花～。b）形天真自然，毫不做作▷天真～。☛统读 màn，不读 mán。

慢 màn ❶形〈文〉懈怠▷君子宽而不～。→❷形对人没有礼貌▷～待｜傲～｜怠～。→❸形速度低；延续的时间长（跟"快"相对）▷走～点儿｜这表～五分钟｜[illegible]｜[illegible]｜[illegible]腾腾。

嫚 màn 动〈文〉瞧不起；不尊重▷～易（轻视侮辱）。
另见 mān。

缦（縵） màn 图〈文〉没有花纹的丝织品▷～帛。

熳 màn［烂熳］lànmàn 同"烂漫"。参见"漫"。

镘（鏝） màn ❶图〈文〉抹子（mǒzi），往墙上抹（mò）泥、灰的工具▷泥～。〇❷图镘儿，金属钱币上没有铸币名的一面。铸有币名的一面叫"字儿"。

māng

牤 māng［牤牛］māngniú 图公牛。☛统读 māng，不读 máng。

máng

邙 máng［北邙］běimáng 图山名，在河南洛阳。

芒 máng ❶图某些禾本科植物子实外壳上的细刺▷～刺在背｜麦～。→❷图多年生草本植物，秆高 1—2 米，叶子狭长，叶端尖刺形，秆皮可以造纸、编草鞋▷～鞋竹杖。→❸图指某些针状的东西▷光～｜锋～。

忙 máng ❶形要做的事情多，没有空闲（跟"闲"相对）▷～得没空回家｜他没有不～的时候｜农～｜繁～。→❷动急着去做（某事）▷撂下饭碗就去～工作｜～着回家｜别～，歇一会儿再干。〇❸图姓。

杧 máng［杧果］mángguǒ 图常绿乔木，叶子椭圆状披针形，开黄色或淡黄色花，果实肾脏形，淡绿色或淡黄色。果肉味美汁多，可以食用；木材坚韧细密，可以制器具；叶子和树皮可以做黄色染料。杧果，也指这种植物的果实。现在通常写作"芒果"。

尨 máng〈文〉❶形杂色。→❷形杂乱。
另见 méng。

盲 máng ❶形眼睛失明；看不见东西▷～人｜夜～。→❷形比喻对某些事物或事理不认识或分辨不清▷色～｜文～｜法～｜～动｜～从。

氓 máng［流氓］liúmáng ❶图原指无业游民，后来指不务正业、为非作歹的人。→❷图指施展下流手段胡作非为的恶劣行径▷耍～｜～罪。
另见 méng。

茫 máng ❶形广阔无边，看不清楚▷天海～～｜～无边际｜迷～。→❷形不清晰、不明白▷～无所知｜对前途感到～然。

硭 máng［硭硝］mángxiāo 图无机化合物，含有 10 个分子结晶水的硫酸钠。可用作工业原料，医药上用作泻药。也作芒硝。

铓（鋩） máng ❶［锋铓］fēngmáng 图刀剑的尖端。常用来比喻斗争的矛头，也比喻显露出来的锐气和才干。现在通常写作"锋芒"。〇❷［铓锣］mángluó 图云南少数民族的铜制打击乐器，可以将大小不同的铓锣同时挂在架上，交错敲打。

mǎng

莽¹ mǎng ❶图茂密的草▷草～｜丛～。→❷形（草）茂密▷～原｜～～。❸形〈文〉大；广阔▷～昆仑。

莽² mǎng 形粗鲁；冒失▷～汉｜～撞｜鲁～。

漭 mǎng［漭漭］mǎngmǎng 形〈文〉水面漫无边际▷～沧沧。

蟒 mǎng ❶图蟒蛇，无毒大蛇，长可达 6 米，头部长，口大，舌的尖端有分叉，体色黑，有云状斑纹，背面有一条黄褐斑，两侧各有一条黄色带状纹，腹部白色。多生活在热带近水的森林里，捕食动物。→❷图指蟒袍，明清两代官员的礼服，袍上绣有金色的蟒▷

穿～|～玉(蟒袍和玉带)。

māo

猫(*猫)　māo ❶名哺乳动物,品种很多,面部略圆,身子长,耳朵小,眼睛大,瞳孔的大小随光线强弱而变化,四肢短小,脚掌有肉垫,行走无声。性温顺,行动敏捷,善跳跃,喜捕鼠类。○❷动〈方〉躲藏▷别老～在家里|～冬。

另见 máo。

máo

毛[1]　máo ❶名动植物皮上所生的软硬不同的细丝状的东西;鸟类的羽毛▷猪～|桃～|鸡～。→❷名特指人的须发等▷嘴上无～,办事不牢|眉～|鬓～|寒～。→❸形细小;细微▷～细管|～渠|～～雨。⇒❹量〈口〉1圆钱的1/10;角(宋代以来泛称小钱为毛钱,后特指一角)▷一～钱|两～五|～票。⇒❺形指货币贬值▷这几年钱不～了。→❻名物体上长的丝状霉菌▷经过一夏天,衣服都长～了|馒头长～了,不能吃。○❼名姓。

毛[2]　máo ❶形粗略▷～估|～算。→❷形不纯净的▷～利|～重。→❸形粗糙的;没有加工的▷～布|～坯|～样。❹形粗率;不细心▷～手～脚|～头～脑|～糙。○❺形惊慌;害怕▷心里直发～|让他吓～了。

毛[3]　máo [毛南族]máonánzú 名我国少数民族之一,分布在广西。

矛　máo 名古代兵器,在长杆的一端装有金属枪头▷长～|～头。

茆　máo ❶古同"茅"①。○❷名姓。

茅　máo ❶名白茅,多年生草本植物,地下有长的根状茎,叶子线形或线状披针形。全株可做牧草,也可做造纸原料,根、茎可以做药材。通称茅草。○❷名姓。

牦(*犛氂)　máo [牦牛]máoniú 名牛的一种,腿矮身健,蹄质坚实,全身有黑褐色或棕色、白色长毛。耐寒,耐粗饲料。常用来在高山峻岭间驮运东西,号称"高原之舟"。在我国主要分布于青海、甘肃、西藏等海拔3000米以上的高寒地区。

旄　máo 名古代一种旗帜,旗杆顶上有牦牛尾作装饰。

猫(*猫)　máo 动弯(腰)▷～着腰跑过去。

另见 māo。

锚(錨)　máo 名铁或钢制成的停船用具,一端有钩爪,一端用铁链或绳索与船身相连,停泊时抛入水底,使船稳定▷起～|抛～|～爪|铁～|～绳。

髦　máo 名古代儿童下垂在前额的短头发;借指儿童▷～稚(儿童)。

蝥　máo [斑蝥]bānmáo 名昆虫,体长约1—3厘米,黑色,全身被黑色绒毛,鞘翅有两个大黄斑,足细长,关节处能分泌毒液。成虫危害农作物。干燥的全虫可以做药材。

蟊　máo 名〈文〉吃苗根的害虫▷～贼(喻指危害人民或国家的人)。

mǎo

卯[1](*夘戼)　mǎo ❶名地支的第四位。→❷名旧时官署规定在卯时(早晨5—7点)开始办公,所以用"卯"作为点名、签到等活动的代称▷点～(点名)|应～(点名时应声)|画～(签到)。○❸名姓。

卯[2](*夘戼)　mǎo 名卯眼,某些器物利用凹凸方式相连处的凹进的部分▷凿个～|～榫。

峁　mǎo 名我国西北地区一种顶部浑圆,斜坡陡峭的丘陵;泛指小山包。

泖　mǎo 名〈文〉水面平静的湖泊。

昴　mǎo 名星宿名,二十八宿之一。

铆(鉚)　mǎo ❶动用特制的金属钉把金属板或其他器件连接起来▷这块铁板～得不结实|～接|～钉|～工。→❷动〈口〉集中(全部力量)▷～～劲儿|～足了劲儿。☛统读 mǎo,不读 mǒu。

mào

芼　mào 动〈文〉择取;拔(菜、草)▷参差荇菜,左右～之。

茂　mào ❶形(草木)长得多而且茁壮;繁盛▷根深叶～|～林修竹|～密。→❷形丰盛美好▷声情并～。☛"茂"字下半是"戊"(wù),不是"戍"(shù)。

眊　mào 形〈文〉眼睛昏花,看不清楚▷昏～|～～。

冒[1](*冐)　mào ❶动顶着;不顾(危险、恶劣环境等)▷顶风～雪|～着生命危险|～着敌人的炮火|～险。→❷动(大胆地)触犯;违犯▷～天下之大不韪|～犯。⇒❸形轻率;莽撞▷～失|～昧|～进。⇒❹动用假的充当真的▷～名顶替|～认|～领|假～。○❺名姓。

冒[2](*冐)　mào 动向外涌出或漏出来▷地沟往上～水|浑身～汗|～烟|～气|～尖儿。☛"冒"字上半是"冃"(mào),不是"曰"(yuē)。

另见 mò。

贸(貿)　mào ❶动交易;交换财物▷～易|财～|外～。○❷副轻率;鲁莽▷～～然|～然从事。

耄　mào 形〈文〉八九十岁的;泛指年老▷～耋(dié,七八十岁的)|老～之年。☛"耄"和"髦"(máo)不同。"髦",古代称儿童下垂在前额的短头发。

袤　mào 名〈文〉南北的距离▷广～千里。

鄚　mào 名鄚州,地名,在河北。

帽(*帽)　mào ❶名帽子,戴在头上保护头部或做装饰的用品▷棉～|草～|鸭舌～|安全～|礼～。→❷名作用或形状像帽子的东西▷笔～|螺丝～。

瑁　mào [玳瑁]dàimào,见"玳"。

貌　mào ❶名面容▷容～|相～|美～。→❷名人的外表▷～合心不合|其～不扬|外～|礼～。❸名事物的外观▷全～|概～|祖国新～。

瞀 mào〈文〉❶形眼睛昏花▷～病｜～眩。→❷形心绪烦乱▷～迷｜～惑。

懋 mào〈文〉❶形勤勉;劝勉。○❷形盛大。

me

么(麽) me ❶词的后缀。附着在某些指示代词、疑问代词或副词后面▷这～｜那～｜怎～｜什～｜多～。○❷歌词中的衬字▷二呀～二郎山,高呀～高万丈。

"麽"另见 mó。

嚜 me 助〈口〉用法同"嘛"。

méi

没 méi ❶动没有;无(对"有"的否定)。a)对领有、具有的否定▷手里～钱｜这本书～看头。b)对存在的否定▷街上～车｜今天～人来。c)表示数量不足,相当于"不到"▷用了～两天就坏了｜这间屋子肯定～10平方米。d)用于比较,表示不及,相当于"不如"▷弟弟～哥哥高｜谁都～他跑得快。→❷副未;不曾(对"已然""曾经"的否定)▷老师～来｜我～看过他演的电影｜衣服～干｜病还～好利落。☛"没"字右上是"几",不是"刀"。

另见 mò。

玫 méi [玫瑰]méigui 名落叶灌木,茎干挺直,多带尖刺,叶呈椭圆形,夏季开紫红色或白色花,有浓郁的香味,是栽培较广的观赏植物。花瓣可以用来熏茶、提炼芳香油等;花和根可以做药材。玫瑰,也指这种植物的花。

枚 méi ❶量多用于较小的片状物▷两～奖章｜一～铜钱｜邮票三～。○❷名姓。

眉 méi ❶名人眼眶上边丛生的毛▷～开眼笑｜～清目秀｜～毛｜浓～｜描～。→❷名书页上端空白的地方▷书～｜～批。

莓 méi 名灌木或多年生草本植物,果实集生在花托上。果实可以吃,可以酿酒,有的还可以做药材。有山莓、草莓、蛇莓等种类。

梅(*楳槑) méi ❶名落叶乔木,叶子卵形,早春开花,花瓣多为五片,有白、红、粉红等色,气味清香,果实球形,味极酸。木质坚实,可制作器物;花可供观赏;果实可以吃,也可以制成蜜饯或果酱,还可以做药材。梅,也指这种植物的花或果实。○❷名姓。

脢 méi 名〈方〉脊背上的肉▷～子肉(里脊)。

郿 méi 名郿县,地名,在陕西。今作眉县。

嵋 méi [峨嵋]éméi 名山名,在四川。现在通常写作"峨眉"。

猸 méi [猸子]méizi 名即山獾。哺乳动物,身体比猫小,毛棕灰、白色相间。栖息在树林或岩石间,杂食。产于我国长江下游以南各省。

湄 méi 名〈文〉岸边。

媒 méi ❶名介绍婚姻的人▷～妁之言｜大～｜做～。→❷名媒介,使双方发生联系的人或事物▷溶～｜～质｜传～。→❸动介绍婚姻▷～婆｜～人。

楣 méi 名门框上方的横木▷门～。

煤 méi 名黑色固体可燃矿产。是埋在地下的古代植物,在不透空气的情况下,经过复杂的生物化学变化,并经受一定的温度和压力而形成的。主要成分是碳、氢和氧。主要用作燃料和化工原料。也说煤炭。

酶 méi 名生物体的细胞产生的具有催化能力的蛋白质,可以促进体内的氧化作用、消化作用、发酵等。如蛋白酶、淀粉酶、凝血酶等。

镅(鎇) méi 名放射性金属元素,符号 Am,是人工获得的元素。银白色,质软而韧,化学性质活泼。可以用作一些仪器的放射源,镅与铍的化合物可以用作中子源。

鹛(鶥) méi 名画眉亚科鸟的统称。嘴尖尾长,羽毛多为棕褐色。叫声婉转动听,可供观赏。我国常见的有画眉、红顶鹛等。

霉(黴❷) méi ❶动东西因受潮而变色变质▷～烂｜发～。→❷名霉菌,真菌的一类,体呈丝状,丛生。种类很多,如天气湿热时导致衣物变色变质的黑霉,制造青霉素用的青霉等。

糜 méi 名糜子,一年生草本植物,形状像黍子,但子实发黑而不黏。子实磨粉后可以制作食品。糜子,也指这种植物的子实。也说穄子。

另见 mí。

měi

每 měi ❶代指全体中的任何个体,强调各体的共同点▷～组三人｜～两周开一次会｜～时～刻｜～一事物都有自己的特点。→❷副表示同一动作有规律地反复出现▷～逢双月出版｜～隔一星期进城一次｜～到暑假,他都回老家。❸副〈文〉表示动作、行为发生的次数多,相当于"常常"▷言语不通,～为人所欺。

美[1] měi ❶形好看;看了使人感到愉快的(跟"丑"相对)▷长得很～｜家乡的景色像画一样～｜～丽｜俊～。→❷动使事物变美▷～容｜～发(fà)。→❸形好的;令人满意的▷物～价廉｜～味｜～意｜～名｜～德。❹形〈口〉非常满意▷瞧他～得不知怎么好了。○❺名姓。

美[2] měi ❶名指美洲▷北～｜欧～。→❷名指美国▷～圆｜～金｜～籍华人。

浼 měi〈文〉❶动污染。○❷动请托;央求。

渼 měi ❶名〈文〉水波。○❷[渼陂]měibēi 名古池名,在今陕西户县,唐代为长安西南胜景。

镁(鎂) měi 名金属元素,符号 Mg。银白色,质轻,有展性,燃烧时发出极亮的白光。镁粉可用于制造烟火、照明弹及脱氢剂等,铝镁合金可以制作航空器材。

mèi

沬 mèi 名商朝的都城,在今河南汤阴县南。也说朝歌(zhāogē)。

另见 huì。

妹 mèi ❶名同父母(或只同父、只同母)而比自己年龄小的女子▷大～｜二～｜姊～｜兄～。→❷名家族或亲戚中同辈而比自己年龄小的女子▷堂～｜表～。→❸名〈方〉年轻女子;姑娘▷外来～｜打工～。

昧 mèi ❶形〈文〉昏暗▷幽~|~爽(拂晓)。→❷形愚昧;无知▷蒙~。❸动隐匿;背(bèi)着▷拾金不~|不要~着良心说话|瞒心~己|~心。○❹动冒犯▷冒~。

袂 mèi 名〈文〉袖子▷联~(手拉手)|分~(分手)。☛从"夬"的字,一般读 jué,如"决""诀""抉";而"袂"不读 jué。

谜(謎) mèi [谜儿]mèir 名〈口〉谜语▷猜~|破~。另见 mí。

寐 mèi 动〈文〉睡着(zháo)▷夜不能~|梦~以求|假~。

媚 mèi ❶动〈文〉喜爱。→❷动故意讨人喜爱;逢迎▷~外|谄~。❸形谄媚的▷~态|奴颜~骨。❹名谄媚的姿态▷献~。→❺形可爱;美好▷妩~|娇~|明~春光。

魅 mèi ❶名〈文〉迷信传说中的鬼怪▷鬼~。→❷动诱惑;吸引▷~惑|~力|~人(使人陶醉)。

mēn

闷(悶) mēn ❶形空气不流通▷天气又~又热|这屋子没有窗户,太~。→❷动密闭使不透气▷别打开锅盖,让粥再~一会儿|茶~一~才好喝。⇒❸动待在家里不出门▷不要一个人老~在家里。⇒❹形声音低沉▷他说话~声~气的|这把胡琴声音发~。❺动不说话;不张扬▷~头儿|~声不响。

另见 mèn。

mén

门¹(門) mén ❶名建筑物或交通工具等的出入口,也指安装在出入口可以开关的门扇▷一扇~|两间屋子之间有个~|在院墙上开个~|车~|栅栏~|玻璃~|防盗~。→❷名器物上可以打开和关闭的部分▷冰箱的~坏了|柜~儿|炉~儿。→❸名起开关作用或像门的东西▷闸~|球~|电~|油~|气~。❹名特指人身体的孔窍▷产~|肛~|贲~。→❺名家族或家庭▷满~抄斩|长~长子|~风|寒~。❻名学术、思想或宗教上的派别▷儒~|佛~|教~|会道~。⇒❼名特指老师或师傅的门庭▷同~弟子|~生|~徒。⇒❽名泛指一般事物的类别▷分~别类|五花八~|专~。❾名生物学分类范畴的第二级,门以上是界,门以下是纲、目、科、属、种▷脊索动物~|被子植物~。⇒❿量 a)用于功课、科学技术等▷三~课程|一~科学|一~技术。b)用于亲戚、婚事等▷一~亲戚|这~亲事。c)用于火炮▷两~大炮|一~迫击炮。→⓫名途径;诀窍▷对这活儿一点儿也不摸~儿|~路|窍~儿。○⓬名姓。

门²(門) mén [门巴族]ménbāzú 名我国少数民族之一,主要分布在西藏。

们(們) mén 用于地名。如:图们江,水名,源出吉林,注入日本海;图们,地名,在吉林。

另见 men。

扪(捫) mén 动摸;按▷~心自问。

钔(鍆) mén 名放射性金属元素,符号 Md。是由人工获得的元素。寿命最长的同位素半衰期为 55 天。

亹 mén ❶名〈文〉峡中两岸对峙像门的地方。○❷[亹源]ményuán 名地名,在青海。今作门源。

另见 wěi。

mèn

闷(悶) mèn ❶形烦;不痛快▷心里~得慌|烦~|忧~|~~不乐。→❷名烦闷的心情▷解~儿。→❸形封闭的;与外隔绝的▷~葫芦罐儿(扑满)|~子车。

另见 mēn。

焖(燜) mèn 动烹调方法,把食物放在锅里,加少量的水,扣紧锅盖,用文火慢煮,使物熟汤干▷~米饭|~扁豆|黄~鸡翅。

懑(懣) mèn [愤懑]fènmèn 形气愤;郁郁不平▷~之情,溢于言表。☛不读 mǎn。

men

们(們) men 词的后缀。附着在人称代词或指人的名词后面,表示复数▷我~|你~|他~|咱~|孩子~|战士~|同学~。☛㊀"们"一般不用在指物的名词后面,修辞上的拟人手法除外,如"星星们眨着眼睛""猴子们听了欢呼起来"。㊁名词加"们"后就不能再受数量结构的修饰,例如不说"三个工人们""几个学生们"。

另见 mén。

mēng

蒙¹(矇) mēng ❶动哄骗▷你别~我|~事|~骗。○❷动胡乱猜测▷他不知道,尽瞎~|~对了,不能算本事。

蒙²(矇) mēng ❶形糊涂;不清楚▷一上台就~了,不知道该说什么好。→❷动昏迷▷被人打~了。

另见 méng;měng。

méng

尨 méng [尨茸]méngróng 形〈文〉杂乱。

另见 máng。

氓 méng 名〈文〉百姓;特指外地迁来的百姓▷愚~。

另见 máng。

虻(*蝱) méng 名虻科昆虫的统称。像蝇而稍大,体粗壮多毛,头阔,触角短,复眼大,口吻粗。种类很多,最常见的有华虻及中华斑虻。雄虫吸植物汁液和花蜜,雌虫刺吸牛等牲畜的血液,危害家畜,有时也吸人血。☛统读 méng,不读 máng。

萌 méng ❶动(草木)发芽▷~芽|~发。→❷动(事物)开始发生▷故态复~|~动。

蒙¹ méng ❶动覆盖▷~上被子发汗|用布~着眼睛。→❷动遭受▷~冤|~难|~尘。❸动敬辞,表示受到别人的好处▷~您指教|承~。→❹动隐瞒;遮盖真相▷~哄|~混。○❺形不懂事理;没有文化▷~昧|启~|发~。○❻名姓。

蒙²(濛) méng 形雨点小▷~~细雨。

蒙³(懞) méng 形〈文〉朴实敦厚。

蒙⁴(矇) méng ❶形〈文〉眼睛失明。○❷[蒙眬]ménglóng 形两眼半睁半闭,看东西模糊不清▷睡眼~|蒙蒙眬眬地快要睡着了。

另见 mēng;měng。

盟 méng ❶动古时指诸侯立誓缔约,现在指国家之间、阶级之间或政治集团之间联合起来▷~主|

~约|~国。→❷动个人对天发誓;宣誓▷对天~誓。→❸动结拜▷~兄|~弟|~兄弟。→❹名依据一定的信约结成的密切联合体或组织▷同~|联~|加~。→❺名古代我国北方蒙古等民族几个部落集结为一个盟,现在成为内蒙古自治区的一级行政区域的名称,下属若干市、县、旗▷呼伦贝尔~|锡林郭勒~。☛统读 méng,不读 míng。

甍 méng 名〈文〉屋脊▷高~|碧瓦朱~。

瞢 méng 形〈文〉眼睛不明亮▷目光~然。

幪 méng [帡幪]píngméng 〈文〉❶名帐幕。→❷动覆盖;庇护。

檬 méng [柠檬]níngméng,见"柠"。

曚 méng ❶[曚昽]ménglóng a)形日光不明。b)形不分明;模糊。○❷[曚曚]méngméng 形模糊不明▷天刚~亮就上班了。

朦 méng [朦胧]ménglóng ❶形月光不明▷月色~。→❷形不分明;模糊▷烟雾~|往事~。☛"朦胧",月光不明,引申指不分明、模糊。"曚昽",日光不明,引申指不分明、模糊。"蒙眬",指眼睛半开半闭,形容睡态或醉态,引申指不分明、模糊。在模糊这个意义上,过去"朦胧""曚昽""蒙眬"可以通用,现在通常写作"蒙眬"。

鹲(鸏) méng 名鹲属各种鸟的统称。体大尾长,羽毛白色或灰色,尾羽色彩艳丽,嘴直而侧扁。生活于热带海洋,捕食鱼类。见于我国的有红嘴鹲。也说热带鸟。

礞 měng [礞石]méngshí 名某些经过一定风化的变质岩,块状或粒状,有青礞石(含较多绿泥石的片岩)和金礞石(含较多云母的片岩)两种。可以做药材。

艨 méng [艨艟]méngchōng 名古代的战船。

měng

勐[1] měng 形〈文〉勇猛。

勐[2] měng 名小块的平地(傣语音译)。曾用作云南傣族地区行政区划单位,现仍用于地名,如勐海县。

猛 měng ❶形凶暴▷~虎|~兽|凶~。→❷形力量大;气势壮▷用力过~|药劲儿太~|风势很~|~冲~打|~将|勇~|~烈。⇒❸动(使力气)集中爆发出来▷~劲儿一推|~力一拉。⇒❹副突然;忽然▷他~地站了起来|~醒|~不防|~然。⇒❺副〈口〉尽情地▷~吃~喝|两人~侃了一夜。

蒙[1] měng [蒙古族]měnggǔzú 名我国少数民族之一,分布在内蒙古、吉林、黑龙江、辽宁、宁夏、新疆、甘肃、青海等地。也是蒙古国人数最多的民族。

蒙[2](懞) měng [蒙懂]měngdǒng 同"懵懂"。参见"懵"。

另见 mēng;méng。

锰(錳) měng 名金属元素,符号 Mn。银白色,质坚硬而脆,在湿空气中易氧化。多用于制造耐磨、高硬度的特种钢,以及具有减振、高膨胀和永磁性的合金。

蜢 měng [蚱蜢]zhàměng,见"蚱"。

艋 měng [舴艋]zéměng,见"舴"。

獴 měng 名哺乳动物,身体细长,四肢短小,头小,吻尖,耳朵小。以蛇、蛙、鱼、蟹、鸟、鼠等为食。种类很多,分布在亚洲和非洲。

懵 měng [懵懂]měngdǒng 形糊涂;不明事理▷聪明一世,~一时。

蠓 měng 名昆虫,长 1—3 毫米,褐色或黑色,触角细长,翅短宽,常有翅斑,停息时上下相叠,口器刺吸式。有的吸食人畜的血液,有的能传染疾病。主要有库蠓、拉蠓、勒蠓。

mèng

孟 mèng ❶名〈文〉兄弟姊妹排行中最大的▷~仲叔季。→❷名每个季节开始的第一个月▷~春(春季的第一个月)|~冬(冬季的第一个月)。○❸名姓。

梦(夢) mèng ❶名睡眠时,大脑皮层某些还没有完全停止活动的部位受外界和体内的弱刺激引发而产生的一种生理现象▷做了一个~|夜长~多|~乡。→❷动做梦▷~见死去的父母。→❸名喻指幻想▷~想|~幻。

mī

咪 mī [咪咪]mīmī 拟声形容猫叫的声音或吆喝猫的声音▷小猫~地叫着|她"~"地叫她的小猫。

眯(*瞇) mī ❶动眼皮略微合上而不全闭▷~着眼笑|眼睛~成一条缝儿。→❷动〈口〉短时间地睡▷在沙发上~了一会儿。

另见 mí。

mí

弥(彌瀰❶) mí ❶形满;遍▷大雾~天|~天大谎|~漫。→❷动填;补▷~缝|~合|~补。→❸副更加▷意志~坚|欲盖~彰。

迷 mí ❶动失去辨别、判断的能力▷~了路|旁观者清,当局者~|~失方向|~惑|昏~。→❷动醉心于某事物▷他被美丽的景色~住了|我~上了小说|~恋|沉~。⇒❸名过分喜爱某种事物的人▷影~|戏~|球~。⇒❹名因过分喜爱某种事物而陷入的沉醉状态▷看足球着(zháo)了~|听流行歌曲入了~。→❺动使分辨不清;使陶醉人迷▷财~心窍|景色~人|~魂阵。

祢(禰) mí 名姓。☛统读 mí,不读 nǐ。

眯(*瞇) mí 动灰沙等细小的东西进入眼睛,使眼暂时不能睁开或看不清东西▷灰尘~了眼。

另见 mī。

猕(獼) mí [猕猴]míhóu 名哺乳动物,猴的一种。皮毛灰褐色,腰部以下橙黄色,有光泽,胸腹部和腿部深灰色,面部肉色至红色,臀部有红色臀疣,两颊有颊囊,用来贮藏食物。群居山林,采食野果、野菜等。

谜(謎) mí ❶名暗射事物或文字等供人猜测的隐语▷这个~不难猜|~语|~面|~底|灯~|猜~。→❷名喻指难以理解或尚未弄清的问题▷大自然中还有不少没有解开的~|揭开生命之~|~

团。

另见 méi。

𥫗弥(籋) mí 名竹篾、苇篾等▷席～|～子。

醚 mí 名有机化合物的一类，由一个氧原子连结两个烃基而成，通式是 R—O—R′，一般为液体。如甲醚、乙醚。

糜 mí ❶名〈文〉稠粥；像粥的食品▷肉～|乳～。→❷动腐烂▷～烂。○❸动浪费▷～费|侈～。○❹名姓。

另见 méi。

縻 mí 动〈文〉拴住；捆住▷羁～。

麋 mí 名麋鹿，哺乳动物，雄的有角，角像鹿，头像马，身子像驴，蹄子像牛。性温顺，以植物为食，是原产我国的珍贵动物。也说四不像。

靡 mí 动浪费▷～费|奢～。

另见 mǐ。

蘼 mí [荼蘼]túmí 同"酴醾"。参见"酴"。

蘼 mí [蘼芜]míwú 名古书上指芎䓖(xiōngqióng，川芎)的苗，叶子像当归，有香气。

醾 mí [酴醾]túmí，见"酴"。

mǐ

米¹ mǐ ❶名去掉壳或皮后的子实(多指食用的)▷小～|高粱～|花生～|菱角～。→❷名特指去掉壳的稻实▷南方人爱吃～，北方人爱吃面|稻～|大～|～粉。❸名像米的小粒状东西▷虾～|海～。○❹名姓。

米² mǐ 量〈外〉法定计量单位中的长度单位，1 米等于 100 厘米。旧称公尺。

芈 mǐ ❶拟声形容羊叫的声音。○❷名姓。

弥(瀰) mǐ 形〈文〉水满。

洣 mǐ 名洣水，水名，在湖南，流入湘江。

弭 mǐ ❶动〈文〉平息；消除▷风～雨停|～乱|～患|消～。○❷名姓。

脒 mǐ 名含有 $CNHNH_2$ 原子团的有机化合物的统称，如磺胺脒。

敉 mǐ 动〈文〉安抚；使平定▷～平叛乱。

靡¹ mǐ 动倒下▷风～一时|望风披～。

靡² mǐ 〈文〉❶动无；没有▷～日不思→❷副表示否定，相当于"没""不"▷～得而记。

另见 mí。

mì

汨 mì [汨罗]mìluó 名水名，发源于江西，流入洞庭湖。☛"汨"和"汩"(gǔ)不同。"汨"字右边是"日"，"汩"字右边是"曰"。

觅(覓*覔) mì 动找；寻求▷～食|寻～。

泌 mì 动液体由细孔排出▷分～|～尿。

另见 bì。

宓 mì ❶形〈文〉安静▷静～。○❷名姓。

另见 fú。

秘(*祕) mì ❶动闭塞；不通▷～结|便～。→❷形不公开的；隐蔽的▷～诀|～方|神～|隐～|～密。⇒❸形稀奇的；罕见的▷～本|～籍。⇒❹动不让人知道；保密▷～而不宣|～不示人。

另见 bì。

密¹ mì ❶形隐蔽的；不公开的▷～件|～码|～探|～谈|～谋。→❷名隐蔽的、不公开的事物▷告～|保～。○❸名姓。

密² mì ❶形间隔小，距离近(跟"稀""疏"相对)▷小白菜栽得太～了|雨点越来越～|乌云～布|～～麻麻|～集|稠～|～实|～度。→❷形关系亲；感情深▷～切|亲～|～友。→❸形细致；精细▷细～|精～。

幂(*冪) mì ❶名〈文〉遮盖东西的巾类。→❷动〈文〉遮盖；笼罩▷～盖。→❸名数学术语。n 个 a 相乘的积是 a 的 n 次幂。

谧(謐) mì 形安宁；安静▷安～|静～。

蓂 mì [菥蓂]xīmì，见"菥"。

另见 míng。

嘧 mì 音译用字，用于"嘧啶"(mìdìng，一种有机化合物，可制作化学药品)等。

蜜 mì ❶名蜜蜂采集花的甜汁而酿成的黄白色黏稠液体▷这桃子比～还甜|采～|酿～。→❷形像蜜一样甜的▷～柑|～橘|～桃。❸形比喻甜美▷甜言～语|甜～。→❹名外观或味道像蜜的东西▷糖～|菠萝～。

mián

眠 mián ❶动睡▷安～|催～|睡～。→❷动指某些动物在一段较长时间内像睡觉那样不食不动▷冬～|蚕～。

绵(綿*緜) mián ❶动接连不断▷～延|～亘|连～。→❷名丝绵，整理蚕茧表面的乱丝而成的絮状物，很柔软▷～里藏针。⇒❸形柔软；薄弱▷～软|～薄(指自己薄弱的能力)。⇒❹动缠扰▷缠～。☛㊀"绵"和"棉"不同。"绵"，从纟从帛，本义是接连不断，引申指丝绵。"棉"，从木从帛，指木棉、草棉。㊁"绵"与"锦"不同。"锦"字，从帛金声，指一种带有花纹的丝织品。

棉 mián ❶名木棉，落叶乔木。树干高达 30—40 米，掌状复叶，开红色花，蒴果长椭圆形，内壁有绢状纤维。木材松软，可以作包装箱板；果内纤维可以做枕芯或褥、垫的填料；花、根、皮都可以做药材。也说攀枝花。○❷名棉花，一年生草本或多年生灌木。叶掌状分裂，花多为乳白色、黄色或带紫色，果实像桃子，内有纤维。有树棉、草棉、陆地棉、海岛棉四种，陆地棉在我国栽培最广。果内纤维也叫棉花，可以纺纱和絮衣被等；种子可以榨油。

miǎn

丏 miǎn 动〈文〉遮蔽；看不到。☛"丏"和"丐"(gài)形、音、义都不同。"丐"，乞讨，如"乞丐"。

免 miǎn ❶动除去；取消▷这道手续就～了吧|～去对他的处分|～职|～费|～税|～除|罢～。→❷动避开▷在所难～|～疫|避～|～得|以～。❸副不要；不可▷～开尊口|闲人～进。

沔 miǎn 名用于地名。如:沔水,古代指汉水,今指汉水上游在陕西境内的一段;沔县,在陕西,今作勉县。☛"沔"字右边是"丏"(miǎn),不是"丐"(gài)。

黾(黽) miǎn 古同"渑"。
另见 mǐn。

眄 miǎn 又 miàn〈文〉❶动斜着眼睛看▷~视。→❷动看;望▷流~。

勉 miǎn ❶动努力;尽最大力量▷~力而为|奋~|勤~。→❷动使努力;鼓励▷有则改之,无则加~|共~|自~|~励。→❸动力量不足或心里不愿意,但仍尽力去做▷~为其难|~强(qiǎng)答应。

娩 miǎn 动妇女生孩子▷分~。☛统读 miǎn,不读 wǎn。

冕 miǎn 名古代帝王、诸侯、卿、大夫举行朝仪或祭礼时所戴的礼帽;特指王冠▷加~|冠~堂皇|卫~。

渑(澠) miǎn [渑池]miǎnchí 名地名,在河南。
另见 shéng。

湎 miǎn 动〈文〉沉迷;迷恋▷沉~。

缅(緬) miǎn 形遥远▷~怀|~想。

靦(靦) miǎn [靦覥]miǎntiǎn 同"腼腆"。参见"腼"。
另见 tiǎn。

腼 miǎn [腼腆]miǎntiǎn 形害羞;拘束,不自然▷说话很~|她人挺~,怕见生人。也作靦覥。

鮸(鮸) miǎn 名鱼,体长而侧扁,长达 50 厘米,灰褐色,尾鳍呈矛状。生活在近海中,是常见的食用鱼,也可以制鱼胶、鱼粉和鱼油。也说米鱼。

miàn

面[1] miàn ❶名脸,头的前边从额到下巴的部位▷汗流满~|~孔|~庞。→❷副当面,在面前或面对面▷~谈|~商|~试。→❸动会面▷谋~|一~之交。❹量用于会见的次数▷以前见过几~。→❺动向着;对着▷~壁|背山~水。→❻名事物的前面部分▷门~|店~。❼名事物的各个部分▷~~俱到|独当一~|正反两~的经验。❽词的后缀。附在方位词的后面,相当于"边"▷下~|里~|后~|西~|右~。→❾名表面▷水~|地~|镜~|墙~。⇒❿量用于带有平面的东西或近似平面的东西▷两~锦旗|一~镜子|一~锣。⇒⓫名几何学上称线移动所成的形迹,有长和宽,没有厚▷点、线、~|~积◇以点带~。⇒⓬名东西露在外面的一层或纺织品的正面(跟"里"相对)▷缎子~儿的棉袄|被~|印着花的这边是~儿,没印着花的那边是里儿。

面[2](麵 *麪) miàn ❶名小麦的子实磨成的粉;泛指粮食磨成的粉▷白~|荞麦~|~粉|磨~|和(huó)~|发~。→❷名粉状的东西▷药~儿|胡椒~儿|粉笔~儿。→❸名特指面条▷挂~|切~|热汤~|炸酱~|方便~。→❹形〈口〉(某些食物)柔软易嚼▷这种苹果太~,一点也不脆|烤白薯又~又甜。

miāo

喵 miāo 拟声形容猫叫的声音▷小孩儿~~地学猫叫。

miáo

苗[1] miáo ❶名初生的、尚未开花结果的幼小植物▷这块地的~没有出齐|麦~|树~|~圃|育~。→❷名后代;年轻的继承者▷这孩子是张家的独~|研究室的好~子|~裔。→❸名特指某些蔬菜的嫩茎、叶▷蒜~|豌豆~。→❹名事物刚出现的征兆、迹象▷祸~|~头。❺名矿藏露出地面的部分▷矿~。→❻名某些初生的饲养动物▷鱼~|猪~。→❼名形状像苗的东西▷火~|灯~。→❽名指疫苗▷牛痘~|卡介~。〇❾名姓。

苗[2] miáo [苗族]miáozú 名我国少数民族之一,分布在贵州、云南、广西、广东、四川、湖南、湖北等地。

描 miáo ❶动照着原样画或写▷~花样|照原图~下来|~了几朵花|~绘|~画|~红。→❷动重复涂抹使颜色加重或改变形状▷~眉毛|把这一捺~粗些。

鹋(鶓) miáo [鸸鹋]érmiáo,见"鸸"。

瞄 miáo 动目光集中在一个目标上;注视▷端起枪,略微~了~靶子|拿眼偷偷地~着他|~准。

miǎo

杪 miǎo〈文〉❶名树枝的末端▷树~。→❷名年、月、季节的末尾▷岁~|月~|秋~。

眇(*眇) miǎo〈文〉❶形本指一只眼睛失明,后也指两只眼睛失明▷目~耳聋。〇❷形小;微小▷~然一粟。

秒 miǎo 量计量单位名称。a)古代的长度单位,1 寸的 1/10000(10 忽为秒,10 秒为毫,10 毫为厘,10 厘为分,10 分为寸)。b)弧、角、经纬度的单位,60 秒为 1 分,60 分为 1 度。c)法定计量单位中的时间单位,60 秒为 1 分,60 分为 1 小时。

渺[1](*渺淼❶) miǎo ❶形大水辽阔无边▷烟波浩~。→❷形因为遥远而模糊不清或难以预测▷~无人烟|音信~然。

渺[2](*渺) miǎo 形微小▷~不足道|~小|~视。

缈(緲) miǎo [缥缈]piāomiǎo,见"缥"。☛统读 miǎo,不读 miào。

藐 miǎo 形小▷~小|~视。

邈 miǎo 形〈文〉遥远▷~远|~然。

miào

妙(*玅❶—❸) miào ❶形精微▷微~|精~|奥~。→❷形美好▷情况不~|~语连珠|~不可言|青春~龄。→❸形奇巧;神奇▷~计|~用|神机~算|~手回春|灵丹~药。〇❹名姓。

庙(廟) miào ❶名旧时设有祖先牌位,以供祭祀的建筑▷太~|宗~|家~。→❷名供奉神佛或历史名人的建筑▷山神~|寺~|孔~|岳王~。❸名庙会,在寺庙里面或附近举行的集市▷赶~|逛~。〇❹名姓。

缪(繆) miào 名姓。
另见 miù;móu。

miē

乜 miē ［乜斜］miēxié ❶动眯着眼斜视（有看不起或不满意的意思）▷～着眼睛看人。→❷动眼睛眯成一条缝▷～着睡眼｜醉眼～。

另见 niè。

咩（*哶咩）miē 拟声形容羊叫的声音▷小羊～～地叫个不停。

miè

灭（滅）miè ❶动停止燃烧或发光▷灯～了｜火～了｜炉子～了。→❷动使熄灭▷把灯～了｜～火器。→❸动淹没▷～顶。→❹动不复存在▷自生自～｜物质不～。❺动使不复存在▷杀人～口｜～蚊器｜～种｜～族。

蔑[1] miè 形小；轻微▷～视｜轻～。

蔑[2]（衊）miè 动造谣毁坏别人的名誉▷污～｜诬～。

篾 miè 名劈成条状的薄竹片，也指苇子秆或高粱秆劈下的条状皮▷竹～｜～席。☛"篾"和"蔑"（miè）不同。"蔑"字是草字头，"篾"字是竹字头。

蠛 miè ［蠛蠓］mièměng 名古书上指蠓。

mín

民 mín ❶名以劳动群众为主体的社会基本成员▷～以食为天｜为国为～｜～众｜人～｜国～。→❷名民间▷～谣｜～歌｜～风｜～俗｜～情。→❸名指某个民族的人▷汉～｜回～｜藏～。→❹名从事某种工作的人▷农～｜牧～｜渔～。→❺名非军人；非军事的▷军～一家｜拥政爱～｜军转～｜～用航空。

苠 mín 形（庄稼）生长期较长，成熟期较晚▷～高粱｜黄谷子比白谷子～。

旻 mín 名〈文〉天空▷～天｜苍～。

岷 mín 用于地名。如：岷山，山名，在四川和甘肃交界处；岷江，水名，在四川；岷县，地名，在甘肃。

忞 mín 动〈文〉勉力。

珉 mín 名〈文〉像玉的美石。

缗（緡）mín ❶名古代穿铜钱用的绳子▷～钱（用绳子穿成串的铜钱）。→❷量〈文〉一千文铜钱穿成一串叫一缗▷一～钱｜钱百～。

mǐn

皿 mǐn ［器皿］qìmǐn 名碗、碟、杯、盆、盘之类日常使用的容器的统称▷玻璃～。

闵（閔）mǐn ❶古同"悯"。〇❷名姓。

抿[1] mǐn 动用小刷子蘸水或油抹（头发等）▷往头发上～了点儿油｜～子（妇女梳头时用来抹油等的小刷子）。

抿[2] mǐn ❶动（嘴、翅膀等）略微闭上▷～着嘴笑｜乐得～不上嘴｜小鸟～了～翅膀，落在窗台上。→❷动抿着嘴唇喝一点儿▷～了一口酒｜用嘴唇～了～就把杯子放下了。

黾（黽）mǐn ［黾勉］mǐnmiǎn 形〈文〉勤勉；尽力▷～从事。

另见 miǎn。

泯（*泯）mǐn 动灭除；消失▷～灭｜～除成见。

闽（閩）mǐn ❶名我国古代民族，居住在今福建一带。→❷名闽江，水名，在福建。❸名福建的别称▷～剧｜～南｜～语。☛统读 mǐn，不读 mín。

悯（憫）mǐn 动哀怜；同情▷悲天～人｜怜～。

笢 mǐn 名竹篾。

敏 mǐn ❶形反应快；灵活▷～捷｜灵～｜～感。→❷形聪明▷聪～｜～慧。

滑 mǐn 古同"悯"，常用于谥号，如春秋时期有鲁滑公、齐滑王。

愍 mǐn 古同"悯"。

慜 mǐn 形〈文〉敏锐；聪明。

鳘（鰵）mǐn ❶名古书上指鮸鱼。参见"鮸"。〇❷名鳕鱼的通称。参见"鳕"。

míng

名 míng ❶名名字，人或事物的称谓▷她～叫春兰｜签～｜书～｜地～｜命～｜～单。→❷动〈文〉命名；取名▷～余曰正则兮，字余曰灵均。⇒❸动称说；叫出名字▷莫～其妙｜不可～状｜无以～之。⇒❹动名字叫▷她姓张～春兰。→❺名名义，做某事时用来作为依据的名称或说法▷～正言顺｜师出无～｜～为考察，实为旅游。❻动〈文〉以自己的名义占有▷不～一钱｜一文不～。→❼名声誉▷赫赫有～｜不求～利｜出～｜著～。❽形有名的；众所周知的▷～人｜～医｜～画｜～牌产品。→❾量用于人▷两～代表｜招收职工20～。

明[1] míng ❶形亮（跟"暗"相对，⑦同）▷若～若暗｜月～星稀｜长～灯｜照～｜～珠｜鲜～｜～亮。→❷形特指天亮▷黎～｜平～。❸名时间上晚于当前的▷～天｜～早｜～年｜～春。→❹形清楚；明白▷来路不～｜爱憎分～｜～摆着｜查～｜说～｜简～｜～快。⇒❺动懂得；了解▷不～真相｜深～大义｜读书～理。⇒❻动〈文〉使清楚；表明▷开宗～义｜蓄须～志。→❼形公开的；显露的▷～枪易躲，暗箭难防｜有话～说｜～争暗斗｜～码标价。❽副表示显然如此或确实如此▷～知故问。→❾名视觉；眼力▷双目失～｜～察秋毫。❿形视力好；目光敏锐▷耳聪目～｜眼～手快｜精～｜高～｜～智。

明[2] míng ❶名朝代名，公元1368—1644年，朱元璋所建。先定都南京，后迁都北京。〇❷名姓。

鸣（鳴）míng ❶动（鸟、兽、昆虫）叫▷鸡～狗吠｜蝉～｜～禽。→❷动泛指发出声响；使发出声响▷电闪雷～｜耳～｜自～钟｜～锣开道｜～枪｜～笛。❸动表达（见解、感情）▷为百姓～不平｜百家争～｜～冤叫屈｜～谢。

茗 míng 名茶树的嫩芽；泛指饮用的茶▷香～｜品～。

洺 míng 名洺河，水名，在河北，流入滏阳河。

冥（*寘冥）míng ❶形〈文〉昏暗；幽深▷晦～|幽～。→❷形〈文〉昏庸；愚昧▷～顽不灵。→❸形深；深刻▷苦思～想|～思。→❹名〈文〉迷信的人称人死后进入的世界，即阴间、地府▷含恨入～|～府。

铭（銘）míng ❶名古代铸或刻在器物上记述事实、事业的文字▷～文。→❷名古代一种称颂功德或申明鉴戒的文体；警惕自己的文字▷《陋室～》|墓志～|座右～。→❸动在器物上刻纪念文字；比喻深深记住▷～功|刻骨～心|～记。

蓂 míng［蓂荚］míngjiá 名古代传说中的一种瑞草。每月初一起，每天结一个荚，到十五日共结十五个荚；从十六日起，每天落一个荚，月底落完。人们可根据荚数的多少计算日子。也说历荚。
　　另见 mì。

溟 míng 名〈文〉海▷北～|沧～。

暝 míng〈文〉❶形昏暗▷天雾昼～。→❷动天黑▷日欲～。❸名黄昏▷～色|薄～。

瞑 míng 动闭上眼睛▷～目。

螟 míng 名螟蛾，螟蛾科昆虫的统称。有上万种，幼虫叫螟虫，多数生活在水稻、高粱、玉米等农作物的茎秆中，吃茎秆的髓部，危害农作物。如玉米螟、二化螟、三化螟等。

mǐng

酩 mǐng［酩酊］mǐngdǐng 形醉得很厉害▷～大醉。☛统读 mǐng，不读 míng。

mìng

命（*㪯）mìng ❶动上级对下级发出指示▷～人回去报信|～舰队立即返航。→❷名上级对下级发出的指示▷奉～转移|原地待～|唯～是从|遵～。❸名命运▷都怪我的～不好|听天由～|～中注定|算～|～薄。❹名寿命；生命▷短～|长～百岁|拼了老～|救他一～|致～|丧～。〇❺动给予、确定（名称、题目等）▷～名|～题。

miù

谬（謬）miù ❶形错误的；不合情理的▷～论|～种（zhǒng）流传|荒～|～误。→❷副〈文〉谦词，表示受到的评价或待遇超过自己的实际水平▷～当重任|竟蒙～爱|～奖。〇❸名姓。☛统读 miù，不读 niù。

缪（繆）miù［纰缪］pīmiù 名〈文〉错误▷文中多有～。☛"缪"（miù）用于"纰缪"。表示"谬误"要用"谬"，不用"缪"。
　　另见 miào；móu。

mō

摸 mō ❶动用手接触或轻轻抚摩▷～他的脸|老虎屁股～不得|桌面不平，你～～看。→❷动以手探取▷下水～鱼|在口袋儿里～了半天，也没找到。⇒❸动探求；试着做或了解▷刚刚～出一点门道|～清情况再说|～不准他的脾气|～底。⇒❹动在黑暗中活动▷～了几里黑路才到家|半夜～进敌人占领的村子|～黑儿走路。☛统读 mō，不读 māo 或 mó。

mó

无（無）mó［南无］nāmó，见"南"。
　　另见 wú。

谟（謨*謩）mó 名〈文〉计策；谋略▷远～|宏～。

馍（饃*饝）mó 名〈方〉饼类食物；北方一些地方特指馒头▷羊肉泡～|白面～。也说馍馍。

嫫 mó 用于人名。嫫母，古代传说中的丑妇。

摹 mó 动照着现成的样子写或画；模仿▷临～|～写|描～。

模 mó ❶名标准；规范▷楷～|～型|～式。→❷动照着现成的样子做▷～仿|～拟。→❸名特指模范人物▷劳～|英～|评～。
　　另见 mú。

膜 mó ❶名细胞表面或生物体内一层很薄的组织，一般具有控制其内外物质交换的作用或保护作用▷细胞～|耳～|骨～|竹～。→❷名像膜一样的东西▷橡皮～|塑料薄～。

麽 mó［幺麽］yāomó 名〈文〉微不足道的人；小人▷无道之君，任用～|～小丑。
　　另见 me"么"。

摩[1] mó ❶动物体与物体紧密接触，来回移动▷～擦。→❷动用手轻轻按着来回移动▷抚～|～挲（suō）|按～。❸动接触；接近▷～肩接踵|～天大楼。→❹动研究；探求▷观～|揣～。

摩[2] mó 量〈外〉法定计量单位中物质的量的单位摩尔的简称。
　　另见 mā。

磨 mó ❶动〈文〉用磨具加工玉石等坚硬材料▷琢～（雕刻并打磨）。→❷动摩擦，物体之间紧密接触并来回移动▷鞋底～破了|手上～出趼子◇～嘴皮子。→❸动（因时间久而逐渐）消失▷～灭。❹动消耗（时间）；拖延▷一上午就这么～过去了|～洋工。→❺动折磨；遇到困难或挫折▷这病把他～得不成样子了|好事多～|～难（nàn）。❻动纠缠不放▷～了半天他也不答应|～得人脱不开身|软～硬泡。→❼动使物体与磨具反复摩擦，以达到光滑、锋利等目的▷用砂纸～光|～刀|打～|研～。
　　另见 mò。

嬷 mó［嬷嬷］mómo〈方〉❶名对年老妇女的称呼。→❷名奶妈。→❸名对天主教或东正教修女的称呼。

蘑 mó 名蘑菇，食用蕈类的通称。子实体群生或丛生，菌盖初呈扁平球形，后平展，白色、灰色或淡褐色，菌肉厚，菌柄近圆柱形，与菌盖同色。

魔 mó ❶名宗教或神话传说中指能迷惑人、害人的鬼怪▷～鬼|妖～|恶～|～障。→❷名喻指害人的东西或邪恶势力▷病～|～爪|～窟|混世～王。→❸形神奇的；变幻难测的▷～力|～术。

mǒ

抹 mǒ ❶动涂上；搽▷～雪花膏|～点糨糊|涂脂～粉|淡妆浓～|涂～。→❷动涂掉；除去▷从名单上～掉了几个名字|～杀|～零。→❸动擦拭▷吃过饭把嘴一～就走了|～眼泪。→❹量用于云霞、阳光等▷一～红霞|一～斜阳。

另见 mā;mò。

mò

万 mò [万俟]mòqí 名姓。
另见 wàn。

末[1] mò ❶名树梢;事物的尖端▷~梢|秋毫之~。→❷名事物的最后部分;尽头(跟"始"相对)▷20世纪~|周~|秋~|强弩之~|始~|~了(liǎo)|~尾。❸形最后的▷最~一名|穷途~路|~班车|~日|~代。→❹名次要的、非根本的事物,或事物次要的一面(跟"本"相对)▷舍本逐~|本~倒置。→❺名碎屑;细粉▷茶叶~|粉笔~|药~|锯~。

末[2] mò 名传统戏曲里的一个行当,现代京剧归入老生行,扮演次要角色▷生旦净~丑。

没 mò ❶动沉入水中;沉下▷~水而死|沉~。→❷动〈文〉终;尽▷~世|~齿难忘。❸动消失▷出~无常|神出鬼~|隐~。❹动收归公有或据为己有▷~收|罚~。→❺动漫过或高过(人或物)▷水深~顶|积雪~膝|野草高得~过羊群。
另见 méi。

抹 mò ❶动用泥、灰等涂在物体的表面并弄平▷~墙|~水泥地。→❷动擦着边绕过▷拐弯~角。
另见 mā;mǒ。

茉 mò [茉莉]mòlì 名常绿攀援灌木,高达3米,开白色小花,香味浓郁,可以熏制茶叶,也可以提取芳香油。茉莉,也指这种植物的花。

殁 mò 动〈文〉死▷病~。

沫 mò ❶名液体形成的聚集在一起的细泡▷这牙膏不起~|肥皂~|口吐白~|泡~。→❷名唾液▷唾~|口~飞溅。☛"沫"和"沬"(mèi)不同。"沫"字右边是"末","沬"字右边是"未"。沬,商朝的都城。

陌 mò ❶名田间东西方向的小路;泛指田间小路▷阡~。→❷名泛指道路或街道▷~路|巷~|~头杨柳。

妹 mò 用于人名。妹喜,传说中夏朝最后一个君王桀的妃子。

冒 mò [冒顿]mòdú 名汉初匈奴族一位单于(chányú)的名字。
另见 mào。

脉(*脈) mò [脉脉]mòmò 形形容含情凝视或用眼神表达情思的样子▷~地注视着远去的亲人|~~含情。也作眽眽。
另见 mài。

莫 mò ❶代〈文〉没有谁;没有什么(指事物或处所)▷~不欢欣鼓舞|哀~大于心死。→❷副不▷望尘~及|一筹~展|与其旁观,~如自己也动手。❸副别;不要;不可▷闲人~入。❹副表示推测或反问▷~非|~不是。〇❺名姓。

秣 mò ❶名牲畜的饲料▷粮~。→❷动喂养牲畜▷~马厉兵(把马喂饱,把兵器磨快)。

眽 mò [眽眽]mòmò 同"脉脉"。参见"脉"。

蓦(驀) mò 副突然;忽然▷听见响声,他~地站起来|~然回首。

貊 mò 名古同"貉"。

貉 mò 名古代称北方的一个民族。也作貊。
另见 háo;hé。

漠[1] mò 名沙漠,地面全被沙覆盖,缺水干燥,植物稀少的地区▷大~|~南。

漠[2] mò 形冷淡;不经心▷~不关心|冷~|淡~|~视。

寞 mò 形寂静;冷落▷寂~|落~。

靺 mò [靺鞨]mòhé 名我国古代民族,分布在松花江、牡丹江流域及黑龙江中下游,东至日本海。北魏时称勿吉,隋、唐时称靺鞨,五代时称女真。

嘿 mò 古同"默"①。
另见 hēi。

墨[1] mò ❶名写字绘画用的黑色颜料,传统的墨多用松烟或煤烟为材料,制成块状,也指用墨研成的汁或与墨有关的东西▷一块~|~太浓|研~|蘸~|~盒|~斗|绳~|~汁。→❷形黑色或接近于黑色的▷~镜|~绿|~菊。→❸形〈文〉贪污;不廉洁▷~吏|贪~。→❹动在脸部刺刻,用墨染黑,古代一种刑罚▷~刑。→❺名借指诗文或书画▷文~|遗~|~宝。❻名喻指知识、学问▷胸无点~。→❼名泛指写字、绘画或印刷用的某些颜料▷红~水|蓝~水|油~。〇❽名指战国时的墨翟(dí)或他所创立的墨家学派▷~守成规|儒~道法。〇❾名姓。

墨[2] mò 名指墨西哥▷~洋(墨西哥银元)。

镆(鏌) mò [镆铘]mòyé 名古代宝剑名。也作莫邪。

瘼 mò 名〈文〉病痛;疾苦▷民~。

默 mò ❶动不说话;不明白表示出来▷沉~|~读|~许。→❷动凭记忆写出(读过的文字)▷~生字|~书|~写。〇❸名姓。

磨 mò ❶名碾碎粮食的工具▷一盘~|石~|电~|~盘。→❷动用磨碾碎▷~麦子|~面|~豆腐|~房。❸动掉转方向▷在胡同里~车|屋子小得~不开身|她一~身走了◇脑子老是~不过弯儿来。
另见 mó。

貘 mò 名哺乳动物,体形略像犀,但比较矮小,皮厚毛少,鼻子很长,能自由伸缩,前肢四趾,后肢三趾。主食嫩枝叶,栖息于热带密林多水的地区。

缧(纆) mò 名〈文〉绳索。

礳 mò [礳石渠]mòshíqú 名地名,在山西。

耱 mò ❶名耢。→❷动用耱平整土地▷地刚~过。

mōu

哞 mōu 拟声形容牛叫的声音▷老牛~~叫。

móu

牟 móu ❶动贪取▷~利|~取。〇❷名姓。
另见 mù。

侔 móu 形〈文〉等同;齐▷二者各不相~。

眸 móu 名〈文〉眼珠;泛指眼睛▷回~一笑|明~皓齿|凝~。

谋(謀) móu ❶动想主意;策划▷~划|~士|预~|合~。→❷名主意;计策▷足智多~|~

略|智～|阴～。→❸动设法找到或取得▷为人民～幸福|另～出路|～生。→❹动商量▷不～而合|与虎～皮。

蛑 móu [蝤蛑]yóumóu,见"蝤"。

麰(麰) móu 名〈文〉大麦。

缪(繆) móu [绸缪]chóumóu ❶动修缮▷未雨～(趁着没下雨,先修缮房屋门窗,比喻事先防备)。○❷形缠绵▷情意～。

另见 miào;miù。

鍪 móu [兜鍪]dōumóu 名古代军人的头盔。

mǒu

某 mǒu ❶代指特定的人或事物(不知道名称或知道名称而不说出)▷邻居李～|这是～～经理的指示|这事发生在她调到～公司以后|解放军～部八连。→❷代指不确定的人或事物▷～人|～天|～些把柄|～种条件。❸代代替自己的名字▷赴汤蹈火,赵～在所不辞|我钱～人不是好惹的。❹代代替别人的名字(常含不客气的意思)▷请转告孙～,我的忍耐是有限度的。

mú

毪 mú 名毪子,西藏产的一种羊毛织品。

模 mú ❶名用压制或浇灌的方法使材料成形的工具▷铅～|木～|铜～|～子。→❷名形状;样子▷～样。

另见 mó。

mǔ

母 mǔ ❶名母亲,有子女的女子;子女对生育自己的女子的称呼▷～女|慈～|家～。→❷名亲属中的长辈女子▷祖～|伯～|婆～|姨～|岳～。→❸形禽兽中雌性的(跟"公"相对)▷这只狮子是～的|～牛|～鸡。❹名指一凸一凹或一大一小配套的两件东西中凹的或大的一件▷螺～|子～扣|子～环。→❺名最初的或能产生出其他事物的东西▷酒～|字～|失败是成功之～|～本。○❻名姓。

牡 mǔ 形雄性的(鸟兽),也指植物中的雄株(跟"牝"相对)▷～牛|～鼠|～麻。

亩(畝*畮晦畞畆畂) mǔ 量市制土地面积计量单位,10 分为 1 亩,100 亩为 1 顷。1 市亩等于 60 平方市丈,666.7 平方米。

拇 mǔ 名手或脚的第一个指头;人体解剖学特指手的第一个指头▷～指。

峔 mǔ [峔矶角]mǔjījiǎo 名岬角名,在山东。

姆 mǔ [保姆]bǎomǔ 名受人雇用照看小孩或从事其他家务劳动的妇女。

另见 m̄。

姥 mǔ 名〈文〉年老的妇人。

另见 lǎo。

鉧(鉧) mǔ [钴鉧]gǔmǔ 名〈文〉熨斗。

踇 mǔ 名脚的第一个指头▷～指。

mù

木 mù ❶名树木▷十年树～,百年树人|伐～|乔～|林～|果～。→❷名木材;木料▷槐～|楠～。⇒❸名棺材▷行将就～|棺～|寿～。⇒❹形朴实▷～讷。❺形呆;愣;反应不快▷～头～脑|～然。❻形局部感觉丧失▷手指头冻～了|脑袋发～。○❼名姓。☛"木"作左偏旁时,第四笔的捺改为点。

目 mù ❶名眼睛,人或动物的视觉器官▷双～失明|眉清～秀|耳闻～睹|鼠～寸光|鱼～混珠|～光|瞑～|注～。→❷动看;看待▷一～了然|～为奇迹。→❸名网上的孔▷网～|纲举～张。❹名项目,大项下分成的小项或细节▷细～|要～。⇒❺名目录▷书～|剧～|账～|节～。⇒❻名生物学分类范畴的一个等级,纲以下为目,目以下为科▷门、纲、～、科、属、种|灵长～|蔷薇～|银耳～。→❼名名称;标题▷名～|题～。→❽名围棋术语,即一方的棋子围住的、对方不能在其中下棋子的空格,一个空格叫一目,终局时以"目"的多少判定胜负▷胜二～|负一～半。

仫 mù [仫佬族]mùlǎozú 名我国少数民族之一,主要分布在广西。

牟 mù 用于地名。如:牟平,在山东;中牟,在河南。另见 móu。

沐 mù ❶动洗头发;泛指洗▷栉风～雨(用风梳头,用雨洗发,形容奔波劳碌,不避风雨)|～浴。○❷名姓。

苜 mù [苜蓿]mùxu 名一年生或多年生草本植物,叶子互生,复叶由三片小叶组成,小叶呈长圆形,开紫色花,结荚果。可以做饲料,也可以压绿肥。也说紫花苜蓿。

牧 mù 动放养牲畜▷～马|～童|～场|畜～|游～。

钼(鉬) mù 名金属元素,符号 Mo。银白色,熔点高,用于制造加热元件、无线电元件、X 射线器材,也用于生产特种钢。

募 mù 动广泛征集(财物或人员等)▷～捐|～集|招～。

墓 mù ❶名埋葬死人的地方▷烈士～|～前摆放着鲜花|坟～|陵～|～穴|～地|～碑。○❷名姓。

幕(*幙) mù ❶名遮盖用的东西;帐篷▷帐～|布～|帷～。→❷名古代作战时将帅的帐篷;古代将帅或行政长官的府署▷～府|～僚|～宾。→❸名悬挂着的大块绸、布等▷～布|银～|开～。❹量戏剧中的一个段落▷第一～第一场|五～大型歌剧◇生活中的一～。

睦 mù ❶形相处和好;亲近▷和～|～邻。○❷名姓。

慕 mù ❶动敬仰;喜爱▷羡～|仰～|～名|不～虚名。→❷动思念;依恋▷思～|爱～。○❸名姓。

暮 mù ❶名日落的时候▷朝三～四|朝思～想|～色|～霭。→❷形(时间)临近终了;晚▷～春三月|岁～天寒|～年。

霂 mù [霡霂]màimù,见"霡"。

穆 mù ❶形〈文〉恭谨;严肃▷肃～|静～。○❷名姓。

N

nā

那 nā 名姓。
另见 nǎ；nà；nèi；nuó。

南 nā ［南无］nāmó 动佛教用语，合掌稽(qǐ)首，常用在佛、菩萨和经典名之前，表示尊敬和皈依(梵语音译)▷～阿弥陀佛。
另见 nán。

ná

拿（*舒拏挐） ná ❶动用手握住或抓取▷手里～着一本书|给我～杯水来|把箱子～走。→❷动捕捉；强取▷～耗子|捉～|缉～|～获|把敌人的据点～下来。❸动〈口〉挟制；故意使人为难▷～不倒他|～不住人|～他一把。→❹动装出或做出(某种姿态、样子)▷～架子|你要～出当哥哥的样子来。→❺动取得▷～了四枚金牌|～名次。→❻动掌握▷～权|～事|～不准。→❼介 a)引进所凭借的工具、材料等，相当于"用"▷～斧子砍|～鼻子闻|～大话吓唬人。b)引进所处置的对象，相当于"把""对"▷别～我当傻瓜|没～他当回事儿|真～他没办法|故意～他开玩笑。

镎（鎿） ná 名放射性金属元素，符号 Np。银白色，有延展性，化学性质活泼，细镎粉可自燃。用于制造钚的同位素。

nǎ

那 nǎ 代表示疑问。现在通常写作"哪"。
另见 nā；nà；nèi；nuó。

哪 nǎ ❶代用于疑问，表示要求在同类事物中加以确认。a)单用▷这堆书里～是你们的？|分不清～是对，～是错。b)用在量词或数量词组前面▷～位还有不同意见？|～把铁锹是你的？|他～天有空儿？|你喜欢～几种花色？→❷代用于任指，表示任何一个，后面常有"都""也"呼应，或用两个"哪"前后呼应▷～种颜色都看不上|～双鞋也不合适|～件质量好买～件。→❸代用于虚指，表示不确定的一个▷～天有空儿我得进趟城。→❹副用于反问，表示否定▷天底下～有这样的好事？|这么好的条件，～能不好好学习呢？
另见 na；nǎi；né；něi。

nà

那 nà ❶代指比较远的人或事物▷～女孩|～天|～几张桌子|～一次|小王～个人不错。→❷代代替比较远的人或事物▷～是谁的孩子？|～是刚买来的书|～里面有什么？|干这干～，总不闲着。❸代指代上文陈述的情况，有"如果那样"的意思▷既然来了，～就多呆两天吧|如果你同意，～我马上就去。→❹代〈口〉用在动词、形容词前表示夸张或强调的语气▷俩人一见面～聊啊，上班都误了|她手脚～麻利，没人比得上|你～一嚷不要紧，可把我吓坏了。
另见 nā；nǎ；nèi；nuó。

呐 nà ［呐喊］nàhǎn 动大声喊叫▷～助威|摇旗～。
另见 nè；ne。

纳[1]（納） nà ❶动放进；收入▷闭门不～|出～。→❷动接受▷吐故～新|采～|容～|～降(xiáng)。❸动享受▷～福|～凉。→❹动交(税款等)▷～税|缴～。→❺动列入▷～人议事日程|～入计划。○❻名姓。

纳[2]（納） nà 动用细密的针脚缝▷～鞋底|～鞋垫儿。

纳[3]（納） nà ［纳西族］nàxīzú 名我国少数民族之一，分布在云南、四川。

肭 nà ［腽肭］wànà，见"腽"。

钠（鈉） nà 名碱金属元素，符号 Na。银白色，质软，有延展性，化学性质极活泼，燃烧时火焰呈黄色。可在有机合成及冶炼某些稀有金属时作还原剂，它的化合物如食盐、碱等在工业上用处很大。钠也是人体必需的元素之一。

衲 nà ❶动缝缀▷百～衣|百～本廿四史。→❷名僧人穿的衣服(常用碎布缝缀而成)▷破～芒鞋。❸名僧人的自称或代称▷老～。→❹同"纳[2]"。现在通常写作"纳"。

娜 nà 音译用字，多用于女性姓名，如"安娜·卡列尼娜"。现在也用于我国人名。
另见 nuó。

捺 nà ❶动用手重按▷～一个手印。→❷动抑制▷～不住心头的怒火|按～不住。→❸名汉字的笔画，起笔后向右下方行笔，靠近末端稍有波折，形状是"㇏"▷"人"字的笔画是一撇一～。

na

哪 na 助"啊"受前一个字韵尾 n 的影响而产生的音变和不同的书写形式▷你让我等多少年～！|大伙儿快点干～！|这儿怎么没有人～？|河水可真浑～！
另见 nǎ；nǎi；né；něi。

nǎi

乃（*迺廼） nǎi 〈文〉❶动是；就是；确实是▷此～先师手稿|虚心～成功之保证。→❷副表示时间上或事理上的顺承，相当于"(于是)就"▷登至山顶，～稍事休息|事已至此，～顺水推舟。❸副表示在某种前提下或由于某种原因，才出现某种情况，相当于"才"▷求之久矣，今～得之|因长期放任自流，～至于此。○❹代你；你的▷～弟|～翁。

艿 nǎi [芋艿]yù'nǎi,见"芋"。

奶(*嬭妳) nǎi ❶名乳房,人和哺乳动物乳腺集合的部分▷~头|~罩。→❷名乳汁;乳制品▷喂~|吃~|~油|~粉。→❸动〈口〉妇女用乳汁喂养(孩子)▷她正在~孩子呢|这孩子是她给~大的。❹形指婴儿时期的▷~牙|~名|~毛(婴儿出生后没有剃过的头发)|~声~气。

"妳"另见 nǐ"你"。

氖 nǎi 名稀有气体元素,符号 Ne。无色无臭,化学性质不活泼,放电时发出红色光。可用来制霓虹灯和指示灯等。通称氖气。

哪 nǎi 义同"哪"(nǎ)①—③,用于口语。另见 nǎ;na;né;něi。

nài

奈 nài ❶动〈文〉对付;处置▷~他不得|~何(怎样对付;怎么办)|~之何(怎样处置他)。→❷动奈何▷无~(不能怎么办;无可奈何)|怎~(无奈)。

柰 nài 名柰子,一种苹果的古称。类似林檎(通称沙果)而略大。柰子,也指这种植物。

耐 nài ❶动承受得住▷这种布~磨|~火材料|~久|吃苦~劳|~人寻味。→❷动忍受,把痛苦或不幸等勉强承受下来▷忍~|~心|~性|难~。

萘 nài 名有机化合物,分子式$C_{10}H_8$。白色晶体,有特殊气味,能挥发,容易升华,不溶于水。可用来制造染料、药品等。

鼐 nài 名〈文〉大鼎。

褦 nài [褦襶]nàidài 形〈文〉不明事理。

nān

囡 nān 名〈方〉小孩子▷小~。

nán

男[1] nán ❶名人类两性之一,体内能产生精细胞(跟"女"相对)▷~女平等|~女老少|一~一女|~子|~生。→❷名儿子▷生~育女|长(zhǎng)~。

男[2] nán 名古代贵族五等爵位的第五等▷公侯伯子~|~爵。

南 nán ❶名四个基本方向之一,早晨面对太阳时右手的一边(跟"北"相对)▷从这里往~走|长江以~|坐北朝~|~来北往|~面|~下|岭~。→❷名特指我国南方▷~味|~式|~货。○❸名姓。

另见 nā。

难(難) nán ❶形不容易做的;困难(跟"易"相对)▷这道题太~了|很~完成|~兄~弟(难为兄,难为弟,形容兄弟都非常好,今多反用,指二人同样坏)|~办|~得|~点|~关。→❷动使感到困难▷这事真~人|~不倒我们。→❸形令人感到不好▷~看|~听|~吃|~闻。

另见 nàn。

喃 nán [喃喃]nánnán ❶拟声形容连续低语声▷~自语。→❷拟声〈文〉形容鸟叫声▷燕语~。

楠(*枏柟) nán 名楠木,常绿乔木,叶子广披针形或倒卵形,开绿色小花,结蓝色浆果。木材浓香,是建筑和制作器具的上等材料。

nǎn

赧 nǎn 形〈文〉由于害羞或惭愧而脸红▷~颜|~然。

腩 nǎn [牛腩]niúnǎn 名〈方〉牛肚子上或近肋骨处的软肌肉,也指用这种肉做成的菜肴。

蝻 nǎn 名蝻子,蝗虫的若虫。形状像成虫而较小,翅膀短,头大。常成群危害稻、麦、玉米等禾本科农作物。☛统读 nǎn,不读 nán。

nàn

难(難) nàn ❶名遭到的重大不幸;灾祸▷排~解纷|~兄~弟(共患难或同受苦难的人)|逃~|遇~|灾~|患~|~民。○❷动质问;责问▷非~|责~|问~|刁~。

另见 nán。

nāng

囊 nāng [囊膪]nāngchuài 名猪的胸腹部肥而松软的肉。也作囊揣。

另见 náng。

囔 nāng [囔囔]nāngnang 动声音低而不清楚地说话▷你一个人在那儿~什么呢?

náng

囊 náng ❶名口袋▷探~取物|皮~|背~|~括。→❷名像口袋的东西▷胆~|毛~。

另见 nāng。

馕(饢) náng 名维吾尔族、哈萨克族人当主食吃的一种烤制的面饼。

另见 nǎng。

nǎng

曩 nǎng 名〈文〉以前;过去▷~昔|~日|~时。

攮 nǎng 动(用刀)刺▷让人~了一刀|~子(一种短而尖的刀)。

馕(饢) nǎng 动〈方〉不顾一切或尽力地往嘴里塞(食物)▷一下子就把包子~进嘴里了。

另见 náng。

nàng

齉 nàng 形鼻子不通气,也指因鼻子不通气而发音不清▷他有鼻炎,鼻子有点儿~|~鼻儿。

nāo

孬 nāo 〈方〉❶形不好;坏▷过去的日子可比现在~多了。→❷形怯懦;缺乏勇气▷~种。

náo

呶 náo 〈文〉❶动叫喊▷喧~|纷~|~号。○❷[呶呶]náonáo 形说话唠唠叨叨,令人生厌▷~不休。

哓(譊) náo [哓哓]náonáo 拟声〈文〉形容争辩或喧闹的声音。

挠[1](撓) náo ❶动搅扰;阻止▷阻~。○❷动(用手指或专用工具)轻轻地抓;搔▷伤口刚长好,千万别~|抓耳~腮|~头。

挠[2](撓) náo 动弯曲;比喻屈服▷百折不~|不屈不~。

侬(譊) náo [懊侬]àonáo 形〈文〉烦闷。

硇 náo ❶[硇砂]náoshā 名天然的氯化铵,呈粉块状,多产在火山熔岩的空洞里。在工业、农业和医药方面有广泛的用途。〇❷[硇洲]náozhōu 名岛名,在广东。

铙(鐃) náo ❶名古代军中的铜制打击乐器,形状像短而阔的铃铛,中间没有舌,有短柄,用锤敲击发声。行军时,用铙声制止击鼓。〇❷名打击乐器,与钹形制相似,只是中间隆起部分较小,发音较响亮▷铜~|~钹。

蛲(蟯) náo [蛲虫]náochóng 名寄生虫,体细小,形似线头,白色,寄生在人的盲肠及其附近的肠黏膜上。雌虫常从肛门里爬出来产卵,引起肛门奇痒、食欲不振等症状。☛统读 náo,不读 ráo。

猱 náo 名古书上说的一种猴子。

夒 náo 名〈文〉猿类动物。一说即猕猴。

nǎo

垴 nǎo 名小山丘,多用于地名▷削~填沟|南~(在山西)。

恼(惱) nǎo ❶动愤怒;生气▷一句话把他说~了|~羞成怒|~火。〇❷形烦闷;苦闷▷苦~|烦~|懊~。

脑(腦) nǎo ❶名人和脊椎动物中枢神经系统的主要部分,位于颅腔内,人脑除了主管全身的知觉和运动外,还主管思维和记忆。→❷名指头部▷探头探~|摇头晃~。→❸名指思维、记忆等方面的能力▷要学会动手动~|他~子好,一看就明白。→❹名像脑或脑髓的白色物质;从物体中提取的精华部分▷豆腐~|樟~|薄荷~。

堖 nǎo 同"垴"。

瑙 nǎo [玛瑙]mǎnǎo,见"玛"。

nào

闹(閙*鬧) nào ❶形人多而喧哗;声音嘈杂▷楼上装修,~得人心慌|~市区|~嚷嚷|喧~。→❷动吵嚷;争吵▷连吵带~|又哭又~|两人~得不可开交。❸动搅扰;扰乱▷大~天宫|~公堂|~事。❹动表现或发泄(某种不满的感情)▷~情绪|~脾气。❺动发生(疾病、灾害或不好的事情)▷~了一场大病|~肚子|~灾荒|~了个笑话|~别扭。→❻动戏耍;耍笑▷~着玩儿|除夕大伙儿~了一夜|打打~~|~洞房。〇❼动从事某种活动;搞▷~罢工|有些事他怎么也~不明白|两个人怎么也~不到一块儿。

淖 nào 名〈文〉烂泥;泥沼▷泥~。

臑 nào 名〈文〉人的上肢或牲畜的前肢。

né

哪 né [哪吒]nézhā 名佛教中的护法神,传说是毗沙门天王之子。后来成为神话小说《西游记》《封神演义》中的一个人物。☛"吒"读 zhā 时是"咤"的异体字,读 zhā 用于"哪吒"等神话中的人名时,不是"咤"的异体字。

另见 nǎ;na;nǎi;něi。

nè

讷(訥) nè 形〈文〉说话迟钝,不善言谈▷~口|木~|~~。☛统读 nè,不读 nà。

呐 nè 同"讷"。

另见 nà;ne。

ne

呐 ne 同"呢"。

另见 nà;nè。

呢 ne ❶助用在特指问句的末尾,表示强调▷这可怎么办~?|你问谁~?|大家都去,你~?|我的书包~?→❷助用在选择问句的末尾,表示强调▷咱们是今天去呢,还是明天去~?|你们去不去~?〇❸助用在陈述句的末尾,表示确认事实并略带夸张的语气▷路还远~,别太性急|这才是真本事~|外边正刮风~|我这儿正忙着~。〇❹助用在句中,表示停顿▷我~,从来不喝酒|一切都过去了,现在~,咱们向前看|你要是不相信~,我也没有办法。

另见 ní。

něi

哪 něi 义同"哪"(nǎ)①—③,用于口语。

另见 nǎ;na;nǎi;né。

馁(餒) něi ❶形饿▷冻~。→❷形丧失勇气▷胜不骄,败不~|气~|自~。

nèi

内 nèi ❶名里面;一定范围里(跟"外"相对)▷禁止入~|~外|室~|国~|年~|~衣|~情|~定。→❷名称妻子或妻子方面的亲属(过去认为妻子是主持家庭内部事务的)▷~人|惧~|~弟|~侄。→❸名指内脏或体内▷五~如焚|~功|~伤。❹名指心里▷~疚|~省。

那 nèi 义同"那"(nà),用于口语。

另见 nā;nǎ;nà;nuó。

nèn

恁 nèn ❶代〈方〉相当于"那""这"▷~时|~时节。→❷代〈口〉相当于"那么""这么""这样"▷这树结了~多果子|这孩子~不听话|~好|~黑。☛统读 nèn,不读 rèn 或 rén。

嫩(*嫰) nèn ❶形初生而柔弱的(跟"老"相对,②同)▷细皮~肉|~韭菜|~芽|鲜~|娇~。→❷形(某些菜肴)经火烹调的时间短,软而容易咀嚼▷把猪肝炒~点。→❸形(某些颜色)淡,浅▷~黄|~绿。❹形不成熟;不老练▷这幅篆书笔法~了点|他担任这个职务还嫌~一些。☛统读 nèn,不读 nùn。

néng

能 néng ❶名本领;才干▷各尽其~|逞~|无~|低~|才~|智~。→❷形有才干的▷~工巧匠|~者多劳|~人|~手。→❸动用在其他动词之前,表示有能力或善于做某事▷腿受伤了,不~走路|~写会画|~歌善舞。⇒❹动表示有可能,多用于揣测语气

▷看这天气～下雨吗？|这么晚了，他还～来吗？|这事他不～不知道吧。⇒❺动表示情理上或客观条件上许可，多用于疑问或否定，相当于"应该""可以"▷考试时不～交头接耳|为人处事不～只为个人着想|车厢里～抽烟吗？|这件事他怎么～不负责任呢？⇒❻动表示有某种用途，相当于"可以"▷这野菜～吃|这种自行车～变速|生蒜～杀菌。→❼名物理学上指能量，度量物质运动的一种物理量▷光～|热～|电～|动～|原子～。

ńg

唔 ńg 同"嗯"。
另见 wú。

嗯 ńg 又 ń 叹〈口〉表示疑问▷～？你怎么不说话了？|你说什么，～？
另见 ňg；ǹg。

ňg

嗯 ňg 又 ň 叹〈口〉表示不以为然或出乎意料▷～，没有那么严重吧！|～，怎么会呢！
另见 ńg；ǹg。

ǹg

嗯 ǹg 又 ǹ 叹〈口〉表示应诺▷～，就照你说的办吧|(在电话中)～，～，你说吧。
另见 ńg；ňg。

nī

妮 nī［妮子］nīzi 名女孩子。☛统读 nī，不读 ní。

ní

尼 ní ❶名佛教指出家修行的女子(梵语音译词"比丘尼"的简称)▷～姑|～庵|僧～。○❷名姓。

坭 ní 用于地名。如：白坭，赤坭，均在广东。

呢 ní ❶名呢子，一种比较厚密的毛织品▷制服～|花～|～绒|～大衣。○❷［呢喃］nínán 拟声形容燕子的叫声，也形容小声说话的声音▷～燕语|～细语。
另见 ne。

兒 ní 名姓。☛"兒"作姓用，不能简化为"儿"。
另见 ér"儿"。

泥 ní ❶名含水较多呈黏稠状或半固体状的土▷踩了一脚～|～沙俱下|污～浊水|～塘|淤～|～土。→❷名像泥一样的东西▷枣～|印～|土豆～。
另见 nì。

怩 ní［忸怩］niǔní，见"忸"。

铌(鈮) ní 名金属元素，符号 Nb。灰白色，质硬，有延展性，熔点高，化学性质稳定。用于制造特种不锈钢、耐高温合金、超导合金等，也用作电子管材料、除气剂等。

倪 ní ❶名开端；边际▷端～。○❷名姓。☛"倪"不能简化为"伲"。

猊 ní［狻猊］suānní，见"狻"。

輗(輗) ní 名古代大车车辕前端同横木衔接处用来起固定作用的插销。

霓(*蜺) ní 名雨后出现在虹外侧的弧形光环，因形成时阳光在水滴中比虹多反射一次，所以颜色比虹淡，色带排列是内红外紫，与虹相反。也说副虹、雌虹。参见"虹"。

鲵(鯢) ní 名两栖动物大鲵和小鲵的统称。大鲵长1米多，为现存最大的两栖动物，背棕褐色而有大黑斑，腹色淡，头宽扁，口大，鼻和眼极小，躯干粗壮，四肢短。栖息在山谷清澈溪流中。叫声像小孩啼哭，俗称娃娃鱼。小鲵体长不到10厘米，背黑色，全身有银白色斑点，尾短。栖息水边水草间。也说短尾鲵。

麑 ní 名〈文〉小鹿。

nǐ

拟¹(擬*儗) nǐ ❶动相比较▷比～。→❷动仿照▷模～|～作|～古。

拟²(擬) nǐ ❶动计划；准备▷此稿～下期采用|～于近日离京。→❷动设计；起草▷～方案|～稿|～订|草～。

你(*妳❶) nǐ ❶代称谈话的对方▷～好|～看怎么样|我见过～|～的书包。→❷代泛指任何人，包括说话人自己▷～要想多收获，那～就得辛勤耕耘|他那认真劲儿真叫～佩服。→❸代与"我"或"他"配合使用，代表许多人参与或相互间做什么▷～一句，我一句，说得小王无地自容|～推我，我推～，谁也不肯去。→❹代表示第二人称复数，相当于"你们"，用于工厂、学校、机关等相互间称对方▷～厂|～院|～局|～方。
"妳"另见 nǎi"奶"。

旎 nǐ［旖旎］yǐnǐ，见"旖"。

薿 nǐ［薿薿］nǐnǐ 形〈文〉茂盛。

nì

泥 nì ❶动用泥、灰等涂抹▷把窗户缝～严|墙是新～的。→❷形固执；死板▷～古不化|拘～。
另见 ní。

昵(*暱) nì 形亲近；亲热▷亲～|～爱|～称。

逆 nì ❶动〈文〉迎接▷～旅。→❷动向反方向(活动)▷倒行～施|～流而上|～行|～转(zhuǎn)|～运算。⇒❸形方向相反的▷～序|～定理。⇒❹动抵触；不顺从▷忠言～耳|～反|忤～|～子。❺形不顺利▷～境。⇒❻动背叛▷～贼|叛～行为。❼名叛逆者▷抄没～产。→❽副事先；预先▷～料。

匿 nì 动隐藏；瞒着▷销声～迹|隐～|藏～|～名信。

埿 nì［埤埿］pìnì，见"埤"。

睨 nì 动〈文〉斜着眼看▷～视。

腻(膩) nì ❶形食物中脂肪多▷肥～|油～。→❷形因食物中脂肪多而使人不想吃▷焦熘肉片肥而不～。❸动厌烦▷这歌都让人听～了|水果总也吃不～|～烦。→❹形光润；细致▷滑～|细～。→❺名〈文〉污垢；脏东西▷尘～|垢～。❻形又黏又滑▷抹布上全是油垢，摸着发～。

溺 nì ❶动淹没▷～水而死|～婴。→❷动沉迷而没有节制▷～爱|沉～。

另见 niào。

niān

拈（*撚） niān 动用手指头夹或捏取▷从口袋里～出两枚硬币|信手～来|～阄|～香◇～轻怕重。☛1955年《第一批异体字整理表》把"撚"作为"拈"(niǎn)的异体字予以淘汰。1985年《普通话异读词审音表》审定"拈"统读 niān，不读 niǎn，"撚"和"拈"应该不再存在同音关系。

蔫 niān ❶形植物的花、果、叶等因缺乏水分而萎缩▷花刚开几天就～了|枯～。→❷形比喻无精打采▷他这几天可～了，是不是有什么心事？|～头耷脑。❸形〈口〉不活泼▷别看他人～，干起活儿来却挺麻利|～脾气。

nián

年（*秊） nián ❶名本指庄稼成熟，引申为一年中庄稼的收成▷～景|～成。→❷名时间单位，即地球环绕太阳运行一周的时间(黄河流域庄稼每年成熟一次，所以把庄稼成熟一次的时间叫做一年)▷每～举行一次|三～五载|闰～|～历|～会|～产量。⇒❸名岁数▷～富力强|～纪|～龄。❹名人一生中按年龄划分的阶段▷幼～|少～|青～|中～|老～。⇒❺名时期▷早～|近～|清朝末～。⇒❻名年节，新的一年开始的那天及其前后的几天▷新～|过～|拜～。❼名有关年节的(用品)▷～货|～糕|～礼。〇❽名姓。

粘 nián 名姓。☛参见"黏"字的提示。

另见 zhān。

鲇（鮎） nián 名鲇鱼，体长，前部平扁，后部侧扁，口宽大，有须两对，背鳍小，无鳞，体表多黏液。生活在淡水中。☛统读 nián，不读 niān。

黏 nián 形能把一种东西粘(zhān)连在另一东西上的性质▷这胶水～得很|糨糊不～|～液|～附|～性|发～。☛1955年《第一批异体字整理表》将"黏"作为"粘"的异体字予以淘汰。1988年《现代汉语通用字表》确认"黏"为规范字，表示以上意义；"粘"不再表示这个意义。

niǎn

捻 niǎn ❶动用手指搓或转动▷～线|把煤油灯～亮。→❷名用线、纸等搓成的条状物▷灯～|纸～儿|药～子。

辇（輦） niǎn 名古代用人拉或推的车，秦、汉以后专指帝王后妃乘坐的车▷龙车凤～。

辗（輾） niǎn 同"碾"②。

另见 zhǎn。

撵（攆） niǎn ❶动设法使人不得不离开；驱逐▷怎么说也～不走他|终于被人～出来了。→❷动〈口〉追赶▷他刚走，还～得上。

碾 niǎn ❶名碾子，轧碎谷物或给谷物去皮的石制工具，有一个轧东西的碾砣和承载碾砣的碾盘；泛指用于滚压或研磨的工具▷石～|水～|汽～|药～子。→❷动用碾子等滚轧▷～米|～药。

niàn

廿 niàn 数数字，二十▷～四史。

念[1] niàn ❶动惦记；常常想▷想～|怀～|挂～|～旧|～～不忘。→❷动考虑▷～你年幼无知，原谅这一次。→❸名内心的想法或打算▷一～之差|～头|杂～|疑～。〇❹名姓。

念[2]（*唸） niàn ❶动出声地读▷把信～给母亲听|～经。→❷动指上学▷在家乡～初中|～大学。

念[3] niàn 数数字"廿"的大写。

埝 niàn 名土筑的防水小堤或田间挡水的土埂▷土～|河～|～埂。

niáng

娘（*孃❶） niáng ❶名母亲▷爹～|～家。→❷名称家族、亲戚中跟母亲同辈的已婚妇女▷婶～|姨～。〇❸名年轻女子▷姑～。

niàng

酿（釀） niàng ❶动利用发酵作用制造▷～酒|～造。→❷名指酒▷家～|佳～。→❸动逐渐形成▷～成大祸|酝～。→❹动蜜蜂做蜜▷～蜜。〇❺动烹调方法，将肉馅等填入掏空的冬瓜、柿子椒等蔬菜中，然后煎或蒸▷～冬瓜。☛统读 niàng，不读 ràng。

niǎo

鸟（鳥） niǎo 名脊椎动物的一纲。卵生，体温恒定，骨多有空隙，内充气体，全身有羽毛，前肢变成翼，一般能飞，后肢能行走。鹰、燕、鸡、驼鸟等都属于鸟纲动物。☛笔顺是丿勹勺鸟鸟，五笔。

另见 diǎo。

茑（蔦） niǎo ❶名古书上指槲寄生、桑寄生等植物，均为常绿寄生小灌木，茎蔓生，能攀援其他树木，多寄生于桑、枫、杨、樟等树上。枝、叶可以做药材。古人常用茑和女萝这两种寄生植物喻指依附别人的人。〇❷[茑萝]niǎoluó 名一年生光滑蔓草，茎细长，缠绕，叶互生，羽状或掌状深裂，花冠红色，也有白色的。为庭园观赏植物。

袅（裊*嫋嬝褭） niǎo ❶形柔软细长▷炊烟～～。〇❷[袅娜]niǎonuó 形(草木)柔软细长；(女子)姿态优美。

嬲 niǎo 动〈文〉戏弄和纠缠。

niào

尿 niào ❶名人或动物从肾脏滤出、由尿道排泄出来的液体▷屁滚～流|撒～。→❷动排尿▷～尿|～床。

另见 suī。

脲 niào 名有机化合物，分子式 $CO(NH_2)_2$。无色晶体，易溶于水。大量存在于人和某些动物的尿中。可以用作肥料、饲料，也可以用来制造炸药和塑料等。通称尿素。

溺 niào 同"尿"。

另见 nì。

niē

捏（*揑）niē ❶动用拇指和其他指头夹住▷～着鼻子|手哆嗦得～不住筷子。→❷动用手指把软东西捻成某种形状▷～面人儿|～橡皮泥。⇒❸动使合起来；撮合▷把全组人～在一起才有力量|～合。⇒❹动假造；虚构：～造。○❺动握：～紧拳头|把纸团～在手心里|～一把汗。

nié

苶 nié 形〈口〉疲劳；没精神▷全身发～|孩子有点～，或许是病了。

niè

乜 niè 名姓。
另见 miē。

陧 niè ［阢陧］wùniè，见"阢"。

聂（聶）niè 名姓。

臬 niè〈文〉❶名箭靶。→❷名古代测量日影的标杆。❸名准则；法规▷奉为圭～。

涅（*湼）niè〈文〉❶［涅石］nièshí 名古书中称一种做黑色染料时使用的物质。一说即明矾石。→❷动染成黑色。

啮（嚙*齧囓）niè 动〈文〉（鼠兔等小动物）咬；啃▷虫咬鼠～|～合。

嗫（囁）niè ［嗫嚅］nièrú 动〈文〉嘴动着，想说话又不敢说；吞吞吐吐▷口将言而～。

嵲 niè ［嵽嵲］diénìè，见"嵽"。

镊（鑷）niè ❶名镊子，拔除毛发、细刺或夹取细小东西的用具，一般用金属制成。→❷动（用镊子）拔除或夹取▷把～住的虫子放进瓶子里。

镍（鎳）niè 名金属元素，符号 Ni。银白色，质坚韧，有磁性和良好的延展性，在空气中不氧化。用于电镀及制造不锈钢和高温合金、精密合金、形状记忆合金，也用于制造蓄电池和硬币等。

颞（顳）niè ❶［颞骨］niègǔ 名脑颅的组成部分，在头颅两侧，靠近耳朵上前方，形状扁平。→❷［颞颥］nièrú 名头部两侧靠近耳朵上前方的部位。

臲 niè ［臲卼］nièwù 形〈文〉动荡不安。

蹑（躡）niè ❶动〈文〉踩；踏▷～足。→❷动〈文〉追随；追踪▷～踪。○❸动放轻脚步，使不出声▷～着脚上楼|～手～脚。

孽（*孼）niè ❶名妖怪▷妖～。→❷名祸害；罪恶▷造～|作～|冤～|罪～|～根|～种。

蘖 niè ❶名树木被砍伐后，重新生出的新芽。→❷名泛指新植株从茎的基部滋生出的分枝▷分～|～枝。

糵 niè 名酿酒的曲，用粮食作为曲霉菌的培养基制成的块状物。

nín

您 nín 代第二人称代词"你"的敬称（用于多数时，一般不说"您们"，而是在"您"后加数量词组）▷老师，～好|谢谢～|这是～的报纸|～二位里面请|～几位到这边来。

níng

宁（寧*甯甯❶—❹）níng ❶形安定；安宁▷心绪不～|～静。→❷动〈文〉使安定▷息事～人。→❸动〈文〉已嫁女子回娘家探望父母▷归～|～亲。→❹名南京的别称（南京曾叫江宁）▷沪～铁路。○❺名姓。☛"寧"简化为"宁"。为避免混淆，汉字中原有的"宁"（zh　，古代宫殿的门和屏之间）改为"宀"。从"宁"的字，如"贮""伫""苧""紵"等，也改为"贮""伫""苎""纻"。
另见 nìng。

拧（擰）níng ❶动让物体两端分别向相反的方向旋转▷把湿衣服～干|～掉萝卜缨子。→❷动用手指夹住皮肉使劲转动▷在他脸上～了一把|不要～孩子的耳朵。
另见 nǐng；nìng。

苧（薴）níng 名〈外〉有机化合物，分子式 $C_{10}H_{16}$。液体，有柠檬香味，存在于柑橘类的果皮中。可制香料，也可用作合成橡胶、合成纤维的原料。☛"薴"简化为"苧"。为避免混淆，汉字中原有的"苧"（zhù，苧麻）改为"苎"。

咛（嚀）níng ［叮咛］dīngníng 动反复地嘱咐▷临行前，妈妈再三～，到了那儿一定要常写信来。

狞（獰）níng 形（面目）凶恶可怕▷～笑。

柠（檸）níng ［柠檬］níngméng 名常绿小乔木，叶子长椭圆形，嫩叶和花均带紫红色，果实椭圆形或卵圆形，先端呈乳头状。果肉味道极酸，可制作饮料，果皮可提取柠檬油。柠檬，也指这种植物的果实。

聍（聹）níng ［耵聍］dīngníng，见"耵"。

鬡（鬡）níng ［鬇鬡］zhēngníng，见"鬇"。

凝 níng ❶动凝结，由于温度变化、压力增加等原因，使液体变为固体，气体变为液体▷猪油已经～住了|～固|冷～|～聚|混～土。→❷动聚集；集中▷～神|～视|～思。

nǐng

拧（擰）nǐng ❶动把物体控制住并用力使向固定方向旋转▷～螺丝|水龙头没～紧|把瓶盖～开。→❷动颠倒；错▷把"事半功倍"说成"事倍功半"，满～！→❸动别扭；对立▷两人合不到一块儿，越说越～。
另见 níng；nìng。

nìng

宁（寧*甯甯❶❷）nìng ❶副〈文〉岂；难道▷王侯将相～有种乎？○❷副宁可▷～死不屈|～缺勿滥。☛"甯"是"宁"的异体字，但《第一批异体字整理表》规定"停止使用的异体字中，有用作姓氏的，在报刊图书中可以保留原字"。因此"甯"作姓氏用时，仍作"甯"，与"宁"是不同的姓氏。
另见 níng。

佞 nìng〈文〉❶形口才好；善于言辞。→❷形能说会道，善于奉承▷～人|～口|奸～。→❸形有才智

▷不～(旧时谦称自己)。

拧(擰) nìng 形〈口〉倔强▷～脾气｜～劲儿。
另见 níng;nǐng。

泞(濘) nìng 名烂泥▷泥～。

niū

妞 niū 名〈口〉女孩子,也用作对女孩子的昵称▷这个～儿长得挺俊｜大～儿｜小～～｜～子。

niú

牛[1] niú ❶名哺乳动物,身体大,头上有两只角,趾端有蹄,尾巴尖端有长毛。吃草,反刍。力气大,能耕田或拉车,肉、乳可以食用,角、皮、骨可以制作器物。我国常见的有黄牛、水牛、牦牛等数种。→❷名星宿名,二十八宿之一。→❸形比喻倔强、固执▷犯～脾气｜耍～性子。○❹名姓。

牛[2] niú 量〈外〉法定计量单位中的力的单位牛顿的简称。使质量1千克的物体产生1米/秒^{2}的加速度所需的力就是1牛。这个单位名称是为纪念英国科学家牛顿而定的。

niǔ

扭 niǔ ❶动拧(nǐng);用手旋转东西▷～断一根树枝｜强～的瓜不甜。→❷动拧伤(筋骨)▷～了脚脖子。→❸动掉转方向▷～过脸去｜～头就走｜～转。❹动走路时身体摇摆▷走起路来一～一～的｜～秧歌。○❺动揪住▷两个人～成一团｜～打｜～送。

狃 niǔ 动〈文〉沿袭;拘泥▷～于陋习｜～于成见。

忸 niǔ [忸怩]niǔní 形形容羞羞答答、不好意思的样子▷～作态。

纽(紐) niǔ ❶名某些器物上用来提起或系挂的部件▷秤～｜印～。→❷名衣扣▷～扣｜～襻｜～子。❸动连结;联系▷～带。→❹名事物的关键▷枢～。

杻 niǔ 名古书上说的一种树。
另见 chǒu。

钮(鈕) niǔ ❶同"纽"。→❷名器物上起开关、转动或调节作用的部件▷电～｜旋～｜按～。○❸名姓。

niù

拗 niù 形固执;不顺从▷这孩子脾气太～｜谁也～不过他｜执～。
另见 ào。

nóng

农(農*辳) nóng ❶动种田;种庄稼▷～夫｜～具｜～时｜～田｜～事。→❷名种田的事;农业▷务～｜～林牧副渔。→❸名种田的人;从事农业生产的人▷老～｜工～兵｜贫～｜菜～｜～会。○❹名姓。

侬(儂) nóng ❶代〈文〉我▷水流无限似～愁｜～今葬花人笑痴,他年葬～知是谁? ○❷代〈方〉你。

哝(噥) nóng [哝哝]nóngnong 动小声说话▷你们俩在那里～什么呢?

浓(濃) nóng ❶形(液体、气体)含某种成分多(跟"淡"相对)▷茶太～了｜～云｜～度｜～郁｜～缩。→❷形特指颜色重▷呈～绿色｜～妆艳抹｜～眉大眼｜～艳。→❸形深厚▷兴趣不～｜家庭观念太～。

脓(膿) nóng 名化脓性炎症病变所形成的黄白色或黄绿色黏液,是死亡的白血球、细菌及脂肪等的混合物▷伤口流～了｜化～｜～肿。☛统读 nóng,不读 néng。

秾(穠) nóng 〈文〉❶形(花木)繁盛▷柳暗花～｜夭桃～李。→❷形艳丽;华丽▷～歌艳舞｜～姿秀色。

醲(醲) nóng 〈文〉❶形酒味浓厚。→❷形浓厚。

nòng

弄(*挵) nòng ❶动手里拿着玩;摆弄▷他好～古董｜不要～火。→❷动搞;做;办▷把事情～明白｜把人都～糊涂了｜这事被我～坏了｜这点活儿一会儿就～完｜事情到了这一步,怎么～呀! ⇒❸动想办法取得▷辛辛苦苦～了几个钱,一场病全花光了。⇒❹动搅扰▷这事～得全家不得安宁。→❺动耍弄;玩弄▷～权术｜～巧成拙｜～假成真｜捉～｜愚～。
另见 lòng。

nòu

耨 nòu 〈文〉❶名除草用的农具,形状像锄。→❷动除草▷深耕细～。

nú

奴 nú ❶名受人压迫和役使,没有人身自由的人▷～隶｜农～｜解放黑～｜～仆。→❷名当做奴隶一样(看待或役使)▷～役。→❸名古人谦称自己,男女都可以用,后多用于年青女子▷～家。→❹名对有某种特点的人的蔑称▷洋～｜守财～。

孥 nú 〈文〉❶名儿女▷妻～。→❷名妻子和儿女▷刑不及～。

驽(駑) nú 〈文〉❶名跑不快的劣马▷～马。→❷形比喻人的才能平庸低下▷～钝｜～下｜～弱。

nǔ

努 nǔ ❶动尽量使出(力气)▷再～一把力｜～劲儿｜～力。→❷动用力鼓出;凸出▷朝他直～嘴｜眼珠向外～着。→❸动〈方〉因用力太猛,使身体内部受伤▷扛不动就算了,小心别～着｜～了腰。

弩 nǔ 名古代一种利用机械力量射箭的弓▷万～齐发｜强～之末｜～弓。

砮 nǔ 名〈文〉可做箭头的石头;石制的箭头。

胬 nǔ [胬肉]nǔròu 名中医指眼结膜病变长出的肉状物,起初横布白睛,可逐渐浸入黑睛。

nù

怒[1] nù ❶形气势强盛、猛烈▷百花～放｜狂风～号｜～潮。→❷动气愤;生气▷～气冲冲｜发～｜恼～。

怒² nù [怒族]nùzú 图我国少数民族之一，分布在云南。

nǚ

女 nǚ ❶图人类两性之一，能在体内产生卵细胞（跟"男"相对）▷男～老幼|少～|妇～|～工。→❷图女儿（跟"儿"相对）▷长～|儿～。→❸图星宿名，二十八宿之一。

钕（釹）nǚ 图金属元素，符号 Nd，稀土元素之一。银白色，质软，有延展性，在空气中容易氧化，容易被切割和进行机械加工。用于制造永磁材料、着色玻璃、天文望远镜的透镜和激光材料。

籹 nǚ [粔籹]jùnǚ，见"粔"。

nǜ

恧 nǜ 动〈文〉惭愧。

衄（*屻衂）nǜ 〈文〉❶动鼻子里面出血；泛指出血▷鼻～|耳～|齿～。〇❷动战败；损伤▷战～|败～。☛统读 nǜ，不读 niù。

nuǎn

暖（*煖暝㬉）nuǎn ❶形（天气等）不冷也不太热▷立春以后，一天比一天～了|风和日～|春～花开|温～|回～|～烘烘。→❷动使东西变热或使身体变暖▷把酒～上|快进屋～一～身子。

nüè

疟（瘧）nüè 图疟疾，急性传染病，症状是周期性发冷发热，热后大量出汗，头痛口渴，浑身无力。疟疾俗称疟子（yàozi）。
另见 yào。

虐 nüê 形凶狠残暴▷暴～|～待|肆～（任意杀害或破坏）。☛"虐"不能写作"虗"。

nuó

那 nuó 图姓。
另见 nā；nǎ；nà；nèi。

挪（*挼捼）nuó ❶动移动位置▷把床往外～一～|～～地方|～到墙角|～动。→❷动移用，把本应用于别的方面的钱、物拿来使用▷～用公款|～借。☛ 1955 年《第一批异体字整理表》将"挼"作为"挪"的异体字予以淘汰。1985 年《普通话异读词审音表》审定"挼"统读 ruó。

娜 nuó ❶[婀娜]ēnuó，见"婀"。〇❷[袅娜]niǎonuó，见"袅"。
另见 nà。

傩（儺）nuó 图古代腊月驱逐疫鬼的一种仪式，后来逐渐演变为一种舞蹈形式。

nuò

诺（諾）nuò ❶叹〈文〉表示同意、遵命或顺从的答应声，相当于"好吧""是""对"等▷～～|唯唯～～。→❷动答应；应允▷一呼百～|～言|许～|允～。

喏 nuò ❶叹〈方〉提示自己所指的事物，以引人注意▷～，这就是你要的书|～，这样做才可以！〇❷古同"诺"。
另见 rě。

搦 nuò ❶动〈文〉握持；拿住▷～笔|～管为文。〇❷动挑动；引动（多用于近代汉语）▷～战。

锘（鍩）nuò 图放射性金属元素，符号 No，是人工获得的元素。

懦 nuò 形胆小怕事；软弱无能▷～夫|怯～|～弱|愚～。

糯（*穤稬）nuò 图黏性最强的（米谷）▷～米。

O

ó

哦 ó 叹用法同"噢"(ōu)。
另见 é;ò。

ò

哦 ò 叹用法同"噢"(òu)。
另见 é;ó。

ōu

区(區) ōu 名姓。
另见 qū。

讴(謳) ōu ❶动歌唱;歌颂▷～歌。→❷名〈文〉歌曲;民歌▷采莲～|吴～|越～。

沤(漚) ōu 名〈文〉水中的气泡▷浮～。
另见 òu。

瓯[1](甌) ōu 名〈方〉小盆、小碗、小杯一类的器皿▷茶～|酒～|～子。

瓯[2](甌) ōu ❶名瓯江,水名,发源于浙江南部,流入东海。→❷名浙江温州的别称▷～绣(温州出产的刺绣)。

欧[1](歐) ōu 名姓。

欧[2](歐) ōu ❶名指欧洲▷～亚大陆|西～|～化。○❷量〈外〉法定计量单位中电阻单位欧姆的简称。导体上的电压为1伏、通过的电流为1安时,电阻就是1欧。这个名称是为纪念德国物理学家欧姆而定的。

殴(毆) ōu 动击;打▷～伤人命|～打|斗～。☛统读 ōu,不读 ǒu。

鸥(鷗) ōu 名鸥科各种鸟的统称。翼长而尖,善飞翔,趾间有蹼,能游水,羽毛多为白色或灰色。多生活在海边。常见的有海鸥、银鸥、燕鸥、黑尾鸥、红嘴鸥等。

噢(嚱) ōu ❶叹表示惊叹或领悟▷～! 是你! |～,这么办太好了|～,我想起来了。→❷叹表示呼唤(音拖长)▷～,你别过来,危险! |～,快来救人哪! ❸叹表示哄劝(多用于孩子)▷～,宝宝别哭。→❹拟声形容哭声▷他～～地哭个不停。
另见 óu;ǒu;òu。

óu

噢(嚱) óu 叹表示惊讶,隐含"原来如此"的意思▷～,是这么回事呀! |～,原来是他闹的。
另见 ōu;ǒu;òu。

ǒu

呕(嘔) ǒu 动吐(tù)▷～血|～吐|～心沥血。☛统读 ǒu,不读 ōu。

怄(熰) ǒu ❶动柴草等没有充分燃烧,产生很多烟▷炉子没生着(zháo),倒～了满屋子烟。→❷动用烧艾草等冒的烟驱除蚊蝇。

噢(嚱) ǒu 叹表示惊奇,语气较重▷～,怎么一下子病成这个样! |～,太令人吃惊了!
另见 ōu;óu;òu。

偶[1] ǒu 名木雕或泥塑的人像▷木～|～像|玩～。

偶[2] ǒu ❶形双;成双成对的(跟"奇"jī 相对)▷无独有～|～数|对～|骈～。→❷名指夫妻或夫妻中的一方▷佳～天成|配～|丧～。

偶[3] ǒu 副表示事情的发生不是必然的,不合一般规律的,或不经常的▷街头～遇|～发事件|～合|～尔|～然。

耦 ǒu ❶古同"偶[2]"。→❷动古代耕作方法,两个人并排耕作。

藕 ǒu 名莲的地下茎。长形,肥大有节,中间有管状小孔,折断后有丝相连。可以食用,也可以加工成淀粉;藕节可以做药材。

òu

沤(漚) òu ❶动(汗、水等)长时间浸泡▷汗水把衣服～烂了|～麻。→❷动〈口〉长久壅埋堆积而发热发酵▷囤里的粮食都～烂了|～粪。
另见 ōu。

怄(慪) òu ❶动〈口〉生闷气;闹别扭▷跟小伙伴～气。→❷动〈方〉使生气▷你别～我|～得人难受。

噢(嚱) òu 叹表示逐渐醒悟▷～! 说了半天,你这是说我呀! |～,我才明白原来是这么回事。
另见 ōu;óu;ǒu。

P

pā

趴 pā ❶动俯卧▷~在床上|母鸡~在窝里。→❷动身体前倾倚靠在物体上▷~在桌子上睡着了。

啪 pā 拟声形容枪声、掌声、东西撞击声等▷~,不远处传来一声枪响|~的一声,杯子掉在地上了。

葩 pā 名〈文〉花▷奇~|阆苑仙~。

pá

扒[1] pá ❶动用手或耙子等工具使东西聚拢或分散▷~草|~土|~粪。→❷动〈方〉(用手或工具)搔、挠▷~痒。○❸动从别人身上窃取(财物)▷钱包让小偷~走了|~窃|~手。

扒[2] pá 动烹调方法,将半熟的原料整齐入锅,加汤水及调味品,小火炖烂收汁(一般保持原形装盘)▷~肉条|~白菜。

另见 bā。

杷 pá [枇杷]pípá,见"枇"。☛统读 pá,不读 bà。

爬 pá ❶动人胸腹朝下,手脚并用向前移动;昆虫、爬行动物向前移动▷孩子刚会~|乌龟~得很慢|~行。→❷动抓着东西往上攀登▷~树|~竿◇~上了总经理的宝座。

钯(鈀) pá 同"耙"。

另见 bǎ。

耙 pá ❶名农具,长柄一端有梳子状的铁齿或木齿,用来平整土地或聚拢、散开谷物、柴草等▷钉~|竹~|~子。→❷动用耙子操作▷~地|把稻草~成一堆|把麦子堆~开。

另见 bà。

琶 pá [琵琶]pípá,见"琵"。☛统读 pá,不读 ba。

搿 pá [搿手]páshǒu 名从别人身上窃取钱物的小偷。现在通常写作"扒手"。

筢 pá 名筢子,搂(lōu)柴草等的工具,多用竹制,一端有齿。

pà

帕[1] pà 名擦手、脸或包头用的柔软织物▷手~|首~|罗~。

帕[2] pà 量〈外〉法定计量单位中压强单位帕斯卡的简称。物体每平方米的面积上受到的压力为1牛时,压强就是1帕。这个单位名称是为纪念法国科学家帕斯卡而定的。

怕 pà ❶动感到胆怯、发慌或不安▷不~苦|欺软~硬|惧~|可~。→❷动表示担心、疑虑▷我~你忘了,才提醒你一句。❸副表示担心和估计,或单纯表示估计▷老太太病了三个月,~是不行了|这孩子~有十二三岁了。→❹动禁受不住▷瓦罐子~摔|病人~受凉。

pāi

拍 pāi ❶动用手掌或片状物打▷~掉身上的雪|~着孩子睡|~桌子|~巴掌|~苍蝇。◇惊涛~岸。→❷名拍打东西的用具▷球~子|苍蝇~。→❸名音乐的节奏(演奏民族乐器时,常击打拍板控制乐曲的节奏)▷二分之一~|慢了半~|合~|打~子。→❹动〈口〉指拍马屁,即谄媚奉承▷能吹会~|吹吹~~。→❺动发出(电报)▷~电报|~发。○❻动摄影▷~照片|~电影|~摄。

pái

俳 pái ❶名古代的一种滑稽戏,也指演这种戏的人▷~优。→❷形〈文〉滑稽;诙谐▷~谐。

排[1] pái ❶动把阻挡物推开▷~闼直入|~山倒海。→❷动除去;消除▷把水~出去|~雷|力~众议|~除|~斥|~遣。

排[2] pái ❶动按照一定顺序站位或摆放;编次▷~成单行|~名次|论资~辈|~版|编~。→❷名排成的横列▷前~|后~|第三~|每~20人。→❸名用竹、木并排连在一起而成的水上交通运输工具,也指为了便于水运而扎成排的竹木▷放~|木~|竹~。→❹名军队编制单位,隶属于连,下辖若干班▷编在一连二~三班|~长。→❺名指排球或排球队(排球因运动员在场上按排站位而得名)▷男~|女~。→❻量用于成行列的人或事物▷一~房子|两~椅子。○❼动排演,戏剧、舞蹈等上演前,演员逐段练习▷剧团~了一出新戏|彩~|~练。

排[3] pái 名一种西式食品,用大而厚的肉片油煎而成▷猪~|牛~。

另见 pǎi。

徘 pái [徘徊]páihuái ❶动在一个地方走来走去▷在江岸独自~。→❷动犹豫不决▷在去不去的问题上~不定。→❸动事物在某个界限上下浮动、起伏▷每亩产量在800公斤左右~。

棑 pái 名同"排[2]"③。

牌 pái ❶名指某些有专门用途的板状物,多用来张贴文告、广告或作标志▷布告~|广告~|招~|门~。→❷名词、曲的调子▷词~|曲~。→❸名文娱用品,也用作赌具▷打~|玩儿~|骨~|扑克~。→❹名企业为自己的产品所取的专用名称▷名~|老~|冒~货|虎~万金油。

pǎi

迫(*廹) pǎi [迫击炮]pǎijīpào 名一种从炮口装弹,以曲射为主的近射程火炮。

另见 pò。

排 pǎi ❶动〈方〉用鞋楦填紧鞋的中空部分使撑大▷这双鞋穿着有点紧，得～一～。○❷［排子车］pǎizichē 名供搬运用的没有车箱的人力车。

另见 pái。

pài

哌 pài 音译用字，用于"哌嗪"(pàiqín，药名，有驱除蛔虫、蛲虫的功能)等。

派[1] pài ❶名〈文〉水的支流；泛指分支▷长江九～|同宗同～。→❷名指主张、风格等一致的一部分人▷两～意见不合|无党无～|流～|学～|程～唱腔。❸名作风；风度▷气～|～头儿|为人正～。→❹动(带有一定强制性地)分配▷～款|摊～|～活儿。❺动派遣；安排▷～代表去|～车接送|指～|～用场。○❻动〈方〉把过失推给别人；指责▷～别人的不是|编～。○❼量同数词"一"连用，用于景色、声音、语言等▷一～春光|一～欣欣向荣的景象|一～胡言。

派[2] pài 名〈外〉一种西式的带馅点心▷巧克力～|苹果～。

蒎 pài ［蒎烯］pàixī 名有机化合物，分子式$C_{10}H_{16}$。是松节油的主要成分。可作溶剂及合成香料、合成橡胶的原料。

湃 pài ［澎湃］péngpài，见"澎"。☛统读 pài，不读 bāi。

pān

扳 pān 同"攀"。

另见 bān。

番 pān ［番禺］pānyú 名地名，在广东。

另见 fān。

潘 pān 名姓。

攀 pān ❶动抓住能借以用力的东西往上爬▷～登|～缘。→❷动跟地位高的人拉关系▷～龙附凤|高～|～亲|～高枝。→❸动设法接近；牵连拉扯▷～谈|～扯。

pán

爿 pán 〈方〉❶名劈成片的竹子、木柴等▷竹～|柴～。→❷量用于土地，相当于"块""片"▷一～田。○❸量用于商店、工厂等，相当于"家""座"▷一～店|一～厂。

胖 pán 形宽舒；舒坦▷心广体～。☛这个意义不读 pàng。

另见 pàng。

般 pán 形〈文〉欢乐▷～乐|～游。

另见 bān；bō。

盘(盤) pán ❶名浅底的盛物器皿，比碟子大，多为圆形或长圆形▷茶～|七寸～|托～|大拼～。→❷动缠绕；环绕▷把头发～起来|～腿坐着|～根错节|～山公路|～绕|～香。⇒❸动逐个或反复清查(数量、情况等)▷把存货～一～|～点|～问|～查。⇒❹动砌、垒(灶、炕)▷～了一个灶|～炕。→❺名形状扁平像盘的东西▷磨～|算～|棋～|沙～|脸～。❻量 a)最初用于扁平的东西，后来不限▷一～石磨|一～钢磨|一～机器。b)用于盘旋缠绕着的东西▷一～蚊香|一～铁丝。c)用于棋类、球类等比赛▷下～棋|第一～第二局。→❼名指行情▷开～|收～|明～|暗～。○❽动(企业主将房屋、设备、存货等)全部转让▷把铺子～给人家|出～|招～。○❾名姓。

槃 pán ❶名古代盥洗用的木盘；泛指盘子。○❷［涅槃］nièpán 名佛教用语，指幻想中的没有烦恼、超脱生死的境界，也用作佛或僧尼死亡的代称(梵语音译)。

磐 pán 名巨大的石头▷坚如～石|风雨如～。

磻 pán ［磻溪］pánxī 名地名，在浙江。

蹒(蹣) pán ［蹒跚］pánshān 形形容走路缓慢、摇摇摆摆的样子▷步履～|～学步。☛统读 pán，不读 mán。

蟠 pán 动〈文〉盘曲；环绕▷虎踞龙～|～曲|～据。

鞶 pán 名〈文〉古人佩玉的皮带。

pǎn

坢 pǎn 名〈方〉山头；山坡▷崖～|阳～(向阳的山坡)。

另见 bàn。

pàn

判 pàn ❶动分辨；断定▷～别|～明|～断。→❷动裁定；评定▷～罚点球|～作文|～卷子|裁～|评～。❸动法院对审理结束的案件作出决定▷～了两年徒刑|～案|～处|审～。→❹形明显(不同)▷～若两人|～若云泥|～然。

拚 pàn 动舍弃；不顾一切地(争斗)▷～死|～命。

另见 pīn。

泮 pàn ❶名泮宫，古代诸侯举行射礼的地方，后来也指地方的官立学校，清代称考中秀才为"入泮"。○❷名姓。

盼 pàn ❶动看▷左顾右～|顾～|流～。→❷动期望；企望▷早就～着这一天了|眼巴巴～了一年|～望|企～|～头。

叛 pàn 动背离(自己的一方)；投靠敌方▷众～亲离|～国|～徒|背～|～变|～逃。

畔 pàn ❶名土地的界限▷田～。→❷名旁边；边侧▷江～|路～|桥～|耳～|枕～。☛统读 pàn，不读 bàn。

袢 pàn 同"襻"。

鋬 pàn 名器物上的提梁▷桶～|壶～。

襻 pàn ❶名中式服装上扣住纽扣的布环▷纽～|没扣～儿，半敞着怀。→❷名形状或功用像襻的东西▷鞋～儿|车～。❸动把分开的东西用线或绳子等绕住，使连在一起▷衣服开线了，给我～两针。

pāng

乓 pāng 拟声形容打枪或东西碰撞、崩裂的声音▷枪声～～的响个不停|大门～的一下撞开了|～的一声，热水瓶摔得粉碎。☛统读 pāng，不读 bāng。

雱 pāng 形〈文〉雪下得大。

滂 pāng ［滂沱］pāngtuó 形形容雨下得很大▷大雨～～。☛统读 pāng，不读 páng。

膀 pāng 形浮肿▷他患肾炎，脸都～了｜～肿。
另见 bǎng；páng。

páng

彷 páng ［彷徨］pánghuáng 动在一个地方来回走，不知往哪里去；犹豫不决▷歧路～｜～不定。☛1955年《第一批异体字整理表》将“彷”作为“仿”的异体字予以淘汰。1988年《现代汉语通用字表》确认“彷”读páng时为规范字，读fǎng时仍作为“仿”的异体字处理。

庞¹（龐） páng ❶形极大（多形容形体或数量）▷～大｜～然大物。→❷形杂乱▷～杂。○❸名姓。

庞²（龐） páng 名脸盘▷面～。

逄 páng 名姓。

逢 páng 名姓。
另见 féng。

旁¹ páng 形广泛；普遍▷～征博引。

旁² páng ❶名边；侧▷小河～｜～若无人｜袖手～观｜～听｜～边｜～门。→❷形其他的；别的▷～的事不要管｜别去～的地方｜～人｜～证。→❸名汉字的偏旁▷言字～｜木字～｜形～｜声～。

膀 páng ［膀胱］pángguāng 名体内贮藏尿液的囊状器官。人的膀胱位于盆腔内，膀胱底有左右输尿管入口，颈部有出口，通尿道。
另见 bǎng；pāng。

磅 páng ［磅礴］pángbó ❶动〈文〉充满；扩展。→❷形（气势）雄伟▷这篇宣言气势～。
另见 bàng。

螃 páng ［螃蟹］pángxiè 名甲壳动物，全身有甲壳，身体分头胸部和腹部，有足五对，前面一对为钳状，叫螯，横着爬行。多数生活在海中，少数生活在淡水中，有些种可以食用。也说蟹。

鳑（鰟） páng ［鳑鲏］pángpí 名鲤科某些小型淡水鱼的统称。体侧扁，呈卵圆形，像鲫鱼而小，银灰色，多带橙黄色或蓝色斑纹。雌鱼有产卵管，插入蚌的体内产卵。生活在淡水中。

pǎng

嗙 pǎng 动〈方〉吹牛；夸大▷开～。

耪 pǎng 动用锄松土▷～地｜～高粱。

pàng

胖 pàng 形（人体）肉厚，含脂肪多（跟“瘦”相对）▷小孩儿很～｜～人怕热｜肥～｜～子。
另见 pán。

pāo

抛 pāo ❶动投；扔▷把鲜花～向观众｜～砖引玉｜～锚｜～物线。→❷动舍弃；甩下▷把个人名利～在脑后｜～头颅，洒热血｜把对手远远～在后面｜～弃◇～售。○❸动暴露▷～头露面。☛不读 pōu。

泡¹ pāo 名鼓起而又蓬松柔软的东西▷肿眼～｜豆腐～。

泡² pāo 量用于屎、尿▷撒～尿｜拉一～屎。
另见 pào。

脬 pāo ❶［尿脬］suīpao 名膀胱。→❷同“泡²”。☛统读 pāo，不读 fú。

páo

刨 páo ❶动挖；挖掘▷～个坑｜～白薯｜～树根。→❷动〈口〉减掉；除去▷～去有事的、有病的，今天只来了三个人｜～去成本，每天净赚三五百元。
另见 bào。

咆 páo 动（猛兽）嗥叫；怒吼▷虎哮狼～｜～哮。

狍 páo 名哺乳动物，鹿的一种。体长1米多，尾巴只有2—3厘米。雄的有角。冬天毛长，棕褐色；夏天毛短，栗红色。喜食青草、野果和野菌等。通称狍子。也作麅。

庖 páo 〈文〉❶名做饭的地方▷～厨。→❷名厨师▷越俎代～｜良～｜名～。

炮 páo 动中药制法，把生药放到高温铁锅中急炒，使焦黄爆裂▷～姜｜～制｜～炼。
另见 bāo；pào。

袍 páo 名带大襟的中式长衣▷长～｜旗～｜棉～｜长～马褂｜皮～子。

匏 páo 名匏瓜，葫芦的一种。一年生草本植物，叶子掌状分裂，茎上有卷须。果实扁球形，成熟后果皮坚硬，可做容器，对半剖开可做水瓢。匏瓜，也指这种植物的果实。俗称瓢葫芦。

跑 páo 动走兽用爪或蹄刨地▷虎～泉（泉名，在浙江杭州）。
另见 pǎo。

麅 páo 同“狍”。

pǎo

跑 pǎo ❶动人或动物用腿脚快速向前移动▷不到1分钟～了400米｜兔子～得真快｜奔～｜赛～｜～步。→❷动走；去▷一天～了五个地方，累坏了｜在家里待不住，老往外～｜最近到上海～了一趟。→❸动为了某种事务而奔走▷～买卖｜～江湖｜～单帮。→❹动逃走；溜走▷别让敌人～了｜逃～。❺动物体离开了原来的位置；失去▷帽子让风刮～了｜到手的买卖，～不了。❻动泄漏；挥发▷轮胎～气｜电扇～电｜～墒｜倒在盘子里的汽油一会儿就～光了。
另见 páo。

pào

泡¹ pào ❶名液体中或液体表层出现的气体小圆球或半圆球▷水里直冒～｜水～｜肥皂～｜～沫。→❷名泡状的东西▷脚上磨起了～｜电灯～｜燎～。

泡² pào ❶动较长时间地浸在液体里▷衣服用水～一～再洗｜茶～好了｜～一点药酒。→❷动较长时间地呆在某处；故意消磨时间▷整天～在球场上｜～病号｜在我这儿～了一天。❸动纠缠▷软磨硬～。
另见 pāo。

炮（*砲礮❶❷） pào ❶名原指用机械发射石头或用火药发射铁弹丸的武器，现指口径在两厘米以上，能用炸药发射爆炸弹头的重型射击武器▷一门～｜～声隆隆｜迫击～｜高射～｜～击｜～火｜礼～。→❷名指爆竹，用纸卷（juǎn）火药制成的点火后能爆裂发声的东西▷～仗｜鞭～｜花～。→❸图爆破土石时，装了炸药的凿眼▷打眼放～｜哑～。

另见 bāo；páo。

疱（*皰） pào 图皮肤上起的水泡状的小疙瘩▷～疹。

pēi

呸 pēi 叹表示鄙视或唾弃▷～！不知羞耻的东西｜～，亏你说出这种不要脸的话。

胚（*肧） pēi 图发育初期的生物幼体，由受精卵或未受精卵发展而成▷～胎｜～芽。

衃 pēi 图〈文〉赤黑色的淤血。

醅 pēi 图〈文〉没有过滤的酒▷新～。

péi

陪 péi 动随同做伴；从旁协助▷我～你去｜～大娘聊天儿｜～伴｜～客｜奉～｜失～｜～审。

培 péi ❶动给植物的根部或其他物体的根基加土，起保护、加固的作用▷给小树～点儿土｜把河堤～厚。→❷动培养；培育▷～训｜代～。

赔（賠） péi ❶动因使别人受到损失而给予补偿▷损坏公物要～｜～款｜～偿｜包～｜退～。→❷动做买卖亏损（跟"赚"相对）▷这笔生意不～不赚，刚够本｜把本钱都～光了｜～钱｜～本。→❸动向受损害的人道歉或认错▷～礼｜～罪｜～不是。

毰 péi ［毰毸］péisāi 形〈文〉形容鸟的羽毛张开的样子。

锫（錇） péi 图放射性金属元素，符号 Bk，是人工获得的元素。化学性质活泼。

裴 péi 图姓。

pèi

沛 pèi ❶形〈文〉（水流）充盛▷～然｜滂～。→❷形丰盛；充足▷精力充～｜雨雪丰～。☛"沛"字右边是"巿"（fú，四画），不是"市"（shì，五画）。从"巿"的字，如"芾""肺""旆""霈"，同。

帔 pèi 图古代披在肩背上的服饰▷凤冠霞～。

佩 pèi ❶动（把装饰品、徽章、刀剑、枪支等）挂在身上▷胸前～着一排奖章｜腰～宝剑｜～带。→❷图古人衣带上挂的装饰物▷玉～｜鱼～。→❸动敬仰；心悦诚服▷可钦可～｜～服｜敬～。

珮 pèi 图古时系在衣带上的装饰品。

配 pèi ❶图配偶，指丈夫或妻子，多指妻子▷择～｜元～｜继～。→❷动成婚，男女结合▷牛郎～织女｜婚～｜许～。⇒❸动（雌雄动物）交合▷～猪｜～马｜～种｜交～。⇒❹动按一定的标准、比例调和或拼合▷～颜色｜～药｜～餐｜～制｜调（tiáo）～。❺动有计划地分派；安排▷分～｜支～｜～给（jǐ）｜～备｜～置｜～售｜发～充军。❻动把缺少的按一定标准补足或再制▷把领导班子～齐｜给书柜～块玻璃｜～零件｜～钥匙。⇒❼动陪衬；衬托▷红花还得绿叶～｜～乐诗朗诵｜～殿｜～角（jué）。→❽动比得上；相当；相称（chèn）▷小王各方面都～得上小李｜这种人不～当老师｜年貌相～｜般～。

旆 pèi ❶图古代旗帜末端形状像燕尾的饰物。→❷图〈文〉泛指旌旗。

辔（轡） pèi 图驾驭牲口用的嚼子和缰绳▷缓～徐行｜～头。

霈 pèi 〈文〉❶形雨、雪等盛多▷雨～｜云～。→❷图大雨▷甘～。

pēn

喷（噴） pēn ❶动（液体、气体、粉末等）受到一定压力而分散射出▷给茉莉花～点儿水｜油井～油了｜焊枪～着火舌｜～气发动机｜令人～饭｜～灯｜～泉｜～射｜～洒。→❷［喷嚏］pēntì 图鼻黏膜受到刺激而引起的鼻孔猛烈喷气并发声的现象。也说嚏喷（tìpen）。

另见 pèn。

pén

盆 pén 图盛东西或洗涤、栽种用的口大、有帮、底小的器皿，▷脸～｜饭～｜火～｜瓦～｜搪瓷～｜～栽｜～景。

湓 pén 动〈文〉水上涌漫溢▷～涌｜～溢。

pèn

喷（噴） pèn 形〈方〉（气味）浓▷～香。

另见 pēn。

pēng

抨 pēng 动攻击他人的过失▷～击｜～弹。

怦 pēng 拟声形容心跳的声音▷临上考场，他紧张得心里～～乱跳。

砰 pēng 拟声形容重物落地、撞击或爆裂的声音▷～的一声把箱子摞在地上｜屋门～地关上了｜暖水瓶～的一声炸了｜～的一声枪响。

烹 pēng ❶动煮▷兔死狗～｜～饪｜～调｜～茶。→❷动烹调方法，先用热油炸或煎，然后加入调味汁，在旺火中迅速搅拌，使汁液快速收干▷油～大虾。

嘭 pēng 拟声形容物体撞击或敲门等的声音▷～的一下，汽球爆炸了｜～～的敲门声惊醒了他。

péng

芃 péng 形〈文〉（植物）茂密。

朋 péng ❶图友人，彼此有交情的人▷～友｜高～满座｜亲～好友。→❷动结党；勾结▷～比为奸（坏人勾结干坏事）。

堋 péng 图一种分水的堤坝，是战国时期科学家李冰在修建都江堰时创造的。

另见 bèng。

彭 péng 图姓。

棚 péng ❶图用来遮蔽风雨、日光或保温等的简陋设备，用竹木等搭成架子，上面覆盖席、布等▷阜～｜天～｜凉～｜菜～。→❷图简陋的小房子▷工～｜窝～｜牲口～｜～户。→❸图指天花板▷顶～。

搒 péng 动〈文〉用鞭、杖或竹板击打▷～掠。

另见 bàng。

蓬 péng ❶名飞蓬，二年生草本植物，叶子像柳叶，边缘有锯齿，秋天开花，花外围白色，随风飞扬。→❷动松散开；散乱▷～着头｜～松。→❸量用于茂盛的花草▷一～挨着一～的野山菊。

硼 péng 名非金属元素，符号B。非结晶的硼为粉末状，棕色；结晶的硼为黑色，有光泽。硼的化合物广泛应用于工业、农业和医药等方面。

鹏（鵬） péng 名古代传说中最大的鸟▷鲲～｜～程万里。

澎[1] péng [澎湃]péngpài 形形容大浪相撞击；比喻气势雄伟▷江水奔腾～｜热情～。☛统读 péng，不读 pēng。

澎[2] péng [澎湖列岛]pénghúlièdǎo 名我国群岛名，在台湾海峡。

篷 péng ❶名用竹木、帆布等制成的遮蔽风雨的设备▷车～｜船～｜敞～卡车｜帐～。→❷名船帆▷放下船～。☛"篷"与"蓬"（péng）不同。"篷"是竹字头，"蓬"（飞蓬，蓬松）是草字头。

膨 péng 动胀；体积变大▷～胀｜～松｜～体纱。

蟛 péng [蟛蜞]péngqí 名甲壳动物，形状像螃蟹而较小，头胸部的甲壳方形。生活在近海地区江河沼泽的泥岸中，伤害农作物，损坏田埂、堤岸。种类很多。也说螃蜞。通称相手蟹。

pěng

捧 pěng ❶动两手托着▷～着鲜花｜～一把故乡的土｜～腹大笑◇众星～月。→❷量用于双手可捧得下的东西▷一～瓜子｜一～水果糖。→❸动奉承；替人吹嘘▷他是靠人～出了名的｜又吹又～｜～场｜～角(jué)儿。

pèng

椪 pèng [椪柑]pènggān 名柑的一种，常绿小乔木。椪柑，也指这种植物的果实。参见"柑"。

碰（*掽踫） pèng ❶动撞击▷头～到门框上｜把酒～撒了｜～杯｜～撞◇～了一鼻子灰。→❷动事先没约定而偶然遇见；正好赶上▷在公园～上一位老朋友｜最近～到几件棘手的事。→❸动通过接触进行试探▷事情不一定能成，我先去～一～｜～运气｜～机会。→❹动触犯；顶撞▷这个人势力很大，谁也不敢～他。

pī

丕 pī 形〈文〉大。☛不读 péi。

批[1] pī 动〈文〉用手背或手掌打▷～颊。

批[2] pī ❶动对下级的文件、别人的文章、作业等写下意见或评语▷这个文件需要局长～｜报告还没～下来｜～公事｜金圣叹～《三国》｜～阅｜～准｜～改｜审～。→❷名批示公文的话；对文章、作业等写的评语▷在文章后面加了一个～｜朱～｜眉～｜夹～。→❸动对不妥的或错误的思想、言论、行为等提出否定的意见▷让老师叫去～了一通｜～评｜～判｜～驳。

批[3] pī ❶形大宗的；大量的▷～发｜～购｜～量生产。→❷量用于大宗的货物或大量的人▷一～货｜一～彩电｜第二～学员已经毕业。

批[4] pī 名〈口〉棉麻等未捻成线、绳时的细缕▷线～｜麻～儿。

邳 pī 名邳州，地名，在江苏。

伾 pī [伾伾]pīpī 形〈文〉形容很有力气的样子。

纰（紕） pī ❶动纺织品破烂散开▷线～了。→❷名疏忽；错误▷～漏｜～缪。

坯 pī ❶名用黏土、高岭土等原料加工成形，还没有入窑烧制的砖瓦、陶瓷等的半成品▷砖～｜～子。→❷名特指土坯，加工成形的土块▷打～｜脱～。→❸名泛指半成品▷面～儿｜酱～子｜毛～｜～布。☛统读 pī，不读 pēi。

披[1] pī ❶动分开；（竹木等）裂开▷～荆斩棘｜木板让我给钉～了。→❷动打开▷～览｜～阅｜～露。→❸动散开▷～头散发｜～散着头发。

披[2] pī 动盖或搭在肩背上▷～着大衣｜～红戴绿｜～坚执锐｜～麻带孝｜～肩◇～星戴月。☛"披"字统读 pī，不读 pēi。

狉 pī [狉狉]pīpī 形〈文〉众多野兽奔走的样子▷鹿豕～。

砒 pī ❶名砷的旧称。→❷名砒霜，砷的氧化物，多为白色粉末，有剧毒，可做杀虫剂。也说信石。

钋（鈚） pī 名〈文〉钋箭，一种长杆、宽箭头的箭。

铍（鈹） pī 〈文〉❶名形状像刀而两面有刃的剑。→❷名中医用来刺破痈疽的长针，下端两面有刃。

另见 pí。

劈 pī ❶动（用刀斧等）向下破开；砍▷～木头｜一～两半◇～山开路｜～风斩浪。→❷动（竹木等）裂开▷木板～了｜钢笔尖摔～了。→❸动雷电击毁或击毙▷村口那棵老树被雷～了。→❹名由两个斜面合成的简单器械，纵剖面呈三角形，像刀、斧之类的刃。也说尖劈。→❺介正对着（人的头、脸、胸）▷大雨～头浇下来｜～胸就是一拳｜～脸。

另见 pǐ。

噼 pī ❶[噼啪]pīpā 拟声形容拍打、爆裂或东西撞击的声音▷风沙打得车篷～作响｜大家～～鼓起掌来。→❷[噼里啪拉]pīlipālā 拟声形容连续不断的爆裂、拍打声▷鞭炮声～响个不停｜会场上响起了～的掌声。

霹 pī [霹雳]pīlì 名来势迅猛、响声巨大的雷▷晴天～。通称霹雷、炸雷。

pí

皮 pí ❶图动植物体表面的一层组织▷手上脱了一层～|蛇～|树～|橘子～|表～|～肤。→❷图鞣制过的兽皮▷～鞋|～袄|～货|～革。❸形有韧性;不脆▷～糖。⇒❹动食品因受潮而不再酥脆▷花生米都～了。⇒❺形不娇嫩;结实▷～实。⇒❻图指橡胶▷胶～|橡～|～筋|～球。→❼图物体的表面▷地～|水～儿。⇒❽形表面的;肤浅的▷～相(xiàng)|浮～。⇒❾图包在外面的东西▷包袱～儿|饺子～儿|书～|封～。❿图薄片状的物品▷铁～|粉～儿。→⓫形顽皮;淘气▷这小家伙死～,一刻也不老实|调～。⓬形由于多次受斥责而满不在乎▷他天天挨批评,已经～了。○⓭图姓。

陂 pí [黄陂]huángpí 图地名,在湖北。
另见 bēi;pō。

枇 pí [枇杷]pípá 图常绿小乔木,叶长椭圆形,边缘有锯齿,冬季开淡黄白色小花,有芳香,果实外皮有细毛,呈球形或椭圆形,橙黄色或淡黄色。果实味甜,可以食用;果核、叶子可以做药材。枇杷,也指这种植物的果实。

狓 pí [獾狮狓]huòjiāpí,见"獾"。

毗(*毘) pí 动连接▷～邻|～连。

蚍 pí [蚍蜉]pífú 图古书上指一种大蚂蚁▷～撼树。

铍(鈹) pí 图金属元素,符号 Be。灰白色,质轻而坚硬。铍和铍合金由于性能优良,广泛应用于飞机、火箭、原子反应堆及许多其他高技术产品中。
另见 pī。

郫 pí 图郫县,地名,在四川。

疲 pí ❶动身体感觉劳累▷精～力尽|乐此不～|～倦|～劳|～惫。→❷动不带劲;松懈▷市场～软|～塌。

陴 pí 图〈文〉女墙;城垛子。

埤 pí 动〈文〉增益。
另见 pì。

啤 pí 音译用字,用于"啤酒"(一种用大麦芽加啤酒花制成的低度酒,有泡沫和特殊的香味)。

琵 pí [琵琶]pípá 图弹拨乐器,有四根弦,琴身呈瓜子形,上面有长柄,柄端向后弯曲。

椑 pí 图古代一种椭圆形的盛酒器。
另见 bēi。

脾 pí 图人或高等动物贮藏血液的场所和最大的淋巴器官,具有过滤血液、破坏衰老的血细胞、调节血量和产生淋巴细胞等功能。也说脾脏。

鲏(鮍) pí [鳑鲏]pángpí,见"鳑"。

裨 pí 形〈文〉副的;辅佐的▷～将|偏～。
另见 bì。

蜱 pí 图节肢动物,蜱亚目动物的统称。身体椭圆形,长数毫米至一厘米,表皮褐色,成虫有足四对。都营寄生生活,大多数吸食人、畜血液,能传播多种疾病,有的也可危害植物。也说壁虱。

罴(羆) pí 图棕熊的古称。

膍 pí 图古代指做食品的牛胃。

貔 pí ❶图古书上说的一种猛兽,外形像虎。→❷[貔貅]píxiū 图即貔,常用来喻指勇猛的军队。

鼙 pí 图古代军队中用的一种小鼓▷～鼓。

pǐ

匹(*疋❹❺) pǐ ❶图〈文〉成对的东西。→❷动比得上;相当▷～敌|～配。→❸形单独的▷～夫|单枪～马。❹量用于马、骡等▷一～马|三～骡子|马～。→❺量用于整卷的布、绸子等▷一～布|半～绸子|布～。☛统读 pǐ,不读 pī。

庀 pǐ 〈文〉❶动准备▷鸠工～料(聚集工匠,准备材料)。○❷动办理;治理。

圮 pǐ 动〈文〉毁坏;坍塌▷倾～|～毁。

仳 pǐ 动〈文〉离别▷～离(夫妻离散,特指妻子被遗弃)。

否 pǐ 〈文〉❶形坏;恶▷～极泰来(坏的到了尽头,好的就来了)。→❷动贬损;贬低▷臧～(褒贬人物)。
另见 fǒu。

吡 pǐ 动〈文〉诋毁;斥责。
另见 bǐ。

痞 pǐ ❶图痞块,中医指肚子里可以摸得到的硬块。伤寒病、败血病、慢性疟疾、黑热病等都会出现这种症状。也说痞积。○❷图流氓;无赖▷～子|地～|兵～。

劈 pǐ ❶动分开;分▷把绳子～成三股|～一半给你。→❷动使离开;撕扯下来▷～高粱叶|～萝卜缨子。→❸动(把腿或手指等)最大限度地叉开▷把两腿～开|弹八度音时要把手指尽力～开|～叉(chà)。
另见 pī。

擗 pǐ 动用力使物体的一部分离开原物体;掰▷～棒子|～点儿苇叶包粽子。

癖 pǐ 图积久成习的嗜好▷好洁成～|～好|～性|怪～。☛不读 pì。

嚭 pǐ 形〈文〉大。

pì

屁 pì ❶图从肛门排出的臭气▷放了一个～|～滚尿流。→❷图喻指不值得说的或没有价值的事物

▷～大点儿的事别老去麻烦人家｜什么～文章｜～话。→❸代泛指任何事物，相当于"什么"，用于斥责或否定▷他懂个～！｜～事不管，只会说现成话。

埤 pì ［埤堄］pìnì 名〈文〉城墙上面呈凹凸形的矮墙。也说女墙。
另见 pí。

淠 pì 名淠河，水名，在安徽，流入淮河。

睥 pì ［睥睨］pìnì 动〈文〉斜着眼睛看，表示傲视▷～一切。

辟[1]（闢） pì ❶动开拓；开发▷～地垦荒｜另～蹊径｜开～。○❷形透彻▷精～｜透～。○❸动批驳；驳斥▷～谬｜～谣。

辟[2] pì 名〈文〉法律；刑法▷大～（古代指死刑）。
另见 bì。

媲 pì 动比得上▷～美（美好的程度差不多）。☛不读 bǐ。

僻 pì ❶形偏远；离中心地区远▷穷乡～壤｜偏～｜～静。→❷形不常见的；罕用的▷～字｜生～｜冷～。→❸形性情古怪，不易相处▷乖～｜怪～｜孤～。☛统读 pì，不读 bèi。

澼 pì ［洴澼］píngpì，见"洴"。

甓 pì 名〈文〉砖。

䴙（鷿） pì ［䴙䴘］pìtī 名水鸟，比鸭小，嘴细直而尖，羽毛松软如丝，趾上有瓣蹼。不善飞而善潜水，以小鱼虾及昆虫为食。

譬 pì ❶动打比方；比喻▷～喻｜～如。→❷名用作比方或比喻的事物▷设～｜取～。☛统读 pì，不读 bǐ 或 pǐ。

piān

片 piān 义同"片"（piàn）④⑦，用于口语中"片子""相片儿""唱片儿""画片儿""影片儿""故事片儿"等词。
另见 piàn。

扁 piān ［扁舟］piānzhōu 名小船▷一叶～顺流而下。
另见 biǎn。

偏 piān ❶形歪；斜（跟"正"相对）▷球踢～了｜汽车～到马路左边去了｜～北风｜～锋。→❷形不公正；只注重一方▷心太～了｜～听～信｜～爱｜～食｜～见。→❸动离开正确方向▷～离｜～差（chā）。→❹形远离中心的；不常见的▷～远｜～僻｜～题。→❺形不居主位的；辅助的▷～将｜～师｜～房｜～方。→❻动偏离正常标准▷造价～高｜题目～难｜内容～深｜气温～低。❼副表示偏离常情或愿望▷明知山有虎，～向虎山行｜不叫我去，我～去｜～不凑巧。○❽动〈方〉表示先用或已用过茶饭等的客套话▷对不起，我先～了｜你们吃吧，我～过了。

犏 piān ［犏牛］piānniú 名公黄牛和母牦牛交配所生的第一代杂种牛。体型介于双亲之间，兼具牦牛耐劳和黄牛驯顺的优点。公犏牛没有繁殖能力，母犏牛可以和黄牛或牦牛交配繁殖后代，但后代的生产性能较亲本差。

篇 piān ❶名由一系列连续的语段或句子构成的语言整体▷《论语·里仁～》｜～章结构。→❷名写着或印着文字等的单张纸▷歌～儿｜单～讲义。❸量用于纸张、书页或文章等▷五～稿纸｜打开书刚翻了两～儿就发现三个错字｜三～文章。

翩 piān 〈文〉❶动轻快地飞▷蜂舞蝶～。→❷形动作轻快▷～然而至。→❸［翩跹］piānxiān 形形容轻快地舞动的样子▷～起舞。

pián

便 pián ❶［便便］piánpián 形〈文〉形容肥胖的样子▷大腹～。○❷［便宜］piányi a)名好处；不应该得到的利益▷贪小～｜得～卖乖。→b)动使得到某种好处▷决不能～他们｜这下可～了我们。→c)形价钱低▷这地方蔬菜～｜～货。○❸名姓。
另见 biàn。

骈（駢） pián 〈文〉❶动并列▷～肩（肩挨肩）｜～列。→❷形对偶的▷～体（六朝时期要求词句整齐对偶的文体）｜～文（用骈体写的文章）｜～俪（指文章的对偶句法）。

胼 pián ［胼胝］piánzhī 名〈文〉趼子（jiǎnzi），手掌或脚掌上因长期受摩擦而生成的厚而硬的皮。也作跰胝。

缏（緶） pián 动〈方〉用针缝合。
另见 biàn。

楩 pián 名古书上说的一种树。

跰 pián ［跰胝］piánzhī 同"胼胝"。参见"胼"。

蹁 pián ❶形走路姿态不正。○❷［蹁跹］piánxiān 形〈文〉形容旋转起舞的样子▷～飞舞。

piǎn

谝（諞） piǎn 动〈方〉自吹；自夸▷刚当上几天经理，就在那儿～上了。

piàn

片 piàn ❶动〈文〉剖开；分开。→❷形单▷～面之词。❸形零星的；简短的▷～言只字｜～刻｜～时。→❹名扁平而薄的东西▷铁～｜眼镜～｜雪～｜照～｜胶～｜名～｜药～。⇒❺量 a)用于薄片状的东西▷两～儿面包｜三～儿药｜天上飘着几～白云。b)用于具有相同景象又连在一起的地面或水面等▷一～草地｜一～废墟｜一～汪洋。c)用于景色、气象、声音、语言、心意等▷一～春色｜一～丰收景象｜一～嘈杂声｜一～胡言乱语｜一～好心。⇒❻动用刀削成薄片▷～羊肉片儿｜把豆腐干～成薄片。⇒❼名特指影片▷故事～｜科教～｜～酬｜～约。→❽名整体中的一小部分或较大地区内划分出来的较小地区▷分～包干｜这是管咱们这～儿的民警｜～段。○❾名姓。☛"片"字右下是"ㄱ"（一画），不是"ㄒ"（两画）。
另见 piān。

骗[1]（騗） piàn 动〈口〉向侧边跨出一条腿骑上▷一～腿上了车｜～马。

骗[2]（騙） piàn ❶动欺哄；用假话或欺诈手段使人相信、上当▷他把大伙给～了｜你～不了我｜哄～｜欺～｜～子。→❷动用欺哄的手段取得▷～钱｜～东西。

piāo

剽 piāo ❶动〈文〉抢劫；掠取▷～掠。→❷动窃取；抄袭▷～取｜～窃。〇❸形〈文〉(动作)轻快；敏捷▷～疾｜～悍。☛统读 piāo，不读 piáo 或 piào。

漂 piāo 动浮在液体表面；浮在水面上随着水流、风向移动▷木材能在水上～着｜碗里～着一层油花｜小船随风～出好几里｜～流。
另见 piǎo；piào。

慓 piāo 同"剽"③。

缥(縹) piāo [缥缈]piāomiǎo 形形容隐隐约约、似有似无的样子▷虚无～。也作飘渺。
另见 piǎo。

飘(飄 *飃) piāo 动随风摆动或飞舞▷彩旗迎着风～来～去｜天空～着雪花｜远处～来一股清香｜～扬｜～舞｜～带。

螵 piāo [螵蛸]piāoxiāo 名螳螂的卵块。产在桑树上的叫桑螵蛸，可以做药材。

piáo

朴 piáo 名姓。
另见 pō；pò；pǔ。

嫖 piáo 动玩弄妓女▷吃喝～赌｜～娼｜～客。

瓢 piáo 名用老熟的匏瓜对半剖开制成的舀水或撮取米面等的半球形器具，也可用木头或金属制成▷舀了两～水｜向他泼了一～凉水｜照葫芦画～｜～泼大雨。

piǎo

莩 piǎo 同"殍"。
另见 fú。

殍 piǎo 名〈文〉饿死的人▷饿～。☛不读 piáo。

漂 piǎo ❶动用水冲洗▷用肥皂洗过的衣服要在清水里～几遍｜～丝棉｜～洗。→❷动用化学药剂使纤维或纺织品等变成白色▷这布～过以后真白｜～染。
另见 piāo；piào。

缥(縹) piǎo〈文〉❶名青白色的绢。→❷形淡青色▷～玉｜～色｜碧～。
另见 piāo。

瞟 piǎo 动斜着眼睛看▷偷偷地拿眼～着他｜～了他一眼。

piào

票 piào ❶名印刷或手写的作为凭证的纸片▷买一张～｜投～｜车～｜～据。→❷名纸币▷零～｜毛～｜钞～。→❸名指被匪徒绑架用以勒索钱财的人质▷绑～｜撕～(指把被绑架的人杀死)。→❹名业余爱好者的戏曲表演▷玩儿～｜～友。〇❺名姓。

嘌 piào 形〈文〉疾速。

漂 piào [漂亮]piàoliang ❶形好看；美丽▷这孩子长得真～｜～的时装。→❷形出色▷任务完成得真～｜一场～的歼灭战。
另见 piāo；piǎo。

骠(驃) piào 形勇猛▷～悍｜～勇。
另见 biāo。

piē

氕 piē 名氢的同位素之一，符号 ^1H。质量数为 1，是氢的主要成分，普通的氢中含有 99.98% 的氕。

撇 piē ❶动丢下不管；抛弃▷我不能～开工作不管｜～下一儿一女｜早把这件事～在脑后了。→❷动取出液体表面漂浮的东西▷煮肉时要随时～沫子。❸动从液体表面轻轻地舀，不使带出其中的固体物▷不要捞稠的，～点稀汤就行。〇❹动〈口〉生硬地模仿某种腔调▷～京腔。
另见 piě。

瞥 piē 动目光很快地掠过▷～了他一眼，就走了｜～见｜一～。

piě

苤 piě [苤蓝]piělan 名甘蓝的一种。二年生草本植物，叶子长卵圆形，有长柄。茎部膨大，呈扁球形，外皮绿白或紫色。可以食用。也说球茎甘蓝。

撇[1] piě ❶名汉字的笔画，向左斜下，形状是"丿"▷一～一捺是个"人"字｜八字没有一～。→❷量用于像撇的东西▷留着两～胡子。

撇[2] piě 动平着向前扔▷～瓦片｜～手榴弹｜顺手一～，把石头子儿～到河里。

撇[3] piě ❶动〈口〉向外倾斜▷这孩子走路，两脚老向外～着。→❷动下唇向前伸，嘴角向下倾斜，表示轻视、不高兴等情绪▷他一边听着，一边～嘴｜嘴一～就哭了起来。
另见 piē。

镲(鐅) piě 名煮盐用的敞口锅，多用于地名(表示是烧盐的地方)▷曹家～(在江苏)。

pīn

拼[1] pīn 动合并在一起；连合▷～桌子｜～图案｜～版｜～盘儿｜～音｜～凑｜～合。

拼[2] pīn 动不顾惜；豁出去▷～体力｜～时间｜～个你死我活｜～命｜～搏。

拚 pīn 同"拼[2]"。
另见 pàn。

姘 pīn 动非夫妻关系的男女同居▷～居｜～头｜～夫。☛不读 pìn。

pín

贫[1](貧) pín ❶形穷，缺乏财富(跟"富"相对)▷～民｜～穷｜～困｜～寒｜清～。→❷动缺乏▷～血｜～油｜～矿。

贫[2](貧) pín 形〈口〉说话絮叨可厌▷这个人嘴真～｜～嘴薄舌。

频(頻) pín ❶形多次▷～繁｜尿～。→❷副表示行为连续多次进行，相当于"屡次"▷捷报～传｜～～招手。→❸名指频率。a)单位时间内物体振动或振荡的次数或周数▷调(tiáo)～｜高～｜～道。b)单位时间内发生或出现的次数▷字～。

嫔(嬪) pín 名〈文〉皇帝的妾；宫中女官▷～妃｜～嫱(嫱也是宫中女官名)。☛不读 bīn。

蘋(蘋) pín 名蕨类植物，多年生草本，根茎细长，横生在浅水污泥中，叶柄长，顶端有四片小叶。可以做药材。也说田字草或四叶菜。☛"蘋"

读 píng 时,是“苹”的繁体字;读 pín 时是规范字,类推简化为“蘋”。

“蘋”另见 píng“苹”。

颦(顰) pín 动〈文〉皱眉头▷东施效～|一笑一～。☛不读 pìn。

pǐn

品 pǐn ❶形〈文〉众多▷～事(诸多事项)|～物(各种东西)。→❷名(众多的)东西;(各种)物件▷物～|产～|商～|礼～|食～|次～|样～|半成～|非卖～。→❸名事物的种类▷～种|～类|～色。❹名事物的等级▷上～|下～|～级。⇒❺名特指我国封建社会官吏的等级▷九～中正|正二～|七～知县。⇒❻名德行;品质▷～学兼优|人～|～德|～格|～行|～貌。⇒❼动评论好坏;按一定的等级衡量▷～头论足|～评|～鉴|～玩。❽动尝;体味▷～一～这道菜的味道|你慢慢就～出他的为人了|～茶|～尝|～味。○❾吹奏(管乐器,多指箫)▷～箫。

榀 pǐn 量用于计量屋架,一个屋架叫一榀。

pìn

牝 pìn 形雌性的(鸟兽)(跟“牡”相对)▷～马|～鸡。

聘 pìn ❶动古代指天子与诸侯或诸侯与诸侯之间派遣使者访问(一般携带礼物)▷～问。→❷动古代指用礼物延请贤者;现代指请人担任某个职务或参加某项工作▷～他为总经理|延～|解～|应～|～书。→❸动订婚▷～礼。❹动〈口〉嫁出▷～闺女。

pīng

乒 pīng ❶拟声形容打枪、东西碰撞等的声音▷枪声～～地响了一夜|窗户被风吹得～～作响。→❷名指乒乓球▷～坛老将|世～赛。☛统读 pīng,不读 bīng。

俜 pīng [伶俜]língpīng 形〈文〉形容孤独的样子▷少～而偏孤。

娉 pīng [娉婷]pīngtíng 形〈文〉(女子)姿态美好▷体态～。

píng

平 píng ❶形表面没有高低凹凸;不倾斜▷桌面很～|让病人躺～|～坦|～川|～放。→❷动使平;平整▷～了那个土丘|～麦地|～操场。→❸形高低相等或不相上下▷河水快跟河堤一样～了|乙队同甲队踢～了|～起～坐|～辈|～等|～局。❹形均等;公正▷公～合理|打抱不～|～分|～摊|～允。❺动使公正合理;改正▷～反昭雪。→❻形安定▷风～浪静|～静|～安|～稳。❼动使安定;抑制▷先～～气再慢慢想办法|～心静气。❽动用武力镇压▷～乱|～叛。→❾形一般的;经常的▷成绩～～|～淡|～民|～日|～常。→❿名平声,古汉语四声中的第一声,现代汉语普通话四声中的第一、二声(第二声)▷～上去入|阴～|阳～。○⓫名姓。

冯(馮) píng ❶动〈文〉不用船徒步过河▷暴虎～河。○❷古同“凭”。

另见 féng。

评(評) píng ❶动议论或判定(人或事物的优劣、是非等)▷你们给我～一～理|～论|批～|～语|～分|～选。→❷名评论的话或文章▷得到群众的好～|短～|书～。

坪 píng ❶名山区或丘陵地区的局部平地,多用于地名▷王家～(在陕西)|七里～(在湖北)。→❷名平坦的场地▷晒谷～|草～|停机～。

苹(蘋) píng [苹果]píngguǒ 名落叶乔木,果实圆形,味甜可口。苹果,也指这种植物的果实。☛“苹”是“萍”的本字,又用作“蘋”(píng)的简化字。

“蘋”另见 pín“蘋”。

凭(憑*凴) píng ❶动(身子)倚着;靠着▷～栏远望|～几(jī)。→❷动依赖;倚仗▷干好干坏全～你的本事了|～借|～仗。⇒❸介引进动作行为的凭借或依据▷～本事吃饭|～票入场|～经验判断|～什么指责别人?⇒❹名赖以作为证据的事物▷不足为～|真～实据|文～|～据|～证。○❺连〈口〉连接条件复句,表示无条件,相当于“任凭”“不论”▷～你怎么劝,他也不听|～你使多大劲儿,也搬不动这块石头。

枰 píng 名〈文〉棋局;棋盘▷对～|棋～。

帡 píng 〈文〉❶名帷幕▷～幪。→❷动覆盖;庇护。

洴 píng [洴澼]píngpì 动〈文〉漂洗(丝棉)。

屏 píng ❶名遮挡物;障碍物▷～障|～藩。→❷名指屏风,室内起挡风或隔断视线作用的家具▷画～|彩～|围～。❸名类似画屏的东西▷孔雀开～|荧光～|～幕。❹名字画的条幅,通常以四幅或八幅为一组▷四扇～|条～|字～|挂～。→❺动遮挡▷～蔽|～障。

另见 bǐng。

瓶(*缾) píng 名用陶瓷、玻璃等制成的口小腹大的容器▷花～|醋～|酒～子|～～罐罐。

萍 píng 名浮萍,一年生草本植物,浮生在水中,叶子呈倒卵形或长椭圆形,绿色,夏季开白花,须根长在叶子下面。可以做饲料、绿肥,也可以做药材。

蛢 píng 同“屏”。

鲆(鮃) píng 名比目鱼的一科。体侧扁,不对称,两眼都在左侧,左侧暗灰色或具斑块,右侧白色。种类很多,广泛分布于热带和温带海洋。肝可制鱼肝油。

pō

朴 pō [朴刀]pōdāo 名古代一种双手使用的兵器,刀身狭长,刀柄略短于刀身。

另见 piáo;pò;pǔ。

钋(釙) pō 名放射性金属元素,符号 Po。银白色,质软,在暗处能发光。可作为中子源,广泛用于科研和地质勘探。

陂 pō [陂陀]pōtuó 形〈文〉倾斜不平▷山路～起伏。

另见 bēi;pí。

坡 pō ❶名地势倾斜的地貌▷从～上下来|上～|黄土～|山～|高～。→❷形倾斜▷当地的屋顶都向一面～着|把木板～着放|～度。

泊 pō 名湖▷湖～|水～◇倒在血～中。

另见 bó。

泼[1]（潑） pō 动把液体用力向外洒开▷不要把污水~在街上|往地上~点水◇瓢泼大雨。

泼[2]（潑） pō 形蛮横；凶悍▷撒~|~妇。

颇（頗） pō ❶形偏；不正▷偏~。→❷副表示程度较深，相当于"很"▷~为省力|~不以为然。☛统读pō，不读pǒ。

酦（醱） pō 动〈文〉再酿（酒）▷~醅（重新酿制未加过滤的酒）。

另见fā。

pó

婆 pó ❶名老年妇女▷老太~|老~~。→❷名丈夫的母亲▷~家|公~|~媳。→❸名〈方〉祖母或亲属中跟祖母同辈的妇女▷外~|姑~|姨~|叔~。→❹名旧指从事某些职业的妇女▷媒~|巫~|产~|牙~。

鄱 pó［鄱阳］póyáng 名湖名，在江西。又地名，在江西，今作波阳。

繁（*緐） pó 名姓。
另见fán。

皤 pó 形〈文〉（老人）头发（fà）白▷须发~然。

pǒ

叵 pǒ 副不可▷居心~测。

钷（鉕） pǒ 名金属元素，符号Pm。目前尚未从自然界中发现，人工获得的都有放射性。可用作放射线源，也可制作荧光粉（用于航标灯）及原子电池等。

笸 pǒ［笸箩］pǒluo 名用竹篾或柳条编成的盛物器具，帮较浅，多为圆形。

pò

朴 pò 名榆科朴属植物的统称。落叶乔木，早春开花，核果卵形或球形。我国最常见的有朴树、紫弹树、黑弹树。木材可以制作家具，树皮可以造纸，也是人造棉的原料。
另见piáo；pō；pǔ。

迫（*廹） pò ❶动接近；逼近▷~在眉睫|~近。→❷动用强力压制；用压力使服从▷被~投降|~不得已|压~|~使|逼~|强~。→❸形急切；急促▷~不及待|从容不~|紧~|急~|~切。
另见pǎi。

珀 pò［琥珀］hǔpò，见"琥"。

破 pò ❶动东西受到损伤而残缺▷衣服~了一个窟窿|把窗户纸捅~了|只~了一点皮，没流血|~碎|~绽。→❷动使损坏；毁坏▷~釜沉舟|牢不可~|~坏。⇒❸动打败；攻克▷大~来犯之敌|攻~|击~。⇒❹动除掉；消除▷~旧立新|不~不立|~除迷信。⇒❺动打破（原有的格局、限制、纪录等）；不遵守（原有的规定等）▷连~两项世界纪录|亩产~千斤|~戒|~例|~格|~约。⇒❻动使（钱财）受到损失；花费▷~财|~费。→❼动使分裂；劈开▷势如~竹|~门而入|~冰船。❽动把整的换成零的▷~点零钱|票子太大，~不开。→❾动揭穿；使现出真相▷~案|说~|点~|识~|侦~|~译|看~红尘。→❿形受过损伤的；破烂的▷~大衣|住两间~房|屋里只剩下几件~家具。⓫形指质量低劣的▷这种~书不值一看。

粕 pò 名酿酒剩下的渣滓▷糟~。

魄 pò ❶名古人指依附于人的形体，人死后可以继续存在的精神▷丧魂落~|魂飞~散|三魂七~。→❷名精神；精力；胆识▷惊心动~|体~|气~|~力。
另见tuò。

po

桲 po［榅桲］wēnpo，见"榅"。

pōu

剖 pōu ❶动切开；破开▷~瓜|~腹|解~|~面。→❷动解析；分析▷~明事理|~析|~白。☛统读pōu，不读pāo。

póu

抔 póu 量〈文〉相当于"捧"▷一~土。☛"抔"和"杯"不同。"抔"字左边是"扌"，"杯"字左边是"木"。

掊 póu 动〈文〉搜刮；敛取▷~聚财货|~敛民财。
另见pǒu。

裒 póu 〈文〉❶动聚集▷~兵守境|~辑。○❷动取出；减去▷~多益寡（取有余，补不足）。

pǒu

掊 pǒu 〈文〉❶动击；抨击▷~击权贵。→❷动击破▷~斗折衡（打破斗，折断秤）。
另见póu。

pū

仆 pū 动向前倒下▷前~后继。
另见pú。

扑[1]（撲） pū ❶动击；打▷~蝶|~蝇|~灭。→❷动拍打；拍▷鸟儿~着翅膀向远处飞去|~了~身上的土|往脸上~粉。❸名某些拍、拭的工具▷粉~。

扑[2]（撲） pū ❶动身体猛力向前冲，伏在物体上▷孩子一头~在妈妈怀里|饿虎~食|~灯蛾。→❷动（气体等）直冲▷冷风~面|香气~鼻。→❸动〈方〉伏；趴▷~在桌上看书。→❹动把全部精力用到（某方面）▷一心~在工作上|把心都~在孩子身上了。☛"扑"字统读pū，不读pú。

铺（鋪） pū ❶动把东西展开或摊平放置▷把褥子~平|~地毯|~轨|~砌|~展。→❷量〈方〉用于炕等▷一~炕。
另见pù。

噗 pū 拟声形容气或水喷出来的声音▷~的一口气吹灭了蜡烛|泉水~~地往上冒。

潽 pū 动〈口〉液体因沸腾而溢出▷牛奶~了|锅~了。

pú

仆（僕） pú ❶名仆人，雇到家里供使唤的人（跟"主"相对）▷女~|~从。→❷代〈文〉男子谦称，指自己（多用于书信）▷~顷已抵沪。○❸

［仆仆］púpú 形形容旅途劳顿的样子▷风尘～。☛㊀不读 pǔ。㊁"风尘仆仆"的"仆"，不能写作"扑"。
另见 pū。

匍 pú ［匍匐］púfú ❶动身体贴着地面爬行▷～前进。→❷动身体贴近地面▷俘虏们～在地，乞求饶命｜～茎。

莆 pú ❶［莆田］pútián 名地名，在福建。○❷名姓。

菩 pú ❶［菩萨］púsà 名佛教用语，指修行到了一定程度，地位仅次于佛的人（梵语音译词"菩提萨埵"的简称）。○❷［菩提］pútí 名佛教用语，指觉悟的境界（梵语音译）。

脯 pú 名胸部▷挺着胸～｜拍胸～子｜鸡～。
另见 fǔ。

葡 pú ［葡萄］pútáo 名落叶木质藤本植物，栽培品种多。叶呈掌状分裂，开淡黄绿色花，浆果呈圆形或椭圆形，紫、红、黄或绿色，有香味，是常见的水果，也可用来酿酒。葡萄，也指这种植物的果实。

蒱 pú ［摴蒱］chūpú 同"摴蒲"。参见"摴"。

蒲[1] pú 名香蒲，多年生草本植物，多生在河滩上、水沟里，地下有横生根状茎，叶子狭长而有韧性，夏季开小花，雌雄花穗紧密排列在同一穗轴上，形如蜡烛，叫蒲棒。嫩芽可以食用；根状茎含淀粉，可以酿酒；叶子可以编蒲席、蒲包、蒲扇、蒲团等。通称蒲草。

蒲[2] pú ❶名指蒲州（旧府名，府治在今山西永济县西）▷～剧（蒲州梆子）。○❷名姓。

酺 pú 动〈文〉聚会饮酒。

璞 pú 〈文〉❶名含玉的矿石；未经雕琢的玉▷～玉浑金（比喻未加修饰的天然美质）。→❷形淳朴的▷返～归真（比喻回到本来的自然状态）。☛不读 pǔ。

镤（鏷） pú 名放射性金属元素，符号 Pa。灰白色，延展性强，化学性质稳定，有剧毒。它的衰变产物铀-233是重要的核燃料。

濮 pú ❶［濮阳］púyáng 名地名，在河南。○❷名姓。

pǔ

朴（樸） pǔ 形纯真而没有经过修饰的▷质～无华｜～实｜～素｜淳～｜诚～。
另见 piáo；pō；pò。

埔 pǔ ［黄埔］huángpǔ 名地名，在广东。
另见 bù。

圃 pǔ 名种植蔬菜、花草、树苗的园地▷菜～｜花～｜苗～。

浦 pǔ ❶名水边，也指小河汇入大河的地方或河流入海的地方，多用于地名▷～口（在江苏）｜乍～（在浙江）。○❷名姓。

普[1] pǔ ❶形广泛；全面▷～天同庆｜～查｜～选｜～降大雨｜～及｜～遍｜～通。○❷名姓。

普[2] pǔ ［普米族］pǔmǐzú 名我国少数民族之一，分布在云南、四川。

溥 pǔ 形〈文〉普遍▷～天之下｜～天同庆。

谱（譜） pǔ ❶名根据事物的类别或系统编成的表册、书籍或绘制的图形▷家～｜年～｜菜～｜画～｜棋～。→❷名用符号记录下来的音乐作品；用来记载音符的表册▷乐～｜曲～｜五线～｜工尺（chě）～｜识～。⇒❸动作曲；为歌词配曲▷把这首诗～成歌曲｜～曲｜～写。⇒❹名做事的标准或大致的打算；把握▷心里一点～儿也没有｜他办事有～儿｜离～｜没准～。❺名显示的身份或派头▷他的～儿可真不小｜摆～。

氆 pǔ ［氆氇］pǔlu 名一种羊毛织品，产于藏族地区，可以做毯子、衣服等。

镨（鐠） pǔ 名金属元素，符号 Pr，稀土元素之一。银灰色，在潮湿空气中易氧化。用于制造特种合金和有色玻璃。

蹼 pǔ ❶名青蛙、乌龟、鸭子、水獭等水栖或有水栖习性的动物脚趾间的皮膜，便于划水▷～趾｜鸭～。→❷名像蹼的用具▷脚～｜～泳。☛统读 pǔ，不读 pú。

pù

铺[1]**（鋪*舖）** pù 名小商店▷小～儿｜药～｜杂货～｜～面｜店～。

铺[2]**（鋪）** pù 名用木板搭的床；泛指床▷搭一个～｜床～｜上～｜卧～｜～位。

铺[3]**（鋪*舖）** pù 名古代的驿站，现在多用于地名▷沙河～。
另见 pū。

堡 pù 同"铺[3]"，多用于地名▷十里～｜三十里～。
另见 bǎo；bǔ。

暴 pù 动〈文〉晒。现在通常写作"曝"。
另见 bào。

瀑 pù 名瀑布，从悬崖或河床纵断陡坡倾泻而下的水流▷飞～。☛不读 pú。
另见 bào。

曝 pù 动晒▷一～十寒｜～晒。
另见 bào。

Q

qī

七 qī ❶数数字，六加一的和。→❷名祭祀的名称，旧俗人死后每七天一祭，叫一个"七"，到第四十九天为止，共七个"七"▷头～｜七～｜满～。☛"七"的大写是"柒"。

沏 qī 动用开水冲泡▷～茶｜～一碗糖水｜水不热，茶～不开。☛"沏"字中间是"七"，不是"土"或"七"。

妻 qī 名男子的配偶▷夫～｜～离子散｜未婚～｜～子。

柒 qī 数数字"七"的大写。

栖（*棲） qī ❶动鸟在树上或巢中停留、歇宿▷～息。→❷动居住；停留▷～身｜～止。

另见 xī。

桤（榿） qī 名桤木，落叶乔木，叶子倒卵形或椭圆形，柔荑花序，果穗椭圆形，下垂。木质坚韧，可供建筑、制作器具等用。

郪 qī 名郪江，水名，在四川，流入涪江。

凄（*淒❶❸悽❷） qī ❶形寒冷▷风雨～～｜风～月冷。→❷形悲伤；悲苦▷～婉｜～楚｜～切。→❸形寂寞；冷落▷～凉｜～清。

萋 qī [萋萋]qīqī 形〈文〉(草)茂盛▷芳草～。

戚[1] qī ❶名古代兵器，形状像斧▷干～｜干戈～扬。○❷名姓。

戚[2]（*慼慽） qī 形〈文〉哀愁；悲伤▷休～相关｜悲～｜哀～。

戚[3] qī 名跟自己家庭有婚姻关系的人或人家▷亲～｜皇亲国～｜外～。☛"戚"字统读 qī，不读 qì。

期（*朞❺） qī ❶动约会；约定时间▷不～而遇。→❷名预定的时间▷定～｜限～｜按～｜到～｜过～｜～货。⇒❸名指一段时间▷假～｜学～｜初～｜孕～｜青春～。❹量用于按一定时间阶段出现的事物▷办了两～培训班｜杂志每月出一～｜本刊第三～。⇒❺名〈文〉一周年；一整月▷～年｜～月。→❻动等待预先约见的人；泛指等待、盼望▷～待｜～望｜～求。☛"期年""期月"的"期"，旧读 jī，现统读 qī。

欺 qī ❶动骗，用虚假的言行隐瞒真相，使人上当▷～世盗名｜自～～人｜～诈｜～瞒。○❷动压迫、侵犯或凌辱▷仗势～人｜～软怕硬｜～凌｜～压｜～负。

攲 qī 形〈文〉歪；倾斜▷～侧。

缉（緝） qī 动缝纫方法，一针挨着一针地缝，针脚细密▷～鞋口。

另见 jī。

嘁 qī ❶拟声形容小声说话的声音，多叠用▷～～低语。○❷[嘁哩喀喳]qīlikāchā 形说话办事干脆、利落▷～几下就把车子修好了。○❸[嘁嘁喳喳]qīqīchāchā 拟声形容细微杂乱的说话声音▷窗外有人在～地议论着什么。

漆 qī ❶名用漆树汁制成的涂料，也指用其他树脂制成的涂料，涂在器物表面，干燥后能结成坚韧而美观的保护膜▷家具还没有涂～｜大～｜清～｜如胶似～。→❷名漆树，落叶乔木，小枝粗壮，奇数羽状复叶，开黄绿色花，核果扁圆形。树皮里有乳汁，可以做涂料。→❸动涂漆▷家具～了三道｜桌子～成棕色的。○❹名姓。

蹊 qī [蹊跷]qīqiāo 形奇怪；可疑▷她突然失踪了，大家都觉得有些～。

另见 xī。

㲉 qī ❶动曝晒或用沙土等吸收水分▷用点土把地上的水～一～。→❷形形容东西湿了以后半湿不干的状态▷雨过天晴，马路很快就～了。

qí

亓 qí 名姓。

齐[1]（齊） qí ❶形长短、大小等相差不多；整齐▷麦苗长得很～｜参差(cēncī)不～。→❷动达到一样的高度▷～腰深的水｜草长得～了墙。→❸形同样；一致▷心不～，事难成。⇒❹动使一致▷～心协力｜～头并进。⇒❺副一起；同时▷百鸟～鸣｜双管～下｜～唱。→❻形齐全；完备▷人来～了｜年货备～了｜～备｜～全。→❼名合金▷锰镍铜～。→❽动跟某一个作标准的东西取齐▷砖要～着墙根儿放｜头发帘～着眉毛｜见贤思～。

齐[2]（齊） qí ❶名周朝诸侯国名，战国七雄之一，在今山东北部和河北东南部。○❷名朝代名。a)南齐，南朝之一，公元 479—502 年，萧道成所建。b)北齐，北朝之一，公元 550—577 年，高洋所建。○❸名唐末农民起义军领袖黄巢所建国号。○❹名姓。

另见 jì。

祁 qí ❶用于地名。如：祁县，在山西；祁阳，在湖南；祁门，在安徽。○❷名指祁门▷～红（祁门出的红茶）。○❸名指祁阳▷～剧。○❹名姓。

圻 qí 名〈文〉地的边界▷边～。

芪 qí [黄芪]huángqí 名多年生草本植物，主根直而长，圆柱形，奇数羽状复叶，开淡黄色花。根可以做药材。☛“芪”字下半是“氏”(shì)，不是“氐”(dǐ)。

岐 qí 名岐山，地名，在陕西。

其 qí ❶代那个；那样▷确有～人|有～父必有～子。→❷代他(她、它)的；他(她、它)们的▷人尽～才，物尽～用|出～不意，攻～不备。❸代他(她、它)；他(她、它)们▷促～早日实现|不能任～胡作非为。❹代表示虚指▷忘～所以。○❺词的后缀。附着在副词后面▷极～|尤～|大概～。
另见 jī。

奇 qí ❶形特殊；稀罕▷～形怪状|～耻大辱|～观|～迹|～妙|～特|～异。→❷形出人意料的；不同寻常的▷～遇|～袭|～兵|～计。→❸动惊异▷不足为～|惊～。→❹副特别；非常▷～痒难忍|～丑|～冷。
另见 jī。

歧 qí ❶形岔(路)；由大路分出来的(小道)▷～路|～途。→❷形不一致；有差异▷～义|～视|～异。

祈 qí ❶动向上天或神佛求福▷～祷|～雨|～福。→❷动请求▷～求|～请|～望。

荠(薺) qí [荸荠]bíqí，见“荸”。
另见 jì。

俟 qí [万俟]mòqí，见“万”。
另见 sì。

疧 qí 名〈文〉疾病。

耆 qí ❶形〈文〉六十岁以上的(人)▷～老|～年。○❷名姓。

颀(頎) qí 形〈文〉(身体)修长▷～长|～伟|秀～。

脐(臍) qí ❶名胎儿肚子中间跟母体的胎盘相连接的管子叫脐带；胎儿出生后，脐带脱落结疤形成的凹陷叫脐或肚脐。人体的脐在腹部正中，也说肚脐眼儿。→❷名螃蟹腹部的甲壳，雄的尖形，雌的圆形▷尖～|团～。

埼 qí 名〈文〉弯曲的堤岸。

萁 qí 名〈文〉豆的秸秆▷豆～。☛“萁”和“箕”(jī)不同。“箕”，簸箕。
另见 jī。

畦 qí 名由田埂分成的排列整齐的小块田地▷种了两～萝卜|菜～|～灌|～田。

跂 qí 名多生出的脚趾。
另见 qǐ。

崎 qí ❶形〈文〉倾斜；高低不平。→❷[崎岖]qíqū 形山路不平▷～的小路|～不平。

淇 qí 名淇河，水名，在河南，流入卫河。

骐(騏) qí 名〈文〉有青黑色纹理的马。

骑(騎) qí ❶动两腿左右分开坐(在牲口或自行车等上面)▷～马|～自行车|～摩托|～虎难下。→❷名供人骑的马或其他牲畜▷坐～。→❸名骑兵▷轻～|铁～。→❹动兼跨两边▷～缝(两张纸交接的地方，多指单据跟存根连接处)。☛统读 qí，不读 jì。

琪 qí 名〈文〉美玉。

琦 qí 〈文〉❶名美玉。→❷形美好▷～辞|瑰意～行。

棋(*碁棊) qí ❶名棋类，文体项目的一类，下棋人按规则在棋盘上移动或摆放棋子，比出输赢▷下了一盘～|～逢对手|象～|围～|和～|～手|～艺。→❷名指棋子▷举～不定|星罗～布。

蛴(蠐) qí ❶[蛴螬]qícáo 名金龟子的幼虫，白色，圆柱状，长3厘米左右，常弯曲呈马蹄形，背上多横皱纹，有褐色毛。生活在泥土中，吃植物的根和块茎等，是地下害虫。也说地蚕。○❷[蝤蛴]qiúqí，见“蝤”。

祺 qí 名〈文〉吉祥，现多用作书信中祝颂的话▷时～|近～。

锜(錡) qí ❶名古代一种凿木工具。一说为锯。○❷名古代一种带三足的锅形烹煮器皿。

綦 qí ❶副〈文〉极；非常▷家境～贫|希望～切|～难。○❷名姓。

蜞 qí [蟛蜞]péngqí，见“蟛”。

旗(*旂❶) qí ❶名旗子，用纺织品或纸张等做的标志，一般挂在杆子上▷升～|国～|彩～|～手|～语。→❷名清朝满族、蒙古族军队或户口的编制之一，各旗所用的旗帜颜色不同，共分正黄、正白、正红、正蓝、镶黄、镶白、镶红、镶蓝八旗。⇒❸名八旗兵驻防地，现在沿用为地名▷正黄～|蓝～营。⇒❹名属于八旗的，特指属于满族的▷～人|～袍。⇒❺名内蒙古自治区的行政区划单位，相当于县。

蕲[1](蘄) qí 动〈文〉祈求▷～见。

蕲[2](蘄) qí ❶[蕲春]qíchūn 名地名，在湖北。○❷名姓。

鲯(鯕) qí [鲯鳅]qíqiū 名鱼，体侧扁，呈长形，黑褐色，额部隆起，眼小，口大牙尖，背鳍长，尾柄细，尾鳍分叉深，鳞细小。生活在海洋上层。

鳍(鰭) qí 名鱼类或其他水生脊椎动物的运动器官，由刺状的硬骨或软骨支撑薄膜构成。按生长的部位，可分为背鳍、臀鳍、尾鳍、胸鳍和腹鳍。它有调节运动速度、变换运动方向和护身的作用。

麒 qí [麒麟]qílín 名古代传说中一种象征祥瑞的动物，形状像鹿，头上有角，全身有鳞甲。

鬐 qí 名〈文〉马脖子上部的长毛。

qǐ

乞 qǐ 动请求对方给予；讨▷～援|～求|～食|～丐|～讨。

芑 qǐ ❶名古书上说的一种良种谷子，茎白色。○❷名古书上说的一种野菜，茎青白色。

岂(豈) qǐ ❶副表示反问,相当于"哪""怎么"▷～能如此蛮横|～有此理|～敢|～止。○❷名姓。

屺 qǐ 名〈文〉没有草木的山。

企 qǐ ❶动踮起脚跟▷～望|～盼。→❷动希望;希求▷～及|～求|～图。

杞 qǐ ❶名周朝诸侯国名,在今河南杞县。○❷名姓。☛"杞"字右边是"己",不是"已"或"巳"。

启(啓*啟唘) qǐ ❶动开;打开▷～封|～齿|开～|某某～(写在信封上,表示由某人拆信)。→❷动开导;教导▷～蒙|～示|～发|～迪。→❸动开始▷～动|～用|～运。○❹动陈述;报告▷敬～者(旧时用于书信的开端)|谨～(旧时用于书信末尾署名之后)|～事。→❺名旧时指较简短的书信▷小～|谢～。

起[1] qǐ ❶动由躺而坐;由坐而站▷睡到上午10点才～|～身让座|把跌倒的老人扶～来。→❷动升起;上升▷大～大落|～伏不平。❸动(疙瘩等)凸起▷头上～了一个包|～鸡皮疙瘩|～痱子。→❹动发生;开始▷你的病是怎么～的?|～疑|～兵|～飞|～运|～跑。⇒❺动建立▷白手～家。⇒❻动兴建▷～了三栋楼。⇒❼动拟定▷～草稿|～外号|～名。⇒❽动跟"从""由"等配合,表示开始▷从今天～,执行新规定|打这儿～,直到天津,都是高速公路。❾动跟"从""由"等配合,放在动词后,表示开始▷从头做～|由今天算～。⇒❿量 a)用于发生的事,相当于"次""件"▷出了一～事故|这样的案件每年总有几～。b)用于人或货,相当于"群""批"▷看热闹的人一～接着一～|货分三～运出。→⓫动把嵌入、收藏的或积存在里面的东西弄出来▷～钉子|～货|～赃|～猪圈。○⓬动领取(证件)▷～个执照。

起[2] qǐ 又 qi ❶动用在动词后,表示动作由下向上▷抬～头|扬～鞭子。→❷动用在动词后,表示动作开始▷响～了一片掌声|乐队奏～了舞曲|事情得从这里说～。❸动用在动词和"得"("不")后面,表示有(没有)某种能力、能(不能)经受住或够(不够)某种标准▷买得～马,配不～鞍|经得～考验|称得～模范单位。→❹动用在某些动词后,表示动作涉及到某人或某事,相当于"及"或"到"▷他来信问～你|他从没提～过这件事。

跂 qǐ 动〈文〉踮起脚跟▷～望|～踵。
另见 qí。

绮(綺) qǐ 〈文〉❶名有花纹的丝织品▷～纨。→❷形艳丽;美妙▷～丽|～思。☛统读 qǐ,不读 qí。

棨 qǐ 名古代官吏出行时用作前导的一种仪仗,用木制成,形状像戟▷～戟遥临。

䏿 qǐ 名〈文〉小腿肌。

綮 qǐ 古同"棨"。
另见 qìng。

稽 qǐ [稽首]qǐshǒu ❶名古代一种跪拜礼,先跪下,叩头到地,并在地上停留一段时间。主要用于臣对君。→❷名道士行的一种把一只手举到胸前的礼▷两个道士上前打了个～。☛"稽首"不读 jīshǒu。
另见 jī。

qì

气(氣) qì ❶名气体的统称▷氧～|煤～|毒～|废～|水蒸～。→❷名特指空气▷～压|大～层|～流|给自行车打～。→❸名指阴晴冷暖等自然现象▷天～|～象|～候|秋高～爽。→❹名气息,呼吸时出入的气▷憋得出不来～|跑得上～不接下～|～急败坏|有～无力|喘～|咽～。❺动生气;发怒▷～得说不出话来|～哭了|～愤|～恼。❻动使生气、发怒▷故意～我|真～人|别拿话～他了。❼名恼怒的情绪▷怒～冲冲|～很大|动～|怄～|惹～|消消～。→❽名气味▷香～|臭～|腥～|臊(sāo)～。→❾名中国哲学概念。主观唯心主义者用来指人的主观精神,朴素唯物主义者用来指形成宇宙万物的最基本的物质实体。❿名精神状态;气势▷一鼓作～|～冲霄汉|～壮山河|朝～|勇～|志～|～概|～节。⓫名指人的风貌、习气▷官～|书生～|孩子～|土～|洋～|傲～|娇～。→⓬名中医术语。a)指人体内流动着的、能使各种器官正常发挥机能的精微物质▷元～|血～。b)指某种病象▷湿～|肝～|痰～。

讫(訖) qì ❶动〈文〉停止;截止▷起～|～事。→❷动完毕;终了▷收～|付～|兑～|验～。

迄 qì 〈文〉❶动到;至▷自古～今。→❷副表示从某一时间开始直到现在,相当于"一直"▷～未成功|～无音信。

汔 qì 副〈文〉差不多;几乎。

弃(*棄) qì 动舍(shě)去;扔掉▷～暗投明|～权|～取|舍～|抛～|遗～。

汽 qì 名液体或固体变成的气体;特指水蒸气▷～笛|～灯|～化。☛"汽"字右边是"气",不是"乞"。

泣 qì ❶动无声或低声地哭▷～不成声|如～如诉|抽～。→❷名〈文〉眼泪▷～下如雨|饮～。

亟 qì 副〈文〉表示动作行为的多次重复,相当于"屡次"▷～来请求|～经洽商。
另见 jí。

契 qì ❶动〈文〉用刀子刻▷～舟求剑。→❷名〈文〉刻在甲骨等上面的文字▷殷～|书～。❸名证明买卖、租赁、借贷、抵押等关系的凭据▷立～|地～|卖身～|～约|～据。→❹动符合;投合▷～合|相～|投～|默～|～友。
另见 xiè。

砌 qì ❶名〈文〉台阶▷雕栏玉～|阶～。→❷动用泥、灰等把砖、石等粘合垒起▷～一座花池|～炉灶|铺(pū)～|堆～。
另见 qiè。

葺 qì ❶动〈文〉用草覆盖屋顶。→❷动修理(房屋)▷修～。

碛(磧) qì ❶名〈文〉沙砾堆积的浅滩。→❷名沙漠▷沙～。

碶 qì 名石头砌的拦水闸,多用于地名▷大～头(在浙江)。

槭 qì 名槭属植物的统称。落叶小乔木或灌木,枝干光滑,叶子对生,无托叶,开黄绿色花,结翅果。木材坚硬,可做器具。

磜 qì 用于地名。如:小磜,在江西;磜头,在福建。

器 qì ❶名用具的统称▷容～|武～|陶～|木～|～皿|～物。→❷名指人的气量、风度或才干▷大

～晚成｜～量｜～宇。❸动看重(某人的才能)▷～重。→❹名特指器官,生物体中具有某种独立生理作用的构成部分▷呼吸～｜消化～｜生殖～｜脏～。

憩(*憇) qì 动〈文〉休息▷小～｜休～｜游～。

qiā

掐 qiā ❶动用指甲的顶端按▷～一～头皮可以止头痛｜～人中。→❷动用指甲切断;截断▷～一朵花｜把香菜的根儿～了｜把电话～了。→❸动用手指使劲捏▷把烟～灭。→❹动用手的虎口使劲卡住▷～住敌人的脖子｜双手～腰。→❺量〈方〉表示拇指和另一手指尖相对时握着的数量▷一～儿蒜苗｜一大～子小葱。

葜 qiā [菝葜]báqiā,见"菝"。

qiá

拤 qiá 动〈口〉两手掐住▷用手使劲～着受伤的部位。

qiǎ

卡 qiǎ ❶动夹住,上不来下不去,不能活动▷鸡骨头～在嗓子里｜枪膛被弹壳～住了｜把工件～在车床上。→❷名夹东西的器具▷发～｜皮带～。→❸名设在交通要道或地形险隘处的岗哨或检查站▷哨～｜关～｜税～。❹动控制或阻拦▷厂长对各项开支～得很紧｜检查站～住了走私贩的车辆。→❺动拇指和食指分开,用力紧紧按住▷～脖子。〇❻名姓。

另见 kǎ。

qià

洽[1] qià 形〈文〉广博▷博识～闻｜博～。

洽[2] qià ❶形和谐;协调一致▷感情不～｜融～｜和～。→❷动接洽,跟人商量以求得协调▷～商｜～谈｜面～。

恰 qià ❶形适当;合适▷～当｜～切。→❷副正;正好▷～如其分｜～逢其时。☛"恰"和"洽"不同。"接洽""融洽"的"洽",不能写作"恰"。

髂 qià 名髂骨,腰部下面腹部两侧的骨头,左右各一。上缘略成弓形,下缘与坐骨、耻骨相连,合成髋骨。

qiān

千[1] qiān ❶数数字,十个一百。→❷数表示很多▷～锤百炼｜成～上万｜～言万语｜～头万绪。〇❸名姓。☛"千"的大写是"仟"。

千[2](韆) qiān [秋千]qiūqiān,见"秋[2]"。

仟 qiān 数数字"千"的大写。

阡 qiān 名〈文〉田间南北方向的小路▷～陌。

扦 qiān ❶动插▷瓶里～上两朵花儿｜把针线～在衣襟上｜～门｜～插。→❷名扦子,用金属或竹木等制成的针状物或主要部分是针状的器物▷竹～子｜蜡～儿。❸名特指插入麻袋等从中取出粉末状或颗粒状样品的尖头弯管▷～子｜～手。

芊 qiān ❶[芊绵]qiānmián 形〈文〉草木茂盛。〇❷[芊芊]qiānqiān 形〈文〉草木茂盛▷郁郁～～。

迁(遷) qiān ❶动(所在地)转移▷～到别处｜～居｜～移｜搬～。→❷动变动;转变▷事过境～｜见异思～｜变～。

岍 qiān 名岍山,山名,在陕西。

佥(僉) qiān 副〈文〉都▷贤愚～忘其身。

汧 qiān ❶名〈文〉流水停积的地方。〇❷名汧河,水名,源出甘肃,流经陕西,入渭河。今作千河。〇❸[汧阳]qiānyáng 名地名,在陕西。今作千阳。

钎(釬) qiān 名钎子,在岩石上打凿孔眼的工具,一般是一头尖的长钢棍▷钢～｜打～｜炮～。

牵(牽) qiān ❶动拉;领着向前▷阿姨～着小朋友的手｜～着一匹马｜～动｜～引。→❷动连带;关涉▷～扯｜～连｜～涉。❸动挂念;惦记▷～肠挂肚｜～挂｜～念。→❹动被拖住;制约▷～制｜～累｜～掣。

铅(鉛*鈆) qiān ❶名金属元素,符号 Pb。青灰色,质软而重,延性弱,展性强,易熔,易氧化。是优良的还原剂,也用于制造蓄电池、电线包皮、保险丝、铅字、防腐蚀材料和屏蔽 γ 射线、X 射线的装备等。但铅及其化合物有一定毒性,会污染环境。〇❷名用石墨或加入带颜料的黏土制成的笔心▷～笔｜这种笔～太软。

悭(慳) qiān 〈文〉❶形小气;吝啬▷～吝。→❷动减省;缺少▷缘～一面(缺少见一面的机缘)。☛不读 jiān。

谦(謙) qiān 形虚心;不自满▷～虚｜～让｜～辞｜自～。

签[1](簽籤) qiān ❶动在文件或单据上写上姓名、文字或画上记号▷～名｜～字｜～到｜～押。→❷动简要地写出(要点或意见)▷～注意见｜～呈。

签[2](簽籤) qiān ❶名细长的小竹片或小竹棍,上面刻有或写有文字、符号,用来占卜、赌博等▷求～｜抽～。→❷名顶端尖锐的细竹木棍▷竹～｜牙～儿｜毛衣～子。→❸名古代官府用作拘捕、惩罚犯人的凭证的竹木片,上有文字标记▷朱～｜火～。→❹名作为标志用的小条儿▷标～｜行李～｜邮～｜书～。〇❺动〈口〉粗疏地缝合▷衣裳破了个口子,得～两针。☛"签"字统读 qiān,不读 qiàn。

愆(*諐) qiān 〈文〉❶动超过;耽误(时间)▷～期。→❷名罪过;错误▷～尤｜罪～｜前～。

鸽(鵮) qiān 动(鸟类用尖嘴)啄▷麻雀在～谷穗｜孩子的腿让大公鸡～破了。

骞(騫) qiān ❶动〈文〉高举。〇❷名姓。

搴 qiān ❶动〈文〉拔取▷斩将～旗。〇❷同"褰"。

磏 qiān [大磏]dàqiān 名地名,在贵州。

褰 qiān 动〈文〉撩起;揭起(衣服、帐子等)▷～裳｜～衣。

qián

荨(蕁) qián [荨麻]qiánmá 图多年生草本植物,叶呈卵形,有齿牙或分裂,叶和茎都生有细毛,皮肤接触时会引起刺痛。茎皮可以做纺织原料或制麻绳;叶子可以做药材。荨麻,也指这种植物的茎皮纤维。

另见 xún。

钤(鈐) qián 〈文〉❶图旧时较低级官吏所用的印;图章▷接~任事|~记。→❷团盖(印章)▷于纸缝处~印|~盖。☛"钤"字右边是"今",不是"令"。

前 qián ❶团朝对面的方向走▷勇往直~|停滞不~。→❷图人面对的方向或房屋、物体正面所对的方向(跟"后"相对,③⑦同)▷往~走|房~屋后。⇒❸图过去的或较早的时间▷~所未有|~无古人|~功尽弃|~几年|公元~|生~。❹形从前的(区别于现在的、现已改名的或现已不存在的)▷~妻|~教育部|~苏联。❺形某种事物产生之前的▷~石器时代|~科学。⇒❻图未来;将来▷不要总留恋过去,要向~看|~程|~景。⇒❼图次序在先的▷只录取~十名|~半年上课,后半年实习。

虔 qián ❶形恭敬而有诚意▷~敬|~诚。○❷[虔南]qiánnán 图地名,在江西。今作全南。

钱(錢) qián ❶图铜钱,用铜铸造的圆形货币▷一文~|~串儿。→❷图形状扁圆像铜钱的东西▷榆~儿|纸~。→❸图泛指货币▷10元~|零~|找~。❹图钱财;财物▷有~有势。❺图费用;款子▷一笔~|先吃饭后交~|买书的~|房~。→❻量市制重量单位,10分为1钱,10钱为1两。1市钱等于5克。○❼图姓。

钳(鉗) qián ❶图钳子,用来夹断东西或夹住小型工件以便加工的金属工具▷老虎~|克丝~|台~。→❷团夹住;限制▷~口结舌|~制。

掮 qián ❶团〈方〉用肩扛▷~着行李。→❷[掮客]qiánkè 图替人介绍生意,从中赚取佣金的人。

乾 qián ❶图八卦之一,卦形为"☰",代表天▷~坤。→❷图代表男性(跟"坤"相对)▷~造(旧时称婚姻中的男方)|~宅(旧时称婚姻中的男家)。☛"乾"读 gān 时是"干"的繁体字,读 qián 时是规范字。

另见 gān"干"。

犍 qián [犍为]qiánwéi 图地名,在四川。

另见 jiān。

墘 qián 图旁边,多用于地名▷田~|海~|车路~(在台湾)。

箝 qián 〈文〉❶团夹住;控制。❷团(嘴)紧闭。

潜(*濳) qián ❶团深入水中▷~入深海|~泳|~水|~艇。→❷团隐藏;不显露在外▷~伏|~藏|~在。❸副秘密地▷~逃|~入国境。○❹图姓。☛统读 qián,不读 qiǎn。

黔[1] qián 形〈文〉黑色▷~首(古代称老百姓)。

黔[2] qián 图贵州的别称▷~驴技穷|~剧。

qiǎn

肷 qiǎn ❶图身体两侧肋骨以下、胯骨以上的部分(多指兽类的)▷~窝。→❷图狐狸胸腹部和腋下的皮毛▷狐~|青~。

浅(淺) qiǎn ❶形由上面到底部或由外边到里头的距离小(跟"深"相对,②—⑥同)▷屋子进深太~|坑挖得太~|水~|~水区。→❷形学问、见识、智谋不深▷才疏学~|肤~|~薄|~陋。→❸形字句、内容等简明易懂▷这本书比较~|讲课深入~出|~显|~易。→❹形颜色淡▷~色|~红|~蓝。→❺形距离开始的时间短▷资历~|共事的日子~。→❻形感情不深厚▷交情~|缘分~。→❼形分量轻;程度低▷害得我不~|说话没深没~|嘴角挂着一丝~笑|~尝辄止。

另见 jiān。

遣 qiǎn ❶团派出去;使离去▷调兵~将|派~|差~|~送|~返。→❷团排除;发泄▷排~|消~|~愁。

谴(譴) qiǎn ❶团斥责▷~责。→❷团旧指官吏被贬谪▷~谪|获~。

缱(繾) qiǎn [缱绻]qiǎnquǎn 形〈文〉感情深厚,情意缠绵▷两情~|~柔情。

qiàn

欠 qiàn ❶团困倦时不自主地张嘴深吸气,然后呼出▷打哈~(dǎhāqian)|~伸(打哈欠,伸懒腰)。→❷团不足;缺乏▷说话~考虑|~妥|~佳|~缺。❸团借了别人的没有归还,或该给别人的没有给▷~了许多债|~编辑部一篇稿子|~账|拖~|亏~。○❹团上身或脚稍微向上抬起▷~了~身子|一~脚就够着了。

纤(縴) qiàn 图拉船前行的绳子▷拉~|~夫。

另见 xiān。

芡 qiàn ❶图水生草本植物,全株有刺,叶大而圆,叶面多皱褶,浮在水面上,开紫色花,花托形状像鸡头,因此也说鸡头。种子叫芡实或鸡头米,可以食用,也可以做药材。→❷图用芡实粉或其他淀粉调成的稠汁,做菜做汤时加进去可使汁液变稠▷勾~。

茜 qiàn ❶图茜草,多年生草本植物,根黄赤色,茎方形,有倒生刺,叶子呈心脏形或长卵形,开黄色小花。根可以做红色染料,也可以做药材。→❷形〈文〉深红色▷~纱帐。

另见 xī。

倩[1] qiàn 形美好;俏丽▷~影|~装|~女。

倩[2] qiàn 团〈文〉请(人做事)▷~人代笔|~医诊治。

堑(塹) qiàn 图防御用的壕沟▷深~|沟~|~壕|天~(天然形成的隔断交通的大沟,多指长江)◇吃一~,长一智。

绮(綪) qiàn 图〈文〉青赤色的丝织物。

椠(槧) qiàn 〈文〉❶图记事用的木板▷断木为~|怀铅握~。→❷图书的版本或刻成的书籍▷旧~|宋~。→❸图简札;书信▷密~|寄~。

嵌 qiàn 团把东西镶进较大东西的凹陷处▷戒指上~着一颗绿宝石|针~在了桌子缝里|~石|镶~。

慊 qiàn 团〈文〉怨恨;不满。

另见 qiè。

歉 qiàn ❶形谷物收成不好▷~收|~年|以丰补~。→❷团觉得对不住别人▷~疚|~然|~意。❸

名指歉意▷道~|抱~。

qiāng

抢(搶) qiāng ❶动〈文〉碰;撞▷以头~地|呼天~地。→❷动逆;向着相反的方向(行动)▷~风|~水|~辙。现在通常写作"戗"。
另见 qiǎng。

呛(嗆) qiāng 动气管里进了食物或水而引起咳嗽并突然喷出▷慢点儿吃,别~着|游泳时~了点儿水。
另见 qiàng。

羌(*羗羫) qiāng ❶名我国古代民族,主要分布在今甘肃、青海、四川一带,东晋时建立后秦政权(公元384—417年),后来逐渐与西北地区的汉族及其他民族融合,仅岷江上游的一部分发展成为今天的少数民族羌族。→❷[羌族]qiāngzú 名我国少数民族之一,分布在四川。○❸名姓。☛"羌"字第六画是长撇,中间不断开。

玱(瑲) qiāng 拟声〈文〉形容玉器相碰撞的声音。

枪(槍*鎗❶—❸) qiāng ❶名旧时兵器,有长柄,顶端有金属尖头▷扎~|蛇矛~|红缨~。→❷名能发射子弹的武器▷手~|步~|机关~|猎~。⇒❸名性能或形状像枪的器械▷水~|电子~|焊~|烟~。⇒❹动指枪替,旧时替别人作文或答题以应付考试▷这个考生请了~手,冒名顶替。

戗(戧) qiāng ❶动逆;彼此方向相对▷来时~风,自行车几乎蹬不动。→❷动〈口〉言语冲突▷两人说了没几句就~了|姐妹两个~~了两句。
另见 qiàng。

戕 qiāng 动〈文〉杀害;摧残▷~害|~贼|自~。☛统读 qiāng,不读 qiáng。

斨 qiāng 名古代一种斧子,装柄的孔是方的。

将(將) qiāng 动〈文〉请;希望▷~子无怒|《~进酒》。☛这个意义不读 jiāng。
另见 jiāng;jiàng。

酡(醶) qiāng 名用青稞酿成的酒,藏族的一种日常饮料。

腔[1] qiāng 名动物体内的中空部分▷腹~|胸~|口~|满~热血。

腔[2] qiāng ❶名曲调;唱腔▷昆~|高~|字正~圆。→❷名说话的声音、语气等▷京~|装~作势|学生~|打官~。❸名话▷答~|开~。

蜣 qiāng [蜣螂]qiāngláng 名昆虫,体长圆形,黑色稍带光泽,头部中央有两个小突起,胸和脚有长毛。以牛粪、人粪为食,常把粪滚成丸形。俗称屎壳郎。

锖(錆) qiāng [锖色]qiāngsè 名某些矿物表面因氧化作用而形成的薄膜所呈现的斑斓色彩,常常跟矿物固有的颜色不同。

锵(鏘) qiāng 拟声形容金属或玉石撞击的声音▷钐山~~。

跄(蹌) qiāng [跄跄]qiāngqiāng 形〈文〉形容行走有节奏。
另见 qiàng。

镪(鏹) qiāng [镪水]qiāngshuǐ 名酸性反应和腐蚀性强烈的酸的统称。
另见 qiǎng。

qiáng

强(*彊強) qiáng ❶形健壮;力量大(跟"弱"相对)▷~劳力|身~力壮|~国|~健|~大|富~。→❷动使健壮;使强大▷~身|~心剂|自~不息|富国~兵。→❸形坚定;刚毅▷坚~|刚~|~硬。→❹形横暴▷~横|~暴|~盗|~权。→❺副用强力(做)▷~渡|~攻|~占|~奸|~制|~行。→❻形标准高;程度高▷具有很~的求知欲|原则性~|责任心~。❼形好;优越▷他的外语比你~|生活一年比一年~。→❽形用在分数或小数后面,表示比这个数略多一些(跟"弱"相对)▷2/3~|20%~|0.15~。○❾名姓。
另见 jiàng;qiǎng。

墙(墻*牆) qiáng ❶名用土、石、砖等筑成的承架房顶的房体或隔断内外的构筑物▷一堵~|城~|砖~|板~|围~|隔断~|院~|~报。○❷名姓。

蔷(薔) qiáng [蔷薇]qiángwēi 名蔷薇科蔷薇属植物的统称。落叶或常绿灌木,枝上带有小刺,小叶呈长圆形。花朵色彩艳丽,有香味,可以供观赏;果、花、根和叶都可以做药材。蔷薇,也指这种植物的花。

嫱(嬙) qiáng 名古代宫中女官名▷嫔~。

樯(檣*艢) qiáng 名〈文〉船上挂风帆的桅杆▷万里连~|帆~如林。

qiǎng

抢[1](搶) qiǎng ❶动争夺;用强力把不属于自己的东西夺过来▷把戏票~走了|~银行|~夺|~劫。→❷动争先▷大家~着报名参军|~占高地|~购|~嘴。❸动为避免出现某种险恶情况而抓紧时间(做某事)▷抗洪~险|~救|~修|~收。

抢[2](搶) qiǎng ❶动刮去(物体表层)▷磨剪子~菜刀|把旧墙皮~掉。→❷动擦伤▷胳膊肘~掉了一块皮。
另见 qiāng。

羟(羥) qiǎng [羟基]qiǎngjī 名由氢和氧组成的一价原子团,符号(-OH)。也说氢氧基。

强(*彊強) qiǎng ❶动迫使▷~人所难|~迫。→❷形勉强▷牵~附会|~辩|~求。☛这两个意义不读 qiáng。
另见 jiàng;qiáng。

镪(鏹) qiǎng 名〈文〉成串的钱;泛指钱币▷藏~巨万|白~(银子)。
另见 qiāng。

襁(*繦) qiǎng 名背负婴儿的带子或布兜▷~褓。

qiàng

呛(嗆) qiàng 动因刺激性的气体进入鼻、喉等器官而感到难以忍受▷煤烟~得人喘不过气来|油烟直~嗓子。
另见 qiāng。

戗(戧) qiàng ❶动支撑;顶住▷墙要倒了,赶快拿杠子~住。→❷动承受▷不多吃点,身子骨可~不住|他病得够~。
另见 qiāng。

炝（熗）qiàng ❶动烹调方法，将菜肴放入沸水中略煮或在热油中略炸，取出后再用作料来拌▷～茭白｜～虾仁。→❷动烹调方法，先将葱、姜、肉等放在热油中略炒，再加作料和水煮▷～锅鸡丝面｜先放点葱花、姜末～～锅。

跄（蹌）qiàng［跄踉］qiàngliàng 形〈文〉踉跄。参见"踉"。☛统读 qiàng，不读 qiāng。

蹡（蹡）qiàng ❶［踉蹡］liàngqiàng 同"踉跄"。参见"踉"。→❷［蹡踉］qiàngliàng 同"跄踉"。参见"跄"。

另见 qiāng。

qiāo

悄 qiāo［悄悄］qiāoqiāo ❶形声音很小或没有声音▷在他耳边～说了几句话｜静～｜～话。→❷副(行动)不惊动人或不愿别人知道▷～地溜走了｜他～地自修了大学课程。

另见 qiǎo。

硗（磽）qiāo 形〈文〉土壤坚硬贫瘠▷～瘠｜～薄。

雀 qiāo［雀子］qiāozi 名〈口〉雀斑(quèbān)。皮肤病，症状是面部出现褐色或黑褐色的细小斑点，没有异常的感觉。

另见 qiǎo；què。

跷（蹺 *蹻）qiāo ❶动抬起(腿)；竖起(指头)▷～着腿｜把腿一～｜～起大拇指。→❷动只用脚尖着地▷～着脚走路｜～起脚才能看得见。❸名指高跷，传统戏曲、民间艺术中供表演者绑在脚上使用的有踏脚装置的木棍▷踩着～扭来扭去｜～工。☛"跷"和"翘"不同。"翘"有两个读音，读 qiáo 时，主要意思是抬起，如"翘首""翘望"；读 qiào 时，主要意思是一端向上扬起，如"翘尾巴"。

锹（鍬 *鍫）qiāo 名挖土或铲东西的工具，用铁片或钢片制成，安有长柄▷一把～｜铁～。

劁 qiāo 动去掉牲畜的睾丸或卵巢▷～猪。

敲 qiāo ❶动击打；击打物体使振动或发出声音▷～骨吸髓｜～鼓｜～门。→❷动〈口〉指敲竹杠，倚仗势力或用欺骗手段抬高价格或索取财物▷让人～了一笔钱｜～诈。

橇 qiāo ❶名古代在泥路上滑行时所乘的工具，形状像小船▷泥行乘～。→❷名在冰雪上滑行的工具▷雪～。☛统读 qiāo，不读 cuì 或 qiào。

幧 qiāo［幧头］qiāotóu 名古代男子束发的头巾。也说帩头。

缲（繰）qiāo 动缝纫方法，把布边向里卷，藏着针脚缝▷～衣边｜～根带子。

另见 sāo。

qiáo

乔[1]（喬）qiáo ❶形高▷～木｜～迁。〇❷名姓。

乔[2]（喬）qiáo 动作假▷～装打扮。

侨（僑）qiáo ❶动寄居国外▷～居｜～胞｜～民。→❷名寄居国外的人▷华～｜外～｜～汇。

荞（蕎 *荍）qiáo［荞麦］qiáomài 名一年生草本植物，茎绿中带红，直立分枝，叶戟形，互生，开白色或淡红色小花。子实磨粉后可以制作食品。荞麦，也指这种植物的子实。

峤（嶠）qiáo 形〈文〉山又高又尖。

另见 jiào。

桥（橋）qiáo ❶名横跨河、沟、道路，连接两边以便通行的构筑物▷一座～｜木～｜石拱～｜立交～｜天～｜吊～｜～梁。〇❷名姓。

硚（礄）qiáo 用于地名。如：硚头，在四川；硚口，在湖北。

翘（翹）qiáo ❶动〈文〉抬起(头)▷～首｜～望。→❷形〈文〉高出于一般▷～材｜～楚。→❸［翘棱］qiáoleng 形〈方〉(木、纸等)平直的东西由湿变干后不再平直。

另见 qiào。

谯（譙）qiáo ❶名〈文〉谯楼，城门上的瞭望楼。〇❷名姓。

另见 qiào。

鞒（鞽）qiáo 名马鞍上前后拱起的部分▷鞍～｜前～｜后～。

憔（*顦癄）qiáo［憔悴］qiáocuì 形瘦弱，面色不好；花木枯萎▷面色～｜入秋以后花木开始～了。

樵 qiáo ❶名〈文〉柴▷贩～。→❷动砍伐；打柴▷～夫。❸名打柴的人▷深山问～｜渔～问答。

瞧 qiáo〈口〉❶动看▷你快来～～｜字太小，我～不见｜外行～热闹，内行～门道。→❷动诊治▷赵大夫～肝炎很有办法｜牙疼，得～～去｜～病。→❸动看望；访问▷去医院～病人｜～朋友。

qiǎo

巧 qiǎo ❶名技术；技艺▷技～。→❷形手艺高超▷手艺真～｜能工～匠｜心灵手～。❸形精妙；神妙▷～安排｜～夺天工｜～计｜精～｜～妙。❹形指虚华不实▷～言令色｜花言～语。〇❺形正好(碰上某种机会)▷他俩生日相同，真是太～了｜～遇｜～合。

悄 qiǎo 形寂静无声或声音很低▷～然无声｜低声～语。

另见 qiāo。

雀 qiǎo 义同"雀"(què)，用于口语"家雀儿""雀盲眼"(qiǎomangyǎn)。

另见 qiāo；què。

愀 qiǎo 形〈文〉形容脸色变得严肃或不愉快▷～然变色｜～然不悦。

qiào

壳（殼）qiào 名某些动物和植物果实外面的硬皮；泛指物体外面的硬皮▷金蝉脱～｜甲～｜果～｜地～｜外～。

另见 ké。

俏 qiào ❶形相貌美好；漂亮▷长得挺～｜～丽｜俊～。→❷形货物招人喜爱，销路好▷这批水果卖得很～｜～货。→❸动〈方〉烹调时为增加滋味或色泽而加进少量的青蒜、辣椒、香菜、木耳等▷～点辣椒。

诮（誚）qiào〈文〉❶动责备；谴责▷～让｜～责。→❷动讥讽；嘲讽▷讥～｜～骂。

帩 qiào［帩头］qiàotóu 名古代男子束发的头巾。也说幧头。

峭（*陗）qiào ❶形山势陡直险峻▷～壁｜陡～｜峻～。→❷形〈文〉严峻；严厉▷～直｜冷

~。

窍(竅) qiào ❶名〈文〉洞;穴▷凿石为~。→❷名指人体器官的孔▷七~流血|鬼迷心~(古人认为心脏有窍,可以思维)。❸名喻指事情的关键或要害▷开~|~门|诀~。

翘(翹) qiào 动〈口〉物体的一端向上扬起▷小辫儿往上~|~尾巴。

另见 qiáo。

谯(譙) qiào 同"诮"。

另见 qiáo。

撬 qiào 动用棍棒等工具的一端插入缝隙中,用力挑起或拨开▷~石头|把门~开|~锁。

鞘 qiào ❶名装刀剑的硬套▷刀出~|剑~。→❷名形状像鞘的东西▷~翅|腱~|叶~。

另见 shāo。

躈 qiào 名〈文〉牲畜的肛门▷蹄~(古代计算牲畜头数的单位,"蹄躈五"为一头牲畜)。

qiē

切 qiē ❶动用刀从上往下割;分割▷把土豆~成丝|~西瓜|~肉|~削|~除。→❷动使断开;隔断▷大水~断了南北运输线|~断敌人的退路。○❸动几何学术语,直线、圆或面等与圆、弧或球只有一个交点时叫作切▷两圆相~|~线|~点。☛"切"字左边是"七",不是"土"。

另见 qiè。

qié

伽 qié 音译用字,用于"伽蓝"(古代称佛寺)、"伽南香"(常绿乔木,即沉香)等。☛这个意义不读 gā 或 jiā。

另见 gā;jiā。

茄 qié 名茄子,一年生草本植物,叶椭圆形,绿色或紫绿色,开紫色花。果实呈球形、长圆形或棒形,有白、绿、紫等色,可以食用。茄子,也指这种植物的果实。

另见 jiā。

qiě

且[1] qiě ❶副表示先做某事,别的事暂时不管,相当于"暂且"▷价钱多少~不谈,首先要保证质量|得过~过。○❷副〈口〉表示经久地、长时间地▷一件衣服~穿呢|他刚出去,~回不来呢!

且[2] qiě ❶连连接形容词或动词,表示并列关系,相当于"而且""又……又……"▷水流既深~急。→❷连连接分句,表示递进关系,相当于"况且"▷此举实属必要,~已初见成效。→❸连"且……且……"叠用,连接动词,表示两个动作同时进行,相当于"一边……一边……"▷~战~退|~说~走。○❹连用在复句的前一分句,表示让步,相当于"尚且"▷死~不怕,何况困难?

另见 jū。

qiè

切 qiè ❶动两个物体互相摩擦▷咬牙~齿。→❷动靠近;接近▷~身利益|~肤之痛|~近|亲~。⇒❸形急;紧迫▷求胜心~|迫~|急~|殷~。⇒❹动相合;符合▷不~实际|~实可行|~题|~合。❺副表示实实在在;务必▷~不可掉以轻心|抵达后~记写信|写文章~忌说套话。⇒❻动中医指摸脉▷望闻问~|~脉。→❼动指反切,我国传统的注音方法,即用两个字的音拼合出另一个字的音,上字取声母,下字取韵母和声调▷栋,多贡~。

另见 qiē。

郄 qiè 名姓。

另见 xì。

妾 qiè ❶名旧时男子在正妻以外另娶的女子▷一妻一~|纳~。→❷名古时女子的谦称▷~身|小~。

怯 qiè ❶动没有勇气;畏缩▷胆~|~场|~懦。○❷形〈口〉土气;俗气▷这种颜色有点~。→❸形北京人贬称北京以外的北方方音▷他说话~,有口音。☛统读 qiè,不读 què。

砌 qiè [砌末]qièmo 名旧指戏曲演出中所用的简单布景及道具。也作切末。

另见 qì。

窃(竊) qiè ❶动偷▷盗~|偷~|行~|失~|~案。→❷名偷东西的人;贼▷惯~。→❸动不正当地占据;非分地享有▷~国大盗|~据要津|~取胜利果实|~夺。❹动抄袭(别人的作品)▷剽~。→❺副〈文〉用于表示自己的动作的动词前,表示自谦,往往含有私下认为、私自的意思▷~以为不可|~闻。→❻副偷偷地;暗中▷~笑|~听。

挈 qiè 〈文〉❶动提起▷提纲~领。→❷动携带;率领▷扶老~幼|~眷|提~。

惬(愜*㥦) qiè ❶形心里满足;畅快▷~心|~意。→❷形〈文〉恰当▷词~意当|~当。

趄 qiè ❶动倾斜▷~着身子。○❷[趔趄]lièqie,见"趔"。

另见 jū。

慊 qiè 动〈文〉满意;满足▷~意。

另见 qiàn。

锲(鍥) qiè 动〈文〉用刀子刻▷~而不舍|~刻。☛不读 qì。

箧(篋) qiè 名〈文〉小箱子▷藤~|倾箱倒~。

qīn

钦(欽) qīn ❶动敬佩;恭敬▷~佩|~敬|~仰。○❷副〈文〉表示皇帝亲自(做某事)▷~差|~定|~赐。

侵 qīn ❶动〈文〉逐渐地前进或进入▷~淫(渐渐进展或扩大)。→❷动(外来的敌人或有害事物)进入内部并造成危害▷全歼人~之敌|病毒~入肌体|~犯|~害|~蚀|~占。→❸动〈文〉临近;接近▷~晨|~晓。☛统读 qīn,不读 qǐn。

亲(親) qīn ❶形关系近;感情深(跟"疏"相对)▷两姐妹可~了|不分~疏远近,一视同仁|~爱|~密|~近|~昵。→❷名指父母,也单指父或母▷双~|父~|母~。⇒❸名泛指有血统关系或婚姻关系的人▷沾~带故|大义灭~|~属|~戚|表~|姻~。❹名指婚姻▷结~|成~|定~|提~|~事。❺名特指新娘▷娶~|迎~|送~。⇒❻形血缘关系最近的▷~儿子|~爹|~哥俩|~妹妹|~叔叔。→❼动〈文〉亲近;接近▷男女授受不~|不~酒色。❽动用唇、脸或额接触,表示亲爱▷搂着孩子~了又~|~嘴|~吻。→❾副表示动作行为是自己发出的,相

当于“亲自”或“用自己的”▷～临｜～历｜～征｜～知｜～手｜～口。

另见 qìng。

衾 qīn〈文〉❶名被子▷生同～，死同穴｜～枕。→❷名入殓后盖尸体的单被▷衣～棺椁。☛统读 qīn，不读 qín。

骎（駸） qīn［骎骎］qīnqīn 形〈文〉马跑得快；比喻事物发展变化快▷～日上。

嵚（嶔） qīn［嵚崟］qīnyín 形〈文〉山势高峻。

qín

芹 qín 名芹菜，一年生或二年生草本植物，有特殊香味，羽状复叶，叶柄发达，开白色小花。茎和叶可以食用；全草和果实可以做药材。

芩 qín ❶名古书上指芦苇一类的植物。○❷［黄芩］huángqín 名多年生草本植物，根肥大，圆柱形，可以做药材。☛“芩”和“苓”（líng）不同。“苓”，茯苓，菌类。

矜 qín 名古代兵器矛或戈、戟的柄，也指作兵器用的棍棒。

另见 guān；jīn。

秦 qín ❶名周朝诸侯国名，战国七雄之一，在今陕西中部和甘肃东部。→❷名朝代名，公元前221—前206年，秦王嬴政所建，建都咸阳（今陕西咸阳市东）。→❸名陕西的别称▷～腔。○❹名姓。

琴（*琹） qín ❶名古琴，弦乐器，琴身狭长，最早有五根弦，后来增为七根，用拨子弹奏，音色优美，音域宽阔。也说七弦琴。→❷名某些乐器的统称▷钢～｜风～｜提～｜胡～｜口～。

覃 qín 名姓。

另见 tán。

禽 qín ❶名〈文〉鸟兽的总称▷五～戏（模仿虎、鹿、熊、猿、鸟的动作的健身运动）。→❷名特指鸟类▷飞～｜猛～｜家～｜～兽。

勤¹ qín ❶形辛劳；辛苦▷辛～｜～苦。→❷名劳苦的事；工作▷内～｜外～｜～务｜后～。❸名按规定时间上下班的工作▷出～｜缺～｜考～｜执～｜全～。→❹形（做事）尽心尽力；不偷懒▷手～｜人～地不懒｜～能补拙｜～快｜～劳｜～奋。❺形经常；次数多▷～洗澡常换衣｜～来～往。

勤²（*懃） qín［殷勤］yīnqín 形热情周到▷～招待｜待人～。

嗪 qín 音译用字，用于“哌嗪”（pàiqín，见“哌”）等。

溱 qín［溱潼］qíntóng 名地名，在江苏。

另见 zhēn。

廑 qín 古同“勤”。

另见 jǐn。

擒 qín 动捕捉▷生～活捉｜束手被～｜～拿｜～获。

噙 qín 动含着▷嘴里～着一口饭｜眼睛里～满了泪水。

檎 qín［林檎］línqín 名花红，落叶小乔木，叶子卵形或椭圆形，开粉红色花，果实像苹果而小，味道甘甜。通称沙果。林檎或沙果，也指这种植物的果实。

螓 qín 名古书上指一种绿色小蝉。

qǐn

梫 qǐn ❶名古代指肉桂。○❷名梫木，马醉木的别称。常绿灌木或小乔木，叶有剧毒，煎汁能杀毛虱和农作物害虫。牛马误食其叶，可导致昏醉。

锓（鋟） qǐn 动〈文〉刻；特指雕刻书版▷～版｜～梓（刻版印刷）。

寝（寢*寑） qǐn ❶动睡觉▷废～忘食｜～室｜～具。→❷名古代指君王的宫室；泛指居室，睡觉的地方▷路～（古代君王的正厅）｜寿终正～｜就～。❸名帝王陵墓上的正殿▷陵～。→❹动〈文〉止息；平息▷事～｜～兵。

qìn

吣 qìn ❶动猫、狗呕吐。→❷动〈方〉用脏话骂人▷满嘴胡～。

沁 qìn ❶动（气味、液体等）渗入或透出▷～人心脾｜额角上～出冷汗｜晚风～凉。○❷动〈方〉头向下垂▷～着头。☛不读 xīn。

揿（撳*搇） qìn 动〈方〉用手按▷～门铃。

qīng

青 qīng ❶形颜色。a）蓝色；深蓝色▷～天｜～出于蓝（蓝，蓼蓝，叶子可以提取蓝色染料）。b）绿色▷～草｜～苗｜～菜。c）黑色▷～布｜～眼｜～丝｜～衣。→❷名青色的东西▷踏～｜放～｜返～｜杀～｜垂～。❸形比喻年龄不大▷～年｜～春｜～工。○❹名姓。

轻（輕） qīng ❶形重量小（跟“重”相对）▷这箱子分量可不～｜杨木比榆木～｜～于鸿毛｜～而易举｜～量级。→❷形不笨重；灵巧▷～装前进｜～骑｜～便｜～巧｜～盈。❸形没有负担；轻松；柔和▷无事一身～｜～闲｜～歌曼舞｜～音乐。→❹形不重要；不贵重▷民贵君～｜人微言～｜责任～｜礼物太～｜～贱。❺动认为不重要；不重视▷～财重义｜～敌｜～生｜～视｜～蔑｜～慢。→❻形不庄重；不严肃▷～薄｜～佻｜～浮｜～狂。❼形不慎重；随随便便▷～举妄动｜～信｜～率。→❽形程度浅；数量少▷病得不～｜罪行较～｜～伤｜～微｜年纪～。→❾形用力小；不用猛力▷～一点，别碰坏了｜～～一推就倒了｜～拿～放｜～手～脚｜手～◇～描淡写。

氢（氫） qīng 名气体元素，符号 H。由氕、氘、氚三种同位素组成。无色无臭无味，是已知元素中最轻的。在高温或有催化剂存在时十分活泼。在化学工业上用途很广，液态氢可用作高能燃料。通称氢气。

倾（傾） qīng ❶形不正；斜▷身子向前～了一下｜～斜｜～侧。→❷动偏向；趋向▷左～｜右～｜～向。→❸动倒塌▷杞人无事忧天～｜～覆。❹动〈文〉压倒▷权～朝野。→❺动使器物歪斜翻转，尽数倒出（里面的东西）▷～箱倒箧｜～倒（dào）垃圾｜～盆大雨。⇒❻动用尽（力量）；全部拿出▷～吐｜～诉｜～销。⇒❼形全▷～城出动。☛统读 qīng，不读 qǐng。

卿 qīng ❶名古代高级官名▷三公九～｜～相｜正～｜上～。→❷名古代君主对大臣的爱称。→❸名古代对人的尊称。❹名古代夫妻之间的爱称▷～～我我。○❺名姓。

圊 qīng 名〈文〉厕所▷～肥|～土。

清[1] qīng ❶形(液体或气体)透明纯净,没有杂质(跟"浊"相对)▷一池～水|～泉|河～海晏|天朗气～|～澈。→❷形洁净;纯洁▷冰～玉洁|～洁|～白。⇒❸形单纯,没有搀杂或配合的东西▷～唱|～一色|～茶招待。⇒❹动使纯洁;使干净▷～除|～洗|～道|坚壁～野。→❺形清楚;明白▷把情况弄～|说不～道不明|旁观者～|分～|划～|～晰。❻动使清楚;点验;结清▷～一～人数|把账目～一～|～欠。→❼形公正廉洁▷～廉|～正|～官。〇❽形寂静▷～静|冷～。

清[2] qīng 名朝代名。公元1616年满族人爱新觉罗·努尔哈赤建立后金,1636年皇太极即位改称清,1644年入关,定都北京,1911年被推翻。

蜻 qīng [蜻蜓]qīngtíng 名蜻蜓目部分昆虫的统称。体型细长,胸部背面有两对膜状的翅,后翅常大于前翅,休息时双翅展开,平放两侧。生活在水边,捕食蚊子等小飞虫,有益于人类。幼虫叫水虿,生活在水中。

鲭(鯖) qīng 名鲭科鱼的统称。体梭形而侧扁,鳞圆而细小,头尖口大。

另见 zhēng。

qíng

勍 qíng 形〈文〉强劲;强大▷～敌|国力不～。

情 qíng ❶名情绪、感情,因外界刺激引发的心理反应▷七～六欲|～不自禁|群～激愤|激～|豪～|～绪|～操。→❷名事物的一般道理;常情▷～理|合～合理|通～达理|人～世故。❸名事物呈现出来的样子;情况▷病～|灾～|～景|～形|～由。→❹名对异性的欲望▷春～|催～|发～|～欲。❺名男女相爱的感情▷谈～说爱|～侣|～书|～敌|爱～。❻名私人间的情分和面子▷～面|徇～枉法|说～|求～|讲～。→❼名思想感情所表现出来的格调;趣味▷闲～逸致|诗～画意|～趣|～味。

晴 qíng 形天空无云或少云;气象学上特指总云量不到1/10的天空状况▷雨过天～|多云转～|～空|放～|～朗。

赇(賕) qíng ❶动〈文〉接受赏赐。→❷动〈口〉承受;接受▷～受财产|别人动手,他～现成的。也作擎。

氰 qíng 名碳和氮的化合物,分子式$(CN)_2$。无色气体,有臭味和剧毒,燃烧时发生紫红色火焰。☛"氰"和"氢"(qīng)不同。"氢",气体元素。

檠 qíng 〈文〉❶名矫正弓弩的器具。〇❷名灯架;灯台▷灯～|短～。→❸名借指灯▷孤～|古～。

擎 qíng ❶动举;向上托住▷众～易举|～天柱。→❷同"赇"②。

黥 qíng ❶动在犯人脸上刻字并用墨染黑,古代一种刑罚。也说墨刑。→❷动〈文〉在人身上刺上文字、花纹或图案并涂上颜色▷～面|文身。

qǐng

苘 qǐng [苘麻]qǐngmá 名一年生草本植物,茎青色或紫红色,生细短柔毛,茎皮多纤维,叶子大,密生柔毛,开黄花。茎皮纤维可以制作绳子、麻布;种子可以做药材,也可以榨油、制肥皂、油漆等。通称青麻。

顷[1](頃) qǐng 量市制土地面积单位,100亩为1顷,1市顷等于6.6667公顷,合66667平方米▷一～地|良田千～|碧波万～。

顷[2](頃) qǐng ❶名很短的时间▷少～|～刻。→❷副〈文〉不久以前;刚才▷～闻|～接来电。

请(請) qǐng ❶动请求,提出要求,希望实现▷～您明天来一趟|～教|～假。→❷动邀请;聘请▷～了几位客人|～医生|～教员。❸动旧指买佛像、佛龛等▷～了一张灶王爷。→❹动敬辞,用于请求对方做某事▷～进|～别误会|您～先(请对方走在前面)。

庼(廎) qǐng 名〈文〉小厅堂。

綮 qǐng [肯綮]kěnqǐng 名〈文〉筋骨相结合的地方,喻指关键▷切中(zhòng)～。☛不读qìng。

另见 qǐ。

qìng

庆(慶) qìng ❶动祝贺▷～丰收|普天同～|欢～|～祝|～典。→❷名值得祝贺的事和纪念日▷十年大～|八十大～|国～|校～。→❸形吉祥;幸福▷吉～话|喜～事。〇❹名姓。☛"庆"字右下是"大",不是"犬"。

亲(親) qìng [亲家]qìngjia ❶名两家子女相婚配结成的亲戚▷我们两家是～|儿女～。→❷名夫妻双方父母间的互称▷～母。

另见 qīn。

凊 qìng 形〈文〉凉▷冬温夏～。

箐 qìng 名竹木丛生的山谷,多用于地名▷梅子～(在云南)|杉木～(在贵州)。

磬 qìng ❶名古代用玉、石或金属制成的曲尺形的打击乐器▷钟～齐鸣|编～(大小不同的一组磬)。→❷名佛教用的铜制钵形的打击乐器▷众僧人一边敲～一边念经|～声悠扬。

罄 qìng 〈文〉❶形器皿空了;(东西)没有了▷告～|～尽。→❷动用尽;全部拿出▷～竹难书|～其所有。

qióng

邛 qióng [邛崃]qiónglái 名山名,在四川。

穷(窮) qióng ❶形尽;完▷无～无尽|山～水尽|层出不～|理屈辞～|日暮途～。→❷副程度高到了极点▷～凶极恶|～奢极侈。→❸形彻底;极力▷～追猛打|～究。❹动彻底追究;深入探求▷追本～源|皓首～经。→❺动使尽;用尽▷～兵黩武|～毕生精力,完成此巨著。→❻形处境困难,没有出路▷～则思变|～寇。❼形贫困;缺少钱财▷家里很～|～人|～日子|贫～|～苦。❽副〈口〉表示本不该如此而偏偏如此;财力达不到而勉强去做▷～开心|～讲究|～凑合|～对付。→❾形边远;偏僻▷～乡僻壤|～巷。

茕(煢) qióng 形〈文〉孤独;孤苦▷～独|～～孑立。

穹 qióng 〈文〉❶形穹隆,形容中间隆起四边下垂的样子;成拱形的▷～庐(古代北方民族住的毡帐)。→❷名天空▷～苍|苍～|～天。

䓖(藭)　qióng ［芎䓖］xiōngqióng，见"芎"。

筇　qióng ❶图古书上说的一种竹子，宜于做手杖。→❷图〈文〉手杖▷扶～。

琼(瓊)　qióng ❶图〈文〉美玉。→❷形精美的；美好的▷～楼玉宇(华丽的房屋)|～浆(美酒)。○❸图海南的别称(旧称琼州、琼崖)▷～剧。

蛩　qióng 〈文〉❶图蟋蟀。○❷图蝗虫。

跫　qióng 拟声〈文〉形容脚步声▷足音～然。

銎　qióng 图〈文〉斧子上安柄的孔；泛指其他农具上安柄的孔▷方～|圆～。

藑　qióng ［藑茅］qióngmáo 图古书上说的一种草。

qiū

丘(*坵❶❷❹)　qiū ❶图小山；土堆▷山～|荒～|沙～|～陵。→❷图坟墓▷～墓|坟～子。❸动浮厝，用砖石暂时把灵柩封闭在地面上，以待改葬▷把棺材先～起来。○❹量〈方〉由田埂隔成的一块块大小不同的水田，一块叫一丘▷一～二亩大小的稻田。○❺图姓。☛参见"邱"字的提示。

邱　qiū 图姓。☛1955年《第一批异体字整理表》将"邱"作为"丘"的异体字予以淘汰。1988年《现代汉语通用字表》确认"邱"作姓氏用时为规范字，表示小山、土堆、坟墓等意义时仍作为"丘"的异体字处理。

龟(龜)　qiū ［龟兹］qiūcí 图古代西域国名，在今新疆库车一带。

另见 guī；jūn。

秋[1](*秌穐)　qiū ❶图庄稼成熟的季节▷麦～|大～。→❷图一年四季的第三季，我国习惯指立秋到立冬的三个月，也指农历七月至九月▷春夏～冬|～高气爽|～风～雨|中～|寒～|～凉。→❸图借指一年▷一日不见，如隔三～|千～万代。❹图指特定的时期▷危亡之～|多事之～|效命之～。→❺图秋天成熟的庄稼▷收～|护～。○❻图姓。

秋[2](鞦)　qiū ［秋千］qiūqiān 图运动和游戏的器具，在高架上拴两根长绳，绳下端固定在板子上，人踩在板上全身向前用力，借助产生的力量在空中摆动。

蚯　qiū ［蚯蚓］qiūyǐn 图寡毛纲环节动物的统称。身体柔软，圆而长，环节上有刚毛，雌雄同体。生活在土壤中，能使土壤疏松、肥沃，有的种类可以做药材。也说蛐蟮。

萩　qiū 图古书上指一种蒿类植物，茎高大，叶白色，跟艾相似。

湫　qiū 图〈文〉水池▷山～|大龙～(瀑布名，在浙江雁荡山)。

另见 jiǎo。

楸　qiū 图楸树，落叶乔木，树干挺直，高达30米，叶子三角状卵形，开白色花，蒴果细长。木材细致，耐湿，可供建筑、造船、制作家具等用；叶及树皮可以做药材。

鳅(鰍)　qiū 图鳅科鱼的统称。体长而侧扁，口小，有3—5对须，鳞细小或退化，侧线不完全或消失。种类很多，常见的有花鳅、泥鳅等。☛参见"鰌"(qiú)字的提示。

鞧　qiū ❶图拴在驾辕牲口臀部周围的套具，多为皮带或帆布带▷后～|坐～。○❷动〈方〉收缩；退缩▷把脖子往后一～。

qiú

仇　qiú 图姓。☛"仇"作姓氏用时不读 chóu。

另见 chóu。

囚　qiú ❶动拘禁▷～禁|～车|～犯。→❷图被囚禁的人▷罪～|死～|阶下～。

犰　qiú ［犰狳］qiúyú 图哺乳动物，躯干一般分前、中、后三段，前后两段有不可伸缩的骨质鳞片，中段的鳞片可以伸缩，头顶、尾部和四肢也有鳞片，腹部多毛，有利爪，善于掘土。昼伏夜出，吃昆虫、蛇、鸟卵等。产于南美等地。

求　qiú ❶动设法得到；探求▷不～名，不～利|～学|～同存异|实事～是|～解|寻～|追～。→❷动恳请；乞求▷～您办点儿事|～援|～情|～饶|央～|～教|～助。❸动要求▷～全责备|精益～精。→❹动需求▷供大于～|供～关系。

虬(*虯)　qiú ❶图虬龙，古代传说中的小龙，有弯曲的角。→❷形〈文〉蜷曲▷～髯客|青筋～结。

泅　qiú 动游水▷～水|武装～渡。

俅[1]　qiú ［俅俅］qiúqiú 形〈文〉形容恭顺的样子。

俅[2]　qiú 图俅人，我国少数民族独龙族的旧称。

訄　qiú 动〈文〉用言语逼迫。

酋　qiú ❶图部落的首领▷～长。→❷图(强盗、土匪或侵略者的)头目▷贼～|敌～。○❸图姓。

逑　qiú 图〈文〉配偶▷君子好～。

球(*毬❶❹❺)　qiú ❶图古代游戏用具，圆形立体物，皮革制成，里面用毛填实，用足踢或用杖击打▷蹴～|击～。→❷图球形或近似球形的东西▷棉～|煤～|卫生～(萘丸)|眼～。❸图特指地球▷东半～|全～。→❹图指某些体育用品(多是圆形立体的)▷踢～|打～|皮～|足～|羽毛～。❺图指球类运动▷赛～|看了一场～|～迷。→❻图数学名词，以半圆的直径为轴，使半圆旋转一周而成的立体，由中心点到表面各点的距离都相等▷～心|～面|～体。

赇(賕)　qiú ❶动〈文〉行贿；受贿。→❷图用来买通别人的财物。

遒　qiú 形强劲；刚健▷～劲。

巯(巰)　qiú 图巯基，有机化合物中由氢和硫两种元素组成的一价原子团。也说氢硫基。

裘　qiú ❶图毛皮做的衣服▷集腋成～|～皮。○❷图姓。

璆　qiú 图〈文〉美玉。

蝤　qiú ［蝤蛴］qiúqí 图〈文〉天牛的幼虫，黄白色，胸足退化，体呈圆筒形。蛀食树木枝干，是桑树和果树的主要害虫。俗称锯树郎。

另见 yóu。

蝤(鰌) qiú 动〈文〉逼迫;践踏。☛1955年《第一批异体字整理表》将"蝤"作为"鳅"的异体字予以淘汰。1986年重新发表的《简化字总表》确认"蝤"读qiú时为规范字,类推简化为"蝤";读qiū时仍作为"鳅"的异体字处理。

qiǔ

糗 qiǔ ❶名〈文〉干粮▷～粮|～饵。○❷形〈方〉面条粘连在一起或粥过于黏稠成糊状▷这碗面都～了。

qū

区(區) qū ❶名陆地、水面或空中的一定范围▷居民～|山～|禁渔～|禁飞～|自然保护～|经济开发～。→❷动分别;划分▷～别|～分。→❸名行政区划单位。包括省级的民族自治区,市、县所属的市辖区、县辖区等;此外还有大行政区、地区、特区、军区、特别行政区等。

另见ōu。

曲[1] qū ❶形弯(跟"直"相对)▷～径|～线|弯～|～折。→❷动使弯▷～着腿坐在炕上|～背弯腰。→❸形不公正;不正确▷是非～直|歪～|～解。→❹名弯曲的地方;偏僻的地方▷河～|乡～。○❺名姓。

曲[2](麯*麴) qū 名酿酒或做酱时用来引起发酵的块状物,用曲霉和大麦、大豆、麸皮等制成▷酒～|大～|红～|神～。

另见qǔ。

岖(嶇) qū [崎岖]qíqū,见"崎"。

诎(詘) qū 动〈文〉弯曲;屈服。☛"诎"和"绌"(chù)不同。"绌"的意思是不足、不够,如"相形见绌"。

驱(驅*駈敺) qū ❶动赶牲畜▷扬鞭～马|～策。→❷动奔驰▷长～直入|并驾齐～。→❸动赶走▷～逐|～除|～邪|～寒|～散。→❹动迫使▷～使|～迫。→❺动驾驶或乘坐(车辆)▷～车前往颐和园。

屈 qū ❶动弯曲(跟"伸"相对)▷～曲|能～能伸。→❷动使弯曲▷～指可数|～膝投降。❸动服从;使服从▷坚贞不～|宁死不～|威武不能～|～服|～从。→❹动冤枉▷叫～|受～|冤～。○❺动(理)亏▷理～词穷。○❻名姓。

胠 qū〈文〉❶名腰以上腋以下的部分。→❷动从旁边打开▷～箧(指偷窃)。

祛 qū 动除去(某些对人不利的事物)▷～邪|～暑|～痰|～疑。☛"祛"和"袪"(qū)不同。"袪"字左半是"衤",指袖口。

袪 qū 名〈文〉衣袖,也专指袖口。☛"袪"和"祛"(qū)不同。"祛"字左半是"礻",意思是除去。

蛆 qū 名苍蝇的幼虫,身体柔软,有环节,白色,无头和足,前端尖,尾端钝,有的有长尾。孳生于粪便、动物尸体和垃圾等污物中。

躯(軀) qū 名身体▷为国捐[illegible]|[illegible]体|身～。

焌 qū〈方〉❶动使微火熄灭▷在鞋底上把烟头～灭|把香火搁水里～掉。○❷动微火烧烫▷手让烟头～了一下|香头儿在扇子上～了个窟窿。○❸动烹调方法。a)在热油锅里放作料,再放蔬菜迅速炒熟▷～豆芽。b)把油加热后浇在菜肴上▷凉拌莴笋里～点花椒油。

另见jùn。

趋(趨) qū ❶动〈文〉快走;小步快走▷～走|～行。→❷动奔向;追求▷～之若鹜|～名逐利|～光性|～求。⇒❸动归附;迎合▷～炎附势|～附|～奉。⇒❹动向某个方向发展▷大势所～|日～缓和|～于平稳|～向。

蛐 qū ❶[蛐蛐儿]qūqur 名〈口〉蟋蟀。参见"蟋"。○❷[蛐蟮]qūshàn 名蚯蚓。参见"蚯"。

觑(覷) qū 动〈口〉把眼睛眯成一条细缝▷～起眼睛仔细端详。

另见qù。

黢 qū 形黑▷～黑|黑～～。

嚯 qū 拟声形容吹哨子或蟋蟀叫的声音。

qú

佢 qú 同"渠[2]"。

劬 qú 形〈文〉劳累;过分劳苦▷～劳。

朐 qú [临朐]línqú 名地名,在山东。

鸲(鴝) qú ❶名鹟科鸫亚科鸲属鸟的统称。大都体小尾长,羽毛美丽,鸣声悦耳。常见的有红胁蓝尾鸲。○❷[鸲鹆]qúyù 名鸟,体羽黑色有光泽,喙和足黄色,鼻羽呈冠状。雄鸟善鸣,笼养训练以后能模仿人的某些语音。通称八哥。也作鸜鹆。

渠[1] qú ❶名人工开凿的水沟、河道▷一条～|水到～成|河～|沟～。○❷名姓。

渠[2] qú 代〈方〉表示第三人称,相当于"他"。也作佢。

蕖 qú [芙蕖]fúqú 名〈文〉荷花。

磲 qú [砗磲]chēqú,见"砗"。

璩 qú ❶名〈文〉耳环▷耳～。○❷名姓。

瞿 qú ❶[瞿然]qúrán 副〈文〉形容惊视的样子。○❷[瞿塘峡]qútángxiá 名长江三峡之一,在重庆。○❸名姓。☛统读qú,不读jù或qū。

鼩 qú [鼩鼱]qújīng 名哺乳动物,形状像老鼠,体小,毛栗褐色,尾短,吻部尖细能伸缩。栖息于平原、沼泽、高山和建筑物中,捕食虫类,有时也吃植物种子和谷物。也说鼱鼩。

蘧 qú 形〈文〉惊喜的样子▷～然。

氍 qú [氍毹]qúshū〈文〉❶名纯毛织成或用毛同其他材料混合织成的毯子,可以用作地毯、壁毯、床毯、帘幕等。→❷名借指舞台(旧时演戏多用红氍毹铺在舞台上)▷～场中。

籧 qú [籧篨]qúchú 名〈文〉用竹篾、芦苇编的粗席。

鸜(鸜) qú [鸜鹆]qúyù 同"鸲鹆"。参见"鸲"。

癯 qú 形〈文〉瘦▷清～|～瘠。

衢 qú 名〈文〉四通八达的道路；大路▷通～大道｜～路。

蠼 qú ［蠼螋］qúsōu 名革翅目昆虫的统称。身体扁平狭长，黑褐色，触角细长多节，前翅短而硬，后翅大，折在前翅下，尾端多具角质钳状尾铗。生活在潮湿的地方，昼伏夜出，有的种危害家蚕。

qǔ

曲 qǔ ❶名宋元时期的一种韵文形式，可以演唱▷元～｜散～｜～牌。→❷名歌曲▷唱个小～儿｜高歌一～｜《义勇军进行～》。❸名歌的乐调（diào）▷为这首诗谱～｜作～。

另见 qū。

苣 qǔ ［苣荬菜］qǔmaicài 名多年生草本植物，叶互生，长椭圆状披针形，边缘有不整齐的锯齿，开黄色花。嫩茎叶可供食用，叶可配制农药。

另见 jù。

取 qǔ ❶动拿；去拿应属于自己的东西▷～报纸｜～汇款｜领～。→❷动获得；招致▷～信于民｜～得｜咎由自～。→❸动选取▷掐头去尾，只～中段｜～道杭州｜可～｜～景｜～材。

娶 qǔ 动把女子接到家里成婚（跟"嫁"相对）▷～媳妇｜～亲｜～妻｜嫁～。

龋（齲） qǔ 动牙齿被腐蚀而形成空洞或残缺▷～齿。☛统读 qǔ，不读 yǔ。

qù

去[1] qù ❶动离开▷～世｜～职｜何～何从。→❷动〈文〉距离；相差▷两国相～万里｜～今千年｜相～不远。→❸动失去▷大势已～。❹动除掉；减掉▷绳子太长，得～掉一截｜～掉不良习气｜～粗取精｜～火。→❺名以往的（多指过去的一年）▷～冬今春｜～年。→❻动离开说话人这里到别的地方（跟"来"相对）▷从北京～上海｜～商场买东西｜～向｜～处。⇒❼动用在动词性词组（或介词词组）与动词语之间，表示前者是方法或态度，后者是目的▷电动机坏了，得请人～修修｜拿着锄头～锄地｜用先进思想～教育学生。⇒❽动 a）用在另一动词语的后面，表示去的目的▷咱们踢球～｜他上图书馆借书～了。b）用在另一动词语前面，表示要做某事▷我～打开水，你来扫地｜我～查查文献，看看有没有记载。⇒❾动用在另一个动词语的后面。a）表示人或事物随动作离开说话人这里▷朝大门外跑～｜火车向远方驶～｜送～几本书。b）表示人或事物离开原来的地方，有时带有不利的意思▷疾病夺～了他的生命｜父母相继死～｜钱让扒手偷～了｜把多余的字句删～。c）表示动作继续或空间延伸等▷随他说～｜让他玩～｜一眼看～。⇒❿副〈方〉用在某些形容词后面，有"极""非常"的意思（后面加"了"）▷那山高了～了｜广场上的人多了～了。○⓫名去声，古汉语四声中的第三声，现代汉语普通话四声中的第四声。

去[2] qù 动扮演（某一角色）▷在这出戏里，我～诸葛亮，他～曹操。

阒（闃） qù 形〈文〉寂静▷～无一人｜～寂｜～静。

趣 qù ❶名意向；志向▷旨～｜志～｜异～。→❷名趣味，使人感到愉快或有兴味的特性▷相映成～｜自讨没～｜乐～｜风～｜凑～。❸形使人感到愉快或有兴味的▷～闻｜～事。☛统读 qù，不读 qǔ。

觑（覷） qù 动〈文〉看；偷看▷面面相～｜冷眼相～｜小～｜探～。

另见 qū。

qu

戌 qu ［屈戌儿］qūqur 名〈方〉钉在门窗箱柜等上面的带两个脚的小环儿，用来挂锁或钌铞，多为铜制或铁制。

另见 xū。

quān

悛 quān 动〈文〉悔改▷怙恶不～。

圈 quān ❶名环形；环形的东西▷在文件上画个～｜坐成一～｜圆～｜包围～｜花～◇说话别兜～子。→❷名喻指特定的范围或领域▷他不是咱们这个～儿里的人｜话说得出～儿了｜生活～｜文化～。→❸动画环形（做记号）▷把不认识的字～出来｜～点｜～阅。→❹动围起来；划定范围▷把新征的土地用围墙～起来｜现场已用绳子～住了｜～地。

另见 juān；juàn。

棬 quān 名〈文〉用曲木制成的盛水器皿▷杯～｜柳～。

鄄 quān 用于地名。如：柳树鄄，在河北；蒙鄄，在天津。

quán

权（權） quán ❶名〈文〉秤锤。→❷动衡量▷～衡利弊。❸动衡量利弊，随机应变▷通～达变｜～诈｜～谋｜～术｜～变。❹副暂且；姑且▷死马～当活马医｜～且。→❺名权力，政治强势或职责范围内的支配力量▷手中有～｜掌～｜当～｜政～｜～柄｜～限。⇒❻名权利，可以行使的权力和应该享受的利益▷选举～｜公民～｜人～｜发言～｜弃～。⇒❼名威势▷～门｜～臣。❽名有利的形势▷制空～｜主动～。○❾名姓。

全 quán ❶形完整；齐备；不缺少任何一部分▷这家书店小学课本最～｜人都到～了｜残缺不～｜十～十美｜齐～。→❷动使完整无缺或不受损害；保全▷两～其美｜苟～。→❸形整个的；全体的▷～世界｜～民｜～神贯注｜～部｜～程｜～面。❹副 a）表示所指范围内没有例外，相当于"都"▷种的树～活了｜大家～来了｜话～让他说完了｜把旧书～翻了出来。b）表示程度上百分之百，相当于"完全""全然"▷～新的衬衫｜～不顾个人安危。○❺名姓。

佺 quán 用于人名。偓佺（wòquán），见"偓"。

诠（詮） quán 〈文〉❶动解释；详细说明（道理等）▷～释｜～注｜～说。→❷名道理；事理▷真～。

荃 quán 名〈文〉菖蒲。古代也说荪。参见"菖"。

泉 quán ❶名流出地面的地下水▷清～｜甘～｜温～｜矿～｜泪如～涌。→❷名涌出地下水的地方；水的源头（一般距地面较深）▷掘地及～。❸名地下，指人死后埋葬的地穴▷～台｜九～｜黄～。→❹名〈文〉钱币的别称▷～币｜～布。

辁（輇） quán 名古代指没有辐条的木制车轮。

拳 quán ❶名拳头,五指向内弯曲合拢的手▷握~|摩~擦掌|抱~|挥~|~击。→❷动弯曲▷~着腿|~曲的头发。→❸名拳术,徒手的武术▷一套~|一趟~|太极~|打~|练~|~师。

铨(銓) quán〈文〉❶动衡量▷~度(duó)。→❷动评定高下,选授官职▷~叙|~选。☛"铨"和"诠"不同。"诠"字左边是"讠",意思是解释。

痊 quán 动病好了;恢复健康▷~愈。

惓 quán [惓惓]quánquán 形〈文〉恳切忠诚。

筌 quán 名〈文〉捕鱼用的竹器,带有逆向钩刺,鱼进得去出不来▷得鱼忘~(比喻成功以后就忘了本来凭借的东西)。

蜷 quán 动(肢体)弯曲,不伸展▷~起腿来|~成一团|~曲|~缩|~伏。

醛 quán 名有醛基(羰基的一个键与氢相连)的有机化合物的统称,如甲醛、乙醛等。

鳈(鰁) quán 名鲤科鳈属鱼的统称。体略侧扁,长十余厘米,深棕色,有斑纹,口小而呈马蹄形。生活在淡水底层,广泛分布于我国各地。

鬈 quán ❶形〈文〉头发长得好。〇❷形(毛发)卷曲▷~发|~毛。

颧(顴) quán [颧骨]quángǔ 名眼睛下面两腮上面的骨头。

quǎn

犬 quǎn 名犬科哺乳动物的统称。耳短直立或长大下垂,听觉和嗅觉极灵敏,牙锐利。性机警,易驯养,是人类最早驯化的家畜之一。品种很多,按用途可分为牧羊犬、猎犬、警犬、玩赏犬等。通称狗。

畎 quǎn 名〈文〉田间的小沟▷~亩(田地)。

绻(綣) quǎn [缱绻]qiǎnquǎn,见"缱"。

quàn

劝(勸) quàn ❶动〈文〉勉励;鼓励▷~善规过|~学。→❷动说服,讲道理使人听从▷大家都~他别去|怎么~,他也不听|奉~|规~|~说|~阻。

券(*劵) quàn 名作为凭证的纸片;票据▷国库~|优待~|入场~。☛㊀不读 juàn。㊁"券"和"卷"(juàn)不同。"卷"表示书本、文件等,"奖券""债券""入场券"等词语中的"券"不能写作"卷"。
另见 xuàn。

quē

炔 quē 名有机化合物的一类,分子式C_nH_{2n-2},其中含碳-碳三键结构而具有很不饱和性。如乙炔。

缺 quē ❶形残破;不完整▷阴晴圆~|~口。→❷动缺少;不足▷桌子~了一条腿|~人手|~钱花|医少药|~德|~乏。→❸形不完善▷~点|~憾。→❹动该到而没有到▷~席|~勤。❺名指官职或一般职务的空额▷不知谁补老部长的~|肥~。

阙(闕) quē ❶古同"缺"。→❷名〈文〉缺陷;过失▷时~|~失。☛"阙①"意义同"缺",但"拾遗补阙""阙文""阙疑""阙如"中的"阙",习惯上不作"缺"。
另见 què。

qué

瘸 qué 形〈口〉腿脚有毛病,走路时身体不能保持平衡▷走路一~一拐|把腿摔~了|~子。

què

却(*卻卻) què ❶动退;向后退▷望而~步|退~。→❷动〈文〉使后退▷~敌。⇒❸动推辞;拒绝▷盛情难~|受之有愧,~之不恭|推~。⇒❹动用在某些单音节动词或形容词后面,表示结果,相当于"去""掉"▷了~一桩心事|忘~|失~|冷~。→❺副表示语气轻微的转折▷虽然天气很冷,大家心里~热乎乎的|话虽不多,~很有分量|我对他很热情,他~很冷淡。☛"却"字右边是"卩",不是"阝"(邑)。

埆 què 形〈文〉(土地)贫瘠。

悫(愨) què 形〈文〉诚实;谨慎。

雀 què ❶名麻雀,身体小,翅膀长,嘴呈圆锥状,头和颈部栗褐色,背部有黑色条纹。多栖息在有人类居住的地方。吃植物的果实或种子,也吃昆虫。也说家雀(qiǎo)。→❷形小▷~鹰|~麦|~鱼|~稗|~鲷。→❸名鸟类的一科,常见的有燕雀、锡嘴雀等。
另见 qiāo;qiǎo。

确(確) què ❶形坚决;坚定不动摇▷~守|~信。〇❷形符合实际的;真实的▷消息不~|千真万~|准~|~切|明~|~凿。

阕(闋) què ❶动〈文〉终了;完毕▷乐~(乐曲终了)|服~(服丧期满)。→❷量 a)歌曲或词一首叫一阕▷高歌一~|收词百余~。b)词的一段叫一阕▷上~(前一段)|下~(后一段)。〇❸名姓。

鹊(鵲) què 名鸟,嘴尖,上体羽毛黑褐色,有紫色光泽,其余为白色,尾稍长于身体的一半,民俗把它的叫声看成吉兆。通称喜鹊。

碏 què 用于人名。石碏,春秋时代卫国大夫。

阙(闕) què ❶名古代宫殿门前两边的楼台;泛指宫殿或帝王的住所▷宫~|汉城魏~。〇❷名姓。
另见 quē。

榷[1](*搉榷) què 动〈文〉专营;专卖▷~盐|~茶|~税。

榷[2](*搉榷) què 动研究;商讨▷商~。

qūn

囷 qūn 名古代一种圆形的粮仓。

逡 qūn 动〈文〉往来;退让▷~巡(有所顾虑而徘徊或退却)。

qún

宭 qún〈文〉❶动群居。→❷名事物荟萃的地方▷学~。

裙(*帬裠) qún ❶名裙子,一种围在腰部遮盖下体的服装,没有裤腿▷连衣~|百褶~|超短~。→❷名围绕在物体四边像裙子的东西▷

围～｜墙～｜鳖～（鳖甲的边缘）。

群（*羣） qún ❶名聚集在一起的许多人或物▷离～的孤雁｜害～之马｜成～结队｜羊～｜楼～。→❷形成群的；众多的▷～岛｜～山｜～居｜～集｜～魔乱舞｜博览～书。❸名指众多的人▷～策～力｜～起响应｜～情激奋｜武艺超～。❹量用于成群的人或物▷～人｜～羊。

麇 qún 形〈文〉成群的▷～集｜～至。另见 jūn。

R

rán

蚺 rán [蚺蛇]ránshé 名蟒蛇。参见"蟒"。

然 rán ❶代指上文所说的情况,相当于"这样""那样"▷不尽~|理所当~|使~。→❷词的后缀。附在副词或形容词的后面,表示事物或动作的状态▷忽~|偶~|默~|飘飘~。→❸连〈文〉连接分句,表示转折,相当于"然而""但是"▷先生虽已逝世,~其敬业之精神将永留人间。→❹形对;正确▷不以为~。

髯(*髥) rán 名〈文〉两腮上的胡子;泛指胡子▷长~|美~|虬~。

燃 rán ❶动焚烧▷严禁携带易~物品|死灰复~|~烧|~料|点~|自~。→❷动引火使燃烧▷~香|~放。

rǎn

冉(*冄) rǎn ❶[冉冉]rǎnrǎn 副慢慢地▷一轮红日~升起|红旗~上升。○❷名姓。

苒 rǎn [荏苒]rěnrǎn,见"荏"。

染 rǎn ❶动给纺织品等着(zhuó)色▷~布|~衣服|印~|蜡~。→❷动沾上;传(chuán)上▷一尘不~|~病|传~|沾~|熏~|污~。☛"染"字右上是"九",不是"丸"。

rāng

嚷 rāng [嚷嚷]rāngrang ❶动吵闹▷大家乱~|小声点,千万别~。→❷动声张▷这事可别~出去。

另见 rǎng。

ráng

蘘 ráng [蘘荷]ránghé 名多年生草本植物,根状茎淡黄色,有辛辣味,叶椭圆状披针形,开淡黄色大花,生于山野阴凉处。花穗和嫩芽可食用;根状茎可以做药材。也说阳藿。

瀼 ráng [瀼河]ránghé 名地名,在河南。

另见 ràng。

禳 ráng 动〈文〉向鬼神祈祷除邪消灾▷~灾|~解|~毒。

穰 ráng ❶名〈方〉稻、麦、黍等脱粒后的茎秆▷~草|~垛|豆~子。○❷形〈文〉(收获)丰盛▷~岁|丰~。○❸同"瓤"①③。

瓤 ráng ❶名瓜类果实中与瓜子相包连的肉或瓣▷西瓜~|丝瓜~子|红~|沙~。→❷名泛指皮或壳里包着的东西▷只剩个空信封,里头没有信~|秫秸~◇棺材~子(指老年人或病弱者,含贬义)。→❸形〈口〉质地松软▷这块木头都~了,只能当柴烧。

𫌀 ráng 形脏(多用于近代汉语)▷内衣~了。

rǎng

壤 rǎng ❶名疏松而适于种植的泥土▷沃~|红~|土~|~土。→❷名大地▷天~之别|霄~。❸名疆域;地区▷接~(两个疆域相连接)|穷乡僻~。

攘 rǎng 〈文〉❶动排斥;抵御▷~除奸邪|~外(抵御外患)。○❷动捋起(袖子)▷~臂。

嚷 rǎng ❶动大声喊叫▷别~,大家都在看书呢|大~大叫。→❷动吵闹▷气得我跟他~了一顿。

另见 rāng。

ràng

让(讓) ràng ❶动把方便或好处留给别人;谦让▷她小,你就~着点儿吧|你推我~,谁也不肯先坐|~步|~路|退~|避~。→❷动把某种政治权力或财物的所有权、使用权转移给别人▷这辆新车~给你了|~出一间屋子给亲戚住|~位|~贤|割~|转~|出~。→❸动邀请;请客人(饮酒、用茶等)▷把客人~到书房里|~茶。→❹动容许;使▷不能~事态这样发展下去|他~我来找你|来晚了,~您久等了。⇒❺动表示一种愿望,用于号召▷~我们继承先烈遗志继续前进。⇒❻介〈口〉引进动作行为的施事者,相当于"被"▷饭都~他们吃光了|窗户纸~大风刮破了|~人打了一顿。

瀼 ràng 名瀼水,水名,在四川。

另见 ráng。

ráo

荛(蕘) ráo ❶名〈文〉柴草▷薪~|刍~(割饲草打柴火,也指割饲草打柴火的人,常用作自称谦辞)。○❷名姓。☛"荛",从"尧","尧"的右上是"戈",不是"戈"。"烧""饶""娆""桡""绕"等从"尧"的字,右上角都不要写成"戈"。

饶[1](饒) ráo ❶形多;富足▷~有情趣|富~|丰~。→❷动额外增添▷买十个~一个|~头(tou)。○❸名姓。

饶[2](饒) ráo ❶动宽恕;免于责罚▷~你这次,下次不许再犯|~恕|求~|~命。○❷连〈方〉连接分句,表示让步关系,相当于"尽管"▷~他来晚了,还埋怨别人。

娆(嬈) ráo ❶[娇娆]jiāoráo 形〈文〉娇艳妖娆▷体态~。○❷[妖娆]yāoráo 形〈文〉娇艳美好。

另见 rǎo。

桡(橈) ráo 名〈方〉船桨。☛统读 ráo,不读 náo。

rǎo

扰（擾） rǎo ❶形〈文〉乱▷纷～|～～。→❷动搅扰，使混乱或不得安宁▷庸人自～|～民|～乱|干～|骚～|困～。❸动客套话，表示受人款待，使人被搅扰了▷～您亲自送来|叨～。

娆（嬈） rǎo 动〈文〉烦扰；扰乱▷～恼。
另见 ráo。

rào

绕（繞*遶❷❸） rào ❶动缠▷把线～成团。→❷动围着中心转动▷～着操场跑步|～圈子|围～|环～。❸动通过弯曲、迂回的路过去▷从旁边～过去|～道而行|～远。❹动使不顺畅▷～嘴|～口令。→❺动（问题、事情）纠缠不清▷你把我～糊涂了|一时～住了，没弄清楚。〇❻名姓。
☛统读 rào，不读 rǎo。

rě

若 rě［般若］bōrě，见"般"。
另见 ruò。

喏 rě 叹古人作揖时嘴里发出的表示敬意的声音▷唱个～（多用于近代汉语）。
另见 nuò。

惹 rě ❶动招引；引起；挑逗▷～麻烦|～火烧身|～祸|招～。→❷动触犯▷我可不是好～的|一句话把他～翻了|～不起。

rè

热（熱） rè ❶形温度高；感觉温度高（跟"冷"相对）▷天气太～|你穿得那么厚，～不～？|～水|～带|炎～|闷～。→❷动加热，使温度升高▷粥放凉了再～就不好吃了|把汤药～一～再喝。→❸名中医指热邪，是致病的一个因素▷内～|风～感冒。❹名疾病引起的高体温▷发～|退～。→❺形情意深厚、炽烈▷～心肠|～烈|～爱|亲～。⇒❻形非常羡慕；很想得到▷眼～。⇒❼形吸引人的；为人瞩目的▷～门儿|～货|～点。❽名指某一时期内社会热中的现象▷气功～|旅游～|足球～。→❾形（景象）繁华，兴盛▷～闹|～潮。→❿名物理学上指物体内部分子、原子等不规则运动放出的一种能。

rén

人 rén ❶名指由类人猿进化而来的，能思维，能制造并使用工具进行劳动，并能进行语言交际的高等动物▷～能用语言进行交际|正直的～|男～|～类|～民。→❷名指某种人▷证明～|主持～|猎～|军～|外国～。❸名指成年人▷长大成～。→❹代指别人▷舍己救～|助～为乐|诚恳待～。→❺名指每个人或一般人；大家▷～手一册|～自为战|～同此心|～所共知。→❻名指人手或人才▷那个单位很缺～|学科组～不够|向社会公开招～。→❼名指为人的品质▷王老师～很正直。❽名指人格或声誉▷丢～现眼。→❾名指人的身体▷注意休息，别把～累坏了|～在心不在。

壬 rén ❶名天干的第九位。〇❷名姓。

仁[1] rén ❶形对人亲善友爱，有同情心▷为富不～|～爱|～慈。→❷名古代一种含义广泛的道德观念，核心是爱人、待人友善▷～义礼智信|～至义尽|杀身成～|当～不让|～政|～术|～人。❸名敬辞，用于对朋友的尊称▷～兄|～弟。〇❹名姓。

仁[2] rén ❶名果核或果壳里的东西▷杏～|花生～|核桃～。→❷名像仁儿的东西▷虾～儿。

任 rén ❶用于地名。如：任县，任丘，均在河北。〇❷名姓。
另见 rèn。

rěn

忍 rěn ❶动抑制某种感觉或情绪而不表现出来；忍耐▷～着疼痛|～不住笑|～让|容～。→❷动忍心，能硬着心肠（做不忍做的事）▷于心不～|惨不～睹|残～。

荏[1] rěn 名一年生草本植物，有香味，茎呈方形，开白色小花。叶子椭圆形，鲜嫩时可以食用，长成后可以提取芳香油。种子可以榨油，是油漆工业原料。通称白苏。

荏[2] rěn ❶形软弱；怯懦▷色厉内～|～弱。〇❷［荏苒］rěnrǎn 动〈文〉（时光）渐渐过去▷光阴～，又是一年。

稔 rěn 〈文〉❶动谷物成熟▷年登岁～|丰～|～年。→❷名指一年▷五～|十～。→❸形熟悉▷熟～|素～|～知。

rèn

刃 rèn ❶名刀剑等的锋利部分▷这把刀锩～了|剑两面都有～|迎～而解|刀～。→❷名指刀剑等▷手持利～|白～战。❸动〈文〉用刀杀▷手～国贼。

认（認） rèn ❶动认识或确定某一对象；辨别▷这是什么字，你帮我～一～|多年不见，～不清楚了|辨～|～领。→❷动承认；表示同意或肯定▷～错|～罪|默～|～可|～命。⇒❸动对本来没有关系或有关系而不明确的人，建立或明确某种关系▷～了一门干亲|～贼作父|～本家|～老乡。⇒❹动愿意接受（不如意的情况）▷花点儿冤枉钱我～了|命该如此，也只好～了。⇒❺动〈口〉承认某物的价值而愿意接受▷我们这儿不～大米，只～白面|～钱不～人。

仞 rèn 量古代长度单位，七尺为一仞，一说八尺为一仞▷城高十～|万～高山。

任[1] rèn ❶动担负；承受▷～劳～怨。→❷名负担；职责▷不堪重～|以天下兴亡为己～|～重道远。→❸动担当（职务）▷连～厂长|出～|～职|～教。⇒❹名职务；官职▷上～|就～|卸～。⇒❺动使担当职务▷～人唯贤|委～|～命|～用。⇒❻量用于任职的次数▷做过几～县长|第一～总统|为官一～，造福一方。

任[2] rèn ❶动放纵；不加拘束▷放～自流|～意|～情|～性。→❷动听凭▷～其自然|～人宰割|听之～之|～凭。❸连连接分句，或用在疑问代词之前，表示无条件，相当于"不管""无论"▷～你怎么劝，他也不听|～什么都不知道。
另见 rén。

纫（紉） rèn ❶动把线穿过针眼▷～上根线|～针。→❷动缝缀▷缝～。〇❸动〈文〉内心感激不忘▷敬～高谊|～佩。

韧（韌*靭韌靱） rèn 形柔软结实，不易断裂（跟"脆"相对）▷柔～|坚～|～带|～性。

轫(軔*軔) rèn 名〈文〉用来阻止车轮滚动的木头▷发～(比喻事业开始)。

饪(飪*餁) rèn 动煮熟食物;做饭菜▷烹～。

妊(*姙) rèn 动怀孕▷～娠|～妇。☛统读 rèn,不读 rén。

纴(紝) rèn〈文〉❶名织布帛的纱缕。→❷动纺织▷织～|～器。

衽(*袵) rèn〈文〉❶名衣襟▷披发左～(左衽,大襟在左边)|敛～。○❷名睡觉铺的席子▷～席。

葚 rèn [桑葚儿]sāngrènr 名〈口〉桑葚(sāngshèn)。参见"葚"(shèn)。
另见 shèn。

rēng

扔 rēng ❶动投掷,挥动手臂,借助惯性使拿着的东西离开手▷把球～给我|～手榴弹。→❷动丢弃;抛掉▷把果皮～进垃圾箱|不能把工作～下不管。☛统读 rēng,不读 rěng。

réng

仍 réng ❶动〈文〉沿袭;依照▷一～其旧。→❷形〈文〉接连不断▷战乱频～。❸副表示某种情况持续不变,或中断、变动后又恢复原状,相当于"仍然""还"(hái)▷夜深了,他～在工作|手术～在进行|几经挫折～不灰心|车子回来～停在原处。

礽 réng 名〈文〉福。

rì

日[1] rì ❶名太阳▷旭～东升|～落西山|～照|～光|烈～|落～。→❷名白天,从天亮到天黑的一段时间(跟"夜"相对)▷夜以继～|～行百里|～班|～场。→❸名一昼夜,地球自转一周的时间;天▷一年365～|一～不见如隔三秋|改～登门拜访|事隔多～,想不起来了|今～。⇒❹名每天;一天天▷～新月异|～积月累|～趋完善|～益丰富|江河～下|蒸蒸～上。⇒❺名特指某一天▷生～|忌～|纪念～|节～。⇒❻名泛指某一段时间▷往～|昔～|来～|夏～。

日[2] rì 名指日本国▷～圆。

驲(馹) rì 名古代驿站专用的马车。

róng

戎[1] róng ❶名〈文〉兵器的统称▷兵～相见。→❷名〈文〉军队;军事▷投笔从～|～装|～机。○❸名姓。

戎[2] róng 名古代泛指我国西部的民族▷西和诸～,南抚夷越。

茸 róng ❶形(草初生时)纤细柔软▷草地上绿～～一片。→❷形(毛)浓密细软▷～毛。❸名鹿茸,雄鹿的嫩角(带有茸毛)▷参(shēn)～。

荣(榮) róng ❶形草木繁盛▷欣欣向～|本固枝～。→❷形显贵▷～华富贵|一损俱损,一～俱～。❸形光彩(跟"辱"相对)▷引以为～|～辱与共|光～|～耀。→❹形兴盛▷繁～昌盛。○❺名姓。

狨 róng 名哺乳动物,体小,尾长,头两侧有长的毛丛,最小的倭狨体长仅15厘米,尾长12厘米,是最小的猿猴类。性活泼,温顺,易驯养。产于中美、南美。也说绢毛猴。

绒(絨*羢毧) róng ❶名又细又软的短毛▷～毛|鸭～|驼～。→❷名上面有一层细毛的厚实的纺织品▷天鹅～|长毛～|呢～绸缎。

容[1] róng ❶动盛(chéng);包含▷这个教室能～多少人?|间不～发|无地自～|～器|～量|内～。→❷形对人宽大;谅解▷兄弟二人不能相～|情理难～|决不～情|～忍|宽～。❸动允许▷不～我解释|刻不～缓|义不～辞|～许。❹副〈文〉也许;可能▷～或有之。○❺名姓。

容[2] róng ❶名相貌▷～貌|～颜|遗～|仪～。→❷名脸上的神色▷笑～可掬|～光焕发|倦～|病～。→❸名事物的景象或状态▷市～|军～|阵～。

嵘(嶸) róng [峥嵘]zhēngróng,见"峥"。

蓉 róng ❶[芙蓉]fúróng,见"芙"。→❷名四川成都的别称▷～、渝两地|～城。○❸名〈方〉用瓜果、豆类煮熟晒干后磨成的粉状物,可以做糕点馅▷椰～|莲～|豆～。

溶 róng 动溶解,物质的分子均匀地分布在一种液体之中▷油漆不～于水|易～物质|～剂|～液。

瑢 róng [玜瑢]cōngróng,见"玜"。

榕 róng ❶名榕树,常绿大乔木,树干分枝多,覆盖面广,有气根,叶革质,深绿色,卵形,隐花果生于叶腋,近扁球形。木材褐红色,轻软,可以做器具;果子可以食用;叶子、气根、树皮等都可以做药材。→❷名福建福州的别称。

熔(*鎔) róng 动熔化,固体在高温下变为液体▷～点|～炉|～铸。☛㊀"熔"和"溶""融"不同。"熔"强调熔化的条件是固体受热变形;"溶"强调溶剂是液体;"融"强调融合这一现象,也特指冰雪等受热变成液体。㊁参见"镕"字的提示。

蝾(蠑) róng [蝾螈]róngyuán 名两栖动物,形状像蜥蜴,长约7厘米,背和体侧呈黑色,有蜡光,腹面朱红色,有不规则的黑色斑点。生活在静水池沼或湿地草丛中,捕食小动物。

镕(鎔) róng ❶名〈文〉熔铸金属的模型。○❷名古代指矛一类的武器。☛㊀"鎔"字在表示固体在高温下变为液体的意义时是"熔"的异体字;表示以上意义时是规范字,类推简化为"镕"。㊁参见"熔"。

融(*螎) róng ❶动冰雪等受热变成液体▷冰～成了水|～化|消～。→❷动几种不同的东西合为一体或适当调配在一起▷～会贯通|水乳交～|～合。○❸动流通▷金～。

rǒng

冗(*宂) rǒng〈文〉❶形闲散的;多余的▷～员|～词赘句|～长。→❷形烦琐;繁忙▷～杂|～忙|～务缠身。❸名繁忙的事务▷务请拨～出席。

氄 rǒng 形(鸟兽的毛)细而软▷羽毛发～|～毛。

róu

柔 róu ❶形软；不硬▷～软｜～弱｜～韧。→❷动使变软▷～麻。→❸形温和（跟"刚"相对）▷温～｜～顺。❹动使温顺▷怀～（笼络别的国家或民族，使归顺自己）。

揉 róu ❶动用手反复擦、搓；按摩▷～眼睛｜衣服不太脏，～两把就行｜腰扭了，找大夫～一～。→❷动用手推压搓捏▷～面｜～胶泥。

𫐓（輮） róu ❶名〈文〉车轮的外框。○❷古同"煣"。

煣 róu 动〈文〉借助火烤使木材变弯。

糅 róu 动混杂；混合▷杂～｜～合。☞"糅"和"揉"不同。"糅"的左边是"米"，意思是混杂、混合；"揉"的左边是"手"，意思是用手来回擦或搓。

蹂 róu 动践踏▷～踏｜～躏（比喻用暴力欺凌、摧残）。

鞣 róu 动用铬盐等物质软化兽皮，加工成皮革▷这皮子～得好｜～制｜～料。

ròu

肉 ròu ❶名人或动物体内紧挨着皮或皮下脂肪层的柔韧物质▷他不爱吃～｜皮开～绽｜～体｜肌～｜猪～。→❷名某些瓜果皮内能吃的部分▷这种瓜皮薄～厚｜果～。⇒❸形〈口〉（果实）柔软，不脆▷买了个～瓤瓜。⇒❹形〈口〉性子缓慢，做事不干脆▷这人脾气真～｜你办事太～。

rú

如[1] rú ❶动符合；依照▷～愿以偿｜～期完成｜～实汇报｜～意｜～约。→❷动好像；同……一样▷几十年～一日｜胆小～鼠｜～花似锦｜～同｜犹～。⇒❸连连接分句，表示假设关系，相当于"如果""假如"▷～有不同意见，请及时提出｜～不能胜任，即改派他人。⇒❹动比得上；赶得上（只用于否定，表示比较）▷今年收成不～去年｜百闻不～一见｜牛马不～。❺介引进所超过的对象▷日子一年强～一年。⇒❻动表示举例▷不少欧洲国家都参加了这次会议，～法、英、德等｜例～｜比～。→❼动〈文〉往；到……去▷～厕。

如[2] rú 词的后缀。附着在某些形容词后面，表示事物或动作的状态▷突～其来｜应付裕～｜屋里搬得空空～也。

茹 rú ❶动吃；吞咽▷～素｜含辛～苦｜～毛饮血。○❷名姓。

铷（銣） rú 名碱金属元素，符号 Rb。银白色，质软，熔点低，化学性质极活泼，与水反应剧烈并能爆炸，在空气中燃烧，在光的作用下易放出电子。用途跟铯相同，可制造电子钟、光电管等，也可做宇宙飞行器燃料。

儒 rú ❶名指教书或读书的人▷腐～｜鸿～｜穷～｜～医。→❷名先秦时期以孔子为代表的一个思想流派▷～法之争｜～术｜～家。

薷 rú ［香薷］xiāngrú 名一年生草本植物，茎方形，叶对生，呈椭圆形，开淡蓝色花，小坚果长圆形。茎和叶可以提取芳香油；全草可以做药材。

嚅 rú ［嗫嚅］nièrú，见"嗫"。

濡 rú 动〈文〉沾湿；沾染▷～笔以待｜相～以沫｜～湿｜～染。

孺 rú 名幼儿；小孩▷妇～皆知｜～子可教。

襦 rú 名〈文〉短衣；短袄▷布～｜绣～。

颥（顬） rú ［颞颥］nièrú，见"颞"。

蠕（*蝡） rú 动像蚯蚓那样爬行▷～形动物｜～动。☞统读 rú，不读 rǔ。

rǔ

汝 rǔ ❶代〈文〉称谈话的对方，相当于"你""你的"▷～等｜～父｜尔～相称。○❷名姓。

乳 rǔ ❶动〈文〉喂奶。→❷名乳房▷双～｜～罩。→❸名奶汁▷水～交融｜哺～｜～牛｜～白色。→❹名像奶汁或奶酪的东西▷豆～｜～胶｜腐～。→❺形初生的；幼小的▷～燕｜～鸭｜～牙。○❻动繁衍；生育▷孳～。

辱 rǔ ❶名声誉上受到的损害；可耻的事情▷奇耻大～｜耻～｜屈～。→❷动使受到耻辱▷丧权～国｜侮～｜凌～。❸动使不光彩；玷污▷不～使命｜～没。→❹副〈文〉谦辞，用于表示对方行动的动词前▷～赐教。

擩 rǔ 动〈方〉塞；插▷不知道把东西～到哪里去了｜把棍子～到草堆里。

rù

入 rù ❶动由外到内；进（跟"出"相对）▷病从口～｜渐～佳境｜由浅～深｜～场。→❷动使进入▷～库｜～窖｜纳～。→❸动参加（某种组织）▷～伍｜～学｜～会。→❹名进项，收进的钱财▷～不敷出｜岁～。→❺动合乎；合于▷～情～理｜穿着～时。→❻名入声，古汉语四声中的第四声（现代汉语普通话中没有入声，仅保存在某些方言中）▷平上去～。→❼动达到（某种程度或境地）▷出神～化｜～迷｜～微。

洳 rù 形〈文〉潮湿▷沮～（低湿，也指低湿的地方）。

蓐 rù 名〈文〉草席；草垫子▷～席｜坐～（临产）。

溽 rù 形〈文〉潮湿▷～热｜～暑。

缛（縟） rù 形繁多；琐碎▷繁文～节。☞"缛"与"褥"不同。"缛"，从糸，指繁多、琐碎。"褥"，从衣，指坐卧的垫子。

褥 rù 名坐卧的垫子，用布裹着棉花或用兽皮等制成▷坐～｜被～｜皮～子｜～单儿。☞"褥"字右半边是"辰"包围"寸"，"辰"字第二画的撇延长到底。从"辱"的字，如"蓐""溽""缛"，同。

ruǎn

阮 ruǎn ❶名姓。→❷名指阮咸（弹拨乐器，音箱呈圆形，柄长而直，有四根弦，因西晋阮咸擅长弹奏这种乐器而得名）▷大～｜中～。

软（軟*輭） ruǎn ❶形柔软，物体结构疏松，受力后易变形（跟"硬"相对）▷面和（huó）～了｜保险丝比铁丝～｜～糖｜～席｜松～。→❷形柔和；温和▷～风｜～语。→❸形身体无力▷两腿发～｜瘫～｜酥～。⇒❹形不坚决；易动摇▷耳根子～｜心

～。⇒❺形态度不强硬▷～磨硬泡｜吃～不吃硬｜硬的不行，他就来～的。→❻形质量差；力量弱▷货色～｜笔头～｜领导班子～一点。

朊 ruǎn 名蛋白质的旧称。

ruí

绥（綏） ruí 名古代帽带在下巴上打结后下垂的部分。

蕤 ruí ［葳蕤］wēiruí，见“葳”。

ruǐ

蕊（*蘂橤蘃） ruǐ 名花蕊，植物的生殖器官，有雄、雌之分，雌蕊接受雄蕊的花粉后，长出果实。

ruì

芮 ruì 名姓。

汭 ruì 名〈文〉水流会合或弯曲处。

枘 ruì 名〈文〉榫头，指器物凹凸相接处凸出的部分▷方～圆凿｜～凿不相入（比喻意见不合，格格不入）。

蚋 ruì 名双翅目蚋科昆虫的统称。体长1—5毫米，褐色或黑色，足短，触角粗短，成虫形似蝇。幼虫生活在山溪急流中，杂食；雌虫刺吸牛、羊等牲畜血液，也吸人血，传播疾病，叮咬后产生奇痒。

锐（鋭） ruì ❶形锋利（跟“钝”相对）▷～利｜尖～◇敏～（感觉灵敏，眼光尖锐）。→❷名旺盛的气势；勇往直前的气势▷养精蓄～｜～意。→❸形快速；急剧▷～进｜～减｜～增。

瑞 ruì ❶名征兆；特指吉祥的征兆▷祥～。→❷形吉祥的▷～雪兆丰年｜～签。〇❸名姓。

睿（*叡） ruì 形眼光深远；通达▷聪明～智。

rún

瞤（瞤） rún〈文〉❶动眼皮跳动。→❷动肌肉抽搐。

rùn

闰（閏） rùn ❶名地球公转一周的时间为365天5小时48分46秒，公历把一年定为365天，所余的时间约每四年积累成一天，加在2月里；农历把一年定为354天或355天，所余的时间约每三年积累成一个月，加在某一年里。这在历法上叫做闰▷～年｜～月。〇❷名姓。

润（潤） rùn ❶动滋润；使不干燥▷～一～喉咙｜把笔在砚台上～了～｜浸～｜丰～。→❷形潮湿；不干燥▷土田肥～｜气候温～｜雨后荷花更加～泽可爱｜湿～。❸形有光泽▷玉～珠圆。❹动修饰（文章）▷～饰｜～色。→❺名利益；好处▷利～｜分～。

ruò

若[1] ruò ❶动像▷天涯～比邻｜大智～愚｜寥～晨星。→❷动用在动词前表示所说的事大概是这样，相当于“好像”▷～有～无｜旁～无人｜～有所失｜～即～离。→❸连用于复句的前一分句，表示假设关系，相当于“如果”▷理论～不与实际相联系，就是空洞的理论。

若[2] ruò 代〈文〉称谈话的对方，相当于“你”“你的”▷～辈｜吾翁即～翁。

另见rě。

偌 ruò 代这么；那么▷～大的北京城｜～大年纪。

弱 ruò ❶形力量小；实力差（跟“强”相对，②⑤同）▷强将手下无～兵｜不甘示～｜～国｜～项。→❷形体质差；力气小▷年老体～｜～不禁风｜瘦～｜衰～。❸形年纪小▷老～病残｜幼～。→❹形性格软弱▷怯～｜脆～。→❺形用在分数或小数后面，表示比这个数略少一些▷2/3～｜20%～。

渃 ruò 名渃水，水名，在四川。

婼 ruò ❶名汉代西域国名。→❷［婼羌］ruòqiāng 名地名，在新疆。今作若羌。

蒻 ruò 名〈文〉嫩蒲草▷～笠（嫩蒲草编成的帽子）。

箬（*篛） ruò 名箬竹，竹子的一种，叶子宽而大，可用来编制器具或竹笠，也可以用来包粽子。

爇 ruò 动〈文〉焚烧；引燃▷～香顶礼｜～烛。

S

sā

仨 sā "三""个"的合音词,用于口语▷他们~是一家|~一堆俩一伙|姐儿~|一顿吃了~馒头|~瓜俩枣。☛"仨"字后面不能再用"个"或其他量词。

挲 sā [摩挲]māsɑ,见"摩"。

另见 shā;suō。

撒[1] sā ❶动放出;张开▷把手~开|~腿就跑|打开鸡窝,把鸡~出来|~网。→❷动〈口〉排泄;泄出▷~尿|车带慢~气。→❸动尽力施展▷~野|~泼|~娇|~欢儿。

撒[2] sā [撒拉族]sālāzú 名我国少数民族之一,分布在青海、甘肃。

另见 sǎ。

sǎ

洒(灑) sǎ ❶动把水散布在地上▷扫地要先~水|~扫。→❷动散落▷饭粒~了一地|别把粥碰~了。○❸名姓。

靸 sǎ 动〈方〉穿鞋时把鞋后帮踩在脚后跟下;穿(拖鞋)▷~着鞋就出门了。

撒 sǎ ❶动分散扔出颗粒或片状的东西;散播▷~种|~化肥|~传单|抛~|~播。→❷动分散地落下▷瓜子~了一地|不小心把油碰~了。

另见 sā。

潵 sǎ 名潵河,水名,在河北。

sà

卅 sà 数〈文〉数字,三十▷五~运动。

飒(颯*颭) sà ❶[飒飒]sàsà 拟声形容风声、雨声等▷秋风~|寒雨~。○❷[飒爽]sàshuǎng 形威武而矫健▷英姿~。

脎 sà 名含有相邻的两个羰基的有机化合物,α-羟基醛或α-羟基酮分别和二分子苯肼($C_6H_5NHNH_2$)缩水后的衍生物。

萨(薩) sà 名姓。

sāi

挜 sāi 同"塞"②。

毸 sāi [毰毸]péisāi,见"毰"。

腮(*顋) sāi 名面颊的下半部▷两~泛起红晕|抓耳挠~|尖嘴猴~|~帮子。

塞 sāi ❶动堵住▷把这个洞~住。→❷动把东西填入或胡乱放入▷瓷器装箱的时候,要~上些刨花|抽屉里~满了乱七八糟的东西。→❸名堵住容器口、孔洞等的东西▷给瓶子找个~子|软木~|耳~。☛动词"塞"(sāi)只能单用,不能同其他动词组成合成词。"堵塞""闭塞""阻塞""淤塞"等合成词中的"塞",读 sè。

另见 sài;sè。

噻 sāi 音译用字,用于"噻唑"(sāizuò,有机化合物,可合成药物或染料等)、"噻吩"(sāifēn,有机化合物,可合成药物或染料等)等。

鳃(鰓) sāi 名多数水生动物的呼吸器官,用来吸取溶解在水中的氧。形状多样,有片状、束状、丝状和羽毛状等。鱼类的鳃一般有鳃盖保护。

sài

塞 sài 名据守御敌的险要地方▷要~|关~|边~。

另见 sāi;sè。

赛[1] **(賽)** sài ❶动比较高低、强弱▷你们俩~一~谁跑得快|~篮球|比~|竞~|~场。→❷动比得上;胜过▷他们一个~一个|萝卜~梨。→❸名指比赛活动▷一场足球~|田径~。○❹名姓。☛"赛"不能简化为"赛"。

赛[2] **(賽)** sài 动古代为酬报神灵的恩赐而进行祭祀▷祭~|祷~|~会|~神。

sān

三 sān ❶数数字,二加一的和。→❷数泛指多数▷~令五申|~思而行|再~。☛"三"的大写是"叁"。

叁 sān 数数字"三"的大写。

毵(毿) sān [毵毵]sānsān 形〈文〉形容毛发、枝条等细长物披散的样子▷杨柳~。

sǎn

伞(傘*傘❶❷繖❶❷) sǎn ❶名遮挡雨水或阳光的用具,用布、油纸、塑料等制成▷买一把~|打~|雨~|阳~|折叠~◇保护~。→❷名形状像伞的东西▷灯~|降落~。○❸名姓。

散(*散) sǎn ❶形无约束;不集中▷一盘~沙|~兵游勇|零零~~|~漫|松~。→❷形零碎的;不成整体的▷~装|~页|~座|~碎。→❸名粉末状药物▷丸~膏丹|避瘟~|健胃~|~剂。→❹动松开;解体▷包袱~了|这个俱乐部~了|~架。☛"零散""披散"的"散",读轻声。

另见 sàn。

糁(糝) sǎn 名〈方〉饭粒▷饭~。

另见 shēn。

馓(饊) sǎn [馓子]sǎnzi 名一种面食,把环形的面条扭成花样再用油炸熟。

sàn

散(*散) sàn ❶动聚在一起的人或物分开▷会议还没~|烟消云~|一哄而~|离~|失~|~戏|~伙。→❷动四处分散▷~传单|天女~花|~布|~发|~播。→❸动排除;排遣▷~心|~闷。
另见 sǎn。

sāng

丧(喪) sāng 名有关死了人的事▷治~|吊~|报~|~钟|~服。
另见 sàng。

桑(*桒) sāng ❶名桑属植物的统称。落叶乔木或灌木,叶子边缘锯齿状,穗状花序,果实为聚花果,味甜。叶子可喂蚕,果实可以生吃或酿酒,枝条皮可以造纸,叶、果、枝、根皮都可以做药材。○❷名姓。

sǎng

搡 sǎng 动用力猛推▷叫人~了个跟头|连推带~。

嗓 sǎng ❶名喉咙▷~音|~子哑了。→❷名指嗓音,人的发音器官发出的声音▷哑~|尖~|~门儿。

磉 sǎng 名立柱下面的石礅▷~礅|~盘|石~。

颡(顙) sǎng 名〈文〉额头▷稽~(跪拜时用额触地)。

sàng

丧(喪) sàng ❶动失去;丢掉▷~尽天良|~家之犬|~权辱国|闻风~胆|~失。→❷动特指失去生命;死去▷老年~子|~命|~亡。→❸动失意▷沮~|懊~。☛"丧"字在"哭丧着脸"一语中读轻声。
另见 sāng。

sāo

搔 sāo 动用指甲或别的东西抓挠▷~头皮|隔靴~痒|~首弄姿。☛"搔"字右半是"蚤",九画。不要写作"蚤"。从"蚤"的字,如"骚""瘙",同。

骚[1](騷) sāo 动扰乱▷~扰|~动|~乱。

骚[2](騷) sāo ❶名指《离骚》,楚国爱国诗人屈原的代表作▷才继~雅|~体。→❷名泛指诗文▷~人墨客|~客。❸形举止轻佻,行为放荡(多用于女子)▷风~|~货|~娘们儿。○❹同"臊"(sāo)。

缫(繅) sāo 动从泡在开水里的蚕茧中抽出蚕丝▷~丝。

缲(繰) sāo 同"缫"。现在通常写作"缫"。
另见 qiāo。

臊 sāo 形像尿那样难闻的腥臭气味▷又~又臭|~气|腥~|狐~。
另见 sào。

sǎo

扫(掃) sǎo ❶动用笤帚等清除尘土和垃圾▷把门前的雪~一~|~炕|~地|打~|洒~。→❷动清除;消除▷~雷|~盲|~荡|横~|~了人家的兴。→❸形〈文〉尽;全部▷~数(shù)。→❹动迅速掠过▷用眼光来回~了一圈|~射|~描|~视。
另见 sào。

嫂 sǎo ❶名哥哥的妻子▷~子|二~|表~。→❷名称与自己年龄差不多的已婚妇女▷李大~|刘~。

sào

扫(掃) sào [扫帚]sàozhou 名比笤帚大的扫地工具,多用竹枝扎成▷一把~。
另见 sǎo。

埽 sào ❶名旧时治理黄河工程中用的一种器材,把树枝、秫秸、石块等捆扎成圆柱形,用来堵塞河堤缺口或保护堤岸防水冲刷▷镶~|束~|~材。→❷名用许多埽做成的挡水建筑物。

瘙 sào ❶名〈文〉疥疮。→❷[瘙痒]sàoyǎng 动(皮肤)发痒▷浑身~|~难忍。

臊 sào 动害羞;难为情▷~红了脸|没羞没~|害~。
另见 sāo。

sè

色 sè ❶名面部的气色、表情▷面不改~|喜形于~|~厉内荏。→❷名景象;情景▷暮~|曙~|以壮行~。❸名品类;种类▷各~各样|货~齐备|各~人等。→❹名颜色▷黄~|五光十~|~彩。→❺名女子的美好容貌▷有几分姿~|好(hào)~。○❻名物品(多指金银)的成分▷足~|成~。
另见 shǎi。

涩(澀*澁濇) sè ❶形不光滑;不滑润▷摸着发~|两眼干~|滞~|枯~。→❷形舌头感到麻木,不滑润▷这柿子特别~|苦~|酸~|脱~。→❸形(文章)不流畅▷晦~|艰~|生~。

啬(嗇) sè 形小气;应当用的财物舍不得用▷吝~。

铯(銫) sè 名碱金属元素,符号 Cs。银白色,质在金属中最软,熔点28.5℃,化学性质极活泼,遇水发生爆炸,在光照下易放出电子。用于制造准确度极高的原子钟、光电管和宇宙飞行器的燃料。

瑟 sè ❶名古代一种像琴的弦乐器,现保留下来的有两种,一种 25 根弦,一种 16 根弦▷琴~。○❷[瑟瑟]sèsè 拟声形容微风等轻细的声音▷秋风~|~有声。

塞 sè 动堵住;梗阻▷茅~顿开|敷衍~责|堵~|闭~|阻~|淤~。
另见 sāi;sài。

穑(穡) sè 动〈文〉收获(谷物)▷稼~。

sēn

森 sēn ❶形树木多而繁密▷~林|松柏~~。→❷形〈文〉众多;密密麻麻▷~罗万象|~列。○❸形幽暗;阴冷▷阴~。☛统读 sēn,不读 shēn。

sēng

僧 sēng ❶名佛教徒中出家修行的男人(梵语音译词"僧伽"的简称),通称和尚▷落发为～|～多粥少|～人|～俗|～尼。○❷名姓。

shā

杀(殺) shā ❶动强使人或动物结束生命▷～人|～猪宰羊|～伤|～害|～机。→❷动搏斗;战斗▷～出一条血路|～入敌群。→❸动消除;削弱▷～一～他的威风|～～暑气|～价。❹动损坏;败坏▷大～风景。→❺动用在某些表示心理活动的动词后面,夸张性地表示程度很深(多用于近代汉语)▷秋风秋雨愁～人|气～我也|笑～人。也作煞。○❻同"煞"②。○❼动〈方〉药液等刺激而引起疼痛▷药水涂在伤口上～得慌|染发水把眼睛～了。

杉 shā 义同"杉"(shān),用于"杉篙"(杉树一类的树干制成的细而长的杆子,多用来搭脚手架或撑船)、"杉木"等。
另见 shān。

沙[1] shā ❶名沙子,细碎的石粒▷飞～走石|泥～俱下|～土|～漠|～滩。→❷名颗粒小而松散像沙的东西▷豆～|蚕～|～瓤西瓜。→❸名指用含沙的陶土制作的(器皿)▷～锅|～罐。○❹名姓。

沙[2] shā 形嗓音嘶哑▷嗓子发～|喊得声音都有点～了|～哑。
另见 shà。

纱(紗) shā ❶名经纬线稀疏、质地轻薄的织物▷～巾|～布|窗～。→❷名轻而薄的纺织品的统称▷泡泡～|香云～。→❸名用棉花、麻等纺成的细丝,可以合成线或织成布▷100 支～|纺～|花～布(棉花、棉纱、棉布)。→❹名像窗纱一样的制品▷铁～|塑料～。

刹 shā 动使车辆、机器等停止运行▷～车|～闸◇～住这股歪风邪气。
另见 chà。

砂 shā ❶名极细碎的石粒▷～布|～纸|～轮|～岩。→❷名像砂的东西▷～糖|矿～。☛"砂"义同"沙[1]"①,但在"砂布""砂纸""砂轮""砂岩"等词中通常写作"砂"。

莎 shā 用于地名。如莎车,在新疆。
另见 suō。

铩(鎩) shā ❶名古代一种长刃的矛。→❷动〈文〉摧残;伤残▷～羽(鸟翅受伤,常比喻失意或失败)。

挲 shā [挓挲]zhāshā,见"挓"。
另见 sā;suō。

痧 shā 名中医称中暑、肠炎等急性病▷中了暑,发了～|绞肠～。

煞 shā ❶动结束;止住▷突然把话～住|～尾|～笔|～账。→❷动勒紧▷装完车用大绳～一下|把口袋～紧|～一～腰带。也作杀。○❸动损坏;削弱▷～风景|～价。○❹同"杀"⑤。
另见 shà。

裟 shā [袈裟]jiāshā,见"袈"。

鲨(鯊) shā 名板鳃类鲨目动物的统称。身体一般呈纺锤形而稍扁,口横向裂开,无鳃盖,牙锋利,鳞呈盾形,尾鳍发达。性凶猛,行动敏捷,捕食其他鱼类,生活在海洋中。鳍和唇是名贵食品,此外还有多种经济价值。种类很多,常见的有真鲨、虎鲨、姥鲨、星鲨、角鲨等。也说鲛。

shá

啥 shá 代〈方〉什么▷你干～去?|～时候了?|要～有～。☛统读 shá,不读 shà。

shǎ

傻 shǎ ❶形智力低下;愚笨▷他一点儿也不～|～头～脑|装～|干～事|吓～了。→❷形心眼死板;不灵活▷～等了两个小时|要巧干,不能～干|出～力气。

shà

沙 shà 动〈方〉经过摇动把颗粒状东西里的混杂物集中起来清除掉▷把米里的沙(shā)子～一～。
另见 shā。

唼 shà [唼喋]shàzhá 拟声〈文〉形容许多鱼或水禽吃食的声音▷～争食。

厦(*廈) shà ❶名大房子;大楼▷高楼大～。→❷名房屋后面的廊子▷前廊后～。
另见 xià。

嗄 shà 形〈文〉嗓音嘶哑。
另见 á。

歃 shà 动〈文〉用嘴吸(血)▷～血为盟(古代盟会时,把牲血含在嘴里或涂在嘴唇上,表示诚意)。

煞 shà ❶名迷信指凶神▷凶神恶～|满脸～气。○❷副表示程度高,相当于"很""极"▷脸气得～白|～费苦心。
另见 shā。

箑 shà 名〈文〉扇子。

霎 shà 名极短的时间▷～时|一～。

shāi

筛[1]**(篩)** shāi ❶名筛子,一种用竹条或铁丝等编成的器具,底面多孔,用来淘汰细碎的东西▷过～子|～选。→❷动用筛子过东西▷把米～干净|～糠|～沙子。❸动往杯子里或碗里倒(酒、茶)▷～一碗酒来(多用于近代汉语)。○❹动使(酒)热▷在火盆上～酒(多用于近代汉语)。

筛[2]**(篩)** shāi 动〈方〉敲(锣)▷十处～锣九处在(形容人爱看热闹)。

shǎi

色 shǎi ❶义同"色"(sè)④,用于口语▷掉～|套～|上～|落(lào)～|捎(shào)～。○❷[色子]shǎizi 名骰子。参见"骰"。
另见 sè。

shài

晒(曬) shài ❶动太阳照射▷～得我头晕眼花。→❷动把东西放在太阳光下使它干燥;人或物在阳光下吸收光和热▷把粮食拿出去～一～|～衣服|～太阳。

shān

山 shān ❶图地面上由土、石构成的巨大而高耸的部分▷一座～|村子四周都是～|～清水秀|火～|～峰|～区。→❷图像山的东西▷冰～|房～(人字形屋顶的房屋两侧的墙)。❸图指蚕蔟,供蚕吐丝做茧的设备▷蚕上～了|蚕～。→❹图比喻声音大▷锣鼓敲得～响|～呼万岁。○❺图姓。

芟 shān〈文〉❶团除草。→❷团除掉;消灭▷～除芜辞|～繁剪秽。

杉 shān 图杉科植物的统称。常绿或落叶乔木,叶针状、鳞片状或线状,球果圆卵形,有革质苞鳞。木材白色或淡黄色,木纹平直,结构细致,可用于建筑和制作家具。主要品种有水杉、柳杉、银杉等。

另见 shā。

删(*刪) shān 团除去;去掉(某些文辞)▷～去多余的话|这个字应该～掉|～繁就简|～改|～节|～除。

苫 shān 图用草编成的覆盖或铺垫的用具▷草～子。

另见 shàn。

钐(釤) shān ❶图金属元素,符号 Sm,稀土元素之一。银白色,质硬,易碎,易燃。可以用来制造中子吸收剂、激光材料、永磁材料和吸收红外线的玻璃等。○❷图姓。

另见 shàn。

衫 shān ❶图单层的上衣▷汗～|衬～|羊毛～。→❷图泛指衣服▷衣～褴褛|破衣烂～|长～|夹克～。

姗(*姍) shān [姗姗]shānshān 形行走缓慢而从容▷～来迟。

珊(*珊) shān [珊瑚]shānhú 图珊瑚虫(海里一种腔肠动物)分泌的钙质骨骼的聚集体,有的形状像树枝,红、灰、白、黑色,鲜艳美观,可以供观赏,也可以做装饰品及工艺品。

埏 shān 团〈文〉和(huó)泥。

栅(*柵) shān [栅极]shānjí 图电子管中位于板极和阴极之间的一种电极,有控制板极电流的强度、改变电子管的性能等作用。

另见 zhà。

舢 shān [舢板]shānbǎn 图一种用桨划行的小船。也作舢舨。

痁 shān 图〈文〉疟疾。

扇 shān ❶团摇动扇子或其他片状物使空气加速流动生风▷～扇(shàn)子。→❷同"煽"②。现在通常写作"煽"。→❸同"搧"。

另见 shàn。

跚 shān [蹒跚]pánshān,见"蹒"。

搧 shān 团用手掌或手背打(人)▷～他一个耳光|～了几巴掌。也作扇。

煽 shān ❶团摇动扇子或其他片状物,使风吹火旺▷～炉子|～风点火。→❷团鼓动(别人做不该做的事)▷～动|～惑。也作扇。

潸 shān 形〈文〉形容流泪的样子▷～然泪下。

膻(*羶羴) shān 形像羊身上的那种气味▷他做的红焖羊肉一点儿也不～|～气|腥～。

shǎn

闪(閃) shǎn ❶团一晃而过;迅速侧身避开▷黑暗中～过一个人影|赶紧～到一边|躲～|～开。→❷团突然显现或时隐时现▷脑海里～过一个念头|灯光一～|电～雷鸣|～烁|～耀。❸图闪电,云与云或云与地面之间所发生的放电现象▷打～。→❹团(身体)猛然晃动▷汽车突然一颠,～了我一个跟头|一不留神,身子～了一下,跌在地上。❺团因动作过猛而扭伤▷小心别～了腰。○❻图姓。

陕(陝) shǎn ❶图指陕西▷～北|～甘宁边区。○❷图姓。

掺(摻) shǎn 团〈文〉握;执▷～手(握手)|～袂。

另见 càn;chān。

shàn

讪(訕) shàn ❶团讥笑▷～笑|讥～。○❷形羞惭;难为情▷～～地走开了。☛不读 shān。

汕 shàn [汕头]shàntóu 图地名,在广东。

苫 shàn 团(用席、布等)覆盖;遮蔽▷房顶上～了块油布|用席把粮食～上|～布。

另见 shān。

钐(釤) shàn ❶图钐镰,一种长柄大镰刀。也说钐刀。→❷团挥动钐镰或镰刀割▷～草|～麦子。

另见 shān。

疝 shàn 图人或动物腹腔内脏器向周围组织薄弱处隆起的病。最常见的是小肠通过腹股沟肌肉的薄弱处坠入阴囊,称为小肠疝气。

单(單) shàn ❶图单县,地名,在山东。○❷图姓。

另见 chán;dān。

剡 shàn 图剡溪,水名,即曹娥江上游,在浙江嵊州。

另见 yǎn。

扇 shàn ❶图能摇动生风的用具,呈薄片状▷纸～|折～。→❷图用来遮挡的板状或片状物▷门～|隔～|窗～。❸量用于门窗等片状器物▷一～门|两～窗子。→❹图功能和主体部分的形状像扇的装置▷电～|排风～|台～|吊～。

另见 shān。

墠(墠) shàn ❶图古代祭祀用的场地。○❷[北墠]běishàn 图地名,在山东。

掸(撣) shàn ❶图古代称傣族。○❷图缅甸民族之一,大部分居住在缅甸的掸邦。

另见 dǎn。

善 shàn ❶形美好;良好▷多多益～|～策|～本|改～|完～。→❷形善良;心地好(跟"恶"相对,③同)▷性～|慈～|和～。❸图善良的行为;慈善的事▷隐恶扬～|改恶从～|劝～规过|行～。→❹形友好;和睦▷友～|亲～。→❺团办好;做好▷～始～终|～后。❻团擅长▷～交际|能歌～舞|循循～诱。❼团易于▷～变|～疑|多愁～感。→❽副好好地;妥善地▷～自珍重|～罢甘休。○❾图姓。

禅(禪) shàn 团(古代君王)把帝位让给别人▷～让|～位。

另见 chán。

骟(騸) shàn 动除去牲畜的睾丸或卵巢▷把这匹马～了|～羊。

鄯 shàn [鄯善]shànshàn 名地名,在新疆。

墡 shàn 名〈文〉白垩。

缮(繕) shàn ❶动修补好▷修～。→❷动工整地抄写▷～写|～录。

擅 shàn ❶动〈文〉独揽;专有▷～权|～国。→❷动擅自;超越权限自作主张▷～离职守。→❸动长于;善于▷不～辞令|～长。

膳(*饍) shàn 名饭食▷用～|御～|～费|～食。

嬗 shàn 动〈文〉更替;演变▷～变。

赡(贍) shàn ❶形〈文〉丰富;充足▷丰～|富～|～足|～丽。→❷动供给;供养▷～养。

蟮 shàn [蛐蟮]qūshàn,见"蛐"。

鳝(鱔*鱓) shàn 名黄鳝,体呈圆筒形,外观像蛇,黄褐色,有暗色斑点,无鳞,左右腮孔在腹面连成一个。常潜伏在水边的泥洞或石缝中。肉鲜美,可食用。

shāng

伤(傷) shāng ❶名人、动植物或其他物体受到的损害▷腿受～了|～病员|～口|创～|虫～|探～(探测金属材料内部的缺陷)。→❷动损害▷～了胳膊|熬夜很～身体|谷贱～农|～天害理|～风败俗|～了自尊心。⇒❸动悲哀;忧愁▷～心|悲～|哀～|忧～。⇒❹动因某种因素的损害而致病▷～风|～寒|～湿止痛膏。⇒❺动因饮食过度或频繁而感到厌烦▷吃肉吃～了|喝酒喝～了。⇒❻动妨害;妨碍▷无～大局|有～大雅。

汤(湯) shāng [汤汤]shāngshāng 形〈文〉水流又大又急▷浩浩～。

另见 tāng。

殇(殤) shāng 〈文〉❶动未成年而死。→❷名战死者▷国～(为国而死的人)。

商[1] shāng ❶名朝代名,成汤灭夏桀后所建,约公元前16世纪—公元前11世纪。公元前14世纪,盘庚迁都到殷,改国号为殷。也说殷商。→❷名以买卖货物为职业的人▷皮货～|富～|客～|～贩。❸名买卖商品的经济活动▷经～|通～|～务|～场|～店。→❹名星宿名,二十八宿中的心宿。○❺名姓。

商[2] shāng 动商量,交换意见▷有要事相～|会～|～谈|面～|磋～|～讨|～议。

商[3] shāng 名古代五音(宫、商、角、徵、羽)之一,相当于简谱的"2"。

商[4] shāng ❶名算术中除法运算的得数▷十被二除的～是五。→❷动用某数做商▷十除以二～五。

觞(觴) shāng 名古代一种盛酒的器具▷举～相庆。

墒 shāng 名适合作物生长的土壤湿度▷保～|抢～|～情。

熵 shāng ❶名热力学中,用热能的变化量除以温度所得的商来表示不能利用来作功的热能,这个商叫做熵。○❷名科学技术上泛指某些物质系统状态的一种量度,或者可能出现的程度。

shǎng

上 shǎng 名上声,古汉语四声中的第二声,现代汉语普通话四声中的第三声▷阴平、阳平、～声、去声。

另见 shàng; shang。

垧 shǎng 量土地面积单位,大小各地不同,东北地区一般合15市亩,西北地区合3或5市亩▷两～地。

晌 shǎng ❶名〈方〉正午或正午前后▷～午|吃～饭|歇～。→❷名指一天内的一段时间,也指一个白天▷前半～|后半～|晚半～|半～。

赏(賞) shǎng ❶动赐予;奖励(跟"罚"相对)▷～他一笔钱|～罚分明|～善罚恶|奖～。→❷名赐予或奖励的东西▷悬～|有～|领～。→❸动宣扬;称赞▷～识|赞～。○❹动观赏;欣赏▷～月|～花|～心悦目|～析。○❺名姓。☞"赏"和"尝"(cháng)不同。"尝"是"嘗"的简化字,指品尝、尝试。

shàng

上[1] shàng ❶名高处;较高的位置(跟"下"相对)▷～有天,下有地|往～走|高高在～。→❷形处于高处的▷～游|～端|～层|～肢。⇒❸名指君主、皇帝▷～谕|皇～|～方宝剑。❹名指尊长或地位高的人▷～行下效|长(zhǎng)～|犯～作乱。⇒❺形时间或顺序在前的▷～午|～旬|～半年|～回|～册|～集。⇒❻名等级或质量较高的▷～级|～将|～品|～等。→❼动从低处到高处;登▷～山|～楼|～台|逆流而～。⇒❽动向前进行▷迎着困难～|一拥而～。⇒❾动呈献;奉上▷～万言书|～茶|～菜|～税|～供。⇒❿副向上▷～进|～缴|～报中央|～诉|～涨。⇒⓫动去;往▷你～哪儿?|～天津|～学校|～街。⓬动达到(一定的数量或程度)▷人均收入～千元|不～三年|～了岁数|～档次。⇒⓭动特指登台;出现在某些场合▷～演|～场|9号队员～,4号下。→⓮动增补;添加▷给机器～油|～货|～煤|～水|～膘。⇒⓯动记载;登载▷～了光荣榜|他的事迹～了报了|～账。⇒⓰动安装上▷～刺刀|子弹～膛|～玻璃|～门窗。⓱动拧紧▷～发条|～螺丝。⓲动涂;抹▷～漆|～色(shǎi)|～药。→⓳动按规定的时间活动▷～夜班|～操|～了两堂课。→⓴动碰到;遭受▷～圈套|～当受骗。

上[2] shàng 名我国民族音乐中传统的记音符号之一,表示音阶上的一级,相当于简谱的"1"。

另见 shǎng; shang。

尚[1] shàng ❶形崇高▷高～。→❷动推崇,认为崇高;注重▷崇～|～勇|～武|不～空谈。❸名指社会上流行的风气;一般人所崇尚的东西▷时～|风～。○❹名姓。

尚[2] shàng ❶副表示动作或状态持续不变,相当于"还"(hái)▷年纪～小|为时～早|～未可知。→❷副〈文〉用于复句前一分句的动词谓语前,提出明显的事例作衬托,相当于"尚且",后一分句有"况""何"等呼应,对程度上有差别的同类事例作出必然的结论▷天地～不能久,而况于人乎?

绱(緔) shàng 动把鞋帮和鞋底缝合成鞋▷赶紧把鞋～上|～鞋。

shang

上[1] shang 又 shàng 用在某些动词后面。❶动表示动作由低处向高处的趋向▷飞～蓝天|登～顶峰|跨～战马。→❷动表示动作达到一定数量▷每次回家最多住～两三天|每天睡～六七个小时就行了|还没说～两句话就走了。○❸动表示动作有了结果或达到了目标▷门关～了|住～了新房|泡～一壶茶|戴～手套|当～了模范。○❹动开始并继续下去,相当于"起来"▷大家又聊～了|吃完饭就忙～了|孩子们又闹腾～了。

上[2] shang 用在某些名词后面。❶名表示在某一物体的顶部或表面▷山～|大门～|炉台～|脸～。→❷名表示在某一事物范围以内▷会～|课堂～|书本～|报纸～。→❸名表示某一方面▷领导～|理论～|思想～|实际～。→❹名用在表示年龄的词语后,相当于"……的时候"▷他 10 岁～到了北京|小李 25 岁～结了婚。

另见 shǎng;shàng。

裳 shang [衣裳]yīshang 名衣服。另见 cháng。

shāo

捎 shāo 动顺便带东西或传话▷托人给孩子～件衣服|～口信|～带|～脚。

另见 shào。

烧(燒) shāo ❶动使着火▷火盆里～着炭|把旧稿子都～了|～纸|～香|焚～|燃～。→❷动加热使物体起变化▷～水|～饭|～砖|～炭|保险丝～断了。⇒❸动因接触某些化学药品使物体发生破坏性变化▷硫酸～坏了衣服|强碱～手。⇒❹动施肥过多或不当,使植物枯萎或死亡▷乱施肥,把花给～死了。→❺动烹调方法。a)将食物原料直接在火上烧烤▷～饼|～鸡|叉～肉。b)将食物原料汽蒸、过油或煸炒后,加汤汁、作料,先用旺火烧开,用小火焖透入味,再用旺火收汁▷红～鲤鱼|～茄子。→❻动因病而体温增高▷病人～得直说胡话|～到 39℃ 多。⇒❼名比正常体温高的体温▷～退了|发高～。⇒❽形〈口〉比喻因钱多或条件优越而头脑发热,忘乎所以▷有点钱,～得他不知姓什么了。

梢 shāo ❶名树枝的末端▷树～|枝～|柳～|～头。→❷名长条形东西较细的一头▷喜上眉～|辫～|头发～|扁担～。

稍 shāo 副表示数量不多、程度不深或时间短暂,相当于"略微"▷这个班男生～多一些|价钱～贵|～不留意就会上当|说到这儿,他～停了停。

蛸 shāo [蟏蛸]xiāoshāo,见"蟏"。另见 xiāo。

筲(*箾) shāo ❶名古代指一种竹制圆形容器,也指淘米或洗菜的竹器。→❷名竹、木等制的水桶▷水～|两～水。

艄 shāo ❶名船尾▷船～。→❷名舵▷掌～|～公。

鞘 shāo 名鞭鞘,拴在鞭绳末端的细皮条。另见 qiào。

sháo

勺 sháo ❶名舀东西的用具,有柄,一般为空心半球形▷一把～儿|用～舀饭|汤～|炒～|马～。→❷名像勺的半球形物体▷后脑～。→❸量市制容量单位,10 撮为 1 勺,10 勺为 1 合(gě),100 勺为 1 升。

芍 sháo [芍药]sháoyào 名多年生草本植物,花大而美丽,同牡丹相似,有紫红、粉红、白等颜色。是著名观赏植物,根可以做药材。芍药,也指这种植物的花。

杓 sháo 古同"勺"①。

另见 biāo。

苕 sháo 名〈方〉红苕,即甘薯。一年生或多年生草本植物,蔓细长,匍匐地面。地下有卵圆形块茎,可供食用,可以制糖。甘薯,也指这种植物的块茎。通称红薯或白薯。

另见 tiáo。

韶 sháo 形〈文〉美好▷～光|～华。

shǎo

少 shǎo ❶形数量小(跟"多"相对,②同)▷参观的人很～|收入不多,花消不～|～见多怪|稀～|～数|～量。→❷动短缺;达不到原有的或应有的数量▷这种事可～不了他|钱都收齐了,一分不～|必不可～。⇒❸动欠▷～人的款,目前还没法还。⇒❹动丢失▷门锁让人给撬了,可屋里的东西一件没～。→❺副表示时间短暂或程度轻微▷～待|～候|～安勿躁。

另见 shào。

shào

少 shào ❶形年纪轻(跟"老"相对)▷年～无知|～男～女|～年|～壮。→❷名旧称有钱有势人家的儿子▷阔～|恶～。→❸形同级军衔中较低的▷～将|～校|～尉。

另见 shǎo。

召 shào 名周朝诸侯国名,在今陕西凤翔一带。另见 zhào。

邵 shào 名姓。

劭 shào 形〈文〉(道德品质)高尚;美好▷年高德～。

绍(紹) shào ❶动〈文〉接续;继承▷～熙(继承并光大前人的事业)。→❷动引荐▷介～。→❸名指浙江绍兴▷～酒|～剧。○❹名姓。

捎 shào ❶动〈口〉(牲畜、车辆等)稍向后退▷把马车往后～～。→❷动(颜色)减退▷～色(shǎi)。

另见 shāo。

哨[1] shào "动巡逻;警戒▷～探|巡～。→❷名为警戒、防守、巡逻、侦察等任务而设的岗位,也指执行这种任务的士兵▷瞭望～|岗～|～兵|三步一岗,五步一～|～所|～位。

哨[2] shào ❶动〈方〉鸟叫▷那只画眉～得挺欢。→❷名哨子,一种用金属等制成的可以吹出像鸟叫声的器物▷吹～|～声响了。

潲[1] shào 名〈方〉用泔水等煮成的猪食▷猪～。

潲[2] shào ❶动雨被风吹得斜着落下来▷忘了关窗户,雨水把床都～湿了。→❷动〈方〉洒水▷菜快干了,得～点水|扫地前先～点水,免得起土。

shē

畲(畬) shē [大畲坳]dàshē'ào 名地名，在广东。

奢 shē ❶形挥霍无度；享受过度（跟"俭"相对）▷穷～极欲｜～侈｜～华。→❷形过分的；过高的▷～望｜～愿。

赊(賒) shē 动买卖货物时延期付款或收款▷货款先～着，月底还清｜～欠｜～账｜～购｜～销。

猞 shē [猞猁]shēlì 名食肉目猞猁属动物的统称。外形像猫而大，毛带红色或灰色，有黑斑，四肢粗长，两耳尖端有黑色毛丛，尾端黑色。栖息在多岩石的森林中，善爬树，行动敏捷，性凶猛。也说林独。☛统读 shē，不读 shě 或 shè。

畲 shē [畲族]shēzú 名我国少数民族之一，分布在福建、浙江、广东一带。

shé

舌 shé ❶名人和某些动物口中辨别滋味、帮助咀嚼和发音的器官▷口干～燥｜张口结～｜～头｜～苔。→❷名形状像舌头的物体▷帽～｜笔～｜火～。❸名铃、铎内的锤。

折 shé ❶动〈口〉断▷椅子腿～了｜胳膊被撞～了。→❷动亏损；损失▷做买卖～了本儿｜～秤｜～耗。○❸名姓。

另见 zhē；zhé。

佘 shé 名姓。

蛇(*虵) shé 名蛇目爬行动物的统称。体呈圆筒形，细长，体表被角质鳞，四肢退化，舌细长分叉。有的有毒。大多数种类以脊椎动物为食，少数种类也吃昆虫、蚯蚓或软体动物，主要生活于热带和亚热带。有两千多种。

另见 yí。

阇(闍) shé [阇梨]shélí 名高僧（梵语音译词"阿阇梨"的简称）；泛指僧人。

另见 dū。

shě

舍(捨) shě ❶动放弃；丢下▷锲而不～｜四～五入｜～近求远｜～弃｜～不得。→❷动把自己的财物送给穷人或出家人▷～粥｜～药｜施～。

另见 shè。

shè

厍(厙) shè 名姓。☛"厍"和"库"不同，"库"字上半是"广"。

设(設) shè ❶动摆放；安置▷幼儿园～在居民区内｜陈～｜摆～｜安～｜架～。→❷动建立；开办▷这个机构是新～的｜～立｜建～｜开～。→❸动筹划；考虑▷～一条妙计｜～法｜建筑～计。❹动假定；假想▷～圆的直径为 x 厘米｜～身处(chǔ)地｜不堪～想。❺连〈文〉用于复句的前一个分句，表示假设某种情况，相当于"如果""假如"▷～有困难，当尽力相助。

社 shè ❶名古指土神，借指祭祀土神的地方、日子和祭礼▷～稷｜封土为～｜春～。→❷名古代地方基层行政单位▷～学｜～仓。❸名指某些从事共同工作或活动的集体组织▷集会结～｜诗～｜棋～｜～团｜合作～。❹名某些机构或服务性单位的名称▷报～｜出版～｜通讯～｜旅～｜茶～。

舍 shè ❶名居住的房屋；住所▷校～｜宿～｜客～。→❷量古代行军三十里为一舍▷退避三～。→❸形谦称自己的家▷寒～｜～下｜～间。❹形谦称自己的亲属，一般用于比自己辈分或年纪小的人▷～侄｜～弟｜～妹｜～亲。→❺名饲养家畜的窝、棚、圈▷鸡～｜猪～｜牛～。

另见 shě。

拾 shè 动〈文〉放轻脚步登上▷～级而上。☛"拾级而上"的"拾"不读 shí。

另见 shí。

射(*䠶) shè ❶动放箭；泛指借助某种冲力或弹力迅速发出（子弹、足球等）▷～箭｜～出一排子弹｜扫～｜～门。→❷动液体受压通过小孔迅速排出▷用水枪～了他一身水｜～精｜喷～｜注～。❸动（话里的意思）指向▷影～｜暗～。→❹动发出（光、热、电波等）▷太阳～出万道金光｜反～｜辐～｜～线。

涉 shè ❶动不用船过水；泛指从水上经过▷远～重洋｜跋山～水｜长途跋～。→❷动经历▷～险｜～世不深。○❸动关连；牵连▷～及｜～外｜～嫌。

赦 shè 动减轻或免除对罪犯的刑罚▷十恶不～｜～罪｜大～｜～免。

摄[1](攝) shè 动〈文〉代理▷～政｜～理｜～行。

摄[2](攝) shè ❶动吸取▷～取｜～食｜～影。→❷动指摄影▷～制｜拍～。

摄[3](攝) shè 动〈文〉保养▷～生｜～养。☛"摄"字统读 shè，不读 niè 或 zhé。

滠(灄) shè 名滠水，水名，在湖北。

慑(懾*慴) shè 动〈文〉恐惧；使害怕；使屈服▷震～｜威～｜～服。☛㊀统读 shè，不读 niè 或 zhé。㊁参见"詟"字的提示。

歙 shè 名歙县，地名，在安徽。

另见 xī。

麝 shè 名偶蹄目麝属动物的统称。形状像鹿而小，无角，前肢短，后肢长，蹄小，尾短，毛棕色或灰褐黑色，有斑纹，雄的有獠牙，脐下有香腺，能分泌麝香。通称香獐。

shéi

谁(誰) shéi 又 shuí ❶代用于疑问句中指所问的人，可指一个人，也可指几个人，相当于"什么人""哪个人""哪些人"▷～来做报告？｜去旅游的都有～？｜～的书丢了？→❷代指不能肯定的人，包括不知道的人、无须或无法说出姓名的人，相当于"某人""什么人"▷我知道这是～出的主意｜隔壁好像有～在低声说话。→❸代表示任何人，可用在"也""都"前或"不论""无论""不管"后，也可在一句话中用两个"谁"前后照应▷～也不知道该干什么｜不论～都得去｜～准备好～发言｜他俩～也不认识～。→❹代表示没有一个人，用于反问句▷～能比得上你呀！｜～不说他能干！

shēn

申[1] shēn ❶动伸展。→❷动陈述；说明▷重～我们的立场｜三令五～｜～明理由｜～请｜～辩｜～述。

申² shēn ❶名上海的别称。○❷名姓。

申³ shēn 名地支的第九位。

伸 shēn ❶动(肢体或其他物体)舒展开或向一定方向延展▷把腿～直|～懒腰|小路～向远方|白杨树笔直地～向天空|～展|～缩。→❷动(使冤屈得到)表白;(使事理得到)申述▷～冤|～雪。

身 shēn ❶名人或动物的躯体▷～高 1.8 米|转过～去|～体|～材|挺～而出|半～不遂。→❷名物体的主体或主干部分▷机～|车～|船～。→❸名自身;本人▷～为领导,应当吃苦在前|以～作则|～家性命|～体力行|～受。→❹名生命▷舍～救人|奋不顾～。❺名一生;一辈子▷终～|～后。→❻名品德;才能▷修～养性|～手不凡。❼名社会地位▷～败名裂|～份|出～。→❽量用于衣服▷买了两～衣服|换了～衣裳。

呻 shēn ❶动〈文〉吟诵。→❷[呻吟]shēnyín 动因痛苦而发出哼哼的声音▷伤员躺在地上～着|无病～。

诜(詵) shēn [诜诜]shēnshēn 形〈文〉众多。

参¹(參) shēn 名星宿名,二十八宿之一。

参²(參*葠❶蓡❶) shēn ❶名人参、党参的统称。通常指人参。人参为多年生草本植物,有肥大的肉质根,可以做药材。→❷名指海参,海参纲棘皮动物的统称。身体略呈圆柱形,体壁多肌肉。种类很多,有的可食用,其中梅花参是珍贵的海味。

另见 cān;cēn。

绅(紳) shēn ❶名古代士大夫束在衣服外面的大带子▷缙～。→❷名绅士,旧指地方上有势力、有地位的人▷乡～|豪～|土豪劣～。

珅 shēn 名〈文〉一种玉石。

莘¹ shēn [莘莘]shēnshēn 形〈文〉众多▷～学子。☞"莘莘"不读 xīnxīn。

莘² shēn ❶名莘县,地名,在山东。○❷名姓。

另见 xīn。

砷 shēn 名非金属元素,符号 As。有黄、灰、褐三种同素异形体。砷及其可溶性化合物都有毒。可用于制硬质合金、杀虫剂等。旧称砒。

甡 shēn 形〈文〉众多。

娠 shēn 动怀孕▷妊～。☞统读 shēn,不读 chén 或 zhèn。

深(*湥) shēn ❶形从水面到水底的距离大;泛指从上到下或从外到里的距离大(跟"浅"相对,③—⑥同)▷河水很～|挖一个～坑|～耕细作|～宅大院|～山老林。→❷名从上到下或从外到里的距离;深度▷井水有一丈多～|下了半尺～的雪|纵～|进～。→❸形(道理、含义等)高深奥妙,不易理解▷这篇文章很～,要反复体会|～入浅出|哲理～邃。→❹形深入;深刻▷想得很～|体会～|～思熟虑|影响～远|～意|发人～省。→❺形(感情)深厚;(关系)密切▷爱得这么～|～情厚谊|一往情～。→❻形(颜色)浓▷～蓝|穿～色衣服。→❼形开始以来经历的时间久▷夜～了|年～日久|～更半夜|～秋。→❽副表示在程度上超过一般,相当于"很""十分"▷～知|～怕|～信不疑|～有同感。

糁(糝) shēn 名谷物磨成的小碎粒▷玉米～儿。另见 sǎn。

鲹(鰺) shēn 名鲹科鱼的统称。体侧扁,侧面呈卵圆形或纺锤形,尾柄细小,尾鳍分叉。生活在热带和亚热带海洋中。种类多,经济价值大。

燊 shēn 形〈文〉炽盛。

shén

什 shén [什么]shénme ❶代指事物或人。a)表示疑问▷～是你的理想?|这是～?|她是你的～人?|你有～事?b)表示不确定的事物或人▷随便吃点～|天气太热,用不着穿～|在天津你有～亲戚吗?|外面好像有～声音|我没有～不放心的。c)用在"都""也"前,表示在所说的范围内没有例外▷这种金属比～都硬|～困难也吓不倒我们。d)两个"什么"连用,表示前者决定后者▷有～就吃～|你要～样的鞋,我就给你买～样的。→❷代表示惊讶▷～!都 8 点了,要迟到了!|～!您都七十多了,真看不出来。→❸代表示不同意、不满意或不以为然▷看～电视,还不快做功课|嚷～!大家都睡了|挤～!按次序来|这是～玩意儿,一用就坏|这事有～难办的!→❹代表示列举不尽▷～花呀、草呀,种了一院子|桌上摆满了苹果、橘子、香蕉～的。

另见 shí。

神 shén ❶名古代传说和宗教中指天地万物的创造者和主宰者,或具有超人的能力、可以长生不老的人物,也指人死后的精灵▷惊天地,泣鬼～|求～拜佛|～仙|～灵|财～|～位|～主。→❷形玄妙莫测的;极其高超的▷～机妙算|～乎其～|～医|～效|～奇|～妙。→❸名指人的精神、精力或注意力▷全～贯注|～不守舍|令人～往|出～|愣～。❹名人的表情所显示的内心活动▷～色|～态|眼～|～采。○❺名姓。

shěn

沈(瀋❶❷) shěn ❶名〈文〉汁▷墨～未干。○❷[沈阳]shěnyáng 名地名,在辽宁。○❸名姓。☞"沈",原是"沉"的本字,现在是"瀋"的简化字,也是姓氏用字。

另见 chén。

审¹(審) shěn ❶动仔细地观察;考查▷这篇论文请专家～一～|～时度(duó)势|～稿|～察|～定。→❷形精细;周密▷详～|～慎|精～。→❸动审问;审讯▷～案子|～判|～理|候～|公～。

审²(審) shěn 副〈文〉真实地;果真▷～如其言。

哂 shěn 〈文〉❶动微笑▷聊博一～|～存|～纳|微～。→❷动讥笑▷将为后代所～|～笑。

矧 shěn 连〈文〉表示意思更进一层,相当于"况且""何况"。

谂(諗) shěn 动〈文〉知道;知悉▷～知|～悉。

婶(嬸) shěn ❶名叔叔的妻子▷三～儿|～子|～母。→❷名称与父母同辈而年龄比较小的已婚妇女▷张～|李二～。

shèn

肾(腎) shèn ❶名人和高等脊椎动物的主要排泄器官。人的肾位于腹后壁腰椎两旁,左右各一个,为脂肪组织所包围和衬托。也说肾脏,俗称腰子。→❷名中医指人的睾丸。也说外肾。

甚[1] shèn ❶形〈文〉大。→❷形厉害;严重▷欺人太~。❸副表示程度深,相当于"很""非常"▷~嚣尘上|反映~佳|来宾~多。→❹动〈文〉超过▷日~一日。

甚[2] shèn 代〈方〉什么▷你出去做~?|他有~心事?

胂 shèn 名砷化氢分子中的氢部分或全部被烃基取代后生成的有机化合物。

渗(滲) shèn 动液体逐渐透入或沁出▷水~到地里去了|额角上~出了汗珠|~透|~井。

葚 shèn 名桑树的果穗,成熟时黑紫色或白色,有甜味,可以食用▷桑~。

另见 rèn。

椹 shèn 同"葚"。现在通常写作"葚"。

另见 zhēn。

蜃 shèn 名〈文〉大蛤蜊▷~景(古人误认为是蜃吐气形成的)|海市~楼。☛㊀统读 shèn,不读 chén。㊁"蜃"是左上包围结构,不是上下结构。

瘆(瘮) shèn ❶形惊恐▷夜里走山路真~得慌。→❷动使感到可怕▷~人|那个鬼地方可~了。

慎(*昚❶) shèn ❶形谨慎;小心▷谨小~微|~重|~独|不~。○❷名姓。

shēng

升[1](*昇陞) shēng ❶动向上或向高处移动(跟"降"相对,②同)▷太阳~起来了|~旗|~堂入室|上~|回~。→❷动(级别)提高▷~级|~官|~格|晋~。

升[2] shēng ❶名量粮食的器具,容量为斗的1/10。→❷量市制容量单位,10合(gě)为1升,10升为1斗。1市升等于法定计量单位中的1升。❸量法定计量单位中的体积单位,1000毫升为1升。

生 shēng ❶动植物长出来;泛指生物体长出▷这块地只~野草,不长庄稼|~根发芽|荆棘丛~|小蝌蚪已经~了脚|野~|~长。→❷动人生孩子;动物产仔▷一胎~了两个|娶妻~子|老猫~了五只小猫头~|亲~|~育。❸动出生▷~老病死|~于北京1978年~人|诞~|降~。❹名古代称有学问有道德的人("先生"的省称),也是读书人的通称▷伏~(西汉的《尚书》专家)|儒~|书~。⇒❺名学生;学习的人▷门~|考~|女~|研究~。⇒❻名传统戏曲里的一个行当,扮演男子,包括小生、老生、武生等▷~旦净末丑。⇒❼名指从事某些工作的人▷医~|阴阳~|练习~。→❽动产生;发生▷熟能~巧|急中~智|无事~非|~效|~病|~锈|~财。❾动点燃▷~火|~炉子。→❿动活着;生存(跟"死"相对)▷~死存亡|死里逃~|出~入死|~还|永~。⇒⓫名生命▷有~之年|舍~取义|丧~|轻~|杀~。⓬形有生命力的;活的▷~龙活虎|~物|~猪。⇒⓭名生存的过程;一辈子▷今~|来~|一~|前半~|毕~|余~|平~。⇒⓮名维持生存的手段▷以教书为~|谋~|营~。⇒⓯形(食物)没有做熟的;(果实)没有成熟的▷~菜|夹~饭|~鸡蛋|地里的西瓜还~着呢,不能摘。⇒⓰形没有经过加工、锻制或训练的▷~漆|~石灰|~橡胶|~铁|~荒地|~马驹。⇒⓱形不熟悉▷人~地不熟|这个人看着面~|~人|~字|陌~|~僻。⓲名不熟悉的人▷欺~|认~|怯~。⇒⓳形生硬;勉强▷~搬硬套|~拉硬拽|~造词语。⑳副〈方〉硬是▷好好的一对,~给拆散了|事情~让他们搅和坏了。○㉑副表示程度深(只用在某些表示感情或感觉的词的前面)▷~怕别人不知道|肩膀压得~疼。○㉒名姓。

声(聲) shēng ❶名声音,物体振动所产生的音响▷说话小点~|~如洪钟|~嘶力竭|雷~|歌~|~响。→❷动发出声音;陈述,宣扬▷~东击西|不~不响|~称|~讨|~张|~援。→❸名音讯;消息▷销~匿迹|无~无息。→❹名名誉;威望▷名~|~誉|~望|~价。→❺名声母,一个汉字开头的音▷双~叠韵|~、韵、调。→❻名声调,字音的高低升降▷四~|平~|去~。→❼量用于发出声音的次数▷大喝(hè)一~|哭了几~|一~枪响。

牲 shēng ❶名古代指供祭祀用的牛、羊、猪等▷三~|献~。→❷名家畜▷~口|~畜。

笙 shēng 名我国传统的簧管乐器,在锅形的座子上装有13—19根带簧的竹管和1根吹气管。现在改用24根带簧管,演奏音域增宽。

甥 shēng 名姐姐或妹妹的子女▷外~|~女。

shéng

渑(澠) shéng 名古水名,在今山东。

另见 miǎn。

绳(繩) shéng ❶名绳子,用两股以上丝、棉、麻纤维或草、棕等拧成的条状物▷一根~儿|把衣服晾到~上|麻~|草~|钢丝~|缰~。→❷名〈文〉指绳墨,木工用来定曲直的工具▷木直中(zhòng)~。❸名标准;规矩▷准~。❹动〈文〉纠正;制裁▷~正|~束|~之以法。○❺名姓。

shěng

省[1] shěng ❶动减少;免除▷~不少麻烦|这道工序不能~|~略。→❷动节约,减少耗费(跟"费"相对)▷~时间|既~工又~料|~钱。❸动简略▷~称|~写。

省[2] shěng ❶名我国地方行政区划单位,直属中央政府▷山东~|东北三~|~代表队|~辖市|~会。→❷名省会,省行政机关所在地▷近日来~|到~里参观。

另见 xǐng。

眚 shěng 〈文〉❶动眼睛中长白翳▷目~昏花。→❷名过失▷不以一~掩大德。

shèng

圣(聖) shèng ❶形品格高尚,智慧超群▷~明|~人。→❷名品格高尚、智慧超群的人▷~贤|~哲。❸名在某方面有极高成就的人▷诗~|画~|棋~。→❹形最崇高;最庄严▷神~|~洁|~地。⇒❺名君主时代尊称帝王▷~上|~主|~旨|~听。⇒❻名宗教徒对所崇拜信仰的人或事物的尊称▷~诞|~母|~经|~灵|~水。○❼名姓。

胜(勝) shèng ❶动能承担;经得住▷能～任教学工作|不～其烦。→❷副尽▷不可～数|不～枚举。→❸动在斗争或竞赛中压倒或超过对方(跟"负""败"相对)▷这场比赛他们～了|打～仗|得～。⇒❹动打败(对方)▷以少～多|主队五比一大～客队。⇒❺动超过▷一步行动～过一打(dá)纲领|事实～于雄辩。❻形优美的;美好的▷～地|～会|～境。❼名优美的地方或境界▷名～|引人入～。○❽名姓。☛统读 shèng,不读 shēng。

晟 shèng 又 chéng 形〈文〉光明。

乘 shèng ❶量〈文〉用于四匹马拉的兵车,相当于"辆"▷兵车二百～|万～之国。○❷名〈文〉春秋时晋国的史书叫乘,后来泛指一般史书▷史～|野～|稗～杂说。

另见 chéng。

盛 shèng ❶形兴旺;繁荣(跟"衰"相对)▷由～转衰|太平～世|～极一时|兴～|繁～|～开。→❷形充足;丰富▷～筵|丰～|～产。❸形大▷久负～名|～誉|～怒。⇒❹形规模大而隆重▷～大|～会|～典|～况|～举。⇒❺形范围广;普遍▷奢靡之风很～|～行|～传。⇒❻形极力▷～夸|～赞。❼形深厚▷～情|～意。→❽形强壮;强烈▷春秋鼎～|～年|年少气～|牢骚太～。○❾名姓。

另见 chéng。

剩(*賸) shèng 动余下;留下▷一分钱也没～|别人都走了,屋里只～下他们俩|残汤～饭|～余|过～。

嵊 shèng 名嵊州,地名,在浙江。

shī

尸(*屍❸) shī ❶名古代祭祀时代表死者受祭的活人。→❷动〈文〉空占着(职位)▷～位素餐。→❸名人或动物死后的躯体▷～横遍野|死～|僵～|～首。

失 shī ❶动原有的没有了;丢掉(跟"得"相对)▷～了信心|得而复～|患得患～。→❷动找不着▷～踪|～群孤雁|迷～方向。→❸动没有控制住▷～言|～手|～足|～声痛哭。→❹动改变(常态)▷～色|～态。→❺动没有达到(愿望、目的)▷～意|～望。→❻动违背;背离▷～礼|～信|～实。→❼名过错▷智者千虑,必有一～|过～|唯恐有～。

师(師) shī ❶名〈文〉众人。→❷名军队的编制单位,隶属于军,下辖若干旅或团▷投入三个～的兵力|二〇九～|～长。❸名军队▷挥～东进|出～不利|正义之～。→❹名传授知识或技艺的人▷教～|～长|～生|～傅|～徒。⇒❺动〈文〉学习;效法▷～法|～承|～古。⇒❻名榜样▷前事不忘,后事之～。⇒❼名掌握某种专门知识或精通某种技艺的人▷工程～|医～|技～|厨～|理发～|魔术～。⇒❽名对和尚、尼姑、道士的尊称▷禅～|～太(老年尼姑)|法～。⇒❾名由于师生关系或师徒关系而产生的称谓▷～母|～兄。○❿名姓。

诗(詩) shī 名文学的一种体裁,通常以丰富的想象和直接抒情的方式来反映社会生活与个人情感,语言精练,节奏鲜明,大多数带有韵律▷一首～|～人|吟～|古～|新～|抒情～|叙事～|～韵。

鸤(鳲) shī [鸤鸠]shījiū 名〈文〉布谷鸟。

虱(*蝨) shī 名虱子,虱目昆虫的统称。有500余种。寄生在人或某些哺乳动物身上,吸食血液,能传播斑疹伤寒、回归热等疾病。

絁(絁) shī 名〈文〉一种粗绸子。

鸸(鳾) shī 名鸸属鸟的统称。嘴长而尖,翅尖长,足适于攀援,尾短。生活在森林中,主食昆虫,秋冬也吃种子。

狮(獅) shī 名狮子,哺乳动物,雄狮头大脸阔,颈部有鬣,雌狮颈部无鬣。毛黄褐或暗褐色,四肢强壮,有钩爪,尾细长,末端有毛丛。产于非洲和亚洲西部。主食羚羊、斑马等有蹄类动物。

施 shī ❶动给予▷～礼|～恩|～加。→❷动施舍,把自己的财物等给穷人或出家人▷～主|～诊。→❸动(把某些东西)加在物体上▷～肥|不～脂粉。○❹动实行;施展▷倒行逆～|～行|实～|～工|略～小计。○❺名姓。

浉(溮) shī 名浉河,水名,在河南,流入淮河。

葹 shī 名〈文〉苍耳,一年生草本植物,叶片呈三角形,有长柄,边缘有缺刻和不规则的粗锯齿。果实叫苍耳子,可以做药材。

湿(濕*溼) shī ❶形沾了水的;含水分的(跟"干"相对)▷窗户淋～了|墙刚抹好,还～着呢|～润|～度。→❷名中医指"六淫"(风、寒、暑、湿、燥、火)之一,是致病的一个重要因素▷～热下注|祛风除～|风～。

蓍 shī 名多年生草本植物,叶互生,无叶柄,开白色花。全株可以做药材;茎、叶可以做香料。我国古代用它的茎占卜。也说蓍草、锯齿草、蚰蜒草。

酾(釃) shī 又 shāi 〈文〉❶动过滤(酒)。→❷动斟(酒)。

嘘 shī 叹表示制止说话或驱赶家禽▷～!别说话|～,回窝里去!

另见 xū。

鲺(鰤) shī 名鲹科鲺属鱼的统称。身体侧扁,呈纺锤形,背部蓝褐色,鳍灰褐色,鳞小而圆,尾鳍分叉。生活在我国近海中。

鳚(鯴) shī 名鳚属节肢动物的统称。体呈扁圆形,跟臭虫相似,大如豆粒,头部有吸盘。寄生于鱼类体表,吸食血液。

shí

十 shí ❶数数字,九加一的和。→❷形完全、完满到了顶点▷～全～美|～足|～分。☛"十"的大写是"拾"。

什 shí ❶数〈文〉十,多用于分数或倍数▷～一(十分之一)|～(十倍)则围之。→❷形各种各样的;混杂的▷～物|～锦。❸名各种杂物▷家～。

另见 shén。

石 shí ❶名岩石,矿物的集合体,是构成地壳的主要成分▷水落～出|花岗～|寿山～|矿～|～雕|～匠。→❷名指刻有文字、图画的石制品▷金～。→❸名指能做药材的矿物▷药～罔效|药～之言。→❹名指石针,古代医生用来治病▷砭～。○❺名姓。

另见 dàn。

时（時*旹） shí ❶图季节；时令▷四～八节|不误农～|应～食品。→❷图时间；岁月▷～不我待|～过境迁|等候多～|历～十载|～差|～钟。⇒❸图指某一段时间▷彼一～，此一～|古～|旧～|唐宋～|平～|战～。❹图指规定的时间▷过～不候|按～完成|准～到达|届～光临。⇒❺图时辰，旧时计算时间的单位，1个时辰是1昼夜的1/12▷子～|午～。❻图小时，法定计量单位中的时间单位，1小时是1昼夜的1/24▷上午9～|下午3～10分|～速80公里。⇒❼形当前的；目前的▷～事|～局|～务|～价|～宜。⇒❽形一时的；适时的▷～机|～运|～尚|～鲜|～装。❾图时机；时宜▷～来运转|待～而动|式样已经过～|人～|背～。⇒❿副表示时间、频率。a)相当于"常常""经常"▷～有所闻|～有出现|～有新意。b)两个"时"字前后连用，相当于"有时……，有时……"，"一会儿……，一会儿……"▷～松～紧|～大～小|～有～无|～断～续。⇒⓫图一种语法范畴，通过一定的语法形式表示动作行为发生的时间，一般分为现在时、过去时和将来时。○⓬图姓。

识（識） shí ❶动知道；体会到▷～趣|～羞。→❷动认得；能辨别▷～字|～货|认～|相～|～别|～破。❸图知识；见识▷常～|学～|见～|共～|才～|胆～。☛不读shì。

另见zhì。

实（實*寔） shí ❶形里面饱满；没有空隙▷皮球是空心的，垒球是～心的|充～|坚～|厚～。→❷形富裕▷丰～|殷～。→❸形具体的；实有的▷～惠|～词|～力|～效。→❹形真诚▷～话～说|～心～意|诚～|忠～|老～。⇒❺图实际▷名存～亡|如～|事～|史～。⇒❻副的确；本来▷～属难得|～不相瞒。→❼动填充；填满▷荷枪～弹。→❽图果实；种子▷开花结～|子～。

拾[1] shí ❶动从地下拿起东西；捡取▷～柴火|～破烂儿|路不～遗|～取。→❷动整理▷～掇。

拾[2] shí 数数字"十"的大写。

另见shè。

食 shí ❶图饭菜；泛指人吃的东西▷肚子里有了～，也就有劲儿了|丰衣足～|酒～|～量|面～。→❷图动物的食物或饲料▷老虎找～吃|猪～|鸡～|喂～。→❸动吃▷吞～|饮～|蚕～。⇒❹动（人所见到的）日月部分或全部被遮住▷日～|月～|日全～|日环～。⇒❺动特指吃饭▷废寝忘～|因噎废～|～堂|绝～。⇒❻动供食用的▷～盐|～油|～糖。

另见sì；yì。

蚀（蝕） shí ❶动虫子蛀坏东西▷蛀～。→❷动损伤；亏缺▷侵～|～本。❸动同"食"④。

炻 shí [炻器]shíqì 图介于陶器和瓷器之间的一种陶瓷制品。质地致密坚硬，机械强度较高，多呈灰白、红棕、黄褐等色，如沙锅、水缸等。

祏 shí 图古代宗庙中供奉神主的石室。

埘（塒） shí 图〈文〉在墙壁上挖洞做成的鸡窝▷鸡栖于～。

莳（蒔） shí [莳萝]shíluó 图多年生草本植物，羽状复叶，开黄色小花。子实可以提取芳香油，也可以做药材。通称土茴香。

另见shì。

湜 shí 形〈文〉水清澈见底。

鲥（鰣） shí 图鲥鱼，体侧扁，背部灰黑色，略带蓝色光泽，腹部银白色，鳞大而圆。生活在海洋中，洄游至河、湖中繁殖后代。肉鲜嫩肥美，鳞下富有脂肪，是名贵的食用鱼。

鼫 shí 图古书上说的一种动物，有飞、爬、游、跑、藏五种技能，所以又说五技鼠。

shǐ

史 shǐ ❶图古代官府中掌管卜筮、记事等职务的官员▷太～|左～|右～。→❷图历史，自然界或人类社会以往的发展进程，也指某种事物的发展过程和个人的某种经历▷社会发展～|青年运动～|先秦～|发家～。→❸图记载历史的文字；研究历史的学科▷有～以来|～前时期|《二十四～》|文～哲。○❹图姓。

矢[1] shǐ 图箭▷无的（dì）放～|流～|弓～。

矢[2] shǐ 动发誓▷～志不渝|～口否认|～忠（宣誓效忠）。

矢[3] shǐ 古同"屎"。

豕 shǐ 图〈文〉猪▷～食丐衣|～突狼奔。

使 shǐ ❶动派；差遣；叫人办事▷～人～惯了，自己什么也不会干|鬼～神差|支～|差～|～唤。→❷动让；令▷这事～他兴奋不已|他的才干～我佩服|～先进的更先进|～大家感到意外。❸连〈文〉用于复句的前一分句，表示假设关系，相当于"假如"▷～六国各爱其人，则足以拒秦。→❹动用；使用▷你～锹，我～镐|借我笔～～|～劲。→❺动奉命去国外办事▷出～。❻图派往外国办事的人▷大～|公～|特～|～节|～馆|～团。

始 shǐ ❶图事物发生的最初阶段（跟"终"相对）▷有～有终|～终如一|～末。→❷动开头；开始▷这种现象～于年初|周而复～。→❸副才▷会议至下午7时～散。

驶（駛） shǐ ❶动（车马等）快跑▷汽车向远处～去|疾～|奔～。→❷动操纵（车船等）行进▷行～|驾～|停～|空～。

屎 shǐ ❶图粪，人或动物从肛门排泄出来的东西▷拉～|端～倒尿。→❷图从眼睛、耳朵等器官里分泌出来的东西▷眼～|耳～。

shì

士 shì ❶图古代指未婚的青年男子，也用作男子的美称。→❷图古代指大夫和庶民之间的阶层。❸图古代读书人的通称▷名～|寒～|～林。→❹图对人的美称▷有识之～|志～仁人|烈～|勇～|壮～|女～。❺图对某些专业人员的称呼▷院～|医～|护～|助产～。→❻图指军人▷将～|～兵|～卒。❼图军衔中的一级，在尉以下▷上～|中～|下～。

氏 shì ❶图姓▷王～兄弟。→❷图旧时放在已婚妇女的姓后（或姓前再加夫姓）作为称呼▷王～|钱王～。→❸图加在远古传说中人物、国名后作为称呼▷神农～|涂山～|夏后～。→❹图加在名人、专家的姓氏后作为称呼▷段氏（段玉裁）《说文解字注》|摄～温度计。

另见zhī。

示 shì 动把事物摆出来给人看，让人知道▷出～|提～|展～|启～|～众|～范|～意。☛"启示"和"启事"不同。"启示"意为启发，"启事"是面向公众说明事项的文字。

世 shì ❶名父子相承而形成的辈分，一世就是一代▷第十～孙|～代相传|～～代代。→❷名一代又一代；代代▷～传|～袭|～仇|～交。❸名称有世交情谊的▷～叔|～兄|～弟。→❹名人的一生▷今生今～|永～不忘|来～。→❺名时代▷孔子之～|当～|近～。❻名天下；社会▷公之于～|举～闻名|～间|～面|问～|面～。→❼名地质年代分期的第四级，在纪以下，跟年代地层单位中的"统"相对应▷全新～。

仕 shì 动〈文〉做官▷出～|～途。

市 shì ❶名集中进行贸易的场所▷门庭若～|上～|菜～|夜～|～场。→❷动〈文〉买或卖；做交易▷千金～骨|互～◇～恩。→❸名市场交易的价格▷行(háng)～。→❹名人口密集，工商业和文化事业发达的地方▷城～|都～|～区|～民。❺名行政区划单位，有直辖市和省(或自治区)辖市等▷北京～|合肥～|拉萨～|～长|～政府。→❻名属于市制的(度量衡单位)▷～尺|～斤|～里|～亩。☛"市"和"巿"不同。"市"字上面是"丶"，下面是"巾"，五画。"巿"(fú)字中间一竖贯串上下，四画。

式 shì ❶名规格；标准▷法～|格～|程～。→❷名样式，物体外形的样子▷老～织布机|新～|洋～|形～。→❸名举行典礼的程序、形式；典礼▷阅兵～|闭幕～|结业～。→❹名自然科学中表明某种规律的一组符号▷方程～|分子～|公～|算～。→❺名一种语法范畴，通过一定的语法形式表示说话人对所说事情的主观态度，如叙述式、命令式。

似 shì [似的]shìde 助用在词或词组之后，表示跟某事物相像▷淋得落汤鸡～|他高兴得什么～|像小孩儿撒娇～|看起来很轻松～。
另见 sì。

势(勢) shì ❶名在政治、经济或军事等方面的力量▷有权有～|仗～欺人|小人得～|失～|权～。→❷名事物所显示的力量▷～均力敌|声～|火～|风～|气～|威～。→❸名自然界或物体的外表形貌▷山～|地～。⇒❹名人的姿态、样子▷装腔作～|手～|姿～|架～。⇒❺名社会或事物发展的状况或趋向▷局～|形～|时～|趋～。○❻名雄性生殖器▷割～|去～。

事 shì ❶名事情，人类生活中的一切活动和所遇到的一切社会现象▷一件～|找你有点～|好人好～|天下大～。→❷名职业；工作▷我想在城里谋个～儿|你得找点～儿干干，别光闲着|做～。→❸名变故；事故▷街上出～了|平安无～。→❹动〈文〉为……做事；侍奉▷～亲|善～主人|～奉。❺动从事；做▷大～宣传|无所～事|不～生产。→❻名责任；关系▷不关我的～|没你的～，快走开。

侍 shì ❶动(在尊长身边)陪着；伺候▷～从|～卫|～奉|服～|～女。○❷名姓。

饰(飾) shì ❶动装饰，修整装点(身体或物体)，使整齐美观▷修～|妆～|～物。→❷名用来装饰的东西▷首～|服～。→❸动遮掩；伪装▷文过～非|掩～|～词|矫～。→❹动扮演▷在剧中～杨贵妃|～演。→❺动修饰(语言文字)▷润～|增～|藻～。☛"饰"字右半是"布"，不是"布"。

试(試) shì ❶动尝试，为了探查结果或检验性质而非正式地从事(某种活动)▷这些方法我都～过|～一～机器的灵敏度|跃跃欲～|～验|～用|测～|～点。→❷动考试，通过一定的方法考查知识或技能▷口～|复～|应(yìng)～|～题。

视(視 *眎眡) shì ❶动看▷～而不见|虎～眈眈|目不斜～|注～|仰～|～觉|～野。→❷动观察；考察▷～察|巡～。→❸动看待；对待▷一～同仁|～死如归|～同儿戏|仇～|漠～|重～。

拭 shì 动擦，用布、手巾等摩擦使干净▷～泪|～目以待|拂～|揩～。

贳(貰) shì 动出租；出借▷～器店(旧时出租婚丧喜庆用品的商店)。

柿(*梯) shì 名柿树，落叶乔木，叶子椭圆形或长圆形，表面光滑，开黄白色花。果实叫柿子，橙黄色或红色，圆形或扁圆形。除甘柿外，果实味涩，脱涩后甘甜，可生食，或制作柿饼、柿酒等；柿蒂和柿饼可以做药材。

是(*昰) shì ❶代〈文〉a)表示近指，相当于"这""这个""这样"▷～岁大旱|～可忍，孰不可忍|如～。b)复指前置宾语▷唯命～从|唯利～图|唯才～举。→❷动联系两种事物。a)表示等同、归类或领属▷《红楼梦》的作者～曹雪芹|我们的任务～守卫大桥|李白～唐朝人|我～教书的|这本书～我的。b)表示解释或描述▷人家～丰年，我们～歉年|刘老师～近视眼。c)跟"的"相呼应，构成"是……的"格式，表示强调▷他的手艺～很高明的|召开这次大会～必要的|我～不会干这种事的。d)表示存在▷沿街～一排商店|屋子里全～人。⇒❸动联系相同的两个词语。a)连用两次这样的格式，表示严格区分，互不相干▷一～一，二～二|丁～丁，卯～卯|说～说，做～做，该干还得干。b)单用这种格式，表示强调事物的客观性▷不懂就～不懂，不要装懂|事实总～事实，谁也否认不了。c)单用这种格式，表示让步，含有"虽然"的意思▷朋友～朋友，原则还得坚持|东西好～好，就是太贵|他出席～出席，但是不肯讲话。d)联系两个相同的数量结构，用在动词后，含有"算作"的意思，表示不考虑其他▷走一步～一步|过一天～一天|给多少～多少。⇒❹动用于名词前，含有"适合"的意思▷场上缺个中锋，你来得正～时候|这柜子放得不～地方。⇒❺动用于名词前，含有"凡是"的意思▷～学生就应该好好学习|～活儿他都肯干。⇒❻动用于形容词或动词性的谓语前，"是"重读，表示坚决肯定，含有"的确""实在"的意思▷这间房子～太小，没法住|他手艺～高明，我比不上|没错儿，他～辞职了|我～有事，不是偷懒。⇒❼动用于句首，强调"是"后面词语的确定性▷～父母把我们养育大的|～你告诉我这个消息的|～下雨了，我不骗你。⇒❽动用于选择问句、是非问句或反问句▷你～喝啤酒，还～喝白酒？|他～走了不～？|他不～来了吗？→❾形正确(跟"非"相对)▷你说得～|一无～处|自以为～|似～而非|你要检点一些才～。⇒❿名指正确的论断或肯定的结论▷实事求～|莫衷一～|各行其～。⇒⓫动〈文〉认为正确；肯定▷～古非今|深～其言。⇒⓬动表示答应▷～，我明白了|～，我马上就办。

峙 shì [繁峙]fánshì 名地名，在山西。
另见 zhì。

适[1]（適）shì〈文〉❶动往；到▷离京～沪｜～可而止。→❷动嫁到大家去▷～人。

适[2]（適）shì ❶动符合▷削足～履｜～用｜～龄｜～口。→❷副表示两件事情的巧合或符合，相当于"恰好"▷～逢其会｜～得其反｜～值中秋佳节。○❸形舒服▷身体不～｜舒～｜闲～。☛"适"本读 kuò，古人南宫适、洪适的"适"。汉字简化后，"适"成为"適"的简化字。为了避免混淆，用作古人名的"适"(kuò)可以改用"适"的本字"遆"。

另见 kuò。

恃 shì ❶动仗着；依赖▷有～无恐｜～才傲物｜仗～。→❷名〈文〉指母亲▷失～｜怙～(怙，指父亲)。

室 shì ❶名房间；屋子▷升堂入～｜教～｜卧～｜会议～｜居～。→❷名星宿名，二十八宿之一。→❸名家；家族▷十～九空｜皇～｜王～｜宗～。❹名指家属或妻子▷家～｜妻～｜继～。→❺名形状像室的器官▷心～｜脑～。→❻名机关、工厂、学校等内部的工作单位▷档案～｜研究～｜办公～｜收发～｜科～。☛统读 shì，不读 shǐ。

逝 shì ❶动(水流、时光等)消失▷年华易～｜岁月流～｜转瞬即～｜～水｜消～。→❷动死亡的委婉说法▷长～｜病～｜～世。

莳（蒔）shì ❶动〈文〉种植▷播～五谷｜～花。→❷动〈方〉移栽▷～秧｜～田。

另见 shí。

栻 shì 名古代用来占卜的器具。

轼（軾）shì 名古代车箱前供乘车人扶着的横木▷登～而望之｜伏～致敬。

铈（鈰）shì 名金属元素，符号 Ce，稀土元素之一。铁灰色，质较软，有延展性，化学性质活泼，在空气中用刀刮即可燃烧。可以制作还原剂、催化剂、火箭喷气燃料等，铈合金可做火石。

舐 shì 动〈文〉舔▷～犊情深｜举笔～墨｜吮痈～痔(比喻无耻的谄媚行为)。

弑 shì 动古代指臣下杀死君主或子女杀死父母▷～君｜～母。

释[1]（釋）shì ❶动〈文〉解开；松开▷～缚。→❷动放走(关押的人)▷开～｜保～｜～放。→❸动解除；消散▷涣然冰～｜～疑｜～怀｜～然。→❹动解说；阐明▷唐诗浅～｜～义｜～文｜解～｜注～。→❺动放开；放下▷爱不～手｜手不～卷｜如～重负。

释[2]（釋）shì 名指佛教创始人释迦牟尼，也指佛教▷～门｜～宗｜～子｜～教。

谥（謚＊諡）shì 名古代帝王、贵族、大臣或其他有地位的人死后，依其生前事迹所给予的带有褒贬意义的称号▷～号｜～法(评定谥号的法则)。

嗜 shì 动极端爱好▷～酒｜～好｜～杀成性。

筮 shì 动〈文〉用蓍草占卜▷卜～。

誓 shì ❶动发誓，表示决心依照约定或所说的话去做▷～不两立｜～死不二｜～师｜～言｜～约。→❷名誓言，发誓时表示决心的话▷信～旦旦｜宣～｜起～。

奭 shì 形〈文〉盛大。

噬 shì 动〈文〉咬▷～脐莫及｜～啮｜吞～｜反～。

另见 zhē。

螫 shì 动〈文〉蜇，蜂、蝎等有毒腺的虫子用毒刺刺人畜。

另见 zhē。

襫 shì [袯襫]bóshì，见"袯"。

shi

匙 shi [钥匙]yàoshi，见"钥"。

另见 chí。

殖 shi [骨殖]gǔshi 名尸骨。

另见 zhí。

shōu

收 shōu ❶动逮捕；拘禁▷～押｜～审｜～监。→❷动把散开的东西聚合到一起；把东西放到适当的地方▷把摊在桌上的书～起来｜院子里晾的衣服忘了～了｜别把钱放桌子上，赶紧～起来｜～拾｜～藏｜～集。⇒❸动获得(利益)▷坐～渔利｜～益｜～入｜～支平衡。❹动收获(农作物)；收割▷～麦子｜抢～｜秋～｜～成。⇒❺动收取；收回▷～税｜～房租｜～费｜～归国有｜覆水难～｜～复。⇒❻动接受；容纳▷来信～到｜～礼｜～徒弟｜～留｜～容｜～养。⇒❼动约束；制约▷玩野了，～不住心｜连忙～住脚步｜～敛。❽动结束▷～工｜～操｜～兵｜～不了场｜～市｜～尾。

shóu

熟 shóu 义同"熟"(shú)，用于口语▷饭～了｜～铁｜～人。

另见 shú。

shǒu

手 shǒu ❶名人体上肢腕以下由指、掌组成的部分▷两只～｜赤～空拳｜～忙脚乱｜拍～称快｜握～｜拱～｜招～。→❷动拿着▷人～一册。❸形小巧的、便于携带或使用的▷～册｜～折｜～枪｜～炉。→❹形亲手写的▷～稿｜～迹｜～札｜～谕｜～令｜～笔。❺副亲手▷～订｜～抄｜～创｜～植｜～记｜～书。→❻名指本领、技艺或手段▷妙～回春｜眼高～低｜心灵～巧｜心狠～辣｜下毒～。⇒❼名在某一方面有突出技艺的人▷高～｜选～｜国～｜棋～｜歌～｜多面～｜神枪～。❽名泛指做某种事的人▷打～｜凶～｜扒～｜助～｜帮～｜生～｜新～。⇒❾量用于技术、本领等▷露两～｜留一～｜烧得一～好菜。→❿量用于经手的次数▷第一～材料｜二～货。

守 shǒu ❶动保持，使维持原状不变化▷～秘密｜保～｜～成(保持前人的业绩)｜～旧。→❷动遵循；依照▷～规矩｜～法｜～信。→❸动保护，使不受损害；防卫▷为祖国～边疆｜坚～阵地｜～卫｜镇～｜把～。❹动看护；守候▷在家～着病人｜～株待兔｜看～｜～护。❺动靠近；依傍▷～着炉子取暖｜～着大山不怕没柴烧。○❻名姓。

首 shǒu ❶名头▷昂～阔步｜俯～帖耳｜～饰｜斩～。→❷名领头的人；头领▷群龙无～｜～长｜祸～｜魁～。→❸名开端▷岁～｜篇～。❹副首先；最早▷～屈一指｜～倡｜～创。→❺数第一▷～届｜～次。→❻形最高的▷～都｜～要｜～相。→❼动出头检举罪行▷自～｜出～｜～告。→❽词的后缀。附在方位词

的后面,相当于"头""面""方"▷上～|东～|左～。○❾量用于诗词、歌曲等▷一～诗|两～民歌。

艏 shǒu 名船的前部。

shòu

寿(壽) shòu ❶形活得长久;年纪大▷人～年丰|福～双全|～星。→❷名年岁;生命▷～比南山|长～|折～|～命|～终正寝。❸名生日(多用于中老年人)▷做～|祝～|～礼|～面|～辰。→❹形婉辞,生前为死后装殓准备的(东西)▷～衣|～材。○❺名姓。

受 shòu ❶动接受;得到▷～教育|～表扬|～重用|～宠若惊|～贿|～训|享～。→❷动遭到不幸或损害▷～折磨|～损失|～灾|～罪|～苦。→❸动忍耐;忍受▷～不了|～不住打击|又饿又累,真够人～的。→❹动〈口〉适合▷他写的字一点也不～看|我有一句话,不知～听不～听。

狩 shòu 〈文〉❶动冬季打猎;泛指打猎▷～猎。→❷动帝王出外巡视▷巡～。☛不读 shǒu。

授 shòu ❶动给予;交付(多用于正式或隆重的场合)▷～奖|～旗|～权|～衔|～意|私相～受。→❷动把学问、技艺等教给别人▷讲～|函～|～课|面～机宜。

售 shòu ❶动卖;卖出▷票已～完|～货|销～|零～|出～。→❷动〈文〉实现;施展(多指奸计)▷以～其奸。

兽(獸) shòu ❶名哺乳动物的通称,一般指有四条腿、浑身长毛的动物▷飞禽走～|禽～|野～|～医。→❷形比喻像野兽那样野蛮;下流▷～性|～行。

绶(綬) shòu 名一种用来系官印或勋章等的彩色丝带▷印～|～带。

瘦 shòu ❶形肌肉不丰满;脂肪少(跟"胖"或"肥"相对)▷他最近～了|骨～如柴|面黄肌～|～马|消～|～小。→❷形〈文〉笔迹细而有力▷字体～硬|～金书。→❸形特指食用肉脂肪少,不肥▷这块肉挺～|～肉馅。→❹形(衣服等)窄小,不肥大▷裤子太～|袖口做～了|穿在脚上肥～正合适。→❺形(土壤)不肥沃▷这块地太～,得多施肥|～田|土地～瘠。

shū

殳 shū 名古代兵器,用竹、木制成,一端有尖有棱,无刃。

书(書) shū ❶动写字;记载▷大～特～|罄竹难～|～写|～记员|～法。→❷名汉字的字体▷草～|隶～。→❸名装订成册的著作▷一本～|丛～|读～|～市|～评。→❹名文件▷文～|说明～|证～|请战～|申请～。❺名特指信件▷家～|～信。

抒 shū 动表达;抒发▷各～己见|～情|～怀。

纾(紓) shū 〈文〉❶形宽裕▷岁丰人～。→❷动使宽裕;使舒缓▷～免民力|～缓。❸动缓解;消除(困难、灾祸等)▷毁家～难(nàn)|～难(nàn)解忧|～祸。

枢(樞) shū ❶名〈文〉旧式门扇的转轴或承接门轴的臼槽;泛指转轴▷流水不腐,户～不蠹。→❷名事物的中心部分或关键部分▷交通～纽|神经中～。→❸名旧时指中央行政机构或重要的职位▷～要|～密。

叔 shū ❶名〈文〉兄弟排行次序中代表第三▷伯仲～季。→❷名丈夫的弟弟▷～嫂|小～子。→❸名父亲的弟弟▷二～|～侄|～父。❹名亲戚中跟父亲辈分相同而年纪较小的男子▷表～。❺名尊称年纪略小于父亲的男子▷张～|警察～～。

姝 shū 〈文〉❶形容貌美丽(多指女子)▷容色～丽。→❷名美女▷绝代之～|天下名～。

殊 shū ❶动断绝;死▷～死搏斗。→❷形不相同的▷～途同归|悬～。❸形特别的▷～勋|～遇(特别的待遇)|特～。❹副〈文〉很;极▷恐惧～甚|～有情趣|～感不安。☛统读 shū,不读 chū。

倏(*倐儵) shū 副〈文〉表示速度极快,相当于"转眼之间""忽然"▷京城一别,～已二载|～然|～忽。

菽 shū 名〈文〉豆类的统称▷～稷|稻～|不辨～麦。

梳 shū ❶名理顺头发、胡子的用具,多用竹、木、塑料等制成▷木～|～篦|～子。→❷动用梳子整理头发▷把头～一～|～妆打扮|～辫子|～洗|～理。

淑 shū 形善良;美好▷～女|贤～。

舒 shū ❶动伸展;宽松▷～眉展眼|～筋活血|～心。→❷形缓慢;从容▷～缓。→❸形轻松愉快▷～服|～畅|～适|～坦。○❹名姓。

疏[1](*疎❶) shū ❶动除去阻塞,使畅通▷～浚|～通。→❷名古书中对"注"所作的进一步解释或发挥的文字▷注～|《广雅～证》。

疏[2](*疎❶—❻) shū ❶动分散;使从密变稀▷～散|～剪。→❷形稀,物体之间距离远或空隙大(跟"密"相对)▷～星|～密相间。⇒❸形人与人之间关系远;不亲密▷亲～远近|～远。❹形不熟悉;不熟练▷生～|荒～。⇒❺形空虚;浅薄▷才～学浅|空～。⇒❻形粗心大意▷～忽|～漏。→❼名古代官员向君主分条陈说意见的文字▷上～|《论贵粟～》。

摅(攄) shū 动〈文〉发表;表达▷略～己意。

输(輸) shū ❶动运送;传送▷～出|～液|运～|灌～。→❷动〈文〉交出;捐献▷～租|～财|～诚|捐～。❸动在赌博或其他较量中失败(跟"赢"相对)▷赌～了|～了不少钱|在循环赛中一场也没～|～球|～家。

毹 shū [氍毹]qúshū,见"氍"。

蔬 shū 名蔬菜,可以当副食的草本植物,主要品种都是人工栽培,以十字花科和葫芦科植物为最多。☛统读 shū,不读 sū。

shú

秫 shú 名黏高粱;泛指高粱▷～米|～秸。

孰 shú 〈文〉❶代指人或事物,作句子或分句的主语,表示询问或反问,相当于"谁""什么"等▷人非圣贤,～能无过|是可忍,～不可忍?→❷代前面有主语时,表示选择,相当于"谁""哪个"等▷吾与徐公～美?

赎(贖) shú ❶动用财物换回人身自由或抵押品▷把房子～回来|～当(dàng)|～身|～金。→❷动用钱财或功绩抵消罪过▷立功～罪。

塾 shú 名旧时民间设立的教学处所▷村～|家～|私～|～师。

熟 shú ❶形食物烧煮到可以吃的程度(跟"生"相对,②—⑤同)▷饭～了|～肉|～食。→❷形植物的果实生长到可以收获或食用的程度▷葡萄～了|瓜～蒂落|成～。→❸形经过加工或治理过的▷～铁|～皮子|～炭|～土。→❹形熟悉,因经常接触而知道或记得很清楚的▷这一带我很～|台词背得很～|～识|～人|面～|耳～。⇒❺形(工作、技术)有经验,不生疏▷～能生巧|～手|～练|纯～。→❻形程度深▷他睡得很～|深思～虑。

另见 shóu。

shǔ

暑 shǔ ❶形炎热(跟"寒"相对)▷～天|～气|～热。→❷名炎热的季节▷寒来～往|～假。→❸名中医指"六淫"(风、寒、暑、湿、燥、火)之一,是致病的一个重要因素▷外感～邪。

黍 shǔ 名黍子,一年生草本植物,耐干旱,叶子细长而尖,叶片有平行叶脉,子实淡黄色,去皮后称为黄米,性黏,可酿酒、做糕,是重要粮食作物之一。

属(屬) shǔ ❶动〈文〉连接(今音 zhǔ);跟随。→❷动从属;受管辖▷我们学校～国家教委直接领导|直～|附～。❸动归属▷胜利终～人民|恐龙～爬行动物。⇒❹动是▷纯～虚构|查明～实。⇒❺动用十二属相记生年▷姐姐～兔,弟弟～马。→❻名类别▷金～。⇒❼名亲属,有血统关系或婚姻关系的人▷家～|军～|烈～|眷～。⇒❽名生物学分类范畴的一个等级,科以下为属,属以下为种▷门、纲、目、科、～、种|虎是猫科豹～动物。

另见 zhǔ。

署[1] shǔ ❶动布置;安排▷部～。→❷名处理公务的处所▷官～|公～|行～。○❸动〈文〉代理或暂任某个官职▷～理|～缺|暂～。

署[2] shǔ 动签(名);题(名)▷在稿子末尾～上笔名|签～|～名。

蜀 shǔ ❶名周朝诸侯国名,在今四川成都一带。→❷名指蜀汉,三国之一,公元221—263年,刘备所建,在今四川一带。❸名四川的别称▷～锦|～绣。

鼠 shǔ 名哺乳纲啮齿目部分动物的统称。种类很多,一般体小尾长,毛褐色或黑色,门齿发达,繁殖力强。常盗食粮食,破坏器物,能传布鼠疫等疾病,为害兽之一。其中的家鼠通称老鼠,有的地区叫耗子。

数(數) shǔ ❶动查点(数目);一个一个地计算(数目)▷～一～有多少人|不可胜～|屈指可～|～不清|从一～到十。→❷动跟同类相比较排在最突出的位置▷同学中～他最小|要说种菜,还得～老孙。→❸动一一列举▷如～家珍|～说|～落|历～。

另见 shù;shuò。

薯(*藷) shǔ 名甘薯、马铃薯、木薯、豆薯等可供食用的块根、块茎的统称。

曙 shǔ 名天刚亮的时候▷～光|～色。

shù

术(術) shù ❶名方法;手段▷权～|战～|算～|手～。→❷名技艺;学问▷剑～|医～|美～|技～|不学无～|学～。

另见 zhú。

戍 shù ❶动军队驻守▷～守|卫～|～边。○❷名姓。☞"戍"和"戌"(xū)"戊"(wù)不同。"戌"字中间是一短横,地支的第十一位;"戊"字中间没有点,也没有横,天干的第五位。

束 shù ❶动系(jì);捆缚▷腰～皮带|～发|～之高阁|～手就擒。→❷名捆在一起或聚集成条状的东西▷花～|光～||电子～。❸量用于捆起来的东西▷一～鲜花|一～箭。→❹动控制;限制▷约～|管～|拘～。○❺名姓。☞不读 sù。

述 shù 动叙说;陈述▷口～|复～|叙～|上～|～说。

沭 shù 名用于地名。如:沭河,水名,源于山东,流入江苏;沭阳,地名,在江苏。

树(樹) shù ❶动种植;培养▷十年～木,百年～人。→❷动树立;建立▷～雄心,立壮志|～碑立传|独～一帜|建～。→❸名木本植物的通称▷五棵～|～木|～林|松～|植～。❹量〈文〉用于树木▷一～红梅|千～万～梨花开。○❺名姓。

竖(竪*豎) shù ❶动立;直立▷把旗杆～起来|～起大拇指|～电线杆|～立。→❷形同地面垂直的(跟"横"相对,③同)▷～井|～琴。❸形上下或前后方向的▷对联要～着写|这片房子,横着有三排,～着有五排|～线。❹名汉字的笔画,从上一直向下,形状是"丨"▷我姓王,三横一～的王|横～撇点折。

俞 shù 同"腧"。现在通常写作"腧"。

另见 yú。

𫓹(鉥) shù ❶名〈文〉长针。○❷名姓。

恕 shù ❶动以仁爱、善良之心推想别人▷～道|忠～。→❷动原谅;不计较(别人的过错)▷～罪|宽～|饶～。❸动客气话,请对方原谅▷～我直言|～不奉陪|～难从命。

庶(*庻) shù ❶形众多▷富～|～务。→❷名〈文〉平民▷～民|黎～。→❸名旧时指家庭的旁支,非正妻所生的子女(跟"嫡"相对)▷～出|～子|杀嫡立～。○❹副〈文〉表示希望或可能出现某种情况,略相当于"但愿""或许"▷～竭驽钝|～免于难|～不致误|～几。○❺名姓。

裋 shù 名古代仆役所穿的粗布衣服▷～褐。

腧 shù ❶名腧穴,人体上的穴位,如肾腧、肺腧等。→❷名特指背部的背腧穴或四肢的五腧穴。

数(數) shù ❶名数目,通过单位表示出来的事物的多少▷您要多少,说个～吧|不计其～|人～|岁～|～目|～字◇胸中有～|心中无～。→❷数几;几个▷～人|～次|～十年|～小时。❸数〈口〉用于某些数词或量词后表示约数▷亩产千～来斤|个～来月|里～来地。→❹名天命;命运▷在～难逃|气～已尽|天～|定～。→❺名数学上表示事物的量的基本概念▷整～|小～|正～|负～|奇(jī)～|偶～|有理～|无理～。→❻名一种语法范畴,表示名词或代词所指事物的数量,如某些语言中名词有单数、复数两种形态。

另见 shǔ;shuò。

墅 shù 名别墅,住宅以外供休养游乐用的园林房屋,一般建在郊外或风景区。

漱（*漱）shù 动含水荡洗（口腔）▷～口｜洗～。☛统读 shù，不读 sù。

澍 shù 名〈文〉及时的雨▷～雨。

shuā

刷[1] shuā ❶名刷子，用成束的毛、棕、金属丝等制成的用具，主要用来清除污垢或涂抹膏油等▷牙～｜板～｜棕～｜钢丝～。→❷动用刷子涂抹▷～油漆｜～墙。→❸动用刷子清洗▷把地板～干净｜～牙｜～锅｜～洗。❹动〈口〉淘汰▷这次考试～下来两个学生｜头一轮比赛就被～掉了。

刷[2] shuā 拟声形容物体迅速擦过或撞击发出的声音▷小汽车～地开了过去｜树叶被风吹得～～响｜秋雨～～地下着。

另见 shuà。

shuǎ

耍 shuǎ ❶动玩；游戏▷玩～。→❷动戏弄；捉弄▷他把大伙儿～了｜受人～弄｜从来不～笑别人。→❸动摆弄着玩；表演▷～刀弄棒｜～龙灯。❹动施展；卖弄（多含贬意）▷～笔杆子｜～威风｜～手腕｜～滑头｜～嘴皮子。

shuà

刷 shuà ［刷白］shuàbái 形颜色苍白或青白▷把他吓得脸～。

另见 shuā。

shuāi

衰 shuāi 动由强转弱▷未老先～｜经久不～｜兴～｜～弱｜～退｜～败。

另见 cuī。

摔 shuāi ❶动把东西用力往下扔▷气得抄起茶杯就往地上～｜把书～在桌上｜～盆儿。→❷动从高处落下▷从梯子上～下来。❸动因落下而损坏▷可别把这古董花瓶～了。→❹动站立不稳而倒下▷～了个跟头｜脚底下一滑，～倒了｜这一跤～得不轻｜～跤。→❺动用力磕打，使粘着的东西掉下▷把鞋底上的泥～～。

shuǎi

甩 shuǎi ❶动（胳膊等）向下摆动；抡▷～胳膊｜～尾巴｜把鞭子一～。→❷动挥动胳膊往外扔▷～石头子儿。❸动抛开；抛弃▷把敌人～得老远｜～掉了盯梢的。

shuài

帅[1]（帥）shuài ❶名军队的最高将领▷元～｜统～｜将～。○❷名姓。

帅[2]（帥）shuài 形〈口〉漂亮；潇洒▷小伙子长得真～｜字写得很～｜～气。

率[1] shuài ❶动带领▷教练～队前往参赛｜～领｜统～。→❷动〈文〉遵循；顺着▷～由旧章。→❸名榜样▷表～。○❹名姓。

率[2] shuài ❶形考虑不周密；不仔细慎重▷粗～｜草～｜轻～。→❷形直爽；坦诚▷坦～｜直～｜～真。→❸副〈文〉表示不十分肯定的估计，相当于"大约""大抵"▷大～如此｜～皆肤浅。

另见 lǜ。

蟀 shuài ［蟋蟀］xīshuài，见"蟋"。

shuān

闩（閂）shuān ❶名插在门背后使门推不开的棍子▷上～｜门～。→❷动把门闩插上▷请把门～好。☛㊀"闩"和"栓"不同。名词"闩"只指插门的棍子；"栓"指器物上可以开关的部件，比闩范围广，如"枪栓""消火栓"。㊁"闩"和"拴"不同。动词"闩"指用门闩插门；"拴"指用绳子等系上。

拴 shuān 动用绳子等系（jì）住▷把马～在树上｜～绳子｜～结实｜～马桩。

栓 shuān ❶名器物上用作开关的部件▷枪～｜灭火～。→❷名塞子；形状或作用像塞子的东西▷瓶～｜血～｜～塞｜～剂。

shuàn

涮 shuàn ❶动摇动着冲洗，使器物或手脚干净▷在池子里～～手｜把碗筷～一～｜～瓶子｜洗～。→❷动把食物从滚水里过一下便取出来吃▷～羊肉｜～锅子。○❸动〈口〉戏弄；欺骗▷让人家给～了｜说话得算数，别～我。

shuāng

双（雙）shuāng ❶形两个的；两种的（跟"单"相对，多指对称或相对的，②同）▷～翅｜～手｜～方｜～边｜～层｜～职工｜～季稻。→❷形偶数的▷～日｜～周｜～号｜～数。→❸形成倍的▷～工资｜～料｜～份。→❹量用于左右对称的某些肢体、器官或成对使用的东西▷一～眼睛｜一～皮鞋｜三～袜子｜两～筷子。○❺名姓。

泷（瀧）shuāng 用于地名。如：泷水，水名，在广东；泷冈，山名，在江西永丰县南凤凰山上。

另见 lóng。

骦（驦）shuāng ［骕骦］sùshuāng 同"骕骦"。参见"骕"。

鹴（鸘）shuāng ［鹔鹴］sùshuāng 同"鹔鹴"。参见"鹔"。

霜 shuāng ❶名空气中的水蒸气遇冷在地面或靠近地面的物体上凝结成的白色结晶体▷下～了｜冰～｜～冻｜～降。→❷形〈文〉比喻白色▷～鬓｜～刃｜～剑。→❸名像霜的白色粉末或细小颗粒等▷葡萄上挂着一层～｜柿～｜盐～｜杏仁～。

孀 shuāng ❶名死了丈夫的女人▷遗～｜～妇。→❷动守寡▷～居。

骦（驦）shuāng ［骕骦］sùshuāng，见"骕"。

礵 shuāng 用于地名。如：四礵列岛，南礵岛，均在福建。

鹴（鸘）shuāng ［鹔鹴］sùshuāng，见"鹔"。

shuǎng

爽[1] shuǎng ❶形清亮；明朗▷神清目～｜秋高气～｜清～。→❷形（性格）开朗；直率▷豪～｜直～｜～快。○❸形舒适；畅快▷身体不～｜人逢喜事精神～。

爽[2] shuǎng 动产生差误;违背▷毫厘不～|屡试不～|～约。

塽 shuǎng 名〈文〉高而向阳的地方。

shuǐ

水[1] shuǐ ❶名无色、无臭、无味的液体,分子式 H_2O,在标准大气压下,冰点0°C,沸点100°C。→❷名河流▷汉～|淦～。❸名泛指一切水域(跟"陆"相对)▷～陆两栖|三面环～|～上公园|跋山涉～。→❹名洪水;水灾▷去年老家发大～了。→❺名泛指某些含水或像水的液体▷血～|药～|花露～|镪～|铁～奔流。→❻动〈口〉游泳▷淹死的都是会～的|～性好。→❼量用于洗涤的次数▷这件衣服刚洗过一～就掉色了。○❽名指附加的收费或额外的收入▷汇～|贴～。○❾名姓。

水[2] shuǐ [水族]shuǐzú 名我国少数民族之一,分布在贵州。

shuì

说(說) shuì 动说服别人同意自己的主张▷游～|～客。
另见 shuō。

帨 shuì 名古时带在腰间的方巾,略像现在的手帕。

税 shuì ❶名政府按规定征收的货币或实物▷苛捐杂～|偷～漏～|所得～|捐～|关～|上～。○❷名姓。

睡 shuì ❶动睡觉,闭上眼睛,大脑皮层进入抑制状态▷～了一下午|一夜没～|起早～晚|酣～|入～|～意|～衣。→❷动躺▷这张床～不下三个人。

shǔn

吮 shǔn 动用嘴吸;嘬▷～乳|～血|吸～。

楯 shǔn 名〈文〉栏杆▷栏～|玉～。
另见 dùn。

shùn

顺(順) shùn ❶动依从▷别什么事都～着孩子|孝～|归～|依～。→❷形方向相同(跟"逆"相对)▷坐～水船。⇒❸动朝同一方向▷～流而下|～风行船。⇒❹动使方向相同▷把车～过来放,不要横七竖八的。⇒❺形有条理;通畅▷文章内容不错,只是文字不～|文从字～。❻动使有秩序或有条理▷把这堆竹竿～一～,不要乱放|这段文字还得～一～。⇒❼形顺利;顺畅▷日子过得挺～|一～百～|～当|～境|～遂。⇒❽形和谐▷风调雨～。❾动适合▷～了他的心|看不～眼。→❿介引进动作所依从的路线或凭借的情势、机会▷～河边往北走|泥石流～着山沟汹涌而下|～路看看小王|～手牵羊|～口答应。

舜 shùn 名人名,传说中上古的帝王。

瞬 shùn ❶动眼珠转动;眨眼▷转～|一～间|～时。→❷名〈文〉指一眨眼的工夫▷～将结束。

shuō

说(說) shuō ❶动用言语表达意思;讲▷～～你的心里话|～笑|～谎|叙～|胡～。→❷动解释;阐明▷把道理～明白|没有～不通的事|～明|解～|～理|～辞。❸名观点;主张;道理▷自圆其～|著书立～|成～|学～|邪～。→❹动劝告;责备▷他太不注意身体,你得～～他|挨～了|让我～了他一顿。→❺动说合,从中介绍,促成别人的事▷～媒|～亲|～婆家。→❻动谈论;意思上指▷听他的话音,像是～你。→❼动曲艺的一种语言表演手段▷～相声|～评书|～学逗唱。
另见 shuì。

shuò

妁 shuò 名〈文〉媒人▷媒～。

烁(爍) shuò 形光亮▷繁星闪～|～～有光。

铄(鑠) shuò ❶动〈文〉熔化▷众口～金(比喻众人议论的影响很大)|～石流金(形容天气极热)。→❷动〈文〉消损;削弱。○❸同"烁"。现在通常写作"烁"。

朔 shuò ❶名农历每月初一,地球上看不到月光,这种月相叫朔。→❷名〈文〉朔日,农历每月的初一▷～望(初一和十五)。→❸名北▷～风|～方。

硕(碩) shuò ❶形大▷～大无比|～果累累|丰～|肥～。○❷名姓。☛统读 shuò,不读 shí。

搠 shuò 动戳;扎(多用于近代汉语)▷望后腰连～两刀|～蟹。

蒴 shuò [蒴果]shuòguǒ 名干果的一种类型。由合生心皮构成,一室或多室,内含许多种子,成熟时干燥开裂,如芝麻、百合、紫花地丁、罂粟、牵牛等的果实。

数(數) shuò 副〈文〉表示动作行为频繁,相当于"屡次"▷～见不鲜|频～。
另见 shǔ;shù。

槊 shuò 名古代的一种兵器,即长杆的矛▷横～赋诗。

sī

司 sī ❶动掌管;主持;操作▷各～其职|～令|～仪|～务长|～炉|～机。→❷名中央机关部以下一级的行政部门▷外交部亚洲～|财政部人事～|～长。○❸名姓。

丝(絲) sī ❶名蚕吐出来的又细又长的东西,是织绸缎等的原料▷蚕～|吐～|缫～|～织品|～线。→❷名泛指又细又长像蚕丝的东西▷蛛～马迹|粉～|铜～|土豆～。→❸量市制长度、重量单位,10忽为1丝,10丝为1毫,10毫为1厘,10厘为1分,10分为1寸或1钱。1丝是1寸或1钱的1/10000。❹量表示极其细微的量▷～毫不差|一～风也没有|一～微笑|一～不苟。→❺名指弦乐器▷江南～竹乐。

私 sī ❶形属于个人或个人之间的;非官方或集体的(跟"公"相对,②同)▷～事|～情|～交|～愤|～产|～生活。→❷名个人或个人的事、个人的财产▷～有|公而忘～|先公后～|公～兼顾|万贯家～。→❸形只顾个人利益的;只为自己打算的▷～心|～念|自～。❹名私心;私利▷铁面无～|结党营～|假公济～。→❺形不公开的;不合法的▷～话|～娼|～货|～盐。⇒❻副暗地里;私下▷～相授受|～奔|～访|～了(liǎo)|～吞。⇒❼名违法贩运的商品▷贩～|走

~。

咝（噝） sī 拟声 形容导火线点燃、子弹在空中飞过时发出的声音等▷点着的导火线~~地响，直冒火花｜炉子上的水壶发出~~的声音。

思 sī ❶动 想；认真考虑▷~前想后｜冥~苦想｜深~熟虑｜构~｜沉~｜~考｜~虑。→❷动 挂念；想念▷朝~暮想｜乐不~蜀｜相~｜~乡｜~念。→❸名 情思；心绪▷哀~｜神~｜愁~。❹名 特指写文章的思路▷文~泉涌。〇❺名 姓。

虒 sī [虒亭]sītíng 名 地名，在山西。

鸶（鷥） sī [鹭鸶]lùsī，见"鹭"。

偲 sī [偲偲]sīsī 动〈文〉互相勉励；互相促进▷朋友切切~~。

另见 cāi。

斯 sī ❶代〈文〉指人、事物、处所等，相当于"这""这样""这里"等▷~人｜~时｜以至于~｜生于~，长于~。〇❷名 姓。

蛳（螄） sī [螺蛳]luósī 名 田螺科软体动物的统称。体外包有圆椎形、纺锤形或椭圆形硬壳，上有旋纹。生活在河溪、湖泊及池塘内。肉可以食用，也可做饲料。

缌（緦） sī 名〈文〉细麻布，多用来制作丧服。

飔（颸） sī 名〈文〉凉风。

厮[1]（*廝） sī ❶名 古代指男性仆人▷~徒｜小~。→❷名 对人的蔑称（多用于近代汉语）▷这~｜那~。

厮[2]（*廝） sī 副 互相▷~打｜~杀｜~见｜~混。

锶（鍶） sī 名 金属元素，符号 Sr。银白色，质软，化学性质活泼，在空气中易氧化，锶和它的化合物在无色火焰中灼烧时使火焰变成红色。用于制造合金、光电管及烟火等。

澌 sī 名〈文〉解冻后流动的冰。

撕 sī 动 扯开；剥开▷把报纸~破了｜把电线杆上贴的广告~下来｜~毁。

嘶 sī ❶动〈文〉（马）叫▷马~。〇❷形（声音）沙哑▷声~力竭｜~哑。〇❸同"咝"。

凘 sī 动〈文〉竭尽▷~灭。

sǐ

死 sǐ ❶动 生物丧失生命（跟"活""生"相对）▷人~了｜虫子冻~了｜花枯~了｜生~存亡｜不顾~活｜~尸｜~讯｜战~。→❷动 不顾性命；拼死▷~战｜~守阵地。❸形 坚持不变；坚决▷~不悔改｜~不认错｜~心塌地。→❹形 事物不能再活动或改变▷把门钉~了｜把时间定~｜~火山｜~扣儿。⇒❺形 无法调和的▷~对头｜~敌。⇒❻形 不能通过；不流通▷把漏洞堵~｜~路一条｜~胡同｜~水。⇒❼形 不灵活；死板▷~脑筋｜~心眼｜~规矩｜~功夫。→❽形 表示程度很深，达到极点▷~保守｜桌子~沉~沉的。

sì

巳 sì 名 地支的第六位。

四[1] sì 数 数字，三加一的和。☛"四"的大写是"肆"。

四[2] sì 名 我国民族音乐中传统的记音符号，表示音阶上的一级，相当于简谱的"6̣"。

寺 sì ❶名 古代官署名▷大理~｜光禄~｜太常~。→❷名 佛教的庙宇▷白马~｜少林~｜~院｜~庙。❸名 伊斯兰教礼拜、讲经的处所▷清真~。

似（*佀） sì ❶动 像；相类▷晚霞恰~一条彩绸｜如花~玉｜~是而非｜类~｜相~。→❷副 表示不确定，相当于"仿佛""好像"▷~曾相识｜~应慎重处理｜~懂非懂｜~欠妥当。→❸介 用在"好""强"之类的形容词后面，引进比较的对象▷日子一天好~一天｜身体一年强~一年｜不似春光，胜~春光。☛"似的"的"似"读 shì，不读 sì。

另见 shì。

汜 sì 名 汜水，水名，在河南，流入黄河。

兕 sì 名 古代指雌性犀牛▷虎~豺狼。

伺 sì ❶动 暗中探察；侦察▷窥~｜~探。→❷动 守候▷~机而动。

另见 cì。

祀（*禩） sì 动 置备供品对祖先或神佛行礼，表示崇敬并祈求保佑▷祭~｜奉~。

姒 sì ❶名 古代称姐姐。→❷名 古代弟妻称兄妻▷娣~（娣，兄妻称弟妻）。

饲（飼*飤） sì 动 喂；喂养（动物）▷~育｜~料｜~养。

泗[1] sì 名〈文〉鼻涕▷涕~滂沱。

泗[2] sì 名 泗河，水名，在山东，流入南阳湖。

驷（駟） sì ❶名 古代指同驾一辆车的四匹马，也指驾四匹马的车▷一言既出，~马难追。→❷名〈文〉马▷良~。

俟（*竢） sì 动〈文〉等待▷~机而动｜~完稿后即刻寄上。

另见 qí。

食 sì 动〈文〉拿东西给人吃。

另见 shí；yì。

觋（覗） sì 动〈文〉看；偷看▷窥~。

涘 sì 名〈文〉河岸；水边▷涯~。

耜 sì 名 古代农具耒下端铲土的部分，像后来的犁铧。

笥 sì 名 古代盛饭食或衣物的方形竹器。

肆[1] sì 动 毫无顾忌，任意胡来▷~无忌惮｜~意妄为｜放~｜~虐。

肆[2] sì 名〈文〉商店；店铺▷市~｜酒~｜茶~。

肆[3] sì 数 数字"四"的大写。

嗣 sì ❶动〈文〉继承;接续▷～国|～位。→❷名继承人;子孙后代▷后～|子～。

sōng

忪 sōng [惺忪]xīngsōng,见"惺"。另见 zhōng。

松[1] sōng ❶名大部分松科植物的统称。一般为常绿或落叶乔木,树皮多为鳞片状,常有树脂,叶子扁平线形或针形,花单性,雌雄同株,果实为球形、卵形或圆柱形。种类很多,常见的有马尾松、油松、黑松、白皮松、落叶松等。用途极广,除木材外,树脂可供医药和工业用,松子可榨油或食用。○❷名姓。

松[2](鬆) sōng ❶形不紧密;不紧张(跟"紧"相对,③⑤同)▷行李捆得太～容易散|螺丝～了|～弛|～懈|～散|～～垮垮。→❷形不坚实;酥▷这种饼干又～又脆。→❸动使不紧密;使不紧张▷不能～劲|～心。→❹动解开;放开▷～绑|～手◇管财务的人,手不能～。→❺形富裕▷最近手头～一些,可以多买些书。→❻名用肉、鱼等做成的纤维状或颗粒状的食品▷肉～|鱼～|鸡～。

凇 sōng 名寒冷天气里地面或地面物上的水气凝结物,以及云雾、雨滴在树枝、电线等上面遇冻而成的白色松散冰晶的统称。按产生凇的天气可分为雾凇、雨凇等。

菘 sōng 名〈文〉白菜▷晚～。

淞 sōng 名淞江,水名,源于江苏,至上海与黄浦江汇合,流入长江。通称吴淞江。

嵩 sōng 形〈文〉山大而高;高▷～峦|～呼(指高呼万岁)。

sóng

㞞(屣) sóng 〈口〉❶名精液。→❷形讽刺人性格懦弱▷这家伙真～|～包|狗～脾气。

sǒng

扨(攏) sǒng 动〈文〉挺立;耸起▷～身。

怂(慫) sǒng [怂恿]sǒngyǒng 动从旁鼓动别人(去做某事)▷自己躲在后面,却～别人出头。

耸[1](聳) sǒng 动使害怕;惊动▷～人听闻|危言～听。

耸[2](聳) sǒng ❶动高起;矗立▷高～入云|～立。→❷动抬高或前移▷～了～肩膀。

悚 sǒng 动恐惧;害怕▷毛骨～然|震～|～惧。

竦 sǒng ❶形〈文〉恭敬▷～然肃立|～慕。○❷古同"悚"。○❸古同"耸"。

sòng

讼(訟) sòng ❶动〈文〉争论;争辩(是非)▷聚～纷纭|争～|～辩。→❷动在法庭上辩明是非;打官司▷诉～。

宋 sòng ❶名周朝诸侯国名,在今河南东部和山东、江苏、安徽之间地带。○❷名朝代名。a)南朝第一个王朝,公元420－479年,刘裕所建。史称刘宋。b)公元960－1279年,赵匡胤所建。○❸名姓。

送 sòng ❶动〈文〉结婚时女方亲属陪同新娘到男家。→❷动陪同离去的人一起到目的地或走一段路▷～他上路|～孩子上学|～客|～别|～行。→❸动赠给▷～你一支笔|陪～(嫁女时送给女儿嫁妆)|～礼。❹动把东西运去或带给对方▷～货上门|～信|～饭|运～。❺动无意义、无价值地付出;丧失▷～命|～死|断～|葬～。

诵(誦) sòng ❶动念出声来;朗读▷朗～|～读|背～|吟～。→❷动述说▷传～|称～。→❸动背诵,凭记忆念出(读过的文字)▷过目成～|记～。

颂(頌) sòng ❶名《诗经》中三种诗歌类型(风、雅、颂)之一,祭祀时用的舞曲歌辞▷《周～》|《鲁～》|《商～》。→❷动用诗歌赞扬;泛指用语言文字等赞扬▷歌功～德|歌～|传～|～扬|～词。⇒❸名以颂扬为主题的诗文、歌曲等▷《祖国～》|《黄河～》。⇒❹动祝愿(多用于书信)▷敬～近安|顺～时祺。

sōu

搜(*蒐❷) sōu ❶动搜查,仔细寻找、检查(犯罪的人或违禁的东西)▷浑身上下～了一遍,什么也没～着|～身|～腰|～捕。→❷动寻求▷～寻|～罗|～集|～求。

嗖 sōu 拟声形容物体迅速通过的声音▷～地一个箭步冲上去|子弹在头上～～地飞过去。

馊(餿) sōu ❶动食物变质而发出酸臭的味道,也指身体或贴身衣物发出汗臭味▷饭～了|大热天,汗水把浑身的衣裳都沤～了。→❷形〈口〉比喻(主意等)不高明▷这主意真够～的|～点子。

廋 sōu 动〈文〉隐匿;隐藏▷～语(隐语)。

溲 sōu 动〈文〉排泄大小便;特指排泄小便▷～便。

飕(颼) sōu ❶拟声形容风吹过的声音▷凉风～～地吹来。→❷动〈方〉风吹(使变干或变冷)▷湿衣服晾一会儿就让风～干了。

锼(鎪) sōu 动〈方〉镂刻▷在木把上～了花纹。

螋 sōu [蠼螋]qúsōu,见"蠼"。

艘 sōu 量用于船只▷两～船|一～航空母舰。☛不读 sǒu。

sǒu

叟 sǒu 名〈文〉老年男子▷童～无欺|老～。☛"叟"的上部是一竖穿过"臼"。从"叟"的字,如"嗖""搜""馊""飕""瘦"等,同。

瞍 sǒu 〈文〉❶形有眼睛而没有瞳孔,看不见东西。→❷名瞎子。

嗾 sǒu ❶拟声驱使狗时发出的声音。→❷动〈文〉发出声音驱使狗▷～犬。❸动教唆,指使(别人干坏事)▷～使。☛统读 sǒu,不读 suō。

擞(擻) sǒu [抖擞]dǒusǒu 动振作▷～精神。另见 sòu。

薮(藪) sǒu ❶名〈文〉野草丛生的湖泽。→❷名人或物聚集的地方▷渊～。

sòu

嗽(*嗽) sòu 动咳嗽▷干～了一阵子|～～嗓子。

擞(擻) sòu 动〈方〉抖动插到火炉里的通条,使炉灰落下▷把炉子~一~|~火。
另见 sǒu。

sū

苏[1](蘇*蘓) sū ❶[紫苏]zǐsū 名一年生草本植物,方茎,叶卵形或圆卵形,茎、叶紫色。嫩叶可以食用,种子可以榨油,茎、叶、种子可以做药材。〇❷[白苏]báisū 名一年生草本植物,茎、叶全为绿色,其余跟紫苏相同。

苏[2](蘇*蘓) sū 名像胡须一样下垂的饰物▷流~。

苏[3](蘇*蘓甦) sū 动从昏迷中醒过来▷复~|~醒。

苏[4](蘇*蘓) sū ❶名指江苏苏州▷~杭|~绣。→❷名指江苏▷~北|~剧。〇❸名姓。

苏[5](蘇*蘓) sū ❶名指苏维埃,前苏联中央和地方各级国家权力机关;我国第二次国内革命战争时期的工农民主政权也叫苏维埃▷~区。→❷名指前苏联▷美~两国|留~学生。

苏[6](囌) sū [噜苏]lūsū,见"噜"。

酥 sū ❶名古代指酥油,用牛羊奶凝成的脂皮加工制成。→❷名用面粉、油、糖等制成的一种松而易碎的食品▷桃~|杏仁~。❸形松脆;松软▷这点心很~|墙皮都~了|~脆。❹形(身体)无力,发软▷累得浑身都~了|~软无力|骨软筋~。

稣(穌) sū ❶同"苏[3]"。〇❷[耶稣]yēsū,见"耶"。

窣 sū [窸窣]xīsū,见"窸"。

sú

俗 sú ❶名社会上的风尚、习惯▷移风易~|民~|入乡随~|风~|习~。→❷形平庸;不高雅▷这个名字太~|~不可耐|庸~|~气|~套。→❸形大众的;通行的▷~文学|~语|~体字|~名|通~。→❹名佛教称尘世间或不出家做僧尼的人▷还~|断了~念|僧~。

sù

夙 sù ❶名〈文〉早晨▷~兴夜寐。→❷形过去就有的;平素的▷~愿|~志|~敌。

诉(訴*愬❶) sù ❶动说出来让人知道;陈述▷~不完的深仇大恨|~衷情|~苦|陈~|倾~|告~。→❷动向法院陈述案情;控告▷~状|~讼|起~|上~|公~。

肃(肅) sù ❶形恭敬▷~立|~然起敬。→❷形庄重;严肃▷~穆|~静。❸动整饬▷整~军纪。〇❹动清除▷~清|~反。☛"肃"字下部中间是"㣺",不是"米"。

素 sù ❶名〈文〉本色的、没有经过加工的丝织品▷纨~。→❷形本色;白色▷~服|~白。❸形色彩单纯的▷~雅|~净|~淡。→❹形原有的;未加修饰的▷~质|~材|朴~。⇒❺名构成某种事物的基本成分▷元~|要~|维生~|因~。⇒❻形一般的;平时的▷~日|~常|平~|~养|~行。→❼副一向;向来▷四川~称天府之国|~不相识|~来。〇❽名指蔬菜、瓜果等没有荤腥的食物(跟"荤"相对)▷吃~|荤~搭配。〇❾名姓。

速[1] sù ❶形快▷欲~则不达|~记|~效|迅~|急~。→❷名运动的物体在某一方向上单位时间内所经过的距离;泛指快慢的程度▷时~|车~|风~。

速[2] sù 动邀请;招致▷不~之客|~祸。

悚(餗) sù 名〈文〉鼎中的食物;泛指美味佳肴▷庖~。

涑 sù 名涑水,水名,在山西,流入黄河。

宿(*宿) sù ❶动夜晚住下;过夜▷住~|露~|~舍|~营。→❷形平素的;一向有的▷~怨|~愿|~志|~疾。❸形〈文〉年老的;有经验的▷~将(jiàng)|耆~|~儒。❹名〈文〉有名望的人▷名~。〇❺名姓。
另见 xiǔ;xiù。

骕(驌) sù [骕骦]sùshuāng 名古书上说的一种骏马。也作骕骦。

粟 sù ❶名一年生草本植物,秆粗壮,分蘖,叶片线状披针形,叶舌短而厚,有纤毛,圆锥花序,子实卵圆形,黄白色,去壳后称小米。粟,也指这种植物的子实。北方通称谷子。〇❷名姓。☛"粟"和"栗"(lì)不同。"栗"字下半是"木",指一种落叶乔木。

谡(謖) sù 动〈文〉起立;起来。☛"谡"和"稷"(jì)不同。"稷"从禾,古代指高粱,也指五谷之神。

嗉 sù 名嗉子,鸟类食道下面储存食物的囊,是消化器官的一部分▷鸡~子。

塑 sù ❶动用泥土、石膏、水泥、铜等制作人或物的形象▷~一尊半身像|~造|~像|可~性。→❷名指塑料▷~胶|全~家具。☛统读 sù,不读 suò。

溯(*泝遡) sù ❶动〈文〉逆流而上▷~江而上。→❷动从现在向过去推求;回想▷上~|追~|回~。

愫 sù 名〈文〉真情实意▷情~。

鹔(鷫) sù [鹔鹴]sùshuāng 名古代传说中的西方神鸟。也作鹔鹴。

蔌 sù 名〈文〉野菜;菜▷肴~|野~。

僳 sù [傈僳族]lìsùzú,见"傈"。

觫 sù [觳觫]húsù,见"觳"。

缩(縮) sù [缩砂密]sùshāmì 名多年生草本植物,根茎横走,叶子披针形,开白色花,穗状花序,蒴果长卵圆形,种子棕色,多角形。种仁可以做药材,称砂仁;花朵、花序梗、种壳也可以做药材。
另见 suō。

簌 sù [簌簌]sùsù ❶拟声形容风吹树叶的声音▷秋风~。〇❷形形容眼泪不断落下的样子▷泪水~地流下来。

蹜 sù [蹜蹜]sùsù 形〈文〉形容小步快走的样子▷举步~。

suān

狻 suān [狻猊]suānní [名]古代传说中的一种猛兽。

痠 suān [形]酸痛▷腰～腿痛|浑身～懒。☛"痠"的本义是酸痛，在酸痛意义上"痠""酸"二字可以通用，现在通常写作"酸"。

酸 suān ❶[形]像醋的味道或气味▷这杏真～|～枣|～菜。→❷[形]悲痛；难过▷心里发～|心～|悲～|～楚。→❸[形]因为疲劳或生病而微痛乏力▷腰～腿疼|浑身～懒。→❹[形]迂腐▷～秀才|寒～。→❺[名]能在水溶液中电离产生氢离子的化合物的统称，这类物质的水溶液有酸味▷～性|～碱中和|硫～。

suàn

蒜 suàn [名]多年生草本植物，叶狭长而扁平，淡绿色，地下鳞茎由灰白或浅紫色的膜质外皮包裹，内有小鳞茎，即蒜瓣，味辣，有刺激性气味。叶和花轴嫩时可以食用；地下鳞茎可以做调料，也可以做药材。

算 suàn ❶[动]计数；用数学方法，从已知数推求未知数▷能写会～|～～这道题|珠～|～账|预～。→❷[动]计划；筹划▷机关～尽|打～|～计|盘～。❸[动]推测▷我～他今天该到家。→❹[动]计算进去▷明天劳动～上我一个|别把他～在内。→❺[动]认作；当作▷老王～是一个好人|身体还～结实|～我请客|这一堆就～三斤吧。❻[动]表示作罢，不再计较(后面跟"了")▷～了，不用去了|～了，不必再追究了。→❼[动]算数；承认有效▷说话～话|不能说了不～。→❽[副]表示经过很长时间或艰难曲折终于达到目的，相当于"总算"▷最后～把问题弄清楚了|到月底才～有了结果。

suī

尿 suī 义同"尿"(niào)①，用于口语▷孩子又尿(niào)了一泡～|～脬(膀胱)。

另见 niào。

虽(雖) suī ❶[连]连接分句，用在上半句表示让步关系，即姑且承认某种客观事实，再引起转折的下半句，相当于"虽然"▷办法～好，却很难实施|天气～冷，冬泳队员却毫不在意。→❷[连]连接分句，用在上半句表示假设的让步，即姑且承认某种假设的事实，再引起转折的下半句，相当于"纵然""即使"▷拼死抗敌，～败犹荣。☛统读 suī，不读 suí。

荽 suī [芫荽]yánsui，见"芫"。

眭 suī [名]姓。

另见 huī。

睢[1] suī [恣睢]zìsuī [动]〈文〉任意胡作非为▷暴戾～。

睢[2] suī ❶[名]用于地名。如：睢县，在河南；睢宁，在江苏。○❷[名]姓。

濉 suī [名]濉河，水名，发源于安徽，流入江苏境内的洪泽湖。

suí

绥(綏) suí 〈文〉❶[动]安抚▷～靖|～抚。→❷[形]安好(多用于书信)▷顺颂台～|时～。

隋 suí ❶[名]朝代名，公元581—618年，杨坚所建。○❷[名]姓。

随(隨) suí ❶[动]跟从▷生产发展了，生活水平也跟着提高了|如影～形|言出法～|～从|～员|～后|尾～|～叫～到。→❷[介]引进动作行为所依赖的条件▷彩旗～风飘扬|～机应变|～风转舵|～声附和。→❸[介]顺便，趁着做一件事的方便(做另一件事)▷～手关门。→❹[动]依从；顺从▷不管干什么，我都～你|入乡～俗|客～主便|～顺|～和。→❺[动]任凭；由着▷去不去～你|～你怎么说，反正我不理|～便|～意。→❻[动]〈口〉像▷他的长相～他舅舅。○❼[名]姓。

遂 suí 义同"遂"(suì)②，用于"半身不遂"。

另见 suì。

suǐ

髓 suǐ ❶[名]骨髓，充满在骨头内腔中的柔软组织，分红骨髓和黄骨髓。→❷[名]身体内像骨髓的东西▷脑～|脊～。❸[名]植物的茎或某些植物的根内，由薄组织或厚壁组织构成的疏松的中心部分。→❹[名]喻指事物的精华部分▷精～|神～。☛统读 suǐ，不读 suí。

suì

岁(歲*歳) suì ❶[名]年▷～末|去～|守～|～月。→❷[量]表示年龄的单位▷六～上学|过年又长了一～|～数。→❸[名]〈文〉指年成，农田一年的收成▷人寿～丰|丰～|歉～。

谇(誶) suì 〈文〉[动]责骂；诘问。

祟 suì [名]迷信认为鬼神带来的灾害；借指不光明正大的行为▷作～|祸～|鬼～。☛"祟"和"崇"(chóng)不同。"崇"，意思是高、尊重。

遂 suì ❶[动]完成；成功▷功成名～|未～。→❷[动]称心；如愿▷～心如意|～愿|顺～。→❸[副]〈文〉于是；就▷病三月，～不起。☛"毛遂自荐"的"遂"，不读 suí。

另见 suí。

碎 suì ❶[动]完整的物件破裂成小片或小块▷玻璃～了|宁为玉～，不为瓦全|打～|摔～|破～◇把心都操～了。→❷[动]使破裂成小片或小块▷粉身～骨|～尸万段|～石机。→❸[形]零星的；不完整的▷～砖头|～纸片|～末|零～|琐～。→❹[形]指说话絮叨、啰唆▷嘴～|闲言～语。

隧 suì [名]在地面下或在山腹挖掘成的通路▷～道|～洞。☛统读 suì，不读 suí。

燧 suì ❶[名]古代取火的用具▷～石。→❷[名]古代边防报警点的烟火，白天放的烟叫"烽"，夜间点的火叫"燧"▷烽～。

穗 suì ❶[名]稻、麦等禾本科植物聚生在茎秆顶端的花或果实▷稻～|高粱～子|秀～|抽～|吐～。→❷[名]用丝线等扎成的、挂起来下垂的装饰品▷灯笼～儿|剑把儿上拴着一条红～了。→❸[名]广州的别称。

邃 suì ❶[形](空间、时间)深远▷深～的峡谷|～古。→❷[形](学问或理论)精深▷精～。

sūn

孙(孫) sūn ❶[名]儿子的子女▷子～|祖～|～子|～女。→❷[名]跟孙子同辈的亲属▷外～|侄～。→❸[名]孙子以下的各代▷曾～|重～。→❹[名]某些植物的再生或孳生体▷稻～|～竹。○❺[名]姓。

荪(蓀) sūn 名〈文〉荃,即菖蒲。参见"荃"。

狲(猻) sūn [猢狲]húsūn,见"猢"。

飧(*飱) sūn 名〈文〉晚饭。

sǔn

损(損) sǔn ❶动减少;丧失▷～益|增～|亏～|～兵折将|～失。→❷动使受到损失▷～人利己|～公肥私。❸动〈口〉用尖酸刻薄的话讽刺人▷瞧他太狂了,我就～了他几句。❹形〈口〉尖刻;恶毒▷这人说话太～|为人太～|这一招真够～的。→❺动破坏原状或使丧失原来的效能▷破～|残～|污～|～坏。

笋(*筍) sǔn ❶名竹的嫩芽,可以食用▷竹～|冬～。→❷形嫩的;幼小的▷～鸡|～鸭。

隼 sǔn 名猛禽,隼科各类鸟的统称。上嘴钩曲,背青黑色,腹面黄白,上胸部有黑斑,尾羽灰色,尾尖白色。性敏锐,飞速很快,善袭击其他鸟类,猎人多饲养以帮助捕猎。也说鹘(hú)。☛统读 sǔn,不读 shǔn。

榫 sǔn 名榫子,器物或构件上利用凹凸方式相连接的地方;特指嵌进凹入部分的凸出部分▷椅子脱～了|～眼|～头。

suō

莎 suō 名莎草,多年生草本植物,多生长在潮湿地带,地下有纺锤形的块茎,地上茎直立,三棱形,叶细长,深绿色,花穗赤褐色。地下块茎叫香附,也叫香附子,可以做药材。

另见 shā。

唆 suō 动指使或怂恿(别人去做坏事)▷～使|教～|调(tiáo)～。

娑 suō [婆娑]pósuō 形形容摇曳盘旋的样子▷～起舞|树影～。☛不读 shā。

桫 suō [桫椤]suōluō 名蕨类植物,木本,茎高而直,叶子顶生,片大,羽状分裂。

梭 suō 名梭子,织布机上用来牵引纬线使它同经线交织的工具,形状像枣核▷织布～|光阴似箭,日月如～|穿～。

挲(*抄) suō [摩挲]mósuō 动抚摩▷妈妈轻轻～着孩子的脸。

另见 sā;shā。

睃 suō 动〈方〉看;斜着眼看▷冷冷地～了他一眼。

蓑(*簑) suō ❶名蓑草,多年生草本植物,秆紧密丛生,直立,叶狭线形,卷折呈针状。全草可以作造纸、人造棉和人造丝的原料,也可以编制蓑衣、草鞋等。也说龙须草。→❷名蓑衣,用草或棕编成的雨披▷～笠。

嗦 suō ❶[哆嗦]duōsuō,见"哆"。〇❷[啰嗦]luōsuō 同"啰唆"。参见"啰"。

嗍 suō 动〈口〉用唇舌吸食▷孩子一生下来就会～奶头|别～手指头!

羧 suō [羧基]suōjī 名羟基和羰基组成的一价原子团(－COOH)。

缩(縮) suō ❶动由大变小或由长变短;收缩▷这种布一下水就～了|热胀冷～|～小|～短|收～|伸～。→❷动没伸开或伸开了又收回去;不伸出▷探了一下头,又～了回去|～着脖子|龟～。❸动后退▷畏～不前|退～。→❹动节省;减少(开支)▷节衣～食|紧～|～编。

另见 sù。

suǒ

唢(嗩) suǒ [唢乃亥]suǒnǎihài 名地名,即泽库,在青海。

所 suǒ ❶名地方;处所▷场～|住～|便～|哨～。→❷助放在动词前,跟动词组成名词性词组▷～见～闻|不出～料|～见到的情况|～读的书|～知道的不多|～注意的都是小事。→❸助跟"为"合用,表示被动▷为实践～证明|不要为假象～迷惑。→❹量 a)用于房屋▷一～楼房。b)用于学校、医院等(不止一所房屋)▷三～大专院校|一～医院。→❺名用作某些机关或机构的名称▷税务～|派出～|研究～|储蓄～|招待～。❻名元、明两代驻军和屯田军的建制,大的叫千户所,小的叫百户所,现在只用于地名▷海阳～(在山东)|前～(在浙江)。〇❼名姓。

索[1] suǒ ❶名粗绳▷绳～|绞～|铁～桥。〇❷名姓。

索[2] suǒ ❶动搜求;找▷大～天下|搜～。→❷动探求▷求～|探～|摸～|思～。❸动讨取;要▷～取|～要|～还|勒～。

索[3] suǒ ❶形孤独▷离群～居。→❷形寂寞;没有兴趣▷～然无味|兴致～然。☛"索"字统读 suǒ,不读 suò 或 suó。

唢(嗩) suǒ [唢呐]suǒnà 名一种管乐器,形状像喇叭,管身正面有七个孔,背面一个孔,发音响亮。

琐(瑣*瑣) suǒ ❶形零碎;细小▷～事|～闻|～碎|～细|烦～。→❷形卑微▷猥～。

锁(鎖*鎻) suǒ ❶名用铁环互相勾连而成的链子▷～链|拉～|连～。→❷名安在铁链环孔中或门、箱子、抽屉等器物的开合处,起封闭作用的器具,要用钥匙、暗码或磁卡、指纹等信息才能打开▷一把～|门～|暗～|号码～。⇒❸名形状像旧式锁一样的东西▷石～|长命～。⇒❹动用锁关住▷～紧屋门|把保险柜～好|～车。❺动封闭▷封～|闭关～国。→❻动一种用于衣物边缘或扣眼上的缝纫方法,针脚很密,线斜交或钩连▷～扣眼|～边。〇❼名姓。

T

tā

他 tā ❶代〈文〉a)指另外的▷～人|～乡之客|～日|别无～图。b)称别的事物▷岂有～哉！→❷代称自己和对方以外的其他人▷～是你表哥吗？|爸爸一回来我就告诉～|～妻子跟我同事。❸代与"你"配合使用,称任何人或许多人▷你也喊,～也叫,会场里一片混乱。○❹代用在动词后面,表示虚指▷喝～三大碗|查～个一清二楚。☛在近代汉语中"他"可指男、女及一切事物,现代书面语中一般只用来指男性,但在性别不明或没有必要区分性别时也用"他"。"其他"的"他"通常写作"他",不作"它"。

它(*牠) tā ❶代代指事物▷这狗不咬人,别怕～|～的功能多着呢！→❷代用在动词后面,表示虚指▷干～一场|玩～一会儿。☛在近代汉语中,"它"表示第三人称,指人及事物;在现代汉语中只指事物。

她 tā ❶代称自己和对方以外的其他女性▷～是我母亲|我跟～哥哥是同学。→❷代称祖国、国旗等,表示尊重和敬爱▷祖国啊,～永远连着我的心。

趿 tā [趿拉]tāla 动不提起鞋后帮而把它踩在脚后跟下▷～着鞋走出来。

铊(鉈) tā 名金属元素,符号 Tl,稀散元素之一。银白色,有光泽,在空气中易氧化成灰色。质软而无伸缩性。用于制造轴承合金、光电管、温度计等。铊的化合物有毒。

另见 tuó。

塌 tā ❶动(山坡、堤岸、建筑物等)倒;沉陷▷土墙～了|戏台～了半边|倒～|～方|坍～|～陷。→❷动凹陷▷瘦得两腮都～下去了|～鼻梁。❸动下垂;耷拉▷庄稼都晒～了秧。○❹形稳定;安稳▷最近心老～不下来。

遢 tā [邋遢]lāta,见"邋"。

溻 tā 动〈口〉汗水浸湿(衣服、被褥等)▷汗水把衣服～湿了|快把湿衣服换下来,别老～着。

踏 tā [踏实]tāshi ❶形(态度)切实;不浮躁▷他学习很～|工作～。→❷形(情绪)稳定▷麦子上了场(cháng),心里就～了|问题没解决,他怎么也不～。//也作塌实。

另见 tà。

褟 tā 〈方〉❶名贴身的单衫▷汗～儿。○❷动在衣物上镶(花边等)▷～花边。

tǎ

塔[1](*墖) tǎ ❶名佛教特有的一种多层尖顶建筑物▷一座～|宝～|佛～|～林。→❷名形状像塔的建筑物▷金字～|纪念～|电视～|水～|灯～。

塔[2] tǎ ❶[塔吉克族]tǎjíkèzú 名我国少数民族之一,分布在新疆。○❷[塔塔尔族]tǎtǎěrzú 名我国少数民族之一,分布在新疆。

獭(獺) tǎ ❶[水獭]shuǐtǎ 名食肉目鼬科动物。头扁,耳朵小,脚短,趾间有蹼,善游泳,主食鱼蟹等。同科的海獭外形相似。○❷[旱獭]hàntǎ 名啮齿目松鼠科动物。掘洞穴居,啃食牧草。☛统读 tǎ,不读 lài。

鳎(鰨) tǎ 名比目鱼的一科。体卵圆形而侧扁,呈片状,两眼都在右侧,口小,背鳍和臀鳍长,常与尾鳍相连。种类很多,生活在热带和亚热带,平卧在浅海海底泥沙上,捕食小鱼。通称鳎目鱼。

tà

拓(*搨) tà 动在石碑、器物上蒙一层薄纸,轻轻拍打使分出凹凸,再上墨,使石碑器物上的文字、图形印在纸上▷把青铜器上的花纹～下来|～本|～片|～印。

另见 tuò。

沓 tà 形重复;繁多▷纷至～来|复～|杂～。☛"沓"字在"疲沓"一词中读轻声。

另见 dá。

挞(撻) tà 动(用鞭、棍等)打(人)▷鞭～。

闼(闥) tà 名〈文〉门;小门▷排～直入。

嗒 tà [嗒然]tàrán 形〈文〉形容沮丧失意的样子▷～若失。

另见 dā。

遝 tà [杂遝]zátà 形杂乱。现在通常写作"杂沓"。

阘(闒) tà 形〈文〉地位低下▷～茸(卑贱低劣)|～懦(卑微软弱)。

榻 tà 名狭长的矮床;泛指床▷竹～|藤～|卧～|病～|下～。

漯 tà 名漯河,古水名,在山东。

另见 luò。

踏 tà ❶动脚踩▷一脚～空了|脚～两只船|践～|～青◇～上工作岗位。→❷动到实地(查看)▷～看|～访。

另见 tā。

蹋 tà ❶古同"踏"。→❷动〈文〉踢▷～鞠(鞠,古代一种皮球)。

tāi

台 tāi 用于地名。如:台州、天台,均在浙江。

另见 tái。

苔 tāi 名舌苔,舌头表面上的一层滑腻物质,是由上皮细胞、细菌、唾液和食物残渣等共同形成的。

舌苔可以反映人的健康状况，是中医诊断病情的依据之一。

另见 tái。

胎[1] tāi ❶名人或哺乳动物母体内怀着的幼体▷～儿｜怀～｜胚～｜怪～。→❷量用于怀孕或生育的次数▷第一～｜这只猫一～生了五只小猫。→❸名事物的根源▷祸～。→❹名某些器物尚待加工的粗坯或内瓤▷泥～菩萨｜铜～｜棉花～。→❺名指怀着胎儿的子宫▷娘～｜投～。

胎[2] tāi 名〈外〉轮胎。车轮外围安装的环形橡胶制品，一般分为内胎、外胎两层。也说带。

tái

台[1]（臺檯❺）tái ❶名高而平的建筑▷亭～楼阁｜～榭｜瞭望～｜观礼～。→❷名某些做底座用的东西▷灯～｜蜡～。→❸名公共场所内高出地面的设备，用于表演或发表演说等▷～上只有一个演员｜上～领奖｜舞～｜讲～｜主席～。→❹名某些像台的小型建筑设施▷井～｜窗～｜灶～。→❺名某些像台的家具或器具▷写字～｜梳妆～｜柜～｜手术～。→❻名敬辞，用于称对方或跟对方有关的事物、动作▷兄～｜～甫｜～鉴｜～启。→❼量用于戏剧、演出等▷一～戏｜一～晚会。○❽名指台湾▷港～地区｜～胞。○❾名姓。

台[2]（颱）tái ［台风］táifēng 名发生在西太平洋和海上的一种热带气旋，风力在12级或以上，同时伴有暴雨。夏秋两季常侵袭我国。

台[3]（臺）tái 量〈外〉用于机器设备等▷一～拖拉机｜一～车床｜两～洗衣机。

另见 tāi。

邰 tái 名姓。

抬 tái ❶动往上提；举起▷把手～起来｜～高身价｜哄～物价。→❷动两个以上的人共同用手提或用肩扛▷把床～到里屋｜～轿｜～担架。→❸动〈口〉指抬杠（争辩）▷两人都好（hào）抬杠，一～起来就没完。

苔 tái 名苔藓植物门的一纲。根、茎、叶之间的区别不明显，有绿、青、紫等色，一般生长在阴暗潮湿的地方。☞"苔"和"薹"不同。"苔"指苔藓植物门的一纲，"薹"通常指菜薹。

另见 tāi。

骀（駘）tái 名〈文〉劣马▷驽～（劣马，比喻庸才）。

另见 dài。

炱 tái 名烟气凝结成的黑灰▷煤～｜松～（松烟）。

跆 tái 动〈文〉用脚踩踏▷～拳道（一种体育运动）。

鲐（鮐）tái 名鲐属鱼的统称。体呈纺锤形，尾柄细，背青色，身体两侧上部有深蓝色波状条纹。趋光性强，是洄游性鱼类。分布于沿海海域中。肝可制鱼肝油。

儓 tái 名古代官府的仆役。

擡 tái 同"抬"。

薹[1] tái 名薹草，莎草科的一属。多年生草本植物，茎丛生，呈扁三棱形，叶片呈带状，质硬，花穗浅绿褐色，生于沼泽地。茎叶可制作蓑衣和斗笠。

薹[2] tái 名蒜、韭菜、油菜等蔬菜从中央部分生出的长茎，茎顶开花，嫩的可以食用。☞"薹"字没有简化，"苔"不是"薹"的简化字。

tǎi

呔 tǎi 形〈方〉形容说话带某种方言口音▷老～（说话带某种方言口音的人）。

另见 dāi。

tài

太 tài ❶形极大；最高▷～空｜～学。→❷形身份最高的；辈分更高的▷～老师（老师的父亲或父亲的老师）｜～夫人（旧时对别人母亲的尊称）。→❸形极久远的▷～古｜～初。→❹副 a）表示程度最高（多用于感叹）▷这本书～好了｜你来得～及时了｜～感谢你了。b）表示程度过头（多用于不如意的事情）▷地方～小了｜文章～长了｜～相信自己了。c）用在否定副词"不"后，减弱否定程度，含委婉语气▷不～好｜不～满意｜这样做不～合适吧。○❺名姓。

汰 tài 动（通过一定的手段、过程）去掉差的、不合适的▷优胜劣～｜淘～｜裁～。

态（態）tài ❶名形状，事物表现出来的情况或样子▷姿～｜事～｜神～｜液～｜～度。→❷名一种语法范畴，多指句子里动词所表示的动作跟主语所表示的事物之间的关系，如主动态、被动态。

肽 tài 名有机化合物，氨基酸的氨基与另一氨基酸的羧基缩合失去一分子水后所形成。

钛（鈦）tài 名金属元素，符号 Ti。银灰色，质硬而轻，延展性强，熔点较高，耐腐蚀。主要用于制造特殊合金钢。

泰[1] tài ❶形安定；平安▷国～民安｜～然自若｜康～。○❷名姓。

泰[2] tài 〈文〉❶副极▷～古｜～西（旧时指西洋）。→❷副表示程度超出正常情况或超过某种标准▷富贵～盛。

酞 tài 名有机化合物的一类。是由一个分子的邻苯二酸酐与两个分子的酚经缩合作用而得到的产物，如酚酞、酞菁蓝等。

tān

坍 tān 动（崖岸或建筑物等）倒塌▷山墙～了｜～塌｜～陷。

贪（貪）tān ❶动一心追求（财物及其他东西）；十分留恋▷～财｜～小便宜｜～生怕死｜～图｜～恋。→❷动利用职务上的便利非法取得财物▷～赃枉法｜～官污吏｜～污。→❸动（对事物的）欲求总不知足▷～得无厌｜～睡｜～杯｜～婪。

啴（嘽）tān ［啴啴］tāntān 形〈文〉牲畜喘息的样子。

另见 chǎn。

摊（攤）tān ❶动铺开；摆开▷把地图～在桌子上｜～开四肢躺在床上｜～场（cháng）｜～牌。→❷动分担（财物）▷这笔费用，我～六成，你～四成｜分～｜均～｜～派。❸动碰到；落到身上（多指不如意的事情）▷倒霉的事都让我～上了。→❹名设在路边、广场上的无铺面的售货处▷摆～儿｜地～儿｜水果～儿｜旧货～子｜～位｜～贩◇烂～子。→❺动烹饪方法，把糊状食物铺成片状加以煎烤▷～煎饼｜～鸡蛋。→❻量用于摊开的液体或糊状物▷一～水｜一～血｜

一～牛屎。

滩(灘)　tān ❶名江河中水浅石多而流急的地方▷急流险～。→❷名江、河、湖、海边水涨淹没、水退显露的淤积平地▷海～|沙～|～头。

瘫(癱)　tān ❶动瘫痪，由于神经机能障碍，身体的一部分完全或不完全地丧失活动能力▷自从得了脑血栓，～在床上好几年了|偏～|截～|风～|～子。→❷动指肢体软绵无力，难以动弹▷累得一进门就～在床上了|吓得～倒在沙发上|～软。

tán

坛[1](壇)　tán ❶名土、石等筑成的高台，古代用于举行祭祀、会盟、誓师等大典▷天～|日～|祭～|登～拜将。→❷名用土堆成的可以种花的平台▷花～。→❸名指文艺或体育界▷文～|诗～|影～|体～|棋～。→❹名讲学或发表言论的场所▷讲～|论～。→❺名僧道过宗教生活或举行祈祷法事的场所；某些会道门拜神集会的场所或组织▷济公～|乩～|～主。

坛[2](罈*罎壜)　tán 名坛子，一种肚大口小的陶器▷～～罐罐|醋～子|一～酒。

昙[1](曇)　tán 名〈文〉密布的云气▷彩～|～～(形容乌云密布)。

昙[2](曇)　tán 音译用字，用于"昙花"(即佛经中的优昙钵花，开花后很快就凋谢)、"昙摩"(即达摩，指佛法)等。

倓　tán 形〈文〉安静。

郯　tán [郯城]tánchéng 名地名，在山东。

谈(談)　tán ❶动说出；对话；讨论▷～一～心里话|两人～得很高兴|～了半天也没达成协议。→❷名言论；话语▷奇～怪论|老生常～|美～|笑～。〇❸名姓。

弹(彈)　tán ❶动用弹(dàn)弓发射；泛指利用弹(tán)性作用发射▷～射。→❷动一个指头被别的指头压住，然后用力挣开，就势猛然触击物体▷把纸上的灰尘～掉|～冠相庆。❸动用手指或器具拨弄或敲打乐器▷～琵琶|～钢琴|～吉他|～三弦。→❹动抨击；检举(官吏的失职行为)▷讥～(指责缺点或错误)|～劾。→❺动物体受力后变形，失去外力后又恢复原状▷～力|～性|～簧。❻动利用有弹(tán)力的器械使纤维变松软▷～棉花|～羊毛。

另见 dàn。

覃　tán ❶形〈文〉深▷～思。〇❷名姓。☛"覃"作姓氏用又读 qín。

另见 qín。

锬(錟)　tán 名〈文〉长矛。

另见 xiān。

痰　tán 名肺泡和气管分泌出的一种液体。某些疾病患者的痰里含有病菌，可以传播疾病。

谭(譚)　tán ❶同"谈"①②。现在通常写作"谈"。〇❷名姓。

潭　tán ❶名深水池▷深～|龙～虎穴。〇❷名姓。

澹　tán [澹台]tántái 名姓。☛ 1955年《第一批异体字整理表》将"澹"作为"淡"的异体字予以淘汰。1988年《现代汉语通用字表》确认"澹"读 tán 时为规范字。

檀　tán ❶[黄檀]huángtán 名落叶乔木，奇数羽状复叶，倒卵形或长椭圆形，开黄色花，结荚果。木材坚韧，可制作车辆和用具等；根、叶可以做药材。〇❷[青檀]qīngtán 名落叶乔木，叶子卵形，边缘有锐锯齿，果实周围有广翅。木质坚硬细致，可以作建筑、家具用材，树皮是制造宣纸的主要原料。〇❸[香檀]xiāngtán 名常绿乔木，叶对生，长卵形，花初开时黄色，后变血红色。生长于热带，木材极香，可制作器具、扇骨等；干燥的木质心材可以做药材；蒸馏所得的檀香油，可以做香料。也说旃檀。〇❹[紫檀]zǐtán 名常绿乔木，羽状复叶，卵形，开黄色花，结荚果。木材红棕色，坚重细致，可以制作贵重家具和乐器等。〇❺名姓。

磹　tán [磹口]tánkǒu 名地名，在福建。

镡(鐔)　tán 名姓。

另见 xín。

醰　tán 形〈文〉酒醇厚。

tǎn

忐　tǎn [忐忑]tǎntè 形心神不定；胆怯▷心中～|～不安。

坦　tǎn ❶形平而宽阔▷～途|平～|道路～荡。→❷形比喻胸怀宽广，心境平定▷襟怀～荡|舒～|～然。❸形直率；没有隐讳▷～率|～白。

钽(鉭)　tǎn 名金属元素，符号 Ta。钢灰色，熔点很高，质极坚硬，富超导电性和延展性，化学性质稳定，抗酸碱性能良好。可用来制造飞机的结构材料以及电工、化工和医疗器材。

袒(*襢❶)　tǎn ❶动脱掉或敞开上衣，露出(身体的上部)▷～胸露怀|～露|左～(露出左臂)。→❷动有意保护错误思想行为▷偏～|～护。

菼　tǎn 名〈文〉初生的荻。

毯　tǎn 名毯子，毛、棉、合成纤维等织成的，可以铺、盖或作装饰用的织品，一般比较厚实、有毛绒▷毛～|线～|地～|挂～。

tàn

叹(嘆*歎)　tàn ❶动因忧伤郁闷而呼出长气并发出声音▷～了一口气|唉声～气|长吁短～|～息。→❷动吟咏，有节奏地拉长腔诵读▷一唱三～|咏～。→❸动因赞美而呼出长气并发出声音▷赞～|～为观止|～赏|～服。

炭　tàn ❶名木炭，把木材和空气隔绝，加高热烧制成的一种黑色燃料▷～火盆|火锅～。→❷名炭火，喻指灾难▷生灵涂～(形容人民像陷在泥里、掉在火里那样痛苦)。→❸名指煤▷煤～|焦～|阳泉大～。→❹名像炭的东西▷侧柏～(中药名)。

探　tàn ❶动把手伸进去摸取▷～囊取物|～取。→❷动探索，深入寻求试图发现▷～矿|～险|～路|钻～|～测|～查。❸动暗中考察或打听(机密、案情等)▷侦～敌情|刺～|窥～|打～。❹名打探情报的人▷密～|敌～|坐～。〇❺动看望；访问▷～亲|～病|～望|～访。〇❻动伸出(头或上身)▷～头往窗外看|～出身子同车下的人握手|～头～脑。

碳　tàn 名非金属元素，符号 C。有三种同质多象变体，即非晶质碳、石墨和金刚石。化学性质稳定，在空气中不起变化，是构成有机物的主要成分。在工业和医药上用途很广。

tāng

汤（湯） tāng ❶名热水；沸水▷赴～蹈火｜扬～止沸｜落～鸡｜～锅。→❷名中药加水煎出的药液▷煎～服用｜六味地黄～｜～剂。❸名汁多菜少的菜肴；食物煮后所得的汁液▷三鲜～｜四菜一～｜绿豆～｜鸡～。❹名〈口〉某些含水分较多的食物腐烂后流出的汁液▷桃子烂得都流～儿了。→❺名古代指温泉，现多用于地名▷～泉｜小～山（在北京）｜～口（在安徽）。〇❻名姓。

另见 shāng。

钖（鍚） tāng [钖锣]tāngluó 名小铜锣。

耥 tāng ❶[耥耙]tāngbà 名农具，形状像木屐，上面有长柄，底下有许多短铁钉，用来在水稻行间松土除草。→❷动用耥耙松土除草或平整土地▷把地～平｜耘～。

嘡 tāng 拟声形容敲锣、撞钟等的声音▷街上传来一阵～～～的锣声｜挂钟～～地响了两下。

趟（*趙蹚蹦） tāng ❶动从浅水里或草地里走过去；踩▷～着水过河｜在草原上～出一条路来。〇❷动用犁、耠子等翻地除草▷～地。

另见 tàng。

羰 tāng [羰基]tāngjī 名由碳和氧构成的二价原子团，符号（>C=O）。☛"羰"字是由"氧"字中的"羊"和"碳"字中的"炭"组合而成。

镗（鏜） tāng 同"嘡"。

另见 táng。

táng

饧（餳） táng 名古同"糖"。

另见 xíng。

唐[1] táng 形（言谈）虚夸，不切实际▷荒～。

唐[2] táng ❶名朝代名。a）传说中上古的朝代，尧所建。b）公元 618—907 年，李渊和他的儿子李世民所建。建都长安（今陕西西安）。c）五代之一，公元 923—936 年，李存勖所建。史称后唐。〇❷名姓。

堂 táng ❶名本指正室前面用门、窗同室隔开的厅堂，是古人平时行礼和待客的地方，后来泛指房屋▷升～入室｜满～喝彩｜欢聚一～。→❷名旧时官府审案办事的地方▷公～｜升～｜过～（当事人到公堂上受审）｜退～。→❸名专为从事某种活动的房屋或场所▷礼～｜课～｜食～｜灵～｜店～｜厅～｜教～｜育婴～。⇒❹名旧时厅堂的名称，也指某一家或某一族中的某一房▷同德～｜积善～｜三槐～。❺名堂房，同祖父、同曾祖或更远的父系亲属▷～兄弟｜～姐妹。⇒❻量 a）用于能摆满整间房屋的成套家具▷一～红木家具。b）用于分节的课▷上午上了四～课。c）用于过堂（审案）的次数▷过了两～｜头～官司。⇒❼名用作商店的牌号▷同仁～（北京的药店）｜胡庆余～（杭州的药店）。→❽名内堂，转指居住在内堂的母亲▷令～。→❾[堂堂]tángtáng 形高大；正直；有气魄▷～～男子汉｜～～正正｜～～的东方大国。〇❿名姓。

棠 táng 名杜梨的古称。落叶乔木，单叶互生，菱形或椭圆状卵形；花白色，伞房花序；梨果球形，酸涩或甘甜可食；木质坚韧。多用作嫁接梨树的砧木。枝、叶、果可做药材。

鄌 táng [鄌郚]tángwú 名地名，在山东。

塘 táng ❶名积水的池子▷池～｜鱼～。→❷名堤岸；堤坝▷海～｜河～。→❸名坑状的东西▷洗澡～｜火～。

搪[1] táng ❶动挡▷歹徒抡拳照他打来，他用手一～，顺势把歹徒踢倒｜～风｜～饥。→❷动应付；敷衍▷～塞（sè）｜～脱｜～账。

搪[2] táng 动用泥或涂料涂抹（在炉子或金属坯胎上）▷～炉子｜～瓷。

溏 táng 形像泥浆一样半流动的▷～心鸡蛋｜～便（稀薄的大便）。

瑭 táng 名〈文〉一种玉。

樘 táng ❶名门或窗户的框▷门～｜窗～。→❷量一副门扇和门框或一副窗扇和窗框叫一樘▷两～门｜四～窗。

膛 táng ❶名胸腔，胸背之间的空腔，里面有心肺等器官▷开～破肚｜胸～。→❷名某些器物中空的部分▷子弹上～｜炉～｜后～枪。

螗 táng 名古书上指一种形体较小的蝉。

镗（鏜） táng 动用旋转的刀具伸入工件上已有的孔眼中进行切削▷～孔｜～床。

另见 tāng。

糖（*餹❶❷） táng ❶名一类有甜味的物质，是从甘蔗、甜菜、米、麦等植物中提炼出来的，包括白糖、红糖、冰糖、甜菊糖等。→❷名糖果，糖制的食品，一般添加香料、果汁等▷一块～｜奶～｜水果～。❸名有机化合物的一类，是人体内产生热能的主要物质。也说碳水化合物。

赯 táng 形（人的脸色）红▷紫～脸。

螳 táng 名螳螂，螳螂目昆虫的统称。体大，全身绿色或土黄色，头呈三角形，复眼大，触角呈丝状，有翅两对，前胸细长，前足呈镰刀状，生有钩状的小刺。捕食各种害虫，对农业、林业有益。

tǎng

帑 tǎng 名〈文〉国库收藏的钱财▷国～｜公～｜～银。☛不读 nǔ。

倘 tǎng 连连接分句，表示假设关系，相当于"假使""如果"▷～有闪失，后果严重。

另见 cháng。

淌 tǎng 动向下流▷～眼泪｜～汗｜～血｜流～。

傥（儻） tǎng ❶古同"倘"。〇❷[倜傥]tìtǎng，见"倜"。

镋（钂） tǎng 名古代一种兵器，形状像叉，中间正锋像矛头，横出两翅微向上弯。

躺 tǎng 动身体平卧（在地上或床等器物上）▷～在草坪上看云彩｜在床上～着。

tàng

烫（燙） tàng ❶动皮肤被火或高温的物体灼痛或灼伤▷手上～了一个泡｜～伤。→❷动用温度高的物体使低温物体升温或改变状态▷～酒｜～

发(fā)。→❸形温度高▷水太～|滚～的开水。

趟[1] tàng ❶名行进中的队伍▷快点走,跟上～儿。→❷量〈方〉用于成行的东西▷再缝上一～|半～街。

趟[2] tàng ❶量用于来往的次数▷来过两～|跟我走一～。→❷量用于成套的武术动作▷练了一～拳|玩了一～剑。→❸量用于按一定次序运行的车▷这～列车开往天津|最后一～长途汽车。

另见 tāng。

tāo

叨 tāo 动客套话,指承受(别人的好处)▷～光|～教|～扰。☛"叨"和"叼"(diāo)不同。"叨"字右边是"刀","叼"字右边是"刁",意思是用嘴衔住。

另见 dāo;dáo。

弢 tāo 同"韬"。

涛(濤) tāo ❶名大浪▷波～汹涌|惊～骇浪。→❷名像波涛的声音▷松～|林～。☛统读 tāo,不读 táo。

绦(縧*絛縚) tāo 名绦子,用丝线编织成的带子▷丝～|～带。☛不读 tiáo。

焘(燾) tāo "焘"(dào)的又音,用于人名。另见 dào。

掏(*搯) tāo ❶动挖▷在墙上～个洞。→❷动伸进去取;往外拿▷～耳朵|～口袋|～出钥匙◇把心里话～出来。

滔 tāo 形大水漫流▷浊浪～天|洪水～～。

韬(韜) tāo ❶名〈文〉弓套或剑套。→❷动隐藏▷～光养晦(隐藏才能、谋略,不使外露)|～晦之计。〇❸名用兵的谋略▷～略。

饕 tāo 形〈文〉贪婪;贪食▷老～(贪食的人)|～餮(传说中一种贪吃的凶兽,常喻指贪食或贪婪的人)。

táo

匋 táo 古同"陶[1]"①。

咷 táo [号咷]háotáo 同"号啕"。参见"啕"。

逃 táo ❶动迅速离开对自己不利的事物或环境▷～出虎口|～跑|～命|～犯|潜～。→❷动躲避▷什么事都～不过他的眼睛|～难(nàn)|～税|～学|～债。

洮 táo 名洮河,水名,在甘肃,流入黄河。

桃 táo ❶名桃树,落叶乔木,叶子长椭圆形,开白色或红色花。花色艳丽,可供观赏。果实近球形或扁球形,多数表面有茸毛,肉厚汁多,味甜,是常见的水果。核仁可以做药材。桃,也指这种植物的果实。→❷名指核桃▷～酥。→❸名形状像桃的东西▷棉～。〇❹名姓。

陶[1] táo ❶名瓦器,用黏土烧制的器物▷～瓷|彩～|黑～|～器|～俑。→❷动制造陶器;比喻教育、培养▷～铸|～冶|熏～。〇❸名姓。

陶[2] táo 形喜悦;快乐▷～然|～醉|乐～～。

另见 yáo。

萄 táo 名指葡萄▷～糖|～酒。

梼(檮) táo 〈文〉❶[梼昧]táomèi 形愚昧(多用作谦词)▷不揣～|自惭～。〇❷[梼杌]táowù 名古代传说中的凶兽;借指恶人。

啕 táo [号啕]háotáo 形形容大声哭的样子▷～大哭。也作号咷、嚎啕。

淘[1] táo ❶动把颗粒状的东西装入盛器后放在水里搅荡,以除去杂质▷～米|～金|～汰。→❷动〈文〉冲刷▷大浪～沙。

淘[2] táo 动从深处舀出(污水、泥沙、粪便等)▷～缸|～井|～茅坑。

淘[3] táo ❶动耗费(精神)▷～神。→❷形顽皮▷这孩子真～|～气。

绹(綯) táo 名〈文〉绳索▷索～。

鼗 táo 名〈文〉一种长柄鼓,鼓身两旁系有带圆球的短绳,来回转动鼓柄,使圆球击鼓发声。俗称拨浪鼓。

tǎo

讨[1](討) tǎo ❶动〈文〉治理;整治▷～治。→❷动出兵攻打▷～伐|征～。→❸动公开谴责(敌人的罪行)▷声～|申～。→❹动研究;商议▷探～|商～|检～|～论。

讨[2](討) tǎo ❶动索要;请求▷～一个公道|～债|～教|乞～。→❷动娶▷～个老婆。→❸动引起;招惹▷～人喜欢|自～没趣|～人嫌|～厌。

tào

套 tào ❶名紧紧地罩在物体外面的东西▷给沙发做个～儿|手～|笔～。→❷动罩在物体的外面▷～上一件罩衣|把笔帽～上|～袖|～裤。⇒❸动互相包容、重叠或衔接▷～色|～印|亲上～亲|～种(zhòng)|～间。⇒❹动把圈状刃具套在棍形工件上切削出螺纹▷～扣。→❺名装在衣被里面的棉絮▷棉花～子|被～。→❻名同类事物组合成的整体▷上衣和裤子配不上～|成～设备|整～家具|～曲。⇒❼名成规,沿袭已久的模式▷老一～|俗～|客～。❽动模仿或沿袭(成规)▷搞建设没有现成的模式可～|～公式|生搬硬～。→❾量用于成套的事物▷一～设备|两～衣服|三～课本|一～制度|讲起话来一～一～的。→❿名用绳子等结成的环▷挽个～儿|活～儿。⓫名把拉车的牲口拴到车上的绳具▷大车～|～绳|拉～。⓬动用绳具拴、系或捕捉▷～车|～牲口|～住一只狼。⇒⓭动笼络;拉拢▷～近乎|～交情。⇒⓮动用计引出(实情)▷～他说出实情|拿话～他。⇒⓯名陷害人的诡计▷给我们下了个～儿|圈～。⇒⓰动用不正当的手段购买▷～汇|～购。→⓱名河流、山势的弯曲处,多用于地名▷山～|河～。

tè

忑 tè [忐忑]tǎntè,见"忐"。

忒 tè 名〈文〉差错▷差～。

另见 tuī。

特 tè ❶形〈文〉单个的;单独▷～舟(单只的船)。→❷形不同于一般的▷～色|～权|～别|～产|奇～|～殊。⇒❸副 a)表示专为某事,相当于"特地"▷

～此声明|～作如下规定。b)〈口〉表示与众不同,相当于"非常"▷～冷|～早|实力～强。⇒❹名指特务(tèwu)▷匪～|敌～。→❺副〈文〉只;仅▷此～匹夫之勇耳。

铽(鋱) tè 名金属元素,符号 Tb,稀土元素之一。银灰色。铽的化合物可以用作荧光体激活剂、激光材料和杀虫剂,也可以用来治疗某些皮肤病等。

慝 tè 名〈文〉邪恶。

螣 tè 名古书上指专吃小苗或嫩叶的害虫。
另见 téng。

te

贼 te [肋贼]lēte,见"肋"。

tēng

熥 tēng 动把凉了的熟食蒸热或烤热▷把馒头放到锅里～一～|～热了再吃|～包子。

鼟 tēng 拟声形容击鼓的声音▷鼓声～～。

téng

疼 téng ❶动伤、病等引起的极不舒服的感觉;痛▷肚子～|伤口很～|～得钻心|～痛。→❷动关怀喜爱;怜爱▷妈妈最～小儿子|这孩子不招人～|～爱。

腾(騰) téng ❶动上升▷～空|飞～|蒸～|～达。→❷动跳;奔驰▷～跃|～越|欢～|奔～。❸动上下左右翻动▷沸～|翻～。❹动用在某些动词后,表示动作反复延续▷倒(dǎo)～|闹～|折(zhē)～。〇❺动使空出来▷～出里屋让客人住|～出手来|～房。〇❻名姓。

誊(謄) téng 动照底稿或原文抄写▷稿子太乱,要～一遍|～写|～清|～录。

滕 téng ❶名周朝诸侯国名,在今山东滕县一带。〇❷名姓。

螣 téng [螣蛇]téngshé 名古书上说的一种会飞的蛇。
另见 tè。

縢 téng 〈文〉❶动封住口子;缠束。→❷名绳索。

藤(*籐) téng ❶名某些植物的攀援茎或匍匐茎。茎的质地有的是草质,如牵牛;有的是木质,如葡萄。有的可以编制箱子、椅子等器具。〇❷名姓。

䲢(鰧) téng 名䲢属鱼的统称。身体粗壮,呈青灰色,有褐色网状斑纹,头宽大扁平,眼睛小,下颌突出,有一个或两个背鳍。常栖息在浅海底层,捕食小鱼。肉可食用。

tī

体(體) tī [体己]tīji ❶形贴身的;亲近的▷～人|～话。→❷形家庭成员个人积蓄的▷～钱。❸名家庭成员个人积蓄的私房钱▷把自己的～拿出来|攒了些～。//也作梯己。
另见 tǐ。

剔 tī ❶动(把肉从骨头上)刮下来▷把排骨上的肉～干净|～骨肉。→❷动(从缝隙或孔洞里)往外挑(tiǎo)▷～牙缝|～指甲。→❸动(从群体中把不好的)挑(tiāo)拣出去▷把残次品～出来|～除。

梯 tī ❶名供人登高或下降用的器具或设备▷～子|扶～|软～|楼～|电～。→❷名形状或作用像梯子的▷～田|～队。

锑(銻) tī 名金属元素,符号 Sb。银灰色,质硬而脆,有冷胀性,有毒。多用在化学工业和医药上,超纯锑是重要的半导体及红外探测器材料,锑的合金可用来制造铅字、轴承等。

踢 tī 动用脚或蹄子撞击▷一脚把门～开|被牲口～了一下|～球|～蹬。

䴘 tī [䴙䴘]pìtī,见"䴙"。

擿 tī 〈文〉❶动挑(tiāo)出;挑(tiāo)剔▷～抉细微。→❷动揭发▷发奸～伏(揭发奸邪和隐秘的坏事)。
另见 zhì。

tí

荑 tí 〈文〉❶名刚长出的植物的嫩芽、嫩叶▷新～。〇❷名指稗子一类的草▷～稗。
另见 yí。

绨(綈) tí 名〈文〉厚实光滑的丝织品▷～袍。
另见 tì。

提 tí ❶动垂着手拿(有提梁或绳套的东西)▷手里～着书包|～来一桶油◇～心吊胆。→❷动使事物由低处往高处移▷把裤子往上～了～|～价|～升|～拔|～高。⇒❸动举出;指出▷～条件|～意见|～问题|～名|～醒|～示。❹动说起;谈起▷这一点前面已经～过了|不值一～|只字不～|别～了。⇒❺名一种舀油、酒等的量具,有长柄,下端装一圆筒形容器,由下向上舀取▷油～|酒～。⇒❻动把期限向前移▷～前|～早。⇒❼名汉字的笔画,由左向右斜上,形状是"㇀",即"挑"(tiǎo)。→❽动取出;拿出来▷～货|～款|～炼|～成。❾动特指从关押的地方带出犯人▷～犯人|～审。〇❿名姓。
另见 dī。

啼(*嗁) tí ❶动鸣叫▷雄鸡～明|月落乌～|虎啸猿～。→❷动出声地哭▷～笑皆非|～哭|哭哭～～。

遆 tí 名姓。

鹈(鵜) tí [鹈鹕]tíhú 名水鸟,体长,翼大,羽多白色,四趾间有全蹼相连,嘴的尖端弯曲,嘴下有皮囊,称喉囊,可存食物。善捕鱼,喜群居。

騠(騠) tí [駃騠]juétí,见"駃"。

缇(緹) tí 形〈文〉橘红色▷～衣|～幕。

鶗(鶗) tí [鶗鴂]tíjué 名〈文〉杜鹃。

题(題) tí ❶名题目,写作或讲演内容的名目▷文不对～|命～作文|切(qiè)～|标～。→❷名练习或考试时要求解答的问题▷做完三道～|习～|试～。〇❸动写;签署▷～字|～诗|～签|～名。

醍 tí [醍醐]tíhú 〈文〉❶名从酥酪中提制的奶油▷如饮～。→❷名喻指最高的佛法或最大的佛性▷～灌顶(比喻给人灌输智慧,使彻底醒悟)。

蹄（*蹏） tí 名某些牲畜生在趾端的坚硬的角质层，也指具有这种角质层的脚▷马不停～|铁～|～子。

鳀（鯷） tí 名鳀属鱼的统称。身体小，略侧扁而长，背深青绿色，腹银白色，口大眼大，腹部圆柱形，无侧线。有集群性、趋光性和洄游性。生活在海中。幼鱼干制品称海蜒。

tǐ

体（體） tǐ ❶名人或动物的全身▷～无完肤|量～裁衣|～检|～态|～型|身～。→❷名身体的一部分▷四～不勤|五～投地|肢～。→❸名事物的整体▷月色中，两座山浑然一～|集～|全～|～积。⇒❹名事物的形状或形态▷长方～|圆柱～|固～|液～。❺名一种语法范畴，多指动作进行的状态，如汉语"看了"是完成体，"看着"是进行体。⇒❻名事物的规格、形式或规矩等▷～例|～制|政～|～统。❼名文字的书写形式或文章的表现形式▷字～|楷～|文～|旧～诗|～裁。→❽动亲身实践或经历（某事）▷身～力行|～察|～会|～验。❾动设身处地替人着想▷～谅|～恤|～贴。

另见 tī。

tì

屉 tì ❶名抽屉，安装在桌子、柜子等家具中可以抽出推进，用来装东西的部分▷三～桌。→❷名笼屉，一套大小相等，可以摞起来蒸食品的器具▷竹～|～布|～盖。→❸名放在某些床架或椅架上供坐卧用的，可以自由取下的部分▷床～|棕～。

剃（*薙鬀） tì 动用刀具刮去毛发▷～光头|～胡子|～头的|～刀。

俶 tì［俶傥］tìtǎng 同"倜傥"。现在通常写作"倜傥"。参见"倜"。

另见 chù。

倜 tì［倜傥］tìtǎng 形〈文〉洒脱大方；不为世俗所拘束▷风流～|～不羁。也作俶傥。

逖 tì 形〈文〉遥远。

涕 tì ❶名眼泪▷痛哭流～|感激～零|破～为笑。→❷名鼻涕▷～泪交流。

悌 tì 动〈文〉敬爱兄长▷孝～。☛统读 tì，不读 dì。

绨（綈） tì 名一种纹理较粗、质地较厚的织品，一般用丝或人造丝做经、棉纱做纬织成▷线～。

另见 tí。

惕 tì 形小心；谨慎▷警～。

屜 tì 同"屉"。现在通常写作"屉"。

替[1] tì 形〈文〉衰落；废▷衰～|兴～。

替[2] tì ❶动代换，甲换乙，甲起乙的作用▷你休息吧，我～你|把他～下来|～班|～换|接～。→❷介引进动作行为受益的对象，相当于"给""为"▷我要～他报仇|请你～我画一张像|大家都～他捏一把汗。

裼 tì 名〈文〉包裹婴儿的被子。

另见 xī。

嚏 tì［嚏喷］tìpen 名鼻黏膜受到刺激引起一种猛烈带声的喷气现象▷打～。也说喷嚏（pēntì）。

tiān

天 tiān ❶名日月星辰罗列的空间；天空▷～上飘着白云|～昏地暗|～边|苍～|航～。→❷名古人指世界的主宰者▷～命|～意|～机|～条。❸名古人或某些宗教指神、佛、仙人居住的地方▷归～|～国|西～|～堂。→❹名自然界▷人定胜～|～灾人祸。❺形自来就有的；天生的▷～资|～险|～堑|～性。→❻名气候；天气▷～很热|～旱|晴～。❼名季节；时令▷春～|三伏～|黄梅～。→❽名一昼夜的时间；从日出到日落的时间▷过了几～|每～|今～|两～两夜。❾名指一天里某一段时间▷～不早了，赶紧走吧|晌午～|三更～。→❿形位置在上面的；架在空中的▷～棚|～窗|～桥|～线。

添 tiān ❶动增加▷新～了几件家具|～人进口|～砖加瓦|～补|～设。→❷动〈口〉生（孩子）▷盼着～个小孙子。

黇 tiān［黇鹿］tiānlù 名鹿的一种，夏季体毛赤褐色，有白斑，冬季黄灰褐色，角上部扁平呈掌状。性温顺，栖息在森林里，昼夜活动。

tián

田 tián ❶名耕种的土地▷种了几亩～|解甲归～|旱～|棉～|梯～|～野。→❷名指蕴藏矿物的地带▷煤～|油～|气～。○❸名姓。

佃 tián 动〈文〉耕种土地▷～作。

另见 diàn。

畋 tián 动〈文〉打猎▷～猎。

恬 tián ❶形安静▷～静|～适。→❷形〈文〉淡泊，不追求名利▷～淡。→❸形坦然；不放在心上▷～不知耻|～不为怪。☛不读 tiǎn。

钿（鈿） tián 名〈方〉硬币；钱▷铜～|几～（多少钱）|车～。

另见 diàn。

甜 tián ❶形像糖或蜜的滋味▷这药水是～的，一点儿也不苦|～食|～滋滋。→❷形美好、舒适，令人愉快▷这孩子嘴真～|笑得很～|日子过得挺～。→❸形睡得熟▷睡得正～。

湉 tián［湉湉］tiántián 形〈文〉水流平静。

填 tián ❶动把低洼凹陷的地方垫平；把空缺的地方塞满▷把坑～平|～上这口废井|欲壑难～|～方。→❷动补充▷～空补缺|～补|～充。❸动按照项目、格式，在表格、单据等的空白处写上（文字或数字等）▷每人～一张表|～上姓名、住址|～报|～写。

阗（闐） tián ❶动〈文〉充满▷宾客～门。○❷［和阗］hétián 名地名，在新疆。今作和田。○❸［于阗］yútián 名地名，在新疆。今作于田。

tiǎn

忝 tiǎn 副〈文〉谦辞，表示辱没他人而有愧▷～为人师|～列。☛"忝"字上边是"天"，不是"夭"。从"忝"的字，如"添""舔""掭"，同。

殄 tiǎn 动尽；绝▷暴～天物（任意糟蹋东西）|～灭。

忝 tiǎn 形〈文〉惭愧。

觍(靦) tiǎn ❶动〈文〉面露愧色▷～颜。→❷动〈口〉厚(着脸皮)▷～着脸。

腆[1] tiǎn 形〈文〉饭菜丰盛;丰厚。

腆[2] tiǎn 动〈口〉凸起或挺出(胸、腹)▷～着肚子|～着胸脯。

䩄(䩄) tiǎn 〈文〉❶形形容人脸的样子▷～然人面(具有人的外貌)。○❷同"觍"①。
另见 miǎn。

舔 tiǎn 动用舌头沾取或擦拭▷～掉嘴角的饭粒|～伤口|～～碗|～嘴唇。

tiàn

掭 tiàn 动用毛笔蘸墨汁后在砚台上整理均匀。

瑱 tiàn 名古代冠冕上的玉质装饰品,从两侧下垂到耳旁,可以用来塞耳。

tiāo

佻 tiāo 形轻薄;不庄重▷轻～。☛统读 tiāo,不读 tiáo。

挑[1] tiāo ❶动用肩膀担着▷～着两筐菜|～土|～担子。→❷名扁担和它两头挂着的东西▷挑～儿卖菜的|～子。→❸量用于成挑儿的东西▷一～儿水|两～儿土。

挑[2] tiāo ❶动选,从若干人或事物中选出合乎要求的▷～几个身强力壮的|把坏的～出去|～西瓜|～吃～穿。→❷动在细节上苛求指摘▷～毛病|～刺儿|～剔。
另见 tiǎo。

祧 tiāo 〈文〉❶名祭祀远祖的宗庙。→❷动把隔了几代的祖宗的神主迁入专祀远祖的宗庙▷不～之祖(创业的始祖或对家族有巨大贡献的祖宗永远在家庙中供奉,不迁入专祀远祖的宗庙,称"不祧之祖"。也喻指开创某项事业受到敬重的人)。→❸动继承做后嗣▷承～|兼～(一人兼做两房的继承人)。

tiáo

条[1] **(條)** tiáo ❶名植物细长的枝▷柳～|荆～|枝～。→❷名泛指细长的东西▷面～|布～|金～。⇒❸形细长形的▷～纹|～幅|～凳。⇒❹量 a)用于细长的东西▷两～腿|一～河|两～鱼|一～街。b)用于由一定的数量合成的某些条状物▷一～烟|一～肥皂。

条[2] **(條)** tiáo ❶名条理,事物的层次或次序▷有～不紊|井井有～。→❷形按条理分项的▷～目|～令|～约。❸量用于分项的东西▷两～意见|三～新闻。☛"条"字上半是"夂",不是"夊"。

苕 tiáo 名凌霄花的古称。落叶木质藤本植物,茎上有攀援的气生根。花大而鲜艳,橙红色,可以做药材。☛"苕"和"笤"(tiáo)不同。"笤"是竹字头,笤帚。
另见 sháo。

岧 tiáo [岧峣]tiáoyáo 形〈文〉山势高峻。

迢 tiáo [迢迢]tiáotiáo 形路程遥远▷万里～。

调[1] **(調)** tiáo ❶形和谐;配合得当▷风～雨顺|协～|比例失～。→❷动使配合得当;使适合要求或适应环境▷把加了稀料的油漆～了～|这台收音机总是～不好|～味|烹～|～节。→❸动使和谐;消除纠纷▷～解|～处(chǔ)|～停。

调[2] **(調)** tiáo ❶动嘲弄;挑逗▷～笑|～侃|～戏|～情。→❷动挑拨;唆使▷～词架讼(挑拨别人打官司)|～三窝四|～唆(suō)。
另见 diào。

铫(銚) tiáo 名古代的一种兵器,即长矛。
另见 diào;yáo。

笤 tiáo [笤帚]tiáozhou 名扫除灰尘的用具,用去粒的高粱穗、黍子穗或棕等扎成。

龆(齠) tiáo 动〈文〉儿童乳牙脱落,长出恒齿▷～年(童年)|～龀(指童年或儿童)。

蜩 tiáo 名〈文〉蝉。

髫 tiáo 名古代儿童下垂的发式▷垂～|～龄(指童年)|～年(指童年)。

鲦(鰷) tiáo 名鲦鱼,鳌条的古称。体型小而长,侧扁,银白色,腹面有肉棱,背鳍有硬刺。繁殖力强,生长快,杂食。生活在淡水中。

tiǎo

挑 tiǎo ❶动用带尖的或细长的东西先向下再向上用力▷～野菜|把脓包～开|把面条～出来|～灯心。→❷动用言语或行动刺激对方,以引起冲突、纠纷或某种情绪▷～战|～衅|～拨|～逗|～动。→❸动扬起▷眉毛一～|～起大拇指。⇒❹名汉字的笔画,由左向右斜上,形状是"㇀"。也说提。⇒❺动用细长东西的一头把物体支起或举起▷～灯夜战|～帘子。⇒❻动刺绣方法,用针挑起经线或纬线,把针上的线从底下穿过去,构成花纹或图案▷～花。
另见 tiāo。

朓 tiǎo 动〈文〉农历月底时月亮在西方出现。

窕 tiǎo [窈窕]yǎotiǎo,见"窈"。

斢 tiǎo 动〈方〉掉换。

tiào

眺(*覜) tiào 动往远处看▷远～|～望。

粜(糶) tiào 动卖(粮食)(跟"籴"相对)▷～了粗粮籴细粮|出～。

跳 tiào ❶动腿部用力,使身体离地向上或向前▷～过一道小溪|高兴得～了起来|～高|～远|～跃。→❷动物体向上弹起▷乒乓球落在桌子上～得老高。→❸动一起一伏地振动▷心～个不停|眼皮直～。→❹动越过应该经过的处所或阶段▷她～着行看完了这本书|～级。

tiē

帖 tiē ❶形安定;稳妥▷妥～。→❷动驯服;顺从▷服～。
另见 tiě;tiè。

贴[1] **(貼)** tiē ❶动把片状的东西粘(zhān)在别的东西上▷把光荣榜～在墙上|～春联|剪～

|张~。→❷动紧紧靠近▷把脸______在妈妈怀里|~身|~近|~心。→❸动补偿;补助▷每月~他几个钱|把本钱都~进去了|~补|倒~。❹名补助的钱▷房~|煤~。→❺量用于膏药等▷买一~膏药贴在腰上。

贴[2](贴) tiē 同"帖"。现在通常写作"帖"。

萜 tiē 名有机化合物的一类,大多是有香味的液体。不溶于水,溶于乙醇。松节油、薄荷油等化合物中都含有萜的成分。

跕 tiē 动〈文〉拖着鞋走路。

tiě

帖 tiě ❶名写有简短文字的纸片▷请~|庚~(写有生辰八字的纸片)|名~|字~儿(便条)。→❷量用于若干味中药调配成的汤药,相当于"剂"▷一~药。

另见 tiē;tiè。

铁(鐵) tiě ❶名金属元素,符号 Fe。灰色或银白色,有光泽。质坚硬,延展性强,能迅速磁化或去磁,在潮湿空气中易生锈。用途极广,可用来炼钢,制造各种机械、器具,也是生物体不可缺少的物质。→❷名指刀枪等武器▷手无寸~。→❸形比喻确定不移的▷~的纪律|~证|~案如山。→❹形比喻性质坚硬;意志坚强▷~拳|~人|~腕。→❺形比喻强暴或无情▷~蹄|~面无私|~石心肠。○❻名姓。

tiè

帖 tiè 名习字或绘画时摹仿的样本▷碑~|字~|画~。

另见 tiē;tiě。

餮 tiè 形〈文〉贪婪;贪食▷饕~。

tīng

厅(廳) tīng ❶名古代官府办公的地方。→❷名党政机关某些机构的名称▷中央办公~|国务院办公~|省民政~|商业~。→❸名会客、聚会、娱乐等用的大房间▷客~|门~|宴会~|餐~|歌舞~。

汀 tīng 名〈文〉水边的平地▷~洲|沙~|绿~。

听[1](聽) tīng ❶动用耳朵接收声音▷~妈妈讲故事|~收音机|~不清楚|洗耳恭~|~力|~众。→❷动依从(命令、劝告等);接受(意见、教导等)▷一切行动~指挥|~老师的话|言~计从。❸动任凭;随▷~其自然|悉~尊便|~任|~凭。→❹动〈文〉处理(政事);审理(案件)▷~政|~讼。☛统读 tīng,不读 tìng。

听[2](聽) tīng 名〈外〉用镀锡或镀锌的铁皮制成的筒子或罐子▷~装|~子|一~奶粉|一~香烟|两~饮料。

烃(烴) tīng 名碳和氢两种元素组成的有机化合物的统称。也说碳氢化合物。

桯 tīng 名桯子,装在锥子等工具顶端用来扎东西的金属杆▷锥~子。

鞓 tīng 名〈文〉皮腰带。

tíng

邒 tíng 名姓。

廷 tíng ❶名君主接受朝见、处理政事的地方▷宫~|朝~|~试|~对(在朝廷上当众答对)。→❷名封建王朝以君主为首的最高统治机构▷清~(清朝政府)。

莛 tíng 名草本植物的长而硬的茎▷草~|麦~。

亭[1] tíng ❶名亭子,一种有顶无墙的小型建筑物,多设在园林中,供人休息或观赏▷~台楼阁|八角~|凉~。→❷名形状像亭子的小屋▷书~|邮~|电话~|售货~。

亭[2] tíng 形〈文〉适中;匀称(chèn)▷~午(正午)|~匀。

庭 tíng ❶名正房;厅堂▷大~广众。→❷名正房前的院子▷~院|前~后院|门~若市。→❸名审理案件的处所▷法~|开~。→❹名中医指额部中央▷天~饱满。☛"庭"和"廷"不同。"庭"指庭院、法庭,"廷"指朝廷。

停[1] tíng ❶动止息;中断▷大雨~了|手表~了|~下脚步|~电|~工|~止|~顿。→❷动暂时中断前进▷路过北京~了两天|队伍~在树林里。❸动临时停留或放置▷路边~着一辆汽车|小船~在湖边|~灵|~泊|~放|~靠。→❹形妥帖▷~当|~妥。

停[2] tíng 量〈方〉用于分成若干等份的总数中的一份▷三~路已走完了两~|五~果子中倒有三~是烂的。

葶 tíng [葶苈子]tínglìzi 名指独行菜、播娘蒿、葶菜三种植物的种子制成的一味中药材。

蜓 tíng [蜻蜓]qīngtíng,见"蜻"。

渟 tíng 动〈文〉水停滞不流。

婷 tíng [婷婷]tíngtíng 形〈文〉姿态美好▷~花下人|~嫋嫋。

霆 tíng 名迅急而猛烈的雷▷雷~。

tǐng

町 tǐng 名〈文〉田间小路;田界▷~畦。

另见 dīng。

侹 tǐng 形〈文〉平直。

挺 tǐng ❶形直▷笔~|~进|~立|直~~。→❷动伸直或凸出▷身子~得笔直|~了~腰|~身|~胸凸肚。→❸动勉强支撑▷发着烧还硬~着上课|~得住。→❹量用于机关枪▷一~机枪。○❺副〈口〉很▷~好|~和气|~快。

珽 tǐng 名〈文〉玉笏,古代帝王手中所拿的玉制长板。

梃 tǐng ❶名〈文〉植物的茎秆▷木~|竹~。→❷名〈文〉棍;棒▷~击。❸名梃子,门框、窗框或门扇、窗扇两侧直立的边框▷门~|窗~。→❹名〈方〉花梗▷把~儿碰折(shé)了|独~儿|花~儿。

另见 tìng。

脡 tǐng 名〈文〉条状的干肉。

铤（鋌） tǐng 形形容快跑的样子▷~而走险（指走投无路而采取冒险行动）。
另见 dìng。

颋（頲） tǐng 〈文〉❶形形容头挺直的样子。→❷形比喻正直▷神骨清~。

艇 tǐng 名本指比较轻便的小船，现在也指某些较大的船▷快~|救生~|潜水~|登陆~。

tìng

梃 tìng ❶动在杀死的猪腿上割开一个口子，用铁棍贴着猪皮往里捅▷~猪。→❷名梃猪用的铁棍。
另见 tǐng。

tōng

恫 tōng 动〈文〉哀痛。
另见 dòng。

通 tōng ❶动可以到达▷这条路~哪里？|直~矿山|四~八达。→❷形没有阻碍，可以穿过▷下水道是~的|畅~|~行◇这办法行不~。⇒❸动全都了解；彻底懂得▷~英语|~情达理|~晓|精~。❹名精通某一方面情况、事务的人▷中国~|万事~。⇒❺形（文章）思路和文字合理而流畅▷先把句子写~|文理不~|~顺。⇒❻形共同的；一般的▷~病|~则|~称|~常。❼形全部；整个▷~宵|~体|~盘。❽量〈文〉用于文书等▷一~文书|手书二~。⇒❾动使不堵塞▷拿根铁条~一~炉子|~下水道|疏~。→❿动互相往来；连接▷~邮|~商|沟~。→⓫动告诉别人；使知道▷~知|~告。
另见 tòng。

嗵 tōng 拟声形容物体撞击、心跳等的声音▷青蛙~地一下跳进水里|敲起鼓来~~响|紧张得心~~直跳。

tóng

同（*仝❶—❺） tóng ❶动一样，彼此没有差别▷形状不~|大~小异|不约而~|~乡|~辈|~时。→❷动跟（某事物）相同▷奖励办法~第四条|用法~前。→❸副表示不同的施事者共同发出某一动作或处在相同的情况，相当于“一同”“一起”▷三人~行|~学|~吃~住~劳动|~流合污|~属第三世界。→❹介 a)引进动作涉及的对象，相当于“跟”▷干部必须~群众打成一片|~坏人坏事作斗争|这事~他有牵连。b)引进比较的对象▷~预想的完全一致|今年~往年大不一样。❺连连接名词或代词，表示并列关系，相当于“和”▷小张~小李都是上海人|屋里只有他~我两个人。〇❻名姓。☛“仝”是“同”的异体字，但《第一批异体字整理表》规定“停止使用的异体字中，有用作姓氏的，在报刊图书中可以保留原字”。因此“仝”作姓氏用时，仍作“仝”，与“同”是不同的姓氏。
另见 tòng。

佟 tóng 名姓。

彤 tóng 形红色▷红~~。

峂 tóng [峂峪]tóngyù 名地名，在北京。

侗 tóng 形〈文〉无知；幼稚▷~而不愿（幼稚而不老实）。
另见 dòng。

垌 tóng [垌冢]tóngzhǒng 名地名，在湖北。
另见 dòng。

茼 tóng [茼蒿]tónghāo 名一年生或二年生草本植物，茎直立，叶互生，开黄色或白色花。嫩茎和叶有特殊气味，可以食用。有的地区也说蓬蒿。

峒（*峝） tóng [崆峒]kōngtóng，见“崆”。
另见 dòng。

洞 tóng [洪洞]hóngtóng 名地名，在山西。
另见 dòng。

桐 tóng ❶[泡桐]pāotóng 名落叶乔木，叶子较大，长卵形或卵形，开白色或紫色花。易繁殖，生长快，是较好的固沙防风树木。木材轻软，可以制作乐器、模型、箱匣等。〇❷[梧桐]wútóng，见“梧”。〇❸[油桐]yóutóng 名落叶小乔木，叶子卵状心脏形，开白色花，有紫色条纹，核果圆卵形，平滑。种子可榨油，叫桐油，工业上用作涂料；果壳可制活性炭。

砼 tóng 名混凝土。

烔 tóng [烔炀河]tóngyánghé 名地名，在安徽。

铜（銅） tóng 名金属元素，符号 Cu。淡紫红色，有光泽，富延展性，导电导热性能仅次于银。常用于制造导电、导热器件，也用于制造合金，工业上用途很广。

童 tóng ❶名古代指未成年的奴仆▷书~|家~|~仆。→❷名小孩儿▷儿~|~年|神~|~心。❸形指未曾经历过性行为的▷~男~女|~贞。〇❹形秃▷~山。〇❺名姓。

酮 tóng 名有机化合物的一类，是一个羰基和两个烃基连接而成的化合物，如丙酮等。

僮 tóng 名〈文〉指未成年的奴仆。
另见 zhuàng。

鲖（鮦） tóng [鲖城]tóngchéng 名地名，在安徽。

潼 tóng 用于地名。如：潼关，临潼，均在陕西。

橦 tóng 名古代指一种树，花可以织布。一说即木本棉花。

曈 tóng [曈昽]tónglóng 形〈文〉形容太阳初升时由暗渐明的样子▷旭日~。

朣 tóng [朣朦]tóngméng 形蒙眬不明。

瞳 tóng 名瞳孔，眼球中央进光的圆孔，可以因光线的强弱而缩小或扩大。

tǒng

统[1]（統） tǒng ❶动〈文〉整理丝的头绪。→❷动总括；全面管起来▷~率|~辖|~筹。❸动管辖▷~兵|~治|对下属单位不要~得过死。→❹名事物的连续关系▷系~|血~|法~|传~。→❺名年代地层单位的第四级，在系以下，跟地质年代分期中的“世”相对应▷全新~。

统[2]（統） tǒng 同“筒”③。现在通常写作“筒”。

捅 tǒng ❶动戳；刺▷~了一刺刀|把窗户纸~破了|~马蜂窝。→❷动（用手或其他东西）碰；触动▷刚睡着就被他~醒了|我见他要发火，赶紧~了他一下。→❸动戳穿；揭露▷把问题全~出来|这件事先

别～出去。

桶 tǒng 名盛东西的器具，多为圆柱形▷两只～|一副水～|油漆～|木～|吊～。

筒（*筩）tǒng ❶名粗竹管▷竹～。→❷名筒状器物▷笔～|烟～|茶叶～|电～|～瓦|～裤。❸名衣服鞋袜等的筒状部分▷袖～|长～袜|高～靴。也作统。❹动〈方〉放入（筒状物中）▷把手～到袖子里。

tòng

同（*衕）tòng［胡同］hútòng，见"胡⁵"。
另见 tóng。

恸（慟）tòng 动极度悲哀▷～哭|悲～。

通 tòng 量用于动作，相当于"阵""顿"等▷擂了三～鼓|闹了一～|挨了一～打。
另见 tōng。

痛 tòng ❶动疼▷腰酸腿～|伤口～|心绞～|～经|剧～|疼～。→❷动悲伤；痛苦▷～不欲生|亲～仇快|～心|悲～|沉～。❸副表示程度极深▷～饮|～打|～斥|～感|～改前非|～惜。

tōu

偷¹（*媮）tōu 动只顾眼前，得过且过▷苟且～生|～安。

偷² tōu ❶动趁人不备暗中拿走别人的财物▷～东西|钱包被～了|～盗|～窃。→❷名偷东西的人▷小～儿|惯～。→❸副悄悄地；趁人不备地▷～着跑出来|～听|～看|～袭|～～溜走。〇❹动抽（时间）▷～空（kòng）|忙里～闲。

tóu

头（頭）tóu ❶名人和动物身体的最上部或最前部，长着口、鼻、眼、耳等器官的部分▷～疼得厉害|～重脚轻|～破血流|～颅|猪～。→❷名头发；发式▷把～剃光了|白～到老|梳～|～绳|寸～。→❸名首领；为首的▷谁是你们的～儿？|工～|～人|～领|～目|～羊|～雁。❹数第一▷鸡叫～遍|～班车|～版～条|～奖|～等|～号。❺形用在数量结构前面，表示次序在前的▷～两节车厢|～一次|～半个月（靠前的半个月）|～几天（某一时段里靠前的几天）。❻形〈口〉用在"年"或"天"前面，表示某一时点以前的▷～年（去年或上一年）|～天（上一天）|～两天（昨天和前天，或某天以前的两天）|～几年。❼介〈方〉引进动作行为的时间，相当于"在……之前""临"▷～进考场，又把书翻了翻|～睡觉要刷牙|每天～七点就到。→❽名物体的最顶端或最末端▷山～|一根绳子有两个～儿|火柴～|桥～|源～|地～。⇒❾名事物的起点或终点▷你起个～儿，我们跟着唱|从～说起|没～没尾|一年到～。⇒❿名某些东西的残存部分▷铅笔～|蜡烛～|布～|烟～。→⓫名方面▷他们俩是一～的|工作、学习两～都要抓紧|分～寻找。→⓬量 a）用于牛、驴等牲畜▷一～牛|三～驴|五～猪。b）用于形状像头的东西▷两～蒜|一～洋葱。
另见 tou。

投¹ tóu ❶动掷向目标；扔▷把球～进篮筐|～标枪|～石问路|～笔从戎|～掷。→❷动跳进去（专指自杀行为）▷～河|～井|～江|自～罗网。→❸动放进去▷～票|～资|～放。❹动合得来；迎合▷情～意合|臭味相～|～缘|～脾气|～其所好。→❺动寄送出去▷～稿|～递|～书。→❻动（光线等）射向物体▷把目光～向远方|～影。〇❼动投靠；参加▷～师访友|～宿|～考|～奔|～靠。

投² tóu 动〈口〉把衣物在水中漂洗▷先用清水～一～，再打肥皂|～毛巾|～了两遍还没～干净。

骰 tóu［骰子］tóuzi 名色子（shǎizi），一种赌具，形状为小立方体，六个面分别刻有 1—6 个凹点，赌博时投掷它决定胜负等。

tǒu

钭（斢）tǒu 名姓。

tòu

透 tòu ❶动穿通；通过▷清风～过窗纱吹进屋里|一点气也不～|扎～了|～亮儿|～过现象看本质。→❷形清楚；彻底▷把道理说～|把他看～了|～彻。❸形达到充分的程度▷庄稼熟～了|下了一场～雨|衣裳湿～了|恨～了。→❹动泄漏，暗中说出去▷～消息|～信儿|～露。→❺动露出▷脸上～着俏皮|这孩子～着机灵|白里～红。

tou

头（頭）tou 词的后缀。❶加在名词性成分后面▷石～|木～|锄～|苗～。→❷加在方位词成分后面▷上～|下～|前～|后～|里～|外～。→❸加在动词性成分后面，构成名词，多表示抽象事物，其中有些动词构成抽象名词，表示有做这个动作的价值▷念～|饶～|听～|盼～|吃～。→❹加在形容词性成分后面，构成名词，多表示抽象事物▷尝到了苦～|准～。
另见 tóu。

tū

凸 tū 形高出四周（跟"凹"相对）▷凹～不平|眼球～出|～版|～透镜。☛㊀统读 tū，不读 tú 或 gǔ。㊁笔顺是 ｜ ┘ ┌ 凸凸，五画。

秃 tū ❶形很少或没有头发；（鸟兽头、尾）没有毛▷他刚五十，头就～了|～头|～顶|～鹰|～尾巴鹌鹑。→❷形（山）没有草木；（树）没有枝叶▷～山|～树。→❸形物体的尖端缺损，不锐利▷锥子磨～了|～笔。❹形（文章等）不圆满；不完整▷文章结尾有点～。

突¹ tū ❶动〈文〉狗从洞穴中忽然窜出来。→❷副表示事情发生很急促，出人意料▷～如其来|异军～起|～变|～发|～然。→❸动冲撞；猛冲▷狼奔豕～|奔～|冲～|～击|～破。

突² tū ❶动凸起；鼓起▷峰峦～起|礁石～出水面。→❷名古代炉灶旁突起的出烟口，类似现在的烟筒▷曲～徙薪|灶～。

突³ tū 拟声形容某种有节奏的声音▷抽水机～～～地发动起来了|心～～地乱跳。

葖 tū［蓇葖］gūtū，见"蓇"。

tú

图（圖）tú ❶名用线条、颜色等描绘出来的形象▷画了一张～|～文并茂|绘～|插～|地～|

~画。→❷动〈文〉画;描绘▷绘影~形。❸动思虑;谋划▷~谋|企~|试~|希~|妄~。⇒❹名制定的计划;谋略▷雄~大略|宏~|良~|意~。⇒❺动谋取;极力希望得到▷不能只~自己方便,不顾别人|不~名利|有利可~|力~|贪~。

凃 tú 名姓。

荼 tú ❶名古书上说的一种苦菜。→❷动使痛苦▷~毒生灵(使百姓受苦难)。〇❸名茅草、芦苇等所开的白花▷如火如~。☛“荼”和“茶”不同。“荼”字下边是“余”,“茶”字下边是“余”。

徒 tú ❶动不借助交通工具行走▷~步。→❷名〈文〉步兵;跟从的人▷车~(兵车和步兵;马车和仆从)。⇒❸名徒弟;学生▷尊师爱~|学~|门~|高~|~工。❹名指具有某种属性的人(含贬义)▷党~|亡命~|匪~|赌~|叛~|不法之~。⇒❺名信仰宗教的人▷信~|教~|基督~。→❻形空的▷~手。❼副 a)表示此外没有别的,相当于“只”“仅仅”▷~有虚名|家~四壁|~托空言。b)白白地;不起作用地▷~劳无功|~自欢喜|~然。〇❽名姓。

途 tú 名道路▷~经上海|老马识~|~径|长~|路~◇用~。

涂(塗❶—❺) tú ❶名〈文〉泥▷~炭。→❷动抹上,把泥、灰、油漆、药物等抹在墙壁、器物或身体表面▷在墙上~一层泥|先~底色,然后~清漆|~脂抹粉|~药膏|~饰。❸动抹去文字▷把错字~掉|~改。❹动乱写乱画▷把一本新书~得乱七八糟|~鸦。→❺名指海潮夹带的泥沙沉积而成的浅海滩▷海~|滩~|围~造田|~田。〇❻名姓。

菟 tú [於菟]wūtú 名古代楚国人称老虎。
另见 tù。

屠 tú ❶动宰杀牲畜▷~宰|~户|~夫(也喻指杀人的人)。→❷动残杀;杀戮▷~杀|~戮|~城(攻破城池后大肆屠杀城里的居民)。〇❸名姓。

腯 tú 形〈文〉猪肥;泛指人或动物肥胖。

瘏 tú 动〈文〉生病。

酴 tú [酴醾]túmí ❶名古代指重酿而成的甜米酒。〇❷名落叶灌木,以地下茎繁殖,茎绿色,有棱,生刺,初夏开白色大花,可以供观赏。现在通常写作“荼蘼”。

tǔ

土[1] tǔ ❶名土壤,地球表层由沙、泥、水分、微生物等组成的,能生长植物的物质;泥土▷这块地里的~很肥|盖上一层~|黏~|沙~|~山|~墙|~坯。→❷名田地;国土▷寸~必争|~地|领~|疆~。❸名家乡;本地▷本乡本~|热~难离|故~|~生~长。❹形本地的;具有地方性的▷~产|~著|~语|~音。⇒❺形不时兴;不开通▷这身衣服真~|~头~脑|~里~气|~包子。⇒❻形出自民间的;民间沿用的(跟“洋”相对)▷~洋结合|~布|~办法|~设备|~专家|~方子。→❼名粗制的鸦片(外观像泥土)▷烟~。

土[2] tǔ ❶[土家族]tǔjiāzú 名我国少数民族之一,主要分布在湖南、湖北。〇❷[土族]tǔzú 名我国少数民族之一,主要分布在青海。

吐 tǔ ❶动主动地让东西从嘴里出来▷~瓜子皮|~痰|~唾沫。→❷动说▷一~为快|~字不清|~露真情|谈~。→❸动从缝隙里绽出或露出▷~穗|~絮。
另见 tù。

钍(釷) tǔ 名放射性金属元素,符号 Th。银白色,在空气中逐渐失去金属光泽。质软,化学性质稳定。用于制铀-233,是原子能工业的重要原料;钍镁合金用于航空工业。

tù

吐 tù ❶动胃里的东西痉挛性地从嘴里呕出▷吃的饭全~了|上~下泻|~血|呕~。→❷动比喻被迫退出(非法侵吞的财物)▷把赃款全部~了出来。
另见 tǔ。

兔(*兎兔) tù 名哺乳纲兔科动物的统称。耳朵长,尾巴短,上唇中间裂开,前肢比后肢略短,善于跳跃、奔跑。有四十多种。肉可以食用,毛可以纺织或制毛笔,毛皮可以做衣物。通称兔子。

堍 tù 名桥两端连接平地的倾斜部分▷桥~。

菟 tù [菟丝子]tùsīzǐ 名一年生草本植物,茎细长,呈丝状,多缠绕在豆科植物上吸取它们的养料,是有害的寄生植物。菟丝子,也指这种植物的种子,可以做药材。
另见 tú。

tuān

湍 tuān ❶名〈文〉急流的水▷急~。→❷形水流得急▷~急|~流。

tuán

团(團糰❾) tuán ❶形圆;圆形的▷~扇|~城|~鱼。→❷动把可塑性的东西捏或揉成球形▷把废纸~成一个球儿|~煤球儿。❸动聚集;会合▷~圆|~聚|~结。⇒❹名军队编制单位,一般隶属于师,下辖若干营。⇒❺名聚合体▷云~|三五成~|疑~。⇒❻名从事某种工作或活动的集体▷考察~|剧~|主席~|慰问~|社~。❼名青少年的政治组织;特指共产主义青年团▷儿童~|~中央|入~|~员。→❽名球形或圆形的东西▷线~|蒲~。⇒❾名米或粉做成的球形食品▷汤~。⇒❿量用于成团的东西▷两~毛线|一~乱麻◇漆黑一~。

抟(摶) tuán 同“团”②。现在通常写作“团”。

漙(溥) tuán 形〈文〉露水大。

tuǎn

疃 tuǎn 名村庄,多用于地名▷走村串~|贾家~(在河北)|蒋~(在安徽)。

tuàn

彖 tuàn 名彖辞,《易经》论述卦义的文字。

tuī

忒 tuī 副〈方〉太;非常▷这车~慢|那件衣服~贵了。
另见 tè。

推 tuī ❶动手向外用力使物体移动▷～门|～磨|从后面～了他一把|顺水～舟|～～搡搡|～倒。❷动推着工具贴着物体的表面,一边向前移动,一边进行工作▷～草坪|用刨子把桌面～平|～头。❸动磨(mò)或碾(粮食)▷～了几斗麦子。→❹动推行;使开展▷～广|～动|～进|～销|把绿化工作～向高潮。→❺动把预定的时间向后延▷会议～到明年二月|～延|～迟。→❻动推选;举荐▷大家～他当工会主席|～荐|～举|公～。❼动抬举;尊崇▷～崇|～重(zhòng)|～许。→❽动推求,从已知的求出或想到未知的▷～断|～测|～求|～算|～论|类～。→❾动不肯接受▷～辞|～让。❿动借故拒绝▷～病不出。

tuí

隤(隤) tuí [虺隤]huītuí,见"虺"。

颓(穨*穨) tuí ❶动〈文〉倒塌;崩坏▷断井～垣。→❷动〈文〉衰败;败坏▷倾～|～败。❸形消沉;委靡不振▷～丧|～靡|～废。☛统读 tuí,不读 tuī。

tuǐ

腿(*骽❶❸) tuǐ ❶名人的下肢或动物的肢体▷～有点疼|鸡～|盘～|裹～|～脚。→❷名器物下部像腿一样起支撑作用的部分▷桌子～儿|椅子～儿。→❸名指火腿▷云～。

tuì

退 tuì ❶动向后面移动(跟"进"相对)▷敌人～了|不进则～|后～|撤～|～缩。→❷动使后退▷打～来犯的敌人。→❸动离开(会场、工作岗位等);脱离(团体等)▷从领导岗位上～下来|～场|～职|～伍|～学。→❹动下降;衰减▷高烧不～|洪水～下去了|～色|衰～。→❺动交还(已收下或买下的东西)▷把多收的货款～给顾客|～稿|～票|～还。→❻动撤回;取消(已定的事)▷～租|～佃|～婚。

蜕 tuì ❶名某些节肢动物和爬行动物生长过程中脱下的皮▷蚕～|蝉～|蛇～。→❷动蝉、蛇等脱皮▷～皮。⇒❸动变化或变质▷～化|～变。⇒❹动指鸟换毛▷旧毛还没～尽,新毛开始生出。☛统读 tuì,不读 shuì。

煺 tuì 动去掉宰杀后经滚水浸烫的猪、鸡等的毛▷～猪|～鸡毛。

褪 tuì ❶动〈文〉脱去衣装。→❷动颜色变淡或消失▷颜色早已～尽|衣裳～色了。→❸动(羽毛等)脱落▷兔子～毛了|老母鸡～毛了。
另见 tùn。

tūn

吞 tūn ❶动不经咀嚼或细嚼,整个地或大块地往下咽▷蛇把鸡蛋～到肚子里|囫囵～枣|狼～虎咽|～食。→❷动侵占;兼并▷集体的钱全让他给独～了|侵～|～并。☛"吞"字上边是"天",不是"夭"。

暾 tūn 名〈文〉初升的太阳▷朝～。

tún

屯 tún ❶动蓄积;聚集▷～粮|～聚。→❷动驻扎;戍守▷～兵|～田|～驻|～扎。→❸名村庄,多用于地名▷～落|～子|皇姑～(在辽宁)。☛"屯"字的第一笔,旧字形是"㇀",新字形是"一"。从"屯"的字,如"饨""纯""吨""顿",同。
另见 zhūn。

囤 tún 动积贮;储存▷～粮|～积。
另见 dùn。

饨(飩) tún [馄饨]húntun,见"馄"。

豚 tún 名〈文〉小猪;泛指猪▷犬豕鸡～|～蹄。

鲀(魨) tún 名鲀科鱼的统称。体粗短,口小,遇敌能吸入水和空气,使腹部膨胀如球,漂在水面。内脏和血液含毒素。生活在海中,少数进入淡水。我国产的通称河豚。

臀(*臋) tún 名屁股,高等动物两腿或后肢上端跟腰相连接的部分▷～部|～围|后～尖|～疣。☛统读 tún,不读 diàn。

tǔn

氽 tǔn 〈方〉❶动(物体)在水上漂浮▷小船顺着水～|柴草～在水面上。→❷动油炸▷油～蚕豆。

tùn

褪 tùn 动收缩或晃动肢体,使套在它上面的东西脱落▷～下一条裤腿|～下手镯。
另见 tuì。

tuō

托[1] tuō ❶动用器物或手掌向上承受(物体)▷手～着枪|用盘子～着几杯酒|～盘。→❷名某些物件下面起支垫作用的部分▷茶～|花瓶～子。❸动陪衬▷烘云～月|衬～|烘～。

托[2](*託) tuō ❶动〈文〉寄托▷～身|～迹。→❷动仰仗;靠▷～您的福,一切顺利|～庇。❸动假借(言辞、理由或名义)▷～病不出|～故谢绝|假～|伪～|～词|～言。→❹动委托,请别人代办▷～人办事|拜～|嘱～|～付|～儿所|～运。

饦(飥) tuō [馎饦]bótuō,见"馎"。

拖(*拕) tuō ❶动用力使物体擦着地面或另一物体表面移动;牵引▷把箱子从床下～出来|用墩布～地板|我本不想去,硬让大家给～走了|～车。→❷动牵拉在身体后面;下垂▷小松鼠～着个大尾巴|～着一条长辫子。→❸动延长时间▷工程～了一年才完工|～欠|～拉。→❹动把声音拉长▷声音～得很长|～腔。→❺动牵累;牵制▷～家带口|把敌人死死～住。

侂 tuō 动〈文〉请人代办;寄托。

脱[1] tuō ❶动(皮肤、毛发等)掉下▷～了一层皮|～头发。→❷动(从身上)取下▷～帽|～衣|～鞋。❸动除去▷～水机|～色|～脂。→❹动离开▷～产|～轨|～节|～贫|～险|摆～|逃～。

脱[2] tuō 动(文字)缺漏▷这个句子有～字|～漏|～误。

tuó

驮(馱*駄) tuó 动(牲畜或人)用背(bèi)背(bēi)▷马背上～着两袋化肥|老师～着小

学生过河|~运。

另见 duò。

佗 tuó 古同"驮"。

陀 tuó ❶[陀螺]tuóluó 名儿童玩具,圆锥形,多用木头制成,用鞭子抽打,可以在地上直立旋转。○❷[盘陀]pántuó 形〈文〉回旋曲折▷~路。○❸[陂陀]pōtuó,见"陂"。

坨[1] tuó 用于地名。如:苏家坨,在陕西;黄沙坨,在辽宁。

坨[2] tuó ❶名坨子,成块或成堆的东西▷泥~子|面~儿。→❷动面食煮熟后黏结在一起▷面条~了|饺子~了。

沱 tuó 名可以停泊船只的水湾,多用于地名▷唐家~|~江(均在四川)。

驼(駝*駞) tuó ❶名骆驼▷~峰|~绒|~铃。→❷形脊背向外拱起变形,像驼峰一样▷眼不花,背不~|~背。

柁 tuó 名木结构屋架中,架在前后两根柱子上的大横梁▷房~|梁~。

另见 duò。

砣[1] tuó 名碾砣,碾子上的石滚子。

砣[2] tuó 同"铊"。

铊(鉈) tuó 名秤锤▷打不住~了|秤~。

另见 tā。

鸵(鴕) tuó 名鸵鸟,现代鸟类中最大的鸟。雄鸟高约3米,头小,颈长,两翼退化,不能飞,腿长善走。生长在非洲和阿拉伯沙漠地带。肉和卵可以吃,羽毛可以作装饰品。

酡 tuó 形〈文〉喝酒后脸色发红▷~红|~颜。

跎 tuó [蹉跎]cuōtuó,见"蹉"。

橐[1] tuó 名〈文〉袋子;口袋▷囊~。

橐[2] tuó 拟声形容某些物体撞击的声音(多叠用)▷~~的木鱼声。

鼧 tuó [鼧鼥]tuóbá 名〈文〉旱獭。

鼍(鼉) tuó 名爬行动物鼍属的一种。体长两米多,背部暗褐色,带黄斑和黄条,背部、尾部有鳞甲。穴居池沼底部,以鱼、蛙等为食,冬日蛰居穴中。也说扬子鳄、鼍龙,俗称猪婆龙。

tuǒ

妥 tuǒ ❶形稳当可靠▷~为安置|欠~|稳~|~当|~善。→❷形停当;完备▷事已办~|条件谈~了。

庹 tuǒ ❶量成年人两臂左右平伸时,从一只手的中指端到另一只手的中指端的长度,约五尺▷一~多长。○❷名姓。

椭(橢) tuǒ 形长圆形(把一个圆柱体或正圆锥体斜着截开,所形成的截口就是长圆形)▷~圆。

鬌 tuǒ [鬖鬌]wǒtuǒ,见"鬖"。

tuò

拓 tuò ❶动开辟;扩充▷开~|~荒|~展|~宽。○❷名姓。

另见 tà。

柝 tuò 名〈文〉打更用的梆子,多用空心木头或竹子做成▷击~|~声。

萚(蘀) tuò 名〈文〉草木脱落的皮和叶。

唾 tuò ❶名口水,口腔中分泌的可以帮助消化、湿润口腔的液体▷~腺|~液|~沫。→❷动啐;吐(唾沫)▷~了一口唾沫|~手可得。❸动(吐唾沫)表示轻视,鄙弃▷~骂|~弃。☛统读 tuò,不读 tù。

箨(籜) tuò 名〈文〉竹笋的壳皮。

魄 tuò [落魄]luòtuò 〈文〉❶形颓丧失意。○❷形豪放不羁。//也作落拓。

另见 pò。

W

wā

挖 wā 动用工具或手向物体的里边用劲，掘出其中的东西；掏▷～土|～防空洞|～耳朵|～掘◇～潜力|～空心思。

哇 wā 拟声形容呕吐、哭、叫的声音▷～的一声吐了出来|小孩子～～地哭|气得他～～怪叫。
另见 wa。

洼(窪) wā ❶形四周高，中间低；凹陷▷这一带地势太～|～地|低～。→❷名四周高，中间低的地方▷山～|水～。→❸动地面下陷▷地～下去一块。

呱 wā ［呱底］wādǐ 名地名，在山西。

窊 wā 形低洼，多用于地名▷南～子(在山西)。

娲(媧) wā ［女娲］nǚwā 名古代神话中的女神，是人类的始祖，曾炼石补天。☛统读 wā，不读 wō。

蛙(*鼃) wā 名两栖纲蛙科动物的统称。无尾，后肢长，前肢短，趾有蹼。卵孵化后为蝌蚪，逐渐长成蛙。善于跳跃和泅水，捕食昆虫，对农业有益。种类很多，常见的有青蛙等。

wá

娃 wá ❶名小孩子▷男～|女～|胖～。→❷名〈方〉某些小动物▷猪～|狗～|羊～。

wǎ

瓦[1] wǎ ❶名用黏土烧制的器物▷～盆|～罐|～器。→❷名用来铺屋顶的建筑材料，用黏土或水泥等制成▷一块～|琉璃～|～房|～砾。

瓦[2] wǎ 量〈外〉法定计量单位中的功率单位瓦特的简称，1秒钟做功1焦，功率为1瓦。这个名称是为纪念英国发明家瓦特而定的。☛旧字形作“瓦”，五画，第三画是“㇀”；新字形作“瓦”，四画，第二画是“㇄”。从“瓦”的字，如“佤”“瓶”“瓷”“瓮”，同。
另见 wà。

佤 wǎ ［佤族］wǎzú 名我国少数民族之一，分布在云南。

wà

瓦 wà 动在屋顶上铺瓦▷房顶快完工了，就差～瓦(wǎ)了|～刀(砌砖瓦用的工具)。
另见 wǎ。

袜(襪*韈韤) wà 名袜子，穿在脚上的起保护作用的东西，用棉、丝、尼龙等纤维织成▷一双～子|连裤～|线～|～套|布～。☛“袜”字右半是“末”，不是“未”。

腽 wà ❶［腽肭］wànà 形〈文〉肥胖。○❷［腽肭兽］wànàshòu 名海狗的古称。哺乳动物，四肢短，像鳍，趾有蹼，体黑色，腹白色。生活在海洋中，能在陆地上爬行。

wa

哇 wa 助在句末表示惊叹的语气，是“啊”(ā)受前一字收尾的元音 u、ao、ou 的影响发生音变而采用的书写形式▷你让我找得好苦～|这样多好～！
另见 wā。

wāi

歪 wāi ❶形偏；斜(跟“正”相对)▷线画～了|字写～了|～打正着。→❷形(言行或思想作风等)不正或不正派▷邪门～道|～风邪气|～才|～理。→❸动〈方〉侧身躺卧▷找个地方～一会儿|～在沙发上睡着了。

喎(咼) wāi 形因颜面神经麻痹引起的嘴眼歪斜▷口眼～斜|～嘴。现在通常写作“歪”。

咥 wāi 叹表示打招呼▷～，上哪儿去？

wǎi

搲 wǎi 动〈方〉舀▷～缸里的棒子面。

崴 wǎi ❶名崴子，山、水弯曲的地方，多用于地名▷山～子|海参～|三道～子(在吉林)。○❷同“踒”。☛不读 wěi。
另见 wēi。

踒 wǎi 动脚部扭伤▷不小心～了脚。

wài

外 wài ❶名表层；不在某种界限或范围之内的(跟“内”“里”相对)▷～强中干|室～|课～|8小时之～|20米以～|意料之～|～伤|～貌。→❷名特指外国▷古今中～|对～贸易|～宾|～币。→❸形指非自己所在或所属的(跟“本”相对)▷～地|～省|～单位|～姓。→❹形在已说过的或某个范围以外的▷～加|～带。⇒❺形非正式的；不正规的▷～号|～史|～传(zhuàn)|～快。❻名传统戏曲里的一个行当，扮演老年男子。→❼形关系远；不亲近▷都不是～人，不要客气|见～。❽形称家庭成员中女性一方的亲属▷～祖父|～甥|～孙女。

wān

弯(彎) wān ❶形曲折；不直▷扁担压～了|～～的月亮|～路|～曲。→❷动使弯曲；折(zhé)▷～下腰|把铁丝～成圆圈。→❸名弯曲的地方

▷漳河水,九十九道~|往前走拐个~儿就到了|拐~抹角◇脑子一时转不过~儿来。

剜 wān 动用刀挖去▷把脚上的鸡眼~掉|~肉补疮(比喻用有害的方法来救急)。

湾(灣) wān ❶名河流弯曲的地方▷河~|水~。→❷名海洋向陆地深入的地方▷海~|港~。→❸动〈方〉停泊▷把船~在避风的地方。

蜿 wān [蜿蜒]wānyán ❶形〈文〉形容蛇类爬行的样子▷蛇行~。→❷形形容弯弯曲曲向前延伸的样子▷~的山路|小溪在山谷里~地流淌。☛统读wān,不读wǎn。

豌 wān [豌豆]wāndòu 名一年或二年生草本植物,茎蔓生或矮生,顶端有分枝卷须,开白色或紫色花,种子圆形。鲜嫩的豆荚、豆粒和茎叶可以做蔬菜,种子可供食用和做淀粉,茎叶可做饲料或绿肥。

wán

丸 wán ❶名小的球形物▷肉~|泥~|药~。→❷名专指中成药的丸形制剂▷~散膏丹|山楂~。❸量用于丸药▷要吃几十~才能见效|每次服两~。

刓 wán 动〈文〉用刀子挖;雕刻▷~琢。

芄 wán [芄兰]wánlán 名萝藦属植物的古称。多年生草质藤本植物,叶心脏形,开白色花,结子荚形似羊角,种子上端有白色丝状绒毛。茎叶和种子都可以做药材。

汍 wán [汍澜]wánlán 形〈文〉形容哭泣流泪的样子。

纨(紈) wán 名〈文〉白色细绢;精细的丝织品▷~素|~扇|~绔。

完 wán ❶形应有的各部分都具备;齐全▷体无~肤|~美无缺|~好|~善|~备。→❷动使某事全部做好▷~工|~婚|~稿|~成。❸动结束;终结▷戏演~了|没几天人就~了|~结。⇒❹动失败;没有成就▷都怨你,这档子买卖全~了。⇒❺动消耗光;没有剩余▷瓶子里的酒喝~了|材料用~了。→❻动(把赋税)齐全地缴纳上去▷~粮纳税|~税。

玩(*翫❶—❺) wán ❶动拿在手里摆弄▷把~|~物丧志。→❷名供观看欣赏的东西▷古~|珍~。→❸动观赏;欣赏▷游山~水|游~。❹动体味;研习▷细~文义|~味。→❺动以不庄重、不认真的态度对待;轻慢▷~世不恭|~忽职守。❻动用(不正当的手段);耍弄▷~花招|~手段。→❼动游戏;玩耍▷孩子们在动物园里~得很高兴。❽动进行某种文体活动▷~牌|~皮球。

顽(頑) wán ❶形整个的;难以劈开的▷~石。→❷形不易制伏的;固执不化的▷~固|~症|~敌。⇒❸形愚昧无知▷冥~不灵。⇒❹形(小孩子)不听劝导;爱玩闹▷~童|~皮|~劣。→❺形坚硬;坚强▷~强|~抗。

烷 wán 名有机化合物的一类。分子中只含碳-碳单键结构而具有饱和性,分子式可以用C_nH_{2n+2}表示。如甲烷、乙烷。

wǎn

宛 wǎn ❶形〈文〉弯曲;曲折▷萦~|~曲。〇❷副〈文〉仿佛;好像▷~若游龙|音容~在。〇❸名姓。

挽¹(*輓❷—❹) wǎn ❶动拉▷~弓|手~着手。→❷动牵引(车)▷~车|~具。❸名指挽歌,古代牵引灵柩的人哀悼死者的歌。❹动哀悼死者▷~联|~诗。→❺动弯臂勾住▷~着她的胳膊|胳膊上~着个小篮。→❻动使改变方向;挽回▷力~狂澜|~救。〇❼动卷起▷~袖子。

挽² wǎn 同"绾"。

莞 wǎn [莞尔]wǎn'ěr 形〈文〉形容微笑的样子▷相顾~|~一笑。

另见 guān;guǎn。

菀 wǎn [紫菀]zǐwǎn 名多年生草本植物,茎直立,粗壮,须根多数簇生,叶子长椭圆形,头状花序,边缘的小花蓝紫色,中间的小花黄色。根及须根可以做药材。

另见 yù。

晚 wǎn ❶名日落的时候▷~霞。→❷名天黑以后到深夜以前的时间;泛指黑夜▷一天忙到~|今~|~会|~场|~车|夜~。→❸形迟,过了原定的或合适的时间▷来~了一步|会议~开了半小时|大器~成|~点|~婚~育。→❹形时间上靠后的或临近终了的▷~秋|~稻|~唐|~期。⇒❺名接近末尾的一段时间;特指人一生的最后一段时间▷岁~|~节|~境。⇒❻形后来的▷~辈|~生|~娘。❼名指晚生,旧时晚辈对长辈自称(多用于书信)▷~某某敬上。

脘 wǎn 名中医指胃腔▷胃~。

惋 wǎn 动表示痛惜和同情▷~惜。

婉 wǎn ❶形温和;柔顺▷和~|温~|~顺。〇❷形(说话)委婉▷~言相告|~辞|~拒。

绾(綰) wǎn 动盘绕起来打成结▷~了个扣儿|把头发~在脑后。也作挽。

琬 wǎn 名〈文〉一种圭,上端浑圆,没有棱角。

皖 wǎn 名安徽的别称▷~南事变|~派经学家。

碗(*盌椀瓮) wǎn ❶名吃饭用的器皿,圆形,口大底小,有圈足▷用~盛饭|锅~瓢盆|茶~|海~|搪瓷~|~柜。→❷名形状像碗的东西▷轴~。

畹 wǎn 量古代地积单位。有的以三十亩为一畹,有的以十二亩为一畹,说法不一。

wàn

万(萬) wàn ❶数数字,十个一千。→❷数形容数量极大▷行千里路,读~卷书|日理~机|~紫千红|瞬息~变|~物|~能胶。❸副表示程度极高,相当于"非常""绝对"▷~没想到他会变心|~不得已|~全之策|~恶|~幸。〇❹名姓。

另见 mò。

沥(澫) wàn [沥尾]wànwěi 名地名,在广西。

忨 wàn 动〈文〉贪;苟安。

腕 wàn ❶名人的手掌跟前臂之间或脚跟小腿之间相连接的可以活动的部分▷手~|脚~子。→❷名某些低等动物口部附近用来捕食或运动的伸长物

▷口～|～足。

蔓 wàn 义同"蔓"(màn)①,用于口语▷丝瓜爬～儿了|该压～儿了|瓜～儿。
另见 mán;màn。

wāng

尪 wāng 形〈文〉跛脚或胸背弯曲。

汪[1] wāng ❶形水深广▷～洋大海。→❷名〈方〉水或其他液体积聚的地方▷村边有个小水～。❸动(液体)积聚▷地上～着水|两眼～着泪水。❹量用于液体▷一～秋水|眼里含着一～泪水。○❺名姓。

汪[2] wāng 拟声形容狗叫的声音▷狗～的一声扑了上去|～～乱叫。

wáng

亡(*亾) wáng ❶动逃走▷逃～|流～|～命。→❷动丢掉;失去▷～羊补牢|唇～齿寒。❸动灭亡(跟"兴"相对)▷国破家～|～国|兴～。→❹动死▷父母双～|阵～|～友。

王 wáng ❶名君主制国家的最高统治者▷国～|～位|～朝。→❷名汉代以后封建社会的最高封爵▷亲～|郡～。→❸名首领;头目▷占山为～|山大(dài)～。❹名同类中为首的、最大的或最强的▷牡丹是花中之～|猴～|～蛇|～牌|～水。→❺形古代对祖父母辈的尊称▷～父(祖父)|～母(祖母)。○❻名姓。

wǎng

网(網) wǎng ❶名用绳线等结成的有孔眼的捕鱼捉鸟的工具▷织一张～|撒～|鱼～。→❷名形状像网的东西▷蜘蛛～|铁丝～|发(fà)～|电～。⇒❸名纵横交错如网的组织、系统▷通讯～|宣传～|交通～|法～|关系～。⇒❹动像网似的笼罩着▷眼睛里～着红丝。→❺动用网捕捉▷下河～了三条鱼|～罗。

枉 wǎng ❶形弯曲;不正▷矫～过正。→❷动使歪曲不正▷贪赃～法。→❸形冤屈;受屈▷冤～|～屈。❹副空;白白地▷～费心机|～然。

罔[1](*罔) wǎng 动〈文〉蒙骗▷欺君～上|欺～。

罔[2](*罔) wǎng 〈文〉❶动无;没有▷药石～效|置若～闻。→❷副表示否定或禁止,相当于"不""不要"▷～知所措|～失法度。

往(*徃) wǎng ❶动去;到▷礼尚～来|心驰神～|来～|～返。→❷动向(某处去)▷你～东,我～西。❸介引进动作行为的方向,相当于"朝""向"▷～前看|～那边去了|劲～一处使|～高里长。→❹形从前的;过去的▷～年|～事。

惘 wǎng 形失意;不顺心▷～然若失|怅～|迷～。

辋(輞) wǎng 名车轮外周同辐条相连的圆框▷车～。

蝄 wǎng [蝄蜽]wǎngliǎng 同"魍魉"。现在通常写作"魍魉"。参见"魍"。

魍 wǎng [魍魉]wǎngliǎng 名古代传说中的山川精怪▷魑魅～。

wàng

妄 wàng ❶形狂乱的;荒诞的▷狂～自大|虚～|～人|～语|～自尊大|胆大～为。→❷形不合理的;超出常规的▷痴心～想|～图|～求|～自菲薄。→❸形轻率;随意▷轻举～动|～加评论|姑～听之。

忘 wàng ❶动不记得(过去的事)▷这是前几年的事,我早～了|永远～不了的日子|遗～。→❷动应该做的或计划要做的事因疏忽而没有做▷今天上课～带笔记本了|这事别～了告诉你妈。

旺 wàng 形兴盛▷人畜两～|今年的麦子长得真～|炉火正～|兴～。

望(*朢) wàng ❶动往远方看▷一眼～不到边|远远～去|～尘莫及。→❷动察看▷～风|～闻问切|观～。→❸名农历每月十五日(有时是十六日或十七日),地球运行到太阳和月亮之间。这天太阳从西方落下去时月亮正好从东方升起,日月相望,地球上看到的月亮呈圆形,这种月相叫望。❹名天文学上称月圆的一天▷～日|朔～。→❺名声誉▷德高～重|名～|声～|威～。❻形有名望的▷名门～族。→❼动盼望;期待▷～子成龙|大失所～|期～|渴～。❽名愿望;盼头▷大喜过～|丰收有～|绝～|无～|失～。→❾动向着;对着▷中日两国隔海相～。❿介引进动作行为的方向、对象,相当于"向""对"▷～那边看|～上瞧|～靶子正中打。→⓫动问候、探视(尊长或亲友)▷探～|拜～|看～。→⓬名望子,店铺门口悬挂的显示所属行业的标志,在远处就能望见▷酒～。

wēi

危 wēi ❶形〈文〉高耸的;直立的▷～峰|～冠。→❷形端正▷正襟～坐。→❸形环境险恶;不安全(跟"安"相对)▷～如累卵|～在旦夕|转～为安|～急|～险|～机。⇒❹动使处于不安全的境地;损害▷～及国家|～害社会。⇒❺形特指生命危险,将要死亡▷垂～|病～◇～亡。→❻形恐惧;使感到恐惧▷人人自～|～惧|～言耸听。○❼名星宿名,二十八宿之一。○❽名姓。☞统读 wēi,不读 wéi 或 wěi。

委 wēi [委蛇]wēiyí 〈文〉❶同"逶迤"。现在通常写作"逶迤"。参见"逶"。○❷形听从;依顺▷虚与～(假意对人敷衍)。
另见 wěi。

威 wēi ❶名使人敬畏的气势或使人畏惧的力量▷～震四海|耀武扬～|～风|～严|权～|声～|示～。→❷动凭借威力震慑▷声～天下|～逼|～胁。○❸名姓。

逶 wēi [逶迤]wēiyí 形曲折蜿蜒▷山路～。也作委蛇。

偎 wēi 动紧紧挨在一起▷孩子紧紧～在大人怀里|脸～着脸|依～。☞不读 wèi。

隈 wēi 名〈文〉水流或山边弯曲的地方▷水～|山～。

揻 wēi 动〈方〉把细长的东西弄弯▷把通条～成火钩子。

葳 wēi [葳蕤]wēiruí 形〈文〉(草木枝叶)茂盛▷枝叶～。

崴 wēi [崴嵬]wēiwéi 形〈文〉山势高峻或高低不平。
另见 wǎi。

椳 wēi 名〈文〉承受门轴的门臼。

微 wēi ❶形小;轻微;少▷～不足道|细～|～型|～风|～量。→❷动规模、力量等由大变小;由盛变衰▷衰～。→❸形地位低下▷～贱|卑～|人～言轻。→❹形精妙深奥▷～言大义(精妙的语言和深奥的含义)|～妙。→❺副表示程度不深,相当于“稍”“略”▷～感不适|～笑|面色～红。→❻名古代极小的长度单位,一寸的百万分之一▷忽～。❼名同某一物理量的单位连用时,表示该单位的百万分之一▷～米|～法。

煨 wēi ❶动把食物埋在有火的灰中烤熟▷～白薯|～栗子。→❷动烹调方法,用文火慢煮▷～鸡汤|把牛肉放在火上～着。

溦 wēi 名〈文〉小雨。

薇 wēi ❶名野豌豆的古称。多年生草本植物,羽状复叶,开青紫色花,蔓生。可以做药材。也说巢菜。○❷[蔷薇]qiángwēi,见“蔷”。

鳂(鰃) wēi 名鳂科鱼的统称。体侧扁,背鳍及臀鳍有鳍棘,有的为红色,有银白色纵带,口大,眼大,鳞坚硬。生活在海洋中。

巍 wēi 形〈文〉高大▷～然|～峨|～～。☞统读 wēi,不读 wéi。

wéi

韦(韋) wéi ❶名〈文〉熟皮子,去了毛经过熟制的兽皮▷～索。→❷名〈文〉皮绳▷～编三绝。○❸名姓。☞统读 wéi,不读 wěi。

为[1](爲) wéi ❶动做;作出成绩▷尽力而～|事在人～|敢作敢～|～非作歹|大有可～|年轻有～。→❷动〈文〉表示某些动作行为,代替治理、从事、设置、研究等动词▷～政|～生|步步～营|～学。→❸动当作;充当▷拜他～师|有诗～证|四海～家|～首|～伍。❹动变成;成为▷一分～二|变落后～先进|反败～胜。❺动是▷见习期～一年|总面积～78平方米|珠穆朗玛峰～世界最高峰。

为[2](爲) wéi 介引进动作行为的施事者,相当于“被”(常与“所”合用)▷～人民所拥护|～事实所证明。

为[3](爲) wéi 词的后缀。附在某些单音节形容词或副词后面,构成表示程度或范围的双音节副词,一般修饰双音节形容词或动词▷广～流传|深～感动|大～不妥|极～痛苦|尤～重要|颇～得意。

另见 wèi。

圩 wéi 名圩子,江河附近低洼地区防水护田的堤岸▷筑～|～堤|～埂。

另见 xū。

违(違) wéi ❶动离别;离开▷久～。→❷动背离;不遵从▷阳奉阴～|～背|～反|～约|～法。☞统读 wéi,不读 wěi。

围(圍) wéi ❶动四面拦起来;环绕▷场地四边～了一圈席子|孩子们把他～住了|～墙|～巾|～攻|～绕。→❷名四周▷周～|外～。❸名周长▷胸～|腰～。❹量 a)两只胳膊合拢起来的长度▷这棵古树有五六～粗。b)两只手的拇指和食指张开并相接后的圆周长▷腰细两～。

帏(幃) wéi ❶名古人佩带的香囊。○❷古同“帷”。

闱(闈) wéi ❶名〈文〉宫中的小门;宫门。→❷名古代指后妃的居室,也指妇女居室▷宫～|房～。○❸名指科举时代的考场▷春～|入～|～墨。

𣲗(湋) wéi [𣲗源口]wéiyuánkǒu 名地名,在湖北。

沩(溈) wéi 名沩水,水名,在湖南,流入湘江。

洈 wéi 名洈水,水名,在湖北。

桅 wéi 名桅杆,船上挂帆或信号、旗帜等用的长杆▷船～|～顶|～灯。

涠(潿) wéi [涠洲]wéizhōu 名岛名,在广西。

唯[1] wéi ❶叹〈文〉表示答应。→❷[唯唯诺诺]wéiwéinuònuò 形形容不敢提出意见,一味顺从别人的样子▷年轻人要敢想敢干,不要～的。

唯[2] wéi 同“惟[2]”。☞“唯”字统读 wéi,不读 wěi。

帷 wéi 名围在四周的帐子▷～幕|车～子|罗～。

惟[1] wéi 动思考▷思～。☞“惟”字的本义是思考,但“思惟”一词现在通常写作“思维”。

惟[2] wéi ❶副用来限定范围,相当于“单单”“只”▷～利是图|～我独尊。→❷连连接分句,表示轻微的转折关系,相当于“只是”▷学识渊博,～不善言谈。☞“惟[2]”组成的词语,时常写作“唯”,如“唯利是图”“唯我独尊”“唯妙唯肖”;在“唯心论”“唯物论”“唯美主义”“任人唯贤”等词语中只用“唯”。

维[1](維) wéi ❶名〈文〉系(jì)东西的大绳。→❷动拴住;连结▷～系。❸动保持;保护▷～持|～护|～修。→❹名数学上称确定图形中点的位置所需要的坐标(或参数)个数为维数,比如普通空间中的点由三个坐标确定,普通空间是三维的,平面上的点由两个坐标确定,平面是二维的。○❺名姓。

维[2](維) wéi 同“惟[1]”。

维[3](維) wéi [维吾尔族]wéiwú'ěrzú 名我国少数民族之一,主要分布在新疆。

喂 wéi 叹表示打招呼或要求对方作出反应(常用在电话中)▷～,我找王老师|～～,你听得清楚吗?|～,你找哪位?

另见 wèi。

嵬 wéi 形〈文〉山势高大耸立▷～然|崔～。

鮠(鮠) wéi 名鮠科鱼的一种。身体前部扁平,后部侧扁,浅灰色,无鳞,眼小,尾鳍分叉。生活在淡水中。肉味鲜美,为优质食用鱼类。也说江团。

潍(濰) wéi 用于地名。如:潍河,水名;潍县,地名。均在山东。

wěi

伟(偉) wěi ❶形高大▷魁～|～岸。→❷形卓越;超出寻常▷～人|～业|丰功～绩|雄～|～大。○❸名姓。

伪(僞) wěi ❶形假的；故意做作以掩盖真相的（跟"真"相对）▷去～存真|辨别真～|～钞|～造|～善|～装。→❷形非法的；非正统的▷～军|～政府。

苇(葦) wěi 名指芦苇▷～塘|～箔|～席|～子。参见"芦"。

尾 wěi ❶名尾巴，某些动物身体末端突出的部分▷摇～乞怜|～大不掉（掉，摆动）|马～松|狗～草。→❷名星宿名，二十八宿之一。→❸名泛指事物的末端▷船～|机～|排～|做事有头无～|首～相连|末～。❹名主要部分以外的部分；末尾的阶段▷～数|～欠|扫～工程。→❺量用于鱼▷一～鲤鱼。
另见 yǐ。

纬(緯) wěi ❶名织物上跟纵向的经线相交叉的横线▷～纱。→❷名指纬书，汉代以儒家经义附会吉凶祸福、预言治乱兴废的书，也保存了不少古代文化知识。→❸名地理学上假想的沿地球表面与赤道平行的线，赤道以北的称北纬，以南的称南纬▷～度。

玮(瑋) wěi 〈文〉❶名一种玉。→❷形珍贵▷～奇|明珠～宝。

𬀩(暐) wěi 形〈文〉光亮。

委¹ wěi ❶动请人代办；任命▷～以重任|～托|～派|～任。→❷动丢弃；舍弃▷～弃。→❸动把过错、责任等推给别人▷～过|～罪|推～。也作诿。→❹名委员（被委派担任某种任务的人员）或委员会的简称▷政～|主～|常～|省～|军～。

委² wěi ❶动〈文〉积聚；堆积▷～积如山。→❷名古代指水流聚合的地方，水的下游；引申为末尾▷原～|穷原竟～（追究事物的本源及其发展）。

委³ wěi 形精神不振作；衰颓▷～靡不振|～顿。

委⁴ wěi 形曲折▷～曲|～婉。

委⁵ wěi 副〈文〉表示情况确实如此，相当于"确实""的确"▷～是良田|～实。
另见 wēi。

炜(煒) wěi 形〈文〉色彩鲜明而有光亮。

洧 wěi [洧川]wěichuān 名地名，在河南。

韡(韡) wěi 形〈文〉鲜亮；华盛。

诿(諉) wěi 同"委¹"③。

娓 wěi [娓娓]wěiwěi 形说话不知疲倦或十分动听▷～而谈|～动听。

萎 wěi ❶动（植物）干枯；凋谢▷枯～|～谢。→❷形衰退；衰弱▷气～|经济～缩。☛统读 wěi，不读 wēi。

隗 wěi 名姓。
另见 kuí。

骫 wěi 形〈文〉委曲；枉曲▷～曲（委曲）|～法（枉法）。

猥 wěi ❶形〈文〉多而杂乱▷～杂|烦～。○❷形鄙贱；下流▷～琐|～亵。

廆 wěi 用于人名。慕容廆，西晋末年鲜卑族首领。
另见 guī。

韪(韙) wěi 动〈文〉是；对（常和否定词"不"连用）▷冒天下之大不～（做天下人都认为不对的事）。☛不读 huì。

艉 wěi 名船的尾部。

痿 wěi 动中医指身体某些部分萎缩或丧失机能▷～痹|下～（下肢瘫痪）|阳～（阴茎不能勃起）。

鲔(鮪) wěi ❶名古代指鲟鱼和鳇鱼。○❷名鲔属鱼的一种。体呈纺锤形，腹部灰白色，背部蓝黑色，两侧有黑色斜带，吻尖，背鳍和臀鳍后方各有七或八个小鳍。群居在温带及热带海洋中，以小鱼等为食。

亹 wěi [亹亹]wěiwěi 〈文〉❶形勤勉。○❷形语言或声音连续不断，委婉动听▷～而谈|余音～。
另见 mén。

wèi

卫¹(衛) wèi ❶动保护；防守▷保家～国|自～|防～|保～|～戍|～兵。→❷名担负保护、防守任务的人员▷门～|侍～|后～。→❸名明代军队屯田驻防的地点，后代沿用作地名▷威海～（今山东威海市）|松门～（今浙江松门）。

卫²(衛) wèi ❶名周朝诸侯国名，在今河北南部和河南北部一带。○❷名姓。

为(爲) wèi ❶动〈文〉帮助。→❷介 a)引进动作行为的受益者，相当于"替"或"给"▷～人民服务|～朋友出力|～他人作嫁衣裳|～大会题词。b)引进动作行为的原因或目的，相当于"由于"或"为了"▷～他取得的成绩感到高兴|～方便读者，书后附有说明。
另见 wéi。

未¹ wèi ❶名地支的第八位。○❷名姓。

未² wèi ❶副否定动作行为已经发生，相当于"没有"（跟"已"相对）▷～成年|前所～有|～雨绸缪|～遂|～定。→❷副〈文〉表示否定，相当于"不"▷～敢苟同|～可厚非。

位 wèi ❶名位置，所在的地方▷各就各～|骨节错～了|资金到不了～|席～|铺～|泊～。→❷名人在社会生活某一领域中所处的位置▷职～|官～|岗～|学～|名～。❸名特指国家最高统治者的地位▷让～|篡～|即～|退～。→❹量用于人（含敬意）▷诸～请看|这～是谁|各～代表|四～客人。→❺名数码在一个数里所占的位置▷个～|十～|财产达到了七～数。○❻名姓。

味 wèi ❶名舌头尝东西得到的感觉▷酸、甜、苦、辣、咸五～俱全|这个菜～儿不错|滋～|～道|～觉。→❷动辨别滋味；体会▷回～|品～|体～|玩～|寻～。→❸名指某种菜肴▷野～|海～|腊～。→❹名鼻子闻东西得到的感觉▷剩饭有馊～儿了|香～儿|烟～儿|气～。→❺名情趣；意味▷这本书越读越有～儿|趣～|情～|韵～。→❻量 a)用于菜肴▷酒过三巡，菜过五～。b)用于中草药▷这张处方共有十～药|六～地黄丸。

畏 wèi ❶动害怕▷望而生～|不～强暴|无私才能无～|～惧|～难。→❷动敬服；佩服▷后生可～|令人～服|严师～友。○❸名姓。

胃 wèi ❶名人和某些动物消化器官的一部分，上端同食道相连，下端同肠相连。○❷名星宿名，二十八宿之一。

谓(謂) wèi ❶动〈文〉说;用话来陈述意思▷可～恰到好处|勿～言之不预|所～。→❷动叫作;称呼▷这种艺术,现在～之"版画"|何～真正的友谊?|称～。→❸名语法中指谓语,说明主语怎么样或是什么的句子成分▷主～句|主～结构。

尉 wèi ❶名古代官名(多为武职)▷太～|将～|都～|县～。→❷名军衔名,在校官之下,士之上▷上～|中～|少～|～官。〇❸名姓。

另见 yù。

遗(遺) wèi 动〈文〉赠送▷～之良马|～赠。

另见 yí。

喂[1](*餵餧) wèi ❶动给动物吃东西;饲养▷给牛～草|牲口～饱了|我家～了两头牛。→❷动把饮食等送进别人嘴里▷孩子大了,不用人～了|～伤员|～药|～奶。

喂[2] wèi 叹表示打招呼(比较随便)▷～,等等我|～,你快过来呀|～,你找哪位?

另见 wéi。

猬(*蝟) wèi 名刺猬,哺乳动物,体肥肢短,爪弯而锐利,身上长着短而密的硬刺,遇敌害时能蜷曲成球,用刺保护身体。夜间活动,吃昆虫、鼠、蛇等,对农业有益。

渭 wèi 名渭河,水名,发源于甘肃,流经陕西入黄河。

蔚 wèi 〈文〉❶形(植物)多而茁壮;盛大▷～然成林。→❷动扩大▷～为大观|～成风气。→❸形云气弥漫▷云蒸霞～(形容景物绚丽多姿)。

另见 yù。

硙 wèi 名〈方〉石磨。

慰 wèi ❶动使心情安适、平静▷抚～|安～|劝～|～问|～劳。→❷形心情安适▷欣～|快～。

魏 wèi ❶名西周诸侯国名,在今山西芮城北,春秋时为晋国所灭。→❷名战国七雄之一,在今河南北部、河北南部、陕西东部及山西西南部一带。❸名三国之一,公元 220－265 年,曹丕所建,占有今黄河、淮河流域,长江中游的北部和辽宁中南部。❹名北朝之一,公元 386－534 年,鲜卑族人拓拔珪所建,占有长江以北地区,史称北魏,后来分裂为东魏和西魏。〇❺名姓。

鳚(鰃) wèi 名鳚科鱼的统称。体长 10—20 厘米,侧扁,背鳍和臀鳍常与尾鳍相连。种类很多。生活在近海。

wēn

温 wēn ❶形冷热适度;暖和▷～水|不要太烫,～的就行|～暖|～带。→❷动使暖;适当加热▷酒凉了,再～一下。❸动把学过的东西重复学习,使巩固▷～书|这课书我～了三遍|～习◇重～旧梦。→❹名中医对急性热病的统称▷冬伤于寒,春必病～。→❺名冷热的程度;温度▷室～|气～|体～。→❻形和顺;宽厚▷～和|～顺|～情|～文尔雅。〇❼名姓。

榅 wēn [榅桲]wēnpo 名落叶灌木或小乔木,叶卵形或长椭圆形,背面生有细密的绒毛,开淡红色或白色花,果实梨形或苹果形,黄色,有香气,味酸,可制成蜜饯。榅桲,也指这种植物的果实。

辒(輼) wēn [辒辌]wēnliáng 名古代一种可以睡觉的车,后来多用作丧车。

瘟 wēn ❶名中医指流行性急性传染病▷～疫|春～|鸡～。→❷形(像得了瘟病似的)神情呆板,缺乏生气▷～头～脑。❸形指戏曲表演沉闷乏味▷情节松散,唱段又长,戏就～了|不～不火,恰到好处。

蕰 wēn [蕰草]wēncǎo 名〈方〉指水中的杂草。

鳁(鰮) wēn [鳁鲸]wēnjīng 名哺乳动物,鲸的一种,体长 6—9 米,口内无齿,有鲸须,背鳍小,背部黑色,腹部白色。参见"鲸"。

wén

文 wén ❶动在身上或脸上刺画花纹或字▷～了双颊|～身|～臂。→❷名〈文〉花纹;纹理▷～车(古代刻或画着花纹的车子)。⇒❸名指古代的礼乐仪制▷繁～缛节。⇒❹名非军事的事物(跟"武"相对)▷～人|～官|～武双全|～职人员。⇒❺形温和;不猛烈▷～雅|～弱|～静|～火。⇒❻名指自然界或人类社会某些规律性的现象▷天～|水～|人～。⇒❼名字;语言的书面形式▷甲骨～|金～|～盲|识～断字|英～。⇒❽名文章▷～不对题|散～|范～|～集|作～。⇒❾名指社会科学▷我是学～的,他是学工的|～理并重|～科。⇒❿名公文,机关之间联系事务的文字材料▷收～|发～|呈～|～牍|换～。⇒⓫名文言,五四以前通用的以古汉语为基础的书面语言▷～白夹杂|半～半白。⇒⓬量用于旧时的铜钱(铜钱的一面铸有文字)▷十～钱|分～不取|一～不名。⇒⓭动遮掩▷～过饰非。〇⓮名姓。☛统读 wén,不读 wèn。

纹(紋) wén ❶名丝织品上的条纹或图形;泛指物体上呈线条状的花纹▷斜～布|木～|指～|～理|～路。→❷名皮肤的皱痕▷笑～|抬头～|皱～。

炆 wén 动〈方〉用文火燉煮食物。

闻(聞) wén ❶动听见;听到▷听而不～|耳～目睹|～讯赶来|～风而动。→❷名听到的事;消息▷新～|奇～|趣～。→❸动知道▷～一而知十|博～强识(zhì)。❹名〈文〉名声;名望▷令～(美好的名声)|秽～(丑恶的名声)。❺形〈文〉有名声的▷～人。→❻动用鼻子辨别气味▷～到一股香味儿|这味儿真难～。〇❼名姓。☛统读 wén,不读 wèn。

蚊(*蟁䘇) wén 名蚊科昆虫的统称。成虫身体细长,胸部有一对翅膀和三对细长的脚。卵产于水中,幼虫(称为"孑孓")和蛹也生活于水中。雌蚊绝大部分吸人畜的血液,能传播疟疾、丝虫病和流行性乙型脑炎等疾病;雄蚊吸食花果汁液。种类极多,最常见的有按蚊、库蚊、伊蚊三种。

阌(閿) wén [阌乡]wénxiāng 名旧地名,在河南。

雯 wén 名〈文〉形成花纹的云彩。

wěn

刎 wěn 动用刀割颈部▷自～。

抆 wěn 动〈文〉擦;揩▷～泪。

吻(*脗) wěn ❶名嘴唇▷接～◇～合。→❷名动物的嘴;低等动物的口器或头部前端的

突出部分▷鹿～|长～|短～。→❸动用嘴唇接触以表示喜爱▷妈妈在孩子脸上～了一下。

紊 wěn 形杂乱;纷乱▷有条不～|～乱。☞统读 wěn,不读 wèn。

稳（穩） wěn ❶形固定不动;不摇晃▷桌子没放～|车子开得又快又～|请大家坐～|～如泰山|～坐钓鱼台。→❷形安定平静,没有波动▷情绪不～|平～|～定。❸动使稳定▷先～住他,别打草惊蛇|～住神儿|把阵脚～住。→❹形妥帖;可靠▷这个人办事不～|十拿九～|四平八～|工～|～妥。→❺形沉着;不轻浮▷～重|～健|～步|沉～。

wèn

问（問） wèn ❶动让人回答或解答自己不知道或不清楚的事情(跟“答”相对)▷不懂就～|～一～老师|不耻下～|明知故～|～事处|询～。→❷动关切地询问▷慰～|～候|～安|～好。→❸动审讯▷～案|审～|拷～。❹动责问;追究▷胁从不～|惟你是～|～罪。❺动管;干涉▷不～青红皂白|不闻不～|过～。→❻介〈方〉引进动作行为的对象,相当于“向”“跟”▷这书是我～小王借的|你～我要,我～谁要?〇❼名姓。

汶 wèn 名汶河,水名,在山东。☞不读 wén。

揾 wèn〈文〉❶动浸入▷～湿。〇❷动擦;揩拭▷～泪。

璺 wèn 名陶瓷、玻璃器物上的裂痕▷碟子裂了一道～|打破沙锅～(谐“问”)到底。

wēng

翁 wēng ❶名男性老人▷老～|渔～。→❷名〈文〉父亲▷尊～(尊称对方的父亲)。❸名〈文〉丈夫或妻子的父亲▷～姑(公公和婆婆)|～婿(岳父和女婿)。〇❹名姓。

嗡 wēng 拟声形容蜜蜂等昆虫飞翔或机器发动的声音,多叠用▷蜜蜂～～地飞来飞去|蚊子～～叫|发电机～～地响|耳朵里～～直响。

滃 wēng 名滃江,水名,在广东,流入北江。另见 wěng。

鹟（鶲） wēng 名鸟类的一科。体小,嘴稍扁平。常久栖树枝,突击捕食飞虫,是农林益鸟。种类很多,如乌鹟、北灰鹟等。

鳹（鰪） wēng 名硬骨鱼纲的一科。身体侧扁,略呈长方形,有圆鳞,体色美丽。栖息于热带珊瑚礁附近。

wěng

蓊 wěng 形〈文〉(草木)茂盛▷～郁|～勃|～茂。

滃 wěng 形〈文〉形容云、气或水涌起的样子。另见 wēng。

wèng

瓮（*甕罋❶） wèng 名一种盛水、酒等的大腹陶器▷水～|酒～。

蕹 wèng [蕹菜]wèngcài 名一年生草本植物,蔓生,茎中空,节上能生不定根,叶长心脏形,开白色或淡紫色花,蒴果卵圆形。嫩茎叶可以做蔬菜,全草和根可以做药材。也说空心菜。

齆 wèng 动鼻子阻塞▷～鼻(因鼻子阻塞而发音不清)|说话～声～气。

wō

挝（撾） wō [老挝]lǎowō 名国名,在东南亚。另见 zhuā。

莴（萵） wō [莴苣]wōjù 名一年生或二年生草本植物,茎直立而粗,肉质厚,叶子呈长圆形。根据不同的性状,可以分为叶用莴苣和茎用莴苣两种:叶用莴苣植株矮小,叶子可以食用,通称生菜;茎用莴苣,茎肥大如笋,通称莴笋。

倭 wō 名我国古代称日本▷～国|～人|～寇。

涡（渦） wō ❶名回旋的水流▷旋～|水～。→❷名像旋涡的东西▷酒～儿|～轮机。另见 guō。

喔[1] wō 拟声形容公鸡叫的声音▷大公鸡～～叫。

喔[2] wō 叹〈方〉表示了解▷～,我知道了|～,是这么回事呀!

窝（窩） wō ❶名鸟兽昆虫的巢穴▷喜鹊～|兔子～|蚂蚁～|趴～|抱～。→❷名喻指人安身、聚集或藏匿的地方▷三十出头的人了,也该有个～了|大伙儿要团结,不能～里斗|安乐～|土匪～。❸名指人或物体所在或所占的位置▷坐了半天没动～儿|帮我把这个柜子挪挪～儿。→❹名像窝的地方或东西▷～棚|被～儿|玉米面～头。→❺名凹陷的地方▷山～|眼～|心口～。❻动〈口〉使弯曲▷～个铁钩子|把烟袋杆都～折(shé)了|～腰。→❼动藏匿▷～藏|～赃|～主。⇒❽动〈口〉蜷缩不动;待(dāi)▷整天～在家里闹情绪|在候车室～了一夜。⇒❾动情绪郁积得不到发泄▷～了一肚子火|～心|～气。❿动人力或物力闲置不能发挥作用▷库里～着大批产品,卖不出去|～工。→⓫量用于一胎所生或一次孵出的某些家畜家禽▷一～下了六个小猪|一～小鸡。

蜗（蝸） wō 名蜗牛,蜗牛科软体动物的统称。有硬壳,一般呈低圆锥形,右旋或左旋,头部有两对触角,后一对顶端有眼,足扁平宽大。生活在潮湿的陆地,吃绿色植物,危害农作物。可以做药材,有的种可食用。☞统读 wō,不读 wā 或 guō。

踒 wō 动手足等由于猛然弯曲而受伤▷～了脚脖子。

wǒ

我 wǒ ❶代说话人称自己▷～认识你|他是～的老师。→❷代称自己的一方,相当于“我们”▷～校|～厂|敌～双方|敌军被～全歼。→❸代用于“你”“我”对举,泛指许多人▷你来～往|你一言,～一语。→❹代自己▷自～介绍|忘～工作。

𩭲 wǒ [𩭲鬌]wǒtuǒ 形〈文〉形容头发美好的样子。

wò

肟 wò 名具有 $>C=N-OH$ 基团的有机化合物,大都是有特定熔点的晶体,常用来鉴别醛类和酮类。

沃 wò ❶动〈文〉浇灌▷如汤～雪|血～中原|～灌。→❷形(土地)肥▷肥～|～土|～野千里。〇❸名姓。

卧 wò ❶动（人）躺着；（动物）趴伏▷小花猫～在窗台上｜～薪尝胆｜～倒｜～床休息｜～病。→❷动睡觉▷～铺｜～室｜～具｜～榻。❸名指火车的卧铺▷软～｜硬～。→❹动〈文〉隐居▷高～东山。→❺动〈方〉鸡蛋去壳后放到牛奶、汤或水里煮▷～两个鸡蛋。

偓 wò 用于人名。偓佺（wòquán），古代传说中的仙人。

涴 wò 动〈文〉污染；弄脏。
另见 yuān。

握 wò ❶动拿；攥▷紧～手中枪｜手里～着一块银元｜～笔｜～手◇掌～。→❷动手指弯曲成拳头▷把手～起来｜～拳。→❸名喻指所掌握、控制的范围▷大权在～｜胜利在～。

硪 wò 名砸地基或打桩用的工具，用石头或铁制成，多为扁圆体，四周系有绳索供多人牵拉▷石～｜打～。☛统读 wò，不读 é。

幄 wò 名〈文〉帐幕▷运筹帷～。

渥 wò 〈文〉❶动浸润很多水分▷～润。→❷形优厚；深重▷优～｜～恩。

斡 wò 动旋转▷～旋（引申指调解）。

龌（齷） wò［龌龊］wòchuò ❶形脏；不洁净▷～破烂的衣衫｜浑身～。→❷形比喻人品卑劣▷为人卑鄙～。

wū

兀 wū［兀突］wūtu〈口〉❶形（饮用的水）不热也不凉▷～水。→❷形不干脆；不利落▷瞧你干的～事儿！∥也作乌涂。
另见 wù。

乌[1]（烏） wū ❶名乌鸦。鸟，全身羽毛黑色，嘴大而直，多群居于树林中或田野间，杂食谷类、果实、昆虫、雏鸟以及腐败的动物尸体。俗称老鸹或老鸦。→❷形黑色▷～木｜～梅｜～黑｜～油油。○❸名姓。

乌[2]（烏） wū 代〈文〉指处所或事物，多用于反问，相当于"哪里""怎么"▷～有此事？｜～足道哉？

乌[3]（烏） wū［乌孜别克族］wūzībiékèzú 名我国少数民族之一，分布在新疆。☛"乌"字的笔顺是′㇆乌乌，四画。
另见 wù。

圬 wū〈文〉❶名抹（mǒ）子，泥瓦工涂墙抹（mò）灰用的工具。→❷动抹（mò）平或粉刷▷粪土之墙，不可～也。

邬（鄔） wū ❶［寻邬］xúnwū 名地名，在江西。今作寻乌。○❷名姓。

污（*汙汚） wū ❶名肮脏的东西▷同流合～｜藏～纳垢｜去～粉。→❷形不清洁；肮脏▷～泥浊水｜～点｜～秽｜～迹。❸形不廉洁▷贪官～吏。→❹动使不洁净▷～染｜～损｜玷～。❺动侮辱▷～蔑｜奸～。

巫 wū ❶名以装神弄鬼替人祈祷、治病等为职业的人▷小～见大～｜～师｜女～｜～术｜～婆。○❷名姓。

呜（嗚） wū 拟声形容哭声、风声、汽笛声等▷～～地哭｜狂风～～地刮着｜～的一声长鸣，火车开动了。

於 wū ❶古同"乌"。○❷［於戏］wūhū 叹〈文〉表示赞美、感叹等。也作於乎。现在通常写作"呜呼"。☛1955年《第一批异体字整理表》将"於"作为"于"的异体字予以淘汰。1988年《现代汉语通用字表》确认"於"在读 wū、yū 以及读 yú 用于地名时为规范字，读 yú 作介词用时仍作为"于"的异体字处理。
另见 yū；yú。

钨（鎢） wū 名金属元素，符号 W。银白色，质硬而脆，熔点高，常温下化学性质稳定。主要用于制造高速切削合金钢、灯丝、火箭喷嘴、太阳能装置等。

洿 wū ❶名〈文〉浊水积聚的小水池。○❷古同"污"。

诬（誣） wū 动把捏造的坏事硬加在别人身上▷～良为盗｜～告｜～赖｜～陷｜～蔑。

屋 wū ❶名房子▷茅草～｜叠床架～｜～脊｜房～。→❷名房间▷一间小～｜里～｜东～。

恶（惡） wū〈文〉❶代指处所或事物，表示反问，相当于"何""怎么"▷～能治天下？○❷叹表示惊讶，相当于"啊"▷～，是何言也（啊，这是什么话）！
另见 ě；è；wù。

wú

无（無） wú ❶动没有（跟"有"相对）▷四肢～力｜～独有偶｜从～到有｜～声～息｜～能｜～限。→❷副不▷～动于衷｜～须｜～视｜～妨｜～论。❸连不论▷事～巨细，他都要过问。
另见 mó。

毋 wú ❶副〈文〉表示禁止或劝阻，相当于"不要""不可"▷临财～苟得，临难～苟免｜宁缺～滥。○❷名姓。☛不读 wù。

芜（蕪） wú ❶形田地荒废，野草丛生▷荒～｜～秽。→❷名〈文〉野草丛生的地方▷平～。→❸形繁杂（多指文辞）▷去～存菁｜～杂｜～词。

吾 wú 代〈文〉说话人称自己或自己方面，相当于"我"或"我们"▷～身｜～辈｜～国。☛不读 wǔ。

吴 wú ❶名周朝诸侯国名，在今江苏南部和浙江北部一带，后来扩展到淮河流域。公元前473年，为越国所灭。→❷名三国之一，在长江中下游和东南沿海一带，公元222—280年，孙权所建。→❸名指江苏南部和浙江北部一带▷～语｜～歌。○❹名姓。

郚 wú［鄌郚］tángwú，见"鄌"。

唔 wú［咿唔］yīwú，见"咿"。
另见 ńg。

浯 wú 名浯河，水名，在山东，流入潍河。

梧 wú［梧桐］wútóng 名梧桐属的一种。落叶乔木，树干挺直，叶子掌状分裂，开黄绿色小花，种子球形。木材质轻而坚韧，可以制作乐器和多种器具，种子可以食用或榨油，树皮纤维可以造纸或制作绳索，叶子可以做药材。也说青桐。

鹀（鵐） wú 名雀科鹀属鸟的统称。形体像麻雀或稍小，闭嘴时上下嘴的边缘不能紧密连接。多在地上营巢，吃种子和昆虫。常见的有白头鹀、灰头鹀、赤鹀、栗鹀、黄眉鹀等。

铻(鋙) wú [锟铻]kūnwú,见"锟"。

蜈 wú [蜈蚣]wúgōng 名节肢动物的一科。身体长而扁。常见的少棘蜈蚣头部金黄色,有一对长触角,背部暗绿色,腹部黄褐色,躯干由21节组成,每节有一对足,第一对足有发达的爪和毒腺。生活在腐木和石隙中,昼伏夜出,捕食小昆虫。干燥的全虫可以做药材。

鼯 wú 名哺乳类鼯鼠科动物的统称。形状像松鼠,尾长,前后肢之间有宽而多毛的薄膜,能在树间滑翔。生活在东亚热带森林中,昼伏夜出,吃坚果、嫩叶、甲虫等。有的种的粪便可以做药材。

wǔ

五[1] wǔ ❶数数字,四加一的和。○❷名姓。☛"五"的大写是"伍"。

五[2] wǔ 名我国民族音乐中传统的记音符号,表示音阶上的一级,相当于简谱的"6"。

午 wǔ ❶名地支的第七位。→❷名指午时,即11—13点;特指中午12点▷中~|正~|~饭|上~|~后。❸名气象学上特指11—14点。○❹名姓。

伍 wǔ ❶名古代军队的最小编制单位,五人为伍,现在泛指军队▷退~|队~|行(háng)~◇落~。→❷名同伙▷不要与坏人为~。→❸数数字"五"的大写。○❹名姓。

仵 wǔ ❶[仵作]wǔzuò 名旧时官府中负责验尸的人。○❷名姓。

迕 wǔ〈文〉❶动相遇▷相~。→❷动违背;冒犯▷违~|~犯。

庑(廡) wǔ〈文〉❶名正房对面和两侧的房子▷东~。→❷名堂下四周的走廊▷廊~。

𣲘(潕) wǔ 名𣲘水,水名,发源于贵州,流至湖南,同沅江汇合。

怃(憮) wǔ〈文〉❶动爱抚。○❷形形容失意的样子▷~然长叹。

忤(*啎) wǔ 动违逆;违背▷~逆。

妩(嫵) wǔ [妩媚]wǔmèi 形形容姿态美好,招人喜爱▷~纤弱,楚楚动人。☛不读wú或fú。

武[1] wǔ ❶名〈文〉脚步;足迹▷步~轩昂|踵~(跟着别人的脚步走,比喻仿效)。→❷量古代以六尺为一步,半步为一武▷行不数~。○❸名姓。

武[2] wǔ ❶名同军事、强力有关的事物(跟"文"相对)▷文~双全|~夫|~器|~装|~力|动~。→❷形勇猛▷英~|勇~|威~。→❸名同技击有关的▷~术|~艺|~打|~工。

侮 wǔ 动欺负;凌辱▷中国人民不可~|抵御外~|欺~|~辱。

捂 wǔ 动严密地遮盖或封住▷~着鼻子|~得严严实实|事情总是~不住的。

牾 wǔ 动〈文〉抵触;违背▷抵~。

珷 wǔ [珷玞]wǔfū 名〈文〉像玉的美石。

鹉(鵡) wǔ [鹦鹉]yīngwǔ,见"鹦"。

舞 wǔ ❶动跳舞▷载歌载~|手~足蹈|起~|~厅|~伴。→❷名舞蹈▷民族~|芭蕾~。→❸动手持某种东西跳舞▷~龙灯|~剑。⇒❹动挥动;飘动▷手~鲜花|张牙~爪|挥~|飞~|飘~。⇒❺动玩弄;耍弄▷~文弄墨|~弊。

wù

兀 wù〈文〉❶形高耸突出▷突~|~立。→❷形光秃▷~鹫。

另见wū。

勿 wù 副表示禁止或劝阻,相当于"不要""别"▷己所不欲,~施于人|切~动手|请~打扰。☛"勿"和"毋"(wú)语法功能相同,但习惯用法不同。"毋宁""毋庸""宁缺毋滥"中的"毋",不用"勿"。

乌(烏) wù [乌拉]wùla 名我国东北地区一种垫有乌拉草的皮制防寒鞋。也作靰鞡。

另见wū。

戊 wù 名天干的第五位。☛"戊"和"戍"(shù)、"戌"(xū)形、音、义都不同。

务(務) wù ❶动专力从事;致力于▷~农|不~正业。→❷动追求;谋求▷好高~远(也作"好高骛远")|不~虚名|~实。→❸名事;事情▷公~|商~|税~|家~|任~|职~。○❹名古代官署名,多为掌管贸易和税收的机构,现在用于地名▷曹家~(在河北)|河西~(在天津)。○❺副必须;一定▷除恶~尽|~必|~须。

阢 wù [阢陧]wùniè 形〈文〉(局势、心情等)不安定▷大局~。也作杌陧、兀臬。

屼 wù 形〈文〉山秃。

坞[1](塢*隖) wù 名〈文〉防守用的小城堡▷结~自守。

坞[2](塢*隖) wù ❶名山坳;泛指四面高而中央低的地方▷山~|花~|竹~|柳~。→❷名停船的港湾;建在水边的修造船只的场所▷船~。☛"坞"字不读wū。

芴 wù ❶名一年生草本植物,产于我国北部和中部,开淡紫色花。可供观赏,嫩叶茎可以做蔬菜,种子可以榨油。○❷名有机化合物,分子式 $C_{13}H_{10}$。白色的片状晶体,可从煤焦油中提炼。可用来制染料、杀虫剂和药物等。

杌 wù 名矮小的坐凳▷~凳|~子。

物 wù ❶名东西▷~以类聚|~尽其用|庞然大~|植~|货~|公~|文~|~质|~品。→❷名指除自己以外的人或环境▷免遭~议|待人接~|超然~外。→❸名指文章或说话的实际内容▷言之有~|空洞无~。

卼 wù [臲卼]nièwù,见"臲"。

误(誤) wù ❶形不正确▷~解|~会|~导|~差。→❷名不正确的事物或行为等▷笔~|正~|脱~|谬~。→❸动耽误;因拖延或错过时机而产生不良后果▷快走吧,别~了上课|~点|~事|延~。❹动妨害;使受害▷~人不浅|~人子弟。❺动非有意地(造成某种不良后果)▷~人歧途|~伤|~杀。

恶(惡) wù 动憎恨;不喜欢(跟"好"相对)▷好(hào)逸~劳|深~痛绝|可~|厌~|憎~。

另见ě;è;wū。

悟 wù 动明白;觉醒▷这件事让我~出一个道理|恍然大~|翻然悔~|~性|领~|觉~|醒~。

晤 wù 动相遇;见面▷来访未~|~面|~谈|会~。

焐 wù 动用温度高的东西接触温度低的东西使变暖▷用热水袋~被窝|把手揣在怀里~一~。

靰 wù [靰鞡]wùla 同"乌拉"。参见"乌"。

痦 wù [痦子]wùzi 名皮肤上隆起的红色或黑褐色的痣▷脸上有一颗~。

婺 wù ❶用于地名。如:婺江,水名;婺源,地名。均在江西。婺川,地名,在贵州。今作务川。→❷名指婺州,古地名,在今浙江金华一带▷~剧。

骛(鶩) wù ❶动纵横驰骋▷驰~。→❷同"务"②。

雾(霧) wù ❶名空气中的水蒸气遇冷凝结而成的、飘浮在接近地面的空气中的细小水珠▷今天早晨有大~|云消~散|腾云驾~|~气|云~。→❷名像雾的东西▷喷~器。

寤 wù 动〈文〉睡醒▷~寐难忘。

鹜(鶩) wù 名〈文〉鸭子▷趋之若~。☛"鹜"和"骛"不同。"好高骛远"中的"骛",现在通常写作"务",但不能写作"鹜"。

鋈 wù 〈文〉❶名白银、白铜一类的白色金属。→❷动镀▷~器(镀上金、银或铜的器物)。

X

xī

夕 xī ❶名傍晚;太阳落山到天黑的一段时间▷～阳|～照。→❷名夜晚▷前～|除～|朝～相处。☛统读 xī,不读 xì。

兮 xī 助〈文〉用在句尾或句中,表示感叹语气,相当于"啊"▷彼君子～,不素餐～|魂～归来。

西 xī ❶名四个基本方向之一,太阳落下的一边(跟"东"相对)▷往～走|夕阳～下|～郊|～半球。→❷名西天,佛经中指阿弥陀佛居住的地方,佛教徒心目中的极乐世界▷撒手～去(指人死)|一命归～。→❸名指西洋(多指欧美各国)▷学贯中～|～学|～餐|～装。→❹名跟"东"对举,表示"到处"或"零散、没有次序"的意思▷东游～逛|东一个,～一个。○❺名姓。

吸 xī ❶动把气体或液体通过鼻、口抽人体内▷～一口气|只有雌蚊才～人血|呼～|吮～|～食。→❷动把外界的某些物质摄取到内部▷海绵能～水|～毒|～墨纸|～尘器|～音板|～收|～取。→❸动把别的东西引到自己方面来▷～铁石|～力|～引。

汐 xī 名夜晚的潮水▷潮～。☛统读 xī,不读 xì。

希1 xī 同"稀"②。☛在"希罕""希奇""希世"等词中,习惯上仍作"希"。

希2 xī 动盼望;企求▷～到会指导|～遵守时间|～望|～图。

昔 xī 名从前;往日▷今非～比|抚今追～|～日|往～|平～。☛统读 xī,不读 xí。

析 xī ❶动分开;分散▷条分缕～|分崩离～。→❷动分析;辨别▷辨～|剖～|解～|～疑。☛统读 xī,不读 xì。

矽 xī 名非金属元素硅的旧称。

肸 xī 用于人名。羊舌肸,春秋时晋国大夫。

穸 xī [窀穸]zhūnxī,见"窀"。

茜 xī 音译用字,多用于翻译外国女性的名字,如"露茜""美茜""南茜"等。
另见 qiàn。

郗 xī 名姓。

饻(餏) xī 量我国老解放区使用过的一种计算工资的单位,一定数量的若干种实物价格的总和为一饻。

栖 xī [栖栖]xīxī 形〈文〉忙碌;不安定。
另见 qī。

唏 xī 〈文〉❶拟声笑声。○❷动哀叹。

牺(犧) xī 名古代指供祭祀用的毛色纯一的牲畜▷～牛。

息 xī ❶名呼出和吸入的气▷气～|喘～|叹～|鼻～。○❷动歇;休息▷歇～|作～时间|安～。→❸动停;止▷奋斗不～|～怒|平～|止～。○❹动滋生;繁衍▷生～|～肉。→❺名〈文〉儿子▷子～。→❻名利钱▷连本带～|低～贷款|年～|利～。→❼名消息;音信▷信～。○❽名姓。

奚 xī ❶代〈文〉指处所或事物,表示疑问,相当于"哪里""什么""为什么"▷～以知其然也?|此～疾哉?|子～不为政?○❷名姓。

浠 xī 名浠水,水名,又地名,均在湖北。

菥 xī [菥蓂]xīmì 名遏蓝菜的古称。二年生原野杂草,叶匙形,短角果有广翅。嫩苗可以食用,种子和全草可以做药材。

硒 xī 名非金属元素,符号 Se,稀散元素之一。导电能力随光照强度的增减而变化。可用于太阳能电池、整流器、摄像设备、计算机磁鼓、晶体管、光电管及玻璃着色。

晞 xī 形〈文〉干;失去水分▷白露未～。

欷 xī [欷歔]xīxū 动〈文〉抽泣;叹息▷相对～。也作唏嘘。

悉 xī ❶形〈文〉详尽。→❷动详尽地知道;知道▷来函敬～|知～|熟～。→❸形全▷～数(shù)归还|～心照料。❹副表示总括全部,相当于"都"▷～听尊便。☛统读 xī,不读 xì。

烯 xī 名有机化合物的一类。分子中含碳-碳双键结构而具有不饱和性,分子式可以用C_nH_{2n}表示。如乙烯。

淅 xī ❶动〈文〉淘(米)。○❷[淅沥]xīlì 拟声形容小雨声,也形容微风、落叶等声音▷雨声～。

惜 xī ❶动惋惜,对不幸的人或事表示同情▷痛～|可～|叹～|悼～。→❷动爱护;十分疼爱▷珍～|爱～|怜～。❸动不忍舍弃▷不～血本|在所不～|～力|吝～。

晰(*晢晳) xī 形明白;清楚▷清～|明～|透～。

睎 xī 动〈文〉望;登高远望。

稀 xī ❶形事物在空间或时间上间隔大(跟"密"相对)▷苗留得不能太～|枪声由密而～|月明星～。→❷形事物的数量少或出现的次数少▷人生七十古来～|今年雨水～|～少|～客。❸形液体中含某种物质少(跟"稠"相对)▷～汤寡水|爱喝～的,不爱吃稠的|～泥|～硫酸。⇒❹名某些含水分多的东西▷顿顿饭有干有～,干～搭配|糖～|拉～。⇒❺副用在某些形容词前面,表示程度深,相当于"极"▷～软|

~烂。

舾 xī [舾装]xīzhuāng 名船上设备和装置的统称,也指安装这些设备和装置的工作。

翕 xī 〈文〉❶动收敛;闭合▷~动(嘴唇等一张一合地动)|~张(一合一张)。○❷形和好;顺从▷~服。

腊 xī 名〈文〉干肉。
另见 là。

粞 xī ❶名〈文〉碎米▷糠~。→❷名〈方〉米糠,可作饲料。

犀 xī 名哺乳类犀科动物的统称。形状略像牛,颈短,四肢粗大,鼻子上有一个或两个角,皮肤粗而厚,微黑,毛极稀少。通称犀牛。

锡[1](錫) xī 名金属元素,符号 Sn。有白锡、灰锡、脆锡三种同质多象变体。白锡最常见,银白色,富延展性,其有机化合物大都有毒,在空气中不易起变化,用于制造日用器皿、镀铁、焊接金属及制造各种合金。

锡[2](錫) xī [锡伯族]xībózú 名我国少数民族之一,分布在新疆、辽宁和黑龙江等地。☛"锡"字统读 xī,不读 xí。

溪(*谿) xī ❶名山谷里的小水流;泛指小河沟▷~水|小~|~流。○❷名姓。☛㊀统读 xī,不读 qī。㊁在"勃谿"(家庭中争吵)一词中习惯上仍作"谿"。

裼 xī 动〈文〉敞开或脱去上衣,露出身体;脱去外衣露出内衣▷袒~裸裎。
另见 tì。

熙(*煕熈) xī ❶形〈文〉明亮。○❷[熙攘]xīrǎng 形形容人来人往热闹拥挤的样子▷~的人群|熙熙攘攘。☛"熙"字左上角是"叵",不是"臣"。

豨 xī ❶名〈文〉猪。○❷[豨莶]xīxiān 名菊科豨莶属的一种。一年生草本植物,茎上有灰白毛,叶对生,花黄色,结黑色瘦果,有四棱。全草可以做药材。

蜥 xī [蜥蜴]xīyì 名爬行纲蜥蜴目动物的统称。有3000余种。体表被角质鳞,身体分头、颈、躯干、尾四部分,多数具四肢,指、趾末端有爪,尾细长,容易断,能再生。最大的科莫多巨蜥长可达4米。捕食昆虫和其他小动物。☛统读 xī,不读 xí。

僖 xī 形〈文〉快乐。

熄 xī 动停止燃烧;灭(灯、火)▷火已经~了|~灭|~火|~灯。☛统读 xī,不读 xí。

嘻(*譆) xī ❶叹〈文〉表示赞美或惊叹等▷~,善哉!|~,异哉!→❷拟声形容笑声▷他~~地笑着。

噏 xī ❶古同"吸"。○❷动〈文〉收敛;收缩。

巂 xī ❶[越巂]yuèxī 名地名,在四川。今作越西。○❷名姓。

膝(*厀) xī 名大小腿连接的关节的前部,通称膝盖▷卑躬屈~|促~谈心|盘~而坐。

瘜 xī [瘜肉]xīròu 名黏膜表面增生的肉质团块,多发生在鼻腔、肠道和子宫颈内。现在通常写作"息肉"。

嬉 xī 动玩耍;游玩▷~笑|~皮笑脸|~戏。☛"嬉"和"嘻"不同,"嘻"是拟声词,形容笑声。

熹 xī 形〈文〉光明▷晨光~微。

樨 xī [木樨]mùxī ❶名常绿灌木或小乔木,高可达7米,叶子椭圆形,叶缘呈锯齿状,开白色或暗黄色小花,有特殊的香味,结卵圆形核果。花可供观赏,又可以做香料。木樨,也指这种植物的花。也说桂花。→❷名指经过烹调打碎的鸡蛋▷~肉|~汤。//也作木犀。☛统读 xī,不读 xū。

螅 xī [水螅]shuǐxī 名腔肠动物水螅虫科的一属。身体呈筒状,一端有口,口周围生6—8条小触手,用来捕食,身体及触手均可收缩。附着在池沼的水草、石块及其他物体上。

歙 xī 动〈文〉用鼻子吸(气)▷~风吐雾。
另见 shè。

羲 xī 用于人名。伏羲,传说中的远古帝王;王羲之,晋代著名书法家。

窸 xī [窸窣]xīsū 拟声〈文〉形容轻微细碎的声音▷衣裙~。

蹊 xī 名径;小路▷桃李不言,下自成~|~径。
另见 qī。

蟋 xī [蟋蟀]xīshuài 名蟋蟀科昆虫的统称。有2500余种。后腿粗,善跳跃,尾部有一对尾须。有的种雄虫好斗善鸣,用两翅摩擦发声。生活在阴湿的地方,啮食植物的根、茎和种子,危害农作物。有的种干燥的全虫可以做药材。也说促织,北方俗称蛐蛐儿。

醯 xī 〈文〉❶名醋。→❷形酸▷~梅。

曦 xī 名〈文〉日光▷晨~|~光|春~。

巇 xī 形〈文〉山岭险峻▷险~。

鼷 xī [鼷鼠]xīshǔ 名家鼠的一种。体小,毛灰黑色或灰褐色,吻尖而长,耳大,尾细长。能传布鼠疫。

蠵 xī [蠵龟]xīguī 名一种大型海龟。体长可达1米,背部褐色,腹面淡黄色,头部有两对对称的鳞片,嘴钩状,尾短,四肢呈桨状。以鱼、虾等为食。

觿 xī 名古代解绳结的用具,用骨、玉等制作,形状像锥子。

xí

习(習) xí ❶动〈文〉鸟类反复试飞。→❷动反复地学▷复~|自~|练~|~题|~字。→❸动因反复接触而熟悉▷~非成是|~以为常|~惯。→❹副经常;常▷~见|~闻|~用语。→❺名习惯,长期形成的不易改变的行为或风气▷相沿成~|积~|恶~|~俗|~气。○❻名姓。

席(*蓆❶) xí ❶名铺垫等用的片状物,用竹篾、芦苇、蒲草等编成▷一领~|炕~|凉~|竹~|草~|~棚。→❷名座位;位次▷软~|首~。❸量特指议会中议员的席位,代指议员的人数▷在议会中只占六~。→❹名成桌的酒筵▷今天摆了三桌~|酒~|筵~|逃~。❺量用于酒席、谈话等▷一~酒菜|听君一~话,胜读十年书。○❻名姓。

觋(覡) xí 名以装神弄鬼替人祈祷、祛邪、治病等为职业的男性巫师。

袭[1](襲) xí ❶动照过去的或别人的样子做▷因~|沿~|~用|抄~。→❷动继承;承受▷~位|世~。○❸名姓。

袭²(襲) xí 动乘对方不防备而进攻;泛指进攻▷偷~|奇~|夜~|~击◇花香~人。☛"袭"字统读 xí,不读 xī。

媳 xí ❶名儿子的妻子▷儿~|婆~|贤~。→❷名弟弟或晚辈亲属的妻子▷弟~|侄~|孙~。☛不读 xī。

嶍 xí [嶍峨]xí'é 名地名,在云南。现名峨山彝族自治县。

隰 xí 名〈文〉地势低洼而潮湿的地方。

檄 xí 〈文〉❶名檄文,古代官府的一种文书,用于晓谕、征召等;特指声讨敌人的文书▷羽~|传~而定。→❷动用文书征召、声讨、晓谕▷严~诸将。☛统读 xí,不读 xì。

鳛(鰼) xí ❶名〈文〉泥鳅。〇❷[鳛水]xíshuǐ 名地名,在贵州。今作习水。

xǐ

洗 xǐ ❶动用水或其他溶剂除掉物体上的污垢▷~脚|~衣服|~碗|干~|刷~。→❷名古代盥洗用的器皿,形状像浅盆;泛指形状像洗的器皿▷笔~。→❸动除掉▷~冤|~耻|清~异己分子|把那段录音~掉。→❹动像洗过一样地杀光或抢光▷~劫|~城。→❺动冲洗胶卷、照片▷~印|又~了两张相片。→❻名洗礼,基督教接受人入教的仪式,把水滴在入教人的额上,或把入教人身体浸在水里,象征洗去往日的罪恶▷受~|领~。〇❼动把麻将、扑克等牌经过搀和整理,改变原来排列的顺序▷~牌。

另见 xiǎn。

枲 xǐ 名枲麻,大麻的雄株,只开花不结果。也说花麻。

玺(璽) xǐ 名皇帝的印章▷玉~。

铣(銑) xǐ 动用能旋转的圆形多刃刀具加工金属工件的平面、曲面或凹槽▷在工件上~个凹槽|~床|~刀|~工。

另见 xiǎn。

徙 xǐ 动〈文〉离开原地搬到别处▷~居|迁~。☛"徙"和"徒"(tú)不同,"徙"的右上是"止","徒"的右上是"土"。

喜 xǐ ❶动欢乐;高兴▷笑在脸上,~在心头|~出望外|欢天~地|欣~|~色。→❷形令人高兴的;可庆贺的▷~事|~讯。❸名值得高兴和庆贺的事▷贺~|报~|道~|双~临门。❹名特指妇女怀孕▷有~了|~脉。→❺动喜爱▷好(hào)大~功|~新厌旧|~闻乐见|~好。❻动(某种生物)需要或适宜于(某种环境或某种东西)▷仙人掌~旱不~涝|~光植物。

葸 xǐ 形〈文〉害怕;胆怯▷畏~不前。

蓰 xǐ 数〈文〉五倍。

屣 xǐ 名〈文〉鞋▷敝~(喻指废物)。

禧 xǐ 名幸福;吉利▷恭贺新~|年~|鸿~。

蟢 xǐ [蟢子]xǐzi 名蟏蛸。参见"蟏"。

鳍(鱚) xǐ 名鳍科鱼的一属。身体圆筒形,长约20厘米,银灰色,嘴尖,眼大。生活在近海沙底。常见的有多鳞鱚和少鳞鱚。

xì

卌 xì 数〈文〉四十。

戏(戲*戯) xì ❶动玩耍▷儿~|嬉~|~耍|游~。→❷动嘲弄;开玩笑▷~弄|~谑|~言|调(tiáo)~妇女。→❸名古代指歌舞、杂技等表演,现在多指戏剧▷一台~|一出~|看~|马~|木偶~|京~。

另见 hū。

饩(餼) xì 〈文〉❶名作为赠物的粮食;泛指粮食、饲料▷~食|马~。→❷动赠送▷~赉。→❸名活的牲畜。

系(繫❶❼—❾係❷❻) xì ❶动〈文〉拴或绑▷~马|~缚(束缚)。→❷动结合(在一起);联系▷维~|成败~于此举。⇒❸名系统,有连属关系的事物组成的整体▷水~|语~|嫡~|派~。⇒❹名高等学校中的教学行政单位,按学科划分▷中文~|数学~。⇒❺名年代地层单位的第三级,在界以下,跟地质年代分期中的"纪"相对应▷石炭~。⇒❻动表示判断,相当于"是"▷李白~唐代诗人|确~冤狱。→❼动〈文〉扣押;监禁▷拘~|~囚。→❽动挂念▷情~祖国|~念|~恋。→❾动把捆好的人或东西往上提或向下送▷把大件东西从窗户~上来|把桶~到井下。

另见 jì。

屃(屓) xì [赑屃]bìxì,见"赑"。

郄 xì 古同"隙"。

另见 qiè。

细(細) xì ❶形条状物横剖面面积小(跟"粗"相对,③⑤—⑧同)▷房檩太~,得换根粗的|~腰|~纱|~铁丝。→❷形微小▷~菌|~节|事无巨~|琐~。⇒❸形长条形的两边距离小▷眉毛又~又弯|线画得太~了,加粗些。⇒❹形微弱▷斜风~雨。⇒❺形声音轻微▷嗓音~|~声~语。⇒❻形颗粒小▷~砂轮|白面比玉米面磨得~。⇒❼形精致;细密▷她的针线活做得~|江西~瓷|精雕~刻|做工精~。❽形周到而详细;仔细▷日子过得很~|胆大心~|精打~算|~看。〇❾名密探;间谍▷奸~|~作。

咥 xì 形〈文〉形容大笑的样子。

另见 dié。

郤 xì 古同"隙"。☛"郤"和"却"(què)不同。"郤"字右边是"阝"(邑),"却"字右边是"卩"(jié)。"却"是"却"的异体字。

绤(綌) xì 名〈文〉葛麻织的粗布,多用来制作夏衣。

阋(鬩) xì 动〈文〉吵架;争斗▷兄弟~于墙|~讼|~谗。

舄 xì ❶名〈文〉古代一种加木底的鞋;泛指鞋。〇❷古同"潟"。

隙 xì ❶名〈文〉缝隙▷白驹过~|门~|孔~|裂~|缝~。→❷名空间或时间上的空(kòng)隙▷间(jiàn)~|~地。→❸名漏洞;机会▷无~可乘|伺~|寻~闹事。→❹名〈文〉(思想感情上的)裂痕;隔阂▷嫌~|仇~。☛"隙"字右上是"小",不是"少"。

禊 xì 动古代春秋两季在水边设祭祓除不祥▷祓～。

潟 xì ❶名〈文〉盐碱地▷～卤|～湖。○❷[新潟]xīnxì 名地名,在日本。☛"潟"和"泻"不同。"新潟"不能写作"新泻"。

xiā

呷 xiā 动抿,小口地喝▷～了一口酒。
另见 gā。

虾(蝦) xiā 名十足目中能游泳的及部分爬行的节肢动物的统称。身体长,分头、胸、腹三部分,腹部由多数环节构成,体外有薄而透明的软壳,头、胸、腹部都有附肢。生活在淡水或海水里。种类很多,常见的有对虾、毛虾、米虾、白虾、龙虾等。
另见 há。

瞎 xiā ❶动眼睛失明▷～了一只眼|盲人骑～马。→❷副盲目地;胡乱地▷～操心|～闹|～说|～指挥。❸动〈口〉指某些事情失败了或没有收到预期效果▷庄稼～了(没有收成)|～子儿(不响的子弹)|～信(无法投递的信)|毛线缠～了(缠乱了)|井打～了(不出水)|～账(收不回的贷款)。

xiá

匣 xiá 名收藏东西的器具,有盖儿可以开合,一般比箱子小▷木～|纸～|梳妆～|～子|一～点心。

侠(俠) xiá ❶形勇武豪迈;见义勇为、扶弱抑强的▷～肝义胆|～义|～骨|～客。→❷名旧指见义勇为、扶弱抑强的人▷江湖大～|武～|女～。

狎 xiá 动〈文〉不庄重地亲近;玩弄▷～侮|～昵|～妓。

柙 xiá 名〈文〉关野兽的木笼,也用来押解犯人▷禽槛豕～|～槛|～车。

峡(峽) xiá 名两山之间的水道,多用于地名▷～谷|长江三～|三门～(在河南)|青铜～(在宁夏)。☛统读 xiá,不读 jiā 或 jiá。

狭(狹*陿) xiá 形窄;不宽阔(跟"广"相对)▷～路相逢|～窄|～长|～隘|～义。

祫 xiá 名古代在太庙中合祭祖先的祭祀,每三年举行一次。

硖(硤) xiá [硖石]xiáshí 名地名,在浙江。

遐 xiá ❶形遥远▷～迩闻名|～想。→❷形长久▷～年|～寿。

瑕 xiá 名玉的斑点;喻指缺点(跟"瑜"相对)▷～疵|～瑜互见|～不掩瑜。

暇 xiá 形(时间)空闲▷闲～|～日|自顾不～|无～兼顾。

辖(轄) xiá ❶名〈文〉插在车轴两端的销钉,可以卡住车轮使不脱落。→❷动管理;管束▷统～|管～|～区|～制|直～市。

霞 xiá 名日出、日落前后天空及云层上因日光斜照而出现的彩色的光或云▷云蒸～蔚|～光|云～|彩～|晚～。

黠 xiá 〈文〉❶形聪慧机敏▷慧～。→❷形狡猾奸诈▷狡～|～吏。

xià

下 xià ❶名低处;底部(跟"上"相对)▷往～跳|～面|楼～。→❷形处于低处的▷～游|～端|～层|～肢。⇒❸名指即将到来的或次序靠后的(时间、人或事物)▷～个世纪|～一个就该轮到我了|～册|～次。⇒❹名指等次或品级低的(人或事物)▷高～不等|～级|～策。❺动低于;少于(常用于否定式)▷这袋米不～50公斤|参加集会的群众不～10万人。→❻动从高处到低处▷～坡|～楼|～马|～山。⇒❼动去;到(通常指从上游到下游,从上级部门到下级部门,从西往东,从北往南)▷由三峡直～武汉|～基层|东～|南～|～馆子。⇒❽动发布;投送▷～命令|～文件|～战表|～请帖。⇒❾动退出;离开▷轻伤不～火线|客队3号～,7号上|～场门|～岗。❿动结束(工作等)▷～班|～工|～课。⇒⓫动降;落▷雪～得很大|～雨|～霜|～冰雹。⇒⓬动开始使用;用▷～笔|～刀|～毒手。⇒⓭动投入;放进▷粮食里～了毒药|等米～锅|～网|～种|～面条。⇒⓮量〈口〉用于器物的放入量▷瓶子里只有半～油。⇒⓯动指移动棋子或进行棋类活动▷每～一个子儿都要费很长时间|～象棋。⓰量用在"两""儿"之后,表示本领▷真有两～儿|没有几～子敢揽这个活儿?⇒⓱动取下来;卸掉▷把车轮～下来|～枪|～装。⇒⓲动(动物的母体)生出幼体▷～羊羔|～蛋|～崽。⇒⓳量用于动作的次数▷打了好几～|车轮转了两～|收拾一～屋子。→⓴名表示属于一定的范围、处所、条件等▷手～|名～|在上级的领导～|在困难的情况～。→㉑名表示方位或方面(前面加数目字)▷往四～里看了看|他们两～里都反对。→㉒名表示当某个时间或时节▷时～|年～|节～。○㉓动作出(某种结论、决定、判断等)▷～断语|～定义|～决心。○㉔名姓。

吓(嚇) xià ❶动害怕▷小孩儿～得哇哇直哭|～得浑身发抖|～出一身冷汗来。→❷动使害怕▷任何困难也～不倒他们|～唬(xiàhu)。☛"恐吓""恫吓"的"吓"读 hè,不读 xià。
另见 hè。

夏[1] xià 名一年四季的第二季,我国习惯指立夏到立秋的三个月,也指农历四月至六月▷春～秋冬|～至|～天|～收|消～。

夏[2] xià ❶名朝代名,约公元前21—前16世纪,传说禹所建。→❷名指中国▷华～。○❸名姓。

唬 xià 同"吓"。现在通常写作"吓"。
另见 hǔ。

厦(*廈) xià [厦门]xiàmén 名地名,在福建。
另见 shà。

罅 xià 〈文〉❶名缝隙;裂缝▷石～|窗～|裂～。→❷名漏洞;缺陷▷～漏|补～。

xia

下 xia 又 xià ❶动用在动词后,表示从高处到低处▷跳～|传～命令。→❷动用在动词后,表示动作完成或有结果▷定～方针|留～姓名|打～了基础。→❸动用在动词后,表示能容纳▷这个瓶子盛得～三斤酒|这间屋子再来两个人也睡～了。

xiān

仙(*僊) xiān ❶名神话传说中指神通广大并且长生不死的人▷修炼成～|神～|～人|～女。→❷名喻指不同凡俗的人▷诗～|剑～。→❸名对死者的婉称▷～逝。

先 xiān ❶动前进;走在前面▷争～恐后。→❷名空间在前的▷～头部队|～锋。→❸名时间在前的

▷事～|～例|抢～。⇒❹名前代人▷祖～|～人|～民。❺形尊称已故去的▷～帝|～父|～烈|～师|～哲。⇒❻名以前;开始时▷原～|起～|早～。○❼名姓。

纤(纖) xiān ❶形细小;细微▷～细|～尘|～维|～弱。→❷名指纤维▷化～。

另见 qiàn。

氙 xiān 名稀有气体元素,符号 Xe。空气中含量极少,无色无臭无味,具有极高的发光强度,能吸收 X 射线,可用来充填光电管、闪光灯和氙气高压灯,还可用作深度麻醉剂。

忺 xiān 形〈文〉高兴;舒适。

祆 xiān 名祆教,一种宗教,起源于古代波斯,认为世界只有光明(善)和黑暗(恶)两种神,崇拜火和日月星辰。公元 6 世纪传入中国。也说拜火教。☛"祆"字右边是"天",不是"夭"。

籼(*秈) xiān 名籼稻,水稻的一种,茎秆较高较软,叶幅较宽,呈淡绿色,穗小,子粒较稀,且易脱落。碾出来的米叫籼米,米粒较长而细,黏性小,胀性大。

莶(薟) xiān [豨莶]xīxiān,见"豨"。

掀 xiān ❶动〈文〉举起▷～拳裸袖。→❷动翻腾;使翻倒▷大海～起波涛|从马背上被～了下来|一气之下～倒了桌子。→❸动揭起;打开▷～锅盖|～开苫布|门帘一～,进来一个人。

铦(銛) xiān 形〈文〉锋利▷～利。

酰 xiān 名酰基,无机或有机含氧酸分子中除去羟基后所余下的原子团。

跹(躚) xiān ❶[翩跹]piānxiān,见"翩"。○❷[蹁跹]piánxiān,见"蹁"。☛不读 qiān。

锨(鍁) xiān 名铲东西或挖土用的工具,柄的一端安有板状的头,用钢铁或木头制成▷一把～|铁～|木～。☛"锨"和"铣"不同。"铣"读 xiǎn,指有光泽的金属,如"铣铁";又读 xǐ,指用一种能旋转的刀具切削,如"铣床"。

锬(錟) xiān 形〈文〉锋利。
另见 tán。

鲜(鮮*鱻❶—❻) xiān ❶名泛指供食用的鱼类或活鱼、虾▷鱼～|海～。→❷名刚宰杀或刚收获的鱼、肉、蔬菜、水果等▷时～|尝～。⇒❸形没有变质的;新鲜的▷～鱼|～肉|～果|～牛奶|～货。⇒❹形滋味可口▷味道真～|～美。⇒❺形不干枯;润泽▷～花|～嫩。❻形明丽;明亮▷～艳|～红|～明。○❼名姓。

另见 xiǎn。

暹 xiān [暹罗]xiānluó 名泰国的旧称。

xián

闲(閑*閒) xián ❶形无事可做;空闲(跟"忙"相对)▷～着没事干|游手好～|清～|安～|～散|～居。→❷形放着不使用的▷别让机器～着|～置|～房。→❸形正事以外的▷～谈|～事|生～气。→❹名空闲的时间▷忙里偷～|农～|余～|不得～。

贤(賢) xián ❶形品德高尚的;有才能的▷～人|～士|～良|～明。→❷名品德高尚的人,有才能的人▷圣～|先～|社会～达。→❸形善良▷～德|～惠|～妻良母|～内助。→❹形敬称,多用于年岁比自己小的平辈或晚辈▷～弟|～婿|～侄。○❺名姓。

弦(*絃❶❷) xián ❶名紧绷在弓背两端之间、用来弹射箭矢的绳状物,多用牛筋制成▷箭在～上|弓～。→❷名乐器上用来发音的丝线或金属线,也代指弦乐器▷胡琴上有两根～|五～琴|琴～|～子。→❸名数学术语。a)不等腰直角三角形中对着直角的斜边。b)连接圆周上任意两点的线段。→❹名指半圆形的月亮,农历初七、初八,月亮缺上半叫上弦;农历二十二、二十三,月亮缺下半叫下弦。→❺名发条▷给闹钟上～|手表的～断了。☛统读 xián,不读 xuán。

挦(撏) xián ❶动〈方〉拔(毛)▷～鸡毛。→❷动〈文〉摘取▷～扯(割裂文义、剽窃词句)。

咸[1] xián ❶副〈文〉表示某一范围的全部,相当于"全""都"▷老少～宜|少长～集。○❷名姓。

咸[2](鹹) xián 形像盐那样的味道▷少放点盐,别太～了|不～不淡|～菜。

涎(*次) xián 名口水;唾液▷垂～三尺|馋～欲滴|口～。☛统读 xián,不读 yán。

娴(嫻*嫺) xián ❶形文静▷～雅|～静。○❷形熟练;熟习▷～熟|～于丹青。

衔(銜*啣❶—❹) xián ❶动含;用嘴叼▷燕子～泥◇日已～山。→❷动〈文〉藏在心中;怀着▷～恨|～冤。→❸动〈文〉接受;担任▷～命|～招讨之权。→❹动互相连接▷首尾相～|～接。❺名职务或学识水平的等级或称号▷官～|军～|学～|头～|授～。

舷 xián 名船、飞机等两侧的边沿部分,也指两侧▷船～|左～|～窗。

痫(癇) xián 名癫痫,一种时犯时愈的暂时性大脑机能紊乱的病症。发病时突然晕倒,意识丧失,手足或全身痉挛,有的口吐泡沫。通称羊痫风或羊角风。

鹇(鷳) xián [白鹇]báixián 名鸟,雄的头上有长冠,背部白色,有黑纹,腹部黑蓝色,尾长,中央尾羽纯白;雌的上体、两翼和尾部棕绿色,下体灰褐色带灰白色斑纹。可以供观赏。

嗛 xián 〈文〉❶动用嘴含。→❷动怀恨。

嫌[1] xián ❶名仇怨;怨恨▷尽释前～|挟～报复|～隙|～怨。→❷动厌恶(wù);不满▷大家～他话太多|不～脏,不怕累|讨人～|～弃。

嫌[2] xián ❶动怀疑;猜疑▷猜～。→❷名被怀疑做某事的可能性▷有贪污之～|避～|～疑。

鰫(鱤) xián 名鰫科鱼的统称。体小,无鳞,头部平扁,吻尖。生活在热带及温带近海底层,有些种类能进入淡水中生活。常见的有绯鰫和美尾鰫等。

xiǎn

狝(獮) xiǎn 动〈文〉指秋天打猎▷秋～|～场。

冼 xiǎn 名姓。

显(顯) xiǎn ❶形外露的;容易发现的▷~而易见|~著|~眼|明~|浅~。→❷动表露出▷~出了优越性|~得特别高兴|八仙过海,各~其能|~示|~露|~现。→❸形(名声、权势)盛大▷~赫|~贵|~达。

洗 xiǎn 名姓。
另见 xǐ。

险(險) xiǎn ❶形地势复杂而恶劣,难以通过▷~峰|~峻|~阻。→❷名险要而难以通过或达到的地方▷履~如夷|无~可守|天~。→❸形内心狠毒,难以推测▷用心~恶|阴~|奸~|~诈。→❹形危险,有可能遭受灾难、失败或损失▷惊~|艰~|~情。⇒❺名危险的情况或境地▷脱~|抢~|遇~。⇒❻副表示几乎发生意外的事情,相当于"差一点"▷~遭不测。

蚬(蜆) xiǎn 名蚬属软体动物的统称。介壳厚而坚固,呈圆形或近三角形,壳面呈黄褐色、棕褐色及黑褐色,有光泽。生活在淡水中或河流入海口处。肉可以食用,也可以做药材;壳可以做煅烧石灰的原料。

崟(嶮) xiǎn 用于地名。如周家崟,在陕西。

崄(嶮) xiǎn 古同"险"。

毨 xiǎn 形〈文〉形容鸟兽新生的羽毛齐整好看。

猃(玁) xiǎn [猃狁]xiǎnyǔn 同"猃狁"。参见"猃"。

猃(獫) xiǎn [猃狁]xiǎnyǔn 名我国古代北方的一个民族,战国时代以后称"匈奴"。也作猃狁。

铣(銑) xiǎn [铣铁]xiǎntiě 名铸铁;生铁。
另见 xǐ。

筅 xiǎn [筅帚]xiǎnzhǒu 名〈方〉用竹丝等扎成的刷洗用具。

跣 xiǎn 动〈文〉光着脚▷~足|~行。

鲜(鮮*尠尟) xiǎn 形少▷寡廉~耻|~见|~有。
另见 xiān。

藓(蘚) xiǎn 名苔藓植物的一纲。茎和叶都很小,绿色,没有根,多生长在阴暗潮湿的地方。种类极多,少数可以做药材。

燹 xiǎn 名〈文〉野火;兵火▷兵~(战祸)。

xiàn

见(見) xiàn 动〈文〉显现;露在外面▷华佗再~|图穷匕首~|读书百遍,其义自~。
另见 jiàn。

苋(莧) xiàn 名苋菜,苋属的一种。一年生草本植物,茎细长,叶子椭圆形,茎叶暗紫色或绿色,可以食用。

县(縣) xiàn 名我国行政区划单位,在地区、自治州、直辖市以下,乡、镇以上▷~城|~长|~志。

岘(峴) xiàn 名岘山,山名,在湖北。

现(現) xiàn ❶动显露;露出▷~了原形|昙花一~|显~|表~|出~|~象。→❷名此刻;目前▷~已查明|~行|~存|~状|~代。⇒❸副当时;临时▷没有成品,您要的话只好~做|~炸的油饼|~编~演。⇒❹形当时就有的▷~金|~钱|~货。❺名现金▷兑~|贴~。

限 xiàn ❶名不同事物的分界;指定的范围▷界~|期~|宽~|~额|无~。→❷动规定范围▷~半月内报到|作文不~字数|~制|~定|~量。→❸名〈文〉门槛▷门~。

线(綫*線) xiàn ❶名棉、毛、丝、麻等纺成的细长的东西▷一根~|丝~|麻~|~衣。→❷名像线一样细长的东西▷电~|铜~|~香◇光~|射~。→❸名从一个地方到另一个地方所经过的道路▷路~|陇海~|铁路干~。❹名指探求问题的途径或探听消息的人▷~索|眼~|内~。→❺名几何学术语,指一个点任意移动所形成的图形,有直线和曲线两种。→❻名彼此交界的地方▷国境~|海岸~|分界~|前~。⇒❼名某种境况的边缘▷贫困~|死亡~|录取分数~。⇒❽名指工作岗位所处的位置▷生产第一~|退居二~。→❾量用于抽象事物,数词用"一",表示极少、微弱▷一~光明|一~转机|一~希望。

宪(憲) xiàn ❶名〈文〉法令▷布~|~令。→❷名宪法,国家的根本法,具有最高的法律效力,通常规定一个国家的社会制度、国家制度、国家机构和公民的基本权利与义务等▷立~|~政。

陷 xiàn ❶动(从土地的表面)掉进;沉入(泥沙、沼泽等松软的地方)▷双腿~到雪里了|~进泥潭|~入|下~|沉~|塌~。→❷动被攻破或占领▷沦~|失~|~落。❸动使陷落;攻破▷冲锋~阵。→❹名为捕捉野兽或敌人而挖的坑;坑穴▷~阱|~坑。⇒❺动设计害人▷~害|诬~|构~。⇒❻动物体表面的一部分凹进去▷两颊深~|天塌地~|凹~|洼~。❼名缺点;不完善的部分▷缺~。☛统读 xiàn,不读 xuàn。

馅(餡) xiàn ❶名包在某些食物里的内瓤,一般用糖、豆沙、果仁或肉、菜等制成▷豆沙~儿月饼|包子~儿|肉~儿。→❷名喻指内情▷露(lòu)了~儿了。☛"馅"字右边是"臽",不是"舀"。

羡 xiàn ❶动因喜爱而希望得到▷~慕|欣~|惊~。○❷形〈文〉多余;剩余▷~余|~财。○❸名姓。

献(獻) xiàn ❶动恭敬而庄重地送上▷~上一束鲜花|~出自己的力量|~身|~礼|贡~|捐~。→❷动恭敬地表现出来给人看▷~殷勤|~艺|~技|~媚。

腺 xiàn 名生物体内具有分泌功能的上皮细胞群,存在于器官里面,或独立构成一个器官。如人体内的汗腺、淋巴腺、腮腺、胰腺,花的蜜腺。

錂(鋧) xiàn 名金属线。

霰 xiàn 名空气中水蒸气遇冷凝成的小水滴,碰撞在冰晶或雪花上所冻结成的白色不透明小冰粒,常呈球形或圆锥形,多在下雪前或下雪时出现。通称米雪。☛统读 xiàn,不读 sǎn。

xiāng

乡(鄉) xiāng ❶名县或区以下的农村基层行政区划单位▷~政府|~民公约。→❷名泛指

城市以外的地区，农村▷下～|城～交流|～下|～村|鱼米之～。→❸名家乡，自己的家庭世代居住的地方▷背井离～|回～|故～|同～|～音。○❹名姓。

芗（薌） xiāng ❶形〈文〉香▷芬～。→❷名古书上指可以调味的香草。

相[1] xiāng ❶副表示动作和情况是双方或多方共同的，相当于"互相"▷～见恨晚|～亲～爱|～同|～逢。→❷副表示动作是一方对另一方的▷～信|～劝|～托|实不～瞒。○❸名姓。

相[2] xiāng 动亲自察看（是否合意）▷那姑娘他没～中(zhòng)|～亲|～看。

另见 xiàng。

香 xiāng ❶形气味令人感到舒适（跟"臭"相对）▷桂花真～|～水|芳～|～瓜。→❷形味道好▷你做的菜很～|～甜可口。❸形胃口好；食欲旺▷这两天胃不舒服，吃饭不～|吃东西特别～。❹形睡得舒服、踏实▷睡得～。→❺形受欢迎；受重视▷这种式样眼下很～|吃～。→❻名有浓郁香味的物质▷麝～|檀～。❼名用木屑加香料做成的细条，点燃后用于祭祀祖先或神佛，也用于驱异味或加药物驱蚊子▷点一炷～|线～|芭兰～|蚊～。❽名跟燃香拜神佛有关的事物▷～客|～案|～会。→❾名旧时称跟女子有关的事物或女子▷～闺|～魂|怜～惜玉。○❿名姓。

厢（*廂） xiāng ❶名厢房，正房两侧的房屋▷东～|西～。→❷名旁边；方面▷这～|那边～|两～。→❸名类似单间房子的设施▷车～|包～。→❹名宋代把京城地区划分为若干厢，相当于今天的区，后来指城外靠近城门一带的地方▷城～|关～。

葙 xiāng [青葙]qīngxiāng 名青葙属的一种。一年生草本植物，叶互生，卵形至披针形，开淡红色花，果实卵形。种子称青葙子，可以做药材。☛"葙"不是"箱"的简化字。

湘 xiāng ❶名湘江，水名，发源于广西，流经湖南入洞庭湖。→❷名湖南的别称▷～绣|～剧。

缃（緗） xiāng 形〈古〉浅黄色▷～烟|～黄。

箱 xiāng ❶名箱子，存放衣物、货品等的长方形器具▷皮～|柳条～|木～|书～|纸～|货～。→❷名像箱子的东西▷风～|信～|意见～。

襄 xiāng 动帮助；协助▷～办|～理|～助。

骧（驤） xiāng〈文〉❶动马仰头快跑。→❷动上仰；举起▷高～。

镶（鑲） xiāng 动把东西嵌进去或在物体的外围加边▷胸针上～着一颗宝石|袖口～着花边|～牙|～照片|～嵌。

xiáng

详（詳） xiáng ❶形细密；完备（跟"略"相对）▷～细|～尽|～情|～略|～谈。→❷动〈文〉细细说明▷内～|面～。→❸形（情况）清楚（一般用于否定形式）▷内容不～。

降 xiáng ❶动停止反抗，向对手屈服▷投～|受～|诈～|招～|～将。→❷动使投降；使驯服▷～龙伏虎|一物～一物|～伏。○❸名姓。

另见 jiàng。

庠 xiáng 名古代的乡学；泛指学校▷～序。

祥 xiáng ❶形吉利；幸运▷吉～|不～之兆|～瑞。○❷名姓。

翔 xiáng ❶动（鸟）展翅盘旋地飞；飞行▷翱～|飞～|滑～。○❷形详细▷～实。

xiǎng

享（*亯） xiǎng ❶动〈文〉鬼神受用祭品。→❷动物质上或精神上受用；得到满足▷有福同～|坐～其成|～乐|～受|～用。→❸动享有；取得▷～年九十（岁）。

响（響） xiǎng ❶名发出的声音遇阻后反射回来的声音；发出信息后所得到的回应▷反～|回～|影～|～应。→❷名泛指声音▷听见～儿了|～彻云霄|音～|声～。⇒❸动发声▷上课铃～了|鞭炮声～个不停|～起一片欢呼声|一声不～。❹动使发声▷～铃了。⇒❺形声音大；洪亮▷电话铃真～|～亮。

饷（餉*饟） xiǎng 名古代指军粮，后多指军警、政府机关工作人员的薪俸▷军～|粮～|～银|关～|发～。

飨（饗） xiǎng ❶动〈文〉设酒宴招待▷～宴|～客。→❷动泛指请人享用▷以～读者。

想 xiǎng ❶动动脑筋；思考▷让我～一～|～了半天也～不出办法|冥思苦～|～法。→❷动估计；认为▷我～他不会答应|～当然|猜～|～见。→❸动计划；希望▷我～去北京读书|他～找个工作。→❹动记挂；怀念▷妈妈～你了|朝思暮～|～念。

鲞（鯗） xiǎng 名干鱼；腊鱼▷鳗～|白～|～鱼。

xiàng

向[1]（嚮❶❹） xiàng ❶动朝着；对着▷我们的队伍～太阳|屋门～北|奋勇～前|面～黑板|～阳。→❷名方向；事物行动变化的指向▷去～|风～|转(zhuàn)～。❸名意志的趋向；对未来的打算▷志～|意～。→❹动〈文〉接近；临近▷～晚|～暮。→❺动偏袒；袒护▷妈妈～着小妹妹。→❻介引进动作的方向或对象▷～右看齐|～东挺进|走～未来|～您请教。○❼名姓。☛统读 xiàng，不读 xiǎng。

向[2]（嚮*曏） xiàng ❶副〈文〉从前；过去▷～日|～者。→❷副从过去到现在；从来▷～不过问|～来。

项[1]（項） xiàng ❶名脖子的后部；泛指脖子▷～背|颈～|～链。○❷名姓。

项[2]（項） xiàng ❶名事物的门类或条目▷事～|～目|分条逐～。→❷名特指款项▷进～|欠～|用～。→❸量用于分门列项的事物▷条例共有十～|第二条第三～|两～开支|一～任务|十～全能。→❹名数学术语，代数中不用加减号连接的单式。

巷 xiàng 名狭窄的街道；小胡同▷一条小～|街头～尾|街谈～议|～战。

另见 hàng。

相[1] xiàng ❶动察看▷人不可貌～|～机行事|～面|～马。→❷名容貌；人的外表▷聪明～|狼狈～|长(zhǎng)～|扮～|照～|～貌。⇒❸名泛指事物的外观▷月～|星～|真～大白。⇒❹名姿势；样子▷站～|坐～|睡～|吃～。○❺名物理学术语。a)指具有相同成分及相同物理、化学性质的均匀物质部分，各相之间有明显可分的界面。如空气是一个相，水和冰

是两个相。b)交流电路中,多相系统的一个组成部分。如三相交流发电机有三个绕组,每一绕组称为一个相。

相[2] xiàng ❶动辅佐;帮助▷吉人自有天~。→❷名古代辅佐帝王的最高官员▷宰~|丞~。❸名用来称某些国家中央政府一级的官员▷外~|首~。→❹名旧时协助接待来宾的人▷傧~。

另见 xiāng。

象[1] xiàng 名陆地上最大的哺乳动物。皮厚毛稀,腿粗如柱,筒状长鼻能垂到地面,可以伸卷,雄象和非洲象中的雌象有一对象牙伸出口外。有的象可以驯养供役使。

象[2] xiàng ❶名外观;样子▷万~更新|天~|景~|现~|险~|假~|印~|形~。→❷动模仿;仿效▷~形|~声。☛㊀旧字形12画,第5画是短竖,和第7画的撇不相连;新字形11画,第6画是撇,中间不断开。从"象"的字,如"像""橡",同。㊁"象"字不是"像"的简化字。㊂"象"和"像"的区别,参见"像"字的提示。

像 xiàng ❶动跟某事物相同或相似▷孩子长得~他爸爸|两人写的字很~|温顺得~小绵羊。→❷名比照人物制成的图画、雕塑等▷一张~|画~|铜~|肖~。→❸动如同▷~他这样的人才,到处都需要|~这种情况真少见。→❹副似乎;好像▷天~要下雨|这车~有毛病了|看上去~是很漂亮。☛㊀1964年公布的《简化字总表》将"像"作为"象"的繁体字处理。1986年重新发表的《简化字总表》确认"像"为规范字,表示以上意义,不再作为"象"的繁体字。㊁"像"和"象"不同。同是名词用法,"像"指以模仿、比照等方法制成的人或物的形象,如:"画像""录像""偶像""人像""神像""塑像""图像""肖像""绣像""遗像""影像""摄像"等;"象"指自然界、人或物等的形态、样子,如:"表象""病象""形象""脉象""气象""旱象""景象""幻象""天象""意象""印象""星象""假象""险象""万象更新""物象"等。

橡 xiàng ❶名栎树。参见"栎"。○❷[橡胶树]xiàngjiāoshù 名一种能产胶乳的树。常绿乔木,枝细长,小叶长椭圆形,开白色花,有香味,结球形蒴果。树内乳汁含胶质,可以制橡胶。

xiāo

枭[1](梟) xiāo ❶名鸮。○❷动〈文〉(把砍下的人头)悬挂起来(示众)▷~首示众。

枭[2](梟) xiāo ❶形〈文〉强悍;不驯服▷~雄|~将。→❷名违法集团的首领▷毒~|匪~。→❸名旧时指违反禁令私贩食盐的人▷盐~|私~。

枵 xiāo ❶形〈文〉空;虚▷~腹从公(饿着肚子为公家办事)|外肥中~。○❷形布的丝缕稀疏而轻薄▷~薄。

削 xiāo ❶动用刀平而略斜地切去物体的表层▷把冬瓜皮~掉|~梨|~铅笔|切~。→❷动(用乒乓球拍子)平而略斜地击球▷~球。

另见 xuē。

哓(嘵) xiāo [哓哓]xiāoxiāo 动〈文〉唠叨;吵嚷▷~不休。

骁(驍) xiāo 形勇猛矫健▷~勇善战|~健|~悍|~将。

逍 xiāo [逍遥]xiāoyáo 形无拘无束,自由自在▷日子过得很~|~自在。

鸮(鴞) xiāo 名鸱鸮科各种鸟的统称。喙和爪呈钩状,很锐利,眼大而圆,位于头的正前方,四周羽毛呈放射状,形成"面盘",头部像猫,周身羽毛多为褐色。通常昼伏夜出,捕食鼠、鸟、昆虫等。常见的有鸺鹠、角鸮、雕鸮、耳鸮等。通称猫头鹰。

虓 xiāo 动〈文〉虎怒吼。

消 xiāo ❶动(事物)逐渐减少,以至不复存在▷烟~云散|冰~瓦解|气~了|~失|~亡。→❷动使不复存在;消除▷~灾|~愁|~灭敌人|取~|打~。⇒❸动排遣;度过(时光)▷~闲度日|~夏|~磨时间|~遣。⇒❹动花费;用去▷~费|花~。❺动〈方〉用;需要▷只~你一句话,他就来了|不~说。

宵 xiāo 名夜▷良~|通~|春~|~禁。

绡(綃) xiāo 名〈文〉轻而薄的生丝织品▷~帐|~帕。

萧(蕭) xiāo ❶形冷落;缺乏生机▷~然|~寂|~条|~索。○❷名姓。☛"萧"字不能简化为"肖"。

猇 xiāo [猇亭]xiāotíng 名古地名,在今湖北宜都。

硝 xiāo ❶名硝石、芒硝、朴硝等矿物盐的统称。硝石,主要成分是硝酸钾,白色或灰色晶体,可以用来制造炸药或做肥料。芒硝,主要成分是硫酸钠,无色或白色晶体,可以做化工原料,也可以做药材。朴硝,主要成分是硫酸钠,含有氯化钠、硝酸钾等杂质,白色透明晶体,可以鞣制皮革。→❷用朴硝或芒硝加黄米面鞣制皮革▷~皮子。

销[1](銷) xiāo ❶动加热使固态金属成为液态▷~金|把旧铅字全部~毁|~熔。→❷动去掉;使不存在▷把这笔账~了|注~|报~|勾~。⇒❸动花费掉(钱物);耗费▷花~|开~。⇒❹动出售(货物)▷这种货最近不好~|供~|~售|~路|滞~|返~。

销[2](銷) xiāo ❶名销子,插在器物中起连接或固定作用的东西,形状像大钉子▷插~|~钉。→❷动把销子插上▷把门窗~牢。

翛 xiāo 形〈文〉形容无拘无束▷~然。

蛸 xiāo ❶名头足纲蛸科软体动物的统称。体短,卵圆形,无鳍,头上有八条长的腕足,腕足内侧有一排或两排吸盘。生活在浅海沙砾或软泥底以及岩礁处。种类有饭蛸、长腕蛸、真蛸等。可以食用。通称章鱼。○❷[螵蛸]piāoxiāo,见"螵"。

另见 shāo。

箫(簫) xiāo ❶名古代一种管乐器,用一组长短不等的细竹管按音律编排而成。现代叫排箫。→❷名一根竹管做的乐器,竖着吹,吹口在顶端侧沿,止面五孔,背面一孔。也说洞箫。

潇(瀟) xiāo ❶形〈文〉形容水又清又深的样子。○❷[潇洒]xiāosǎ 形举止神态大方自然,洒脱不拘束▷风姿~。○❸[潇潇]xiāoxiāo 形形容风急雨骤或小雨飘洒的样子▷风雨~|春雨~。

霄 xiāo ❶名云▷云~|~汉。→❷名天空▷九~|重~|~壤。

魈 xiāo [山魈]shānxiāo ❶图古代传说中山林里的独脚鬼怪。→❷图猴的一种。状貌丑恶,头大,尾很短,四肢粗壮,有尖利的长牙,面部皮肤蓝色,鼻部深红色,嘴旁生白须,毛一般为黑褐色,腹部灰白色。群居杂食,性凶猛。

蟏(蠨) xiāo [蟏蛸]xiāoshāo 图一种长脚蜘蛛,身体和腿脚细长,呈暗褐色,生活在水边草际或树间,也在室内墙壁间结网。民间以为是喜庆的预兆,所以也说喜蛛、蟢子。

嚣(囂) xiāo ❶动喧哗;叫嚷▷喧~|尘~|叫~。○❷形放肆;猖狂▷~张。

另见 áo。

xiáo

洨 xiáo 图洨河,水名,在河北,流入滏阳河。

崤 xiáo 图崤山,山名,在河南。

淆(*殽) xiáo 形混杂;混乱▷混~|~杂。☛统读 xiáo,不读 yáo。

xiǎo

小 xiǎo ❶形在体积、面积、年龄、数量、规模、力量、程度等某一方面比不上一般的或不如比较的对象(跟"大"相对)▷房子太~|地方不~|他比我~两岁|五比十~|力气~|声音~|~学。→❷形(时间)短▷~坐片刻|~住|~睡。→❸形排行最后的▷~姑姑|~女儿。→❹图年龄小的人▷上有老,下有~|一家大~七八口人。→❺图旧指妾,小老婆▷纳~|做~。→❻形谦辞,称自己或自己一方的人或事物▷~弟|~女|~婿|~店。→❼形对年纪比自己小的人的亲切称呼▷~王|~李。→❽副稍稍;略微▷~有名气|牛刀~试。→❾副用于数字前,表示略少于此数▷唱戏~五十年了|这袋面有~五十斤。○❿图姓。

晓(曉) xiǎo ❶图天刚亮时▷~行夜宿|公鸡报~|拂~|~市。→❷动明白;知道▷上通天文,下~地理|家喻户~|知~|通~|~得。❸动使人知道;告诉▷~之以理|~以大义。○❹图姓。

筱 xiǎo〈文〉❶图小竹子;细竹子。→❷形小。多用于旧艺人的艺名。

xiào

孝 xiào ❶动尽心奉养和尊敬父母▷~顺|不~|~心|~子。→❷图居丧,旧时礼俗,尊长死后在一定时期内穿孝服,不娱乐,不应酬交际,以示哀悼▷守~三年|~满了。❸图孝服,居丧期间穿的白色布衣或麻衣▷披麻戴~|穿~。○❹图姓。

肖 xiào ❶动像;相似▷惟妙惟~|~像|不~之子。○❷图姓。

校[1] xiào ❶图学校▷早上7点到~|~庆|~址|~友|母~。○❷图姓。

校[2] xiào 图军衔名,在将官之下,尉官之上▷~官|上~|少~。

另见 jiào。

哮 xiào ❶[咆哮]páoxiào 动(野兽)怒吼。○❷[哮喘]xiàochuǎn 图由于支气管痉挛引起的呼吸道疾病,症状是呼吸急促困难。☛统读 xiào,不读 xiāo。

笑(*咲) xiào ❶动露出喜悦的表情;发出高兴的声音▷开心地~了|微~|放声大~|~容|~声。→❷动讥笑;嘲笑▷五十步~百步|贻~大方|耻~|~柄|~骂。→❸动〈文〉敬辞,用于请对方接受赠物▷尚希~纳。→❹形令人发笑的▷~话|~谈|~料。

效[1] **(*傚❶)** xiào ❶动模仿▷上行下~|东施~颦|~法|仿~。○❷图姓。

效[2] **(*効)** xiào 动献出(力量或生命);尽力▷~劳|~忠|~命疆场|为国~力。

效[3] xiào 图行为产生的后果或事物产生的功用▷有~|见~|成~|~果。

啸(嘯) xiào 动(人、兽、自然界等)发出长而清越的声音▷仰天长~|~聚山林|虎~|猿~|海~|呼~的山风|飞机尖~着冲向高空。

敩(斅) xiào 动〈文〉教导。

另见 xué。

xiē

些 xiē ❶量用在名词前面,表示不确定的量▷多看~书|有~事|好~人|这~年|某~原因。→❷量用在形容词或部分动词后面,表示一个微小的量,相当于"一点"▷再举高~|跑快~|看得远~|大水好像退了~|对集体的事,多关心~|有~看不过去。☛统读 xiē,不读 xiě。

揳 xiē 动(把楔子、钉子等)牢固地钉进去▷板凳腿活动了,得~个楔子|墙上~个钉子。

楔 xiē ❶图钉入木榫缝中的上宽下扁的木橛、木片,起固定作用▷这张桌子腿松动了,得加个~|~子|木~。→❷动同"揳"。现在通常写作"揳"。

歇 xiē ❶动休息▷~一会儿再干|干累了就~一下|~脚|~伏。→❷动停止▷~业|~工。❸图〈方〉很短的时间;一会儿▷过一~再看。→❹动〈口〉特指睡觉▷这么晚了,您还没~着?

蝎(*蠍) xiē 图节肢动物的一目。约有 600 种。体长一般不到 10 厘米,头胸部有一对螯肢和四对步足,腹部分前后腹,前腹七节,后腹五节,有一尾刺,内有毒腺,用来御敌或捕食。生活在干燥地带,昼伏夜出,捕食昆虫、蜘蛛等动物。有的种可以做药材。

xié

叶 xié 动〈文〉和谐;合▷~韵|~句。☛"叶"是"协"的古字,用于"叶韵""叶句"等少数词语中。

另见 yè。

协(協) xié ❶动合;会同▷同心~力|~定|~作|~商。→❷形和谐▷色彩~调(tiáo)|~和。→❸动帮助▷~助|~理|~办。☛"协"字左偏旁是"十",不是"忄"。

邪(*衺) xié ❶形不正当;不正派▷歪风~气|天真无~|~说|~念|~恶。→❷图迷信的人指妖魔鬼怪给予的灾祸▷驱~|中(zhòng)~|避~。→❸图中医指一切致病的因素▷风~|寒~|扶正祛~。→❹形〈口〉不正常的▷这事真~了|他真有股子~劲儿|憋了一肚子~火儿。

另见 yé。

胁(脅*脇) xié ❶图人体从腋下到腰上肋骨尽处的部分▷两~。○❷动逼迫;强迫▷~迫|~从|威~。

挟(挾) xié ❶动〈文〉夹在腋下▷～山超海(比喻做根本办不到的事)。→❷动心怀(怨恨等)▷～嫌报复|～怨。→❸动挟持,用威胁手段强使顺从▷～天子以令诸侯|～制|要～。☛统读 xié,不读 xiá 或 jiā。

偕 xié 副〈文〉表示两个或两部分主体一起做一种动作或处于同样的情况,相当于"一起""共同"▷二人～行|白头～老。

斜 xié ❶形不正,既不平行也不垂直于平面或直线▷格子画～了|～对面是饭馆|～视|～坡|倾～|歪～。→❷动向偏离正中或正前方的方向移动▷太阳已经西～|～了他一眼。☛"斜"和"邪"不同。"斜"指方位不正,"邪"多指行为、品德不正。

谐(諧) xié ❶形协调,配合得当▷和～|～和|～音。→❷形〈文〉商量妥当▷事～。→❸形滑稽有趣,引人发笑▷亦庄亦～|诙～|～谑。

颉(頡) xié ❶[颉颃]xiéháng〈文〉a)动(鸟)上下飞翔▷归鸟～。→b)动不相上下▷二人学识相～。○❷名姓。

另见 jié。

携(*攜擕攜攜) xié ❶动随身带着;带领▷～款潜逃|～眷|扶老～幼。→❷动拉着(手)▷～手同行。☛统读 xié,不读 xī 或 xí。

垤 xié [麦垤]màixié 名地名,在江西。

鲑(鮭) xié 名古代鱼类菜肴的统称▷～珍。

另见 guī。

撷(擷) xié 动〈文〉摘取;采▷采～|～取。☛不读 jié。

鞋(*鞵) xié 名穿在脚上着地起保护作用的东西▷一只～|两双～|皮～|拖～|～帮|～垫。

勰 xié 形〈文〉和谐。

缬(纈) xié 名〈文〉有花纹的丝织品。

xiě

写(寫) xiě ❶动描摹,照着样子画▷～生|～真。→❷动照着正本抄录▷誊～|抄～。❸动用笔描摹字的形体▷这个字难～|他会～篆字|默～|听～|书～。❹动写作;创作(文字作品)▷～文章|～小说。→❺动描绘;描写▷～景|～实。☛"写"字上边是"冖",不是"宀"。

血 xiě 义同"血"(xuè)①,用于口语,多单用▷流了好多～|鸡～|吐(tù)～|～糊糊。

另见 xuè。

xiè

泄(*洩) xiè ❶动排出(液体、气体等)▷～洪|水～不通|排～。→❷动尽量发出(情绪、欲望等)▷～愤|～恨|～欲|发～。→❸动漏出;露出▷～密|～底|～露。→❹动失去(信心等)▷～气|～劲。

泻(瀉) xiè ❶动急速地流▷一～千里|银河倒～|倾～。→❷动拉肚子▷上吐下～|～肚|水～|～药。

绁(紲*絏) xiè 〈文〉❶名绳子▷缧～(捆绑犯人的绳索,借指牢狱)。→❷动捆绑;拴住。

契 xiè 名人名,传说是商朝的祖先,曾做过舜的大臣。☛这个意义不读 qì。

另见 qì。

卨(禼) xiè 用于人名。万俟卨(mòqíxiè),宋朝人。

卸 xiè ❶动把牲口身上的绳套等去掉▷把鞍子～下来|～牲口|～磨杀驴。→❷动把东西(从运输工具、整体装置或人身上)拿下来或去掉▷把这车砖～下来|把汽车轮子～下来|～船|～螺丝|拆～|～装|～妆。→❸动解除;推脱▷～任|～责|推～。☛"卸"字左边是"缶",不是"缶"。

屑 xiè ❶名物体的碎末、碎片▷铁～|木～|纸～。→❷形琐碎;微小▷琐～|～～小事。❸[不屑]bùxiè 动认为事物轻微不值得(做)▷～一顾|对此～计较。☛不读 xiāo。

械 xiè ❶名〈文〉镣铐和枷一类的刑具。→❷名有专门用途的或较精密的器具▷器～|机～。❸名武器▷缴～|枪～|～斗。☛统读 xiè,不读 jiè。

亵(褻) xiè ❶动〈文〉不庄重地亲近▷～宠。→❷形轻慢不恭▷～渎|～慢。→❸形淫秽的▷～语|猥～。

渫 xiè 动〈文〉气体或液体排出;泄露。

谢[1](謝) xiè ❶动〈文〉辞去官职▷～官|～职。→❷动推辞;拒绝▷辞～|推～|～绝|～客。→❸动辞别;离开▷～世。❹动凋落;脱落▷花～了|凋～|萎～|～顶。○❺动认错;表示歉意▷～罪|～过。○❻名姓。

谢[2](謝) xiè 动受到别人的好意或帮助后,用语言或行动表示感激▷不要～我,应该～他|～天～地|感～|多～|～意|～幕。

媟 xiè 形〈文〉轻慢;亲昵而不庄重▷～慢|～狎。

塮 xiè 名〈方〉指用猪羊等家畜的粪便沤成的肥料▷猪～|羊～。

解 xiè ❶地名用字。如:解池,湖名;解州,地名。均在山西。○❷名姓。

另见 jiě;jiè。

榭 xiè 名建在高台上的房屋▷舞～歌台|水～。

榍 xiè [榍石]xièshí 名一种矿物,是含钙、钛的硅酸盐。富集时可作为提炼钛的原料。

薤 xiè 名多年生草本植物,叶细长中空,开紫色花,地下有圆柱形鳞茎。鲜鳞茎可做蔬菜,一般加工成酱菜;干鳞茎可做药材。薤,也指这种植物的鳞茎。通称藠头。

獬 xiè [獬豸]xièzhì 名古代传说中的独角异兽,具有辨别曲直的能力,见人争斗就用嘴咬或用角顶输理的一方。

邂 xiè [邂逅]xièhòu 动〈文〉事先没有约会而遇见▷途中～故友。

廨 xiè 名古代官员办公处所的通称▷官～|公～。

瀣 xiè ❶动〈口〉(半流体)由稠变稀▷粥～了|鸡蛋～黄了。→❷动〈方〉使糊状物由稠变稀▷把芝麻酱～一～。

懈 xiè 形注意力不集中;工作不紧张▷常备不～|～怠|松～。

燮（*爕）xiè 动〈文〉调和；协和▷～理阴阳。

蟹（*蠏）xiè 名指螃蟹▷河～|～黄|～粉|～青。参见"螃"。

瀣 xiè ［沆瀣］hàngxiè，见"沆"。

躞 xiè ［躞蹀］xièdié 动〈文〉蹀躞。参见"蹀"。

xīn

心 xīn ❶名人和脊椎动物体内推动血液循环的肌性器官。人的心形状像桃，大小相当于本人的拳头，位于胸腔中间偏左，分左右心房和左右心室四部分，通过舒张和收缩来推动血液循环。也说心脏。→❷名古人认为心是思维的器官，所以沿用为脑的代称▷～灵手巧|～口如一|～明眼亮|～领神会|用～|～得。⇒❸名思想；感情▷～烦意乱|～意|～情|谈～|自尊～。⇒❹名思虑；图谋▷有口无～|～机|～计。⇒❺名指心地，人的内心世界▷好～人|～声|～迹|变～。→❻名事物的中央或内部▷湖～|圆～|手～|白菜～儿|中～|工作重～。→❼名我国古代哲学术语，指人的主观意识（跟"物"相对）▷唯～主义|～物二元论。〇❽名星宿名，二十八宿之一。

䜣（訢）xīn 名姓。☛1955年《第一批异体字整理表》将"訢"作为"欣"的异体字予以淘汰。1986年重新发表的《简化字总表》确认"訢"作姓氏用时为规范字，类推简化为"䜣"；表示其他意义时，仍作为"欣"的异体字处理。

芯 xīn ❶名灯心草茎中的髓，白色，可以放在油中点燃照明。通称灯草。→❷名泛指油灯上点火用的灯草、纱线等▷灯～。现在通常写作"灯心"。

另见xìn。

辛¹ xīn ❶形辣，一种带刺激性的味道▷含～茹苦|～辣。→❷形劳苦；困难▷千～万苦|～苦|～劳|艰～。→❸形悲伤▷～酸。〇❹名姓。

辛² xīn 名天干的第八位。

忻 xīn ❶同"欣"。〇❷名姓。

昕 xīn 名〈文〉太阳即将出来的时候；黎明▷自～至夕|～夕相亲。

欣 xīn 形喜悦；快乐▷欢～鼓舞|～喜|～慰。☛参见"䜣"字的提示。

炘 xīn ［炘炘］xīnxīn 形〈文〉火焰炽烈。

莘 xīn 名莘庄，地名，在上海。

另见shēn。

锌（鋅）xīn 名金属元素，符号Zn。浅蓝白色，在潮湿空气中易氧化并形成白色保护层。用于制镀锌铁（白铁）、干电池、烟火等；锌粉是强还原剂，有多种用途。

新 xīn ❶形初次出现或经验到的（跟"旧"或"老"相对）▷～产品|～消息|～风气|～纪录|～工作|～兴|～闻。→❷动使变新▷改过自～|耳目一～。→❸形还没有使用过的（跟"旧"相对）▷衣服是～的|～皮鞋。→❹形刚结婚的▷～姑爷|～媳妇|～娘子。→❺名指新人新事▷迎～|尝～。→❻副最近；刚▷～来的|～摘的苹果|～入学|～近。〇❼名姓。

歆 xīn 〈文〉❶动鬼神享受祭品的香气▷～享。〇❷动羡慕▷～羡|～慕。

薪 xīn ❶名作燃料用的木材；泛指作燃料用的树枝、杂草和秸秆等▷卧～尝胆|釜底抽～。→❷名工资；薪水▷发～|调（tiáo）～|工～阶层。

馨 xīn 名芳香；特指散布得很远的香气▷清～|芳～|温～飘溢。

鑫 xīn 形〈文〉财源兴盛。

xín

镡（鐔）xín ❶名古代剑柄和剑身相接处向两旁突出的部分。〇❷名古代兵器，形状像剑而小。

另见tán。

xìn

囟 xìn 名囟门，婴儿头顶前方正中顶骨未合缝的地方。也说囟脑门儿。☛"囟"和"囪"（cōng）不同。"囟"字里面是"㐅"，"囪"字里面是"夕"。

芯 xìn ［芯子］xìnzi ❶名装在器物中心的捻子或有引发作用的东西▷蜡～|爆竹～。→❷名蛇和蜥蜴等动物的舌头▷蛇～。//也作信子。

另见xīn。

信¹ xìn ❶形〈文〉言语真实；确实▷～而有征（可靠而有证据）|～史。→❷形对人真诚，不虚伪▷～守诺言|～实|～用。→❸名凭据；证明真实性的东西▷～物|印～。❹名〈文〉信使，奉命传达消息或担任使命的人。❺名消息▷报～儿的来了|等着听～儿吧|口～儿|～息。❻名按固定格式、写给一定的对象、传达信息的文字材料▷一封～|写～|家～|介绍～|证明～。→❼动认为可靠而不怀疑；相信▷你说的我全～|真实可～|～任|～赖。❽动信仰（宗教）▷～教|～佛|～奉|～徒。〇❾动任凭；随着▷～口开河|～手拈来|～步走去。〇❿名姓。

信² xìn 名指信石，即砒霜，因产于江西信州（今上饶一带）而得名▷红～|白～。

信³ xìn 同"芯"。

衅（釁）xìn 名隔阂；争端▷寻～闹事|挑～|启～|边～。

焮 xìn ❶动〈文〉烧；烤。〇❷动〈方〉皮肤发炎肿痛。

xīng

兴（興）xīng ❶动〈文〉起；起来▷夙～夜寐。→❷动发动；动员▷～兵作乱|～师动众。→❸动开始出现；创办▷百废俱～|大～土木|～利除弊|～建|～办|～修。❹动流行；使盛行▷现在又～长裙子了|时～。⇒❺形昌盛；旺盛▷～盛|～旺|～隆|～衰。⇒❻动〈方〉允许；许可（多用于否定）▷不～装神弄鬼|不～打人骂人。

另见xìng。

星 xīng ❶名天空中除太阳、月亮以外用眼或望远镜可以看到的发光的天体▷天上的～数不清|披～戴月|～罗棋布|～移斗转|～空|繁～。→❷名指形状像星的东西，也指细小零碎或闪亮的东西▷帽徽是五角～|肩章上有两颗～|铁锤砸得石头直冒火～儿|菜里见不到一点油～|唾沫～。→❸名特指秤杆上标

志重量大小的金属小点子▷秤～｜定盘～。→❹名明星，喻指某种突出的、有特殊作用或才能的人▷救～｜灾～｜影～｜歌～｜童～。○❺名星宿名，二十八宿之一。

骍(騂) xīng 名〈文〉赤色的马或牛。

猩 xīng [猩猩]xīngxīng 名哺乳动物，形状略像人，全身有赤褐色长毛，前肢特长，头尖，吻部突出，眼和耳都小，鼻平，口大，犬齿发达。树栖，有筑巢习性，能在前肢配合支撑下较长时间直立行走，昼间活动，主食野果。产于苏门答腊和加里曼丹。

惺 xīng ❶形清醒；聪明▷～悟(醒悟)｜～～惜～～。○❷[惺忪]xīngsōng 形形容刚醒时视觉模糊不清的样子▷睡眼～。

腥 xīng ❶名古代指生肉，现在指鱼、肉等食物▷荤～。→❷名生鱼虾等发出的难闻气味▷做鱼放料酒可以去～。❸形有腥气▷这鱼做得一点不～｜～臭｜～臊。

xíng

刑 xíng ❶名国家依据法律对罪犯施行的制裁▷判了三年～｜徒～｜死～｜缓～｜～罚。→❷名对犯人的各种体罚▷动了～｜受～｜严～拷打。○❸名姓。

邢 xíng ❶[邢台]xíngtái 名地名，在河北。○❷名姓。

行 xíng ❶动走▷寸步难～｜航～｜游～｜～走｜～驶。→❷动出行；旅行▷不虚此～｜欧洲之～。❸动跟出行有关的▷～装｜～程｜～踪。→❹动流动；流通▷流～｜风～｜发～｜～销｜～时。⇒❺名指行书，汉字字体的一种，流行于汉末，形体和笔势介于草书和楷书之间▷～草(介于行书和草书之间的字体)。⇒❻形流动的；临时的▷～商｜～营｜～宫。→❼动做；从事▷倒～逆施｜相机～事｜施～｜～善｜～医｜～不通。⇒❽名举止行为▷品～｜操～｜罪～｜暴～｜言～。⇒❾动可以▷你看这样做～不～｜只要能用就～｜～，就这么办。❿形能干；有本事▷小王真～，什么事一办就成。⇒⓫动表示作某种活动，略同于"进行"(多用于双音节动词前)▷自～处理｜另～规定。○⓬副〈文〉将要▷～将就木。○⓭名姓。

另见 háng；hàng；héng。

饧(餳) xíng ❶名〈文〉糖稀，用麦芽或谷芽熬成的含水分较多的糖▷～糖｜～渣。→❷动糖块、面剂子等变软▷糖～了｜这块面得～一～。→❸形形容眼皮半开半合，眼色朦胧▷两眼发～。

另见 táng。

形 xíng ❶名实体；生物的形体▷～影不离｜如影随～｜无～。→❷名形状；样子▷奇～怪状｜四方～｜地～｜～似。❸动现出；表露▷喜～于色｜无法～容。○❹动对照；比较▷相～见绌。○❺名姓。

陉(陘) xíng 名山脉中间断开的地方，多用于地名▷井～(在河北)。

型 xíng ❶名铸造器物的模具▷砂～｜纸～｜模～。→❷名规格；种类▷巨～｜轻～｜微～｜血～｜类～｜～号。→❸名指某种特定的形状或样式▷成～｜造～｜定～｜新～｜流线～｜体～。→❹名样板；楷模▷典～。

荥(滎) xíng [荥阳]xíngyáng 名地名，在河南。另见 yíng。

钘(鈃) xíng 名古代一种酒器，像盅，颈较长。

硎 xíng 〈文〉❶名磨刀石▷砺刃于～。→❷动磨(mó)。

铏(鉶) xíng 名古代一种像鼎而小的器皿，用于祭祀。

xǐng

省 xǐng ❶动〈文〉察看；视察▷～视四方｜～察民情。→❷动检查(自己的思想、言行)▷反～｜内～｜～察。→❸动〈文〉看望；问候(尊长)▷晨昏定～｜～亲｜归～。○❹动明白；醒悟▷不～人事｜发人深～｜猛～｜～悟。

另见 shěng。

醒 xǐng ❶动酒醉、麻醉或昏迷后恢复常态▷酒～了｜昏迷不～｜苏～。→❷动结束睡眠状态▷一觉～来｜睡～了。❸动尚未入睡▷我～着呢，没睡着(zháo)。→❹动觉悟；认识由糊涂到明白▷～悟｜觉～｜猛～。❺形明显；清晰▷～目｜～豁。

擤 xǐng 动排除鼻孔中的鼻涕▷～鼻涕｜～鼻子。

xìng

兴(興) xìng 名对事物喜爱的情绪▷～高采烈｜助～｜扫～｜诗～｜雅～｜～致｜～趣。

另见 xīng。

杏 xìng 名杏树，落叶乔木，叶宽卵形或圆卵形，边缘有钝锯齿，开淡红色或白色花。果实圆形，果皮金黄，果肉暗黄色，味甜，可以食用；核仁叫杏仁，可以食用、榨油或做药材。杏，也指这种植物的果实。

幸(*倖❶❺) xìng ❶形意外(得到好处或免去灾难)▷～存｜～免于难。→❷形幸运；幸福▷荣～｜万～｜不～。❸副〈文〉敬辞，表示对方的行为使自己感到幸运，或者是自己所希望的，相当于"侥幸""多亏""希望"等▷大王亦～赦臣｜～勿推辞。→❹动为得福免祸而欣喜；高兴▷庆～｜欣～｜～灾乐祸。→❺动〈文〉宠爱▷得～｜～臣｜宠～。→❻动古代指皇帝亲临(某地)▷巡～。○❼名姓。

性 xìng ❶名人固有的心理素质▷人～｜～善｜野～。→❷名性情；脾气▷～急｜耐～｜秉～｜～格｜任～。→❸名事物的性质、特征▷药～｜词～｜～能｜共～｜惯～。❹名词的后缀。附在某些名词、动词、形容词后面，构成抽象名词或非谓形容词，表示事物的性质、性能、范围或方式等▷纪律～｜科学～｜流行～｜创造～｜特殊～｜弹～｜风湿～｜先天～。→❺名性别▷男～｜女～｜雄～。⇒❻名与生殖、性欲有关的▷～器官｜～行为｜～病｜～感。⇒❼名一种语法范畴，通过一定的语法形式表示名词、代词、形容词的类别，如俄语名词有阴性、阳性、中性三类。

姓 xìng ❶名标志家族系统的字▷百家～｜尊～大名｜贵～｜～氏｜～名。→❷动以……为姓▷你～什么？我～王｜瞧他乐的，都忘了自己～什么了。

荇 xìng [荇菜]xìngcài 名莕菜的古称。参见"莕"。

莕 xìng [莕菜]xìngcài 名多年生草本植物，茎节生根，沉没水底泥中，叶子圆形，浮在水面，开鲜黄色花。嫩叶可以食用；全草可以做药材，也可以做饲料或绿肥。

悻 xìng 形〈文〉恼怒；怨恨▷～然｜～～而去。

婞 xìng 形〈文〉刚直；固执▷性～刚洁。

xiōng

凶（*兇❸—❻）xiōng ❶形不吉利的；不幸的（跟"吉"相对）▷吉～祸福｜～多吉少｜～宅｜～兆｜～信。→❷形〈文〉年成不好，灾害多▷～年。→❸形凶恶；残暴▷穷～极恶｜～神恶煞｜～悍｜～猛｜～狠。⇒❹名〈文〉恶人；横暴的人▷四～｜元～｜群～。⇒❺名杀伤人的行为▷行～｜逞～｜～犯｜～器｜～手。⇒❻形厉害；过分▷这病来势很～｜闹得太～了。

兄 xiōng ❶名哥哥▷长～｜父～｜～嫂｜～妹。→❷名指同辈亲戚中比自己年龄大的男子▷表～｜内～。→❸名男性朋友之间的尊称▷仁～｜李～。

芎 xiōng［芎䓖］xiōngqióng 名多年生草本植物，叶子像芹菜，秋天开白花，有香气。根状茎可以做药材。以产于四川的为上品，也说川芎。☛统读 xiōng，不读 qióng。

匈 xiōng［匈奴］xiōngnú 名我国古代北方的一个民族。

讻（詾）xiōng〈文〉❶动争辩。→❷形形容喧哗纷扰的样子▷～～。

汹（*洶）xiōng ❶形水向上翻腾得很猛烈▷～涌澎湃。→❷［汹汹］xiōngxiōng 形气势大或声势大▷气势～～。

胸（*胷）xiōng ❶名人或高级动物躯干的一部分，在颈与腹或头与腹之间▷挺起～来｜～腔｜～膛。→❷名指内心▷～怀大志｜心～开阔｜～襟。

xióng

雄 xióng ❶形动植物中能产生精细胞的（跟"雌"相对）▷～鸡｜～蜂｜～蕊｜～性。→❷名有强大实力的人、集团或国家▷奸～｜群～｜英～｜战国七～。❸形强有力的；有气魄的▷～兵｜～才｜～心｜～图｜～伟。

熊 xióng ❶名熊科动物的统称。身体较大，四肢粗短，头大耳小尾短，脚掌大，能直立行走，会爬树。主要吃动物性食物。有黑熊、棕熊、白熊等。○❷形〈方〉无能；怯懦▷瞧你这～样儿｜到了节骨眼上，你怎么～了｜～包｜装～。○❸动〈方〉斥责；骂▷～了他一顿｜挨～。○❹名姓。

xiòng

诇（詗）xiòng 动〈文〉刺探；侦察。

敻 xiòng〈文〉❶形远；辽阔。→❷形时间久远▷～古。

xiū

休 xiū ❶动歇息▷～假｜～息｜午～｜退～。→❷动停止；完结▷争论不～｜～战｜罢～。⇒❸副表示禁止或劝阻，相当于"别""不要"▷～想蒙混过关｜～怪我不讲情面。⇒❹动旧时指丈夫离弃妻子▷～妻｜～书。→❺形欢乐；喜庆▷～戚与共。

咻 xiū ❶动〈文〉吵闹；乱说话。○❷［咻咻］xiūxiū 拟声形容喘气声或某些动物的叫声▷～地喘个不停｜小鸭～地叫着。

修[1]（*脩）xiū ❶动整理装饰使整齐美观▷不～边幅｜装～门面｜～辞｜～饰。→❷动修理，使破损的东西恢复原来的形状和作用；整治▷～鞋｜把河堤～好｜年久失～｜维～｜～复｜～缮房屋。❸动兴建；建造▷～水库｜～铁路｜～建｜兴～。→❹动〈文〉撰写；编写▷～家书｜～史｜～志｜编～。→❺动学习和锻炼，使（品德、学识）完善或提高▷～身｜～业｜进～｜自～｜～养｜选～课。❻动学习并实行佛、道等宗教的教理▷～行｜～道｜～士。→❼动剪或削，使整齐美观▷～树枝｜～指甲｜～剪。○❽名姓。

修[2]（*脩）xiū 形长▷茂林～竹｜～长｜～远。☛"脩"是"修"的异体字，但在表示干肉和老师酬金的意义时，用于"束脩""脩金"等词，习惯上仍作"脩"。

庥 xiū 动〈文〉庇护；保护。

羞[1] xiū ❶形不光彩；不体面▷遮～｜～耻。→❷动感觉羞耻▷～与为伍｜～愧。❸动因为怕人笑话而感到不自在或扭怩不安；难为情▷～得面红耳赤｜怕～｜～涩。❹动使人难为情▷说出真情来～～她！

羞[2] xiū 古同"馐"。

鸺（鵂）xiū［鸺鹠］xiūliú ❶名古书中指猫头鹰。也说鸱鸺。→❷名鸱鸮科鸺鹠属鸟的统称。外形同猫头鹰的其他种类相似，但头部没有角状的羽毛，头和颈侧及翼上的羽毛暗褐色，密布棕白色细狭横斑。捕食小鱼和昆虫，对农业有益。也说横纹小鸮。

貅 xiū［貔貅］píxiū，见"貔"。

馐（饈）xiū 名〈文〉精美的食物▷珍～。

髹 xiū 动〈文〉给器物涂上漆。

䗛 xiū 名昆虫，身体细长，头小无翅，绿色或褐色。因形状像竹节或树枝，也说竹节虫。

xiǔ

朽 xiǔ ❶动木头腐烂；泛指其他东西腐烂▷这段木头已经～了｜腐～。→❷动磨灭；消失▷不～的业绩。→❸形衰老▷衰～｜老～。☛统读 xiǔ，不读 qiǔ。

宿 xiǔ 量〈口〉一夜叫一宿▷只住一～｜半～没睡。另见 sù；xiù。

滫 xiǔ 名〈文〉酸臭的淘米水。

xiù

秀 xiù ❶动庄稼等植物抽穗开花▷水稻～穗了｜六月六，看谷～。→❷形〈文〉高出▷木～于林，风必摧之｜～立｜～出。⇒❸形优异出众▷优～｜～才。❹名优秀出众的人才▷后起之～｜文坛新～。⇒❺形俊美；美丽而不俗气▷山清水～｜～气｜～丽｜～美｜俊～。

岫 xiù〈文〉❶名岩穴；山洞▷云无心以出～。→❷名泛指山▷远～。

臭 xiù ❶名气味▷空气是无色无～的气体|无声无～|乳～未干。→❷动〈文〉闻，用鼻子辨别气味。现在通常写作"嗅"。☛这两个意义不读chòu。

另见chòu。

袖 xiù ❶名袖子，衣服套在手臂上的筒状部分▷衣～|短～衬衫|～筒|套～。→❷动藏在袖筒内▷～手旁观。

绣(綉*繡) xiù ❶动用针把彩色的线在绸、布等织物上缀出花纹、图案或文字▷在衣襟上～了朵花|描龙～凤|～荷包|刺～。→❷名刺绣的成品▷湘～|川～。

琇 xiù 名〈文〉像玉的美石。

宿 xiù 名古代指某些星的集合体▷星～|二十八～(我国古代天文学家把天空中可以用肉眼看到的恒星分成28组，称为二十八宿，东方的角、亢、氐、房、心、尾、箕叫苍龙七宿，北方的斗、牛、女、虚、危、室、壁叫玄武七宿，西方的奎、娄、胃、昴、毕、觜、参叫白虎七宿，南方的井、鬼、柳、星、张、翼、轸叫朱雀七宿)。☛这个意义不读sù。

另见sù；xiǔ。

锈(銹*鏽) xiù ❶名铜、铁等金属的表面因氧化而生成的一种物质▷这把刀上面生了一层～|铜～|铁～。→❷动生锈▷这把刀～了|不～钢|防～漆。→❸名器物跟某些液体接触后，表面所附着的像锈一样的物质▷水～|茶～。→❹名指锈病，由真菌引起的植物病害，因发病植株的茎叶上出现铁锈色的斑点而得名▷黑～病|抗～剂|查～|灭～。

嗅 xiù 动用鼻子闻气味▷警犬用鼻子～了～|～觉◇～到了春天的气息。

溴 xiù 名非金属元素，符号Br。红褐色液体，有刺激性气味，化学性质较活泼，有强烈的腐蚀性。在染料、医药、摄影、制冷等行业中有重要用途。

xū

𬣙(訏) xū 形〈文〉大▷～策(大计)。

圩 xū 名〈方〉指集市▷赶～|～场|～市。

另见wéi。

戌 xū 名地支的第十一位。☛"戌"和"戊"(wù)、"戍"(shù)形、音、义都不同。

另见qu。

吁 xū ❶叹〈文〉表示惊异▷～！来何迟也？|～，何其怪哉！→❷动叹息▷长～短叹。○❸[吁吁]xūxū 拟声形容喘气声▷气喘～～。○❹名姓。

另见yū；yù。

盱 xū 〈文〉❶动张大眼睛▷～目而环伺。→❷动仰望；观▷～衡(扬眉举目)|睢～(仰视的样子)。

须[1](須) xū ❶动〈文〉等候；等待。→❷动须要；一定要▷务～努力|无～费事|旅客～知|必～。○❸名姓。☛"必须"和"必需"不同。"必须"意思是一定要，不单用，通常用来修饰其他动词，如"必须努力学习"。"必需"意思是一定得有，动词，可以单用，也可构成"必需品"等词语。

须[2](鬚) xū ❶名下巴上长的胡子；泛指胡子▷～发|胡～。→❷名动植物体上长的像胡须的东西▷触～|玉米～|花～|～根。

胥[1] xū ❶名〈文〉官府中的小吏▷～吏|里～。○❷名姓。

胥[2] xū 副〈文〉表示总括，相当于"都"▷民～效之。

顼(頊) xū [颛顼]zhuānxū，见"颛"。

虚 xū ❶形空(跟"实"相对，⑤同)▷座无～席|～无缥缈|空～。→❷形虚心；不自满▷谦～。→❸名空隙；弱点▷乘～而入|避实就～。→❹形体质弱▷～症|～弱|～汗。→❺形虚假▷～情假意|～张声势|～伪|～名。→❻动〈文〉空出(位置)▷～席以待。→❼副白白地▷～度年华|弹(dàn)无～发。→❽形〈方〉疏松▷～土。→❾形胆怯；勇气不足▷心里发～|胆～。→❿名指导实际工作的思想、理论等▷以～带实|务～。○⓫名星宿名，二十八宿之一。

谞(諝) xū 名〈文〉才智；机谋。

欻 xū 副〈文〉突然；忽然。

另见chuā。

湑 xū 名湑水河，水名，源出陕西秦岭主峰太白山南侧，流入汉水。

另见xǔ。

墟 xū ❶名过去人群居住过而现在荒芜了的地方▷废～|殷～。→❷名〈文〉村庄；村落▷～里|～落。○❸同"圩"。

需 xū ❶动需要，应该有或一定要有▷～求|～用|急～|必～品。→❷名需要用的东西▷军～。

嘘 xū ❶动从嘴里慢慢地吐气▷～了一口气。→❷动〈文〉叹气▷仰天而～。→❸拟声形容吐气的声音▷他气愤地"～"了一声。❹动发出"嘘"的声音表示制止或驱逐▷把他～出场去。→❺动蒸气或热力接触物体▷手让蒸气～了一下|把饼放在炉子上～一～。

另见shī。

魆 xū [黑魆魆]hēixūxū 形光线很暗▷屋里～的。

歔 xū [歔欷]xūxī 动〈文〉抽泣，一吸一顿地哭泣▷～流涕|闻者～。也作嘘唏。

繻(繻) xū 名〈文〉彩色的丝织品。

xú

徐 xú ❶形〈文〉缓慢；慢慢▷清风～来|～行|～图|～缓|～～。○❷名姓。

xǔ

许[1](許) xǔ ❶动应允；认可▷只～看，不～摸|准～|～可|默～|特～。→❷动事先答应给予；献给▷～愿|～婚|～配|以身～国。❸动特指许配▷姑娘已经～了人家。→❹动称赞▷～为佳作|赞～|称～|推～。→❺副表示推测或估计，相当于"或者""可能"▷他今天没来，～是病了。○❻名姓。

许[2](許) xǔ 代这样；这般▷～多|～久。

许[3](許) xǔ 数〈文〉表示约数，相当于"左右""上下"▷城外二里～|上午十时～|几～|少～|些～。

诩(詡) xǔ 动〈文〉说大话；夸耀▷自～。

浒(滸) xǔ 用于地名。如：浒湾，在江西；浒墅关，在江苏。

浒(滸) xǔ 用于地名。如:浒湾,在江西;浒墅关,在江苏。
另见 hǔ。

栩 xǔ [栩栩]xǔxǔ 形生动活泼▷～如生。

湑 xǔ 〈文〉❶动滤除酒中的渣滓。→❷形清。
另见 xū。

糈 xǔ 〈文〉❶名祭神用的精米。→❷名粮食;粮饷。

醑 xǔ ❶名〈文〉美酒。→❷名指醑剂,挥发油或其他挥发性物质的醇溶液▷樟脑～|橙皮～。

xù

旭 xù 形太阳初出的样子▷～日东升。

序¹ xù ❶名古代指正房两侧的东西厢房。○❷名古代的学校▷庠～。

序² xù ❶名次第,事物在空间或时间上排列的先后▷井然有～|循～渐进|顺～|工～|程～|秩～。→❷动〈文〉排列顺序▷～次|～齿(按年纪来排顺序)。

序³ xù ❶名序文,介绍或评价书的内容的文章,古代多放在正文的后面,后来才移到正文的前面▷请他写篇～|《指南录后～》|代～。→❷形在正式内容开始之前的▷～幕|～曲。

昫 xù 古同"煦"。

叙(*敍敘) xù ❶名〈文〉次序▷四时不失其～。→❷动〈文〉评定等级次序▷～功|～奖。→❸动交谈;说出来;说▷～家常|～旧。❹动把事情的经过按次序说出来或写出来▷～述|～事。

洫 xù 名〈文〉田间的水道;沟渠▷沟～。

恤(*䘏賉卹) xù ❶动怜悯▷怜贫～老|体～|怜～。→❷动救济;周济▷抚～|～金。

畜 xù 动饲养(禽兽)▷～养|～牧|～产。☛"畜"字表示动作义时不读 chù。
另见 chù。

酗 xù 动纵酒;酒醉后言行失常▷～酒闹事。☛不读 xiōng。

勖(*勗) xù 动〈文〉劝勉;鼓励▷～勉|～助。

𫚈(鱮) xù 名鲢鱼。

绪(緒) xù ❶名〈文〉丝的头儿。→❷名开端▷头～|千头万～|～论|就～。→❸名〈文〉残余▷～余|～风|～年(余年)。❹名〈文〉(前人没有完成的)功业▷前人发其端,后人续其～。→❺名连绵不断的情思;心情▷情～|思～|心～。○❻名姓。

续(續) xù ❶动连接;接连不断▷持～|连～。→❷动接在原有事物的后面或下面▷裤子短了,再～上一截|狗尾～貂|继～|～集。❸动〈口〉添;加▷往杯里～茶水|火乏了,快～煤。○❹名姓。

溆 xù 名溆水,水名,源出湖南溆浦东南,流入沅江。

絮 xù ❶名古代指粗丝绵。→❷名像絮一样轻柔容易飞扬的东西▷柳～|芦～。→❸名弹制好的棉花胎▷棉～。❹动在衣、被等物的里、面之间铺入丝绵或棉花等▷棉袄里的棉花没～匀|～棉裤。○❺形(言语)啰唆,重复▷～叨|～烦。

婿(*壻) xù ❶名丈夫▷夫～|女～。→❷名女儿的丈夫▷乘龙快～|翁～。

蓄 xù ❶动积聚;储藏▷水库～满了水|积～|储～|～电池。→❷动(心里)存有▷～意|～谋|～志。→❸动留着(须、发)不剃▷～发|～须。

煦 xù 形〈文〉温暖▷～日|～暖|和～|温～。☛统读 xù,不读 xū。

xu

蓿 xu [苜蓿]mùxu,见"苜"。

xuān

轩(軒) xuān ❶名古代供大夫以上官员乘坐的前顶较高而有帷幕的车;泛指车。→❷形高▷～昂|～然大波|～敞|～朗。→❸名有窗的长廊或小屋,旧时多用作书斋、茶馆、饭馆的名字▷～馆|怡红～|临湖～|来今雨～。○❹名姓。

宣¹ xuān ❶动发表;公开说出;传播▷心照不～|～誓|～战|～布|～扬。○❷动疏通;发散▷～泄。○❸名姓。

宣² xuān 名指宣纸(安徽宣城、泾县出产的一种绵软柔韧的纸张,用于画国画或写毛笔字)▷玉版～|虎皮～|生～|熟～。

谖(諼) xuān 〈文〉❶动欺诈。○❷动忘记。

揎 xuān 动〈文〉卷起或捋起袖子▷～罗袖|～臂(捋袖子露出手臂)。

萱(*萲蕿藼蘐) xuān ❶名萱草,多年生草本植物,叶狭长,背面有棱脊,花漏斗状,橘红色或橘黄色。花供观赏,花蕾加工后即成黄花菜,可食用;根可以做药材。古人认为它可以使人忘忧,所以也说忘忧草。→❷名〈文〉指萱堂(本指母亲的居室,后借指母亲)▷～亲|椿～(父母)。

喧(*諠) xuān ❶动(许多人)大声说话;叫嚷▷～嚷|～扰|～嚣一时。→❷形声音大而嘈杂▷笑语～哗|～闹|～腾。

瑄 xuān 名古代祭天用的大璧。

暄¹ xuān 形阳光温暖▷寒～。

暄² xuān 形〈口〉松软;膨松▷面发得好,蒸出的馒头特别～|得了浮肿病,脸上都～了。

煊 xuān [煊赫]xuānhè 形气势盛;名声大▷～一时。

儇 xuān 形〈文〉轻薄而又有些小聪明▷～薄|～浅。

禤 xuān 名姓。

𫍽(譞) xuān 形〈文〉聪慧。

儇 xuān 形〈文〉性情急躁▷～急。

翾 xuān 动〈文〉轻轻地飞翔。

xuán

玄 xuán ❶形黑色▷～狐|～青。→❷形悠远;远▷～古|～远|～孙。❸形深奥难懂▷～妙|～机。❹形虚妄;不可靠▷这话也太～了,谁敢相信|故弄～虚|～乎。○❺名姓。

还(還) xuán ❶动〈文〉旋转。○❷名姓。
另见 hái;huán。

痃 xuán ❶名中医指妇女肚脐两旁筋脉突起像弓弦一样的病症。→❷[横痃]héngxuán 名由下疳引起的腹股沟淋巴结肿胀、发炎的症状。也说便毒。

悬(懸) xuán ❶动吊挂▷～灯结彩|明镜高～|～梁自尽|～挂。→❷动公布▷～赏。→❸形两事物之间距离远或差别大▷天～地隔|～隔|～殊。→❹动没有着落;没有结束▷这件事一直～在那里|～而未决|～案。→❺动牵挂;挂念▷心～两地|～望|～念。→❻动凭空假想▷～想|～拟。→❼动不着地,也没有支撑▷～空|～肘|～腕|～浮。❽形〈口〉危险▷小路又陡又窄,走起来够～的|真～,差一点撞车。

旋 xuán ❶动(物体)围绕一个中心转动▷天～地转|盘～|～绕|～转(zhuàn)。→❷动返;回来▷凯～。→❸副〈文〉表示时间快,相当于"很快地""随即"▷奖券～即售罄。→❹名圈子▷飞机在空中打～|～涡。❺名头发呈旋涡状的地方▷这孩子头上有两个～儿。
另见 xuàn。

漩 xuán 名水流旋转形成的圆窝▷溪水在岩石间打～|～涡。

璇(*璿) xuán 名〈文〉美的玉石。

xuǎn

选(選) xuǎn ❶动(从若干人或物中)挑出符合要求的▷～种|～女婿|～择|～修|挑～。→❷名被挑中的人或物▷人～|入～。→❸名经过挑选后被编纂在一起的作品▷小说～|诗～|文～。→❹动用投票等方式推举▷～代表|～举|候～|～票。

烜 xuǎn 又 xuān 形显著;明亮▷～赫。

癣(癬) xuǎn 名霉菌感染引起的皮肤病的统称,如头癣、脚癣、牛皮癣等。☛统读 xuǎn,不读 xiǎn。

xuàn

券 xuàn 又 quàn 名拱券,门窗、桥梁等建筑物上部的弧形部分▷打～。☛"券"字下边是"刀",不是"力"。
另见 quàn。

泫 xuàn 动〈文〉水珠滴下▷～然泪下。

炫 xuàn ❶动(强烈的光线)照射▷光彩～目。→❷动显示;夸耀▷～耀武力。

绚(絢) xuàn 形有华丽文彩的▷～丽|～烂。

眩 xuàn ❶形眼睛花;晕▷头晕目～|～晕。→❷动〈文〉迷惑;惑乱▷～于虚名。

铉(鉉) xuàn 名古代横贯鼎耳以举鼎的木棍,也指提鼎两耳的金属钩。

旋(鏇❸) xuàn ❶形转着圈的▷～风。→❷副〈方〉表示立即(做)或临时(做)▷～炒～卖|菜不多了,～炒几个吧!→❸动用车床或刀子转着圈地切削▷把苹果皮～掉|～床。
另见 xuán。

渲 xuàn [渲染]xuànrǎn ❶动国画的一种技法,使用水墨或淡彩来加强表现效果。→❷动夸张地描述▷小事一件,何必大肆～。

楦(*楥) xuàn ❶名楦子,做鞋帽时放在鞋帽里面用以定形的工具,多用木制▷鞋～头|帽～。→❷动用楦子把鞋帽定形、撑大▷新鞋穿着太紧,要～一～。❸动用东西把物体内部填实或撑大▷用芦花～枕头|把口袋～满。

碹 xuàn ❶名桥梁和巷道等建筑物中的拱形部分▷砌～。现在通常写作"券"。→❷动用砖、石、混凝土等砌成拱形▷～拱|～涵洞|～窑。

xuē

削 xuē ❶义同"削"(xiāo)①,用于合成词和成语▷～铁如泥|～足适履|～发为尼。→❷动减少;减弱▷～价|～减|～弱。→❸动除去▷～职为民|～平叛乱。→❹动搜刮;掠取▷剥～。
另见 xiāo。

靴(*鞾) xuē 名靴子,鞋帮高到踝骨以上的鞋▷一双～子|马～|长筒～。

薛 xuē 名姓。

xué

穴 xué ❶名洞窟;窟窿▷～居野处|洞～|孔～|石～。→❷名埋棺材的坑▷墓～|点～(旧指看风水的人替人选择墓地)。→❸名动物的窝▷龙潭虎～|蛇～|蚁～。❹名指坏人盘踞、藏匿的地方▷匪～。→❺名中医指身体上可以针灸的部位▷太阳～|点～|～位|～道。☛统读 xué,不读 xuè。

茓 xué ❶名茓子,一种狭长的席子,可以围成囤(dùn)盛粮食。→❷动用茓子围成囤盛粮食。

峃(嶨) xué [峃口]xuékǒu 名地名,在浙江。

学(學) xué ❶动学习,通过听讲、阅读、研究、实践等手段获得知识和技能▷活到老,～到老|勤～苦练|～文化|～本领|～校|～生。→❷动仿照▷孩子～着大人的样子说话|鹦鹉～舌|相声艺术讲究说～逗唱。→❸名学校,专门进行教育,使人获得知识和技能的机构▷入～|上～|大～|小～。→❹名学问;知识▷品～兼优|真才实～|治～严谨。⇒❺名学术;学说▷科～|国～|汉～|西～。→❻名指学科,某一门类系统的知识▷物理～|经济～|哲～|文字～。☛统读 xué,不读 xiáo。

斆(斅) xué 古同"学"。
另见 xiào。

踅 xué ❶动来回地走;盘旋▷别在外面～来～去,快进屋吧|狂风乱～。→❷动折回;回转▷～回来看看|～身回屋|～转(zhuǎn)。

噱 xuè 动〈方〉笑▷发～|～头(指逗笑的话或举动)。另见 jué。

xuě

雪[1] xuě ❶名从云层中落向地面的白色结晶体,由水蒸气遇冷凝结而成,多为六角形▷下了一场～|～花|瑞～|滑～|积～。→❷名颜色、光泽或形态像雪的▷～白|～亮|～糕。○❸名姓。

雪[2] xuě 动洗刷;除去▷报仇～恨|～耻|～冤。☛"雪"字统读 xuě,不读 xuè。

鳕(鱈) xuě 名鳕属鱼的统称。体长形而略侧扁,灰褐色,有暗褐色斑点和斑纹,头大,口大,下颌有一根触须,背鳍三个、臀鳍两个,尾小,不分叉,鱼肉雪白。生活在海洋中。肝可以制鱼肝油。

xuè

血 xuè ❶名流动于心脏和血管内的不透明的红色液体,主要成分是血浆、血细胞和血小板▷沤心沥～|狗～喷头|～管|～液|贫～。→❷名有血缘关系的▷～亲|～统。→❸名喻指刚强、热诚的气质或精神▷～气方刚|～性男儿。→❹名中医指月经。
另见 xiě。

谑(謔) xuè 动〈文〉开玩笑;轻微地嘲弄▷～而不虐(开玩笑而不使人难堪)|戏～|调(tiáo)～|谐～。☛统读 xuè,不读 nüè。

xūn

荤(葷) xūn [荤粥]xūnyù 古同"獯鬻"。参见"獯"。另见 hūn。

勋(勛*勳) xūn ❶名很大的功劳▷功～|奇～|～劳|～章。→❷名有很大功劳的人▷开国元～。

埙(塤*壎) xūn 名一种陶土烧制的吹奏乐器,形状为椭圆体,上面有六个音孔。

熏(*燻❶❷) xūn ❶动食品加工方法,用烟火接触食物,使具有某种特殊的味道▷～鱼|～鸡|～制。→❷动烟、气等沾染、侵袭物体(使变色或沾上气味)▷～衣服|烟～火燎|臭气～天。❸动由于长期接触而受到影响▷利欲～心|～染|～陶。☛参见"薰"字的提示。
另见 xùn。

窨 xūn 动熏茶叶,把茉莉花等混在茶叶里,使茶叶染上花香▷～茶叶|珠兰～片。
另见 yìn。

薰 xūn 名古书上说的一种香草。☛ 1955 年《第一批异体字整理表》将"薰"作为"熏"的异体字予以淘汰。1988 年《现代汉语通用字表》确认"薰"表示以上意义时为规范字,表示熏香、熏染的意义时仍作为"熏"的异体字处理。

獯 xūn [獯鬻]xūnyù 名我国古代北方的一个民族。周代称猃狁,战国以后称匈奴。也作荤粥。

纁(纁) xūn 形〈文〉浅红。

曛 xūn 〈文〉❶名黄昏;傍晚▷～晓。→❷名太阳落山时的余光▷暮～|红～。→❸形昏暗▷天地～黑。

醺 xūn 形形容酒醉的样子▷微～|醉～～。

xún

旬 xún ❶名十天叫一旬,一个月分上、中、下三旬▷本月中～|兼～(二十天)|～刊。→❷名十岁也叫一旬▷六～大寿|年满七～|九～老人。

寻(尋*尋) xún ❶名古代长度单位,八尺为一寻。→❷动探求;找▷～人|～求|～根究底|～觅。○❸名姓。

紃(紃) xún 名〈文〉绦子,用丝线编成的带子,圆形或扁平形,多用来给衣物镶边。

巡(*廵) xún ❶动往来查看;按一定的路线活动▷～哨|～夜|～回|～行|～诊。→❷量用于为酒宴上所有客人斟酒的次数,相当于"遍"▷酒过三～,菜过五味。

郇 xún 名姓。
另见 huán。

询(詢) xún 动征求意见;打听▷咨～|征～|查～|～问。

荀 xún 名姓。

荨(蕁) xún [荨麻疹]xúnmázhěn 名一种过敏性皮肤疾病,症状是皮肤上成片地红肿发痒,消退后常常复发。☛"荨麻"的"荨"读 qián,"荨麻疹"的"荨"读 xún。
另见 qián。

峋 xún [嶙峋]línxún,见"嶙"。

洵 xún ❶副〈文〉确实;实在▷～可宝贵|～非偶然。○❷[洵阳]xúnyáng 名地名,在陕西。今作旬阳。

浔(潯) xún ❶[浔阳]xúnyáng 名古水名,长江流经江西九江市北的一段。→❷名江西九江的别称▷南～铁路。☛"浔"又音 hǎixún,是海寻的旧写法。1977 年中国文字改革委员会、国家标准计量局通知,淘汰这个写法,改作"英寻"。

恂 xún [恂恂]xúnxún 〈文〉❶形谦恭;谨慎。→❷形担心;恐惧。

珣 xún [珣玗琪]xúnyúqí 名古书上说的一种美玉。

栒 xún ❶名栒子属植物的统称。落叶或常绿灌木,叶子互生,卵形,开白色、粉红色或红色花,果实球形,呈红色或紫黑色。可栽培供观赏。木材坚韧,可制作手杖和器物柄等。○❷[栒邑]xúnyì 名地名,在陕西。今作旬邑。

循 xún 动沿袭;遵照▷～序渐进|～规蹈矩|～例|遵～。

鲟(鱘) xún 名鲟鱼,鲟科鱼的统称。体长,略呈圆筒状,长可达 3 米多,背部深灰或灰黄色,腹部白色,口尖而小。生活在沿海或淡水中。

xùn

训(訓) xùn ❶动教导;开导;告诫▷教～|～话|～导|～诫。→❷名教导或告诫的话▷遗～|家～|校～。❸名准则;典范▷不足为～。→❹动解释(词义)▷～诂|～释。→❺动教练▷～练|集～|军～|培～|受～。

讯(訊) xùn ❶动询问;问候▷问～|～问下落。→❷动审问;审讯▷审～|提～|传～|刑～。→❸名音信;信息▷音～|电～|简～|通～|死～。

汛 xùn ❶名江河季节性涨水的现象▷防～|～期|春～|潮～。→❷名指某些鱼类在一定时期内成群出现在一定海域的现象▷鱼～|黄鱼～。

迅 xùn 形速度很快▷～雷不及掩耳|～速|～猛。

驯(馴) xùn ❶形顺从的;听从指使的▷～顺|～服|～良|温～。→❷动使顺从▷～马|～兽|～养。☛统读 xùn,不读 xún。

徇(*狥) xùn 动依从;无原则地顺从▷～私舞弊|～情。☛统读 xùn,不读 xún。

逊(遜) xùn ❶动〈文〉让出(王位)▷～位|～国。→❷形谦让▷出言不～|谦～。→❸动有差距;比不上▷稍～一筹|毫不～色。

殉 xùn ❶动古代用人或物陪葬▷～葬。→❷动为了某种理想、追求而牺牲生命▷以身～职|～国|～节|～难(nàn)。☛统读 xùn,不读 xún。

浚(*濬) xùn 名浚县,地名,在河南。另见 jùn。

巽 xùn 名八卦之一,卦形为☴,代表风。

熏 xùn 动〈口〉(煤气)使人中毒窒息▷让煤气给～着了。

另见 xūn。

蕈 xùn 名伞菌科各种真菌的统称。生长在树林里或草地上,地上部分呈伞状,包括菌盖和菌柄两部分,地下部分叫菌丝。种类很多,有的可以食用,如香菇;有的有毒,如毒蝇蕈。

噀 xùn 动〈文〉把含在嘴里的液体喷出来▷～水|～酒。

Y

yā

丫(*枒❶椏❶) yā ❶图树木分枝的地方▷树～|～杈。→❷图泛指物体上端或前端分叉的部分▷五个指头四个～|脚～子|～头|～环。→❸图〈方〉指丫头▷小～。

压(壓) yā ❶动从上往下施加重力▷在苫布上～几块砖|担子～在肩上。→❷动用强力制服▷树正气,～邪气|光靠武力是～不住人的|镇～|欺～|～制。⇒❸动竭力抑制▷强～怒火|吃点药～～咳嗽。⇒❹动胜过;超过▷技～群芳|东风～倒西风。→❺动逼近;迫近▷太阳～山了|大军～境。→❻动搁置不动▷货～在仓库里卖不出去|这份报告被～了半年|积～。→❼动特指赌博时把赌注下在某一门上▷～宝。也作押。→❽图指压力▷加～|减～。❾图特指电压、气压或血压▷变～器|高～|低～。☛"压"字右下是"⺦",不是"土"。

另见 yà。

呀 yā ❶叹表示惊异▷～,你怎么来了?|～,这下可糟了!○❷拟声形容物体摩擦的声音▷大门～的一声打开了。

另见 ya。

押[1] yā ❶动〈文〉在公文、合同上签字或画上符号,以作凭证▷～尾|～缝。→❷图作为凭证而在公文、合同上签的名字或代替签字画的符号▷画～。○❸动以财物作担保▷把房子～出去|～金|抵～。→❹动把人拘留,不准自由行动▷把犯人～起来|关～|扣～|在～犯。❺动途中跟随负责保护或看管(人或财物)▷～运|～车|～解|～送。○❻图姓。

押[2] yā ❶动诗词歌赋中,某些句子的末字用韵母相同或相近的字,使音调和谐优美▷～韵。○❷同"压"⑦。☛"押"字统读 yā,不读 yá。

垭(埡) yā 图两山之间的狭窄地带,多用于地名▷黄桷～(在四川)|马头～(在湖北)。

鸦(鴉 *鵶) yā 图鸦科部分鸟的统称。全身多为黑色,嘴大,翼长,脚有力。多在高树上筑巢栖息,杂食谷类、昆虫及动物尸体。我国常见的有乌鸦、寒鸦、白颈鸦等。

哑(啞) yā ❶[哑哑]yāyā 拟声形容婴儿学语的声音、乌鸦叫的声音等▷～学语。→❷[咿哑]yīyā,见"咿"。

另见 yǎ。

鸭(鴨) yā 图鸭科鸟类的统称。嘴长而扁平,腿短,翅膀小,覆翼羽毛大,趾间有蹼,善游泳。卵、肉都可以食用。通常指家鸭。

yá

牙[1] yá ❶图齿的通称▷小孩开始长～了|～都快掉光了|刷～|换～|青面獠～|张～舞爪。→❷图特指象牙▷～雕|～章。→❸图形状像排列整齐的牙齿的东西▷～轮(齿轮)。

牙[2] yá 图牙子,旧时称介绍买卖并取得佣金的人▷～行(háng)|～商。

伢 yá 图〈方〉小孩子▷细～|～子。

芽 yá ❶图植物的幼体,可以发育成茎、叶或花的部分▷土豆长～儿了|柳树发～|豆～儿|嫩～|～体。→❷图形状或性质像芽的东西▷肉～(愈合的伤口上多长出来的肉)。

岈 yá [嵖岈]cháyá,见"嵖"。

玡 yá [琅玡]lángyá 图山名,在山东。

蚜 yá 图蚜虫,蚜虫科昆虫的统称。身体卵圆形,绿色、黄色或棕色,分有翅、无翅和有性、无性等类型。具有刺吸式口器,刺入植物幼嫩组织吸食汁液,危害农作物。种类很多,常见的有棉蚜、麦蚜、高粱蚜、菜蚜、桃蚜等。通称腻虫。

崖 yá ❶图高山陡壁的边▷悬～|山～|云～。→❷图〈文〉泛指事物的边际▷～略。☛统读 yá,不读 ái 或 yái。

涯 yá ❶图〈文〉水边;岸▷津～|～岸。→❷图边际;极限▷天～海角|无～|生～|～际。

睚 yá 图〈文〉眼眶▷～眦尽裂。

衙 yá ❶图旧时指官署▷官～|县～|～门。○❷图姓。

yǎ

哑[1](啞) yǎ ❶形因生理缺陷或疾病而失去说话的能力▷又聋又～|装聋作～|～巴。→❷形不说话的;无声的▷～口无言|～剧|～铃|～谜。❸形(炮弹、枪弹等因故障)打不响的▷～炮|～火。→❹形嗓子干涩发音困难或声音不响亮▷沙～|～嗓子。

哑[2](啞) yǎ [哑然]yǎrán 形〈文〉形容笑的样子▷～失笑。☛"哑然"的"哑",旧读 è,今读 yǎ。

另见 yā。

雅[1] yǎ ❶形〈文〉正统的;合乎标准的▷～言|～正。→❷图周代朝廷上的乐曲,配曲的歌辞作为一大类收在《诗经》里,被认为是乐歌的规范。→❸形高尚的;不庸俗的▷文人～士|～俗共赏|文～|～兴|高～。⇒❹形美好▷～观|～致。❺副〈文〉表示程度深,相当于"很""极"▷～以为善。⇒❻形〈文〉敬辞,用于称对方的情意、举动▷～意|～教|～鉴|～嘱。

雅[2] yǎ 〈文〉❶图平素的交情▷同窗之～|无一日之～|一面之～。→❷副表示动作行为或事物的

状态、性质向来如此，相当于“向来”“平素”▷～善鼓琴｜～不相知。

yà

轧[1]（軋） yà ❶动用车轮或圆柱形的工具压；碾▷让汽车～死了｜～棉花｜～路。→❷动排挤▷倾～｜挤～。〇❸名姓。

轧[2]（軋） yà [轧轧]yàyà 拟声形容机器开动的声音▷机声～｜缫车～地响了一夜。
另见 gá；zhá。

亚[1]（亞） yà 形次；下一等的▷他的学问并不～于你｜～军｜～圣｜～热带。

亚[2]（亞） yà 名指亚洲▷欧～大陆｜东南～｜～太地区。☛“亚”字统读 yà，不读 yǎ。

压（壓） yà [压根儿]yàgēnr 副〈方〉从来；根本（多用于否定句）▷我～就没听说过。
另见 yā。

讶（訝） yà 动〈文〉惊奇；诧异▷惊～｜怪～｜～然失色。

迓 yà 动〈文〉迎接▷迎～。

挜（掗） yà 动〈方〉硬要把东西送给或卖给对方。

砑 yà 动用石具碾压或摩擦皮革、布、纸等，使密实光亮▷～皮子｜～光。

娅（婭） yà 名〈文〉连襟，姊妹的丈夫间的亲戚关系▷姻～（亲家和连襟，泛指姻亲）。

㰳（㰳） yà 名姓。

氩（氬） yà 名稀有气体元素，符号 Ar。100 升空气中约含氩 934 毫升，是稀有气体在空气中含量最多的一个。无色无臭，不易同其他元素化合，也不易导热。可以用来充入电灯泡或真空管。

揠 yà 动拔起▷～苗助长。

猰 yà [猰貐]yàyǔ 名古代传说中一种吃人的野兽。

ya

呀 ya 助在句末表示惊叹、强调等语气，是“啊”字受前一字韵母 a、e、o、i、ü 的影响发生音变而采用的不同写法▷你怎么不回家～？｜我是昨天到的～｜这成果可来之不易～｜快请坐～｜快点儿去～！
另见 yā。

yān

咽 yān 名消化和呼吸的共同通道。位于鼻腔、口腔的后部，喉腔的上部，主要由肌肉和黏膜构成。分为鼻咽、口咽、喉咽三部分。通常跟喉头合称咽喉。
另见 yàn；yè。

恹（懨） yān [恹恹]yānyān 形病体衰弱无力；精神萎靡不振▷病～的｜～欲睡。

殷 yān 形黑红色▷～红的血迹。
另见 yīn；yǐn。

胭（*臙） yān [胭脂]yānzhi 名一种红色的化妆品，涂在脸颊上，也用作国画的颜料。

烟（*煙菸❺） yān ❶名物质燃烧时所产生的气状物▷生炉子弄得满屋子是～｜～熏火燎｜冒～｜炊～｜～筒。→❷名像烟的东西▷～霭｜～波｜～雾。→❸名烟气附着在其他物体上凝结成的黑色物质▷松～｜锅～子｜油～子。→❹动烟气刺激眼睛▷～得人睁不开眼。→❺名烟草，一年生草本植物，叶大，有茸毛，可以制成香烟等▷种了两亩～｜～农｜～叶｜烤～。❻名烟草制品▷卷～｜香～｜请勿吸～。❼名特指鸦片▷～土｜～泡｜大～。〇❽名姓。

焉 yān 〈文〉❶代指人、事物或处所，相当于“之”或“于(介词)是(代词)”▷众好(hào)之，必察～｜三人行，必有我师～。→❷代表示疑问，相当于“哪里”“怎么”▷不入虎穴，～得虎子？｜～能不败？→❸助用于句末，起加强语气等作用▷于我心有戚戚～。〇❹名姓。

崦 yān [崦嵫]yānzī ❶名山名，在甘肃。→❷名古代指太阳落山之处▷日薄～。

阉（閹） yān ❶动割掉睾丸或卵巢▷～割｜～猪｜～鸡。→❷名〈文〉被阉割的人，古代常用来看守宫门；特指宦官▷～竖｜～党。

阏（閼） yān [阏氏]yānzhī 名汉代匈奴王后的称号。
另见 è。

淹 yān ❶动浸渍；浸泡▷墙根一直～在水里。→❷动大水漫过或吞没▷洪水～了村庄｜河里～死人了｜～没。→❸动汗、泪等浸渍和刺激皮肤▷夹肢窝的汗～得人难受｜眼泪把脸都～了。〇❹形〈文〉时间久▷～留｜～滞。

腌（*醃） yān 动用盐、糖等浸渍（食物）▷榨菜没～透｜～鸡蛋｜～黄瓜。
另见 ā。

湮 yān 〈文〉❶动沉没；埋没▷～没｜～灭。〇❷动因泥沙淤积而堵塞▷河道久～。
另见 yīn。

渰 yān 动〈文〉淹没。

鄢 yān ❶[鄢陵]yānlíng 名地名，在河南。〇❷名姓。

嫣 yān ❶形女子容貌好▷～然一笑。→❷形颜色鲜艳▷姹紫～红。

燕 yān ❶名周朝诸侯国名，战国七雄之一，在今河北北部和辽宁西部。→❷名旧时河北省的别称，也指河北北部一带。〇❸名姓。
另见 yàn。

yán

延 yán ❶动引长；伸展▷～年益寿｜～长｜～伸｜蔓～｜绵～。→❷动引进；邀请▷～师｜～医｜～请。→❸动推迟；放宽（限期）▷～期｜～迟｜～误｜顺～。〇❹名姓。

闫（閆） yán 名姓。☛“闫”不是“阎”的简化字。“闫”和“阎”是两个不同的姓。

芫 yán [芫荽]yánsui 名一年或二年生草本植物，叶互生，羽状复叶，茎和叶有特殊香气，果实圆形。嫩茎叶可做调味品，果实可做香料，全草可做药材。通称香菜。
另见 yuán。

严（嚴） yán ❶形（仪容）庄重；（态度）认真▷庄～｜威～｜～正｜～肃。→❷形（做事情）严格，不放松▷要求很～｜批评从～，处理从宽｜～守纪律｜～禁｜～厉｜～峻｜～词。⇒❸形厉害的；高度的▷～刑峻法｜～寒｜～冬｜～重。⇒❹名指父亲▷家～。⇒

❺形紧密;没有空隙▷把门关~|~紧|~密。○❻名姓。

言 yán ❶动说▷~之有理|不~而喻|不苟~笑。→❷名所说的话▷~语|语~|序~|留~|名~。❸名汉语的一句话或一个字▷一~难尽|千~万语|七~诗|万~书。○❹名姓。

妍 yán 形〈文〉美;美好(跟"媸"相对)▷不辨~媸|百花争~。

岩(*巗巖嵒) yán ❶名岩石凸起形成的山峰▷七星~(在广东)。→❷名岩石,矿物的集合体,是构成地壳的主要成分▷沉积~|火成~|石灰~|~层。

炎 yán ❶动〈文〉火焰升腾。→❷形酷热▷~热|~夏◇世态~凉|趋~附势。→❸名指炎帝,传说中的上古帝王,因以火为德,故称炎帝▷~黄子孙。→❹名炎症,机体受到较强烈刺激而引起的红、肿、热、痛等症状▷肺~|腮腺~|发~|消~。

沿[1] yán ❶动〈文〉顺流而下。→❷动按照老样子继续下去▷~用|~袭|相~至今|~革。→❸介表示顺着(一定的路线)▷~河边走|~着正确方向前进|~路有不少摊贩。

沿[2] yán ❶名边缘▷炕~|前~阵地。→❷动镶边▷~鞋口|大红的衣服,~一道蓝边。☛"沿"字统读 yán,不读 yàn。

研 yán ❶动细细地磨(mó)或碾▷~墨|~成细末|~碎。→❷动精细地考虑;深入探求▷~究|钻~|~讨|~制。

盐(鹽) yán ❶名食盐,放在食物里使食物有咸味的东西,化学成分是氯化钠▷少放点~,别咸了|精~|海~|~井|~场。→❷名化学上指由金属离子(包括铵离子)和酸根离子组成的化合物,可分为正盐、酸式盐、碱式盐、复盐等。

阎(閻) yán ❶名〈文〉里巷的门,也指里巷。○❷名姓。☛"阎"字不能简化为"闫"。

蜒 yán ❶[海蜒]hǎiyán 名用幼鳀加工制成的鱼干。○❷[蜒蚰]yányóu 名〈口〉蛞蝓。参见"蛞"。○❸[蚰蜒]yóuyan,见"蚰"。

筵 yán ❶名古人铺在地上作为坐具的竹席▷~席。→❷名指筵席▷寿~|婚~|庆功~。☛统读 yán,不读 yàn。

颜(顏) yán ❶名脸面;面容▷鹤发童~|容~。→❷名表情;脸色▷正~厉色|喜笑~开|和~悦色。❸名颜色▷五~六色|~料。→❹名脸皮;面子▷厚~无耻|无~相见。○❺名姓。

檐(*簷) yán ❶名屋顶边沿伸出屋墙的部分▷屋~|廊~|飞~走壁|~子。→❷名某些器物上向外伸出像檐的部分▷帽~。

yǎn

奄 yǎn 〈文〉❶动覆盖▷~有四方。○❷副突然▷~忽|~然。

兖 yǎn 名兖州,地名,在山东。

俨(儼) yǎn ❶形〈文〉庄严;恭敬▷望之~然。→❷副表示比喻,相当于"宛若""好像"▷这孩子年纪虽小,讲起话来~然是个大人。☛不读 yán。

衍 yǎn 〈文〉❶动水溢出。→❷动孳生▷繁~。❸动(书籍在传抄、刊刻中)多出来(字句)▷~五字|~文。→❹动推广;发挥▷推~|敷~(叙述并发挥)。

弇 yǎn 动〈文〉覆盖;遮住▷~目|~日。

剡 yǎn 〈文〉❶动削尖▷~木为矢。→❷形尖锐;锋利▷~棘|~芒。
另见 shàn。

掩 yǎn ❶动隐藏;遮盖▷~着怀|~耳盗铃|~人耳目|~盖|遮~。→❷动关闭;合上▷把门~上|虚~着门。❸动〈口〉关闭门窗等时夹住手或物品▷关门时把手给~了。→❹动〈文〉趁对方没有防备(袭击或捕捉)▷~杀|大军~至|~捕逃犯。

郾 yǎn [郾城]yǎnchéng 名地名,在河南。

厣(厴) yǎn ❶名螃蟹腹下的薄壳。○❷名螺类介壳口处圆形的盖片。

眼 yǎn ❶名眼睛,人或动物的视觉器官▷浓眉大~|老~昏花|~明手快|~珠子|~皮|~药。→❷名小窟窿;小孔洞▷钻(zuàn)一个~儿|泉~|鼻子~儿|枪~|虫~儿。⇒❸名围棋术语,即由一方的棋子围住的、对方不能在其中下子的空位▷一块活棋必须有两个~|做~。⇒❹量用于井、泉水或窑洞▷清泉一~|打两~井|掏了几~窑洞。→❺名指识别事物的能力;见识▷独具只~|慧~识英雄|~浅。→❻名指事物的关键、精要的地方▷诗~|句中有~|节骨~儿。→❼名戏曲中的节拍▷一板三~|一板一~|快三~|板~◇办事有板有~。

偃 yǎn 〈文〉❶动脸朝上倒下(跟"仆"相对)▷~卧|前合后~。→❷动使倒下▷~旗息鼓。❸动停止;停息▷~武修文|~兵。

琰 yǎn 名〈文〉一种圭,上端有尖棱。

棪 yǎn 名古书上说的一种果实像柰的树。

扊 yǎn [扊扅]yǎnyí 名〈文〉门闩。

罨 yǎn ❶名〈文〉一种从上盖下的网,用来捕鸟或捕鱼。→❷动覆盖▷热~(一种医疗方法)。

演 yǎn ❶动延伸扩展;发展变化▷~变|~化|~进。→❷动(根据某种事理)推衍;发挥▷~绎|~义|推~。⇒❸动当众表演技艺▷他~了一辈子戏|~奏|~节目|扮~。⇒❹动(根据某种程式)练习或计算▷~习|~算|~练|~武|操~。

缜(縯) yǎn 动〈文〉延长。

魇(魘) yǎn 动梦中惊骇或产生被东西压住的感觉▷~住了|梦~。☛不读 yàn。

蝘 yǎn 〈文〉❶[蝘蜓]yǎntíng 名壁虎。也说守宫。○❷名古书上指蝉类昆虫。

巘(巘) yǎn 名〈文〉险峻的山峰或山崖▷绝~。

黡(黶) yǎn 名〈文〉黑痣。

甗 yǎn 名古代炊具,用于蒸、煮。上部是透底的甑,下部是鬲,中间是有孔的箅,青铜制或陶制。

鼹(*鼴) yǎn 名哺乳类鼹科动物的统称。外形像鼠,毛黑褐色,头尖,耳、眼均不明显,前肢发达,掌心向外,有利爪。善掘土,生活在土里,捕食昆虫,也吃植物的根,对农业有害。通称鼹鼠。☛不读 yàn。

yàn

厌（厭）yàn ❶动满足；满意▷学而不～｜贪得无～。→❷形觉得过多而失去兴趣，产生反感▷武打片看～了｜～烦｜～倦。❸动憎恶；嫌弃▷～战｜～世｜～恶（wù）｜～弃｜讨～。

赆（赆）yàn ［赆口］yànkǒu 名地名，在浙江。

砚（硯）yàn 名研墨用的文具，多用石头制成▷纸笔墨～｜～台｜端～。

咽（*嚥）yàn 动使食物等通过咽喉进入食道▷把这口饭～下去｜～唾沫｜狼吞虎～｜细嚼慢～◇话只说了一半又～回去了。
另见 yān；yè。

彦 yàn ❶名〈文〉贤士；才德出众的人▷硕～名儒｜～士｜俊～。○❷名姓。

艳（艷*豔豓）yàn ❶形色彩明丽夺目▷这件衣裳太～了｜争奇斗～｜鲜～｜～丽。→❷形旧指有关男女爱情的▷～情｜～福｜～史。○❸动〈文〉羡慕▷～羡。

晏 yàn ❶形〈文〉晚；迟▷～起｜～驾（帝王死去的委婉说法）。○❷形〈文〉平静；安逸▷河清海～｜海内～如｜～然自得。○❸名姓。

唁 yàn 动吊丧；对遭遇丧事的人或团体表示慰问▷吊～｜～电｜～函。

宴（*醼❶❷）yàn ❶动用酒饭款待宾客；聚在一起会餐▷～请｜大～宾客｜欢～。→❷名酒席▷设～｜盛～｜国～｜便～。○❸形〈文〉安逸；安乐▷～安鸩毒（图安乐就像喝毒酒一样）｜新婚～尔。☛参见“谳”字的提示。

验（驗*騐）yàn ❶动通过实践等途径得到证实▷～方（经过证明有疗效的药方）｜～证。→❷动察看；检查▷把货～一～｜～血｜～收｜检～｜试～。→❸动出现预想的效果▷应～｜灵～｜屡试屡～。❹名预想的效果▷效～。

谚（諺）yàn 名谚语，民间流传的通俗、简练的固定语句，多含深刻的道理▷农～｜民～。

堰 yàn 名较低的堤坝▷都江～（在四川）。

雁（*鴈）yàn 名雁亚科各种鸟的统称。大型游禽，形状略像鹅，颈和翼较长，足和尾较短，羽毛多为灰褐色，善于游泳和飞行。属候鸟，飞行时排列成人字形或一字形。我国常见的有鸿雁。

焰（*燄）yàn ❶名火苗▷火～。→❷名喻指威风、气势▷气～｜凶～。☛统读 yàn，不读 yán。

焱 yàn 名〈文〉火焰；火花。

滟（灧）yàn ❶［潋滟］liànyàn，见“潋”。○❷［滟滪堆］yànyùduī 名长江瞿塘峡口的巨石，1958年整治河道时已经炸平。

酽（釅）yàn 形（茶酒等饮料）汁浓味厚▷泡杯～茶水。

餍（饜）yàn 〈文〉❶动吃饱▷食～。→❷动满足▷其求无～。

鹦（鷃）yàn ［鹦雀］yànquè 名古书上说的一种小鸟。

谳（讞）yàn 动〈文〉审议判罪▷定～。

燕（*鷰）yàn ❶名燕科鸟的统称。体型小，翼尖长，尾呈叉形，喙扁而短，口裂很深。飞行时捕食昆虫，对农作物有益。属候鸟。种类有家燕、金腰燕等。家燕通称燕子。○❷古同“宴”①③。
另见 yān。

赝（贗*贋）yàn 形假的；伪造的▷～品｜～币｜～本。☛“赝”和“膺”（yīng）形、音、义都不同。“膺”，胸，引申为承担。

谳（讌）yàn 动〈文〉相聚叙谈。☛1955年《第一批异体字整理表》将“讌”作为“宴”的异体字予以淘汰。1986年重新发表的《简化字总表》确认“讌”表示以上意义时为规范字，类推简化为“谳”，表示用酒饭待客和酒席的意义时仍作为“宴”的异体字处理。

yāng

央[1] yāng 名正中；中心▷中～。

央[2] yāng 动〈文〉尽；完结▷夜未～｜乐无～。

央[3] yāng 动恳切地请求▷～告｜～求。

泱 yāng ［泱泱］yāngyāng 形〈文〉形容水面深广或气势宏大▷江水～｜～大国。

殃 yāng ❶名灾祸▷遭～｜祸～｜灾～。→❷动使受灾祸▷祸国～民｜～害。

鸯（鴦）yāng ［鸳鸯］yuānyang，见“鸳”。

秧 yāng ❶名稻苗；泛指植物的幼苗▷插～｜～田｜育～｜树～｜茄子～。→❷名某些植物的茎或植株▷翻白薯～｜西红柿快拉（lā）～了。→❸名某些初生的饲养动物▷鱼～｜猪～子。○❹名姓。

鞅 yāng 名古代套在拉车的牛马颈上的皮带。
另见 yàng。

yáng

扬[1]（揚*敭❶—❹颺❶—❹）yáng ❶动举起；升起▷～起胳膊｜～着小旗指挥过往车辆｜～鞭｜～帆。→❷动往上抛撒；向上飘起▷晒干～净｜～起一片尘土｜飘～｜纷纷～～。→❸动传出去▷传～｜宣～｜张～｜～名｜～言。❹动称颂；表彰▷颂～｜表～｜赞～。○❺名姓。

扬[2]（揚）yáng 名指江苏扬州▷～剧｜淮～。

羊 yáng ❶名哺乳纲牛科部分动物的统称。一般头上有一对角，吃草，反刍。种类很多，有山羊、绵羊、羚羊、黄羊等。有些羊的毛、皮、骨是工业原料，有些羊的肉和乳可供食用。○❷名姓。

阳（陽）yáng ❶名日光；太阳▷向～｜夕～｜～历｜～光。→❷名古代指日光照到的地方（跟“阴”相对，③—⑧同）。⇒❸名山的南面；水的北面▷衡～（在衡山的南面）｜沈～（在沈水的北面）。⇒❹形显露的；表面的▷～沟｜～奉阴违。❺形凸出的▷～文图章。→❻名我国古代哲学指宇宙间贯通物质和人事的两大对立面之一（另一面是“阴”）▷阴～二气。⇒❼名关于活人和人世的▷～世｜～间｜还～。⇒❽名带正电的▷～极｜～离子。⇒❾名指男性生殖器▷～痿｜壮～。○❿名姓。

玚(瑒) yáng 名〈文〉一种玉。
另见 chàng。

杨(楊) yáng ❶名杨属植物的统称。落叶乔木,树干高大,枝条上挺,叶子宽阔,雌雄异株,柔荑花序。有100多种,常见的有响叶杨、银白杨、毛白杨、胡杨等。速生丰产,是主要的造林树种。木材可用来制作器具、造纸等。〇❷名姓。

旸(暘) yáng 动〈文〉太阳升起▷~谷(古代传说中太阳升起的地方)。

炀(煬) yáng 动熔化(金属)。
另见 yàng。

佯 yáng 动〈文〉伪装▷~攻|~狂|~死。

疡(瘍) yáng 动皮肤或黏膜溃烂▷溃~。

垟 yáng 名田地,多用于地名▷翁~|上家~(均在浙江)。

徉 yáng [徜徉]chángyáng,见"徜"。

洋 yáng ❶形广大;盛多▷~溢|~~大观|喜气~~。→❷名地球表面上比海更广大的水域▷太平~|海~|大~彼岸。❸名泛指外国▷~为中用|西~|~货|~葱|~枪|~楼|~服|~设备|~办法。❹名旧指银币(洋钱)▷罚~20元|两块大~。

烊 yáng 动〈方〉熔化;溶化▷~铜|糖~了。
另见 yàng。

蛘 yáng 名〈方〉蛘子,指米象一类蛀食谷粒的害虫。

yǎng

仰 yǎng ❶动抬头向上;脸朝上(跟"俯"相对)▷~起头来|人~马翻|~望星空|~卧|~泳。→❷动敬慕;佩服▷敬~|信~|~慕。❸动旧时公文用语,下级对上级表示恭敬,上级对下级表示命令▷~请|~恳|未敢~从|~即遵照。→❹动依仗;借助▷~人鼻息|~仗|~赖。〇❺名姓。

养(養) yǎng ❶动给动物喂食,并照顾它的生活,使能成长▷~牲口|~猪|~鸡|~蛐蛐儿。→❷动供给维持生活必需的钱、物;抚育▷~家|赡~|抚~|抱~。⇒❸动生(孩子)▷头胎~了个胖小子。⇒❹动使身心得到休息和滋补▷~病|~生|~精蓄锐|保~身体|休~。⇒❺动修养▷教~|学~。❻动培养▷~成良好的习惯。⇒❼形领养的;非亲生的▷~子|~母。→❽动培植(农作物或花草)▷~桑麻|~花。⇒❾动扶持▷以副业~农业|以出版通俗读物~学术著作。⇒❿动蓄养(须发)▷把头发~长(cháng)了好梳辫子。

氧 yǎng 名气体元素,符号O。无色无臭,能助燃,化学性质很活泼,是燃烧过程和动植物呼吸所必需的气体。在工业上用途很广,也用于医疗。通称氧气。

痒(癢) yǎng ❶形皮肤或黏膜生病或受到一定刺激而引起的想要抓挠的感觉▷身上~得难受|越挠越~|不疼不~|刺~|挠~~(yǎngyang)。→❷动(心情)难以抑制,跃跃欲试▷他看见别人踢球,心里就发~|不觉技~,也即兴要了一套猴拳。

yàng

炀(煬) yàng 动〈文〉烘烤;焚烧。
另见 yáng。

怏 yàng 形不满意;不高兴▷~然不悦|~~不乐。☛不读 yāng。

样(樣) yàng ❶名物体的形状▷这件衣服~子不错|~式|模~|花~。→❷名人的模样或神情▷几年没见,你一点没变~儿|瞧他那~儿,真叫人恶心。→❸名用来作标准的东西▷~品|~本|榜~|鞋~儿。→❹名事物发展的情况或趋势▷看~子今天要下雨|照这~儿,这场球非输不可。→❺量用于事物的种类▷两~货色|三~菜|~~都行。

恙 yàng 名〈文〉疾病▷别来无~|染~在身。

烊 yàng [打烊]dǎyàng 动〈方〉商店晚上关门不再营业▷天没黑就~了。
另见 yáng。

鞅 yàng [牛鞅]niúyàng 名牛拉车、犁等东西时架在脖子上的驾具。
另见 yāng。

漾 yàng ❶动水轻微动荡▷湖面上~起层层波纹|荡~。〇❷动液体溢出▷澡盆里的水都~出来了|胃里直~酸水。

yāo

幺 yāo ❶形〈方〉幼小的;排行最末的▷~叔|~儿|~妹。→❷名旧称色(shǎi)子和骨牌里的一点,今在某些场合读数字时代替"1"▷呼~喝六|查电话号码请拨~~四(114)|我是洞~(01)。〇❸名姓。

夭[1](*殀) yāo 动早死;未成年而死▷~亡|~逝|~折|寿~。

夭[2] yāo 形〈文〉(草木)茂盛▷繁杏~桃|~桃秾李。

吆 yāo 动大声呼喊▷~五喝六|~喝。

约(約) yāo 动〈口〉用秤称重量▷~二斤苹果|~这捆菜有多重。
另见 yuē。

妖[1] yāo ❶名妖怪,神话、童话中所说形状奇怪可怕的害人精灵▷~魔鬼怪|~精|蛇~。→❷形荒诞的;蛊惑人心的▷~术|~道|~言。

妖[2] yāo ❶形艳丽;妩媚▷~娆。→❷形过分艳丽,不正派(多指女性)▷~里~气|~冶|~艳。

要 yāo ❶动求▷~求。→❷动有所仗恃而强行要求;胁迫▷~挟。〇❸名姓。
另见 yào。

哟(喲) yāo 又 yōu 叹用法同"呦"(yōu)。
另见 yao。

墺 yāo 用于地名。如寨子墺,在山西。

喓 yāo [喓喓]yāoyāo 拟声〈文〉形容虫叫的声音。

腰 yāo ❶名人体中部胯上肋下的部分▷不小心扭了~|弯~|叉~|~包|~带。→❷名〈口〉肾脏;食用的动物肾脏▷~子|猪~|炒~花。→❸名裙、裤等围束在腰上的部分▷裙子~肥了点|裤~。❹名指腰包或衣兜▷~里没钱|把镯子揣在~里。→❺名事物的中部▷山~|墙~|曲子弹到半~忽然停了。

邀 yāo ❶动〈文〉迎候▷～于郊。→❷动〈文〉希求；谋取▷～官|～功求赏|～取。〇❸动约请▷应～出席|～请|～集。〇❹动拦截▷～击|～截。

yáo

爻 yáo 名构成《易》卦的长、短横道，“—”是阳爻，“--”是阴爻，每三爻合成一卦，共得八卦，任取两卦排列，可得六十四卦。

尧(堯) yáo ❶名人名，传说中上古的帝王。〇❷名姓。☛“尧”字上边是“戈”，不是“戈”，也不是“弋”。从“尧”的字，如“绕”“峣”“跷”“翘”“挠”“侥”等，同。

侥(僥) yáo [僬侥]jiāoyáo，见“僬”。另见 jiǎo。

肴(*餚) yáo 名鸡鸭鱼肉等做成的荤菜▷美味佳～|菜～。

垚 yáo 形〈文〉山势高峻。

轺(軺) yáo 名古代一种轻便的马车。

峣(嶢) yáo 形〈文〉高峻。

姚 yáo 名姓。

珧 yáo ❶名江珧，生活在海里的一种软体动物。壳呈三角形，肉可以吃，后闭壳肌的干制品叫“江珧柱”或“干贝”，是珍贵的海味。也说江瑶。〇❷名蚌、蛤的甲壳，古代用作刀、弓等器物上的装饰。

陶 yáo [皋陶]gāoyáo 名人名，传说是舜的臣子。另见 táo。

铫(銚) yáo 名古代的一种大锄▷～耨。另见 diào；tiáo。

窑(*窯窰) yáo ❶名烧制砖瓦陶瓷等的大炉灶▷一座～|盆～|石灰～|装～|出～。→❷名特指古代名窑烧制的陶瓷器▷汝～(北宋河南临汝瓷窑烧制的瓷器)|宣～(明朝宣德年间江西景德镇烧制的瓷器)。→❸名指用土法采掘的煤矿▷小煤～|下～干活去了。→❹名窑洞，我国黄土高原地区在山崖或土坡上挖成的供居住的洞。〇❺名〈口〉窑子，旧指妓院▷～姐儿|逛～子。

谣(謡) yáo ❶名民间流传的可以随口唱出的韵语▷歌～|民～|童～|～谚。→❷名没有事实根据的传言▷～传|～言|辟(pì)～|造～。

摇 yáo 动来回摆动；使来回摆动▷树枝在空中～来～去|～了～手|～头|～铃|～橹|～晃|～摆。

徭 yáo 名〈文〉徭役，古代官府向百姓摊派的无偿劳动▷轻～薄赋。

遥 yáo ❶形距离远▷路～知马力|～相呼应|～望|～控。→❷形时间久远▷～～无期。

猺 yáo ❶[黄猺]huángyáo 名即青鼬。哺乳动物鼬科的一种。大小像家猫，四肢短，耳大，尾长，前背和体侧橙黄色，后背和四肢黑褐色。栖息树林中，捕食鼠类、鸟类和蜜蜂。毛皮可制衣服。〇❷[青猺]qīngyáo 名即果子狸。哺乳动物灵猫科的一种。大小像家猫，但较细长，四肢短，尾长，全身灰色，从鼻端到头后部以及眼睛上下各有一条白纹。栖息山林中，吃谷物、果实、小鸟、昆虫等。肉味鲜美，毛皮可制衣帽。也说花面狸。

瑶[1] yáo 〈文〉❶名美玉▷琼～|～琴(镶玉的琴)。→❷形美好的▷～函(对别人书信的尊称)|～浆(美酒)。

瑶[2] yáo [瑶族]yáozú 名我国少数民族之一，分布在广西、湖南、云南、广东和贵州。

飖(颻) yáo [飘飖]piāoyáo 在空中随风摆动。现在通常写作“飘摇”。

繇 yáo ❶古同“徭”。〇❷古同“谣”。另见 yóu；zhòu。

鳐(鰩) yáo 名软骨鱼类鳐形目部分鱼的统称。身体扁平，呈圆形、斜方形或菱形，尾细长，口在腹部。种类很多，生活在海底。可食用，肝可制鱼肝油。

yǎo

杳 yǎo 形〈文〉深远沉寂得见不到踪影▷～无音信|～如黄鹤|～然。☛统读 yǎo，不读 miǎo。

咬(*齩) yǎo ❶动上下牙相对用力，把东西夹住、切断或磨碎▷～紧牙关|饼太硬，～不动|这只狗老～人。→❷动用钳子等夹住；齿轮、螺丝等互相扣紧卡住▷用管钳把水管子～紧|裤脚被自行车链子～住了◇两队比分交替上升，～得很紧。→❸动受审讯或责难时牵扯上无关或无辜的人▷乱～好人|反～一口。→❹动把话说死了不再改变▷一口～定。→❺动念出或唱出(字音)▷这个字我～不准|～字清楚。❻动过分地计较(字句的意义)▷～字眼儿|～文嚼字。〇❼动(狗)叫▷半夜狗～了好一阵子。

舀 yǎo 动用瓢、勺等器具取(东西)▷～水|～一勺菜|～两碗米。☛统读 yǎo，不读 wǎi 或 kuǎi。

窅 yǎo 〈文〉❶形眼睛深陷▷双目微～。→❷形深远▷下临绝壑，～不可测|～冥。

窈 yǎo [窈窕]yǎotiǎo ❶形形容(仪态等)美好的样子▷～淑女|丰姿～。〇❷形形容幽深、深远的样子▷云雾～。☛不读 yáotiáo。

yào

疟(瘧) yào [疟子]yàozi 名〈口〉疟(nüè)疾的俗称▷发～子。☛“疟”字文读 nüè，如“疟疾”。另见 nüè。

药(藥) yào ❶名能防治疾病、病虫害或改善人体机能的物质▷吃～|良～苦口|～材|～物|补～|农～。→❷动用药治病▷不可救～。❸动用药毒死▷棉铃虫都～死了|～耗子。→❹名某些人工配制的有化学作用的物质▷火～|焊～|麻～。〇❺名姓。☛“藥”简化为“药”。但“樂”和其他从“樂”的字都不能类推简化为“约”。

要[1] yào ❶名主要的内容▷摘～|纪～|扼～。→❷形重大▷～事|～职|～紧|次～。

要[2] yào ❶动想；希望▷三个人～看戏，可只有一张票|若～人不知，除非己莫为。→❷动盼望得到或保有▷想～这本书吗？|这把扇子我还～呢！❸动索取▷只～了一瓶饮料|～账。→❹动要求；请求▷小王～我陪他去|他～老师再讲一遍。→❺动需要▷买件衬衣～多少钱？|坐车只～半小时就到。→❻动应该▷我们～团结起来|说话～简单明了。→❼动将要，表示肯定地推论事物发展的趋势▷下个月他～探亲去|天～晴了，不必带伞。❽动表示估计，用于比较▷你的字比我写的～强多了|看来今天～比昨天凉快。→❾动表示做某事的决心和愿望▷一定～把淮

河修好。

要³ yào ❶连接分句,表示假设关系,相当于"如果"▷明天～起风,我们就不出海了。○❷连接分句,表示选择关系,相当于"要么……,要么……"▷～就学钢琴,～就学提琴,总之要学一样。

另见 yāo。

钥(鑰) yào [钥匙]yàoshi 名开锁的用具▷一把～。

另见 yuè。

袎 yào 古同"靿"。

靿 yào 名靴子、袜子套在脚踝骨以上部位的筒状部分▷这靴子的～儿太高|矮～儿袜子。

鹞(鷂) yào ❶名鹞子,雀鹰的通称。猛禽,像鹰而较小,雌的背部羽毛灰褐色,腹部白色而缀有棕褐色横斑,雄鸟较小,背部灰色较深,腹部斑较深较细。捕食小鸟。→❷名鹰科鹞属各种鸟的统称。雌雄羽色不同。我国常见的有白尾鹞。

曜 yào〈文〉❶名阳光▷日出有～。→❷动照耀▷明月～夜。❸名指太阳、月亮和星辰▷七～(日、月和金、木、水、火、土五星的合称)。☛统读 yào,不读 yuè。

耀(*燿) yào ❶动强光照射▷～眼|闪～|照～。→❷动显示;夸耀▷～武扬威|显～|炫～。❸形光荣▷荣～。→❹名光芒▷光～夺目。☛㊀统读 yào,不读 yuè。㊁不能简化为"粠"。

yao

哟(喲) yao 又 you ❶助用在句子末尾,表示祈使语气▷大家快来～!|同志们加油干～!○❷拟声歌词中的衬字▷呼儿嗨～|山丹丹开花～,红艳艳。

另见 yāo。

yē

耶 yē 音译用字,用于"耶稣"(基督教所信奉的救世主)、"耶路撒冷"(地名,位于亚洲西部)等。

另见 yé。

倻 yē 音译用字,用于"伽倻琴"(朝鲜族的一种弦乐器,近似古筝)。

掖 yē ❶动塞;塞进衣袋或缝隙等▷把被子～一～|偷偷地～给孩子两块钱|书包里～满了书|～在怀里。→❷动藏▷你把钱～在哪儿了?◇我没～着没藏着,知道的都告诉你们了。

另见 yè。

椰 yē 名椰子,常绿乔木,高 25—30 米,树干直立,羽状复叶,肉穗花序,核果圆形或椭圆形,外壳黄褐色,中果皮为厚纤维层,内果皮角质而坚硬,果肉白色多汁。果肉可以食用或榨油,果汁可以做饮料,果皮等也有多种用途。椰子,也指这种植物的果实。☛统读 yē,不读 yé。

噎 yē ❶动食物等塞住喉咙▷慢点吃,别～着|因～废食|～嗝。→❷动因痛苦、激动或顶风而喘不上气来▷哭得他不住地～气|顶着大风骑车,～得人喘不过气来。→❸动用话顶撞别人,使人受窘而说不出话来▷他说话真～人|一句话～得人家满脸通红。☛统读 yē,不读 yè 或 yī。

yé

邪 yé 助〈文〉用在句末表示疑问或反问的语气,相当于"吗""呢"▷是～,非～?|赵王岂以一璧之故欺秦～?

另见 xié。

爷(爺) yé ❶名〈文〉父亲▷～娘。→❷名祖父;称跟祖父辈分相同或年龄相仿的男人(多叠用)▷～～奶奶|张～～|他是我师～|舅～。→❸名对于父辈或老年男子的尊称▷老大～|七～。→❹名旧时对主人或尊贵者的称呼▷回老～的话|财主家的少～|县太～|不要当官做老～。→❺名对神佛等的称呼▷老天～|财神～|土地～|佛～|阎王～。

耶 yé ❶助〈文〉用在句末表示疑问或反问的语气,相当于"吗""呢"▷然则何时而乐～?○❷古同"爷"①。

另见 yē。

揶 yé [揶揄]yéyú 动〈文〉讥笑;耍弄▷屡遭～。

铘(鋣) yé [镆铘]mòyé,见"镆"。

yě

也¹ yě〈文〉❶助用于句尾,表示肯定的语气,也可以加强疑问、感叹或祈使的语气▷陈胜者,阳城人～|治乱非天～|子子孙孙,无穷匮～|此乃何许人～?|何其多～|不及黄泉,无相见～!○❷助用于句中,表示提顿的语气▷君子之过～,如日月之食焉|大道之行～,天下为公|左右以君贱之～,食以草具。

也² yě ❶副用在并列复句中,表示两件事或多件事有相同之处(可以并用在各分句中,也可以单用在后一分句中)▷看～行,不看～行|他前天～来了,昨天～来了|地～扫了,玻璃～擦了|他吃得好,睡得～好|风停了,雨～住了。→❷副用在单句中,暗含着相同的事情▷昨天你～去看电影了?|将来我～要参军|明天我～去看看他。→❸副表示不管前提或假设怎样,后果都相同▷哪怕全家反对,她～要跟他结婚|无论困难有多大,我们～能克服|宁可牺牲,～不投降|拼命～要拿下大油田|谁～不要灰心|多厉害～吓不倒我们|洗～洗不干净|最多～就十来公斤|永远～不知道累。○❹副用在否定句中,表示强调▷树叶一动～不动|一点～不累|他连头～不抬。○❺副表示委婉语气▷一个人管这么多事,～够难为他的|节目倒～不错|～太不留情面了。

冶¹ yě 动熔炼金属▷～金|～炼|陶～。

冶² yě 形〈文〉女子打扮得过分艳丽;妖媚▷～容|～艳|妖～。

野(*埜❶—❽ 壄❶—❽) yě ❶名离城区较远的地方;偏远的地方▷～外|郊～|山～|原～。→❷名不当权的;民间或私人的▷朝～|下～|在～|～史。→❸形粗鲁无礼;蛮横▷说话太～|粗～|撒～|～蛮。❹形不受约束的;放荡不羁的▷放了一个暑假,心都玩～了|～性。→❺形非人工饲养或培育的(动植物)▷～兽|～物|～牛|～菊花。⇒❻形非正式的;不合法的▷～汉子|～种。⇒❼形没有主人的(家畜)▷～狗。→❽名范围;界限▷视～|分～。○❾名姓。☛"野"字右半是"予",不是"矛"。

yè

业[1](業) yè ❶名学业,学习的内容或过程▷毕～|肄～|课～|受～|～师。○❷名姓。

业[2](業) yè ❶名职业,个人所从事的作为主要生活来源的工作▷务农为～|不务正～|安居乐～|就～|失～|～余。→❷名行(háng)业,指职业类别▷各行各～|手工～|运输～。→❸动〈文〉从事某种职业▷～农|～医。→❹名事业▷创～|功～|基～|～绩。❺名财产▷家大～大|产～|家～|～主。

业[3](業) yè 副表示动作行为已经完成,相当于"已经"▷～已完工|～经宣布。

业[4](業) yè 名佛教把人的一切行为、言语、思想都称为业,分别叫身业、口业、意业;业又包括善恶两方面,通常指缘分或罪孽▷～缘|～障|解冤洗～。

叶(葉) yè ❶名叶子,植物进行光合作用吸取营养的器官,通常由叶片、叶柄和托叶组成,长在茎上,大多呈片状,绿色。→❷名历史上较长时期的分段▷明代中～|19世纪末～。→❸名像叶子的东西▷铁～子|肺～|百～窗。❹名页▷活～文选|册～。○❺名姓。☛"叶公好龙"的"叶",旧读 shè,今读 yè。

另见 xié。

页(頁) yè ❶名书册中单张的纸▷扉～|活～夹|画～|插～。→❷量旧指线装书的一篇儿,现指一篇儿书的一面▷每天晚上都看几～书|第48～|～码。

曳 yè 动拖拉;牵引▷弃甲～兵|～光弹|拖～|摇～。☛"曳"字右上没有点。从"曳"的字,如"拽""跩",同。

邺(鄴) yè 名古地名,在今河南安阳北。

夜(*亱) yè 名从天黑到天亮的一段时间(跟"日""昼"相对);气象学特指当天的20点到次日的8点▷一连几～没有睡好|～以继日|昼～不停|～晚|黑～|～班。

咽 yè 动悲哀得说不出话来;因悲哀而声音阻塞▷悲～|呜～|哽～。

另见 yān;yàn。

晔(曄) yè 形〈文〉兴盛;充满生机。☛1955年《第一批异体字整理表》将"曄"作为"烨"的异体字予以淘汰。1986年重新发表的《简化字总表》确认"曄"表示以上意义时为规范字,类推简化为"晔";表示光辉灿烂的意义时仍作为"烨"的异体字处理。

烨(燁*爗) yè 〈文〉形明亮;光辉灿烂。☛参见"晔"字的提示。

掖 yè 动〈文〉搀扶人的胳膊;比喻扶助或奖励、提拔▷提～|扶～|奖～。

另见 yē。

液 yè 名液体,有一定的体积而没有一定的形状,可以流动的东西▷汁～|唾～|～化|～态。

谒(謁) yè 动〈文〉进见;拜见▷～见|晋～|拜～|参～。

腋 yè ❶名人的上肢和肩膀连接处的内侧呈窝状的部分,通称夹肢窝(gāzhiwō)▷把皮包夹在～下|～窝|～毛。→❷名特指狐狸腋下的毛皮▷集～成裘。→❸名其他生物体上跟腋类似的部分▷～芽(叶和茎相连的部分长出来的芽)。

馌(饁) yè 动〈文〉到田间给种田的人送饭。

靥(靨) yè 名〈文〉酒窝,笑时面颊上出现的小圆窝▷酒～|笑～。

yī

一[1] yī ❶数数字,最小的正整数。→❷形相同;一样▷咱们坐～趟车|他俩在～个单位|长短不～|～视同仁。→❸形满;整个;完全▷坐了满满～车人|～身土|书堆了～桌子|病了～夏天|～如所见。❹形专;纯▷～心～意|～色的二层小楼。→❺代每;各▷全班分六个组,～组八个人|～年一次|～人两块钱。→❻代某▷～天晚上|有～年。→❼代另一种;又一个▷乌贼～名墨斗鱼|这种习俗起源于唐代,～说起源于宋代。→❽副表示猛然发出某种动作或突然出现某种情况▷往起～站|右手～挥|眼前～黑。❾副与"就""便"等副词相呼应,表示前一动作或情况一旦发生,紧跟着就要出现另一动作或情况▷～叫就来|～看就会|～问便知。→❿数用在重叠的动词之间,表示动作是短暂的或尝试性的▷跳～跳|笑～笑|瞧～瞧|说～说。☛㊀"一"在句中要发生变调现象:1.用作序数或用在句尾时仍读阴平,如"一、思想好,二、学习好""第一""十月一日""一排二班""感情专一";2.用在去声前变为阳平,如"一并""一定""一望无际";3.用在阴平、阳平、上声前,变为去声,如"一般""一回""一览无余"。㊁数字"一"的大写是"壹"。

一[2] yī 名我国民族音乐中传统的记音符号,表示音阶上的一级,相当于简谱的"?"。

伊[1] yī ❶助〈文〉用在主语或谓语前面,加强句子的语气或感情色彩▷～谁之力?|下车～始。○❷名姓。

伊[2] yī ❶代〈文〉用在名词前,起指示作用,相当于"这(个)""那(个)"▷所谓～人,在水一方|～年暮春。→❷代称第三者,相当于"他"或"她"("五四"前后有的文学作品中专指女性)。

衣 yī ❶名衣服,穿在身上遮蔽身体和御寒的东西▷节～缩食|～冠楚楚|穿～吃饭|大～|外～|风雨～。→❷名像衣服一样包在物体外面的东西▷糖～|炮～。→❸名母体内包裹胎儿的胎盘和胎膜▷胎～|胞～。○❹名姓。

医(醫) yī ❶名医生,以治病为职业的人▷牙～|名～|军～|兽～|神～。→❷动治疗▷不要头疼～头,脚疼～脚|～治|～疗。→❸名防治疾病的科学或工作▷他是学～的|从～多年|～科大学。

依 yī ❶动倚傍;靠着▷～山傍水|～偎|～傍。→❷动倚仗;仰赖▷相～为命|互相～存|～靠群众|～仗|～附|～赖。❸动顺从;听从▷你就～了他吧|你必须～我一件事|不～不饶|～从|～顺。❹介引进动作行为所遵从的标准或依据,相当于"按照"或"根据"▷～次就座|～法惩处|～你的意思去办。○❺名姓。

祎(禕) yī 形〈文〉美好。☛"祎"和"袆"(huī)不同。"祎",示部;"袆",衣部。

咿(*吚) yī ❶[咿唔]yīwú 拟声形容读书的声音▷孩子们～～地念起书来。○❷[咿哑]

yīyā 拟声 形容婴儿学语的声音▷～学语。

洢 yī 名 洢水，水名，在河南。今作伊河。

铱（銥） yī 名 金属元素，符号 Ir。银白色，质硬而脆，高温时有延展性，熔点很高，化学性质稳定，在王水中不溶解。用于制造科学仪器、热电偶、电阻线；铱铂合金常用于制造坩埚。

猗 yī 〈文〉❶助 表示感叹语气，相当于"啊"。○❷叹 表示赞美（多与其他叹词合用），相当于"啊"▷～哉|～欤|～嗟。

揖 yī 动 两手抱拳，置于胸前，旧时一种比拜轻慢的行礼方式▷作～|开门～盗|长～。

壹 yī 数 数字"一"的大写。

椅 yī 名 椅桐。山桐子的别称。落叶乔木，高 10—15 米，树皮平滑，灰白色，叶宽卵形，开黄绿色花，结球形小红果。木材可以制作器物，种子可以榨油。

另见 yǐ。

漪 yī 名〈文〉水面的波纹▷碧～荡漾|～澜。

鹥（鷖） yī 名〈文〉鸥。

噫 yī 叹〈文〉表示悲叹伤感，相当于"唉"▷～，天丧予，天丧予（老天爷要毁灭我啦）！

繄 yī 助〈文〉多用于句首，没有实义，有时相当于"惟"▷尔有母遗（wèi），～我独无。

黟 yī 名 黟县，地名，在安徽。

yí

匜 yí 名 古代一种形状像瓢的器具，盛水、酒用。

仪（儀） yí ❶名 法度和准则▷～则。→❷名 礼节；仪式▷行礼如～|礼～|司～。❸名 礼物，按照礼节赠送的物品▷谢～|贺～。→❹名 合乎法度和礼节的容貌、举止、风度等▷～表堂堂|～容|～态|威～。→❺名 可以作为衡量标准的器具▷半圆～|浑天～|～表|～器。○❻名 姓。

圯 yí 名〈文〉桥▷～桥。

夷[1] yí ❶名 我国古代东部的一个民族；泛指东方各民族▷淮～|东～。→❷名 古代对中原以外各民族的蔑称▷四～。❸名 旧时泛指外国或外国人▷～情|华～杂处。○❹名 姓。

夷[2] yí ❶形 平坦；平安▷履险如～|化险为～。→❷动 铲平；削平▷～为平地。❸动〈文〉消灭；除掉▷～灭九族|～戮。

沂 yí 用于地名。如：沂河，水名，发源于山东，流入江苏；新沂，地名，在江苏。☛"沂"和"泝"（sù）不同。"泝"是"溯"的异体字，右边是"斥"，已被淘汰。

诒（詒） yí 动〈文〉留传；赠送。

另见 dài。

迤 yí ［逶迤］wēiyí，见"逶"。

另见 yǐ。

饴（飴） yí 名 用米、麦芽熬成的糖浆；今泛指某些软糖类糖果▷甘之如～|～糖|高粱～。

怡 yí 形 喜悦；愉快▷心旷神～|～然自得|～乐。

宜 yí ❶形 合适；适当▷适～|相～|合～|得～。→❷动 适合于▷景色～人|这间屋子最～读书写字。→❸动 应该；应当（多用于否定式）▷～早不～晚|事不～迟。❹副〈文〉表示理应发生，相当于"当然""无怪"▷～其事倍而功半。○❺名 姓。

荑 yí 动〈文〉除掉田里的杂草▷芟～。

另见 tí。

咦 yí 叹 表示惊异▷～，你是怎么知道的？|～，怎么转眼人就不见了？

贻（貽） yí ❶动〈文〉赠；送给▷～赠|馈～。→❷动 留下；遗留▷～人口实|～笑大方|～害无穷|～患|～误。

姨 yí ❶名 妻子的姐妹▷大～子|小～子。→❷名 母亲的姐妹▷大～|二～|～妈。❸名 称年纪同自己母亲差不多的妇女▷张～|李～。

酏 yí 名〈外〉用药、糖和芳香性物质配制成的酒精水溶液（酒精含量一般不超过 25%）。

眙 yí ［盱眙］xūyí 名 地名，在江苏。

另见 chì。

胰 yí 名 人和脊椎动物及部分无脊椎动物体内的一种腺体，分泌的胰液能帮助消化，分泌的胰岛素和胰高血糖素等多种激素，可以调节体内糖、脂肪和蛋白质的新陈代谢。人的胰在胃的后下方，形状像牛舌。也说胰腺。

宧 yí 名〈文〉屋子内的东北角。

扅 yí ［扊扅］yǎnyí，见"扊"。

蛇 yí ［委蛇］wēiyí 同"逶迤"。参见"逶"。

另见 shé。

移（*迻） yí ❶动 变动所在的位置；迁徙▷把花～到盆里去|车站向南～了|愚公～山|～栽|～居|～动|迁～。→❷动 改变；变更▷～风易俗|江山易改，秉性难～|潜～默化|坚定不～。

痍 yí 名〈文〉创（chuāng）伤▷伤～|满目疮～。

遗（遺） yí ❶动 因为疏忽而丢失▷～失。→❷动 脱漏；疏漏▷～漏|～忘。→❸名 丢失或漏掉的东西▷路不拾～|补～。→❹动 留下；余下▷不～余力|～臭万年|～迹|～风|～毒|～留。❺动 特指死者留下▷～产|～容|～愿|～嘱。→❻动 不自主地排泄（粪便或精液）▷～尿|～精。

另见 wèi。

颐（頤） yí〈文〉❶动 保养▷～养天年|～神保年。→❷名 面颊；腮▷方额广～|解～（面现笑容）。☛"颐"字左边是"𦣞"，不是"臣"。

疑 yí ❶动 不能确定；不相信▷坚信不～|半信半～|～惑。→❷动 因不信而猜测▷行迹可～|猜～。→❸形 无法确定的；难于解决的▷～问|～义|～云|～案|～难。❹名 指疑难问题▷存～|质～|释～|答～。→❺形 使猜疑的；使迷惑的▷～兵|～阵。

嶷 yí [九嶷]jiǔyí 名山名,在湖南。

簃 yí 名〈文〉楼阁旁边的小屋。

彝1 yí ❶名古代青铜祭器的通称▷～器|鼎～。→❷名〈文〉常理;常规▷～训|～宪。

彝2 yí [彝族]yízú 名我国少数民族之一,主要分布在四川、云南、贵州和广西一带。

yǐ

乙1 yǐ 名天干的第二位。

乙2 yǐ 名我国民族音乐中传统的记音符号,表示音阶上的一级,相当于简谱的"7"。

乙3 yǐ 名旧时读书、写字常用的标记符号。例如读书读到某处需要暂停,就在上面画"∠"作为记号;写字有脱漏,就用"∠"把补写的字勾进去;写字有颠倒,也用曲折的线勾过来。因它的形状像乙字,就把这种符号叫做"乙"。

已 yǐ ❶动止住;停止▷不能自～|大哭不～。→❷副表示动作、变化完成或达到某种程度,相当于"已经"▷事～至此|由来～久|木～成舟|名额～满。☛"已"不要写成"己"(jǐ)或"巳"(sì)。

以1(*㕥㠯) yǐ ❶介引进动作行为赖以实现的工具、手段等,相当于"用""拿"▷～管窥天|～卵击石|～毒攻毒|～理服人|～柔克刚|～实际行动表明我们的决心。→❷介用于具有"给予"一类意义的动词后,引进动作行为涉及的对象,即所给予的事物▷给敌人～沉重的打击|报之～热烈的掌声。→❸介引进动作行为依据的方式、标准,相当于"按照""根据"▷每户～四口人计算|～高标准要求自己|～质量高低分等级。→❹介引进动作行为的原因,相当于"因为""由于"▷古城西安～历史悠久闻名于世|我们～生活在伟大的国度里而自豪。→❺连连接两个动词性词组或分句,表示后者是前者的目的▷应该广交朋友,～孤立敌人|养精蓄锐,～利再战。

以2 yǐ 介用在单音节方位词、处所词前面,表示时间、空间、数量上的界限▷三年～前|五天～后|十层～上|黄河～东|一百～内|六十岁～下。

钇(釔) yǐ 名金属元素,符号Y,稀土元素之一。暗灰色,在空气中易氧化。用于核工业,也用作高温合金和特殊半导体的材料以及某些金属的脱氧剂等。

苡 yǐ 名指薏苡▷～仁。参见"薏"。

尾 yǐ 义同"尾"(wěi)①,用于"尾巴""马尾儿"(马尾上的毛)、"三尾儿"(雌蟋蟀)等口语词。
另见wěi。

矣 yǐ 〈文〉❶助表示陈述语气,相当于"了"▷法已定～|祸将至～|可～。→❷助表示感叹语气▷欲人之无惑也难～!|甚～,汝之不惠!

苢 yǐ [芣苢]fúyǐ,见"芣"。

迤 yǐ ❶动地势斜着延伸▷黄河由此～向东北。→❷介表示在某一方向上的延伸,相当于"往""向"▷村庄～北是一条小河。☛不读tuō。
另见yí。

蚁(蟻) yǐ 名指蚂蚁▷蝼～(蝼蛄和蚂蚁)|～聚|～酸|～穴。☛不读yì。

舣(艤) yǐ 动〈文〉把船靠向岸边▷～舟登岸。

倚 yǐ ❶动靠着▷孩子～在妈妈腿上|～着栏杆|～马可待|～靠。→❷动依仗;凭着▷～势欺人|～老卖老|～仗|～托。→❸形偏斜▷不偏不～。

扆 yǐ ❶名古代置于门窗之间的屏风。○❷名姓。

椅 yǐ 名椅子,有靠背的坐具▷一把～子|桌～板凳|藤～|折叠～。
另见yī。

𫖮(顗) yǐ 形〈文〉安静。

蛾 yǐ 古同"蚁"。
另见é。

旖 yǐ [旖旎]yǐnǐ 形〈文〉柔美▷风光～。

踦 yǐ 动〈文〉用膝盖顶住。

齮(齮) yǐ 动〈文〉咬▷～龁。

yì

乂 yì 〈文〉❶动治理。→❷形安定。☛"乂"和"义"形、义不同。"义"是"義"的简化字。

弋 yì ❶名古代一种射鸟的箭,上面系(jì)有绳子。○❷名姓。

亿(億) yì 数数字,一万万,古代也有以十万为一亿的。

义1(義) yì ❶名公正的、有利于社会大众的道理▷大～灭亲|～正词严|～不容辞|正～|道～。→❷名旧指合乎伦理道德的人际关系,今指人与人之间的感情联系▷有情有～|忠～|信～|～气。→❸形符合正义或大众利益的▷～演|～卖|～战|～师|～举。○❹形因拜认而成为亲属的;名义上的▷～父|～母|～子|～妹。→❺形人造的(人体的部分)▷～齿|～肢。

义2(義) yì 名意思;意义▷词～|同～词|歧～|定～。

艺(藝) yì ❶名技能;本领▷多才多～|～高人胆大|手～|工～|技～。→❷名艺术▷文～|曲～|～坛新秀。→❸动表演技艺▷～人|卖～。

刈 yì 动〈文〉割(草或谷物);铲除▷～草|～麦|～除。

忆(憶) yì ❶动回想;想念▷回～|追～。→❷动记住;不忘▷记～。

艾 yì 〈文〉❶动治理▷自怨自～(本意是悔恨自己的过失,自己改正,后来偏指悔恨)。→❷形安定。○❸同"刈"。
另见ài。

仡 yì [仡仡]yìyì 形〈文〉勇武健壮▷～勇夫。
另见gē。

议(議) yì ❶动谈论;商讨▷街谈巷～|～事|商～|会～|审～。→❷动评论;批评▷公～|评～|免遭物～|非～。→❸名意见;主张▷异～|拟～|提～|抗～。→❹名指议会▷～席|～员|～院。

屹 yì 形山势高耸▷～立|～然。☛统读yì,不读qǐ。

亦 yì 副〈文〉表示人和人、事物和事物之间具有相同的关系,相当于"也"▷人云～云|～步～趋(比喻

自己没有主张，或为了讨好，一味跟着别人走）。

异（*異） yì ❶动分开▷离～。→❷形不同的▷规格各～|～口同声|日新月～|～议。⇒❸形其他的；别的▷～乡|～日|～国|～族。⇒❹形新奇的；特别的▷奇花～草|优～|～香|～味。❺动惊奇，觉得很奇怪▷惊～|诧～|怪～。

抑[1] yì 动往下压；压制▷～恶扬善|～制|～扬|压～|平～。

抑[2] yì 〈文〉❶连连接分句，表示选择关系，相当于"还是"▷请问黄帝者，人邪，～非人邪？○❷连连接分句，表示转折关系，相当于"可是"▷吾不忘也，～未有以致罪焉。

杙 yì 名〈文〉小木桩。

呓（囈） yì 动梦中说话▷梦～|～语。

邑 yì 〈文〉❶名城市▷通都大～|城～。→❷名县▷～令|～志。

佚 yì ❶动〈文〉隐居遁世▷～民。→❷动散失；失传▷～书|～事|～闻|～名|亡～。○❸形放荡▷骄奢淫～。

役 yì ❶动强迫使用（人力或畜力）▷～使|奴～|～畜（chù）。→❷名当兵的义务▷兵～|服～|退～|现～|预备～。→❸名强迫性的无偿劳动▷劳～|徭～。→❹名旧指供使唤的人▷仆～|杂～|侍～。→❺名〈文〉事情；事件▷国有大～。❻名特指战事▷台儿庄之～|战～。

译（譯） yì ❶动翻译，把一种语言文字按原意转换成另一种语言文字，也指同一种语言文字中的方言与民族共同语之间、方言与方言之间或现代语与古代语之间的相互转换▷这本外国名著～得好|古文今～|口～|～文|编～|直～|音～。→❷动把代表语言文字的符号或数码转换成语言文字▷把旗语～出来|请～一下这份电报|破～。

易[1] yì ❶动更改；替代▷移风～俗|改弦～辙|变～|改～|移～。→❷动交换▷以物～物|～地再战|贸～|交～。○❸名姓。

易[2] yì ❶形容易，不费力（跟"难"相对）▷～如反掌|轻而～举|简便～行|轻～|浅～。→❷形（性情或态度）谦逊，平和▷平～近人。☛"易"没有简化，不能写作"𠃓"（yáng）。"𠃓"是简化偏旁，其繁体是"昜"。

峄（嶧） yì 名峄山，山名，在山东。

佾 yì 名古代乐舞的行列，一行八人为一佾▷八～。

怿（懌） yì 形〈文〉喜悦；愉快。

诣（詣） yì ❶动〈文〉到某地去看某人（多指对尊长）；到某地去。→❷名（学问、技艺等）所达到的高度或深度▷造～|苦心孤～。☛统读 yì，不读 zhǐ。

驿（驛） yì 名驿站，古代传递公文的人和来往的官员中途换马或住宿的地方，现多用于地名▷白市～（在重庆）|桥头～（在湖南）。

绎（繹） yì ❶动〈文〉抽丝。→❷动理出头绪或线索▷演～|抽～。→❸动连续不断▷络～不绝。☛"绎"和"译"不同。"绎"，左边是"纟"，本指抽丝，引申为理出头绪。"译"，左边是"讠"，指翻译。

枻 yì 名〈文〉船；船桨。

轶（軼） yì ❶动〈文〉后车超过前车。→❷动〈文〉超过▷～群|超～。○❸同"佚"②。☛统读 yì，不读 yí。

食 yì 用于人名。郦食其（lìyìjī），秦汉之际刘邦的谋士。

另见 shí；sì。

㹭 yì [林㹭]línyì 名猞猁。参见"猞"。

弈 yì 〈文〉❶名围棋▷博～。→❷动下棋▷对～。

奕 yì ❶[奕奕]yìyì 形精神焕发▷神采～。○❷名姓。

疫 yì 名流行性传染病的统称▷瘟～|鼠～|防～|检～|免～力|～情。

羿 yì ❶名人名，传说是夏代的有穷国的君主，擅长射箭。○❷名姓。

挹 yì 动〈文〉舀▷～水于河|～彼注兹（比喻取有余以补不足）。

益[1] yì ❶动增长（跟"损"相对）▷延年～寿|损～|增～|～智。→❷副表示程度进一步加深，相当于"更加"▷老当～壮|相得～彰|多多～善。

益[2] yì ❶名对人或对事物的好处；利益（跟"害"相对，②同）▷受～不浅|开卷有～|徒劳无～|收～|效～|权～。→❷形有益的▷～虫|～鸟|良师～友|～处。

浥 yì 动〈文〉沾湿▷渭城朝雨～轻尘。

悒 yì 形〈文〉忧郁不安▷～郁|～闷|忧～|～～不乐。

谊（誼） yì 名交情，人与人之间互相交往而产生的良好情感▷深情厚～|情～|友～|联～。☛统读 yì，不读 yí。

埸 yì 〈文〉❶名田界。→❷名边界；边疆▷疆～|边～。

勚（勩） yì ❶形〈文〉辛劳；劳苦▷劳～。→❷形器物磨损而失去棱角、锋芒等▷螺丝扣～了。

逸 yì ❶动奔跑；逃▷逃～。→❷动〈文〉逃隐；隐居▷隐～|～民。❸形闲适；安乐▷以～待劳|安～。→❹同"佚"②。○❺动超过▷超～|～群。

翊 yì 〈文〉❶名翅膀。→❷动辅助；帮助▷～戴（辅佐拥戴）。☛"翊"和"翌"形、义都不同，"翊"不是"翌"的异体字。

翌 yì 形〈文〉时间紧接在今天、今年之后的▷～晨|～日|～年。

嗌 yì 名〈文〉咽喉▷～不容粒。

另见 ài。

肄 yì 动学习；练习▷～业。☛"肄"和"肆"（sì）不同。"肄"字左边是"𠂤"，"肆"字左边是"镸"。

裔 yì ❶名〈文〉衣服边。→❷名后代▷后～|华～。→❸名〈文〉边缘；边远的地方▷四～|边～。

意 yì ❶名心愿；心思▷称心如～|满～|～愿|民～|授～|随～。→❷名意思，用语言文字等所表达出来的思想内容▷言不尽～|～义|～译|示～|同～|民～。→❸动推测；料想▷～料|～外|不～|～想。

溢 yì ❶动水满而向外流出▷河水～出堤岸|江河横～。→❷动泛指流出；表露出▷～于言表|花香

飘～|热情洋～。→❸形〈文〉过分；过度▷～美|～誉。

缢（縊） yì 动〈文〉勒死；吊死▷～杀|自～。

蜴 yì ［蜥蜴］xīyì，见"蜥"。

鲐（鮨） yì 名硬骨鱼纲的一科。体侧扁，红色或褐色，有斑纹，口大，牙细而尖。大多生活在海洋中。常见的有鳜鱼、鲈鱼和石斑鱼等。

廙 yì 形〈文〉小心谨慎；恭敬。

瘗（瘞） yì 动〈文〉埋葬▷～埋|～玉埋香。

鹝（鷊） yì ❶古同"鹢"。○❷名〈文〉吐绶鸡。

镒（鎰） yì 量古代重量单位，合 20 两，一说合 24 两。

饐（饐） yì 动〈文〉食物经久变臭；馊。

毅 yì 形刚强；果断▷～力|坚～|～然|刚～。

鹢（鷁） yì 名古书上说的一种能高飞的水鸟。

熠 yì 形〈文〉光亮；鲜明▷～～生辉。☛"熠"字右边的"習"不能类推简化为"习"。

薏 yì ［薏苡］yìyǐ 名一年或多年生草本植物，茎挺直强壮，叶线状披针形，颖果椭圆形，淡褐色。种仁叫薏苡仁，也说苡仁、薏米，含淀粉，可以食用或酿酒；茎、叶可以作造纸原料；根和种仁可以做药材。

殪 yì 动〈文〉死；杀死。

螠 yì 名螠虫动物门各种动物的统称。身体呈棒状、圆柱状或卵形而稍扁，不分节，疏生刚毛，长 10 厘米左右。生活在海底泥沙中。可作鱼饵，有的种可以食用。

劓 yì 动割掉鼻子，古代一种酷刑。

燚 yì 形火势猛烈。

翳（*瞖） yì ❶动〈文〉遮盖▷林木阴～|～障。→❷名长在眼角膜上障蔽视线的白斑▷白～|～子。→❸名〈文〉起遮蔽作用的东西▷云～。

臆 yì ❶名胸▷胸～。→❷形主观的▷～断|～造|～见|～说。

翼 yì ❶名鸟类或某些昆虫的飞行器官。通称翅膀。→❷名作战时阵形的两侧；政治活动中的一个派别▷两～阵地|侧～|左～|右～。→❸动〈文〉帮助；辅助▷～助|～佐。→❹名星宿名，二十八宿之一。→❺名像翅膀的东西；两侧的部分▷机～|鼻～（鼻尖两旁的部分）。

镱（鐿） yì 名金属元素，符号 Yb，稀土元素之一。银白色，有光泽，质软，富延展性，在空气中较稳定，有低毒。用于制作激光材料和各种试剂。

癔 yì ［癔病］yìbìng 名较严重的神经官能症，发作时神态失常，有的还伴有痉挛、麻痹等现象。也说歇斯底里。

懿 yì 形〈文〉（德行等）美好▷～德|～行。☛统读 yì，不读 yí。

yīn

因（*囙） yīn ❶动〈文〉依靠；凭借▷为高必～丘陵。→❷动照老样子做▷陈陈相～|～循守旧|～袭。→❸介引进动作行为的依据，相当于"按照""根据"▷～势利导|～地制宜|～材施教。→❹名事情发生的条件或造成某种结果的缘故▷事出有～|前～后果|原～。⇒❺介引进动作行为的原因▷～经验不足而失败|～故缺席|～雨改期|～噎废食。⇒❻连连接分句，表示因果关系▷～缺乏经验，终于失败|～雾气过大，轮渡今日暂停。

阴（陰 *隂） yīn ❶形云层密布，不见或少见阳光的天气；气象学上特指中、低云总云量占天空 8/10 及以上，阳光很少或不能透过云层时的天空状况▷多云转～|天～了|～天|～雨|～云。→❷名指日光照不到的地方▷树～|林～道|背～。⇒❸名山的北面；水的南面（跟"阳"相对，④⑦—⑪同）▷山～（在会稽山的北面）|江～（在长江的南面）。⇒❹形隐蔽的；不外露的▷～沟|阳奉～违。⇒❺形不光明正大；阴险▷这个人很～|～谋|～险|～毒。⇒❻名生殖器，有时特指女性生殖器▷～茎|～虱|外～|～道|女～。⇒❼形凹下的▷～文印章。→❽名我国古代哲学指宇宙间贯通物质和人事的两大对立面之一（另一面是"阳"）▷～阳二气。⇒❾名古代指太阴，即月亮▷～历。⇒❿名跟鬼神有关的；跟冥间有关的▷～德|～间|～曹地府|～魂。⇒⓫名带负电的▷～极|～离子。○⓬名姓。

茵 yīn 名车上的垫子；褥子▷绿草如～|～席。

音 yīn ❶名声音或乐音，即物体因振动或有规律的振动而发生的波通过听觉所产生的印象▷这个～唱得不太准|～乐|播～|～响|～速|～量。→❷名特指语音、音节▷国际～标|方～|正～|乡～|～译|单～词。❸名信息；消息▷佳～|～信|回～|福～。

洇 yīn 动液体接触纸、布等物体后向四外浸润或渗透▷这种纸一沾墨水就～|血水把纱布都～透了|墙让雨水～湿了。

姻（*婣） yīn ❶名男女婚嫁的事▷婚～|联～|～缘。→❷名有婚姻关系的亲戚（多指关系比较间接的）▷～伯（称弟兄的岳父、姐妹的公公）|～弟（称姐夫或妹夫的弟弟、妻子的表弟）。

细（絪） yīn ［细缊］yīnyūn 同"氤氲"。参见"氤"。

骃（駰） yīn 名古代指浅黑和白色毛夹杂的马。

氤 yīn ［氤氲］yīnyūn 形〈文〉形容烟云弥漫的样子▷云烟～。

殷[1]（*慇❸❹） yīn ❶形〈文〉盛大▷～祀|～盛。→❷形富裕；富足▷～实|～富。→❸形（情意等）深厚▷～切。❹形热情而周到▷～勤。

殷[2] yīn ❶名朝代名，约公元前 14 世纪—前 11 世纪。商代盘庚迁都于殷（今河南安阳西北），改商为殷。○❷名姓。

另见 yān；yǐn。

铟（銦） yīn 名金属元素，符号 In，稀散元素之一。银白色，质软，熔点较低。可用来制造低熔合金和轴承合金，在原子能工业中用来测量或吸收中子。

堙(*陻) yīn 〈文〉❶动堵塞▷以土石～洪水。❷动埋没;泯灭▷～没|～灭。

喑(*瘖) yīn ❶动沉默;不说话▷万马齐～。→❷形哑,说不出话来▷～哑。

闉(闉) yīn 〈文〉❶名瓮城(围绕在城门外的小城)的门,也指瓮城;泛指城。○❷动堵塞;填塞。

湮 yīn 动液体落在某些物体上向四外散开或渗透。现在通常写作"洇"。

另见 yān。

愔 yīn [愔愔]yīnyīn 〈文〉❶形安静和悦。→❷形寂静无声。

溵 yīn [溵溜]yīnliù 名地名,在天津。

禋 yīn ❶名禋祀,古代对昊天上帝的一种祭礼,把牲体和玉帛放在柴上焚烧,使烟气上达于天。→❷动泛指祭祀。

yín

吟(*唫) yín ❶动有节奏地诵读诗文▷～诗|～咏|～诵|行～诗人。→❷名古代诗歌体裁的一种▷《梁甫～》|《白头～》|《水龙～》。

垠 yín 名边际;边界▷一望无～|无边无～。

狺 yín [狺狺]yínyín 拟声〈文〉狗叫声▷犬吠～～。

崟 yín [嵚崟]qīnyín,见"嵚"。

银(銀) yín ❶名金属元素,符号 Ag。白色,有光泽,质软,富延展性,导电导热性能极好,化学性质稳定,在空气中不易氧化。用于电镀,也用于制造货币、首饰等。通称银子、白银。→❷名指货币或与货币有关的事物▷包～|～两|～票|～行|～根。→❸形像银子颜色的▷～白色|～河|～幕|～燕。○❹名姓。

淫(*滛婬[3]) yín ❶形过度;过分▷～威|～雨|滥施～刑。→❷形放纵;没有节制▷骄奢～逸|奢侈～乐。→❸形指男女关系不正当▷～乱|～秽|奸～|～荡。

寅 yín 名地支的第三位。

龂(齗) yín ❶古同"龈"。○❷[龂龂]yínyín 形〈文〉形容争辩的样子。

鄞 yín 名鄞县,地名,在浙江。

龈(齦) yín 名包住牙根的肉。通称牙龈、牙床。

夤 yín 〈文〉❶形深▷～夜。○❷动攀附▷～缘(攀附上升,比喻向上巴结)。

蟫 yín 名〈文〉蠹鱼,蛀食衣服或书籍的银白色小虫。

嚚 yín 〈文〉❶形愚蠢而顽固▷～顽|～然。○❷形奸诈;狡猾。

霪 yín [霪雨]yínyǔ 名连绵不停的过量的雨。现在通常写作"淫雨"。

yǐn

尹 yǐn ❶名古代官名▷京兆～|令～|府～|道～。○❷名姓。

引 yǐn ❶动〈文〉拉弓▷～而不发|～弓。→❷动拉长;延伸▷～领西望|～吭高歌|～申|～桥。❸名古代长度单位,10丈为1引,15引为1里。→❹动拉▷～车|穿针～线|牵～|～力。⇒❺动带领▷～路|～狼入室|～人入胜|～航|～导|～见|～诱|索～。❻动招来;导致▷一个小疏忽～来了一场大麻烦|～得大家哄笑|抛砖～玉|～火烧身。❼动推荐▷～荐|～为知己|推～。⇒❽动引用,把别人的言行或某个事物作为根据▷～以为荣|～经据典|～古证今|援～书证。→❾动离开▷～退|～避。

吲 yǐn 音译用字,用于"吲哚"(yǐnduǒ,有机化合物,化学式 C_8H_7N,可以制作香料、染料和药物)。

饮(飲*歙) yǐn ❶动喝▷～水思源|～鸩止渴|～泣吞声|～料。→❷动喝酒▷对～|畅～|宴～|豪～。→❸动心中含着;忍着▷～恨自杀。→❹名指饮料▷冷～|热～。❺名指饮子,即不规定时间、剂量饮服的中药汤剂▷香薷～|门冬～。

另见 yìn。

蚓 yǐn 名蚯蚓。参见"蚯"。

殷 yǐn 拟声〈文〉形容巨大的雷声▷雷声～～。

另见 yān;yīn。

隐(隱) yǐn ❶动躲藏起来不外露▷～藏|～蔽|～士|～身。→❷动掩盖真相或真情不让人知道▷～姓埋名|～恶扬善|～瞒|～讳。→❸形深藏的;不外露的▷～患|～情|～疾|～衷。⇒❹形不明显;不清楚▷～晦|～～。⇒❺名秘密的事▷难言之～|～私。

靷 yǐn 名〈文〉拉车前行的皮带。

讔(讔) yǐn 名〈文〉隐语;谜语。

檃(檃) yǐn [檃栝]yǐnkuò 〈文〉❶名矫正竹木弯曲的工具。→❷动剪裁或改写文章。

瘾(癮) yǐn 名特别深的嗜好;长期接受外界刺激而形成的难以抑制的习惯▷抽烟成～|打麻将打上～了|球～|过～|毒～|～君子(旧指吸毒成瘾的人)。

螾 yǐn 古同"蚓"。

yìn

印 yìn ❶名图章;泛指各种印章▷盖个～|～把(bà)子|～章|钢～|治～。→❷动验证;符合▷心心相～|～证。→❸动留下痕迹▷脸上～着五个指头印。⇒❹名痕迹▷桌上划了一道～儿|脚～|烙～|～

痕。⇒❺动使图像、文字等附着在纸、布等上面▷～一份材料|背心上～着校名|～报|排～|铅～|复～|～染◇深深地～在脑海里。○❻名姓。

饮(飲*歙) yìn 动给牲口喝水▷牲口～过了|～马。
另见 yǐn。

茚 yìn 名〈外〉有机化合物,分子式 C_9H_8。无色液体,容易产生聚合反应。是制造合成树脂和油漆溶剂的原料。

荫(蔭*廕❶❷) yìn ❶动〈文〉(树木)遮盖(阳光)▷～庇。→❷动封建时代子孙因先世有功而得到封赏或庇护▷封妻～子。→❸形〈口〉阳光照不到;阴凉潮湿▷地下室太～了,没法住|～凉。☛统读 yìn,不读 yīn。"树荫""林荫道"应写作"树阴""林阴道"。

胤 yìn 名〈文〉后代。

䲟(鮣) yìn 名䲟科鱼的一种。身体细长,呈圆柱形,黑褐色,头和身体前端的背部扁平,上有一长椭圆形吸盘,常吸附在大鱼身上或船底而移徙远方。生活在海洋中。

窨 yìn 名地下室;地窖▷地～子。
另见 xūn。

慭(憖) yìn ❶动〈文〉愿意;宁肯。○❷[慭慭]yìnyìn 形〈文〉形容小心谨慎的样子▷～然莫相知。

yīng

应¹(應) yīng ❶动表示理所当然,相当于"应该""应当"▷理～如此|做事～分轻重缓急。○❷名姓。

应²(應) yīng 动允诺;同意(做某事)▷所有的条件他都～了|谁～的事谁负责|～许。
另见 yìng。

英¹ yīng ❶名〈文〉花▷残～|落～。→❷形才能出众的▷～才|～明|～俊|～魂。❸名才能出众的人▷～豪|～杰|群～会|精～。○❹名姓。

英² yīng 名指英国▷～尺|～镑。

莺(鶯*鸎) yīng ❶名黄莺。黄鹂的别称。雄鸟羽色金黄而有光泽,翅膀和尾部中央呈黑色;雌鸟羽色黄中带绿。鸣声婉转动听,是著名的观赏鸟。→❷名莺亚科鸟的统称。体形小,毛色一般为绿褐色或灰绿色,嘴短而尖,鸣叫声清脆。吃昆虫,是农林益鸟。

婴¹(嬰) yīng 名初生的孩子▷～儿|女～|妇～。

婴²(嬰) yīng 动〈文〉缠绕;遭受▷杂务～身|～疾。

媖 yīng 名〈文〉妇女的美称。

瑛 yīng 名〈文〉像玉的美石。

锳(鍈) yīng 拟声〈文〉形容铃声。

撄(攖) yīng 动〈文〉迫近;触犯▷虎负嵎,莫之敢～|～鳞(比喻触怒帝王)。

蘡(蘡) yīng [蘡薁]yīngyù 名落叶藤本植物,枝条细长有棱角,叶子掌状阔卵形,有深裂,边缘有锯齿,圆锥花序,浆果黑紫色。果实可以酿酒;茎的纤维可以做绳索;根可以做药材。

嘤(嚶) yīng [嘤嘤]yīngyīng ❶拟声〈文〉形容鸟叫声▷鸟鸣～～。○❷拟声形容低微的哭泣声▷她说着说着,～地哭了起来。

罂(罌*甖❶) yīng ❶名古代一种容器,比缶大,腹大口小▷瓦～。○❷[罂粟]yīngsù 名二年生草本植物,叶长圆形,边缘有缺刻,开红、紫或白色大花,果实球形。未成熟的果实含有乳汁,可以制成鸦片。果壳可以做药材。花可供观赏。

缨(纓) yīng ❶名古人系(jì)在下巴上的帽带▷～索。→❷名〈文〉带子;绳子▷长～。→❸名用丝或毛等制作的穗状饰物▷红～枪|～帽。❹名像穗状饰物的蔬菜叶子▷萝卜～儿|芥菜～子。

璎(瓔) yīng ❶名〈文〉像玉的石头。→❷[璎珞]yīngluò 名古代一种用珠玉穿成的戴在颈项上的装饰品。

樱(櫻) yīng ❶[樱花]yīnghuā 名即山樱花。落叶乔木,叶子卵形或卵状披针形,开白色或红色花,果实球形,黑色。产于我国和日本,为著名的观赏植物。樱花,也指这种植物的花。○❷[樱桃]yīngtáo 名落叶灌木或小乔木,叶子卵形或长卵形,开白色或淡红色花,结红色球形小果,味稍甜带酸。木材坚硬细密,可制器具;花可供观赏;果实可以食用;果核可以做药材。樱桃,也指这种植物的果实。

霙 yīng 名〈文〉雪花。

鹦(鸚) yīng [鹦鹉]yīngwǔ 名鹦鹉科各种鸟的统称。头圆,上嘴钩曲,羽毛绚丽,有白、赤、黄、绿等色。舌大而软,有的种经训练以后能模仿人说话的声音,是著名的观赏鸟。通称鹦哥。

膺 yīng 〈文〉❶名胸▷拊～痛哭|义愤填～。→❷动承当▷身～重任|荣～英雄称号。

鹰(鷹) yīng ❶名鹰科部分鸟类的统称。上嘴弯曲呈钩形,趾具锐利的钩爪,翼大善飞,性凶猛,食肉,多栖息于山林或平原地带。常见的有苍鹰、雀鹰等。→❷名喻指军用飞机▷银～|战～。

yíng

迎 yíng ❶动面向对方走过去;接对方一起来▷大家～上前去|我去路上～他|送旧～新|～来送往|欢～|～接。→❷动面向着;正对着▷～着风|～着他走去|～面|～击。☛"迎"字右上是"卬"(áng),不是"卯"(mǎo)。

茔(塋) yíng 名〈文〉墓地,埋葬死人的地方▷祖～|坟～。☛"茔"和"莹"不同。"茔"的下半部是"土","莹"的下半部是"玉"。

荥(滎) yíng [荥经]yíngjīng 名地名,在四川。
另见 xíng。

荧(熒) yíng 〈文〉❶形形容光线微弱▷～烛|青灯～然。→❷[荧光]yíngguāng 名某些物质受光或其他射线照射时所发出的可见光▷～屏|～灯。○❸形眩惑;迷惑▷～惑人心。☛"荧"和"萤"不同。"萤"指萤火虫,"荧光""荧屏"的"荧"不能写作"萤"。

盈 yíng ❶动充满▷顾客～门|热泪～眶|恶贯满～|充～。→❷动比原有的多出来▷～利|～余。→❸形丰满▷体态丰～。

莹（瑩）yíng ❶形光洁而明亮▷晶～。○❷名像玉的美石。

萤（螢）yíng 名萤科昆虫的统称。身体黄褐色，腹部七或八节，末端下方有发光的器官，能发出绿光。夜间活动。有两千多种。通称萤火虫。

营（營）yíng ❶动〈文〉四周垒土居住。→❷名古代军营四周的围墙；借指军营▷安～扎寨|～地|宿～。❸名军队编制单位，隶属于团，下辖若干连。→❹动建造▷～造|～建。⇒❺动经营；管理▷～业|私～|运～。⇒❻动谋求▷～生|～利|～救|～私。○❼名姓。

萦（縈）yíng 动缠绕；盘绕▷～绕|～怀。

溁（濚）yíng 形〈文〉形容水回旋的样子，多用于地名▷～湾（在湖南）|～溪（在四川）。

蓥（鎣）yíng ［华蓥山］huáyíngshān 名山名，在重庆。

楹 yíng 名厅堂的前柱；泛指柱子▷两～|～联。

滢（瀅）yíng ［汀滢］tīngyíng 形〈文〉水清澈▷曲江～。

蝇（蠅）yíng 名双翅目蝇科昆虫的统称。种类很多，有舍蝇、家蝇、金蝇、绿蝇、麻蝇等。我国最常见的舍蝇密生短毛，灰黑色，口器适于舐吸，复眼大，触角短而有芒，仅有一对前翅。能传播霍乱、伤寒、结核、痢疾等疾病。通称苍蝇。

潆（瀠）yíng 形〈文〉形容水回旋的样子▷～洄|～绕。

嬴 yíng 名姓。

赢（贏）yíng ❶动通过经营活动获得利润▷～利|～余。→❷动（打赌或比赛）获胜后得到（东西）（跟"输"相对，③同）▷～钱。⇒❸动获胜▷这盘棋我准～|～了一场球|官司打～了。⇒❹动获得；争取到▷～得大家的信任|～得了时间。

瀛 yíng 名〈文〉大海▷～海|东～（常用来指日本）。

yǐng

郢 yǐng 名周朝楚国的都城，在今湖北江陵西北。

颍（潁）yǐng 名颍河，水名，淮河最大的支流，发源于河南东部，流入安徽。

颖（穎 *頴）yǐng ❶名古代指禾穗的末端，现指某些植物子实带芒的外壳▷～果。→❷名某些细小物体的尖端▷短～羊毫。❸形才能出众；聪明▷聪～|～悟。❹形与众不同▷新～|～异。

影 yǐng ❶名人或物体挡住光线后投射出的暗像▷窗户上有个人～|形～相吊|树～|阴～|皮～戏。→❷名人或物体在镜子、水面等反射物中显现出来的形象▷水中倒～。❸名模糊的形象、迹象或印象▷这事忘得连点～儿都没了|这简直是没～儿的事。→❹名图像；照片▷画～图形|摄～|留～|合～。❺动临摹，把薄纸蒙在原件上，照着原字的样子写▷～写|～本|～格儿|仿～。❻动指影印，用照相的方法制版印刷▷～宋本。→❼名指皮影戏▷滦州～|～戏。❽名指电影▷～院|～评|～迷|～坛。○❾动〈方〉隐藏▷～在假山背后。

瘿（癭）yǐng ❶名中医指颈部囊状肿瘤，属于甲状腺肿大一类的疾病。→❷名植物体受害虫或真菌的刺激而形成的瘤状物▷虫～。

yìng

应（應）yìng ❶动对别人的呼唤、招呼、问话等作出反响▷一呼百～|答～|呼～|响～。→❷动承诺；接受▷有求必～|～承|～邀|～聘|～征。→❸动适应▷～运而生|～时|～景|得心～手。→❹动采取措施对付、处理▷～接不暇|～酬|～敌|～变|～付。→❺动（预言、预感与后来发生的事实）相符合▷今天的事可真～了他的话|～验。

另见 yīng。

映（*暎）yìng ❶动照▷朝霞～红了天际|河水被晚霞～得通红|～照。→❷动因照射而显出▷亭台楼阁倒～在湖面上|影子～在墙上|水天相～|反～。❸动特指放映影片▷新片上～|电影已经开～|首～式。☛统读 yìng，不读 yāng。

硬 yìng ❶形物体质地坚固，受外力后不易变形（跟"软"相对）▷花岗石很～|太～了，咬不动|～币|～面儿饽饽|坚～|～邦邦。→❷形（意志、态度等）坚定不移，坚强有力▷～汉子|嘴～|口气挺～|欺软怕～|强～。❸副表示不顾条件强做某事；勉强▷不给他，他～向我要|写不出的时候不～写|有病不治，～挺着|生拉～拽|～干（gàn）。→❹形能力强；质量好▷工夫～|货色～|～手|过～。→❺形不灵活▷舌头～，发音不准|僵～。→❻形不可改变的▷～指标|～任务|～性规定。

媵 yìng〈文〉❶动陪送女儿出嫁▷以～秦穆姬。→❷名陪嫁的人▷以宫中善歌讴者为～。

yō

唷 yō ［哼唷］hēngyō 叹〈方〉许多人同时做同一项重体力劳动时发出的有节奏的声音。

yōng

佣（傭）yōng ❶动受人雇用▷雇～|～工。→❷名受人雇用的仆人▷女～。

另见 yòng。

拥（擁）yōng ❶动搂抱▷～抱。→❷动围着▷前呼后～|簇～。○❸动聚集到一起▷人都～在门口|～兵自守|蜂～而上|一～而入|～挤|～塞。○❹动表示赞成并全力支持▷～政爱民|～护|～戴。☛统读 yōng，不读 yǒng。

痈（癰）yōng 名皮肤或皮下组织化脓性炎症，多发生在颈部或背部，症状是皮肤局部红肿变硬，表面有许多脓泡，有时形成许多筛状小孔，疼痛异常。

邕 yōng 名邕江，水名，在广西。

庸[1] yōng〈文〉❶动用；需要（常用于否定式）▷无～讳言（不必隐讳）|毋～置疑。○❷副表示反问语气，相当于"岂""难道"▷～可废乎？

庸[2] yōng 形平常；不高明▷平～|～俗|～人|～才|～医。☛"庸"字统读 yōng，不读 yóng。

鄘 yōng 名周朝诸侯国名，在今河南新乡西北。

雍（*雝❶）yōng ❶形〈文〉和谐▷～合|～睦。→❷［雍容］yōngróng 形优美和谐，从容

大方▷～华贵。○❸名姓。

澭 yōng 名澭水，古水名，在山东。

墉 yōng 名〈文〉高墙；特指城墙▷石～｜崇～。

慵 yōng 形〈文〉疲倦；懒散▷～困｜～惰。

镛（鏞） yōng 名大钟，古代乐器。

壅 yōng ❶动〈文〉堵塞▷～塞（sè）｜～闭。→❷动〈文〉堆积▷～积。❸动特指把土或肥料培在植物的根部▷～土｜～肥。☛统读 yōng，不读 yǒng 或 yòng。

臃 yōng ［臃肿］yōngzhǒng ❶形身体因过胖或穿衣过多而特别肥大▷全身～，动作不灵｜穿着一身肥大的棉衣，显得非常～。→❷形比喻机构过于庞大，运转不灵▷机构～，人浮于事。☛统读 yōng，不读 yǒng。

鳙（鱅） yōng 名鳙鱼，体侧扁，背部暗黑色，有小黑斑，鳞细密，头很大，眼在头的下部。生活在淡水中，是重要的食用鱼。也说花鲢，俗称胖头鱼。

饔 yōng 〈文〉❶名熟的食物；特指熟肉。→❷名早饭▷～飧不继（指有上顿没下顿。飧，晚饭）。

yóng

喁 yóng ❶形〈文〉鱼嘴向上露出水面的样子。→❷［喁喁］yóngyóng 形〈文〉比喻众人景仰归向的样子。

另见 yú。

颙（顒） yóng 动〈文〉仰慕；盼望▷～仰｜～望。

yǒng

永 yǒng 形长久；久远▷～不消逝｜～志不忘｜～葆青春｜～久｜～恒｜～世。

甬[1] yǒng ❶名甬江，水名，在浙江东北部，流经宁波。→❷名宁波的别称▷～剧｜沪杭～。

甬[2] yǒng 名甬道，院落或墓地中用砖石砌成的对着主要建筑物的通路。

咏（*詠） yǒng ❶动声调抑扬地诵读；歌唱▷吟～｜歌～｜～叹。→❷动用诗词的形式描述▷～怀｜～史｜～梅。

泳 yǒng 动在水里游动；游水▷游～｜自由～｜蝶～｜～道。

俑 yǒng 名古代殉葬用的人形或兽形物，多为木制或陶制▷秦～｜兵马～｜木～｜陶～。

勇 yǒng ❶形有胆量；在危险、困难面前不退缩▷～往直前｜～敢｜～气｜～士｜英～｜～于认错。→❷名指士兵▷散兵游～。○❸名姓。

埇 yǒng ❶动〈文〉给道路培土。○❷［石埇］shíyǒng 名地名，在广西。

涌（*湧） yǒng ❶动水向上冒；泛指液体或气体向上升腾▷泪如泉～｜风起云～｜～泉｜大江奔～。→❷动像水升腾那样冒出或升起▷从云层中～出一轮明月｜敌军～上公路｜～现◇脸上～出笑容。

另见 chōng。

恿（*慂恖） yǒng ［怂恿］sǒngyǒng，见“怂”。

蛹 yǒng 名完全变态的昆虫由幼虫变为成虫的过渡形态。此时大多不食不动，原有的幼虫组织器官逐渐破坏，新的成虫组织器官逐渐形成，最后变为成虫。

踊（踴） yǒng 动向上跳；跳跃▷～跃。☛统读 yǒng，不读 rǒng。

鲬（鯒） yǒng 名鲬科鱼的统称。体平扁而长，黄褐色，头部扁而宽，口大。生活在温带和亚热带海洋底层。

yòng

用 yòng ❶动让人或物发挥功能，为某种目的服务▷大家都～上计算机了｜大材小～｜～法｜～品。→❷名用处；功效▷旧报纸还有～｜物尽其～｜效～｜功～。→❸名费用，花费的钱财▷贴补家～｜缺少零～。→❹动需要（多用于否定）▷不～帮忙，我自己能做完｜不～说了｜这点事还～得着大家都去吗？→❺动敬辞，指吃喝▷请～茶｜请～便饭。→❻介引进动作凭借或使用的工具、手段等▷～开水沏茶｜～锄头锄地｜～鲜血和生命保卫祖国｜～雷锋精神教育下一代。❼介〈文〉引进原因，相当于“因此”▷～特函达。○❽名姓。

佣 yòng 名佣金，做交易时付给中间人的酬金▷～钱。

另见 yōng。

yōu

优[1]（優） yōu ❶形丰厚；充足▷待遇从～｜～厚｜～裕。→❷动厚待；优待▷拥军～属｜～抚｜～遇。❸形好；非常好（跟“劣”相对）▷品学兼～｜～点｜～势｜～秀｜～美。

优[2]（優） yōu 名古代称以表演乐舞或杂戏为职业的人，后来泛称戏曲演员▷名～｜～伶。

攸 yōu 助〈文〉用在动词前面，组成名词性词组，相当于“所”▷性命～关｜责有～归。

忧（憂） yōu ❶动发愁；担心▷～国～民｜～伤｜～虑｜～愁。→❷名让人发愁、担心的事▷无～无虑｜内～外患｜分～｜隐～。❸名指父母的丧事▷丁～。

呦 yōu 又 yāo ❶叹表示惊讶、惊恐▷～，饭糊了！｜～！怎么停电了！｜～！那边有个人影！○❷叹表示突然发现或想起▷～，我的书包丢了！｜～，忘了带身份证了。

另见 you。

幽 yōu ❶形昏暗▷～暗｜～光｜～～。→❷形深；深远▷～谷｜～深｜～邃｜～情。→❸形隐蔽的；秘密的▷～会｜～居｜～期。⇒❹动〈文〉囚禁▷～囚｜～禁。⇒❺形藏在心里的▷～思｜～怨。⇒❻形安静▷～静｜～谷｜～径｜～美｜～雅。→❼名迷信指人死后灵魂所在的地方▷～魂｜～冥｜～灵｜～明（阴间和阳间）永隔。→❽名古州名，在今河北北部和辽宁南部。

悠[1] yōu ❶形遥远；长久▷～久｜～长｜～远。○❷形闲适，自在▷～闲｜～游｜～然。

悠[2] yōu 动在空中摆动▷小猴子在树枝上～来～去｜～荡｜晃～｜颤～。

麀 yōu 名〈文〉母鹿。

耰 yōu 〈文〉❶名农具，形状像木榔，用来碎土平地。→❷动播种以后用耰平土盖种▷～而不辍。

yóu

尤 yóu ❶形〈文〉特殊的；突出的▷～物｜无耻之～。→❷副格外；更加▷～喜书画｜山林～美｜～甚。→❸名过失；过错▷效～（仿效错误的做法）。→❹动归罪于；责怪▷怨天～人。○❺名姓。

由 yóu ❶动经过；经由▷必～之路｜言不～衷。→❷介引进动作经过的路线、场所▷～小路走近得多｜参观者请～东门入场。→❸介引进动作、变化的起点、来源▷～南到北｜～早9点到晚8点｜～三所大学组合成西南联合大学｜～蝌蚪变成青蛙。⇒❹介引进动作的施动者▷经费～我方提供｜客人～厂长陪同。⇒❺介引进凭借、依据的对象▷～试验结果看，效果良好｜～上述史料可以作出结论｜～此可知。→❻名由来；原因▷原～｜情～｜理～｜事～。❼介引进事物发生的原因，相当于“由于”“通过”▷咎～自取｜成～谦逊败～奢。→❽动〈文〉遵循▷率～旧章。❾动顺从；听任▷身不～己｜～他去吧！○❿名姓。

邮（郵） yóu ❶动经邮电部门递送▷～封信｜～去一本书｜付～｜～寄。→❷名指邮政业务▷～局｜～票｜～筒。❸名特指邮票▷集～｜～市。

犹（猶） yóu ❶动像；如▷虽死～生｜过～不及｜～如。→❷副还；仍然▷言～在耳｜记忆～新｜话～未了。

油 yóu ❶名动植物体内的脂肪，也指某些含碳氢化合物的液体矿产品▷～盐酱醋｜豆～｜牛～｜柴～｜汽～｜机～。→❷动用桐油或油漆等涂饰▷～家具｜地板刚～过｜～饰。❸动被油弄脏▷胸前～了一大块。→❹形圆滑▷这人太～了｜～腔滑调｜～头滑脑｜老～子。○❺名姓。

柚 yóu 名柚木，落叶乔木，高10－50米，枝为四棱形，叶大，卵形或椭圆形，背面密被灰黄色星状毛，开白色花，有香味，核果略呈球形。木材暗褐色，坚硬耐久，纹理美观，为著名用材树种之一，适宜造车、船、桥梁、家具等。

另见yòu。

疣 yóu 名皮肤病，症状是皮肤上长出表面干燥而粗糙的小疙瘩，不疼不痒，多发于面部、头部或手背。通称瘊子。

莜 yóu [莜麦]yóumài 名燕麦属的一种。一年生草本植物，种子成熟后容易与外壳脱离，因此又称裸燕麦。子实磨成粉可以食用。莜麦，也指这种植物的子实。

莸（蕕） yóu ❶名古书上说的一种有恶臭的草，形状像细芦，蔓生在水边，常用来喻指恶人▷薰～不同室。○❷名落叶小灌木，茎四方形，叶子呈卵形或披针形，开淡紫色或淡蓝色的花，果实上部有毛。茎叶可以做药材。

铀（鈾） yóu 名放射性金属元素，符号U。银白色，有延展性，化学性质活泼。铀－235是重要能源，铀－238可用于中子反应堆。

蚰 yóu [蚰蜒]yóuyan 名节肢动物，像蜈蚣而略小，灰白色，全身分15节，每节有一对细长的足，最后一对特长，触角长，毒颚很大。生活在房屋内外阴湿的地方。

鱿（魷） yóu [鱿鱼]yóuyú 名中国枪乌贼的俗称。头足类软体动物，形体像乌贼而稍长，苍白色，有淡褐色斑点，两鳍菱形，在八个腕和一对触腕上，共生有六列吸盘。生活在海洋里。可供鲜食或干制。

游（*遊❶—❹） yóu ❶动流动；移动▷～动哨｜～击｜～移。→❷动从容行走；闲逛▷～山玩水｜云～四方｜～荡｜～览｜旅～。⇒❸动玩▷～戏｜～玩｜～艺｜～乐。⇒❹动交往▷交～。→❺动在水里行动▷鱼在河里～来～去｜畅～长江｜～泳｜～弋。→❻名河流，特指江河的一段▷上～｜下～。○❼名姓。

輶（輶） yóu ❶名古代一种轻便的车。→❷形〈文〉轻。

鲉（鮋） yóu 名鲉属鱼的统称。体侧扁而长，头大，有许多棘状突起，口大，牙细小。栖息于近海岩石间。

猷 yóu 名〈文〉谋略；计划▷鸿～（宏伟的计划）。

蝣 yóu [蜉蝣]fúyóu，见“蜉”。

蝤 yóu [蝤蛑]yóumóu 名海蟹的一类。头胸部略呈梭形，暗紫色，有青白色云斑，螯足长大，第四对步足扁平似桨，适于游泳。生活在浅海海底，常群居。肉味鲜美，可供食用。通称梭子蟹。

另见qiú。

繇 yóu 古同“由”③⑤。

另见yáo；zhòu。

䌛 yóu [䌛子]yóuzi 名捕鸟时用来把同类鸟引诱过来的鸟。

yǒu

友 yǒu ❶名关系密切、有交情的人▷良师益～｜探亲访～｜旧～｜盟～｜女～｜朋～。→❷形关系好；亲近▷～好｜～善｜～爱。→❸形有亲近、和睦关系的▷～邦｜～军｜～邻部队。

有[1] yǒu ❶动表示存在（跟“无”或“没”相对，②—④同）▷天上～云彩｜马路上～许多汽车。→❷动表示领有或具有▷他家～三辆自行车｜人贵～自知之明｜～本领｜～罪。⇒❸动表示具有某种性质▷楼前的空地～两个篮球场那么大｜这棵树～五层楼那么高。⇒❹动表示领有某种东西多或历时长▷这座楼可～年头儿了｜全村就数他家～钱。⇒❺动表示发生或出现▷情况～了变化｜这孩子最近～点儿低烧。→❻动应对语，表示在这里▷“赵明！”“～！”→❼动表示不定指，跟“某”近似▷～一天你会明白的｜你不喜欢，～人喜欢。→❽动用在“人”“时候”“地方”前面，表示一部分▷～人爱吃甜的，～人爱吃辣的｜～时候他也会大发脾气｜～地方热闹，～地方冷清。○❾助用在某些词的前面，组成表示客气的套语▷～请｜～劳。

有[2] yǒu 〈文〉词的前缀。放在某些朝代名或民族名前面▷～殷｜～周｜～苗。

酉 yǒu ❶名地支的第十位。○❷名姓。

卣 yǒu 名古代祭祀时盛放香酒的青铜器具，口小腹大，有盖和提梁。

羑 yǒu [羑里]yǒulǐ 名古地名，在今河南汤阴北。

莠 yǒu ❶名一年生草本植物，常见的田间杂草，形状像禾，只开花不结子实，圆椎形花序密集成圆柱形，像狗尾巴。俗称狗尾巴草。→❷形〈文〉坏；恶▷～言乱政｜良～不齐｜～民。☛统读yǒu，不读yòu。

铕(銪) yǒu 名金属元素，符号 Eu，稀土元素之一。钢灰色，质柔软，富延展性，在空气中易氧化、自燃，化学性质极活泼。用作核控制器中的中子吸收剂，也是制作电视机荧光屏及激光器的材料。

牖 yǒu 名〈文〉窗户▷户～。

黝 yǒu 形淡黑色；黑色▷～黑｜～暗。☛不读 yōu 或 yòu。

yòu

又 yòu ❶副表示某种动作或情况重复或继续▷昨天刮了一天风，今天～刮开了｜老毛病～犯了｜咱们～见面了｜看完了上册，～去借下册｜装了～拆，拆了～装。→❷副表示几种情况同时存在▷既当爹～当妈｜天～黑，路～滑｜他～想说，～想不说，犹豫不定。❸副表示意思上更进一层▷你很聪明，～很刻苦，一定能学好这门课｜天这么冷，他～没穿大衣，恐怕会冻病的｜纯而～纯。→❹副表示另外有所追加、补充▷西服外面，～套了一件风衣｜封好信后，～在信封上写了几句话｜工资之外，～发了奖金。❺副表示整数之外又加零数▷二～三分之一｜十小时～五分钟。→❻副表示轻微的转折▷穿上棉袄有些热，不穿～有些冷｜想把实情告诉她，～怕她承受不了。❼副用在否定句或反问句中，加强语气▷别这么客气，我～不是外人｜这点花招～能骗得了谁？｜一次没考好～有什么关系？☛"又"和"再"都可用来表示行为的重复或继续，但有不同："又"主要指已然的情况，如"唱过一遍，又唱了一遍"；"再"主要指未然的情况，如"唱过一遍，还要再唱一遍"。

右 yòu ❶名面朝南时靠西的一边(跟"左"相对，②④同)▷车辆靠～行驶｜向～转｜～手｜～首｜～边。→❷名古代特指西的方位(以面朝南为准)▷江～｜山～(太行山以西的地方，后专指山西)。→❸名〈文〉较高的位置或等级(古人常以右为尊)▷无出其～。→❹形政治上、思想上保守的或反动的▷～翼组织｜～倾。

幼 yòu ❶形年纪小▷年～无知｜～儿｜～年｜～稚。→❷形初生的▷～苗｜～芽｜～林｜～虫。→❸名儿童▷男女老～｜扶老携～｜妇～保健站。

佑 yòu 动辅助；保护▷～助｜保～｜～护｜庇～。

侑 yòu 动〈文〉在筵席上用歌舞等助兴，劝人吃喝▷以乐(yuè)～食｜～酒。

柚 yòu 名常绿乔木，叶子大而厚，呈心脏形，开白色大花。果实圆形，扁圆形或梨形，直径可达 25 厘米，果皮淡黄色或橙色，果肉白色或红色，味道酸甜，有时杂有苦味，可以食用。花、叶、果皮均可提制芳香油。柚子，指这种植物的果实。

另见 yóu。

囿 yòu 〈文〉❶名有围墙的畜养动物的园子▷园～｜～苑。→❷动局限；拘泥▷～于一隅｜～于成规。

宥 yòu 动〈文〉宽容；饶恕▷～其罪责｜宽～｜原～。

祐 yòu ❶动〈文〉神灵保佑▷天～｜鬼神不～。→❷动辅助；保护。现在通常写作"佑"。

诱(誘) yòu ❶动引导；劝导▷循循善～｜～导｜劝～。→❷动用手段引人或动物上当▷～敌深入｜引～｜～惑｜～杀｜利～｜～饵。❸动引发(某种后果)；导致(某事发生)▷～致｜～因｜～发肠炎。

蚴 yòu 名泛指绦虫、血吸虫、线虫等的幼体。有毛蚴、尾蚴、胞蚴等。

釉 yòu 名釉子，涂在陶瓷半成品表面的一种物质，经烧制发出玻璃光泽，并能增加陶瓷制品的机械强度和绝缘性能。

鼬 yòu 名鼬属动物的统称。体小而长，毛有黄褐、棕、灰棕等色，肢短，耳小而圆，尾较粗，肛腺通常很发达。种类有黄鼬、白鼬、香鼬、臭鼬等。黄鼬俗称黄鼠狼。

you

呦 you 叹用法同"哟"(yo)。

另见 yōu。

yū

迂 yū ❶形弯；曲折▷～回｜～曲。→❷形(见解和行为)不合时宜，不切实际▷～夫子｜～论｜～腐｜～阔。

吁 yū 拟声吆喝牲口停止前进的声音。

另见 xū；yù。

纡(紆) yū 形弯曲▷～曲｜～回曲折。

於 yū 名姓。☛1955 年《第一批异体字整理表》将"於"作为"于"的异体字予以淘汰。1988 年《现代汉语通用字表》确认"於"在读 wū、yū 以及读 yú 用于地名时为规范字，读 yú 作介词用时仍作为"于"的异体字处理。

另见 wū；yú。

淤 yū ❶名水底沉积的泥沙▷放～｜河～。→❷动泥沙在水底沉积▷大水过后地面～了一层泥沙｜河床逐年～高｜～积｜～塞｜～泥｜～地。❸同"瘀"。

瘀 yū ❶名积血。→❷形(血液)凝滞不通▷～血｜活血化～。

yú

于 yú ❶介引进处所或时间，相当于"在"▷自立～世界民族之林｜鲁迅逝世～1936 年。→❷介引进对象，相当于"向""对""给"▷求助～大家｜满足～现状｜嫁祸～人。→❸介引进来源、起点，相当于"从""自"▷毕业～著名大学｜青出～蓝｜黄河发源～青海。❹介引进行为的主动者▷学生队败～教工队｜限～条件。→❺介引进方面、原因、目的▷勇～自我批评｜便

统计|忙～工作|乐～助人。→❻介引进方向、目标▷气候趋～寒冷|工程接近～完成|献身～科学。→❼介引进比较的对象▷轻～鸿毛|高～一切。〇❽名姓。☛参见"於"字的提示。

与(與) yú 古同"欤"。
另见 yǔ;yù。

予 yú 代〈文〉说话人称自己,相当于"我"▷～取～求。
另见 yǔ。

邘 yú ❶名〈文〉周朝诸侯国名,在河南沁阳西北。也作于。❷名古邑名。在山东定陶。

伃 yú [倢伃]jiéyú 同"婕妤"。参见"婕"。

玗 yú 名〈文〉像玉的美石。

玙(璵) yú 名〈文〉美玉。

欤(歟) yú 助〈文〉表示疑问语气,相当于"呢"或"吗"▷子非三闾大夫～?

余[1] yú ❶代〈文〉说话人称自己,相当于"我"▷～幼好书,家贫难致。〇❷名姓。

余[2](餘) yú ❶动剩下;残留;多出来▷除去成本,还～三万多元|～下的事情|～党|～毒|～粮|富～|多～。→❷名(某事、某种情况)以外或以后的时间▷劳动之～|课～|痛心之～。❸名多出来的部分▷游刃有～|年年有～。→❹形表示整数之外所剩的零头,相当于"多"▷二十～人|三百～元|一千～里。☛参见"馀"字的提示。

妤 yú [婕妤]jiéyú,见"婕"。

盂 yú 名一种盛液体的敞口器皿▷痰～|漱口～。

臾 yú [须臾]xūyú 名片刻;一会儿▷～不离。

鱼(魚) yú ❶名生活在水中的脊椎动物,一般身体侧扁,呈纺锤形,多被鳞,用鳍游泳,用腮呼吸,体温随外界温度的变化而变化。种类极多,大部分可供食用。→❷名称某些像鱼类的水栖动物▷鳄～|鲵～|鱿～|鲸～|鲍～。〇❸名姓。

於 yú 用于地名。如:於陵,古地名,在今山东邹平东南;於潜,旧县名,在浙江,1960 年并入临安。☛1955 年《第一批异体字整理表》将"於"作为"于"的异体字予以淘汰。1988 年《现代汉语通用字表》确认"於"在读 wū、yū 以及读 yú 用于地名时为规范字,读 yú 作介词用时仍作为"于"的异体字处理。
另见 wū;yū。

禺 yú [番禺]pānyú 名地名,在广东。

竽 yú 名古代一种簧管乐器,像笙而稍大。

舁 yú 〈文〉❶动共同扛;抬。→❷动装载。

俞 yú 名姓。
另见 shù。

𬀩(旟) yú 名古代一种绘有鸟隼图像的军旗。

狳 yú [犰狳]qiúyú,见"犰"。

馀(餘) yú 同"余[2]"。☛"餘"是"余"的繁体字,在"餘"和"余"意义可能混淆时,《简化字总表》规定仍用"餘",但要类推简化为"馀",如"馀年无多"。☛参见"余[2]"。

谀(諛) yú 动〈文〉奉承献媚▷阿(ē)～|谄～|～辞。

娱 yú ❶形快乐;欢乐▷～悦|欢～。→❷动使快乐▷自～|～情|～乐|文～。☛统读 yú,不读 yù。

萸 yú [茱萸]zhūyú,见"茱"。

雩 yú ❶名古代求雨的祭祀▷～祭。〇❷[雩都]yúdū 名地名,在江西。今作于都。

渔(漁) yú ❶动捕鱼▷竭泽而～|～民|～猎|～轮。→❷动谋求(不该得到的东西)▷从中～利|侵～。

隅 yú ❶名角落▷城～|向～而泣|负～顽抗。→❷名〈文〉旁边;边侧▷海～|失之东～,收之桑榆。

揄 yú ❶动〈文〉引;提出▷～扬|～策(出谋划策)。〇❷[揶揄]yéyú,见"揶"。

喁 yú [喁喁]yúyú 拟声〈文〉形容小声说话的声音▷～私语。
另见 yóng。

喻 yú ❶古同"愉"。〇❷[新喻]xīnyú 名地名,在江西。今作新余。
另见 yù。

嵎 yú 名〈文〉山势弯曲险阻的地方。

嵛 yú [昆嵛]kūnyú 名山名,在山东。

逾(*踰❶) yú ❶动越过;超过▷不可～越|年～花甲|～期。→❷副〈文〉更加▷～甚。

腴 yú ❶形丰满;肥胖▷丰～。→❷形肥沃▷膏～之地。

渝[1] yú 动(态度、感情等)改变▷忠贞不～|始终不～。

渝[2] yú 名重庆的别称▷成～铁路。

愉 yú 形喜悦;欢乐▷～快|～悦|欢～。☛统读 yú,不读 yù。

瑜 yú 名玉的光彩,常用来喻指优点(跟"瑕"相对)▷瑕～互见|瑕不掩～。

榆 yú 名榆属植物的统称。落叶乔木,高可达 25 米,叶子卵形,花有短梗,有的种结翅果,近圆形或倒卵形,通称榆钱。木材纹理直,结构稍粗,可以制作器具或用作建筑材料。

虞[1] yú ❶名传说中上古朝代名，舜所建。〇❷名周朝诸侯国名，在今山西。〇❸名姓。

虞[2] yú 〈文〉❶动料想；猜度(duó)▷不～之誉。→❷动忧虑；担忧▷不～匮乏。〇❸动欺诈▷尔～我诈。

愚 yú ❶形笨；傻▷大智若～|～笨|～昧|～蠢。→❷动愚弄；欺骗▷～民政策。→❸形〈文〉谦词，用于称跟自己有关的▷～见|～兄。☛统读 yú，不读 yū。

觎(覦) yú [觊觎]jìyú 动〈文〉希望得到(不应得到的东西)▷～大位。

舆[1]**(輿)** yú 〈文〉❶名车箱；车▷舍～登舟|舟～之便。→❷名喻指地▷～地|～图。→❸名轿子▷肩～|彩～。

舆[2]**(輿)** yú 形众多；众人的▷～论|～情。

窬 yú 动〈文〉翻越；翻墙而过▷穿～。

褕 yú [襜褕]chānyú，见"襜"。

蝓 yú [蛞蝓]kuòyú，见"蛞"。

髃 yú 名中医指肩的前部。

yǔ

与[1]**(與)** yǔ 动给▷～人方便|授～|给～|赠～。

与[2]**(與)** yǔ ❶动〈文〉交往；亲近▷彼此相～|～国。→❷介引进动作行为有关的对象，相当于"跟""同"▷～朋友约定|～坏人作斗争|～我无关。❸连连接词性相同的词或结构相近的词组，表示并列或选择关系，相当于"和""或"▷工人～农民|教学～科研|伟大～渺小|行～不行，速作决定。

另见 yú；yù。

予 yǔ 动给▷～以协助|免～处分|授～。

另见 yú。

屿(嶼) yǔ 名小岛▷岛～。

伛(傴) yǔ 形〈文〉驼背▷～人。☛统读 yǔ，不读 kōu、ōu 或 yù。

宇 yǔ ❶名〈文〉屋檐。→❷名房屋▷屋～|庙～|楼～。→❸名指整个空间；世界▷～宙|寰～。→❹名仪表；风度▷眉～不凡|器～轩昂。〇❺名年代地层单位的第一级，在界以上，跟地质年代分期的"宙"相对应▷太古～。〇❻名姓。

羽[1] yǔ ❶名长在鸟类身体表面的毛▷～绒|～扇◇～纱。→❷名鸟类的翅膀，也指昆虫的翅膀▷振～。

羽[2] yǔ 名古代五音(宫、商、角、徵、羽)之一，相当于简谱的"6"。

雨 yǔ 名空中水气遇冷变成的落向地面的水滴▷明天有～|和风细～|～量|～露|暴～。

俣 yǔ [俣俣]yǔyǔ 形〈文〉身体魁伟▷硕人～。

禹 yǔ ❶名人名，夏朝的开国君主。传说因治理洪水有功，接受舜禅位，立国为夏。〇❷名姓。

语(語) yǔ ❶动说；谈论▷～焉不详|不可同日而～|耳～|笑～|絮～。→❷名说的话▷花言巧～|～气|～句|话～。⇒❸名语言，人类特有的用来思维和表达情感、交流思想的工具▷～文|汉～|外～|书面～|～系|～法。❹名代替语言表达意思的动作或信号▷手～|旗～|灯～|哑～。⇒❺名〈文〉特指俗语、谚语、成语或古书中的话▷～云："种瓜得瓜，种豆得豆。"|～曰："三人行，必有我师焉。"⇒❻名诗、文或谈话中的字、词或句▷～不惊人死不休|一～道破|～病|用～不当|引～。→❼动比喻鸟、虫等鸣叫▷鸟～花香|莺啼燕～。

圄 yǔ [囹圄]língyǔ，见"囹"。

敔 yǔ 名古代一种打击乐器，乐曲将结束时，击敔使停止。

圉 yǔ 〈文〉❶动养马▷～人(负责养马的人)。→❷名养马的地方▷圈(juàn)～。

偊 yǔ [偊偊]yǔyǔ 形〈文〉形容一个人走路孤零零的样子▷～独行。

庾 yǔ ❶名〈文〉露天的谷仓▷仓～。〇❷[大庾]dàyǔ 名地名，在江西。今作大余。〇❸名姓。

貐 yǔ [猰貐]yàyǔ，见"猰"。

瑀 yǔ 名〈文〉像玉的美石。

瘐 yǔ 动〈文〉罪犯在狱中因受刑、饥寒、疾病而死▷～死|～毙。☛"瘐"和"瘦"不同。"瘐"字右下是"臾"(yú)，"瘦"字右下是"叟"(sǒu)。

龉(齬) yǔ [龃龉]jǔyǔ，见"龃"。

窳 yǔ 〈文〉❶形(质量)粗劣▷～劣|～陋。→❷形败坏；腐败▷～败。

yù

与(與) yù 动参加▷参～|～会代表。

另见 yú；yǔ。

玉 yù ❶名硬玉、软玉两类矿物的统称。质地细腻、坚韧而有光泽，可用作雕刻的材料或制成装饰品▷一块～|抛砖引～|～器|～雕|～簪|美～。→❷形像玉一样的晶莹、洁白和美丽▷～颜|～手|亭亭～立。❸名〈文〉敬辞，用于尊称有关对方自身的▷～体|～音|～照。〇❹名姓。

驭(馭) yù ❶动驱使车马▷～手|驾～。→❷动控制；支配▷以简～繁。

芋 yù ❶名多年生草本植物，叶子大，倒卵形，有长柄，地下块茎呈球形或椭圆形，雄花黄色，雌花绿色。块茎供食用。芋艿，指这种植物的块茎。通称芋头。→❷名〈方〉泛指某些薯类植物▷洋～(马铃薯)|

山～(甘薯)。

吁(籲) yù 动为某种要求而呼喊▷呼～|～请。另见 xū;yū。

聿 yù 助〈文〉用在句首或谓语前,起顺承上下文的作用▷岁～其暮。

谷 yù [吐谷浑]tǔyùhún 名我国古代民族,居住在今青海北部、新疆东南部一带,隋唐时曾在内地建立政权。

另见 gǔ。

饫(飫) yù 形〈文〉饱▷～饱|～足。

妪(嫗) yù 名〈文〉老年妇女▷老～。☛不读 ōu。

郁(鬱❶❸ *欝❶❸ 鬰❶❸) yù ❶形(草木)繁茂▷～～葱葱|葱～|苍～。→❷形香气浓烈▷浓～。→❸动(忧愁、愤怒等情绪)在心里积聚,得不到发泄▷～积|～结|抑～|～闷|忧～。○❹名姓。

育 yù ❶动生孩子▷生～|～龄|不～症|节～。→❷动养活▷～婴|～秧|封山～林|养～。⇒❸动教育;培养(人才)▷教书～人|～才。⇒❹名教育活动▷德～|体～|智～。

昱 yù 〈文〉❶形明亮▷～耀|～～。→❷动照耀▷日～乎昼,月～乎夜。

狱(獄) yù ❶名官司;案件▷冤～|文字～。→❷名监禁罪犯的地方▷锒铛入～|出～|蹲大～|监～|～警。

彧 yù 形〈文〉文采繁盛▷～～其文。

峪 yù 名山谷,多用于地名▷～口|马兰～(在河北)|嘉～关(在甘肃)。

钰(鈺) yù 名〈文〉珍宝。

浴 yù 动洗澡▷沐～|～池|～巾◇～着朝阳|～血奋战。

预(預) yù ❶形事先的▷～兆|大学～科。→❷副表示动作行为出现在事情发生或进行之前▷～祝胜利|～定|～演|～料|～约。○❸动参与▷干～|～闻政事(参与管理政务)。○❹名姓。☛"预"不能简化为"予"。

域 yù 名一定的疆界内较大的地方;地区或范围▷流～|海～|地～|区～|领～|异～|～外。

堉 yù 名〈文〉肥沃的土壤。

菀 yù 形〈文〉茂盛。另见 wǎn。

欲(*慾❷) yù ❶动想要;希望▷～擒故纵|～罢不能|畅所～言。→❷名欲望,想得到某种东西或达到某种目的的愿望▷利～熏心|禁～|食～|求知～|情～|私～。→❸动〈文〉需要▷心～小,志～大。→❹副将要▷欣喜～狂|东方～晓|摇摇～坠。

阈(閾) yù 〈文〉❶名门槛▷门～|足不逾～。→❷名界限;范围▷界～|视～|痛～。

淯 yù [淯溪]yùxī 名地名,在湖北。

谕(諭) yù ❶动〈文〉告诉;告知(用于上对下)▷劝～。→❷名旧时指上对下的文告、指示;特指皇帝的诏令▷手～|面～|上～|圣～。

尉 yù [尉犁]yùlí 名地名,在新疆。另见 wèi。

遇 yù ❶动偶然相逢;碰到▷在街上～见一个朋友|～上一场雪|不期而～|百年不～|～难|遭～。→❷动对待▷礼～|待～|优～|冷～。→❸名机会▷机～|际～。

喻 yù ❶动说明;开导▷～之以理|不可理～|晓～。→❷动明白;了解▷不言而～|家～户晓。→❸动打比方▷比～|明～|暗～|借～。○❹名姓。

另见 yú。

御[1] yù ❶动〈文〉驱使车马▷～者|驾～。→❷动〈文〉治理;统治▷百官～事|～众以宽。→❸名古代指同帝王有关的▷～驾|～医|～笔|～赐。

御[2](禦) yù 动抵挡;抵抗▷～敌|～寒|防～|抵～。

鹆(鵒) yù [鸲鹆]qúyù,见"鸲"。

寓(*庽) yù ❶动寄居;居住▷寄～|～居|～公|～所。→❷名住处▷公～|私～|张～(张姓的住所)。→❸动(把心愿、感情等)寄托或隐含(在事物中)▷～教于乐|～言|～意。

裕[1] yù ❶形财物多;充足▷富～|充～|余～|宽～。→❷动〈文〉使富足▷～民富国。

裕[2] yù [裕固族]yùgùzú 名我国少数民族之一,分布在甘肃。

粥 yù [荤粥]xūnyù,见"荤"。另见 zhōu。

蓣(蕷) yù [薯蓣]shǔyù 名多年生草本植物,地下有圆柱形肉质块茎,地上茎蔓生,叶子对生,开乳白色花。块茎含淀粉和蛋白质,可以食用。通称山药。

罭 yù 名〈文〉一种细密的鱼网。

愈(*瘉❸ 癒❸) yù ❶动〈文〉超过;胜过▷浊富与清贫孰～|以其～己而信之。→❷副叠用,表示程度随着事物的发展而发展,相当于"越……越……"▷～战～勇。→❸动(病)好▷病～|痊～|～合。○❹名姓。☛"愈……愈……"带有书面语色彩,"越……越……"书面语和口语通用。

煜 yù 动〈文〉照耀。

澦(澦) yù [滟澦堆]yànyùduī,见"滟"。

誉(譽) yù ❶动称(chēng)许;赞扬▷称～|赞～|过～|毁～。→❷名名声;特指好名声▷名～|～满全球|声～|信～|盛～。

蔚 yù ❶名蔚县,地名,在河北。○❷名姓。
另见 wèi。

蜮 yù 名〈文〉传说中的一种怪物,专在水里暗中害人▷鬼～。

毓 yù 动〈文〉生养;养育▷钟灵～秀。

隩 yù 名〈文〉弯曲的河岸。
另见 ào。

薁 yù [蘡薁]yīngyù,见"蘡"。

潏 yù ❶形〈文〉水涌出的样子。○❷名潏河,水名,在陕西。

熨 yù [熨帖]yùtiē ❶形〈文〉使用字词妥帖。→❷形〈方〉心情平静舒畅▷听了她的一番话,我心里～多了。☛不读 yùntiē。
另见 yùn。

遹 yù 动〈文〉遵循;依照。

豫[1] yù 〈文〉❶动安乐;安逸▷忧劳可以兴国,逸～可以亡身。→❷形欢快;高兴▷面有不～之色。

豫[2] yù 名河南的别称▷～剧。

豫[3] yù 古同"预"①②。

燠 yù 形〈文〉热;暖▷～热|～暑。☛不读 ào。

燏 yù 名〈文〉火光。

鹬(鷸) yù 名鹬科多数鸟的统称。体型大小差异很大,羽毛多为沙灰、黄、褐等淡色,嘴和腿都很长。常在水边觅食小鱼、贝类和昆虫。常见的有丘鹬、细嘴滨鹬等。

鬻 yù 动〈文〉卖▷卖儿～女|卖官～爵|～画。

yuān

鸢(鳶) yuān 名猛禽,上体暗褐色杂棕白色,下体大部分是灰棕色带黑褐色纵纹,上嘴弯曲,趾有利爪,翼大,善于翱翔,吃蛇、鼠、鱼和其他鸟类。通称老鹰。☛"鸢"字上边是"弋",不是"戈"。

眢 yuān 〈文〉❶形眼睛干瘪失明▷目～血裂。→❷形枯干无水▷～井。

鸳(鴛) yuān ❶[鸳鸯]yuānyāng 名鸟,形体像野鸭而略小,雄鸟羽毛绚丽多彩,眼棕色,外围有黄白色环,嘴红棕色,雌鸟稍小,羽毛苍褐色,腹部纯白。善游泳,飞行力强,栖息内陆湖泊和溪流中。雌雄成对生活。→❷名〈文〉指像鸳鸯一样成对的(人或物)▷～侣|～瓦。

冤(*寃寃) yuān ❶动屈枉,受到或使人受到不公正的待遇;被加上或给人加上不应有的罪名▷～案|～情|～魂|～狱|～枉|～屈。→❷名冤案;冤枉事▷不白之～|含～负屈|伸～|鸣～。→❸名冤仇;仇恨▷～～相报|～家|～孽。→❹形不合算▷这钱花得真～。○❺动〈方〉哄骗;使上当▷好啊,你敢～我!|有些小贩老～人。

渊(淵) yuān ❶名深潭;深池▷天～之别|积水成～|深～|～源。→❷形深▷～深|～博。○❸名姓。

涴 yuān 名涴市,地名,在湖北。
另见 wò。

蜎 yuān 名〈文〉孑孓,蚊子的幼虫。

鹓(鵷) yuān [鹓鹐]yuānchú 名古代传说中凤凰一类的鸟。

箢 yuān [箢箕]yuānjī 名〈方〉竹篾等编制的盛物器具。

yuán

元[1] yuán ❶名〈文〉人头。→❷形为首的;居第一位的▷～首|～帅|～勋|～老|～凶。→❸形开头的;第一的▷～旦|～年|～配|～始。→❹形主要的;基本的▷～素|～音|～气|～本。❺名要素;元素▷一～论|多～论。❻名构成整体的一部分▷单～|～件。

元[2] yuán ❶名朝代名。公元 1206 年蒙古字儿只斤·铁木真建国,1271 年忽必烈定国号为元。1279 年灭南宋,定都燕(yān)京(后改称大都,即今北京)。1368 年被朱元璋推翻。○❷名姓。

元[3] yuán 同"圆"⑦⑧。☛作为我国的本位货币单位,在正式场合应写作"圆"。

芫 yuán [芫花]yuánhuā 名落叶灌木,叶子椭圆形,开淡紫色花,核果白色。花可供观赏,花蕾可以做药材。
另见 yán。

园(園) yuán ❶名种植蔬菜、花果、树木的地方,通常四周有短墙或篱笆▷菜～子|花～|果～|～林|～艺。→❷名游览娱乐的场所▷游乐～|动物～|公～|戏～。☛"园"和"圆"不同。"圆"指圆形,用于"圆圈""圆点""圆满"等词语中。

员(員) yuán ❶名指从事某种职业或担当某种职务的人▷官～|职～|雇～|指挥～|～工|人～。→❷名指一定团体或组织中的成员▷会～|党～|团～|队～|组～。→❸量多用于武将▷十～大将。
另见 yún;yùn。

沅 yuán 名沅江,水名,源于贵州,经湖南流入洞庭湖。

垣 yuán ❶名矮墙;泛指墙▷残～断壁|断瓦颓～|短～|城～。→❷名〈文〉城市▷省～(省城)。

爰 yuán 连〈文〉表示顺承关系,相当于"于是"▷～书其事以告。

袁 yuán 名姓。

原[1] yuán ❶名事物的根本或开端▷穷～竟委|有本有～|～委|本～。→❷动〈文〉推求;追究(事物的根源)▷～本穷末|～始究终。→❸形开始的;最初

的▷～人｜～始｜～虫｜～生。⇒❹形没有经过加工的▷～粮｜～盐｜～料｜～型｜～稿。⇒❺形本来的；没有改变的▷～封不动｜～班人马｜～籍｜～价｜～意。❻名本来的样子▷复～｜还～。→❼副本来；原来▷～有两辆车｜～是一片荒地｜～打算出去玩。○❽名姓。

原[2] yuán 动宽容；谅解▷情有可～｜～谅。

原[3] yuán 名平坦而广阔的地面▷星星之火，可以燎～｜～野｜平～。

圆(圓) yuán ❶名从中心点到周边任何一点的距离完全相等的图形▷画一个～｜～心｜半～｜～周。→❷形圆形的▷～桌｜～柱｜～～的脸盘。→❸形完备；周全▷把话说～了｜～满｜～滑。❹动使完备；使周全▷自～其说｜～谎｜～场｜～梦。→❺形形状像球的▷～滚滚｜滴溜～。→❻形（歌声）婉转▷字正腔～｜歌喉～润。→❼名圆形的金属货币▷银～｜铜～。也作元。❽名我国的本位货币单位，10分为1角，10角为1圆▷1～人民币｜3～5角6分。也作元。

鼋(黿) yuán 名爬行动物，吻突很短，背甲近圆形，散生小疣，暗绿色，体大，腹面、前肢外缘和蹼均呈白色。生活在河中。也说癞头鼋。

援 yuán ❶动用手拉▷攀～。→❷动引用▷～引｜～用｜～例。→❸动帮助；救助▷～助｜支～｜声～｜救～。

湲 yuán ［潺湲］chányuán，见"潺"。

媛 yuán ［婵媛］chányuán 名婵娟。参见"婵"。
另见 yuàn。

缘(緣) yuán ❶介〈文〉表示经过的路线，相当于"沿""顺"▷～江而行｜～木求鱼。→❷介〈文〉表示原因或目的，相当于"因为""为了"▷～何出此下策？❸名原因▷无～无故｜～由｜～故。⇒❹名缘分，由于某种原因而导致的机遇；泛指人与人之间或人与事物之间发生联系的可能性▷咱们两人从中学到大学都是同学，真是有～｜一生跟文学无～｜姻～。⇒❺名因缘，佛教指产生结果的直接原因和辅助促成结果的条件▷结～｜化～。○❻名边▷边～。

塬 yuán 名我国西北黄土高原上的一种地貌，周围被流水冲刷而形成沟壑，边缘陡峭，顶上仍保持原来形成时比较平坦的状态，如陕北的洛川塬、陇东的董志塬等。

猿(*猨蝯) yuán 名哺乳动物，与猴类和人类都有相似之处，是除人以外最高级的动物。比猴大，没有尾巴和颊囊；生活在森林中。种类很多，有大猩猩、黑猩猩、猩猩和长臂猿等。

源 yuán ❶名水流开始的地方▷～远流长｜饮水思～｜水～｜～头。→❷名来源；根源▷推本溯～｜财～｜兵～。○❸名姓。

嫄 yuán 用于人名。姜嫄，传说中周朝祖先后稷的母亲。

辕(轅) yuán ❶名车前部驾牲畜的木杆。先秦时代是一根曲木，在车的中间；汉代以后多是两根直木，在车前两侧▷驾～｜～马｜车～｜～门（古代车营前用车辕交叉架成的门，后指军营、官署的门）。→❷名古代指辕门，后也借指官署▷行～。

橼(櫞) yuán ［枸橼］jǔyuán，见"枸"。

螈 yuán ［蝾螈］róngyuán，见"蝾"。

圜 yuán 古同"圆"。
另见 huán。

羱 yuán 名羱羊，一种生活在高山地带的野羊，雌雄都有角，雄的角大，向后弯曲。也说北山羊。

yuǎn

远(遠) yuǎn ❶形空间或时间的距离长（跟"近"相对）▷路很～｜不～的将来｜～方｜久～｜遥～。→❷形关系不密切▷～亲｜～房｜疏～。❸动不接近；不亲近▷敬而～之｜亲贤臣，～小人。→❹形差距大▷差～了｜～不如他。→❺形〈文〉深奥▷言近旨～。○❻名姓。

yuàn

苑 yuàn ❶名饲养禽兽、种植树木的地方（多指帝王或贵族的园林）▷鹿～｜梅～｜林～。→❷名（文学艺术）会集的地方▷文～｜艺～。○❸名姓。

怨 yuàn ❶动对人或事极度不满或仇恨▷天怒人～｜～声载道｜～气｜～恨｜恩～｜积～。→❷动责怪▷这事不能～你｜任劳任～｜～天尤人。

院 yuàn ❶名房屋及其周围用墙或栅栏等围起来的空间▷我们～住五户人家｜独门独～｜深宅大～｜四合～｜大杂～。→❷名房前屋后围起来的空地▷～里种着花草｜把衣服晾在～里｜庭～。→❸名某些机关或公共场所的名称▷国务～｜参议～｜法～｜保育～｜医～｜学～｜电影～。❹名特指医院或学院▷出～｜住～｜高等～校｜师～。○❺名姓。

垸 yuàn 名垸子，湖南、湖北等地在沿江、湖地区围绕房屋、田地等修筑的像堤坝的防水建筑▷堤～｜～田。
另见 huán。

衍 yuàn ［衍衍］hángyuàn，见"衍"。

掾 yuàn 名古代官署属员的统称▷～吏｜～属。

媛 yuàn 名〈文〉美女▷名～淑女。☛这个意义不读 yuán。
另见 yuán。

瑗 yuàn 名古代指孔大边小的璧。

愿[1] yuàn 形〈文〉谨慎老实▷诚～｜谨～。

愿[2](願) yuàn ❶名希望将来能达到某种目的的想法▷如～以偿｜夙～｜～望｜心～｜志～。→❷动乐意，因符合自己的心愿而同意▷他很～帮忙｜不～出力｜甘～｜情～。→❸动想达到某种愿望；希

望▷～您尽快康复|但～如此|祝～。❹图向神佛祈祷时所许下的酬谢心愿▷许～|还～|～心。

yuē

曰 yuē〈文〉❶动说▷国人皆～可杀|子～:"己所不欲,勿施于人。"→❷动叫作▷距圆明园十里,有村～谢庄。

约(約) yuē ❶动限制▷～束|制～。→❷动事先说定(须要共同遵守的事)▷她俩～好九点见面|～定|预～。⇒❸图事先说定的事;共同遵守的条款▷有～在先|失～|践～|条～|公～。⇒❹动邀请▷～他来吃晚饭|特～代表|应～。→❺形简要▷简～。⇒❻形少;节俭▷节～|俭～。⇒❼副表示对数量等的估计,相当于"大概"▷年～七十|亩产～七百斤|～计。⇒❽动约分,算术上用分子和分母的最大公因数除分子和分母,使分数简化▷ 18/36 可以～成 1/2|公～数。

另见 yāo。

彠 yuē 图〈文〉尺度。

䂸(䂸) yuē〈文〉❶图尺度。→❷动用秤称重量;约(yāo)。

yuě

哕(噦) yuě 动呕吐▷胃里翻腾,刚吃下的饭又都～了|干～。

另见 huì。

yuè

月 yuè ❶图月亮;月球▷花好～圆|披星戴～|～光|～蚀|新～。→❷图计时单位,一年分为十二个月▷三个～|正(zhēng)～|腊～|闰～。❸图每个月的▷～报表|～刊|～薪|～息。→❹图形状像月亮那样圆的▷～琴|～门|～饼。

乐(樂) yuè ❶图音乐▷奏～|～曲|～章|～队。○❷图姓。

另见 lè。

刖 yuè 动把脚或脚趾砍掉,古代一种酷刑。

玥 yuè 图古代传说中的一种神奇的珠子。

岳(*嶽❶❷) yuè ❶图古代指我国的五大名山,即东岳泰山、西岳华山、南岳衡山、北岳恒山、中岳嵩山。→❷图泛指大山▷山～。→❸图对妻子的父母或叔伯的称呼▷～父|～母|叔～|～家。○❹图姓。

栎(櫟) yuè [栎阳]yuèyáng 图古地名,在今陕西临潼北。

另见 lì。

钥(鑰) yuè〈文〉❶图锁。→❷图开锁的用具▷～钩|锁～(喻指军事要地)。

另见 yào。

钺(鉞) yuè 图古代兵器,形状像斧而较大,刃部呈弧形,有长柄,金属或玉石制成,多用于仪仗。

阅(閱) yuè ❶动查点;视察▷检～|～兵。→❷动看(文字)▷～览|～读|～卷|评～|传～|赠～。❸动经历;经过▷～尽沧桑|～历。

悦 yuè ❶形欢乐;欣喜▷心～诚服|和颜～色|喜～|欢～。→❷动使高兴▷赏心～目|～耳。

跃(躍) yuè 动跳▷跳～|～进|～居第一。☛统读 yuè,不读 yào。

越[1] yuè ❶动从上面跨过去▷～过高山|～野|跨～|超～。→❷动经过▷往事～千年|～冬|穿～。→❸动超出(范围);不按照正常次序▷～俎代庖|～权|～级|～境。⇒❹形超出或胜过一般的▷卓～|优～。⇒❺副叠用,构成"越……越……"的格式,表示程度随着情况的发展而加重;"越来越……"表示程度随着时间而加重▷你～说,他～不听|调查得～全面,了解得～清楚|～跑～快|天气～来～热。○❻动扬起▷声音清～|激～。○❼动〈文〉夺取;抢劫▷杀人～货。○❽图姓。

越[2] yuè ❶图周朝诸侯国名,原来在浙江东部一带,后来扩展到江苏、山东。→❷图指浙江东部▷～剧。

粤 yuè ❶图指广东和广西▷两～。→❷图广东的别称▷～剧|～菜。

樾 yuè 图〈文〉树阴▷和风入～。

龠[1] yuè 图古代一种用竹管编排制成的吹奏乐器,类似后世的排箫。

龠[2] yuè 量古代容量单位,一千二百粒黍子为一龠,两龠为一合(gě)。

黦 yuè 形〈文〉黄黑色。

瀹 yuè〈文〉❶动烹煮▷～茗(煮茶)。○❷动疏导(河道)▷疏～。

爚 yuè〈文〉❶图火光。→❷动用火加热;用沸水煮。

yūn

晕(暈) yūn ❶形头脑昏乱▷头～|～头～脑|～头转向|～～糊糊。→❷动昏迷;失去知觉▷突然～过去了|把我给吓～了|～倒在地|～厥。

另见 yùn。

缊(緼) yūn [细缊]yīnyūn,见"细"。

另见 yùn。

氲 yūn [氤氲]yīnyūn,见"氤"。

煴 yūn 图〈文〉小火;没有火焰的火。

另见 yùn。

赟(贇) yūn 形〈文〉美好。

yún

云[1] yún ❶动说▷人～亦～|不知所～。○❷名姓。

云[2]（雲） yún ❶名成团地聚集并悬浮在空中的细微水滴或冰晶▷随风飘来一片～|晴转多～|白～|乌～|～彩|～雾。○❷名指云南▷～贵高原|～烟|～腿（云南宣威一带出产的火腿）。

匀 yún ❶形分布在各部分的数量基本相同，或大小、粗细、深浅、稀稠等基本相等▷种子撒得很～|这馒头碱没揉～|鸡蛋大小不～|均～|～净|～称（chèn）。→❷动使大体相等或相同▷把这两袋米～一～|把每份菜再～～。❸动从中分出一部分给别人或用在别处▷～一间屋子给客人|一直～不出工夫|市场上买不着，这是从朋友那里～的。

芸[1] yún ❶［芸香］yúnxiāng 名多年生草本植物，羽状复叶，夏季开小黄花，花、叶、茎有强烈气味。古人用来驱虫，也可做药材。○❷名姓。☛"芸香""芸蒿""芸芸众生"中的"芸"不是"蕓"的简化字。

芸[2]（蕓） yún ［芸薹］yúntái 名一年或二年生草本植物，茎绿色或紫色，叶子互生，开黄色花。种子可以榨油，是重要的油料作物之一。通称油菜。

员（員） yún 用于人名。伍员，春秋时人。
另见 yuán；yùn。

沄[1] yún ［沄沄］yúnyún 形〈文〉形容水波汹涌回旋的样子。

沄[2]（澐） yún 名〈文〉指长江的大波浪。

纭（紜） yún ❶［纷纭］fēnyún 形（言论、事情）多而杂乱▷众说～|头绪～。→❷［纭纭］yúnyún 形多而乱▷纷纷～。

昀 yún 名〈文〉太阳光。

郧（鄖） yún 名郧县，地名，在湖北。

耘 yún 动除去田里的杂草▷～田|耕～|～锄。

涢（溳） yún 名涢水，水名，在湖北，流入汉水。

筠 yún 〈文〉❶名竹皮。→❷名借指竹子。
另见 jūn。

篔（篔） yún ［篔筜］yúndāng 名〈文〉生长在水边的一种节长、竿高的竹子。

鋆 yún 名〈文〉金子。

yǔn

允[1] yǔn 动答应；许可▷应～|～许|～诺。

允[2] yǔn 形公平；恰当▷公～|平～|～当。

狁 yǔn ［猃狁］xiǎnyǔn，见"猃"。

陨（隕） yǔn 动从高空坠落▷～落|～火|～石|～星。

殒（殞） yǔn 动〈文〉死▷～命|～灭。☛不读 yùn。

yùn

孕 yùn ❶动怀胎▷～妇|～畜（chù）|～育|～期◇～穗。→❷名胎儿▷她有～了|怀～。→❸动包含；包裹▷包～。

贠（貟） yùn 名姓。

运（運） yùn ❶动移动；转动▷～动|～行|～转。→❷动搬运；运送▷把货～走|～煤|空～|～输。→❸动使用▷～笔|～筹|～思|～用。→❹名指人的生死、祸福等遭遇，也指某些事物的发展趋势▷时来～转|命～|～气。○❺名姓。

员（員） yùn 名姓。
另见 yuán；yún。

郓（鄆） yùn ［郓城］yùnchéng 名地名，在山东。

恽（惲） yùn 名姓。

晕（暈） yùn ❶名日月周围的光圈▷日～|月～。→❷名光影或色泽周围逐渐模糊的部分▷灯～|墨～|脸上泛起一层红～。→❸动（外在因素）使眩晕（yūn）▷我一坐汽车就～|我一登高就眼～|～船|～场|～针。
另见 yūn。

酝（醞） yùn 〈文〉❶动酿酒▷～造|～酒|～酿（比喻做准备工作）。→❷名酒▷良～|佳～。☛统读 yùn，不读 yūn。

愠 yùn 动〈文〉恼怒▷～怒。

缊（緼） yùn 名〈文〉乱麻；旧絮。
另见 yūn。

韫（韞） yùn 动〈文〉包藏；蕴含▷～椟而藏（收在柜子里藏起来）。

韵（*韻） yùn ❶名〈文〉和谐动听的声音▷琴～|清～。→❷名韵母，汉语音节中声母、声调以外的部分；特指文学作品中的押韵▷标上这个字的声、～、调|这首诗押什么～？|～腹|诗～|转～|～文|～律。○❸名情趣；风度▷～味|～致|风～|余～。

煴 yùn 古同"熨"。
另见 yūn。

蕴（藴） yùn ❶动包藏；包含▷～藉|～藏|～含。→❷名〈文〉事理的深奥处▷精～|底～。

熨 yùn 动用烙铁、熨斗等烧热的金属器具烫平（衣物）▷～衣服|～烫|电～斗。
另见 yù。

Z

zā

扎(*紮紥) zā 动捆绑;束▷辫子上~了一根红头绳|把裤腿~上|捆~|绑~|结~。
另见 zhā;zhá。

匝(*帀) zā〈文〉❶量环绕一周叫一匝▷绕树三~|环游一~。→❷形满;遍▷柳阴~地|时已~月。☞统读 zā,不读 zhā。

咂 zā ❶动用嘴吸;呷▷~手指头|~奶。→❷动〈口〉少尝一点,仔细辨别▷~滋味|~摸(zāmo)。→❸动用舌尖抵住上腭突然发出吸气的声音,表示称赞、羡慕、惊讶等▷~嘴。

拶 zā 动〈文〉逼迫▷逼~。
另见 zǎn。

臜(臢) zā [腌臜]āzɑ,见"腌"。

zá

杂(雜*襍) zá ❶形不纯;多种多样▷这院里住的人很~|~色|~物|~志|~乱|复~。→❷动搀合在一起▷这批大米中~有少量稗子|夹~|混~|搀~。→❸形正项以外的;非正规的▷~费|~项|~牌军。

砸 zá ❶动重物落在物体上;用重物撞击▷房子塌了,~伤了两个人|搬起石头~自己的脚|~核桃|~地基。→❷动打坏;捣毁▷杯子~了|~坏了玻璃|戏园子让流氓给~了。❸动〈口〉事情做坏或失败▷戏唱~了|考~了|这事让他办~了。

zǎ

咋 zǎ 代〈方〉怎么▷你这是~了?|这可~好呢?|~办|~样。
另见 zé;zhā。

zāi

灾(*災烖菑) zāi ❶名自然的或人为的祸害▷水~|火~|天~人祸|~难|救~|~祸。→❷名个人遇到的灾祸▷招~惹祸|没病没~。

甾 zāi 名有机化合物的一类。广泛存在于动植物体内,胆固醇和许多激素都属于甾类化合物。在医药上应用很广。

哉 zāi 助〈文〉表示感叹的语气▷善~!|难矣~!|呜呼哀~!

栽 zāi ❶动种植▷沿公路~了两行树|~花|~秧|~种|~培|移~。→❷名供移植的植物幼苗▷花~子|柳~子。→❸动插上▷刷子的毛~得不结实|~绒。❹动硬给加上▷~上了罪名|~赃|诬~。→❺动头朝下跌倒▷一头~到地上|~跟头|~倒。

zǎi

仔 zǎi ❶同"崽"。→❷名〈方〉指有某些特征或从事某种职业的年轻人(多指男性)▷肥~|车~|打工~。
另见 zī;zǐ。

载[1](載) zǎi 名年▷一年半~|三年五~|千~难逢。

载[2](載) zǎi 动把事情记录下来;刊登▷~入史册|~在该刊第二期|刊~|登~|转~|连~。
另见 zài。

宰[1] zǎi ❶名古代官名▷~相|县~。→❷动主管;主持▷主~。○❸名姓。

宰[2] zǎi 动杀▷杀猪~羊|屠~|~割。

崽 zǎi ❶名〈方〉儿子▷他两个~都工作了。→❷名幼小的动物▷一窝下了六个~儿|狗~|猪~|兔~子。//也作仔。

zài

再(*再再) zài ❶数两次;第二次▷一而~,~而三|~拜|~衰三竭。→❷动〈文〉重现;继续▷青春不~|良辰难~。→❸副表示同一动作、行为的重复或继续,多指未实现的或持续性的动作▷学习,学习,~学习|~唱一遍|一拖~拖|~不动身就要迟到了|你~怎么劝,他还是不听。⇒❹副表示动作将在一段时间后出现▷今天就讲到这儿,下次~接着讲|这事以后~说吧|~见。⇒❺副表示动作将在另一动作结束后出现▷吃完饭~去也不迟|养好伤~回部队。⇒❻副用在形容词前,表示程度加深,略相当于"更""更加"▷字写小了,还要~大些|要求~严格些|困难~多也不怕|~好不过了。⇒❼副表示有所补充,相当于"另外""又"▷来两个菜,~来碗汤|我们厂的模范,一个是老李,~一个是老王。

在 zài ❶动存在;生存▷人~阵地~|青春长~|父母健~|~世。→❷动(人或事物)处于某个地点或位置▷他~教室里|菜~冰箱里|~场|~座。⇒❸动留在(某职位上);属于(某个群体)▷~职|~位|~野|~旗。⇒❹动在于;取决于▷事情能不能办成就~你一句话|谋事~人,成事~天|事~人为|贵~坚持。⇒❺副正在▷他~看书|火车~飞奔|红旗~飘扬。⇒❻介引进动作行为有关的时间、处所、范围、条件等▷列车~夜间到达|~北京长大|掉~水里|~工作上认真负责|~老师的指导下,完成了毕业设计|~他看来,这样就行了。

载[1](載) zài ❶动用运输工具装▷这辆卡车能~四吨|车~斗量|~客|~重|运~|装~|◇~誉而归。→❷动充满(道路)▷风雪~途|怨声~

道。◯❸图姓。

载[2]（載） zài 副叠用，构成"载……载……"的格式，表示两个动作交替或同时进行，相当于"一边……一边……"▷～歌～舞｜～笑～言。

另见 zǎi。

傤（儎） zài ❶名运输工具所装载的货物▷卸～｜空～。→❷动运载；承受▷～负。

zān

糌 zān [糌粑]zānba 名用炒熟的青稞磨成的面，可以用酥油茶拌着吃，是藏族的主食。

簪（*簮） zān ❶名簪子，用来别住发髻使不散乱的条形物，用金属、玉石等制成▷玉～｜凤～。→❷动插在头发里▷头上～了朵绒花｜～戴。

zán

咱（*喒咱偺㑳） zán ❶代〈口〉称说话人和听话人双方，相当于"咱们"▷～是同乡｜为～中国人争光｜～班｜～俩。→❷代〈方〉说话人称自己，相当于"我"▷～不认识你｜这个理～懂。☛统读 zán，不读 zá。

zǎn

拶 zǎn ❶动用绳穿五根小木棍，套进拇指以外的手指后用力紧收，古代一种酷刑▷～指。→❷名拶子，夹手指的刑具。

另见 zā。

昝 zǎn 名姓。

攒（攢） zǎn 动积累；储蓄▷～钱买房子｜这笔钱我给你～着｜积～。

另见 cuán。

趱（趲） zǎn 动赶（路）；快走（多用于近代汉语）▷星夜～行｜紧～｜～路。

zàn

暂（暫*蹔） zàn ❶形不久；时间短（跟"久"相对）▷短～｜～时。→❷副表示在短时间之内▷～缓办理｜～不实行｜主任一职～缺｜～停｜～住。☛统读 zàn，不读 zhàn 或 zǎn。

錾（鏨） zàn ❶名錾子，雕凿金属或石头的工具▷～刀。→❷动在金属或砖石上雕凿▷～字｜～花｜～金。

赞（贊*賛讚❸❹） zàn ❶动辅佐；支持▷～助｜参～｜～同｜～成。→❷动〈文〉古代举行典礼时，协助主持仪式的人宣读和导引行礼程序▷～礼｜～唱。❸动称颂；颂扬▷～不绝口｜～扬｜～美｜称～｜礼～。❹名旧时一种文体，内容以赞美为主▷《东方朔画～》｜《三国名臣序～》。

瓒（瓚） zàn 名古代祭祀时用来舀酒的一种玉勺。

zāng

赃（贜） zāng ❶名贪污、受贿或盗窃等所得的财物▷贪～枉法｜坐地分～｜栽～陷害｜销～｜退～。→❷形贪污、受贿或盗窃的▷～官｜～物｜～款。

脏（髒） zāng 形有污垢；不干净▷衣服～了｜～东西◇说话不带～字｜～心眼。

另见 zàng。

牂 zāng ❶名〈文〉母羊。◯❷[牂牁]zāngkē 名古地名，在今贵州。

臧 zāng ❶形〈文〉好；善▷谋国不～。→❷动〈文〉褒扬；称赞▷～否（pǐ）人物。◯❸名姓。☛不读 zàng。

zǎng

驵（駔） zǎng 名〈文〉良马；壮马。

zàng

脏（臟） zàng ❶名中医称心、肝、脾、肺、肾为脏▷五～六腑｜～腑。→❷名人或动物胸腔和腹腔内器官的统称▷内～｜～器｜肝～｜心～病。

另见 zāng。

奘 zàng ❶形〈文〉壮大。◯❷形〈方〉说话粗鲁，态度生硬▷这人说话特～。

另见 zhuǎng。

葬（*塟葬） zàng ❶动掩埋尸体▷～在西山｜死无～身之地｜埋～｜丧～◇～送。→❷动泛指依照特定的风俗习惯来处理尸体▷火～｜天～｜海～。

藏[1] zàng ❶名仓库；储存大量东西的地方▷宝～。→❷名佛教或道教经典的统称▷佛～｜道～｜大～经。

藏[2] zàng ❶名指西藏▷青～高原｜～香｜～红花。→❷[藏族]zàngzú 名我国的少数民族之一，分布在西藏、青海、甘肃、四川、云南。

另见 cáng。

zāo

遭[1] zāo 动碰到（不幸的事）▷惨～杀害｜～灾｜～罪｜～遇。

遭[2] zāo ❶动〈文〉围绕着走。→❷量〈方〉周；圈（quān）▷围着足球场跑了两～｜用绳子绕了好几～。→❸量〈方〉用于行为、动作，相当于"回""次"▷一～生，两～熟｜坐火车上北京，王老汉还是头一～。

糟（*蹧❺） zāo ❶名酿酒余下的渣子▷酒～｜～糠｜～粕。→❷动用酒或酒糟腌制食物▷～肉｜～鸭｜～蛋。❸形朽烂；不结实▷房梁全～了｜～木头。❹形（事情或情况）坏；不好▷生意越来越～｜他的身体～透了｜一团～。❺动损坏；破坏▷～践｜～踏｜～害。

záo

凿[1]（鑿） záo ❶名凿子，挖槽、穿孔的工具，木杆前端安有铲状刃口▷斧～。→❷动打孔▷在木板上～一个眼儿｜～冰捕鱼｜～壁偷光。❸动挖▷～一口井｜开～运河。→❹名〈文〉用凿子凿出的孔穴；卯眼▷方枘圆～（方榫头对圆卯眼，比喻格格不入）。

凿[2]（鑿） záo 形明确；真实▷确～｜言之～～。☛"凿"字统读 záo，不读 zuò。

zǎo

早 zǎo ❶名早晨，日出前后的一段时间；气象学上特指当日5点到8点的一段时间▷起～贪黑｜从～到晚｜清～｜～饭｜～市｜～上。→❷形比某一时间靠

前▷离上班时间还～|他走得比我～|能～两天来更好。❸副表示很久以前▷问题～解决了|我～就知道了|课程～已结束。→❹形时间靠前的▷～期|～年|～春|～稻。→❺形早晨见面时互相问候的话▷您～!

枣(棗) zǎo ❶名枣树,落叶乔木,枝上有刺,叶长卵形,开小黄花,核果椭圆形,暗红色,味甘甜,可以食用,也可以做药材。枣,也指这种植物的果实。

蚤 zǎo 名蛇蚤。通称跳蚤。参见"蛇"。☛旧字形作"蚤",10画;新字形作"蚤",9画。从"蚤"的字,如"搔""骚",同。

澡 zǎo 动洗(身体)▷洗～|～堂子|搓～。

璪 zǎo 名古代刻有水藻花纹的玉制装饰品。

藻 zǎo ❶名古代指水生藻,现在泛指藻类植物,即含叶绿素和其他辅助色素的低等自养植物。多分布在淡水和海水中。主要有红藻、绿藻、蓝藻、褐藻等。→❷名华美的色彩▷～井|～舟。❸名华丽的文辞▷辞～|～饰。

zào

皂[1](*阜) zào ❶形黑色▷～衣|～靴|不分青红～白。→❷名旧时指衙门里当差的人▷～隶。

皂[2] zào ❶[皂荚]zàojiá 名落叶乔木,有分枝的圆柱形刺,叶卵形或尖卵形,开黄白色花。荚果为带状,含胰皂质,可以用来洗衣物。皂荚,也指这种植物的荚果。→❷名某些有洗涤去污作用的日用品▷肥～|香～|药～|浴～。

灶(竈) zào ❶名烧火做饭的设备▷别把碗放在～上|～台|炉～|煤气～|砌～。→❷名指厨房▷下～。→❸名指灶神,旧时供奉在锅灶附近的神▷祭～|送～。

唣(*唕) zào [啰唣]luózào,见"啰"。

造[1] zào ❶动到;去▷登峰～极|～访。→❷动(学业、技艺等)达到(某种程度或境界)▷～诣。❸动培养▷深～|～就。○❹名姓。

造[2] zào ❶动做;制作▷～一条船|～机器|制～|创～|伪～。→❷动虚构;瞎编▷～了许多谣言|捏～。

造[3] zào 名指相对两方面的人中的一方;专指诉讼的两方▷两～|甲～|乙～。

造[4] zào 〈方〉❶名农作物的收成▷早～稻。→❷量用于农作物收获的次数▷一年两～。

慥 zào [慥慥]zàozào 形〈文〉忠厚;诚恳。

噪(*譟❷) zào ❶动〈文〉虫鸣;鸟叫▷蝉～|鸟雀欢～。→❷动(许多人)大声叫嚷▷鼓～◇名声大～。❸形(声音)杂乱刺耳▷～音。

簉 zào 形〈文〉副,附属▷～室。

燥 zào ❶形干;干热▷口干舌～|～热|干～。→❷名中医指"六淫"(风、寒、暑、湿、燥、火)之一,是致病的一个重要因素▷肾～。

躁 zào 形性情急;不冷静▷这个人性子太～|戒骄戒～|急～|暴～|浮～|烦～。☛"燥"和"躁"不同。"燥"表示缺少水分,"躁"表示性情急躁,不能混用。

zé

则[1](則) zé ❶名规章;制度▷规～|法～|总～|细～|附～。→❷名榜样;规范▷以身作～。❸动〈文〉效法;以某人或事为榜样▷～先烈之言行。→❹量用于分项或自成段落的文字,相当于"条"▷摘录宋人笔记三～|笑话五～。

则[2](則) zé ❶连〈文〉表示顺承关系,相当于"就""才"▷寒往～暑来,暑往～寒来。→❷连表示条件或因果关系▷兼听～明,偏听～暗|穷～思变|欲速～不达。❸连〈文〉表示对比或列举▷其事～易为,其理～难明。⇒❹连用在两个相同的词之间,表示让步▷好～好,就是太贵。⇒❺副〈文〉用在判断句里表示肯定,相当于"就(是)"▷此～言者之过也。⇒❻助用在数词"一""二(再)""三"等后面,表示列举理由或原因▷这场球我们胜了,一～是斗志旺盛,再～是临场发挥出色。

责(責) zé ❶动要求▷～人从宽,～己从严|求全～备|～成|～令。→❷动批评指责▷～怪|～骂|～难|斥～|谴～。⇒❸动为追究对方的责任而追问;质问▷～问。⇒❹动旧指为惩罚而打▷重～四十大板|～打|杖～|笞～。→❺名责任,应完成的任务或应承担的过失▷～无旁贷|人人有～|尽职尽～|负～|塞(sè)～|罪～。

择(擇) zé 动挑选;挑拣▷不～手段|～善而从|饥不～食|选～|抉～|～优录取。

另见 zhái。

咋 zé 动〈文〉咬住▷～舌(形容因惊讶、害怕而说不出话)。

另见 zǎ;zhā。

迮 zé ❶形〈文〉狭窄。○❷名姓。

泽(澤) zé ❶名积水的低地;水草丛杂的地方▷沼～|草～|深山大～|竭～而渔。→❷动使不干枯;滋润▷润～。⇒❸名恩惠▷恩～|～被天下。⇒❹名物体表面反射出来的光▷光～|色～。

啧(嘖) zé ❶形〈文〉形容很多人说话或争辩的样子▷～有烦言。○❷[啧啧]zézé a)拟声〈文〉形容咂嘴的声音▷～称羡。→b)叹用咂嘴方式对某种情况作出强烈反应,表示赞赏或厌恶▷～,这姑娘长得真俊!|这孩子多脏,～!

啫 zé [嚄啫]huòzé,见"嚄"。

帻(幘) zé 名古代的一种头巾。

笮 zé 名姓。

另见 zuó。

舴 zé [舴艋]zéměng 名〈文〉小船。

箦(簀) zé 〈文〉❶名床垫,多用竹子或木条编成。→❷名用竹篾、芦苇编成的席子。

赜(賾) zé 形〈文〉深奥;玄妙▷探～索隐。☛"赜"字左边是"叵"(yí),不是"臣"。

zè

仄[1] zè ❶形〈文〉倾斜▷日～而归。→❷名指仄声,古代汉语平、上、去、入四声中后三声的统称▷平～相间。

仄[2] zè 〈文〉❶形狭窄▷人多地~|逼~。○❷形(心)不安▷歉~。

昃 zè 动〈文〉太阳西斜▷日中则~|~食宵衣。

zéi

贼(賊) zéi ❶动〈文〉伤害▷戕~。→❷名危害人民和国家的人▷独夫民~|奸~|卖国~。❸名偷窃财物的人▷值班的逮住一个~|做~心虚|盗~|窃~。⇒❹形邪恶的▷~头~脑|~眉鼠眼|~心|~眼。❺副〈方〉很;十分▷皮鞋擦得~亮~亮的|这天气,~冷!⇒❻形狡猾▷老鼠真~|这家伙~得很,要多加小心。☛统读 zéi,不读 zé。

鲗(鰂) zéi [乌鲗]wūzéi 名乌贼。乌贼科软体动物的统称。体成袋形,背腹部扁平,内有墨囊,遇到危险时放出黑色液体,掩护自己逃跑。肉味鲜美,乌贼骨可以做药材。通称墨鱼或墨斗鱼。

zěn

怎 zěn 代表示疑问,相当于"怎么"▷你~能这么干?|他~不早点儿来?

zèn

谮(譖) zèn 动〈文〉说坏话诬陷别人▷~言|~毁。

zēng

曾 zēng ❶形相隔两代的(亲属关系)▷~祖父|~孙。○❷名姓。
另见 céng。

增 zēng 动加多;添加▷干劲倍~|为国~光|~产|~强|~援|~长。

憎 zēng 动厌恶;痛恨▷面目可~|爱~分明|~恨|~恶(wù)。☛统读 zēng,不读 zèng。

缯(繒) zēng 名〈文〉丝织品的统称▷贩~。
另见 zèng。

罾 zēng 名一种方形鱼网,用竹竿或木棍做支架。

矰 zēng 名系(jì)有丝绳的箭,古人用来射鸟。

zèng

综(綜) zèng 名〈文〉织机上的一种装置,用来把经线交错分开,以便梭子通过。
另见 zōng。

锃(鋥) zèng 形〈口〉器物被摩擦得闪光耀眼▷~亮|~光。

缯(繒) zèng 动〈方〉捆;扎▷麻袋口用绳子~起来。
另见 zēng。

赠(贈) zèng ❶动把东西无偿地送给别人▷~送|~阅|~礼|~言|捐~。→❷动给予某种荣誉称号▷追~。

甑 zèng ❶名古代的瓦制炊具,底部有许多透气的小孔,放在鬲(lì)上蒸食物。→❷名蒸馏或使物体分解用的器皿▷曲颈~。

zhā

扎[1] zhā ❶动刺▷脚让钉子~了|布太厚,怎么~也~不透|~手|~针。→❷动〈口〉钻入▷一头~到水里|一眨眼就~到人堆里不见了|~猛子。

扎[2] (*紮紥) zhā 动(军队)在某地住下▷部队~在城外|安营~寨|驻~|屯~。☛"扎"字表示以上意义时不读 zhá。
另见 zā;zhá。

吒 zhā 神话中的人名。《封神演义》中有金吒、木吒、哪吒。☛"吒"读 zhā 时是"咤"的异体字,读 zhā 用于神话中的人名时不是"咤"的异体字。
另见 zhà"咤"。

咋 zhā [咋呼]zhāhu 〈方〉❶动大声嚷嚷▷净瞎~,成不了事。→❷动张扬;吹嘘▷光~不行,得拿出真本事来。//也作咋唬。
另见 zǎ;zé。

挓 zhā [挓挲]zhāshā 动〈方〉张开;伸开▷~着俩手不知干什么好|吓得头发都~起来了。也作扎煞。

查(查) zhā ❶同"楂"。现在通常写作"楂"。○❷名姓。
另见 chá。

奓 zhā 用于地名。如:奓河,水名;奓山,山名。均在湖北。
另见 zhà。

哳 zhā [啁哳]zhāozhā,见"啁"。

揸 zhā ❶动抓取(多用于近代汉语)。→❷动〈方〉张开手▷~开五指。

喳 zhā ❶叹旧时奴仆对主人的应诺声。○❷拟声形容鸟叫的声音▷小鸟~~叫。
另见 chā。

渣 zhā ❶名提炼出精华或汁液后剩下的东西▷豆腐~|油~|煤~|药~。→❷名碎屑▷点心~儿|馒头~儿。

楂 zhā [山楂]shānzhā 名山楂属植物的统称。落叶乔木,叶子近于卵形,有裂片,开白色花。果实球形,深红色,有白点,味酸,可以食用,也可以做药材。山楂,也指这种植物的果实。也说红果。
另见 chá。

皻 zhā 名鼻头上的红斑。长有皻的鼻子叫酒皻鼻,也作酒渣鼻,通称酒糟鼻。

zhá

扎 zhá [扎挣]zházheng 动〈方〉勉强支持▷老太太~着挪了两步。
另见 zā;zhā。

札(*剳❸❹劄❸❹) zhá ❶名古代写字用的小木片▷笔~。→❷名书信▷书~|信~|手~。❸名札子,旧时的一种公文。→❹名笔记▷~记。

轧(軋) zhá 动把钢坯压成一定形状的钢材▷~钢|~辊。
另见 gá;yà。

闸(閘*牐) zhá ❶名一种可以开关的用来调节水流量的水利设施▷堤坝上有一道~|~门|水~。→❷动用闸或其他东西把水截住▷水流太急,怎么也~不住|水沟里~着木板。→❸名

使运输工具、机器等减速或停止运动的装置▷捏～|刹～|自行车～|电～|～盒。

炸 zhá ❶动烹调方法,把食物放在沸油里使熟▷～油条|～鱼|干～大虾。→❷动〈口〉焯(chāo),把蔬菜放进滚开的水里略微一煮就取出▷把芹菜～一下。

另见 zhà。

铡(鍘) zhá ❶名铡刀,切草或其他东西的器具,刀的一头固定在底槽上,另一头有柄,可以上下活动▷虎头～。→❷动用铡刀切▷～了一捆草。

喋 zhá [唼喋]shàzhá,见"唼"。

另见 dié。

zhǎ

拃 zhǎ ❶动张开拇指和中指(或小指)量长短▷不用找尺了,～一下就行。→❷量表示张开的拇指和中指(或小指)两端之间的长度▷三～长两～宽。

苲 zhǎ [苲草]zhǎcǎo 名指金鱼藻一类的水草。

眨 zhǎ 动眼皮迅速地一闭一开▷～了～眼|一～眼的工夫|～巴眼。

砟 zhǎ 名小块的煤、石头等▷焦～|煤～|炉灰～子|道～(铁路路基上铺的石子)。

另见 zuò。

眹(睒) zhǎ 同"眨"。

鲊(鮓) zhǎ ❶名腌制加工的鱼类食品。→❷名用米粉、面粉等拌制的菜▷茄子～|扁豆～。

鲝(鮺) zhǎ ❶同"苲"。→❷[鲝草滩]zhǎcǎotān 名地名,在四川。

zhà

乍 zhà ❶副表示情况发生得迅速而出人意料,相当于"忽然""突然"▷～冷～热。→❷副表示动作行为或情况发生在不久前,相当于"刚刚""起初"▷新来～到|～暖还寒。○❸动(毛发)竖起▷吓得寒毛都～起来了|气得胡子一～一～的|～着头发。

诈(詐) zhà ❶动用手段诓骗▷～财|尔虞我～|兵不厌～|～骗|狡～。→❷动假装;冒充▷～降|～死|～称(chēng)。❸动用假话引诱对方说出真情▷别拿话～我,我什么也不会告诉你。

柞 zhà [柞水]zhàshuǐ 名地名,在陕西。

另见 zuò。

栅(*柵) zhà 名用竹、木、铁条等做成的围栏▷～栏(zhàlan)|～门|木～|铁～。

另见 shān。

奓 zhà 同"乍"③。

另见 zhā。

咤(*吒) zhà [叱咤]chìzhà,见"叱"。☛参见"吒"(zhā)字的提示。

"吒"另见 zhā。

炸 zhà ❶动(物体)突然爆裂▷暖瓶～了|爆～。→❷动用炸药、炸弹爆破▷房子被飞机～塌了|～碉堡|轰～。→❸动〈口〉突然被激怒▷一听这话就～了。→❹动〈口〉由于受到惊扰而逃散▷枪一响,鸟～了窝|羊～群了|～营。

另见 zhá。

痄 zhà [痄腮]zhàsāi 名流行性腮腺炎的通称。症状是耳朵前面和下面肿胀疼痛,同时发烧、头痛。

蚱 zhà [蚱蜢]zhàměng 名昆虫,样子像蝗虫,体长形,绿色或黄褐色,头呈长圆锥形,触角短,后翅大,后足腿节及胫节长,善跳跃。常固定生活在一个地区,危害禾本科、豆科等植物。

溠 zhà 名溠水,水名,在湖北。

榨(*搾❷) zhà ❶名挤压出物体中汁液的器具▷油～|酒～。→❷动挤压出物体中的汁液▷～花生|～甘蔗|～油。❸动比喻压迫或搜刮▷压～人民血汗|～取民脂民膏。

碴 zhà [大水碴]dàshuǐzhà 名地名,在甘肃。

蜡 zhà 名古代年终为报答众神的恩佑而举行的祭祀。

另见 là。

醡 zhà 〈文〉❶名酒榨,榨酒的器具。→❷动榨酒。

zha

馇(餷) zha [饹馇]gēzha,见"饹"。

另见 chā。

zhāi

侧(側) zhāi 动〈方〉斜着;倾斜▷身子～棱着躺在那儿|～歪着帽子|～着肩膀。

另见 cè。

斋(齋*亝) zhāi ❶动古人在祭祀或举行典礼前沐浴洁身,戒除嗜欲,以示庄敬▷～禁|～戒|～堂。→❷名房屋,多用作书房、商店、学校宿舍的名称▷书～|荣宝～。→❸名信仰佛教、道教的人所吃的素食▷吃～信佛。❹动向僧、道舍饭▷～僧。→❺名伊斯兰教徒在伊斯兰教历九月白天不进饮食的斋戒习俗▷～月|把～|开～。

摘[1] zhāi ❶动采下(植物的花果叶);取下(戴着或挂着的东西)▷～苹果|～棉花|～帽子|～眼镜|采～|～除。→❷动选取▷寻章～句|～录|～要|文～。○❸动斥责▷指～。

摘[2] zhāi 动〈口〉因急用而临时向人借钱▷东～西借|～借。☛"摘"字统读 zhāi,不读 zhé。

zhái

宅 zhái 名住所;家庭居住的房子▷两所～子|住～|深～大院|赵～。

择(擇) zhái 义同"择"(zé),用于口语,限于单用▷～韭菜|把好的～出来,剩下的扔了|～不开。

另见 zé。

翟 zhái 名姓。

另见 dí。

zhǎi

窄 zhǎi ❶形狭小;横向的距离小(跟"宽"相对)▷马路太～|布面～了点|行距留～了|狭～|～小。→❷形(心胸)不开阔;(气量)小▷心眼儿～|越想心越～。→❸形〈口〉经济不宽裕;困窘▷日子过得挺～。

zhài

债(債) zhài ❶名所欠下的钱财▷欠了一身～|～台高筑|讨～|还～|公～。→❷名喻指所

欠下的其他东西▷血～|信～|相思～。

寨(*砦) zhài ❶名古代防守用的栅栏;用石头做成的防御工事▷鹿～|土堡石～。→❷名旧时的军营;营房▷安营扎～|劫～|营～。→❸名旧指强盗聚集的地方▷～主|压～夫人。→❹名四周有栅栏或围墙的村子▷～子|村村～～。

瘵 zhài 名〈文〉病,多指痨病▷病～|痨～。☛不读jì。

𢶍 zhài 动〈方〉缝上衣服上的附加物▷～纽扣|～上一条花边。

zhān

占 zhān ❶动古代用龟甲、蓍草预测吉凶,后来泛指用各种方式预测吉凶▷算命先生～了一卦|～卜|～课。〇❷名姓。

另见zhàn。

沾(*霑) zhān ❶动浸湿;浸润▷泪水～湿衣襟|～润。→❷动因某种关系而受到好处;分享▷没有～过他一分钱的好处|利益均～|～光。→❸动因接触而被别的东西附着上▷衣服上～了许多土|双手不～泥|伤口不能～水。❹动接触;染上▷脚不～地|～点边儿|烟酒不～|～染。

毡(氈*氊) zhān 名用羊毛等压制成的比呢子厚的片状物▷～帽|～垫|如坐针～。

旃 zhān ❶代〈文〉"之""焉"的合音词▷勉～! 〇❷古同"毡"。

粘 zhān ❶动黏性物附着在别的物体上或者物体互相附着在一起▷锅巴～在锅底上|两块糖～在一起了|～连。→❷动用黏性物把东西连接起来▷折扇破了,～一～还能用|～封皮|～贴。☛参见"黏"字的提示。

另见nián。

詹 zhān 名姓。

谵(譫) zhān 动〈文〉病中神志不清说胡话▷～妄|～语|～呓。

饘(饘) zhān 名〈文〉稠粥。

邅 zhān [迍邅]zhūnzhān,见"迍"。

瞻 zhān 动向上或向前看▷高～远瞩|～前顾后|～仰|观～。

鹯(鸇) zhān 名古书上指一种鹞属猛禽。

鳣(鱣) zhān 名〈文〉鳇鱼。

zhǎn

斩(斬) zhǎn 动砍;砍断▷披荆～棘|～钉截铁|～首示众|快刀～乱麻|腰～。

飐(颭) zhǎn 动〈文〉风吹使物体颤动。

盏(盞*琖❶醆❶❸) zhǎn ❶名小而浅的杯子▷推杯换～|酒～|把～。→❷名杯状器皿▷灯～(没有灯罩的清油灯)。❸量用于灯▷两～灯|明灯万～。

展 zhǎn ❶动舒张开;放开▷～翅高飞|愁眉不～|伸～|舒～|～开。→❷动扩大▷扩～|拓～|～宽。❸动放宽(期限)▷～限|～期|～缓。→❹动陈列出来供人看▷～览|～出|预～|～销。❺名展出的活动▷画～|菊～|石刻艺术～。→❻动施展▷大～宏图|一筹莫～。〇❼名姓。

崭(嶄*嶃) zhǎn ❶形〈文〉高;突出▷～露头角。→❷形〈方〉好▷味道真～! ❸副表示程度深,相当于"很""特别"▷～新|～齐。

搌 zhǎn 动(用松软的东西)擦拭或轻轻按压湿处,把液体吸去▷轻轻地～一～眼角|用纸～一～墨|～布。

辗(輾) zhǎn [辗转]zhǎnzhuǎn ❶动(躺在床上)翻来覆去▷～反侧|～不能成寐。→❷动中间经过许多人或许多地方;曲折间接地▷～相告|～各地|～托人。//也作展转。

另见niǎn。

zhàn

占(*佔) zhàn ❶动用强力或其他不正当的手段取得并据为己有(多指土地、场所等)▷家乡被敌人～了|强～|霸～|～领|～便宜。→❷动拥有;占用▷杂志把书架都～满了|积压的产品～了许多资金|工厂～地三百多亩|～有。→❸动处于(某种地位);属于(某种情况)▷客队～了上风|在我们学校,农民子弟～多数。

另见zhān。

组(組) zhàn 动〈文〉缝补。

栈(棧) zhàn ❶名〈文〉饲养牲畜的竹木棚或栅栏▷猪栏马～|牛～。→❷[栈道]zhàndào 名在悬崖绝壁上凿孔架木,铺上竹木板而成的小路。→❸名堆放货物或留宿客商的处所▷货～|客～|堆～。

战[1](戰) zhàn ❶动打仗,敌对的双方进行武装斗争▷屡～屡胜|南征北～|～胜|夜～|挑～。→❷名武装斗争▷游击～|攻坚～|甲午之～。→❸动泛指争胜负、比高低▷～天斗地|舌～|论～。〇❹名姓。

战[2](戰) zhàn 动颤抖▷胆～心惊|～～兢兢|冷得直打～|～栗|～抖|寒～。

站[1] zhàn ❶动直立▷有人坐着,有人～着|～起身来|～在讲台上|～岗|～立|罚～。→❷动停下;停留▷不怕慢,只怕～|～住,给我回来!

站[2] zhàn ❶名陆路交通线上设置的固定停车地点▷船到码头车到～|火车～|北京～|终点～。→❷名为开展某项工作而建立的工作点▷兵～|粮～|保健～|气象～。

绽(綻) zhàn ❶动开裂▷皮开肉～|开～|～裂|～放。→❷名喻指说话或做事的漏洞▷破～。☛不读dìng。

湛 zhàn ❶形(学识、技术等)深▷精～|深～。〇❷形清澈▷～清|～蓝的天空。〇❸名姓。

颤(顫) zhàn 动发抖▷～栗|打～。现在通常写作"战"。

另见chàn。

蘸 zhàn 动(把物体)放在液体、粉状物或糊状物里接触一下,使沾上这些东西▷用棉球～点碘酒|～着芝麻盐吃|～点果酱。

zhāng

张(張) zhāng ❶动拉开弓弦(跟"弛"相对)▷~弓射箭|剑拔弩~。→❷形绷紧;紧迫▷一~一弛,文武之道|紧~。→❸动打开;展开▷~开翅膀|~大嘴|~牙舞爪|纲举目~。⇒❹动扩大;夸大▷虚~声势|扩~|夸~|伸~。❺形放纵;放肆▷嚣~|乖~。⇒❻动陈设;布置▷大~筵席|~灯结彩|~贴|~挂|~罗。⇒❼动(商店等)营业▷开~|新~大喜。→❽量a)用于弓▷一~弓。b)用于嘴▷三~嘴。c)用于带有平面的东西▷一~纸|两~烙饼|五~照片|三~桌子|一~床。〇❾名星宿名,二十八宿之一。〇❿动看;望▷~望|东~西望。〇⓫名姓。

章[1] zhāng ❶名法规;规程▷宪~|党~|规~|简~。→❷名条目;条款▷约法三~。⇒❸名乐曲诗文的段落▷乐~|篇~|~节|~回小说。⇒❹名条理▷杂乱无~。〇❺名姓。

章[2] zhāng ❶名身上佩戴的标志▷勋~|肩~|徽~|证~。→❷名图章,一种底端为平面,上刻有姓名或其他名称等,用来印在文件、书画等上面作为标记的东西▷把~盖在文件上|印~|公~|人名~|闲~。→❸名古代一种文体,用于臣子向帝王表明自己意见▷奏~。

鄣 zhāng 名周朝诸侯国名,在今山东东平县东。

獐(*麞) zhāng 名獐子,哺乳动物,形状像鹿而小,毛粗长,黄褐色,雌雄都没有角,雄的犬齿发达,形成獠牙,所以又叫牙獐。行动灵敏,善跳跃,能游泳。

彰 zhāng ❶形非常明显,容易看清楚▷欲盖弥~|昭~|~明。→❷动宣扬;表露▷~善瘅(dàn)恶|表~。〇❸名姓。

漳 zhāng 用于地名。如:漳河,水名,发源于山西,流入河北;漳州,地名,在福建。

嫜 zhāng 名〈文〉丈夫的父亲▷姑~(婆婆和公公)。

璋 zhāng 名古代一种长条形板状玉器,像半个圭,用作礼器或信玉。

樟 zhāng 名樟树,常绿乔木,高可达30米,叶子卵形,开黄绿色小花,结紫黑色球形小核果。植物全株均有樟脑香气,可提取樟脑和樟油;木材坚硬美观,宜制家具、手工艺品等。也说香樟。

蟑 zhāng [蟑螂]zhāngláng 名蜚蠊科昆虫的统称。体扁平,黑褐色,能分泌特殊的臭味,常咬坏衣物,能传播伤寒、霍乱等疾病,有的种还危害农作物。种类很多,约有两千多种。

zhǎng

长(長) zhǎng ❶动生物体在发育过程中由小到大,直至成熟▷儿女都~大了|生在北京,~在南京|树苗~得很壮实|拔苗助~|土生土~|~势喜人。→❷形年纪大;辈分高;排行第一▷年~|~辈|~子。⇒❸名年龄大或辈分高的人▷兄~|师~。⇒❹名领导者;负责人▷首~|官~|局~|厂~|军~。→❺动生出▷果树~虫子了|~锈|~毛儿|~疮。❻动增进;增强(用于抽象事物)▷~知识|~力气|~志气|助~|滋~|增~。☛笔顺是ˊ⼆㇀长,四画。

另见 cháng。

仉 zhǎng 名姓。

涨(漲) zhǎng 动(水位、物价等)上升▷河水又~了|水~船高|行市看~。

另见 zhàng。

掌 zhǎng ❶名手握拳时指尖触着的一面▷摩拳擦~|~上明珠|易如反~|鼓~|手~。→❷动用手掌打▷~嘴。→❸动用手拿着;持着▷~着灯|~旗的。❹动主持;执掌▷~印|~柜|~舵|~权。→❺名人或某些动物脚的底面▷脚~|熊~|鸭~。⇒❻名钉或缝在鞋底前后的皮子或橡胶等▷给这双鞋钉个~儿|打~儿|前~|后~。⇒❼名钉在马、驴、骡蹄子底下的U形铁▷这匹马该钉~了|马~|挂~。

礃 zhǎng [礃子]zhǎngzi 名指采矿或隧道工程中掘进的工作面。也作掌子。

zhàng

丈 zhàng ❶量市制长度单位,10尺为1丈,10丈为1引,1市丈等于3.3333米▷一~布|两~宽。→❷动测量(土地)▷~地|~量(liáng)。→❸名指丈夫▷姑~|妹~。〇❹名对长辈或老年男子的尊称▷岳~(岳父)|老~。

仗 zhàng ❶名刀、戟等兵器的统称▷明火执~|仪~。→❷动拿着(兵器)▷持刀~剑。❸动依赖;倚靠▷这事全~着乡亲们了|狗~人势|依~|仰~|~恃。❹介引进动作行为凭借、依据的对象,相当于"凭着"▷敌人~着精良的武器向我们大举进攻|~势欺人。→❺名战斗;战争▷打了三年~|胜~|硬~。

杖 zhàng ❶名走路时拄的棍子▷拐~|手~。→❷名泛指棍棒▷擀面~|禅~。

帐(帳) zhàng ❶名用纱、布等材料制成的具有遮蔽作用的东西▷蚊~|幔~|~篷◇青纱~。〇❷同"账"。现在通常写作"账"。

账(賬) zhàng ❶名财物出入的记载▷记~|~目|~簿|结~。→❷名记账的本子▷一本~。→❸名债▷借~|欠~|还~|放~。

胀(脹) zhàng ❶动物体体积变大▷膨~|热~冷缩。→❷动体内受刺激而产生的膨胀感觉▷肚子~|头脑发~。❸动浮肿▷肿~。

涨(漲) zhàng ❶动体积增大▷木耳泡~了。→❷动充满,多指头部充血▷脸~得通红|头昏脑~。❸动超过(原来的数目)▷计划只花一百元,结果花~了|量布时手松一点,十尺就能~出半尺。

另见 zhǎng。

障 zhàng ❶动阻隔;遮蔽▷一叶~目|~碍|~蔽|保~。→❷名用来阻隔、遮蔽的东西▷路~|风~|屏~。

嶂 zhàng 名〈文〉形状像屏障的山峰▷层峦叠~。

幛 zhàng 名幛子,用作庆贺或吊唁礼物的整幅绸布,上面多附有题词的纸片▷喜~|寿~|挽~。

瘴 zhàng 名瘴气,指我国南方山林中的湿热空气,旧时认为是能引起瘴疠(恶性疟疾)的毒气。

zhāo

钊(釗) zhāo ❶动〈文〉劝勉;鼓励。〇❷名姓。

招[1] zhāo ❶动打手势叫人来▷~手|~呼|~集。→❷动引来(多指不好的后果或反应)▷~蚊子|

～灾惹祸｜～人讨厌。→❸动通过相应的传媒手段使人来▷～聘｜～考｜～生｜～标｜～领｜～募。→❹动招惹,用言语或行动触动对方▷他这阵子心烦,别～他｜这人～不得。→❺名旧时挂在酒店、饭店或商店门口,用以招引顾客的旗幡等物▷酒～｜市～｜～子。○❻名姓。

招[2] zhāo 动供认罪行▷在证据面前,罪犯只好～了｜不打自～｜～供｜～认。

招[3] zhāo ❶名武术上的动作▷一～一式都见功夫｜～数。→❷名手段或计策▷这一～真绝｜高～｜绝～｜耍花～。

昭 zhāo ❶形明白;明显▷～示｜～告｜～著｜～彰｜～然。→❷动〈文〉显示;使人看清楚▷以～大信｜～雪。

啁 zhāo [啁哳]zhāozhā 形〈文〉声音碎而杂▷语言～。也作嘲哳。

另见 zhōu。

着 zhāo ❶动〈方〉放置;搁入▷汤里～点味精。→❷名下棋时走一步叫一着▷看棋别支～｜～法不精｜～数。❸名计策;手段▷想出一个新～儿来｜各有高～｜耍花～。○❹动〈方〉用于应答,表示同意▷～哇,这不什么问题都解决了吗!

另见 zháo; zhe; zhuó。

朝 zhāo ❶名早晨;清早▷～思暮想｜～秦暮楚｜～阳｜～夕。→❷名日;天▷有～一日｜今～。

另见 cháo。

嘲 zhāo [嘲哳]zhāozhā 同"啁哳"。参见"啁"。

另见 cháo。

zháo

着 zháo ❶动〈文〉附着。→❷动挨;接触▷脚疼得没法～地｜一～水就烂了｜～雨。❸动受到(某种侵袭);进入(某种状态)▷～风｜～凉｜～魔｜～急｜～慌｜～迷。→❹动用在动词后面,表示有了结果或达到了目的▷睡～了｜猜～了｜点～了｜找不～。⇒❺动〈口〉进入睡眠状态▷一挨枕头就～了。⇒❻动燃烧;(灯)发光▷干柴一点就～｜夜深了,他屋里还～着灯。

另见 zhāo; zhe; zhuó。

zhǎo

爪 zhǎo 名鸟兽的有尖甲的脚,也指尖利的趾甲▷鹰～｜虎～｜张牙舞～｜～牙｜趾端有～◇魔～。

另见 zhuǎ。

找[1] zhǎo 动努力寻求所需的人或物▷～钥匙｜～个朋友｜～资料｜～了半天还没～着。

找[2] zhǎo ❶动退还多收的部分▷～您5元｜给你100元,不用～了｜～钱｜～零。→❷动补上不足的部分▷差多少明天～齐｜～补。

沼 zhǎo 名水池▷池～｜～泽｜～气。☛统读 zhǎo,不读 zhāo 或 zhào。

zhào

召[1] zhào 动呼唤;叫人来▷号～｜～见｜～唤｜～集｜～开会议。

召[2] zhào 名寺庙(蒙语音译),多用于地名▷乌审～｜罗布～(两地均在内蒙古)。☛"召"字今统读 zhào,不读 zhāo。

另见 shào。

兆[1] zhào ❶名兆头,事物发生前显露的征候或迹象▷吉～｜不祥之～｜预～｜征～。→❷动预先显示▷瑞雪～丰年。

兆[2] zhào 数数字,一百万,古代指一万亿;极言众多▷～民｜～姓。

诏(詔) zhào ❶动〈文〉告知;告诫▷～告｜～诲。→❷名皇帝发布的命令▷～书｜～令。

赵(趙) zhào ❶名战国七雄之一,在今山西北部和中部,河北西部和南部。○❷名姓。

笊 zhào [笊篱]zhàoli 名用竹篾、铁丝、金属等制成的有漏眼的用具,有长柄,用来在液体中捞东西。

棹(*櫂) zhào ❶名〈文〉船桨▷橹～。→❷名〈文〉指船▷归～。❸动〈方〉划船▷～着一只小船。

旐 zhào 名古代一种画有龟蛇的旗子。

照(*炤) zhào ❶动光射到物体上▷灯光～得屋里亮堂堂的｜阳光普～｜～耀｜～射。→❷名阳光▷夕～｜落～｜残～。→❸动明白;知道▷心～不宣。❹动告知;通知▷关～｜知～｜～会。→❺动对着镜子等看影子;有反光作用的东西把形象反映出来▷～镜子｜衣柜漆得锃亮,能～见人影儿。⇒❻动察看;查对▷对～｜查～。❼介遵照;按照▷～计划执行｜～章办事。❽副表示按照一定的标准(行事)▷～办｜～准｜～发。⇒❾介对着;朝着▷～脸上一拳打过去｜～着目标前进。⇒❿动看顾;看管▷～顾｜～料｜～管｜～应。⇒⓫动拍摄,用摄影机把形象照在底片上▷～了一张相片｜～相。⓬名指相片▷玉～｜小～｜遗～｜近～。○⓭名主管机关所发的凭证▷到工商局去办个～｜车～｜执～｜护～｜牌～。

罩 zhào ❶名捕鱼、养鸡的竹笼▷鱼～｜鸡～。→❷名指罩形的器物,也指遮在外面的东西▷灯～｜玻璃～｜口～｜乳～｜防毒面～。❸名特指套在外面的衣服▷外～｜袍～。→❹动用竹笼扣(鱼)▷到河里去～鱼。❺动覆盖;套在外面▷拿玻璃罩把闹钟～住｜外面～了一件白大褂｜笼(lǒng)～。

鮡(鮡) zhào 名鱼类的一科。体长,前部扁平,后部侧扁,胸部前方常有吸盘,全身无鳞。生活在华南、西南的山涧、溪流中。

肇 zhào ❶动〈文〉创始;开始▷～始｜～端｜～生。→❷动引发;引起▷～事｜～祸。

zhē

折 zhē 〈口〉❶动翻转▷把箱子～了个底儿朝天｜～了几个跟头｜～腾。→❷动倾倒(dào)▷把剩菜都～到盆里｜拿两个碗把热水～一～就凉了。

另见 shé; zhé。

蜇 zhē ❶动某些昆虫用毒刺刺人或动物▷马蜂～人｜被蝎子～了一下。→❷动某些物质刺激皮肤或黏膜使感觉不适或微痛▷洗头时当心～眼睛｜这药水刚抹上时～得有点疼。

另见 zhé。

嗻 zhē [咋嗻]chēzhē,见"咋"。

另见 zhè。

遮 zhē ❶动阻拦;拦住▷横～竖拦。→❷动一个物体挡住了另一个物体,使它不能显露▷月亮被乌云～住了｜拿把伞～～阳光｜～天蔽日。❸动掩盖;掩饰▷～人耳目｜～羞｜～掩。☛统读 zhē,不读 zhě。

螫 zhē 义同"螫"(shì),用于口语。
另见 shì。

zhé

折(摺⑪⑫) zhé ❶动断;使断▷骨~|~了根柳条|攀~|~断。→❷动死,多指早死▷夭~。→❸动挫败▷挫~|百~不挠。→❹动减损▷损兵~将|~寿|~福。❺动打折扣,按原价减去若干成▷不~不扣|七~八扣。❻名减到原价的几成叫几折▷打个对~(减价五成)|六~。→❼形弯;曲▷曲~|周~。⇒❽动心服▷心~|~服。⇒❾动返回;改变方向▷走到半路,又~回来|~向东南|转~|~射。❿名汉字的笔画,形状是"乛"▷横竖撇点~。⇒⓫动翻转物体的一部分,使同另一部分紧贴在一起▷~扇|~尺|~叠|~纸。⓬名折子,用纸折叠而成的小册子▷奏~|存~。→⓭量元杂剧剧本中的一个段落,每剧大都是四折。一折大致相当现代戏曲的一场或一幕。○⓮动抵换▷将功~罪。→⓯动按一定的比价或单位换算▷~价|~算|~合。○⓰名姓。☛参见"摺"字的提示。
另见 shé;zhē。

哲(*喆) zhé ❶形明智;智慧超群▷明~|~人。→❷名智慧超群的人▷先~。

晢 zhé 形〈文〉光亮;明亮▷明星~~。

辄(輒*輙) zhé ❶副表示后一行为紧接着前一行为发生,相当于"就"▷浅尝~止。→❷副表示同一行为多次重复,相当于"往往""总是"▷动~得咎。

蛰(蟄) zhé ❶动动物冬眠,即潜伏起来不食不动,血液循环和呼吸极缓慢,进入昏睡状态▷~伏|~虫|入~|惊~。→❷动像动物冬眠一样隐居起来▷~居|~处。☛统读 zhé,不读 zhí。

詟(讋) zhé 名用于人名。☛ 1955年《第一批异体字整理表》将"讋"作为"慑"的异体字予以淘汰。1985年《普通话异读词审音表》审定"慑"统读 shè,"讋"与"慑"不再存在同音关系。1986年重新发表的《简化字总表》确认"讋"用于人名时为规范字,类推简化为"詟"。

蜇 zhé [海蜇]hǎizhé 名腔肠动物,身体半球形,上半部隆起呈伞状,下半部有口腕八枚。生活在海水中。经过加工处理的伞状部分称为海蜇皮,口腕称为海蜇头,都可以食用。
另见 zhē。

谪(謫*讁) zhé〈文〉❶动谴责;责备▷众口交~|指~。→❷动特指官吏因罪被降职或流放▷~官|~降|~居|贬~。☛右边是"啇"(dí),不是"商"(shāng)。

摺 zhé 同"折"⑪⑫。☛"摺"简化为"折",但在"摺"和"折"意义可能混淆时,《简化字总表》规定仍用"摺"。

磔 zhé〈文〉❶动分裂肢体,古代一种酷刑。→❷动张开。❸名汉字的笔画,笔形为"㇏"。通称捺。

辙(轍) zhé ❶名车轮在地面上碾出的痕迹▷前有车,后有~|如出一~|重蹈覆~|车~。→❷名规定的行车路线方向▷他走顺~,你走戗(qiāng)~,撞了车责任当然在你。❸名〈口〉办法;路子▷现在是一点~都没有了|晌午饭还没~呢!→❹名北方戏曲、曲艺等的唱词所押的韵▷合~|~口|十三~。☛统读 zhé,不读 chè。

zhě

者 zhě ❶助跟动词、形容词或动词、形容词词组结合,构成"者"字结尾的词组,分别表示做这一动作或有这一属性的人、事、物▷劳动~|旁观~|弱~|长(zhǎng)~|始作俑~|合格~。→❷助跟"工作""主义"等词语结合,构成"者"字结尾的词组,表示从事某项工作、信仰某种主义或有某种严重倾向的人▷音乐工作~|唯物主义~|现实主义~|教条主义~。○❸代用在某些数词或方位词的后面,指称上文说过的事物▷二~不可得兼|前~|后~。

锗(鍺) zhě 名金属元素,符号 Ge,稀散元素之一。银灰色,质脆,化学性质稳定,在空气中不氧化,有单方向导电性能。是重要的半导体材料,也可以制作核辐射探测器及红外透镜等。

赭 zhě 形红褐色▷~衣|~石。

褶 zhě ❶名衣服等经折叠挤压而形成的痕迹▷衣服压得尽是~儿|一道~儿|百~裙。→❷名脸上的皱纹▷快六十的人了,脸上一点~儿都没有。☛"褶"字右边的"習"不能类推简化为"习"。

zhè

这(這) zhè ❶代指距离比较近的人或事物。a)用在名词或数量词前▷~闺女|~天|~张桌子|~一次|~里|小王~人不错。b)用在动词、形容词前表示夸张▷瞧你~喊呀,把人都吵醒了|老李说话~快,跟开机关枪似的。→❷代代替距离比较近的人或事物,单独充当句子成分▷~是王老师|~倒不错|你问~干什么? ❸代代替"这时候",有加强语气的作用▷哄了半天,孩子~才不哭了|他~就出发。
另见 zhèi。

柘 zhè 名柘树,落叶灌木或小乔木,常有刺,叶子卵形或倒卵形,开小花,果实红色,近似球形。木材可做黄色染料,叶子可喂蚕,根皮可做药材。

浙(*淛) zhè ❶名钱塘江的古称。→❷名指浙江▷江~一带。☛"浙"和"淅"(xī)不同。"浙"字右边是"折","淅"字右边是"析"。

蔗 zhè 名甘蔗,多年生草本植物,茎圆直,分蘖,有节,节间实心,表皮为紫、红或黄绿色。茎内甜汁丰富,可以生吃,也可以制糖。

嗻 zhè 拟声旧时仆人对主人的应诺声。
另见 zhē。

鹧(鷓) zhè [鹧鸪]zhègū 名鸟,羽毛黑白相杂,腹背有眼状白斑。生活在我国南方而不向北迁徙,它的鸣叫被古人谐音为"行不得也哥哥",古诗文中常借以表示思念故乡。

䗪 zhè [䗪虫]zhèchóng 名地鳖。体扁平,卵圆形,棕黑色,雄的有翅,雌的无翅。生活在墙根土内或石块下。干燥雌虫可以做药材。通称土鳖。

zhe

著 zhe "着"(zhe)的本字。现在通常写作"着"。
另见 zhù;zhuó。

着 zhe ❶助用在动词、形容词之后,表示动作或状态的继续▷打~一把伞|饭还热~呢。→❷助用于某些动词之后,表示以某种状态存在▷桌上放~一本书|大门口站~两个警卫。❸助用在两个动词中间构

成连动式,表示两个动作同时进行,一个动作进行中又出现了另一个动作,或者二者之间有方式、手段和目的的关系▷站~说了半天|说~说~哭了起来|面包留~晚上吃。❹助用在动词之后,表示动作正在进行▷她跳~,唱~|会议正在紧张地进行~。❺助附在某些动词之后,使它变成介词▷照~|顺~|朝~。→❻助用在某些动词或形容词之后,表示命令或提醒的语气▷你听~!|步子大~点儿|快~点儿。

另见 zhāo;zháo;zhuó。

zhèi

这(這) zhèi "这"(zhè)的口语音。在口语中,"这"后面跟量词或数词加量词(如"这双鞋""这两本书")时,常读 zhèi;在"这个""这些""这样""这会儿""这阵子"等词中,也常读 zhèi。

另见 zhè。

zhēn

贞[1](貞) zhēn 动〈文〉占卜;问卦。

贞[2](貞) zhēn ❶形忠于自己的信仰和原则;坚定不移▷忠~不二|坚~不屈。→❷形旧时一种道德观念,指女子坚守节操,不失身、不改嫁等▷~女|~操|~节|~洁。

针(針 *鍼) zhēn ❶名缝制或编织衣物时引线用的细长形工具,多用金属制成▷一根~|~线|~尖|绣花~|钩~|毛衣~。→❷名中医用来刺穴位治病的针状器械;用针刺穴位来治病的医疗方法▷扎~|行~|~刺麻醉|~灸。→❸名形状细长像针的东西▷别~|~叶树|指南~|大头~|时~。❹名西医注射液体药物用的器械▷~头|~筒。❺名针剂,注射用的液体药物▷一天打两~|预防~。

侦(偵 *遉) zhēn 动暗地里调查;探听▷~破盗窃案|~探|~察|~查。

珍(*珎) zhēn ❶名珠玉一类的宝物;泛指宝贵的东西▷奇~异宝|~宝|~珠。→❷形贵重的;稀有的▷~禽异兽|~品|~本|~异|~贵。→❸名特指精美的食品▷山~海味|八~|~馐。→❹动看重;重视▷自~自爱|~重|~视|~爱。

帧(幀) zhēn ❶名画幅▷装~。→❷量用于字画,相当于"幅"▷一~山水画。☛统读 zhēn,不读 zhèng。

胗 zhēn 名禽鸟的胃▷鸡~肝儿。☛统读 zhēn,不读 zhūn。

浈(湞) zhēn 名浈水,水名,在广东。

真 zhēn ❶形符合事实的;正确的(跟"假""伪"相对)▷他说的都是~的|~人~事|~心实意|~知灼见|~功夫|~理|~正。→❷形确切;清楚▷声音太小,听不~|带上眼镜看得很~|听得~切。→❸副确实;实在▷~漂亮|~英明|~该批评|~不是滋味。→❹名指事物的原样▷描写失~|传~电报。〇❺名汉字楷书的别称▷~草隶篆|~书。〇❻名姓。

桢(楨) zhēn 名古代筑土墙时树立在两端的木柱;泛指支柱▷~干(喻指骨干)。

砧(*碪) zhēn 名切、捶、砸东西时垫在下面的用具▷~石(捣衣石)|铁~子|~板(切菜板)。

祯(禎) zhēn 名〈文〉吉祥的征兆▷~祥。

蓁 zhēn [蓁蓁]zhēnzhēn〈文〉❶形草木茂盛▷自谷~~。→❷形荆棘丛生的样子。

斟 zhēn ❶动往杯子等容器里倒酒倒茶▷给爷爷~酒|~上一碗茶|自~自饮。→❷动仔细思考▷字~句酌|~酌。

椹 zhēn 古同"砧"。

另见 shèn。

甄 zhēn ❶动考察;鉴别▷~审|~别。〇❷名姓。

嵘 zhēn [嵘屿]zhēnyǔ 名地名,在福建。

獉 zhēn [獉狉]zhēnpī 形〈文〉未开化的;原始野蛮的▷~之地|~之族。也说狉獉。也作榛狉。

溱 zhēn 名古水名,在今河南。

另见 qín。

榛 zhēn 名榛树,落叶灌木或小乔木,叶子圆卵形或倒卵形,开黄褐色和红色花,结球形坚果。木材细密,可做手杖、伞柄;果实叫榛子,可以食用,也可榨油。

禛 zhēn 动〈文〉以至诚感神而得福。

箴 zhēn ❶名〈文〉缝衣或针灸用的工具,细长而小,一端尖锐。→❷动规劝;告诫▷~言|~诫|~规。❸名古代文体的一种,以劝戒为主题。

臻 zhēn 动达到▷日~完善。

鱵(鱵) zhēn 名鱵科鱼的统称。身体圆柱形,下颌特长,呈针状,口小,眼大,背鳍和臀鳍都位于身体后半部。生活在近海中。

zhěn

诊(診) zhěn 动检查病人身心以了解病情▷~脉|~断|~治|急~|门~|~所。☛统读 zhěn,不读 zhēn。

枕 zhěn ❶名躺着的时候用来垫头的东西▷高~无忧|~头|~巾|~席。→❷动躺着的时候把头放在枕头上或其他东西上▷~着枕头睡觉|头~在胳膊上|~戈待旦(枕着兵器等待天亮,形容时刻准备作战)。❸动垫着▷~木。☛统读 zhěn,不读 zhèn。

纱(紾) zhěn 动〈文〉扭转。

轸(軫) zhěn ❶名古代指车厢底部四面的横木,也借指车。→❷名星宿名,二十八宿之一。〇❸形〈文〉悲痛▷~念|~怀。

畛 zhěn 〈文〉❶名田间小路。→❷名界限▷~域。

疹 zhěn 名一种皮肤病,皮肤表层因发炎而起小疙瘩,多为红色,小的像针尖,大的像豆粒,如麻疹、湿疹等。

袗 zhěn 名〈文〉单衣。

缜(縝) zhěn 形细密▷~密。

稹 zhěn 形〈文〉稠密;细密。

zhèn

圳 zhèn 名田间水沟，多用于地名▷深～|～口（两地均在广东）。

阵[1]（陣） zhèn ❶名古代交战时布置的战斗队列或队列的组合方式，现在也指作战时的兵力部署▷冲锋陷～|八卦～|～容|～营。→❷名阵地；战场▷临～磨枪|败～|上～|～亡。○❸名姓。

阵[2]（陣） zhèn ❶名指一段时间▷那～儿|好一～儿|你这～子上哪儿去了？→❷量用于延续了一段时间的事情或现象▷一～风|一～掌声|一～疼痛。

纼（紖） zhèn 名〈文〉穿在牛鼻子上的缰绳；泛指牵牲口的绳子。

鸩（鴆*酖❷） zhèn ❶名古代传说中的一种毒鸟。羽毛有剧毒，用以泡酒，人喝了很快就会被毒死。→❷名用鸩羽浸泡的毒酒▷饮～而亡|饮～止渴（比喻只图暂时解决眼前困难而不顾后果）。

振 zhèn ❶动摇动；挥动▷～翅|～臂一呼|～笔直书。→❷动奋起；奋发▷精神为之一～|军心大～|一蹶不～|～奋|～作。→❸动振动，物体通过一个中心位置不断往复运动▷共～|～幅|谐～。

朕[1] zhèn ❶代秦代以前说话人称自己，相当于“我”“我的”▷～皇考曰伯庸（我的先父叫伯庸）。→❷代自秦始皇起专用作皇帝的自称，沿用到清末。

朕[2] zhèn 名〈文〉征兆▷～兆。

赈（賑） zhèn 动用财物救济▷～济|～灾。

揕 zhèn 动〈文〉刺；击。

震 zhèn ❶名〈文〉雷。→❷动猛烈地颤动；使颤动▷炮弹把门窗～得直响|～耳欲聋|～天动地|地～|～撼。❸名特指地震▷抗～|余～|～中|～级。→❹动情绪非常激动▷～惊|～怒。→❺名八卦之一，卦形为“☳”，代表雷。

镇（鎮） zhèn ❶动用重物压▷～尺|～纸。→❷形安定；稳定▷～静|～定。→❸动抑制；震慑▷～痛|～静剂|一句话把他～住了。→❹动用强力压服；制裁▷～压。❺动用武力守卫▷～守|坐～。❻名（军队）镇守的地方▷重～。❼名市镇；集镇；县（区）辖的行政区划单位▷～上有十几家店铺|城～|乡～|村～。○❽动把食物、饮料等放在冰块上、冷水里或冰箱中使变凉▷把啤酒～一～|冰～汽水。

zhēng

丁 zhēng [丁丁]zhēngzhēng 拟声〈文〉形容伐木、下棋、弹琴等的声音▷伐木～～。
另见 dīng。

正 zhēng 名正月，农历一年的第一个月▷新～。
另见 zhèng。

争 zhēng ❶动抢夺；力求获得或做到▷两只鸟～食|孩子们～着帮老人拿东西|～冠军|寸土必～|～先恐后|～光|～夺。→❷动较量；打斗▷鹬蚌相～|斗～|战～。❸动争吵；争论▷为一点小事～得没完没了|论～|～执|～端|～议。☛旧字形作“爭”，新字形作“争”，从“争”的字，如“净”“静”“挣”“筝”，同。

征[1] zhēng ❶动远行▷～途|～尘|长～。→❷动出兵讨伐▷～伐|～讨|出～。

征[2]（徵） zhēng ❶动召集（多指政府对公民）▷～兵|应～。→❷动（政府）收取▷～粮|～税|～收。❸动寻求▷～文|～稿|～婚|～求。

征[3]（徵） zhēng ❶名〈文〉证验；证明▷信而有～（真实而有证据）|有书可～。○❷名现象；迹象▷特～|象～|～兆。
“徵”另见 zhǐ。

怔 zhēng ❶[怔忡]zhēngchōng 动中医指心悸。○❷[怔忪]zhēngzhōng 动〈文〉惊惧；惊恐。
另见 zhèng。

挣 zhēng [挣扎]zhēngzhá 动尽力支撑或摆脱（困境）▷～着坐起来|从厄运中～过来|拼命～|垂死～。
另见 zhèng。

峥 zhēng [峥嵘]zhēngróng ❶形山势高峻突兀▷山石～～。→❷形超乎寻常；不平凡▷～岁月|头角～～。

狰 zhēng [狰狞]zhēngníng 形（面目）凶恶可怕▷面目～～。

钲（鉦） zhēng 名古代一种铜制的打击乐器，形状像钟，但比钟小，有长柄，多在行军时敲击。

症（癥） zhēng [症结]zhēngjié ❶名中医指肚子里结硬块的病。→❷名事情的纠葛或不好解决的关键所在▷查找问题的～|工厂亏损的～在于管理不善。
另见 zhèng。

烝 zhēng 形〈文〉众；多。

睁 zhēng 动张开眼▷眼睛半～半闭|杏眼圆～|～着眼|～眼瞎（比喻不识字）。

铮（錚） zhēng [铮铮]zhēngzhēng 拟声〈文〉形容金属等的撞击声▷～然掷地作金石声|～～有声（比喻为人刚正，很有声名）。

筝 zhēng 名我国传统的拨弦乐器，音箱为木制长方形，上面张弦，唐宋时有13根弦，现在增到25根。

蒸 zhēng ❶动蒸发，气体上升▷～腾|～气|～馏|云～霞蔚。→❷动利用水蒸气加温，使东西变热、变熟或消毒▷把剩饭～～再吃|针头要～过才能再用|～馒头|～笼。

鬇 zhēng [鬇鬡]zhēngníng 形〈文〉（头发）蓬松。

鲭（鯖） zhēng 名古代指鱼和肉合起来烹制的菜。
另见 qīng。

zhěng

拯 zhěng 动救助；救援▷～救。☛不读 chéng 或 chěng。

整 zhěng ❶形有秩序，有条理；不凌乱▷～然有序|衣冠不～|～齐|～洁|工～|匀～|严～。→❷动使有条理、有秩序▷～装待发|重～旗鼓|～理|～编|～队|～饬|～顿。⇒❸动修理，使损坏的东西恢复原来的形状或作用▷～旧如新|～修|修～。⇒❹动〈方〉办理；做▷这事可不好～|这东西我看见别人～过，并不难|我给你～两个菜，好下酒。⇒❺动〈口〉使受苦▷他把我～得好苦|～人|挨～。○❻形应该有的各部分都包括在内，没有残缺或损坏▷～块土地|～套设备|消灭敌军一个～团|～个儿|～体|完～。→

❼形没有零头的(跟"零"相对)▷～二十年|一万元～|晚八点～|化～为零|零存～取|～数。❽名〈口〉整数▷有零儿有～儿|把钱凑个～儿存起来。☛"整"不能简化为"壵"。

zhèng

正 zhèng ❶形方向或位置不偏不斜;位置在中间▷把帽子戴～,不要歪了|这根旗杆竖得不～|～南|坐～|～当中|～房。→❷形合乎一定标准或规范的▷～点到达|～楷|～体|～品|～规|～式。⇒❸形正直的;正当的▷义～辞严|心术不～|行得～|～派|～理|走～路。⇒❹形(色、味)纯而不杂▷颜色不～|～红|味儿～。→❺动摆正▷把帽子～一～。⇒❻动使思想行为端正▷～人先～己。⇒❼动把错误的改为正确的▷～音|～字|～误表。→❽形主要的;作为主体的▷他是～的,我是副的,我们合作得很好|～职|～文|～餐|～业。→❾副 a)表示动作在进行中或状态在持续中▷我们～开着会|心里～难受着呢。b)表示恰好、刚好▷一进门～赶上开饭|衣服长短～合适|～中下怀。→❿名正面,片状物露在外面或主要使用的一面(跟"反"相对)▷这种纸～反两面都是光滑的。⓫形自然科学中指大于零的或失去电子的▷～数|～极。→⓬形时间不早不晚,恰在某时点或时段的正中▷～午。→⓭形图形的各个边的长度和各个角的大小都相等的▷～方形|～多边形|～圆形。〇⓮名姓。

另见 zhēng。

证(證) zhèng ❶动用可靠的凭据来表明或断定真假▷你会～这道题吗?|～人|论～|对～|查～|～明。→❷名凭据,能起到证明作用的人或事物▷人～|凭～|旁～|罪～|通行～。

郑(鄭) zhèng ❶名周朝诸侯国名,在今河南新郑一带。〇❷名姓。

怔 zhèng 动发愣▷听说要动手术,他马上～住了|～了半天也没答上来。

另见 zhēng。

诤(諍) zhèng 动直率地规劝▷～谏|～友|～言。☛不读 zhēng。

政 zhèng ❶名指政治▷～府|～权|～务|～见|～策。→❷名指政权▷执～|参～|当～。→❸名政府部门主管的业务▷财～|民～|邮～|市～。❹名家庭或集体生活中的事务▷家～|校～。

挣 zhèng ❶动用力摆脱▷～开绳索|～断锁链|～脱。〇❷动用行动获取▷～下一份家业|～钱养家|～面子。

另见 zhēng。

阐(闡) zhèng [阐阐]zhèngchuài 动〈文〉挣扎。

症 zhèng 名因生病而出现的异常状态;疾病▷辨～施治|～候|～状|炎～|急～|疑难杂～。

另见 zhēng。

zhī

之[1] zhī 动〈文〉到……去;往▷不知君之所～。

之[2] zhī ❶代〈文〉用在名词前,起指示作用,相当于"这"或"那"▷～子于归。→❷代代替人或事物(只作宾语)▷言～成理|置～不理|好自为～|取而代～。⇒❸助 a)用在定语和中心词之间,构成偏正词组,表示领有或修饰关系▷赤子～心|教师～家|三口～家|大旱～年|三分～一。b)用在主谓词组的主语和谓语之间,使它变成偏正词组▷影响～深远|决心～大|速度～快。⇒❹助指代作用虚化,不代替什么▷久而久～。

支[1] zhī ❶动架起▷把蚊帐～起来|用石块～着锅做饭|～柱|～架|～点。→❷动支持▷体力不～|乐不可～|～援。❸动指支援▷～农|～前|～边。→❹动向上竖起或向外伸▷～着耳朵仔细听。〇❺名姓。

支[2] zhī ❶名从总体中分出的部分▷分～|旁～|远～|～流|～线。→❷动分出;分散▷～离破碎|～解。⇒❸动分派;打发▷把孩子都～出去了|～使|～派|～配。⇒❹动付出或领取(款项)▷从财务科～一点钱|收～平衡|～出|开～|超～|预～。→❺名地支,我国传统用来表示次序的符号"子、丑、寅、卯、辰、巳、午、未、申、酉、戌、亥"的统称▷干～纪年。→❻量 a)用于杆状的东西▷一～笔|一～蜡烛。b)用于队伍等▷一～管弦乐队|三～小分队。c)用于歌曲或乐曲▷一～歌|两～曲子。d)纱线粗细程度的计算单位,用单位重量的长度来表示,如1克重的纱线长100米就叫100支,纱线越细,支数越多。e)用于电灯的光度,相当于瓦数▷15～光(15瓦)|40～光(40瓦)的灯泡。参见"烛"③。

氏 zhī ❶[阏氏]yānzhī,见"阏"。〇❷[月氏]yuèzhī 名汉代西域国名。

另见 shì。

只(隻) zhī ❶形单个的;极少的▷～身|～字不提|～言片语。→❷量 a)用于动物(多指飞禽走兽)▷一～鸟|一～鸭子|两～老虎|三～猫。b)用于某些成对的东西中的一个▷一～耳朵|两～脚|一～手套|两～袜子。c)用于船和某些器物▷两～船|两～手表。

另见 zhǐ。

卮(*巵) zhī 名古代盛酒的器皿▷白玉～|～酒。

汁 zhī 名溶入或混入特定物质的液体▷果～|胆～|墨～|～液。

芝 zhī ❶[灵芝]língzhī 名一种真菌,生在枯木上,菌柄长,菌盖肾形,赤色或紫色,可以做药材。〇❷名古书上说的一种香草,古人常把它跟兰草并列,喻指高尚、美好的德行、环境等▷～兰玉树(喻指优秀子弟)|～兰之室。

吱 zhī 拟声形容物体摩擦、鸟虫鸣叫等的声音▷门～的一声开了|压得床板～～响|知了～～地叫着。

另见 zī。

枝 zhī ❶名由树木或其他植物主干上分出来的较细的杈▷节外生～|～繁叶茂|树～|～条。→❷量 a)用于带枝的花朵▷一～桃花。b)用于杆状物▷一～木枪|两～铅笔。

知 zhī ❶名知识,人们在实践中获得的认识和经验▷愚昧无～|真～灼见|实践出真～|求～。→❷动知道;了解▷明～故犯|温故～新|～己|～晓|熟～|周～。⇒❸动使知道;使了解▷告～|通～|～照|～会。⇒❹名指知己,相互了解而感情深厚的人▷新～|～友。〇❺动〈文〉主管;主持▷～县|～府|～事|～客。

肢 zhī ❶名人体两臂两腿的统称,也指兽类的四条腿和鸟类的两翅两足▷上～|后～|四～。〇❷

名指人体的腰部▷腰～。

汦 zhī 名汦河，水名，在河北，流入滏阳河。

织（織） zhī ❶动将经纱和纬纱交错制成绸、布等▷～了一匹布｜男耕女～｜纺～｜棉～品。→❷动把线类用互相交错、勾连的方法编制物品▷～毛衣｜～鱼网｜编～。→❸动交叉；穿插▷感愧交～｜运河里来往的船只穿～如梭。

栀（*梔） zhī 名栀子，常绿灌木，叶子对生，长椭圆形，表面有光泽，开白色大花，有浓烈的香味，果实赤黄色。木材黄褐色，质密而坚实，可供制作家具及雕刻用；果实可做黄色染料，也可以做药材。栀子，也指这种植物的果实。

胝 zhī ［胼胝］piánzhī，见"胼"。

祗 zhī 形〈文〉敬重而有礼貌▷～敬｜～候回音（希望对方回复的客气话）。☛"祗"和"祇"（qí）不同。"祗"字右边是"氐"（dǐ），不是"氏"。"祇"字右边是"氏"，指地神。

脂 zhī ❶名动植物体内所含的油性物质▷～肪｜松～｜油～。→❷名含脂的化妆品；特指胭脂▷涂～抹粉｜～粉。☛统读zhī，不读zhǐ。

跰 zhī ［跰跰］piánzhī 同"胼胝"。参见"胼"。

稙 zhī 形（谷物）种得早或熟得早▷～谷子｜～庄稼。

榰 zhī 名〈文〉柱子下的木础或石础。

蜘 zhī ［蜘蛛］zhīzhū 名节肢动物，分头胸和腹两部分，两者之间有腹柄，头胸部有四对步足。肛门前端的突起能分泌黏液，黏液在空气中凝成细丝，用来结网捕食昆虫。生活在屋檐和草木间。通称蛛蛛。

zhí

执（執） zhí ❶动拿着；握持▷手～大旗｜披坚～锐｜明火～仗｜～笔。→❷动主持；掌管▷～政｜～掌｜～事。❸动执行；从事（某种工作）▷～法｜～勤｜～教。→❹动坚持▷～意不肯｜各～一词｜～迷不悟｜固～｜拘～｜～拗。→❺名凭证▷回～｜收～｜～照。〇❻名〈文〉志同道合的朋友▷～友｜父～（父亲的朋友）。

直 zhí ❶形像线拉平那样，一点也不弯曲（跟"曲"相对）▷把绳子拉～｜跑道线画得真～｜站～了！｜笔～｜～线。→❷动使变直；伸直▷累得～不起腰来。→❸副表示动作的方向不变或不绕道，相当于"径直"；表示不经过中间事物，相当于"直接地"▷～通天津｜～拨电话｜～辖市｜～航。❹副表示动作、变化持续不断▷～谈到深夜｜对着妈妈～哭｜热得～出汗。❺副表示动作行为和某种情况完全相同，相当于"简直"▷冻得～像掉进冰窟窿里一样。→❻形同地面垂直的；竖的（跟"横"相对）▷～升机｜这间铺面横里3米，～里（指进深）倒有6米。⇒❼形公正的；合理的▷刚～不阿｜理～气壮｜正～｜耿～。❽形爽快；坦率▷说话很～｜心～口快｜～性子｜～率。⇒❾名汉字的笔画，从上一直向下，形状是"丨"，一般说竖。

侄（*姪妷） zhí 名哥哥或弟弟的儿子；泛指男性同辈亲属或朋友的儿子▷他是我～儿｜～子｜～媳妇｜贤～｜族～｜内～。

值 zhí ❶动碰到；遇上（某种情况）▷这次去日本，正～樱花盛开的时节｜老人年轻时，正～国家多难。→❷动轮到（执行某种公务的时间）▷今天我～夜班｜～勤｜～日｜～星。→❸介引进事情发生或存在的时间，相当于"当""在"▷～此新春佳节，谨祝合家欢乐｜正～秋高气爽之际，大家再次郊游。→❹动商品的使用价值同价格相当▷这件衣服～五六十块钱｜一支笔能～几个钱？｜一钱不～。⇒❺名价值；价格▷总产～｜贬～。⇒❻形有价值；值得▷这一趟来得很～｜费这么大劲儿也～｜不～一提｜这车买得真～。⇒❼名数值，用数字表示的量或按照数学式演算所得的结果▷函数的～｜代数式的～｜比～。

埴 zhí 名〈文〉黏土。

职（職） zhí ❶名职务，按照规定分内应做的事情▷立足本～｜任～｜～权｜～称。→❷名作为主要生活来源的工作▷～业｜谋～｜求～。→❸名职位，执行一定的职务所处的地位▷降～处分｜在～｜到～。❹名旧时下属对上司的自称▷卑～。→❺名职责▷失～｜尽～。〇❻名姓。

絷（縶） zhí 〈文〉❶动拴住马脚。→❷动捆；绑▷～足。❸动拘禁▷幽～。→❹名缰绳。

植 zhí ❶动栽种▷～树｜～苗｜种～｜栽～｜移～。→❷动培养；树立▷培～｜扶～｜～党营私。→❸动指移植，把有生命的动植物个体的器官或组织切割下来，补在同一机体或另一机体有缺陷的部分上，使它长好，发挥正常功能▷断指再～｜～皮。→❹名指植物▷～保｜～被｜～株。〇❺名姓。

殖 zhí 动生育；生息▷生～｜繁～｜养～。

另见shi。

跖（*蹠） zhí 〈文〉❶名脚掌▷～骨。→❷动踏；踩。

摭 zhí 动〈文〉拾取；摘取▷～人余唾｜～其切要，纂成一书。

踯（躑） zhí ［踯躅］zhízhú 动〈文〉徘徊不前▷～街头。

躅 zhí ［躅躅］zhízhú 古同"踯躅"。参见"踯"。

另见dí。

zhǐ

止 zhǐ ❶动停住，不再进行▷血流不～｜学无～境｜适可而～｜终～｜休～。→❷动使停住▷望梅～渴｜扬汤～沸｜～血｜～痛｜禁～｜制～。→❸动截止，到一定期限停止▷报名时间自即日起至本月底～。→❹副表示止于某个范围，相当于"仅仅""只"▷这封信我看了不～一遍｜岂～他一个人不赞成｜～此一家，别无分号。

只（衹*祇秖） zhǐ 副用来限定范围，表示除此以外没有别的，相当于"仅仅"▷我～学过英语，没学过别的外语｜～找到了一本书｜教室里～有一个人｜这种事～能慢慢来，不能着急｜～去了一年就回来了｜～他一个人在家。☛㊀"只"一般用在动词之前，限制与动作有关的事物、事物的数量或动作本身；直接用在名词或代词之前、限制事物的数量时，可以理解为中间隐含了一个动词"有""是""要"等。㊁"祇"读zhǐ时是"衹"的异体字；读qí表示地神的意义时，仍作"祇"。

另见zhī。

旨[1] zhǐ 形〈文〉味道美▷～酒|甘～。

旨[2] zhǐ ❶名用意;目的▷～在引起大家注意|主～|要～|宗～|～趣。→❷名特指帝王的命令▷遵～|抗～|圣～。

址(*阯) zhǐ 名地基;建筑物的位置、处所▷校～|厂～|旧～|住～|地～|会～。

抵 zhǐ 动〈文〉侧击;拍▷～掌而谈。☛"抵"和"抵"(dǐ)形、音、义都不同。

芷 zhǐ ❶[白芷]báizhǐ 名多年生草本植物,花白色,果实长椭圆形。根粗大,圆锥形,有香气,可以做药材。○❷名姓。

沚 zhǐ 名〈文〉水中的小块陆地▷洲～。

纸(紙*帋) zhǐ ❶名可供写字、绘画、印刷、包装等用的薄片状的东西,多用植物纤维制成▷一张～|写在～上|～张|报～|～币。→❷量用于书信、文件等▷一～家书|一～空文。→❸名特指纸钱等迷信用品▷烧～|化～。

祉 zhǐ 名〈文〉福▷福～。

指 zhǐ ❶名手指,人手前端的五个分支▷十～连心|屈～可数|大拇～|～纹。→❷动(手指或物体的尖端)对着▷～着鼻子|～桑骂槐|箭头所～的方向|～南针|～向。⇒❸动意思上针对▷他的发言～的是你|暗～。⇒❹动点明▷～出缺点|～示|～点|～明|～教。❺动批评或斥责▷～斥|～责|～控|千夫所～。→❻动(头发)直立起来▷令人发(fà)～。→❼量一个手指的宽度叫"一指",用来计量深浅、宽窄等▷肝大二～|下了三～雨|留两～宽的缝。○❽动仰仗▷这件事都～着您啦!|全家人都～着他的工资生活|～望|～靠。☛统读 zhǐ,不读 zhī 或 zhí。

枳 zhǐ 名落叶灌木或小乔木,茎上有刺,叶为复叶,有小叶三片,开白色花,果实小球形,味酸。未成熟和成熟的果实都可以做药材,分别称枳实和枳壳。也说枸橘。

轵(軹) zhǐ 名〈文〉车轴头。

咫 zhǐ ❶量古代长度单位,八寸为一咫。→❷[咫尺]zhǐchǐ 名喻指很近的距离▷～之间|近在～|～天涯。

趾 zhǐ ❶名脚▷～高气扬。→❷名脚指头▷脚～|～骨。

黹 zhǐ 动〈文〉缝纫;刺绣▷针～。

酯 zhǐ 名有机化合物的一类,由醇和含氧酸相互作用失去水后制成。碳数低的酯一般为液体,有香味,可用作溶剂或香料;碳数高的酯为蜡状固体或很稠的液体,是动植物油脂的主要部分。

徵 zhǐ 名古代五音(宫、商、角、徵、羽)之一。相当于简谱的"5"。

另见 zhēng"征"。

zhì

至 zhì ❶动到;到来▷时～今日|人迹罕～|无微不～。→❷形达到极点的;最好的▷如获～宝|～理名言|～交。⇒❸名极点▷冬～|夏～|四～(四面的地界)。⇒❹副表示达到最高程度,相当于"极"▷～高无上|～少要五天才行|～晚不要超过月底。

志[1] zhì 名关于将来要有所作为的意愿或决心▷有～者事竟成|～同道合|立～|意～|～气|～愿。

志[2](*誌) zhì ❶动〈文〉记住;不忘▷博闻强～|永～不忘|～哀|～喜。→❷动〈文〉用文字记录;记载▷书以～其事|《聊斋～异》|杂～|～怪小说。❸名记事的文字▷《汉书·艺文～》|地方～|县～|碑～|墓～。→❹名标记;记号▷标～。

豸 zhì 名〈文〉蚯蚓之类没有脚的虫▷虫～。

忮 zhì 动〈文〉嫉妒;忌恨。

识(識) zhì ❶动〈文〉记住▷博闻强～|默～不忘。→❷名记号;标志▷款～|标～。→❸动〈文〉记述▷附～。

另见 shí。

厔 zhì ❶名〈文〉水曲折处。○❷[盩厔]zhōuzhì,见"盩"。

郅 zhì ❶副〈文〉极;最▷～治(最太平)|～隆(极昌盛)。○❷名姓。

帜(幟) zhì 名旗子▷独树一～|旗～。

帙(*袟袠) zhì 〈文〉❶名书籍或画册外面包的布套;书的卷册▷卷～浩繁。→❷量用于装套的线装书,一函为一帙▷抄为八～|刊印千～。

制(製❶❷) zhì ❶动剪裁(衣服);切断▷裁～。→❷动做;造▷～革|～图|～作|～造|～剂|～品。❸动拟订;规定▷因地～宜|～订|～定。❹名制度;准则▷议会～|集体所有～|八小时工作～|学分～|体～。→❺动强力管束、限定▷～裁|～伏|～空权|～止|管～|限～。

质[1](質) zhì ❶动〈文〉抵押▷典～|以书～钱。→❷名作抵押的东西▷人～。

质[2](質) zhì ❶名客观存在的实体▷物～。→❷名一种事物所具有的区别于他事物的根本属性▷从量变到～变|蜕化变～|本～|实～|性～|品～|气～。❸名(产品或工作的)好坏程度▷保～保量|优～产品|～量。→❹形朴实▷～朴。

质[3](質) zhì 动依据事实问明或辨别是非▷～疑|～问。☛"质"字统读 zhì,不读 zhí 或 zhǐ。

炙 zhì ❶动烤▷～手可热。→❷名烤熟的肉食▷脍～人口|残羹冷～。→❸动中药制法,把药材与液汁辅料同炒,使辅料渗入药材▷炮(páo)～|酒～|蜜～|～甘草。☛"炙"和"灸"(jiǔ)不同。"炙"字上半是"⺈","灸"字上半是"久",针灸。

治 zhì ❶动整治;管理▷～水|～校|～国|自～。→❷形指社会安定▷天下大～|长～久安|～世。→❸动处罚;惩办▷～罪|处～|惩～。→❹动治疗▷我的病～好了|专～疑难病症|～病救人|医～。→❺动消火(害虫)▷这种药专～棉铃虫|～蝗。→❻动研究学问▷专～古代史|～学严谨。→❼名旧称地方政府所在地;治所▷府～|省～。

秩(紩) zhì 动〈文〉缝;补▷缝～|补～。

栉（櫛） zhì〈文〉❶名梳子、篦子等梳头用具▷银～|木～|鳞次～比（像鱼鳞和梳子齿一样紧密地排列着）。→❷动梳头；梳理▷～发|～风沐雨（风梳头，雨洗发，形容奔波劳累）。☛统读 zhì，不读 jié。

峙 zhì 动高高地直立；屹立▷对～|耸～|～立。另见 shì。

庤 zhì 动〈文〉储存；置备。

陟 zhì〈文〉❶动登，从低处走向高处▷～山。→❷动晋升▷黜～。

贽（贄） zhì 名古人初次拜见尊长时所持的礼物▷～见（拿着礼物求见）|～礼。

挚（摯） zhì 形真诚而恳切▷真～|诚～|深～|～友。

桎 zhì 名古代套住犯人两脚的刑具，相当于现在的脚镣▷～梏（脚镣和手铐，喻指束缚人或事物的东西）。

轾（輊） zhì［轩轾］xuānzhì 形〈文〉车前高后低叫轩，前低后高叫轾，比喻高低、优劣、轻重▷两人的成就难分～。

致（緻⑥） zhì ❶动送达；给予▷～电|～函。→❷动表达（情意等）▷～谢|～敬|～以热烈的祝贺。→❸动招引；使达到▷黄曲霉可以～癌|学以～用|勤劳～富。❹动竭尽（精力）；集中（意志等）▷～力于明史研究|专心～志。→❺名意态；情趣▷兴～|情～|剧情曲折有～。→❻形周密；精密▷细～|精～|～密。

秩[1] zhì 名次序▷～序。

秩[2] zhì 量〈文〉十年（用于老年人的年纪）▷年逾六～|七～华诞|八～晋三（八十三岁）。☛"秩"字统读 zhì，不读 chì。

鸷（鷙） zhì〈文〉❶名凶猛的鸟，如鹰、雕、鹯之类。→❷形凶猛▷～虫（凶猛的禽兽）|～而无敌。

掷（擲） zhì 动抛；扔▷孤注一～|～地有声|投～|弃～|～铅球。☛统读 zhì，不读 zhī。

梽 zhì［梽木山］zhìmùshān 名地名，在湖南。

铚（銍） zhì〈文〉❶名短镰刀。→❷动用镰刀割（谷物）▷～艾（zhìyì，收割）。

痔 zhì 名痔疮，一种肛管疾病，因为肛门或直肠末端静脉曲张、瘀血而形成，症状是发痒、灼热、疼痛、出血等。

窒 zhì 动阻塞▷～息|～塞（sè）|～闷。

蛭 zhì 名蛭纲动物的统称。身体一般长而扁平，黑绿色，无刚毛，前后各有一个吸盘，能吸人畜血液。生活在淡水中或潮湿的陆地。种类有水蛭、湖蛭、山蛭等。通称蚂蟥。

智 zhì ❶名认识、理解客观事物并运用知识、经验解决问题的能力▷足～多谋|～勇双全|才～|心～|～慧|～商。→❷形聪明；有见识▷～者千虑，必有一失|明～|机～。〇❸名姓。

痣 zhì 名皮肤上长的有色的斑点或小疙瘩，没有疼痛或刺痒的感觉▷脸上有一颗黑～|朱砂～|～疣（喻指多余而无用的东西）。

滞（滯） zhì ❶动停留▷停～不前|～留。→❷形流通不畅▷～销|～货|淤～。❸形呆板；不灵活▷呆～|～涩|板～。

骘（騭） zhì 动〈文〉排定；安排▷评～高低|阴～。

彘 zhì 名〈文〉猪▷母～|～肩（猪肘子）|行同狗～。

置（*寘❸） zhì ❶动设立；建立▷设～|装～|配～。→❷动购买；备办▷～了点家具|买房子～地|～办|～备|购～|添～。〇❸动安放▷～身事外|～之不理|安～。

锧（鑕） zhì〈文〉❶名铁砧，打铁时垫在下面受锤的器具。→❷名腰斩犯人所用刑具的垫座▷斧～。

雉[1] zhì 名雉科部分鸟的统称。形状像鸡，雄的羽毛华丽，尾长，有的颈下有白色环纹，足后有距，雌的羽毛灰褐色，尾较短，没有距。通称野鸡。

雉[2] zhì 量古代计算城墙面积的单位，长三丈、高一丈为一雉▷城隅九～。

稚（*穉稺） zhì ❶形幼小▷～弱|～嫩|～子。→❷名孩子；儿童▷童～|幼～园。

滍 zhì［滍阳］zhìyáng 名地名，在河南。

疐 zhì 动〈文〉跌倒；绊倒▷跋前～后（比喻进退两难）。

踬（躓） zhì〈文〉❶动被绊倒▷～仆（pū）|颠～。→❷动遭受挫折；失败▷屡试屡～|～顿（处境困难）。

膣 zhì 名阴道。

觯（觶） zhì 名古代一种酒器。

擿 zhì 古同"掷"。另见 tī。

zhōng

中 zhōng ❶名与四周、上下或两端的距离相等的部位▷居～|～央|～指|～途|～秋。→❷名里面▷空～|群众～|心～|假期～。❸名用在动词或动词性词组后面，表示动作处于持续状态▷在设计～|正在洽谈～|发展～国家|处于剧烈运动～。→❹名性质、等级在两端之间▷～等|～性|～级|～学。→❺名指内心▷情动于～|外强～干。→❻名指中国▷古今～外|洋为～用|～医|～药。→❼名介绍买卖或调解纠纷的中间人▷我来作～。→❽形不偏不倚▷～庸|适～。❾动适合▷～看|不～用|～听。❿形〈方〉可以；行▷这主意不～|这就～啦。〇⓫名姓。

另见 zhòng。

忪 zhōng 形〈文〉惊恐；惊惧▷怔～。另见 sōng。

忠 zhōng ❶形尽心尽力，赤诚无私▷～于祖国|～诚|～告|～言。○❷名姓。

终(終) zhōng ❶名最后；结局（跟"始"相对）▷年～|有始无～|自始至～。→❷动结束▷剧～|以～天年|告～。❸动指人死▷临～|无疾而～。→❹形从起始到最后的▷～日|～年|～身。→❺副到底；毕竟▷～将胜利|～必获益。

盅 zhōng 名没有柄的小杯子▷茶～|酒～。

钟¹(鐘) zhōng ❶名古代一种打击乐器，中空，用铜、铁制成▷编～|～鼎文|～鸣鼎食。→❷名专指寺院或其他地方悬挂的钟，钟声用作报时、报警或召集的信号▷一口～|洪～|～楼|警～。❸名计时的器具，形体比表大，不随身携带▷一座～|挂～|闹～|～表。❹名指时间或时刻▷～点|3点～|10分～|5秒～。○❺名姓。

钟²(鍾) zhōng ❶名古代一种盛酒的器皿，大腹，小颈。→❷动（情感等）集中；专注▷～情|～爱。→❸古同"盅"。○❹名姓。

舯 zhōng 名船体的中部。

衷 zhōng ❶形正中；不偏不倚▷折～。→❷名内心▷～心|苦～|言不由～|无动于～。○❸名姓。

螽 zhōng ［螽斯］zhōngsī 名昆虫，身体褐色或绿色，触角细长，雄虫的前翅摩擦发音，善跳跃。生活在野外或室内，危害农作物。

zhǒng

肿(腫) zhǒng 动皮肉因发炎、化脓、内出血等而浮胀▷腿～了|脸上～起一个包|红～|浮～。

种(種) zhǒng ❶名种子植物所结的能萌发出新植株的子粒▷稻～|豆～|花～|播～。→❷名泛指生物借以繁殖传代的物质▷传～|配～。→❸名具有共同起源和共同遗传特征的人群▷黄～|白～|人～|～族。→❹名事物得以延续的根源▷穷没根，富没～|火～|谬～流传。❺名喻指胆量或骨气▷有～的上来比试比试|孬～。→❻名依据事物的性质、特点划分的门类▷～类|工～|兵～|剧～|税～|品～|特～|某～。⇒❼名生物学分类范畴的一个等级，属以下为种▷门、纲、目、科、属、～|家犬是哺乳动物犬科犬属的一～。⇒❽量用于人或事物的类别▷两～人|两～语言|几～颜色|各～意见。

另见 chóng；zhòng。

冢(*塚) zhǒng 名高大的坟墓▷古～|荒～。

踵 zhǒng ❶名脚跟▷摩肩接～|接～而至|旋～。→❷动〈文〉追随；继承▷～步|～武|～事增华（继承前人的事业并加以发展）。→❸动〈文〉到；亲自到▷～门|～谢。

zhòng

中 zhòng ❶动对准；正好符合▷猜～有奖|击～目标|切～要害|正～下怀|～意|～选。→❷动受到▷身上～了一枪|～风|～毒|～暑。

另见 zhōng。

仲 zhòng ❶形〈文〉代表兄弟排行中第二的▷伯～叔季|～兄（二哥）。→❷形指一季里的第二月▷～夏|～秋。❸形位置居中的▷～裁。○❹名姓。

众(衆*眾) zhòng ❶名许多人▷～所周知|万～一心|～叛亲离|民～|大～|观～。→❷形多（跟"寡"相对）▷～寡悬殊|芸芸～生|～矢之的|～人|～多。

种(種) zhòng 动把植物的种子或幼苗的根部埋在土里，让它发芽、生长▷～豌豆|～树|～花|～地|～植|栽～|套～|点～。

另见 chóng；zhǒng。

重 zhòng ❶形分量大（跟"轻"相对）▷这根木头很～|～于泰山|工作负担太～|步履沉～|话说得～了点儿。→❷名分量▷这个鸡蛋有二两～|这块石头有多～？|净～|失～。→❸形重要▷以国事为～|西北～镇|军事～地。❹动认为重要；看重▷～义轻利|～男轻女|尊～|器～。→❺形程度深▷伤势很～|颜色太～|恩～如山。○❻形庄重；不轻率▷慎～|稳～|隆～。

另见 chóng。

穜 zhòng 古同"种"。

zhōu

舟 zhōu 名船▷同～共济|一叶扁（piān）～|泛～湖上。

州 zhōu ❶名旧时行政区划名称。所辖地区的大小历代不尽相同，有些名称作为地名还保留到现在，如徐州、沧州、扬州、杭州等。→❷名少数民族地区的自治行政区划，介于自治区和自治县之间，如湖南的湘西土家族苗族自治州。☛"州"和"洲"不同。"亚洲""非洲""绿洲""沙洲"的"洲"不能写作"州"。

诌(謅) zhōu 动随口编造▷瞎～|胡～。☛统读zhōu，不读zōu。

周¹(*週) zhōu ❶动环绕；循环▷～旋|～期性|～而复始。→❷形全面；普遍▷～身发热|～游|众所～知。❸形完备；完善▷考虑不～|～密|～详。→❹名圈子；环绕中心的外沿部分▷圆～|～围|～遭|四～。❺量用于动作环绕的圈数▷绕场一～|转体三～半。→❻名星期▷上～|实习两～|～末。→❼名指周波，交流电的变化或电磁波的振荡从某一点开始完成一个过程再到这一点，叫一个周波。

周² zhōu 动接济▷～济。

周³ zhōu ❶名朝代名。a)公元前11世纪周武王姬发灭商后建立，建都镐京（今陕西西安南）。公元前256年为秦所灭。史称公元前771年周平王东迁洛邑（今洛阳）以前为西周，以后为东周。b)南北朝时，鲜卑人宇文觉称帝，国号周（公元557－581年），史称北周，为隋所灭。c)唐朝时武则天称帝，改国号为周（公元690－705年）。d)五代之一，公元951－960年，郭威所建，史称后周。○❷名姓。

洲 zhōu ❶名河流中泥沙淤积成的陆地▷沙～|长江三角～|绿～。→❷名海洋所包围的大陆及其附近岛屿的统称。地球上有七大洲，即亚洲、欧洲、非洲、北美洲、南美洲、大洋洲、南极洲。☛"洲"和"州"不同。"苏州""杭州""自治州"的"州"不能写作"洲"。

辀(輈) zhōu 名〈文〉车辕；借指车。

搊 zhōu 动〈口〉把重物从一端托起或往上掀▷把麻袋～起来|把桌子～翻了|把他从地上～起来。

啁 zhōu [啁啾]zhōujiū 拟声〈文〉形容鸟的叫声▷乳雀～。
另见 zhāo。

鸼(鵃) zhōu [鹘鸼]gǔzhōu,见"鹘"。

州 zhōu 拟声〈文〉形容唤鸡的声音。

赒(賙) zhōu 同"周²"。现在通常写作"周"。

粥 zhōu 名用粮食等熬成的糊状食物▷喝～|熬～|稠～|大米～|莲子～|八宝～。
另见 yù。

盩 zhōu ❶名〈文〉山曲折处。○❷[盩厔]zhōuzhì 名地名,在陕西。今作周至。

zhóu

妯 zhóu [妯娌]zhóuli 名指兄妻和弟妻的关系▷她们俩是～|～之间|～和睦。

轴(軸) zhóu ❶名车轴,贯穿在车轮中间承受车身重量的柱形部件▷自行车该换～了|前～|中～|～承。→❷名泛指机械中圆柱形的零件,其他转动的零件绕着它转动或随着它转动▷直～|曲～|转～。→❸名用来往上绕或卷东西的圆柱形器物▷线～|画～。⇒❹量用于缠在轴上的线状物和装裱后带轴的字画▷缠了两～线|一～山水画。→❺名贯穿平面或主体中间,把它们分成对称部分的直线▷故宫的三大殿都建筑在北京城的中～线上。
另见 zhòu。

zhǒu

肘 zhǒu ❶名上臂与下臂交接处可以弯曲的部位▷捉襟见～|～窝|掣～。→❷名作为食品用的猪腿的上部▷后～棒|酱～子。

帚(*箒) zhǒu 名扫除尘土、垃圾等的用具,一般用竹枝、棕片或去粒的高粱穗等绑扎而成▷敝～自珍|扫～(sàozhou)|笤～(tiáozhou)。

zhòu

纣¹(紂) zhòu 名后鞧,驾车牲口屁股周围拴的皮带▷～棍(系在马、驴等牲口尾下的横木)。

纣²(紂) zhòu 名人名,商代最后一个君主。

㑇(㑳) zhòu 形漂亮;灵巧(用于近代汉语)。

咒(*呪) zhòu ❶动〈文〉祷告。→❷动诅咒;说希望别人不吉利的话▷你可别～我|～骂。→❸名某些宗教和巫术中自称可以除灾降妖驱鬼的口诀▷念～|～语|符～。

㤘(㥮) zhòu 形〈方〉性情固执▷这个老太太脾气太～。

宙 zhòu ❶名古往今来无限的时间▷宇～。○❷名地质年代分期的第一级,在代以上,跟年代地层单位的"宇"相对应▷太古～。

绉(縐) zhòu 名一种织出特殊皱纹的丝织品▷真丝双面～。☛"绉"和"皱"不同。"皱"字右边是"皮",指皮肤因松弛而出现的纹路。

轴(軸) zhòu 名一场戏曲演出中排在最后作为轴心的主要剧目▷大～儿|压～儿(倒数第二出)。
另见 zhóu。

胄¹ zhòu 名古代帝王或贵族的后代▷王室之～|贵～。

胄² zhòu 名古代作战时戴的保护头部的帽子,多用厚皮革或金属制成▷甲～。

咮 zhòu 名〈文〉鸟嘴。

昼(晝) zhòu 名白天,从日出到日落的一段时间(跟"夜"相对);气象学特指当天的8点到20点▷冬天～短夜长|白～|～夜。

酎 zhòu 名〈文〉反复多次酿成的醇酒。

皱(皺) zhòu ❶名皮肤因松弛而出现的比较深的纹路▷脸上有～纹。→❷名物体表面因收缩或揉弄挤压而形成的褶子▷这块布起～了。→❸动起褶子;收缩▷衬衣～了|～着眉头。

甃 zhòu 〈方〉❶名井壁。→❷动用砖石垒砌(井壁等)▷～井|～猪圈。

僽 zhòu [僝僽]chánzhòu,见"僝"。

繇 zhòu 名古代占卜的文辞▷～辞。
另见 yáo;yóu。

骤(驟) zhòu ❶动〈文〉马奔跑▷驰～。→❷形速度非常快▷急～|暴风～雨。❸副突然;忽然▷狂风～起|天气～冷|风云～变|～然。☛统读 zhòu,不读 zòu。

籀 zhòu ❶名大篆,汉字字体的一种▷篆～|～文。○❷动〈文〉读书▷讽～。

zhou

碡 zhou [碌碡]liùzhou,见"碌"。

zhū

朱(硃❷) zhū ❶形大红色▷近～者赤|～红色|～门|～笔。→❷名朱砂,矿物辰砂的别称。成分为硫化汞,呈红色或棕红色,是炼汞的主要原料,也可做颜料和药材。○❸名姓。

邾 zhū 名姓。

侏 zhū [侏儒]zhūrú 名身材特别矮小的人。

诛(誅) zhū ❶动指责;惩罚▷口～笔伐。○❷动杀死▷天～地灭|罪不容～|～戮。

茱 zhū [茱萸]zhūyú 名古时指某些有浓烈香气的植物。有山茱萸、吴茱萸、食茱萸几种,果实都可以做药材。

洙 zhū 名洙水,水名,在山东。

珠 zhū ❶名珍珠,某些蚌类动物壳内分泌物形成的圆粒,有特殊光泽,是贵重的装饰品,也可以做药材▷～联璧合|鱼目混～|掌上明～|～宝|夜明～。→❷名像珠子的东西▷泪～|水～|眼～子|滚～|算盘～。

株 zhū ❶图砍伐后残留在地面上的树根、树干或树桩▷守～待兔。→❷图植物体▷植～|幼～|病～|～距。→❸量用于草木,相当于"棵"▷一～树|两～苗。

诸[1](諸) zhū ❶代指某一范围的全体,相当于"众";指全体的每一个体,相当于"各个"▷～位|～事|～如此类|～子百家。〇❷图姓。

诸[2](諸) zhū 〈文〉代词"之"和介词"于"的合音词▷付～实践|公～同好(hào)|诉～武力|放～四海而皆准。

铢(銖) zhū 量古代重量单位,一两的二十四分之一▷锱～(指极少的钱或喻指极小的事)|～积寸累(一点一滴地积累)。

猪(*豬) zhū 图哺乳动物,身体肥壮,四肢短小,鼻子和口吻都长,眼睛小,耳朵大,毛色有黑、白、黑白花等。肉供食用,皮可以制革,鬃、骨等可以做工业原料。

蛛 zhū 图指蜘蛛▷～网|～丝马迹。参见"蜘"。

槠(櫧) zhū [苦槠]kǔzhū 图常绿乔木,叶椭圆形,穗状花序,坚果圆锥形。木材易加工,可用于建筑和制造家具。〇❷[面槠]miànzhū 图即小青冈,常绿乔木,叶披针形,柔荑花序,坚果卵状长圆形。木材坚硬,可用于建筑和制造车辆、工具。

潴 zhū ❶团水停聚▷～积|～留(指液体在体内不正常地聚留)。→❷图〈文〉水停聚的地方。

橥 zhū [橥楬]zhūjié 图〈文〉作为标志的小木桩。

zhú

术 zhú ❶[白术]báizhú 图多年生草本植物,秋天开紫色花,根状茎有香气,可以做药材。〇❷[苍术]cāngzhú 图多年生草本植物,秋天开白色或淡红色花,根状茎有香气,可以做药材。☛"白术""苍术"的"术"不读 shù。

另见 shù。

竹 zhú ❶图多年生禾本科竹亚科植物的统称。有一千余种。常绿植物,茎中空,有节。茎弹性和韧性均佳,可用来建造房屋、制造器具、造纸;嫩芽叫竹笋,是鲜美的蔬菜。→❷图指箫、笛一类竹制管乐器▷丝～乐。〇❸图姓。

竺 zhú ❶[天竺]tiānzhú 图我国古代称印度。〇❷图姓。

逐 zhú ❶团追;赶上▷夸父～日|随波～流|追～。→❷团驱赶▷～出家门|驱～|～客令。→❸团按照次序一个挨着一个▷～字～句|～年～月|～一|～个|～步。☛统读 zhú,不读 zhù。

烛(燭) zhú ❶图蜡烛,用线绳或苇子做中心,周围包上蜡油或其他油脂,可点燃用来照明,多为圆柱形▷洞房花～|～光|～火|灯～。→❷团〈文〉照亮▷火光～天。→❸图俗称灯泡的瓦特数为烛,如50烛的灯泡就是50瓦特的灯泡。

舳 zhú 图〈文〉船尾▷～舻千里(舻,船头)。

瘃 zhú 图〈文〉冻疮▷手足皲～。

斸(斸) zhú 〈文〉❶图锄一类的农具。→❷团砍;削。

蠋 zhú 图蝴蝶、蛾等昆虫的幼虫,身体青色,形状像蚕。

躅 zhú [踯躅]zhízhú,见"踯"。

zhǔ

主 zhǔ ❶图拥有权力或财产的人;处于支配地位的人▷人民当家作～|一家之～|君～|房～|物～。→❷图旧时使用仆役的人(跟"奴""仆"相对)▷奴隶～|雇～|～仆|～子(zi)。→❸图邀请并接待客人的人(跟"宾""客"相对)▷喧宾夺～|东道～|宾～。→❹团主持;负主要责任▷这里没人～事|～考|～办|～讲|～编。→❺团主张;决定▷～战|～和|婚姻自～。⇒❻图主见;见解▷心里没～|六神无～|～意。⇒❼团预示出现某种结果▷左眼跳～财,右眼跳～灾(迷信说法)|早霞～雨,晚霞～晴。⇒❽形自身的;出于自身的▷～观|～动。→❾图当事人▷失～|卖～|顾～。→❿图基督教徒对上帝、伊斯兰教徒对真主的称呼。→⓫形最基本的;最突出的▷～力|～角|～峰|～攻|～要|～次。

讫(詝) zhǔ 图〈文〉智慧。

拄 zhǔ 团用棍棒等顶住地面来支撑身体▷～着一根拐棍儿。

渚 zhǔ 图〈文〉水中的小块陆地▷鼋头～(地名,在江苏太湖边)。

煮(*煑) zhǔ 团把食物或其他东西放在水中加热▷～鸡蛋|～馄饨|把针头～一～,消消毒。

属(屬) zhǔ 〈文〉❶团连接;连续▷前后相～|连～。→❷团连缀(词句);撰写▷～草稿未定|缀字～篇|～文。〇❸团(意念)集中到一点;专注▷～意|～思|～望(期望)。

另见 shǔ。

褚 zhǔ 〈文〉❶团用丝绵絮衣服。→❷图丝绵絮的衣服。

另见 chǔ。

嘱(囑) zhǔ ❶团吩咐;告诫▷叮～|～咐。→❷团托付▷以事相～|～托。→❸图吩咐或告诫的话▷遗～|医～|立～。

麈 zhǔ ❶图古书上说的一种鹿类动物,尾毛可做拂尘▷～尾。→❷图〈文〉指麈尾▷挥～|～柄。

瞩(矚) zhǔ 团往远处看;注目▷高瞻远～|～望|～目。

zhù

伫(*竚佇) zhù 团〈文〉长时间站立▷～立|～候|～听。

苎(苧) zhù [苎麻]zhùmá 图多年生草本植物,茎可高达2米以上,茎部韧皮纤维光洁,拉力强,是纺织工业的重要原料。根可做药材。苎麻,也指这种植物的茎皮纤维。☛"苎"原作"苧",因为"寧"简化为"宁",为避免混淆,汉字中原有的"宁"(zhù)改为"宀",从"宁"的字也改为从"宀",所以"苧"改作"苎","紵"改作"纻","貯"改作"贮"。

助 zhù 团替人出力、出主意或给以物质上、精神上的支持▷～他一臂之力|～人为乐|～纣为虐|爱莫能～|～战|～理|帮～|互～|援～|资～。

住 zhù ❶动〈文〉(人)站住;停留。→❷动暂时留宿或长期定居▷在旅店~了一夜|今晚你~北屋,我~东屋|祖祖辈辈一直~在这里|~宿|居~|~宅|~址。→❸动停息;止住▷风停了,雨~了|赶快~手|你给我~口|不~地哆嗦。❹动用在动词后面作补语。a)表示停顿或静止▷车停~了|总闲不~|被问~了|一下子呆~了。b)表示稳固▷老人站不~了|歌声把我吸引~了|一把抓~不放|把他捆~了|总也记不~。c)跟“得”或“不”连用,表示能力够得上或够不上▷守得~守不~?|保不~了|坚持得~|压不~|禁得~。○❺名姓。

纻(紵) zhù 名〈文〉用苎麻纤维织成的粗布▷~衣。☛参见“苎”字的提示。

杼 zhù 名〈文〉织布机上的梭子▷不闻机~声|鸣~。☛不读shū。

贮(貯) zhù 动储藏;储存▷~粮三万斤|~藏|~存。☛参见“苎”字的提示。

注[1] zhù ❶动灌进去;倒入▷把铅~在模子里|血流如~|灌~|倾~|~射。→❷动(精神、目光等)集中到某一点上▷全神贯~|关~|~视|~意。→❸名投入赌博的钱物▷孤~一掷|赌~。❹量用于赌注、钱财、交易等▷五十元为一~|发了一~洋财|做了十来~交易。

注[2](*註) zhù ❶动用文字解释书中的字句▷杜预~《左传》|校~|~释。→❷名解释书中字句的文字▷文字难懂,要加一点~|古书旧~|~文|附~。○❸动记录;登记▷~册|~销。

驻(駐) zhù ❶动〈文〉停留▷~足聆听。→❷动(军队或机关)停留在执行公务的地方;(机构)设立在(某地)▷二连~在村西的大庙里|~华大使馆|进~|~扎|~守|~地。☛“驻”和“住”意义不同。“住”泛指居住,住宿;“驻”特指军队或公务人员为执行公务而留住。

柱 zhù ❶名原指直立的支撑房屋的木头,后泛指建筑物中直立的起支撑作用的条形构件▷支一根~子|偷梁换~|石~|顶梁~。→❷名形状像柱子的东西▷水~|花~|光~|冰~|中流砥~。

炷 zhù ❶名〈文〉灯心。→❷动〈文〉点燃。→❸量用于点着的香▷烧一~香|半~香的工夫。

祝 zhù ❶动向神鬼祈祷求福▷~告|~祷。→❷动向人表示良好愿望▷敬~健康|~你一路顺风|~寿|~酒|~贺。○❸名姓。

砫 zhù ❶古同“柱”。○❷[石砫]shízhù 名地名,在四川。今作石柱。

疰 zhù ❶名〈文〉指慢性传染病。○❷[疰夏]zhùxià 名中医指夏季长期发烧的病,患者多数是小儿,多由排汗机能发生障碍引起。

著[1] zhù ❶形明显▷显~|昭~|卓~。→❷动显露出▷~名|~称|大~成效。→❸动写作▷~书|~作|编~。❹名写成的作品▷名~|新~|大~。

著[2] zhù 名指世世代代定居不迁的人▷土~。
另见 zhe;zhuó。

蛀 zhù ❶名蛀虫,指咬食树干、衣服、书籍、谷物等的小虫,如天衣、衣蛾、衣鱼、米象等。→❷动(蛀虫)咬▷虫~鼠咬|箱子被虫~了个洞|~蚀|~空。

铸(鑄) zhù 动把熔化的金属或某些液态非金属材料倒入模子里,凝固成器物▷这口钟~好了|~工|~件|~造|浇~|~塑法。

筑[1] zhù ❶名古代一种弦乐器,形状像筝,有13根弦,用竹尺击弦发声。○❷名贵州贵阳的别称。

筑[2](築) zhù 动建造;修建▷~路|构~|建~。☛“筑”字统读zhù,不读zhú。

翥 zhù 动〈文〉(鸟)飞翔▷~凤翔鸾。

箸(*筯) zhù 名〈文〉筷子▷举~|下~|象~(象牙筷子)。

zhuā

抓 zhuā ❶动聚拢手指或爪趾取;用手握东西▷~了一把土|老鹰~小鸡|两手紧紧~住车门|~阄儿。→❷动用指甲或爪在物体上划▷~痒痒|~耳挠腮|胳膊被猫~破了。→❸动掌握(抽象的事物)▷~重点|~住机会|~紧时间。⇒❹动着重、努力做或领导(某种工作)▷~技术改革|~农业|把各项工作~上去。⇒❺动控制;吸引▷一阵恐怖的感觉~住了我|小说一开始就~住了读者。→❻动逮捕▷~小偷|~获。

挝(撾) zhuā 动〈文〉敲打;击▷~鼓|~打。另见wō。

檛(檛) zhuā 名〈文〉马鞭。

髽 zhuā [髽髻]zhuāji 名梳在头顶上两旁的发髻▷~夫妻(结发夫妻)。也说髽鬏(zhuājiu)。也作抓髻。

zhuǎ

爪 zhuǎ 〈口〉❶名鸟兽的脚▷猪~儿|鸡~子。→❷名某些器物上的脚▷三~锅|炒菜锅碰掉了一个~儿。
另见 zhǎo。

zhuāi

拽 zhuāi 动〈方〉用力扔▷把球~过去|别乱~砖头。另见zhuài。

zhuǎi

转(轉) zhuǎi 动为了显示有学问,说话时故意使用生僻深奥的词句▷这位老先生说话好(hào)~|~文。
另见 zhuǎn;zhuàn。

跩 zhuǎi 形〈方〉躯体肥胖不灵便或腿脚有毛病,走路摇摇摆摆▷李老板走起路来一~一~的。

zhuài

拽 zhuài 动拉;拖▷~住衣服不放|从炕上~下来|生拉硬~。
另见 zhuāi。

zhuān

专(專*耑) zhuān ❶形单一;独一▷他~爱看电影|~跟我作对|~心|~长|~攻。→❷动单独掌握或控制▷~政|~权|~卖。→❸形只限于某件事或某个方面的;特定的▷~款|~车|~刊|~业|~门。

肫(膞) zhuān 名〈方〉胗,鸟类的胃▷鸡~。

砖（磚＊甎塼） zhuān ❶名用土制坯烧制而成的建筑材料，多是方形或长方形的▷一块～|秦～汉瓦|砌～|青～|耐火～|～窑。→❷名形状像砖的东西▷冰～|茶～|金～。

颛（顓） zhuān ［颛顼］zhuānxū 名传说中的上古帝王名。

zhuǎn

转（轉） zhuǎn ❶动变换（方向、情况等）▷向后～|掉～船头|～败为胜|时来运～|回心～意|～念。→❷动把一方的物品、意见等带给另一方▷请把信～给他|拨总机，～2号分机|～告|～手|～播|～发|～达。

另见 zhuǎi；zhuàn。

zhuàn

传（傳） zhuàn ❶名古代注解、阐述经文的著作▷《春秋》三～|《周易大～》|经～。→❷名记载人物生平事迹的文字▷《刺客列～》|《五柳先生～》|树碑立～|自～|～记。❸名描述人物故事的文学作品（多用作小说名称）▷《水浒～》|《儿女英雄～》|《虾球～》。

另见 chuán。

沌 zhuàn ［沌口］zhuànkǒu 名地名，在湖北。
另见 dùn。

转（轉） zhuàn ❶动围绕着一个中心运动▷地球绕着太阳～|车轮飞～|～来～去，把人都～晕了|～动。→❷动闲逛▷到公园～一～|上商店～了一趟|～游（zhuànyou）。→❸量〈方〉绕一圈叫绕一转。

另见 zhuǎi；zhuǎn。

啭（囀） zhuàn 动〈文〉（鸟）婉转地鸣叫▷莺啼鸟～。

瑑 zhuàn 名〈文〉玉器上雕刻的凸起的花纹。

赚（賺） zhuàn ❶动做生意获得利润（跟“赔”相对）▷这笔生意～大钱了|有～的时候，也有赔的时候。→❷名〈口〉利润▷照你这样做买卖，还能有～儿？→❸动〈口〉挣（钱）▷老伴工资很低，每月～不了多少钱|上一天班～十多元钱。

另见 zuàn。

撰（＊譔） zhuàn 动写作▷～文|～稿|编～|～述。

篆 zhuàn ❶名篆书，汉字字体的一种▷真草隶～|大～|小～。→❷动〈文〉用篆体字书写▷～额。→❸名〈文〉指印章或名字▷接～（接印）|台～（对别人名字的敬称）。

馔（饌＊籑） zhuàn 名〈文〉饭菜▷肴～|盛（shèng）～。

zhuāng

壮（壯） zhuāng 名姓。
另见 zhuàng。

妆（妝＊粧） zhuāng ❶动指女子修饰、打扮，使容貌美丽▷浓～艳抹|～饰|梳～|化～品。→❷名女子身上的妆饰；演员的装饰▷红～|卸～|上～。❸名指女子的陪嫁物品▷嫁～。

庄¹（莊） zhuāng ❶形严肃；不轻浮；不随便▷～重|～严|端～。⊙❷名姓。

庄²（莊） zhuāng ❶名村落；田舍▷村～|～户|高家～。→❷名封建时代皇室、贵族、地主等占有的大片土地▷皇～|避暑山～|～园。❸名旧称规模较大的商号▷钱～|布～|饭～|茶～。❹名庄家，牌戏或赌博中每一局的主持人▷这一把谁的～？|轮流坐～。☛“庄”字右下是“土”，不是“圡”。

桩（樁） zhuāng ❶名一端或全部插入地里的棍子或柱子▷打三根～|水泥～|木～|拴马～|桥～。○❷量用于事物，相当于“件”▷一～喜事|～～件件。

装（裝） zhuāng ❶名包裹；行囊▷轻～上阵|整～待发|行～。→❷名衣服▷服～|换～|中山～|军～|春～|时～|戏～。❸动指演员为演出需要而装饰、打扮；泛指修饰、打扮▷～饰|～点|～修|化～室。⇒❹动装订书籍；加工装饰字画▷线～书|平～|精～本|～帧|～裱|～潢。⇒❺动假扮▷她在戏里～一个老太婆|～神弄鬼。❻动做出某种假象▷不懂～懂|～腔作势|～疯卖傻|～糊涂。⇒❼名演员演出时穿戴打扮用的东西▷上～|定～|卸～。→❽动把东西放在器物或运输工具里；容纳▷往被套里～棉花|车上～满了救济物资|～车|～卸工|人太多，会议室～不下。❾动安装，把零部件配成整体▷电视机～好了|～电话|～玻璃|组～|吊～|～备|～订。→❿动包装，包裹商品或把商品等放进盒子、瓶子等▷简～|散～|瓶～|听～饼干。

zhuǎng

奘 zhuǎng 形〈口〉粗大；健壮▷大殿里的柱子特～|小伙子长得真～。☛“奘”字上半不能类推简化为“壮”。

另见 zàng。

zhuàng

壮¹（壯） zhuàng ❶形强健有力▷这孩子长得真～|年轻力～|健～|强～。→❷形雄壮；气势盛▷理直气～|～观|～志|～丽|豪～|悲～。❸动加强；使雄壮▷给他～～胆子|～门面|～声势|～军威|～大队伍。○❹量中医称艾灸一灼为一壮。

壮²（壯） zhuàng ［壮族］zhuàngzú 名我国少数民族之一，分布在广西、云南和广东。旧作僮。

另见 zhuāng。

状（狀） zhuàng ❶名形态；外貌▷奇形怪～|惶恐万～|～态|形～。→❷名情形▷～况|罪～|惨～|现～。→❸动形容；描述▷写景～物|不可名～|摹～。❹名陈述或记述事件、事迹的文字▷行～。⇒❺名指起诉书▷诉～|～纸|～子|～告。⇒❻名褒奖、委任等的文字凭证▷奖～|委任～|军令～。

僮 zhuàng 我国少数民族壮族的壮字旧作“僮”。
另见 tóng。

撞 zhuàng ❶动两物猛然相碰▷～钟|汽车～到墙上了|两人～个满怀|～击。→❷动猛冲；闯▷横冲直～。→❸动偶然遇到▷他老躲着不见我，今天碰巧让我给～上了|～见。❹动试探着去做没有把握的事▷～大运|去～一～看，说不定能成。☛统读 zhuàng，不读 chuàng。

幢 zhuàng 量用于房屋，相当于“座”▷一～高楼|几～房屋。
另见 chuáng。

戆（戇）zhuàng 形〈文〉性情憨厚而刚直▷～直。另见 gàng。

zhuī

隹 zhuī 名古代指短尾的鸟。

追 zhuī ❶动紧跟在后面赶▷他走得太快了，我～不上|你～我赶|～赶|～逐|～随。→❷动回顾；回忆▷～思|～忆|～述|～悼。→❸动事后补做▷～加|～认|～赠|～肥。→❹动努力争取达到某种目的▷～名逐利|～寻|～求。❺动特指追求异性▷几个小伙子都在～她。→❻动查究▷出了这么大的事故，一定要～～根源|～问|～查。

骓（騅）zhuī 名〈文〉毛色黑白相间的马▷骏马名～|乌～。

椎 zhuī 名椎骨，构成脊柱的短骨▷颈～|腰～|脊～。

另见 chuí。

锥（錐）zhuī ❶名锥子，一种尖端锐利、用来钻孔的工具。→❷名形状像锥子的东西▷冰～|改～|棱～|圆～体。❸动用锥子形的工具钻(孔)▷～了一个眼儿|鞋底太厚，～不动。

zhuì

坠（墜）zhuì ❶动掉下来▷摇摇欲～|～马|～落|～毁。→❷动(重物)往下沉；垂在下面▷满树的苹果把树枝～得弯弯的|耳朵上～着一副大耳环。❸名垂吊在下面的东西▷耳～|扇～|线～。

缀（綴）zhuì ❶动用线缝合▷在上衣的破口子上～了几针|～扣子|补～。→❷动连结；组合▷～玉联珠(喻指撰写得好的诗文)|连～|～合。〇❸动装饰▷点～。

惴 zhuì 形既忧虑又害怕的样子▷～～不安。

缒（縋）zhuì 动用绳子拴住人或东西从高处放下▷把空灰浆桶从脚手架上～下来|～城而出。

赘（贅）zhuì ❶形多余而无用的▷累～|～瘤|～述|～言。→❷动男子到女家结婚并成为女家的家庭成员▷入～|招～|～婿。

醊 zhuì 动〈文〉祭奠。

zhūn

屯 zhūn [屯邅]zhūnzhān 同"迍邅"。参见"迍"。

另见 tún。

迍 zhūn [迍邅]zhūnzhān〈文〉❶形形容行路艰难的样子。→❷形处境不利；困顿。

肫 zhūn 名鸟类的胃▷鸡～|鸭～。

窀 zhūn [窀穸]zhūnxī〈文〉❶动埋葬。→❷名墓穴。

谆（諄）zhūn [谆谆]zhūnzhūn 形恳切而有耐心▷～教导|～嘱咐|～告诫。

zhǔn

准（準❶—❼）zhǔn ❶名标准，合乎某种原则、可供同类事物比较核对的事物▷水～|～绳|基～|～则|以此为～。→❷介按照；依据▷～此办理。→❸形程度上接近某事物，可以当成某事物看待的▷～军事组织|～将(jiàng)。→❹形正确无误▷这一枪打得～|猜得真～|瞄～|～确。→❺形确定不变的▷心里没有～主意|说～了，别再变了！❻名确定的主意、把握等(多用在"有""没有"后面)▷心里有～儿|成不成还没～儿呢。❼副保准；一定▷他一上场～能赢|这件事他～干不好。→❽动允许；许可▷不～随地吐痰|批～|～许。

埻 zhǔn 名〈文〉射箭的靶心。

zhuō

拙 zhuō ❶形笨；不灵巧▷手～|眼～|笨嘴～舌|弄巧成～|笨～|～劣。→❷形谦辞，称有关自己的▷～作|～著|～见|～荆(旧时谦称自己的妻子)。☛统读 zhuō，不读 zhuó。

捉 zhuō ❶动〈文〉握；拿▷～刀代笔|～笔|～襟见肘|把～。→❷动使人或动物落入手中或设置的工具中；逮▷～贼|瓮中～鳖|～拿|捕～|活～。

桌（*槕）zhuō ❶名桌子，日用家具，在平板的下面安有支柱，可在上面放东西、做事情▷～上放着电脑|～椅板凳|饭～|办公～|圆～|方～|～布。→❷量用于酒席▷一～酒席|三～客人。

倬 zhuō 形〈文〉大而显著▷～然。

棁 zhuō 名〈文〉梁上的短柱。

涿 zhuō 用于地名。如：涿州，涿鹿，均在河北。

焯 zhuō 形〈文〉显明；明白。

另见 chāo。

zhuó

灼 zhuó ❶动烧；烤▷～伤|～热|烧～。→❷形亮▷～然可见|目光～～|闪～。❸形明白透彻▷真知～见。☛统读 zhuó，不读 sháo 或 shuò。

茁 zhuó 形动植物生长旺盛的样子▷～长|～壮。

卓 zhuó ❶形〈文〉又高又直▷孤峰～立。→❷形不平凡；超出一般▷远见～识|～越|～绝|～著。〇❸名姓。☛统读 zhuó，不读 zhuō。

斫（*斲斵斮）zhuó 动〈文〉用刀斧等砍、削▷～鼻(比喻技艺高超)|～轮老手(指富有经验的人)。

浊（濁）zhuó ❶形液体由于含有杂质而不透明(跟"清"相对)▷污泥～水|浑～|～浪|～酒。→❷形〈文〉(社会)混乱；不清明▷～世|尘～。→❸形(声音)低而粗▷～声～气|嗓音粗～。

酌 zhuó ❶动斟(酒)▷自～自饮。→❷动饮(酒)▷对～。❸名〈文〉酒饭；酒宴▷聊备小～|便～。→❹动估量▷～情处理|～办|～量|斟～。

浞 zhuó 动〈口〉淋；打湿▷一阵大雨，把全身都～湿了。

诼(諑) zhuó 动〈文〉毁谤；说别人坏话▷谣~。

著 zhuó "着"(zhuó)的本字。现在通常写作"着"。☛"执着"一词习惯上仍作"执著"。
另见 zhe；zhù。

啄 zhuó 动鸟类用嘴取食物或叩击东西▷小鸡~米|~木鸟。

着[1] zhuó ❶动接触；挨上▷附~|~陆|不~边际。→❷动使接触或附着别的事物▷~笔|~手|~眼|~色|~墨。❸名下落▷~落。〇❹动穿(衣)▷~身~蓝色西服|~装。

着[2] zhuó ❶动指派▷~专人处理。→❷动命令，旧时用于公文▷~即悉数上交。
另见 zhāo；zháo；zhe。

琢 zhuó 动加工玉石▷玉不~，不成器|碧玉~成的绿叶|精雕细~|~磨(比喻精益求精)。
另见 zuó。

椓 zhuó 动割去男性的生殖器，古代一种酷刑。

禚 zhuó 名姓。

缴(繳) zhuó 名古代系在射鸟用的箭上的生丝绳▷缯~(缯，带生丝绳的箭)。
另见 jiǎo。

擢 zhuó 〈文〉❶动拔出▷~发(fà)难数(shǔ)。→❷动选拔▷~升|~用|拔~。

濯 zhuó 动清洗▷洗~。

镯(鐲) zhuó 名镯子，一种环形的戴在手或脚腕上的装饰物▷手~|脚~|玉~。

zī

仔 zī [仔肩]zījiān 名〈文〉负担的责任。
另见 zǎi；zǐ。

吱 zī ❶拟声形容老鼠等小动物的叫声▷老鼠~~地叫。→❷动〈方〉发出声音▷叫了他半天，他一声也不~|~声。
另见 zhī。

孜 zī [孜孜]zīzī 形勤奋不懈▷~以求|~不倦。

咨 zī ❶动商议▷~询|~商|~议。→❷名咨文，旧时用于同级机关或同级官阶之间的一种公文，今用于某些国家元首向国会提出的关于国情的报告。

姿 zī ❶名身体的样子；形态▷舞~|英~|~态|~势|千~百态。→❷名容颜；相貌▷~色|~容。

兹 zī ❶代〈文〉这个；这里▷~事体大|宅于~。→❷名此时▷~订于4月20日召开全校运动会|~有我厂代表3人前往洽谈供货事宜。❸名〈文〉年▷今~|来~。
另见 cí。

资(資*貲❶❷) zī ❶名物产、钱财的总称▷物~|~财|~产|~源。→❷名费用；本钱▷耗~数万|工~|邮~|~金|投~|外~|合~。→❸动(用资财)帮助▷~助|~敌。❹动提供▷以~参考|可~借鉴|以~鼓励。→❺名指人的素质▷天~|~质。❻名从事某种工作或活动所凭借的身份、条件或经历▷~格|~历|年~|论~排辈|年高~深。❼名材料▷谈~|~料。〇❽名姓。

淄 zī 名淄河，水名，在山东，流入渤海。

谘(諮) zī 同"咨"①。

缁(緇) zī 形〈文〉黑色▷~衣。

辎(輜) zī ❶名古代一种有帷盖的大车。→❷名古代装载军需物资的车，前后都有帷盖▷~重。

嗞 zī ❶拟声形容水喷射或遇热急剧汽化时的声音▷热烙铁往水里一蘸，发出~~的声音。〇❷同"吱"。

嵫 zī [崦嵫]yānzī，见"崦"。

粢 zī 名古代供祭祀用的粮食。
另见 cī。

孳 zī 动繁衍▷~生|~乳。

滋[1] zī ❶动增长；繁殖▷~长|~生|~蔓。→❷动引起(事端)▷酗酒~事。→❸名美味；泛指味道▷有~有味|~味。

滋[2] zī 动〈口〉喷射▷水管子~水|~了我一身水|爆竹捻子~火。

趑 zī [趑趄]zījū 〈文〉形形容犹豫不前的样子▷~不前。

觜 zī 名星宿名，二十八宿之一。
另见 zuǐ。

訾 zī ❶动〈文〉衡量；计算▷不~。〇❷名姓。
另见 zǐ。

锱(錙) zī 量古代重量单位，一两的四分之一▷~铢(指极少的钱或极小的事)。

龇(齜) zī 动张嘴露出牙齿▷嘴里~出两颗大金牙|~牙咧嘴。☛不读 cī。

镃(鎡) zī [镃錤]zījī 名〈文〉锄田的农具。

鼒 zī 名〈文〉一种小鼎，上部收敛，口小。

髭 zī ❶名〈文〉嘴唇上方的胡须▷短~。〇❷动〈口〉毛发直竖▷~毛儿。

鲻(鯔) zī 名鲻鱼，体长形，稍侧扁，银灰色，有暗色纵纹，头平扁，鳞圆形，无侧线。生活在热带和亚热带浅海或河口咸、淡水交界处。

zǐ

子[1] zǐ ❶名古代指儿女，现在专指儿子▷～孙|～息|～嗣|母～|独生～|～女。→❷名人的通称▷男～|女～|学～。❸名古代对男子的美称▷孔～|诸～百家。⇒❹名古代贵族五等爵位的第四等▷公侯伯～男|～爵。⇒❺名〈文〉尊称对方，相当于"您"▷以～之矛，攻～之盾。⇒❻名古代按经、史、子、集四部图书分类法中的第三类，指诸子百家的著作▷～部|～书。→❼名动物的幼崽或卵▷不入虎穴，焉得虎～|蚕～|鱼～。❽形幼小的；稚嫩的▷～猪|～鸡|～姜。→❾名植物的子实▷茉莉花结～儿了|葵花～|瓜～|莲～|松～|～种|～粒。❿名小而硬的颗粒状物体▷棋～|石头～|枪～|～弹|算盘～。→⓫形派生的；从属的(跟"母"相对)▷～公司|～母钟|～城|～堤|～金(利息)。→⓬名〈口〉铜钱；钱▷口袋里一个～儿都没了。

子[2] zǐ 名地支的第一位。

另见 zi。

仔 zǐ ❶形幼小的牲畜、家禽等▷～畜|～鱼。现在通常写作"子"。→❷形细小；细密▷～细|～密。

另见 zǎi；zī。

姊(*姉) zǐ 名姐姐▷～妹。

耔 zǐ 动〈文〉(给苗)培土▷耘～。☛"耔"和"籽"(zǐ)不同。"耔"，耒字旁，指植物的种子。

茈 zǐ [茈草]zǐcǎo 名即紫草。多年生草本植物，全株有粗糙的硬毛，根粗壮，暗紫色。可做紫色染料，也供药用。

另见 cí。

秭 zǐ ❶数古代数字，有人说是十亿，也有人说是一千亿、一万亿，或一亿亿。○❷[秭归]zǐguī 名地名，在湖北。

籽 zǐ 同"子[1]"⑨。现在通常写作"子"。

笫 zǐ 名〈文〉竹编的床垫或床席，也指床▷床～。☛"笫"和"第"(dì)形、音、义都不同。

梓 zǐ ❶名梓树，落叶乔木，叶子对生，圆锥形花序，开黄白色花。木材轻软耐朽，可制作家具、乐器或做建筑材料；皮和种子可以做药材。→❷名〈文〉故乡的代称▷乡～|桑～|～里。→❸名〈文〉用来印书的雕版▷付～。❹动〈文〉刊印书籍▷～行。

紫 zǐ ❶形蓝色和红色合成的颜色▷嘴唇都冻～了|万～千红|～药水|～菜。○❷名姓。

訾 zǐ 动〈文〉毁谤；非议▷～毁|～议。

另见 zī。

滓 zǐ 名沉淀的渣子▷渣～|沉～。

zì

自[1] zì ❶代称自己(跟"别人"相对)▷～告奋勇|～作～受|～顾～。→❷副自然；当然▷～有公论|桃李不言，下～成蹊|老年人优先～不用说。→❸词的前缀。构成动词。a)表示动作由自己发出并及于自身▷～救|～尊|～杀|～律|～述。b)表示动作由自己发出，并非外力推动▷～满|～学|～立|～愿|～动。○❹名姓。

自[2] zì 介引进动作行为的起点或来源，相当于"从""由"▷本次列车～上海开往广州|来～农村|～上而下|～古以来。

字 zì ❶名文字，记录语言的符号▷一个～|认～|汉～|常用～|～母。→❷名根据人名里的字义另取的别名▷仲谋是孙权的～。❸动旧时称女子许婚▷待～闺中。→❹名字体，指汉字的不同形体，也指书法的不同派别▷篆～|草～|柳～|赵～。❺名书法作品▷跟老先生求一幅～|～画。→❻名指语词▷只要你同意就行，我决不说半个"不"～|琢句炼～。→❼名字据，借条、收据等书面凭证▷立～为凭。→❽名指字音▷吐～清楚|～正腔圆。○❾名姓。

牸 zì 名〈方〉雌性的牲畜▷～牛。

恣 zì 动放纵；毫无拘束▷～行无忌|～意妄为|～睢。☛不读 zī。

眦(*眥) zì 名眼角。上下眼睑相交处，接近鼻子的叫内眦，通称大眼角；接近两鬓的叫外眦，通称小眼角。

渍(漬) zì ❶动浸泡；沤▷汗水～黄了内衣|～麻|浸～|～痕斑驳。→❷动(物体上)积存着脏东西▷车轴上～了很多油泥|茶壶里～上一层茶锈。❸名积存在物体上的脏东西▷血～|油～|污～。❹名地上的积水▷防洪排～|～涝|内～。

胾 zì 名〈文〉切成大块的肉。

胔 zì 名〈文〉人或禽兽带有腐肉的尸骨；尸体。

zi

子 zi 词的后缀。❶附着在某些名词性语素或某些形容词性、动词性语素后面，组成名词▷鼻～|珠～|席～|本～|凳～|胖～|矮～|瘸～|乱～|塞～|夹～。❷〈口〉附着在某些量词后面▷响了一阵～|来了一伙～人|两档～事|一下～。

另见 zǐ。

zōng

枞(樅) zōng [枞阳]zōngyáng 名地名，在安徽。

另见 cōng。

宗[1] zōng ❶名祖先▷列祖列～|光～耀祖|祖～。→❷名家族；同一宗族的▷同～|～兄|～亲。❸名派别，由同一本源分出的流派▷禅～|正～|～派。→❹名根本；主旨▷万变不离其～|开～明义|～旨。→❺动尊崇；效法▷～仰|他的唱工～的是哪一派？❻名被尊崇或效法的人▷～匠|～师|一代文～。○❼量 a)用于事物▷一～心事|几～案卷。b)用于钱财货物等▷一～贷款|大～货物。○❽名姓。

宗[2] zōng 名旧时西藏地区的行政区划单位，大致相当于县(藏语音译)。

综(綜) zōng 动总合，聚合▷～合|～述|错～。

另见 zèng。

棕(*椶) zōng 名棕榈，棕榈属的一种。热带常绿乔木，茎干直立，不分枝，外有棕毛，叶片大，聚集在树干顶部，掌状深裂，开黄色花，核果近球形。棕毛可做绳子、刷子、床垫等。通称棕树。棕，也指这种植物茎干上的棕毛。

腙 zōng 名有机化合物的一类,醛或酮的羰基和联氨或苯肼等缩水后的衍生物。如醛腙、酮腙。

踪(*蹤) zōng 名脚印;行动留下的痕迹▷~迹|~影|失~|跟~|行~。

鬃(*騣騌鬉) zōng 名马、猪等动物颈部的长毛▷马~|猪~|~刷|~毛。

zǒng

总(總) zǒng ❶动聚集;汇合到一起▷~其成|~而言之|汇~|~括|~结。→❷形所有的;全面的▷~的情况还不错|~产量|~复习|~评。⇒❸形概括全部的▷~纲|~则。❹形领导全面的▷~统|~裁|~经理|~公司。⇒❺副表示持续不变,相当于"一直""一贯"▷他~是这么年轻|上课~爱说话。⇒❻副表示无论如何一定如此,相当于"毕竟""终究"▷严冬~会过去,春天~是要来的|个人的力量~是有限的|将来~会好起来的。❼副表示估计、推测,相当于"大概"▷这房子盖了~有十多年了|看样子~得年底才能完工。

偬(*傯) zǒng [倥偬]kǒngzǒng,见"倥"。

zòng

纵[1](縱) zòng ❶形直的;竖的;南北方向的(跟"横"相对,②③⑤同)▷京广铁路~贯南北|排成~队|~横|~坐标。→❷形从前到后的;同横成"十"字的▷~深。⇒❸形从古到今的▷~观中国历史。⇒❹名指军队编制中的纵队▷四野三~(第四野战军第三纵队)。→❺形跟物体的长边平行的▷~断面。○❻名姓。

纵[2](縱) zòng ❶动释放▷~虎归山。→❷动不加约束▷~目|~情|~容|放~|~谈。❸连连接分句与分句,表示让步关系,相当于"虽然""即使"▷~有巧妇,也难为无米之炊|~有天大的本事,在这里也无法施展。○❹动身体猛力向上或向前(跳)▷向上一~,跳过了横竿|~身。☛"纵"字统读zòng,不读zōng。

疭(瘲) zòng [瘛疭]chìzòng,见"瘛"。

粽(*糉) zòng 名粽子,一种食品,把糯米包裹在竹叶或苇叶中,扎成三角锥体或其他形状,煮熟后食用,是端阳节的应时食品。☛统读zòng,不读zhòng。

zōu

邹(鄒) zōu ❶名周朝诸侯国名,在今山东邹县一带。○❷名姓。

驺(騶) zōu 名古代给贵族养马和掌管车马的人。

诹(諏) zōu 动〈文〉征求意见;商议事情▷~访(咨询)|咨~(询问政事)。

陬 zōu 名〈文〉山角;角落。

缬(緅) zōu 形〈文〉青赤色。

鄹 zōu ❶名春秋时鲁国地名,在今山东曲阜东南,是孔子的家乡。○❷古同"邹"①。

鲰(鯫) zōu 〈文〉❶名小鱼。→❷形小,指人的渺小浅陋▷~生(对人的蔑称;对自己的谦称)。

zǒu

走 zǒu ❶动跑▷~马观花|奔~相告。→❷动人或鸟兽的脚交互向前移动,不同时离开地面▷~回家去|牛~得很慢|行~|竞~。⇒❸动离去▷他刚~|这里没事了,你~吧|把椅子搬~|班车已经~了。❹动对人死的委婉的说法▷老人终于撒手~了。⇒❺动(物体)移动;挪动(物体)▷船~得很慢|钟不~了|~两步棋。❻动泄漏;透露出▷说~了嘴|~了风声|~漏消息。⇒❼动偏离了原来的样子▷~调儿|~板|~样。⇒❽动经过(某种途径行动)▷~水路到大连|~一道手续。⇒❾动(亲友间)交往▷~亲戚|~娘家。

zòu

奏 zòu ❶动进奏;臣下向君主进言▷~上一本|启~|上~|~折。→❷动取得或建立(功效或功绩)▷~效|屡~奇功。→❸动用乐器表演▷~国歌|~乐|演~|独~|伴~。

揍 zòu ❶动打人▷~个半死|把他~了一顿|挨~。→❷动〈方〉打破;摔碎▷小心别~了玻璃|把花瓶给~了。

zū

租 zū ❶名旧指政府向土地所有者征收的土地税;泛指赋税▷~税。→❷名土地、房屋等的所有者向使用者收取的钱或实物▷交不上~,地主就要收地|房~|减~减息|欠~|月~|~子。⇒❸动租用,付给一定数量的钱或实物,暂时使用别人的土地、房屋等▷~几亩地种|~了三间房|~辆汽车。⇒❹动出租,收取一定的钱或实物,让别人暂时使用自己的土地、房屋等▷土地全部~给佃户耕种|房子都~出去了。

菹 zū 〈文〉❶名酸菜。→❷动切碎(菜、肉)▷~醢(古代酷刑,把人剁成肉酱)。

zú

足[1] zú ❶名人体下肢的总称,也指踝骨以下的部分▷手舞~蹈|削~适履|~跟|~球|~迹。→❷名器物下部形状像腿一样起支撑作用的部分▷鼎~|楼~。→❸名指足球▷~坛劲旅。

足[2] zú ❶形富裕;充足▷丰衣~食|富~|干劲很~|证据不~|~月|~岁。→❷动具备(做某事的)充足条件▷微不~道|不~为凭|~以胜任。→❸副表示充分达到某种数量或程度▷这根竹竿~有三四米长|一小时~能完成。

卒[1](*卆) zú ❶名士兵▷一兵一~|士~|小~。→❷名旧指差役▷走~|狱~。

卒[2](*卆) zú ❶动〈文〉终了;完毕▷~岁|~业。→❷动死亡▷生~年月。→❸副〈文〉表示事情经过发展变化,最终出现了某种结果,相当于"终于""最终"▷~并六国而成帝业。

另见cù。

崒 zú 形〈文〉形容山峰高而险峻。

族 zú ❶动〈文〉丛聚;集合▷木~生(树丛聚而生)。→❷名家族,以血缘关系为基础形成的群体,包括同一血统的几辈人▷同~|宗~|~长|~兄。⇒❸动灭族,古代一种酷刑,杀死罪犯整个家族。→❹名

部族；民族▷突厥～|藏～|斯拉夫～。→❺名指具有某种共性的一大类事物▷水～|卤～元素|芳香～化合物。

磢 zú 古同"镞"。

镞(鏃) zú 名〈文〉箭头▷箭～。☛统读 zú，不读 cù。

zǔ

诅(詛) zǔ 动祈求鬼神给所仇恨的人带来祸患，也指咒骂▷～咒。

阻 zǔ 动拦挡，使不能通过或进行▷通行无～|～挡|～力|劝～|拦～。

组(組) zǔ ❶动把分散的人或事物结合成为一个整体或系统▷～成一个班|～词|～阁|～装|～合|改～。→❷名由若干人员结合成的单位▷一个～|小～|教研～|～员。❸量用于事物的集合体▷一～文章|两～音响设备|几～电池。→❹名具有某种联系的、组合成套的文艺作品▷～歌|～诗|～曲|～画。☛统读 zǔ，不读 zū。

俎 zǔ ❶名古代祭祀或宴会时盛放祭品或食品的器具▷越～代庖。→❷名〈文〉切肉用的砧板▷刀～|～上肉。〇❸名姓。

祖 zǔ ❶名家族中较早的上辈▷～宗|～先|～籍|高～|曾～。→❷名比父母高一辈的人▷～父|外～。→❸名某种事业或宗派的创始人▷鼻～|～师爷|佛～。〇❹名姓。

zuān

钻(鑽*鑚) zuān ❶动转动带尖的物体在另一物体上打孔▷在铁板上～眼儿|～木取火|～孔|～探。→❷动深入研究▷道理越～越透|～研。→❸动穿透或进入▷太阳从云雾里～出来|～山洞|～到地窖里去了。→❹动设法找门路(以谋取私利)▷～谋|～营。

另见 zuàn。

躜(躦) zuān 动乱走动▷～上～下|上下～动。

zuǎn

缵(纘) zuǎn 动〈文〉承接并继续▷～述(继承传述)。

纂(*篹❶) zuǎn ❶动编辑▷编～|～辑。〇❷名〈口〉妇女脑后的发髻▷头上梳着一个小～儿。

zuàn

钻(鑽*鑚) zuàn ❶名穿孔打眼的工具▷手摇～|电～|风～|～头|～床。→❷名指钻石▷～戒。❸名指宝石轴承▷17～手表。

另见 zuān。

赚(賺) zuàn 动〈方〉诓骗▷凭你那点本事，～不了我|他～我白忙了一阵|～人。

另见 zhuàn。

攥 zuàn 动〈口〉用手握住▷～拳头|～着一把钱不撒手。

zuī

朘 zuī 名〈文〉男孩的生殖器。

另见 juān。

zuǐ

觜 zuǐ 古同"嘴"。

另见 zī。

嘴 zuǐ ❶名口，人或动物的进食器官，有的也是发声器官的一部分▷把～张开|乐得合不上～|龇牙咧～|牛头不对马～。→❷名像嘴的东西▷茶壶～|烟～|瓶～。→❸名指吃的东西▷零～|忌～|贪～|偷～。→❹名指话语▷多～|插～|顶～|贫～|～直|～甜。☛"嘴"不能简化为"咀"(jǔ)。"咀"，嚼。

zuì

最(*冣冣) zuì 副表示程度达到极点，超过一切同类的人或事物▷珠穆朗玛峰是世界上～高的山峰|只有妈妈～心疼我|走在队伍的～前方。

晬 zuì 名〈文〉周年；特指婴儿周岁。

罪(*辠) zuì ❶名应当处以刑罚的犯法行为▷正当防卫是无～的|～大恶极|立功赎～|犯～|认～|～人。→❷名根据犯罪行为的性质和特点所规定的犯罪名称或所判定的刑罚▷判～|死～|贪污～|畏～自杀|无～释放。→❸名痛苦；苦难▷从小没爹没娘，受的～可不少|活受～|遭～。→❹名过失；错误▷言者无～|责任在你自己，不要归～于人|怪～|～过。

槜 zuì [槜李]zuìlǐ 名李子的一种，果实皮色鲜红，汁多味甜。槜李，也指这种植物的果实。

蕞 zuì [蕞尔]zuì'ěr 形〈文〉(地区)小▷～小国。

醉 zuì ❶动饮酒过量而昏迷或不清醒▷喝～了|烂～如泥|～汉|～意。→❷动过于喜爱，达到痴迷的程度▷看到眼前的景色，我的心都～了|陶～|～心|沉～。→❸形用酒浸泡的(食品)▷～枣|～虾。

zūn

尊 zūn ❶名古代盛酒的礼器；泛指盛酒的器皿。现在通常写作"樽"。→❷形地位或辈分高；高贵▷～卑|～贵|～长|养～处优。⇒❸动敬重；推崇▷～师重教|～老爱幼|自～自爱|～敬|～重。⇒❹形敬辞，称跟对方有关的人或事物▷～夫人|～姓大名|～驾。→❺量 a)用于神佛塑像▷一～佛像|五百～罗汉。b)用于大炮▷一～加农炮。

遵 zūn 动依从▷～命|～嘱|～从|～守|～照。

樽(*罇) zūn 名古代盛酒的器具▷金～美酒。

鳟(鱒) zūn ❶[赤眼鳟]chìyǎnzūn 名鲤科，体长，前部圆筒形，后部侧扁，银灰色，眼上缘红色。生活在淡水中。是常见的食用鱼。〇❷[虹鳟]hóngzūn 名鲑科，体侧扁，长约30厘米，背绿褐色，有小黑斑，原产美国，我国已引进、养殖，是名贵养殖鱼种。

zǔn

撙 zǔn 动〈文〉节省▷～节用度｜～省经费。

zuō

作 zuō 名作坊,旧称小规模的手工业制造或加工工场▷石～｜油漆～｜洗衣～。
另见 zuò。

嘬 zuō 动〈口〉用嘴含吸;咂▷～奶嘴儿｜～手指头。另见 chuài。

zuó

昨 zuó ❶名今天的前一天▷～天｜～夜｜～晚。→❷名〈文〉泛指过去▷觉今是而～非｜～者。

捽 zuó 动〈方〉抓;揪▷他～着绳子往上爬｜一把～住小偷的衣领。

笮 zuó 名竹索,用竹篾拧成的绳索▷～桥。
另见 zé。

琢 zuó [琢磨]zuómo 动思考;探求▷他没事总爱瞎～｜这个问题请大伙再～～。
另见 zhuó。

zuǒ

左 zuǒ ❶名面向南时靠东的一侧(跟"右"相对,②③⑧同)▷往～拐｜～顾右盼｜～右开弓｜～边｜～手。→❷名地理上指东方▷江～(江东)｜山～(太行山以东的地方)。→❸名〈文〉指较低的地位(古代常以右为上,左为下)▷～迁(指降职)。❹形偏邪▷旁门～道｜～脾气。⇒❺形错▷想～了｜说～了。⇒❻形抵触;不一致▷意见相～。→❼名近旁;附近▷～邻｜～近。→❽形进步的;革命的▷～派｜～翼。○❾名姓。

佐 zuǒ ❶动辅助;帮助▷辅～｜～理｜～助｜～餐。→❷名〈文〉处于辅助地位的人▷僚～｜～贰。○❸名姓。☛统读 zuǒ,不读 zuò。

撮 zuǒ 量用于成丛的毛发▷一～儿毛｜后脑勺留着一～头发。
另见 cuō。

zuò

作 zuò ❶动制造,把原材料加工成可用的东西;劳作▷为人～嫁｜深耕细～｜～工｜～息｜操～。→❷动兴起;出现▷兴风～浪｜鼾声大～｜～怪｜振～。→❸动进行某种活动▷～报告｜～弊｜～斗争｜～乱｜为非～歹。❹动当作▷认贼～父。→❺动创作;写▷～画｜～曲｜～文。❻名创作的作品▷大～｜杰～｜佳～｜拙～。→❼动故意作出某种样子或制造某种情况来掩盖真相▷装腔～势｜忸怩～态｜弄虚～假。☛"作"和"做"古代不同音,现代有的方言仍不同音,普通话同音。两字用法的大致区别是:抽象意义词语、书面语色彩较重的词语,特别是成语,多写成"作",如"作罢""作对""作废""作怪""作乱""作战""装模作样""认贼作父";后面是双音节动词时,一般也用"作",如"作调查""作处理"。具体东西的制造写成"做",如"做桌子""做衣服"。
另见 zuō。

坐 zuò ❶动把臀部平放在物体上以支持身体▷～在沙发上｜请～下谈｜席地而～｜正襟危～｜静～。→❷动获罪;定罪▷～死罪｜连～｜反～。❸介〈文〉引进动作的原因,相当于"因"▷～此解职｜停车～爱枫林晚。→❹动掌管;主持▷～江山｜～庄。→❺动乘坐▷～火车｜～船｜～飞机。→❻动(建筑物)背对着某一方向(跟"朝"相反)▷大殿～北朝南｜这家小店～西朝东。→❼动(把锅、壶等)放在(炉火上)▷把蒸锅～在火上｜炉子上～着一壶水｜～点儿水｜～锅。→❽动形成(疾病等)▷～下了寒腿病｜～胎。❾动〈方〉瓜果等结出果实▷～瓜｜～果。→❿动物体下沉或后移▷这座塔往下～了半尺多｜无～力炮。

阼 zuò 名古代指堂前东面的台阶,迎接宾客或举行祭祀时,主人由此阶上下▷～阶。

岞 zuò [岞山]zuòshān 名地名,在山东。

怍 zuò 动〈文〉惭愧;羞惭▷惭～｜愧～。

柞 zuò ❶名柞木,常绿灌木或小乔木,生棘刺,叶卵形或长椭圆状卵形,边缘有锯齿,开黄白色小花,浆果小球形,黑色。木质坚硬,可用来制作家具等;叶子可以做药材。○❷名柞树,栎树的通称▷～蚕｜～丝。
另见 zhà。

胙 zuò 名古代祭祀用的肉。

祚 zuò 〈文〉❶名福。○❷名皇位;帝位▷践～｜帝～。

砟 zuò [砟硌]zuòluò 形〈文〉山石不齐。
另见 zhǎ。

唑 zuò 音译用字,用于"咔唑"(kǎzuò,见"咔")、"噻唑"(sāizuò,见"噻")等。

座 zuò ❶名坐位;位子▷帮他找个～｜前排就～｜高朋满～｜～无虚席｜～右铭｜～次。→❷名星座▷天琴～｜仙后～｜大熊～。→❸名器物的基础部分或托底的东西▷碑～儿｜炮～｜钟～｜花盆～。→❹量多用于体积大而固定的物体▷一～山｜一～宫殿｜两～大楼。→❺名旧时对某些官长的敬称▷军～｜师～｜局～｜处～。○❻名姓。

做 zuò ❶动干,从事某种工作或进行某种活动▷～事情｜～针线活｜～实验｜～买卖｜～工。→❷动制造▷～一套家具｜～一条裙子｜～饭。→❸写作▷～文章｜～诗。→❹动举办;举行▷～礼拜｜～生日｜～满月｜～寿。→❺动充当;成为▷～个好孩子｜～媒人｜～工会主席｜～秘书｜～奴隶。⇒❻动联结成(某种关系)▷～夫妻｜～哥们儿｜～亲戚｜～伴儿｜～街坊｜～冤家对头。⇒❼动用作▷这间屋子～教室｜拿地～抵押｜这张照片可以～封面｜送本书～纪念。⇒❽动装出(某种样子)▷～鬼脸｜～样子｜～作。☛参见"作"字的提示。

酢 zuò 动〈文〉客人饮罢主人的敬酒,酌酒回敬主人▷酬～(宾主相互敬酒)。
另见 cù。

备查字

本字典在正编之外酌收一部分生僻字,以备读者查考。这部分字只注音,简释词义,不注词性,不标引申脉络,不举例。

a

吖 ā 音译用字。用于"吖嗪"(āqín,一种有机化合物)、"吖啶黄"(一种治疗流行性淋巴管炎的注射液)。

ai

诶(誒) āi 同"唉"。现在通常写作"唉"。

娭 āi [娭毑]āijiě〈方〉祖母;尊称老年妇女。另见 xī。

捱 ái 同"挨"。现在通常写作"挨"。

炁 ài 古同"爱"。

硋 ài 古同"碍"。

僾(僾) ài〈文〉看东西模糊不清。

壒 ài〈文〉尘埃。

馤 ài〈文〉香气。

an

媕 ān [媕婀]ān'ē〈文〉随声附和,没有主见的样子。

腤 ān〈文〉烹煮。

韽 ān〈文〉声音微弱。

噾 án [噾呓]ányì〈文〉说梦话。

垵 ǎn 用于地名。如新垵,地名,在福建。

唵 ǎn ❶用手大把地往嘴里塞(粉状或粒状东西)。❷佛教咒语用字。

ang

枊 àng〈文〉拴马桩。

ao

爊 āo〈文〉熬煮。

厫 áo 同"廒"。

磝 áo〈文〉山多小石。

謷 áo〈文〉蓄意说人坏话。另见 ào。

鴁(鴁) ǎo [鶆鴁]lái'ǎo,见"鶆"。

奡 ào ❶〈文〉矫健。❷古同"傲"。

慠 ào 古同"傲"。

墺 ào〈文〉可以定居的地方。

嶴 ào〈方〉水湾可泊船处或水中小岛。

謷 ào〈文〉高大。另见 áo。

ba

峇 bā [峇厘]bālí 地名,在印度尼西亚。今作巴厘。

羓 bā〈文〉大块干肉;泛指干制食物。

坺 bá〈文〉耕地时翻起的土。

軷(軷) bá〈文〉祭祀路神。

弝 bà〈文〉弓背中间手握处。

穲(穲) bà [穲稏]bàyà〈文〉❶一种稻子。❷稻子摆动的样子。

欛 bà 古同"把"。

bai

踳 bāi〈方〉跛。

ban

斒 bān [斒斓]bānlán 同"斑斓"。

姅 bàn〈文〉女子月经。

湴 bàn〈方〉污泥。

bang

梆 bāng 敲打木头的声音。

幇 bāng 古同"帮"。

玤 bàng〈文〉次于玉的石。

蚄 bàng 古同“蚌”。
另见 fǎng。

棓 bàng 古同“棒”。
另见 bèi。

蜯 bàng 古同“蚌”。

艕 bàng 〈文〉两船相并连。

bao

媬 bǎo [媬傅]bǎofù 古代保育、辅导贵族子女的老年男女。

虣 bào 〈文〉❶凶暴。❷猛兽。

bei

箄 bēi 古代一种竹制的捕鱼器具。
另见 bǐ;pái。

偝 bèi 〈文〉❶背弃。❷背向着。

棓 bèi [五棓子]wǔbèizǐ 五倍子蚜虫在盐肤木叶上形成的干燥虫瘿。内含鞣酸,可以做药材,也可用来制染料、鞣革。通常写作“五倍子”。
另见 bàng。

骳 bèi [骫骳]wěibèi 〈文〉❶胫弯曲。❷曲意逢迎,取悦于人。

ben

笨(轮) bèn 〈文〉车篷。

beng

伻 bēng 〈文〉使者。

绷(絣) bēng 古代氐族人用杂色线织成的布。

硼 bēng [硼硠]bēngláng 〈文〉形容很大的声音。

bi

锟(錍) bī 〈文〉钗。
另见 pī。

疕 bǐ 〈文〉头疮。

舭 bǐ 〈外〉船底和船帮间的弯曲部分。

箄 bǐ 〈文〉篓、笼之类的竹器。
另见 bēi;pái。

邲 bì 古地名,在今河南荥阳北。

咇 bì [咇茀]bìfú 〈文〉香气很盛。

闷(閟) bì 〈文〉关门;关闭。

珌 bì 古代刀鞘末端的玉饰。

柲 bì 〈文〉矛戈等兵器的柄;泛指器物的柄。

韠(韠) bì 古代朝觐时遮蔽在衣裳前面的一种皮制的服饰。

萆 bì [萆荔]bìlì 同“薜荔”。

愊 bì 〈文〉忠诚。

湢 bì 〈文〉浴室。

煏 bì 〈方〉烘烤使干。

趩(趩) bì 古代帝王出行,禁止行人通行。通常写作“跸”。

髲 bì 〈文〉假发。

奰 bì 〈文〉怒。

躄 bì 〈文〉脚跛。

bian

萹 biān [萹蓄]biānxù 一年生草本植物,叶长椭圆或线状椭圆形,花小,呈绿白或红色,簇生叶内。可以做药材。也说扁竹。

甂 biān 古代盆一类的陶器。

箯 biān 〈文〉竹制的便轿。

鳊(鯿) biān 古同“鳊”。

稨 biǎn [稨豆]biǎndòu 同“扁豆”。现在通常写作“扁豆”。

biao

骉(驫) biāo 〈文〉群马奔驰的样子。

髟 biāo 〈文〉发(fà)长下垂的样子。

猋 biāo 古同“飙”。

滮 biāo 〈方〉液体喷射。

麃 biāo [麃麃]biāobiāo 〈文〉勇武的样子。
另见 páo。

飚(飈) biāo 同“飙”。现在通常写作“飙”。

儦 biāo 〈文〉小步快走的样子。

穮 biāo 〈文〉除草。

褾 biǎo 〈文〉❶袖端。❷古同“裱”。

bie

蹩 bié 〈文〉拂过。

bing

掤 bīng 〈文〉箭筒的盖子。

槟 bīng [槟榔]bīngláng 同"槟榔"。现在通常写作"槟榔"。
鞞 bǐng〈文〉刀剑的鞘。

bo

瓟 bó 小瓜。
簙 bó 古代的一种棋类游戏。现在通常写作"博"。
犦 bó〈文〉犦牛,即封牛,一种野牛。
襮 bó〈文〉❶衣领。❷外表。❸显露。
欂 bó〈文〉斗拱。
䶈 bó [袋䶈]dàibó 古代指一种哺乳动物,形似大袋鼠。

bu

蔀 bù〈文〉❶席棚。❷覆盖。❸古代历法术语。十九年为一章,四章为一蔀。
篰 bù〈方〉竹篓。

cai

埰 cài 古同"采"。

can

湌 cān 古同"餐"。另见 sūn。
篸(篸) cǎn〈方〉一种簸箕。另见 zān。
憯 cǎn 古同"惨"。

cang

凔(滄) cāng〈文〉寒;凉。

cao

慅 cǎo〈文〉忧愁。另见 sāo。
騲(騲) cǎo〈文〉雌马;雌性的家畜。
懆 cǎo [懆懆]cǎocǎo〈文〉忧虑不安。

ce

筴 cè [筴竹]cèzhú 竹名。秆丛生,高可达 20 米。材质坚硬,丛林有防风林作用。

ceng

鄫 céng ❶古国名,在今山东峄县东。❷古地名,在今河南柘城县北。

cha

扠 chā 用叉子取东西。现在通常写作"叉"。
臿 chā〈文〉❶锹,铲或挖土的农具。❷舂去谷壳。
艖 chā〈文〉小船。
跐 chà〈文〉❶踩;踏。❷岔路。

chan

辿 chān [龙王辿]lóngwángchān 地名,在山西。
梴 chān〈文〉木材长。
幨 chān〈文〉❶车帷。❷床帐。
鋋(鋋) chán〈文〉铁柄短矛。
儳 chán〈文〉杂乱;不整齐。
欃 chán〈文〉檀木。
燀(燀) chǎn〈文〉❶烧火使热。❷燃烧。
摲(摲) chàn〈文〉❶芟除;割掉。❷削尖。

chang

鲿(鱨) cháng〈文〉❶黄颊鱼。❷毛鲿鱼。
韔(韔) chàng〈文〉弓箭袋。

chao

弨 chāo〈文〉弓弦松弛。
鼂 cháo 同"晁"。现在通常写作"晁"。
煼(煼) chǎo 古同"炒"。
麨(麨) chǎo 古代指米麦炒熟后磨粉做成的干粮。

che

伡(俥) chē ❶船上动力机械的简称。❷操作轮船上动力机械的人。
屮 chè〈文〉初生的草木。

chen

抻 chēn 同"抻"。现在通常写作"抻"。
瞋 chēn〈文〉肿起;胀大。
訦(訦) chén〈文〉诚实。

鸩(鴆) chén 〈方〉小鸟。
煁 chén 古代一种可以移动的炉灶。
趻 chěn [趻踔]chěnchuō 〈文〉跳跃。也作踸踔。
硶 chěn 古同"碜"。
踸 chěn [踸踔]chěnchuō 同"趻踔"。
嚫(嚫) chèn 〈文〉向僧尼施舍财物。

cheng

偁 chēng 古同"称"。
赪(赬) chēng 古同"赪"。
竀(竀) chēng 〈文〉正视。
朾 chéng 〈文〉撞击。
枨(棖) chéng 〈文〉触;碰撞。
郕 chéng 周朝诸侯国名。在今河南范县。
珵 chéng 〈文〉美玉名。
铖(鋮) chéng 用于人名。阮大铖,明朝人。

chi

絺(絺) chī 〈文〉细葛布。
摛 chī 〈文〉❶舒展开;铺展。❷铺叙;铺陈。
箎 chí 古同"篪"。
漦 chí 〈文〉鱼、龙的涎沫。
呎 chǐ 又 yīngchǐ 英尺的旧写法。1977 年中国文字改革委员会、国家标准计量局通知,淘汰"呎",改作"英尺"。
拸 chǐ 〈文〉❶去除;舍弃。❷拍打。
胣 chǐ 〈文〉把腹部破开掏出肠子。
恀 chǐ 〈文〉仗恃;依赖。
杘 chì 古代收丝的摇把;泛指器物的柄。
恜 chì 〈文〉惊恐不安。
迣 chì 〈文〉飞越。
鶒(鶒) chì [鸂鶒]xīchì,见"鸂"。
瘛 chì [瘛疭]chìzòng 〈文〉手足痉挛。另见 zhì。

饎(饎) chì 〈文〉❶熟食;酒食。❷炊。

chong

摏 chōng 〈文〉撞击;冲撞。
罿 chōng 〈文〉捕鸟的网。

chou

㤽(懤) chóu [㤽㤽]chóuchóu 〈文〉忧心沉重的样子。
裯 chóu 〈文〉单被;泛指衾被。
偢 chǒu 同"瞅"。现在通常写作"瞅"。另见 qiào。
殠 chòu 古同"臭"。

chu

貙(貙) chū 古书上指一种似狸而大的虎属猛兽。
刍(芻) chú 古同"刍"。
犓(犓) chú 〈文〉❶用草料喂(牛羊)。❷泛指牛羊。
幮 chú 古代一种橱形的帐子。
齼(齼) chǔ 〈文〉❶牙齿酸软。❷胆怯。
諔(諔) chù [諔诡]chùguǐ 〈文〉奇异。
滀 chù 〈文〉❶(水)积聚。❷淤积;凝结。另见 xù。
歜 chù 〈文〉盛怒。

chua

䂔 chuā 〈文〉断。

chuai

膗 chuái 〈方〉肥胖而肌肉松弛。

chuan

巛 chuān 古同"川"。
舡 chuán 古同"船"。
篅 chuán 〈方〉盛谷物的圆囤,多用竹编。
荈 chuǎn 〈文〉晚采而叶老的粗茶;泛指茶。
歂 chuǎn 古同"喘"。
僢 chuǎn 古同"舛"。

踳 chuǎn 古同“舛”。

chuang

扨（摐） chuāng〈文〉用手或器具撞击。

chui

倕 chuí 古代巧匠名。

chun

錞（鐓） chún［錞于］chúnyú 古代一种铜制筒状打击乐器。
另见 duì。

漘 chún〈文〉水边。

chuo

逴 chuō〈文〉❶远。❷越过；超出。

辵 chuò〈文〉疾走。

娖 chuò〈文〉❶整理。❷整齐；严谨。

惙 chuò〈文〉❶忧虑愁苦。❷疲惫；虚弱。

婥 chuò［婥约］chuòyuē 同“绰约”。

擉 chuò〈文〉刺；戳。

繛 chuò 古同“绰”。

歠 chuò〈文〉喝；饮。

ci

骴 cī〈文〉鸟兽残骨，也指尚未完全腐烂的死人尸体。

茦（薋） cí〈文〉(草)多；聚积。

甆 cí 古同“瓷”。

佌 cǐ〈文〉小；卑微。

鮆（鮆） cǐ 棱鳀。体长，侧扁，长十余厘米，银白色，吻圆钝，口大。是近海食用鱼类。

佽 cì〈文〉帮助。

儩（儩） cì〈文〉尽。

cong

鏦（鏦） cōng〈文〉❶短矛。❷用矛戟刺。

悰 cóng〈文〉❶心情；思绪。❷乐趣。

賨（賨） cóng ❶秦汉时期四川、湖南等地少数民族所交赋税的名称。钱称賨钱，布称賨布。❷古代上述地区的少数民族，也叫賨人。

潀 cóng〈文〉❶水相会的地方。❷水边。❸［潀潀］cóngcóng 古同“淙淙”。

藂 cóng 古同“丛”。

蓯 cóng〈文〉聚集。

cu

瘄 cù［瘄子］cùzi〈方〉麻疹。

踧 cù［踧踖］cùjí〈文〉恭谨而不安的样子。

顣（顣） cù〈文〉皱(眉头)。

cuan

巑（巑） cuán［巑岏］cuánwán〈文〉山高的样子。

欑（欑） cuán 古同“攒”。

cui

榱 cuī〈文〉椽子。

漼 cuǐ〈文〉❶水深。❷痛哭流涕的样子。

趡 cuǐ〈文〉奔走。

皠 cuǐ〈文〉洁白。

焠 cuì 同“淬”。现在通常写作“淬”。

膵 cuì［膵脏］cuìzàng 胰脏的旧称。

臎 cuì 古同“脆”。

cun

刌 cǔn〈文〉切断。

吋 cùn 又 yīngcùn 英寸的旧写法。1977 年中国文字改革委员会、国家标准计量局通知，淘汰“吋”，改作“英寸”。

cuo

瑳 cuō〈文〉玉色洁白；泛指洁白。

醝 cuō〈文〉白酒。

鹾（鹺） cuó〈文〉❶盐。❷味咸。

酂（酇） cuó 酂城，地名，在河南永城西南。
另见 zàn。

莝 cuò〈文〉❶铡草(喂马)。❷铡碎的草。

da

镕(鎝) dā [铁镕]tiědā〈方〉一种翻土农具。

汏 dà〈方〉洗;涮。

dai

钛(鈦) dài 古代脚镣之类的刑具。

绐(紿) dài〈文〉❶破旧的丝。❷欺骗。

紴 dài 纤度单位的旧称。紴数越小,纤维越细。

黱 dài 古同"黛"。

dan

聃 dān 古同"聃"。

禅(襌) dān〈文〉❶单衣。❷单薄。

统(紞) dǎn 古代冕冠两旁下垂悬瑱(塞耳用的玉)的带子。

黕 dǎn〈文〉❶污垢。❷黑。

黮 dǎn〈文〉❶桑葚熟透后的黑色。❷不明净。

倬(僤) dàn〈文〉大;盛。

髧 dàn〈文〉头发下垂的样子。

憺 dàn〈文〉❶安然。❷清静。

dang

蛇(蟷) dāng [蛭蛇]diédāng,见"蛭"。

瑬(璗) dàng〈文〉黄金。

筜(簜) dàng〈文〉大竹。

偿(儅) dàng〈文〉典当。

dao

舠 dāo〈文〉小船。

翿(翿) dào 古代羽舞或葬礼用的旌旗。

di

碑(磾) dī 用于人名。金日(mī)磾,汉代人。

鞮 dī 古代皮制的鞋。

髢 dí [髢髢]dídi〈方〉假发。

髲 dí [髲髻]díjì〈文〉假发盘成的发髻。

阺 dǐ〈文〉❶侧坡。❷山旁突出的部分。

靮 dì〈文〉马缰绳。

禘 dì 古代祭祀的名称。

墬 dì 古同"地"。

蝃 dì 古同"螮"。

螮(蝃) dì [螮蝀]dìdōng〈文〉虹。

dian

敁 diān 同"掂"。

傎 diān 古同"颠"。

瘨 diān 古同"癫"。

蹎 diān〈文〉跌倒。

diao

蛁 diāo [蛁蟟]diāoliáo〈文〉蝉。

鼦 diāo 同"貂"。现在通常写作"貂"。

莜(蓧) diào 古代除草农具。

窎(窵) diào 深远。

die

昳 dié〈文〉太阳偏西。

绖(絰) dié 古代服丧时结在腰间或头部的麻布带子。

揲 dié〈文〉折叠。
另见 shé。

嵽 dié [嵽嵲]diéniè〈文〉高山。

惵 dié〈文〉恐惧。

楪 dié〈文〉床板。

褋 dié〈文〉单衣。

艓 dié〈文〉小船。

蛭 dié [蛭蛇]diédāng〈文〉一种生活在洞穴中的土蜘蛛。
另见 zhì。

氎 dié〈文〉细毛布;细棉布。

dìng

饤(飣) dìng [饤饾]dìngdòu〈文〉❶堆叠在器皿中供陈设用的蔬果。也说饾饤。❷堆砌辞藻。

dong

蝀(蝀) dōng [蝃蝀]dìdōng,见"蝃"。

湩 dòng〈文〉❶乳汁。❷鼓声。

dou

枓 dǒu 木结构建筑中拱与拱之间垫的方木。

饾(餖) dòu [饾饤]dòudìng 义同"饤饾"①。参见"饤"。

梪 dòu ❶古代盛食品的器皿。❷容量单位,一梪是四升。

脰 dòu〈文〉脖子。

du

豚 dū [豚子]dūzi〈方〉❶臀部。❷蜂、蝎的尾部。

豰 dū 古同"豥"。

渎(瀆) dú 古同"渎²"。

嬻(嬻) dú〈文〉亵渎;污辱。

匵(匵) dú 古同"椟"。

韣(韣) dú〈文〉弓衣;弓袋。

讟(讟) dú〈文〉❶怨恨。❷诽谤。

斁(斁) dù〈文〉败坏。
另见 yì。

蠹 dù 古同"蠹"。

敷 dù〈文〉堵塞;封闭。

蠧 dù 古同"蠹"。

蠹 dù 古同"蠹"。

duan

塅 duàn〈方〉平坦的大片土地,多用于地名。如田心塅,在湖南。

碫 duàn〈文〉磨刀石。

dui

䭔(䭔) duī〈文〉饼类食品。

镦(錞) duì 古代矛或戟柄下端平底的金属套。
另见 chún。

dun

撴 dūn〈方〉❶同"蹾"。❷揪住。

驐(驐) dūn〈方〉阉割家畜、家禽。

撉 dūn 同"蹾"。

不 dǔn〈方〉❶木墩。❷制造瓷器的坯子。

憞 dùn [憞溷]dùnhùn〈文〉烦乱。

燉 dùn 同"炖"。现在通常写作"炖"。

duo

掇 duō [塘掇]tángduō 地名,在广东。

泽(澤) duó [凌泽]língduó〈方〉冰锥。

敓 duó 古同"夺"。

埵 duǒ〈文〉坚硬的土。

亸(嚲) duǒ ❶〈文〉富厚。❷古同"亸"。❸[亸都]duǒdū 宋时西夏毅宗年号(公元1057—1062年)。

柂 duò 古同"舵"。
另见 lí。

柂 duò 古同"舵"。
另见 yí。

柮 duò [榾柮]gǔduò,见"榾"。

朶 duò 同"垛"。

驿(驛) duò〈文〉闯入。

媠 duò 古同"惰"。

跢 duò 古同"跺"。

e

婀 ē [婀娜]ēnuó 古同"婀娜"。

囮 é 囮子,捕鸟时用来引诱同类的鸟。也说圝子。

涐 é 古水名,今称大渡河。

睋 é〈文〉❶望;看。❷不久;突然。

呝 è 古同"呃"。

咢 è〈文〉争辩。

堮 è〈文〉边界。

崿 è〈文〉❶山崖。❷山势高峻。

遌 è〈文〉❶意外相遇。❷抵触。

额(頞) è〈文〉鼻梁。

砨 è［砨嘉］èjiā 地名，在云南。

en

奀 ēn〈方〉❶人瘦小。❷东西小。

eng

鞥 ēng〈文〉马缰绳。

er

栭 ér〈文〉❶斗拱。❷木耳。

轜(輀) ér 古代丧车。

胹 ér〈文〉煮熟。

鲕(鮞) ér〈文〉❶鱼苗；小鱼。❷鱼卵。

轜(轜) ér 古同"輀"。

駬(駬) ěr〈文〉良马；千里马。

咡 èr〈文〉❶口旁；口耳之间。❷蚕吐丝。

毦 èr〈文〉❶用羽毛做的装饰品。❷香草。

樲(樲) èr〈文〉酸枣树。

fa

哉 fá〈方〉表示疑问，相当于"吗"。

fan

憣 fān〈文〉变易。

旛 fān 古同"幡"。

膰 fán〈文〉古代祭祀用的熟肉。

鐇(鐇) fán〈文〉❶铲。❷铲除。

瀿 fán〈文〉水暴溢。

饣(飰) fàn 古同"饭"。

笵 fàn〈文〉模子；法则。

嬎 fàn ❶〈文〉繁殖。❷〈方〉禽类生蛋。

fang

蚄 fāng［虸蚄］zǐfāng，见"虸"。另见 bàng。

fei

騑(騑) fēi〈文〉驾在车辕两边的马。

蜰 féi〈文〉臭虫。

朏 fěi〈文〉新月开始发光。

棐 fěi〈文〉辅助。

柹 fèi〈文〉木片。

昲 fèi〈文〉把东西晒干。

俷 fèi〈文〉败坏。

屝 fèi〈文〉草鞋。

蕡(蕡) fèi〈文〉大麻的子实。另见 fén。

跸 fèi 古代砍去脚的刑罚。

篚(篚) fèi〈文〉粗竹席。

fen

馩(餴) fēn〈文〉蒸饭。

嫸 fēn〈方〉不曾；未曾。

枌 fén〈文〉白榆树。

蚡 fén 古同"鼢"。

羒 fén〈文〉白色公羊。

蕡(蕡) fén〈文〉果实繁盛的样子。另见 fèi。

幩(幩) fén〈文〉缠在马嚼子上的帛，可以起搧汗作用。

隫(隫) fén〈文〉水边高地。

濆(濆) fén〈文〉崖岸；水边。

轒(轒) fén［轒辒］fénwēn 古代攻城的战车。

羵(羵) fén 羵羊，古代传说土中所生的怪兽。

豮(豶) fén〈方〉❶阉割后的猪。❷公猪；泛指雄性牲畜。

鼖 fén 古代军中用的大鼓。

坋 fèn［古坋］gǔfèn 地名，在福建。

feng

犎 fēng 〈文〉野牛。一说单峰驼。

摓 féng 古同“缝”。

覂 fěng 〈文〉(车马)翻覆。

甮 fèng 〈方〉不用。

赗(賵) fèng 〈文〉❶送给办丧事人家的财物。❷用车马等物帮助丧家送葬。

fo

坲 fó [坲坲]fófó 〈文〉尘土飞扬的样子。

fou

缻 fǒu 古同“缶”。

fu

柎 fū 〈文〉❶钟鼓架的腿;泛指器物的腿。❷花托;花萼。

铁(鈇) fū 〈文〉铡刀。
另见 fǔ。

荴 fū 〈文〉敷布;散开。

旉 fū 古同“敷”。

巿 fú 同“韍”。

刜 fú 〈文〉❶砍。❷铲除。

绂(紱) fú 古代车上的铺垫。

砩 fú [砩石]fúshí 氟石的旧写法,一种成分为氟化钙的矿物。

罦 fú 〈文〉捕鸟兽的网。

鵩(鵩) fú 古代传说中一种不祥鸟,形似猫头鹰。

榑 fú [榑桑]fúsāng 古代传说中海外的神树,太阳从这里升起。现在通常写作“扶桑”。

箙 fú 〈文〉盛箭的器具。

襆 fú ❶古同“幞”。❷[襆被]fúbèi 〈文〉用包袱把衣服、被子等包起来。

弣 fǔ 〈文〉弓把。

铁(鈇) fǔ 古同“斧”。
另见 fū。

鬴 fǔ 古同“釜”。

汷 fǔ [湖汷]húfǔ 地名,在江苏。

偩(偩) fù 〈文〉依照。

邑 fù 古同“阜”。

祔 fù 古代的一种祭祀。

蚹 fù 〈文〉❶蛇腹下用来爬行的横鳞。❷蛇皮。

gai

荄 gāi 〈文〉草根。

绠(絯) gāi 〈文〉约束。

戤 gài 〈方〉仿造别人商品牌号;冒牌图利。

gan

筸 gān 用于地名。如筸筸,古地名,在今湖南凤凰县南。

漧 gān 〈文〉干燥。

皯 gǎn 〈文〉面色黝黑。

簳 gǎn 〈文〉❶箭杆。❷小竹。

gang

坰(堈) gāng 古同“缸”。

㧓(㧓) gāng 古同“扛”。

㭎(㭎) gāng [青㭎]qīnggāng 即槲栎,落叶乔木或灌木。也作青冈。

矼 gāng 〈文〉❶石桥。❷石级;石路。

瓬 gāng 古同“缸”。

gao

櫜 gāo 〈文〉收藏盔甲、弓箭的器具。

鼛 gāo 古代的大鼓。

ge

鴐(鴐) gē [鴐鹅]gē'é 〈文〉野鹅。

茖 gé [茖葱]gécōng 多年生草本植物,有根状茎,可食用和做药材。也说野葱、山葱。

愅 gé 〈文〉变动。

滆 gé 滆湖,湖名,在江苏。

槅 gé 门窗上的木格子,也指房屋或器物的隔板。

搿 gé 〈方〉❶用力抱。❷结交。

辂(轕) gé [轇轕]jiāogé,见"轇"。

geng

浭 gēng 浭水,水名,在河北。

絚(緪) gēng 〈方〉粗大的绳索。

堩 gèng 〈文〉道路。

gong

䴔(鳼) gōng 一种鸟,大小如鸡,羽毛灰褐色,头黑色,善走,产于美洲。

拲 gǒng 〈文〉两手铐在一起。

栱 gǒng 立柱和横梁间弓形的承重结构。

gou

痀 gōu 同"佝"。

韝(韝) gōu 〈文〉皮制的臂套。

耇(耈) gǒu 〈文〉❶寿斑。❷高龄。

诟(詬) gòu 古同"诟"。

姤 gòu ❶古同"遘"。❷〈文〉好;善。

冓 gòu 〈文〉❶架木。❷宫室的深密处。

雊 gòu 〈文〉雄性野鸡鸣叫。

gu

苽 gū 古同"菰"。

軱(軱) gū 〈文〉大骨。

罛 gū 〈文〉大鱼网。

箛 gū 〈文〉❶竹名。❷一种乐器,即"笳"。

扢 gǔ 〈文〉拭;抹。
另见 qì。

牿 gǔ 〈方〉瞪大眼睛。

羖 gǔ 〈文〉黑色公羊。

愲 gǔ 〈文〉心乱。

榾 gǔ [榾柮]gǔduò 〈方〉小段的木头;树墩子。

鹽 gǔ [鹽子]gǔzi 〈方〉四周陡直的深锅。

盬 gǔ 〈文〉❶古代盐池名。❷粗糙;不坚固。

瀔 gǔ 瀔水,水名,在河南。今作谷水。

gua

苦 guā [苦楼]guālóu 同"栝楼"。

劀 guā 古同"刮"。

坬 guà 〈文〉土堆。

絓(絓) guà 〈文〉❶绊住。❷触犯。

guai

罫 guǎi 〈文〉❶棋盘上的方格。❷罗网上的方孔。

guan

瘝 guān 〈文〉疾病;疾苦。

輨(輨) guǎn 〈文〉包裹毂端的金属。

毌 guàn 古同"贯"。

丱 guàn 〈文〉儿童束发成两角的样子。
另见 kuàng。

鑵(鑵) guàn 古同"罐"。

爟 guàn 〈文〉❶祭祀时举火以除不祥。❷祭祀时用的火炬。

礶 guàn 古同"罐"。

guang

洸 guāng ❶〈文〉水波动荡闪光的样子。❷[滉洸] hánguāng,见"滉"。

珖 guāng 〈文〉玉名。

gui

珪 guī 古同"圭"。

嫢(嫢) guī 〈文〉细小。

槻(槻) guī 〈文〉小叶白蜡树、苦枥木等几种落叶乔木的统称。这些树木质刚劲而富弹性,可以制弓。

瞡(瞡) guī [瞡瞡]guīguī 〈文〉浅陋的样子。

巂 guī 〈文〉鸟名,即子规。

佹 guǐ 〈文〉❶不合情理;乖戾。❷奇异;诡诈。

垝 guǐ 〈文〉毁坏;塌陷。

恑 guǐ 〈文〉变异。

庋 guǐ 同“皮”。

殷 guǐ 古同“簋”。

硊 guì [石硊]shíguì 地名,在安徽。

筀 guì [筀竹]guìzhú 产于台湾的一种竹子。现在通常写作“挂竹”。

猤 guì 〈文〉壮勇。

瞶(瞶) guì 〈文〉❶视。❷瞎子。另见 kuì。

鲙(鱖) guì 一种小淡水鱼,身体侧扁,银灰色,有黑色小点,性喜寒冷。

gun

鲧(鮌) gǔn 古同“鲧”。

guo

彍(彍) guō 〈文〉张弩。

啯(嘓) guō ❶形容蛙鸣声。❷形容汤水下咽的声音。

腘(膕) guó 膝盖的后面。腿弯曲时腘部形成的窝叫腘窝。

hai

咍 hāi ❶〈文〉嘲笑。❷〈文〉喜悦;欢笑。❸同“咳”。

han

浛 hán [浛洸]hánguāng 地名,在广东。

琀 hán 古代含在死者口中的珠、玉等。

㘎(嚂) hǎn 〈文〉老虎怒吼。

馯(馯) hàn 〈文〉马青黑色。

骭(驛) hàn 〈文〉❶马凶悍。❷马鞍。

睅 hàn 〈文〉瞪大眼睛。

暵 hàn 〈文〉❶枯槁;干涸。❷曝晒;晒干。❸干旱。

熯 hàn 〈方〉❶用微火烘烤。❷用少量油煎。

hang

迒 háng 〈文〉❶野兽的足迹。❷道路。

hao

唬(虓) háo 古同“号”。另见 xià。

滈 hào 古水名,在今陕西。

暭 hào 〈文〉洁白而明亮。

澔 hào 古同“浩”。

he

欱 hē 古同“喝”。

籺 hé 〈文〉米麦的碎屑。

锔 hé [秣锔]mòhé,见“秣”。

鹖(鶡) hé 古书上说的一种善斗的鸟。

惕 hè 〈文〉恐吓。另见 kài;qì。

熇 hè 〈文〉火热;炽盛。

hen

拫 hén 〈文〉排斥。

heng

姮 héng [姮娥]héng'é 〈文〉嫦娥。

胻 héng 〈文〉人的小腿。

啈 hèng 表示发狠的声音。

hong

吽 hōng 佛教咒语用字。

揈 hōng 驱赶。现在通常写作“轰”。

渹 hōng 〈文〉形容浪涛冲击的声音。

纮(紘) hóng 古代帽子上的带子。

铉(鋐) hóng [锵铉]qiānghóng 〈文〉形容金属碰撞的声音。

浤 hóng [浤浤]hónghóng 〈文〉波涛汹涌奔腾。

翃 hóng 〈文〉飞。

魟(魟) hóng 生活在海底的一种鱼,体平扁。产于我国沿海。

谼 hóng 〈文〉大山谷。

澒(澒) hòng [澒洞]hòngdòng 〈文〉大水弥漫无际。

hou

呴 hǒu 古同“吼”。另见 xǔ。

hu

帎(幠) hū〈方〉覆盖。

滹 hū [滹浴]hūyù〈方〉洗澡。

嘝 hú 英美制容量单位"蒲式耳"的旧译名。1977年中国文字改革委员会、国家标准计量局通知,淘汰"嘝",改作"蒲式耳"。

縠 hú〈文〉绉纱类的丝织物。

楛 hù 古代指可制箭杆的荆类植物。
另见 kǔ。

嗀 hù〈文〉呕吐。

hua

缅(繣) huà〈文〉系东西的绳子。

huan

萱 huán 多年生草本植物,地下茎粗壮,花淡紫色,果实椭圆形。全草可以做药材。

嬛 huán [琅嬛]lánghuán〈文〉神话中天帝藏书的地方。

貆 huán〈文〉豪猪。

镮(鐶) huán 古同"环"。

睆 huàn〈文〉明亮。

奂 huàn 姓。

huang

锽(鍠) huáng [张锽]zhānghuáng,见"张"。

艎 huáng [艅艎]yúhuáng,见"艅"。

鳇(鰉) huáng 古同"鳇"。

熀 huǎng〈文〉明亮。

愰 huàng〈文〉晃荡;摇动。

滉 huàng [沆滉]wǎnghuàng,见"沆"。

榥 huàng〈文〉帷幕;屏风之类。

hui

豗 huī [喧豗]xuānhuī〈文〉喧嚣;喧闹。

殨(殨) huì (疮)溃烂。现在通常写作"溃"。

荁 huì [王荁]wánghuì〈文〉地肤草。也说扫帚菜。

嘒 huì ❶〈文〉光芒微小晶莹。❷[嘒嘒]huìhuì〈文〉形容小而清脆的声音。

槥 huì〈文〉简陋的小棺材。

篲 huì 古同"彗"。

靧(靧) huì〈文〉洗脸。

hun

惛 hūn〈文〉昏暗。

涽 hūn [涽涽]hūnhūn〈文〉昏乱。

棔 hūn〈文〉合欢树。

馄(餛) hún [馄饨]húntun 同"馄饨"。现在通常写作"馄饨"。
另见 yùn。

梱 hún 没有劈开的大木头。
另见 kǔn。

慁 hùn〈文〉❶忧虑;担忧。❷扰乱。

huo

剨 huō 古同"豁"。

姡 huó〈文〉狡猾;奸诈。

臛 huò 古同"臛"。

雘 huò〈文〉赤石脂之类的颜料;泛指好的颜料。

爠 huò〈文〉火光闪烁的样子。

矐 huò〈文〉使人失明。

ji

丌 jī〈文〉垫东西的器具;底座。

刉 jī〈文〉❶刺;划破。❷切断;割。

禨(禨) jī〈文〉祭祀鬼神求福。

钒(鐖) jī ❶鱼钩的倒刺。❷大镰刀。

枅 jī〈文〉栱,柱上的方木。

隮(隮) jī 古同"跻"。

靰(鞿) jī〈文〉马嚼子。

毄 jī〈文〉❶打击。❷拂拭。
另见 jì。

觭 jī〈文〉❶单数。❷偏向;侧重。

羁 jī〈文〉马笼头。

彶 jí 古同"急"。

膌 jí〈文〉瘦。

踖 jí［踧踖］cùjí，见"踧"。

鲼(鱝) jí〈文〉❶一种小贝。❷鲫鱼。

沵 jǐ〈文〉古水名。

撠 jǐ〈文〉❶击刺。❷抓住。

纷(紒) jì〈文〉束发。

哜(嚌) jì〈文〉略微尝一点。

诶(誋) jì〈文〉告诫。

徛 jì〈方〉站立。

惎 jì〈文〉❶毒害。❷教导。❸憎恶。

毄 jì〈文〉拴缚。
另见 jī。

鱀(鱀) jì［白鱀豚］báijìtún 即白鳍豚，鲸的一种。

jia

筴(筴) jiā〈文〉筷子。读 c 时是"策"的异体字，已淘汰。

麚 jiā〈文〉雄鹿。

麚 jiā 同"麚"。

跲 jiá〈文〉❶绊倒。❷退却。

jian

蕑(蕑) jiān〈文〉❶兰草。❷莲子。

豣 jiān〈文〉三岁的野猪；泛指大猪、大兽。

鬋(鬋) jiān〈文〉锋利。

猏 jiān〈文〉三岁的兽。

靬 jiān［犁靬］líjiān 古西域国名。
另见 qián。

劗 jiān〈文〉阉割雄性牲畜。

瑊 jiān［瑊玏］jiānlè〈文〉像玉的美石。

礛(礛) jiān［礛诸］jiānzhū〈文〉治玉的石头。

鞬(韉) jiān ❶〈文〉马具。❷姓。

熸 jiān〈文〉❶熄灭。❷烧毁。❸溃败。

鞬 jiān〈文〉马上盛弓矢的器具。

囏 jiān 古同"艰"。

规(規) jiǎn 古同"茧"。

揃 jiǎn〈文〉❶剪下；剪断。❷分割。❸剪除。

暕 jiǎn〈文〉雨后天晴；明亮。

剪(劗) jiǎn 古同"剪"。

鬋 jiǎn〈文〉❶女子下垂的鬓发。❷剪断(须发)。

諓(諓) jiàn〈文〉❶巧辩的话。❷进谗言的样子。

僴(僩) jiàn〈文〉窥伺。
另见 xiàn。

淠 jiàn［北淠］běijiàn 地名，在越南。

栫 jiàn〈文〉❶用柴木堵住或围住。❷篱笆。

硐(礀) jiàn 古同"涧"。

睷(瞯) jiàn〈文〉窥视。

跈 jiàn〈文〉践踏。

轞(轞) jiàn［轞车］jiànchē〈文〉囚车。也作槛车。

jiao

侨(憍) jiāo〈文〉骄傲。

轇(轇) jiāo［轇轕］jiāogé〈文〉❶深远。❷杂乱；交错；喧杂。

燋 jiāo〈文〉火把。

镳(鐎) jiāo〈文〉刁斗，古代炊具，军队中也用来打更。

蟜(蟜) jiǎo〈文〉毒虫。

筊 jiǎo〈文〉竹编的绳索。

讠(訆) jiào〈文〉大声呼喊。

珓 jiào〈文〉用玉、蚌壳、竹木制成的占卜器具。

窌 jiào〈文〉地窖；地洞。

斠 jiào〈方〉只要。

噭 jiào〈文〉呼喊。

趭 jiào〈文〉奔跑。

jie

椄 jiē 〈文〉嫁接；接木。

鏍(鏍) jiē 〈方〉有细齿的镰刀。

刯 jié 古时剥去面皮的一种酷刑。

衱 jié 〈文〉衣服的后襟。

袺 jié 〈文〉用手把衣襟提起；用衣襟兜东西。

楬 jié 〈文〉作标志用的小木桩。

鲒(鮚) jié 〈文〉蚌。

嶻 jié ［嶻嶭］jiéniè 山名，在陕西。

毑 jiě ［媄毑］āijiě，见"媄"。

檞 jiě 檞树，一种木质像松的树。

吤 jiè 〈文〉喉中哽塞时所发出的声音。

岕 jiè 〈文〉两座山之间。

犗 jiè 〈文〉❶阉过的牛。❷阉割。

髯 jiè 〈文〉发髻。

jin

紟(紟) jīn 〈文〉系衣服的带子。

釿(釿) jīn 〈文〉斧头。

唫 jìn 〈文〉闭口不说话。读 yín 时是"吟"的异体字，已淘汰。

溍 jìn 古水名。

瑨 jìn 〈文〉像玉的美石。

jing

坙(巠) jīng ❶〈文〉地下水脉。❷古同"经"。

旌 jīng 古同"旌"。

幜 jǐng ❶〈文〉帛。❷古代贵族妇女所穿的一种外衣。

憼 jǐng 古同"儆"。

竫 jìng 〈文〉安定；安静。

jiong

坰 jiōng 〈文〉远郊。

駉(駉) jiōng 〈文〉马肥壮。

泂 jiǒng 〈文〉远。

絅(絅) jiǒng 〈文〉单层的衣服。

炅 jiǒng 〈文〉日光。

jiu

勼 jiū 〈文〉聚集。

摎 jiū 〈文〉❶绞死。❷缠绕；纠结。

ju

挶 jū 〈文〉❶持；握。❷抬土的工具。

砠 jū 〈文〉表层有泥土的石山。

梮 jū 〈文〉底部带钉的登山鞋。

踘 jū 古代一种球，皮革制成，内塞软物。

斢 jū 〈文〉舀取。

椈 jú 〈文〉柏树。

椇 jǔ 〈文〉❶即拐枣，落叶乔木。❷祭祀用的架子，用来放置祭品。

筥 jǔ 〈文〉盛食物的圆竹筐。

鞫 jú 〈文〉审问。

岠 jù 〈文〉大山。

岠 jù 古同"拒"。

秬 jù 〈文〉黑黍子。

冣 jù 〈文〉积聚；蓄积。读 zuì 时是"最"的异体字，已淘汰。

虡 jù 古代悬挂钟、磬、鼓等的架子两侧的支柱。

鐻(鐻) jù ❶古代一种乐器，夹置钟旁，铜铸。❷同"虡"。

簴 jù 同"虡"。

juan

帣 juǎn 〈文〉卷起袖子。

悁 juàn 〈文〉急躁。另见 yuān。

睊 juàn ［睊睊］juànjuàn 〈文〉侧目而视的样子。

羂(羂) juàn 〈文〉用绳索系住野兽。

臇 juàn 〈文〉汁少的肉羹。

jue

撧(撧) juē 折断;断绝。

屩(屩) juē 〈文〉草鞋。

捔 jué 〈文〉❶抓住兽角搏斗。❷角逐。

趹 jué 〈文〉❶形容马走得快。❷马用后蹄踢人。

裾 jué 〈文〉短袖上衣。

鴂(鴂) jué [鴂鸠]juéjiū 〈文〉斑鸠。

瑴 jué 古同“珏”。

臄 jué 〈文〉上腭。

玃 jué ❶〈文〉一种大猴;泛指猴子。❷古同“攫”。

躩 jué 〈文〉❶迅速。❷跳。

jun

麏 jūn 古同“麇”。

馂(餕) jùn 〈文〉吃剩下的食物。

鵔(鵔) jùn [鵔鸃]jùnyí 〈文〉锦鸡。

kai

愒 kài 〈文〉❶贪。❷荒废。
另见 hè;qì。

kan

欿 kǎn 〈文〉❶不自满。❷忧愁。

衎 kàn 〈文〉❶愉快。❷舒适自得;自在。

kang

槺 kāng [榔槺]lángkāng 形容器物长大笨重,不灵便。

囥 kàng 〈方〉藏(cáng)。

犺 kàng 〈文〉强健的狗。

ke

硞 kè 〈文〉❶窟穴。❷按捺。

堁 kè 〈文〉❶尘埃。❷土堆。

蚵 kè 〈方〉牡蛎。

ken

狠 kěn 〈文〉啃;咬。

keng

牼(牼) kēng 牛膝下的直骨。

硜(硜) kēng ❶同“硁”。❷〈文〉粗陋;硬。

kong

涳 kōng [涳蒙]kōngméng 〈文〉微雨迷茫。

鞚 kòng 〈文〉❶带嚼(jiáo)子的马笼头。❷控制。

kou

彄(彄) kōu 〈文〉弓弩两头系弓弦的地方。

怐 kòu [怐愁]kòumào 〈文〉愚昧无知。

滱 kòu 古水名,在今河北,上游为唐河,流入易水。

簆 kòu 古同“筘”。

ku

窋 kū 古同“窟”。
另见 zhú。

嗗 kū [嗗嗡]kūlüè 围起来的草场(蒙语音译)。也译作库伦。

楛 kǔ 〈文〉粗劣;不坚固。
另见 hù。

kua

姱 kuā 〈文〉❶美好。❷夸大。

咵 kuǎ ❶形容东西碰撞和动作迅速、利落等声音。❷同“侉”。

kuai

凷 kuài 古同“块”。

廥(廥) kuài 〈文〉储存饲草的房屋。

旝(旝) kuài 古代作战用的一种令旗。

kuan

梡 kuǎn 〈文〉案板。

kuang

劻 kuāng [劻勷]kuāngráng 〈文〉急迫不安。

恇 kuāng [恇儴]kuāngráng 古同“劻勷”。

丱 kuàng 古同“矿”。
另见 guàn。
圹(壙) kuàng 〈文〉光明。
穬(穬) kuàng 〈文〉指稻麦等有芒的谷物。

kui

頍(頍) kuǐ ❶抬头。❷一种发饰。
磈 kuǐ [磈磊]kuǐlěi 〈文〉❶成堆的石块。❷喻指心中郁积的不平之气。
瞶(瞶) kuì ❶古同“聩”。❷古同“愦”。
另见 guì。

kun

帺(幝) kūn 古同“裈”。
晜 kūn 〈文〉❶兄。❷后嗣。
鹍(鶤) kūn 古同“鹍”。
裩 kūn 古同“裈”。
梱 kǔn 〈文〉门橛。
另见 hún。
稇 kǔn 用绳索捆起来。现在通常写作“捆”。

kuo

筈 kuò 〈文〉箭尾。

la

擸 lā 〈文〉折断。
攋 lā [攋搽]lāsà 〈文〉垃圾。
镴(鑞) là 同“镴”。现在通常写作“镴”。

lai

俫(倈) lái ❶元杂剧中的一个行当，演小孩儿。❷古代少数民族名。❸[招俫]zhāolái 同“招徕”。现在通常写作“招徕”。
鶆(鶆) lái [鶆鶈]lái'ǎo 〈外〉美洲鸵。

lan

硷(礆) lán 〈文〉砺石的一种。
籣(籣) lán 古代背在身上盛弓箭的器具。
韊(韊) lán 古同“籣”。
壈 lǎn [坎壈]kǎnlǎn 〈文〉困顿不得志；不顺利。

爁(爁) làn 〈文〉❶焚烧。❷烤炙。

lang

硠 láng 〈文〉水石撞激的声音。
筤 láng 古代车盖上的竹骨架。

lao

埗(塝) láo [圪埗]gēláo 〈方〉角落。
簩(簩) láo [篞簩]sīláo，见“篞”。
栳 lǎo 〈方〉扛。
橑 lǎo ❶〈文〉屋椽。❷古代伞盖的骨架。

le

扐 lè 〈文〉手指之间。
阞 lè 〈文〉地的脉理。
玏 lè [瑊玏]jiānlè，见“瑊”。
竻 lè 竻竹，一种有刺的竹子。

lei

蔂 léi 〈文〉土筐。
礧 léi 古同“礌”。
絫 lěi 堆叠；积累。现在通常写作“累”。
藟 lěi ❶〈文〉藤。❷〈文〉缠绕。❸古同“蕾”。
瘟 lěi 中医指身上起的疙瘩。
瘰 lěi ❶古同“瘟”。❷[痱瘰]pēilěi，见“痱”。
漯 lěi 古水名。其上游为今桑干河，中游为今永定河，下游为今海河。
纇(纇) lèi 〈文〉❶缺点；毛病。❷疙瘩。

leng

碐 léng [碐磳]léngzēng 山石不平的样子。

li

杝 lí 古同“篱”。
另见 duò。
缡(縭) lí 〈文〉❶系住。❷绳索。
另见 xǐ。
氂(氂) lí 〈文〉硬而卷曲的毛。
邌 lí ❶〈文〉慢慢地。❷[邌明]límíng 同“黎明”。现在通常写作“黎明”。

劙 lí〈文〉用刀斧割开。

浬 lǐ 又 hǎilǐ 海里的旧写法。1977 年中国文字改革委员会、国家标准计量局通知,淘汰"浬",改作"海里"。

叻 lì [叻崱]lìzè〈文〉山势高峻。

朸 lì〈文〉木的纹理。

苙 lì〈文〉❶畜栏。❷白芷。

沴 lì〈文〉❶天地四时之气反常。❷灾害。

鬲(鬲) lì 古同"鬲"。

搮(攦) lì〈文〉折断。

秝 lì〈文〉稀疏均匀的样子。

皪(皪) lì [的皪]dìlì〈文〉光亮而洁白。

浰 lì〈文〉急流。

莀 lì〈文〉❶莀草,即狼尾草。❷一种可制染料的草。

栃(欐) lì〈文〉屋梁。

綟(綟) lì ❶〈文〉用莀草制成的墨绿的颜色。❷[綟木]lìmù 落叶灌木或小乔木。

盭 lì〈文〉凶狠;乖戾。

lian

謰(謰) lián [謰语] liányǔ〈文〉联绵词,双音节的单纯词。

澰(澰) liàn ❶〈文〉浸渍。❷古同"潋"。

鰊(鰊) liàn〈文〉鲱鱼。

liang

俍 liáng〈文〉美好;善。

墚 liáng 我国西北黄土高原上呈条状的山岗。顶面平缓,两侧是狭深的沟。

唡(唡) liǎng 又 yīngliǎng 英两的旧写法。1977 年中国文字改革委员会、国家标准计量局通知,淘汰"唡",改作"英两"。

緉(緉) liǎng 古代计算鞋子的单位,相当于"双"。

liao

膋(膋) liáo〈文〉肠子上的脂肪;泛指脂肪。

憀 liáo〈文〉❶明白;了然。❷依赖。

敹 liáo〈文〉缝缀。

嵺 liáo〈文〉山高的样子。

嫽 liáo〈文〉聪慧;美好。

蟟 liáo [蛁蟟]diāoliáo,见"蛁"。

簝 liáo 古代在宗庙里祭祀时盛肉用的竹制器皿。

髎 liáo 中医指骨节之间的空隙。多用于穴位名称。

lie

颲(颲) liè〈文〉寒风猛烈。

脟 liè〈文〉禽兽肋骨上的肉。

lin

綝(綝) lín [綝纚]línlí〈文〉形容盛装的样子。

潾 lín [潾潾]línlín 水清的样子。

吝 lìn 古同"吝"。

轥(轥) lìn [轥轹]lìnlì〈文〉❶车轮辗轧。❷超越。

ling

軨(軨) líng〈文〉❶车阑。❷车轮。

笭 líng ❶〈文〉竹笼。❷[笭箵]língxīng〈文〉打鱼用的竹编盛器。

liu

懰(懰) liú〈文〉停留。

鎏(鋶) liǔ 有色金属冶炼过程中生产出的金属硫化物的互熔体,含有各种贵重金属。

long

泷(瀧) lóng [泷从]lóngzōng〈文〉山势峻拔高耸的样子。

哢 lòng〈文〉鸟鸣。

峅 lòng〈方〉山间的平地。

lou

塿(塿) lǒu〈文〉小坟堆。

lu

罏(罏) lú ❶〈文〉罍,小口的罂。❷古代酒店前放酒瓮的土台子。

旅 lú〈文〉❶黑。❷黑弓;泛指弓。

硵(磠) lǔ [硵砂]lǔshā 硇砂。

稑 lù〈文〉迟播而早熟的谷物。

盝 lù〈文〉❶渗漏;滤去水。❷竹箱;小匣子。

蔍 lù 鹿蹄草,多年生草本植物,叶圆形或椭圆形,叶形似鹿蹄。

踛 lù〈文〉跳。一说翘足。

罶 lù ❶〈文〉小鱼网。❷[罶罛]lùsù〈文〉下垂的样子。

lü

嵂 lǜ [嵂崒]lǜzú〈文〉山势高峻。

lüe

啳 lüè [啰啳]kūlüè,见"啰"。

lun

埨(埨) lǔn〈方〉田中的土垄。

luo

覼(覶) luó [覼缕]luólǚ〈文〉详细叙述。

倮 luǒ 古同"裸"。

mai

薶 mái 古同"埋"。

man

悗 mán〈文〉糊涂。
另见 mèn。

鬘 mán〈文〉形容头发美丽。

mang

汒 máng〈文〉模糊。

宋 máng〈文〉房屋的大梁。

哤 máng〈文〉言语杂乱。

駹(駹) máng 额头为白色的马。

牻 máng 毛色黑白相间的牛。

mao

酕 máo [酕醄]máotáo〈文〉形容大醉的样子。

鉾(鉾) máo 古同"矛"。

髳 máo 古代西南民族名。

皃 mào 古同"貌"。

毷 mào [毷毷]màomào〈文〉❶目不明。❷风吹动的样子。

鄮(鄮) mào 古地名,在今浙江宁波一带。

娼 mào〈文〉(丈夫)嫉妒(妻子);泛指嫉妒。

毷 mào [毷氉]màosào〈文〉烦恼;烦躁不安。

貇(貇) mào 古同"貌"。

愗 mào [怐愗]kòumào,见"怐"。

mei

堳 méi〈文〉坛外矮墙。

腜 méi ❶〈文〉妇人开始怀胎。❷[腜腜]méiméi〈文〉肥美。

禖 méi〈文〉为了求子而祭神,也指求子所祭的神。

塺 méi〈文〉尘埃。

媺 měi 古同"美"。

眛 mèi〈文〉❶眼睛不明。❷不明事理。

痗 mèi〈文〉忧伤成疾。

men

璊(璊) mén〈文〉赤色的玉石。

悗 mèn〈文〉不在意;无心的样子。
另见 mán。

meng

饛(饛) méng〈文〉食物装得满满的样子。

mi

谜 mī 佛教咒语用字。

罙 mí〈文〉深。

濔 mǐ〈文〉洗尸体。

糸 mì〈文〉❶细丝。❷量词。丝的二分之一。十忽为丝,五忽为糸。

沕 mì〈文〉潜藏。

塓 mì〈文〉抹墙;涂饰。

幎 mì 古同"幂"。

鼏 mì〈文〉鼎盖。

醠 mì 〈文〉❶把酒喝干。❷酱。

mian

媔 mián 〈文〉眼睛美的样子。

矊(矈) mián 〈文〉❶眼珠黑。❷含情脉脉的样子。

櫋 mián 〈文〉屋檐板。

勔 miǎn 〈文〉勤勉。

偭 miǎn 〈文〉❶面向。❷违背。

愐 miǎn 〈文〉❶勉力。❷思念。

miao

媌 miáo 〈文〉长得好看。

mie

蠛 miè 〈文〉眼病。

min

玟 mín 古同"珉"。
另见 wén。

旼 mín [旼旼]mínmín 〈文〉和蔼。

罠 mín 古代一种捕兽的网。

痻 mín 〈文〉精神恍惚;头昏。

碈 mín 古同"珉"。

暋 mǐn 〈文〉强横。

mo

蘑 mó [萝藦]luómó 一种多年生草本植物。

劘 mó 〈文〉❶切;削。❷逼近。❸磨。

麿 mǒ 日本汉字,多见于日本人名。

歾 mò 古同"殁"。
另见 wěn。

靺(韎) mò ❶〈文〉茜草。❷[靺鞨]mòhé 即靺鞨,我国古代东北民族名。女真族的祖先。

眿 mò 〈文〉❶目不正。❷冒(危险)。

mou

侔 móu [侔侔]móumóu 〈文〉贪婪的样子。

mu

坶 mǔ 古地名,在今河南淇县西南,是周武王打败商纣的地方。也说牧野。

嘞 mǔ 又 yīngmǔ 英亩的旧写法。1977 年中国文字改革委员会、国家标准计量局通知,淘汰"嘞",改作"英亩"。

楘 mù 古代一种革制车辕装饰物。

艒 mù 古代一种小船。

鞪 mù 古同"楘"。

na

乸 nǎ 〈方〉母的;雌。

那 nà 〈文〉周朝诸侯国名,在今湖北荆门东南。

妠 nà 〈文〉娶。

nai

倷 nǎi 〈方〉你。

nan

戁(戁) nǎn 〈文〉畏惧。

nao

怓 náo 〈文〉心乱。

峱(嶩) náo 古同"猱"。

猱 náo 古山名,在今山东临淄一带。

ne

眲 nè 〈文〉轻视。

ni

柅 ní 〈文〉塞在车轮下面用来停车的木块。

秜 ní 〈文〉落在地上的稻谷来年自生的稻禾。

婗 ní [婴婗]yīnī,见"婴"。

齯(齯) ní 〈文〉老人牙齿落尽后再生的细齿;借指长寿的人。

伲 nì 〈方〉我;我们。

惄 nì 〈文〉忧伤。

檷 nì 古书上说的一种大树。

蚭 nì 古书上指一种蚯科昆虫。

nian

鲶(鯰) nián 同"鲇"。现在通常写作"鲇"。

涊 niǎn〈文〉出汗的样子。

nie

枿 niè 古同"蘖"。

疪 niè〈文〉疮痛;疮痕。

苶 niè [地苶]dìniè 即铺地锦,多年生草本植物。

箓(籋) niè 古同"镊"。

敜 niè〈文〉封闭;塞。

锪(錜) niè 古代一种小钗,妇女的首饰。

阒(闑) niè〈文〉两扇门中间所竖的短木。

蹑(驠) niè〈文〉马跑得快。

槷 niè〈文〉❶古代观测日影的标杆。❷箭靶的中心。

㮆 niè〈文〉危险;不坚固。

嶭 niè [巀嶭]jiéniè,见"巀"。

nong

襛(襛) nóng〈文〉❶衣服厚的样子。❷茂盛;浓艳。

nou

譨(譨) nóu [譨譨]nóunóu〈文〉话多。

獳 nòu〈文〉犬怒的样子。

檽 nòu 古书上指一种树。

nu

笯 nú〈文〉鸟笼。

㧈 nǔ 同"呶"。

呶 nǔ〈文〉凸出。现在通常写作"努"。

㗈 nǔ 同"呶"。

nü

朒 nǜ〈文〉❶农历初一月亮偶而出现在东方,古人认为是月行迟的表现。❷亏缺;不足。

nuan

馃(餪) nuǎn〈文〉给初嫁女送食品。

nuo

愞(懦) nuò 古同"懦"。

pa

帊 pà 古同"帕"。

pai

辈(輫) pái〈文〉车箱。

箄 pái〈文〉用竹、木并排绑成的水上交通工具。现在通常写作"排"。
另见 bēi;bǐ。

簰 pái 同"箄"。

pan

縏 pán 古同"鞶"。

泮 pàn〈文〉水边。

牉 pàn〈文〉❶分开;分为两半。❷相结合的两方中的一方。

pang

膖 pāng 同"膀"。现在通常写作"膀"。

雱 pāng 古同"雱"。

厐 páng〈文〉庞大;多而杂乱。现在通常写作"庞"。

傍 páng 古同"彷"。

pao

炰 páo〈文〉把带毛的肉用泥裹住放在火上烤。

瓟 páo 古同"匏"。

鞄 páo〈文〉治革工人。

麃 páo 古同"狍"。
另见 biāo。

奅 pào〈文〉虚大。

泡 pào〈文〉用水浸泡。

皰 pào 脸上的疮。

pei

痦 pēi ❶中医指疮。❷[痦癗]pēilěi 中医指荨麻疹。

坯 pēi 〈文〉制陶器的模型。

阫 péi 〈文〉屋的后墙。

pen

歕(歕) pēn 古同"喷"。

peng

匉 pēng 古同"砰"。

淜 péng ❶[淜湃]péngpài 同"澎湃"。现在通常写作"澎湃"。❷[普淜]pǔpéng 地名,在云南。

弸 péng 〈文〉充满。

鬅 péng [鬅松]péngsōng 同"鬅松"。参见"鬅"。

鬅 péng ❶[鬅鬙]péngsēng 〈文〉头发散乱的样子。❷[鬅松]péngsōng 〈文〉头发蓬松。

pi

駓(駓) pī 〈文〉黄白杂色的马。

秠 pī 〈文〉一壳二米的黑黍。

伾 pī 〈文〉谬误。

錍(錍) pī 〈文〉长宽而薄的箭镞。
另见 bī。

翍 pī 〈文〉披散。

芘 pí [芘芣]pífú 〈文〉锦葵。

岯 pí [大岯]dàpí 山名,在河南。

舭 pí [丐舭]gàipí 地名,在越南。

釽(釽) pì ❶〈文〉裁割;破开。❷剑的装饰。

pian

嫔 pián [嫔娟]piánjuān 〈文〉❶形容身材苗条。❷回环曲折的样子。

楄 pián 〈文〉方木。

piao

薸 piáo 〈方〉浮萍。

皫 piǎo 〈文〉白色。

僄 piào 〈文〉❶轻薄。❷轻便敏捷。

pie

嫳 piè ❶〈文〉轻薄的样子。❷[嫳屑]pièxiè 〈文〉衣服飘舞的样子。

pin

拚 pīn 〈文〉豁出去;不顾惜。

玭 pín 〈文〉珍珠。

膑(臏) pín 〈文〉怒目而视。

嚬(嚬) pín 古同"颦"。

ping

頩(頩) pīng 〈文〉美好。

輧(軿) píng 古代妇女乘坐的一种有帷幕的车。

po

钹(鏺) pō 〈方〉❶一种两面有刃的长柄镰刀。❷割草。

碆 pó 〈文〉因疼痛而叫喊。

pu

攴 pū 〈文〉轻击。

痡 pū 〈文〉病。

墣 pú 〈文〉土块。

qi

諆(諆) qī 〈文〉欺骗。

桼 qī 古同"漆"。

欹 qī 〈文〉倾斜不正。
另见 yī。

颀(頎) qī ❶[颀头]qītóu 古代驱除疫鬼时扮神的人所戴的面具。❷〈文〉丑陋。

僛 qī [僛僛]qīqī 〈文〉醉舞的样子。

鏚(鏚) qī 古代一种像斧的兵器。

蜮 qī 某些不同科属的软体动物的统称。这些动物介壳上无螺旋纹,壳背隆起。

懠(懠) qí 〈文〉愤怒。

蚑 qí 〈文〉❶形容虫行的样子。❷[长蚑]chángqí 一种长脚的蜘蛛。

璂 qí 古代皮帽上的玉饰。

䭫 qǐ 古同"稽"。

扢 qì 〈文〉兴奋的样子。
另见 gǔ。

炁 qì 古同"气"。

惕 qì 古同"憩"。
另见 hè;kài。

甈 qì 〈文〉❶瓦壶。❷破裂。

qia

帢 qià 古人戴的帛制的便帽。

落 qià 落草,多年生草本植物,秆直立,可以做饲料。

qian

瓩 qiān 千瓦的旧写法。1977 年中国文字改革委员会、国家标准计量局通知,淘汰"瓩",改作"千瓦"。

坚(掔) qiān 〈文〉使牢固。

伣(俔) qián 〈文〉比如。

拑 qián 〈文〉夹住;闭住(口)。

燂(燖) qián 〈方〉用开水去毛。
另见 xún。

揵 qián 〈文〉❶用肩扛东西。❷举起。

靬 qián [骊靬]líqián 古地名,在今甘肃永昌南。
另见 jiān。

灊 qián 〈文〉❶古水名,在四川。也作潜。❷古地名,在安徽霍山东北。

膁 qiǎn 古同"肷"。

蒨 qiàn 古同"茜"。

堑(壍) qiàn 古同"堑"。

qiang

椌 qiāng 古代一种打击乐器。

廧(廧) qiáng 古同"墙"。

qiao

垙(墝) qiāo 古同"硗"。

绣(繑) qiāo ❶〈文〉套裤的带子。❷一种缝纫方法,将布帛边向里卷,然后缝好。

趬(趬) qiāo 〈文〉行步轻捷。

荍 qiáo ❶〈文〉锦葵。❷古同"荞"。

盉(盉) qiáo 古代碗、盂一类的器皿。

趫(趫) qiáo 〈文〉❶有缘木登高的本领。❷行动迅速敏捷;善于行走。

鞘(韒) qiào 古同"鞘"。

偢 qiào 〈方〉傻。
另见 chǒu。

撽 qiào 〈文〉从旁边敲打。

qie

朅 qiè 〈文〉离去。

qin

捦 qín 古同"擒"。

靲 qín 〈文〉❶革履。❷竹篾。

穜 qín 〈文〉矛柄。

顉(顉) qìn 〈文〉下颌翘起。

qing

剠 qíng 古同"黥"。

qiong

蛬 qióng 古同"蛩"。

睘 qióng 〈文〉❶目惊视。❷孤独无依。

qiu

缙(緧) qiū 古同"鞧"。

鹙(鶖) qiū 〈文〉一种大的水鸟,像鹤,青苍色,头颈无毛。也说秃鹙。

厹 qiú [厹矛]qiúmáo 古代一种有三棱锋刃的长矛。

朹 qiú 〈文〉山楂。

尿 qiú 〈方〉男性生殖器。

绒(絿) qiú 〈文〉急躁。

崷 qiú 〈文〉山高的样子。

銶(銶) qiú 古代凿子一类的木工用具。

觩 qiú 〈文〉❶动物的角弯曲的样子。❷弓弦张紧的样子。

鼽 qiú 〈文〉鼻子不通气。

qu

阹 qū 打猎时依山势围住野兽。

抾 qū 〈文〉捕捉。

䓛 qū 有机化合物,分子式为$C_{18}H_{12}$,金黄色结晶,存在于煤焦油中,溶于热苯。

絇(絇) qú 〈文〉用布麻丝缕搓成绳索。
軥(軥) qú 古代车轭两旁的曲木。
灈 qú 古水名,在今河南。
欋 qú 〈文〉四齿耙。
臞 qú 古同"癯"。
竘 qǔ [竘然]qǔrán 〈文〉高壮的样子。
呿 qù 〈文〉张口。
觑(覷) qù 古同"覷"。
覻(覻) qù 古同"覷"。

quan

弮 quān 〈文〉弩弓。
絟(絟) quán 〈文〉细麻;细丝。
牷 quán 〈文〉毛色纯一的牛。
婘 quán 〈文〉貌美。
跧 quán 〈文〉踢;踹。
縓(縓) quán 〈文〉浅绛色。

que

砻(礐) què 〈文〉水击石声。
塙 què 〈文〉坚固;坚定。
皵 què 〈文〉❶皮肤皴裂。❷树皮粗糙。
碻 què 〈文〉坚固;坚定。
㱿 què 〈文〉❶卵。❷物体坚硬的外皮,多指卵壳。

ran

呥 rán 〈文〉咀嚼东西的样子。
袡 rán 〈文〉衣服的边缘。
蚺 rán 古同"蚦"。
姌 rǎn 〈文〉体态柔弱纤细。

rang

儴 ráng [恇儴]kuāngráng,见"恇"。
勷 ráng [劻勷]kuāngráng,见"劻"。
纕(纕) rǎng 〈文〉捋(袖子)。

ren

讱(訒) rèn 〈文〉言语缓慢迟钝。
牣 rèn 〈文〉充满。
脍 rèn 〈文〉煮熟。

reng

陾 réng [陾陾]réngréng 〈文〉众多的样子。

ri

衵 rì 〈文〉贴身衣。

rong

肜 róng 古代的一种祭祀。
氄 rǒng 〈文〉鸟兽细软的毛。

rou

鍒(鍒) róu 〈文〉熟铁。
鰇(鰇) róu 〈文〉鱿鱼。
楺 rǒu 〈文〉使木弯曲。

ru

帤 rú 〈文〉❶大巾。❷破烂的布。❸弓干上衬的薄木。
袽 rú 〈文〉败絮;破布。
繻(繻) rú 〈文〉❶彩色的丝织品。❷古代一种作通行证用的帛。
醹 rú 〈文〉醇厚的酒。
鄏 rǔ [郏鄏]jiárǔ 古山名,在今河南洛阳西。

ruan

堧 ruán 〈文〉空地。
耎 ruǎn 古同"软"。
瑌 ruǎn 〈文〉次于玉的石头。

rui

桵 ruǐ 〈文〉一种丛生的小树,有刺。
繠 ruǐ 〈文〉佩玉下垂的样子。

蒣 ruì 〈文〉草初生的样子。

ruo

鄀 ruò 古地名，在今湖北宜昌东南，是春秋后期楚国的都城。

sa

馺（馺）sà 〈文〉马奔驰迅疾。

摋（摋）sà 〈文〉侧手击。

攃 sà ［攋攃］lāsà，见“攋”。

sai

簺 sài ❶古代一种游戏，也说“格五”。❷用竹木编成的捕鱼工具。

san

弎 sān 古同“三”。

鬖（鬖）sān ［鬖髿］sānsuō 〈文〉毛发下垂的样子。

糂 sǎn 古同“糁”。

sao

慅 sāo 〈文〉骚动不安。
另见 cǎo。

氉 sào ［毷氉］màosào，见“毷”。

se

讘（譅）sè 〈文〉说话结巴。

璱 sè 〈文〉玉石鲜洁的样子。

seng

鬙 sēng ［鬅鬙］péngsēng，见“鬅”。

sha

榝（榝）shā 〈文〉食茱萸，一种植物，似茱萸而小。

唦 shā 语气词，表示测度、停顿或祈使的语气，相当于“吧”（多见于近代汉语）。

萐 shà ［萐莆］shàpǔ 〈文〉一种可制扇的大叶植物。

翣 shà 古代的棺饰，垂挂在棺木的两旁。

噋 shà 古同“煞”②。
另见 shài。

shai

簁 shāi 〈文〉筛子。

噋 shài 古同“晒”。
另见 shà。

shan

笘 shān 古代儿童练习写字的竹片。

掞 shàn 〈文〉舒张；铺陈。

鐍（鐍）shàn 同“钐”。现在通常写作“钐”。

鐥（鐥）shàn 同“钐”。现在通常写作“钐”。

蟺 shàn ［蛐蟺］qūshàn 〈文〉蚯蚓。

shang

埫 shǎng 同“垧”。现在通常写作“垧”。

shao

髾 shāo 〈文〉头发梢。

卲 shào 古同“劭”。

睄 shào 〈方〉匆匆一看；眼光掠过。

she

畬 shē 〈文〉焚烧田地中的草木，用草木灰作肥料来耕作种田，也指用这种方法耕种的田地。

揲 shé 〈文〉把占卜用的蓍草分成几份。
另见 dié。

shen

侁 shēn ［侁侁］shēnshēn 〈文〉众多的样子。

駪（駪）shēn ［駪駪］shēnshēn 〈文〉众马疾行的样子；众多的样子。

槮 shēn 〈文〉枝条繁盛茂密的样子。

sheng

狌 shēng 古同“鼪”。
另见 xīng。

鼪 shēng 〈文〉黄鼠狼。

shi

邿 shī ❶周朝诸侯国名，在今山东。❷古山名，在今山东。

辻 shí 日本汉字，多见于日本人名。

戺 shì 〈文〉台阶两旁所砌的斜石。

咶 shì 古同“舐”。

眎 shì 一种有机化合物，溶于水，遇热不凝固，是食物蛋白和蛋白胨的中间产物。

谡(諟) shì 〈文〉正确。
睗 shì 〈文〉很快地看。
舓 shì 古同"舐"。
澨 shì 〈文〉❶大堤。❷水边。

shu

尗 shū 古同"菽"。
鄃 shū 古地名,在今山东夏津东北。
癙 shǔ 〈文〉忧郁而成的病。

shua

唰 shuā 形容迅速擦过的声音。现在通常写作"刷"。

shun

蕣 shùn 〈文〉木槿花,早晨开晚上落。
瞚 shùn 古同"瞬"。

shuo

稍 shuò 古同"槊"。

si

厶 sī 古同"私"。
箟 sī [箟簩]sīláo 竹子的一种,秆直立,节细长,可以编制家具。
佁 sì 〈文〉深思的样子。
另见 yǐ。
梩 sì 古同"耜"。

song

娀 sōng [有娀]yǒusōng 古国名,在今山西运城一带。
崧 sōng 〈文〉山大而高。

sou

傁 sǒu 古同"叟"。

su

傃 sù 〈文〉平常。
膆 sù 古同"嗉"。
樕 sù [朴樕]pǔsù 〈文〉小树;喻指凡庸之才。

覫 sù [䚕覫]lùsù,见"䚕"。

suan

祘 suàn 古同"算"。
筭 suàn 古同"算"。

sui

睟 suì 〈文〉❶润泽。❷颜色纯正。
繐(繐) suì 用丝线扎成的穗状装饰物。
璲 suì 〈文〉瑞玉。
穟 suì 古同"穗"。

sun

飧 sūn 〈文〉熟食。
另见 cān。
簨 sǔn 古代悬挂钟磬的架子上的横杆。
潠 sùn 〈文〉用口喷出。

suo

鬖 suō [鬖鬖]sānsuō,见"鬖"。
璅 suǒ 古同"琐"。
鏁(鏁) suǒ 古同"锁"。

ta

汏(澾) tà 〈文〉光滑。
艒 tà 〈文〉大船。
鞜 tà [鞺鞜]tāngtà,见"鞺"。
艌 tà 古同"艒"。
鼛 tà 〈文〉鼓声。

tan

怹 tān 〈方〉他(尊称)。
惔 tán 〈文〉焚烧。
醰 tán 〈方〉坑;水塘。
憛 tán [憛悇]tántú 〈文〉贪婪的样子。
燂 tán 〈方〉烧热;烤熟。
另见 xún。

儃 tǎn ［儃儃］tǎnlǎn〈文〉悠闲。

tang

鞺 tāng ［鞺鞳］tāngtà〈文〉形容钟鼓的声音。

tao

夲 tāo〈文〉快速前进。

幍 tāo〈文〉帽子。

慆 tāo〈文〉喜悦。

秫 táo ［秫黍］táoshǔ〈方〉高粱。

骀(騊) táo ［騊駼］táotú 古代良马名。

鞀 táo 古同“鼗”。

鞉 táo 古同“鼗”。

醄 táo ［酕醄］máotáo，见“酕”。

te

贷(貣) tè〈文〉乞求；向人家借物。

蟘(蟘) tè〈文〉吃苗叶的害虫。

teng

幐 téng〈文〉囊；特指香囊。

ti

稊 tí〈文〉一种似稗的野草，果实像小米。

禔 tí〈文〉安好。

鳀(鮷) tí 同“鳀”。

洟 tì〈文〉鼻涕。

揥 tì〈文〉用来搔发的首饰。

殢(殢) tì〈文〉❶滞留。❷困扰；纠缠。

鬄 tì 古同“剃”。

鬀 tì 古同“剃”。

趯 tì〈文〉跳跃。

tian

畑 tián 日本汉字，多见于日本人名。

畠 tián 日本汉字，多见于日本人名。

菾 tián ［菾菜］tiáncài 同“甜菜”。现在通常写作“甜菜”。

磌 tián〈文〉❶石头落地的声音。❷柱下的石础。

淟 tiǎn ［淟涊］tiǎnniǎn〈文〉污浊；卑劣。

铦(餂) tiǎn〈文〉诱骗。

tiao

蓨 tiáo 古地名，在今河北景县南。

鞗 tiáo 古代马辔上的铜饰。

tie

怗 tiē〈文〉❶平定；平息。❷安宁；静。

铁(銕) tiě 古同“铁”。

tong

痌 tōng〈文〉痛。

赨 tóng〈文〉赤色。

tou

敨 tǒu〈方〉❶把包着或卷着的东西打开；展平（褶子）。❷抖搂尘土等。

黈 tǒu〈文〉❶黄色。❷古人堵塞耳朵的黄绵。

tu

悇 tú ［憛悇］tántú，见“憛”。

骀(駼) tú ［騊駼］táotú，见“騊”。

稌 tú〈文〉粳稻；糯稻。

tuan

剸(剸) tuán〈文〉割断；截断。

篿(篿) tuán〈文〉圆形竹器。另见 zhuān。

tui

蓷 tuī〈文〉益母草。

隤(隤) tuí 古同“颓”。

侻 tuì 〈文〉恰好;相宜。
另见 tuō。

骁(駾) tuì 〈文〉马迅速奔跑的样子。

tun

忳 tún 〈文〉苦闷;忧伤。

豘 tún 古同"豚"。

tuo

侂 tuō 古同"侘"。

侻 tuō 〈文〉简易。
另见 tuì。

捝 tuō 〈文〉❶解脱。❷遗漏。

沲 tuó 古同"沱"。

驒(驔) tuó 〈文〉有鳞状斑纹的青马。

堶 tuó 古代作抛掷游戏时用的砖块。

鮀(鮀) tuó 〈文〉一种小淡水鱼。

wa

窊 wā 古同"挖"。

wan

婠 wān 〈文〉体态好。

抏 wán 〈文〉损耗;消耗。

岏 wán [巑岏]cuánwán,见"巑"。

踠 wǎn 〈文〉马蹄和马脚相连处。

wang

汸(瀇) wǎng [汸滉]wǎnghuàng 〈文〉水深广的样子。

wei

娓(媁) wěi 〈文〉❶美好。❷忧郁;不悦。

痏 wěi 〈文〉疤痕。

崴 wěi 〈文〉山盘曲不平的样子。

颀(頠) wěi 〈文〉安详;安静。

壝(壝) wěi 〈文〉古代祭坛、行宫四周的矮墙。

軎(軎) wèi 古代车上的部件,铜制,筒状,套在车轴两头,軎上和轴端有孔用以纳辖。

熭 wèi 晒;放在太阳下晒干。

轊(轊) wèi 〈文〉车轴的末端。

罻 wèi 〈文〉❶捕鸟的小网。❷鱼网。

鏏(鏏) wèi 古代一种鼎,形小,无耳。

霨 wèi 〈文〉云起的样子。

讆 wèi 〈文〉❶吹捧坏人。❷虚伪。

wen

玟 wén 〈文〉玉的纹理。
另见 mín。

歾 wén 古同"刎"。
另见 mò。

絻(絻) wèn 古代一种丧服,免冠,用麻布包住发髻。

weng

鞥 wēng 〈方〉靴鞠;棉鞋。

wo

猧(猧) wō 〈文〉小狗。

wu

杇 wū 古同"圬"。

歍(歍) wū 〈文〉❶恶心。❷呕吐。

剭 wū 〈文〉诛杀;特指贵族在屋内受刑(与平民在市上受刑不同)。

扤 wù 〈文〉摇动。

xi

扱 xī 〈文〉收敛。

恓 xī ❶[恓惶]xīhuáng 〈文〉匆忙惊慌的样子。❷[恓恓]xīxī 〈文〉寂寞。

悕 xī 〈文〉悲伤。

娭 xī 古同"嬉"。
另见 āi。

緆(緆) xī ❶细布。❷裳的下饰。

磎 xī 古同"溪"。

醯 xī 古同"醯"。

熺 xī 古同"熹"。

磎 xī 古同“豀”。

鸂(鸂) xī [鸂鶒]xīchì 〈文〉一种形似鸳鸯而稍大的水鸟。

嚱 xī 〈文〉叹词,表示感叹。

爔 xī 古同“曦”。

郋 xī 古地名,在今山东临淄东。

钚(鑈) xǐ 古同“玺”。

缅(纚) xǐ 古代束发用的布帛。
另见 lí。

谌(諰) xǐ 〈文〉恐惧;害怕。

谿(謑) xǐ [谿诟]xǐgòu 〈文〉侮辱;诟骂。

蹝(躧) xǐ 〈文〉❶舞鞋。❷草鞋。

憙 xǐ 古同“喜”。

蹝 xǐ 古同“蹝”。

盻 xì 〈文〉怒目而视。

赩 xì 〈文〉赤色。

隟 xì 古同“隙”。

虩 xì [虩虩]xìxì 〈文〉恐惧的样子。

盭 xì 〈文〉悲伤;痛苦。

xia

鰕(鰕) xiā 同“虾”。现在通常写作“虾”。

諕(諕) xià 古同“唬”。
另见 háo。

xian

杴 xiān 古同“锨”。

惓(憸) xiān 〈文〉奸邪。

枕 xiān 古同“锨”。

骞(騫) xiān 〈文〉鸟高飞的样子。

孅 xiān 古同“纤”。

胘 xián 〈文〉牛羊等反刍动物的重瓣胃。俗称百叶。

蚿 xián 〈文〉马蚿,即马陆,一种节肢动物。

幰(幰) xiǎn 〈文〉❶车上的帷幔。❷车。

㬎 xiǎn 古同“显”。

晛(睍) xiǎn 〈文〉❶日光。❷明亮。

睍(睍) xiàn [睍睆]xiànhuàn 〈文〉美好的样子。

僩(僩) xiàn 〈文〉胸襟开阔。
另见 jiàn。

xiang

纕(纕) xiāng 〈文〉❶佩带。❷马肚带。

瓖 xiāng 〈文〉马带上的玉饰。

蚼 xiàng 〈方〉蚼虫,指浮尘子等水稻害虫。

銗(銗) xiàng 古同“缿”。

缿 xiàng 古代储钱或接受告密文书的器物。

xiao

獟(獟) xiāo 〈文〉凶悍。

猇(獢) xiāo [猲猇]xiēxiāo,见“猲”。

烋 xiāo [炰烋]páoxiāo 〈文〉自矜气健的样子。

嗃 xiāo 〈文〉❶大声呼叫。❷吹管的声音。

蟂(蟂) xiāo 〈文〉水獭之类的动物。

歊 xiāo 〈文〉热气上升。

髇 xiāo 古代的响箭。

謏(謏) xiǎo 古同“小”。

皛 xiǎo 〈文〉皎洁;光明。

篠 xiǎo 〈文〉小竹子。

歗(歗) xiào 古同“啸”。

xie

劦 xié 〈文〉❶同力。❷急;风急。

拹 xié 〈文〉摧折。

噜 xié 〈文〉闭合。

襭(襭) xié 〈文〉用衣襟装东西。

灺 xiè 〈文〉蜡烛烧剩的部分。

卨 xiè 古同“禼”。

𬹼(齘) xiè 〈文〉❶牙齿相磨。❷物体相接不啮合。

猲 xiè [猲獢]xièxiāo 〈文〉短嘴猎犬。

屟 xiè 〈文〉❶古代鞋的木头底。❷木拖鞋。

屧 xiè 古同"屟"。

嶰 xiè 〈文〉没有水的山沟。

xin

伈 xǐn [伈伈]xǐnxǐn 〈文〉恐惧的样子。

𱃾(顖) xìn 古同"囟"。

舋 xìn 古同"衅"。

xing

狌 xīng 古同"猩"。
另见 shēng。

箵 xīng [笭箵]língxīng,见"笭"。

𬶭(鯹) xīng 古同"腥"。

xiong

忷 xiōng 古同"恟"。

恟 xiōng 〈文〉惊骇;恐惧。

xiu

褎 xiù 古同"袖"。

褏 xiù 古同"袖"。

xu

呴 xǔ 〈文〉呼气;哈气。
另见 hǒu。

冔 xǔ 〈文〉殷代一种帽子。

芧 xù 〈文〉橡树;橡实。
另见 zhù。

𫍽(訹) xù 〈文〉引诱。

侐 xù 〈文〉寂静。

垿 xù 〈文〉房屋的东西墙。

聟 xù 古同"婿"。

䓘(藚) xù 〈文〉泽泻,多年生草本植物,生长在沼泽地。根茎可做药材。

慉 xù 〈文〉❶扶持;扶。❷积蓄。

滀 xù [滀仕]xùshì 地名,在越南。
另见 chù。

獝 xù 〈文〉❶狂放。❷惊恐。
另见 yù。

xuan

𫔽(鋗) xuān 〈文〉一种有环的盆形器皿。

晅 xuǎn 〈文〉❶光明。❷晒干。

昡 xuàn 〈文〉日光。

琄 xuàn [琄琄]xuànxuàn 〈文〉佩玉的样子。

衒 xuàn 〈文〉沿街叫卖。

xue

泶(澩) xué 〈文〉夏天有水、冬天干涸的泉。

鸴(鷽) xué 〈文〉山鹊。

吷 xuè 〈文〉用嘴吹物发出的细小声音。

狘 xuè 〈文〉野兽惊走的样子。

瞲 xuè 〈文〉惊视。

xun

𬩽(鄩) xún 〈文〉❶古地名,在今河南。❷古国名,在今山东。

㖊(噚) xún 又 yīngxún 英寻的旧写法。1977 年中国文字改革委员会、国家标准计量局通知,淘汰"㖊",改作"英寻"。

𬊈(燖) xún 古代祭祀用的半熟肉;泛指煮的肉。
另见 qián。

燂 xún 〈文〉❶烧热。❷烤熟。
另见 tán。

𫚔(鱏) xún 古同"鲟"。

ya

厓 yá 古同"崖"。

琊 yá [琅琊]lángyá 同"琅玡"。现在通常写作"琅玡"。

疋 yǎ 古同"雅"。读 pǐ 时是"匹"的异体字,已淘汰。

厊 yǎ [厏厊]zhǎyǎ,见"厏"。

痖(瘂) yǎ 古同"哑"。

𬀩(稏) yà [䆉稏]bàyà,见"䆉"。

猰 yà［猰貐］yàyǔ 古代传说中吃人的猛兽。

yan

厌(懨) yān 古同“恹”。

沿 yán 古同“沿”。

綖(綖) yán 古代覆盖在帽子上的装饰物。

揅 yán 古同“研”。

沇 yǎn ❶古水名，后称济水。❷古同“兖”。

龑(龑) yǎn 五代时南汉刘岩为改名而自造的字。

噞(噞) yǎn［噞喁］yǎnyóng〈文〉鱼在水面好像张口呼吸的样子。

揜 yǎn 古同“掩”。

喭 yàn ❶古同“唁”。❷〈文〉粗俗。

堰 yàn 古同“堰”。

焰(爓) yàn 古同“焰”。

嬿 yàn〈文〉美好。

yang

钖(鍚) yáng〈文〉马额上的金属饰物。

坱 yǎng〈文〉尘埃。

羕 yàng〈文〉水流悠长。

yao

傜 yáo 古同“徭”。

齩(齩) yǎo 古同“咬”。

ye

暍 yē〈文〉中(zhòng)暑。

嘢 yě〈方〉表示疑问、感叹等语气。

抴 yè 古同“曳”。

业(業) yè〈文〉高耸。

擪(擪) yè〈文〉用手指按；压抑。

镤(鍱) yè〈文〉❶金属薄片；铁叶。❷用金属薄片包裹。

yi

弌 yī 古同“壹”。

椸 yī［移椸］yíyī，见“移”。

欹 yī 古同“猗”。
另见 qī。

嫛 yī［嫛婗］yīní〈文〉婴儿。

毉 yī 古同“医”。

訑(訑) yí［訑訑］yíyí〈文〉自得的样子。

诒(詒) yí［诒诒］yíyí〈文〉自鸣得意的样子。

駿(驪) yí［駿駿］jùnyí，见“駿”。

椸 yí〈文〉白椴，一种像白杨的树。
另见 duò。

溰(溰) yí［溰溰］yíyí〈文〉(露水)浓。

移 yí［移椸］yíyī 常绿乔木，叶子椭圆形或卵状披针形。果实和树皮可以做药材。

椸 yí〈文〉衣架。

彝 yí 古同“彝”。

觺 yí［觺觺］yíyí〈文〉兽角锐利的样子。

迆 yǐ 古同“迤”。

佁 yǐ〈文〉静止的样子。
另见 sì。

倚 yǐ〈文〉哭泣的余声。

螘(螘) yǐ 古同“蚁”。

肊 yì 古同“臆”。

圣(睪) yì〈文〉侦察。

鳦(鳦) yì〈文〉燕子。

讫(讛) yì 古同“呓”。

泆 yì ❶古同“溢”。❷〈文〉放荡；淫乱。

燡(燡) yì〈文〉光明。

褹(褹) yì〈文〉衣袖。

斁(斁) yì〈文〉❶厌倦；厌恶。❷终止。
另见 dù。

唈 yì 古同“悒”。

埶 yì 古同“蓺”。

晹 yì〈文〉太阳在云中忽隐忽现。

跇 yì〈文〉超越。

醳(醳) yì 古代一种酿造时间长的酒。

裛 yì〈文〉❶书套。❷缠绕。❸沾湿。

鹝(鷊) yì 古同"鹢"。

蓺 yì〈文〉种植。

潩 yì［清潩河］qīngyìhé 水名，在河南。

嫕 yì〈文〉柔顺；和善。

曀 yì 阴暗；昏暗。

虉(虉) yì 虉草，多年生草本植物，有根状茎，禾粗秆，叶片扁平。

yin

裀 yīn〈文〉❶夹衣。❷垫子；褥子。

歅 yīn 用于人名。九方歅，春秋时秦国善相马的人。

訚(誾) yín〈文〉❶正直而和悦地争辩。❷谦和而恭敬的样子。

沄 yín［沄沦］yínlún〈文〉水流回旋的样子。

崟 yín 古同"崟"。

殥 yín〈文〉远。

缦(縵) yǐn〈文〉大针脚缝(衣、被等)。

垽 yìn〈文〉❶沉淀物。❷积垢。

ying

罃(罌) yīng〈文〉❶盛水的长颈瓶。❷盛灯油的油壶。

膺 yīng 古同"应"。
另见 yìng。

籯(籯) yíng〈文〉❶箱笼之类的竹器。❷装筷子的竹笼。

膺 yìng 古同"应"。
另见 yīng。

yong

噰 yōng［噰噰］yōngyōng〈文〉形容鸟鸣声。

嗈 yōng 古同"噰"。

you

巯 yōu 巯羟酸。也说巯酸。

鄾 yōu 周朝诸侯国名，在今湖北襄樊北。

優 yōu 古同"忧"。
另见 yǒu。

尢 yóu 古同"尤"。

肬 yóu 古同"疣"。

斿 yóu ❶古代旌旗末端飘带之类的下垂饰物。❷〈文〉遨游。

楢 yóu 古书上指一种质地柔软的树。

槱 yǒu〈文〉聚集木柴供燃烧。

優 yǒu［優受］yǒushòu〈文〉体态轻盈的样子。
另见 yōu。

狖 yòu〈文〉黑色的长尾猿。

yu

杅 yú〈文〉浴盆。

隃 yú〈文〉逾越；超越。

骝(騟) yú〈文〉紫色马。

艅 yú［艅艎］yúhuáng 古代一种船。

歈 yú 古代歌谣；专指吴歌、巴曲。

羭 yú〈文〉黑色母羊。

齵(齵) yú〈文〉牙齿歪斜不齐；泛指事物参差不齐。

䲣(䲣) yú 古同"渔"。

郚 yǔ 周朝诸侯国名，在今山东临沂。

貐 yǔ［猰貐］yàyǔ，见"猰"。

麌 yǔ［麌麌］yǔyǔ〈文〉群鹿聚集的样子。

颵(颵) yù〈文〉大风。

鴥(鴥) yù〈文〉鸟飞得快的样子。

棫 yù〈文〉白桵，灌木，核果球形，暗紫色，有蜡粉。

矞 yù〈文〉象征祥瑞的彩云。

獝 yù〈文〉野兽奔跑的样子。
另见 xù。

繘(繘) yù〈文〉汲取井水用的绳子。

䮾 yù 古同"彧"。

噢 yù 古同"燠"。

yuan

帑 yuān 〈文〉擦拭用的巾；抹布。

悁 yuān 〈文〉❶气愤。❷忧郁。
另见 juàn。

痟 yuān 〈文〉❶疲劳。❷骨节酸疼。❸忧郁。

蚖 yuán 同"螈"。

蝝 yuán 〈文〉蝗虫的幼虫。

yue

抈 yuè 〈文〉❶折断。❷动摇。

軏(軏) yuè 古代车辕的前端和横木相连接处的销钉。

礿 yuè 古代宗庙祭祀的名称。夏、殷称春祭为礿，周称夏祭为礿。

跀 yuè 古同"刖"。

鸑(鷟) yuè [鸑鷟]yuèzhuó 古代传说中类似凤的神鸟。

籥 yuè 古代一种像箫的乐器。现在通常写作"龠"。

篗 yuè 〈方〉纺织时收丝用的器具。

yun

奫 yūn 〈文〉水深广的样子。

畇 yǔn [畇畇]yúnyún 〈文〉田地平坦整齐的样子。

磒(磒) yǔn 古同"陨"。

馆(餫) yùn 〈文〉❶运粮赠人。❷运输。
另见 hún。

zai

截 zài 〈文〉醋。

縡(縡) zài 〈文〉事情。

zan

篸(篸) zān 古同"簪"。
另见 cǎn。

桚 zǎn 古同"拶"。

寁 zǎn 〈文〉快捷；迅速。

噆 zǎn 〈文〉❶口衔。❷叮；咬。

酂(酇) zàn ❶周代地方组织单位，一百家为一酂。❷古地名，在今湖北光化一带。
另见 cuó。

濽(濽) zàn 〈方〉溅。

zang

牂 zāng 古同"牂"。

赃(贜) zāng 古同"赃"。

ze

襗(襗) zé 〈文〉亵衣；汗衫。

矠 zé 〈文〉用矛叉刺取鱼鳖等。

齰(齰) zé 〈文〉咬。

崱(崱) zè [崱屴]zèlì 〈文〉山峰高大险峻的样子。

zeng

橧 zēng 〈文〉用木柴搭成的简陋住处。

磳 zēng [磅磳]léngzēng，见"磅"。

zha

摣 zhā 〈方〉同"揸"。

樝 zhā 古同"楂"。

皻 zhā 〈方〉同"揸"。

齇 zhā 古同"齄"。

煠 zhá 古同"炸"。

厏 zhǎ [厏厊]zhǎyǎ 〈文〉不相合。

搩 zhǎ 张开大姆指和中指（或小指）量长度。现在通常写作"拃"。

鲝(鮺) zhǎ 〈文〉腌鱼、糟鱼等经过加工的鱼类食品。

蚝 zhà 〈方〉海蜇。

䄍 zhà 古同"蜡"。

zhai

鉙 zhǎi 〈方〉残缺损伤的痕迹。

zhan

奸(飦) zhān 古同"饘"。

栴 zhān [栴檀]zhāntán 〈文〉檀香。

旜 zhān 古代一种赤色曲柄旗。

䀡(䁪) zhǎn 〈方〉眨眼。

䵘 zhǎn〈方〉弄脏;有了污点。

辗(轏) zhàn〈文〉栈车,一种用竹木横条编成的轻便棚车。

zhang

饫(餦) zhāng［饫馇］zhānghuáng〈文〉❶馓子之类的面食。❷饴糖。

粻(粻) zhāng〈文〉粮食。

zhao

垗 zhào〈文〉墓地的界域。

舻 zhào 古同"棹"。

肇 zhào 古同"肇"。

曌 zhào 唐代武则天为自己名字自造的字。

zhe

蹢 zhé 古同"辙"。

襵(襵) zhě 古同"褶"。

zhen

蔵 zhēn〈文〉❶酸浆草,一种多年生草本植物。❷马蓝,一种多年生草本植物。

抮 zhěn〈文〉转;旋转。

眕 zhěn〈文〉自我克制。

槙 zhěn 常绿乔木,叶条状披针形,螺旋状排列。也说土杉、罗汉松。

鬒 zhěn〈文〉头发又黑又密。

眹 zhèn〈文〉❶眼珠;瞳仁。❷征兆;迹象。

zhi

鸩(鳷) zhī［鸩鹊］zhīquè〈文〉❶松鸦的旧称。❷古书上指一种异鸟。

梹 zhī［槟梹］bīnzhī 地名,在越南。

墌 zhí〈文〉地基。

跻 zhí 古同"跖"。

恉 zhǐ〈文〉意旨。

疻 zhǐ〈文〉殴伤后皮肤青肿而没有创痕。

柣 zhì〈文〉门槛。

狾 zhì〈文〉狗疯狂。

畤 zhì 秦汉时祭祀天地和五帝的祭坛。

偫 zhì〈文〉❶储备。❷具有。

槚(櫍) zhì〈文〉❶钟鼓架子或其他器物的腿。❷砧板;垫木。

礩(礩) zhì〈文〉柱子下面的石础。

廌 zhì［獬廌］xièzhì 古代传说中能判断疑案的神兽。

瘈 zhì 古同"狾"。
另见 chì。

螲 zhì［蝼螲］lóuzhì〈文〉蝼蛄。
另见 dié。

懥 zhì〈文〉愤怒的样子。

zhong

妐 zhōng ❶古称丈夫的父亲。❷古称丈夫的姐姐为女妐。

柊 zhōng ❶柊树,一种常绿灌木,花有香气。❷［柊叶］zhōngyè 多年生草本植物,叶片可以包粽子。

瘇 zhǒng〈文〉脚肿。

蚛 zhòng〈文〉虫咬;被虫咬残。

zhou

侜 zhōu ❶〈文〉诳。❷［侜张］zhōuzhāng〈文〉欺骗;作假。

诪(譸) zhōu［诪张］zhōuzhāng 同"侜张"。

伷 zhòu〈文〉帝王或贵族的子孙。

荮(葤) zhòu〈方〉❶用草裹住。❷量词,用于用草绳绑扎的成捆的碗、碟等。

噣 zhòu〈文〉鸟嘴。
另见 zhuó。

zhu

窋 zhú〈文〉动物在洞穴中要出来的样子。
另见 kū。

蓫 zhú〈文〉羊蹄菜,一种越年生植物。

躅(躅) zhú［蹢躅］zhízhú 古同"踯躅"。

劚(劚) zhǔ〈文〉用刀斧砍。

芧 zhù 古同"苎"。
另见 xù。

羜 zhù〈文〉出生五个月的羔羊;泛指小羊。

zhua

笾(簻) zhuā 〈文〉马鞭。

zhuan

篿(篿) zhuān 古代一种结草折竹的占卜法。另见 tuán。

zhui

甀 zhuì 〈文〉瓮、坛一类的容器。

畷 zhuì 〈文〉田间小道。

锱(錣) zhuì 〈文〉赶马杖上刺马的铁针。

膇 zhuì 〈文〉脚肿。

zhuo

锗(鐯) zhuō ❶〈文〉大锄。❷〈方〉用镐刨地或刨茬。

汋 zhuó [汋汋]zhuózhuó 〈文〉激水声。

叕 zhuó 〈文〉❶联缀。❷短；不足。

啅 zhuó 古同"啄"。

锃(鋜) zhuó 古同"镯"。

罬 zhuó 古代一种装有机关的捕鸟兽的网。

噣 zhuó 古同"啄"。另见 zhòu。

鷟(鷟) zhuó [鸑鷟]yuèzhuó，见"鸑"。

zi

趦 zī 古同"趑"。

胏 zǐ 〈文〉❶剩余的食物。❷干肉。

呰 zǐ ❶古同"訾"。❷古同"啙"。

虸 zǐ [虸蚄]zǐfāng 〈方〉黏虫。

啙 zǐ ❶〈文〉弱；劣。❷[啙窳]zǐyǔ 〈文〉懒惰。

剚 zì 〈文〉❶用刀剑刺进。❷把东西插入地里。

zong

坳(塳) zōng [鸡坳]jīzōng 一种味道好的食用菌。

崁(嵸) zōng [茏崁]lóngzōng，见"茏"。

豵(豵) zōng 〈文〉❶六个月的小猪。❷一岁的猪。

毮 zōng 古同"鬃"。

缨(緵) zōng 古代布帛2尺2寸的幅度内含经线80根为1缨。

鬷 zōng 古代一种烹饪器具。

捴 zǒng 古同"总"。

揔 zǒng 古同"总"。

猔 zòng 〈方〉公猪。

zou

棷 zōu 〈文〉❶木柴。❷麻秆。

zu

哫 zú [哫訾]zúzǐ 〈文〉奉承；讨好。

zuan

鬢(鬢) zuǎn 妇女头后边的发髻。现在通常写作"纂"。

zun

镈(鐏) zūn 〈文〉戈柄下端圆锥形的金属套，可以插入地中。

僔 zǔn 〈文〉❶聚集。❷谦恭。

噂 zǔn 〈文〉聚在一起谈论。

捘 zùn 〈文〉按；捏。

zuo

筰 zuó 古同"笮"。

糳 zuò 〈文〉❶舂米。❷舂过的精米。

附　录

汉语拼音方案

（1957年11月1日国务院全体会议第60次会议通过）
（1958年2月11日第一届全国人民代表大会第五次会议批准）

一、字母表

字母	Aɑ	Bb	Cc	Dd	Ee	Ff	Gg
名称	ㄚ	ㄅㄝ	ㄘㄝ	ㄉㄝ	ㄜ	ㄝㄈ	ㄍㄝ
	Hh	Ii	Jj	Kk	Ll	Mm	Nn
	ㄏㄚ	ㄧ	ㄐㄧㄝ	ㄎㄝ	ㄝㄌ	ㄝㄇ	ㄋㄝ
	Oo	Pp	Qq	Rr	Ss	Tt	
	ㄛ	ㄆㄝ	ㄑㄧㄡ	ㄚㄦ	ㄝㄙ	ㄊㄝ	
	Uu	Vv	Ww	Xx	Yy	Zz	
	ㄨ	ㄪㄝ	ㄨㄚ	ㄒㄧ	ㄧㄚ	ㄗㄝ	

v只用来拼写外来语、少数民族语言和方言。

字母的手写体依照拉丁字母的一般书写习惯。

二、声母表

b	p	m	f	d	t	n	l
ㄅ玻	ㄆ坡	ㄇ摸	ㄈ佛	ㄉ得	ㄊ特	ㄋ讷	ㄌ勒
g	k	h		j	q	x	
ㄍ哥	ㄎ科	ㄏ喝		ㄐ基	ㄑ欺	ㄒ希	
zh	ch	sh	r	z	c	s	
ㄓ知	ㄔ蚩	ㄕ诗	ㄖ日	ㄗ资	ㄘ雌	ㄙ思	

在给汉字注音的时候，为了使拼式简短，zh ch sh可以省作ẑ ĉ ŝ。

三、韵母表

	i ㄧ　衣	u ㄨ　乌	ü ㄩ　迂
ɑ ㄚ　啊	iɑ ㄧㄚ　呀	uɑ ㄨㄚ　蛙	
o ㄛ　喔		uo ㄨㄛ　窝	
e ㄜ　鹅	ie ㄧㄝ　耶		üe ㄩㄝ　约

ai ㄞ　哀		uai ㄨㄞ　歪	
ei ㄟ　欸		uei ㄨㄟ　威	
ao ㄠ　熬	iao ㄧㄠ　腰		
ou ㄡ　欧	iou ㄧㄡ　忧		
an ㄢ　安	ian ㄧㄢ　烟	uan ㄨㄢ　弯	üan ㄩㄢ　冤
en ㄣ　恩	in ㄧㄣ　因	uen ㄨㄣ　温	ün ㄩㄣ　晕
ang ㄤ　昂	iang ㄧㄤ　央	uang ㄨㄤ　汪	
eng ㄥ　亨的韵母	ing ㄧㄥ　英	ueng ㄨㄥ　翁	
ong （ㄨㄥ）　轰的韵母	iong ㄩㄥ　雍		

(1)“知、蚩、诗、日、资、雌、思”等七个音节的韵母用 i，即：知、蚩、诗、日、资、雌、思等字拼作 zhi，chi，shi，ri，zi，ci，si。

(2)韵母儿写成 er，用作韵尾的时候写成 r。例如：“儿童”拼作 ertong，“花儿”拼作 huar。

(3)韵母ㄝ单用的时候写成 ê。

(4)i 行的韵母，前面没有声母的时候，写成 yi（衣），ya（呀），ye（耶），yao（腰），you（忧），yan（烟），yin（因），yang（央），ying（英），yong（雍）。

u 行的韵母，前面没有声母的时候，写成 wu（乌），wa（蛙），wo（窝），wai（歪），wei（威），wan（弯），wen（温），wang（汪），weng（翁）。

ü 行的韵母，前面没有声母的时候，写成 yu（迂），yue（约），yuan（冤），yun（晕）；ü 上两点省略。

ü 行的韵母跟声母 j，q，x 拼的时候，写成 ju（居），qu（区），xu（虚），ü 上两点也省略；但是跟声母 n，l 拼的时候，仍然写成 nü（女），lü（吕）。

(5)iou，uei，uen 前面加声母的时候，写成 iu，ui，un，例如：niu（牛），gui（归），lun（论）。

(6)在给汉字注音的时候，为了使拼式简短，ng 可以省作 ŋ。

四、声调符号

阴平	阳平	上声	去声
ˉ	ˊ	ˇ	ˋ

声调符号标在音节的主要母音上。轻声不标。例如：

妈 mā	麻 má	马 mǎ	骂 mà	吗 ma
（阴平）	（阳平）	（上声）	（去声）	（轻声）

五、隔音符号

a,o,e开头的音节连接在其他音节后面的时候,如果音节的界限发生混淆,用隔音符号(')隔开,例如:pi'ao(皮袄)。

中华人民共和国国家标准（GB/T　15834—1995）

标点符号用法

Use of punctuation marks

1　范围

本标准规定了标点符号的名称、形式和用法。本标准对汉语书写规范有重要的辅助作用。

本标准适用于汉语书面语。外语界和科技界也可参考使用。

2　定义

本标准采用下列定义。

句子　sentence

前后都有停顿，并带有一定的句调，表示相对完整意义的语言单位。

陈述句　declarative　sentence

用来说明事实的句子。

祈使句　imperative　sentence

用来要求听话人做某件事情的句子。

疑问句　interrogative　sentence

用来提出问题的句子。

感叹句　exclamatory　sentence

用来抒发某种强烈感情的句子。

复句、分句　complex　sentence，clause

意思上有密切联系的小句子组织在一起构成一个大句子。这样的大句子叫复句，复句中的每个小句子叫分句。

词语　expression

词和短语（词组）。词，即最小的能独立运用的语言单位。短语，即由两个或两个以上的词按一定的语法规则组成的表达一定意义的语言单位，也叫词组。

3　基本规则

3.1　标点符号是辅助文字记录语言的符号，是书面语的有机组成部分，用来表示停顿、语气以及词语的性质和作用。

3.2　常用的标点符号有16种，分点号和标号两大类。

点号的作用在于点断，主要表示说话时的停顿和语气。点号又分为句末点号和句内点号。句末点号用在句末，有句号、问号、叹号3种，表示句末的停顿，同时表示句子的语气。句内点号用在句内，有逗号、顿号、分号、冒号4种，表示句内的各种不同性质的停顿。

标号的作用在于标明，主要标明语句的性质和作用。常用的标号有9种，即：引号、括号、破折号、省略号、着重号、连接号、间隔号、书名号和专名号。

4　用法说明

4.1　句号

4.1.1　句号的形式为“。”。句号还有一种形式，即一个小圆点“.”，一般在科技文献中使用。

4.1.2　陈述句末尾的停顿，用句号。例如：

a)北京是中华人民共和国的首都。

b)虚心使人进步，骄傲使人落后。

c)亚洲地域广阔，跨寒、温、热三带，又因各地地形和距离海洋远近不同，气候复杂多样。

4.1.3　语气舒缓的祈使句末尾，也用句号。例如：

请您稍等一下。

4.2　问号

4.2.1　问号的形式为“?”。

4.2.2　疑问句末尾的停顿，用问号。例如：

a)你见过金丝猴吗？

b)他叫什么名字？

c)去好呢，还是不去好？

4.2.3　反问句的末尾，也用问号。例如：

a)难道你还不了解我吗？

b)你怎么能这么说呢？

4.3　叹号

4.3.1　叹号的形式为"！"。

4.3.2　感叹句末尾的停顿，用叹号。例如：

a)为祖国的繁荣昌盛而奋斗！

b)我多么想看看他老人家呀！

4.3.3　语气强烈的祈使句末尾，也用叹号。例如：

a)你给我出去！

b)停止射击！

4.3.4　语气强烈的反问句末尾，也用叹号。例如：

我哪里比得上他呀！

4.4　逗号

4.4.1　逗号的形式为"，"。

4.4.2　句子内部主语与谓语之间如需停顿，用逗号。例如：

我们看得见的星星，绝大多数是恒星。

4.4.3　句子内部动词与宾语之间如需停顿，用逗号。例如：

应该看到，科学需要一个人贡献出毕生的精力。

4.4.4　句子内部状语后边如需停顿，用逗号。例如：

对于这个城市，他并不陌生。

4.4.5　复句内各分句之间的停顿，除了有时要用分号外，都要用逗号。例如：

据说苏州园林有一百多处，我到过的不过十多处。

4.5　顿号

4.5.1　顿号的形式为"、"。

4.5.2　句子内部并列词语之间的停顿，用顿号。例如：

a)亚马孙河、尼罗河、密西西比河和长江是世界四大河流。

b)正方形是四边相等、四角均为直角的四边形。

4.6　分号

4.6.1　分号的形式为"；"。

4.6.2　复句内部并列分句之间的停顿，用分号。例如：

a)语言，人们用来抒情达意；文字，人们用来记言记事。

b)在长江上游，瞿塘峡像一道闸门，峡口险阻；巫峡像一条迂回曲折的画廊，每一曲，每一折，都像一幅绝好的风景画，神奇而秀美；西陵峡水势险恶，处处是急流，处处是险滩。

4.6.3　非并列关系(如转折关系、因果关系等)的多重复句，第一层的前后两部分之间，也用分号。例如：

我国年满十八周岁的公民，不分民族、种族、性别、职业、家庭出身、宗教信仰、教育程度、财产状况、居住期限，都有选举权和被选举权；但是依照法律被剥夺政治权利的人除外。

4.6.4　分行列举的各项之间，也可以用分号。例如：

中华人民共和国的行政区域划分如下：

(一)全国分为省、自治区、直辖市；

(二)省、自治区分为自治州、县、自治县、市；

(三)县、自治县分为乡、民族乡、镇。

4.7　冒号

4.7.1　冒号的形式为"："。

4.7.2　用在称呼语后边，表示提起下文。例如：

同志们，朋友们：

现在开会了。……

4.7.3　用在"说、想、是、证明、宣布、指出、透露、例如、如下"等词语后边，表示提起下文。例如：

他十分惊讶地说："啊，原来是你！"

4.7.4　用在总说性话语的后边，表示引起下文的分说。例如：

北京紫禁城有四座城门：午门、神武门、东华门和西华门。

4.7.5　用在需要解释的词语后边，表示引出解释或说明。例如：

外文图书展销会

日期：10月20日至11月10日

时间：上午8时至下午4时

地点：北京朝阳区工体东路16号

主办单位：中国图书进出口总公司

4.7.6　总括性话语的前边，也可以用冒号，以总结上文。例如：

张华考上了北京大学，在化学系学习；李萍进了中等技术学校，读机械制造专业；我在百货公司当售货员：我们都有光明的前途。

4.8　引号

4.8.1　引号的形式为双引号"" ""和单引号"''"。

4.8.2　行文中直接引用的话，用引号标示。例如：

a)爱因斯坦说："想象力比知识更重要。因为知识是有限的，而想象力概括着世界上的一切，推动着进步，并且是知识进化的源泉。"

b)"满招损，谦受益"这句格言，流传到今天至少有两千年了。

c)现代画家徐悲鸿笔下的马，正如有的评论家所说的那样，"神形兼备，充满生机"。

4.8.3　需要着重论述的对象，用引号标示。例如：

古人对于写文章有个基本要求，叫做"有物有序"。"有物"就是要有内容，"有序"就是要有条理。

4.8.4　具有特殊含意的词语，也用引号标示。例如：

a)从山脚向上望，只见火把排成许多"之"字形，一直连到天上，跟星光接起来，分不出是火把还是星星。

b)这样的"聪明人"还是少一点好。

4.8.5　引号里面还要用引号时，外面一层用双引号，里面一层用单引号。例如：

他站起来问："老师，'有条不紊'的'紊'是什么意思？"

4.9　括号

4.9.1　括号常用的形式是圆括号"（ ）"，此外还有方括号"[ ]"、六角括号"〔 〕"和方头括号"【 】"。

4.9.2　行文中注释性的文字，用括号标明。注释句子里某些词语的，括注紧贴在被注释词语之后；注释整个句子的，括注放在句末标点之后。例如：

a)中国猿人（全名为"中国猿人北京种"，或简称"北京人"）在我国的发现，是对古人类学的一个重大贡献。

b)写研究性文章跟文学创作不同，不能摊开稿纸搞"即兴"。（其实文学创作也要有素养才能有"即兴"。）

4.10　破折号

4.10.1　破折号的形式为"——"。

4.10.2　行文中解释说明的语句，用破折号标明。例如：

a)迈进金黄色的大门，穿过宽阔的风门厅和衣帽厅，就到了大会堂建筑的枢纽部分——中央大厅。

b)为了全国人民——当然也包括自己在内——的幸福，我们每一个人都要兢兢业业，努力工作。

4.10.3　话题突然转变，用破折号标明。例如：

"今天好热啊！——你什么时候去上海？"张强对刚刚进门的小王说。

4.10.4　声音延长，象声词后用破折号，例如：

"呜——"火车开动了。

4.10.5　事项列举分承，各项之前用破折号。例如：

根据研究对象的不同，环境物理学分为以下五个分支学科：

——环境声学；

——环境光学；

——环境热学；

——环境电磁学；

——环境空气动力学。

4.11　省略号

4.11.1　省略号的形式为“……”，六个小圆点，占两个字的位置。如果是整段文章或诗行的省略，可以使用十二个小圆点来表示。

4.11.2　引文的省略，用省略号标明。例如：

她轻轻地哼起了《摇篮曲》：“月儿明，风儿静，树叶儿遮窗棂啊……”

4.11.3　列举的省略，用省略号标明。例如：

在广州的花市上，牡丹、吊钟、水仙、梅花、菊花、山茶、墨兰……春秋冬三季的鲜花都挤在一起啦！

4.11.4　说话断断续续，可以用省略号标示。例如：

“我……对不起……大家，我……没有……完成……任务。”

4.12　着重号

4.12.1　着重号的形式为“．”。

4.12.2　要求读者特别注意的字、词、句，用着重号标明。例如：

事业是干出来的，不是吹出来的。

4.13　连接号

4.13.1　连接号的形式为“—”，占一个字的位置。连接号还有另外三种形式，即长横“——”（占两个字的长度）、半字线“-”（占半个字的长度）和浪纹“~”（占一个字的长度）。

4.13.2　两个相关的名词构成一个意义单位，中间用连接号。例如：

a）我国秦岭—淮河以北地区属于温带季风气候区，夏季高温多雨，冬季寒冷干燥。

b）复方氯化钠注射液，也称任-洛二氏溶液（Ringer - Locke solution），用于医疗和哺乳动物生理学实验。

4.13.3　相关的时间、地点或数目之间用连接号，表示起止。例如：

a）鲁迅（1881—1936）中国现代伟大的文学家、思想家和革命家。原名周树人，字豫才，浙江绍兴人。

b）“北京——广州”直达快车

c）梨园乡种植的巨峰葡萄今年已经进入了丰产期，亩产 1 000 公斤~1 500 公斤。

4.13.4　相关的字母、阿拉伯数字等之间，用连接号，表示产品型号。例如：

在太平洋地区，除了已建成投入使用的 HAW—4 和 TPC—3 海底光缆之外，又有 TPC—4 海底光缆投入运营。

4.13.5　几个相关的项目表示递进式发展，中间用连接号。例如：

人类的发展可以分为古猿—猿人—古人—新人这四个阶段。

4.14　间隔号

4.14.1　间隔号的形式为“·”。

4.14.2　外国人和某些少数民族人名内各部分的分界，用间隔号标示。例如：

列奥纳多·达·芬奇

爱新觉罗·努尔哈赤

4.14.3　书名与篇（章、卷）名之间的分界，用间隔号标示。例如：

《中国大百科全书·物理学》

《三国志·蜀志·诸葛亮传》

4.15　书名号

4.15.1　书名号的形式为双书名号“《》”和单书名号“〈〉”。

4.15.2　书名、篇名、报纸名、刊物名等，用书名号标示。例如：

a）《红楼梦》的作者是曹雪芹。

b)你读过鲁迅的《孔乙己》吗?

c)他的文章在《人民日报》上发表了。

d)桌上放着一本《中国语文》。

4.15.3　书名号里边还要用书名号时,外面一层用双书名号,里边一层用单书名号。例如:

《〈中国工人〉发刊词》发表于1940年2月7日。

4.16　专名号

4.16.1　专名号的形式为"____"。

4.16.2　人名、地名、朝代名等专名下面,用专名号标示。例如:

司马相如者,汉蜀郡成都人也,字长卿。

4.16.3　专名号只用在古籍或某些文史著作里面。为了跟专名号配合,这类著作里的书名号可以用浪线"﹏﹏"。例如:

屈原放逐,乃赋离骚,左丘失明,厥有国语。

5　标点符号的位置

5.1　句号、问号、叹号、逗号、顿号、分号和冒号一般占一个字的位置,居左偏下,不出现在一行之首。

5.2　引号、括号、书名号的前一半不出现在一行之末,后一半不出现在一行之首。

5.3　破折号和省略号都占两个字的位置,中间不能断开。连接号和间隔号一般占一个字的位置。这四种符号上下居中。

5.4　着重号、专名号和浪线式书名号标在字的下边,可以随字移行。

6　直行文稿与横行文稿使用标点符号的不同

6.1　句号、问号、叹号、逗号、顿号、分号和冒号放在字下偏右。

6.2　破折号、省略号、连接号和间隔号放在字下居中。

6.3　引号改用双引号"﹃　﹄"和单引号"﹁　﹂"。

6.4　着重号标在字的右侧,专名号和浪线式书名号标在字的左侧。

新旧字形对照表

（字形后圆圈内的数字表示字形的笔画数）

旧字形	新字形	新字举例	旧字形	新字形	新字举例
八②	丷②	兑益遂	耳⑧	耳⑦	敢嚴
艹④	艹③	花草	者⑨	者⑧	都著
辶④	辶③	连速	直⑧	直⑧	值植
幵⑥	开④	型形	黾⑧	黾⑧	绳鼋
丰④	丰④	艳沣	咼⑨	咼⑧	過蜗
巨⑤	巨④	苣渠	垂⑨	垂⑧	睡郵
屯④	屯④	纯顿	食⑨	食⑧	飲飽
牙⑤	牙④	芽邪	郎⑨	郎⑧	廊螂
瓦⑤	瓦④	瓶瓷	彔⑧	录⑧	渌箓
反④	反④	板饭	昷⑩	昷⑨	温瘟
示⑤	礻④	祝视	骨⑩	骨⑨	滑骼
丑④	丑④	纽杻	鬼⑩	鬼⑨	槐嵬
鬼⑤	犮⑤	拔茇	兪⑨	俞⑨	输愈
印⑥	印⑤	茚	旣⑪	既⑨	溉厩
耒⑥	耒⑥	耕耘	蚤⑩	蚤⑨	搔骚
呂⑦	吕⑥	侣营	敖⑪	敖⑩	傲遨
攸⑦	攸⑥	修倏	莽⑫	莽⑩	漭蟒
爭⑧	争⑥	净静	眞⑩	真⑩	慎填
产⑥	产⑥	彦産	䍃⑩	䍃⑩	摇遥
羊⑦	羊⑥	差养	殺⑪	殺⑩	搬鎩
幷⑧	并⑥	屏拼	黃⑫	黄⑪	廣横
羽⑥	羽⑥	翎翔	虛⑫	虚⑪	墟歔
吳⑦	吴⑦	蜈虞	異⑫	異⑪	冀戴
角⑦	角⑦	解确	象⑫	象⑪	像橡
奐⑨	奂⑦	换痪	奧⑬	奥⑫	澳懊
敝⑧	敝⑦	敝弊	普⑬	普⑫	谱氆

部分计量单位名称统一用字表

类别	外 文 名 称	译名[淘汰的译名]	备　注
长度	nautical mile	海里[浬、海浬]	
	mile	英里[哩]	
	fathom	英寻[㖊、浔]	
	foot	英尺[呎]	
	inch	英寸[吋]	
面积	acre	英亩[嗽、喵]	
容量	litre	升[公升、竔]	
	bushel	蒲式耳[嘝]	
	gallon	加仑[呏、嗧]	
重量	hundredweight	英担[呾]	1英担 = 112磅
	stone	英石[𥑮]	1英石 = 14磅
	ounce	盎司[唡、英两、温司]	
	grain	格令[喱、英厘、克冷]	
各科	kilowatt	千瓦[瓩]	功率单位
	torr	托[乇]	压力单位
	phon	方[昉]	响度级单位
	sone	宋[㕩]	响度单位
	mel	美[嵄]	音调单位
	denier	旦[袒]	纤度单位
	tex	特[纮]	纤度单位

（见中国文字改革委员会、国家标准计量局1977年7月20日
《关于部分计量单位名称统一用字的通知》）

中华人民共和国法定计量单位

我国的法定计量单位(以下简称法定单位)包括:

(1)国际单位制的基本单位(见表1);

(2)国际单位制的辅助单位(见表2);

(3)国际单位制中具有专门名称的导出单位(见表3);

(4)国家选定的非国际单位制单位(见表4);

(5)由以上单位构成的组合形式的单位;

(6)由词头和以上单位所构成的十进倍数和分数单位(词头见表5)。

法定单位的定义、使用方法等,由国家计量局另行规定。

表1 国际单位制的基本单位

量的名称	单位名称	单位符号
长度	米	m
质量	千克(公斤)	kg
时间	秒	s
电流	安[培]	A
热力学温度	开[尔文]	K
物质的量	摩[尔]	mol
发光强度	坎[德拉]	cd

表2 国际单位制的辅助单位

量的名称	单位名称	单位符号
平面角	弧度	rad
立体角	球面度	sr

表3 国际单位制中具有专门名称的导出单位

量的名称	单位名称	单位符号	其他表示式例
频率	赫[兹]	Hz	s^{-1}
力,重力	牛[顿]	N	$kg \cdot m/s^2$
压力,压强,应力	帕[斯卡]	Pa	N/m^2
能量,功,热	焦[耳]	J	$N \cdot m$
功率,辐射通量	瓦[特]	W	J/s
电荷量	库[仑]	C	$A \cdot s$
电位,电压,电动势	伏[特]	V	W/A
电容	法[拉]	F	C/V

电阻	欧[姆]	Ω	V/A
电导	西[门子]	S	A/V
磁通量	韦[伯]	Wb	V·s
磁通量密度,磁感应强度	特[斯拉]	T	Wb/m^2
电感	亨[利]	H	Wb/A
摄氏温度	摄氏度	℃	
光通量	流[明]	lm	cd·sr
光照度	勒[克斯]	lx	lm/m^2
放射性活度	贝可[勒尔]	Bq	s^{-1}
吸收剂量	戈[瑞]	Gy	J/kg
剂量当量	希[沃特]	Sv	J/kg

表4　国家选定的非国际单位制单位

量的名称	单位名称	单位符号	换算关系和说明
时　间	分	min	1 min = 60 s
	[小]时	h	1 h = 60 min = 3600 s
	天(日)	d	1 d = 24 h = 86 400 s
平面角	[角]秒	(″)	1″ = (π/648 000) rad (π为圆周率)
	[角]分	(′)	1′ = 60″ = (π/10 800) rad
	度	(°)	1° = 60′ = (π/180) rad
旋转速度	转每分	r/min	1 r/min = (1/60) s^{-1}
长　度	海里	n mile	1 n mile = 1852 m (只用于航程)
速　度	节	kn	1 kn = 1 n mile/h = (1852/3600) m/s (只用于航行)
质　量	吨	t	1 t = 10^3 kg
	原子质量单位	u	1 u ≈ 1.6605655 × 10^{-27} kg
体　积	升	L,(l)	1 L = 1 dm^3 = 10^{-3} m^3
能	电子伏	eV	1 eV ≈ 1.6021892 × 10^{-19} J

级　差	分贝	dB	
线密度	特[克斯]	tex	1 tex = 1 g/km

表 5　用于构成十进倍数和分数单位的词头

所表示的因数	词头名称	词头符号
10^{18}	艾[可萨]	E
10^{15}	拍[它]	P
10^{12}	太[拉]	T
10^{9}	吉[咖]	G
10^{6}	兆	M
10^{3}	千	k
10^{2}	百	h
10^{1}	十	da
10^{-1}	分	d
10^{-2}	厘	c
10^{-3}	毫	m
10^{-6}	微	μ
10^{-9}	纳[诺]	n
10^{-12}	皮[可]	p
10^{-15}	飞[母托]	f
10^{-18}	阿[托]	a

注　1. 周、月、年(年的符号为 a)为一般常用时间单位。
2. [　]内的字,是在不致混淆的情况下,可以省略的字。
3. (　)内的字为前者的同义语。
4. 角度单位度分秒的符号不处于数字后时,用括弧。
5. 升的符号中,小写字母 l 为备用符号。
6. r 为“转”的符号。
7. 人民生活和贸易中,质量习惯称为重量。
8. 公里为千米的俗称,符号为 km。
9. 10^4 称为万,10^8 称为亿,10^{12}称为万亿,这类数词的使用不受词头名称的影响,但不应与词头混淆。

我国历代纪元表

五帝（黄帝、颛顼、帝喾、尧、舜）			约前 26 世纪—约前 21 世纪
夏			约前 21 世纪—约前 16 世纪
商			约前 16 世纪—约前 11 世纪
周	西周		约前 11 世纪—前 771
	东周		前 770—前 256
		春秋时代	前 770—前 476
		战国时代	前 475—前 221
秦			前 221—前 206
汉	西汉		前 206—公元 25
	东汉		25—220
三国	魏		220—265
	蜀		221—263
	吴		222—280
西晋			265—317
东晋、十六国	东晋		317—420
	十六国		304—439
南北朝	南朝	宋	420—479
		齐	479—502
		梁	502—557
		陈	557—589
	北朝	北魏	386—534
		东魏 534—550	北齐 550—577
		西魏 535—556	北周 557—581
隋			581—618
唐			618—907
五代十国	后梁		907—923
	后唐		923—936
	后晋		936—946
	后汉		947—950
	后周		951—960
	十国		902—979
宋	北宋		960—1127
	南宋		1127—1279
辽			907—1125

金	1115—1234
元	1206—1368
明	1368—1644
清	1616—1911
中华民国	1912—1949
中华人民共和国	1949 年 10 月 1 日成立